Heinrich der Löwe und seine Zeit

Herrschaft und Repräsentation der Welfen 1125–1235

Herausgegeben von
Jochen Luckhardt und Franz Niehoff
Band 1–3

Herzog Anton Ulrich-Museum

Heinrich der Löwe und seine Zeit

Herrschaft und Repräsentation der Welfen 1125–1235

Katalog der Ausstellung
Braunschweig 1995

Band 1
Katalog

Herausgegeben von
Jochen Luckhardt und Franz Niehoff

Hirmer Verlag München

Getragen vom Land Niedersachsen und von der Stadt Braunschweig
und gefördert von der Stiftung Niedersachsen,
der KulturStiftung der Länder aus Mitteln des Bundesministeriums des Innern
sowie der Braunschweig-Stiftung und der Stiftung Nord/LB-Öffentliche

Mit freundlicher Unterstützung von

VOLKSWAGEN BANK
VOLKSWAGEN LEASING

NDR 1 Radio Niedersachsen

NDR RADIO NIEDERSACHSEN 1

Holiday Inn

Die Deutsche Bibliothek – CIP-Einheitsaufnahme

Heinrich der Löwe und seine Zeit : Herrschaft und Repräsentation der Welfen 1125 bis 1235 ;
Katalog der Ausstellung Braunschweig 1995 / [Herzog Anton Ulrich-Museum].
Hrsg. von Jochen Luckhardt und Franz Niehoff. –
München : Hirmer Verlag
NE: Luckhardt, Jochen [Hrsg.]; Herzog Anton Ulrich-Museum <Braunschweig>
(1995)
ISBN 3-7774-6900-9 (Museumsausgabe). ISBN 3-7774-6690-5 (Hirmer)

Satz und Druck: Passavia Passau
Lithographie: Eurolitho Tarzo (Farbe)
Dörfel München (Schwarzweiß)
Bindung: Conzella Verlagsbuchbinderei München
Papier: Papierfabrik Scheufelen Lenningen
Umschlagentwurf: wir kommunikative Werbung, Braunschweig
ISBN 3-7774-6900-9 (Museum)
ISBN 3-7774-6690-5 (Hirmer Verlag)
Printed in Germany

Geleitwort

Geschichte als Erinnerung bleibt auch für das moderne Individuum zum Verständnis seiner Herkunft und als Lehre für die Zukunft notwendig. Das Handeln der Menschen in der Vergangenheit kann positive oder negative Handlungsmuster ins Bewußtsein rufen. Eine Vertrautheit mit der Geschichte ist jedoch in Deutschland nicht gewachsen. Sie wurde bisher meist als eine Kette freudvoller oder unseliger Ereignisse verstanden, d.h. immer aus einer gewissen Distanz heraus erfahren. Geschichtliche Nähe stellte sich nur dort ein, wo die Zeugnisse der Vergangenheit einer Bevölkerung ständig vor Augen stehen und über Jahrhunderte hinweg zu fortlaufender Auseinandersetzung angeregt haben. Im andauernden Rückbezug formt sich so eine historische Identität.

Herzog Heinrich der Löwe, bis 1180 Herzog von Sachsen und Bayern, gehört zu den Persönlichkeiten, an die sich im Lauf der Jahrhunderte verschiedene Städte und Regionen immer wieder erinnert haben. Dank seiner Rolle bei den Stadtgründungen von Lübeck, Schwerin und München und dank des Löwenmonumentes, des Domes und der Burg Dankwarderode in Braunschweig blieb diese historische Gestalt lebendig. Ihm widmen das Land Niedersachsen und die Stadt Braunschweig anläßlich des 800. Todestages am 6. August 1995 diese Ausstellung. Selbstverständlich strebt die Präsentation nicht eine Heroisierung dieser Herrschergestalt an. Vielmehr wird, wie der Ausstellungstitel »Heinrich der Löwe und seine Zeit« bereits anzeigt, eine umfassendere Darstellung seines Lebens versucht. Heinrich der Löwe wird in Beziehung zu historischen Strukturen gesetzt und damit in seiner Bedeutung relativiert. Im Vordergrund von Ausstellung und Katalog steht die Beschreibung von Existenzbedingungen im hohen Mittelalter, vor allem im Raum des Herzogtums Sachsen. Das Land Niedersachsen ist in seiner räumlichen Ausdehnung in großen Teilen deckungsgleich mit dem damaligen Herzogtum, das aber auch Gebiete umfaßte, die heute zu den Bundesländern Sachsen-Anhalt und Nordrhein-Westfalen gehören. Eine ähnliche Gegenüberstellung von Territorien lockt auch im Falle von Bayern. Doch sollten derartige Überlegungen niemanden in Versuchung bringen, eine direkte Brücke vom Mittelalter in die Gegenwart schlagen zu wollen. Gerade historische Ausstellungen dürfen jedoch nicht als Möglichkeit der Interpretation von historischer Kontinuität mißverstanden werden. In diesem Sinne hätte die Ausstellung »Heinrich der Löwe und seine Zeit« als Darstellung eines föderalistischen Prinzips des Heiligen Römischen Reiches Deutscher Nation konzipiert werden können – doch verwehren die Ergebnisse der Forschung, wenn man sie beachtet, jegliche einseitige Inanspruchnahme. Überhaupt spielt für eine solche Ausstellung die Wissenschaft – die auch negative Seiten von Personen und ihrem Nachleben nicht ausspart – als Grundlage für die Publikumspräsentation, dem eigentlichen Ziel der Veranstaltung, eine gewichtige Rolle.

Den für das Medium »Ausstellung« zu bewältigenden Aufgaben der Forschung und Präsentation widmen sich im Lande Niedersachsen die sechs Landesmuseen, die aus den Ländern Braunschweig, Oldenburg und der preußischen Provinz Hannover überkommen und deshalb im Sinne der Niedersächsischen Landesverfassung besonders zu bewahren sind. Bei der Ausstellung »Heinrich der Löwe und seine Zeit« ist das Herzog Anton Ulrich-Museum in Braunschweig federführend, das im Zusammenspiel mit einer großen Zahl von Persönlichkeiten und Institutionen die Gestaltung des Projektes auf sich genommen hat. Bedeutende finanzielle Beiträge leisteten auch die Stadt Braunschweig ebenso wie Stiftungen und Sponsoren, ohne die gerade in diesem Jahrzehnt kulturelle Aktionen größeren Umfangs nicht mehr durchführbar sind. Die Unterstützung auf breiter Basis für »Heinrich den Löwen und seine Zeit« belegt die Popularität der historischen Gestalt, zugleich aber auch die Notwendigkeit dieser Ausstellung. Mit meinem Dank an alle Mitarbeiter und Förderer verbinde ich den Wunsch nach gutem Erfolg für dieses herausragende Projekt im internationalen »Jahr Heinrichs des Löwen« 1995!

GERHARD SCHRÖDER
Niedersächsischer Ministerpräsident

Vorwort und Dank

Große Ausstellungen zu Themen der Vergangenheit haben meist ihre aktuellen Anlässe. Am 6. August 1195, vor nunmehr 800 Jahren, ist Heinrich der Löwe, aus dem Geschlecht der Welfen stammend, bis 1180 Herzog von Sachsen und Bayern, gestorben. Vordergründig liefert dieses Ereignis die unmittelbare Begründung für unsere Präsentation als Gelegenheit zur Erinnerung. Einem Unbekannten jedoch hätte man eine Festveranstaltung nicht widmen können. Heinrich der Löwe gehört zu den Gestalten der Epoche des Mittelalters, die im Gedächtnis vieler Menschen geblieben sind. Diese Erkenntnis wird auch durch das Ergebnis einer Umfrage 1993 belegt. Grundsätzlich bietet die Ausstellung zu Heinrich dem Löwen die Gelegenheit, über die Problematik des Nachlebens historischer Persönlichkeiten und die Gründe hierfür nachzudenken. Sie gestattet aber auch, über die in späteren Jahrhunderten verschütteten Kenntnisse historischer Wirklichkeit vom Mittelalter bzw. über eine verfälschte Überlieferung, der eine wissenschaftliche Differenzierung fehlt, zu reflektieren. Welchen Momenten hat die Figur »Heinrich der Löwe« nicht nur ihr Überleben, sondern ihre Popularität zu danken?

An die Person Heinrichs können sicherlich mehr Bau- und Kunstwerke erinnern als es bei anderen Herrschern möglich ist. Über diese direkten materiellen Zeichen hinaus verdankt ihm eine Reihe von Städten entscheidende Gründungsimpulse, die Heinrich einen wichtigen Platz im Gedächtnis der jeweiligen Stadtbewohner gesichert haben. Es scheinen vor allem Gedanken an Macht, Stärke und Reichtum mit Herzog Heinrich assoziiert worden zu sein. Jede Zeit hat sich ja auf ihn bezogen: Im Spätmittelalter wurde die Hausüberlieferung im Blasiusstift gepflegt und rankten sich Legenden um Heinrich, und 1587 z. B. berief sich Herzog Heinrich Julius in einem Triumphzug auf den Vorfahren. Es folgen die Rückbezüge der Barockzeit durch Familienhistoriographie und im 19. Jahrhundert weitere Möglichkeiten der Erinnerung mit Historienbildern, Trivialliteratur bis hin zu wissenschaftlichen Werken. In allen Jahrhunderten versuchte man eine Inanspruchnahme Heinrichs zu eigenen Zwecken. Am fatalsten war die Einfügung in die Ideologie des Nationalsozialismus und die Herrichtung der Blasiuskirche als »Staatsdom«. Nach dem Zweiten Weltkrieg hat sich die moderne Geschichtswissenschaft verstärkt Heinrich dem Löwen zugewandt. In den Mittelpunkt breiteren öffentlichen Interesses geriet der Welfe wiederum 1980 durch Ausstellungen – zur Erinnerung an den Jahrestag des Übergangs der Herzogtümer an die Wittelsbacher und die Erzbischöfe von Köln 1180 – und 1983 beim Erwerb des »Löwen-Evangeliars«, des damals »teuersten Buches der Welt«. Diese Sachverhalte trugen über Epochen hinweg – ungeachtet seines Scheiterns 1180 – zum Bild Heinrichs des Löwen als Identitätsträger der Region Braunschweig bei.

Es stellt sich die Frage, inwieweit sich die Bekanntheit Heinrichs mit der heute manchmal konstatierten Popularität der Jahrhunderte zwischen Antike und früher Neuzeit vergleichen läßt. Immer wieder wurde der Erfolg von Umberto Ecos »Name der Rose« 1980 diskutiert. Begründungsversuche erbrachten Überlegungen zur Beliebtheit des »Mittelalters« (was dies auch immer sei). Der Roman bietet vielen Menschen etwas, den Fachleuten unterschiedlicher Disziplinen ebenso wie Laien kann er als Quellensammlung, Actionstoff oder Krimi dienen. Generell scheint sein Erfolg in der Möglichkeit persönlicher Aneignung zu liegen. Er erweist sich deshalb, obwohl doch weit entfernte historische Situationen beschreibend, als höchst aktuell. Von der modernen Wissenschaft sind solche historischen Rückgriffe, Versuche der Gleichsetzung von Ungleichzeitigem, immer als Gefahr verstanden worden, doch hat der Autor dies beabsichtigt: »Wenn jemand im Mittelalter Dinge entdeckt, die der Jetztzeit gleichen, so hat er recht« (Eco).

Als weitere Triebfeder der Beschäftigung mit dem fernen Zeitalter wurde die Erkenntnis der Andersartigkeit des Mittelalters gesehen, einer Zeit ohne technische Geräte und ohne Notwendigkeit des Umweltschutzes. Auch die treibende Kraft für den großen Zulauf der Mittelalterausstellungen läge in der Andersartigkeit ästhetisch eindrucksvoller Exponate, die umfassender Erklärung bedürftig wären. Ein historisches Grundgerüst, um solche Exponate einordnen zu können, ist bei Deutschen weniger erhalten als bei Engländern oder Franzosen. Dieses Wissensdefizit bei den Deutschen sollte verringert werden. Die Fachwissenschaft hat sich stärker an ein Laienpublikum zu richten, was überhaupt ihre Daseinsberechtigung ausmachen soll: »Die humanistischen Fächer (und unter ihnen auch die Geschichte) verdanken ihre Existenzberechtigung dem Interesse und dem Fassungsvermögen des Laienpublikums; sie existieren nicht zur Ausbildung von Fachleuten, sondern zur Erziehung von Laien; und deswegen sind sie mit Recht dazu verdammt unterzugehen, sobald sie den Kontakt mit dem Laien verlieren« (Horst Fuhrmann nach Hugh Redwald Trevor-Roper). Hiermit stimmt die Forderung Umberto Ecos überein, daß der Geisteswissenschaftler der Postmoderne sich mit den Massenmedien und Erzeugnissen der Massenkultur auseinanderzusetzen habe, um in der heutigen Zeit überhaupt gehört zu werden.

Die Ausstellung als Medium der Vermittlung von »Mittelalter«, von Geschichte und Kunst, hat die Möglichkeit, ein größeres Publikum anzusprechen. Trotz der Gefahr, daß Ausstellungsbesucher wiederum nur das Entfernte, Andersartige sehen und einen Zugang zum Thema nur durch persönliche Inanspruchnahme finden, legen temporäre Präsentationen doch – sofern sie entsprechend vorbereitet sind – die Grundlagen zu einem wissenschaftlich differenzierten Geschichtsbewußtsein.

Daß diese Ausstellung »Heinrich der Löwe und seine Zeit. Herrschaft und Repräsentation der Welfen 1125–1235« in umfassender Weise – mit dem formulierten Anspruch als Ziel – geplant und durchgeführt werden konnte, ist einer großen Anzahl von Institutionen und Personen zu danken. Ohne die Bereitschaft des Landes Niedersachsen, Träger des Herzog Anton Ulrich-Museums, diesem die Ausstellung anzuvertrauen und die Zusicherung, einen Teil der erforderlichen Mittel bereitzustellen, hätte das Projekt 1991 nicht begonnen werden können. Frau Helga Schuchardt, Niedersächsische Ministerin für Wissenschaft und Kultur, verantwortete wohlwollend diesen Entschluß. In ihrem Hause förderten jederzeit Frau Ministerialdirigentin Barbara Kisseler und Herr Ministerialrat Prof. Dr. Hans-Günter Peters – mit hohem Einsatz in ständiger Bereitschaft – das Vorhaben. In der vorgesetzten Aufsichtsbehörde des Museums, der Bezirksregierung Braunschweig, vermittelten viele helfende Kräfte bei der vorbereitenden Koordination des Projektes, an der Spitze Herr Regierungspräsident Karl-Wilhelm Lange sowie insbesondere das Dezernat 406 mit Herrn Regierungsdirektor Klaus Germer.

Der geplanten Ausstellung stand von Anfang an die Stadt Braunschweig, »Stadt Heinrichs des Löwen«, sehr positiv gegenüber. Auch an dieser Stelle ist der verstorbenen Frau Regierungspräsidentin, Prof. Dr. Birgit Pollmann, vormals Kulturdezernentin, zu gedenken, die den Anstoß zu einer vorher nicht dagewesenen Kooperation zwischen der Stadt Braunschweig und dem Land Niedersachsen gab. Somit wird die Ausstellung »Heinrich der Löwe und seine Zeit« von der Stadt Braunschweig mitgetragen, die zudem ein zusätzliches Jubiläumsprogramm für 1995 gestaltet hat. Rat und Verwaltung der Stadt ist großer Dank für alle gewährte Unterstützung abzustatten, vor allem Herrn Oberstadtdirektor Dr. Jürgen Bräcklein.

Ohne die weitere finanzielle Förderung verschiedener Stiftungen hätte die Ausstellung ein Torso bleiben müssen. Dankbar zu nennen sind die Stiftung Niedersachsen und Herr Generalsekretär Dr. Dominik von König, die KulturStiftung der Länder und Herr Generalsekretär Dr. Klaus Maurice, die Braunschweig-Stiftung für die Abteilung Nachleben im Braunschweigischen Landesmuseum und die Stiftung Nord/LB-Öffentliche und ihre Herren Geschäftsführer Axel Richter und Gerd-Ulrich Hartmann. Zusätzlich konnten zur Unterstützung im Rahmen von Verträgen Volkswagen Bank/Volkswagen Leasing gewonnen werden sowie die Braunschweiger Zeitung, NDR 1 Radio Niedersachsen und zahlreiche Ausbildungsstätten und Firmen für die Löwenburg, das museumspädagogische Begleitprojekt der Ausstellung.

Die Ausstellungsvorbereitung wurde in Verbindung mit auswärtigen Fachkollegen vorgenommen. Den Mitgliedern des wissenschaftlichen Beirates ist für die verantwortungsvolle Diskussion der Konzeption und der Leihgabenliste sehr zu danken. Die Partner am Burgplatz, der Dom St. Blasii mit Herrn Propst Armin Kraft und Herrn Domprediger Joachim Hempel sowie das Braunschweigische Landesmuseum mit Herrn Ltd. Museumsdirektor Gerd Biegel M. A., stellten ihre Räumlichkeiten zur Verfügung bzw. brachten eigene Anteile in den Gesamtrahmen des Jahres Heinrichs des Löwen ein. Sie waren auch Mitglieder der »Löwenrunde«, in der alle am Fest Beteiligten regelmäßig organisatorische Absprachen trafen.

Hand in Hand mit dem Herzog Anton Ulrich-Museum, in seinem direkten Auftrag, war für die Konzeption und Ausführung der Ausstellungskommunikation die Agentur »wir«, Braunschweig, tätig, der Anerkennung für die geleistete Arbeit gebührt, wie auch dem Hirmer Verlag, München, für die Herausgabe des Kataloges, und dem Ausstellungsarchitekten Nicolai Koncza, Stuttgart, für Ausstellungsplanung und Gesamtgestaltung in Zusammenarbeit mit Beratern und einrichtenden Firmen. Unterstützend stellte sich zur Abwicklung mehrerer Einrichtungsaufgaben das Staatshochbauamt Braunschweig I zur Verfügung.

Das Museum ist sich bewußt, daß ohne Leihgeber – Bibliotheken, Museen, Archive und Privatsammler –, die sich mehrere Monate von ihren Schätzen trennen, keine Ausstellung von Wert zu Heinrich dem Löwen möglich wäre. Dankerfüllt registrierte unser Haus die bereitwilligen Zusagen der originalen Werke. Leihgeber und wissenschaftliche Förderer sind in den beigefügten Listen einzeln genannt.

Eine Ausstellung wie »Heinrich der Löwe und seine Zeit« kann nur durchgeführt werden, wenn sich Mitarbeiter finden lassen, die von einem besonderen fachlichen Enthusiasmus geprägt sind. Sie müssen bereit sein, das Projekt als Lebensinhalt zu begreifen, ohne Rücksicht auf Arbeitszeiten tätig zu werden und zu akzeptieren, mit ihrem Elan auch auf ungerechtfertigte Kritik zu stoßen – denn sie haben ein lohnendes Ziel: die möglichst hochrangige, exakt terminierte und zu planende Ausstellung. Die Wissenschaftler des Ausstellungssekretariates »Heinrich der Löwe«, Dr. Beate Braun-Niehr, Dr. Claus-Peter Hasse, Dr. Gian Casper Bott, Dr. Markus Müller, Thomas Stangier M.A. und Dr. Jutta Desel als Pressesprecherin, sahen den Erfolg der Ausstellung als ihre persönliche Aufgabe an. Das Museum ist ihnen zu großem Dank verpflichtet, ebenso wie allen anderen im Katalog genannten Mitarbeitern, vor allem Dr. Alfred Walz für die Einrichtungskoordination und Bernd-Peter Keiser für Fotokampagnen und die Betreuung der Druckarbeiten. In besonderem Maße gebührt jedoch dem Ausstellungsorganisator und Leiter des Ausstellungssekretariates Dr. Franz Niehoff Dank. Auf ihn geht die Konzeption der Ausstellung und der begleitenden Maßnahmen zurück. Er plante den wissenschaftlichen Gesamtrahmen in der notwendigen Tiefe und die einzelnen Veranstaltungen bis in die Details. Ohne sein Engagement wären Reichtum und Vielfalt des Projektes nicht zustande gekommen.

JOCHEN LUCKHARDT

Abbildung Seite 6:
Bronzelöwe vor der ehemaligen Stiftskirche St. Blasius und Johannes. Braunschweig, 1163/69. Aufnahme vor 1980. (Vgl. Kat. D 20)

IN PRINCIPIO ERAT VERBUM
IN PRINCIPIO CREAVIT DS CELUM ET TERRAM
VERBO DNI CELI FIRMATI SUNT
EGO DOMINUS FACIENS OMNIA HEC
VOX CLAMANTIS
QUI VIVIT IN ETERNUM CREAVIT OMNIA SIMUL
STABILIS QUE MANENS DAT CUNCTA MOVERI
LIBER GENERATIONIS IHU

Bilder einer Ausstellung

Es ist das Paradox aller Rezeption,
daß der nichts erfährt, der noch
nichts erfahren hat.
Hans Blumenberg

Seit Georg Swarzenskis großer Studie zum »Kunstkreis Heinrich des Löwen« übt der Herzog von Sachsen als Mäzen und Förderer von Literatur und Kunst eine ungebrochene Anziehungskraft aus. Um 1970 erschienen wegweisende Aufsätze zur Welfenforschung, die fortan den Gang der Dinge mehr oder weniger nachhaltig beeinflußten und darin wohl nur noch durch den sensationellen Ankauf des Evangeliars im Jahre 1983 überboten wurden. Der 1989 von Dietrich Kötzsche herausgegebene Kommentarband zur Stiftung des welfischen Herzogspaares schuf nicht nur einen neuen Forschungsstand, sondern auch zahlreiche Forschungsanreize. Durch die »Entgrenzung« Braunschweigs, der ehemaligen Residenz Heinrichs des Löwen, infolge der Ereignisse von 1989, erwachte ein übergreifendes Interesse an ihrer Vergangenheit. Die 800. Anniversarien Heinrichs des Löwen bilden heute die aktuelle Folie für eine historische Faszination von weitreichender kultureller Wirksamkeit.

Das Konzept der Ausstellung wendet sich bewußt ab von einigen liebgewonnenen Topoi schulbuchgefestigter Geschichtsauffassung, sucht Anschluß an die heute in moderner Forschung zur Kulturgeschichte des Mittelalters diskutierten Betrachtungsweisen. Das spiegelt sich exemplarisch in den beiden Leitbegriffen der Ausstellung – Herrschaft und Repräsentation – wider, die Politik und Festkultur, Geschichte und Kunst in einen weiten Horizont wechselseitiger Beziehungen einspannen. Das Hofmodell findet in seiner historisierenden Form Anwendung, wobei Außen- und Innenbezüge eine interdependente Rolle spielen. In diesem Netzwerk verschwindet der Held ein wenig. Aber: Das Faszinosum ist ungeschmälert präsent. Das zutiefst Menschliche dieser historischen Person – die durch jähen Aufstieg und tiefen Fall ein *exemplum vitae* von shakespearehafter Eindringlichkeit abgibt – bleibt.

Im März 1992 gab es verschiedene Ansätze, Modelle und Chancen einer Inszenierung. Unter dem pragmatischen Druck der Zeit entstand ein offenes Geschichtsbild. Weil das Mittelalter die Fixierung des Persönlichen in Wort und Bild zumeist unterdrückt, mußte das gemeinsame Tableau von Text und Bild in Ausstellung und Katalog eine Bühne erstellen »fur den handelnden, strebenden und leidenden Menschen, wie er ist und immer war und immer sein wird« (Jacob Burckhardt).

Gerade Bilder voller Geschichte ergeben nach und nach eine Geschichte voller Bilder. Für diese Bilder und für ihre Geschichte bedarf es zu allen Zeiten interessierter Menschen. Bilder und Texte, Verschriftlichung und Verbildlichung schufen auch im 12. Jahrhundert neue Chancen wie Risiken. Die Gedankenbilder von der Geschichte waren damals wie heute im Fluß. Das ›weite‹ Haus der Welfen bildet historisch den Horizont, vor dem sich der Herzog mit seinen großartigen Bemühungen um »Fama und Memoria« sah. Sein Evangeliar verleiht diesen Gedanken Prägnanz: Im Krönungsbild entsteht ein programmatisches Familienbild ganz im Sinne seiner dynastischen Situation im alten Europa.

Das Leben des Herzogs soll nicht aus Pappe und Papier und es kann nicht aus griffiger Unmittelbarkeit und in unbegrenzter Ausführlichkeit inszeniert, sondern nur über die zufällig erhaltenen, heute zuweilen als Hindernis empfundenen Originalzeugnisse präsent werden: Auf diese Weise tritt Heinrich als Herzog von Sachsen und Bayern, als Förderer seiner Residenz Braunschweig sowie vermittels der vielbeachteten Jerusalemreise hervor – chronologisch gereihte Aspekte, bevor die Ausstellung über den vielleicht politisch inszenierten Kniefall des Kaisers in Chiavenna zum Fall des Herzogs von Gelnhausen führt. Das Exil im anglonormannischen Reich und die dortigen Kunstschätze bilden das Scharnier zum fünften Kapitel. Drei Jahre nach dem Tod Heinrichs des Löwen kam sein Sohn Otto IV. zu Königsehren. Nach langem Kampf und ungeahnter Wendung führte die Schlacht von Bouvines 1214 dann den Niedergang des einzigen Kaisers aus welfischem Geschlecht herbei. Abrundend werden die welfische Städtepolitik in Sachsen und das Zusammenspiel mit den alten und ehrwürdigen Kulturträgern in Sachsen wichtig: mit Bischöfen, Mönchen und Rittern.

Das Nachleben einer derartigen historischen Figur öffnet einen weiten Fächer der Möglichkeiten. Die Rezeption schafft dabei ihre Quellen selbst, worin die Verformungen der jeweiligen Gegenwart zuweilen mehr entsprechen als der Bezugsfigur. Aktualisierung der Vergangenheit stellt sich hierbei als hauptsächlicher Impuls heraus. Noch die kühnste Verformung und Verzerrung vermittelt einen Gradmesser ihrer Lebendigkeit.

Wissenschaft und Kommerz, Elfenbeinturm und Populismus lauteten die Scherenflügel bei der Gesamtkonzeption dieser Ausstellung. Ein vielfach ausgewogenes Konzept sollte das eine ermöglichen, ohne das andere zu unterlassen. In der Ausstellung selbst wird das konservatorisch notwendige *Ambiente* gemeinsam mit der Faszinationskraft der Kunstwerke ein der angemessenen Betrachtung förderliches *Klima* erzeugen.

Die Wissenschaft rückt dabei in die Rolle des Choreographen. Seit 1992 fanden zahlreiche Kolloquien zum einschlägigen Themenbereich statt. Hierbei wurde auch deutlich, wie sehr sich Erkenntnisse im heraklitischen Fluß befinden. So fand 1991 eine Tagung zu Welf VI., 1992 das Kolloquium zu Kaiser Otto IV. statt, 1993 sodann das große, von Bernd Schneidmüller ausgerichtete Kolloquium zum Braunschweiger Hof der Welfen. Ein innerhalb des Projektes »Wege in die Romanik« veranstaltetes Kolloquium sowie eine Brunonen-Tagung folgten. Auf der Reichenau fand sich 1995 der Konstanzer Arbeitskreis unter Federführung von Johannes Fried und Otto Gerhard Oexle zum Thema »Heinrich der Löwe« zusammen. Im Juli 1995 wird in Berlin über den »Welfenschatz« gehandelt, bevor im Rahmen der Ausstellung ein Kolloquium in der Burg Dankwarderode stattfindet. Die Ertragsfülle dieser Forschungen ist interdisziplinär und multifocal geworden. Gleichwohl lassen sich wesentliche Fragen nicht verdrängen: Oft bleibt ein *ignorabimus* die einzige Antwort.

Direkte Antworten auf der Wellenlänge ästhetischer Ausstrahlung senden nur die Werke der Epoche Heinrichs des Löwen. Wer sich Zeit nimmt, Geduld aufbringt, um nur etwas genauer hinzusehen, kann bemerken, daß die Glanzlichter vergangener Zeit Aufmerksamkeit nicht nur beanspruchen, sondern auch fördern. Dies möchte die Ausstellung bewirken, weil die heutige medienkulturelle Situation flache Anstrengungslosigkeit begünstigt und gerade damit einem beschleunigten Erlahmen bewußter Kulturgestaltung Vorschub leistet: Nur eine Kultur der Erinnerung fördert Nachdenklichkeit, und erst eine Kultur der Nachdenklichkeit ermöglicht die Erinnerung.

Jedem Einzelnen des Ausstellungsteams sei für seine Mühen gegen die Anstrengungslosigkeit an dieser Stelle gemäß den Jahresringen für das nie erlahmende Engagement sowie den effizienten Einsatz in tiefer Verbundenheit aus ganzem Herzen gedankt.

FRANZ NIEHOFF

Abbildung Seite 10:
Maiestas Domini, Sechstagewerk. Evangeliar Heinrichs des Löwen, Helmarshausen, 1173/1189. Wolfenbüttel, Herzog August Bibliothek, Cod. Guelf. 105 Noviss 2°, fol. 172r. (Vgl. Kat. D 31 u. Abb. S. 152)

Wissenschaftlicher Beirat

Leihgeber

Aachen, Domkapitel Aachen
Altena, Museum der Grafschaft Mark auf Burg Altena
Amsterdam, Rijksmuseum

Baltimore, The Walters Art Gallery
Bamberg, Staatsbibliothek Bamberg
Basel, Historisches Museum
Berlin, Deutsches Historisches Museum
Berlin, Märkisches Museum Berlin
Berlin, Staatliche Museen zu Berlin – Preußischer Kulturbesitz
- Kunstgewerbemuseum
- Kupferstichkabinett
- Münzkabinett
- Museum für Spätantike und Byzantinische Kunst

Berlin, Staatsbibliothek zu Berlin – Preußischer Kulturbesitz
Bodman, Peter Lenk
Bologna, Collezione privata
Bonn, Rheinisches Landesmuseum Bonn
Brandenburg, Dommuseum des Domstifts
Brandenburg, Domstiftsarchiv Brandenburg
Braunschweig, Braunschweigischer Vereinigter Kloster- und Studienfonds
Braunschweig, Braunschweigisches Landesmuseum
Braunschweig, Dom St. Blasii
Braunschweig, Ruth Ehlers
Braunschweig, Ev.-Luth. Kirchengemeinde St. Katharinen
Braunschweig, Ev.-Luth. Kirchengemeinde St. Ulrici-Brüdern
Braunschweig, Fa. Eckhardt Nachf.
Braunschweig, Georg-Eckert-Institut für internationale Schulbuchforschung
Braunschweig, Heinrich der Löwe-Kaserne
Braunschweig, Hofmann Antiquitäten
Braunschweig, Oliver Matuschek
Braunschweig, Stadtarchiv Braunschweig
Braunschweig, Stadtbibliothek Braunschweig
Braunschweig, Städtisches Museum Braunschweig
Braunschweig, Stadtverwaltung Braunschweig, Tiefbauamt
Braunschweig, Uniformiertes Bürgerschützencorps
Bremen, Dom-Museum Bremen
Bremen, Focke-Museum, Bremer Landesmuseum für Kunst- und Kulturgeschichte
Bremen, Staats- und Universitätsbibliothek
Bruxelles, Bibliothèque Royale Albert Ier, Cabinet des Manuscrits
Bruxelles, Musées Royaux d'Art et d'Histoire

Cambrai, Bibliothèque Municipale
Cambridge, The Masters and Fellows of Corpus Christi College
Cambridge, The Masters and Fellows of St. John's College
Cambridge, The Syndics of the Fitzwilliam Museum
Celle, Dr. Adolf Dralle
Chur, Dommuseum der Kathedrale von Chur
Città del Vaticano, Biblioteca Apostolica Vaticana
Clausthal-Zellerfeld, Mineralogische Sammlungen im Institut für Mineralogie und Mineralische Rohstoffe der Technischen Universität Clausthal
Cleveland, The Cleveland Museum of Art

Darmstadt, Hessisches Landesmuseum
Den Haag, Koninklijke Bibliotheek
Düsseldorf, Nordrhein-Westfälisches Hauptstaatsarchiv

Ebstorf, Kloster Ebstorf
Eisenach, Wartburg-Stiftung Eisenach

Flensburg, Städtisches Museum Flensburg
Florenz, Museo Nazionale del Bargello
Frankfurt/M., Museum für Kunsthandwerk
Frankfurt/M., Verlag »Welt der Spiele«
Frauenfeld, Staatsarchiv des Kantons Thurgau
Freckenhorst, Kath. Kirchengemeinde St. Bonifatius
Fulda, Hessische Landesbibliothek Fulda

Göttingen, Georg-August-Universität, Diplomatischer Apparat
Göttingen, Niedersächsische Staats- und Universitätsbibliothek Göttingen
Göttingen, Städtisches Museum, Sammlungen zur Geschichte, Kunst und Kulturgeschichte Südniedersachsens
Göttweig, Stiftsbibliothek
Goslar, Ev.-Luth. Kirchengemeinde zum Markte St. Cosmas und Damian

Goslar, Stadt Goslar, Rathaus
Goslar, Städtisches Museum, Kulturamt der Stadt
Goslar, Stadtarchiv Goslar

Hadmersleben, Kath. Pfarrkirche St. Peter und Paul
Halberstadt, Stadt- und Domgemeinde Halberstadt
Hamburg, Museum für Hamburgische Geschichte
Hamburg, Museum für Kunst und Gewerbe
Hamburg, Staats- und Universitätsbibliothek Hamburg Carl von Ossietzky
Hannover, Historisches Museum am Hohen Ufer
Hannover, Kestner-Museum
Hannover, Klosterkammer Hannover
Hannover, Niedersächsische Landesbibliothek Hannover
Hannover, Niedersächsisches Hauptstaatsarchiv Hannover
Hannover, Niedersächsisches Landesmuseum Hannover
Hannover, Niedersächsisches Münzkabinett der Deutschen Bank
Heidelberg, Universitätsbibliothek Heidelberg
Hildesheim, Basilika St. Godehard
Hildesheim, Dom- und Diözesanmuseum Hildesheim
Hildesheim, Ev.-Luth. Kirchengemeinde St. Michaelis
Hildesheim, Kath. Pfarrgemeinde St. Magdalenen
Hildesheim, Kath. Pfarrgemeinde Zum Heiligen Kreuz
Hildesheim, Kath. Pfarrkirche St. Mauritius

Innsbruck, Prämonstratenser-Chorherren-Stift Wilten

Jena, Thüringer Universitäts- und Landesbibliothek Jena

Karlsruhe, Staatliche Kunsthalle Karlsruhe
Kiel, Kunsthalle zu Kiel
Köln, Erzbischöfliche Diözesan- und Dombibliothek
Köln, Historisches Archiv der Stadt Köln
Köln, Schnütgen-Museum
Königslutter, Ev.-Luth. Stiftskirchengemeinde St. Peter und Paul (Kaiserdom)
Kopenhagen, Danmarks Nationalmuseet København
Kopenhagen, Det Kongelige Bibliotek
Kulmbach, Landschaftsmuseum Obermain, Plassenburg

Leipzig, Universitätsbibliothek »Bibliotheca Albertina«
Le Mans, Mediathèque Louis Aragon
Leuven, Galerie Transit
Leverkusen, Walter Kühn
Lincoln, Dean and Chapter of Lincoln
London, Public Record Office
London, S.K.H. Ernst August Prinz von Hannover, Herzog von Braunschweig und Lüneburg
London, The British Library
London, The Trustees of the British Museum
London, The Trustees of the Victoria and Albert Museum

Lübeck, Amt für archäologische Denkmalpflege
Lübeck, Archiv der Hansestadt Lübeck
Lübeck, Ev.-Luth. Dom-Gemeinde
Lübeck, Johannisloge zum Füllhorn
Lübeck, Museum für Kunst und Kulturgeschichte der Hansestadt Lübeck – Studiensammlung der Archäologischen Denkmalpflege
Lüne, Kloster Lüne
Lüneburg, Ev. Michaeliskirche
Lüneburg, Ratsbücherei der Stadt Lüneburg
Lüneburg, Stadtarchiv Lüneburg
Lüttich, Archives de l'État à Liège

Magdeburg, Landeshauptarchiv Sachsen-Anhalt
Magdeburg, Magdeburger Museen – Kulturhistorisches Museum Magdeburg
Mariental, ehem. Zisterzienserkloster St. Maria
Merseburg, Domkapitel der Vereinigten Domstifter zu Merseburg und Naumburg und des Kollegiatsstifts Zeitz
Mettmann, Prof. Thomas Huber
Minden, Kath. Dompropsteigemeinde St. Gorgonius und St. Petrus, Domschatz
Minden, Mindener Museum
München, Bayerische Staatsbibliothek
München, Bayerisches Hauptstaatsarchiv
München, Bayerisches Nationalmuseum
München, Staatliche Graphische Sammlung
Münster, Nordrhein-Westfälisches Staatsarchiv Münster
Münster, Universitäts- und Landesbibliothek
Münster, Westfälisches Landesmuseum für Kunst und Kulturgeschichte

New York, Sammlung B. H. Breslauer
New York, The Metropolitan Museum of Art
New York, The Pierpont Morgan Library
Nienburg, Museum Nienburg
Nürnberg, Germanisches Nationalmuseum

Oldenburg, Niedersächsisches Staatsarchiv in Oldenburg
Oslo, Kunstindustrimuseet i Oslo

Paderborn, Erzbischöfliches Diözesanmuseum und Domschatzkammer
Paris, Archives de France
Paris, Bibliothèque de l'Arsenal
Paris, Bibliothèque Nationale de France, Département des Manuscrits
Paris, Musée des Arts Décoratifs
Paris, Musée du Louvre, Départment des Objets d'Art
Paris, Musée National du Moyen Age – Thermes de Cluny
Peine, Kreismuseum
Poschiavo, Gian Casper Bott

Quedlinburg, Ev. St. Servatii-Domgemeinde
Quedlinburg, Städtisches Museum, Schloßmuseum

Ratzeburg, Ev.-Luth. Domkirche zu Ratzeburg
Regensburg, Staatliches Hochbauamt Regensburg
Riddagshausen, Zisterziensermuseum Riddagshausen
Rottenburg, Diözesanmuseum
Rouen, Musée départemental des Antiquités

Salzburg, Archiv der Benediktiner-Erzabtei St. Peter in Salzburg
Salzgitter, MAN-Nutzfahrzeuge AG
Schleswig, Landesarchiv Schleswig-Holstein
Schleswig, Schleswig-Holsteinisches Landesmuseum
Schwerin, Archäologisches Landesmuseum
Schwerin, Historisches Museum Schwerin
Schwerin, Mecklenburgisches Landeshauptarchiv
Schwerin, Staatliches Museum Schwerin, Kunstsammlungen, Schlösser und Gärten
Schwerin, Stadtarchiv Schwerin
Sickte, Karl Schaper
Speyer, Historisches Museum der Pfalz
St. Gallen, Kantonsbibliothek (Vadiana)
St. Gallen, Stiftsarchiv St. Gallen
St. Petersburg, Staatliche Ermitage
Stockholm, Statens Historiska Museum
Stuttgart, Württembergische Landesbibliothek Stuttgart
Stuttgart, Württembergisches Landesmuseum

Trier, Bischöfliches Dom- und Diözesanmuseum
Trier, Hohe Domkirche, Domschatz
Trier, Stadtbibliothek Trier

Uppsala, Universitätsbibliothek
Utrecht, Museum Catharijneconvent Utrecht

Vannes, Trésor de la Cathédrale
Vordingborg, Sydsjllænds Museum

Walkenried, Kloster Walkenried
Washington, National Gallery of Art
Wien, Kunsthistorisches Museum Wien, Kunstkammer
Wien, Museen der Stadt Wien, Historisches Museum
Wien, Österreichische Nationalbibliothek
Wien, Österreichisches Museum für angewandte Kunst
Wienhausen, Kloster Wienhausen
Wolfenbüttel, Herzog August Bibliothek
Wolfenbüttel, Museum im Schloß Wolfenbüttel
Wolfenbüttel, Niedersächsisches Landesverwaltungsamt, Institut für Denkmalpflege, Stützpunkt Stadtarchäologie Braunschweig
Wolfenbüttel, Niedersächsisches Staatsarchiv
Wolmirstedt, Kreismuseum

Zwickau, Stadtarchiv Zwickau
Zwiefalten, Kath. Münsterpfarramt

sowie ungenannte private Leihgeber

Dank

Michael Adler, Braunschweig
Ulrich Albers, Goslar
Klaus Albers O.F.M., Paderborn
Dr. Thorsten Albrecht, Lübeck
Dr. Ernst Albrecht, Hannover
Daniel Alcouffe, Paris
Prof. Dr. Gerd Althoff, Bonn
Renate Altner, Berlin
Dr. Norbert Andernach, Düsseldorf
Johannes Angel, Braunschweig
Fred Apel, Braunschweig
Pierre Arizzoli-Clémentel, Paris
Gerda Arndt, Brandenburg
Ingeborg Arndt, Celle
Dr. Erwin Arnold, München
Don Faustino Avagliano, Montecassino
François Avril, Paris

Janet M. Backhouse, London
Dr. Ernst Badstübner, Eisenach
Gerhard Baller, Braunschweig
Dr. Birgit Bänsch, Braunschweig
Prof. Dr. Axel Bänsch, Aumühle
Ingeborg und Martin Bänsch, Braak
Karl Barz, Hamburg
Dr. Winfried Baumann, Pilsen
Dr. Sabine Baumann-Wilke, Braunschweig
Dr. Reinhold Baumstark, München
Dr. Klaus Joachim Beckmann, Braunschweig
Prof. Dr. Hans-Joachim Behr, Braunschweig
Eva Beins, Braunschweig
Dr. Nicholas Bennett, Lincoln
Dr. Annemarie Bensemann, Hadamar
Dr. Frank Berger, Hannover
Dr. Robert P. Bergman, Cleveland, Ohio
Waltraud Berner-Laschinski, Berlin
Dr. Kornelia von Berswordt-Wallrabe, Schwerin
Dr. Mijndert Bertram, Celle
Oberstleutnant Theodor Biegel, Braunschweig
Gerd Biegel M. A., Braunschweig
Prof. Dr. Günther Binding, Köln
Monique Blanc, Paris
Eckhard Blaume, Braunschweig
Werner Bley, Quedlinburg
Dr. Eva Bliembach, Berlin

Dr. Monika Böning, Potsdam
Prof. Dr. Hartmut Boockmann, Göttingen
Dr. Andrea Boockmann, Göttingen
Ada Bortoluzzi, Cambridge
Gerd Gustav Borrmann, Braunschweig
Hans Peter Borrmann, Braunschweig
Friedrich-Karl Böttcher, Osterode am Harz
Gert Böttcher, Magdeburg
Prof. Dr. Leonard E. Boyle O. P., Città del Vaticano
Andrea S. Bour, Cleveland, Ohio
Hilary Bracegirdle, London
Prof. Dr. Hansjürgen Brachmann, Berlin
Prof. Dr. Jörgen Bracker, Hamburg
Dr. Jürgen Bräcklein, Braunschweig
Dr. Tilo Brandis, Berlin
Dr. Michael Brandt, Hildesheim
B. H. Breslauer, New York
Dr. Jens-Uwe Brinkmann, Göttingen
Dr. Dieter Brosius, Hannover
Prof. Dr. Hartmut Broszinski, Fulda
Gisela Brückner, Coburg
Jutta Brüdern, Braunschweig
Ivar Brynjólfsson, Reykjavík
Ulrich Bubel, Braunschweig
Prof. Dr. Elmar Buck, Köln
Michael Budde, Münster
Prof. Dr. Tilman Buddensieg, Berlin
Dr.-Ing. Manfred Bültemann, Braunschweig
Dr. Enno Bünz, Jena
Prof. Dr. Joachim Bumke, Köln
Almuth Burgdorf, Braunschweig
Prof. Dr. Ralf Busch, Bremen
Prof. Dr. Klaus Bußmann, Münster

Marian Campbell, London
Prof. Dr. Alexander Freiherr von Campenhausen, Hannover
Claus Carlé, Frankfurt/M.
Prof. Dr. Helmut Castritius, Braunschweig
Dr. Juan Antonio Cervelló-Margalef, Köln
Françoise Chaserant, Le Mans
Dr. Jörn Christiansen, Bremen
Mary Clapinson, Oxford
Dr. Helmut Claus, Gotha
Prof. Dr. Hilde Claussen, Münster

Dr. Pierre Cockshaw, Bruxelles
André Collini, Toulouse
Rudolf Conrades, Schwerin
Hans-Peter Conrady, Braunschweig
Rainer Cordts, Braunschweig
Hanns Freiherr von Crailsheim, München
Norbert Credé, Schwerin
Robert Croneberg, Denkte
James Cuno, Cambridge
Dr. Reiner Cunz, Hannover
Dr. Hans Armin Curdt, Braunschweig

Dr. Karl Dachs, München
Archivdirektor Prof. Dr. Ottfried Dascher, Düsseldorf
Michel David-Weill, New York
Dr. Henri L. M. Defoer, Utrecht
Marie-Claude Delmas, Paris
Dr. Hans-Jürgen Derda, Braunschweig
Dr. Peter Diemer, München
Prof. Joachim Dietze, Halle
Marie-Pierre Dion, Valenciennes
Dr. Wolfgang Dittrich, Hannover
Äbtissin Mechtild von Döhren, Wienhausen
Dr. Hermann Josef Dörpinghaus, Heidelberg
Gerhard Dohmen, Treis-Karden
Dr. Josef Dolle, Braunschweig
Michael Doose, Hamburg
Petra Dorfmüller M. A., Schulpforte
Propst Winfried Dornschneider, Soest
Dr. Luzi Dosch, Chur
Dr. Jan Drees, Schleswig
Dr. Hans Drescher, Hamburg-Harburg
Dr. W. van Drimmelen, Den Haag
Prof. Dr. Wolf-Dieter Dube, Berlin
Prof. Dr. Alexander Dückers, Berlin
Dr. Saskia Durian-Ress, Freiburg
Dr. Günter Dürigl, Wien

Dr. Sybille Ebert-Schifferer, Darmstadt
Prof. Dr. Albrecht Eckhardt, Oldenburg
Prof. Dr. Arne Effenberger, Berlin
Prof. Dr. Joachim Ehlers, Berlin
Prof. Dr. Trude Ehlert, Würzburg
Dr. Klaus von Eickels, Bamberg
Dr. Renate Eikelmann, Nürnberg
Dr. Peter Eitel, Ravensburg
Donna Elliott, Baltimore
Prof. Dr. Kaspar Elm, Berlin
Prof. Dr. Odilo Engels, Köln
Dr. Elisabeth Epe, Hildesheim
Dr. Johannes Erichsen, Schwerin
Lars Buus Eriksen, Vordingborg
Alain Erlande-Brandenburg, Paris
Irmgard Ernstmeier-Hirmer, München

Dr. Erika Eschebach, Braunschweig
Dr. E. Esteve-Coll, London
Dr. Ulrika Evers-Hultsch, Peine

Alfred Falk M. A., Lübeck
Dr. Mamoun Fansa M. A., Oldenburg
Jean Favier, Paris
Professor Robert Favreau, Poitiers
Prof. Dr. Günther P. Fehring, Lübeck
Dr. Jörg Feldkamp, Altena
Dr. Lutz Fenske, Göttingen
Dr. Jan Piet Filedt Kok, Amsterdam
Dr. Andreas Fingernagel, Wien
Laurence Flavigny, Rouen
Stephen Fliegel, Cleveland, Ohio
Suzanne Folds McCullagh, Chicago
Dr. Helen Forde, Surrey
Annie Fournier, Cambrai
Geneviève François, Paris
Dr. Gunther Franz, Trier
Prof. Dr. Eckhard Freise, Mannheim
Helmut Frerichs, Braunschweig
Dr. Annette Frese, Heidelberg
Prof. Dr. Johannes Fried, Frankfurt
Prof. Dr. Johann Michael Fritz, Heidelberg
Rémi Froger, Le Mans
Äbtissin Irmgard von Funcke, Ebstorf
Dr. Andreas Furger, Zürich

Dr. Danielle Gaborit-Chopin, Paris
Norbert Gabrysch, Braunschweig
Dott. Giovanna Gaeta, Firenze
Dr. Ernst Gamillscheg, Wien
Jean-Claude Garreta, Paris
Dr. Manfred Garzmann, Braunschweig
Dr. Michael Gebühr, Schleswig
Dr. Hans-Peter Geh, Stuttgart
Dr. Ulrich Gehrig, Hannover
Prof. Dr. Karl-Ernst Geith, Genève
Klaus Germer, Braunschweig
Dr. Christoph Gieschen, Pattensen
Dr. Jochen Giesler, Bonn
Bärbel Girwert, Braunschweig
Dr. Manfred Gläser, Lübeck
Ernst Glazik, Osterode
Pastor Frank Georg Godzeck, Braunschweig
Catherine Goerès, Paris
Prof. Arwed D. Gorella, Braunschweig
Äbtissin Liesel Gössling, Lüneburg
Dr. Heide Grape-Albers, Hannover
Dr. Antjekathrin Graßmann, Lübeck
Dieter Graumann, Bad Schwartau
Dr. Meinrad Maria Grewenig, Speyer
Prof. Dr. Claus Grimm, München

Dr. Poul Grinder-Hansen, Kopenhagen
Dr. Eike Gringmuth-Dallmer, Berlin
Prof. Dr. Horst Gronemeyer, Hamburg
Dr. Guido Große Boymann, Münster
Dr. G. Ulrich Großmann, Nürnberg
Dr. Hans-Henning Grote, Wolfenbüttel
Dr. Rolf-Jürgen Grote, Hannover
Dr. Bernd Gröttrup, Braunschweig
Dompfarrer Wolfgang Grusnick, Lübeck
Dr. Michel Guisolan, Frauenfeld

Sabine Haak, Hannover
Uta Haarburger, Hamburg
Margret Haase-Determann, München
Angelika Hack M. A., Celle
Prof. Dr. Dieter Hägermann, Bremen
Hans-Georg Hafa, Brandenburg
Dipl. Ing. Hans Jürgen Hahn, München
Dr. Adolf Hahnl, Salzburg
Mag. Pater Christian Haidinger O. S. B., Kremsmünster
Klemens Halder O. Praem., Innsbruck
Dr. Widar Halén, Oslo
Dr. Bertram Haller, Münster
S. K. H. Heinrich Prinz von Hannover, Herzog zu Braunschweig und Lüneburg, Göttingen
Ulf Erik Hargberg, Stockholm
Dr. Helmar Härtel, Wolfenbüttel
Gerd-Ulrich Hartmann, Braunschweig
Dr. Josef Hartmann, Magdeburg
Wolfgang Hau, Wolfenbüttel
Dr. Anette Haucap-Naß, Braunschweig
Dipl.-Ing. Dieter Haupt, Braunschweig
Prof. Dr. Friedrich Hausmann, Graz
Dr. Margit Hausner, Braunschweig
Prof. Dr. Reiner Haussherr, Berlin
Günther Hein, Schellerten
Dr. Felix Heinzer, Stuttgart
Dr. Bernhard Heitmann, Hamburg
Dr. Maren Hellwig, Göttingen
Domprediger Joachim Hempel, Braunschweig
Dompropst Bernard Henrichs, Köln
Dr. Ekkehard Henschke, Leipzig
Pastor Winfried Henze, Hildesheim
Dr. Arnulf Herbst, Frankfurt/M.
Prof. DDr. P. Friedrich Hermann O.S.B., Salzburg
Prof. Dr.-Ing. Justus Herrenberger, Braunschweig
Propst Dr. Otmar Hesse, Goslar
Dr. Anja Hesse, Braunschweig
PD Dr. Armin Hetzer Bremen
Uwe Karsten Heye, Hannover
Dr. Helga Hilschenz-Mlynek, Hannover
Prof. Dr. Volker Himmelein, Stuttgart
Albert Hirmer, München
Dr. Thomas Hirthe, Hannover

Anke Hölzer, Hannover
Dr. Adolf Hofmeister, Bremen
Dorothy Lee Hofrichter, Braunschweig
S. D. Dr. Johann Georg Prinz von Hohenzollern, München
Dr. Erla B. Hohler, Oslo
Prof. Dr. Dieter Honisch, Berlin
Dr. Hildegard Hoos, Frankfurt /M.
Dr. Gerhard Hopf, Lüneburg
Dr. Dietrich H. Hoppenstedt, Hannover
Dr. Wilhelm Hornbostel, Hamburg
Eva Horváth, Hamburg
Prof. Dr. Bernd Ulrich Hucker, Vechta
Dr. Vitus Huonder, Chur

Christel Irmscher-Lang, Göttingen

The Very Revd. Brandon Jackson, Lincoln
Dr. Roland Jäger, Leipzig
Propst Paul Jakobi, Minden
Dr. Horst-Rüdiger Jarck, Wolfenbüttel
Prof. Dr. Walter Jaroschka, München
Dr. Géza Jászai, Münster
Prof. Dr. Stuart Jenks, Erlangen
Simon Jervis, Cambridge
Dipl.-Ing. Jürgen Jeschke, Braunschweig
Dr. Peter Jezler, Hermatswil
Jesper Düring Jørgensen, Kopenhagen
Inga Johansson, Uppsala
Dr. Norbert Jopek, London
Dr. Theo Jülich, Darmstadt
François Jugla, Toulouse

Dr. Hans-Georg Kaack, Ratzeburg
Karsten Kablitz M. A., Wolfenbüttel
Dr. Ada Kadelbach, Lübeck
Prof. Dr. Rainer Kahsnitz, München
Ulrich Kalmbach, Salzwedel
Prof. Dr. Norbert Kamp, Göttingen
Dr. Bernd Kappelhoff, Stade
Dr. Gerhard Karpp, Leipzig
Prof. Dr. Dieter Kartschoke, Berlin
Dr. Bernd Kasten, Schwerin
Dr. Karl Georg Kaster, Osnabrück
Dr. Virginia R. Kaufmann, Princeton
Dr. Martin Kintzinger, Berlin
Barbara Kisseler, Hannover
Prof. Dr. Johann Christian Klamt, Utrecht
PD Dr. Bruno Klein, Landolfshausen
Dr. Ulrich Klein, Stuttgart
Dr. Everad Kleinertz, Köln
Dr. Elisabeth Klemm, München
Dr. Barbara Klössel, Wolfenbüttel
Prof. Dr. Bernd Kluge, Berlin
Alexandra von dem Knesebeck, Göttingen

Pastor Wolfgang Koch, Lüneburg
Dipl.-Ing. Norbert Koch, Braunschweig
Dr. Rüdiger Koch, Braunschweig
Prof. Dr. Theo Kölzer, Bonn
Dr. Dominik von König, Hannover
Prof. Dr. Eberhard König, Berlin
Dr. Peter Königfeld, Hannover
Prof. Dr. Dietrich Kötzsche, Berlin
Pfarrer Kuno Kohn, Hildesheim
Weihbischof Hans-Georg Koitz, Hildesheim
Dr. Björn R. Kommer, Augsburg
Dr. Anne S. Korteweg, Den Haag
Dr. Clemens Kosch, Köln
Prof. DDr. Raymund Kottje, Bonn
Propst Armin Kraft, Braunschweig
Dr. Hans-Joachim Krause, Halle
Melanie Krilleke, Hildesheim
Dr. Rupert Kroisleitner, Vorau
Dr. Renate Kroos, München
Dr. Ingeborg Krueger, Bonn
Helmut Kruse, Braunschweig
Dr. Jaromir Kubicek, Brünn
Dr. Joachim Kühn, Hannover
Dr. Hartmut Kuhlmann, Stuttgart
Dr. Udo Kuhlmann, Braunschweig
Kunstverein Braunschweig e. V., Braunschweig

Regierungspräsident Karl-Wilhelm Lange, Braunschweig
PD Dr. Johannes Laudage, Köln
Superintendent Dr. Werner Läwen, Halberstadt
Dr. Pierre-Yves le Pogam, Paris
Dr. Gregor Lechner, Furth b. G.
Gabriele Legant-Karau M. A., Lübeck
Rosa und Anton Legner, Köln
Helmut Lehnhart, Braunschweig
Hansgeorg Leibbrandt, Bonn
Dr. Manfred Leithe-Jasper, Wien
Martine Le Maner, Saint-Omer
Dipl.-Ing. Monika Lemke-Kokkelink, Braunschweig
Volker Lenz, Braunschweig
Dr. Herta Lepie, Aachen
Dr. Hanns Hubert Leuschner, Göttingen
Pfarrer Karl Leyrer, Mariental
Dr. Stefanie Lieb, Köln
Dr. Niels-Knud Liebgott, Kopenhagen
Jörg Liepolt, Braunschweig
Dr. Charles Little, New York
Dr. Kurt Löcher, Nürnberg
Dr. Alfred Löhr, Bremen
Prof. Dr. Hans-Dieter Loose, Hamburg
Dr. Hansjürgen Ludewig, Braunschweig
Dr. Hartwig Lüdtke, Bonn
Dr. Kurt Lüpke, Braunschweig
Dr. Friedrich Lüth, Lübstorf

Bernhard Maaz, Berlin
Dr. Volker Märgner, Braunschweig
Dr. Thór Magnússon, Reykjavík
Prof. Inge Mahn, Berlin
Hans Mahrenholtz, Hannover
Dr. Ekkehard Mai, Köln
Dr. Regine Marth, Berlin
Dr. G. H. Martin, London
Dr. Konrad Marwinski, Jena
François Mathon, Paris
Dr. Wladimir Matwejew, St. Petersburg
Dr. Hermann Maué, Nürnberg
Dr. Klaus Maurice, Berlin
Prof. Dr. Christina Meckelnborg, Berlin
Prof. Dr.-Ing. Cord Meckseper, Hannover
Prof. Dr. Christel Meier-Staubach, Wuppertal
Dr. Ursula Mende, Nürnberg
Dr. Gerd Mettjes, Stade
Dr. Wolfgang Metzger, Braunschweig
Josef Metzler O.M.I., Città del Vaticano
Dr. Heribert Meurer, Stuttgart
Dr. Eckhard Michael, Lüneburg
Dr. Sergiusz Michalski, Augsburg
Prof. Dr. Wolfgang Milde, Wolfenbüttel
Prof. Dr. Elmar Mittler, Göttingen
Dr. Martin Möhle, Lübeck
Dr. Annegret Möhlenkamp, Lübeck
Prof. Dr. Hans Herbert Möller, Hannover
Dr. Ulrich Montag, München
Philippe de Montebello, New York
Dr. Wolfgang Mössner, Kulmbach
Guy Mourlon, Paris
Hofrat DDr. Gottfried Mraz, Wien
Dompropst Dr. Hans Müllejans, Aachen
Dr. Hartmut Müller, Bremen
Dompropst Hans-Jürgen Müller, Ratzeburg
Prof. Dr. Barbara Mundt, Berlin
Prof. Dr. Florentine Mütherich, München

Roswitha Nagel, Merseburg
Dr. Klaus Naß, Wolfenbüttel
Dieter Nedele, Stuttgart
Dr. Roswitha Neu-Kock, Köln
Dr. Bernd Nicolai, Berlin
Brigitte Nicolas, Vannes
Dr. Klaus Niehr, Berlin
Dr. Erland Kolding Nielsen, Kopenhagen
Oberlandeskirchenrat Hartwig A. W. Niemann, Wolfenbüttel
Prof. Dr. Friedrich Niewöhner, Wolfenbüttel
Prof. Dr. Ursula Nilgen, München
Dr. Andrea Nisters, Speyer
Prof. Dr. Peter Noever, Wien

Susanne Nolte, Magdeburg
Dott. Pier Luigi Notari, Bologna
Dr. Francis van Noten, Bruxelles
Elisabeth Nottelmann, Münster

Prof. Dr. Otto Gerhard Oexle, Göttingen
Dr. Georg Oltmann, Bonn
Dr. Eilert Ommen, Nienburg
Max Oppel, München
Pfarrer Wolfgang Osthaus, Hildesheim
Heyo Oost, Braunschweig
JU Dr. Osvaldové, Brünn
Wulf Otte, Braunschweig
Dr. Frank Otten, Celle

Prof. Dr. Valentino Pace, Roma
Dott. Antonio Paolucci, Firenze
Hans Werner Pape, Berlin
Prof. Dr. Werner Paravicini, Paris
Dipl. Ing. Karl-Heinz Paris, Braunschweig
Dr. Patrick Perin, Rouen
Pfarrer Joachim Petasch, Hadmersleben
Michael Peter M. A., Berlin
Dr. Hans Albert Peters, Düsseldorf
Prof. Dr. Hans-Günther Peters, Hannover
Prof. Dr. Jürgen Petersohn, Marburg
Prof. Dr. Wolfgang Petke, Göttingen
Charles E. Pierce, New York
Paulette Pieyns-Rigo, Liège
Hervé Baron Pinoteau, Versailles
Prof. Dr. Mikhail Piotrovsky, St. Petersburg
Dr. Gudrun Pischke, Büren
Corinna Pless, Hannover
Dr. Joachim M. Plotzek, Köln
Dr. Roswitha Poll, Münster
†Prof. Dr. Birgit Pollmann, Braunschweig
Earl A. Powell III, Washington
Prof. Dr. Wolfgang Prange, Schleswig
Monika Preuß M. A., Karlsruhe
May-Britt Pürschel, Hannover
Dr. Matthias Puhle, Magdeburg
Äbtissin Lonie von Pusch, Ebstorf

Dr. Arnold Rabbow, Braunschweig
Lilian Randall, Baltimore
Dr. Annette Rath-Beckmann, Bremen
Prof. Dr. Hans-Joachim Raupp, Köln
Helmut Reilemann, Braunschweig
Dr. Uta Reinhardt, Lüneburg
Michel Rérolle, Poitiers
Prof. Dr. Timothy Reuter, Southampton
Axel Richter, Braunschweig
Lore Ritter, Braunschweig
Dr. Heide Roch-Stübler, Goslar
Dr. Burkard von Roda, Basel
Dr. Volker Rodekamp, Minden
Dr. Thorsten Rodiek, Osnabrück
Dr. Helmut Rohlfing, Göttingen
Dr. Alheidis von Rohr, Hannover
Dr. Waldemar R. Röhrbein, Hannover
Prof. DDr. Franz Ronig, Trier
Volker Röntsch, Braunschweig
Dr. Andreas Röpcke, Schwerin
PD Dr. Werner Rösener, Göttingen
Prof. Hartmut Rötting M. A., Wolfenbüttel
Bettina Roß, Hamburg
Michael Rudolph, Braunschweig
Pfarrer Albert Ruf, Nagelsberg-Amrichshausen
Joachim Rügenhagen, Braunschweig

Dr. Jochen Sander, Frankfurt/M.
Dr. Antje Sander-Berke, Schwerin
Dr. Christine Sauer, Stuttgart
Prof. Dr. Willibald Sauerländer, München
Amanda Saville, Cambridge
Guido Scaramellini, Chiavenna
Dr. Ulrich Schäfer, Münster
Karl Schaper, Sickte
Jürgen Scharna, Braunschweig
Dr. Bernhard Schemmel, Bamberg
Prof. Dr. Rudolf Schieffer, München
Werner Schierhorn, Wolmirstedt
Prof. Dr. Gerhard Schildt, Braunschweig
Dr. Jürgen Schilling, Rom
Sigrid Schindler, Braunschweig
Felicitas Schlué, Braunschweig
Dr. Ing. H. Schlüter, Bonn
Bettina Schmidt M. A., Köln
Gundula Schmidt, Braunschweig
Dr. Hans-Werner Schmidt, Kiel
Prof. Dr. Helwig Schmidt-Glintzer, Wolfenbüttel
Dr. Maria Schneider, Wolfsburg
Prof. Dr. Bernd Schneidmüller, Bamberg
Dr. Karl Heinrich Schnöckel, Braunschweig
Dr. Ulrich Schoknecht, Waren/Müritz
Kirsten Schönfelder, Hildesheim
Michael Schormann M. A., Hannover
Dr. Regula Schorta, Riggisberg
Archivdirektor Wolfgang Schößler, Brandenburg
Prof. Dr. Ernst Schubert, Göttingen
Prof. Dr. Ernst Schubert, Halle
Dr. Klaus Schuberth, Braunschweig
Günter Schuchardt, Eisenach
Dechant Walter Schüller, Warendorf-Freckenhorst
Dr. Ulrich Schulte-Wülwer, Flensburg
Walter Schulze, Braunschweig
Dr. Karl Schütz, Wien
Dr. Ulrich Schwarz, Wolfenbüttel

Hans-Joachim Schymalla, Quedlinburg
Wolfgang Sehrt, Braunschweig
Dr. Martin Seidler, Köln
Dr. Peter Seiler, Berlin
Dr. Petra Sevrugian, Berlin
Alan Shestack, Washington
Prof. Dr. Harald Siebenmorgen, Karlsruhe
Dr. A. Siebrecht, Halberstadt
Susanne Siegl, Hannover
Susanne Sievers, Braunschweig
Dr. Ulrich Simon, Lübeck
Dr. Valérie-Anne Sircoulomb, Dié und Braunschweig
Prof. Dr. Piotr Skubiszewski, Poitiers und Warszawa
Ph. Dr. Lubomir Slavicek, Prag
Robert Slawski, Braunschweig
J. Michael Smithurst, London
Cardinale Angelo Sodano, Città del Vaticano
Prof. Dr. Heinz Spielmann, Schleswig
Dr. Gerd Spies, Braunschweig
Dr. Goswin Spreckelmeyer, Braunschweig
Dr. Alois Stadler, St. Gallen
Prof. Dr. Erich Stahleder, München
Prof. Dr. Georg Steer, Eichstätt
Dompropst Uwe Steffen, Ratzeburg
Werner Steffens, Braunschweig
Dr. Annegret Stein-Karrenbach, Berlin
Barbara Steinmeyer, Hannover
Ilse Stephani, Braunschweig
Dr. Christoph Stiegemann, Paderborn
Prof. Dr. Christoph Stölzl, Berlin
Neil Stratford, London
Dr. Karl W. Strauß, Clausthal-Zellerfeld
Dr. Ulrike Strauß, Wolfenbüttel
Dr. Gerhard Streich, Göttingen
Prof. Dr. Robert Suckale, Berlin
Dr. Gude Suckale-Redlefsen, Berlin
Dr. Ulrike Surmann, Köln

Elisabeth Taburet-Delahaye, Paris
Gernot Tartsch, Braunschweig
Dr. Göran Tegnér, Stockholm
Bénédicte Terouanne, Cambrai
Prof. Dr. Matthias Thiel, Göttingen
Prof. Dr. Harmen Thies, Braunschweig
Anniken Thue, Oslo
Dirk Tils, Braunschweig
Ingrid Töllner, Hannover
Dr. Monika Tonsch, Hildesheim
Thomas Tottie, Uppsala
Heinz Treske, Braunschweig
Dr. Helmut Trnek, Wien
Pfarrer Manfred Trümer, Königslutter

Dr. Gert-Dieter Ulferts, Braunschweig
Alfons Urban, Rottenburg a. N.

Dr. Paula Väth, Berlin
Dr. Peter Veddeler, Münster
Theo Vermeulen, Den Haag
Elisabeth Verry, Angers
Prof. Dr. Horst Vey, Karlsruhe
Dr. William D. Voelkle, New York
Dr. Werner Vogler, St. Gallen
Dietrich Voit, Braunschweig
DDr. Peter Volz, Heidelberg
Dipl.-Ing. Gotthard Voß, Halle

Dr. Berndt Wachter, Hitzacker
Bernhard Walter O.F.M., Hildesheim
Prof. Dr. Carsten-Peter Warncke, Braunschweig
Dr. Martin Warnke, Lüneburg
Dr. Gisela Weber, Heidelberg
Dr. Winfried Weber, Trier
Dr. Ingrid Weibezahn, Bremen
Prof. Dr. Stefan Weinfurter, München
Dr. Hiltrud Westermann-Angerhausen, Köln
Dr. Rolf Wiese Rosengarten, Ebstorf
Dr. Leonie von Wilckens, München
Dr. Harald Wildhagen, Havelberg
Dr. Nigel E. Wilkins, Cambridge
Paul Williamson, London
Superintendent Kurt Winkelmann, Schwerin
Dr. Mechtild Wiswe, Braunschweig
Dr. Reimer Witt, Schleswig
Wittelsbacher Ausgleichsfonds, München
Dr. William D. Wixom, New York
Prof. Dr. Armin Wolf, Frankfurt/M.
Dr. Michael Wolfson, Hildesheim
Harald Wolter-von dem Knesebeck, Göttingen
James N. Wood, Chicago
Dr. Paul Woudhuysen, Cambridge

Prof. Dr. Johannes Zahlten, Braunschweig
Klaus R. Zapf, Braunschweig
Staatsminister Dr. Hans Zehetmair, München
Dr. Antonie Ziemba, Warschau
Dr. Rainer Zirbeck, Braunschweig
Dr. Sonja Zöller, Frankfurt
Prof. Dr. Thomas Zotz, Freiburg
Pfarrer Ludwig Zuber, Zwiefalten

Die Autoren

Thorsten Albrecht	T.A.	Andreas Fingernagel	A.Fi.
Uwe Albrecht		Laurence Flavigny	L.F.
Gerd Althoff		Geneviève François	G.F.
Karl Arndt		Nora Gädeke	N.G.
Janet Backhouse	J.B.	Manfred R.W. Garzmann	M.R.W.G.
Birgit Bänsch	B.B.	Manfred Gläser	M.Gl.
Matthias Becher		Mieczyslaw Grabowski	M.Gr.
Frank Berger	F.B.	Antjekathrin Graßmann	A.G.
Monika Böning	M.Bö.	Hans-Henning Grote	H.-H.G.
Gert Böttcher	G.Bö.	Helmar Härtel	H.H.
Hartmut Boockmann		Claus-Peter Hasse	C.P.H.
Stephanie Borrmann	S.B.	Friedrich Hausmann	F.H.
Gian Casper Bott	G.C.B.	Werner Hechberger	W.H.
Hansjürgen Brachmann		Bernd Ulrich Hucker	B.U.H.
Michael Brandt	M.Br.	Michael Hütt	M.H.
Beate Braun-Niehr	B.B.-N.	Horst Rüdiger Jarck	H.R.J.
Reiner Cunz	R.C.	Theo Jülich	T.J.
Rolf De Kegel	R.D.K.	Karsten Kablitz	K.K.
Jutta Desel	J.D.	Dieter Kartschoke	D.K.
Bernhard Diestelkamp		Virginia Roehrig Kaufmann	
Frank Druffner	F.D.	Martin Kintzinger	M.K.
Regina Dunkel	R.D.	Bruno Klein	
Joachim Ehlers		Barbara Klössel	B.K.
Trude Ehlert	T.E.	Norbert Koch	N.K.
Helmut Engelhart	H.E.	Theo Kölzer	
Odilo Engels		Dietrich Kötzsche	
Alfred Falk	A.Fa.	Ingeborg Krueger	I.K.
Robert Favreau		Walter Kühn	W.K.
Günter P. Fehring		Wibke Laggin	W.L.

Johannes Laudage	
Gabriele Legant-Karau	G.L.-K.
Stefanie Lieb	S.L.
Jochen Luckhardt	J.L.
Axel Lungershausen	A.L.
Beatrice Marnetté-Kühl	B.M.-K.
Regine Marth	R.M.
Cord Meckseper	C.M.
Ursula Mende	U.M.
Michael Menzel	M.Me.
Volker Mertens	
Wolfgang Milde	
Martin Möhle	M.Mö.
Doris Mührenberg	D.M.
Florentine Mütherich	F.M.
Markus Müller	M.Mü.
Klaus Naß	K.Na.
Bernd Nicolai	B.N.
Franz Niehoff	F.N.
Klaus Niehr	K.Ni.
Andrea Nisters	A.N.
Ursula Nilgen	U.N.
Otto Gerhard Oexle	O.G.O.
Everhardus Overgaauw	E.O.
Werner Paravicini	W.P.
Jürgen Petersohn	J.P.
Veronika Pirker	V.P.
Gudrun Pischke	G.P.
Joachim M. Plotzek	J.M.P.
Matthias Puhle	
Ursula Radis	U.R.
Timothy Reuter	T.R.
Werner Rösener	
Hartmut Rötting	H.R.
Ulrich Schäfer	U.Schä.
Ingrid Schalis	I.S.
Alois Schmid	
Bettina Schmidt	B.Schm.
Bernd Schneidmüller	B.Schn.
Ulrich Schoknecht	U.Scho.
Regula Schorta	R.Sch.
Ernst Schubert	
Heidelore Schulz	H.S.
Ulrich Schwarz	U.Schw.
Martin Seidler	M.Se.
Peter Seiler	P.Se.
Ulrich Simon	U.S.
Monica Sinderhauf	M.Si.
Thomas Stangier	T.S.
Neil Stratford	N.S.
Gerhard Streich	G.St.
Robert Suckale	R.S.
Gude Suckale-Redlefsen	G.S.-R.
Harmen Thies	
Martin Thoemmes	M.T.
Paula Väth	P.V.
Ludwig Vones	L.V.
Helmut G. Walther	H.G.W.
Alfred Walz	A.Wa.
Andreas Weißmann	A.We.
Stefan Weinfurter	S.W.
Reinhold Wex	R.W.
Leonie von Wilckens	L.v.W.
Harald Wolter-von dem Knesebeck	H.W.v.d.K.
Johannes Zahlten	
Thomas Zotz	T.Z.

Ausstellung und Jubiläumsveranstaltungen

Gesamtleitung

Dr. Jochen Luckhardt

Konzeption und Organisation

Dr. Franz Niehoff

Wissenschaftliches Sekretariat

Dr. Franz Niehoff (ab 3/92),
Leiter des Ausstellungssekretariats

Dr. Beate Braun-Niehr M.A. (ab 2/93)
Dr. Claus-Peter Hasse M.A. (ab 1/94)
Dr. Gian Casper Bott (ab 2/94)
Dr. Jutta Desel M.A. (ab 10/94)
Dr. Ute Roudsarabi (ab 10/94)
Dr. Markus Müller (ab 1/95)
Stephanie Borrmann M.A. (ab 1/95)
Thomas Stangier M.A. (ab 2/95)

Sekretariat und Verwaltung

Ausstellungssekretariat
Klaus-Jürgen Böhm
Ute Rygol

Herzog Anton Ulrich-Museum
Edeltraud Höft
Dieter Laschkowski
Antje Maack
Rosemarie Risch
Jutta Schwichtenberg

EDV-Logistik

Dr. Beate Braun-Niehr M.A.
Bernd-Peter Keiser

Ausstellungsplanung und Gesamtgestaltung

Architekturbüro N. Koncza, Stuttgart
Entwurfsbegleitung K. Lohrer, Stuttgart

Klimatechnik

Becker + Becker, Ingenieursgesellschaft mbH,
Albrecht Gierke, Braunschweig
Ing.-Büro Gerhard Kahlert, Haltern

Lichtplanung

Conceptlicht GmbH, Helmut Angerer, Traunreut

Grafische Gestaltung

Büro für Grafische Formgebung, Pfinztal
Dietmar Burger – Volker Müller

Vitrinen

Böhm GmbH, Waiblingen

Einbauten

Friedrich Trautwein, Stuttgart

Koordination Ausstellungsarchitektur

Dr. Alfred Walz

in Kooperation mit dem Staatshochbauamt I – Braunschweig
Fred Apel
Jürgen Kopmann
Helmut Lehnhart
Burkhardt Schmidt
Heinz Treske

Beschriftung

Konzept und Koordination
Dr. Franz Niehoff
Dr. Claus-Peter Hasse M.A.

Texte
Dr. Beate Braun-Niehr M.A.
Dr. Thomas Döring
Dr. Sabine Jacob
Dr. Martin Möhle

Thomas Stangier M.A.
Dr. Anne Charlotte Steland
Andreas Weißmann M.A.
Dr. Reinhold Wex

Modellbau

Ausführung

Susanne Siegl und Barbara Steinmeyer (unter Mitarbeit von Karin Heisler und Rolf Möller)
Historischer Architekturmodellbau Hannover

Hans-Eberhard Grützmacher
Architektur & Konstruktions-Modellbau, Lübeck

Wissenschaftliche Beratung

Modell: Braunschweig, ehem. Stiftskirche St. Blasius

Dr. Beate Braun-Niehr M.A.
Dr. Hans-Henning Grote, Wolfenbüttel
Dr. Claus-Peter Hasse M.A.
Dr. Anette Haucap-Naß, Braunschweig
Dipl.-Ing. Norbert Koch, Braunschweig
Dr. Martin Möhle, Lübeck
Dr. Franz Niehoff
Dr. Klaus Niehr, Berlin
Prof. Dr. Harmen Thies, Braunschweig

Modell: Braunschweig-Altstadt

Prof. Hartmut Rötting M.A.(Gestaltungsentwurf und Projektleitung)
Wolfgang Hau (Plan- und Entwurfsgrafik)
Dieter Haupt (Baukonstruktionsgrafik)
Dr. Maren Hellwig (Paläoethnobotanische Grundlagen)

Modell: Lübeck, Kaufleuteviertel

Gabriele Legant-Karau M.A. (Gestaltungsentwurf), Lübeck

Kunsttransporte

SCHENKER EUROCARGO (Deutschland) AG
– eurocargoart –
team braunschweig
Hans-Jürgen Richter
Uwe Günther
Anja Munte
Miriam Kast

Konservatorische Betreuung

Hildegard Krause
Eva Jordan-Fahrbach
Claudia Entschladen M.A.

Eva Kümmel
Sylvia Mitschke
Melanie Schneider

Susanne Barthelmes
Anke Freund
Kerstin Hasselbach
Daniela Heckmann
Barbara Keimer
Lioba Kohlenbach
Bettina Runge M.A.
Olaf Wilde
Daniela Heckmann
Friederike Zimmern

Aufbau und Technik

Ulrich Nebelung
Rudolf Lange

Ralf Peter
Maren Meyer

Aufsicht

Bernhard Gorges (Oberaufsicht)
Ulrich Nebelung (Oberaufsicht)

und weitere Mitarbeiter des Herzog Anton Ulrich-Museums

Praktikum

Wolfgang Beckermann
Maren Dambroth
Oliver Glißmann
Claudia Hoff
Antje Polzien M.A.
Christine Rödling
Ina Samel
Ulrike Sander
Kurt Scharenberg
Caren Schweder
Petra Wenzel

Marketing und Kommunikation

Gesamtkonzeption

Dr. Franz Niehoff

Organisation und Konzeption: Öffentlichkeitsarbeit, Pressearbeit, Werbung

Dr. Jutta Desel M.A. (Pressesprecherin)
Stephanie Borrmann M.A.

Ausstellungsagentur: Corporate Desgin, Kommunikation, Merchandising

wir, kommunikative Werbung GmbH
Eckhard Blaume, Norbert Gabrysch, Andreas Viedt

Sponsoring

Norbert Gabrysch, wir kommunikative Werbung GmbH
Dr. Birgit Grüßer, Agentur Kultur, Ökologie, Kommunikation

Dr. Jutta Desel M.A.

Organisationsabsprachen und Koordination - »Löwenrunde«

Gerd Biegel, M.A., Direktor des Braunschweigischen Landesmuseums
Dr. Annette Boldt-Stülzebach, Kulturamt der Stadt Braunschweig
Dr. Jürgen Bräcklein, Oberstadtdirektor
Hans-Peter Conrady, Kulturdezernent
Klaus Germer, Regierungsdirektor
Joachim Hempel, Domprediger
Dr. Anja Hesse, Kulturamt der Stadt Braunschweig
Armin Kraft, Propst
Karl Wilhelm Lange, Regierungspräsident
Dr. Jochen Luckhardt, Direktor des Herzog Anton Ulrich-Museums
Helmut Reilemann, Städtischer Verkehrsverein
Gundula Schminanski-Zurek, Amt für Stadtmarketing

Jubiläumsprogramm »Heinrich 800«: Idee und Impulse

Dr. Franz Niehoff

Organisation »Heinrich 800« für das Herzog Anton Ulrich-Museum

Dr. Jutta Desel M.A.

Ausstellungsjournal »Vernissage«

Dr. Franz Niehoff

Dr. Gian Casper Bott
Dr. Jutta Desel M.A.
Dr. Ulrich Schäfer
Thomas Stangier M.A.

Museumspädagogik – Führungsservice

Leitung

Dr. Ute Roudsarabi
Thomas Stangier M.A.

Sekretariat

Edeltraud Höft
unter Mitarbeit von Ina Samel

Museumspädagogisches Begleitprogramm »Löwenburg«

Projektleiter

Klaus Rathgen

Stellvertreter und historische Fragen

Titus Ullmann M.A.

Werkstattleiter

Carsten Axmann
Ulli Daumann (zeitweise)
Gaby Ehrich
Doris Maedge
Pascal Schmidt (zeitweise)
Wilke Schmich
Christine Schulz

PraktikantInnen

Holger Arndt, Friederike Barthel, Nicole Bergmann, Katrin Boemke, Andrea Brücken, Katja Fillmann, Anita Hebbinghaus, Julia Hermann, Eva Klöckner, Silke Kull, Tina Koch, Nina Ornowski, Astrid Poppy, Melanie Redlberger, Elvira Schmidt, Marijana Tomasevic, Manuela Wenz

»Löwenstarke Geschichten« Ausstellungsbuch für junge Leute ab Zehn

Günther Hein
Melanie Krilleke
Kirsten Schönfelder

Dr. Franz Niehoff (Koordination)

Plakat

wir, kommunikative Werbung GmbH, Eckhard Blaume

Tonbandführung

Konzept
Dr. Markus Müller

Realisation
Institut für Audio-Visuelles Lernen, Oberolm

Audiovision

Konzept
Thomas Stangier M.A.

Realisation
Bernd-Peter Keiser

Computer-Informationssystem

Konzept und Realisation
Süßmuth und Partner SP GmbH

Katalog

Konzeption und Organisation

Dr. Franz Niehoff

Redaktion

Dr. Beate Braun-Niehr M.A.

Dr. Claus-Peter Hasse M.A.
Thomas Stangier M.A.

unter Mitarbeit von
Stephanie Borrmann M.A.
Dr. Jutta Desel M.A.
Christine Rödling
Dr. Ulrich Schäfer
Andreas Weißmann M.A.
Petra Wenzel

Bildredaktion

Dr. Gian Casper Bott

Neuaufnahmen

Bernd-Peter Keiser

Kartographie

Wissenschaftliche Betreuung
Dr. Claus-Peter Hasse M.A.
Dr. Gudrun Pischke

Herstellung
Kartographisches Institut Grothus-Verlag, Kassel

Studentische Hilfskräfte

Oliver Glißmann
Kurt Scharenberg

Übersetzungen

Dr. Gian Casper Bott
Dr. Klaus van Eickels, Bamberg
Dr. Sergiusz Michalski, Augsburg
Dr. Markus Müller
Thomas Stangier M.A.
Ingrid Taylor, München
Dr. Susan Tipton M.A., Kassel

Sekretariat

Ute Rygol

Register der Abbildungen

Petra Wenzel

Druckbetreuung

Bernd-Peter Keiser

Verlag

Hirmer Verlag, München

Lektorat
Margret Haase-Determann

Herstellung
Albert Hirmer
Irmgard Ernstmeier-Hirmer

KATALOG

R·ISTO REX·XPIVS·S·OSWALDVS
S·OSWALD
S·EADWARD

A Geschichte in Bildern ihrer Zeit

Vielerorts tritt im 11. und 12. Jahrhundert ein neues Interesse an der Geschichte und ihrer Vermittlung auf. Eine ihrer grundsätzlichen Formen ist die Geschichtserzählung. Geschichten in bilderreichen Worten und wortreichen Bildern prägen Vorstellungen, worin sich zugleich allgemein Erfahrungen und Erwartungen der Menschen ausdrücken. Zeit und Raum erhalten in diesen Werken überschaubare Form.

Otto von Freisings »Geschichte von den beiden Reichen« *(Historia De duabus civitatibus)* umspannt die Zeiten von ihrem Anfang bis zu ihrem Ende. Sein Bild von der Geschichte widmet der Freisinger Bischof Kaiser Friedrich Barbarossa. Doch nicht nur Kaiser und Bischöfe, Kleriker und Mönche, sondern auch der Adel und die Bürger treten damals in den Gesichtskreis der Geschichtsschreibung.

Zu diesen Geschichtsbildern in Texten kommen diejenigen in Bildern an Portalen und Wänden, auf Reliquiaren und Teppichen, in Miniaturen und Karten. Die monumentale Ebstorfer Weltkarte präsentiert den ganzen Erdkreis. In ihrem Zentrum liegt Jerusalem; auch Rom sowie Braunschweig treten hervor.

Päpste, Kaiser, Könige und Bischöfe besinnen sich damals auf ihre Anfänge, heilige Ursprünge. Alte Zeremonien wie Investituren und Krönungen werden strittiger. Zunehmend berufen sich Adelshäuser wie die Staufer und Welfen auf den ersten christlichen Kaiser des Abendlandes, auf Karl den Großen. Im »Rolandslied« tritt der Musterherrscher als erster Kreuzfahrer und Befreier des Jakobusgrabes in Santiago de Compostela auf. Die Zeit der Kreuzzüge liefert ein Muster lebendiger Vergangenheit.

Innerhalb der Welt des Hochmittelalters sind die Pfalzen und Burgen landauf, landab Zwischenstationen adliger Herrschaft und ihrer Repräsentation. Zugleich wächst die Adelsgesellschaft durch ihre erstaunliche Mobilität zu einer europäischen Region zusammen. Beliebte Formen der Legitimation sind Genealogien, sowohl als Aufzählung von Namen als auch in Bildlisten. Bildprogramme wie jene des Karls- oder Oswald-Reliquiars dokumentieren derlei Absichten. Dahinter steht ordnende Sinngebung. Das Widmungsgedicht des Evangeliars faßt sie in Worte:

Von Königen stammt sie ab, er von Kaisern.
Er ist ein Nachkomme Karls.

1125	Kölner Königswahl Lothars III.
1122–1155	Abt Suger Bauherr der zukunftweisenden Klosterkirche St. Denis bei Paris
1143–1155	Aufstand der Kommune in Rom
1146	Bernhard von Clairvaux ruft zum Zweiten Kreuzzug auf
1152	Eleonore von Aquitanien, von König Ludwig VII. von Frankreich geschieden, heiratet Heinrich Plantagenêt, den späteren König Heinrich II. von England
1161 ff.	Heinrich der Löwen verstärkt die Handelsbeziehungen über das *Mare balticum* nach Dänemark, Schweden, Norwegen und Rußland
1165	Heiligsprechung Karls des Großen in Aachen
1163/69	Aufstellung des Braunschweiger Burglöwen
1170	Ermordung Thomas Beckets in der Kathedrale von Canterbury; Kanonisation 1173
1177	Frieden von Venedig und Beendigung des Schismas
1178	Sturz des Baumeisters Wilhelm von Sens vom Gerüst in Canterbury
1180	Reichstag von Gelnhausen – Verurteilung Herzog Heinrichs des Löwen
1189/90	Dritter Kreuzzug
1193	Heiligsprechung Bernwards von Hildesheim
1194	Gefangennahme Richard Löwenherz' und Freilassung nach Zahlung eines hohen Lösegeldes
1198–1208	Staufisch-welfischer Thronstreit
1204	Eroberung und Plünderung von Konstantinopel
1214	Schlacht von Bouvines
1215	4. Laterankonzil
1221/24	Sachsenspiegel des Eike von Repgow
1235	Gründung des Fürstentums Braunschweig-Lüneburg

Swarzenski 1932. – Borst 1973. – Barral i Altet/Gaborit Chopin 1982 und 1984. – Legner 1982. – Keller 1984. – Bumke 1986. – Kötzsche 1989. – Althoff 1992. – Hucker 1990. – Heinzle 1994. – Le Goff 1994. – Paravicini 1994. – Schneidmüller 1995. – Fried/Oexle 1996.

F.N.

A 1 Ebstorfer Weltkarte

Ebstorf (?), 1208/18 (?)

Nachbildung auf Pergament – H. ca. 3,60 m – B. ca. 3,60 m.

Kulmbach, Landschaftsmuseum Obermain, Plassenburg, Inv. Nr. 3913

Das Weltenrund wird von dem gekreuzigten Jesus Christus gehalten, dessen blutende Hände und Füße an den Seiten und unten zu sehen sind. Sein Haupt ist mit der Legende *A* und *O, Primus et novissimus* versehen, weist also auf die Jesusworte »Ich bin das A und O, der Anfang und das Ende« und »Fürchte dich nicht, ich bin der Erste und der Letzte« (Apc 1, 8 u. 17). Sizilien ist herzförmig gestaltet. Die Erde erscheint damit als Leib Christi, repräsentiert also den Mikrokosmos des menschlichen Leibes und zugleich den Makrokosmos (Armin Wolf). Auch der Karteninhalt mit seinen insgesamt 1224 Bildlegenden wird von himmlischen und irdischen Dingen durchdrungen. Mit Jerusalem im Zentrum stellt das Bild den Erdkreis dar, der durch das T-förmige Mittelmeer in drei Teile gegliedert ist: ASIA im Osten (oben), AFRICA im Süden (rechts) und EVROPA im Norden (links). Der äußere Rand ist den Weltmeeren und den Winden vorbehalten.

Auf der Karte sind heilsgeschichtliche und profangeschichtliche Stoffe in Texte und Bilder umgesetzt. Der Bogen ist von Adam und Eva im Paradies über Alexander den Großen und die Herkunft der Sachsen bis zu den Kreuzzügen gespannt. Um geographische Exaktheit geht es nicht. Flußläufe und Umrisse von Kontinenten und Inseln wurden nur ungenau, wenn nicht völlig verzerrt angegeben. Jerusalem ist die zwölftorige Stadt der Heilserwartung und nicht wie sonst eine sich an reale Verhältnisse anlehnende Stadtsignatur. Aus ihren Mauern erhebt

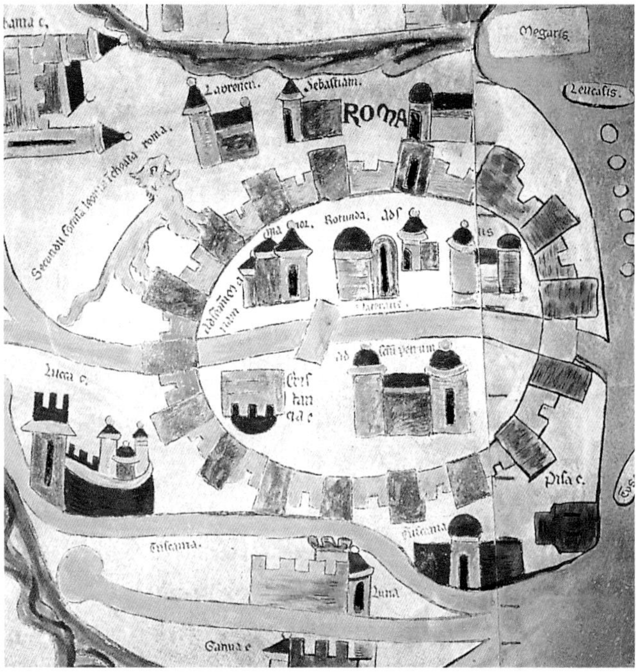

sich der auferstandene Christus. Im sächsischen Raum nimmt die Genauigkeit zu: Lüneburg und Braunschweig (am unteren linken Bildrand) sind mit mehreren aussagekräftigen Symbolen hervorgehoben. Das auf der Karte ausgebreitete Wissen ist enzyklopädischer Natur und den Stoffen im »Buch von den Wundern der Welt« des Gervasius (Kat. E 20 u. E 21) – zugleich die jüngste benutzte Vorlage der Texte – nahe verwandt.

Die Ebstorfer Karte besaß aber auch aktuelle Bezüge, denn sie verbindet den imperialen Gedanken mit der Kreuzzugsidee: Die Meilenangaben nach Jerusalem und die Lage von Braunschweig auf der durch Jerusalem verlaufenden Kartendiagonalen erinnern dessen Stadtherrn an sein kaiserliches Amt als Jerusalempilger. Die damals noch heidnischen baltischen Völker liegen geographisch auf derselben Linie wie die mit Kreuzritterburgen gespickte Küste Palästinas – Livland wird dadurch »mit dem Bedeutungswert eines Kreuzzuggeländes versehen« (Hartmut Kugler). Kein Zufall ist es ferner, daß Sizilien als Herz des Ganzen erscheint, denn das normannische Königreich war für Otto IV. die Ausgangsbasis für seine Kreuzzugsaktivitäten. Von hier startete 1211 die diplomatisch-militärische Expedition Wilbrands von Oldenburg und Hermanns von Salza nach Palästina, Armenien und Zypern.

Die Entstehungszeit der Karte war lange umstritten, doch haben unlängst paläographische Untersuchungen ihrer Schrift durch Bernhard Bischoff und Hans Martin Schaller ergeben, daß die Karte vom »Anfang des 13. Jhs.« bzw. aus den ersten drei Jahrzehnten des 13. Jahrhunderts stammt. Inhaltlich weist ein unübersehbares Detail auf die Zeit zwischen 1208 und 1218: Die Lehnsfahne auf der Stadt-

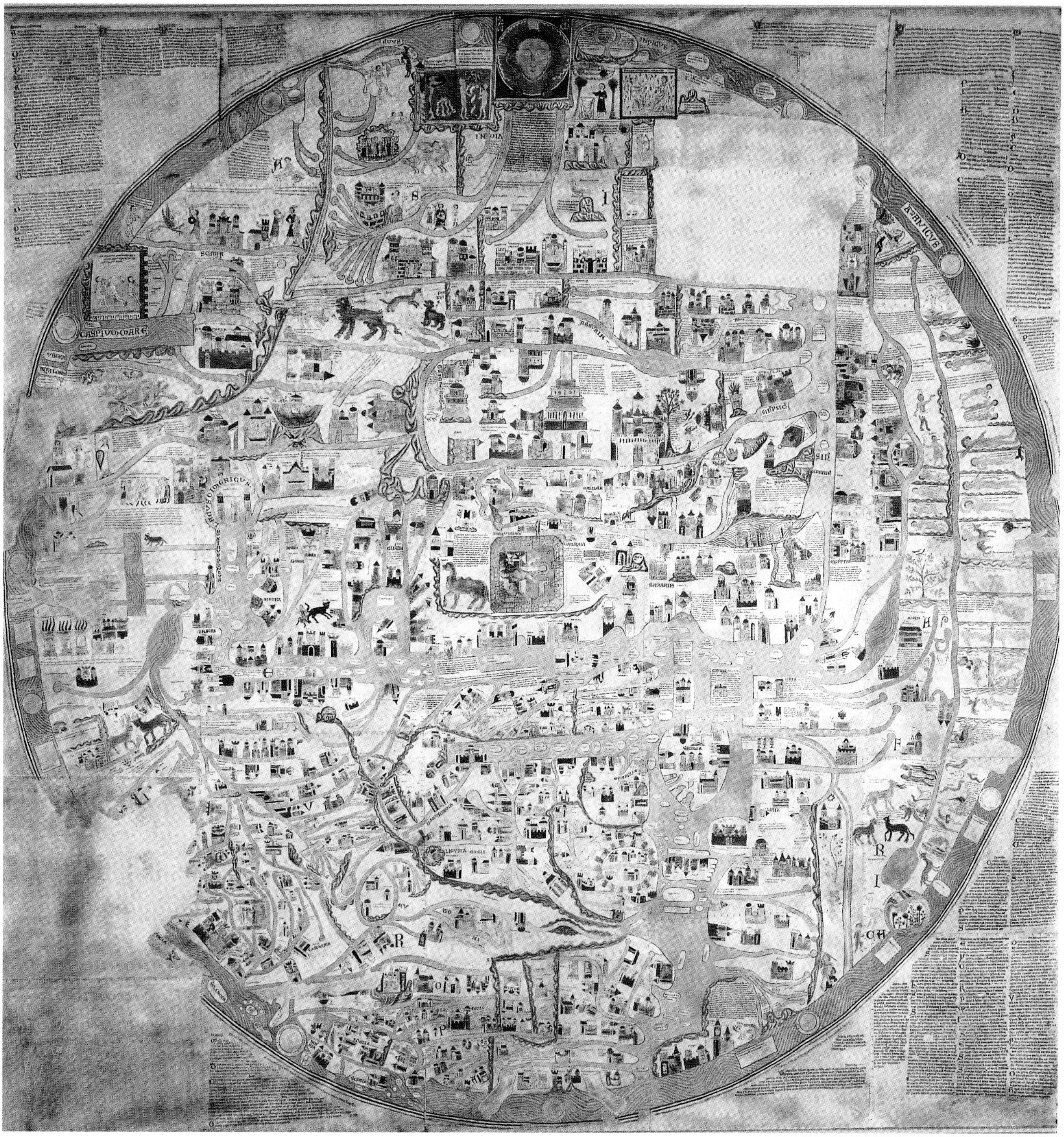

signatur von Lüneburg läßt sich allein mit der Herzogswürde Wilhelms von Lüneburg erklären. Dieser Hinweis besaß nur in den Jahren von 1208 bis 1213 Aktualität, allenfalls noch bis 1218, wo Kaiser Otto IV. Lüneburg für seinen Neffen Otto das Kind regierte und dieser als künftiger Herzog angesehen wurde. Als Entstehungsort des einzigartigen Kunstwerks gilt das Benediktinerinnenkloster Ebstorf, das mit seinen Märtyrergräbern bei Lüneburg eingezeichnet ist (doch wurden auch schon Lüneburg, Hildesheim und Braunschweig vorgeschlagen).

Die unmittelbare Urheberschaft des Gervasius von Tilbury, der zu seinem »Buch von den Wundern der Welt« eine neuartige Weltkarte (*pictura mundi*) ankündigte, wird aus den genannten und weiteren Gründen zunehmend wahrscheinlicher, so die Verwandtschaft der Karte mit den englischen Radkarten des Herzogs von Cornwall und der Kathedrale zu Hereford sowie die mutmaßliche Identität des Gervasius von Tilbury mit dem Propst Gervasius von Ebstorf. Dieser ist zwar erst ab 1223 bezeugt, war aber wohl der erste Propst des 1217/19 neugegründeten Frauenklosters. Ferner steht die Schrift der Karte dem Kanzleigebrauch in Sizilien und am Kaiserhof nahe – Gervasius aber repräsentierte diese Überschneidung. Vielleicht hat Gervasius eine Ausführung seiner *pictura mundi* in imperialen Dimensionen veranlaßt, um damit dem Kaiser die seinem Buch noch fehlende Weltkarte nachzuliefern und zugleich seinen Dank für die Übertragung der Propstei abzustatten.

Die 3,58 Meter hohe, auf 30 Schafspergamente gemalte Radkarte wurde vor 1833 im evangelischen Kloster Ebstorf gefunden, verbrannte aber 1943 infolge des alliierten Bombenangriffs auf Hannover, wohin das Original verliehen worden war. 1951/53 wurden von dem Kunstmaler und Graphiker Rudolf Wieneke (*1890, †1955) vier Nachbildungen (weitere im Kloster Ebstorf, in Lüneburg und in Hannover) in Originalgröße angefertigt.

Edition künftig von Hartmut Kugler. – Hucker 1984b. – Wolf 1986. – Hucker 1990, S. 135f. u. 409. – Wolf 1991. – Hucker 1992a. – Wolf 1995.

B. U. H.

A 2 Plinius d. Ä., *Hystoriae mundi* (Naturalis historia)

England (oder Westfrankreich ?), Mitte 12. Jahrhundert

Pergament – mehrfarbige Federzeichnung mit Farblasierung und Gold – 262 Blätter meist zu 2 Kolumnen – H. 43,5 cm – B. 32 cm.

Ville du Mans, Mediathèque Louis Aragon, MS C 263

Die Handschrift enthält den vollständigen Text der im Jahr 77 n. Chr. vollendeten Naturkunde des Plinius mit Vorreden (*argumenta*) und Lebensbeschreibung des Plinius nach Sueton, dazu ein ganzseitiges kombiniertes Schreiber- und Dedikationsbild auf fol. 10v vor Beginn des 2. Buchs sowie reiche, ornamental bzw. mit Drôlerien geschmückte Initialen vor allem zu den ersten Büchern (fol. 2r, 11r, 22v, 28v, 34r, 162v).
Im oberen Feld des einheitlich gerahmten Titelbilds sitzt Plinius frontal in der Mitte, auf dem Schoß das Schreibpult, über dem ein Blatt liegt, in das zu schreiben er schon begonnen hat – man liest *Plinius s(e)c(un)d(u)s* – und in dem ein Tintenhorn steckt; er ist dabei, mit dem Messer die Schreibfeder zu spitzen, während ein junger Diener in modischem Kleid mit Reitschlitz ihm Licht spendet mit einer Kerze auf hohem Leuchter, den er an Knauf und Fuß hält; außerdem hängt eine Öllampe an der bogenförmigen Abgrenzung des Raums, über der die reiche ›Außenarchitektur‹ sichtbar wird. Plinius ist als vornehmer Herr des 12. Jahrhunderts gekleidet, mit engärmeliger Tunica, weitärmeligem Obergewand und einem auf der Schulter geknöpften Mantel; er ist bärtig und trägt auf dem (damals modischen) lang auf die Schulter fallenden Haar einen *pileus*, d.h. eine Stoffmütze. Links hängen Schild (mit steigendem Löwen), Schwert, Fahnenlanze und Helm an der Wand, die den Besitzer als ›Ritter‹ und Heerführer ausweisen. – Im unteren Bildfeld, das durch eine gebrochene Säulenarkade in zwei Abschnitte geteilt wird, bringt Plinius, nun als zeitgenössischer Ritter gekleidet, seine »Naturkunde« einem frontal thronenden, ebenfalls zeitgenössisch gekleideten Herrscher dar; das Bild entspricht der den Text einleitenden Widmung *Vespasiano suo*, d.h. an seinen (Freund) Vespasianus Caesar = Titus (der damals, zu Lebzeiten des Kaisers Vespasian, selbst allerdings noch nicht Kaiser war). Plinius trägt nun über der kurzen Tunica das Kettenhemd mit Reitschlitz und ebensolche Beinlinge mit Sporen, den Helm (mit zur Seite geschobenem Nasenschutz) auf dem Kopf, das Schwert gegürtet, den ›normannischen‹ Langschild am Riemen umgehängt und die Fahnenlanze geschultert. Das Buch, das er dem Thronenden überreicht, ist ein mit einem Riemen zusammengebundenes Konvolut.
Das recht aufwendig gestaltete Titelbild präsentiert den antiken Autor und seine Umgebung als Zeitgenossen des 12. Jahrhunderts, setzt dabei aber biographische Angaben über Plinius (*23/24, †79 n. Chr.; vgl. Suetons Fragment einer Lebensbeschreibung und Briefe Plinius' d. J.) adäquat um: Aus dem hohen Reiteroffizier und Kommandanten des römischen Flottenstützpunkts Misenum, der laut Auskunft seines Neffen Plinius d. J. seine Arbeit schon vor Tagesanbruch bei Kerzenlicht begann, wird ein Heerführer (Fahnenlanze!) des 12. Jahrhunderts, der zu nächtlicher Stunde an seinem Werk schreibt. Damit wird das im anglo-französischen Bereich durchaus aktuelle Ideal des gelehrten Fürsten propagiert und durch das antike Vorbild sanktioniert. Außerdem zeigt das anspruchsvolle Titelbild den hohen Rang und die Wertschätzung, die das antike Werk und sein Autor im Hochmittelalter genossen (vgl. auch das schlichtere Dedikationsbild mit Plinius vor Vespasian in einer wohl aus St. Blasien stammenden Handschrift in Wien). Analoge Autoren- und Widmungsbilder antiker nichtchristlicher Schriftsteller sind damals noch selten; eine Ausnahme bildet der hochgeschätzte jüdische Historiker Flavius Josephus, der mehrfach als Schreiber seiner Werke und beim Widmungsakt an die Kaiser Vespasian und Titus dargestellt wird (z.B. Paris, Bibliothèque Nationale, Ms. lat. 5058 und Fulda, Hessische Landesbibliothek, Cod C 1: Bd. 2, Abb. 37).
Stilistisch gehört die Miniatur in den weiteren Umkreis englischer Buchmalerei der Scriptorien von St. Albans und Winchester: Rahmenornament mit ähnlich ›perspektivisch‹ gesehenen Zickzackbändern kommt bei den Bildseiten des Neuen Testaments in Cambridge, Pembroke College, Ms. 120, vor. Die extrem parzellierende Anwendung des »kurvig anhaftenden Feuchtfalten-Stils« mit Querstegen in den Faltentälern erinnert an das Chartular

A 2

von Sherborne und den Winchester-Psalter (Wurzel Jesse). Der Stil der Initialen wird seit Porcher und Oakeshott mit (St. Albans nahestehenden) Initialen des »Entangled Figures Master« in der aus Winchester kommenden Bibel in Oxford (Bodleian Library, Ms. Auct. E. inf. 1) verglichen. Schließlich weisen auch Schrift und Textversion auf England (Thomson). Doch könnte die Handschrift angesichts einiger an westfranzösische Buchmalerei erinnernder Züge vielleicht auch dort entstanden sein, zumal diese Gebiete zum englischen Großreich gehörten und ein intensiver Austausch an Künstlern und Ideen anzunehmen ist.

Le Mans, Abtei Saint-Vincent, 1698 (datiertes Ex-libris auf fol. 2r); dort bis 1791.

Kat. Paris 1954, Nr. 231 (Jean Porcher). – Cordonnier 1961. – Thomson 1982, S. 135f., Anm. 76 (Lit.). – Oakeshott 1984, S. 230. – Kat. London 1984, Nr. 57 (Lit.) (C.M. Kauffmann). – Kat. Köln 1985, 1, S. 220 (Abb.), 234, Nr. B 32 (Lit.) (Eduard Sebald). – Borst 1994, S. 257f. (Lit.).

U.N.

A 3 Lambert von Saint-Omer, *Liber floridus*

Flandern oder Hennegau, 3. Viertel 12. Jahrhundert

Pergament – lavierte und kolorierte Federzeichnungen – roter Schafledereinband des 17. Jahrhunderts – 105 Blätter – H. 43,5 cm – B. 29,5 cm.

Wolfenbüttel, Herzog August Bibliothek, Cod. Guelf. 1 Gud. lat.

Auszüge aus über 100 antiken, frühmittelalterlichen und zeitgenössischen Quellen machen das enzyklopädische Werk des Lambert von Saint-Omer (†1121) zu einem faszinierenden Zeugnis für das hochmittelalterliche Weltbild. In mehr als 300 Kapiteln faßt der Autor, Kanoniker an der Liebfrauenkirche der südflandrischen Stadt, das Wissen über historische Ereignisse – auch seiner eigenen Gegenwart (Investiturstreit, Erster Kreuzzug) –, Astronomie und Zeitrechnung, Geographie und Naturkunde zusammen. Dazu kommen Dichtungen, Wundergeschichten, medizinische Rezepte sowie theologisch-allegorische Erörterungen, etwa über Tugenden und Laster. Ganzseitige Darstellungen, Land- und Erdkarten sind neben aufs engste mit dem Text verzahnten Schemata von Anfang an als konsti-

A 3

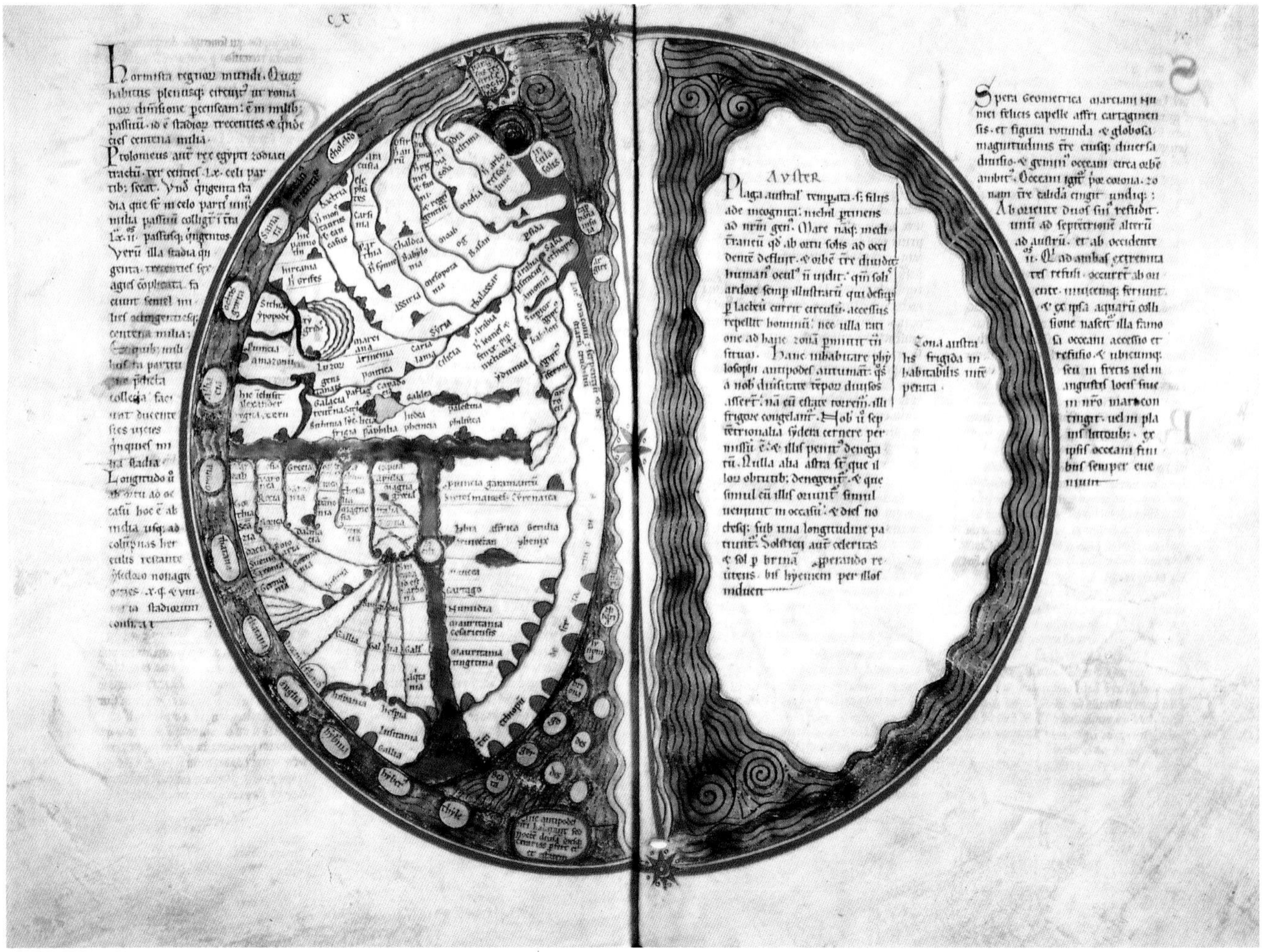

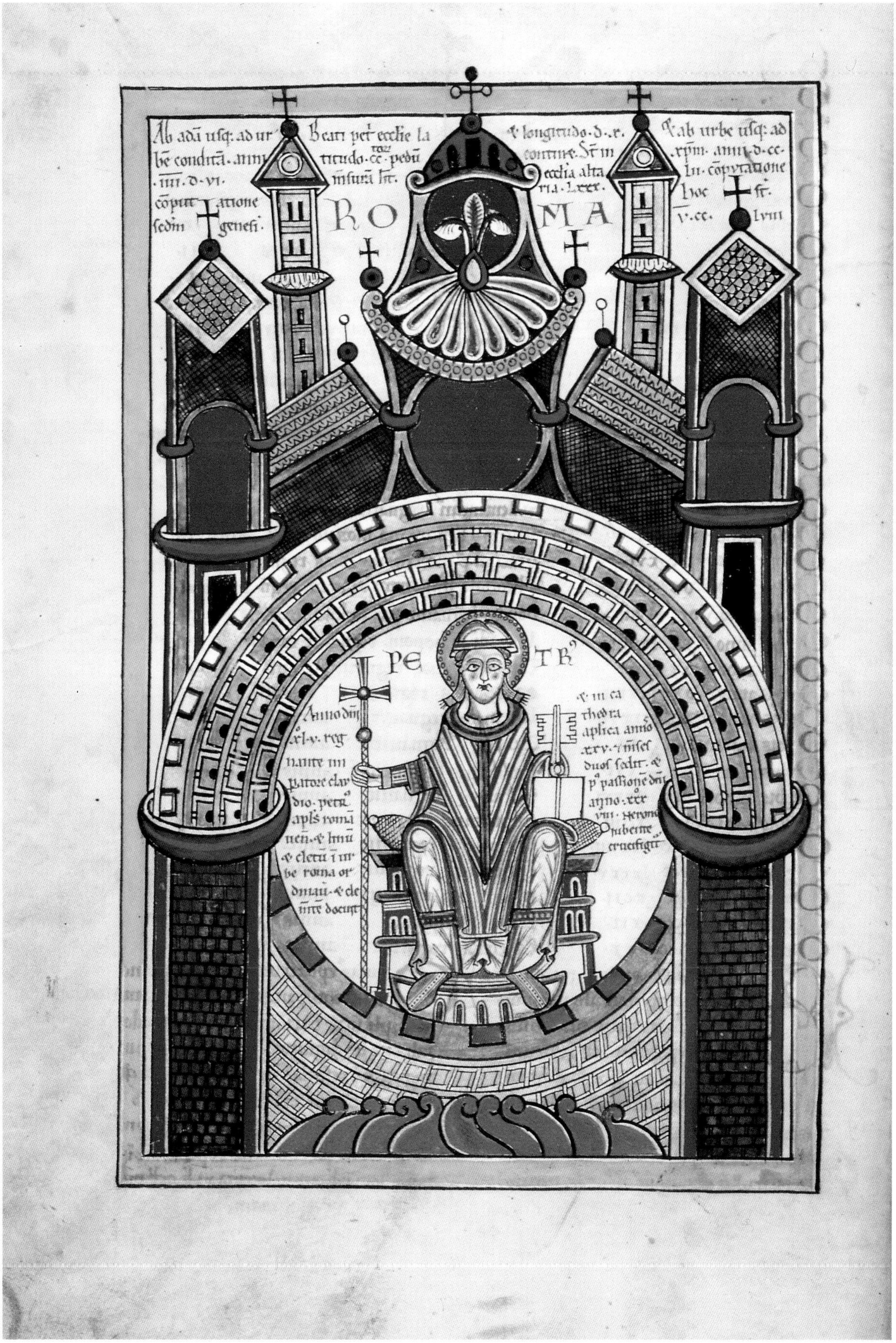

A 3

tutive Elemente in die Kompilation einbezogen. Unterschiedliche stilistische und ikonographische Traditionen verraten auch hier den Rückgriff auf ein reiches Vorlagenmaterial. Die bedingt durch den über fast ein Jahrzehnt sich hinziehenden Entstehungsprozeß zuweilen willkürlich erscheinende Ordnung der Themen spiegelt dennoch ein von christlicher Symbolik durchdrungenes Streben nach Einheit von Weltlichem und Geistlichem, Irdischem und Himmlischem. Der Wolfenbütteler Handschrift des Werks kommt besondere Bedeutung zu, da sie als älteste der erhaltenen Kopien dem Autograph (Gent, Universitätsbibliothek, Cod. 92) sehr nahe steht und dort verlorene Teile, so die Miniaturen zur Apokalypse und die Weltkarte (fol. 69v-70r), überliefert.

Diese ist vor allem deshalb bemerkenswert, weil sie – in der Nachfolge antiker griechischer Geographen – von der Kugelgestalt der Erde ausgeht und die beiden Hemisphären, getrennt vom Äquatorialozean und umflossen vom Polarozean, wiedergibt. Die südliche (rechte) Halbkugel wird zwar grundsätzlich als bewohnt gedacht, doch fehlt darüber jegliche Vorstellung. Dagegen werden die bekannten Erdteile mit detaillierten Angaben zu Flüssen, Gebirgen und Landschaften entsprechend den Ökumene-Karten in T-Form angeordnet: Zwischen Europa und Afrika zieht sich das Mittelmeer hin; Don, Schwarzes Meer und Nil bilden die Grenze zu Asien, wo ganz im Osten eine Verbindung zur Paradies-Halbinsel besteht. Eigentlich auf der Rückseite der nördlichen Halbkugel zu denken ist der Kontinent der Antipoden, der am westlichen Rand als Insel eingezeichnet wurde. Dem Bild von der Welt tritt im *Liber floridus* die Schilderung historischer Ereignisse zur Seite. So wird der Geschichte der Kaiser eine Geschichte der Päpste vorangestellt und diese mit einer ganzseitigen Miniatur (fol. 99v) eingeleitet. Das vieltürmige Rom – durch die Beischrift in das historische Kontinuum: von Adam bis zur Gründung der Stadt bzw. von da an bis zu Christus eingespannt – gewinnt seine Bedeutung als Sitz der Nachfolger Petri, der hier als erster Papst mit Kreuzstab, Schlüssel und Buch hinter einem Mauerkranz unter einem breiten Bogen thront. Ort, Zeit und Person – nach Hugo von St. Viktor konstitutiv für das Verständnis von Geschichte – wurden hier zu einer dichten Komposition verwoben.

Entstanden wohl in einer Abtei außerhalb des Bistums Thérouanne; 1710 aus dem Besitz des Juristen, Philologen und königlich dänischen Rates Marquard Gude (*1635, †1689) durch Gottfried Wilhelm Leibniz – damals Leiter der Wolfenbütteler Bibliothek – erworben.

Kat. Köln 1975, S. 89–102, Nr. A 38 (Anton von Euw), S. 106, 116 f. – Kat. Wolfenbüttel 1989, S. 108–121 (Lit.) (Albert Derolez). – von den Brincken 1992, S. 73–76 mit Abb. 27–29 (Lit.).

B. B.-N.

A 4 Otto von Freising, *Chronica sive historia de duabus civitatibus*

Südwestdeutschland (?), zwischen 1157 und 1185

Pergament – Federzeichnung (an einzelnen Stellen nachträglich grob übergangen) – neuzeitlicher Einband – 151 Blätter, die Chronik auf den ersten 122 Blättern – H. 24,5 cm – B. 16,5 cm.

Jena, Thüringer Universitäts- und Landesbibliothek Jena, Ms. Bos. q. 6

Die Handschrift enthielt ursprünglich nur die ersten sieben Bücher der 1143–1146 verfaßten Chronik Bischof Ottos von Freising in der Fassung, die er 1157 Kaiser Friedrich Barbarossa widmete; das 8. Buch mit seiner endzeitlichen Thematik, das ebenfalls zur Fassung von 1157 gehört, war in diesem Exemplar ursprünglich nicht vorgesehen und wurde erst im zweiten Viertel des 13. Jahrhunderts vermutlich im Zisterzienserkloster Neuburg im Elsaß nachgetragen; damals wurden auch die sogenannten Marbacher Annalen angefügt. Die Datierung des ursprünglichen Teils der Handschrift ist aus den Papst- und Kaiserlisten und ihren Nachträgen zu erschließen.

Die Chronik, die eine Darstellung und Deutung der Weltgeschichte von der Schöpfung bis zum Jahre 1146 bietet und in zahlreichen mittelalterlichen Handschriften überliefert ist, wurde nur selten illustriert, nämlich in der hier ausgestellten Handschrift in Jena und in einer Kopie der ersten Hälfte des 13. Jahrhunderts in der Mailänder Biblioteca Ambrosiana. Der Bilderzyklus der Jenaer Handschrift besteht aus 14 ganz- oder teilseitigen gerahmten Federzeichnungen, die jeweils am Beginn der einzelnen Bücher stehen; das erste Buch wird mit drei Bildseiten eingeleitet, Buch 2–6 mit je zwei Bildern und Buch 7 mit einem Bild. Die größeren Miniaturen sind jeweils in drei oder zwei Register eingeteilt. Die einzelnen Szenen sind im Bildfeld mit Namensangaben versehen und durch Vers-Umschriften in den Rahmen erläutert. Die Bilder stellen Erschaffung und Vertreibung der ersten Stammeltern, Adam und Eva, sowie die Errettung der zweiten Stammeltern in der Arche Noahs dar, ferner die Geschichte des Königs Ninus und der Königin Semiramis sowie die des Sardanapal (fol. 10r, 10v, 11r; zu Buch 1), die Gründung und Frühgeschichte Roms (fol. 20r, 20v; zu Buch 2), Kaiser Augustus und die Geburt Christi (fol. 38v, 39r; zu Buch 3), die Eroberung Roms und Galliens durch germanische Stämme (fol. 53v, 54r; zu Buch 4), Karl den Großen und Ludwig den Frommen (fol. 67v, 68r; zu Buch 5), Otto den Großen sowie Heinrich IV. mit Papst Gregor VII. im Investiturstreit (fol. 78v, 79r; zu Buch 6) und den Kampf zwischen Heinrich IV. und Heinrich V. sowie Papst Innozenz II. und den römischen Senat (fol. 91v; zu Buch 7). – Die Illustrierung ist also ungleich dicht, die Auswahl verglichen mit dem Text zudem einseitig auf formelhafte Darstellungen von ›Herrschaft‹ und ›Eroberung‹ konzentriert. Formal fällt die z. T.

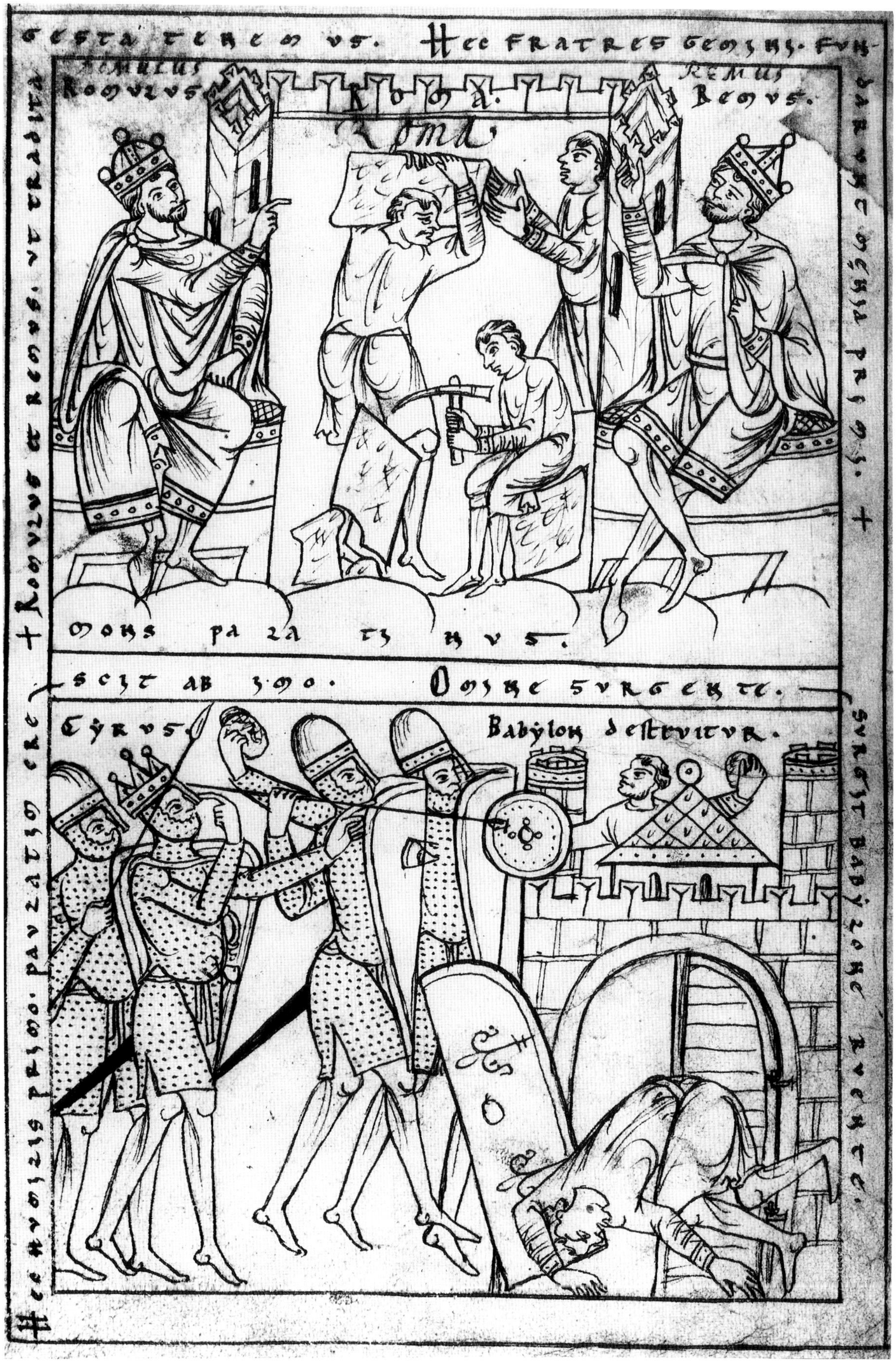
Romulus
Remus
Roma
Mons Palatinus
Cyrus
Babylon destruitur

A 4

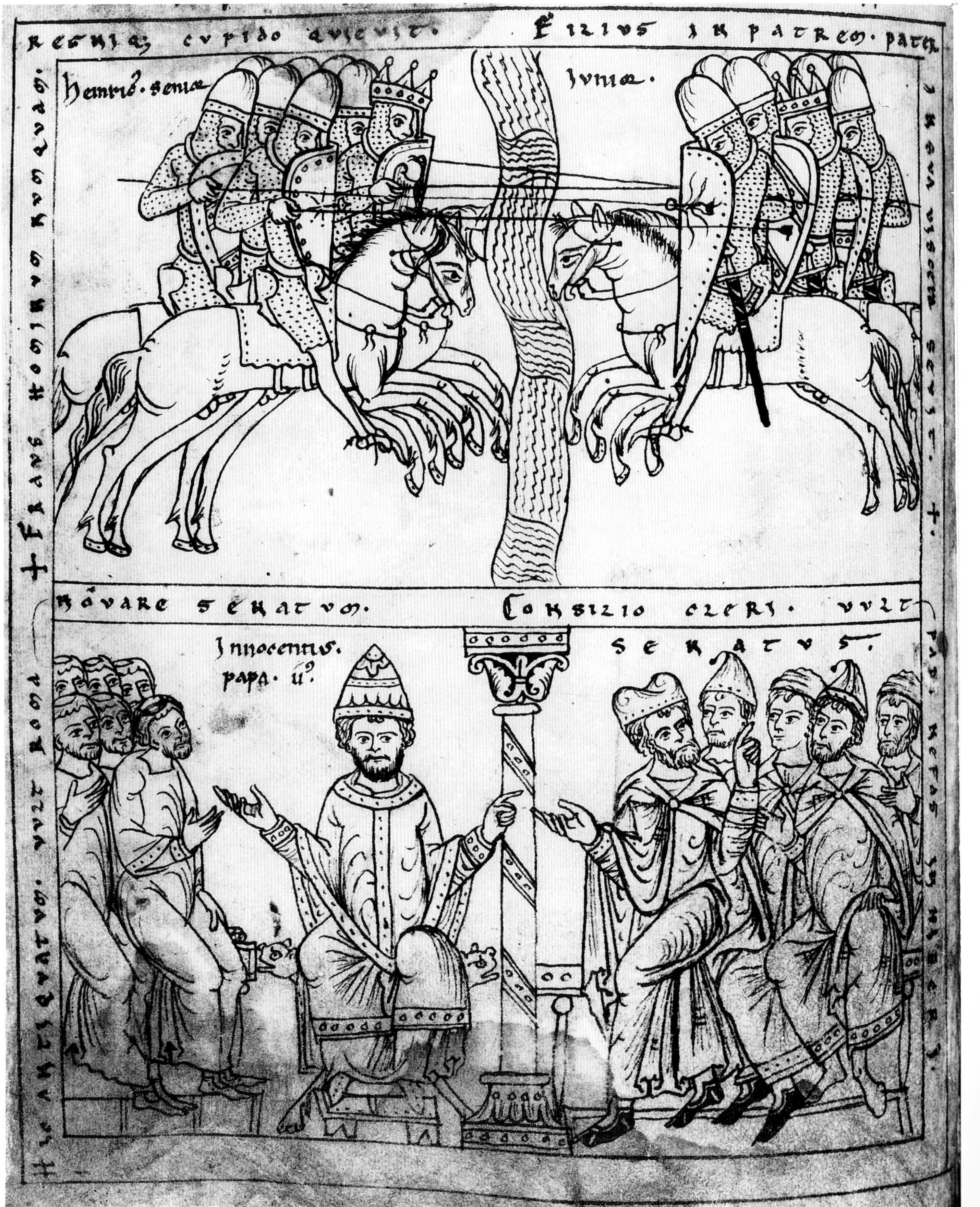

REGNIQ; CUPIDO AUCUIT.
FILIUS IN PATREM. PATR
Henric9. senior
Iunior.
NOVARE SENATUM.
CONSILIO CLERI. VULT
Innocentius. papa. II.
SENATUS.

A 4

unüberlegte Anordnung, die fehlende Koordination von Textspiegel und Bildformat, auch die mangelnde Sorgfalt bei einigen Details der Zeichnung auf. Trotzdem ist der Illustrationszyklus der Jenaer Handschrift von größter Bedeutung als frühes Beispiel der narrativen Ausschmückung eines Chronik-Textes, was es so im lateinischen Westen vorher anscheinend nicht gab, wohl hingegen vermutlich im byzantinischen Osten, von wo möglicherweise Anregungen für dieses neue Unternehmen und für einige Bildformulierungen ausgingen. Den Anlaß für eine solche Neuerung würde man gern in der Herstellung des Widmungsexemplars für Friedrich Barbarossa 1157 sehen, doch sprechen gewichtige Umstände dafür, daß der Bilderzyklus erst für die um das 8. Buch verkürzte Textversion des Jenaer Codex und im Auftrag eines an den theologischen Aspekten des Textes nicht interessierten hochstehenden Laien aus dem Umkreis des Hofes konzipiert wurde (Nilgen). Auch die in der Literatur häufig vertretene Lokalisierung der Jenaer Handschrift nach Freising oder Schäftlarn ist nicht aufrechtzuhalten (Klemm); eher wäre aufgrund der frühen Provenienz an Südwestdeutschland zu denken.
Die hier zeitweise aufgeschlagenen Bildseiten zeigen:
1) fol. 20r oben die Erbauung der Stadt Rom durch *Romulus* und *Remus*, die als Könige auf dem *mons palatinus* thronen und die Bauarbeiter anweisen, unten die Eroberung der Stadt Babylon (*Babylon distruitur*) durch König *Cyrus*. Alle Personen sind in zeitgenössischer Gewandung und Bewaffnung dargestellt, wobei das Heer des Cyrus mit dem modernen ›normannischen‹ Langschild, der Verteidiger Babylons mit dem altmodischen Rundschild ausgerüstet ist. Die Umschriften im Rahmen setzen beide Ereignisse in Beziehung zueinander als zeitgleiche Exempel von Aufstieg und Fall:
Romulus et Remus, ut tradita gesta tenemus,
Hec fratres gemini fundarunt menia primi.
Hec humilis primo paulatim crescit ab imo,
Omine surgente surgit Babylone ruente.
(Romulus und Remus – wie wir die Überlieferung festhalten – die Zwillingsbrüder gründeten als erste diese Mauern. Anfangs klein, wächst dieses [Rom] allmählich, erhebt sich unter aufsteigendem Vorzeichen, während Babylon untergeht.)
2) fol. 91v oben der Reiterkampf der Heere des *Heinricus senior* (= Heinrich IV.) mit seinem Sohn Heinrich V. (*iunior*) am Fluß Regen im Jahre 1105 – ein Treffen, zu dem es in Wirklichkeit durch den Abzug der von Markgraf Leopold, dem Vater Ottos von Freising, geführten Truppen aus dem kaiserlichen Heer nicht kam –, unten, durch eine Säule getrennt, links Papst Innozenz II. (*Innocentius papa secundus*) in Pontifikalgewändern und der Tiara auf dem *faldistorium* thronend mit seinen tonsurierten Klerikern, rechts fünf Mitglieder des 1143 neu gegründeten römischen *senatus* in vornehmer Gewandung und mit Mützen auf dem Kopf, alle lebhaft gestikulierend. Die Rahmen-Umschrift besagt oben:
Fraus hominum numquam regnique cupido quievit.
Filius in patrem, pater in sua viscera sevit.
(Der Trug der Menschen und die Gier nach Herrschaft ruhen nie. Der Sohn wütet gegen den Vater, der Vater gegen sein eigen Fleisch und Blut.)
Unten steht im Rahmen:
Hinc antiquatum vult Roma novare senatum.
Consilio cleri vult papa nefas inhiberi.
(Hier will Rom den veralteten Senat erneuern. Auf Rat des Klerus will der Papst dieses Unrecht verhindern.)
Der Kampf zwischen Vater und Sohn um die Herrschaft wird damit ebenso als Unrecht gebrandmarkt wie die als Eingriff in die päpstliche Stadtherrschaft aufgefaßte Gründung eines kommunalen Stadtregiments in Rom.

Im zweiten Viertel des 13. Jahrhunderts vermutlich in Kloster Neuburg im Elsaß.

Otto von Freising, Chronica. – Bloch 1908, S. 185–198 (zu den Bildern E. Polaczek, ebd. S. 199–209). – Scheidig 1928. – Lammers 1963. – Ladner 1941–84, Bd. 2, S. 22–25. – Kat. Stuttgart 1977, 1, Nr. 335 (Lit.) (Wolfgang Irtenkauf). – Klemm 1988, S. 21, 101 zu Nr. 134. – Nilgen 1994 (Lit.).

U.N.

A 5 Kreuz mit Schmelzplatten

Maasgebiet, 1160–1170

Holzkern; Silber und Kupfer, graviert und vergoldet; Silberblech, getrieben; Grubenschmelz; Bergkristall – H. 44,5 cm – B. 31,5 cm.

Brüssel, Musées Royaux d'Art et d'Histoire, Inv. Nr. 2293

Das Prozessions- oder Vortragekreuz ist im Zentrum und an den vier Armenden mit je einer durch Laubwerkgravuren und fünf Edelsteinen in Cabochon-Schliff geschmückten Silberplatte besetzt. Fünf Grubenschmelzplatten, die zwischen ihnen angebracht sind, zeigen figürliche Darstellungen mit Beischriften: ABEL und CHAIN (links und rechts vom Zentrum), SIMILIS AARON, LEX MOYSI und MAC(t)ATIO AGNI (auf dem Kreuzstamm von oben nach unten, die beiden letzteren durch eine kleinere Variante der edelsteinbesetzten Platten voneinander getrennt). Auf der Rückseite entsprechen den fünf großen Silberplatten mit Steinschmuck fünf Kupferplatten mit eingravierten radartigen Rosetten und umgebendem Rankenwerk. Zwischen ihnen zeigen die Kreuzbalken in Silberblech getriebene, von einem Perlstabrahmen eingefaßte Blattranken.
Das hier gezeigte Kreuz ist das am besten erhaltene Exemplar einer Werkgruppe aus dem Maasgebiet. Nach Material, Kunstfertigkeit und Ikonographie spiegelt es die Be-

A 5

deutung dieser Region in wirtschaftlicher, künstlerischer und theologischer Hinsicht wider. Besonders in dem Bildprogramm mag man einen Reflex der Rolle Lüttichs – des theologischen Zentrums des Maaslandes mit bedeutenden Kathedral- und Klosterschulen – beim Ausbau des typologischen Prinzips im 12. Jahrhundert erkennen. Als Grundlage der zeitgenössischen Geschichtstheologie besagte dieses Prinzip nichts anderes, als was bereits Paulus und Augustinus vorformuliert hatten: daß Christus und sein Wirken nämlich in Gestalten, Dingen und Ereignissen vorgebildet waren, die durch das Alte Testament überliefert sind. Die alttestamentarischen Typen vollendeten und erfüllten sich erst im Antitypus Christus.
Im vorliegenden Fall diente das Kreuz selbst, nicht die figürliche Wiedergabe Christi als Antitypus. Die Grubenschmelzplatten hingegen führten dem Gläubigen die alttestamentarischen Typen vor Augen. Abel, dessen Opferlamm von Gott angenommen wurde, präfiguriert den Guten Hirten ebenso wie die christliche Kirche, während der Brudermörder Kain für die Juden steht. Am Kreuzstamm gehören die obere und die untere Szene inhaltlich eng zusammen. Nach hochmittelalterlichem Verständnis diente die Stirnsignierung der Gerechten nach Ezechiel 9, 4 (oben) in Verbindung mit der Tausignierung der Hauseingänge mit dem Blut des Passah-Lammes nach Exodus 12, 5 (unten) als Typus für Kreuz und Kreuzigung. Agiert in der unteren Szene Aaron, so steht ihm im oberen Feld SIMILIS AARON gegenüber – auch hier also schlägt eine Art von typologischem Denken durch. Die an Numeri 21, 8 orientierte Darstellung der Errichtung der ehernen Schlange durch Moses verweist auf den Gekreuzigten: Wie der Anblick der Schlange die von Gott Gestraften erlöste, so verheißt der Anblick des Gekreuzigten und des Kreuzes ebenfalls Erlösung. Dieser Punkt bekommt – bedenkt man die ehemalige Verwendung des Kreuzes im Rahmen von Prozessionen – besonderes Gewicht.

1879 in Namur erworben.

von Falke/Frauberger 1904, S. 71. – de Borchgrave d'Altena o.J., S. 11. – Kat. Lüttich 1951, Nr. 104. – de Borchgrave d'Altena 1951, S. 57f. – Kat. Paris 1951/52, Nr. 94. – Kat. Rotterdam 1952, Nr. 93. – Collon-Gevaert/Lejeune/Stiennon 1961, Nr. 38. – Timmers 1971, S. 343. – Kat. Köln 1972, Nr. G 21 (Dietrich Kötzsche).

F. D.

A 6 Robert von Saint-Remi, *Historia Hierosolymitana*

Schäftlarn, 1188–1189

Pergament – Buchmalerei in Deckfarben – 68 Blätter – H. 20,5cm – B. 15,5cm.

Città del Vaticano, Biblioteca Apostolica Vaticana, Cod. Vat. Lat. 2001

Das eindrucksvolle Ganzfigurenbild auf fol. 1r in der Schäftlarner Handschrift zeigt Friedrich Barbarossa als Kreuzritter, *miles christianus*. Er ist sowohl mit den Attributen des Kaisers, mit Reichsapfel und Krone, als auch mit den Attributen eines Kreuzritters, dem Kreuz auf Mantel und Schild, ausgestattet. In der Umschrift wird er als Kämpfer gegen die Sarazenen gefeiert:
Hic est depictus Rome cesar Fridericus signifer invictus celorum regis amicus.
+ Cesar magnificus pius augustus Fridericus de terra domini pellat gentem Saladini. Nulli pacificum Sarraceno Fridericum + dirigat iste liber ubi sit locus nece liber.
In dieser für das Mittelalter einzigartigen Darstellung Barbarossas – *Fridericus Romanorum Imperator* – überreicht Propst Heinrich von Schäftlarn (1164–1199/1200) – *Heinricus praepositus S(cefdelerensis)* – als Stifter den Codex. Er wurde eigens von dem Schäftlarner Propst in Auftrag gegeben und mit diesem Widmungsbild versehen. Der Codex ist eine Abschrift der von dem Reimser Mönch Robert von Saint-Remi verfaßten Geschichte des Ersten Kreuzzugs.
Die Darstellung ist im Kontext des Dritten Kreuzzugs zu sehen. Die Nachricht von der Eroberung Jerusalems durch Sultan Saladin, im Oktober 1187, löste im Abendland Ent-

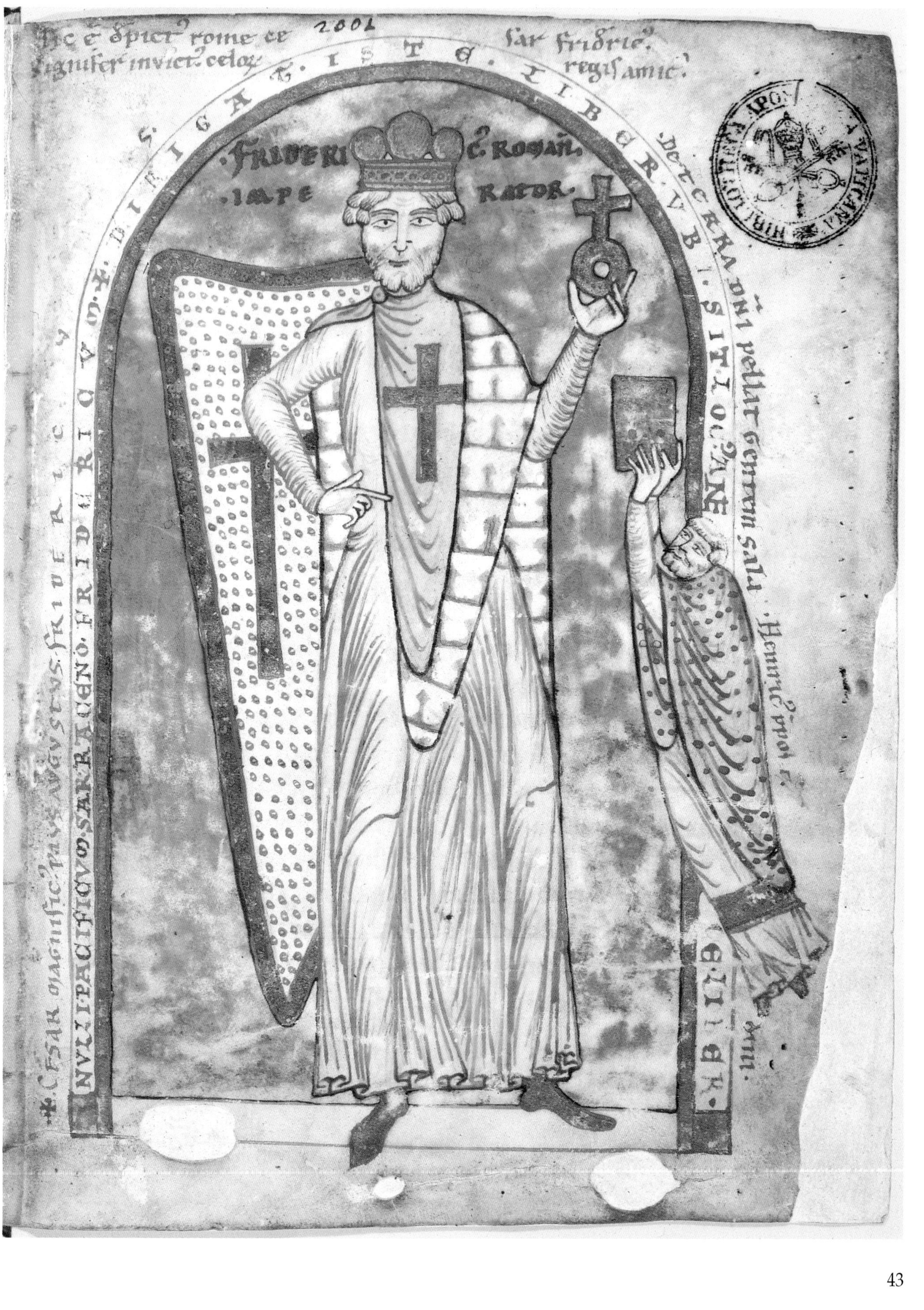

A 6

setzen aus. Die Kreuzzugsbewegung flammte erneut mit aller Stärke auf. Der Aufruf der Kurie in der Bulle *Audita Tremendi* verbreitete sich umgehend im ganzen Reich. Sie erreichte auch das 1140 von Otto von Freising neugegründete Prämonstratenserstift Schäftlarn. Auf dem Hoftag »Jesu Christi«, am 26. März 1188 zu Mainz, nahm Barbarossa das Kreuz und legte zugleich den Beginn des Kreuzzugs auf Ostern 1189 fest. Die Schäftlarner Handschrift muß also in diesem Zeitraum entstanden sein. Es wird vermutet, daß die Kreuzzugschronik Barbarossa zur Vorbereitung und Mahnung dienen sollte. Das Widmungsbild entspricht der Idee des Kaisers von seiner universalen Stellung an der Spitze des gesamtabendländischen Vorhabens. Ihm oblag die Pflicht, das Schwert gegen die Ungläubigen zu führen und das Heilige Grab aus ihren Händen zu befreien.

Voraussetzung für dieses Unternehmen war die Befriedung Deutschlands, zu der vor allem die Schlichtung des Streits mit Heinrich dem Löwen gehörte. Im Sommer 1188 hielt Friedrich in Goslar seinen Reichstag ab, zu dem auch Heinrich der Löwe geladen war. Einer Überlieferung Arnolds von Lübeck zufolge hatte Heinrich der Löwe die Wahl zwischen drei Vorschlägen des Kaisers: Entweder Heinrich schließt Frieden mit dem Kaiser und wird teilweise in seine alten Rechte wieder eingesetzt, auf andere wesentliche Rechte muß er verzichten, oder er nimmt auf Kosten des Kaisers am Kreuzzug teil und erhält anschließend alle Rechte und Würden zurück. Eine letzte Möglichkeit sah vor, daß Heinrich mit seinem ältesten Sohn für drei Jahre ins Exil nach England gehen sollte. In diesem Fall wurde Heinrich die Unantastbarkeit seiner Güter zugesichert. Heinrich zog die Verbannung dem Kreuzzug vor. Der *miles christianus* Barbarossa erreichte Jerusalem nicht. Nach einem glänzendem Sieg bei Ikonion ertrank er am 10. Juni 1190 beim Baden im Fluß Saleph.

Wentzlaff-Eggebert 1962. – Eickhoff 1977. – Möhring 1980. – Schramm/Mütherich 1983, Nr. 215. – Kat. Köln 1985, 3, Nr. H 1 mit Abb. S. 52 (Lit.) (Franz Niehoff). – Milger 1988.

S. B.

A 7 Collectar

St. Bertin (?), um 1170/1180

Pergament – kolorierte Federzeichnung – H. 25,5 cm – B. 16,5 cm.

Den Haag, Koninklijke Bibliotheek, Ms. 76 F5

Auf fol. 1r des Collectars von St. Bertin, das unter anderem das Alte und Neue Testament, Heiligenviten und Martyrien umfaßt, ist den Texten eine Palästina-Karte vorangestellt. Das Klagelied über Jerusalem am unteren Rand lautet: »Einer, der sich bemüht, dein Bürger zu sein, o Jerusalem, auf dessen Freude man hofft, der mag sich dabei ordentlich anstrengen. Diese Stadt Jerusalem besteht nicht lange Zeit, aber für alle Zeit ist sie ein (Vor)Bild der Dauer.« (Übersetzung 1984 von Susanne Linscheid-Burdich).

Der geostete Plan zeigt Jerusalem, den »Ort der Passion«, überdeutlich betont. Die als viergeteilter Kreis dargestellte Stadt war für das Mittelalter ein feststehendes, sich ständig wiederholendes Signum, für das keine Beischrift benötigt wurde. Die weiteren Pilgerziele Palästinas sind bei solchen Karten, wie auch bei dieser, an die Ränder geschoben. Obwohl den Kreuzfahrern die eigentliche Topographie Jerusalems bekannt war, ist die nicht maßstabsgetreue kartographische Darstellung Jerusalems weit verbreitet.

Abbreviaturhafte Motive und einfache Symbole mit knappen Ortsangaben genügen, um die wichtigsten heiligen Stätten kenntlich zu machen. Der Kreis, meist ein zinnenbekrönter Mauerzug, wird durch ein Straßenkreuz im Inneren in vier Stadtviertel geteilt. Die vier Hauptstraßen enden jeweils in einem Tor, mit Ausnahme der Straße im Osten. Den Zugang zum Felsendom (*Templum domini*) flankieren die Josaphatpforte und die *Porta Aurea*. Das Kreisschema wird in diesem Plan noch an anderer Stelle aufgegriffen: Im linken unteren Stadtviertel, im Nordwesten, ist das kreisrunde *sepulchrum domini* erkennbar. Die Darstellung verweist auf die Vorstellung, daß das Grab Jesu Christi dem *umbilicus mundi*, dem Weltnabel, entspricht. Diese bezieht sich unter anderem auf eine von Abt Adamanus von Tono begründete Metapher: »In Jerusalem steht eine hohe Säule, die bei der Sommerwende keinen Schatten wirft, woher man glaube, daß dort die Mitte der Erde sei.«

Unter der Karte, also im Westen, wird in einem gerahmten Feld eine Kreuzfahrer-Legende illustriert. Die Darstellung zeigt *Sanctus Georgius* auf einem Schimmel in Kreuzrittertracht bei der Vertreibung der Muslime. Der Heilige erscheint hier stellvertretend für die Kreuzritter des ersten Jerusalemzugs. In der Verbindung von Karte und Legende mag sich die Erwartung auf ein neuerliches helfendes Eingreifen des Himmels bei der Rückeroberung Jerusalems durch die *milites christiani* ausdrücken.

Müller 1961, S. 53–93. – Heydenreich 1965. – Otto 1980. – Niehoff 1985. – Kat. Köln 1985, 3, Nr. H 4 (Franz Niehoff). – Milger 1988, S. 226 ff.

S. B.

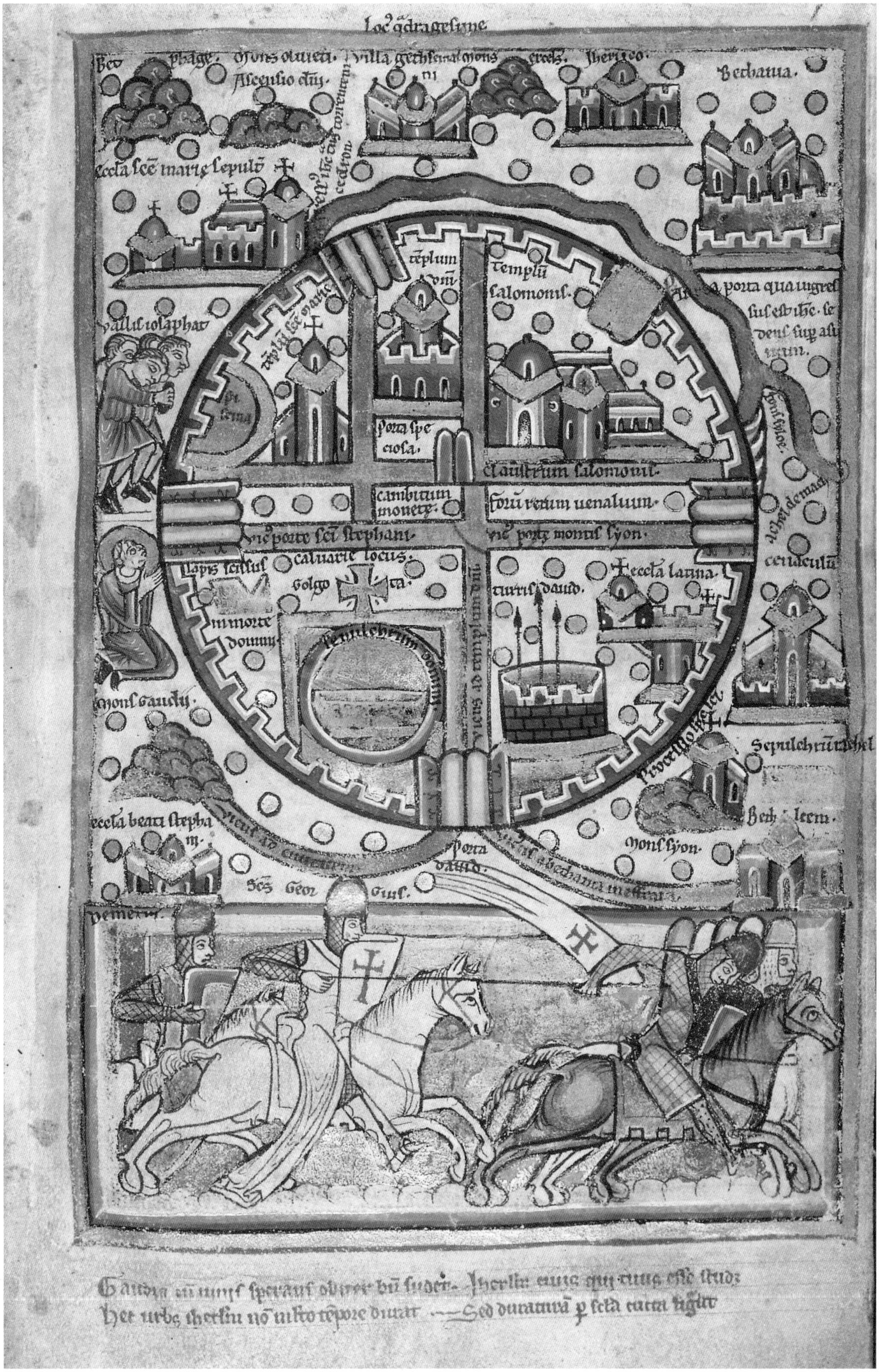
Bethania.
templu salomonis.
porta spe ciosa.
claustrum salomonis.
cambitium monete.
foru rerum uenalium.
caluarie locus.
golgo ta.
turris dauid.
mons syon.

A 7

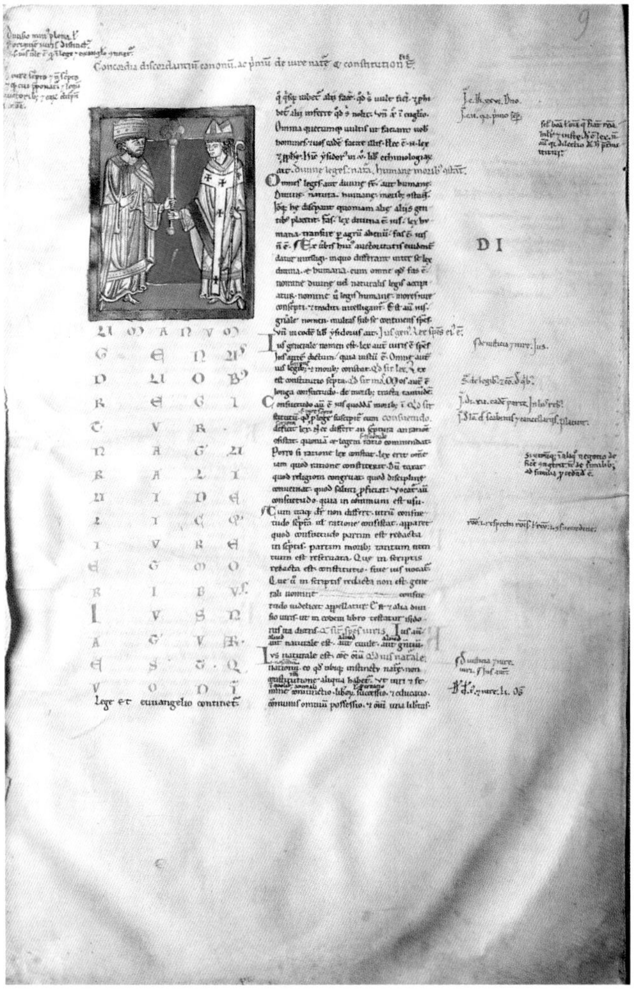

A 8 Johannes Gratianus, *Concordia discordantium canonum (Decretum Gratiani)*

Köln, letztes Viertel 12. Jahrhundert (?)

Pergament – Buchmalerei in Deckfarben mit Gold und Silber; Federzeichnungen – 309 Blätter – H. 39,5 cm – B. 26 cm.

Köln, Erzbischöfliche Diözesan- und Dombibliothek, Cod. 127

Ein gekrönter Herrscher und ein Metropolit, die gemeinsam ein Zepter umfassen, bilden die H-Initiale des *Humanum genus duobus regitur* zu Beginn der *Distinctiones* des *Decretum Gratiani* (fol. 9r), einer um 1140 von dem Bologneser Geistlichen Gratian angelegten dreiteiligen Textsammlung des mittelalterlichen Kirchenrechts (hierzu Landau 1985). Die erste *Distinctio* des allgemeinen Rechtsfragen gewidmeten ersten Teils erläutert die grundsätzliche Unterscheidung zwischen dem *ius naturale* und dem *mos*. Während das *ius naturale* göttlichen Ursprungs und im Alten Testament sowie in den Evangelien niedergelegt sei, gehe der *mos* als gesetztes Recht auf die selbst gegebenen Sitten und Gepflogenheiten der Menschen zurück. Als höchste Repräsentanten beider Rechte formen gewöhnlich Papst und Kaiser die Figureninitiale am Textanfang der *Distinctio*.

Wie bereits in der Unterscheidung zwischen dem göttlichen *ius naturale* und dem selbst gegebenen *mos* eine ›natürliche‹ Rangfolge zum Ausdruck kommt, so wird die Darstellung der beiden prominentesten Vertreter von *sacerdotium* und *regnum* im Gefolge des Investiturstreits politisch instrumentalisiert, um den Primatanspruch des Papstes gegenüber dem Kaiser ins Bild zu setzen: In diesem Sinne und mit anschaulichem Bezug auf die Rechtsquellenlehre des *Decretum Gratiani* zeigen die H-Initialen einer Handschriftengruppe aus dem letzten Viertel des 12. Jahrhunderts die Übergabe einer Schriftrolle durch den Papst an den Kaiser (vgl. Berlin, Staatsbibliothek zu Berlin – Preußischer Kulturbesitz, Ms. Lat. fol. 1, fol. 8r). Einen sehr viel deutlicheren politischen Akzent setzen in späterer Zeit jene Manuskripte, in denen wie in einem um 1320 entstandenen Bologneser Codex der Berliner Staatsbibliothek (Ms. lat. fol. 4, fol. 3r) eine Krönungsszene an die Stelle der Figureninitiale tritt.

Auf das Krönungszeremoniell spielt auch die H-Initiale des Kölner Manuskripts an; gleichsam als Krönungsabbreviatur ist hier die Übergabe des Lilienzepters – der Insigne herrscherlicher Gewalt – aus der Hand des Papstes an den Kaiser dargestellt, der mit Bügelkrone und Krönungsmantel erscheint. Mit Blick auf die Provenienz des Codex und das Recht der Erzbischöfe von Köln, das Pallium zu tragen, darf die Darstellung des geistlichen Repräsentanten vielleicht sogar konkret auf den rheinischen Metropoliten und das Krönungsrecht der Kölner Erzbischöfe bezogen werden. Die verschiedenen politischen Implikationen der Initialminiatur ruft etwa die Krönung Lothars von Süpplingenburg in Erinnerung, die Friedrich I. von Köln (1099–1131) am 13. September 1125 in Aachen vornahm. Die acht Jahre später, am 4. Juni 1133 erfolgte Kaiserkrönung durch Papst Innozenz II. (1130–1143) in Rom hielt ein heute nur mehr aus einer Skizze bekanntes Wandgemälde im Lateran-Palast fest (Kat. C 14), das in den fünfziger Jahren des 12. Jahrhunderts einen scharfen Konflikt zwischen Friedrich Barbarossa und Hadrian IV. um den päpstlichen Primat auslöste.

Besitzvermerk (frühes 13. Jahrhundert ?) auf fol. 1r: *Ista sunt decreta beati Petri in Colonia*; 1794 Verbringung der Dombibliothek nach Arnsberg (Prämonstratenserkloster Wedinghausen), 1815 nach Darmstadt, 1866 zurück an das Kölner Domkapitel (vgl. Schulten 1980, S. 8).

Plotzek 1973, S. 318. – Melnikas 1975, Bd. 1, S. 37. – Kat. Stuttgart 1977, 1, S. 247, Nr. 345 (Wolfgang Irtenkauf). – Nordenfalk 1980, bes. S. 324. – Kat. Köln 1985, 1, S. 417/421, Nr. C 4 (Anton von Euw). – von Euw 1985, S. 391. – Gattermann 1993, S. 647 f., Nr. 1092.

T.S.

A 9 Emailplatte mit der Investitur Erzbischof Annos von Köln durch Heinrich III.

Köln, um 1170/80

Grubenschmelzplatte – Inschriften: E(pisco)P(vs) FIT (oben); PVEROS DOCET (unten) – H. 10,2 cm – B. 7,8 cm.

Hamburg, Museum für Kunst und Gewerbe, Inv. Nr. 1877.155

Die szenisch knapp gehaltene Investiturdarstellung zeigt einen thronenden Herrscher am rechten Bildrand, welcher Kreuzstab mit Fahne an den links stehenden heiligen Kleriker überreicht. Mit diesem Schema tritt eine zeichenhafte öffentliche Zeremonie innerhalb der Herrschaftsrepräsentation und Amtslegitimation vor Augen. Es veranschaulicht einen mustergültigen Szenentopos von Bilderzählungen des hohen Mittelalters. Allein die kurzen Inschriften helfen der Deutung einen Schritt weiter: »Er wird zum Bischof gemacht« ist die Szene überschrieben, während sich die untere Inschrift »er lehrt die Kinder« auf eine verlorene, im Zyklus vorangehende Darstellung beziehen muß. Vor allem die Abfolge beider Darstellungen von Schule und Amtseinsetzung ließ schon Weißgerber vermuten, hierbei handele es sich um die Investitur Erzbischof Annos von Köln. Kaiser Heinrich III. hat ihm 1056 in Koblenz Ring und Stab überreicht. Daß Annos Tätigkeit als Domscholaster in Bamberg außerdem die Anfangsszene des einzigen – in Gemälden des 18. Jahrhunderts – überlieferten hochmittelalterlichen Anno-Zyklus auf den Dachflächen des Siegburger Anno-Schreins bildet, vermag diese Deutung zu stützen. Insgesamt war also ein Heiligenleben in einer unbekannten Zahl exemplarischer Szenen verbildlicht.

Es ist verlockend, über den einstigen Anbringungsort des Hamburger Investitur-Emails zu spekulieren, z.B. ob es sich etwa am Retabel hinter dem Siegburger Anno-Schrein befand oder eines der – verlorenen – Siegburger Reliquiare mit Anno-Reliquien zierte. Es bleibt festzuhalten, daß dieses Täfelchen einen schönen Beleg für die im hohen Mittelalter immer beliebter werdenden Heiligenzyklen für Lokalheilige bietet. Pracht-Zyklen wie die Heribert-Vita am Heribert-Schrein dienten unter anderem der Legitimation in Krisenzeiten an einem Repräsentationsort mit höchster Öffentlichkeit. Doch ist wohlbegründet anzunehmen, daß sich die Bildvita des Hausheiligen jeweils nicht nur am Hauptreliquiar einer Institution befand, sondern auch auf kleineren Reliquiaren im Dienst oder als Zeugnis des Kultortes Verbreitung fand. Gerade die Investiturszene gewinnt in diesem Zusammenhang als kennzeichnender Topos für die hochmittelalterliche Gewaltenteilung zwischen *Regnum* und *Sacerdotium* exemplarische Aussagekraft. Abou-El-Haj suchte in der Zusammenstellung erhaltener europäischer Investiturszenen neue Interpretationsansätze durch das Ausloten des jeweiligen Verhältnisses von zeremonieller Wirklichkeitswiedergabe und bildautonomer Überlieferung zu gewinnen. Ein Detail im Hamburger Email fällt auf: Der Herrscher überreicht nicht wie etwa in der Investiturszene am Kölner Heribert-Schrein Zepter und Fahnenlanze oder den sonst üblichen Bischofsstab – wie auch auf der Gnesener Adalbert-Tür –, sondern den Kreuzstab mit Fahne.

Die kleine Emailtafel wurde von Dietrich Kötzsche in zeitlicher Nähe zum Kölner Heribert-Schrein um 1160/70 eingeordnet. Zu den vergleichbaren Werken im handwerklichen Umfeld der Niello-Kelchkuppa des Kölner Dom- und Diözesanmuseums zählen zwei Emailplatten im Siegburger Servatiusschatz (Heiliger und Engel), sodann die Emails auf dem Armreliquiar des hl. Olaf in Kopenhagen (Kat. B 27) sowie einige für den Braunschweiger Hof Heinrichs des Löwen gefertigte Emails am Siebenarmigen Leuchter in St. Blasius (Kat. D 27) und – später montiert – auf dem furnierten Kästchen (Kat. D 43). Setzt man voraus, daß in der größten Stadt Deutschlands eine Vielzahl von Goldschmiedewerkstätten um 1170/80 nebeneinander arbeiteten, so darf angenommen werden, daß auch diese zu erschließende, qualitativ hochstehende Werkstatt nicht nur für Kölner, sondern auch für auswärtige Auftraggeber gearbeitet hat und damit in den von Hermann

Beenken entworfenen weiten Bezugsrahmen zwischen dem Rhein-Maas-Gebiet und Sachsen gehört.

1877 aus der Kölner Sammlung Hugo Garthe erworben.

Weisgerber 1937, S. 15–21. – Kat. New York 1970, Nr. 176 (Konrad Hoffmann). – Kötzsche 1973, S. 220f. – Kat. Köln 1975, H 1 (Anton von Euw) und passim. – Kötzsche 1975, S. 139–154. – Kat. Stuttgart 1977, 1, Nr. 556, 557 (jeweils erwähnt). – Abou-El-Haj 1979, S. 342–358. – Museum für Kunst und Gewerbe Hamburg. Handbuch. Hrsg. vom Museum für Kunst und Gewerbe Hamburg, München 1980, S. 53 (Wolfgang Eckhardt). – Keller 1986, S. 121. – Keller 1993, S. 51–86. – Abou-El-Haj 1994.

F.N.

A 10 Ekkehard von Aura, *Chronicon universale*

Wahrscheinlich Kloster Berge bei Magdeburg, 2. Viertel 12. Jahrhundert

Pergament – ganzseitige lavierte Federzeichnung in roter und brauner Tinte – neuzeitlicher Einband – 134 Blätter – H. 25,5 cm – B. 16,5 cm.

Berlin, Staatsbibliothek zu Berlin – Preußischer Kulturbesitz, Ms. lat. fol. 295

Der am Anfang verstümmelte Codex enthält die Rezension III der bis 1125 reichenden Weltchronik Ekkehards von Aura. In der Handschrift können drei Schreiber unterschieden werden: eine Haupthand, die den Chroniktext geschrieben, eine weitere Hand, die Auslassungen des ersten Schreibers ergänzt, und eine dritte Hand, die den Text durchkorrigiert und mit eigenen Nachrichten und Kommentaren versehen hat. Die Zusätze des dritten Schreibers betreffen meist den Tod der Erzbischöfe von Magdeburg und Nachrichten zur Geschichte des Klosters St. Johannis in Berge bei Magdeburg. Der Codex dürfte deshalb in dieser Benediktinerabtei entstanden sein, und zwar nach dem paläographischen und inhaltlichen Befund noch im zweiten Viertel des 12. Jahrhunderts. Die Handschrift zeigt auf fol. 99r vor Buch V der Weltchronik die Übergabe der Herrschaftszeichen durch Heinrich IV. (1056–1106) an Heinrich V. (1106–1125): In einer Rahmenarkade mit Architekturmotiven überreicht der bärtige Vater seinem auf einem Erdhügel stehenden Sohn das Lilienzepter, die mit einem Kreuz bekrönte Kugel (sogenannter Reichsapfel) und die Reifenkrone. Die Darstellung bezieht sich auf die Nachricht Ekkehards von Aura im Jahresbericht zu 1106: *... regalia vel imperialia insignia, crucem scilicet et lanceam, sceptrum, globum atque coronam, filii potestati tradidit ...* (er übergab die königlichen und kaiserlichen Insignien, nämlich das Kreuz und die Lanze, das Zepter, die Kugel und Krone, in die Gewalt des Sohnes). Die Szene entspricht nicht der historischen Wirklichkeit, da Heinrich IV. die Herrschaftszeichen seinem Sohn nicht persönlich übertrug, sondern wohl nur unter Zwang aushändigen ließ. Nach jüngsten Forschungen soll das Bild aus der Rezension II der Weltchronik von 1106 übernommen worden sein und die Rechtmäßigkeit des Herrschaftswechsels propagieren.

1206/20 von Bischof Sigebodo von Havelberg dem Domstift Havelberg geschenkt; 1839 in die Königliche Bibliothek zu Berlin.

Ekkehard von Aura, Chronicon. – Fingernagel 1991, Teil 1, S. 4–6, Nr. 4 (Lit.), Teil 2, S. 21, Abb. 11. – Hoffmann 1992, S. 63 (Lit.). – Schmid 1994, S. 478–491.

K.Na.

A 11 Benediktionale

Winchester (?), Ende 10. Jahrhundert; Canterbury, 11. Jahrhundert und 1. Viertel 12. Jahrhundert

Pergament – Buchmalerei in Deckfarben; Federzeichnung – Ledereinband aus dem 1. Drittel des 19. Jahrhunderts (Initialen König Karls X.) – 111 Blätter – H. 31 cm – B. 22 cm.

Paris, Bibliothèque Nationale, Département des Manuscrits, Ms. Latin 987, fol. 111r

sacrae legis feliciter teneas · ut ad xp̄m qui
& uita
uia ueritas, est feliciter ualeas peruenire AM̄
Quod ipse prestare ·

A 11

Auf dem letzten Blatt eines Benediktionale, das Ende des 10. Jahrhunderts vermutlich in Winchester entstand und im 11. Jahrhundert in Canterbury ergänzt wurde, findet sich eine Federzeichnung nachgetragen, welche die in diesem Codex zusammengefaßten bischöflichen Segensgebete nach dem *Pater noster* an einem besonderen Beispiel ins Bild umsetzt. Der etwa quadratischen Miniatur ist ein vierfacher Kreisrahmen eingeschrieben, in dessen Zentrum ein gekrönter Herrscher auf einem breiten, mit einem Kissen belegten Kastensitz thront. Zum Zeichen seiner Macht und Verantwortung hält er eine Fahnenstange sowie ein zierliches, von einem Kreuz mit einem kleinen Vogel geschmücktes Zepter. Seine besondere sakrale Würde wird durch eine feine, nicht ganz konsequent vierpaßförmig den Oberkörper umfangende Linie betont. Von den Seiten wenden sich dem König segnend zwei Kleriker zu; ihre Stäbe weisen sie als Bischöfe aus. Vor ihnen liegen auf Pulten geöffnete Bücher: Darin haben wir uns die *Benedictio super regem* zu denken, die im Manuskript selbst der Miniatur vorangeht. Weiter ist daran zu erinnern, daß seit dem 11. Jahrhundert in das Hochgebet der Messe – ergänzend zur Fürbitte für Papst und Bischof – jene für den König oder Kaiser eingefügt werden konnte. Die im Rahmen der Königskrönung vollzogene Salbung des Herrschers, in der Tradition der Salbung Davids zum König durch Samuel, begründet seine Würde, aber auch sein Angewiesensein auf die Vermittlung göttlicher Gnade, wie sie in der Devotionsformel der Urkunden-Intitulatio *dei gratia* oder *divina favente clementia* ihren Ausdruck findet.

J.-A. de Thou (Name auf fol. 1r ausradiert).

Avril/Stirnemann 1987, Nr. 17, 24, 29 mit Taf. VIII, 188 (Lit.). – Dodwell 1993, S. 121 mit Abb. 110.

B. B.-N.

A 12 *Chronica Sancti Pantaleonis*

Köln, St. Pantaleon, um 1237 (?)

Pergament – lavierte und kolorierte Federzeichnungen – neuzeitlicher Einband – 191 Blätter – H. 28,5 cm – B. 19,5 cm.

Wolfenbüttel, Herzog August Bibliothek, Cod. Guelf. 74.3 Aug. 2°

Die *Chronica Sancti Pantaleonis* (CSP), eine in der ersten Hälfte des 13. Jahrhunderts im Kölner Kloster St. Pantaleon verfaßte Universalchronik von der Erschaffung der Welt bis zum Jahre 1237, galt bis vor wenigen Jahrzehnten als Rezension der *Chronica Regia Coloniensis*. Tatsächlich war die Königschronik zwar Hauptquelle für den anonymen Verfasser der CSP, doch stellt diese im Einsatz der Quellen wie in der Tendenz ein eigenständiges Werk dar (Breuer 1967). Die Chronik liegt in mehreren Handschriften vor, deren wichtigste die Wolfenbütteler (Hs. G) ist. Ihre – lange umstrittene – Datierung und Position im Überlieferungsstemma schienen bis vor kurzem geklärt (die Handschrift geht auf eine bis 1237 geführte Vorlage, eine Bearbeitung der ursprünglichen Pantaleonschronik, zurück und ist bald nach dieser entstanden: Breuer 1967). Durch die Untersuchung der Überlieferungsgeschichte der bebilderten Genealogien auf fol. 90v/114v ist dieses Ergebnis wieder fraglich geworden (Gädeke 1992).

Leitgedanke des Chronisten war die Aufeinanderfolge der vier Weltreiche, die einander aufgrund des *ius hereditatis* (Erbrecht) ablösen. Bildlichen Ausdruck findet dies in der Miniatur auf fol. 1v: Nemroth, Ninos, Semiramis sowie Dareios, Kyros, Alexander. Dazu kommt auf fol. 3r die Darstellung des römischen Weltreichs (Romulus, Augustus, Caesar) sowie auf fol. 3v die der Stammväter der Menschheit Adam und Seth, schließlich die bildliche Genealogie der Karolinger (fol. 90v) und die der Nachkommenschaft Heinrichs I. (fol. 114v).

Aufgeschlagen ist diese zweite Genealogie. Mit dem Sachsen»herzog« Liudolf beginnend und bis zu den späten staufischen Kaisern und Königen (*Fridericus imperator* = Friedrich II.; *Heinricus rex filius eius* = Heinrich [VII.] in der letzten Reihe) geführt, umfaßt sie den Zeitraum von der zweiten Hälfte des 9. Jahrhunderts bis in die erste Hälfte des 13. Jahrhunderts. Dem Medaillon Liudolfs selbst kommt keine besondere Bedeutung im Stemma zu. Dessen Zentrum liegt vielmehr in dem großen Doppelmedaillon zwei Generationen danach, das Heinrich I., den ersten Herrscher aus der ottonischen Dynastie, und seine Frau Mathilde als Stammelternpaar zeigt, mit einer ausgedehnten Nachkommenschaft, die – neben den letzten westfränkischen Karolingern, den Kapetingern bis zum frühen 12. Jahrhundert und etwa den liudolfingischen Bayernherzögen – die Dynastien der Ottonen, Salier und Staufer umfaßt und bis in die Gegenwart des Chronisten besteht.

Diese Miniatur ist in mehrfacher Hinsicht bemerkenswert: Zum einen als Beispiel für eine hochmittelalterliche Genealogie, die Verwandtschaftszusammenhänge über einen Zeitraum von mehr als 350 Jahren weitgehend korrekt wiedergibt; vor allem aber durch die herausragende Position Heinrichs I. Durch die beigeschriebenen Texte zusätzlich akzentuiert, erscheint dieser als Begründer eines Herrschergeschlechts, dem auch die Herrscher der Gegenwart angehören. Damit ist das Stemma nicht nur ein seltenes Zeugnis für die Kenntnis der »ottonischen« Herkunft der Salier und Staufer im späteren Mittelalter. Durch den Kontextbezug implicit Karl dem Großen, dem herrscherlichen Spitzenahn des Mittelalters schlechthin, gleichgestellt, wird Heinrich I. im beigeschriebenen Text über diesen gesetzt, da seine *stirps regia* weiterbesteht, während die der Karolinger ausgestorben ist. Den zeitgenössischen Ab-

ludolf
dux Saxonie
bruno dux
Otto dux
hadewich
Regibern
Otto dux
ludolf
Cunrad rex
Phylipp rex

A 12

stammungstheorien aus dem staufischen Umkreis, die die Staufer über die Salier auf die Karolinger, die Merowinger, die Troianer zurückführen, stellt die CSP damit ein Gegenbild gegenüber. Erklären läßt sich dies vom Entstehungsort her. Als Gründung und Grablege des jüngsten Sohnes Heinrichs I., Erzbischof Bruns I. von Köln, war St. Pantaleon Ort seiner Gedächtnispflege. Ausdruck findet das im 12. und 13. Jahrhundert intensivierte Stiftergedenken nicht nur in liturgischen Leistungen, der Entstehung einer – lokal bleibenden – Heiligenverehrung, sondern auch in zahlreichen schriftlichen und bildlichen Zeugnissen, darunter auch zwei weiteren Genealogien dieses Typus. Die königliche Abstammung ist eine der immer wieder ins Bild gesetzten Qualitäten des Stifters Brun; aus dieser Vergegenwärtigung genealogischen Wissens entsteht das singuläre Sonderbewußtsein von der bis in die Gegenwart bestehenden *stirps regia* der Heinrich-Nachkommen.

Im vorliegenden Stemma ist das Stiftergedenken Hintergrund, aber nicht Thema der Darstellung. Das Medaillon Bruns (4. Zeile: *Bruno Colon[iae] archiepiscopus*) tritt, anders als in den anderen Genealogien aus dem Kloster, nicht hervor. Im Mittelpunkt steht Heinrich I. als Stammvater und die Gestalt, in der sich ein historischer Prozeß abspielt, der für den Verfasser der CSP zentrale Bedeutung hat: die *translatio* der Herrschaft. Diese Vorstellung hatte der Chronist einer seiner Vorlagen entnehmen können, der Chronik Frutolf/Ekkehards, die die Ablösung der Karolinger durch die Ottonen als *translatio imperii* begriffen, ebenfalls durch zwei Stemmata akzentuiert. Die kompilatorische Verwendung vorgegebener Formulierungen läßt aber auch hier eine Deutung zu, da die Vorlage für das Heinrich-Stemma gerade nicht aus diesem Kontext stammt.

Auch im Text der CSP nimmt die ottonische Familiengeschichte – über die Reichsgeschichte hinaus – breiten Raum ein. Zusammen mit den zahlreichen Einzelnachrichten aus dem Kloster auf der einen, mit den Stemmata auf der anderen Seite legen diese Befunde nahe: In der Chronik ist das Stiftergedenken – ein Stiftergedenken, in dem die klösterliche Gemeinschaft sich auch in ihrem Selbstverständnis, in der mit der Gründung einsetzenden Königsnähe darstellt – zur Grundlage eines Geschichtsbildes geworden.

Köln, St. Pantaleon; wohl im 17. Jahrhundert über mehrere Vorbesitzer nach Wolfenbüttel gekommen.

Chronica regia Coloniensis. – von Heinemann 1898, S. 380. – Boeckler 1926. – Swarzenski 1936, Textband, S. 13f. u. S. 90. – Breuer 1967. – Kat. Köln 1975, Nr. A 44 mit Abb. S. 107. – Wattenbach/Schmale 1976, S. 109–112. – Kat. Köln 1985, 1, Nr. A 5 mit Abb. S. 56–59 (Toni Diederich). – Gädeke 1992.

N.G.

A 13 Sogenannte Taufschale Kaiser Friedrichs I.

Aachen (?), 1152–1171

Silber, getrieben, graviert und teilweise vergoldet – Riß am Schalenrand unterlegt und verlötet – Dm. 24,4 cm – H. 4,4 cm.

Berlin, Staatliche Museen – Preußischer Kulturbesitz, Kunstgewerbemuseum, Inv. Nr. 33,25

Eine einzige Szene schmückt den flachen Schalenboden mit einer vergoldeten Gravierung: die Taufe des Stauferkaisers Friedrich Barbarossa. Inschriften und Bildlegenden garantieren die richtige Lesart der topoihaften Darstellung. Die Taufe des späteren Kaisers – FRIDERIC(us) I(m)P(era)T(or) – erfolgt durch Handauflegung eines Bischofs, dem ein Diakon assistiert, während auf der linken Seite des großen runden Taufbeckens dem inschriftlich als OTTO gekennzeichneten Paten zwei weitere Zeugen folgen. Die beiden radial um das Rundbild angeordneten Inschriften lauten:

QUEM LAVAT UNDA FORIS HOMINIS MEMOR INTERIORIS VT SIS Q(u)OD N(on) ES ABLVE T(er)GE Q(u)OD ES (Du, den das Wasser von außen reinigt, sei des Menschen eingedenk; damit du werdest, was du nicht bist, wasche ab und reinige, was du bist.)

CESAR ET AVGVSTVS HEC OTTONI FRIDERICVS MVNERA PATRINO CONTVLIT ILLE DEO (Friedrich, Kaiser und Mehrer des Reiches, hat diese Geschenke seinem Paten Otto überreicht, jener weihte sie Gott.)

Die Umstände und Absichten, die Friedrich Barbarossa zur Schenkung dieser Silberschale und des sogenannten Barbarossa-Kopfes an seinen Taufpaten Graf Otto von Cappenberg (†1171) veranlaßten, sind zwar recht gut zu umreißen, reichen aber dennoch für eine Bestimmung der *causae fabricandi* kaum aus. Im sogenannten Testament Ottos von Cappenberg, des Mit-Gründers (1122) und späteren Propstes des Cappenberger Prämonstratenserstifts (ab 1156), sind beide Werke als »Haupt nach dem Antlitz des Kaisers« und »seiner gleichfalls silbernen Schale« genannt. Kötzsche hat die Zusammengehörigkeit von Darstellung und Inschrift der Taufschale betont. Da die Inschrift mindestens die Königswahl (1152), konsequenter sogar die Kaiserkrönung im Jahre 1155, sodann die Schenkung an Otto und von diesem an die Cappenberger Kirche voraussetzt, kommt bevorzugt Otto von Cappenberg als Auftraggeber für das wohl nachträglich auf die Schale gravierte Taufbild in Betracht. Möglicherweise konnte einer der Goldschmiede aus dem Kreise jener Kunsthandwerker, welche in Aachen um 1165 im Auftrag des Kaiserhofes tätig waren, gewonnen werden, um diese Gravuren der vorhandenen Schale hinzuzufügen. Das Erinnerungsbild an die Taufzeremonie mit den inschriftlichen Namensnennungen fungiert als doppelter Memorienträger für Patensohn und Paten. Noch das sogenannte Testament Ottos

weiß die Notwendigkeit der Verschriftlichung dieser Schenkung allzu genau anzugeben: »damit es nicht durch Nachlässigkeit der Vergessenheit anheimgegeben werden oder durch Betrug irgendwie unterschlagen werden kann.«
Die aus kaiserlichem Besitz stammende Schale Friedrichs I. findet als privates Sakramentsgerät in ihrer Zeit keine Parallele. In Material und Ikonographie unterscheidet sie sich deutlich von jenen in großer Zahl erhaltenen gravierten Bronzeschalen (Weitzmann-Fiedler 1981) und hat auch nichts mit den vorwiegend in Limoges gefertigten Gémellions gemein. Nach Verwendungssituation und Funktion können sakrale und profane Kontexte unterschieden werden. Von Belang ist in diesem Zusammenhang möglicherweise eine Schenkungsurkunde des Münsteraner Bischofs Werner (1132–1151) an den dortigen Dompatron Paulus, worin eine »silberne Schüssel und eine Kanne in der Form eines menschlichen Kopfes gestaltet« angeführt werden

A 14

(Bischoff 1967, Nr. 139). Erneut lenkte Hütt die Aufmerksamkeit auf diese Stiftung, unter anderem auch deshalb, weil Otto von Cappenberg in der Zeugenliste dieser Schenkungsurkunde genannt ist.

Was für Gründe letztlich für die Ergänzung der Berliner Silberschale mit einer individuellen Sakramentsdarstellung ausschlaggebend waren, kann nur erahnt werden, zumal die Ikonographie der Taufliturgie durch Verschmelzung mehrerer Handlungen in einem Bild gekennzeichnet ist. Die Taufe Christi bildet den Prototyp für Taufdarstellungen jedweder Art. Einzelbilder zum Sakrament der Taufe als Verbildlichung individueller Aufnahme in die Gemeinschaft der Gläubigen stellen vor allem in Heiligenviten einen festen szenischen Bestandteil dar. Im Falle der Taufe eines Herrschers wird durch diese Szene immer auch das Verhältnis von *Regnum* und *Sacerdotium* thematisiert, wobei Angenendt die Rolle und Funktion der Patenschaft für das frühere Mittelalter herausgearbeitet hat, wie wenige Beispiele andeuten. Ein französisches Elfenbein des 10. Jahrhunderts stellt die Tauf-Salbung König Chlodwigs durch den hl. Remigius (Amiens) vor Augen (Deshmann 1971, S. 3f.). Das aufwendige Kreuzreliquien-Triptychon, welches Abt Wibald (†1158) für das Kloster Stablo in Auftrag gab (New York, Pierpont Morgan Library), enthält im Kontext des dargestellten Bildzyklus die Taufe Kaiser Konstantins durch Papst Sylvester. Daneben hilft die geistige Konzeption des ehernen Taufbeckens des Reiner von Huy in Lüttich, die aktuelle Bedeutung des Taufsakraments im 12. Jahrhundert genauer zu verstehen (Reudenbach 1984). Weil im Grund der Berliner Silberschale eine Immersionstaufe dargestellt ist, bei der eine Schale gerade keine Verwendung findet, mag an Hoffmanns Hinweis auf die Verwendung der Schale für das Chrisam bei der Tauf- und Firmspendung erinnert werden. Außerdem sei die legitimatorische Funktion von postbaptismalen Salbungen besonders bei der Königsweihe hervorgehoben.

Bis 1803 im Stift Cappenberg; nach der Säkularisierung in die Privatsammlung des Kölner Kanonikus Franz Pick (*1. April 1750, †16. August 1819) in Bonn, Bad Godesberg; aus dem Nachlaß Pick auf Vermittlung Johann Wolfgang Goethes 1819 in Besitz von Maria Paulowna (Erbgroßherzogin von Sachsen-Weimar); 1933 aus Weimar für das Berliner Kunstgewerbemuseum erworben.

Hoffmann 1968, S. 82–85. – Deshman 1971, S. 1–20. – Appuhn 1973, S. 129–192. – Deshman 1976. – Kat. Stuttgart 1977, 1, Nr. 536 (Lit.) (Dietrich Kötzsche). – Angenendt 1982, S. 100–118. – Angenendt 1984. – Reudenbach 1984. – Opll 1992, S. 29f. – Ganz 1992, S. 648. – Hütt 1993, S. 138–224. – Goez 1994, S. 73–88.

F.N.

A 14

A 14 Ladenreliquiar für den Arm Kaiser Karls des Großen

Aachen/Lüttich, 1165

Eichenholzkern; Silberblech, getrieben, gestanzt und vergoldet; Bronze, gegossen, graviert, ziseliert und vergoldet; Grubenschmelz – Reliefs verdrückt und rissig; kleinere Stücke, auch an den Stanzen und am Beschlag der Innenseite des Deckels, abgesplittert oder ausgebrochen; alle glatten Beschläge des Deckels und der Kastenkanten ergänzt – H. 13,6 cm – B. 58,8 cm – T. 13,5 cm.

Paris, Musée du Louvre, Départment des Objets d'Art, Inv. Nr. D 712

Das kastenförmige Reliquiar für einen Arm Kaiser Karls des Großen weicht von der im 12. Jahrhundert konventionellen Behältnisform für Armreliquien deutlich ab. Während das gewohnte sogenannte redende Reliquiar mit seiner Entsprechung von Inhalt und Gefäßform – einer Armreliquie in einem armförmigen Reliquiar – anschauliche Evidenz besitzt, entschied sich der Auftraggeber des rhein-maasländischen Goldschmieds in diesem Fall zugunsten der weitaus abstrakteren Ladenform mit beweglichem Deckel.

Die tragaltarähnliche Kastenform umläuft ein Bogenfries mit je einem in Silberblech getriebenen Relief einer Halbfigur unter allen zwölf Arkaden. Die formale Pragmatisierung im Vergleich zum redenden Reliquiar wird auf diese Weise wettgemacht, ja, der Bildträger durch eine derartige Unterteilung zu neuer Aussagedichte geführt. Eine andere, ebenso gelungene Kompositform aus Gesamtgestalt eines Arms und Bildbesatz unter Arkaden bzw. in Medaillons führt das Apostel-Armreliquiar aus dem Welfenschatz in Cleveland (Kat. D 60) vor Augen.

Am Karlsreliquiar wird die Muttergottes, die Patronin des Aachener Münsters, von den beiden Erzengeln Michael und Gabriel flankiert. Auch das Stifterpaar, Kaiser Friedrich I. und Kaiserin Beatrix von Burgund mit der von ihr gestifteten Kreuzreliquie in Händen, tritt auf der ranghöchsten Seite in Erscheinung. Analog ist die Rückseite der Lade aufgeteilt: Die Apostelfürsten Petrus und Paulus flankieren Christus, ergänzend treten der Vorgänger und der Vater des Auftraggebers, Kaiser Konrad III. und Herzog Friedrich von Schwaben, hinzu. Die Schmalseiten besetzen zwei exemplarische Kaiser: Ludwig der Fromme und Otto III., die wegen ihrer hohen Wertschätzung des jetzt kanonisierten *Pater Patriae* ausgewählt wurden.

Erst bei der Öffnung des Reliquiars tritt auf der Innenseite des Deckels eine Inschrift zutage: BRACHIVM S(an)C(t)I (e)T GLORIOSISSIMI IMPERATORIS KAROLI. Das Reliquiar hat sozusagen eine Alltags- und eine Festtagsvariante, eine verschlossene und eine geöffnete Form. Wie am Dreikönigenschrein zu entsprechenden Anlässen der Anblick der drei gekrönten Reliquienhäupter gewährt werden konnte, so

war eine entsprechende Inszenierung auch mit dem Karlsreliquiar möglich.
Insgesamt läßt das Bildprogramm eine diplomatische und pragmatische Synthese zwischen den lokalen liturgischen und kultischen Gegebenheiten sowie den Prinzipien und Wünschen des Auftraggebers erkennen. Im Kreise anerkannter sowie heiliger Amtsvorgänger und nobilitierter Familienmitglieder verbinden sich die Bilder des Kaiserpaares am heiligen Ort des Reliquienkastens für Karl den Großen zu einer Gebetsgemeinschaft des Aachener Münsters. Mehr noch als die Legitimation durch Schenkungen, das Auswahlprinzip für den späteren Karlsschrein, mußte am Armreliquiar durch Auswahl von Kernaussagen für eine zugespitzte Programmatik gesorgt werden. Da diese Ladenform ansonsten für Armreliquien nicht bezeugt ist und auch der Entscheid für die Armreliquie als pars pro toto die Wahl zwischen Alternativen voraussetzt, darf davon ausgegangen werden, daß im Beraterkreis des Kaisers die Frage der bestmöglichen Behältnisform für die Reliquien des neuen Reichsheiligen erörtert wurde.
Im Beisein des vom Gegenpapst Paschalis III. (1164–1168) beauftragten Diözesanbischofs Alexander II. von Lüttich, des Kölner Metropoliten Rainald von Dassel sowie der Bischöfe von Paderborn, Minden, Utrecht und Cambrai wurden die Gebeine Karls des Großen durch Kaiser Friedrich Barbarossa selbst aus dem Sarkophag gehoben und in *locello ligneo in medio eiusdem basilice* – so die *Continuatio Aquicinctina* (MGH SS 6, S. 411) – gelegt. Dieser Kultakt von Aachen am 29. Dezember 1165 war eine aktive politische Maßnahme zur kaiserlichen Legitimation in der Zeit des Schismas, dabei Verhaltensvorbilder und musterhafte (gleichsam kanonisierte) Verfahrensformen aus St. Denis und Westminster aufgreifend. Die Kanonisation Karls des Großen »stand im Dienst der Bemühungen Barbarossas um die Gottesunmittelbarkeit des Kaisertums, um eine vom Papst unabhängige und dennoch religiös fundierte Legitimation der kaiserlichen Würde« (Engels 1988, S. 45). Das von Kaiser Friedrich I. am 8. Januar 1166 ausgestellte Diplom hält dazu fest: »Bestimmt durch die ruhmreichen Taten und Verdienste des allerheiligsten Kaisers Karl haben wir zur Vornahme der auf inständiges Bitten unseres lieben Freundes, des Königs Heinrich von England, und mit Zustimmung und Kraft Autorität des Herrn Papstes Paschalis zu vollziehenden Auffindung, Erhebung und Heiligsprechung seiner Gebeine auf Rat aller unserer Fürsten, sowohl der weltlichen als auch der geistlichen, am Weihnachtsfest einen Hoftag in Aachen gefeiert, wo wir seine heiligen Überreste, die aus Furcht vor äußeren und inneren Feinden verborgen wurden, ... in Anwesenheit zahlreicher Fürsten und einer großen Menge von Geistlichen und Laien unter Hymnen und frommen Gesängen mit Furcht und Ehrerbietung am 29. Dezember erhoben und erhöht haben« (Übersetzung nach Petersohn 1994, S. 109).
Mit guten Gründen nimmt Ursula Nilgen eine Entstehung des Werks, welches wohl unter die *regalia xenia* (Kölner Königschronik) Friedrichs an das Aachener Münster gezählt werden darf, vor dem Davidstag 1165 an. Fraglich bleibt die Herstellungszeit im Jahre 1165, denn der Entschluß zur Kanonisation wird doch wohl spätestens acht Monate zuvor zu dieser Entschiedenheitsstufe geführt worden sein. Damals hatte der Gesandte des Kaisers, Rainald von Dassel, am anglonormannischen Hof in Rouen verhandelt. Vielleicht ist es nur ein bedeutsamer Zufall, daß Albert von Stade in seinem ›Sammelsurium‹ zum Jahre 1166 (Naß 1993, S. 581) die Kanonisation Karls des Großen und die Aufstellung des Braunschweiger Löwenmonuments (Kat. D 20) zusammenbringt.

1794 aus dem Aachener Dom nach Paris transferiert.

Grimme 1962, S. 68–77. – Kat. Aachen 1965, Nr. 673. – Kat. Köln 1972, Nr. G 6. – Grimme 1972, Nr. 43. – Lasko 1972, S. 193, 218f., 222. – Kötzsche 1973a, S. 220f. – Petersohn 1975, S. 420–454. – Kat. Stuttgart 1977, 1, Nr. 538 (Dietrich Kötzsche). – Folz 1984, S. 146–148. – Oexle 1984. – Kötzsche 1985, S. 41. – Kroos 1985, S. 100f., 107f., 110, 120f., 130. – Nilgen 1985, S. 217–220. – Grimme 1988, S. 124–127. – Engels 1988b. – Ganz 1992, S. 648. – Stratford 1993, Taf. 125–127. – Fillitz 1994. – Grimme 1994, S. 148–167. – Petersohn 1994, S. 108–112.

F. N.

*A 15 Karlsteppich

Niedersachsen, 1. Hälfte 13. Jahrhundert

Wirkerei – Hanfkette, ungefärbt, 4 Fäden/cm – Wollschuß, blau, gelb, grün, rot, naturfarben – H. 158 cm – B. 144 cm (an allen vier Seiten beschnitten).

Halberstadt, Stadt- und Domgemeinde Halberstadt, Domschatz, Inv. Nr. 520

Der Karlsteppich gehört zu den ältesten erhaltenen mittelalterlichen Wirkteppichen. Er hat hochrechteckige Form und ist – eher unüblich für mittelalterliche Teppiche – mit vertikal zum Bild verlaufender Kette gearbeitet. Während der Teppich seitlich und unten nur um die gut 20 Zentimeter breite Palmettenbordüre gekürzt worden ist (ein 116 cm langes Fragment davon hat sich in Halberstadt erhalten), fehlt fast das gesamte obere Viertel, also auch ein Teil der Darstellung des Mittelfelds. Dieses zeigt vor leuchtend blauem Grund fünf auf Thronbänken sitzende Personen: In der Mitte – durch einen rautenförmigen Rahmen herausgehoben – KAROLVS REX, unten links CATO, rechts SENECA. Die Namensinschriften der beiden oberen Figuren sind verloren, doch darf davon ausgegangen werden, daß es sich ebenso um weise Männer der Antike handelt. Das ganze Bildfeld wird von einem Schriftband gerahmt, des-

sen unvollständig erhaltener Spruch erst unlängst identifiziert werden konnte: [AMICVS] DIV QVERITVR VIX INVENITUR DIFICILIVS S[ERVATVR] (Ein Freund wird lange gesucht, kaum gefunden und noch schwieriger bewahrt) (Schmidt/Erler 1978, S. 282; Erler 1989, S. 83). Der Text auf dem Rautenrahmen, in Form eines Distichons, lautet: [S]TARE DIV NEC HONORE NEC VIS NEC FORMA NEC ETAS / SVFFICIT: IN MVNDO PLVS TAMEN ISTA PLACE[NT] (Um lange Bestand zu haben, sind weder Ehre noch Macht noch Schönheit noch Jugend zureichend: in der Welt finden sie dennoch besonders hohe Anerkennung) (Schmidt/Erler 1978, S. 278; Erler 1989, S. 100–102). Das Spruchband von Cato trägt die Inschrift DENIGRAT MERITVM DANTIS MORA (Zögern verdunkelt das Verdienst des Gebers) (Erler 1989, S. 106), dasjenige von Seneca lautet QVI CITO DAT BIS DAT (Wer schnell gibt, gibt doppelt). Auch die oberen Figuren tragen Spruchbänder, ihre Inschriften sind allerdings verstümmelt. Es könnte sich oben links zum Beispiel um [NON] TVTVM CRED[ERE CVIVIS] (Es ist nicht sicher, jedem Beliebigen zu glauben) (Schmidt/Erler 1978, S. 285; Erler 1989, S. 113) gehandelt

haben, oben rechts vielleicht um [QVOD TACERE] VIS NEMINI DIX[ERIS] (Was du verschweigen willst, sage niemandem) (Schmidt/Erler 1978, S. 284; Erler 1989, S. 117).
Beim majestätisch thronenden KAROLVS REX handelt es sich um Karl den Großen, auf den die mittelalterliche Überlieferung – wohl zu Recht – die Gründung des Bistums Halberstadt zurückgeführt hat. Karl ist im traditionellen Bildschema des Weltenherrschers dargestellt, in der Rautenform des *mundus quadratus*, mit vier Begleitfiguren in den Zwickeln. Dieses Bildschema ist in der Regel Christus vorbehalten, hat aber seit karolingischer Zeit beispielsweise auch für allegorische Gestalten Verwendung gefunden. Während der thronende Christus von den vier Evangelisten umgeben ist, die seine Botschaft verkünden und bezeugen, begleiten auf dem Halberstädter Teppich vier Philosophen der Antike den König. Sie zeugen mit ihren Spruchbändern vom Wesen Karls, indem sie charakteristische Eigenschaften des weisen Herrschers aufgreifen: großzügige Spendefreudigkeit bzw. sicheres Urteilsvermögen beim Empfangen und Weitergeben von Informationen. Solche Tugenden stehen in schroffem Gegensatz zu den Äußerlichkeiten, von denen Karl im Rautenspruch sagt, daß sie in der Welt leider große Beachtung erführen, obwohl sie nicht von Bestand seien. Der rahmende Spruch wird ebenfalls auf Karl den Großen bezogen werden dürfen. Er ist der Freund, den man lange gesucht und schließlich gefunden hat, den es zu bewahren gilt. Der Behang ist zu Ehren des Bistumsgründers entstanden, es handelt sich um ein Erinnerungsbild an den Stifter. In ihm weiß man in Halberstadt seit Jahrhunderten einen treuen Freund, dessen Bedeutung und Wirksamkeit höchstens noch eine graduelle Steigerung durch die wenige Jahrzehnte zuvor erfolgte Heiligsprechung erfahren hat.

Aufgrund des Bildprogramms ist anzunehmen, daß der Teppich für den Halberstädter Dom St. Stephan hergestellt worden ist, obwohl er in keiner der mittelalterlichen Schriftquellen dort nachzuweisen ist. Sein ursprünglicher Aufhängungsort ist unbekannt ebenso wie der Zeitpunkt, zu dem er als Rücklaken für den Dreisitz im Chor zurechtgeschnitten wurde. Dort hing er noch zu Beginn des 20. Jahrhunderts.

Kurth 1926, Bd. 1, S. 32, 38, 50–52, 207–208; Bd. 2, Taf. 7c, 11. – Appuhn 1962/1963. – Kötzsche 1967, S. 169–171, Abb. 18. – Kat. Stuttgart 1977, 1, S. 639–641, Nr. 806; 2, Abb. 596 (Ruth Grönwoldt). – Schmidt/Erler 1978. – Erler 1989 (Lit.). – Flemming/Lehmann/Schubert 1990, S. 232–234, Taf. 152–153 (Lit.). – von Wilckens 1991, S. 265–266, Abb. 297.

R. Sch.

A 16 »Rolandslied« des Pfaffen Konrad

Entstanden in Regensburg (Braunschweig ?), wahrscheinlich zwischen 1168 und 1172

Pergament – 39 Federzeichnungen – goldgeprägter Ottheinrich-Ledereinband von 1558 – 123 Blätter – H. 20,7 cm – B. 14,7 cm.

Heidelberg, Universitätsbibliothek Heidelberg, Cod. pal. germ. 112

Der Epilog zum »Rolandslied« des Pfaffen Konrad ist das erste große Zeugnis für das Mäzenatentum eines weltlichen Fürsten im Bereich der volkssprachlichen höfischen Versepik in Deutschland. Der langandauernde wissenschaftliche Disput darüber, wer mit dem hier genannten Gönnerpaar, einem *herzogen Hainriche* und seiner Gemahlin, *aines rîchen küniges barn* (Tochter eines mächtigen Königs), gemeint sei, ist erst in der jüngeren Forschung endgültig zugunsten Heinrichs des Löwen und seiner zweiten Frau Mathilde, Tochter des englischen Königs Heinrich II., entschieden worden. Auf den Löwen lassen sich am ungezwungensten die Epilogaussagen beziehen: der eigentlich nur Königen gebührende David-Vergleich, der Preis des Heidenbekehrers und die Steigerung der Ehre des Reichs durch die vorliegende Karlsdichtung. Die sonderbare Nachricht, der Herzog bringe sich Gott zum Opfer und rechtfertige sich zum gegenwärtigen Zeitpunkt für seine Sünden, spielt möglicherweise auf die Palästinafahrt an. Danach wäre das »Rolandslied« zwischen 1168 (Vermählung Heinrichs des Löwen mit Mathilde Plantagenêt) und 1172 (Pilgerfahrt nach dem Heiligen Land) entstanden.
Inhaltlich folgt das deutsche »Rolandslied« einer Version der französischen *Chanson de Roland*. Die unbekannte Vorlage (*daz buoch*) muß eine ähnliche Textfassung repräsentiert haben, wie sie in der ältesten überlieferten Handschrift aus Oxford (Bodleian Library, Digby 23) vorliegt. Den historischen Kern bilden der Spanienfeldzug Karls des Großen von 778 und der Überfall der Basken auf eine Nachhut des kaiserlichen Heers im Tal von Roncesvalles in den Pyrenäen. Unter den Gefallenen befand sich nach Einharts *Vita Karoli Magni* (cap. 9) auch *Hruodlandus Brittannici limitis praefectus* (Hruodland, der Befehlshaber der bretonischen Mark), jener mythisch-literarisch gewordene *Roland* (dt. *Ruoland*), der dem französischen Gedicht und seiner deutschen Adaptation den Namen gegeben hat, obwohl die eigentliche Mittelpunktsfigur jeweils Karl der Große ist. Erzählt wird vom Ende des Spanienfeldzugs her, von den Verhandlungen mit dem heidnischen König *Marsilie*, vom Abzug des Kaisers und seines Heers, vom Verrat *Ganelons* (dt. *Geneluns*), vom aussichtslosen Abwehrkampf der kaiserlichen Besatzung, vom Tod Rolands und aller seinem Befehl unterstellten Christen und von der großen Racheschlacht Kaiser Karls gegen die gesamte nichtchristliche Welt und ihr Oberhaupt *Baligant* (dt. *Paligan*), das Oberhaupt aller heidnischen Reiche; den Ab-

si in den truwen beidenhalben uertit. ouch ne
gnoz er sin nit. dirre herzet der pintat. wande
er aller geurůmet wart. under einem pinebou
me. mit samt dem ungetruwen genelune.
So sprach der ungetruwe man. nu ich dir
gewisheit han. herre nu wil ich u raten.
besent uch uile drate. bádu in lante un̄ in
mer. bringet zesamne uwer hēr. sentet deme
kaiser uwer gebe. hůtet daz er uch icht ge
sprechen mege. uweren sun ze gisele. so sprec
hent sine wisen. daz er mit grozzen eren.
ze lande můge keren. so si den scaz ze sich
genement. urlůbes si alle gerent. di uerte

A 16

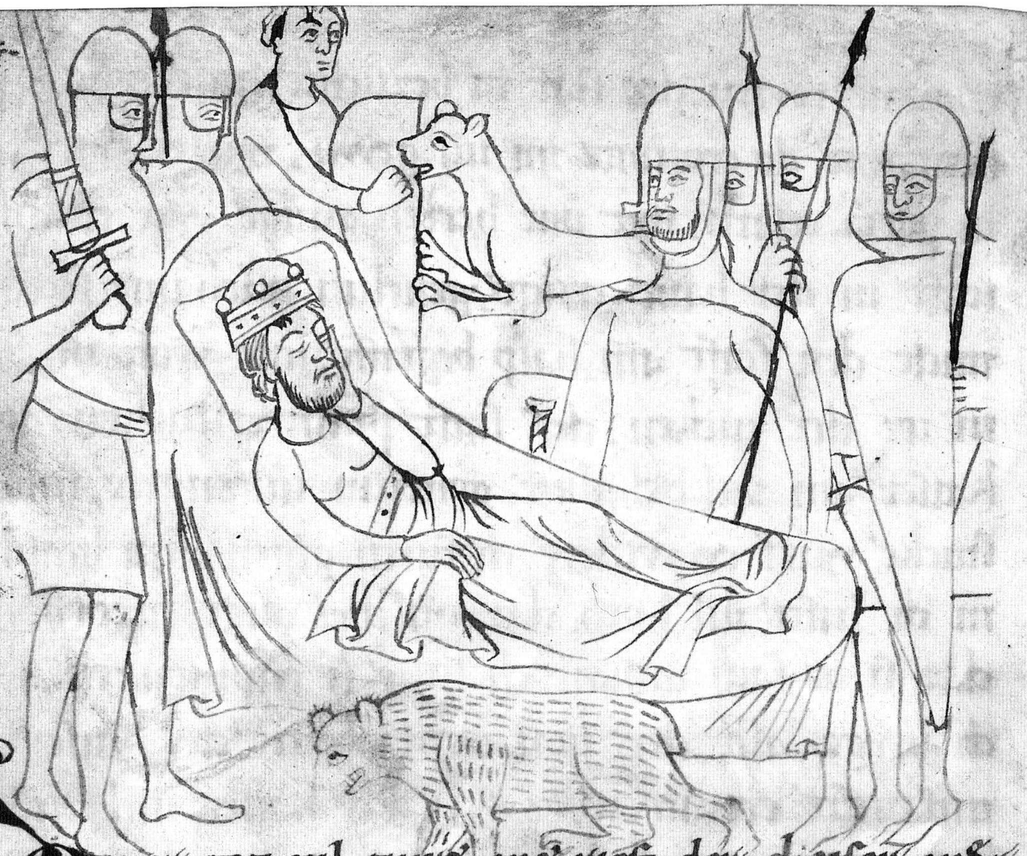

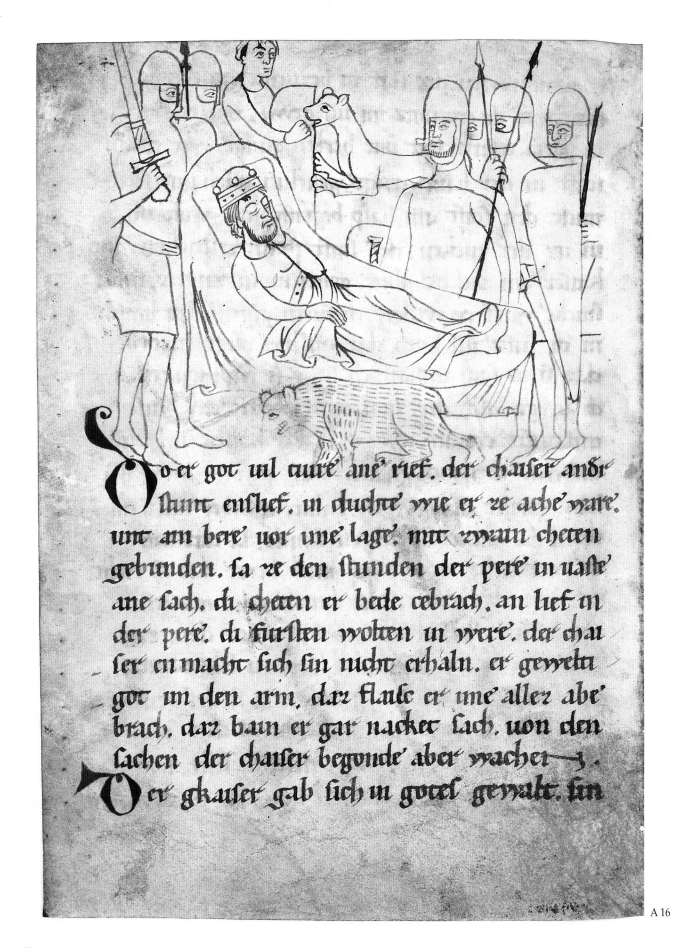

So er got uil ture ane rief. der chaiser andr
stunt enslief. un duchte wie er ze ache ware.
unt ain bere uor ime lage. mit zwain cheten
gebunden. sa ze den stunden der pere in uaste
ane sach. di cheten er bede cebrach. an lief in
der pere. di fursten wolten in were. der chai
ser en macht sich sin nicht erhaln. er geweltı
got in den arm. daz flaisc er ime allez abe
brach. daz bain er gar nacket sach. von den
sachen der chaiser begonde aber wachen.
Der gkaiser gab sich in gotes gewalt. sin

A 16

gerecht unz an den tot. pestatigen sin ere. genelun
sach daz ungerne. Rolant sprach zu dem
chaiser herre ritt an dine reise. hatte urolichen.
haim zu francriche. den uan scol füren. herre
al nach dinen eren. gotes hulde hastu hie er
woruen. habe du dehaine sorgen. daz ich iner
entrinnen danne. der uan ne scol mir nicht
so lichte enphallen. so der hantscuch genelune.
dine fursten du niene sume. got spar din ere.
der kaiser wainte uil sere. uil dicke er in chus
te. er druhte in an sine bruste. er beswief in
mit den armen. er sprach nu müze iz got er
barmen. daz ich dich hi müz lazen. ia ne mag
ich nicht daz zu geben maze. daz ich da füre
name. helt daz ich dich tagelichen sehe.

A 16

schluß bilden der Prozeß gegen Genelun und seine Hinrichtung.
Der sich im Epilog nennende *pfaffe Chunrat* hat sich im ganzen wohl treu an seine Vorlage gehalten, die schon in der *Chanson de Roland* enthaltenen geistlichen Momente aber stark in den Vordergrund gerückt. Karls Spanienkrieg ist ein Kreuzzug, zu dem immer wieder in predigtartigen Passagen aufgerufen wird; Genelun erscheint als zweiter Judas; die christlichen Helden sind Märtyrer ihrer Glaubensgesinnung, ihr Leiden und Sterben erfolgt in deutlicher Imitatio Christi; ihr heiligmäßiger Tod – besonders der von Roland und Olivier – wird begleitet von Wundererscheinungen. Kaiser Karl erscheint also im Licht einer Legendendichtung, obwohl ihm selbst das Heiligenprädikat *sanctus* vorenthalten wird. Das herzogliche Interesse an gerade diesem Stoff scheint weniger durch die (umstrittene) Kanonisation Karls des Großen im Jahre 1165 als durch die eigene genealogische Repräsentation motiviert zu sein, da er selbst gelegentlich Kaiser Karl als seinen Spitzenahn in Anspruch nahm (vgl. das Widmungsgedicht im Evangeliar Heinrichs des Löwen, Kat. D 31; Bd. 2, Abb. 125).

Im 16. Jahrhundert in der Bibliotheca Palatina, Heidelberg; seit 1622 in der Vaticana; seit 1816 in der Universitätsbibliothek Heidelberg.

Pfaffe Konrad, Rolandslied (Ed. Wesle/Wapnewski). – Pfaffe Konrad, Rolandslied, hier S. 755–777 umfassende Bibliographie. – Werner/Zirnbauer 1970. – Ashcroft 1994a.

D.K.

A 17 Kopfreliquiar des hl. Oswald

Abb. S. 30

Niedersachsen, um 1185–89

Holzkern; Silberblech, getrieben, vergoldet, nielliert; zwei Reifglieder der Krone aus Gold, die übrigen Kronenglieder Silber, vergoldet, mit Filigran, Emailplatten, Edelsteinen und Perlen – ein Kronenglied neuzeitlich ergänzt, ebenso die vier Aufsätze; zahlreiche Reparaturen, zuletzt restauriert 1988/89 – H. 47,5 cm.

Hildesheim, Dom- und Diözesanmuseum Hildesheim, DS 23

Das Reliquiar hat die Form eines achteckigen Zentralbaus. Auch das Ornament der Kuppelsegmente läßt an gebaute Architektur denken. Der Kopf mit der Krone steht dazu in krassem Gegensatz, wenngleich die Krone selbst die Achteckform aufgreift. Dieser Kopf verweist auf den Inhalt des Reliquiars, dessen Authentizität durch eine in Reimform gehaltene Inschrift bezeugt wird, die das Gesims der Kuppel umspannt: (+) REX PIVS OSWALDVS SESE DEDIT ET SVA CHRISTO LICTORIQVE CAPVT QVOD IN AVRO CONDITVR ISTO (König Oswald der Fromme gab sich und das Seinige Christus und dem Henker das Haupt, das hier in Gold geborgen ist).
Oswald, der 642 als König von Northumbria im Kampf gegen seinen heidnischen Gegner Penda von Mercien umkam, ist schon bald nach seinem Tod als Märtyrer verehrt worden. Durch die Missionstätigkeit angelsächsischer Mönche wurde der Kult auch auf dem europäischen Festland verbreitet. Im Zusammenhang damit scheint es bereits erste Reliquienübertragungen gegeben zu haben. In Hildesheim wird eine Oswald-Reliquie erstmals unter den Reliquien erwähnt, die Bischof Hezilo am 5. Mai 1061 bei der Neuweihe des Doms im Hochaltar deponierte.
Das Kuppelreliquiar ist allerdings erheblich jünger. Die ungewöhnliche Reihe der englischen Königsheiligen, Edward, Edmund, Alfred, Aethelbert, Aedelwold und Cnut, die zusammen mit Oswald auf den Seitenflächen dargestellt sind, hat wiederholt zu der Überlegung Anlaß gegeben, ob es sich hier nicht um aus England importierte Werkstücke handeln könnte. Dagegen spricht schon die unsystematische Vergabe von Nimben und Heiligentiteln, die eine mangelnde Vertrautheit mit den Darzustellenden erkennen läßt; und bei aller denkbaren Abhängigkeit von stilprägenden Vorbildern aus dem nordfranzösisch-englischen Bereich sind die fein gravierten, teilvergoldeten Silberplatten mit ihrer niellierten Rankenornamentik einer Reihe von niedersächsischen Goldschmiedearbeiten – beispielsweise der sogenannten Bernwardspatene – doch so gut vergleichbar, daß die Herkunft des Oswald-Reliquiars aus einer niedersächsischen Werkstatt als gesichert gelten darf.
Als Auftraggeber kommen am ehesten Herzog Heinrich der Löwe und seine Gemahlin Mathilde in Frage, die Tochter König Heinrichs II. von England. Das wird zum einen durch die Reihe der englischen Könige nahegelegt, die als Vorfahren der Mathilde galten, zum anderen gehört der Burgunderkönig Sigismund – wie übrigens auch Oswald – zu den Ahnen Heinrichs des Löwen.
Eine derartige Manifestation der Geblütsheiligkeit läßt sich auch gut mit einer anderen Stiftung des Herzogspaars in Verbindung bringen: dem Evangeliar für den Marienaltar der Braunschweiger Stiftskirche St. Blasius; sein einzigartiges Krönungsbild zeigt Heinrich und Mathilde zusammen mit ihren kaiserlichen und königlichen Vorfahren und verweist damit nachdrücklich auf den dynastischen Rang des Paares (Kat. D 31). Auch die auf 1188 datierte Weihe-Inschrift des Altars bekundet in auffälliger Weise, daß Heinrich und Mathilde von Kaisern und Königen abstammen (Kat. D 26). Für die Datierung des Oswald-Reliquiars ist damit ein zeitlicher Fixpunkt gewonnen, der es denkbar erscheinen läßt, daß der Kuppelbau – wie das Evangeliar – nach der Entmachtung Heinrichs des Löwen und seiner Rückkehr aus der Verbannung in Auftrag gegeben wurde.

Daß das Kuppelreliquiar von Anfang an für den Hildesheimer Dom bestimmt war, wird man um so eher annehmen dürfen, als für 1206 bereits eine regelmäßige Feier des Oswald-Festes in der Bischofskirche bezeugt ist und schon wenige Jahre später von einem Einbruch in den Dom berichtet wird, dem das *caput sancti oswaldi* beinahe zum Opfer gefallen wäre.

Eine gute Beschreibung enthält erst ein Domschatzverzeichnis von 1409. Daß das Köpfchen mit der hier erstmals bezeugten Krone damals schon mit dem Kuppelbau verbunden war, wird durch den ausführlichen Inventar-Eintrag von 1438 nahegelegt, der diesen Zustand dann zweifelsfrei notiert. Schon im späten Mittelalter wurde die Inschrift auf dem Sockel angebracht, die nach Art ihrer Gravierung und der Buchstabenform in den unmittelbaren Zusammenhang einer Reihe von Hildesheimer Goldschmiedearbeiten des ausgehenden 14. Jahrhunderts gehört. Die Worte des 20. Psalms nehmen so offenkundig Bezug auf den Kopf mit der Krone, daß verschiedentlich vermutet wurde, er sei erst zur Zeit der Inschrift mit dem Kuppelbau verbunden worden.

Bei solchen Überlegungen muß man allerdings berücksichtigen, daß der Kopf auf der Kuppel nicht viel jünger sein kann als das Reliquiar selbst. So besteht eine erstaunliche Ähnlichkeit zwischen dem Gesicht des Gekrönten und den vergleichbar naturnah modellierten Zügen eines Christus-Corpus im Kirchenschatz von St. Godehard in Hildesheim (Kat. G 33), der sicher noch im letzten Jahrzehnt des 12. Jahrhunderts entstanden ist. In die gleiche Zeit gehört auch der sogenannte Apostelarm (Kat. D 60), an dessen Ärmelborten z. B. typenmäßig verwandte Köpfe zu finden sind.

Der kostbare Kronreif, der das Haupt bekrönt, besteht aus unterschiedlichen Teilen. Die beiden ältesten befinden sich zu seiten der Stirnplatte. Nur diese sind aus Gold und auch auf ihrer (jetzt verkleideten) Rückseite mit Filigran verziert. Offenbar handelt es sich um Teile eines Schmuckstücks, das hier als Votivgabe verarbeitet wurde. Sie lassen eine so enge Verwandtschaft zu einer Reihe aufwendiger Goldschmiedearbeiten aus dem Umkreis des ungarischen Königszepters und der Kronenbügel der Stephanskrone erkennen, daß man die Hildesheimer Stücke ebenfalls einer ungarischen Werkstatt zuschreiben kann. Sollte die von Carla Fandrey geäußerte Vermutung zutreffen, daß diese Platten über Heinrich den Löwen und Mathilde nach Niedersachsen gelangten, die beide mit dem ungarischen Königshaus Kontakt hatten, so dürften auch Kopf und Krone von ihnen der Hildesheimer Bischofskirche gestiftet sein.

Kratz 1840, S. 144–148. – Beissel 1895. – Swarzenski 1932. – Elbern/Reuther 1969, S. 35f. – Nilgen 1985. – Fandrey 1987. – Kat. Hildesheim 1989, S. 135–160, Nr. 9 (Michael Brandt u. a.).

M. Br.

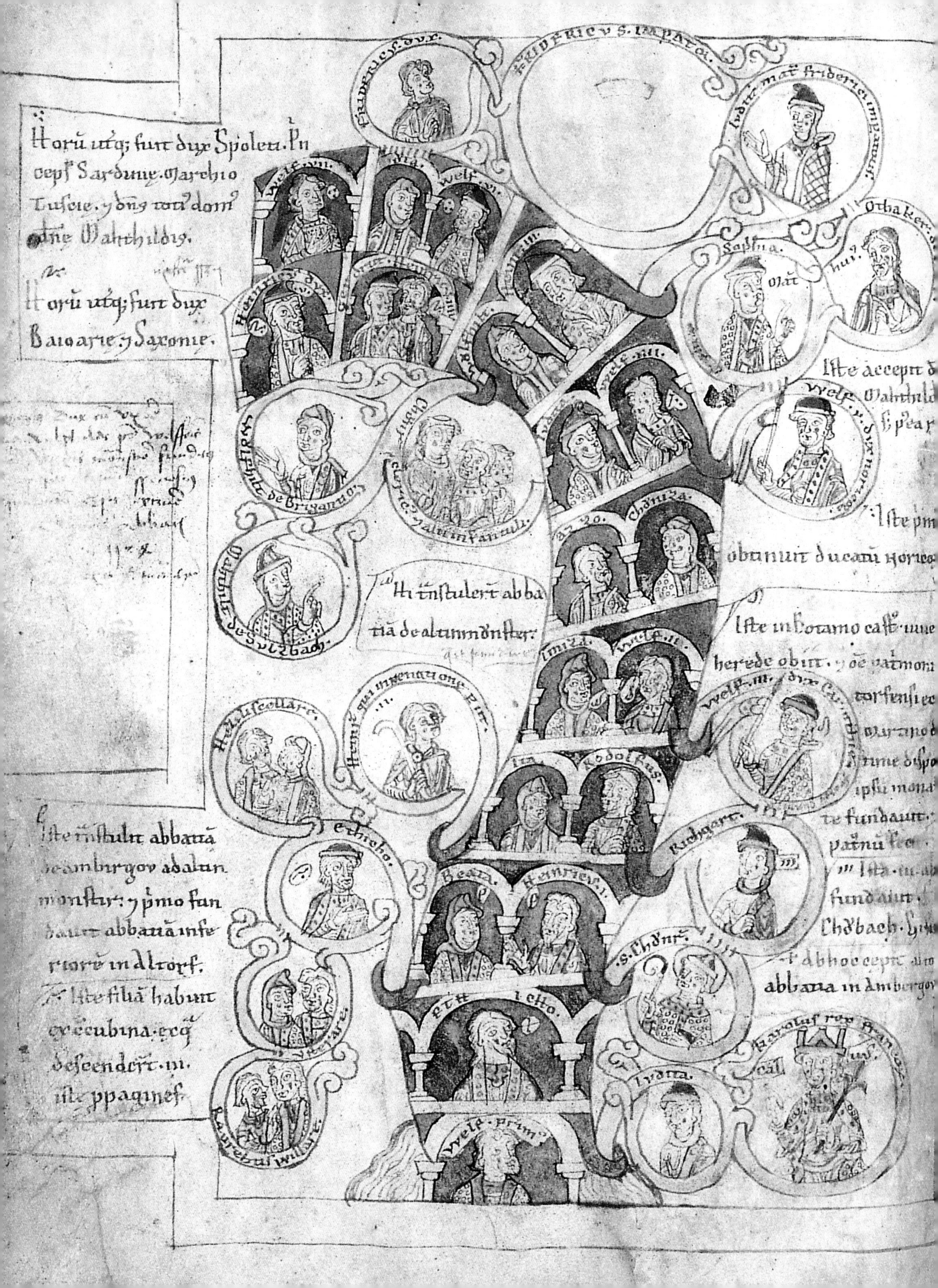
Horũ utq; fuit dux Spoleti. Princeps Sardinie. Marchio Tuscie. 7 dns toti dom dne Mahthildis.
Horũ utq; fuit dux Baioarie 7 Saxonie.
Fridericus dux
Fridericus imperator
Iudit mat friderici imperatoris
Othaker
Sophia
Welf vi.
Welf vii.
Henricus dux
Iste accepit d
Mahthild
Welf. v. dux noricorum
Iste primo obtinuit ducatũ Noricorum
Hi transtulert abbatiā de altunmonster.
Chuniza
Iste in potamo castr' sine herede obiit. 7 de patrimonio
Imiza
Welf ii.
Welf iii. dux carinthie
Rodolfus
Richgart
fundauit
Chδbach
abbatia in Ambergov
Iste transtulit abbatiā de amburgov ad altunmonster; 7 primo fundauit abbatiā inferiore in altorf.
Iste filiā habuit concubinā. ex q descenderunt iii. iste ppagines
Eticho
Beata
Henricus
S. Chδnr.
Karolus rex francorum
Iudita
Welf primus
Mahthilt de Sulzbach
Wulfhilt de Brigantio
Heinricus qui in venatione perit

B Das Haus der Welfen

Die Welfen waren als ursprünglich fränkisches Adelsgeschlecht im Elsaß und in Lothringen begütert. *Isti a Francis illis originem duxerunt, qui, quondam a Troia egressi.* – »Sie stammen von jenen Franken ab, die einst aus Troja ausgewandert waren« bemerkt voller Stolz die *Historia Welforum*, in der auch der berühmte erste Welfenstammbaum aufgezeichnet ist. Eine echte Hausmacht konnten sie erst in Schwaben zwischen Bodensee und Lech ausbilden, wo ihre Hauptburg Altdorf lag, nach der sie bisweilen ebenfalls benannt wurden. Die Töchter Welfs I. waren Gemahlinnen karolingischer Könige; Rudolf I. wurde 888 König von Burgund; Welf IV., eigentlich ein Markgraf von Este, erwarb 1070 die bayerische Herzogswürde; Heinrich der Schwarze, Erbe auch der italienischen Besitzungen, erlangte umfangreiche Güter in Sachsen; Heinrich der Stolze erheiratete mit der Erbtochter Kaiser Lothars III. die sächsische Herzogswürde und war dazu prädestiniert, auch die Königskrone zu übernehmen, welche schließlich aber doch die Staufer für sich gewinnen konnten. Nach nur zwei Generationen waren die Welfen zu einem in Sachsen heimischen Geschlecht geworden, so daß sich der bei Amtsantritt noch minderjährige Heinrich der Löwe dort durchzusetzen vermochte. Jetzt gingen die Welfen wieder europaweite dynastische Verbindungen ein. Aufgrund des Zerwürfnisses zwischen Kaiser Friedrich I. und Heinrich dem Löwen verloren sie neben der Herzogswürde in Bayern und Sachsen ihre schwäbischen Eigengüter. Zwar konnte die nächste Generation die Krone des Reichs und die Pfalzgrafschaft bei Rhein erwerben, doch erst unter Otto dem Kind fanden die Welfen 1235 als Herzöge von Braunschweig und Lüneburg wieder dauerhaft in den Stand der Reichsfürsten zurück, um sich in der Folge vor allem dem Ausbau ihrer Landesherrschaft zu widmen.

Von den Welfen sind bedeutende Zeugnisse der mittelalterlichen Kunst und Kultur in Auftrag gegeben worden oder in ihrem direkten Umkreis entstanden. Aufstieg und Fall lagen für sie im hohen Mittelalter stets eng beieinander, was für das noch heute blühende Geschlecht Anlaß dafür gegeben haben mag, die Worte *nec aspera terrent* – selbst Qualen schrecken sie nicht – zu einem ihrer Leitsprüche zu wählen.

769	Ruthard, Stammvater der Welfen, unter Pippin Graf im Argengau
vor 825	Welf I., Graf im Schussen- und Argengau; von seinen Töchtern heiratet Judith Kaiser Ludwig den Frommen, Hemma König Ludwig den Deutschen
vor 934	Heinrich mit dem goldenen Wagen erwirbt große Güter in Oberschwaben
975	Tod Konrads, Bischof von Konstanz, 1123 kanonisiert
1047	Welf III. wird Herzog von Kärnten
1055	Aussterben der älteren Welfen – Welf IV., Markgraf von Este, begründet die Linie der jüngeren Welfen
1089	Welf V. heiratet Mathilde von Tuscien (»Mathildische Güter«)
1095/1100	Heinrich der Schwarze, seit 1120 Herzog von Bayern, heiratet Wulfhild Billung
1119/21	Judith heiratet Friedrich II. von Staufen, Herzog von Schwaben
1127	Heinrich der Stolze, seit 1126 Herzog von Bayern, heiratet Gertrud von Süpplingenburg
1142–1180	Heinrich der Löwe, Herzog von Sachsen, seit 1156 auch Herzog von Bayern
vor 1167	Mathilde, Tochter Heinrichs des Löwen, heiratet Fürst Borwin I. von Mecklenburg,
1176	Gertrud, Tochter Heinrichs des Löwen, heiratet König Knut VI. von Dänemark
1189	Richenza, Tochter Heinrichs des Löwen, heiratet Graf Gottfried II. von Perche
1191	Tod Welfs VI. – Ende der Welfen in Schwaben
1194	Heinrich heiratet Agnes, Tochter Pfalzgraf Konrads bei Rhein
1198	Otto wird römisch-deutscher König
1202	Wilhelm heiratet Helena, Tochter König Waldemars II. von Dänemark

Historia Welforum, S. 2f.

Origines Guelficae. – Havemann 1837/38. – UB Herzöge Braunschweig-Lüneburg. – von Heinemann 1884–92. – Fleckenstein 1957. – Schnath 1959. – Büttner 1961. – Schmid 1968. – Oexle 1968. – Konrad-Bischof von Konstanz. – Zillmann 1975. – Oexle 1978. – Patze 1981. – Oexle 1986. – Pischke 1987a. – Schneidmüller 1992. – Oexle 1994.

C.P.H.

*B 1 Stammbaum der Welfen

Weingarten, 1196/97

Einzelblatt – H. 21,5 cm – B. 15,5 cm.

Ehem. Sammlung R. Forrer, Straßburg, heute verschollen

In den 1190er Jahren entstand in Weingarten, in schwarzer und roter Tinte gezeichnet und hellgelb grundiert, ein Stammbaum der Welfen, der sich anhand der genannten Personen datieren läßt, unter anderem oben rechts *Counradus dux*, Herzog Konrad von Schwaben (†15. August 1196) und *Phylippus dux*, Philipp von Schwaben, der Nachfolger seines Bruders Konrad im Herzogsamt, beide Brüder Kaiser Heinrichs VI., der am 28. September 1197 starb. Am 8. März 1198 wurde Philipp zum König gewählt. Daraus ergibt sich eine Datierung der Zeichnung auf 1196/97. Die Herkunft aus Weingarten ist aus stilistischen Gründen gesichert.

Die Darstellung fußt auf den Grundgedanken und Bildvorstellungen des nur wenig älteren Stammbaums in der Handschrift Fulda, Cod. D 11 (Kat. B 3), die hier zugleich umgeformt werden. Die Bildidee des Baums erscheint noch einmal in der aufsteigenden agnatischen Linie der neun Generationen vom ersten zum letzten Welfen: von *Gwelf primus* am unteren Bildrand bis zu *Gwelf ultimus* (Welf VI.), woran sich links oben eine weitere Volute mit dem Namen *Gwelf iuvenis* (Welf VII.) anschließt. Der Stammbaum ist transformiert in ein Geflecht ineinander verschlungener Voluten, welche die gesamte Bildfläche gleichmäßig füllen. Die genannten Staufer sowie die ›sächsischen‹ Welfen, nämlich Heinrich der Stolze, Heinrich der Löwe und dessen Sohn, Pfalzgraf Heinrich (*Heinricus palatinus*), sind rechts und links des Hauptstammes angeschlossen.

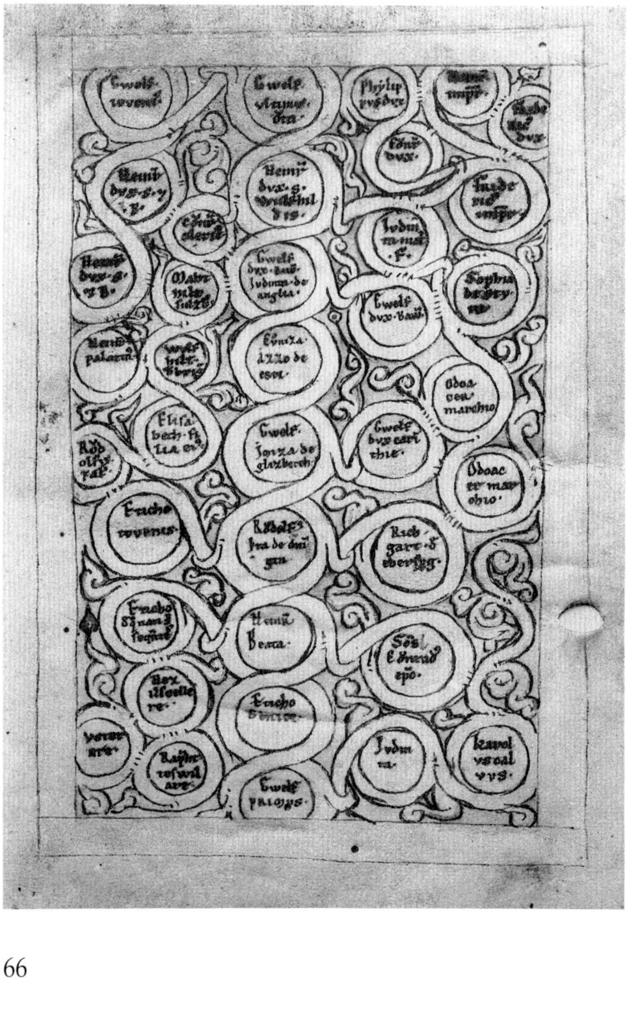

Oexle 1978, S. 228ff. – Jakobi-Mirwald 1994, S. 107.

O.G.O.

*B 2 Braunschweigische Reimchronik

Norddeutschland, letztes Viertel 13. Jahrhundert

Hamburg, Staats- und Universitätsbibliothek, Cod. 18 in scrin.

Die Braunschweigische Reimchronik (BR) ist – außer im Hamburger Codex – in einer weiteren Folio-Handschrift überliefert: Wolfenbüttel, Herzog August Bibliothek, Cod. Guelf. 81.14 Aug. 2°. Die Hamburger Handschrift stellt wohl das Widmungsexemplar für die Söhne Albrechts I. von Braunschweig-Lüneburg dar; auf 202 Blättern enthält sie 9339 Verse, es fehlt ein Blatt zwischen fol. 191 u. 192; ihre Sprache ist ein mit zahlreichen niederdeutschen Elementen durchsetztes Hochdeutsch. Das Wolfenbütteler Manuskript bietet eine vielfach verstümmelnde Übersetzung des Hamburger Textes ins Niederdeutsche, es bricht zudem nach v. 7375 ab.

Die BR gilt als eine der wichtigsten volkssprachlichen Quellen zur Geschichte der (braunschweigisch-lüneburgischen) Welfen und ihrer Vorfahren, darunter vor allem Heinrichs des Löwen. Geschrieben im letzten Viertel des 13. Jahrhunderts von einem unbekannten Verfasser, vielleicht einem Kleriker (Sandfuchs 1978a, Sp. 1007) oder einem Kanzleischreiber (Patze 1987, S. 336) am Hof Herzog Albrechts I. von Braunschweig-Lüneburg (1252–1279), fungiert sie nicht nur als Fürstenspiegel für die Söhne Albrechts, sondern setzt sich vor allem zum Ziel, die Erhebung Braunschweig-Lüneburgs zum Herzogtum im Jahre 1235 (vgl. v. 7566–89) zugleich genealogisch und rechtlich abzusichern wie auch durch die vorbildliche Tugendhaftigkeit der einzelnen Herrscher zu legitimieren. Als Gerüst der in 74 Kapitel unterteilten Erzählung dient die chronologische Abfolge der Ereignisse, gegliedert jedoch mit dem (vielleicht aus der *Historia Welforum* – vgl. Kat. B 3 – übernommenen) Bild des Stammbaums nach den zwei aus Sachsen stammenden Familien, die als »Wurzeln des edlen Stamms von Braunschweig« (v. 150–153) dargestellt werden. Der erste Erzählstrang reicht von der Bekehrung eines der beiden Spitzenahnen, des Sachsenherzogs Widukind, und seiner Wiedereinsetzung zum Herzog von

Sachsen durch Karl den Großen über Heinrich den Löwen bis zum Tod Albrechts I.; der zweite Strang beginnt mit der Erwähnung des zweiten Spitzenahns, Hermann Billung, und seiner Nachfahren und wird in der Person Heinrichs des Löwen – dem Stamm des Baumes – mit dem ersten zusammengeführt (v. 2586–2600). Heinrichs Urenkel bilden die Blüten am Zweig, wobei der Autor nur eine, nämlich Albrecht I., in den Blick nimmt (v. 7814–17). Die BR ist als landesfürstliche Chronik konzipiert; Reichsgeschichte wird daher nur erwähnt, insofern sie das Handeln der Landesfürsten betrifft.

Bemerkenswert ist die Fähigkeit des Verfassers, aus den zahlreichen von ihm herangezogenen Quellen (u.a. die Sächsische Weltchronik, die Papst- und Kaiserchronik Martins von Troppau, die Reimchronik Eberhards von Gandersheim, die Annalen Gerhards von Steterburg) gezielt diejenigen Ereignisse auszuwählen, welche »die Errichtung des Herzogtums Braunschweig-Lüneburg im Jahre 1235 als folgerichtiges Ergebnis eines langen historischen Prozesses erweisen« (Patze 1987, S. 338). Die Bemühung um rechtliche Absicherung ist an der ungewöhnlichen Präzision ablesbar, mit welcher der Autor auch komplexe historische Prozesse und Rechtsverhältnisse in seiner Verssprache wiedergibt. Das Muster der moralischen Rechtfertigung von Herrschaft durch die Tugend der Herrscher und vor allem die inhaltliche Füllung der Tugendanforderungen mit höfischen Idealen, zu denen auch der Minnedienst gehört, zeigt den Einfluß des höfischen Romans nicht nur auf den Autor, sondern auch auf sein (höfisches) Publikum, das seine dort gewonnenen Verhaltenserwartungen auf die Rollenerwartung an den Fürsten übertrug. Die BR fungiert damit als Medium öffentlicher Verständigung, in dem die Normen statusadäquater Rollenerfüllung diskutiert und die Fürstenviten entsprechend diesen Normen mit dem Ziel ihrer Legitimierung durch Tugendadel inszeniert werden (vgl. Wenzel 1980, S. 121–127).

Heinrich der Löwe, im Stammbaumbild des Verfassers der Stamm der welfischen Herzogsfamilie, wird in den Kapiteln 28–47 (v. 2568–4760) als ein Fürst bezeichnet, der die im Prolog formulierten Tugendnormen vorbildlich erfüllt. Wendenzüge, Bistumsgründungen und der Ausbau der Blasiuskirche in Braunschweig fungieren dabei gleichermaßen als Zeichen seines gottesfürchtigen Lebenswandels wie einer recht genutzten fürstlichen Machtvollkommenheit. Die repräsentative Errichtung des Löwenstandbilds ist Kulminationspunkt seines Aufstiegs; sein Niedergang wird mit dem Bild der *Rota Fortunae* eingeleitet, wodurch er vom Handelnden zum Objekt der Geschichte und somit von Verantwortung entlastet wird. Noch die Totenklage nutzt der Autor dazu, Heinrich als idealen Fürsten zu beschreiben.

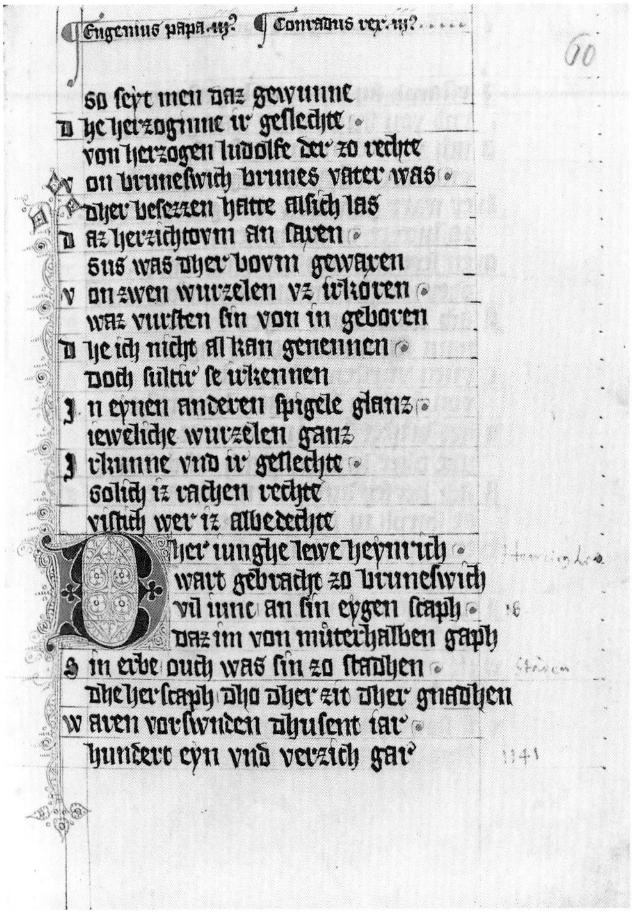

Eugenius papa .iij.? Conradus rex .iij.? . . . .
So seyt men daz gewunne
Dhe herzoginne ir geslechte
von herzogen ludolfe der zo rechte
Von bruneswich brunes vater was
dher besezzen hatte alsich las
Daz herzichtovm an saren
Sus was dher bovm gewaren
Von zwen wurzelen vz irkoren
waz vursten sin von in geboren
Dhe ich nicht al kan genennen
doch sultir se irkennen
In eynen anderen spigele glanz
iewelche wurzelen ganz
Irkunne vnd ir geslechte
solich iz rachen rechte
vlsich wer iz albedechte
Dher iunghe lewe heynrich
wart gebracht zo bruneswich
vil iunc an sin eygen scaph
daz im von muterhalben gaph
Sin erbe ouch was sin zo stadhen
dhe herscaph dho dher zit dher gnadhen
Waren vorswnden dhusent iar
hundert eyn vnd verzich gar

Braunschweigische Reimchronik. – Patze 1987, S. 334–346. – Sandfuchs 1978a. – Wenzel 1980, S. 119–133. – Susann El Kholi, Heinrich der Löwe und seine Zeit in der ›Braunschweigischen Reimchronik‹, unveröff. Magisterarbeit Bonn 1991.

T.E.

B 3 *Historia Welforum* und Stammbaum der Welfen aus Kloster Weingarten

Abb. S. 64, 69

Weingarten, zwischen 1185/1191

Pergament – Buchmalerei in Deckfarben; kolorierte Federzeichnung – Ledereinband – 150 Blätter – H. 32,4 cm – B. 22 cm.

Fulda, Hessische Landesbibliothek, Cod. D 11

Die Handschrift ist berühmt vor allem wegen der mit Bildern ausgezeichneten Doppelseite fol. 13v und fol. 14r: Sie zeigt den in seiner Art singulären Stammbaum der Welfen sowie eine Darstellung Kaiser Friedrich Barbarossas mit seinen Söhnen, König Heinrich VI. und Friedrich, Herzog von Schwaben. Beide Bilder entstanden in Kloster Weingarten, der alten Grablege der Welfen, in der Zeit zwischen 1185 und 1191, dem Todesjahr Herzog Welfs VI. Aufgrund eines Ende 1178 geschlossenen Vertrags Welfs VI. mit seinen staufischen Verwandten, nämlich mit Kaiser Friedrich Barbarossa, dem Sohn seiner Schwester Judith,

und dessen Söhnen Heinrich und Friedrich waren damals bereits große Teile des Welfenbesitzes in Oberschwaben an die Staufer übergegangen. Dies erfolgte nach der Annullierung eines älteren Vertrags Welfs VI. mit seinem ›welfischen‹ Neffen Heinrich dem Löwen, dem Sohn seines Bruders Heinrich des Stolzen, Herzog von Bayern und Sachsen. Die durch diese Erbregelung begründete Machtverschiebung war erheblich und bildet die wichtigste Voraussetzung für den Prozeß gegen Heinrich den Löwen, der Anfang 1179 begann und der für Heinrich den Löwen den Verlust der Herzogtümer Sachsen und Bayern nach sich zog und ihn auf seinen sächsischen Eigenbesitz beschränkte. In diesem Prozeß stand Welf VI. auf der Seite des Kaisers. Die beiden Weingartener Bilder bringen die neue Situation zum Ausdruck, obgleich sie ursprünglich nicht in ein und derselben Handschrift vereinigt waren. Die heutige Handschrift Fulda Cod. D 11 besteht vielmehr aus zwei ursprünglich selbständigen Codices, die erst nach 1300 zusammengefügt wurden. Die eine dieser beiden Handschriften enthält das Necrolog des Klosters Weingarten, auf dessen letzter Seite der Welfenstammbaum gezeichnet wurde. Die andere Handschrift wurde mit dem Stauferbild eröffnet, an das sich auf den folgenden Seiten die Hausgeschichte der Welfen, die sogenannte *Historia Welforum* in der Weingartener Fassung anschließt. Es folgen, von derselben Hand eingetragen, auf fol. 29r bis 31r die Weingartener ›Welfenannalen‹ sowie, von anderen, aber gleichzeitigen Händen geschrieben, historiographische Texte und *Passiones* von Heiligen.

Die um 1170 verfaßte sogenannte *Historia Welforum*, die erste Geschichte eines adligen ›Hauses‹ und Geschlechts, bietet eine Geschichte der »Generationenfolgen unserer Fürsten« (*generationes principum nostrorum*), wie der Verfasser schreibt, die bis zu dem in der Zeit Karls des Großen lebenden Grafen Welf zurückzuverfolgen seien, dem ersten bekannten Träger des Namens. Dessen Vorfahren hätten sich aber mit den ihrigen schon viel früher in den »fast unbewohnbaren und, wie man noch heute sieht, waldreichen Gebieten« Oberschwabens niedergelassen, um hier Land in Besitz zu nehmen und mit der Errichtung eines festen Wohnsitzes (*certa habitatio*) ihre Herrschaft zu begründen und ihr ›Haus‹ nach Art von Königen (*regio more*) einzurichten. Als Zentrum dieser Welfenherrschaft sieht also der Verfasser, vermutlich ein Kleriker, der zwar nicht selbst ein Angehöriger des Welfengeschlechts, wohl aber, als Kapellan, ein Angehöriger des welfischen »Hauses« gewesen ist, den oberschwäbischen Welfenbesitz mit der Ravensburg und dem Hauskloster Altdorf/Weingarten. Der Bericht dieser »Chronik der Altdorfer« (*Cronica Altorfensium*), wie der Text in der handschriftlichen Überlieferung genannt wird, endet mit dem Tod Welfs VII., des einzigen Sohnes Welfs VI., im Jahr 1167.

In medio plis residet pater IMPERIALIS.
HEINRICVS.REX.
FRIDERICVS.IMPERATOR.
FRIDERICVS.DVX

B3

Der auf der letzten Seite des ältesten erhaltenen Necrologs von Weingarten aufgezeichnete Welfenstammbaum ist die älteste bildliche Darstellung eines mittelalterlichen Adelsgeschlechts. Die Darstellung bezieht sich wesentlich auf den Text der *Historia Welforum*, gehört aber, als Teil des Necrologs, nicht zur historiographischen, sondern zur liturgischen Memoria. Das Necrolog (heute fol. 1v-13r der Handschrift) enthält vor allem die Namen von Wohltätern und Stiftern, Mönchen und Priestern, aber auch von vielen Laien, die durch Schenkungen von Land oder von Gegenständen (u.a. von Büchern) oder als Angehörige des Klosters, durch Anfertigung hervorragender Arbeiten für die Ausstattung der Klosterkirche sich einen Namen gemacht und das Anrecht auf Kommemoration erworben hatten. Zu den hier genannten Personen gehören auch die im Kloster beigesetzten Angehörigen des Welfenhauses selbst; ihre Reihe beginnt im 11. Jahrhundert mit Welf II. (†1030) und seinem Vater Rudolf. Die kolorierte Federzeichnung des Stammbaums beginnt indessen unten mit dem aus der *Historia Welforum* bekannten ältesten Welfen (*Welf primus*), der zur Zeit Karls des Großen lebte und dessen Tochter Judith (*Iudita*) durch ihre Heirat mit Kaiser Ludwig dem Frommen die Mutter Karls des Kahlen (*Karolus calvus rex francorum*) wurde. Den Hauptstamm des Welfengeschlechts bildet die mit Paar-Bildnissen gegebene Generationenfolge, so wie sie das genealogische Gedächtnis der Welfen im 12. Jahrhundert aus älteren Überlieferungen zusammenfügte. Gesicherte genealogische Abfolge wird mit der vierten und fünften Generation, mit Rudolf und vor allem mit seinem Sohn Welf II. erreicht. Am Ende des Stammbaums neigt sich der Stamm nach unten und teilt sich, nämlich mit den Söhnen Herzog Heinrichs des Schwarzen (†1126): einerseits Welf VI. (†1191) und sein Sohn Welf VII. (†1167), andererseits Heinrich der Stolze, Herzog von Bayern und Sachsen (†1139) und sein Sohn Heinrich der Löwe (†1195), während Heinrichs des Schwarzen Tochter Judith, die Mutter Kaiser Friedrich Barbarossas (*Iudit mater Friderici imperatoris*) als kräftiger Zweig dargestellt ist, der aus dem Welfenstamm herauswächst und zu Friedrich I. selbst hinführt (*Fridericus Imperator*). Dessen Bild ist nicht ausgeführt, überhöht aber den Stammbaum und setzt gewissermaßen die welfische Stammes-Linie fort. Daran schließt sich links, in einer weiteren Ranke, das Bild Herzog Friedrichs von Schwaben an (*Fridericus Dux*), der seit Ende 1178 die Herrschaft über weite Bereiche des welfischen Patrimoniums in Oberschwaben angetreten hatte. Im Gegensatz zu dieser ›staufischen‹ Fortsetzung des Welfenstammes steht das Ende dieses Stammes selbst: nicht nur mit dem 1167 verstorbenen einzigen Sohn Welfs VI., sondern auch mit Heinrich dem Löwen, dessen Söhne nicht mehr aufgenommen sind. Die Nachkommen Heinrichs des Löwen wurden also nicht mehr als Teil des welfischen Hauses und Geschlechts verstanden.

Dieselben Aussagen bringt auch die Darstellung Kaiser Friedrichs I. (*Fridericus Imperator*) und seiner Söhne Heinrich (*Heinricus Rex*) und Friedrich (*Fridericus Dux*) zum Ausdruck. Die Beischrift *In medio prolis residet pater imperialis* (Inmitten seiner Kinder residiert der Vater und Kaiser) macht deutlich, daß es sich um eine Darstellung des staufischen ›Hauses‹ handelt. Auf der Rückseite dieses Bildes (fol. 14v der heutigen Handschrift) beginnt unter dem Titel *Incipit Cronica* unmittelbar der Text der *Historia Welforum* in der Weingartener Fassung. Mit dem Bild wurde also zum Ausdruck gebracht, daß die Geschichte des welfischen Hauses und Geschlechts nunmehr ein neues, nämlich ein ›staufisches‹ Vorzeichen erhalten hat, daß diese Geschichte der Welfen nunmehr von den Staufern – die ja durch Friedrich Barbarossas Mutter Judith auch Welfen sind – fortgeführt wird.

Oexle 1978. – Oexle 1994. – Jehl 1995. – Oexle 1995. – Zur Handschrift: Jakobi-Mirwald 1994, S. 96–101.

O.G.O.

B 4 *Genealogia Welforum*

Weihenstephan, Ende 12. Jahrhundert

Pergament – mittelalterlicher Ledereinband – 99 Blätter – H. 21 cm – B. 14,5 cm.

München, Bayerische Staatsbibliothek, Clm 21563, fol. 41r und 41v

Der in einer Horaz-Handschrift aus dem bayerischen Kloster Weihenstephan bei Freising überlieferte Text der sogenannten *Genealogia Welforum* bietet die älteste Aufzeichnung welfischer Hausüberlieferung. Hier wird noch ein Eticho als ältester Welfe benannt (Zeile 1: *Eticho genuit filium Heinricum …*), eine Annahme, die dann in den späteren Texten welfischer Hausüberlieferung (»Sächsische Welfenquelle«, *Historia Welforum*) aufgrund neuer Erkenntnisse abgeändert wurde. Die Aufzeichnung des Textes läßt sich in die späte Zeit Herzog Heinrichs des Schwarzen (1120–1126) datieren und verweist auf den Aufstieg, den das Geschlecht der Welfen seit Herzog Welf IV. (†1101) genommen hat. Welfs IV. Sohn Heinrich der Schwarze war es, der nach dem Tod des letzten Saliers, Kaiser Heinrichs V., in der Königswahl von 1125 ausschlaggebenden Einfluß gegen den staufischen Anspruch zugunsten des Sachsenherzogs Lothar von Süpplingenburg (Lothar III.) ausübte. Im Zuge der Wahlverhandlungen wurde die Heirat von Heinrich des Schwarzen Sohn, Heinrich dem Stolzen, mit Gertrud, der einzigen Tochter Lothars von Süpplingenburg vereinbart, wodurch die Welfen in Sachsen unter anderem in den Besitz der Grafen von Northeim

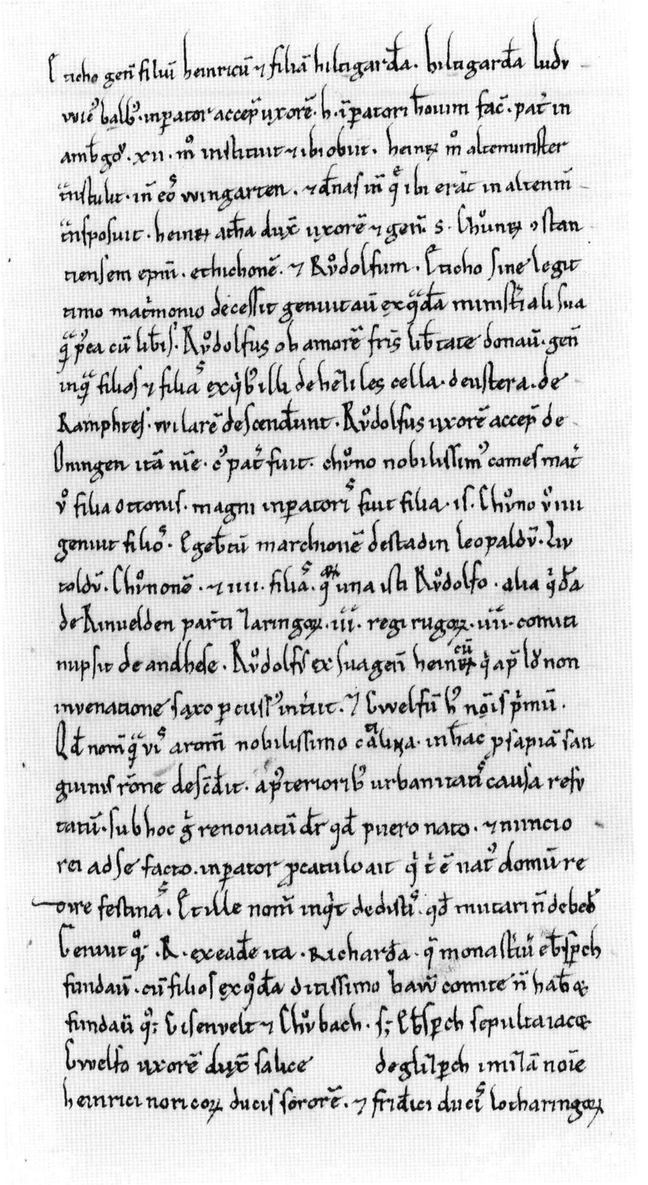

B 4

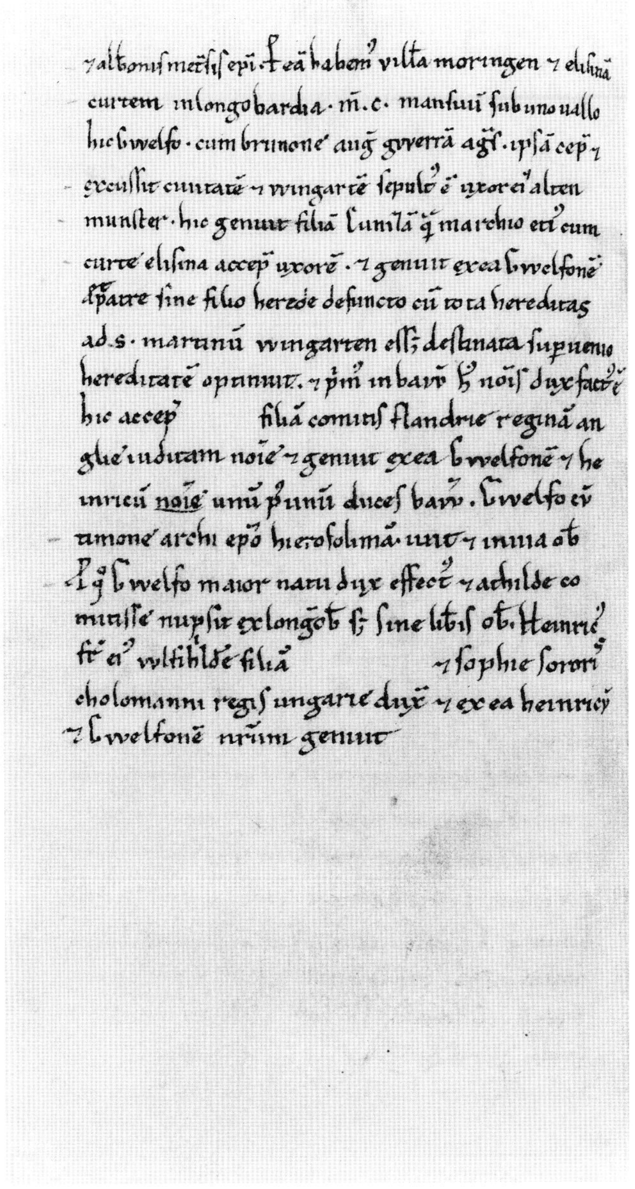

B 4

und der Braunschweiger Brunonen gekommen sind und die welfische Machtstellung im sächsischen Herzogtum begründet wurde. Mit dem Aufstieg des welfischen Hauses wuchs das Bedürfnis nach Legitimation der Herrschaft. Sie vollzog sich in der Memoria, in den verschiedenen Formen der Erinnerung an die Herkunft und die Geschichte des Geschlechts. Deshalb läßt Heinrich der Schwarze auch nach den Gräbern der ältesten Welfen suchen, beteiligt sich 1123 an der Heiligsprechung Bischof Konrads von Konstanz (†975), eines Welfen, und veranlaßt 1124 einen Neubau der Klosterkirche und der Konventsgebäude in Weingarten, der alten Welfengrablege.

Schmid 1968. – Oexle 1995. – Zur Handschrift: Klemm 1988, Nr. 63.

O.G.O.

B 5 Stemma aus dem Ordinarius von St. Blasius in Braunschweig

Braunschweig, um 1300

Pergament – 76 Blätter – H. 31,5 cm – B. 22,8 cm.

Wolfenbüttel, Niedersächsisches Staatsarchiv, VII B Hs 129, fol. 47v

Die genealogische Tafel mit Billungern, Welfen, Askaniern und Staufern schließt die ursprüngliche Fassung des *Ordinarius s. Blasii*, des 1301 vom Hildesheimer Bischof konfirmierten Kapitelbuches mit den wichtigsten Urkunden des Stiftes, ab. Die Zusammenstellung benutzt ein Stemma aus der Chronik Alberts von Stade (Mitte 13. Jahrhundert, erhalten nur in einer Handschrift des 14. Jahrhunderts: Kat. B 6), führt dieses aber fort und stellt ein originäres Zeugnis des sächsischen Adelsbewußtseins um 1300 dar. Die

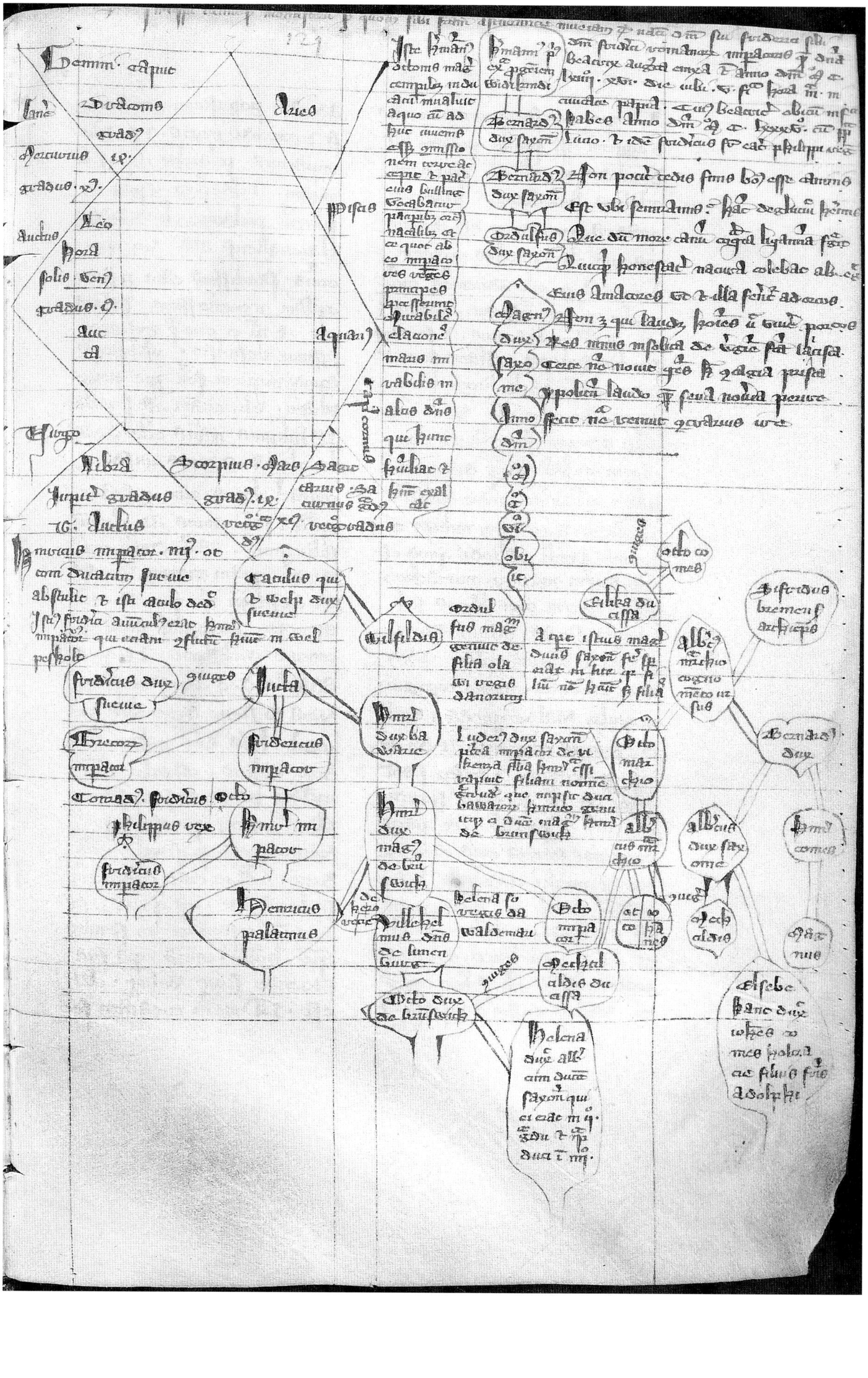

B 6

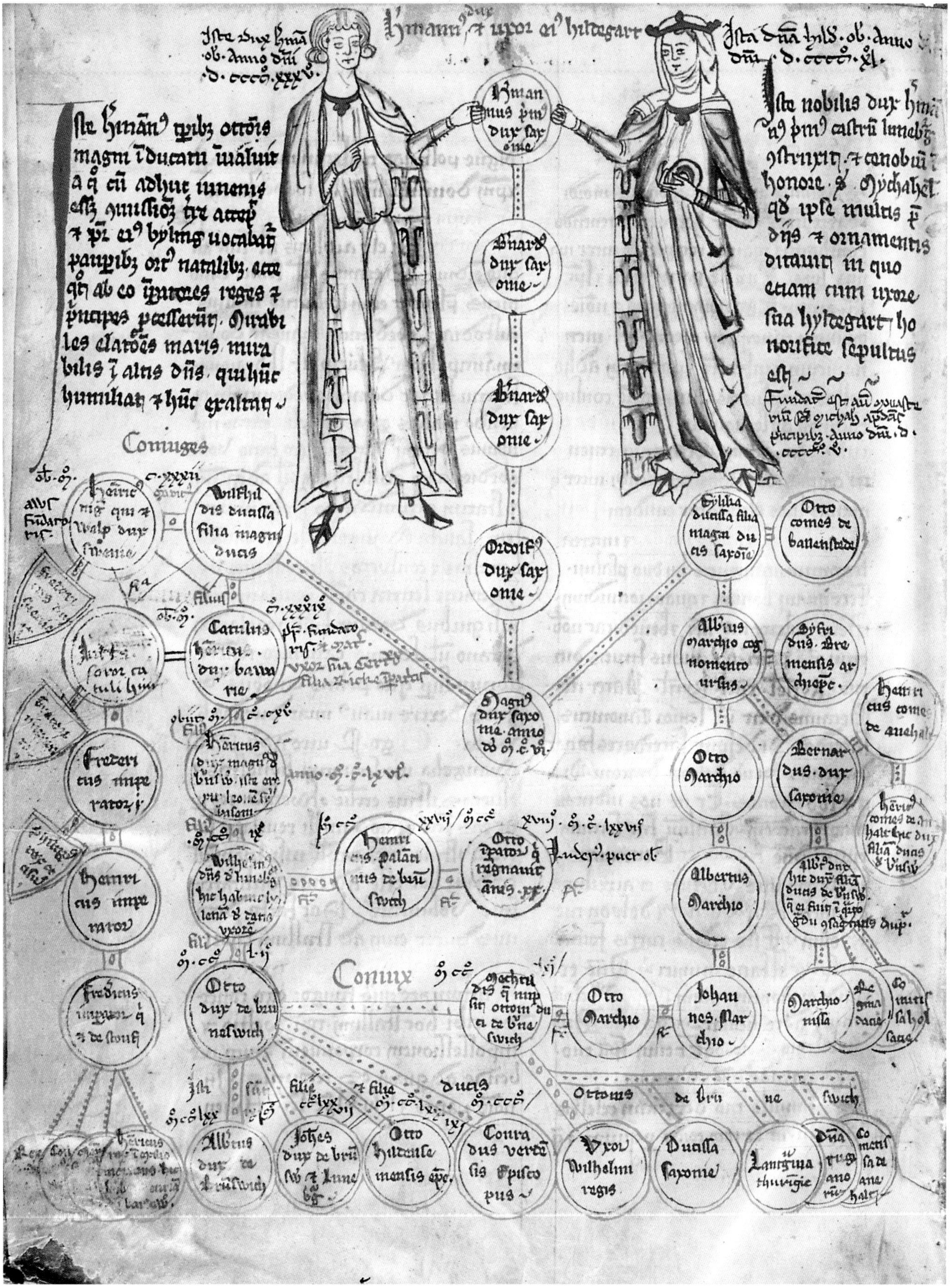
Coniuges
Coniux
Otto Marchio
Albertus Marchio
Ducissa Saxonie

B5

Zeichnung des billungischen Stammpaares (Hermann Billung und seine vermeintliche Gemahlin Hildegard) könnte auf ein verlorenes Vorbild in einer Handschrift der Chronik Alberts von Stade zurückgehen. Dort fand der Schreiber jedenfalls die Meldung von der Gründung Lüneburgs und den Grundstock des hier nur geringfügig veränderten Stemmas. Alberts Genealogie wird bis zu Kaiser Friedrich II., zur Eheverbindung Herzog Ottos des Kindes mit der Askanierin Mechthild und zu den Kindern Markgraf Albrechts von Brandenburg sowie Herzog Albrechts I. von Sachsen übernommen und später noch einmal korrigiert. Dem Betrachter erschließt sich in der ausgewogenen Komposition kreisrunder Medaillons mit Namensnennungen deutlicher als in der einzigen erhaltenen Handschrift von Alberts Chronik der Zweck der Tafel, nämlich die Zusammenführung billungischer Nachkommenschaft in Sinne einer Reditus-Idee. Die Hinzufügung der vier an den linken unteren Bildrand gedrängten Nachkommen Kaiser Friedrichs II. sowie der neun Kinder aus der Ehe Ottos des Kindes mit Mechthild zeigt die bewußt vorgenommene Zuspitzung auf das Haus Braunschweig-Lüneburg: Eine reiche Nachkommenschaft garantiert die Fortsetzung der Herzogsherrschaft in Braunschweig und Lüneburg, die Erlangung bischöflicher Würden durch nachgeborene Söhne sowie vielfältige Eheverbindungen der fünf Töchter (mit dem römischen König Wilhelm von Holland und weiteren nord- und mitteldeutschen Fürsten). Wenigstens dynastisch hatte das Haus der Welfen über die alten staufischen Rivalen gesiegt!

Schneidmüller 1987. – Schneidmüller 1992. – Naß 1993, S. 570–572.

B. Schn.

B 6 Stemma aus der Chronik Alberts von Stade

Stade, Mitte 13. Jahrhundert; Handschrift: 14. Jahrhundert

Pergament – 180 Blätter – H. 27 cm – B. 18,5 cm.

Wolfenbüttel, Herzog August Bibliothek, Cod. Guelf. 466 Helmst., fol. 121r

In seiner Chronik, die von der Schöpfung bis zum Jahr 1256 reicht, fügt Albert von Stade (1232 Abt des Klosters Stade, 1240 Eintritt in den Minoritenkonvent, † nach 5./9.2. 1264) dem Bericht vom Tod König Konrads III. 1152 Namenslisten der römischen Kaiser von Augustus bis Friedrich II., der Bremer Bischöfe/Erzbischöfe von Willehad bis Gerhard II. und der Widukind-Sippe bei. Er schließt ein Stemma mit Fürsten vom 10. bis zum 13. Jahrhundert an, das zunächst die billungischen Herzöge Sachsens von Hermann Billung (*primus extra progeniem Widikindi*) bis Magnus (†1106) und dann über mehrere Linien verteilt dessen Nachfahren zusammenstellt. Für die Kontinuität sorgen Magnus' Töchter Wulfhild und Eilika, Gemahlinnen eines Welfen und eines Askaniers. Erst durch Nahehen ihrer Nachkommen (Otto von Braunschweig-Lüneburg mit Mechthild und deren Tochter Helena mit Herzog Albrecht I. von Sachsen) werden die Zweige wieder vereint. Das Stemma will aber nicht allein diese Verwandtschaft, sondern die familiären Verbindungen der großen hochmittelalterlichen Adelshäuser dokumentieren, indem Welfen, Askanier und Staufer unter Vernachlässigung ihrer agnatischen Bezüge als Abkömmlinge sächsischer Fürstentöchter begegnen. Deutlich wird das in der Einbeziehung der Staufer, die über Wulfhild (Gemahlin Herzog Heinrichs des Schwarzen, hier: *Catulus qui et Welp*) und ihre Tochter Judith/Jutta (Gemahlin Herzog Friedrichs II. von Schwaben und Mutter Kaiser Friedrichs I.) ebenfalls von Magnus abstammen. Die welfisch-askanischen Ehen des 13. Jahrhunderts garantieren schließlich die Kontinuität herzoglicher Herrschaft von Billungern, Welfen und Askaniern und spiegeln den Ausgleich in der sächsischen Adelsgesellschaft, der nach Auseinandersetzungen des 12. Jahrhunderts in der Zeit Herzog Ottos des Kindes gefunden wurde.

Das genealogische Interesse Alberts von Stade bedarf noch genauerer Untersuchung, die durch die ungünstige Überlieferung (ausgestellt ist die einzige erhaltene mittelalterliche Handschrift, weitere sind verloren; zu vergleichen ist die Editio princeps von 1587) und eine unzureichende Teiledition (Albert von Stade, Annalen; das Stemma S. 329) erschwert wird.

von Heinemann 1884, S. 363. – Wattenbach/Schmale 1976, S. 423–425 (Dieter Berg). – Naß 1993, S. 570–572.

B. Schn.

B 7 Isidor von Sevilla, *Etymologiae*, Buch 1–9

Prüfening, um 1160–1165

Pergament – Federzeichnungen, Initialen – Halbledereinband (mit Rollenstempeln wie Clm 13080, dat. 1576) – 103 Blätter – H. 34 cm – B. 23,5 cm.

München, Bayerische Staatsbibliothek, Clm 13031, fol. 102v: Konsanguinitätstafel

Nach kanonischem Recht bestand für Blutsverwandte bis zum 7. Grad ein zwingendes Ehehindernis. Diese im römischen Erbrecht wurzelnde Bestimmung galt bis zum 4. Laterankonzil (1215). Sie war für den Eheschluß und Scheidungsprozeß gleichermaßen von Bedeutung. Die Ehe wurde annulliert, wenn das entsprechend enge Verwandtschaftsverhältnis zwischen dem Paar begründet werden konnte. Friedrich Barbarossa machte bei der Scheidung von Adela von Vohburg ebenso von diesem Gesetz Gebrauch wie Heinrich der Löwe, der seine erste Ehe mit

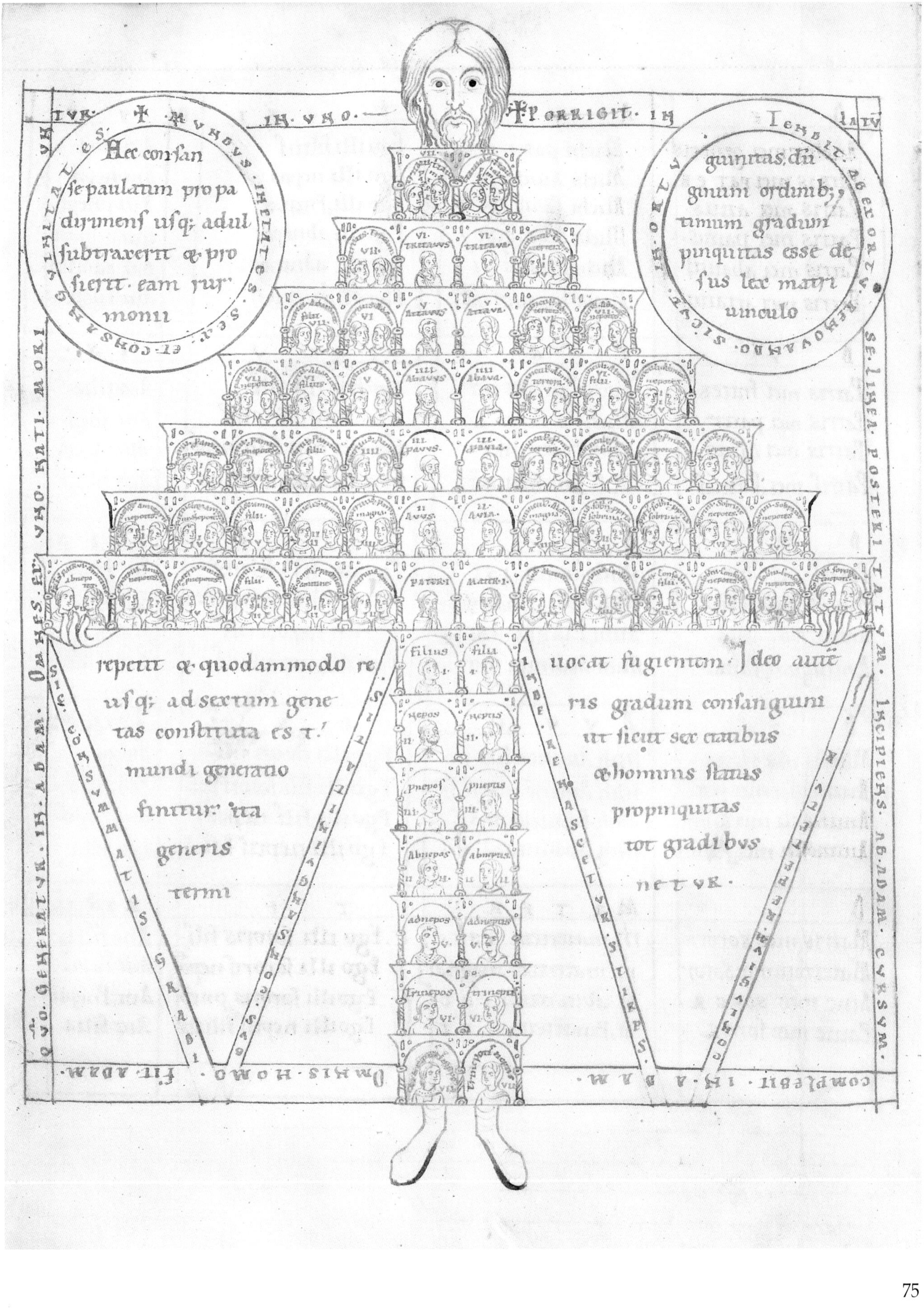
Hec consan
se paulatim propa
dirimens usq; adul
subtraxerit et pro
sierit. eam rur
monii
guinitas, dii
ginum ordinib;,
timum gradum
pinquitas esse de
sus lex matri
uinculo
repetit et quodammodo re
usq; ad sextum gene
tas constituta est.
mundi generatio
finitur: ita
generis
termi
uocat fugientem. Ideo autē
ris gradum consanguini
ut sicut sex etatibus
et hominis status
propinquitas
tot gradibus
netur.

B7

Clementia von Zähringen im Jahre 1162 löste. Bekanntlich lag der Grund einer Scheidung oft in der Sicherung von männlichen Nachkommen oder in der Aussicht auf eine vorteilhaftere Ehe. Ein praktisches Hilfsmittel zur Feststellung des Verwandtschaftsgrades boten sogenannte Konsanguinitätstafeln – schlichte geometrische Figuren mit Einträgen der Generationen, an denen man den Familienverband leicht ablesen konnte. Solche Tafeln fanden weite Verbreitung durch die *Etymologiae* des Isidor von Sevilla (*um 570, †636) oder die um 1140 vollendete Rechtshandschrift des *Decretum Gratiani*.
Der ausgestellte Isidor-Codex aus Prüfening enthält als Illustration zu Buch 9, Kapitel 6 (*De agnatis et cognatis*) ein solches gängiges Schema in inhaltlich erweiterter Form: Die Hauptlinie bildet den Mittelstamm, im Zentrum das Eltern- und Kindpaar, darüber in aufsteigender Folge die Vorfahren, darunter die Nachkommen. Seitlich schließen die Nebenzweige der Aszendenten an, links die Verwandten väterlicherseits, rechts mütterlicherseits. Die kleinen Büsten in den Arkadenfeldern sind mit den Verwandtschafts- und Gradbezeichnungen versehen. Eine große Präsentationsfigur hält den Stammbaum in den Händen, weist ihn inmitten eines von Schriftfiguren gefüllten Bildfelds vor. Tafel und Figur bilden hier den Kern einer universellen Bildaussage. Die Verse der Rahmeninschrift nehmen Bezug auf den Stammvater Adam. Der Kreislauf des Lebens beginnt und endet in Adam, alle Menschen sind aus ihm geboren und sterben in ihm. Der Gedanke findet sich schon in der Bibel, dort mit der Aussicht auf ein neues Leben in Christus (1Cor 15, 22; vgl. Rm 5, 14). Den Kreis- und Dreiecksfeldern ist das Textende des Kapitels eingeschrieben, in dem die sechs Weltalter mit den Verwandtschaftsgraden verglichen werden. Die Versumschriften sprechen auch die Erneuerung des Stammes in der Generationsfolge an. In diesem Kontext nimmt die Repräsentationsfigur die Bedeutung des Adam an. Sein Körper ist vollständig überblendet mit dem »Stemma der Menschheit«, gleichzeitig jedoch setzt sich die Figur durch das ungewöhnliche Motiv des Tragens von der Tafel ab. Seine christusgleiche Gestalt impliziert als den Träger von »Zeit und Ordnung« wohl auch tatsächlich Christus, den *Adam novus* der erlösten Menschheit.
Die Darstellung ist ein charakteristisches Beispiel für die inhaltlich höchst anspruchsvollen Bildentwürfe der Regensburg-Prüfeninger Buchmalerei. Sie basieren oft auf traditionellen Themen, die mittels diffiziler Flächenordnungen und Begleitkommentare didaktisch aufbereitet sind. Die Bedeutung solcher ›Gedankenbilder‹ für andere Kunstkreise bedarf noch einer näheren Untersuchung. Regensburg als Zentrum der Buchmalerei in Bayern zur Zeit Heinrichs des Löwen ließe an besondere Affinitäten zu Sachsen denken. Solche sind jedoch nach dem heutigen Stand der Forschung nicht ersichtlich. Weitaus fruchtbarer war der künstlerische Austausch mit Schwaben. Ohne auf direkte Abhängigkeiten schließen zu wollen, sei hier der Vergleich zwischen Weingartner Welfenstammbaum (Kat. B 3) und Prüfeninger Konsanguinitätstafel wiederholt (Oexle). Sie greifen beide das reiche Schema mit Büsten unter Arkaden auf, und auch beim Welfenstammbaum wird klar zwischen Hauptstamm und Nebenlinien unterschieden. Das Memorialbild der Welfen setzt die Kenntnis einer didaktischen Lehrtafel voraus – die anonymen Verwandtschaftsgrade nehmen im Prozeß einer Bildwerdung von ›Geschichte‹ die konkrete Gestalt einer Herrschergenealogie an.
Stilistisch ist die Prüfeninger Handschrift kurz vor dem *Glossarium Salomonis* Clm 13002 anzusetzen, in dessen Bücherverzeichnis von 1165 sie mit 20 Büchern (noch vollständig) erwähnt wird. Von großem Interesse ist außerdem ihre Titelminiatur (fol. 1r) mit der ungewöhnlichen Darstellung der Seelenrettung des toten Schreibers.

Prüfening, Benediktinerkloster hl. Georg; zwischen 1558 und 1572 in die Stadtbibliothek Regensburg; 1812 nach München.

Boeckler 1924, S. 15ff. – Oexle 1978, S. 228. – Klemm 1980, Nr. 89. – Schadt 1982, S. 61ff., 90ff. – Kat. Regensburg 1987, Nr. 33 mit Abb. 111, Taf. 23 (Elisabeth Klemm).

V.P.

B 8 Honorius Augustodunensis, *In Cantica canticorum* u.a.

Benediktbeuern, um 1165–1175

Pergament – Federzeichnung – heller Ledereinband 15. Jahrhundert – I (= »II«) + 130 Blätter – H. 29 cm – B. 19,5 cm.

München, Bayerische Staatsbibliothek, Clm 4550, fol. Iv: Die Mystische Vermählung Christi mit der Kirche

Ein Königspaar thront in einem Architekturgehäuse, jugendlich, mit langem offenem Haar, einander sichtlich zugetan. Er hat einen Arm um ihre Schulter gelegt, sie hält ein offenes Buch und ein Zepter in den Händen. Seine Linke ragt durch eine Öffnung »ins Freie«, berührt die Wange einer knienden Frau. Blut fließt aus der Hand auf ihren Körper, hinter ihr ein Baum. – Die Beischriften: (Bräutigam, Braut) *Sponsus, Sponsa* / (Er küsse mich mit dem Kusse seines Mundes) *Osculetur me osculo oris suo* / (Seine Rechte hält mich umfaßt) *Dextera illius amplexabitur me* / (Seine Linke ist unter meinem Haupt) *Leva eius sub capite meo* / (Mein Geliebter streckte seine Hand durch die Öffnung, und mein Innerstes erzitterte bei ihrer Berührung) *Manum suam per foramen misit dilectus et ad tactum eius intremuit venter meus* / (Unter dem Apfelbaum weckte ich dich) *Sub arbore malo suscitavi te*. Die Textstellen sind dem Hohelied Salomonis entnommen (Ct 1,1; 2,6/8,3; 5,4; 8,5).

Ihre Auswahl sowie die ungewöhnliche ›Dreisamkeit‹ von Bräutigam und zwei Bräuten verlangt nach einer Erklärung.

Das Bild ist die Titelminiatur zum Hohelied-Kommentar des Honorius Augustodunensis, der um 1150 in Regensburg entstanden sein dürfte (Spätwerk des Autors, †1157 ?). Seine große Verbreitung im süddeutsch-österreichischen Raum ab etwa 1160 ist an den erhaltenen Manuskripten und dem Einfluß auf die Ikonographie von Bildprogrammen ersichtlich (zur illustrierten Handschriftengruppe: Klemm 1988; Endres 1903). Unter den zahlreichen Schriften zum Hohelied – das im 12. Jahrhundert meistkommentierte Buch der Bibel – nimmt das Werk des Honorius einen wichtigen Platz innerhalb der benediktinischen Exegese ein (Ohly 1958). Von der mystischen Bewegung ist es noch weitgehend unberührt, in strenger Gliederung und Argumentationstechnik wird die Praxis der vierfachen Schriftauslegung geübt. Sie besteht in der Erklärung der historischen, allegorischen (heilsgeschichtlich-ekklesiologischen), tropologischen (auf die Seele in der Welt zielenden) und anagogischen (auf die Verheißung des Jenseits gerichteten) Aspekte der Heiligen Schrift. Die Vierzahl bestimmt auch Aufbau und Inhalt des Werks. Es bezieht ein originelles weltheilsgeschichtliches Spiel in vier Akten mit ein. Vier Bräute ziehen aus vier Himmelsrichtungen in vier Epochen Christus entgegen, um sich mit dem göttlichen Bräutigam zu vereinen. (Der Aufzug von dreien der Bräute – Tochter Babylons, Sunamitis, Mandragora – ist in Clm 4550 illustriert.)

Die Vielschichtigkeit des Kommentars ist uns ein Hinweis, auch die Bilder dementsprechend offen, d.h. in mehreren Bedeutungsebenen zu lesen. Das Hauptthema der Titelminiatur ist die mystische Vermählung der Kirche mit Christus. Der göttliche inkarnierte Bräutigam spendet im Gemach (*in thalamo*; Paradies, himmlisches Jerusalem) der Braut (auch *evangelium, vita contemplativa*) durch die Umarmung ewiges Leben, Reinheit, Glückseligkeit. Der irdischen Braut (*ecclesia in hac vita*; auch *vetus lex, Synagoga, vita activa*) und Menschheit bringt Christus Erlösung durch seinen Tod am Kreuz. Er reicht seine Linke mit der blutenden Wunde herab in die Sphäre der menschlichen Welt (*humana natura*), wo sich auch der tod- und heilbringende Baum des Kreuzes und des Sündenfalls befindet (*arbor maledictionis, arbor crucis, lignum vitae*). Am Schluß des Kommentars bemerkt Honorius: Alles, was zur Ecclesia gesagt wurde, kann auch in Maria erkannt werden – demnach ist die Braut auch Himmelskönigin und Schmerzensmutter unter dem Kreuz, die erlöste Eva. Das Thema der allumfassenden göttlichen Liebe in menschlicher Gestalt kommt in der ikonographischen Besonderheit einer Verdoppelung der Braut sinnhaft zum Ausdruck (auch in Clm 18125 aus Tegernsee, um 1200: Klemm 1988, Abb. 106). Die Idee wurzelt m. E. wohl im Text, der vor allem in der Einleitung eine Reihe von Dichotomien enthält (*nuptiae duobus modis …*, dazu Ohly 1958, S. 256; *sacra scriptura bipartita*; *ecclesia … in duo quasi in duas personas dividitur* etc.). – Die Handschrift ist seit Klemm mit Sicherheit nach Benediktbeuern zu lokalisieren, der Ort der Urredaktion ist nach wie vor ungeklärt.

Die Miniatur steht hier für den hohen Stellenwert der Braut-Bräutigam-Thematik in der bildenden Kunst und Dichtung des Hochmittelalters. Ihrer reichen und vielfältigen Verwendung haben Theologen den Weg bereitet. Sie setzt ein gesteigertes Interesse der Zeit am Hohelied voraus, dem lyrischsten Buch der Bibel, das in seiner weiten Auslegbarkeit genug Themen für die unterschiedlichsten Formgelegenheiten bot. Ein prominentes Beispiel dafür ist das Evangeliar Heinrichs des Löwen, wo das Brautpaar gleich neunmal die jeweiligen Miniaturen mit Sprüchen aus dem Hohelied und anderen Bibelbüchern kommentiert (Kat. D 31).

Benediktbeuern, Benediktinerkloster hl. Benedikt; 1803 nach München.

PL 172, Sp. 347–496 (Text). – Endres 1903, S. 27 ff. – Ohly 1958, S. 249 ff. – Nilgen 1981, S. 27. – Küsters 1985 – Klemm 1988, Nr. 196 (Lit.). – Vollmann 1991 (Lit.). – Kat. Kloster Andechs 1993, Nr. 71, vgl. Nr. 68 (Hermann Hauke).

V. P.

B 9 Das Haus der Welfen im Spiegel seiner Münzen

I. Münzen der Vorgänger Heinrichs des Löwen

a) Lothar III. (1125–1137)
Münzstätte Regensburg
Zweiseitiger Pfennig (Dünnpfennig)

Silber – stark beschnitten – Dm. 19–24 mm – Gew. 0,705 g.

Hannover, Niedersächsisches Münzkabinett der Deutschen Bank, Inv. Nr. 01.038.045

Vorderseite: in der Mitte ein gekröntes Brustbild von vorn, in der rechten Hand einen Reichsapfel und in der linken Hand ein Lilienzepter haltend, außen kreisrund Umschriftreste.
Rückseite: in der Mitte ein behelmter Reiter mit angelegter Lanze nach rechts galoppierend, außen kreisrund Umschriftreste.
Durch die starke Beschneidung ist das Stück untergewichtig bzw. unterwertig. Der Sinn dieser überaus deutlichen Manipulation am Gewicht/Wert des Stücks bleibt unklar.

Fiala 1910, vgl. Nr. 598f. – Fund Kasing II, Nr. 63. – Emmerig 1993, Nr. 65 (u. a. dieses Exemplar).

b) Lothar III. (1125–1137)
Münzstätte Regensburg
Zweiseitiger Pfennig (Dünnpfennig)

Silber – Dm. 23–23,5 mm – Gew. 1,005 g.

Hannover, Niedersächsisches Münzkabinett der Deutschen Bank, Inv. Nr. 01.037.054

Vorderseite: In der Mitte ein gekröntes Brustbild von vorn, in der rechten Hand einen Reichsapfel und in der linken Hand ein Lilienzepter haltend, außen kreisrund Trugschrift.
Rückseite: In der Mitte ein behelmter Reiter mit angelegter Lanze nach rechts, links des Kopfes ein Stern, außen kreisrund Umschriftreste.

Aus Münzfund Kasing II.

Fund Kasing II, Nr. 64. – Fiala 1910, Nr. 598, Taf. 11, Nr. 5 (dieses Exemplar). – Emmerig 1993, Nr. 65 b (u. a. dieses Exemplar).

c) Heinrich der Stolze (1126–1139) ?
Münzstätte Regensburg
Zweiseitiger Pfennig (Dünnpfennig)

Silber – Dm. 23–24 mm – Gew. 0,970 g.

Hannover, Niedersächsisches Münzkabinett der Deutschen Bank, Inv. Nr. 01.037.065

Vorderseite: in der Mitte das Hüftbild eines behelmten Weltlichen von vorn, in der rechten Hand ein Schwert und in der linken Hand eine Fahne haltend, außen kreisrund Umschriftreste.
Rückseite: in der Mitte eine Kirchenfassade mit zwei Seitentürmen, auf dem Giebel ein Kreuz, im Giebel ein Kopf; links von der Kirche eine stehende Gestalt, darüber ein sechsstrahliger Stern, außen kreisrund Umschriftreste.
Die Zuweisung schwankt, wie so oft bei Mittelaltermünzen, je nach dem Interpretationsspielraum, den es gibt. Fiala weist den Dünnpfennig Heinrich dem Stolzen zu, während Emmerig das Stück zurückhaltender als herzoglichen Regensburger Pfennig um 1120/30 einordnet.
Der Pfennig ist das einzige bekannte Exemplar von diesem Stempel. Er kam aus der Sammlung des bekannten Mittelalter-Numismatikers Prof. Dr. Heinrich Buchenau (*1862, †1931) im Jahre 1909 in die Münzsammlung Sr. Königlichen Hoheit des Herzog von Cumberland, Herzog zu Braunschweig und Lüneburg (das heutige Niedersächsische Münzkabinett).

Aus Münzfund Kasing II.

Fund Kasing II, Nr. 53 (dieses Exemplar). – Slg. Buchenau 1909, Nr. 3801 (dieses Exemplar). – Fiala 1910, Nr. 608, Taf. 11, Nr. 13 (dieses Exemplar). – Emmerig 1993, Nr. 39 a, Taf. 4, Nr. 39 a (dieses Exemplar).

II. Münzen Heinrichs des Löwen

a) Heinrich der Löwe (1142–1180, †1195)
Münzstätte Braunschweig
Einseitiger Pfennig (Brakteat), sogenannter Thronpfennig

Silber – Dm. 39 mm – Gew. 0,765 g.

Braunschweig, Herzog Anton Ulrich-Museum, Inv. Nr. Mün 219/18

In der Mitte ein thronender weltlicher Herrscher von vorn, mit geschultertem Lilienzepter links und Schwert rechts, seine Füße ruhen auf den Türmen eines Tores, links und rechts der Figur ein Torbogen mit je einem kleinen und großen Turm, im Bogen zwei sich gegenüberstehende Löwenvorderteile, außen kreisrund die verwilderte Umschrift aus den Worten DVX HEINRICVS LEO.
Dieser Brakteat zeigt einen Weltlichen mit Lilienzepter und Schwert als Herrschaftszeichen, d. h. als Zeichen seiner Macht. Er ist barhäuptig dargestellt. Die Umschrift gibt den adligen Herrn als Herzog Heinrich den Löwen zu erkennen. Eine Porträtähnlichkeit kann nicht erwartet werden. Sie war auch von Kunst und Kunsthandwerk der Romanik nicht beabsichtigt. Vielmehr ist der Herrscher als Topos symbolisch dargestellt. Für viele Münzherren ist diese Form der Selbstdarstellung nichts Besonderes. Bei Heinrich dem Löwen bilden die Münzen mit Kopf oder Brustbild aber gegenüber den zahlreicheren Löwenbrakteaten nur eine ganz kleine Gruppe.

Das Münzbild ist, wie bei vielen anderen Brakteaten, streng symmetrisch gestaltet. Frisur mit Mittelscheitel, Gewand und Haltung der Arme und Beine des Herzogs folgen diesem Darstellungsprinzip. Links und rechts der Figur sind gleichartige Architekturdarstellungen zu sehen, darunter zu Füßen des Herzogs die Löwenvorderteile. Das Tor, auf dem die Füße ruhen, ist möglicherweise ein Hinweis auf eine Fußbank. Die linke Hälfte des Münzbildes ist ein fast identisches Spiegelbild der rechten Hälfte. Den einzigen Unterschied bilden die beiden Gegenstände, die Heinrich der Löwe in den Händen hält: Zepter und Schwert. Symmetrie ist nicht nur ein Gestaltungsmittel, sondern hatte bei Brakteaten durchaus auch einen praktischen Nutzwert. Durch Halbieren oder Vierteln der dünnen Blechmünzen konnte man die sonst kaum geprägten Teilwerte eines Pfennigs einfach herstellen (vgl. Kat. B 9 II u).

Architekturelemente sind ein häufig vorkommender Zierat auf Münzen. Die Teile von Befestigungsanlagen meinen keine konkrete Burg oder Stadt, sondern sind hier zusammen mit den Löwendarstellungen als Symbole für Wehrhaftigkeit oder allgemeiner für Macht zu deuten. Die beiden Löwenvorderteile wurden als Symbole der beiden Herzogtümer des Löwen, nämlich Sachsen und Bayern, interpretiert. Da Personendarstellungen in der Münzprägung des Herzogs aus dem Rahmen fallen, ist man sogar noch weiter gegangen, darin eine Gedenkprägung, vielleicht auf die Rückgabe des Herzogtums Bayern an Heinrich den Löwen 1154/1156, zu sehen.

Für die Beschriftung von Münzen wird in der Regel eine Majuskel-Buchschrift benutzt. Alle Buchstaben sind gleich groß. Es gibt keine Ober- und Unterlängen.

Aus Münzfund Braunschweig, Aegidienkloster.

Fund Braunschweig, Aegidienkloster, Taf. 4, Nr. 52. – Fiala 1910, Nr. 1, Taf. 1, Nr. 1 (aus Fund Aegidienkloster). – Denicke 1983–88, Nr. 1 a. – Berger 1993 /.

b) Heinrich der Löwe (1142–1180, †1195)

Münzstätte Braunschweig

Einseitiger Pfennig (Brakteat), sogenannter zweiter Hochzeitspfennig

Silber – Dm. 32,0–33,0 mm – Gew. 0,735 g.

Hannover, Niedersächsisches Münzkabinett der Deutschen Bank, Inv. Nr. 01.024.005

In der Mitte ein schreitender Löwe nach links unter einem dreitürmigen Architekturbogen, links und rechts des mittleren Turms zwei einander zugewandte Brustbilder jeweils ein Lilienzepter emporhaltend, außen kreisrund die Umschrift aus den Worten DVX HEINRICVS LEO.

Zwei Brakteaten werden mit den beiden Eheschließungen Heinrichs des Löwen um 1150 und 1168 in Verbindung gebracht (Denicke 1983–88, Nr. 2 und S. 21). Ihre bildliche Darstellung ist ganz ähnlich aufgebaut: In einem Architekturbogen mit Türmen bzw. in einem Torbogen ist ein majestätisch schreitender Löwe zu sehen. Über dem Bogen, links und rechts des mittleren Turms, finden sich zwei einander zugewandte kleine Köpfe bzw. Brustbilder: ein Frauenkopf mit Schleier und ein barhäuptiger Männerkopf. An der Deutung als Gedenkmünze stört nicht zuletzt die Kleinheit der Köpfe, die kaum erkennen läßt, daß es sich um einen Männerkopf und einen Frauenkopf handelt. Die Komposition der Münze läßt bei den Köpfen eher an eine beiläufige Bildaussage, ein Nebenthema oder ein Beizeichen, nicht aber an ein so politisch wichtiges Thema wie die Heiratsverbindung mit einem anderen Herrscherhaus denken. Stilistisch liegen die beiden ›Hochzeitspfennige‹ weiter auseinander, was zu der Verteilung auf beide Eheschließungen Anlaß gegeben hat.

Bei dem hier ausgewählten »zweiten Hochzeitspfennig« sind noch zwei Hände mit Lilienzeptern ergänzt. Diese Bildelemente – Herrscherpaar und Zepter – finden sich auch auf Gelnhäuser Brakteaten Friedrich Barbarossas (1152–1190), deren Prägung in den Zeitraum zwischen 1169/1170 und 1173/1174 angesetzt wird (dazu zuletzt Heß 1981, bes. S. 102–107). Selbst wenn die Deutung als Gedenkmünze auf die Hochzeit mit der englischen Königstochter Mathilde im Dom zu Minden zutrifft: Das Mitte des 12. Jahrhunderts umgebaute romanische Westwerk des Doms ist von anderer Gestalt als der Architekturrahmen des Brakteaten. Die dreitürmige Architekturdarstellung ist zudem in der mittelalterlichen Münzprägung zu häufig, um für ein ganz bestimmtes Bauwerk in Anspruch genommen werden zu können.

Aus Münzfund Braunschweig, Aegidienkloster.

Fund Braunschweig, Aegidienkloster, Taf. 4, Nr. 55. – Fiala 1910, Nr. 4, Taf. 1, Nr. 3 (dieses Exemplar). – Denicke 1983–88, Nr. 2 a. – Berger 1993, Nr. 577.

c) Heinrich der Löwe (1142–1180, †1195)

Münzstätte Braunschweig

Einseitiger Pfennig (Brakteat)

Silber – Dm. 26,0–27,0 mm – Gew. 0,730 g.

Hannover, Niedersächsisches Münzkabinett der Deutschen Bank, Inv. Nr. 01.024.030

In der Mitte ein schreitender Löwe nach rechts unter einem zweitürmigen Architekturbogen, im Feld über dem Löwen ein Ring und links des Schwertes ein Kreuz, über der Mitte des Bogens das kleine Brustbild des Herzogs mit Schwert und Fahne, außen kreisrund die Umschrift mit den Worten DVX HEINRICVS LEO.

B 9 I a

B 9 I b
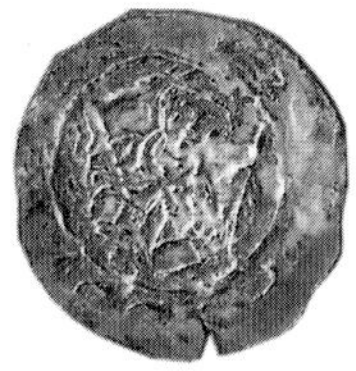
B 9 I c

B 9 II a

B 9 II b

B 9 II c

B 9 II d

B 9 II e

B 9 II f

B 9 II g

B 9 II h

B 9 II i

B 9 II j

B 9 II k

B 9 II l

B 9 II m

B 9 II n

B 9 II o

B 9 II p

B 9 Das Haus der Welfen im Spiegel seiner Münzen. Tafel I

B 9 II q

B 9 II r

B 9 II s

B 9 II t

B 9 II u

B 9 II v

B 9 II w

B 9 II w

B 9 III a

B 9 III b

B 9 III c

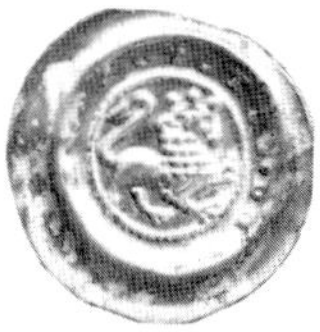
B 9 III d

B 9 III e

B 9 III f

B 9 III g

B 9 III h

B 9 III l

B 9 Das Haus der Welfen im Spiegel seiner Münzen. Tafel II

Die in das Münzbild bisweilen scheinbar wahllos eingestreuten kleinen Ornamente, hier ein Ring, können bei Brakteaten zwei unterschiedliche Funktionen haben. Einerseits können es tatsächlich nur Verzierungen sein, die im Sinne eines horror vacui der Ausfüllung und Gestaltung einer leeren Fläche dienen. Andererseits können sie in Anbetracht regelmäßiger Münzverrufungen als Beizeichen die verschiedenen Ausgabejahre unterscheiden helfen. Jahreszahlen wurden auf Münzen nämlich erst um 1500 üblich. Ob ein Ornament nur die Grundfunktion als Verzierung oder auch die Zusatzfunktion als Beizeichen hat, läßt sich nicht immer eindeutig bestimmen. Dies liegt an den Überlieferungslücken in den Münzreihen.

Fiala 1910, Nr. 26, Taf. 1, Nr. 16 (dieses Exemplar). – Denicke 1983–88, Nr. 3. – Berger 1993, Nr. 578–581.

d) Heinrich der Löwe (1142–1180, †1195)
Münzstätte Braunschweig
Einseitiger Pfennig (Brakteat)

Silber – Dm. 30,0–33,0 mm – Gew. 0,780 g.

Hannover, Niedersächsisches Münzkabinett der Deutschen Bank, Inv. Nr. 01.024.023

In der Mitte ein schreitender Löwe nach rechts in einem viertürmigen Architekturrahmen, außen kreisrund die Umschrift aus den Worten HEINRICVS DE BRVNSWIC SVM LEO. In der Umschrift »ich bin der/ein Löwe« kommt das große Selbstbewußtsein des Herzogs zum Ausdruck. Der Turm unter dem Löwen rückt das Stück in die Nähe der Brakteaten mit einem Postament bzw. dem Löwenstandbild.

Fiala 1910, Nr. 20. – Denicke 1983–88, Nr. 4 a. – Berger 1993, Nr. 582–585.

e) Heinrich der Löwe (1142–1180, †1195)
Münzstätte Braunschweig
Einseitiger Pfennig (Brakteat)

Silber – Dm. 27,0–28,5 mm – Gew. 0,725 g.

Hannover, Niedersächsisches Münzkabinett der Deutschen Bank, Inv. Nr. 01.024.031

In der Mitte ein stehender Löwe nach rechts auf einer Konsole, darum ein dreitürmiger Architekturrahmen, außen keine Umschrift.
Der stehende Löwe kommt auf mehreren Brakteatentypen vor, die aufgrund der Fundvorkommen mit Heinrich dem Löwen in Verbindung gebracht werden (Denicke 1983–88, Nr. 6, 14–16, 31 und 37), davon drei mit Konsole (Denicke 1983–88, Nr. 6 und 15 f.). Die Konsole wird auch als Sockel oder Postament beschrieben. Diese beiden Formen der Löwendarstellung, mit oder ohne Konsole, waren offenbar sehr beliebt. Sie werden mit dem im Jahre 1166 auf dem Braunschweiger Burgplatz errichteten Herrschaftszeichen Heinrichs des Löwen, dem berühmten Burglöwen, in Verbindung gebracht. In einem Fall wurde sogar die Deutung als Gedenkmünze auf die Errichtung im Jahre 1166 vorgetragen. Akzeptiert man den Burglöwen als Vorbild für diese Münzgruppe mit dem stehenden Löwen, würde sich dann für die Datierung der Gruppe »nach 1165« als terminus post quem ergeben. Andere Brakteaten mit »Löwenstandbild« sind unter Heinrich dem Langen, dem Sohn Heinrichs des Löwen, entstanden (Kat. F 8 c).

Fiala 1910, Nr. 27, Taf. 1, Nr. 17 (dieses Exemplar). – Denicke 1983–88, Nr. 6. – Berger 1993, Nr. 591 f.

f) Heinrich der Löwe (1142–1180, †1195)
Münzstätte Braunschweig
Einseitiger Pfennig (Brakteat)

Silber – Dm. 28,0–29,0 mm – Gew. 0,680 g.

Hannover, Niedersächsisches Münzkabinett der Deutschen Bank, Inv. Nr. 01.024.021

In der Mitte ein liegender Löwe nach rechts unter einem Dreipaß, im Feld vier Kugeln und ein Rad, über dem Dreipaß eine dreitürmige Architekturdarstellung, außen kreisrund die stark verwilderte Umschrift.

Aus Münzfund Mödesse I.

Fund Mödesse I, Nr. 20 b. – Fiala 1910, Nr. 19, Taf. 1, Nr. 13 (dieses Exemplar). – Denicke 1983–88, Nr. 12. – Berger 1993, Nr. 593 f.

g) Heinrich der Löwe (1142–1180, †1195)
Münzstätte Braunschweig
Einseitiger Pfennig (Brakteat)

Silber – Dm. 26,0–29,0 mm – Gew. 0,745 g.

Hannover, Niedersächsisches Münzkabinett der Deutschen Bank, Inv. Nr. 01.024.001

In der Mitte ein schreitender Löwe nach rechts, außen kreisrund die Umschrift aus den Worten DVX HEINRICVS LEO.
Die meisten Brakteaten Heinrichs des Löwen zeigen nicht das Bild des Welfenherzogs, sondern den Löwen in mannigfach variierter Darstellung als Symbol. Die Münzen Denicke 1983–88, Nr. 17 f. bilden eine eigene kleine Gruppe, die sich in ihrer Gestaltung und auch Datierung von den übrigen Löwenbrakteaten Heinrichs des Löwen abhebt. Zusammen mit Denicke 1983–88, Nr. 21, werden sie zu den ältesten Stücken kurz nach seinem Regierungsantritt gerechnet. Die anderen Löwenbrakteaten sind in Schrift und Bild feiner und graziler gestaltet und gelten als Höhepunkte romanischer Kleinkunst. Die Löwenbrakteaten Denicke 1983–88, Nr. 17 f. gehören stilistisch

in die Nähe eines heftig diskutierten Brakteaten mit dem Brustbild eines weltlichen Herrn, der auch mit Heinrich in Verbindung gebracht wird (Denicke 1983–88, S. 20).
Die Stücke Denicke 1983–88, Nr. 17f. gehören zu den seltenen Brakteaten mit sprachlich korrekter und gut entzifferbarer Umschrift. Sowohl die Stempelschneider als auch die meisten Menschen, in deren Hände die Münzen als Zahlungsmittel kamen, waren Analphabeten. Deshalb war die Beschriftung der Geldstücke meist nicht sehr sorgfältig, sofern es überhaupt eine Münzinschrift gab. Die Spannbreite reicht bis zu völlig sinnlosen Trugschriften. Nicht wenige mittelalterliche Münzen sind gänzlich inschriftlos. Für die Aufteilung der enorm großen Gruppe der welfischen Löwenbrakteaten auf Heinrich den Löwen und seine Nachfolger ist die Beschriftung ein wichtiges Kriterium. Leitstücke sind die inschriftlich gesicherten Stücke. Zu ihnen lassen sich stilistisch verwandte Münzen gruppieren. Ein weiteres Kriterium ist das Vorkommen in hinreichend sicher datierten Funden.

Fiala 1910/. – Denicke 1983–88, Nr. 17. – Berger 1993 /.

h) Heinrich der Löwe (1142–1180, †1195)
Münzstätte Braunschweig
Einseitiger Pfennig (Brakteat)

Silber – Dm. 29,0 mm – Gew. 0,730 g.

Hannover, Niedersächsisches Münzkabinett der Deutschen Bank, Inv. Nr. 01.025.014

In der Mitte ein schreitender Löwe nach rechts, außen kreisrund die Umschrift BRVNESVICENSIS.
Die Brakteaten Denicke 1983–88, Nr. 17f., 21 und S. 20 werden als Bindeglied zwischen den Dünnpfennigen und den Brakteaten des feinen Stempelschnitts angesehen.

Fiala 1910, Nr. 67, Taf. 2, Nr. 15 (dieses Exemplar). – Denicke 1983–88, Nr. 21. – Berger 1993 /.

i) Heinrich der Löwe (1142–1180, †1195)
Münzstätte Braunschweig
Einseitiger Pfennig (Brakteat)

Silber – Dm. 27,5–28,5 mm – Gew. 0,780 g.

Hannover, Niedersächsisches Münzkabinett der Deutschen Bank, Inv. Nr. 01.024.037

In der Mitte ein schreitender Löwe nach rechts, außen kreisrund die stark verwilderte Umschrift aus den Worten DUX HEINRICVS LEO.

Fiala 1910, Nr. 32, Taf. 1, Nr. 20 (dieses Exemplar). – Denicke 1983–88, Nr. 19 a. – Berger 1993, Nr. 599f.

j) Heinrich der Löwe (1142–1180, †1195)
Münzstätte Braunschweig
Einseitiger Pfennig (Brakteat)

Silber – Dm. 29,0–30,0 mm – Gew. 0,825 g.

Hannover, Niedersächsisches Münzkabinett der Deutschen Bank, Inv. Nr. 01.024.011

In der Mitte ein schreitender Löwe nach rechts, unter der Vorderpranke eine kleine Lilie, außen kreisrund die stark verwilderte Umschrift.

Fiala 1910, Nr. 9, Taf. 1, Nr. 7 (dieses Exemplar). – Denicke 1983–88, Nr. 24. – Berger 1993 /.

k) Heinrich der Löwe (1142–1180, †1195)
Münzstätte Braunschweig
Einseitiger Pfennig (Brakteat)

Silber – Dm. 30,0–32,0 mm – Gew. 0,730 g.

Hannover, Niedersächsisches Münzkabinett der Deutschen Bank, Inv. Nr. 01.024.008

In der Mitte ein schreitender Löwe nach rechts, außen kreisrund die stark verwilderte Umschrift aus den Worten DVX HEINRICVS LEO.

Fiala 1910, Nr. 7, Taf. 1, Nr. 6 (dieses Exemplar). – Denicke 1983–88, Nr. 28 a . – Berger 1993, Nr. 604.

l) Heinrich der Löwe (1142–1180, †1195)
Münzstätte Braunschweig
Einseitiger Pfennig (Brakteat)

Silber – Dm. 29,0–29,5 mm – Gew. 0,855 g.

Hannover, Niedersächsisches Münzkabinett der Deutschen Bank, Inv. Nr. 01.024.040

In der Mitte ein stehender Löwe nach links, außen kreisrund die stark verwilderte Umschrift aus den Worten DVX HEINRICVS LEO.

Fiala 1910, Nr. 35. – Denicke 1983–88, Nr. 31. – Berger 1993, Nr. 607–611.

m) Heinrich der Löwe (1142–1180, †1195)
Münzstätte Braunschweig
Einseitiger Pfennig (Brakteat)

Silber – Dm. 24,5–27,0 mm – Gew. 0,740 g.

Hannover, Niedersächsisches Münzkabinett der Deutschen Bank, Inv. Nr. 01.024.016

In der Mitte ein schreitender Löwe nach links, im Feld vier Kugeln, außen kreisrund die stark verwilderte Umschrift aus den Worten DVX HEINRICVS LEO.

Fiala 1910, Nr. 14, Taf. 1, Nr. 10 (dieses Exemplar). – Denicke 1983–88, Nr. 32 a. – Berger 1993, Nr. 612.

n) Heinrich der Löwe (1142–1180, †1195)
Münzstätte Braunschweig
Einseitiger Pfennig (Brakteat)

Silber – Dm. 27,5–28,5 mm – Gew. 0,780 g.

Hannover, Niedersächsisches Münzkabinett der Deutschen Bank, Inv. Nr. 01.024.053

In der Mitte ein liegender Löwe nach links, im Feld über dem Löwen eine Kugel, außen kreisrund die stark verwilderte Umschrift aus den Worten DVX HEINRICVS LEO.

Aus Münzfund Mödesse I.

Fund Mödesse I, Nr. 34 a. – Fiala 1910, Nr. 45, Taf. 2, Nr. 2 (dieses Exemplar). – Denicke 1983–88, Nr. 33 a. – Berger 1993, Nr. 613–615.

o) Heinrich der Löwe (1142–1180, †1195)
Münzstätte Braunschweig
Einseitiger Pfennig (Brakteat)

Silber – Dm. 29,0–30,0 mm – Gew. 0,735 g.

Hannover, Niedersächsisches Münzkabinett der Deutschen Bank, Inv. Nr. 01.024.045

In der Mitte ein schreitender Löwe nach links, im Feld links und rechts des Löwen ein Ring, außen kreisrund die Umschrift aus den Worten DVX LEO IN BRVNSWIC.

Fiala 1910, Nr. 38. – Denicke 1983–88, Nr. 34 a. – Berger 1993, Nr. 619–623.

p) Heinrich der Löwe (1142–1180, †1195)
Münzstätte Braunschweig
Einseitiger Pfennig (Brakteat)

Silber – Dm. 27,5–28,0 mm – Gew. 0,700 g.

Hannover, Niedersächsisches Münzkabinett der Deutschen Bank, Inv. Nr. 01.024.050

In der Mitte ein schreitender Löwe nach links, außen keine Umschrift.

Fiala 1910, Nr. 41, Taf. 1, Nr. 24 (dieses Exemplar). – Denicke 1983–88, Nr. 39. – Berger 1993, Nr. 631–635.

q) Heinrich der Löwe (1142–1180, †1195)
Münzstätte Braunschweig
Einseitiger Pfennig (Brakteat)

Silber – Dm. 26,0–27,0 mm – Gew. 0,820 g.

Hannover, Niedersächsisches Münzkabinett der Deutschen Bank, Inv. Nr. 01.024.058

In der Mitte ein schreitender Löwe nach links, außen kreisrund die stark verwilderte Umschrift aus den Worten DVX HEINRICVS LEO.

Fiala 1910, Nr. 48, Taf. 2, Nr. 3 (dieses Exemplar). – Denicke 1983–88, Nr. 40 a. – Berger 1993, Nr. 639 f.

r) Herzog Heinrich der Löwe (1142–1180, †1195) oder Herzöge Heinrich der Lange, Otto IV. und Wilhelm gemeinsam (1195–1202)
Münzstätte Braunschweig
Einseitiger Pfennig (Brakteat)

Silber – Dm. 29,0–30,0 mm – Gew. 0,810 g.

Hannover, Niedersächsisches Münzkabinett der Deutschen Bank, Inv. Nr. 01.025.002

In der Mitte zwei sich gegenüberstehende, aufgerichtete Löwen unter einem dreitürmigen Architekturbogen, die Löwen halten gemeinsam einen Kugelstab, unter dem sich ein Ring mit Kreuz befindet, im Feld sind sechs Kugeln verteilt, außen keine Umschrift.
Brakteaten mit dem Doppellöwen (Denicke 1983–88, Nr. 41, 42, 45 und 47) kommen in dem Fund Mödesse I vor (vergraben um 1185, gemäß Jesse, in: Fund Mödesse II, S. 55, bzw. nach 1198, gemäß Meier, in: Fund Mödesse I, S. 236). Der Brakteat Denicke 1983–88, Nr. 47 ist ebenfalls in dem zeitgenössischen Fund Mödesse II vertreten. Diese Brakteaten gehören entweder noch in die Zeit Heinrichs des Löwen oder schon in die Zeit der gemeinschaftlichen Herrschaft seiner Söhne Heinrich, Otto und Wilhelm (1195–1202). Der Doppellöwe ließe sich als Symbol für den Herrschaftsanspruch Heinrichs des Löwen auf die beiden verlorengegangenen Herzogtümer deuten (vgl. Denicke 1983–88, Nr. 1). Die beiden ein Zepter haltenden Löwen werden aber auch als Symbol für die Gemeinschaftsherrschaft seiner Söhne angesehen, ungeachtet der Tatsache, daß es sich um drei Regenten handelte. Vielleicht war der minderjährige Wilhelm aber nicht an der Münzprägung beteiligt. Sollte die Annahme einer Gemeinschaftsprägung der Söhne Heinrichs des Löwen zutreffen, so hat es parallel in Braunschweig in den Jahren von 1195 bis 1202 in jedem Fall auch eine alleinige Prägung für Otto gegeben (Denicke 1983–88, 55 und vielleicht auch Nr. 56).

Aus Münzfund Mödesse I.

Fund Mödesse I, Nr. 41. – Fiala 1910, Nr. 55, Taf. 2, Nr. 6 (dieses Exemplar). – Denicke 1983–88, Nr. 47. – Berger 1993, Nr. 643–645.

s) Heinrich der Löwe (1142–1180, †1195)
Münzstätte Lüneburg
Einseitiger Pfennig (Brakteat)

Silber – Dm. 21,0–21,5 mm – Gew. 0,530 g.

Hannover, Niedersächsisches Münzkabinett der Deutschen Bank, Inv. Nr. 01.030.026

In der Mitte ein schreitender Löwe nach links, außen keine Umschrift.

Das Stück ist dem Braunschweiger Brakteaten Denicke 1983–88, Nr. 38 verwandt.

Fiala 1910, Nr. 276, Taf. 5, Nr. 15 (dieses Exemplar). – Reitz 1991, Nr. 3 a. – Berger 1993, Nr. 373–396.

t) Heinrich der Löwe (1142–1180, †1195)
Münzstätte Lüneburg
Einseitiger Pfennig (Brakteat)

Silber – Dm. 20,0–21,0 mm – Gew. 0,585 g.

Hannover, Niedersächsisches Münzkabinett der Deutschen Bank, Inv. Nr. 01.034.046

In der Mitte ein stehender Löwe nach links, über dem Hinterteil des Löwen das Segment eines Architekturbogens, außen keine Umschrift.
Bis auf die fehlende Konsole entspricht das Bild jenem inschriftlosen, aber nach dem Bildthema »Burglöwe« an Heinrich den Löwen zugewiesenen Brakteaten Denicke 1983–88, Nr. 15. Das Stück wurde aber auch drei anderen welfischen Münzherren vom Ende des 12. bis zum Ende des 13. Jahrhunderts zugewiesen: Heinrich der Lange (1195–1227), Wilhelm (1195–1213) und Johann (1252–1277), wobei die beiden erstgenannten am ehesten in Erwägung gezogen werden dürfen. Das als Argument für Heinrich und Wilhelm angeführte Fundvorkommen spricht allerdings auch nicht gegen Heinrich den Löwen. Der Burglöwe als Bildtyp hilft bei der Zuweisung nicht weiter, da er sowohl unter Heinrich dem Löwen als auch unter seinen Nachfolgern vorkommt.
Der geringere Durchmesser und das geringere Gewicht werden als Indizien für ein anderes Währungsgebiet angesehen. Lüneburg kommt als welfische Brakteatenmünzstätte nach lübischem Währungsstandard in Frage. Für einen Hälbling des Braunschweiger Pfennigs ist der Gewichtsunterschied nämlich nicht groß genug. Die Übereinstimmung in Motivwahl und Stempelschnitt in diesem Fall und einigen anderen Fällen ist ein Hinweis darauf, daß die Herstellung der Stempel für Lüneburg und Braunschweig zeitweise in einer Hand lag.

Fiala 1910, Nr. 455, Taf. 8, Nr. 39 (dieses Exemplar). – Reitz 1991, Nr. 12 (mit Diskussion der anderen Zuweisungen). – Berger 1993, Nr. 485–487.

u) Heinrich der Löwe (1142–1180, †1195) oder welfische Lande, Herzog Heinrich der Lange (1195–1227)
Münzstätte Hannover
Einseitiger Pfennig (Brakteat)

Silber – zwei sich ergänzende, geschnittene Hälften:
a) Dm. 14,0–28,0 mm – Gew. 0,350 g; b) Dm. 14,5–27,5 mm – Gew. 0,380 g.

Hannover, Niedersächsisches Münzkabinett der Deutschen Bank, Inv. Nr. 01.026.006

In der Mitte ein großes Kreuz, in dessen Winkeln abwechselnd ein Schlüssel und ein Löwenkopf, außen kreisrund die Umschrift mit den Worten MONETA IN HONOVERE H DVCIS.
Die Kreuzbrakteaten bilden eine Münzgruppe Südniedersachsens. Als Münzstätten werden diskutiert: Goslar oder Gittelde, Hildesheim und Hannover. Unentschieden ist, ob bei dem vorliegenden Gepräge mit dem Buchstaben »H« als Münzherr Heinrich der Löwe oder Heinrich der Lange gemeint ist. In Hannover wurden nur sporadisch Brakteaten geprägt. Die Münzreihen, die den Münzstätten Braunschweig und Lüneburg zugewiesen werden, sind erheblich umfangreicher, entsprechend der wirtschaftlichen Bedeutung dieser Städte.

Fiala 1910, Nr. 97, Taf. 2, Nr. 21 (dieses Exemplar). – Denicke 1989, Nr. 19. – Berger 1993 /.

v) Heinrich der Löwe (1142–1180)
Münzstätte Bardowick
Zweiseitiger Pfennig (Denar), sogenannter Niederelbischer Agrippiner (2. Gruppe)

Silber – Dm. 18,0 mm – Gew. 0,915 g.

Hannover, Niedersächsisches Münzkabinett der Deutschen Bank, Inv. Nr. 01.025.023

Vorderseite: in der Mitte ein Kreuz, in dessen Winkeln je ein Ring; außen kreisrund die Umschrift aus den Worten HEINRICVS DUX EST.
Rückseite: Ornament zusammengesetzt aus drei Gruppen mit dicken waagrechten Strichen sowie Kugeln, Kreuzen und Ringen; in der Mitte eine Gruppe von drei längeren dicken Strichen, dazwischen mit senkrechten feinen Strichen abgetrennt ein Kreuz, eine Kugel und ein Kreuz sowie drei Kugeln; unter dieser Gruppe ein Bogen mit Ringen an den spitz zulaufenden Enden, darin ein Kreuz, über dieser Gruppe ein Ring, ein Kreuz und ein Ring, links eine Gruppe von vier kürzeren dicken waagrechten Strichen, darüber und darunter ein Ring, rechts desgleichen.
Die Rückseite ist eine verwilderte Nachahmung der Vorderseite von Pfennigen des Erzstifts Köln aus der Münzstätte Andernach. Der Kölner Pfennig war die wichtigste überregional verbreitete Währung des 12. und 13. Jahrhunderts in Deutschland. Die Nachahmungen haben sich aber immer weiter von den Vorbildern entfernt. Aus der Darstellung eines Tempels wurde ein Ornament.

Fiala 1910, Nr. 72, Taf. 9, Nr. 37 (dieses Exemplar). – Hävernick 1935, Typ Nr. 721. – Jesse 1967, Typ Nr. 52. – Welter 1971–78, Nr. 61 a (dieses Exemplar). – Hatz 1983, S. 199 f.

w) Heinrich der Löwe (1156–1180, †1195) ?
Münzstätte Regensburg
Zweiseitiger Pfennig (Dünnpfennig)

Silber – Dm. 23,0–23,5 mm – Gew. 0,950 g.

Hannover, Niedersächsisches Münzkabinett der Deutschen Bank, Inv. Nr. 01.038.030

Vorderseite: in der Mitte ein behelmter Reiter mit Schild und Fahne nach rechts, über dem Hinterteil des Pferdes eine Rosette, außen kreisrund Umschriftreste.
Rückseite: in der Mitte ein liegender Löwe nach links, außen abwechselnd Bögen und Winkel, insgesamt acht Stück, in den Bögen ein Kopf, in den Winkeln ein Kreuz.
Bei der Beschreibung der Rückseite mag man zunächst zweifeln, ob es sich um einen schreitenden oder liegenden Löwen handelt. Die verschlungene Haltung des Schwanzes, der um den Körper herumgeführt ist, legt eine Deutung als liegender Löwe nahe.
Ausgehend von der bis zur Gegenwart als Zitierwerk dienenden Publikation Obermayrs aus dem Jahre 1763 wurden diese Stücke in der älteren Forschung Heinrich dem Löwen und der Münzstätte München zugewiesen. In der jüngst erschienenen Arbeit von Emmerig wird das Stück zurückhaltender als herzoglicher Pfennig um 1180 nach Regensburg gelegt.
Charakteristisch für Dünnpfennige sind der namengebende dünne Schrötling und das unansehnliche, schwer zu entziffernde Gepräge. Das Motiv eines Stempels drückt sich an den dünnen Stellen jeweils auf der anderen Seite durch. Das Aussehen ist also nicht Zeichen eines schlechten Erhaltungszustands, sondern vielmehr Ergebnis kurzlebiger münztechnischer Gepflogenheiten in einigen Münzstätten des 12. Jahrhunderts. Heinrich der Löwe ließ in seinen beiden Herzogtümern Dünnpfennige prägen. Für die norddeutschen Dünnpfennige werden die Münzstätten Braunschweig, Wegeleben und Hannover diskutiert, vgl. Denicke 1985.
Um Metallabfall zu vermeiden, hat man in Süddeutschland, Österreich und der Schweiz zeitweise die Schrötlinge eckig ausgeschnitten. Um dennoch eine annähernd runde Form zu erzielen, wurde der Münzrand mit Hammerschlägen in der Mitte breit geschlagen. In der Mitte der Münze blieb der Schrötling in seiner ursprünglichen Dicke als Viereck erhalten. Die dadurch bedingte ungleichmäßige Dicke trug gewiß auch zu dem schlechten Gepräge der Dünnpfennige bei. Auf der Vorderseite des vorliegenden Stücks ist dieses sogenannte *quadratum supercusum* deutlich sichtbar. Seltener kommt es vor, daß die spitzen Ecken zusätzlich noch umgelegt werden, wie bei dem folgenden Stück.

Aus Münzfund Reichenhall I.

Fund Reichenhall I, Nr. 102. – Fiala 1910, Nr. 637, Taf. 11, Nr. 20 (dieses Exemplar). – Slg. Buchenau, Nr. 3839 (u. a. dieses Exemplar). – Emmerig 1993, Nr. 119 (u. a. dieses Exemplar).

x) Heinrich der Löwe (1156–1180, †1195)?
Münzstätte Regensburg
Zweiseitiger Pfennig (Dünnpfennig)

Silber – Schrötling mit umgelegten Ecken, Schrötlingsriß – Dm. 22,0–26,0 mm – Gew. 0,975 g.

Hannover, Niedersächsisches Münzkabinett der Deutschen Bank, Inv. Nr. 01.038.034

Vorderseite: wie B 9 II x, unter dem Pferd eine zweite Rosette.
Rückseite: wie B 9 II x.

Aus Münzfund Reichenhall I.

Fund Reichenhall I, Nr. 102. – Fiala 1910, Nr. 641 (dieses Exemplar: fast viereckige Form). – Slg. Buchenau, Nr. 3839 (u.a. dieses Exemplar: eines mit umgelegten Ecken; aus Fund Reichenhall). – Emmerig 1993, Nr. 119 a (dieses Exemplar)

III. Münzen der Nachfolger Heinrichs des Löwen

a) Heinrich der Lange (1195–1227)
Münzstätte Braunschweig
Einseitiger Pfennig (Brakteat)

Silber – Dm. 29,0–30,0 mm – Gew. 0,615 g.

Hannover, Niedersächsisches Münzkabinett der Deutschen Bank, Inv. Nr. 01.029.033

In der Mitte ein springender Löwe nach rechts, über und unter dem Kopf eine Kugel, unter dem Löwen eine Lilie, außen kreisrund die Umschrift, unten beginnend, aus den Worten HEINRICVS DEI GRATIA DVX SAXONIE PALATINVS.
Mit dem Tod seines Vaters im Jahre 1195 führte Heinrich der Lange den Anspruch auf die sächsische Herzogswürde fort und erbte durch den Tod seines Schwiegervaters im gleichen Jahr die Pfalzgrafschaft bei Rhein. Beides kommt in der selbstbewußten Umschrift »von Gottes Gnaden Herzog von Sachsen« des Brakteaten zum Ausdruck, der sich aus der Masse der welfischen Löwenbrakteaten als eines der Leitstücke für Heinrich den Langen heraushebt.

Aus Münzfund Nordhausen I.

Fund Nordhausen I, Nr. 49, Taf. 4, Nr. 49 (dieses Exemplar). – Fiala 1910, Nr. 101. – Denicke 1983–88, Nr. 49 b (var.). – Berger 1993, Nr. 663.

b) Otto IV. (1195–1218)
Münzstätte Braunschweig
Einseitiger Pfennig (Brakteat)

Silber – Dm. 27,0–27,5 mm – Gew. 0,795 g.

Hannover, Niedersächsisches Münzkabinett der Deutschen Bank, Inv. Nr. 01.027.008

In der Mitte ein schreitender gekrönter Löwe nach rechts, darunter ein kleiner dreitürmiger Architekturbogen, außen die Umschrift aus den Worten BRVNSWICENSIS MONETA.
Von der Münzprägung der Söhne Heinrichs des Löwen ist diejenige Ottos IV. die umfangreichste und in diesem Sinne die wichtigste. Bei den Münzen Ottos IV. muß man grundsätzlich zwei Gruppen unterscheiden. Die Gepräge in Münzstätten der welfischen Lande in seiner Funktion als Herzog (1195–1218) und die in den Reichsmünzstätten in seiner Funktion als deutscher König (1198–1218). Aus dem Vorhandensein einer Krone im Münzbild und aus den verschiedenen Herrschertitulaturen ergeben sich Anhaltspunkte für eine genauere Datierung. An einigen Münzen Ottos soll dies beispielhaft aufgezeigt werden.
Das Münzrecht war ein Regal, d.h. ein königliches Recht, dessen Ausübung folglich auch nicht an die Erlangung der Kaiserwürde gebunden war. Die Brakteaten mit Krone können also sowohl seit der Königskrönung im Jahre 1198 als auch weiterhin nach der Kaiserkrönung des Jahres 1209 entstanden sein. Der gekrönte Löwe erlaubt im vorliegenden Fall nur eine Datierung in die Zeit seit der Königskrönung, also ab 1198.
In der Zeit des regionalen Pfennigs war es sinnvoll und hilfreich, die an einem Ort und in seinem wirtschaftlichen Einzugsbereich gültige Währung für jedermann deutlich erkennbar zu machen. Auf dem Markt galten unter den Augen der Marktaufsicht nur die Gepräge des jeweiligen Jahres. Außerhalb des Marktes konnte durchaus mit älteren oder fremden wertgleichen Stücken und mit gewogenem Altsilber bezahlt werden. In Anbetracht des weit verbreiteten Analphabetismus waren es vor allem die Münzbilder, die einen Wiedererkennungswert haben sollten. Bestimmte Währungsgebiete lassen sich an äußeren Gestaltungsmerkmalen erkennen. Für die in Braunschweig und Lüneburg gängigen Pfennige war es das immer wiederkehrende Löwenbild, das für die einzelnen Ausgabejahre geringfügig, aber deutlich und eindeutig genug variiert wurde. Relativ selten ist die zusätzliche Herkunftsangabe in der Umschrift wie in dem vorliegenden Fall. Sie macht jedoch ganz deutlich, in welches Währungsgebiet die Münze gehört und schließt eine Verwechslung mit anderen Brakteaten aus den Reichsmünzstätten unter Otto IV. aus. Immerhin zeigt das Münzbild königliche Attribute, die zu Unsicherheiten bezüglich der Herkunft Anlaß geben könnten.

Aus Münzfund Akkerman (Chotin).

Fiala 1910, Nr. 144, Taf. 3, Nr. 25 (dieses Exemplar). – Denicke 1983–88, Nr. 62. – Berger 1993, Nr. 648.

c) Otto IV. (1195–1218)
Münzstätte Braunschweig
Einseitiger Pfennig (Brakteat)

Silber – Dm. 27,0–27,5 mm – Gew. 0,785 g.

Hannover, Niedersächsisches Münzkabinett der Deutschen Bank, Inv. Nr. 01.027.014

In der Mitte ein schreitender gekrönter Löwe nach links, im Feld sind vier Kugeln verteilt, außen die Umschrift aus den Worten OTTO DEI GRATIA ROMANORVM.
Nach der Darstellung eines gekrönten Löwen gehört dieser Brakteat sicher in die Zeit nach der Königskrönung Ottos. Die Umschrift des vorliegenden Stücks nimmt zusätzlich Bezug auf die Römische Kaiserwürde Ottos, die er 1209 erlangen konnte. Umschriften dieser Art erlauben für einige Stücke mit gekröntem Löwen also noch genauere Datierungen.
Der vorliegende Fall gibt sogar noch zu weitergehenden Interpretationen Anlaß. Das letzte Wort der Umschrift ist abgekürzt und verderbt. Der Buchstabe X am Schluß der Legende ist möglicherweise als Relikt des Wortes REX zu deuten. Es könnte sich dann um eine Prägung kurz nach der Kaiserkrönung handeln. Damit ergäbe sich eine Datierung in das Jahr 1209 oder kurz danach.

Aus Münzfund Akkerman (Chotin).

Fiala 1910, Nr. 150, Taf. 3, Nr. 29 (dieses Exemplar). – Denicke 1983–88, Nr. 58. – Berger 1993 /.

d) Otto IV. (1195–1218)
Münzstätte Lüneburg
Einseitiger Pfennig (Brakteat)

Silber – Dm. 20,0–21,5 mm – Gew. 0,445 g.

Hannover, Niedersächsisches Münzkabinett der Deutschen Bank, Inv. Nr. 01.027.026

In der Mitte ein schreitender gekrönter Löwe nach rechts, außen kreisrund die Umschrift aus den Worten OTTO DE LVNEBVRG.
Die Krone als Erkennungsmerkmal eines Königs und die Umschrift lassen dieses Stück eindeutig als Gepräge Ottos ab der Königskrönung des Jahres 1198 erkennen. Wegen der Seltenheit von Umschriften auf Lüneburger Brakteaten wurde die Vermutung geäußert, es könne sich bei dieser Münze um ein Repräsentationsgepräge auf die Krönung im Jahre 1198 handeln.

Aus Münzfund Lehmke.

Fund Lehmke, Nr. 3. – Fiala 1910, Nr. 161, Taf. 4, Nr. 8 (dieses Exemplar). – Reitz 1991, Nr. 46. – Berger 1993, Nr. 401 f.

e) Otto IV. (1195–1218)
Münzstätte Hannover
Einseitiger Pfennig (Brakteat)

Silber – Dm. 30,0–31,0 mm – Gew. 0,690 g

Hannover, Niedersächsisches Münzkabinett der Deutschen Bank, Inv. Nr. 01.024.020

In der Mitte ein großes Kreuz, in dessen Winkeln abwechselnd eine Krone und ein Löwenkopf, außen kreisrund die Umschrift mit den Worten MONETA DOMINI IMPERATORIS.
Die Umschrift wird auf Kaiser Otto IV. bezogen. Mit seiner Kaiserkrönung im Jahre 1209 haben wir einen terminus post quem für die Datierung. Die Löwenköpfe verknüpfen das Stück mit den ähnlichen Brakteaten, die inschriftlich für Hannover gesichert sind (Denicke 1989, Nr. 18 f. und 21, außerdem Nr. 20). Auch hier begegnet wieder die Krone als Erkennungszeichen für Gepräge Ottos IV.

Fiala 1910, Nr. 157, Taf. 4, Nr. 5 (dieses Exemplar). – Denicke 1989, Nr. 22. – Berger 1993 /.

f) Otto IV. (1198–1218)
Einseitiger Pfennig (Brakteat)
Silber – Dm. 27,0 mm – Gew. 0,755 g.

Hannover, Niedersächsisches Münzkabinett der Deutschen Bank, Inv. Nr. 01.029.010

In der Mitte die einander zugewandten nimbierten Brustbilder der beiden Goslarer Stiftsheiligen, der Apostel Simon und Judas Thaddäus, darüber eine Krone, darunter in die Umschrift hereinragend zwei Türme, im Feld vier Kugeln, außen die Umschrift aus den Worten S. SIMON ET S. JVDAS APOSTOLI.
Die Krone erlaubt es, aus der langen Reihe der Goslarer Simon-und-Judas-Brakteaten einige Stücke genauer bestimmen zu können. Analog zu den Löwenbrakteaten wird sie auch hier als Hinweis auf Otto IV. interpretiert. Otto IV. war seit 1206 im Besitz von Goslar. Daraus ergibt sich ein terminus post quem für die Datierung.

Fiala 1910, Nr. 237. – Jesse 1952, S. 54. – Slg. Bonhoff, Nr. 324. – Berger 1993, Nr. 1226 (Datierung: 1208–1218).

g) Otto IV. (1198–1218)
Münzstätte Mühlhausen
Einseitiger Pfennig (Brakteat)

Silber – unten gerade beschnitten – Dm. 39,0–40,0 mm – Gew. 0,575 g.

Hannover, Niedersächsisches Münzkabinett der Deutschen Bank, Inv. Nr. 01.028.001

In der Mitte ein gekrönter Reiter nach links, in der linken Hand einen Adlerschild und in der rechten Hand eine Fahne haltend, im Feld links ein Ring und rechts ein Mühleisen, außerdem verteilt zwei Keile und vier Kugeln bzw. Punkte, außen kreisrund die Umschrift aus den Worten OTTO REX in einer stark verwilderten Buchstabenfolge endend, auf dem Rand eine Folge von Zeichen: Kreuz, Rosette, Buchstabe S, Kreuz, Kreuz, Rosette und kopfstehender Buchstabe A sowie Kreuz.
Das Mühleisen ist das geschmiedete Mittelteil eines Mühlsteins, durch das seine Achse gesteckt wird. Es ist das redende Zeichen für Mühlhausen in Thüringen und somit ein Hinweis auf die Münzstätte dieses Brakteaten, der nach seiner ganzen Gestaltung den thüringischen Reiterbrakteaten entspricht. Das Mühleisen wird aber auch von Hameln und anderen Städten im Wappen geführt. Der Herrschername, der Schild mit Reichsadler und die Krone als Attribute weisen den Brakteaten als Gepräge der Reichsmünzstätte aus und nicht etwa als solches der Reichsstadt Mühlhausen, die erst später als münzprägender Stand in Erscheinung tritt. Der Königstitel gibt zugleich einen Anhaltspunkt für die Datierung zwischen Königskrönung und Kaiserkrönung (1198–1209). In Anbetracht des geringen Raumes dürfte in Münzumschriften ab 1209 nur noch der wichtigste Titel Ottos, der Kaisertitel, Verwendung gefunden haben.

Aus Münzfund Seega.

Fund Seega, Nr. 89, Taf. 5, Nr. 14 (weiteres Exemplar abgebildet). – Fiala 1910, Nr. 191, Taf. 4, Nr. 19 (dieses Exemplar). – Berger 1993 /.

h) Wilhelm (1195–1213)
Münzstätte Lüneburg
Einseitiger Pfennig (Brakteat)

Silber – Dm. 22–22,5 mm – Gew. 0,555 g.

Hannover, Niedersächsisches Münzkabinett der Deutschen Bank, Inv. Nr. 01.030.002

In der Mitte springender Löwe nach rechts, außen kreisrund die Umschrift aus den Worten WILHELMVS DE LVNEBURG.
Der ausdrückliche Hinweis auf Lüneburg weist dieses Stück Wilhelms in die Zeit seit der Landesteilung von 1202, mit der die Gemeinschaftsherrschaft der drei Brüder Heinrich der Lange, Otto IV. und Wilhelm endete und in der Wilhelm die Besitzungen um Lüneburg erhielt. Aufgrund der Seltenheit von Umschriften wird das Stück auch direkt mit 1202, dem Jahr der Herrschaftsübernahme in Lüneburg, in Verbindung gebracht.

Aus Münzfund Hohen-Volkfin.

Fund Hohen-Volkfin, Nr. 9 c. – Fiala 1910, Nr. 260, Taf. 5, Nr. 11 (dieses Exemplar). – Reitz 1991, Nr. 14 c. – Berger 1993, Nr. 438–442.

i) Otto das Kind (1227–1252, ab 1235 Herzog zu Braunschweig und Lüneburg)
Münzstätte Braunschweig
Einseitiger Pfennig (Brakteat)

Silber – Dm. 26–27 mm – Gew. 0,815 g.

Hannover, Niedersächsisches Münzkabinett der Deutschen Bank, Inv. Nr. 01.030.039

In der Mitte ein schreitender Löwe nach rechts, darunter ein Tor, im Feld zwei Kugeln, außen kreisrund die Umschrift aus den Worten OTTO DVX DE BRVNSWIC.
Welfische Brakteaten mit dem ungekrönten Löwen und der Nennung eines Herzogs Otto können in die Zeit Ottos IV. vor der Königskrönung (1195–1198, vgl. Denicke 1983–88, Nr. 55) oder in die Zeit von Otto dem Kind fallen. Zur Trennung dieser beiden Gruppen dienen Fundvorkommen und Stil. Aufgrund dieser Kriterien werden die Stücke Denicke 1983–88, Nr. 111 f. als später angesehen und Otto dem Kind zugewiesen.
Oft werden Münzen immanent, d.h. aus sich heraus, und seltener vergleichend interpretiert. Eine Zusammenarbeit z.B. der beiden historischen Hilfswissenschaften Numismatik und Diplomatik, im vorliegenden Falle etwa der Vergleich von Münzumschriften mit Herrschertitulaturen in Urkunden, könnte die Datierung möglicherweise auf noch sichereren Boden stellen.

Aus Münzfund Saalsdorf.

Schönemann 1852a, Nr. 21, Taf. A, Nr. 21. – Fiala 1910, Nr. 279, Taf. 5, Nr. 16 (dieses Exemplar). – Denicke 1983–88, Nr. 112. – Berger 1993, Nr. 687–690.

R.C.

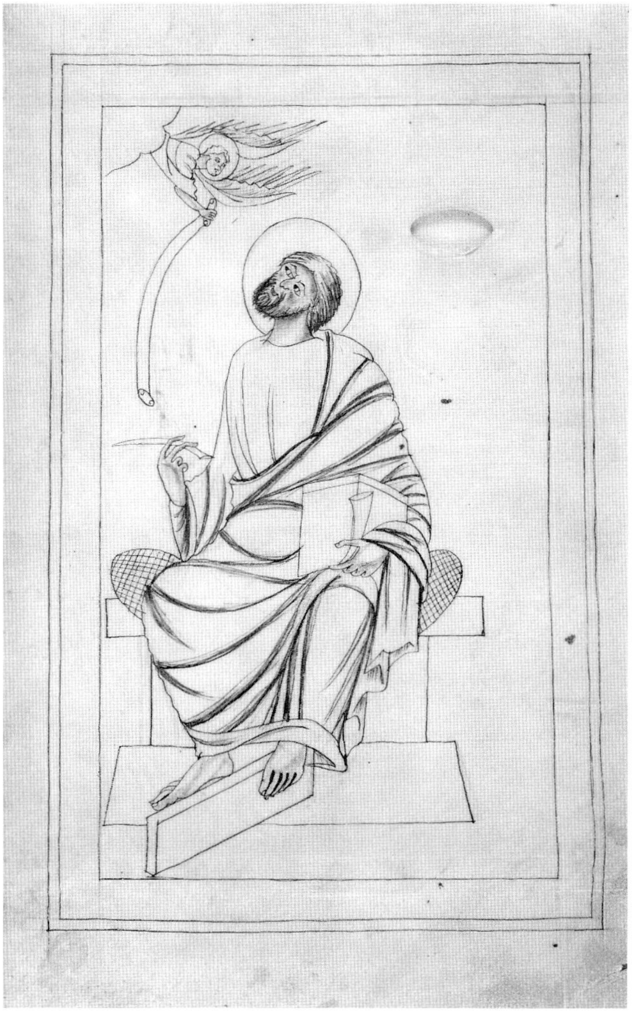

B 10 Evangeliar aus Saint-Omer/Flandern, gestiftet nach Weingarten, und Doppelblatt des Berthold-Meisters

Saint-Omer, 11. Jahrhundert, und Weingarten, um 1220

Pergament – 151 Blätter – H. 28,4 cm – B. 17,8 cm.

Stuttgart, Württembergische Landesbibliothek Stuttgart, HB II 46

Judith von Flandern, deren erster Mann Tostig Godwigson 1066 gefallen war, heiratete 1071 Welf IV., Herzog von Bayern. Judith brachte damals mehrere Schreine mit nach Weingarten, darunter auch denjenigen mit der 1067 von ihrem Schwiegervater Graf Balduin V. von Flandern ererbten kostbaren Heilig-Blut-Reliquie. Weiterhin zählten mehrere erlesene Codices zu ihrem Privatbesitz, die sie in einer Bücherschenkung vor ihrem Tod im Jahre 1094 dem Kloster vermachte. Drei dieser Handschriften sind noch heute nachzuweisen. Das nach Lüttich lokalisierte Evangeliar der Hessischen Landesbibliothek in Fulda (Cod. Aa 21) enthält außer den Darstellungen der Evangelisten eine Zierseite mit Paaren gegenständiger Löwen (fol. 3r; Bd. 2, Abb. 113) und ein Dedikationsbild (fol. 2v; Bd. 2, Abb. 29), auf welchem die Stifterin in demütiger Haltung Christus den Codex übergibt. Das angelsächsische Judith-Evangeliar (New York, Pierpont Morgan Library, M 709) hat seinen kostbaren Buchdeckel mit dem stehenden Christus in der Mandorla, umgeben von den vier Evangelistensymbolen, bewahrt (Bd. 2, Abb. 33). Eine Besonderheit dieser Handschrift ist die Miniatur der Kreuzigung Christi, bei der die Stifterin Judith wie sonst Maria Magdalena den Fuß des Astkreuzes, das damit als Lebensbaum charakterisiert ist, umfängt (fol. 1v; Bd. 2, Abb. 112). Schließlich wird in dem Stuttgarter Codex ein Geschenk Judiths gesehen.
Auch wenn die im Testament vom 12. Oktober 1094 genannten Goldschmiedearbeiten (Fulda, Hessische Landesbibliothek, Cod. Aa 21, fol. 89v–90r) verlorengingen, stützen die erhaltenen Handschriften die Mutmaßung, auch bei vergleichbaren Gelegenheiten eine Vermittlung kostbarer

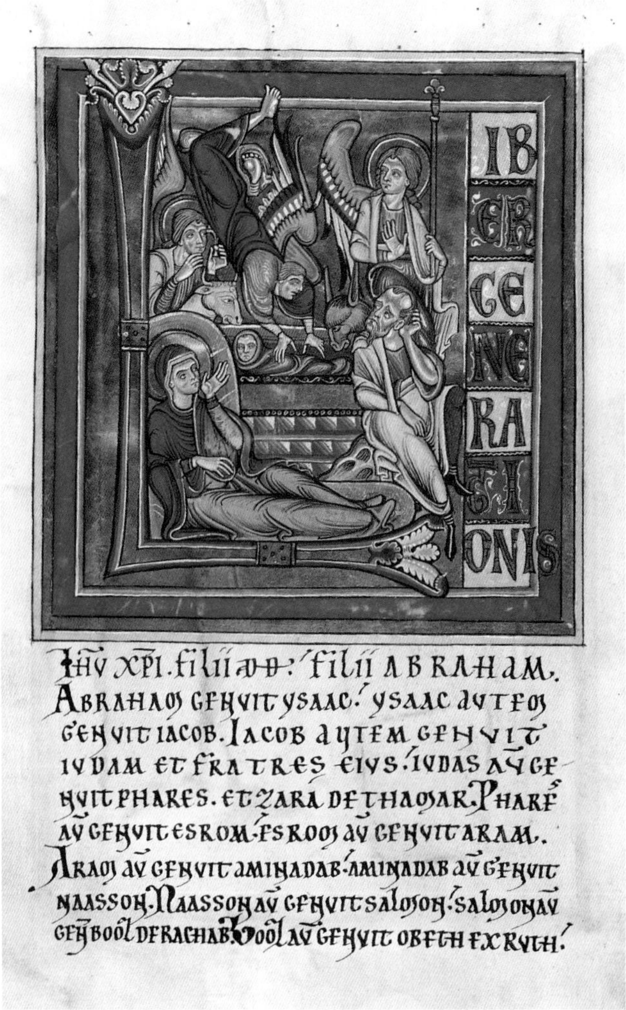

B 10

B 10

Kunstwerke bevorzugt durch die Hand von gebildeten adligen Damen anzunehmen.

Dieses Musterbeispiel für den Transfer kultureller Güter im Vermittlungsbereich dynastischer Regionen des alten Europa überrascht zudem durch eine weitere Überlieferungsnuance: Das niemals fertiggestellte Stuttgarter Manuskript enthält Federzeichnungen der Evangelisten Matthäus (fol. 10r) und Markus (fol. 64r), deren Stil von Boeckler mit der Schule von Saint-Omer in Verbindung gebracht wurde. Zu Beginn des 13. Jahrhunderts, während des Abbatiats von Berthold (1220–1232), fügte der sogenannte Berthold-Meister diesem Codex zwei Miniaturen von exzeptioneller Qualität hinzu. Die monumental wirkende ganzseitige Darstellung des auf einem Ringpfostenthron sitzenden Evangelisten Matthäus (fol. 12r) überbietet in den künstlerischen Ausdrucksmöglichkeiten die ältere Federzeichnung und vertritt, da der Autor der Frohen Botschaft ohne Symbol erscheint, einen anderen Typus.

Auf fol. 12v bietet die Initiale *L(iber)* zum Evangelienbeginn einer außergewöhnlichen Darstellung Raum: Die Szenen der Geburt Christi und der Traum Josephs werden zu einer Miniatur verschmolzen, die von der Dynamik des gleichsam von außen herabstoßenden himmlischen Boten gekennzeichnet ist. Die folgenden Zeilen, geschrieben in einer ausgeprägten Zierschrift, füllt der Beginn des Stammbaums Jesu, so daß – vielleicht sogar als Ersatz für eine ältere Initiumseite – ein ›nahtloser‹ Anschluß an den ursprünglichen Text des 11. Jahrhunderts (ab fol. 13r) möglich wird.

Innerhalb des Œuvres des Berthold-Meisters sah Hanns Swarzenski diese Arbeiten im Anschluß an das Berthold-Missale (New York, Pierpont Morgan Library, M 710) entstanden. Man wird sich fragen dürfen, in welcher Weise die Erinnerung an die Stifterin mitbestimmend war, als man das offensichtlich besonders geschätzte Evangelienbuch so zu ›neuer‹ Würde brachte. Zumindest ist auch dies ein Zeichen für die Bedeutung der älteren Codices, die während des 12. Jahrhunderts den Miniatoren des Weingartener Scriptoriums immer wieder als Vorbild dienten und kopiert wurden.

Wohl 1067 aus Flandern nach Weingarten. Auf dem Rücken alte Weingartener Signatur A 34. Blatt 11/12 um 1935 herausgelöst und gesondert aufbewahrt.

Boese 1975, S. 49f. (Lit.). – Oexle 1975. – Butz 1987, Nr. 75. – Kat. Weingarten 1994, S. 25ff. – Jehl 1995. – Kroos 1995, S. 264f.

B.B.-N./F.N.

B 11 Donizo, Vita der Gräfin Mathilde von Canossa *(De Principibus Canusinis)*

Oberitalien (Canossa oder Polirone), um 1115

Pergament – Buchmalerei – Einband aus rotem Leder mit dem Wappen Papst Pauls V. – 89 Blätter – H. 21,1 cm – B. 15,5 cm.

Città del Vaticano, Biblioteca Apostolica Vaticana, Cod. Vat. lat. 4922

Die alternierend rot und schwarz geschriebenen Anfangsbuchstaben der ersten 61 Verse des Epos ergeben folgenden Satz: *Filia Mathildis Bonefacii Beatricis nunc ancilla Dei, filia digna Petri* (Mathilde, Tochter von Bonifaz und Beatrix, jetzt Dienerin Gottes, würdige Tochter Petri) (fol. 8r–9v). Die Autorschaft der Vita erschließt sich aus einem zweiten Akrostichon am Schluß des Werks: *Presbiter hunc librum finxit monachusque Donizo.* (Der Priester und Mönch Donizo hat diese Dichtung verfaßt) (fol. 84v–85v). Nicht genannt werden der Schreiber und der oder die Maler der sieben Miniaturen, welche neben einigen Initialen aus zoomorph-vegetabilischer Ornamentik den Codex bebildern. Stilistische Varianten sind mindestens zu einem Teil dem Umstand zuzuschreiben, daß die Miniaturen zu verschiedenen Graden unvollendet geblieben sind. Die Versuche einer Händescheidung vermögen daher nicht gänzlich zu überzeugen. Außer den beiden hier wiedergegebenen Miniaturen mit Mathilde (fol. 7v und fol. 49r) und dem Reliquienbild auf zwei Registern (fol. 19r, Bd. 2, Abb. 199) enthält der Codex zwei Familienbilder (fol. 20v und 21v) und die Bilder der thronenden Eltern, Bonifaz (fol. 28v) und Beatrix (fol. 30v). Zusammen ergeben sie die canusinische Ahnengalerie, die durch ihre Anlehnung an kaiserlich-dynastische Modelle von Interesse ist und ein neues, durch das Aufkommen von städtisch-kommunalem Selbstverständnis jedoch bald obsoletes feudales Bewußtsein dokumentiert.

Auf die Bedeutung des Bildschmucks hat bereits Leibniz 1707 in der Einführung zu seinen *Scriptores Rerum Brunswicensium* hingewiesen, in denen er die *figuras ex eodem codice* als Nachstiche zu reproduzieren geplant hatte.

In Donizos Huldigungsepos erzählt die personifizierte Burg Canossa die Geschichte des Geschlechts der Markgrafen, von Atto bis hin zu Bonifaz und Beatrix. In Buch II werden nach einer schmeichlerischen Eloge über Mathildes Tugenden und Bildung ihre *res gestae* überliefert. Der erste Adressat der Vita ist die zur Zeit der Konzeption des Textes um das Jahr 1111 noch lebende, bei dessen Vollendung 1115 jedoch verstorbene Markgräfin. Von ihrer Bibliothek weiß Donizo zu berichten, daß sie eine Menge wohlbebilderter Bücher zu jedem Gebiet enthalte (*Libros ex cunctis habet artibus atque figuris*– Lib. II, v. 1371). 1082 hatte Mathilde den Kirchenschatz von Canossa einschmelzen und die daraus gewonnenen 70 Pfund Silber und neun Pfund Gold dem Papst übersenden lassen, *pro defensione Romanae Ecclesiae* (fol. 1v).

Auf dem Widmungsblatt (fol. 7v), dem Prolog gegenüber, thront die in idealer Jugendlichkeit dargestellte Neunundsechzigjährige in einem rosafarbenen, mit Goldbrokat umsäumten Mantel, den sie über azurblauem, reichdrapiertem Gewand trägt. Die beiden bedeutungsmaßstäblich verkleinerten Assistenzfiguren, Donizo zur Rechten und (vermutlich) der treu untergebene Vasall Arduino della Palude zur Linken der von einem purpurnen Fond hinterfangenen *comitissa et ducatrix*, haben keinen Zugang zum ebenso symbolischen wie erhabenen, architektonisch strukturierten Würderaum, welcher die Fürstin zugleich erhöht und isoliert. Jede der drei Figuren hält einen Gegenstand in Händen, dessen Bedeutung jene der bloßen Evidenz übersteigert und sich auf Mathilde beziehen läßt: Das blaue Zepter in Form eines blühenden Zweiges ist jener *ramus arboris*, der bereits ein halbes Jahrtausend zuvor den langobardischen Königen Oberitaliens als Signum ihrer Verfügungsgewalt und Rechtsprechung diente. Das Schwert Arduins erinnert an das aktive politische und militärische Handeln der Feudalherrin und ihr Durchsetzungsvermögen als *femina virilis animi* (*Historia Welforum*). Der vom kontemplativen Benediktinermönch dargebrachte Codex weist auf ihre fromme und hingebungsvolle Tätigkeit als Förderin der Kirchenreform und der Artes hin. Somit ist ihre Position als Vermittlerin zwischen *regnum* und *sacerdotium* definiert. Vergessen scheinen ihre beiden Ehen zu sein: die unglückliche mit Gottfried IV. dem Buckligen und die politisch motivierte, die sie 1089 mit dem siebzehnjährigen Welf V. einging, dem Großonkel Heinrichs des Löwen. Mit entblößtem, tonsuriertem Haupt offeriert Donizo sein aufgeschlagenes *Volumen* der im Titulus als *lucens* und *cara* angesprochenen Fürstin, ebenso wie er es der künftigen Leserschaft, der *posteritas*, präsentiert, die »solch eine Herrin wohl kennen« (fol. 9v, v. 57) soll.

Während das Dedikationsblatt vergleichsweise konventionell und statisch komponiert ist – von der Anlage her

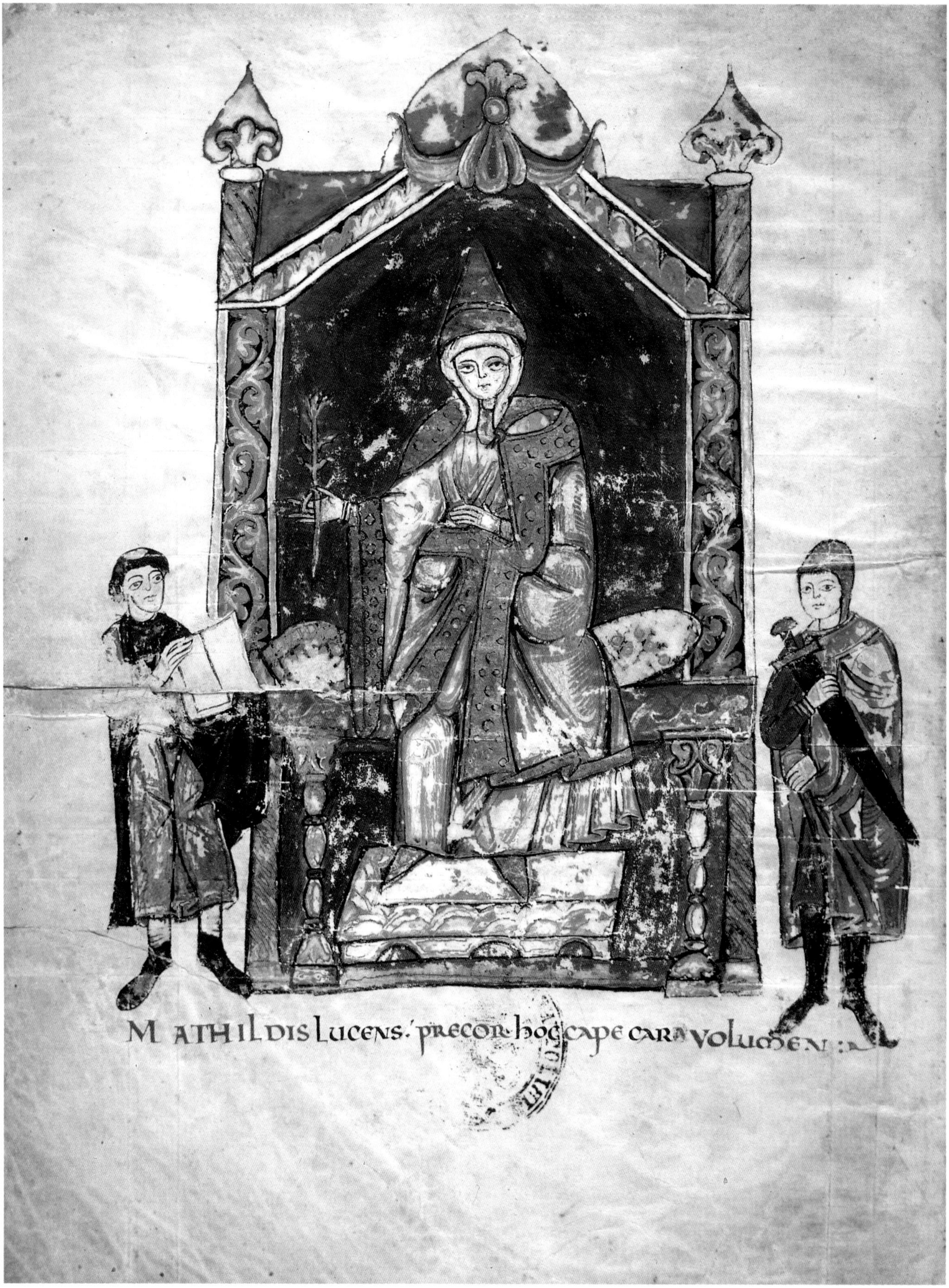
MATHILDIS LUCENS. PRECOR HOC CAPE CARA VOLUMEN

B11

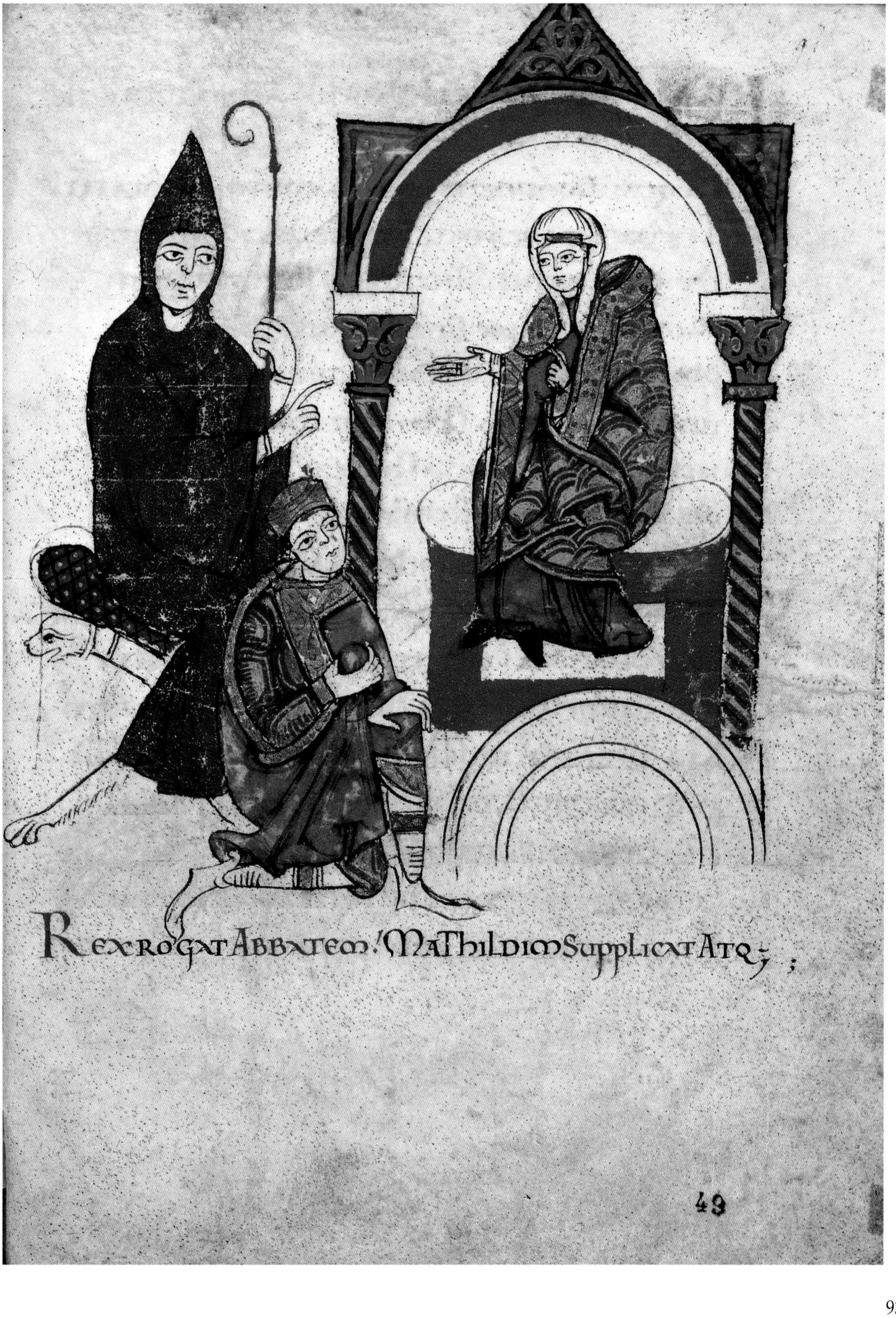
Rex rogat abbatem Mathildim supplicat atq;
49

B 11

Ähnliches findet sich bereits auf Konsulardiptychen des 3. Jahrhunderts –, geht fol. 49r, das bedeutendste Blatt der Handschrift, weit über die formalen Konventionen der Zeit hinaus: In ihm verdichtet sich ein eminent wichtiger historischer Moment der Geschichte des alten Europa. Die drei hochrangigen Protagonisten der sich in der Nikolauskapelle am Fuß der Burg Canossa abspielenden Szene aus dem Investiturstreit sind Mathilde, Kaiser Heinrich IV. und dessen Taufpate, Abt Hugo von Cluny, der Bauherr von Cluny III, der größten Kirche jener Zeit.
Wie der Gläubige Maria im Gebet um Fürsprache bei Gott anfleht, so bittet der Kaiser Mathilde, sie möge beim Papst intervenieren, damit er ihn vom Kirchenbann löse: *Poplitibus flexis dixit rex atque Mathildi: ... Consobrina valens, fac me benedicere valde* (fol. 50r/v). Die Absenz des Pontifex auf dem Bild läßt sich dadurch erklären, daß gerade sie es erlaubt, der Fürstin die höchste Position einzuräumen. Wie der Bogen unter dem Thron bezeugt, bereitete die Darstellung der Szene – welche, obwohl sie lebendig wie ein Augenzeugenbericht wirken mag, beinahe 40 Jahre zuvor stattgefunden hatte – dem Maler offensichtlich Schwierigkeiten. Sollte Quintavalles Vermutung zutreffen, daß diese Miniatur, wie die anderen des Codex, längst verlorene Wandgemälde wiedergeben, könnte der Bogen auch der Reflex einer Wandöffnung sein. In einer 1234 in Frassinoro entstandenen Abschrift der Vita hat der unbekannte Kopist der Miniatur denn auch versucht, das Nonfinito der Bilderfindung durch ein Postament zu ergänzen, ohne jedoch die Qualität der Vorlage zu erreichen (Lucca, Biblioteca Governativa, Ms. 2508, fol. 28r, Abb. in: Bellocchi/Marzi 1970, S. 61).
Der Kaiser ist wie einer der Heiligen Drei Könige dargestellt, Mathildes Haltung erinnert letztlich an Maria. Demnach wurden hier vertraute Bildschablonen, welche ihrerseits höfisches Zeremoniell reflektieren, zu einem neuen und durch Einfachheit überzeugenden Ganzen kombinatorisch zusammengefügt. Besonders eindrücklich ist die zur eleganten und souveränen Linearität eigentümlich kontrastierende flächige Verteilung der Farbe: Das Auge des nicht ins Bildgeschehen einbezogenen Betrachters wird vom satten Rot mit Signalcharakter zum tiefen Himmelblau geführt. Auffallend auch der Kontrast des erdigen, mönchische *simplicitas* anzeigenden Rostbraun der Kukulle des Abtes mit den luxuriösen *colores floridi* der weltlichen Gewänder von Kaiser und Markgräfin. Die Miniaturen sind nicht nur Illustrationen des Textes, vielmehr treten sie gleichberechtigt der Schrift entgegen und gehorchen ihren eigenen, visuellen Gesetzen. Sie vermitteln die Geschichte auf ihre Art, sozusagen in einem anderen Modus.

Wohl bis 1391 in Canossa (Plünderung der Burgkirche durch Antonio degli Arrigoni). Laut einer Eintragung auf fol. 6v erhielt ein Unbekannter die Vita am 21. Oktober 1491 von einem gewissen Jacobo de Torredano. Im späten 16. Jahrhundert aus dem Nachlaß von Kardinal Sirleto, des 1585 verstorbenen Präfekten der vatikanischen Bibliothek, für diese erworben (Kaufvermerk auf fol. 1r).

Leibniz, Scriptores rerum Brunsvicensium, Bd. 1, Einführung und S. 629–687. – Simeoni 1940. – Studi Matildici I–III, Modena 1964, 1971, 1978. – Bellocchi/Marzi 1970. – Goez 1983, S. 175–201. – Vita Mathildis (Faksimile). – Kat. Köln 1985, 1, S. 55–57, Nr. A* (Lit.) (Beat Brenk). – Quintavalle 1991 (Lit.). – Goez 1995. – In Vorbereitung die Edition der Urkunden und Briefe Mathildes von Canossa im Rahmen der MGH, im Druck: Werner Goez, Mathilde von Canossa und die Kosten des Investiturstreits.

G.C.B.

B 12 Siegel Welfs VI., Herzog von Spoleto, Markgraf von Tuscien und Fürst von Sardinien (*1115/16, † 1191)

Typar: Schwaben (?), 1152 – Urkunde: wohl Ulm, 1152 Juli 25

Hellbraunes Wachs – ursprünglich eingehängt – Umschrift beschädigt – Dm. 8 cm.

St. Gallen, Stiftsarchiv, T. T. T. (II) 2, Nr. 5

Welf VI. wurde als jüngster Sohn Herzog Heinrichs des Schwarzen von Bayern und Wulfhilds, der Erbtochter von Herzog Magnus Billung von Sachsen, geboren. Sein Bruder war Heinrich der Stolze, seit 1126 Herzog von Bayern und spätestens nach dem Tode seines Schwiegervaters Kaiser Lothar III. 1137 auch Herzog von Sachsen. Heinrich übergab Welf VI. die Masse der welfischen Erbgüter in Schwaben und vermittelte auch dessen Ehe mit Uta von Calw, der Erbtochter des Pfalzgrafen von Calw. Bevor Welf im Jahre 1147 zur Kreuzfahrt ins Heilige Land aufbrach, stiftete er das Prämonstratenserstift Steingaden und

dotierte es reich. Nach dem staufisch-welfischen Ausgleich und der Wahl Friedrichs I. 1152 zum König wurde Welf VI. von diesem mit dem Herzogtum Spoleto, der Markgrafschaft Tuscien, der Insel Sardinien und dem Hausgut der Gräfin Mathilde belehnt. Aus der Ehe mit Uta von Calw ging als einziger Sohn Welf VII. hervor. Während sein Vater im Jahre 1167 zur Pilgerfahrt nach Jerusalem aufbrach, blieb Welf VII. bei Kaiser Friedrich I. in Italien. Dort erlag er, 27jährig, am 11. oder 12. September 1167 der Malaria oder der Ruhr und wurde im Stift Steingaden beigesetzt. Sein Tod traf Herzog Welf VI. schwer, so daß er sich völlig aus der Reichspolitik zurückzog, um fortan die Rolle eines gönnerhaften Fürsten zu spielen. Seine *milte* wurde noch von Walther von der Vogelweide und dem Tannhäuser hochgerühmt. Zu dieser Zeit entstand an seinem Hof auch die *Historia Welforum* als hervorragendes Zeugnis welfischer Geschichtsschreibung des 12. Jahrhunderts (Kat. B 3). Mit der Übergabe der welfischen Erbgüter an die Staufer durch Herzog Welf VI. und dessen Tod am 15. Dezember 1191 endete die welfische Herrschaft in Schwaben (vgl. Kat. D 76). Welf VI. wurde, seinem Wunsch gemäß, in Steingaden beigesetzt. Bei seinem Siegel handelt es sich um ein relativ frühes Reitersiegel. Dieser Siegeltyp wurde für Angehörige des hohen Adels und später insbesondere für weltliche Reichsfürsten charakteristisch und blieb auf diesen Stand beschränkt. Schon von Welfs Vater, Herzog Heinrich dem Schwarzen, hat sich ein Reitersiegel erhalten, das dieser als Herzog von Bayern führte (München, Bayerisches Hauptstaatsarchiv, Kloster Ranshofen Nr. 2), während von Heinrich dem Stolzen keines bekannt ist. Das Siegel Welfs VI. hat die Umschrift + WELFO D(e)I GRA(tia) · PRINCEPS · SARDIN[IE · DVX SPOLETI ET] MAR[CHIO] TV[S]C[IE] (Welf von Gottes Gnaden Fürst von Sardinien, Herzog von Spoleto und Markgraf von Tuscien), gibt demnach schon seinen neuen Titel wieder. Der Herzog sitzt auf einem nach links galoppierenden Pferd, dessen Körperbau in feiner Manier dargestellt ist. Deutlich lassen sich ferner Sattel, Satteldecke, Zaumzeug und Steigbügel erkennen. Gekleidet ist der Reiter mit einem schärpenähnlich um den Körper geführten Reitermantel; er trägt einen nach oben spitz zulaufenden Helm, von dem drei lange Bänder herabwehen. Die Nasenschiene und die Panzerkapuze sind gut sichtbar. Im rechten Arm hält der Herzog eine zum Gefecht in beinahe waagrechte Position gebrachte Fahnenlanze, deren Fahne in drei langen Lätzen endet. Reitermantel, Helmbänder und Fahnenlätze hat der Stempelschneider in einer Weise nach rechts wehen lassen, daß sich der Eindruck des in rascher Bewegung befindlichen Pferdes verstärkt. In der Linken trägt der Herzog einen Schild, dessen Form sich durch seine Drehung und die verdeckende Lanze nicht ganz eindeutig erkennen läßt. Der Schild ist mit einem aufrechten Löwen nach links geschmückt. Dabei handelt es sich um eine der ersten noch erhaltenen Darstellungen des Löwen bei den Welfen, was zudem verdeutlicht, daß der Löwe als das Wappenbild der welfischen Familie in toto und nicht allein als seinem sächsischen Zweig zugehörig angesehen werden muß. Zweifellos handelt es sich bei dem Siegel Welfs VI. um ein herausragendes Beispiel für die Stempelschneidekunst eines Goldschmieds in der Mitte des 12. Jahrhunderts.

Archiv des Stifts Ittingen.

UB St. Gallen 3, Nr. 15, S. 697. – UB Thurgau 2, Nr. 35, S. 119–121. – Chartularium Sangallense 3, Nr. 907, S. 28f.

Baumann, 1881, S. 267. – Hupp 1918, S. 69f. – Schramm 1956, S. 972. – Kittel 1970, S. 256. – Feldmann 1971. – Feldmann 1971a. – Schüßler 1991, Abb. 12 auf S. 47. – Jehl 1995.

C.P.H

B 13 Weissenauer Güterverzeichnis
(Acta S. Petri in Augia)

Weissenau, um 1220

Pergament – Randminiaturen als farbige Federzeichnungen – Einband: mit Schweinsleder überzogener Holzdeckel – 225 Blätter – H. 20 cm – B. 14 cm.

St. Gallen, Kantonsbibliothek (Vadiana), Vadianische Sammlung, Ms. 321

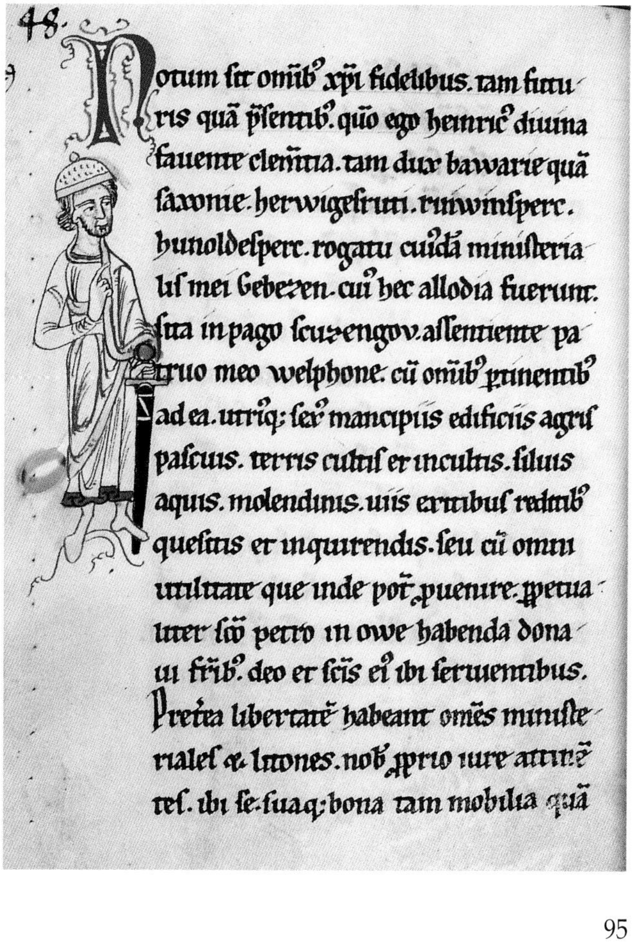

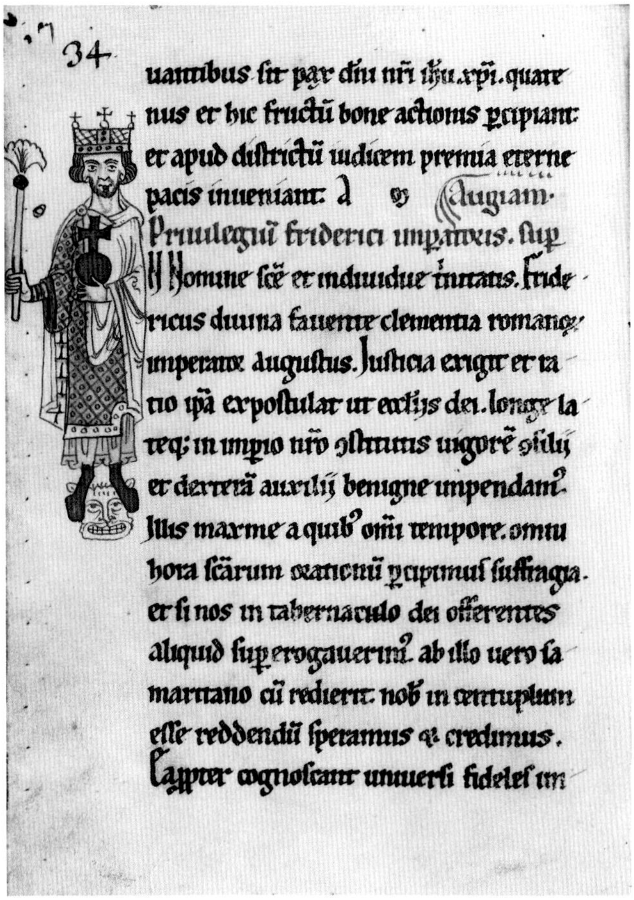
34
uantibus sit pax dni nri ihu xpi. quate
nus et hic fructu bone actionis percipiant
et apud districtu iudicem premia eterne
pacis inueniant. A Augiam.
Priuilegiu friderici imperatoris. sup
In nomine sce et indiuidue trinitatis. Frid
ricus diuina fauente clementia romanor
imperator augustus. Iusticia exigit et ra
tio ipa expostulat ut ecclijs dei. longe la
teq; in imperio nro constitutis uigore consili
et dexteram auxilij benigne impendam.
Illis maxime a quibus omni tempore. omni
hora scorum orationu percipimus suffragia.
et si nos in tabernaculo dei offerentes
aliquid superogauerint. ab illo uero sa
maritano cu redierit. nobis in centuplum
esse reddendu speramus et credimus.
Capter cognoscant uniuersi fideles in

B 13

Das Güterverzeichnis des zunächst welfischen und später staufischen Klosters enthält neben Urkundenabschriften auch Aufzeichnungen zu Besitzübertragungen, die mündlich erfolgten. Als Vorlage diente dem Chronisten die Salemer Gründungsgeschichte von 1215 (Wieland 1983, S. 165).
Die Gründung der Weissenauer Prämonstrantenser-Abtei geht auf eine Stiftung des welfischen Ministerialen Gebizo von Ravensburg im Jahr 1145 zurück. Dieser ließ 1152 die Klostergründung und Besitzübertragung an den Prämonstrantenser-Orden von seinem Dienstherrn, Heinrich dem Löwen, unter Anwesenheit von König Friedrich Barbarossa und Herzog Welf VI. beurkunden. Eine Abschrift dieser Urkunde ist in den *Acta S. Petri in Augia* enthalten. Dem Urkundentext (pag. 48) ist eine Randminiatur in Gestalt einer männlichen Figur beigefügt, die mit der Rechten einen Redegestus ausführt und die Linke auf ein Schwert stützt. Es handelt sich um eine Darstellung Heinrichs des Löwen, ist es doch durchaus üblich, daß Herrscherbilder in Handschriften dieser Art an die Stelle des Siegels der Originalurkunde treten (Willemsen 1977, S. 41, Anm. 14). Dementsprechend darf man wohl die Person mit Krone und Zepter auf pag. 34 als Kaiser Friedrich I. deuten.

In den Wirren des Dreißigjährigen Kriegs ging das Güterverzeichnis dem Kloster verloren. 1659 schenkte der St. Gallener Patrizier Lorenz Reinsperg den Band der Stadtbibliothek St. Gallen.

Scherer 1864. – Baumann 1877. – Willemsen 1977, S. 13, S. 42, Abb. 22, 36, 73. – Wieland 1983.

J.D.

B 14 Wappenstein von der Grablege der Welfen in Steingaden

Oberbayern, um 1200

Sandstein – Schäden und Ausbrüche – H. 107 cm – B. 71 cm.

München, Bayerisches Nationalmuseum, Inv. Nr. MA 121

Die Darstellung auf der rechteckigen Sandsteinplatte ist als flaches Relief in den Stein eingetieft. Der an den Seiten erhabene Rand ist heute in weiten Bereichen abgebrochen, der untere Abschluß ist nicht zu rekonstruieren, an der oberen Kante ein Zahnschnitt-Fries. Als Wappen wird die Darstellung kenntlich durch die hochgradige Stilisierung des nach (heraldisch) rechts steigenden Löwen, des Wappentiers der Welfen. Die den Löwen hinterfangende, erhabene Schildform sei »wohl erst im 14. Jh. schildförmig« (Kat. München 1974) gestaltet worden, indem in der unteren Hälfte der Reliefgrund um diese Form herum weiter eingetieft worden sei, wobei die über den Schild hinausragenden rechten Tatzen jeweils ausgespart wurden. Als Argument für diese These kann die in jenem Bereich rauhere Oberfläche gewertet werden.
Die Darstellung des Löwen zeigt keinerlei Anklänge an Naturbeobachtung; Tatzen und Gebiß des senkrecht steigenden Wappentiers sind übermäßig betont, sein Fell ist in gleichmäßig über den Körper verteilten spiraligen Locken gegeben, der Schwanz als florales Gebilde. In dieser Form ziert er das Wappen der Welfen und ist Teil des Wappens des Klosters Steingaden. Heraldische Bilder als Identifikationsmittel über viele Generationen sind notwendigerweise beharrend und mithin schwer zu datieren. In diesem Fall hilft die Verbindung des Werks mit dem Prämonstratenser-Kloster Steingaden (Kreis Schongau, s. u.), um historische Argumente für Datierung und Lokalisierung des Werks zu finden.
Das Kloster wurde von Welf VI. 1147 gegründet, nachdem er zu Weihnachten 1146 das Kreuz genommen hatte und bevor das Kreuzfahrerheer aufbrach. 1191 wurde der Herzog von Spoleto an der Seite seines schon vor ihm verstorbenen Sohnes Welf VII. († 1067) in der 1177 geweihten Kirche der von ihm gestifteten Prämonstratenser-Niederlassung begraben. Während der Bauernkriege wurde die Grabanlage für ihn und seinen Sohn 1525 zerstört. »Sollte der Wappenstein tatsächlich von diesem Hochgrab stammen, dürfte er stilistisch um 1200 zu fixieren sein« (Kat. Landshut 1980).

Die Erinnerung an den Gründer blieb in Steingaden nicht auf das Necrolog (14. November) beschränkt: Von einem Kanoniker dieses Klosters wurde die *Historia Welforum* (Kat. B 3) vollendet. Ein um 1570 gemaltes Epitaph zeigt Welf VI. und seinen Sohn als Stifter (Jehl 1995, Abb. nach S. 104) mit dem hier freilich nach (heraldisch) links steigenden Löwen im Wappenschild. In der spätgotischen Vorhalle befindet sich in Fresko-Malerei – um 1600 – der Stammbaum der mit Welf VI. ausgestorbenen Linie des Welfenhauses. Unten rechts ist mit dem Herzog, seiner Gemahlin Uta von Calw und seinem Sohn Welf VII. das Kloster selbst dargestellt, zu dem sich ein Trauerzug mit Prämonstratensern und einem Leichenwagen hinbewegt: ein deutlicher Hinweis auf die Grablege.

Vor seiner Erwerbung für das Bayerische Nationalmuseum war der Löwenstein an einem Privathaus in Steingaden eingemauert: ein Grund, ihn als Teil des Grabmals der Klostergründer zu identifizieren, aber kein Beweis.

Backmund 1949–56, Bd. 1, S. 51–53, Bd. 3, S. 460, Nr. 49 (Wappen). – Kat. München 1974, S. 24, Nr. 7. – Kat. Landshut 1980, S. 7, Kat. 6*. – Baaken 1995 (Lit.). – Pörnbacher 1995.

U. Schä.

B 15

B 15 Bronzekreuz mit Kruzifixus

Schwaben, um 1130/40

Bronze mit Resten von Vergoldung – Dekor in den Kreuzenden der Vorderseite und der zu vermutende Dekor der Rückseite fehlen – H. 40,2 cm – B. 30,9 cm – Corpus: H. 18,8 cm – B. 19,1 cm.

Rottenburg, Diözesanmuseum (Dauerleihgabe der Pfarrei Amrichshausen)

Ungewöhnlich schmal, mit einer Fülle von malerischen Details erscheint der Kruzifixus mit geschlossenen Augen und geneigtem Haupt. Charakteristisch ist der Gegensatz zwischen der glatten Bildung des Körpers, wo an Armen, Thorax und Beinen kaum Binnenzeichnung auftritt, und der üppigen Ausgestaltung des Lendentuchs mit breitem, wie mit Perlen besetztem Cingulum und den Gewandbäuschen über den Hüften. Der Kopf mit geschichtetem Haar, gelocktem Bart und feiner Gesichtszeichnung zeigt große Sorgfalt. Auffällig ist die Drapierung des Lendentuchs – ein offensichtlich dünn gemeinter Stoff –, welches den rechten Oberschenkel eng umhüllt und bis unter das Knie reicht, während der linke Oberschenkel komplett freiliegt. Dies ist vergleichbar bei einer Gruppe von in Schwaben zu lokalisierenden Bronzecorpora, z. B. in Wolpertswende, von denen der Amrichshausener Kruzifixus jedoch der qualitätvollste ist. Ein ähnlich schlank und in der Binnenzeichnung weich gebildeter Kruzifixus findet sich in der I-Initiale einer Zwiefaltener Josephus-Handschrift, der auch in ein dünnes, reich gefälteltes, bis auf die Schienbeine reichendes Lendentuch mit Überhang rechts und Knoten links gehüllt ist (Stuttgart, Württembergische Landesbibliothek, Cod. hist. 2° 418, fol. 3r, um 1150, vgl. Löffler 1928, Taf. 39).

Das Krückenkreuz ist von einem Rahmen mit Perlmuster, ähnlich dem Cingulum, zwischen zwei Kordelstreifen geschmückt. Die kleinen, ovalen Fassungen für Schmucksteine sind heute leer. Welcher Art von Dekor sich ursprünglich in den rechteckigen Öffnungen der Kreuzenden befand, läßt sich nicht sagen; auf Bergkristalle oder andere Steine, wie vermutet wurde, weist die Form jedenfalls nicht. Die Rückseite zeigt eine ungleichmäßig bearbeitete Oberfläche und begrenzende Metallstege, was auf ursprünglichen Schmuck mit Email schließen läßt. Dies wäre bei schwäbischen Kreuzen singulär, findet sich aber bei zwei allgemein in Norddeutschland lokalisierten Bronzekreuzen (Kötzsche 1986/87).

Ob Amrichshausen der Bestimmungsort für dieses Kreuz gewesen ist, muß offenbleiben. Es gilt dort mindestens seit 1810 als alter Besitz und wird wahrscheinlich bereits 1664 erwähnt. Wenn Kreuz und Kruzifixus im Umkreis des Klosters Hirsau entstanden, könnte es an eine der Besitzungen des Klosters in Württemberg geschenkt worden sein, wie Georg Himmelheber (1961) darlegte. Dies läßt sich freilich nicht belegen. Nach Schwaben weist jedenfalls der Stil, und so steht das Kreuz in der Ausstellung für die

B 15

Präsenz des Welfenhauses in Schwaben, die sich einst auch in Stiftungen für Kirchen und Klöster äußerte.

Himmelheber 1961. – Himmelheber 1961a. – Kötzsche 1986/87. – Bloch 1992, Nr. VI C 1 (Lit.), auch zu den anderen Corpora dieser Gruppe.

R.M.

B 16 Kreuzreliquiar

Zwiefalten, um 1138 und um 1620

Eichenholzkern; Gold- und Silberblech; Zellenschmelz; Edelsteine, Bergkristall, Perlen – H. 39,5 cm – B. 18 cm – T. 2,5 cm.

Zwiefalten, Katholisches Münsterpfarramt

Unter einer großen Bergkristallplatte ist die Reliquie vom Wahren Kreuz Christi, selbst in Gestalt eines Doppelkreuzes, zu sehen. Die Form des Reliquiars und sein Dekor spielen in zweifacher Hinsicht auf seinen kostbaren Inhalt an. Zum einen ist die Reliquientafel als ein rudimentäres Kreuz gebildet, was völlig singulär ist; allerdings fällt dies seit der barocken Anfügung von Sockel und Bekrönung nicht sogleich ins Auge. Zum anderen stellen vier Emailmedaillons in der Rahmenleiste das Haupt, die Hände und die Füße Christi dar. Wie die fehlenden Wundmale und das frontal mit offenen Augen gegebene Gesicht zeigen, ist hier nicht in abgekürzter Weise der Gekreuzigte gemeint; die Emails könnten sich eher an Bildern des Weltenherrschers, der allerdings auch in der Regel mit Wundmalen, aber frontalem Haupt wiedergegeben wird, oder an solchen des segnenden Christus orientiert haben.

Der übrige Schmuck des Tafelreliquiars besteht aus gestanztem Goldblech und Filigran in vegetabilen Mustern, dazwischen Edelsteine und drei antike Gemmen. Die barocken Ergänzungen zeigen Engelsköpfe und das Abtswappen von Michael Müller, 1598–1628 Abt des Klosters Zwiefalten, der diese anfertigen ließ. Das kostbare Behältnis dient auch zur Aufbewahrung weiterer, auf einer rückseitig umlaufenden Inschrift genannter Reliquien Johannes des Täufers, der Apostel Andreas und Jakobus sowie des Evangelisten Markus.

Zwei ausführliche Chroniken, verfaßt von den beiden Mönchen Ortlieb und Berthold 1135/37 bzw. 1137/38, berichten über die Frühzeit des Klosters, seine Besitzungen und Kunstschätze. Auch das vorliegende Reliquiar wird erwähnt, wobei Berthold mitteilt, daß die Kreuzreliquie von einem Ulrich in Gold und Edelsteine gefaßt worden sei *(fabricata)*. Dieser Ulrich wurde mit Abt Ulrich (1095–1139) identifiziert, obwohl sich der Name auch auf einen im Kloster tätigen Goldschmied beziehen kann.

Die Chroniken verweisen das Reliquiar aber in jedem Fall in die Amtszeit von Abt Ulrich, in der Zwiefalten eine erste Blüte erlebte. Das Kloster war 1089 von den Grafen Kuno und Liutold von Achalm gegründet worden, die beide unverheiratet waren, keine Erben hatten und ein starkes Interesse, ihr Seelenheil durch gute Werke zu sichern. Sie statteten Zwiefalten reich mit Besitzungen aus. Die ersten Mönche und Laienbrüder kamen aus dem Reformkloster Hirsau, dessen Abt Wilhelm die Gründung Zwiefaltens unterstützt hatte. Kuno und Liutold übertrugen bereits 1093, ganz im Sinne der Reform, die sich gegen die Vermischung weltlicher und kirchlicher Belange wandte und die Selbständigkeit der Kirche anstrebte, die Eigentumsrechte an Zwiefalten auf den Papst; dem Kloster wurde in der Folge dieser *libertas romana* auch das Recht der freien Abts- und Vogtswahl sowie der Absetzung von Vögten zugestanden. Letzteres erwies sich aber wohl in der Praxis – so bei der Absetzung Heinrichs des Stolzen 1129/31 – als langwierig und schwierig.

B1

Das Kloster wurde schnell sehr wohlhabend, was am Anwachsen der Zahl der Konventsmitglieder und an der bereits um 1100 erfolgten Gründung eines Frauenklosters abzulesen ist. Zum Wohlstand trug sicherlich auch das 1122 von Papst Calixtus II. verliehene Recht bei, fortan auch Laien im Kloster bestatten zu können, welche das Kloster in diesem Zusammenhang mit reichen Stiftungen (Grundbesitz, Reliquien) bedachten.
Zwiefalten gehörte seit 1093, als der ebenfalls reformfreundliche Herzog Welf IV. nach dem Tode Kunos von Achalm zum Vogt gewählt worden war, für etwa 90 Jahre zum Herrschaftsbereich der Welfen in Schwaben; die Welfen haben sich aber wohl als Gönner des Klosters nicht sonderlich hervorgetan. Die frühzeitige Resignation von Welf VI. (*1115/16, †1191), des letzten Welfen in Schwaben, der nach dem Tod seines in Siena an der Malaria gestorbenen Sohnes und Erben Welf VII. 1167 offenbar kein Interesse mehr an seinen weitreichenden Besitzungen hatte, brachte die schwäbischen Güter der Welfen, und so wahrscheinlich auch Zwiefalten, durch einen Erbvertrag um 1179/80 in den Besitz des staufischen Kaisers Friedrich I. Barbarossa, der diese wiederum auf Lebenszeit an Welf VI. verlehnte.

Kat. Augsburg 1973, Nr. 120 (Hannelore Müller). – Quarthal 1975, S. 680–709 ((W. Setzler). – Halder 1989, S. 161, Abb. 3.

R.M.

Die Welfen und Skandinavien

Igitur Henricus, ut repudiatam regis amiciciam recuperaret, sine qua Sclavos arcere non posset, Henricum Razaburgensem et antistitem Lubeccensem legatione onerat, filiam suam minorem filio eius in matrimonium offerens. (So beauftragte Heinrich, um die zurückgewiesene Freundschaft des Königs wiederzuerlangen, ohne den er die Slawen nicht in Schranken halten konnte, Heinrich von Ratzeburg und den Lübecker Bischof mit der Mission, seine kleine Tochter dessen Sohn zur Ehe anzubieten.) (Saxonis Gesta Danorum, lib. XIV, v. 28–30)
Bis in die Herrschaftszeit Lothars III. reichen die engen Beziehungen des Reichs nach Skandinavien zurück, da Dänemark seit 1131 unter Lehnshoheit des deutschen Kaisers stand. Heinrich der Löwe unterhielt privilegierte Kontakte zum skandinavischen Herrschafts- und Kulturraum. Nach welfisch-staufischem Einvernehmen wurde ihm durch Friedrich Barbarossa im Norden des Reichs weitestgehend freie Hand gelassen, denn die Interessen des Kaisers lagen verstärkt in Italien. Ein 1156/57 unternommener Vorstoß nach Jütland bezeugt das Engagement Heinrichs des Löwen in diesem Gebiet.
Die Entwicklung und der Ausbau des Fernhandels im Ostseeraum bildeten einen maßgeblichen Grundpfeiler seiner Politik. Die Stadt Lübeck war Ausgangspunkt für den von Heinrich geförderten Ostseehandel. Der zeitgenössische Chronist Helmold von Bosau berichtet, wie der Herzog in den skandinavischen Handelsmetropolen um eine Befriedung des Ostseeraums und für freien Handelszugang nach Lübeck warb. Ferner schloß er Handelsverträge mit König Knut Eriksson von Schweden und weiteren skandinavischen und russischen Fürsten ab.
Eine Bedrohung für die vielfältigen Handelsverbindungen im Osteeraum stellten die wiederholten Plünderungen der Slawen an der Ostseeküste dar, was zeitweise zu einem dänisch-sächsischen Bündnis führte. So kam es ab 1160 zu einem gemeinsamen militärischen Vorgehen König Waldemars und Heinrichs des Löwen im Slawenland, wobei das Augenmerk des dänischen Königs vor allem im vorpommersch-rügischen Küstenraum lag. 1168 konnte König Waldemar mit militärischer Unterstützung des Sachsenherzogs die Insel Rügen unter seine Kontrolle bringen. Die Vermählung zwischen Heinrichs Tochter Gertrud und dem achtjährigen dänischen Thronfolger Knut gegen Ende der siebziger Jahre verdeutlicht mustergültig die gemeinsamen politischen Zielsetzungen.
Die Machtverhältnisse verschoben sich jedoch nun mehr und mehr zugunsten des dänischen Herrschers, der nach dem Sturz Heinrichs unabhängiger seine Machtpolitik betrieb oder im Bündnis mit dem Staufer neue Allianzen suchte.

Jordan 1954. – Jordan 1973. – Hoffmann 1977. – Petersohn 1979. – Jordan 1980. – Kat. Hamburg 1989. – Ehlers 1992a. – Kat. Berlin 1992a. – Festschrift Fehring.

M.Mü.

B 17 Saxo Grammaticus, *Gesta Danorum*, sogenanntes Angers-Fragment

Erzbistum Lund (?), nach 1185 bis 1200

Pergament – 4 Blätter (1 Doppelblatt mit 2 eingelegten Einzelblättern) – H. ca. 21,6 cm – B. ca. 16,1 cm.

Kopenhagen, Det Kongelige Bibliotek, Ny kgl. S. 869, 4°, fol. 2

Ein als Dichter besonders versierter seeländischer Kleriker aus der *familia* des Lunder Erzbischofs Absalom (1178–1201) namens Saxo (identisch mit dem gleichnami-

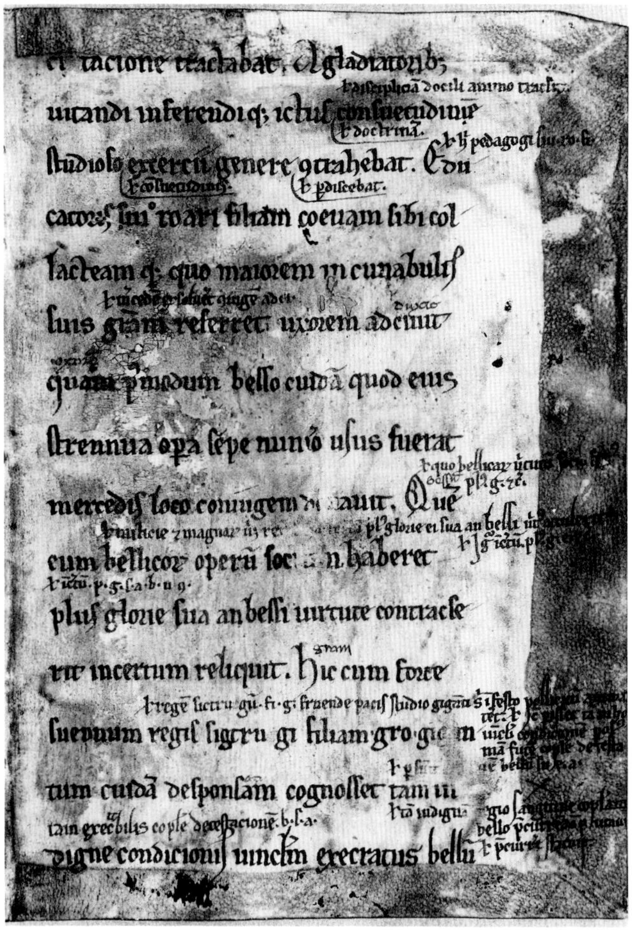

B 17

gen Propst von Roskilde, †1204 ?) schrieb im Auftrag seines Bischofs eine 16 Bücher umfassende Geschichte der Dänen. Die ersten neun Bücher dieser *Gesta Danorum* stellen, gestützt auf sagenhafte und nicht immer eindeutig zu identifizierende schriftliche Vorlagen, die dänische Frühzeit von den eponymen Stammesvätern Dan und Angul bis zu König Gorm dem Alten (ca. 950) dar, Buch 10 bis 16 die dänische Geschichte von Harald Blauzahn bis zum Tode Waldemars I. (1182) und zum Sieg Knuts VI. über Bogislaw von Pommern auf Rügen (1185). Der Beiname »Grammaticus« wird dem Verfasser erstmals in der Jütischen Chronik von 1340 wegen der besonderen stilistischen Schwierigkeiten des Textes beigelegt.

Das Angers-Fragment, die älteste erhaltene Handschrift mit Teilen des 1. Buchs, bietet Einsichten in die Entstehungsgeschichte der *Gesta Danorum*, von denen keine vollständige Handschrift mehr erhalten ist. Es wurde 1877 in Angers im Einband eines Codex des 15. Jahrhunderts gefunden und identifiziert, im folgenden Jahr durch Tausch von der Königlichen Bibliothek in Kopenhagen erworben und 1879 im Faksimile publiziert. Mehrheitlich nimmt insbesondere die dänische Forschung heute an, daß das Fragment Einblick in die Werkstatt Saxos bietet. Die Anlage der Blätter mit weit auseinandergezogenen Zeilen sind mit Interlinearglossen und Textvarianten zweier zeitgenössischer Hände (um 1200) gefüllt; in der zweiten Hand wird sogar das Autograph Saxos vermutet. Die Interlinearvarianten fanden jedoch offenbar nur teilweise Eingang in jene Handschrift, einst im Besitz des humanistischen Lunder Kanonikus Christian Pedersen, der die Pariser Editio princeps von 1514 veranlaßte, auf die alle modernen Ausgaben zurückgehen.

Angers, Bibliothèque Publique (vor dem 15. Jahrhundert ?), 1878 in die Königliche Bibliothek zu Kopenhagen.

Saxonis Gesta Danorum. – Bruun 1879. – Holder-Egger 1888, S. 137–151. – Weibull 1936. – Herrmann 1901/22. – Boserup 1981.

H.G.W.

B 18 Urkunde Heinrichs des Löwen über einen Vergleich zwischen Deutschen und Gotländern

Artlenburg, 116[1] Oktober 18 – Abschrift Anfang 13. Jahrhundert

Pergament – H. 31 cm – B. 41 cm – liniert – Plica – Rückseite: neuzeitliche Registraturnotizen – Stadtsiegel (Schiffssiegel) Lübecks Typ 1 – mit roten und grünen Seidenfäden an Plica anhängend – restauriert.

Archiv der Hansestadt Lübeck, Suecica 1

Heinrich, Herzog von Bayern und Sachsen, legt einen Streit zwischen Deutschen und Gotländern bei, erneuert und spezifiziert die Rechte, die den Gotländern von Kaiser Lothar verliehen worden waren, für sein Herrschaftsgebiet und gewährt ihren Kaufleuten denselben Rechtsschutz wie den deutschen, um sie zum Besuch seines Hafens Lübeck zu veranlassen. Bei dem präsentierten Stück handelt es sich um eine Abschrift der nicht mehr vorhandenen Vorlage des Herzogs.

Diese Abschrift enthält Zusätze, die nur in diesem Stück überliefert sind, und ist wie folgt aufgebaut: 1) zweizeilige Überschrift *(Hoc est rescriptum privilegii, quod dedit illustrissimus dux Bawarorum et Saxonum Henricus bone memorie super confirmatione pacis perpetue facta inter Theutonicos et Gutenses),* 2) davon etwas abgesetzt in 26 Zeilen der Urkundentext Heinrichs des Löwen, 3) nach einer Leerzeile den drei Zeilen umfassenden Auftrag (Mandat) des Herzogs an Odelricus, die Vorschriften *(leges)*, die er den Gotländern in seinem Herrschaftsbereich gegeben habe, auch unter den Deutschen durchzuführen (MGH UU HdL, Nr. 49, S. 70, ohne Datierung), 4) nach einer Leerzeile einen zweizeiligen Vermerk über den Aufbewahrungsort der Urkunde des Herzogs mit Erklärung der Namen in dem Mandat *(Privilegium ipsum repositum est in ecclesia beate Marie virginis in Wisbij. Olricus nomen est nuncii Teuthonicorum, quem constituit dominus dux advocatum et iudicem eorum. Lichnatus nominatus est nuntius Guttensium).*

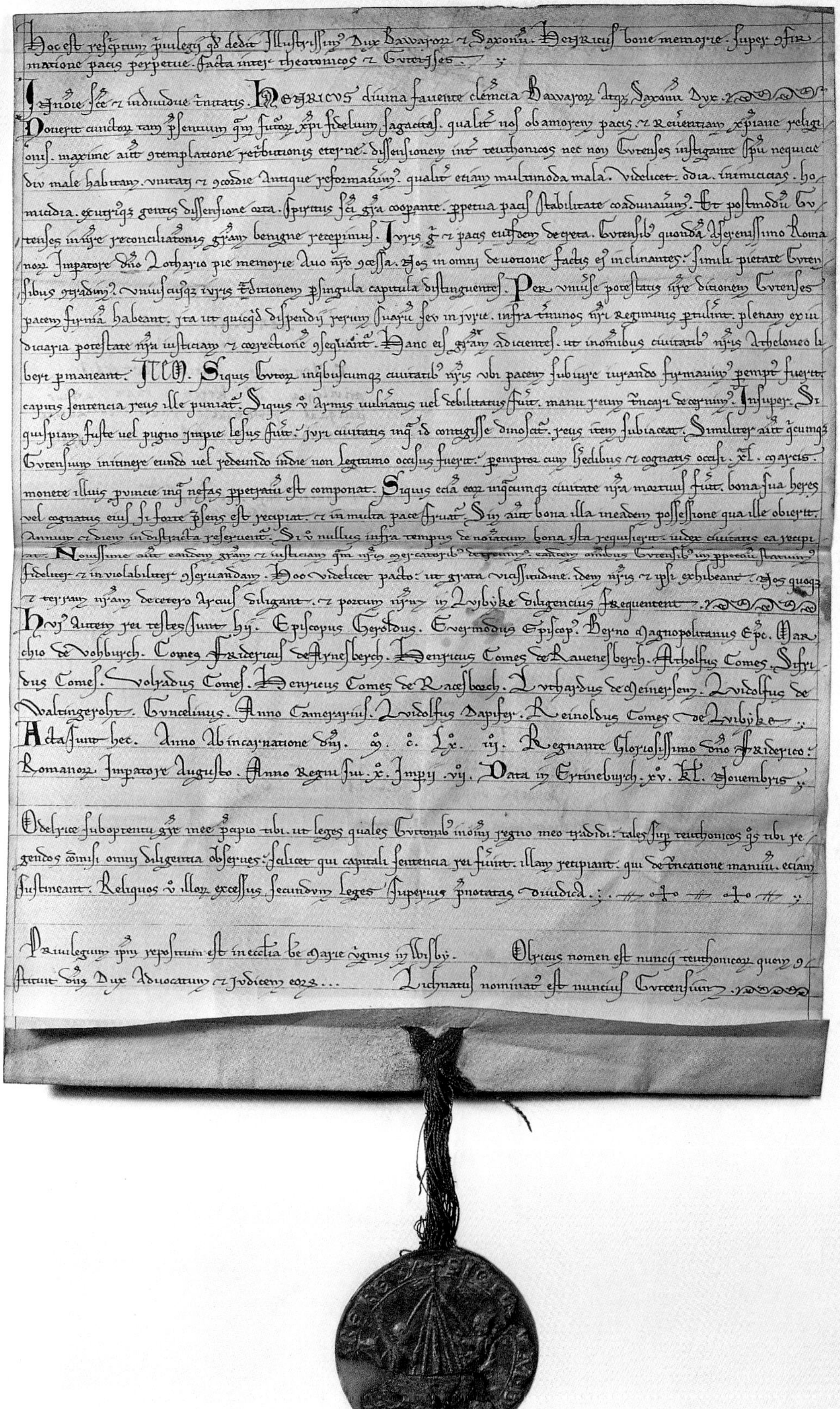

Daß Heinrich der Löwe derlei Maßnahmen ergriffen hat, um den Handel im Ostseegebiet nach Lübeck zu ziehen, erfährt Bestätigung durch den Bericht Helmolds von Bosau, bei dem es heißt, daß der Herzog Gesandte in die Städte und Reiche des Nordens, Dänemark, Schweden, Norwegen, Rußland, entließ, ihnen Frieden bot und freien Hin- und Rückweg zum Besuch Lübecks garantierte. Aus anderen Überlieferungen konnten Handelsverträge des Herzogs mit König Knut Eriksson und Herzog Birger von Schweden sowie – weniger eindeutig – mit dem Fürsten von Novgorod erschlossen werden. Dies erschien auch notwendig, da der Herzog in den vorausgegangenen Auseinandersetzungen mit Graf Adolf von Holstein Lübeck mit einem Handelsverbot belegt hatte, solange es sich noch in der Hand des Grafen befand. Die vom Herzog nach einem Stadtbrand 1157 im eigenen Herrschaftsbereich etwas flußaufwärts der Wakenitz ins Leben gerufene sogenannte Löwenstadt erwies sich wegen ungünstiger Verkehrsverhältnisse als nicht lebensfähig. Den direkten Zugang zur Ostsee erhielt der Welfe erst, nachdem der Graf ihm Lübeck, vermutlich für eine stattliche Entschädigung, abgetreten hatte. Eine Privilegierung der Gotländer erschien insofern von besonderem Interesse, als der Warenumschlag in der Ostsee zur damaligen Zeit in beträchtlichem Maß, sei es durch dort ansässige, sei es durch aus Schleswig stammende Händler, über diese Insel abgewickelt wurde. Daß der Einfluß Lübecker Kaufleute auf Gotland von nun an bis zum Ende des Jahrhunderts wuchs, gilt als sicher; die Führung gegenüber den Schleswigern errangen sie indes noch nicht, wie die Privilegierung des dänischen Königs Waldemar I. 1177 für die Knutsgilden, die über Gotland Handel trieben, und deren Ausbreitung im gesamten Ostseebereich beweisen. Erst die Zugehörigkeit Lübecks zum Ostsee-Imperium Waldemars II. von Dänemark (1201–1226) verschaffte der Stadt an der Trave die Führungsrolle im Ostseehandel.

Daß das Mandat Herzog Heinrichs des Löwen für Odelrich einen Aldermann der Deutschen in Gotland betraf, gilt zwar als recht wahrscheinlich, doch läßt sich vom Wortlaut der Quelle aus nicht sicher widerlegen, daß nicht auch auf Verhältnisse zwischen gotländischen und sächsischen Kaufleuten in Lübeck angespielt wurde. Sicher erscheint dagegen, daß der Name Odelrich sprachlich auf eine Person deutscher Herkunft deutet, während der Name des gotländischen Funktionsträgers Lichnatus eindeutig auf eine Herkunft aus Gotland hinweist.

Der Urkundentext der herzoglichen Urkunde ist überliefert: 1) in dem hier präsentierten Stück. Es ist die älteste vorhandene Abschrift der herzoglichen Urkunde, die, wie Abschnitt 4 der Abschrift (s.o.) bezeugt, zur Zeit der Abschrift in der Marienkirche in Wisby auf Gotland aufbewahrt worden ist. Die Marienkirche wurde am 27. Juli 1225 geweiht. Von dieser Abschrift fand der Text Eingang in den *Codex privilegiorum*, den Codex des lübischen Rechts, den der lübeckische Kanzler Albrecht von Bardowick 1298 anlegte (ehem. Lübeck, Archiv der Hansestadt, Hs. 734 [bisher nicht zurückgekehrt]). 2) Um 1340/50 floß der Text in das jüngere Stadtrecht von Wisby mit der ins Niederdeutsche übertragenen Zeugenreihe der Urkunden ein. 3) Fertigte das Dominikanerkloster in Wisby im Jahr 1368 für die Stadt Hamburg eine Abschrift des herzoglichen Privilegs an, welcher eine sonst nicht überlieferte Urkunde der Grafen Johann und Gerhard von Holstein aus dem Jahr 1255 vorangestellt ist, worin diese den Kaufleuten aus Gotland in ihrem Herrschaftsbereich nach dem von Heinrich dem Löwen gegebenen Vorbild Vergünstigungen einräumten.

Das im Urkundentext genannte Datum 1163 ist zu 1161 zu verbessern, da der unter den Zeugen aufgeführte Bischof Gerold von Lübeck im August 1163 bereits verstorben ist und anhand des herzoglichen Itinerars nur das Jahr 1161 in Frage kommt, was mit den Jahresangaben zur Regierungszeit Friedrichs I. (10 Jahre Königtum, 7 Jahre Kaisertum) übereinstimmt.

MGH UU HdL, Nr. 48, S. 68 ff. (mit Verweisen auf frühere Editionen).

Helmold von Bosau, Slawenchronik, Kap. 86. – Hofmeister 1926. – Stoob 1979, insb. S. 26 f. – Jordan 1980, S. 82. – Hoffmann 1986 (I), S. 26 ff. mit Anm. 72, 74 f.; S. 33; S. 39 ff. (Lit.).

U.S.

B 19 Siegel Waldemars II. des Siegers, König von Dänemark (*1170, †1241)

Typar: Dänemark, 1202/3 – Urkunde: 1216 Mai 1

Dunkelgrünes Wachs – an hellbraunen, ursprünglich vielleicht roten, gewebten Seidenkordeln hängend – größere Bruchstelle restauriert – Dm. 8,9 cm.

Lübeck, Archiv der Hansestadt Lübeck, Danica 4

König Waldemar II. regierte Dänemark in der Erbfolge seines Bruders Knut VI. (*1163, †1202), dessen Ehe mit Gertrud, einer Tochter Heinrichs des Löwen, kinderlos geblieben war. Waldemars Schwester Helena heiratete 1202 den jüngsten Sohn des Löwen, Wilhelm von Lüneburg (vgl. Kat. B 35). Die Heirat begründete ein gutes welfisch-dänisches Verhältnis, das lediglich nach 1212 durch die Parteinahme Waldemars zugunsten des Staufers Friedrich II. gestört wurde. Von diesem erhielt der dänische König 1214 die nordelbingischen Erwerbungen feierlich bestätigt. Trotzdem haben die Welfen stolz auf ihre über das dänische Königshaus bestehende Abstammung vom hl. Olaf hingewiesen, so in der Klosterchronik von St. Michaelis in Lüneburg: *Wilhelmus duxit filiam regis Danorum Helenam*

B 19

B 19

nomine, que descendens de genere sancti Olavi regis et martiris (Wilhelm heiratete die dänische Königstochter, Helena mit Namen, die von dem Geschlecht des heiligen Königs und Märtyrers Olaf abstammt). Seit dem Beginn seiner Regierungszeit konnte König Waldemar II. den dänischen Einfluß auf den gesamten Ostseeraum stetig ausweiten, der erst infolge seiner Gefangennahme durch Graf Heinrich von Schwerin und die verlorene Schlacht von Bornhöved 1227 empfindlich gestört wurde. Waldemars II. großes Rundsiegel zeigt auf der Vorderseite den auf einem Thron sitzenden König mit einer wenig verzierten Krone auf dem bartlosen, gelockten Haupt. In der Rechten hält er einen Lilienstab geschultert; in der Linken hebt er den Apfel empor. Es hat die Umschrift + WALDEMARVS DEI GR[ACIA DANORVM SLA]VORVMQ(ue) REX (Waldemar von Gottes Gnaden König der Dänen und Slawen), kennzeichnet den König also auch als Lehnsherrn der mecklenburgischen und pommerschen Fürstentümer. Auf der Rückseite zeigt es einen oben abgerundeten Schild mit drei übereinanderstehenden, nach rechts springenden Löwen auf mit Herzen bestreutem Grund. Die Umschrift hier lautet + CLIPEVS W[ALDEMARVS RE]GIS DANORVM (Schild Waldemars, Königs der Dänen). Dieses zweifellos zunächst noch persönliche Wappenbild König Waldemars II. bildet die Grundlage für das heute noch bestehende Wappen des dänischen Königshauses.

Archiv der Hansestadt Lübeck; 1940 in den Tresor der Stadtkasse, 1942 in ein Bergwerk bei Bernburg/Saale ausgelagert; nach 1945 verschollen; 1990 an die Hansestadt Lübeck zurückgegeben.

UB Stadt Lübeck 1, Nr. 15, S. 22. – Diplomatarium Danicum 1, Re. 5, Nr. 73. Chronicon Sancti Michaelis Luneburgensis, S. 395, Z. 16 f. – Jörgens 1879. – Petersen/Thiset 1917. – Heine 1941. – Freytag 1972. – Hoffmann 1977. – Graßmann 1988, Abb. 35.– Hucker 1990, S. 7, Anm. 9; S. 223–230; S. 380. – Kat. Viborg 1991, insb. die hintere Umschlagseite.

C.P.H.

B 20 Urkunde Heinrich Borwins I., Fürst von Mecklenburg (1179–1227), über die Aufhebung des Strandrechts in seinem Lande mit Siegeln des Ausstellers sowie seiner Söhne Heinrich Borwin II. (1219–1226) und Niklot II. (1219–1225)

Typare: Norddeutschland, vor 1219 – Urkunde: Bukow, 1220 August 2

Pergament – H. 12,3 cm – B. 26 cm – mit drei restaurierten Siegeln: (1) an roten Seidenfäden – zerbrochen – H. 8 cm – B. 5,7 cm. (2) an rot-weiß gemusterten, gewebten Seidenbändern – Dm. 7,3 cm. (3) an rot-weiß gemusterten, gewebten Seidenbändern – H. 7,2 cm – B. 5,8 cm.

Lübeck, Archiv der Hansestadt Lübeck, Mecklenburgica Nr. 2

Heinrich Borwin I. war der Sohn des Fürsten Pribislaw, der 1167 von Herzog Heinrich dem Löwen mit dem Obodritengebiet belehnt worden war. Er heiratete Mathilde, eine uneheliche Tochter des Herzogs, und hatte mit ihr zwei Söhne: Heinrich Borwin II. und Niklot II. Beide waren bereits 1219 mündig gewesen, als sie der Gründung des Benediktinerinnenklosters Sonnenkamp durch ihren Vater zustimmten. In der vorliegenden Urkunde hebt der Fürst von Mecklenburg das Strandrecht – als *abhominanda consuetudo*, abscheuliche (Rechts)gewohnheit, bezeichnet – in seinen Landen auf. Nach bisherigem Recht hatte die Ladung eines gestrandeten oder schiffbrüchig gewordenen Schiffes dem jeweiligen Herrn der Küste oder aber demjenigen gehört, der es fand. Für die wirtschaftliche Sicherheit und Rentabilität des Fernhandels war es von größter Bedeutung, durch derartige Privilegien die Aufhebung eines solch zusätzlichen Risikos zu gewährleisten. Als ein Hauptort der Hansen konnte Lübeck (vgl. Kat. B 18 und F 22–24) dies mit der vorliegenden Urkunde für die mecklenburgische Küste erwirken, wobei sicherlich auch die zu der Zeit noch bestehende Oberherrschaft König Waldemars II. von Dänemark (vgl. Kat. B 19) über Mecklenburg und Lübeck einen günstigen Einfluß ausübte. Selbstverständlich war aber auch Fürst Heinrich Borwin I. von Mecklenburg, der 1218 Rostock mit Lübecker Recht bewidmete, selbst an einem geregelten Handel interessiert. An der Urkunde hängen drei Siegel: an erster Stelle das oben abgerundete, schildförmige Siegel Heinrich Borwins II. mit der am Schildfuß beginnenden, nicht mehr lesbaren Umschrift [+ SIGILLVM · HEINRICI · IVVENIS · IN · ROSTOC] (Siegel Heinrichs des Jüngeren in Rostock) und einem hochgestellten Greifen als Bild. An zweiter Stelle, in der Mitte, dem Ehrenplatz also, ist das Rundsiegel des Fürsten Heinrich Borwin I. mit der Umschrift + SIGILLVM [BV]RWINI MAGN[I:POLONE]NSIS (Siegel Borwins von Mecklenburg) und einem nach links schreitenden Greifen angebracht. Es handelt sich dabei um eine Ausprägung des zweiten Typars des Fürsten, von dessen erstem Siegel (um 1200) sich nur ein Bruchstück erhalten hat. An dritter Stelle hängt das oben abgerundete, schildförmige Siegel des Niklot mit der Umschrift + [SIGILL]VM : NIC[OLAI : FILII :·: BVR]WINI (Siegel Nicolaus', Sohn Borwins) und einem mit glattem Kronreif versehenen, dem Betrachter zugewandten Stierkopf als Bild. Der Greif, ein Fabelwesen, halb Adler – halb Löwe, sowie der Drache werden gewöhnlich als Sinnbilder des Windes angesehen und gelten damit als redendes Symbol für die Wenden. Ähnliches gilt für den Stierkopf, der allgemein als ein Symbol heidnischen Ursprungs gedeutet wird und im Siegel Niklots II. erstmals nachweisbar ist. Beide Siegelbilder, Greif (Pommern) und Stier (Mecklenburg), wurden im Wappen des deutschen Bundeslandes Mecklenburg-Vorpommern vereinigt.

Archiv der Hansestadt Lübeck; 1940 in den Tresor der Stadtkasse, 1942 in ein Bergwerk bei Bernburg/Saale ausgelagert; nach 1945 verschollen; 1990 an die Hansestadt Lübeck zurückgegeben.

UB Stadt Lübeck 1, Nr. 21, S. 25. – UB Meklenburg 1, Nr. 268 [mit drei Abb.]; 2, Taf. 8 und 9, S. 528f., Nr. 40, 41, 43.

Wigger 1885. – Herrmann 1970. – Hamann 1968, S. 105ff., S. 122ff. – Jordan 1981, S. 143f.

C.P.H.

B 21 Truhe mit Jagdszenen

Schweden, um 1200

Kiefernbohlen; Eisenbänder – H. 74cm – L. 146cm – T. 54cm.

Stockholm, Statens historiska museum, Inv. Nr. 4094

Bei der Kiste handelt es sich um eine Standseitentruhe. In die bis auf den Boden herabgeführten Standseitenbohlen ist die Bodenbohle durchgezapft. Die längsseitigen Bohlen sind vor den Boden und die dazu ausgeklinkten Seitenbohlen genagelt. Der flache Deckel wird mittels Eisenbändern und Scharnieren mit dem Corpus verbunden. Die am Deckel befestigte Überfalle und das große, unverzierte Schloßblech mit Krampe nehmen die Mitte der Vorderseite ein. Rechts und links davon befinden sich weitere Überfallen mit Ringen. Alle drei Krampen liegen auf einer Höhe, durch die man eine Eisenstange schieben konnte. Mit Vorhängeschlössern ließ sich die Kiste sichern.

Die Truhe ist besonders reich mit Eisenarmierungen versehen. Die Seitenwände werden durch vier Langbänder gesichert, zwischen denen schmale Eisenbänder mit mehreren Ringen oder Ziermustern angebracht sind. Am oberen Rand der Vorderseite verläuft ein Querband, an dem fünf Ringe angehängt sind. Die Front wird von drei senkrechten Bändern gegliedert, wobei die beiden äußeren die Enden der Seitenbänder begrenzen. Die Fläche wird von geschmiedeten Figuren und Pflanzen ausgefüllt. Links hält ein Mann mit Kopfbedeckung einen Strick, der um den Hals eines Hirsches gelegt ist. Unter diesem sind ein Vogel, ein Hund und ein weiteres Tier zu sehen. Unterhalb des Schloßblechs befinden sich stilisierte Pflanzen. Rechts davon steht ein barhäuptiger Mann, der seinen rechten Arm angewinkelt hat und nach links blickt. Ein Längsband mit Krampe für eine der Überfallen mit Ring begrenzt die Szene. Es folgt eine stilisierte, lilienförmige Pflanze. Die Eisenbänder sind mit eingraviertem Fischgratmuster verziert, ebenso zeigen die Tiere und Figuren Fischgrat- oder Liniengravuren. Runde Nägel unterschiedlicher Größe dienen zur Befestigung der Eisenarmierung.

Über die ursprüngliche Nutzung der Truhe ist wenig bekannt. Wahrscheinlich diente sie zur Aufbewahrung von wertvollen kirchlichen Gebrauchsgegenständen (Paramente, Bücher, Altargerät). Standseitentruhen waren in ganz Europa vom Hochmittelalter bis ins 19. Jahrhundert verbreitet. Die Truhenkonstruktion war jedoch bereits im 9. Jahrhundert geläufig (vgl. Stücke aus dem Osebergfund um 850 n.Chr.). Lediglich die frühen Beispiele aus dem 12.–14. Jahrhundert haben durchgezapfte Bodenbohlen (z.B. Ebstorf, Kloster, um oder kurz nach 1179). Fast alle in Norddeutschland erhaltenen Truhen weisen an den Standseitenbohlen halbkreisförmige oder spitzbogige, gefaste

B 20

B 21

Ausschnitte auf, die einen besseren Stand gewährleisteten (z. B. Truhe im Museum für Kunst und Gewerbe in Hamburg mit starker Eisenarmierung, Inv. Nr. 11227). Eine Truhe (um oder kurz nach 1184) in der Kirche in Beedenbostel bei Celle zeigt ebenfalls einen – allerdings sehr einfachen – figürlichen Eisenbeschlag. Dargestellt sind zwei zur Mitte laufende Tiere (Pferd, Hund oder Wolf) zwischen aufgebogenen Eisenbändern. Der reiche Eisenbeschlag der Voxtorper Truhe ist teilweise bis ins Detail vergleichbar mit zwei weiteren, zeitgleichen Truhen und einigen Kirchentüren in Östergötland oder Småland (z. B. Kirchen in Appuna, Högby, Nävelsjö und Rogslösa). Besonders auf letzterer Tür ist ebenfalls eine figürliche Jagdszene dargestellt, die auffällige Gemeinsamkeiten mit dem Truhenbeschlag aufweist. Jagdszenen, auf denen jeweils ein Hirsch und Pferd neben zwei Jägern und anderen Tieren zu sehen sind, gibt

B 21

es auch auf den Truhen aus den Kirchen Rydaholm und Ryssby (jetzt Museum in Stockholm). Eine Zuordnung dieser Schmiedearbeiten zu einer Werkstatt ist sehr wahrscheinlich. Die Deutung der Szene ist schwierig. Wahrscheinlich ist ein Teil einer Heiligenlegende dargestellt, in der eine Jagdszene vorkommt (Aegidius-, Eustachius- oder Hubertus-Legende).

Voxtorp Kirche, Småland.

Andersson 1968, S. 371, 372, Abb. 239, 240. – Karlsson 1988, S. 413ff. – Kat. Berlin 1992a, Nr. 458, S. 348 (Göran Tegnér).

T. A.

B 22 Siegeltypar des Domkapitels von Roskilde

Dänemark, etwa 1150–1200

Walroßzahn – Dm. 6,5 cm.

Kopenhagen, Danmarks Nationalmuseet København, Inv. Nr. 9099

Roskilde, günstig in einer Meeresbucht auf der Nordseite der Insel Seeland gelegen, wurde im Jahr 1022 unter Knut dem Großen von Dänemark und England als Bischofssitz neu eingerichtet und dem Erzbistum Hamburg-Bremen unterstellt. Seit dem 11. Jahrhundert war Roskilde auch eine Residenz der dänischen Könige, und der Dom barg seit Beginn des 13. Jahrhunderts deren Grablege. Im Jahr 1157 war Roskilde, als Bistum seit 1104 Suffragan des neu errichteten Erzbistums Lund, Schauplatz des Mordes an dem dänischen Thronprätendenten Knut durch seinen Bruder Sven. Sein Mitkonkurrent Waldemar konnte Sven, der im Thronstreit bei Herzog Heinrich dem Löwen Unterstützung gefunden hatte, kurz darauf jedoch entscheidend schlagen. 1158 übernahm Absalon (*1128, †1201) das Bischofsamt in Roskilde, das er auch nach seiner Ernennung zum Erzbischof von Lund bis 1191 beibehielt. Der Dom zu Roskilde war ursprünglich der Heiligen Dreifaltigkeit, später dem hl. Papst Lucius geweiht. Sein Domkapitel, das aus 15 Domherren und drei Prälaten (Dekan, Propst, Archidiakon) bestand, galt als eines der mächtigsten Dänemarks. Sein rundes Typar weist oben eine kleine Handhabe mit einer Durchbohrung auf, an der sich ein kleiner Ring, wahrscheinlich der Rest einer Kette, befindet. Die Umschrift lautet · SIGIL(lvm) : S(ancti) · TRINITATIS · DOM(us) + (Siegel des Doms der heiligen Dreifaltigkeit). Dargestellt ist der Patron des Bistums Roskilde, im Brustbild ohne Nimbus, mit dem Evangelium in der Rechten und einem Palmzweig in der Linken. Er schaut über einen Zinnenkranz; hinter ihm befindet sich ein Gebäude mit zwei flankierenden Türmen. Links und rechts davon stehen die Worte LVCI(vs) PAPA (Papst Lucius). Es handelt sich in seiner feinen Machart um ein schönes Beispiel für die skandinavische Elfenbeinschnitzkunst des 12. Jahrhun-

B 22

derts, die in der Werkstatt von Roskilde als beste Arbeit das Kruzifiz aus Herlufsholm hervorgebracht hat.

Dom zu Roskilde; 1689 im Inventar der königlichen Kunstkammer genannt.

Petersen 1886, Nr. 192, S. 18. – Goldschmidt 1914–26, Bd. IV., Nr. 57, S. 19 mit Abb. auf Taf. XIV. – Arhnung 1937. – Liebgott 1985, S. 33–40 mit Abb. 31. – Kat. Berlin 1992a, Nr. 604 (mit Abb.). – Riis 1994.

C.P.H.

B 23 Siegeltypar Radulfs, Bischof von Ripen (Ribe) (1162–1171)

Dänemark oder England, 1162

Bronze – H. 9,6 cm – B. 6,2 cm.

Kopenhagen, Danmarks Nationalmuseet København, Inv. Nr. DCXXXIII

Der möglicherweise aus England stammende Radulf war Hofkapellan und Kanzler König Waldemars I. von Dänemark. Er wurde im Jahre 1162 wohl unter königlichem Einfluß Bischof von Ripen, das fünf Jahre zuvor während der dänischen Thronwirren von Herzog Heinrich dem Löwen für kurze Zeit erobert worden war. In Radulfs bis 1171 andauernde Amtszeit fällt die Umwandlung des Benediktiner-Doppelklosters Seem in ein Zisterzienserkloster, das kurz darauf nach Løgum verlegt wurde. Bei seinem Typar handelt es sich um den ältesterhaltenen metallenen Stempel Dänemarks, dessen steigbügelförmige Handhabe sich am unteren Ende befindet. Die Umschrift des spitzovalen Typares lautet + SIGILLVM : RADULFI : DEI : GRATIA : RIPENSIS : EPISCOPI (Siegel Radulfs von Gottes Gnaden Bischof von Ripen). Es zeigt den hochgewachsenen, bärtigen Bischof im Ornat auf einem mit Tierköpfen verzierten Faltstuhl thronend. Auf dem Kopf die Mitra, hält er im rechten Arm das geschlossene, verzierte Evangelienbuch, im linken den nach außen gekehrten Bischofsstab. Seine Pontifikalschuhe ruhen auf einem Bogen. Anders als bei den meisten Siegeln dieser Zeit fällt auf, daß der Stempelschneider dem Bischof, insbesondere durch die feine Ausarbeitung der Gesichtszüge samt Barttracht sowie der Betonung von dessen Körpergröße, beinahe porträthafte Züge verliehen hat.

Dänemark; Fundort unbekannt; 1822 von der Königlich Dänischen Gesellschaft für Vaterländische Geschichte und Sprache in das Nationalmuseum Kopenhagen eingeliefert.

Petersen 1886, Nr. 796. – Danstrup 1946, S. 67–87. – Jordan 1954, S. 21 f. – Kat. Berlin 1992a, Nr. 514 mit S. 122 Abb. 3. – Hill 1992, insb. S. 314–317. – Jörgensen/Nyborg/Gelting 1993.

C.P.H.

B 23

B 24 Sieben Schachfiguren aus dem Fund von der Insel Lewis

Norwegen oder England, 2. Hälfte 12. Jahrhundert

Walroßzahn – H. 10,2 cm (max.) – B. 5,7 cm (max.) – T. 6,2 cm (max).

London, The Trustees of the British Museum, Inv. Nr. 1831,11–1,2/IC.79 (König); 1831,11–1,11/IC.88 (Königin); 1831,11–1,23/IC.100 (Bischof ›Läufer‹); 1831,11–1,27/IC.104 (Ritter ›Springer‹); 1831,11–1,41/IC.118 (Wächter ›Turm‹); 1831,11–1,52/IC.129 (Bauer); 1831,11–1,73/IC.150 (Spielstein).

Im Jahre 1831 wurden an der Küste der Hebriden-Insel Lewis in der Bucht von Uig 78 Schachfiguren sowie 14 unverzierte Brettsteine und eine Gürtelschnalle gefunden. Es handelt sich bei diesem Fund vermutlich um das Lager eines Händlers oder eines aus einem Schiffswrack geborgenen Transports, der in Küstennähe versteckt worden war. Die ausschließlich aus Walroßzahn gefertigten Schachfiguren bildeten mindestens vier Schachspiele, wobei die einzelnen Sätze nicht mehr zweifelsfrei zugeordnet werden können.

Das Schachspiel wurde durch Vermittlung der islamischen Kultur in Mitteleuropa übernommen, wobei nur spärliche Quellen im ausgehenden 10. und frühen 11. Jahrhundert zu finden sind. Im 12. Jahrhundert erlaubt der erhaltene Bestand den Rückschluß auf eine allgemeine Popularisierung des Schachspiels. So ordnet beispielsweise Petrus Alfonsi im 12. Jahrhundert in seiner *Disciplina Clericalis* das Schachspiel unter den *septem probitates* einem ritterlich-höfischen Bildungskanon ein. Innovativ ist die neuartige Besetzung der verschiedenen Figurentypen. So wird die Läuferposition durch Bischöfe ausgefüllt. In dieser Entwicklung ist die stufenweise Entfernung vom reinen Kampfspiel und Spiegel einer Heeresformation hin zum Abbild der verschiedenen gesellschaftlich relevanten Kräfte und Institutionen spürbar. Im 13. Jahrhundert knüpft daran die Allegorese des Schachspiels in den *ad-status*-Predigten mit Bezug auf den mittelalterlichen *ordo*-Gedanken an.

Die gedrungen-massig wirkenden Lewis-Figuren sind als geschlossene Blockformen in starrer Frontalität dargestellt. Die Gewandfalten geben ihnen kaum plastisches Volumen, sondern liegen fächerartig, in additiver Reihung flach auf den abstrahierend knappen Körperformen auf. Die Bauern sind, der anikonischen Auffassung islamischer Brettspiele folgend, als polygonale Klötze gebildet.

Die Schwierigkeit einer stilkritischen Einordnung und Datierung der Schachfiguren liegt in der geringen Anzahl analoger Vergleichsstücke begründet. Eine primär an Realien und kostümgeschichtlichen Details wie dem Bischofsornat und der Rüstung orientierte Datierung weist in die Mitte bis zweite Hälfte des 12. Jahrhunderts. Ein weiteres Indiz bieten die Laubranken und die figürliche Ornamentik an den Throndorsalen der sitzenden Königinnen und Königsfiguren. Die hier anzutreffende ornamentale Bandbreite zwischen Laubranken, Flechtbändern, Tiergeschling und abstrakt-geometrischen Mustern ist ostenglischer Bauplastik, vor allem an der Kathedrale von Ely, und derjenigen der skandinavischen Kathdralen von Trondheim

B 24

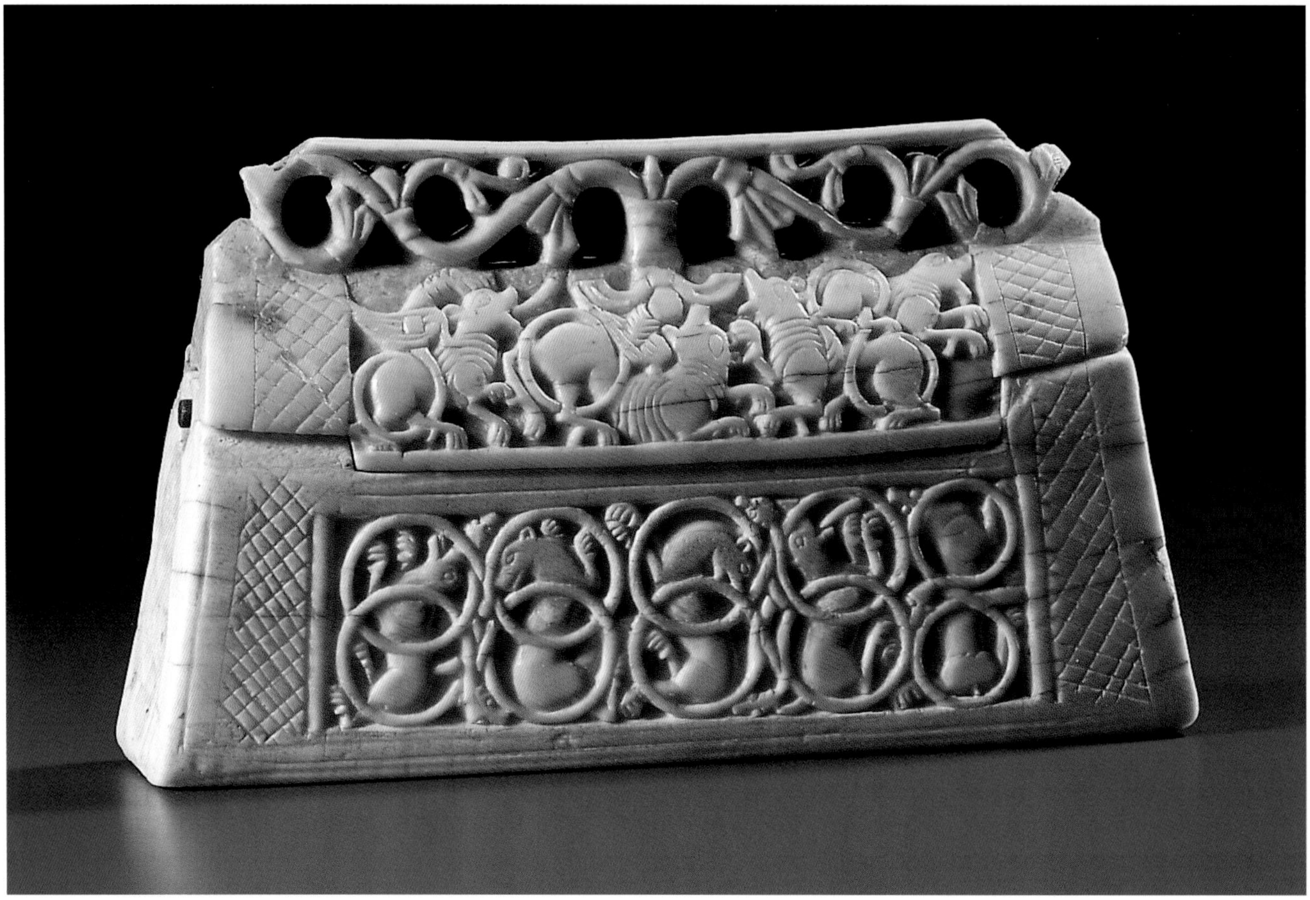

B 25

und Lund verwandt. Topographisch spricht der Fund an der Westküste der Hebriden allerdings eher für eine Entstehung in Norwegen, dessen Seeverbindungen und Handelswege bereits im Hochmittelalter dort entlangführten.

Kat. Oslo 1972, Nr. 1. – Beckwith 1972, Nr. 166. – Lasko 1972, S. 236–237. – Gaborit-Chopin 1978, S. 116 mit Abb. 130, Nr. 122. – Taylor 1978. – Kat. London 1984, Nr. 212 mit Abb. (Peter Lasko). – Kluge-Pinsker 1991, S. 27–30. – Kat. Berlin 1992a, Nr. 615, S. 390, Abb. 615 (Neil Stratford).

M. Mü.

B 25 Kästchen aus Walroßzahn

Norwegen, frühes 12. Jahrhundert

Walroßzahn – H. 7,7 cm – B. 13,2 cm – T. 2,8 cm.

Amsterdam, Rijksmuseum Amsterdam, Inv. Nr. BK NM 621

Walroßzahn war besonders seit dem 11. Jahrhundert bis weit ins 14. Jahrhundert hinein ein wichtiges Handelsgut der skandinavischen Länder und Englands und wurde in großen Mengen exportiert. Bearbeitete Stücke waren wertvolle Geschenke in Kreisen des Hochadels. Unbearbeiteter Walroßzahn war, in Zeiten der Verknappung von Elfenbein, was im gesamten Mittelalter immer wieder vorkam, besonders begehrt, da er dieses vorzüglich ersetzte: Walroßzähne sind fast ebensogut wie Elfenbein zu bearbeiten, die Oberfläche ist gelblich-weiß und glatt, so daß beide Materialien als gleichwertig galten.

Die ursprüngliche Funktion des kleinen Kästchens ist nicht bekannt, die ungewöhnliche, schmale Hausform erschwert eine Antwort. Der dachartige Deckel zeigt eine durchbrochene Ranke, die Flächen Vierfüßer in Ranken, symmetrische Blattranken sowie ein einfaches Muster aus gekreuzten Linien. Die Schnitzerei ist zwar tief ausgeschnitten, aber auf der Oberfläche relativ flach.

Der Dekor verbindet das Kästchen mit Steinskulptur, wie sie in Trondheim im 12. Jahrhundert gefertigt wurde. Es wurde vorgeschlagen, daß das Kästchen ein um den Hals zu tragendes Reliquiar gewesen sei, eine mögliche Aufhängevorrichtung seitlich vom Dachfirst sei abgebrochen. Es könnte sich aber auch um ein kostbares Behältnis für profane Zwecke, z. B. zur Aufbewahrung von persönlichen Dingen gehandelt haben.

Das Kästchen gelangte aus einer Brüsseler Sammlung über das Königliche Kabinett und das Museum für Geschichte und Kunst in Den Haag 1883 nach Amsterdam.

Kat. Oslo 1972, Nr. 17 (Martin Blindheim).

R.M.

B 26 Reliquiar

Norwegen, 3. Viertel 12. Jahrhundert und 14. Jahrhundert

Walroßzahn; Kupfer, vergoldet; Bergkristalle – L. 44,7 cm – B. 6 cm (oberes Ende).

London, The Trustees of the British Museum, Inv. Nr. 1959,12–2,1

Ein kompletter Walroßzahn ist für dieses Reliquiar seitlich abgeflacht, ausgehöhlt und reich beschnitzt worden. Die Schnitzerei zeigt Ranken, in denen sich Löwen, hundeartige Vierfüßer und Drachen bewegen. Die Enden sind mit späteren Metallbeschlägen gefaßt und mit je einem Bergkristall besetzt, ein weiterer auf einer Seite in der Mitte.
Die Metallbeschläge des 14. Jahrhunderts sind nicht die originalen, wie Spuren von Grünspan zeigen. So ist nicht sicher, ob es sich stets um ein Reliquiar gehandelt hat. Diese Frage ist Gegenstand verschiedener Überlegungen geworden. Formale Verwandtschaften bestehen zu zwei Jagdhörnern aus Walroßzahn, die allerdings erst ins 13. und 14. Jahrhundert zu datieren sind (in Stockholm und Florenz, Kat. Oslo 1972, Nr. 10 u. Nr. 5 [Martin Blindheim]). Da für Hörner aus einem Elefantenstoßzahn die Zweitverwendung als Reliquiar in Schatzverzeichnissen belegt ist (Kühnel 1971, S. 14, 15, Anhang Quellen und Schatzverzeichnisse), wäre dies eine Möglichkeit für das Londoner Reliquiar. Es wurde auch vorgeschlagen, in dem Reliquiar das Fragment eines kostbaren Throns, ein Stuhlbein, zu sehen (Kat. London 1984, Nr. 211).
Der Dekor des Reliquiars zeigt enge Verbindungen zu den Ornamenten, die die Rückseiten der auf der Insel Lewis gefundenen Schachfiguren (Lewis Chessmen) schmücken, die wohl auch in Norwegen entstanden sind (Kat. B 24). Anzuschließen sind weitere Objekte (z.B. in Kopenhagen: Kat. Berlin 1992a, Nr. 612, u. Lasko 1960/61); außerdem werden enge Beziehungen zum Dekor der norwegischen Stabkirchen hergestellt. Der Dekor der Metallbeschläge weist Parallelen zu skandinavischen Arbeiten des 14. Jahrhunderts auf, so daß das Reliquiar wohl zunächst im Norden blieb und nicht exportiert wurde.

1953 im Pariser Kunsthandel.

Lasko 1960/61, Taf. VIII-X. – Kat. Oslo 1972, Nr. 18 (Martin Blindheim). – Kat. London 1984, Nr. 211 (Peter Lasko). – Kat. Berlin 1992a, Nr. 611 (Neil Stratford).

R.M.

B 27 Armreliquiar

Köln, 1170/80 und 1210/20

Holzkern; Kupfer, getrieben, graviert, vergoldet; Messing, graviert und gebrannter Firnis; Grubenschmelz; Braunfirnis; Bergkristall – Hand und Unterärmel verloren; Messingbeschläge (Armstumpf, Oberseite Ärmelborte, Sockel, Befestigungsvorrichtung für Arm im Sockel) wohl 17. Jahrhundert; Zwickel zwischen halbkreisförmigen Emails ergänzt; Holzkern des Sockels oben erneuert (durchgehend 1 cm); Treibarbeit z. T. rissig; Vergoldungen unterschiedlich stark abgegriffen; Schmelzwerk fast aller Emails teilweise abgeplatzt – H. 41,3 cm.

Kopenhagen, Danmarks Nationalmuseet København, Inv. Nr. 9083

Innerhalb der Typenvielfalt von Aufbewahrungsgefäßen für Reliquien führen Körperteil-Reliquiare durch ihre äußere Gestalt eine besonders anschauliche Umsetzung ihres Inhalts vor Augen. Das Kopenhagener Armreliquiar erläutert diese Geräteform darüber hinaus durch die Inschrift am profilierten Sockel – DEXTERA DOMINI FECIT VIRTUTEM (Ps 117, 16: Die Rechte des Herrn bewirkt Stärke). Mehr noch als die ornamentalen Emailstreifen an den Kanten und dem Ärmelsaum fallen die zentralen Schmuckelemente auf der Vorder- und Rückseite des vergoldeten Kupferblecharms, dessen Hand und Finger fehlen, sowie der untere, durch vier halbkreisförmige Grubenschmelze gebildete Saum auf. Vor ihren von Feld zu Feld alternierend grün-blauen Gründen treten vier Heilige in Halbfigur auf, von denen je zwei durch Gebärden aufeinander bezogen sind: Ein Bischofsheiliger und ein jugendlicher Heiliger auf der Vorderseite sowie eine weibliche Heilige und ein heiliger Abt auf der Rückseite. Die Hauptansicht schmückt eine Reliquieninszenierung mit gemugeltem Bergkristall. Auf dessen vierpaßförmiger Emailfassung erscheinen links und rechts Engel, welche mit ausdrucksstarker Körpergebärde auf jenes im Kristallfenster sichtbare Heiltum hinweisen. Gegenüber ist ein gewölbtes zellenschmelzartiges Emailmedaillon mit der Halbfigur Christi zwischen A und Ω plaziert.
Stilistisch ist das Reliquiar allgemein einer Kölner Werkstatt zuzuschreiben, in der vermutlich ebenfalls die gewölbten Evangelisten-Emails am Siebenarmigen Leuchter in Braunschweig sowie die Grubenschmelzplatte des Matthäus vom furnierten Kästchen (Kat. D 43) angefertigt worden sind. Bei der für Goldschmiede ohnehin häufig überlieferten Mobilität ist auch mit ihrem Aufenthalt in Braunschweig zu rechnen. Eine durchgreifende Umgestaltung der Sockelpartie des Armreliquiars sowie die Modernisierung durch Zufügung der Kreiskompositionen auf der Vorder- und Rückseite müssen wohl von einem Kölner Goldschmied nach 1200 vorgenommen worden sein (Kötzsche: 1220/30). Gerade unter Otto IV. sind die Verbindungen der Welfen zur Kölner Goldschmiedekunst – wie aus dem Dreikönigenschrein (Köln, Hohe Domkirche) und dem Kuppelreliquiar (vgl. Bd. 2, Abb. 393 f.; Kötzsche 1995, S. 245 f.) ersichtlich – weiterhin sehr eng.
Obwohl früheste Provenienzhinweise zum Kölner Reliquienarm erst für das 17. Jahrhundert vorliegen, kann keineswegs ausgeschlossen werden, daß auch diese Goldschmiedearbeit schon im Hochmittelalter, vielleicht unter direkter oder indirekter Einbeziehung der Welfen nach Dänemark gelangte. Martin Blindheim zeigte den Bezugsrahmen für die Verflechtung der skandinavischen mit der europäischen Kunst auf. Darüber hinaus können einige Rahmendaten den wechselseitigen Kulturtransfer zwischen Norddeutschland und Dänemark veranschaulichen, etwa das Handelsprivileg Heinrichs des Löwen von 1161 für die Kaufleute auf Gotland oder beispielsweise die politische Ehe zwischen Gertrud, Tochter Heinrichs des Löwen, mit dem dänischen König Knut (†1202), aber auch jene zwischen Helena von Dänemark (2. Nov. 1202) und dem jüngsten Sohn des Welfen, Wilhelm von Lüneburg. Eine Vorstellung von Erbschaftsgängen vermittelt das Testament Kaiser Ottos IV. (Kat. E 12) mit der Bestimmung: »Seine und seines Vaters Reliquien erhält das Stift St. Blasius zu Braunschweig mit Ausnahme eines Armes, der der Kaiserin bleiben soll« (Hucker 1990, S. 662). Möglicherweise überließ die Kaiserinwitwe Maria auch diesen Arm ihrer Stiftung, dem *Locus imperatricis* genannten Zisterzienserkloster bei Helmond. Verglichen mit derartigen Überlieferungen legt das Kopenhagener Armreliquiar beredtes Zeugnis für die Grenzen in der Erforschung mittelalterlicher Sammlungsgeschichte ab, da die Quellensituation den heutigen wissenschaftlichen Spezialinteressen häufig nicht ausreicht.

Unbekannte Provenienz. Herkunftsnachweis für den Dom zu Trondheim verlangt Überprüfung; Bezeichnung als Armreliquiar des hl. Olaf ebenfalls ungesichert. 1648 auf Auktion des Nachlasses Hugo Lützow verkauft; 1688 in der königlich dänischen Kunstkammer.

Weisgerber 1938, S. 20–29. – Kötzsche 1973, S. 220 f., Abb. 48. – Blindheim 1975, S. 429–467. – Kötzsche 1975, S. 139–162. – Kat. Stuttgart 1977, 1, Nr. 557 (Dietrich Kötzsche). – Kat. Köln 1985, 2, F 52 (Jörg-Holger Baumgarten). – Liebgott 1986, S. 26–31.

F. N.

B 28 Kelch und Patene aus der Kirche von Alstrup

Dänemark, 1. Viertel 13. Jahrhundert

Silber, vergoldet – Kelch: H. 13,7 cm – Patene: Dm. 16,2 cm.

Kopenhagen, Danmarks Nationalmuseet København, Inv. Nr. D 1834

Den Kelch mit den typischen kraftvollen romanischen Proportionen zieren am Fuß zwischen zwei Ornamentleisten gravierte Evangelistensymbole im Vierpaß mit eingeschriebenem Quadrat. Der sich dem Rund annähernde, kannelierte Schaft trägt einen schmalen Nodus mit sechs

27

B 28

plastisch gestalteten, geflügelten Drachen mit raumfüllendem Blattschwanz im Oval. In der Vierpaß und Quadrat verbindenden Vertiefung der Patene ist der Agnus Dei mit der Siegesfahne eingraviert. Ihre auf den Rand punzierte Inschrift variiert die auf die Erlösung durch die Eucharistie beziehbaren Worte Christi an die Samariterin am Brunnen (Jo 4, 14): + QUI BIBERIT AQUAM QUAM EGO DO FIET IN EO FONS AQUE SALIENTIS IN VITA(M) ETERN(A)M + (Wer das Wasser trinken wird, welches ich gebe, wird in ihm einen Brunnen des in das ewige Leben quellenden Wassers haben).

Insgesamt erscheinen Kelch und Patene aus dem Grab des 1201 verstorbenen dänischen Erzbischofs Absalom vergleichbar, zumal dessen ähnlich proportionierter Kelch auch einen kannelierten Schaft besitzt. Wie bei Absaloms Altargerät wurde auch bei Kelch und Patene aus Alstrup englischer Einfluß vermutet. Englische Parallelen für die Drachen am Nodus des Alstruper Kelchs scheinen zu fehlen. Annähernd Vergleichbares bieten aber zwei möglicherweise mit Kaiser Otto IV. zu verbindende Metallarbeiten: die Drachen auf dem Zierband der Trapezplatte des Kölner Dreikönigenschreins (Bd. 2, Abb. 238) und die Tiere der durchbrochen gearbeiteten Zierstreifen von den Halterungsbändern des Marienreliquiars im Hildesheimer Domschatz (Bd. 2, Abb. 240). Aufgrund der vermuteten Überlagerung englischer und deutscher Einflüsse scheint das Alstruper Altargerät trotz seiner relativen Schlichtheit geeignet, die internationalen Bezüge der Kunst in Dänemark zur Zeit König Waldemars II. (1202–1241) zu verdeutlichen.

1883 aus der Kirche von Alstrup, Hvetbo Harde, Amt Nordjylland, in das Nationalmuseum Kopenhagen.

Kat. Viborg 1991, Nr. 29 mit Abb. S. 43 (Lit.) (Fritze Lindahl).

H. W. v. d. K.

B 29 a, b Zwei Goldringe

Dänemark (?), 13. Jahrhundert

a) Goldring mit Granat – Dm. 1,8 cm – Granat 0,8 x 0,6 cm.
b) Goldring mit Saphir – Dm. 2,0–2,1 cm – Saphir 0,7–0,9 cm.

Kopenhagen, Danmarks Nationalmuseet København, a) Inv. Nr. 10212; b) Inv. Nr. D32/1965

Die beiden schmalen, schlichten Ringe mit doppelkonischen Steinfassungen, die einen tiefroten Granat bzw. einen cabochonförmigen blauen Saphir umschließen, sind Zufallsfunde aus Dänemark. Die geriffelte Außenseite des Granatrings trägt die Inschrift VENI.SANCTE.SPIRITUS.REPLE TUO(rum corda fidelium) (Komm heiliger Geist, erfülle die Herzen deiner Gläubigen). Es ist der als Bitte aller Christen um Erleuchtung zu verstehende Vers des zweiten Meßhalleluja am Pfingsttage und in der Pfingstoktav. Aufgrund der wohl nur für einen Jugendlichen oder eine Frau passenden Ringgröße könnte man in ihm ein Geschenk für einen Neugetauften aus Anlaß seines ersten Pfingstfestes vermuten, zumal in der Präfation der Pfingstmesse um die Ausgießung des Heiligen Geistes auf die Kinder gebetet wird. Der Ring mit Saphir, einem gern von Bischöfen getragenen Stein, der als Bewahrer der Tugend und Vertreiber des Bösen angesehen wurde (LCI, Bd. 1, 1968, Sp. 579), hat in Dänemark unter anderem in dem Ring aus dem Grab des 1209 verstorbenen grönländischen Bischofs Jon Smyrill eine Parallele.

Der Granatring wurde auf der Heide bei Sahl, Houlbjerg Harde, Amt Viborg, gefunden; der Saphirring 1965 bei Ausgrabungen in der Storegarde in Ribe.

Kat. Viborg 1991, Nr. 34, 35 mit Abb. S. 45 (Lit.) (Fritze Lindahl).

H.W.v.d.K.

B 30 Gürtelschließe

Rhein-Maas-Gebiet oder England, um 1220/1230

Silber, vergoldet – Vergoldung vor allem an den Köpfen abgegriffen; ursprüngliche Steinfassungen an den Beschlägen ausgebrochen – Schnalle mit Beschlägen – L. 9,3 cm – B. 4,9 cm.

Stockholm, Statens historiska museum, Inv. Nr. 6849:65

Die dreipaßförmige Schnalle gehört zum Schatzfund aus Dune (Gotland). Auf dem rechteckigen Beschläg empfängt oder verabschiedet eine stehende Frauengestalt einen berittenen Mann, dem ein Knappe als höfische Assistenzfigur folgt. Die rundplastisch gearbeiteten Köpfe der Figuren ragen über das Beschläg als flächenhafte Folie hinaus. Die in à-jour-Technik gearbeitete Schnalle schmückt eine aus einem knienden Mann und einer sitzenden Frau bestehende Figurengruppe, wobei sich die Dame in höfisch-eleganter Attitüde mit der Linken in die Tasselschnur greift. Gerahmt wird das Paar von halbfigurigen, geflügelten Engelsgestalten. Beerenartige Früchte zieren die Zwickel des dreipaßförmigen Schnallenrahmens.

Für die Datierung und Lokalisierung der Gürtelschnalle wurden nicht nur Werke der Goldschmiedekunst herangezogen, es wurde auch auf Analogien zur Großplastik hingewiesen. Insbesondere die antikisierende Gewandung der stehenden Frauengestalt nimmt die Formensprache der Kathedralskulptur der Ile-de-France auf. Das Ornamentrepertoire und die Kleeblattrahmung der Schnalle haben einige Autoren eher an eine lothringische Provenienz denken lassen (Swarzenski 1954; Fingerlin 1971).

Der Figurenschmuck der Gürtelschnalle belegt mustergültig den transitorischen Status der sich stufenweise entwickelnden höfisch-profanen Repräsentationskunst. So wurde zunächst eine sakrale Deutung der Darstellungen in die Diskussion gebracht, die in der Szene auf dem Beschläg den Einzug Christi in Jerusalem und in dem Figurenpaar der Schnalle eine Marienkrönung sehen wollte. Eine solche Lesart des figürlichen Schmucks der Schnalle erscheint jedoch angesichts von ikonographischen Abweichungen und Inkongruenzen nicht haltbar. Vielmehr werden hier tradierte Darstellungs- und Kompositionsmuster aus der sakralen Sphäre in den höfisch-galanten Bereich transferiert.

Das Beschläg illustriert in diesem Zusammenhang den »höfischen Empfang«, eine zum Zeremoniell stilisierte Begrüßungsszene, während das Figurenpaar der Schnalle den mit dem lehnsrechtlichen Ritual assoziierten Minnedienst in Analogie zur Lyrik und Epik der Epoche kleinplastisch umsetzt. Die auffälligen Parallelen der figürlichen Darstellungen zu sakralen Bildthemen ließen sich pragmatisch aus den Darstellungskonventionen eines mit der Herstellung von liturgisch-sakralen Objekten, wie z.B. Kreuzfüßen, vertrauten Ateliers erklären, das nur gelegentlich höfisch-profane Kunstwerke fertigte.

Swarzenski 1954, S. 83, Nr. 225 mit Abb. 535. – Fingerlin 1971, S. 44–47, 447 f., Nr. 467. – Kat. Stuttgart 1977, 1, Nr. 603; 2, Abb. 421 (Lit.) (Dietrich Kötzsche). – Springer 1981, S. 210 zu Nr. 51 mit Abb. K 402. – Kat. Heidelberg 1988, Nr. H 2 mit Abb. S. 596 (Ewald M. Vetter).

M.Mü.

B 29a

B 29b

B 30

B 31 Tragefigur (Leuchter ?)

Sachsen / Niedersachsen oder Skandinavien, Mitte bis 2. Hälfte 12. Jahrhundert

Bronze, gegossen und ziseliert, mit Spuren von Vergoldung – im Nacken eine runde Öffnung zum Einstecken der ehemals getragenen Last (Leuchterschaft ?) – mehrere Ausbrüche im Bereich von Gesicht und Hinterkopf, Armen und Gewandsaum; insgesamt stark berieben – H. 17 cm – B. 14,5 cm.

Oslo, Kunstindustrimuseet, Inv. Nr. OK 4756

Eine kniende männliche Figur, lebhaft bewegt in ausgreifender Schrittstellung, leicht in sich gedreht und aufwärts blickend, greift mit den Händen hinter den Kopf zum Abstützen des verlorenen, einst vom Nacken aufsteigenden Teils. Frisur und Bart sind in gelockten Strähnen geordnet. Der Rock ist knielang und gegürtet, oben eng anliegend und mit Bortenbesatz an Halsausschnitt und Ärmeln, unten weit, dabei in flach geschichtete Falten gelegt und am Saum mit einer gepunzten Borte von schlichter Zackenmusterung verziert. Der Gürtel ist vorn geknotet und im Rücken durch eine hochovale Scheibe verstärkt. Wie von George Zarnecki mehrfach für das 12. Jahrhundert nachgewiesen, handelt es sich um ein Attribut, das auf besondere körperliche Kraft hinweist, vorkommend bei Trage- und Kämpferfiguren, bei Giganten, speziell auch bei Samson-Darstellungen (Zarnecki 1963–64). Er deutet die Figur als Samson, ehemals eine Kerze tragend, in der Funktion eines Altarleuchters. Ein aus dem Nacken aufwachsender Leuchterschaft ist von zahlreichen Samsonleuchtern bekannt, die Samson auf dem Rücken des Löwen zeigen (von Falke/Meyer 1935, Abb. 216–228), auch vom monumentalen Wolfram-Leuchter des Erfurter Doms. Der Typus der knienden Figur als Kerzenträger ist im 12. Jahrhundert sonst nicht nachgewiesen, kommt mehrfach jedoch im 13. und 14. Jahrhundert vor (von Falke/Meyer 1935, Abb. 207–213). Für einen Leuchter ungewöhnlich ist die Größe.

Eine Beziehung zu den Tragefiguren des Krodo-Altars in Goslar, die mehrfach zum Vergleich herangezogen wurden, besteht lediglich im Motiv der knienden Figur, die mit beiden Händen ihre Last abstützt (Atlas-Tradition). Stilgeschichtliche Gemeinsamkeiten sind nicht erkennbar, auch nicht in der – deutlich anders ausgeführten – Faltenschichtung. Gleiches gilt für die jütländischen Altäre mit ihrem besonderen Faltenstil. Tatsächliche Verwandtschaft besteht dagegen zur Magdeburger Gußwerkstatt, wie bereits früh gesehen (Kielland 1927; von Falke/Meyer 1935; Nørlund 1935), erkennnbar in der schlicht modellierten, dabei aber lebhaften Gestalt, auch im spezifischen Gesichtstypus. Ob es sich jedoch um Stilexport handelt, also um eine Entstehung in Skandinavien unter Magdeburger

B 31

Einfluß, oder um Export eines Gußwerks aus dem Magdeburger Umkreis bleibt offen. Der Stil der Novgoroder Bronzetür (1152–1156) scheint zugrundezuliegen, so daß eine Datierung um die Mitte bzw. in die zweite Hälfte des 12. Jahrhunderts anzunehmen ist (von Falke/Meyer 1935: 2. Hälfte 12. Jahrhundert – Zarnecki, 1963–64: 2. Viertel 12. Jahrhundert).

Erworben 1895 durch Kauf von Thron Eklestuen aus Vaage (Gudbrandsdal, Oppland, Norwegen), weshalb vermutet wird, daß das Stück ehemals einer Kirche im Gudbrandsdal gehört haben könnte.

Dedekam 1926, S. 30, Abb. S. 150. – Kielland 1927, S. 74–75, Taf. 50. – von Falke/Meyer 1935, S. 33, Nr. 242, Abb. 206a u. 206b. – Nørlund 1935, S. 253, Abb. 5. – Swarzenski 1954, S. 64, Abb. 329. – Zarnecki 1963–1964.

U.M.

B 32 Löwen-Aquamanile

Niedersachsen, 2. Hälfte 13. Jahrhundert

Bronze, gegossen und ziseliert – vom hochgeschlagenen Schwanz nur der Ansatz und ein Stück am Griffdrachen erhalten – H. 28,5 cm – L. 28 cm.

Flensburg, Städtisches Museum Flensburg, Inv. Nr. 8525–1916

Löwe vom gleichen Typus wie das Aquamanile des Museums in Schleswig (Kat. B 33), mit der Kragenform der Bartwamme und den reichlichen gepunzten Musterungen, die Mähne jedoch auf zwei Reihen von Zotteln beschränkt, die locker bewegt sind. Insgesamt ist eine neu gewonnene Natürlichkeit zu beobachten, die eine Entwicklung zum 14. Jahrhundert hin andeutet, in dem dieser Aquamanile-Typus zahlreich und variantenreich weiterlebt. So wird das Exemplar in Flensburg etwas jünger sein als die Werkgruppe um den Löwenleuchter in Hildesheim mit dem hier ausgestellten Vertreter in Schleswig, wohl aber noch dem 13. Jahrhundert zugehörig. Auch diese Stilstufe (von Falke/Meyer 1935, Nr. 454–465, Abb. 426–432) war in Norddeutschland und in Skandinavien verbreitet. Gut vergleichbar ist ein aus dem Dom in Viborg stammendes Löwen-Aquamanile im Nationalmuseum Kopenhagen (von Falke/Meyer 1935, Nr. 448. – Jens Vellev, Viborg Domkirke i 900 ar, Viborg 1986, S. 13 mit Abb.).

1916 im Kunsthandel Berlin erworben.

von Falke/Meyer 1935, S. 73, Kat. Nr. 463, Abb. 431. – Barfod 1986a, Nr. 190 mit Abb. – Kat. Viborg 1991, Nr. 47 mit Abb. (Jörn Barfod).

U.M.

B 33 Löwen-Aquamanile

Niedersachsen (Hildesheim ?), 2. Hälfte 13. Jahrhundert

Bronze, gegossen und ziseliert – rechtes Hinterbein und Schwanz verloren; Ausbrüche im Bereich der Mähne links seitlich, vorn an der Brust, auch am Ausgußrohr – H. 24,6 cm – L. 28,5 cm.

Schleswig, Schleswig-Holsteinisches Landesmuseum, Inv. Nr. 1935/744

Hochbeiniger, schlanker Löwe. Die Mähne abgesetzt durch eine stilisierte Form der Bartwamme, einen von Ohr zu Ohr verlaufenden Streifen, der mit Schraffuren und

B 32

B 3

*B 34

Punkt-Reihen gemustert ist. Reichliche Punzierung auch im Tiergesicht, hier zur Verdeutlichung der modellierten Form, dagegen schematische Musterung durch Punkt-Reihen auf den Beinen. Ein hoch aufgebäumter Drache bildet den Griff.

Das Aquamanile gehört zu einer zahlreich überlieferten Werkgruppe (von Falke/Meyer 1935, Nr. 442–452, Abb. 415–424; Wixom 1973). Als Verbreitungsgebiet ist Norddeutschland und auch Skandinavien erkennbar, unter anderem mit Exemplaren aus Kirchenbesitz und aus Bodenfunden, die sich heute in den Museen von Kopenhagen und Stockholm befinden (von Falke/Meyer 1935, Nr. 446, 447, 450).

Anhaltspunkt für die Einordnung der ganzen Gruppe ist der Löwenleuchter im Hildesheimer Domschatz, weshalb eine Entstehung in Hildesheim als möglich gilt. Zeitlich voraufgehend ist eine Aquamanile-Gruppe um den hier ausgestellten Löwen des Victoria and Albert Museum in London (Kat. G 26), die einerseits ebenfalls Beziehungen nach Hildesheim erkennen läßt, andererseits nach Braunschweig, zur monumentalen Bronze des Burglöwen. Auch alle um den Hildesheimer Löwenleuchter gruppierten Bronzen, und mit ihnen das Aquamanile in Schleswig, erweisen sich in Haltung und Proportion, insbesondere in der Kragenform der Bartwamme als späte Nachfahren des Braunschweiger Burglöwen. Die stärkere Stilisierung allerdings, die graphischen Musterungen und eine insgesamt eher zierliche Erscheinung sind Anzeichen für einen größeren zeitlichen Abstand.

Soll aus Nordschleswig stammen (Scheffler 1938: »aus einer Kirche in Nordschleswig«; eine ältere Inventarnummer lautet: KS 875). 1935 vom Museum für Vaterländische Altertümer, Kiel, an das Schleswig-Holsteinische Landesmuseum, damals Kiel, ab 1947 Schleswig, überwiesen.

von Falke/Meyer 1935, S. 72, Nr. 452, Abb. 424. – Scheffler 1938, S. 11, Nr. 9, Abb. 14. – Kat. Flensburg 1953, Nr. 66. – Zubek/Spielmann 1994, Nr. 64 mit Abb.

U.M.

*B 34 Sächsische Weltchronik

Lüneburger oder Lübecker Kunstkreis, Ende 13., Anfang 14. Jahrhundert

Pergament – Miniaturen auf Goldgrund – 124 Blätter – H. 30 cm – B. 22 cm.

Berlin, Staatsbibliothek zu Berlin – Preußischer Kulturbesitz, Ms. fol. 129, fol. 123v

Die Handschrift gehört der in der Erzdiözese Bremen zu lokalisierenden B-Rezension der Sächsischen Weltchronik an, die um 1240 entstanden ist (vgl. Kat. D 75). Die

B 35

B 35

Schlacht von Bornhöved (22. Juli 1227) war die entscheidende Niederlage des dänischen Königs Waldemar II. und seines ihm verwandtschaftlich verbundenen Bundesgenossen Otto des Kindes von Braunschweig gegen die Grafen von Holstein, Schwerin und andere norddeutsche Fürsten im Kampf um die Vorherrschaft im Ostseeraum. Die Darstellung zeigt das von links anreitende Heer der norddeutschen Verbündeten und die rechts abwartende dänische Reiterschaft mit dem zur Flucht gewandten König Waldemar II.

Sächsische Weltchronik. – Wegener 1928, S. 123–135. – Menzel 1985. – Schmidt 1986. – Herkommer 1992 (Lit.).

M. Me.

B 35 Siegel Helenas, Herrin von Lüneburg (*um 1176, †1233), und Siegel Ottos des Kindes (*1204, †1252), Typ I

Typare: Lüneburg (?), vor 1215 – Urkunde: o. J. (vor 1218 Mai 19)

Braunes Wachs – an Pergamentstreifen hängend – restauriert – mit Zaponlack überzogen – (1) Dm. 7 cm. – (2) Dm. 6,8 cm.

Schleswig, Landesarchiv Schleswig-Holstein, Urk.-Abt. 268 Nr. 18

Helena war die Tochter König Waldemars I. von Dänemark und wurde im Frühjahr 1202 mit Wilhelm, dem jüngsten Sohn Heinrichs des Löwen, vermählt. Mit ihm bekam sie 1204 ihren einzigen Sohn, Otto, genannt das Kind. Nach dem Tod Wilhelms im Jahre 1213 oder 1214 trat Helena für den noch unmündigen Sohn und bis zu ihrem Tod am 22. November 1233 gemeinsam mit diesem auf. Die Umschriften ihrer beiden Siegel zeigen den großen Einfluß, den Dänemark zur Zeit König Waldemars II. (Kat. B 19) nicht nur auf den gesamten Ostseeraum, sondern auf ganz Norddeutschland bis in die Lüneburger Lande hinein ausübte. An erster Stelle hängt das runde Siegel Ottos des Kindes mit der Umschrift + SIGILL(um) OTTONIS DE LVNEB(ur)G FILII FR(atr)IS IMPATORIS & SORORIS REGIS DANOR(orum) (Siegel Ottos von Lüneburg, Brudersohn des Kaisers [Otto IV.] und Schwestersohn des Königs [Waldemar II.] von Dänemark). Das Siegel dürfte Otto schon 1215 besessen haben, als er unter seinem ersten Notar Gervasius und in Anwesenheit Kaiser Ottos IV. für den Templerorden urkundete, wobei das angekündigte Siegel heute aber fehlt (Magdeburg, Landeshauptarchiv Sachsen-Anhalt, Rep. U 1 XVI B Nr. 1 [= Origines Guelficae, Bd. 4, S. 97]). Nach dem Tod seines kaiserlichen Onkels am 19. Mai 1218 wird Otto das Kind dieses Typar nicht mehr benutzt haben. Als Bild zeigt das Siegel einen nach links schreitenden Löwen in leerem Feld, wobei das Siegelbild schwebend in den Raum gestellt ist. Es steht damit in der Tradition sowohl des Leopardensiegels von Ottos Großvater, Heinrich dem Löwen (Kat. D 6), wie der Löwensiegel seines Vaters, Wilhelm von Lüneburg (Kat. E 25 und F 1). Das Siegel Helenas, ebenfalls rund, hängt an zweiter Stelle und hat die Umschrift + HELENA DE [LVNEBVRCH] SORO[R] [W]A[L]DEMARI [R]EGIS DANOR(orum) (Helena von Lüneburg, Schwester König Waldemars [II.] von Dänemark). Als Bild zeigt es die Fürstin auf einem Torturm vor Mauerwerk mit Zinnenkranz und zwei Türmen rechts und links. Sie trägt ein tailliertes Gewand und ein Gebende, die typische Kopfbedeckung der verheirateten Frau. In der Rechten hält sie einen Stab, in der Linken vor ihrer Brust einen kugelähnlichen Gegenstand. Das Siegelbild weist Helena als Stadtherrin von Lüneburg aus; in dieser Eigenschaft entwickelte sie insbesondere zu dem Verdener Bischof Iso von Wölpe (1205–1231) ein so gutes Verhältnis, daß dieser sie in einer Urkunde als *commater* (Gevatterin) bezeichnete.

Domstiftsarchiv Lübeck (über dem Kreuzgang in einem vergitterten Zimmer); 1804 Archiv des Herzogs von Oldenburg in Eutin; 1850 Großherzoglich Oldenburgisches Haus- und Zentralarchiv in Oldenburg; 1938 Preußisches Staatsarchiv Kiel; seit 1947 im Landesarchiv Schleswig-Holstein in Schleswig.

UB Bisthum Lübeck 1, Nr. 33.

Schmidt-Phiseldeck, Siegel Nr. 20, S. 3 [mit fehlerhafter Umschrift]; Nr. 21, S. 3. – Michels 1891. – Busch 1921, S. 34. – Hucker 1990, S. 450f. – Hasse 1995 (im Druck).

C.P.H.

B 36 Urkunde Ottos des Kindes, Herzog von Braunschweig (*1204, †1252), für die Anteilseigner der Lüneburger Saline

Lüneburg, 1229 November 1

Pergament – H. 30,3cm – B. 34,5cm – Umbug 3,5cm – an roten und gelben Seidenfäden hängendes Siegel aus braunem Wachs – restauriert – Bruchstellen links oben und in der Mitte unten – Dm. 9cm.

Lüneburg, Stadtarchiv, UA a 1229 November

Nach dem Tod des Pfalzgrafen Heinrich am 28. April 1227 übernahm Herzog Otto dessen Erbe, in das ihn der Pfalzgraf schon im Juli 1223 feierlich eingesetzt hatte. Gleich darauf ging Otto als Verbündeter seines Onkels, König Waldemars II. von Dänemark (Kat. B 19), nach Holstein, wo es am 22. Juli 1227 bei Bornhöved zur Entscheidungsschlacht kam. Unter Führung des Grafen Adolf IV. von Holstein-Schaumburg besiegte eine Koalition, die so unterschiedliche Mächte wie den Erzbischof von Bremen, den askanischen Herzog von Sachsen, die Fürsten von Mecklenburg, den Grafen von Schwerin sowie die Bürger von Lübeck zusammenführte, den dänischen König. Otto das Kind geriet in Gefangenschaft des Grafen Heinrich von Schwerin, der ihn erst nach anderthalbjähriger Haft aufgrund eines hohen Lösegeldes, der Abtretung von Territorien sowie päpstlicher Intervention freiließ. Mit der ersten Urkunde, die Herzog Otto daraufhin ausstellte, verlieh der Herzog den Anteilseignern der Lüneburger Saline das Recht zur Wahl eines eigenen Sodmeisters. In der Datumszeile der Urkunde wird der Befreiung Ottos aus der Gefangenschaft ausdrücklich gedacht: *actum est hoc apud Luneburg primo mensis Novembris, qui erat infra annum illum, in quo a captivitate nostra fuimus, disponente Domino, liberati* (geschehen ist dies in Lüneburg am 1. November in dem Jahr, in dem wir durch Gottes Fürsorge aus unserer Gefangenschaft befreit worden sind). Diese sich an Ottos Haft unmittelbar anschließende Privilegierung der Sülzbegüterten läßt vermuten, daß ein Teil des Lösegeldes von diesen aufgebracht worden war. An der Urkunde hängt eine Ausprägung des vierten Typars Herzog Ottos (Kat. E 27).

Archiv der Stadt Lüneburg.

Origines Guelficae 4, S. 112. – UB Stadt Lüneburg 1, Nr. 45, S. 22–23.

Volger 1861, S. 43. – Michels 1891. – Busch 1921, S. 7. – Rörig 1928. – Reinecke 1933, S. 88. – Kat. Braunschweig 1985, 1, Nr. 89, S. 146 mit Abb. auf S. 147.

C.P.H.

C Kaiser Lothar III.

Anfang Juni des Jahres 1075 kam Lothar als Sohn des sächsischen Grafen Gebhard von Süpplingenburg und der dem bayerischen Grafengeschlecht von Formbach entstammenden Hedwig zur Welt. Durch seine Heirat mit Richenza, der Erbtochter des Grafen Heinrich des Fetten von Northeim und der Brunonin Gertrud von Braunschweig, erlangte er einen entscheidenden Machtzuwachs und wurde im Jahr 1106 von Kaiser Heinrich V. zum Herzog von Sachsen erhoben. Die Spätzeit des Investiturstreits und die gegen Ansprüche des salischen Königshauses gerichtete Opposition bestimmten Lothars politische Karriere wesentlich. Als Sachsenherzog betrieb er zielgerichtet die Sicherung der slawischen Marken und setzte dort die Adelsgeschlechter der Askanier, Wettiner und Schaumburger ein. Nach dem Tod des letzten Saliers einigten sich die im Jahr 1125 zur Königswahl versammelten Fürsten schon bald auf Lothar, der aufgrund seines fortgeschrittenen Alters möglicherweise als Übergangskandidat erachtet wurde. Während sich die Staufer widersetzten und Konrad III. zwei Jahre später zum Gegenkönig erhoben, traten die Welfen für Lothar ein. Dessen relativ gutes Einvernehmen mit dem Heiligen Stuhl brachte ihn bisweilen in den Ruf, ein Pfaffenkönig zu sein. Tatsächlich hat er während seiner zwei Italienzüge 1132/33 und 1136/37 eine gemäßigte, der Zeit angemessene Position vertreten und konnte das Königtum nach der Zeit seiner schwersten Krisen wirkungsvoll stabilisieren. So waren die Worte des sächsischen Annalisten anläßlich seines Todes mehr als bloße Rhetorik: *Tempora ipsius iocunda fuerunt. ... Merito a nobis nostrisque posteris pater patrie appellatur, quia erat egregius defensor et fortissimus propugnator, nichili pendens vitam suam contra omnia adversa propter iusticiam opponere.* (Seine Zeiten sind lieblich gewesen. ... Mit Recht wird er von uns ›Vater des Vaterlandes‹ genannt, weil er ein trefflicher Verteidiger und der tapferste Vorkämpfer war, der es für nichts achtete, um der Gerechtigkeit willen sein Leben gegen alles Unheil einzusetzen.) Der Kaiser starb während des Alpenübergangs am 4. Dezember 1137 und wurde in der von ihm in Auftrag gegebenen Klosterkirche zu Königslutter begraben – einem Bauwerk, an dem Lothars reiche Italienkontakte durch die Kunst italienischer Bildhauer gleichsam zu Stein geworden sind.

1106	23. August: Übertragung des sächsischen Herzogtums und der Billungermark an Lothar
1110	Slawenzug – Lothar belehnt Adolf von Schaumburg mit Holstein und Stormarn
1112–1114	Verschwörung und Aufstand sächsischer Fürsten gegen Kaiser Heinrich V.
1115	11. Februar: Schlacht am Welfesholz bei Mansfeld: Kaiser Heinrich V. wird besiegt
1115	18. April: Geburt der Tochter Gertrud
1120	Versöhnung mit Kaiser Heinrich V.
1121	Slawenzug
1123	Lothar setzt Konrad von Wettin als Markgrafen in Meißen und Albrecht den Bären als Markgrafen der Lausitz ein
1125	Zug gegen die Ranen und die Lutizen
1125	August/September: Wahl Lothars zum König
1125	13. September: Krönung in Aachen – der Staufer Herzog Friedrich von Schwaben widersetzt sich
1126	Januar: Lothar belehnt den Welfen Heinrich den Stolzen mit dem Herzogtum Sachsen
1127	Konrad von Staufen wird Gegenkönig
1131	März/April: Hoftag in Lüttich und Synode mit Papst Innozenz II.
1131	Dänenfeldzug
1132–1133	erster Italienzug Lothars
1133	4. Juni: Kaiserkrönung in Rom
1134	Lothar belehnt den Askanier Albrecht den Bären mit der Nordmark – Missionar Vicelin bei Lothar
1136	Sommer: zweiter Italienzug Lothars

Annalista Saxo, S. 775.

Sächsischer Annalist, S. 153. – Bernhardi 1879. – von Reinöhl 1924. – MGH D L III. – Vogt 1959. – Schmale 1968. – Wadle 1969. – Goetting 1970. – Fleckenstein 1980. – Kat. Braunschweig 1980. – Gosebruch 1980b. – Crone 1982. – Speer 1983. – Petke 1985. – Rötting 1985. – Hildebrand 1986. – Segl 1987. – Petke 1991. – Regesta imperii IV 1.

C.P.H.

◁ Königslutter, ehemalige Benediktiner-Klosterkirche St. Peter und Paul, Choranlage von Osten

C 1 Siegel König Lothars III. (von Süpplingenburg), Typ II

Mühlhausen, 1132 o.T.

Durchgedrücktes, rundes Siegel aus braunem Wachs in nicht sehr gutem Zustand: Abdruck verformt und undeutlich, an der Oberfläche z.T. verrieben, Versprödung gefestigt – Dm. 8,6 cm (9,7 cm).

Wolfenbüttel, Niedersächsisches Staatsarchiv, 25 Urk 2

Umschrift: + LOTHARIUS D I GRATIA TERCIUS ROMANORUM R X

Das zweite Königssiegel Lothars ist auf dieser Urkunde erstmals überliefert; an einwandfrei echten Urkunden sind mit ihm nur noch zwei weitere (Regesta Imperii; MGH D L III 43A u. A1) erhalten. Das Siegel fand nur für die wenigen Monate vor der Kaiserkrönung Verwendung. Ältere Zweifel an der Echtheit des Siegels sind seit längerem zurückgewiesen.

Als Thronsiegel folgt der Typus salischen Vorbildern. Lothar sitzt feierlich zeremoniell, streng frontal auf dem reich profilierten und durch Rundbogennischen gegliederten Thron. Die Chlamys Lothars fällt in einem schweren Bausch über den Körper. Auf seinem Haupt ruht eine Bügelkrone mit an den Seiten aufgestecktem Zierat und zwei Pendilien. Er hält in der linken Hand den Reichsapfel mit Kreuz, in der rechten das in einem Dreiblatt endende Zepter.

Im Vergleich zu den weitgehenden Übereinstimmungen zwischen Lothars Typar I (1125–1132, 1134 in Gebrauch) und dem Kaisersiegel weist dieses Siegel Unterschiede und eine völlig andere künstlerische Auffassung auf. Dies gilt bereits für die Umschrift, die in konzentrische Kreise eingeschlossen ist und ein kapitales H statt eines unzialen verwendet. An den inneren Rand dieser Umschrift stößt das Suppedaneum mit seinen Kanten. Mit der Rahmung der Schrift und körperhaften Darstellung des Kaisers belegt dieses Detail die Hinwendung zu einem tektonischeren Bildaufbau.

Das Siegel zeigt neben hohem Detailrealismus eine partiell starke, dabei schwankende Relieftiefe. Für die Funktion des Siegels, der Anfertigung eines Wachsabdrucks, erweist sich dies im Vergleich zu Typar I und III als problematisch. Die Abdrücke sind wohl nicht zufällig in schlechterem Zustand erhalten als die der anderen, so daß Lothar aus diesem Grund, trotz der hohen Qualität, bei der Gestaltung des Kaisersiegels auf Typar I zurückgegriffen haben mag.

Archiv des Klosters Walkenried.

UB Stift Walkenried 1, S. 4, Nr. 2. – MGH D L III 42. – Posse/Ermisch 1889–1941, S. 69, Nr. 89 (Regest). – Regesta Imperii IV 1, Nr. 298, S. 189f. (Regest).

Posse 1909–13, 1, S. 20; 2, S. 48; 5, S. 24. – von Reinöhl 1924, S. 270ff. – Goetting 1970, S. 132ff. – Schramm/Mütherich 1983, S. 139ff., S. 253, vgl. Abb. 192.

B.M.-K.

C 2 Siegel Kaiser Lothars III. (von Süpplingenburg)

Allstedt (Altstetin), 1134 April 12

Braunes, guterhaltenes Wachssiegel durch die Urkunde gedrückt – rund, das Gesicht an der Oberfläche nur leicht verrieben – Versprödung gefestigt – Dm. 9,1 cm (9,8 cm) – nachweisbar 19. Juli 1133-1136.

Wolfenbüttel, Niedersächsisches Staatsarchiv, 25 Urk 4

Umschrift: + LOTHARIUS D I GRATIA III ROMANO RUM IMP ERATO R AUGUSTUS

Das Kaisersiegel folgt der Tradition der Thronsiegel salischer Zeit. Lothar sitzt gerade aufgerichtet auf einem Thronsessel ohne Lehne, die Füße auf ein Suppedaneum gestützt. In der linken Hand hält er den Reichsapfel empor, die rechte umfaßt das Lilienzepter. Auf dem Haupt ruht eine Bügelkrone mit Pendilien. Die Umschrift besitzt keine Einfassung.

Seine besondere Qualität gewinnt das Siegel aus der Schlichtheit der Gestaltung. Das Bild des Kaisers ist zentriert, doch frei ins Siegelrund gesetzt. Die Betonung von waagrechten und senkrechten Achsen erzeugt durch ihre Ordnung Festigkeit in der Fläche: Der Thron ist durch einfache, gerade Formen gestaltet mit einem nur flachen Kissen; Zepter und Kreuz des Reichsapfels führen die Seitenachsen des Throns fort.

Das Relief weist klare Umrisse auf, kleinteilige Ausarbeitungen konzentrieren sich auf entscheidende Teile, die dementsprechend gut zur Geltung kommen – etwa die Krone mit den Pendilien.

C 2

Der Vergleich mit den von ihm als König geführten Siegeln offenbart überraschend, daß das Kaisersiegel die Konzeption des älteren Typars I (nachweisbar vom 20. November 1125 bis 2. Mai 1131, 1134) aufgriff. Dies gilt sowohl für die Schrift ohne Rahmung, die das h in Lothar unzial wiedergibt, als auch für die Bildgestaltung.
Im Hinblick auf die Funktion des Siegels, von dem eindeutige, d.h. gut erkennbare, wenig differierende Abdrücke herzustellen waren, ist dessen außerordentlich klare Gliederung im Vergleich zu Typar II von grundsätzlicher Bedeutung. Fragen, ob Werkstattzusammmenhänge oder ein konkretes Formenbewußtsein Lothars für der Auswahl und Gestaltung seines eigenen Bildes maßgebend waren, bleiben noch offen.

Archiv des Klosters Walkenried.

MGH D L III 60. – Posse/Ermisch 1889–1941, S. 73, Nr. 96. – Regesta Imperii IV 1, Nr. 391, S. 246f.

Posse 1909–1913, 1, S. 20; 2, S. 48; 5, S. 24. – von Reinöhl 1924, S. 270ff. – Goetting 1970, S. 132ff. – Schramm/Mütherich 1983, S. 139ff., S. 253, Abb. 193.

B.M.-K.

C 3 Annalista Saxo

Sachsen, Mitte 12. Jahrhundert

Pergament – rubrizierte Spaltleisten- und Silhouetten-Initialen – Einband 15. Jahrhundert – 237 (234) Blätter – H. 36 cm – B. 25 cm.

Paris, Bibliothèque Nationale de France, Département des manuscrits, Ms. lat. 11851

Als »Annalista Saxo« bezeichnet man den Verfasser einer Reichschronik, die von 741 bis 1139 (1142) berichtet und aus vielen erhaltenen oder verlorenen Quellen zusammengeschrieben worden ist. Das noch im Original überlieferte Werk wurde zwischen 1148 und 1152 im östlichen Sachsen verfaßt. Die herkömmliche Identifizierung des Autors mit Abt Arnold von Berge (1119–1164) und Nienburg (1134–1164) ist unzureichend begründet. Die Chronik bezeugt das Reichsbewußtsein in Sachsen und das positive Urteil über die Herrschaft Lothars III. (1125–1137). So heißt es in der ersten Spalte auf fol. 237r im Nachruf auf den verstorbenen Kaiser: *Tempora ipsius iocunda fuerunt. Nam bona aeris temperie, omnigena terre fertilitate cunctarum rerum copia non solum per regnum, sed et per orbem exuberabat. Merito a nobis nostrisque posteris pater patrie appellatur, quia erat egregius defensor et fortissimus propugnator nichili pendens, vitam suam contra omnia adversa propter iusticiam opponere. Et ut magnificentius de eo dicamus, in diebus eius populus terre non pertimuit. Unusquisque enim sua liberaliter pacificeque possidebat. Corpus eius delatum in patriam sepelitur regio more in hereditate paterna in loco dicto Lutheron* (Seine Zeiten waren heiter. Denn durch die gute Witterung und die vielfältige Fruchtbarkeit der Erde gab es Überfluß an allen Dingen nicht nur im Reich, sondern auch in der ganzen Welt. Zu Recht wird er von uns und unseren Nachkommen Vater der Vaterlandes genannt, denn er war ein vortrefflicher Beschützer und sehr tapferer Kämpfer, der es für nichts achtete, sein Leben gegen alle Widrigkeiten für die Gerechtigkeit einzusetzen. Und um ihn noch höher zu preisen: in seinen Tagen waren die Bewohner des Landes ohne Furcht. Denn ein jeder besaß frei und friedlich das Seine. Sein Leichnam wurde in die Heimat überführt und auf seinem väterlichen Erbgut im Ort [Königs-] Lutter nach Königsbrauch bestattet). Der Annalista Saxo hat diesen Passus etwas gekürzt aus den sogenannten Paderborner Annalen entlehnt, wie man durch Textvergleich mit anderen Ableitungen aus diesem verlorenen Annalenwerk erkennen kann. Die rubrizierte Spaltleisteninitiale *A(nno)* zu Beginn der zweiten Spalte markiert den Übergang der Königsherrschaft auf Konrad III. im Jahr 1138.

Spätestens 1292 bis Anfang 16. Jahrhundert in Würzburg; spätestens 1677 in Saint-Germain-des-Prés; 1795/96 in die Bibliothèque Nationale zu Paris.

Annalista Saxo. – Samaran/Marichal 1974, S. 259 mit Abb. XXIX. – Wattenbach/Schmale 1976, S. 12–22 (Lit.). – Naß 1994.

K.Na.

imperatore plana moselle pineante vulgus ignobile conglobatum lapidibus contumeliis lacessiuit postremo exercitus temptantes persecutus est. e quibus quicumque capti et imperatori oblati fuissent truncati naribus et affecti penis ignominiose redierunt. Sic postquam bolonia peruentum est. exercitus accepta ab imperatore licentia paulatim dilapsus est quisque in sua reuersus est. Denique lotharius imperator in tridentinam ueniens ibique festum sancti martini cum gaudio celebrans infirmari cepit. Qui languore cottidie ingrauescente amore magno reuisende patrie nec obstante morbo suum remorari paciebatur. Sed preualente mortali egritudine desperatus cum episcopi qui aderant exitum eius unctione sacri olei et uniuersis sacramentis munissent. tandem aput bredewan uillam in faucibus alpium constitutam ille heu multis lamentabilis utpote pater ecclesie amator religionis et iusticie iii nonas decembris a seculo migrauit. Tempora ipsius iocunda fuerunt. Nam bona aeris temperie omnigena terre fertilitate cunctorum rerum copia non solum per regnum sed et per orbem exubabat. Merito a nobis uniuersisque posteris pater patrie appellatur. quia erat egregius defensor et fortissimus propugnator nichili pendens uitam suam contra omnia aduersa propter iusticiam opponere. Et ut magnificentiam de eo dicamus. in diebus eius populus terre non premitur. Unusquisque enim sua liberaliter pacificeque possidebat. Corpus eius delatum in patriam sepelitur regio more in hereditate patrima in loco dicto lutheron. Marchio adalbertus collecta ualida manu hiemali tempore terram slauorum predabundus perambulauit. Meingotus mersburgensis episcopus de expeditione usque in sueuiam languens perductus obiit. cui successit ekkilesus. Gerburh abbatissa quedelingeburgensis obiit.

Anno dominice incarnationis M. C. XXXVIII. Imperatrix richenza indixit conuentum principum in festo purificationis sancte marie apud quidelingeburh. Conuentus impeditus est ab adelberto marchione et suis commanipularibus tollentibus omne seruicium imperatricis ad hec preparatum et introitum urbis ei prohibentibus et plurima dampna tam rapinis quam incendiis ei inferentibus. Lambertus ex abbate ilsineburgensi brandeburgensis ecclesie electus rodolfi halbstadensis episcopi rogatu romam profectus est. rediensque a latinis interfectus est. ~~Petrus leonis qui contra~~ successit wiggerus prepositus sancte marie in magedaburh. Pro gerburga quidelingeburgensi abbatissa substituta est beatrix abbatissa cenobii quod dicitur heresi. Petrus leonis qui contra innocentium sedem apostolicam usurpauerat obiit. Colonienses pro hugone arnoldum prepositum sancti andree. moguntini uero adalbertum iuuenem prioris adalberti nepotem super se leuant archiepiscopos. Folemarus corbeiensis abbas obiit. cui successit adalbero frater heinrici ducis electus ex eadem congregatione.

Principes communicato consilio decreuerunt generalem conuentum in pentecoste mogontie fieri ut communi consilio regno preficerent quemcumque deus ad id ordinasset. Sed conradus sueuus frater friderici ducis quondam usurpator regii nominis factione adalberonis treuerensis archiepiscopi et quorundam principum consilio

C 4 Urkunde Kaiser Lothars III. (*1075, †1137) für das Benediktinerkloster St. Michaelis in Lüneburg

Lüneburg, 1134 Mai 16

Pergament – H. 46,5 cm – B. 39,5 cm – mit unten rechts durchgedrücktem Siegel aus hellbraunem Wachs – Umschrift stark beschädigt – Dm. 9 cm.

Hannover, Niedersächsisches Hauptstaatsarchiv, Celle Or. 100 Lüneburg St. Michael Nr. 6

Im April 1134 wurde Kaiser Lothar III. in Bardowick von dem Missionar Vicelin aufgesucht, der ihn zur Missionierung und Friedenssicherung des nordelbischen Slawenlandes aufforderte. Dies war Lothar Anstoß für die spätere Errichtung der Burg Segeberg, die Gründung des Augustiner-Chorherrenstifts Neumünster sowie jener mit Erzbischof Adalbert von Hamburg einvernehmlichen Ernennung Vicelins zum Missionar der slawischen Gebiete. Im Anschluß an seinen Aufenthalt in Bardowick kam Lothar nach Lüneburg, wo er das vorliegende Diplom für das Kloster St. Michaelis ausstellte. Die Vogtei über St. Michaelis – nicht lange vor 956 von Hermann Billung gestiftet und gemeinsam mit der Burg auf dem Kalkberg von Lüneburg erbaut – kam über Wulfhild, Erbtochter des letzten Billungers und Ehefrau Herzog Heinrichs des Schwarzen von Bayern, an die Welfen. Herzog Heinrich der Stolze tritt zusammen mit seiner Frau Gertrud, einziges Kind Kaiser Lothars und Richenzas – *ducis nostri Heinrici eiusque coniugis, filie nostre Gredrudis* – als Intervenient in der hier vorliegenden Urkunde auf. Lothar bestätigt daraufhin zu seinem und seiner Gattin Seelenheil den von Kaiser Otto I. an das Kloster St. Michaelis verliehenen zehnten Teil des Marktzolls von Bardowick. Die Urkunde ist in der Kanzlei des Kaisers verfaßt und vom Schreiber Bertolf für den Erzkanzler, den Erzbischof Adalbert von Mainz, rekognosziert worden. Bei dem Siegel handelt es sich um das Kaisersiegel Lothars III. (Kat. C 2).

Archiv des Klosters St. Michaelis in Lüneburg.

MGH D L III 64.

Reinhardt 1979. – Reinhardt 1982. – Althoff 1984. – Petke 1985, S. 198f. – Schneidmüller 1987a. – Regesta Imperii IV 1, Nr. 404 und S. 291.

C.P.H.

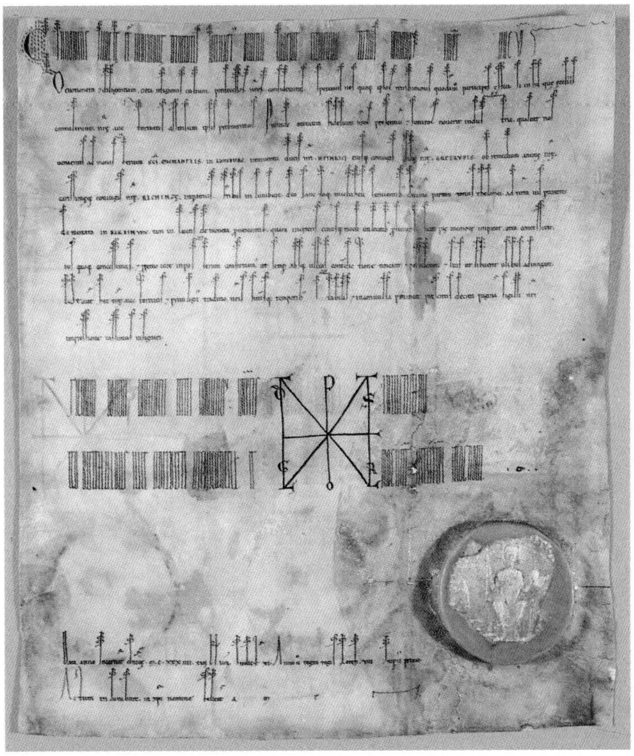

C 4

C 5 Urkunde Kaiser Lothars III. für das Kloster St. Aegidien in Braunschweig

Goslar, 1134 (Juli?)

Pergament – H. 51 cm – B. 35 cm – Umbug 2,5 cm – in Wachs eingedrücktes Siegel.

Wolfenbüttel, Niedersächsisches Staatsarchiv, 9 Urk 1

Kaiser Lothar III. nimmt das Benediktinerkloster St. Aegidien in Braunschweig in seinen Schutz und regelt die Vogtei. Die Urkunde berichtet in der Einleitung *(narratio)* ausführlich über die Gründung des Benediktinerklosters St. Marien/St. Aegidien in Braunschweig durch die Schwiegermutter des Kaisers, die Markgräfin Gertrud aus dem Geschlecht der Brunonen. Dieser Bericht stellt die Hauptquelle zur frühen Geschichte dieses Klosters dar, das 1115 im Beisein Lothars, damals noch Herzog von Sachsen, seiner Gemahlin Richenza, des Bischofs von Halberstadt und eines Kardinals geweiht wurde. Gertrud stattete das Kloster mit einem Grundbesitz von 48 Hufen in zwei Orten südöstlich Braunschweigs aus (Mönchevahlberg und Beierstedt). Die Stifterfamilie und ihre Erben beanspruchten weitgehende Rechte über das Kloster wie die Einsetzung des Abts und des Vogts. Nach dem Tod der Markgräfin gelangte das Kloster an Lothar, nach ihm an die Welfen. In seinem Diplom von 1134 bestimmt der Kaiser, daß die Vogtei über das Kloster von demjenigen Ministerialen ausgeübt werde, der zugleich die Burg in Braunschweig verwaltet. Diese wird erstmals hier unter dem Namen Dankwarderode *(Tanquarderoth)* erwähnt. Später baute Heinrich der Löwe sie zu seiner Residenz aus.
Das Diplom ist außerhalb der Kanzlei verfaßt und zeigt Unregelmäßigkeiten in der Schrift. So ist in der ersten Zeile ein deutlicher Federwechsel vor dem Namen *Lotharius* feststellbar. Dennoch ist die Urkunde von einer einzigen Hand geschrieben. In der Unterfertigungsformel neben dem Monogramm links unten wird der ehemalige Kanz-

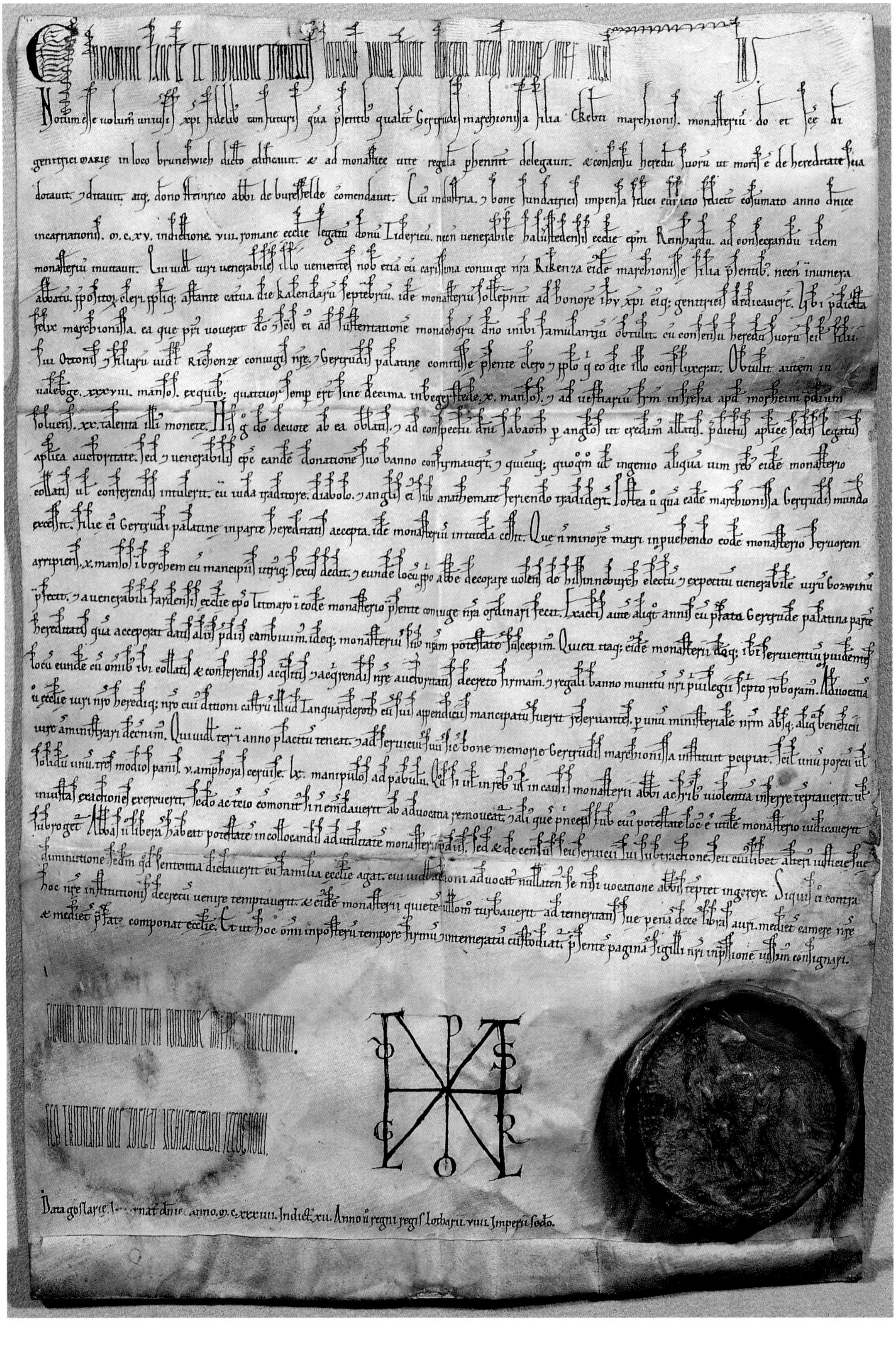
Notum esse volumus universis Christi fidelibus tam futuris quam presentibus qualiter Gertrudis marchionissa filia Ekberti marchionis monasterium deo et sancte dei genitrici Marie in loco brunesuuich dicto edificauit. et ad monastice uite regulam perhenniter delegauit. et consensu heredum suorum ut moris est de hereditate sua dotauit. ditauit. atque dono Heinrico abbi de bursfelde comendauit. Cuius industria et bone fundatricis impensa feliciter iacto feliciter consumato anno dominice incarnationis. M. C. XV. indictione. VIII. romane ecclesie legatum domnum Ildericum. nec non uenerabilem halberstadensis ecclesie episcopum Reinhardum. ad consecrandum idem monasterium inuitauit. Cui uidelicet uiri uenerabiles illo uenientes nobis etiam cum carissima coniuge nostra Rikenza eidem marchionisse filia presentibus. nec non innumera abbatum. prepositorum. cleri populique astante caterua die kalendarum septembrium. idem monasterium sollempniter ad honorem ihesu Christi eiusque genitricis dedicauerunt. Ubi predicta felix marchionissa. ea que prius uouerat deo et sancte eius ad sustentationem monachorum deo inibi famulantium obtulit. cum consensu heredum suorum scilicet filii sui Ottonis et filiarum uidelicet Richenze coniugis nostre. Gertrudis palatine comitisse presente clero et populo qui eo die illo confluxerat. Obtulit autem in ualebge. XXXVIII. mansos. ex quibus quattuor semper esse debent sine decima. in begerstede. X. mansos. et ad uestiarium fratrum in fresia apud morsheim predium soluens. XX. talenta illius monete. His que deo deuote ab ea oblatis. et ad conspectum domini sabaoth per angelos ut credimus allatis. predictus apostolice sedis legatus apostolica auctoritate. sed et uenerabilis episcopus eandem donationem suo banno confirmauerunt. et quicquid quoquomodo uel ingenio aliquam rem rebus eidem monasterio collatis uel conferendis intulerit. cum iuda traditore. diabolo. et angelis eius sub anathemate feriendo tradiderunt. Postea uero quam eadem marchionissa Gertrudis mundo excessit. filie eius Gertrudi palatine in parte hereditatis accepta. idem monasterium in tutela cessit. Que in minore etate in puerhendo eodem monasterio seruiorem arripiens. X. mansos in berchem cum mancipiis utriusque sexus dedit. et eundem locum proprio abbate decorare uolens de hilinnenburch electum et expetitum uenerabilem uirum bozwinum prefecit. et a uenerabili hardensis ecclesie episcopo Uttonaro in eodem monasterio presente coniuge nostra ordinari fecit. Exactis autem aliquot annis cum prefata Gertrude palatina parte hereditatis quam acceperat datis aliis prediis cambiuimus. ideque monasterium sub nostram potestatem suscepimus. Quecumque itaque eidem monasterio deo ibi seruientium prouidentes locum eundem cum omnibus ibi collatis et conferendis acquisitis et acquirendis nostre auctoritatis decreto firmamus. et regali banno munitum nostri priuilegii scripto roboramus. Aduocatiam uero ecclesie uiri nostri heredisque nostro cui ditioni castrum illud Languardesroth cum suis appendiciis mancipatum fuerit reseruantes. per unum ministerialem nostrum absque aliquo beneficii uice amministrari decernimus. Qui uidelicet ter in anno placitum teneat. et ad seruicium sui sic bone memorie Gertrudis marchionissa instituit percipiat. scilicet unum porcum uel solidum unum. tres modios panis. V. amphoras ceruise. LX. manipulos ad pabulum. Quod si ultra in rebus uel in causis monasterii abbi aut fratribus uiolentiam inferre temptauerit. uel iniustas exactiones exercuerit. secundo ac tercio comonitus si non emendauerit ab aduocatia remoueatur. et alius quem precepit sub cuius potestate locus est utilem monasterio iudicauerit subrogetur. Abbas uero liberam habeat potestatem in collocandis ad utilitatem monasterii prediis. sed et de censibus seu seruicii sui subtractione. seu cuilibet alteri iustitie sue diminutione secundum quod sententia dictauerit cum familia ecclesie agat. cui uidelicet actioni aduocatus nullatenus se nisi uocatione abbatis precepit ingerere. Siquis uero contra hoc nostre institutionis decretum uenire temptauerit. et eidem monasterii quietem ullomodo turbauerit. ad temeritatis sue penam decem libras auri. medietatem camere nostre et medietatem prefate componat ecclesie. Et ut hoc omni in posterum tempore firmum et inuiolatum custodiatur. presentem paginam sigilli nostri inpressione insignitam consignari.

Data goslarie ... anno M. C. XXXIIII. Indict. XII. Anno uero regni regis Lotharii VIIII. Imperii secundo.

C 5

C 6

leileiter und Notar Thietmarus als beglaubigende Person (Rekognoszent) genannt. Das in Wachs eingedrückte Siegel rechts neben dem Monogramm ist das erste Königssiegel Lothars III., das hier noch einmal Verwendung findet, obwohl Lothar inzwischen zum Kaiser gekrönt worden war (1133). Das auf ältere Vorbilder zurückgehende Monogramm ist ohne persönliche Beteiligung des Herrschers gezeichnet. Noch unter Lothars Vorgänger Kaiser Heinrich V. war der eigenhändige Vollziehungsstrich üblich.

Archiv des Klosters St. Aegidien in Braunschweig.

MGH D L III 67. – Römer-Johannsen/Römer 1979, S. 16, Nr. 3 (Regest). – Regesta Imperii IV 1, S. 261ff., Nr. 410 (Regest).

Schneidmüller 1986a, S. 41–58, Abb. nach S. 48.

U.Schw.

C 6 Fragment eines Königskopfes

Werkstatt des Freckenhorster Taufsteins, um 1130

Baumberger Sandstein – im Bereich des Gesichts stark abgewittert; am Hinterkopf große Bruchfläche – H. 25 cm – B. 17 cm – T. 19 cm.

Freckenhorst, Kath. Kirchengemeinde St. Bonifatius, Inv. Nr. AF 001.013.0001-001.013.0007

Das 1959 bei Baumaßnahmen in der Nähe der Sakristei der ehemaligen Damenstiftskirche in Freckenhorst gefundene lebensgroße Fragment eines männlichen Kopfes diente möglicherweise als plastische Wandvorlage. Während die Gesichtsfläche nur noch rudimentär Augenlidansätze erkennen läßt, wird das Haupt durch eine aus sich kreuzenden Bändern gestaltete Bügelkrone geschmückt. Die vertikalen Bügel sind mit stilisierten Blatt- und Kreisornamenten verziert, der horizontale Kronreif weist ein alternierendes Muster diagonaler und vertikaler Kerbungen auf. An den Schläfen hängen Pendilien in feingearbeiteter Palmettenornamentik herab. Der durch eine konturierende Kerbung akzentuierte, lockige Backenbart rahmte einst das Gesicht.
Das Kopffragment läßt sich aufgrund seines wenig plastisch artikulierten Reliefstils und seiner eigentümlichen Ritzzeichnung stilistisch mit dem Freckenhorster Taufstein verbinden, den man als »Goldschmiedewerk in Stein« bezeichnet hat. Die Nähe zu dem durch die Weiheinschrift von 1129 datierbaren Taufstein berechtigt zu der Annahme, daß das Kopffragment etwa um diese Zeit entstand.
Die durch eine seit ottonischer Zeit gebräuchliche Bügelkrone charakterisierte Herrschergestalt wurde von der Forschung als Lothar III. gedeutet. Die größten formalen und funktionalen Bezüge weist das beschriebene Kopffragment zu dem sicher als Darstellung Kaiser Lothars III. zu identifizierenden, gleichfalls als plastische Wandvorlage gearbeiteten Kopf über dem Scheitel einer nördlichen Mittelschiffsarkade in der ehemaligen Benediktinerinnen-Klosterkirche in Hecklingen (Sachsen-Anhalt) auf. Argumentativ kann eine analoge Identifizierung des Kopffragments ferner durch die familiären und politischen Beziehungen gestützt werden, die Lothar III. zu Bischof Dietrich II. (1118-1127) und dessen Amtsnachfolger Egbert von Münster besaß. Während der Erstgenannte ein Vetter Lothars war, ist der zweite trotz seiner kurzen Amtszeit (1127-1132) häufig bei Lothar bezeugt und wiederholt mit diplomatischen Missionen von diesem betraut worden, obgleich er nicht zu seinen engsten Vertrauten zu rechnen ist. Egbert von Münster nutzte auffallend häufig die Klosterkirche für feierliche liturgische Handlungen.

Thümmler 1961. – Thümmler 1965. – Schramm/Mütherich 1983, Nr. 197. – Westermann-Angerhausen 1987. – Kat. Münster 1993, 2, Nr. 84 mit Abb. S. 365.

M.Mü.

C 7 Vortragekreuz aus Hesselbach/Odenwald

Westfalen, um 1140

Bronze und Messing, vergoldet – Ergänzungen und Zusammenfügung 19. Jahrhundert – H. 48 cm – B. 31 cm – H. Corpus 19,5 cm – B. Corpus 17,2 cm.

Darmstadt, Hessisches Landesmuseum, Inv. Nr. Kg 43,I

Das Krückenkreuz ist aus unterschiedlichen Teilen im 19. Jahrhundert im Auftrag des Grafen Franz zu Erbach-Erbach zusammengefügt worden. Den Anstoß gab ein Grabfund aus der kleinen Gemeinde Hesselbach, die seit 1803 zu Erbach gehörte und zuvor dem Kloster Amorbach inkorporiert war. Dem Fund entstammen zumindest der Querbalken des Kreuzes und der innere Teil des unteren Balkens. Diese Teile bestehen aus Bronze mit einem hohen Kupferanteil und sind anhand ihrer auf langjährige Einlagerung in der Erde zurückzuführende Porosität zu erkennen. Ob weitere Fragmente erhalten waren (vielleicht der Dorn des Einsteckkreuzes), die einen Anhalt zur Restaurierung geben konnten, ist unbekannt. Die fehlenden Teile, d.h. der obere Kreuzbalken, das untere Kreuzende und die Rahmenleisten des unteren Kreuzbalkens, wurden in Messing nach einem Entwurf von Christian Kehrer (*1770, †1869) ergänzt, wobei die Gravierungen und Punzierungen im Stil den mittelalterlichen angeglichen wurden. Wahrscheinlich erfuhren diese dabei eine Überarbeitung. Ein aus unbekannter Quelle erworbener Corpus wurde durch das Hochbiegen der Hände der Kreuzgröße angepaßt und das Ganze mit einer dicken Vergoldung überzogen. Ein Kreuztitulus wurde auf den oberen Kreuzbalken geklebt, getriebene Platten mit Ranken- und Perlornament und je einem Bergkristall und vier dunklen Steinen wurden in die Kreuzenden eingesetzt. Die kreisrunden Befesti-

C 7

gungslöcher der Edelsteinplatten sind heute noch erkennbar. Dieser Zustand ist fotographisch überliefert und blieb mindestens bis 1873 erhalten. 1879 war der Edelsteinschmuck bereits entfernt; in den 1960er Jahren gingen zwei Finger der linken Hand Jesu verloren.

Der sicherlich qualitätvollste Teil des Kreuzes ist der Corpus, dessen Herkunft unbekannt ist. In der plastischen Erfassung des gedrungenen Körpers und der ornamentalen Gestaltung des Lendentuchs mit Mittelknoten steht er einem Kruzifix im City Art Museum von St. Louis nahe. Wie dieser folgt er im Typ dem sogenannten Cappenberger Kruzifix im Städtischen Museum für Kunst und Kulturgeschichte in Dortmund, ist aber zeitlich später anzusetzen. Ebenfalls in den westfälischen Kunstkreis, aber früher, um 1140, sind die alten Teile des eigentlichen Kreuzes einzuordnen. Die Grundform ist der eines Kreuzes im Frankfurter Museum für Kunsthandwerk verwandt, das dem Umkreis Rogers von Helmarshausen zugeschrieben wird. Doch sind die Frankfurter Gravierungen ebenso wie die des Modualdus-Kreuzes im Kölner Schnütgen-Museum ungleich qualitätvoller. Die gravierten Evangelistensymbole, das Lamm Gottes und die Randgestaltung sind geläufige Formen westfälischer Arbeiten dieser Zeit. Die Gravuren des Hesselbacher Kreuzes stehen denen des Kreuzes in der Stadtkirche von Brilon am nächsten.

Auf dem unteren Kreuzbalken befindet sich die Gravierung einer gekrönten Frauengestalt mit Lilienzepter und Reichsapfel. In Verbindung mit der möglicherweise nicht authentischen Inschrift auf der Vorderseite des Kreuzdorns ME FIERI IVSSIT VIII wird in dieser Gestalt eine königliche Stifterin des Kreuzes vermutet. Dabei ist von einer Stiftung an das bis zur staufischen Zeit bedeutende Kloster Amorbach auszugehen, das Stück gelangte dann zu einem unbekannten Zeitpunkt in die recht unbedeutende Filialkirche nach Hesselbach und dort in ein Grab. Unter den vorgeschlagenen Herrscherinnen, Kaiserin Mathilde (Heirat 1114 mit Heinrich V., Rückkehr nach England 1125), Kaiserin Richenza (Frau Lothars III., †1141) und Königin Gunhild (Frau Konrads III., †1146) hat zumindest letztere eine gewisse Wahrscheinlichkeit, da Konrad III. 1144 bei einem Aufenthalt in Amorbach nachweisbar ist.

Alte Kreuzteile Grabfund aus Hesselbach; restauriert und mit einem Corpus versehen vor 1823, bis 1873 Schloßkapelle, Schloß Erbach, dann Sammlungen Schloß Erbach; 1942 im Tausch vom Hessischen Landesmuseum erworben.

zu Erbach-Erbach 1867, S. 16, Nr. 19. – von Hefner-Alteneck 1879, Nr. 57. – Inv. Kreis Erbach, S. 87. – Feldbusch 1954. – Degen 1955, S. 38f. – Kat. Barcelona 1961, Nr. 1161. – Schramm/Mütherich 1962, Nr. 168. – Kat. Corvey 1966, 2, Nr. 260. – Bloch 1977, S. 318. – Freise 1982, S. 288. – Schramm/Mütherich 1983, Nr. 191. – Störmer 1984, S. 22. – Kat. Speyer 1992, S. 281. – Bloch 1992, Nr. I B 7.

T.J.

C 8 *Narratio de electione Lotharii*

Göttweig, 1150-1170, eher zwischen 1160 und 1170

Pergament – Einband: Holzdeckel, mit Schweinsleder überzogen, mit starken Metallbuckeln und Schließen (wohl Anfang 16. Jahrhundert), Eintrag im vorderen Einbanddeckel: »Göttweiger Hände 1150–1170« – Vorlegeblatt und 168 Blätter in Folio (doppelte moderne Zählung von 1 bis 61 und 1 bis 108) – H. 27 cm – B. 19,5 cm – Schriftspiegel: H. 20,5 cm – B. 13,5 cm.

Schrift: Minuskel des 11./12. Jahrhunderts, mit Anklängen an die gotische Minuskel des 12. Jahrhunderts (Hand C) und an die Majuskelbuchstaben der um die Jahrhundertmitte gebräuchlichen Urkundenschrift – Sammelhandschrift, von sieben verschiedenen Händen (Inhaltsverzeichnis: F = Vorlegeblatt – 1. Teil: A = Bl. 2r–61r – 2. Teil: B = Bl. 1r–13v, C = Bl. 14r–40v, D = Bl. 41r–48r, E = Bl. 49v–50v, D = Bl. 51r–59v – 3. Teil: D = Bl. 60r–105r [nur 5 Zeilen beschrieben, Rest des Bl. 105 herausgeschnitten], 106r–107r/v [Zeile 9], 108r [bis zur Hälfte], G = Bl. 107v, sonst nicht nachzuweisende Hand des 12. Jahrhunderts auf Bl. 108v: *iste liber attinet at sanctam Mariam,* darunter Hand des 14. Jahrhunderts *Köttwich*) – Inhalt: 1. Teil = Heiligenleben, vielleicht das *Martyrilogium, in quo diverse pagine computi;* 2. Teil und 3. Teil bis Bl. 62v = *Liber de honore ecclesiae* des Placidus von Nonantola; 3. Teil = Seneca-Schriften (Bl. 63r-64v), *Proverbia Senece* (Bl. 65v–90r), *De missa* (Bl. 90r–91v), *Epistola Bach[i]arii* (Bl. 92r–105r), *Augustinus in II. libro de sancta trinitate* (Bl. 105r, Fragment), *Narratio de electione Lotharii* (Bl. 106r–108r).

Göttweig, Stiftsbibliothek, Cod. Gotwic. n. 106 (vorm. 50)

Die sogenannte *Narratio de electione Lotharii* stellt eine minutiöse Schilderung der Wahl von 1125 dar, als nach dem Tod Kaiser Heinrichs V. ohne Sohn (23. Mai 1125) und dem Erlöschen des salischen Hauses in männlicher Linie auf der zum 24. August, dem Bartholomäustag, in Mainz anberaumten Versammlung mit dem sächsischen Herzog Lothar von Süpplingenburg durch die Reichsfürsten ein neuer König erhoben wurde. Die *Narratio* wurde wahrscheinlich nur kurze Zeit später durch einen Geistlichen verfaßt, der zwar Augenzeuge, aber nicht unmittelbar an den Verhandlungen beteiligt gewesen war. Er gibt in zeitlich leicht geraffter Form die Abfolge der jeweiligen Handlungen wieder, wobei er manche Einzelheiten unaufdringlich kommentiert. Man darf in ihm einen Mönch des Klosters Göttweig in der Diözese Passau sehen, will man nicht gar den Abt Kadaloh (1125–1141) als Autor vermuten, der nicht lange nach den Ereignissen (vor Ende November 1125) seinen Bericht auf ein Pergament schrieb. Die einzige erhaltene Abschrift findet sich im Göttweiger Codex, ohne daß eine weitere Verbreitung nachzuweisen wäre.

Dargestellt werden: die Anreise und Lagerung der rivalisierenden Fürstengruppen auf beiden Rheinufern; die Bestätigung des Bischofselekten Reimbert von Brixen und seine nachfolgende Weihe; die Eröffnung der Wahlversammlung, die unter der Leitung des Mainzer Erzbischofs Adalbert steht; die Aufstellung einer Wahlordnung und ihre Durchführung; das unterschiedliche Verhalten der drei vorgeschlagenen Kandidaten, des staufischen Herzogs Friedrich von Schwaben, des babenbergischen Mark-

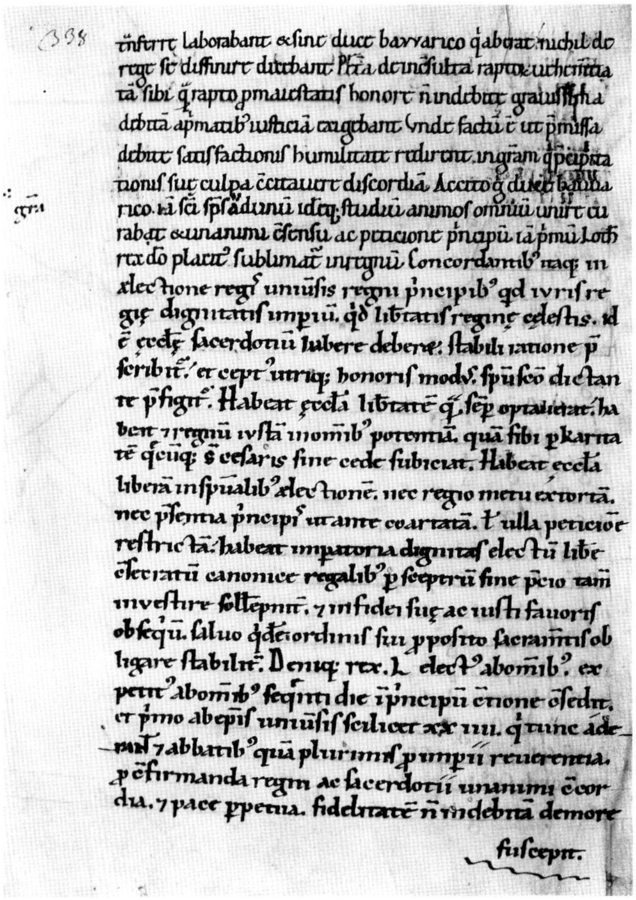

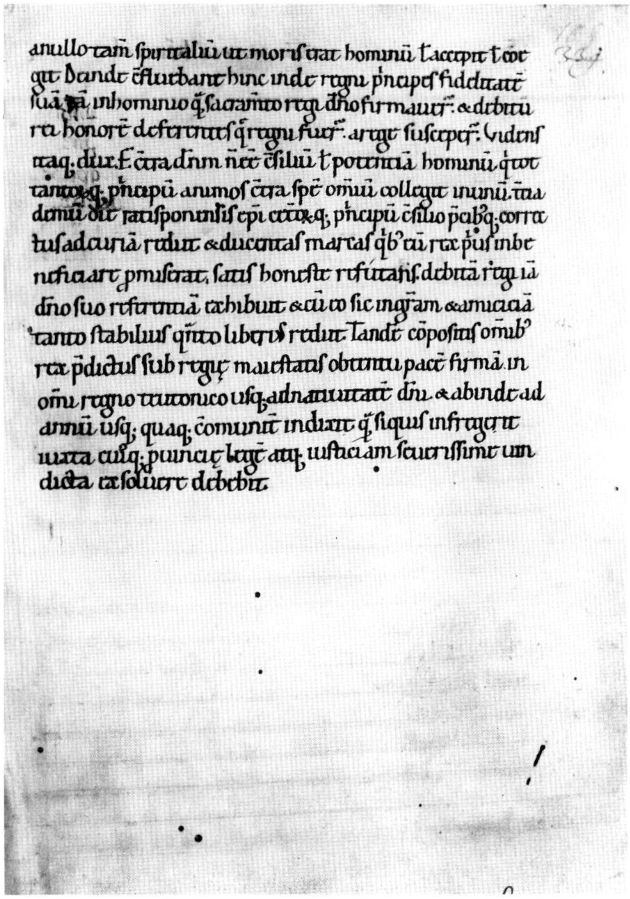

grafen Leopold von Österreich und des Herzogs Lothar von Sachsen; die Bemühungen Adalberts von Mainz um eine einmütige Wahl und um die Durchsetzung seines eigenen Kandidaten; die tumultuarische Erhebung Lothars von Sachsen durch seine Anhänger, durch die dem Mainzer Erzbischof die Ausübung seines Erststimmrechts genommen wird; die Versuche, ein Auseinanderbrechen der von Empörung zerrissenen Versammlung zu verhindern und zu einer geregelten Wahl zurückzukehren; die Beratungen über die neue Lage und über einen konsensfähigen Kompromiß unter Führung des Erzbischofs von Salzburg und des Bischofs von Regensburg; die endgültige, einmütige Erhebung Lothars zum König am Sonntag, den 30. August; die Bestimmungen einer Übereinkunft (sogenanntes *Pactum*), die als Ergebnis der Ausgleichsverhandlungen erscheint und die Leistung des Treueids ohne den üblichen Handgang durch die anwesenden Geistlichen sowie die Leistung des Treueids mit Handgang durch die anwesenden weltlichen Fürsten belegen soll, die zugleich eine Bestätigung ihrer Reichslehen erhielten; die nachträgliche Huldigung Herzog Friedrichs von Schwaben; die Verkündigung eines Landfriedens für das ganze deutsche Reich bis Weihnachten 1126 durch König Lothar III.

Beträchtliche interpretatorische Schwierigkeiten bereitete das *Pactum*, das innerhalb der *Narratio* auf Bl. 107v des Göttweiger Codex von anderer Hand (G) als der übrige Text offensichtlich nachgetragen worden war. Versucht man nicht, wie bisher fast ausnahmslos geschehen, die Abfassungszeit der Handschrift möglichst nahe an die Ereignisse von 1125 heranzurücken, sondern vertraut dem paläographischen Befund, der auf eine Entstehung des Codex zwischen 1150 und 1170 verweist, lösen sich die Probleme. Die Bestimmungen des *Pactum*, die in der Frage der Regalieninvestitur mit ihrer Forderung nach der Weihe des Bischofselekten vor seiner Einsetzung in die Regalien durch den König den Vereinbarungen des Wormser Konkordats von 1122 entgegenstanden, entsprachen der Verhandlungsgrundlage bei den Ausgleichsgesprächen zwischen Lothar III. und jenen vornehmlich dem bayerischen Episkopat angehörigen geistlichen Fürsten, die die Wahl ablehnten, ohne daß ihre Forderungen zur Wahlkapitulation erhoben worden wären. Erst vier Jahrzehnte später wurde das *Pactum*, vermutlich nach einer Überlieferung aus Salzburg, wo bei der Regalieninvestitur seither so verfahren wurde, nachträglich der *Narratio* hinzugefügt, um ihm auf diese Weise offizielle Gültigkeit zu verschaffen. Es liegt nahe, daß die Göttweiger Handschrift bzw. manche der dort enthaltenen Schriften, einschließlich der ergänzten *Narratio,* zur Verteidigung der Salzburger Position benutzt werden sollten, wahrscheinlich vergeblich im Rahmen der Auseinandersetzungen zwischen Erzbischof Konrad II. von Salzburg und Kaiser Friedrich Barbarossa in den Jahren 1164–1166. Dieser Zusammenhang und die nachfolgenden harten Strafaktionen des Staufers in der Erzdiözese Salzburg erklären auch den Verlust des Originals und die fehlende weitere Überlieferung der *Narratio.*

Göttweig, Stiftsbibliothek (Besitz des Stiftes seit dem 12. Jahrhundert, dort 1721 entdeckt und zuerst gedruckt von Heinrich Pez, in: SS rer. Austriacarum 1, Lipsiae 1721, S. 570ff.).

Narratio de electione Lotharii. – Regesta Imperii IV 1, S. 52–61, Nr. 92 zu 1125 August 24-September 2(?), Mainz (mit fast vollständiger Auflistung der wichtigsten Lit.). – Kalbfuß 1910, zwischen S. 544/45 Faksimile von Bl. 107v). – Stoob 1974, mit willkürlicher Datierung des interessierenden zweiten Teils des Codex auf »vor 1147, ... besser aber noch vor 1137« bzw. »auf die Monate von Oktober 1133 bis Februar 1135«. – Wattenbach/Schmale 1976, Bd. 1, S. 7–9. – Busch 1990, S. 33 (Analyse des Codex mit Datierung auf 1150–1170 bzw. »insgesamt mehr dem Ende, als der Mitte des dritten Viertels« des 12. Jahrhunderts zuzuordnen). – Vones 1995 (im Druck).

L.V.

C 9 Sogenanntes Friedrich-Lektionar

Köln, um 1120/30

Pergament – Buchmalerei in Deckfarben mit Gold – 171 Bätter – H. 35 cm – B. 25,5 cm.

Köln, Erzbischöfliche Diözesan- und Dombibliothek, Cod. 59

Der Textsammlung von Briefen und Kommentaren des hl. Hieronymus geht als einzige Miniatur das zweizonige Titelblatt voran (fol. 1r). Im unteren Bildfeld thront Erzbischof Friedrich I. von Köln (1099–1131) auf einem Faldistorium zwischen den Bücherkisten der Dombibliothek. Mit beiden Händen weist er ein Schriftband mit dem Psalmvers 118, 97 vor – QVOMODO DILEXI LEGEM TVAM DOMINE TOTA DIE MEDITATIO MEA EST –, der gleichsam als Maxime oder Selbstbekenntnis des Erzbischofs das Leitthema der Miniatur formuliert: seine Liebe zu Gottes Geboten – hier niedergelegt in den Büchern der Dombibliothek –, denen sein tägliches Nachsinnen gilt. Auf die Worte Friedrichs antwortet der im oberen Bildfeld mit segnend erhobener Rechten thronende Christus mit der Verheißung des Johannes-Evangeliums, daß er und sein Vater bei all jenen Wohnung nehmen werden, die seine Worte lieben und bewahren (Jo 14, 23). Als Rede und Gegenrede sind analog die Rotuli der typologisch aufeinander bezogenen Halbfiguren der Propheten, Apostel und Johannes des Täufers in den Rahmenfeldern zu verstehen, während die Personifikationen der Kardinaltugenden in den Medaillons der Bildecken auf die entscheidenden Grundlagen der Amtsführung des Bischofs verweisen: In programmatischer Form faßt die Miniatur demnach das Selbstverständnis Friedrichs zusammen, der die Befolgung der göttlichen Gebote in der Unterordnung unter Christus zum Maßstab seines Handelns erhebt.

Die Entstehung der Handschrift fällt in das Jahrzehnt des Wormser Konkordats (1122) und der Königswahl Lothars von Süpplingenburg (1125). Wenn man dem Bericht des Annalista Saxo Glauben schenken darf, nahm der Kölner Erzbischof zusammen mit Adalbert von Mainz eine Schlüsselrolle bei der Wahl des Sachsenherzogs ein. Allerdings hatte Friedrich zunächst einen anderen Kandidaten favorisiert, und auch später war sein Verhältnis zu Lothar – vielleicht bedingt durch die konkurrierenden territorialpolitischen Interessen in Westfalen – nicht frei von Spannungen. Offenbar von hohem geistlichen Eifer erfüllt, tritt der Erzbischof zunächst als Förderer der Siegburger Klosterreform und später der neuen Reformorden hervor (Prämonstratenser, Zisterzienser), nicht zuletzt vollzieht er während seines Episkopats jedoch einen entscheidenden Wechsel von einem Gegner zum Befürworter der gregorianischen Kirchenreform. Vor dem Hintergrund der Auseinandersetzungen des Investiturstreits legt die Miniatur als Legitimationsbild daher von dem hohem spirituellen Ernst des Kölner Metropoliten Zeugnis ab, wobei in dem ähnlichen figuralen Schema des frontal thronenden Christus und des Erzbischofs (Niehoff 1985a) nicht zuletzt der Gedanke der Nachfolge bzw. *Imitatio Christi* anzuklingen scheint: Nicht von ungefähr hat jedenfalls J. M. Plotzek darauf hingewiesen, daß das vielschichtige symbolisch-allegorische Bildprogramm des Frontispiz seine nächsten Entsprechungen an den rheinischen Reliquienschreinen der zweiten Hälfte des 12. Jahrhunderts hat.

Wesentliche Anregungen für die Darstellung Friedrichs dürfte das Autorenschema des Hieronymus-Bildes vermittelt haben, das etwa in dem sogenannten Hillinus-Codex der Kölner Dombibliothek überliefert ist (vgl. Schulten 1980). Daneben sollte aber auch nicht unbeachtet bleiben, daß erstmals das zweite Siegel Erzbischof Friedrichs einen Kölner Metropoliten thronend im Schema der Königs- und Kaisersiegel zeigt (Kat. Köln 1985, 2, Nr. D 8 [Rainer Kahsnitz]). Auch das Thronbild Christi ist eng mit der zeitgenössischen rheinischen Kunst verbunden, wie die Gegenüberstellung mit einer prominenten Kölner Goldschmiedearbeit – dem Christus mit der Wurfschaufel des Schnütgen-Museums – erweist.

Schnitzler 1959, S. 29f., Nr. 23. – Kat. Köln 1972, Nr. J 41 (Joachim M. Plotzek). – Plotzek 1973, S. 323. – Schulten 1980, S. 110f., Nr. 56. – Kat. Köln 1985, 1, Nr. A 20 (Anton von Euw). – Niehoff 1985a, S. 42. – Gattermann 1993, S. 605f., Nr. 1019. – Telesko 1993, S. 373.

T.S.

C 10 Necrolog aus dem Benediktinerkloster St. Michael in Bamberg

Bamberg, angelegt nach 1112 mit vielen Nachträgen

Das Michelsberger Necrolog gehört zu einer Handschrift, die neben der Benediktsregel ein Lektionar, Urkunden und verschiedene Nachträge umfaßt. Im folgenden wird nur das Necrolog behandelt:

Pergament – moderner Pappeinband – 45 Blätter (fol. 62r–107v) – H. 25 cm – B. 18 cm.

Bamberg, Staatsbibliothek, Msc. Lit. 144

Das Necrolog besteht aus drei oder vierbogigen mit brauner Feder gezeichneten, teilweise bescheiden verzierten Arkaden, die grün, gelb oder rot koloriert sind. In die Rundbögen wurden in der Reihenfolge des Kalenderjahrs die Todesdaten der Personen eingetragen, der die Klostergemeinschaft liturgisch zu gedenken hatte. Heute wird angenommen, daß die Anlage dieses Totenbuchs bald nach 1112 erfolgte, dem Beginn des Abbatiats Wolframs I. vom Michelsberg. Die Daten des 11. Jahrhunderts übertrug man aus einer älteren Vorlage, wie z.B. das Todesdatum des ersten Abtes Rato am 16. Januar 1020 zeigt. Unter den über hundert Sterbedaten des 12. Jahrhunderts sind besonders viele in die sechziger Jahre zu datieren.

Fol. 84v: Neben Necrologeinträgen in verschiedenen romanischen und gotischen Schriften befindet sich in der ersten Spalte am 30. Juni das Brustbild Bischof Ottos I. von Bamberg (1102–1139). Otto, mit spitzhöckriger Mitra und goldenem Heiligenschein, hält ein Schriftband mit den Worten: VIVIT. ANIMA. MEA. (et) LAUDABIT. TE (Ps 118, 175). Darunter folgt auf einer epitaphähnlichen Tafel die Inschrift: OTTO. PIUS. EP (ISCOPU) S. BABENB (ERGENSIS). PATER. NOSTER. Die goldenen, schwarz umrandeten Majuskeln auf goldenem Grund werden durch Zwischenstreifen in grüner, weitgehend abgeplatzter Farbe getrennt.

Neben der Miniatur am äußeren linken Blattrand ist unter einem schwarzem Kreuz eine weitere Inschrift eingetragen: *Hic est dominus noster piissimus Otto episcopus. cognomento pater pauperum Christi. apostolus gentis Pomeranorum. renovator huius cenobii. fundatorque aliorum XVIII monasteriorum. cuius memoria in omni ore quasi mel indulcabitur. quia ipse re vera divinitus in hunc locum est directus. quem per triginta et sex annos deo propiciante gubernans. cultu interiori et exteriori tam nobiliter augmentavit. ut quousque mundus iste volvitur. eius laudabile meritum semper accipiat incrementum VII. CANDELE.* Nach rühmenden Worten zu Otto als Vater der Armen, Apostel von Pommern, Erneuerer des Klosters auf dem Michelsberg und Gründer von 18 weiteren Klöstern lautet die Übersetzung des weiteren lateinischen Textes: »Sein Gedächtnis ist wie süßer Honig in jedem Munde, weil er in Wahrheit von Gott an diesen Platz geführt worden ist, den er mit Gottes Gnade 36 Jahre lang geleitet und durch seine Fürsorge im Inneren wie im Äußeren in so edler Weise gehoben hat, daß sein lobwürdiges Verdienst, so lange sich die Erde dreht, stets noch weiter zunehmen wird. Sieben Kerzen.« (Zitat der Übersetzung nach Machilek 1989, S. 18).

Die Datierung von Miniatur und Randinschrift ist kontrovers. Ottos Todesdatum 1139 oder seine Kanonisation 1189 könnten der Anlaß gewesen sein. Der Text der schmucklosen Randinschrift wird anläßlich seines Todesdatums formuliert worden sein; denn der Wortlaut ist schon zwischen 1151 und 1159 durch Ottos Biographen Ebo bezeugt. Die Miniatur dagegen kann erst nach seiner Kanonisation 1189 hinzugefügt worden sein; denn sie bedeckt eine radierte Stelle, wo sich ursprünglich vielleicht die an den Rand übertragene Inschrift befand. Mit diesem Datum stimmen auch der Nimbus des Heiligen und der stilistische Befund der Darstellung überein, die sich ins letzte Viertel des 12. Jahrhunderts und in die Michelsberger Malerschule einordnen läßt.

Das Necrolog gehört zu einer Handschrift, die sich nach den Aufzeichnungen des Bibliothekars Burchard schon im zweiten Viertel des 12. Jahrhunderts auf dem Michelsberg in Bamberg befand.

Suckale-Redlefsen 1989, S. 481f. – Schemmel 1990, Nr. 41. – Laudage 1993, S. 300f.

G.S.-R.

C 11 *Vita beati Norberti*

Schäftlarn, um 1180-1200

Pergament – kolorierte Federzeichnung, Initialen – heller Ledereinband, 15. Jahrhundert – 101 Blätter – H. 19,5 cm – B. 12,5 cm.

München, Bayerische Staatsbibliothek, Clm 17144, fol. 5v: Der hl. Augustinus überreicht Norbert die Ordensregel

Die *Vita Norberti* aus Schäftlarn enthält die mit Abstand früheste Darstellung Norberts von Xanten, dessen Kanonisierung erst im Jahre 1582 erfolgte. Um 1080/85 geboren, wurde Norbert in jungen Jahren Kanoniker am St.-Viktor-Stift in Xanten und nahm im Gefolge des Erzbischofs Friedrich I. von Köln 1110/11 am Romzug Kaiser Heinrichs V. teil. Ein Bekehrungserlebnis veranlaßte ihn zur Askese, Mission und schließlich 1121 zur Ordensgründung in Prémontré. Nach seiner Berufung zum Erzbischof von Magdeburg 1126 wurde Norbert zum engen Vertrauten und Berater König Lothars III., dessen Interessen er ebenso zu wahren verstand wie jene des Reformpapstes Innozenz II. Seine aktive Rolle in der Kirchen- und Reichspolitik führte ihn 1132/33 zur Kaiserkrönung nach Rom, wo er von Lothar zum Erzkanzler für Italien ernannt wurde und vom Papst die Bestätigung der Metropolitanrechte Magdeburgs im Osten (das sogenannte Polenprivileg) erhielt. Als Norbert 1134 starb, zeigten seine Reformen bereits große Wirkung. Von den sich rasch verbreitenden

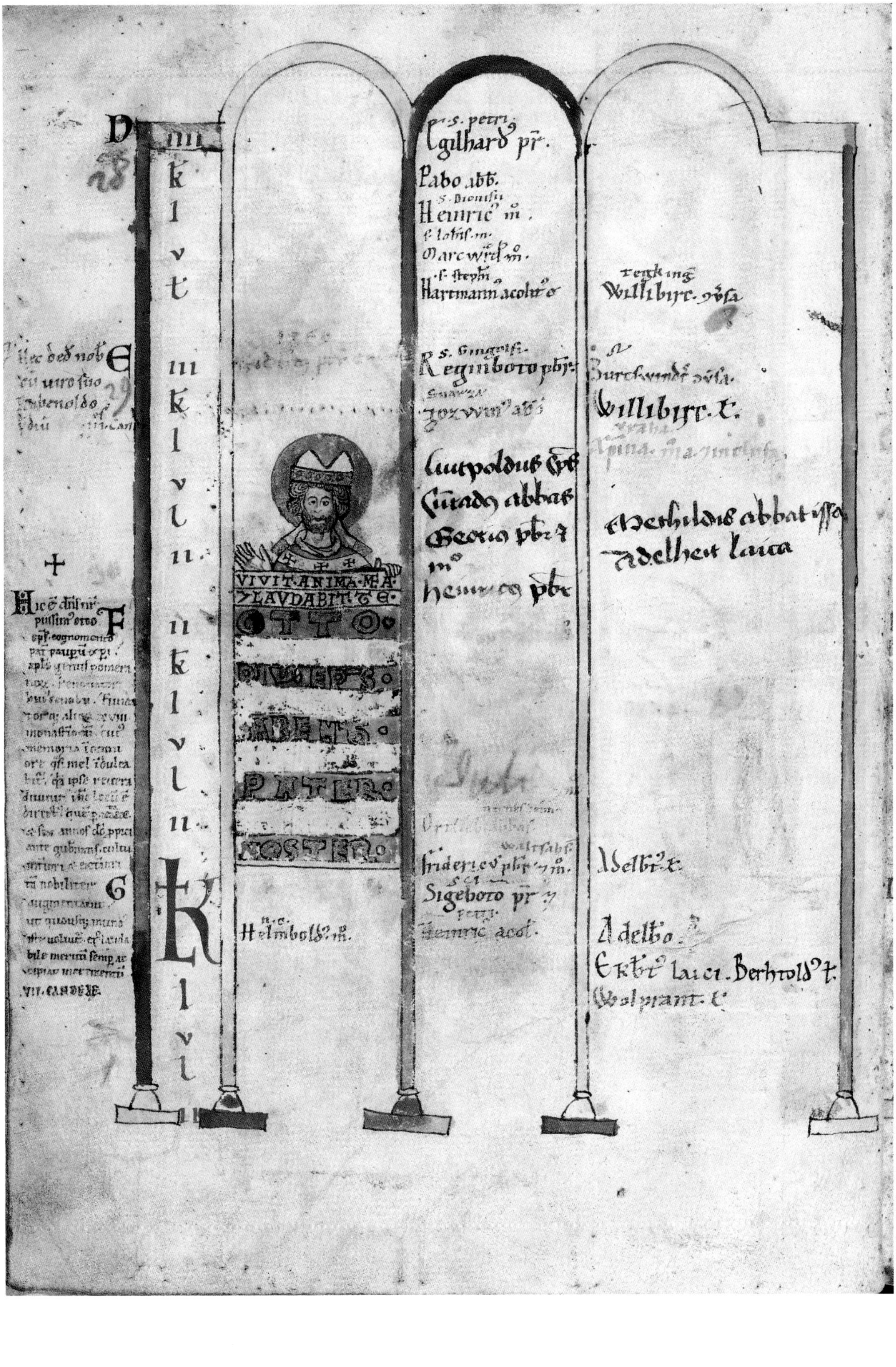
VIVIT ANIMA MEA
ET LAUDABIT TE
OTTO
Egilhard pr.
Pabo abb.
Reginboto pbr.
Sigeboto pr.

C 10

C 11

Niederlassungen der Prämonstratenser in Deutschland sollten jene der nordöstlichen Ordensprovinz auch für die Christianisierung der Slawen bedeutsam werden. Drei Domkapitel östlich der Elbe (Brandenburg, Havelberg, Ratzeburg) waren etwa ab 1150 dem Orden inkorporiert. Dagegen folgten die westlichen Ordensgemeinschaften mehr dem monastischen, von den Zisterziensern geprägten Ideal des Stammklosters. Diese Unterschiede wären, so die jüngere kritische Forschung, mit ein Grund, warum Norbert erst nach dem Tridentinum heiliggesprochen wurde. Auch laste auf seiner Person der scheinbar unvereinbare Widerspruch eines Wanderpredigers, Ordensgründers und Reichsfürsten, der die einträchtige Fürsprache des Ordens für seine Kanonisierung lange Zeit verhindert hätte. Doch schon die beiden ersten, um 1150/60 verfaßten Viten beschreiben den *vir dei* mit zahlreichen Topoi der Heiligmäßigkeit. Wundertaten begleiteten sein Leben, barfuß zog er in der Nachfolge Christi als Erzbischof in Magdeburg ein. Der hl. Augustinus reichte Norbert in Prémontré seine Regel, berichten weiterhin die *Additamenta Fratrum Cappenbergensium*, ein Textzusatz der sogenannten Vita B. Sie ist in 22 Exemplaren überliefert, allein die hier ausgestellte Schäftlarner Abschrift (mit den *Additamenta*) enthält eine Illustration. Sie zeigt in einer schlichten Arkadenrahmung den Akt der Ordensgründung. Norbert nimmt in gebeugter Haltung die Regel von Augustinus entgegen – eine Geste der Demut, die das Weiterbestehen der Augustinerregel im *ordo novus* der Prämonstratenser anschaulich vermittelt. Der Ordensgründer, nimbiert und bekleidet mit dem Pallium des Erzbischofs, ist dem Kirchenvater als anverwandter Heiliger gegenübergestellt. Seiner entsprechend großen und reich durchgezeichneten Gestalt fügte eine spätere Hand noch den Namen hinzu. Der Codex ist stilistisch der späten Schäftlarner Handschriftengruppe zugehörig und wohl erst gegen Ende des 12. Jahrhunderts entstanden. Aus dem 1140 durch Bischof Otto von Freising neu gegründeten Prämonstratenserkloster hat sich auch das einzige Exemplar der ältesten Ordensstatuten erhalten (Clm 17174, um 1150, Klemm 1988, Nr. 108). Erwähnt sei noch eine Memorialstiftung von Heinrich dem Löwen (1171 ?, MGH UU HdL, Nr. 84). Sie läßt jedoch nicht auf ein Nahverhältnis zum Welfen schließen, wogegen allein schon die bekannt stauferfreundliche Haltung des Klosters spräche. Ihren Ausdruck fand sie etwa in einem Lobgedicht des Propstes Heinrich (1164-1200) auf Kaiser Friedrich I. Barbarossa oder in der *Historia Hierosolymitana*, die Heinrich um 1189 für Friedrich schreiben ließ (Kat. A 6); ihre Dedikationsminiatur mit dem Bildnis des Kaisers als *miles christianus* weist durchaus einige stilistische Vergleichspunkte mit Clm 17144 auf.

Schäftlarn, Prämonstratenserkloster Hl. Dionysius und Hl. Juliana; 1803 nach München.

PL 170, Sp. 1253–1350A (Text). – Ruf 1972, S. 60, 78ff. – Klemm 1988, Nr. 148 (andere Deutung als Übergabe der Ordensregel an den Papst). – Elm 1984, passim, Farbabb. nach S. 160. – Stahlheber 1984. – Backmund 1986. – Elm 1994 (Lit.).

V.P.

C 12 Reliquienschrein (?)

Niedersachsen, 2. Viertel 12. Jahrhundert

Bronze, gegossen und ziseliert – ohne Boden (und vermutlich ehemaligen Holz-Einsatz); Bruchstelle des Tragefigürchens vorn rechts in Brusthöhe repariert (mit Ausnahme seines linken Arms); beide seitliche Türme leicht nach innen verbogen – gesamte H. 23 cm – gesamte B. 29,2 cm – H. des Kastens (ohne Tragefiguren, ohne Türme) 7,5 cm – H. der Tragefiguren 4,4 bis 4,5 cm – H. der Türme 6,9 bis 7 cm.

Hamburg, Museum für Kunst und Gewerbe, Inv. Nr. 1957.71/Stiftung 95

Ein Kasten mit hohem Walmdach-Deckel, auf seinem abgeflachtem First drei Turm-Aufsätze, als Füße vier winzige

kniende Figuren. In virtuoser Gußtechnik sind alle Kasten-Seiten, mit Ausnahme eines schmalen Randstreifens, in durchbrochenes Rankenwerk aufgelöst. Dieses ist völlig flächig, ohne Modellierung, reduziert auf lineare Binnenzeichnung. Es besteht aus breiten, längsgerippten Stengeln, die direkt in die lebhaft bewegten Blattformen überleiten. Auf beiden Dach-Schmalseiten erscheint es als achsensymmetrisches Rankengewächs, auf allen anderen Seiten in Form einer Wellenranke. Als Rahmenmotiv ein schmales gekerbtes Band. Auf dem Deckel ein mittlerer Zentralbau zwischen seitlichen doppelgeschossigen Türmen, alle drei Bauten ebenfalls durchbrochen und mit durchbohrtem Knauf (auf den Abbildungen von 1858 und 1932 mit Ringen). Die knienden, lebhaften Figuren, nackt bis auf eine Andeutung von Unterzeug, tragen die Kastenecken mit Nacken und Schultern. Sie sind mit dem Kasten in einem Stück gegossen; auch der dachförmige Deckel mit seinen Aufsätzen ist ein Gußstück. Beide Teile sind verbunden durch zwei Scharniere an der Rückseite und einen Verschluß vorn (konisches Gehäuse am Kastenteil, ein Loch im überstehenden Rand des Deckels). Im Innern des Kastens eine Auflage für einen Boden bzw. einen hölzernen Kasteneinsatz (Durchbohrungen am oberen Kastenrand wohl zur Montierung).

Die spezifische Art des Rankenwerks zeigt Verwandtschaft zu Gußwerken, die sich im europäischen Raum weit verteilen, zur Bronzetür von San Zeno in Verona (älterer Bestand, um 1136/vor 1138), zum Siebenarmigen Leuchter

in Stift Klosterneuburg (um 1136) und zu Kleinbronzen im Umkreis von Hildesheim und Magdeburg (seit dem zweiten Viertel des 12. Jahrhunderts). Insbesondere zu dem Klosterneuburger Leuchter sind – trotz handschriftlicher Unterschiede – die Beziehungen eng (Bd. 2, Abb. 325), vergleicht man den Blattreichtum der Windungen, das freie Variieren der Details, auch das sehr reduzierte figürliche Element (winzige Engel-Halbfiguren). Der Rankenstil ist in Niedersachsen heimisch, ausgehend anscheinend von Hildesheim (vgl. das Leuchterpaar in Trier, Kat. G 34), und wurde vermutlich durch wandernde ausführende Kräfte nach Verona exportiert. Der Hamburger Schrein zeigt keine spezifischen italienischen Elemente, wird deshalb nicht dort, sondern in Niedersachsen entstanden sein, möglicherweise für einen weiter entfernten Auftraggeber. 1858 wird er in Koblenz bekannt (s. Provenienz).
Die Turmgruppe als Bekrönung ist Kennzeichen für sakrale Funktion, über die jedoch keine genaue Kenntnis besteht. Im Kasten-Typus sehr nahestehend, mit Walmdach-Deckel und Durchbruchornamentik, ist ein in Holz ausgeführter kleiner Reliquienschrein des Kölner Kunstgewerbemuseums (Kat. Stuttgart 1977, 1, S. 378, Nr. 516, 2, Abb. 309 [Horst Appuhn]). Als Kasten mit bekrönender Dreiturmgruppe ist das bronzegegossene Heilige Grab mit Kreuzabnahme in London, Victoria and Albert Museum zu nennen (Springer 1981, Nr. 25, Abb. K 197-203). Dem Typus des Hamburger Kastens nahestehend, zwar derber gearbeitet und wohl etwas jünger, ist auch ein Reliquienschrein des Schnütgen-Museums Köln, ebenfalls in Bronze und mit durchbrochenen Wellenranken, allerdings abweichend in der Deckelform und hier mit den Evangelistensymbolen (Kat. Utrecht 1988, Nr. 22 mit Abb. [Marieke van Vlierden]).

1957 erworben aus dem Kunsthandel (John Hunt, Dublin). Aus Koblenz stammend (Höfling/Merkel 1858, als Bilderläuterung: »Reliquienschreine aus ... und Coblenz.«). Um 1932 Privatbesitz F. Kieslinger, Wien (von Falke 1932).

Höfling/Merkel 1855–58, Bd. 2, 1858, Heft 4, Blatt 3. – von Falke 1932, Abb. 1. – Erwerbungen. Stiftung zur Förderung der Hamburgischen Kunstsammlungen 3, 1958, S. 28–29 mit Abb. (Erich Meyer). – Meyer 1960, S. 8, Nr. 9 mit Abb. – Bloch 1961, S. 133. – Bloch 1962, S. 169. – Werner 1977/81, 1, S. 188, Nr. 264. – Neumann 1979, S. 189–190. – Kat. Speyer 1992, S. 397 mit Abb. (Mechthild Schulze-Dörrlamm). – Mende 1994, S. 63, Abb. 53.

U.M.

C 13 Kentauren-Aquamanile

Verona, um 1136/38

Bronze, gegossen und ziseliert – der Deckel in die Eingußöffnung eingedrückt; kleine Ausbrüche am rechten Hinterschenkel und unterhalb des linken Ohres; die an der Bauch-Unterseite befindliche Öffnung zum Entfernen des Kernmaterials modern verschlossen – H. 23,6 cm – L. 22,2 cm.

Vordingborg, Sydsjaellands Museum, Inv. Nr. 1/64

Der Kentaur, ein Mischwesen aus Pferd und Mensch, besteht hier aus einem schwer lastenden Tierkörper, breitbeinig auf dünnen Beinen stehend, mit angedeuteten Hufen und einem ganz kurzen Schwanz, und aus dem Oberkörper eines jungen Mannes. Beide Teile sind durch einen quergerieften Wulst voneinander abgesetzt. Das Gesicht des Jünglings ist auf wenige Details reduziert: die großen lidlosen Augen, eine keilförmige Nase, nur eine Andeutung von Ohren. In seinem Mund steckt ein Tier, dessen lange Vorderbeine der Jüngling mit beiden Händen gepackt hat. Das breite Maul, an einen Frosch erinnernd, ist schreiend geöffnet. Es dient als Wasserauslaß. Die Arme des Jünglings sind, im Gegensatz zum Volumen von Schultern und Nacken, außerordentlich schmächtig. Die Haare, in der Mitte gescheitelt, fallen auf den Rücken herab. Als Griff dient ein Drache mit angelegten Vorderbeinen mit der Andeutung eines Blattes als Schwanzende.
Die stilisierte Gestalt, in sehr schlichten Formen modelliert und nur zurückhaltend mit gepunzter Binnenzeichnung versehen, galt bisher als dänische, an westdeutschen Vorbildern orientierte Arbeit der ersten Hälfte des 13. Jahrhunderts (Nørlund, 1935). Sie ist jedoch wesentlich früher anzusetzen und gehört dabei in einen anderen regionalen Zusammenhang, in den unmittelbaren Umkreis der frühen Teile der Bronzetür von San Zeno in Verona (um 1136/vor 1138). Der Figurenstil dort zeigt sich auf gleiche Weise stilisiert und auch bis in die Ausführung hinein übereinstimmend: glattflächige Körper mit ganz schmächtigen Gliedmaßen, die Bewegungen aus den besonders breiten Schultern heraus, ohne Hals und mit vorgestreckten Köpfen, die Gesichter mit gleichen übergroßen und dabei lidlosen Augen und der gescheitelten Frisur (Boeckler 1931, bes. Taf. 9, 16, 17b, 40). Das Aquamanile wird somit in Verona entstanden und als Export nach Dänemark gelangt sein. Die unmittelbare Nähe zur Bronzetür von San Zeno drückt sich auch in der übereinstimmenden Gußlegierung aus (Analyse durch Josef Riederer, Berlin, bisher unveröffentlicht: Zinn-Bronze mit Blei, aber nur Spuren von Zink).

Bodenfund aus Vordingborg, vom Areal des mittelalterlichen Spitals Sct. Jørgensgard (1930er Jahre); 1964 von Chefarzt Lundstein, Langø, dem Eigentümer seit dem Fund, als Geschenk ans Museum.

Nørlund, S. 258–259, Abb. 10. – Boesen 1966, S. 147 mit Abb. – Schlumberger 1967, Abb. S. 65.

U.M.

C 14 Wandbild mit Kaiserkrönung Lothars III. aus dem alten Lateran-Palast in Rom

Nachzeichnung aus dem Umkreis des Onofrio Panvinio im sogenannten Panvinio-Codex, spätes 16. Jahrhundert, nach einem zwischen 1138 und 1143 entstandenen Wandbild

Papier – flüchtige Federzeichnung – H. 33,3 cm – B. 46,5 cm

Città del Vaticano, Biblioteca Apostolica Vaticana, Cod. Vat. Barb. lat. 2738, fol. 104v–105r

Im alten Lateran-Palast in Rom, der mittelalterlichen Residenz der Päpste, die seit dem späten 16. Jahrhundert abgerissen und durch einen Neubau ersetzt wurde, befanden sich im Bereich der dem hl. Nikolaus geweihten päpstlichen Hauskapelle mehrere Beratungsräume, die mit hochpolitischen Wandmalereien geschmückt waren. Die *camera pro secretis consiliis* hatte Papst Calixtus II. 1122/24 mit Darstellungen der über ihre Gegenpäpste triumphierenden Päpste des Investiturstreits sowie von dessen Beilegung durch die Übergabe des kaiserlichen Diploms anläßlich des Wormser Konkordats (1122) ausmalen lassen. In einem zweiten Raum ließ Papst Innozenz II. (1130–1143), wohl erst nach seiner endgültigen Besitzergreifung des Lateran 1138 nach dem Tod des Gegenpapstes Anaklet II., die Kaiserkrönung Lothars III. verewigen, die er selbst bei der kurzfristigen Anwesenheit im Schutz des Kaisers 1133 in Rom vorgenommen hatte. Das langgestreckte Wandbild zeigte in kontinuierlicher Darstellung drei Phasen des Krönungszeremoniells: Links tritt Lothar, umgeben von hohen Vertretern der Stadt Rom, Klerus und Gefolge, an ein Pult, um auf das darauf liegende Evangelium den »Römereid« zu leisten, mit dem der zukünftige römische Kaiser den Römern ihre Rechte zu beschwören hatte; die Szene spielt sich vor dem Eingang einer Kirche ab, aber nicht vor Alt-St.-Peter, wie es üblich war, sondern vor der alten Lateran-Basilika, wo diese Krönung ausnahmsweise stattfand. In der mittleren Szene tritt Lothar dem in Pontifikalkleidung thronenden Papst in einem schwer deutbaren Ergebenheitsgestus gegenüber. Vermutlich ist der Empfang zum Friedenskuß gemeint, der dem zu Krönenden nach Leistung des Krönungseides an den Papst von diesem gewährt wurde. Möglicherweise war durch den Handgestus auch auf die mit diesem Eid verbundene *commendatio* verwiesen, was dem *homo fit pape* der Inschrift (s. u.) entspräche. Rechts schließlich krönt der erhöht hinter dem Altar stehende Papst den links daneben stehenden Lothar. Dieser ist jeweils in ein langes gegürtetes Gewand mit Reitschlitz und Pelzfutter gekleidet; bei der Krönung trägt er darüber einen Mantel. Die in Rahewins Gesta Frederici III, 12 überlieferte Bildüberschrift lautete:

Rex venit ante fores iurans prius Urbis honores
Post homo fit pape sumit quo dante coronam

15

(Der König kommt vor die Tore, beschwört zunächst die Rechte der Stadt, wird dann des Papstes Mann, von ihm erhält er die Krone). Das Bild war Anlaß zu Auseinandersetzungen zwischen Friedrich Barbarossa und Papst Hadrian IV., über die Rahewin und andere zeitgenössische Schriften berichten. Beim Reichstag von Besançon 1157, als sich aufgrund der doch wohl provokativen Übersetzung eines päpstlichen Schreibens durch den Erzkanzler Rainald von Dassel ein Tumult gegen den angeblichen päpstlichen Anspruch erhob, die Kaiserkrone als Lehen (das mehrdeutige Wort lautet *beneficium*) zu vergeben, wurde in der Hitze der Auseinandersetzung mit den päpstlichen Legaten als Beleg für diese Behauptung auch das Bild der Kaiserkrönung Lothars III. im Lateran-Palast und seine Überschrift zitiert und als programmatische Kundgebung dieses unerhörten Anspruchs interpretiert. Rahewin erwähnt, daß Friedrich schon 1155 davon Kunde erhalten habe und daß auf seine Vorhaltungen hin der Papst angeblich die Beseitigung von Bild und Inschrift versprochen habe. Auch die deutschen Bischöfe zitieren 1158 in einem Brief an den Papst den heftigen Ausbruch des Kaisers: »Mit dem Bild fing es an, vom Bild führte es zur Schrift, und die Schrift soll nun Autorität werden ... Wir dulden es nicht ... Die Bilder müssen zerstört, die Schriften widerrufen werden ...« Nur letzteres scheint geschehen zu sein, da Panvinio das Bild noch sah und die Inschrift wohl nach Rahewin zitiert. Die Skizze und Panvinios Beschreibung des Bildes, der die mittlere, inkriminierte Szene als Empfang zur Umarmung deutet, sprechen dafür, daß die ganze Aufregung aufgrund von halbwahren Gerüchten und Interpretationen erfolgte, die provokativ im Sinne einer Anheizung des Konflikts von daran interessierten Kräften (Rainald von Dassel) in die Debatte geworfen wurden, wenn auch die Mehrdeutigkeit der Begriffe und Zeichen von der Kurie bewußt eingesetzt worden sein mag.
Von der Rückseite des aus dem Codex herausgelösten Doppelblatts (fol. 104v–105r) scheinen weitere Zeichnungen nach Mosaiken und Wandmalereien im alten Lateran-Palast durch: links oben (= fol. 104r) die Zeichnung nach dem Mosaik von der Stirnwand der Apsis des Tricliniums Papst Leos III. mit der Investitur dieses Papstes und Karls des Großen mit Pallium und Fahne durch den hl. Petrus, entstanden 799–800; links unten (= fol. 104r) und rechts unten (= fol. 105v) Zeichnungen nach Wandmalereien in der *camera pro secretis consiliis* aus den Jahren 1122–1124 mit Darstellungen der legitimen Päpste der Zeit des Investiturstreits, die inmitten ihres Klerus über den gekrümmten Gestalten ihrer Gegenpäpste thronen.

Nachlaß des Onofrio Panvinio (†1568).

Waetzoldt 1964, Nr. 204. – Ladner 1941–84, Bd. 2, S. 17–22 (Lit.), Bd. 3, S. 46f. (Lit.). – Otto von Freising, Die Taten Friedrichs, lib. III, cap. 12, 20, S. 414–419, 434–439 mit Anm.

U.N.

C 15 Osterleuchter

Niedersachsen, Mitte 12. Jahrhundert

Stein, Marmor – H. 147 cm.

Königslutter, Stiftskirchengemeinde Königslutter (Kaiserdom)

Zu den wenigen erhaltenen Resten hochmittelalterlicher Ausstattung in Königslutter gehört der imposante romanische Osterleuchter. Er besteht aus Sockel, Schaft und Kerzenbasis. Auf einer runden Sockelplatte erhebt sich ein Gebäude mit einem Grundriß in Form eines griechischen Kreuzes. Dessen Satteldächer tragen über ihrem Schnittpunkt eine gedrehte Säule mit drei Schaftringen. Als Abschluß dient ein Kapitellaufsatz zum Tragen der Kerze.
Ein derartiger Leuchter besaß eine hervorgehobene liturgische Funktion. Er trug die große Osterkerze, die in der Osternacht geweiht, aufgestellt und während der Messen und Vigilien bis nach dem Evangelium von Christi Himmelfahrt angezündet wurde und wird. Das neuerdings wegen der Übereinstimmung seines Lichttellers und der Dreipässe im Leuchterfuß mit Architekturmotiven in die Mitte des 12. Jahrhunderts – also in die erste Bauphase der Kirche – datierte Werk in Königslutter steht in stilistischem Zusammenhang mit weiteren Leuchtern im Dom zu Magdeburg und in der ehemaligen Prämonstratenser-Klosterkirche in Jerichow. Allerdings finden sich nördlich der Alpen nur relativ wenige Beispiele dieser Gattung. Weiteste Verbreitung und kostbare Ausschmückung erfuhren diese Ausstattungsstücke hingegen in Unter- und Mittelitalien, in Campanien, Sizilien und in Latium. Das älteste Beispiel entstammt noch dem 11. Jahrhundert. Berühmt sind in diesem Zusammenhang die späteren künstlerischen Gestaltungen der Cosmaten in Rom, wo Ambonen und Leuchter in der Nähe des jeweiligen Hochaltars zusammen aufgestellt wurden. Vielleicht hat die Situation in einer römischen Kirche auch für Königslutter Pate gestanden. Anlaß zu dieser Vermutung gibt nicht zuletzt der Marmor als ungewöhnliches Material für den Leuchterschaft.

Königslutter, ehemalige Benediktiner-Klosterkirche St. Peter und Paul.

Gosebruch/Gädeke 1985, S. 14. – Claussen 1987, S. 28–31.

J.L.

C 16a Grabkrone der Kaiserin Richenza (†1141)

Nördliches Harzvorland (?), kurz vor Grablegung 1141

Blei (Analyse liegt noch nicht vor), geschnitten, wahrscheinlich gelötet – erhebliche Korrosionsschäden mit völliger Auflösung des Metallreifs im Hinterkopfbereich auf einer L. von mind. 10 cm – rekonstruierter innerer Dm. 20,5 cm – H. einschließlich Rundbogenfries um 7,5 cm – Materialstärke zw. 0,22 und 0,35 cm – H. Stirnkreuz 4,8 cm – H. Lilie um 3 cm – Gew. 607,1 g.

Braunschweig, Braunschweigisches Landesmuseum, Inv. Nr. 78:7/270

C 16a

Unkenntnis über die wirkliche Lage der Bestattungen Kaiserin Richenzas und Heinrichs des Stolzen, Herzog von Bayern und Sachsen (†1139), im Verhältnis zur Grablege Lothars ist es zu verdanken, daß der Sarkophag Richenzas im Jahre 1620 – obgleich beabsichtigt – nicht geöffnet worden ist, wie dies im archäologischen Befund zu belegen

C 16a

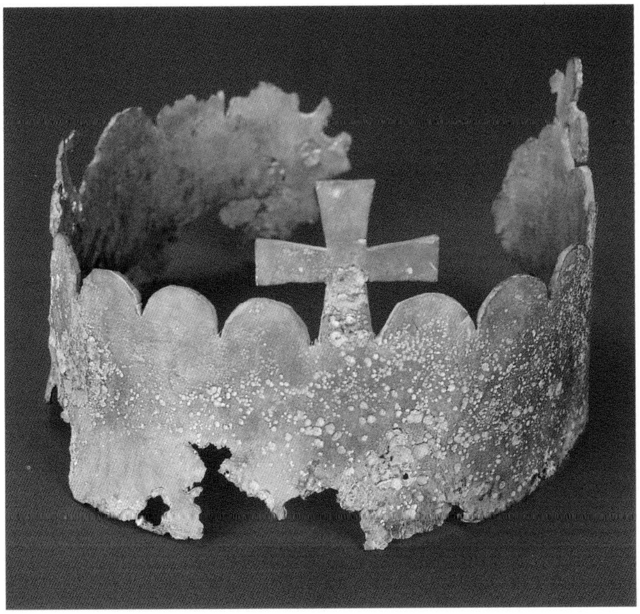

war, hingegen der Sarkophag Heinrichs des Stolzen. Die Befunde hinsichtlich der Blumenbeigabe und der Grabkrone waren in der Bestattung Richenzas ungestört zu erheben.

Im Gegensatz zu der von den Saliern eingeführten Grabsitte – die Grabkronen für Kaiser Konrad II. (†1039), Kaiserin Gisela (†1043), Kaiser Heinrich III. (†1056) und Kaiser Heinrich IV. (†1106) wurden aus Kupferblech, teilweise beschriftet und vergoldet, hergestellt – sind die Grabkrone der Kaiserin Richenza wie die Grabinsignien Lothars absichtlich aus Blei gefertigt worden (vgl. Kat. 16e). In der rekonstruierbaren Gestaltung der Grabkrone stehen über einem 23teiligen Rundbogenfries, der die obere Kante des Reifs säumt, in gleichen Abständen drei Lilien und in eingeschobener axialer Position das Stirnkreuz.

Königslutter, Ldkr. Helmstedt, Stiftskirche St. Peter und Paul, ehem. Benediktiner-Abteikirche, Grablege Lothars III.; Bezirksregierung Braunschweig und Niedersächsisches Landesverwaltungsamt, Institut für Denkmalpflege, Außenstelle Braunschweig. Domgrabungen 1976–1978 und 1982: Grab 20.

Källeström 1956. – Schramm 1956. – Schramm/Mütherich 1962, S. 171f., 177f. – Müller-Christensen 1972, Abb. 1445-1457. – Kat. Speyer 1992, S. 288–300 (Mechthild Schulze-Dörrlamm).

H.R.

C 16b Thebal-Ring Kaiser Lothars III. von Süpplingenburg (†1137)

Norddeutschland (?), vor 31. Dezember 1137

Gold (mindestens 900/000), gegossen, graviert, nielliert – geringe Beschädigungen – H. 0,3 cm bis 0,34 cm – flach D-förmiger Querschnitt, Stärke 0,12 cm bis 0,13 cm – innerer Dm. 1,86 cm bis 1,92 cm – Gew. 4,2 g.

Braunschweig, Braunschweigisches Landesmuseum, Inv. Nr. 78:7/267

Zu den herausragenden persönlichen Grabbeigaben und Trachtbestandteilen, die im Grabinventar des Kaisers von der Gruppe der Grabinsignien zu trennen sind – wie der

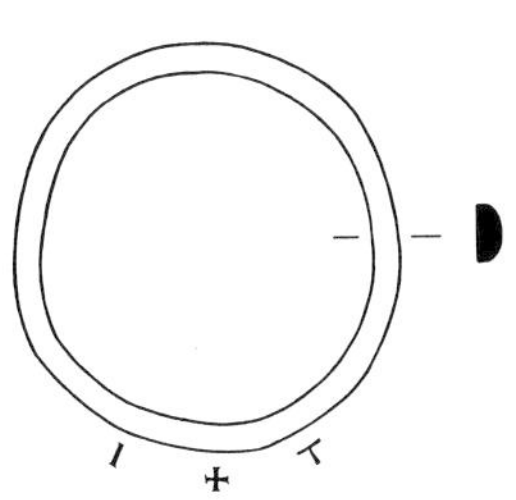

Silberring oder die bischöflichen Insignien von Kelch und Patene – zählt auch ein Thebal-Ring, der zugleich neben Inschrifttafel und Silberring Schriftquellencharakter besitzt (vgl. Abrollung). Der runde Goldring mit der In-

schrift THEBALGVTGVTANI wurde offensichtlich von Kaiser Lothar III. nicht ständig getragen. Dafür spricht die ursprüngliche feine Gratbildung an der Innnenseite des Reifs, die an dessen oberem wie unterem Rand erhalten blieb.
Der von Reinhold Michelly 1987 erweiterte Forschungs- und Interpretationsstand zu den bislang bekannt gewordenen 40 Thebal-Ringen (einschließlich aller Textvarianten auf acht- und neuneckigen wie runden Ringen) läßt eine weiträumige Verbreitung mit Fundorten in Deutschland, Dänemark, Frankreich, England, Irland, Italien, Tschechien und in der Schweiz erkennen. Abgesehen von nicht datierbaren Stücken ist die Ringsitte vom 11. bis in das 15. Jahrhundert zu belegen und sozial an die Oberschicht gebunden. Lothar III. war der ranghöchste Besitzer eines Thebal-Ringes.
Eine weitgehend archäologisch bedingte Fundgruppe mit einer ältesten Zeitstellung in das 11./12. Jahrhundert wird von R. Michelly nach regionaler Häufigkeit für ein gemischtes bzw. eng benachbartes slawisch-deutsches Siedlungsgebiet in Erwägung gezogen. An Fundorten liegen gegenwärtig vor: Berlin-Spandau, Alt-Lübeck, Königslutter, Mausitz bei Leipzig und Gommerstedt, Ldkr. Arnstadt.
Die von Michelly für Ringe mit der Textformel THEBALGVTGVTANI, die auch in Handschriften überliefert ist, zunächst hypothetisch formulierte, philologische Herleitung aus dem Aramäischen lautet dem Sinn nach: »Du magst/sie mag bringen/tragen gutes Los. Gutes Los für mich.« Eine Amulettfunktion des Ringes, dessen Beschwörungsformel wahrscheinlich der Abwehr bestimmter Krankheiten gelten sollte, wie bei Schlaganfall, Krämpfen, auch der Gicht, ist bereits von Ernst Grohne 1956 vorgeschlagen worden.

Königslutter, Ldkr. Helmstedt, Stiftskirche St. Peter und Paul, ehem. Benediktiner-Abteikirche, Grablege Lothars III.; Bezirksregierung Braunschweig und Niedersächsisches Landesverwaltungsamt, Institut für Denkmalpflege, Außenstelle Braunschweig. Domgrabungen 1976-1978 und 1982: Grab 19.

Grohne 1956, S. 46ff. – Rötting 1985a. – Michelly 1987, S. 64-81, Taf. 138-140 (Lit.).

H.R.

C 16c Silberring Kaiser Lothars III. von Süpplingenburg (†1137)

Nördliches Harzvorland (?), vor 31. Dezember 1137

Silber (Analyse liegt noch nicht vor), gegossen, graviert, nielliert – geringe Korrosionsschäden, Guß nicht blasenfrei – H. zwischen 0,46 cm und 0,56 cm, Querschnitt nach innen beidseitig abgefast (unten konkav), Stärke bis max. 0,2 cm – innerer Dm. 1,27 cm – elf nahezu quadratische Felder mit Seitenlängen zwischen 0,46 cm und 0,56 cm – Gew. 3,9 g.

Braunschweig, Braunschweigisches Landesmuseum, Inv. Nr. 78:7/131

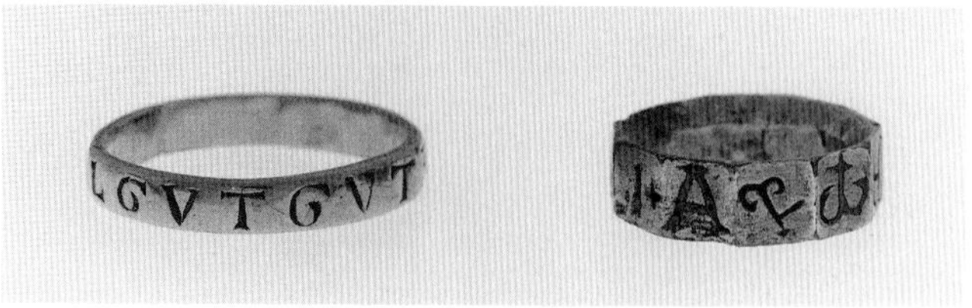

C 16b C 16c

Der 1978 zusammen mit anderen Beigaben, unter anderem mit der eigens angefertigten königlichen bzw. kaiserlichen Insignie des Grabzepters (vgl. Kat. 16e) aus der Grablege Kaiser Lothars geborgene kleine Fingerring ist auf der Innenseite rund, nach außen als Elfeck in elf etwa quadratische Felder aufgeteilt. Je drei Felder mit drei hebräischen, griechischen und lateinischen Buchstaben ergeben drei abbreviierte Inschriften in den drei Sprachen der Bibel (vgl. Abrollung). Auf das 10. und 11. Feld sind je eine römische I und ein kleines Kreuz graviert. Ein gleiches Kreuz ist auch dem dritten Buchstaben der lateinischen Inschrift beigegeben. Die drei hebräischen Buchstaben *Mem He Mem*, der 13., 5., 13. Buchstabe des hebräischen Alephbets, stehen für die Worte *Melech HaMaschiach* (König ist der Messias). Die griechische Inschrift besteht aus dem ersten und dem letzten Buchstaben des griechischen Alphabets, Alpha und Omega, dazwischen ist ein Zeichen für das lateinische *et* gesetzt. Sie bezieht sich auf Apokalypse 1, 8 und symbolisiert die Weltherrschaft Christi nach dem Jüngsten Gericht. Beide Inschriften stehen zu den im vorderen Teil des Ringes gravierten lateinischen Buchstaben DER über Kopf. Diese drei lateinischen Buchstaben, in einer romanischen Majuskel des frühen 12. Jahrhunderts graviert, sind als DEUS ES (t) REX zu deuten.

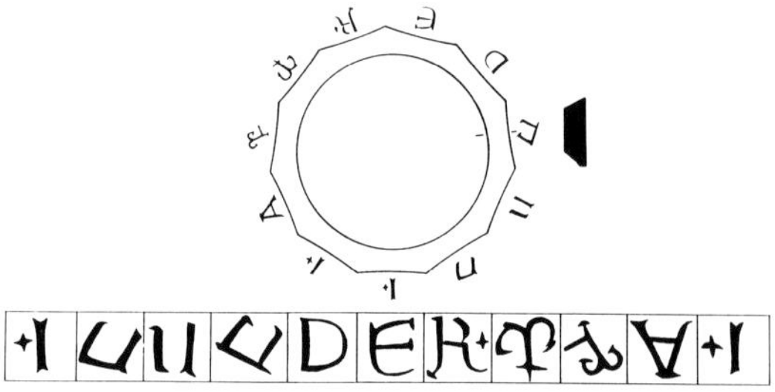

C 16c

Herzog Lothar von Sachsen wurde am 13. September 1125 in Aachen zum König gekrönt. Der Aachener Krönungsordo des 12. und 13. Jahrhunderts stellt bei der Überreichung des Reichsschwerts Psalm 44, 4, bei der Übergabe des Zepters Psalm 44, 7 in den Mittelpunkt der Liturgie. Bei der Bekleidung mit Ring, Armillen und dem Pallium wird in der Übergabezeremonie Vers 44, 5 *Tu es ipse rex meus et Deus meus*, ... (Du bist selber mein König und mein Gott) paraphrasiert: *Accipe regiae dignitatis anulum, ..., ut felix in opere, locuples in fide cum Rege regum glorieris in ae-*

vum (Empfange den Ring der königlichen Würde, ..., damit Du, glücklich in Taten, standhaft im Glauben, mit dem König der Könige im Ruhm verewigt werdest). Der Ring mit seinem Bezug auf den Krönungsordo gehört also zu den dem Grab beigegebenen, nachgebildeten herrscherlichen Insignien. Er ist nicht wie Schmuck getragen worden. Die ungewöhnliche elfteilige Form des Ringes hat einen persönlichen Bezug zu Lothar. Während die Elf in der Zahlenallegorese des Mittelalters gewöhnlich negativ besetzt ist, wird sie hier biographisch gedeutet und bezieht sich auf die Exegese von Mt 20, 1–16, das Gleichnis Jesu von den Arbeitern im Weinberg des Herrn. Diese werden zur 3., 6., 9. Stunde, die letzten aber zur 11. Stunde in den Weinberg zur Arbeit berufen. Alle bekommen jedoch den gleichen Lohn von je einem Denar, und auf Widerspruch antwortet der Herr des Weinbergs: Die letzten werden die ersten sein, die ersten aber die letzten. Viele sind berufen, aber wenige sind auserwählt (Mt 20, 16). Diese Stundenangaben sind nach mittelalterlicher Auslegung zugleich Sinnbilder des Welt- und Menschenalters. Der 11. Stunde entspricht die letzte Zeitphase von der Geburt Christi bis zum Weltende bzw. der letzte Abschnitt des menschlichen Lebens. Lothar war bei seiner Königskrönung mindestens um die 50 Jahre alt. Es konnte als eine Berufung zur 11. Stunde verstanden werden, und er hätte demnach den Lohn für seine Arbeit im Weinberg des Herrn verdient. Wenn er beim Jüngsten Gericht die Hand öffnen würde, um ihn zu empfangen, so würde man auf der Handinnenseite die Inschrift I+ auf dem Ring lesen können. Der eine Denar ist in der patristischen Literatur übereinstimmend als ewiger Lohn für alle (Hieronymus: CSEL 55, 463), als Symbol *der unitas caritatis* (Einheit der Liebe), der *vera requies in unitate* (wahre Ruhe in der Einheit; Gregor: PL 76, 1186C; Alkuin: PL 100, 997A–998A; Hrabanus: PL 110, 155B–156A), oder als *aeternae gloriae unitas* (Einheit ewigen Ruhms; Isidor: PL 83, 416A) ausgelegt worden. Bei der Grablegung Lothars glaubte man also, daß ihm dieser ewige Ruhm in Gott, der ihm schon bei der Krönung versprochen worden war, zuteil würde. Die Inschriften auf dem Ring bestätigen die anhand des Grabungsbefunds insgesamt geäußerte Vermutung, daß bei der Grablegung am 31. 12. 1137 in Königslutter nicht nur die traditionellen Formen der Kaiserbestattung befolgt, sondern auch Person und Lebenswerk des Verstorbenen gewürdigt wurden.

Königslutter, Ldkr. Helmstedt, Stiftskirche St. Peter und Paul, ehem. Benediktiner-Abteikirche, Grablege Lothars III.; Bezirksregierung Braunschweig und Niedersächsisches Landesverwaltungsamt, Institut für Denkmalpflege, Außenstelle Braunschweig. Domgrabungen 1976–1978 und 1982: Grab 19.

Ordines coronationis imperialis, S. 27, 30. – Waitz 1873, S. 41, 74. – Bader 1951, S. 68. – Cappelli 1954, S. 408. – Rötting 1985, S. 65. – Meyer/Suntrup 1987, Sp. 11 (dort die angegebenen Zitate), Sp. 52, 615–619.

A.B.

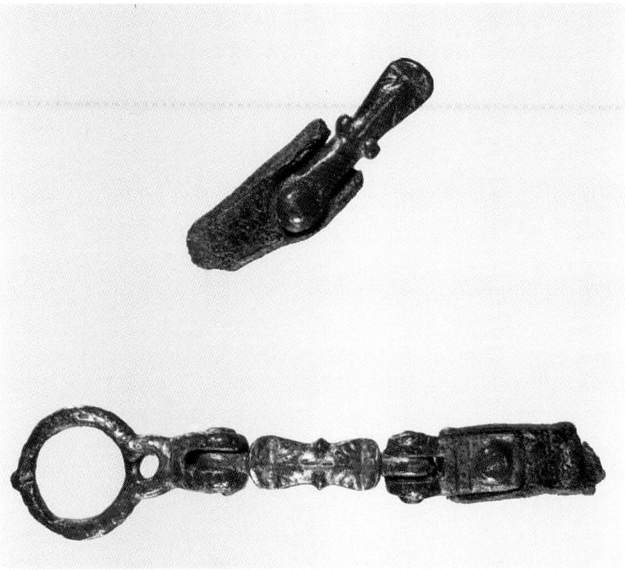

C 16 d Die Riemenschnalle und Riemenzunge des rechten Sporns Kaiser Lothars III. von Süpplingenburg (†1137)

Wahrscheinlich Rhein-Maasgebiet, vor 1137

Bronze (Analyse liegt noch nicht vor), gegossen, feuervergoldet – Ringdorn fehlt, beide Gelenke festkorrodiert – a) L. der dreigliedrigen Ringschnalle 5,45 cm, L. Tierkopfmotiv mittleres Glied mit Ringösenköpfen 1,41 cm, H. 0,4 cm – Ringschnalle mit innerem Dm. 0,95 cm, im Querschnitt rundstabig abgeflacht um 0,2 cm – B. des Lederriemchens 0,6 cm – Gew. 6,4 g. – b) L. Riemenzunge 2,1 cm – L. Tierkopf 1 cm, B. des Lederriemchens 0,6 cm. – Gew. 2,2 g.

Braunschweig, Braunschweigisches Landesmuseum, Inv. Nr. 78:7/203

Nach der Aufzeichnung des Abtes Johannes Fabricius vom 29. Oktober 1722 über die wilde Öffnung der Grablege am 14. Januar 1620 auf angeblichen Befehl des Landdrosten Joachim von der Streithorst befand sich unter den herausgenommenen Gegenständen auch »etwas vom Sporn«. 1978 konnten an der offensichtlich weitgehend von diesem Eingriff verschont gebliebenen rechten Sarkophagwand unterhalb des Grabzepters, des Thebal-Rings und des Silberrings am Fußende auch Fragmente des rechten Sporns, nämlich die abgebildete Riemenschnalle mit ankorrodierten Resten des Lederriemchens sowie die zugehörige Riemenzunge und andere Teile des Sporns mit geschweiftem Bügel und einer Doppelöse sowie zu rekonstruierendem, abgesenktem Stachel geborgen werden.
Die mit feiner Zeichnung gegossene dreigliedrige Riemenschnalle aus feuervergoldeter Bronze – eine kleine Ringschnalle mit zwei anscharnierten Beschlägteilen – ist durch funktional eingesetzte Tierornamentik auf dem Mittelteil wie auf der Riemenzunge ikonographisch wie kunsthandwerklich bemerkenswert. Beiden nach außen gestellten Tierköpfen entspringt aus dem geöffneten Maul

ein durchlochter Scharnierkopf, der jeweils in den gegenüberliegenden Gabelteil der Ringschnalle wie der Riemenzunge eingreift und hier wie dort mittels eines kleinen Bolzen eingelenkt ist. Nach dem veröffentlichten Forschungsstand sind die Sporen allgemein einer Gruppe mit erneuerter (?) Tierornamentik des 12. Jahrhunderts zuzuweisen (unter anderem Sporen St. Denis; Sporn Württ. Landesmuseum, Inv. Nr. 820) und stilistisch einer Werkstatt im Rhein-Maas-Gebiet zuzuschreiben.

Königslutter, Ldkr. Helmstedt, Stiftskirche St. Peter und Paul, ehem. Benediktiner-Abteikirche, Grablege Lothars III.; Bezirksregierung Braunschweig und Niedersächsisches Landesverwaltungsamt, Institut für Denkmalpflege, Außenstelle Braunschweig. Domgrabungen 1976–1978 und 1982: Grab 19.

Zschille/Forrer 1891. – Zschille/Forrer 1899. – Kat. Stuttgart 1977, 1, S. 233, Nr. 322, 2, Abb. 160 Sporen (Volker Himmelein). – Koch 1982. – Kat. Speyer 1992, S. 82–86 Sporen (Barbara Theune-Großkopf).

H.R.

C 16e Grabzepter Kaiser Lothars III. von Süpplingenburg (†1137)

Nördliches Harzvorland (?), kurz vor 31. Dezember 1137

Blei (Analyse liegt noch nicht vor), gegossen, geschnitten, gelötet – fünf bzw. hier zwei Fragmente unterschiedlicher Größe, verbogen, L. zwischen 20 cm und 5 cm – rekonstruierte L. um 35 cm – rekonstruierte H. Knospe um 5 cm – Dm. Schaft von 1 cm auf 0,8 cm in Fußhöhe zurückgehend – Gew. der hier ausgewählten zwei größeren Fragmente 240 g.

Braunschweig, Braunschweigisches Landesmuseum, Inv. Nr. 78: 7/130.1–5

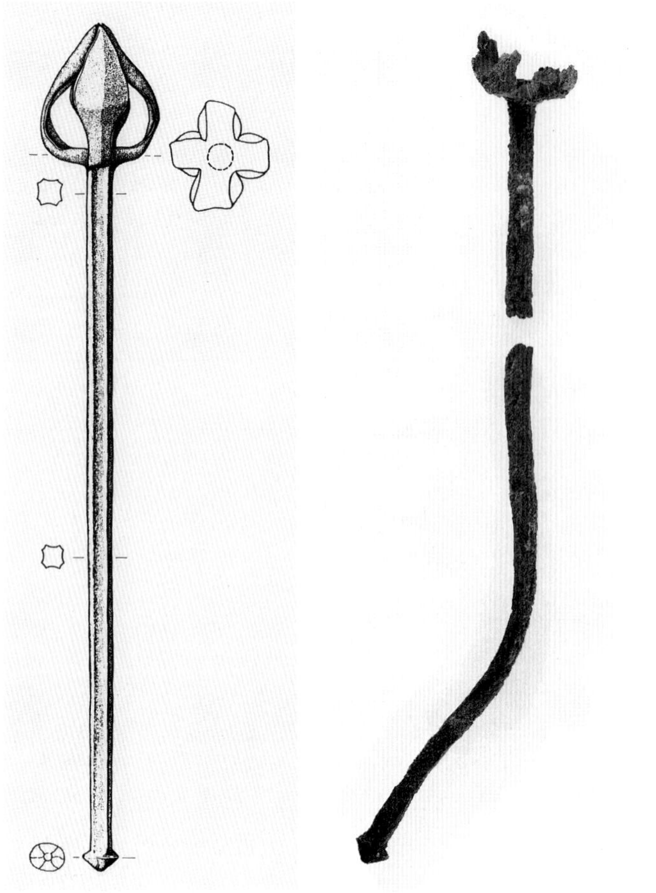

Der schlichte, im Querschnitt quadratische und kannelierte, gestreckte Schaftkörper trägt eine aufgrund der in situ angetroffenen Fragmentansammlung zu rekonstruierende vierblättrige Knospe (vgl. Rekonstruktion), die nicht näher als Lilien- oder Eichenblätterknospe zu bestimmen war (vgl. Reichsinsignie, zweites Viertel 14. Jahrhundert). Die Fußzier besteht aus einem kegelförmigen, nach unten weisenden kleinen Knauf.

Das Grabzepter, das an der rechten Sarkophagwandung in Höhe des Oberarms lag, ist eine eigens angefertigte, sehr vereinfachte Form der Reichsinsignie Lothars, wie dies auch beim Reichsapfel der Fall (vgl. Kat. 16f) und bei der Grabkrone anzunehmen ist, wenn sie – wie bei Letzner 1715 abgebildet, jedoch nicht von Abt Fabricius um 1722 im Grabinventar beschrieben – wirklich vorhanden war.

Als Material der Grabinsignien (unter Einschluß der Grabkrone aus der Bestattung der Kaiserin Richenza) wurde Blei verwendet, das nach der mittelalterlichen Metallsymbolik als Ausdruck einer besonderen Bußbezeugung zu gelten hat. In der Grabausstattung hochmittelalterlicher deutscher Könige ist ein Zepter selten belegt – noch einmal in der testamentarisch verfügten Grabausstattung Kaiser Ottos IV.

Die interdisziplinäre Auswertung der Untersuchungsergebnisse zur Grablege Lothars III. ist nach einer durch die stadtarchäologischen Grabungen bedingten längeren Unterbrechung inzwischen wiederaufgenommen worden.

Königslutter, Ldkr. Helmstedt, Stiftskirche St. Peter und Paul, ehem. Benediktiner-Abteikirche, Grablege Lothars III.; Bezirksregierung Braunschweig und Niedersächsisches Landesverwaltungsamt, Institut für Denkmalpflege, Außenstelle Braunschweig. Domgrabungen 1976–1978 und 1982: Grab 19.

Letzner 1715. – Rötting 1985, (Lit., Archivalien, Gutachten, Grabungsakten). – Bada/Herrmann 1989. – Ehlers 1990. – Hucker 1990, S. 331–357, S. 558–605, hier bes. S. 597f., S. 659-670. – Bookmann/Thies 1993, Bd. 1, S. 225f. (Hartmut Rötting), – Aufgebauer 1994.

H.R.

C 16f Grabbeigaben Kaiser Lothars III. von Süpplingenburg: Reichsapfel und Schrifttafel

Nördliches Harzvorland (?), kurz vor 31. Dezember 1137

Blei, ehemals teilweise vergoldet (Reichsapfel) – H. 8 cm (Apfel) – H. 20,3 cm – B. 18,9 cm (Bruchstücke der Schrifttafel).

Braunschweig, Herzog Anton Ulrich-Museum, Inv. Nr. MA 64, 65

Im Jahre 1620 wurde die Grablege Kaiser Lothars von Süpplingenburg in der Stiftskirche von Königslutter geöffnet. Über die bei dieser Gelegenheit entnommenen Gegenstände berichtete Johannes Fabricius 1722 (vgl. den Abdruck dieses Berichts bei: Riegel 1879, S. 53f.). Zu den Funden gehörten unter anderem ein Schwert, ein Kelch mit Patene und eine Grabkrone (vgl. auch die Abb. bei Letzner 1715). Von den geborgenen Gegenständen wurden Reichsapfel und Tafel 1722 *in des Abtes Stuben auf dem Stift verwahret*. Später gelangten sie ins Herzogliche Museum.

Bei der erneuten Untersuchung der letzten Ruhestätten Kaiser Lothars und Kaiserin Richenzas 1976–1978 und 1982 wurden die Funde noch um ein Zepter, zwei Fingerringe, Teile von Sporen und eine Grabkrone ergänzt (vgl. Kat. 16a–e).

Die nur fragmentarisch erhaltene, schwer lesbare Schrifttafel enthält folgenden Text: LOTHARIVS DI.GRA/ ROMANORVM IMPERA/TOR AVGVS TVS / REGNAVIT ANNOS / XII.MENSES.III.DI/ES XII.OB IIT AVTEM/II.NONAS.DECEM/BRIS.VIR IN XPO FIDELIS/SIM VERAX.CONSTAS.PA/CIFICVS.MILES IMPTERRITV/REDIENS.AB APULIA.SAR/RACENIS.OCCISIS.ET.E/IECTIS. (Lothar, von Gottes Gnaden Erhabener Kaiser der Römer, hat 12 Jahre 3 Monate 12 Tage regiert, starb [aber] am 3. Dezember, ein Christus treuest ergebener Mann, wahrhaftig und beständig, ein friedenstiftender unerschrockener Streiter, bei seiner Rückkehr aus Apulien, wo er die Sarazenen geschlagen und vertrieben hatte; Lesung und Übersetzung nach Hedergott). Die Worte zu Lothars Tod in Ottos von Freising *Chronicon*, die Taten des Kaisers wären auf Bleitafeln geschrieben und diesem mit ins Grab gegeben worden, damit sein Wirken nicht der Vergessenheit anheimfiele, sind als mißverständliche Interpretation verstanden worden. Wie sollte man an einen Verstorbenen erinnern, wenn der entsprechende Text den Lebenden nicht mehr zugänglich war? Es bleibt jedoch an die Vorgaben imperialer Grabausstattung bei den Ruhestätten der Salier im Dom zu Speyer zu erinnern, bei denen es sich ähnlich verhielt. Auch hier gehörten unter anderem rechteckige Bleitafeln mit personenbezogenen Inschriften zu den Gräbern von Konrad II. (1024–1039) und Gisela (†1043), denen damit das Gedächtnis für alle Zeiten gesichert war. Dem Grab Kaiser Heinrichs III. (1039–1056) im Speyerer Dom entstammt auch der einzige erhaltene Reichsapfel – Symbol der unter dem christlichen Zeichen stehenden Weltherrschaft –, der älter als das Exemplar aus Königslutter ist. Mit der Grabausstattung führte Lothar demnach nahtlos die Tradition der Salier fort.

Hedergott 1981, Nr. 12 (Lit.). – Rötting 1985. – Morrison 1990, S. 214f.

J.L.

QVI. WLT. VENIRE POST. ME. ABNEGE
SEMETIPSV. ET. TOLLAT. CRVCE. SVA
INPERATRIX RICHENZA
INPERATOR LOTHARIVS
DVCISSA GERTRVDIS
DVX HEINRICVS.
DVX. HEINRICVS.
DVCISSA. MATHILDA FILIA REGIS ANGLICI HEINRICI.
REGINA. MATHILDA.

D Herzog Heinrich der Löwe

»Er ist der Nachkomme Karls. Nur ihm mochte England Mathilde anvertrauen, die ihm die Kinder gebären sollte, durch die diesem Land der Friede Christi und das Heil geschenkt wurde. ... Ihre Freigebigkeit übertraf alle ruhmreichen Taten ihrer Vorgänger. Sie haben diese Stadt glanzvoll erhöht; die Fama verkündet es über den ganzen Erdkreis.« In diesen Worten beschreibt das Widmungsgedicht des Evangeliars Heinrichs des Löwen die weitreichenden Verdienste des Herzogspaares.

Die ersten Amtshandlungen Heinrichs als Herzog von Sachsen liegen in den vierziger Jahren. Er baut territorial und verwaltungstechnisch seine herzogliche Macht aus. Die frühen Jahre seiner Herrschaft sind durch gegenseitiges Einvernehmen mit seinem 1152 zum König gewählten Vetter Friedrich Barbarossa geprägt, den er personell und materiell auf dessen ersten Italienzügen unterstützt. Mitte der fünfziger Jahre kann Heinrich der Löwe sein Herrschaftsgebiet bedeutend erweitern, als er das nunmehr verkleinerte Herzogtum Bayern erhält, wo er als Stadtgründer Münchens hervortritt. Im Mittelpunkt seiner Politik stehen die Konsolidierung der herzoglichen Macht in Sachsen und die Ausweitung seines Herrschaftsgebiets nach Osten. Die Errichtung des Löwenstandbilds in Braunschweig ist nicht nur Ausdruck von Heinrichs Machtanspruch, sondern bezeugt zugleich den Ausbau dieser Stadt zum kulturellen und politischen Zentrum des Herzogtums Sachsen.

Zu Beginn der siebziger Jahre unternimmt der Welfe mit einer großen Gefolgschaft eine Pilgerreise in das Heilige Land nach Jerusalem. Heinrich wird auf dieser Reise ehrenvoll vom byzantinischen Herrscher empfangen. Am Ziel seiner Reise, wo er die heiligen Stätten der Christenheit besucht, bedenkt der Herzog vor allem die Grabeskirche mit großzügigen Stiftungen. Beim fünften Italienzug versagt Heinrich 1176 Kaiser Friedrich Barbarossa seine Unterstützung, die er an weitreichende Zugeständnisse geknüpft hatte. Dem legendären ›Kniefall‹ des Staufers vor dem Sachsenherzog folgt eine grundlegende Wende im beiderseitigen Verhältnis: Ein land- und lehnsrechtliches Verfahren wird gegen Heinrich eingeleitet, das zum Entzug der Herzogtümer Sachsen und Bayern führt. Mit der Reichsacht belegt, geht er ins Exil zu seinem Schwiegervater Heinrich II. Plantagenêt. Nach Heinrichs Rückkehr wird der zunächst auf drei Jahre befristete Bannspruch erneuert; der Tod seiner Gemahlin Mathilde, die zur Wahrung seiner Interessen in Braunschweig zurückgeblieben war, führt im Jahre 1189 zur vorzeitigen Rückkehr Heinrichs. Erst ein Jahr vor seinem Tod kommt es 1194 zur Aussöhnung mit Kaiser Heinrich VI., dem Nachfolger Friedrich Barbarossas.

Heinrich der Löwe zählt zu den bedeutendsten Förderern und Auftraggebern der Kunst und Literatur seiner Epoche. Unter dem Begriff »Kunstkreis Heinrichs des Löwen« wird eine Vielzahl von Werken subsumiert, die mit diesem herzoglichen Auftraggeber in Verbindung zu bringen sind. Er baute Braunschweig durch den architektonischen Gesamtkomplex aus Pfalz und neu errichteter Stiftskirche St. Blasius zu seinem repräsentativen Herrschaftssitz aus. Dem Bericht des zeitgenössischen mittelalterlichen Chronisten Arnold von Lübeck zufolge, brachte der Herzog zahlreiche kostbare Reliquien als Geschenke des byzantinischen Herrschers von seiner Pilgerreise zurück, die er in Gold, Silber und Edelsteinen kunstvoll fassen ließ. Der Marienaltar und der Siebenarmige Leuchter unterstreichen als monumentale Bronzen ferner seine Bedeutung als Stifter herausragender Werke.

1129/31	Geburt Heinrichs des Löwen
1138	Juli: Reichsacht über den Vater, Heinrich den Stolzen, Herzog von Bayern und Sachsen
1142	Belehnung mit dem Herzogtum Sachsen – Heirat der Mutter Gertrud mit dem Babenberger Heinrich Jasomirgott, Herzog von Bayern
1147	Zweiter Kreuzzug – Teilnahme am Wendenkreuzzug
1148/49	Heirat mit Clementia, Tochter Herzog Konrads von Zähringen
1154	Frühjahr: Investiturprivileg für die nordelbischen Bistümer
1154/55	Teilnahme am 1. Italienzug und der Kaiserkrönung Friedrichs I in Rom
1156	September: Belehnung mit dem Herzogtum Bayern – die Mark Österreich wird vom Herzogtum Bayern abgetrennt
1157/58	Gründung der Stadt München
1159	Frühjahr: Neugründung der Stadt Lübeck

◁ D 31

1159/60	Mai: Teilnahme am 2. Italienzug Friedrichs I. – Eroberung des Obodritenlandes Beginn des Schismas
1165	Verlobung mit Mathilde, Tochter des englischen Königs Heinrich II.
1166	Beginn erbitterter Kämpfe mit den sächsischen Fürsten
1163/69	Errichtung des Löwenstandbilds
1168	1. Februar: Hochzeit mit der englischen Königstochter Mathilde im Dom zu Minden
1170	Ende der Kämpfe in Sachsen
1172	Pilgerfahrt nach Jerusalem; in Byzanz Empfang durch Kaiser Manuel II.
seit 1173	Neubau der Stiftskirche St. Blasius in Braunschweig
1176	Januar/Februar: Zusammenkunft (›Kniefall Friedrichs I.‹) in Chiavenna
1177	Ausbruch neuer Kämpfe in Sachsen
1178	11. November: Beginn des Prozesses gegen Heinrich den Löwen
1179	29. Juni: Achtspruch auf dem Hoftag in Magdeburg
1180	13. Januar: lehnsrechtliche Verurteilung auf dem Hoftag in Würzburg – Verhängung der Oberacht
1181	Mitte November: Unterwerfung Heinrichs des Löwen auf dem Hoftag in Erfurt
1182	ab Juli: Pilgerfahrt nach Santiago de Compostela
1182/85	erstes Exil in England bei König Heinrich II.
1188	Stiftung des Marienaltars in der Stiftskirche St. Blasius
1189	Ostern: zweites Exil Heinrichs des Löwen in England
1192	Pfingsten: Achterklärung über den Sohn Heinrich
1194	März: Treffen und Aussöhnung mit Kaiser Heinrich VI. in Tilleda
1195	6. August: Tod Heinrichs des Löwen

Evangeliar Heinrichs des Löwen (Kat. D 31), Widmungsgedicht, fol. 4v: *Ipse nepos Karoli, cui credidit Anglia soli Mittere Mathilda(m), sobole(m) quae gigneret illa(m), Per qua(m) pax Chr(ist)i patriaeq(ue) salus datur isti. ... Larga manus quoru(m) superans benefacta prioru(m) Exulit hanc urbem, loquitur q(uo)d fama p(er) orbe(m).*

Arnold von Lübeck, Chronica Slavorum (Kat. D 7). – Gerhard von Steterburg, Annalen. – Helmold von Bosau, Cronica Slavorum (Kat. D 16). – Swarzenski 1932. – Joranson 1938. – Döll 1967. – Schmid 1968. – Jordan 1980. – Mohrmann 1980. – Heinemeyer 1981. – Jordan 1981. – Ahlers 1987. – Pischke 1987. – Ganz 1989. – Kötzsche 1989. – Oexle 1993. - Oexle 1994. – Ehlers 1995.

Text: M.Mü.
Datentafel: C.P.H.

D 1 Siegel Heinrichs des Löwen, Herzog von Sachsen (1142-1180), Typ I

Typar: Niedersachsen, nach 1142 – Urkunde: Braunschweig, 1144 Juli 23 und Dorla, 1144 Juli 27

Helles Wachs – durchgedrückt – auf der linken Seite abgebrochen – restauriert – Dm. 8,0 cm.

Hannover, Niedersächsisches Hauptstaatsarchiv, Cal. Or. 100 Bursfelde Nr. 6

Das erste Siegel Herzog Heinrichs trägt die Umschrift + HEINRICVS DEI GRAT[IA SA]XONVM DVX (Heinrich von Gottes Gnaden Herzog von Sachsen), gibt also den Titel Heinrichs aus der Zeit vor seinem neuerlichen Anspruch auf die bayerische Herzogswürde wieder. Es handelt sich um ein rundes Reitersiegel, das sich allein in der hier vorliegenden Ausprägung erhalten hat. Der Herzog sitzt auf einem nach rechts springenden Pferd. Als Reiter trägt er einen spitzen Helm mit Nasenschiene und hält eine Fahnenlanze, deren Fahne sich in drei Zungen aufspaltet, sowie einen nach Normannenart geformten Schild: oben abgerundet, lang und nach unten spitz zulaufend. Es läßt sich heute einwandfrei erkennen, das der Schild mit einem steigenden Löwen nach rechts geschmückt ist und somit die früheste erhaltene Darstellung des Löwen als welfisches Wappenbild repräsentiert. Den gleichen Schildschmuck weist auch der zweite Siegeltyp des Herzogs auf, von dem sich ein Exemplar vergleichsweise gut an einer Urkunde Heinrichs für das Kloster Riechenberg (Kat. F 33), ein weiteres hingegen nur fragmentarisch erhalten hat. Durch die Form der Urkunde bedingt, hat

*D 2

D 3

auch der Mainzer Erzbischof Heinrich (1142-1153) sein Siegel an der Urkunde angebracht.

Archiv des Klosters Bursfelde; im 16. Jahrhundert nach Marienmünster.

MGH UU HdL, Nr. 6, sowie S. XLVI.

Hasenritter 1936, S. 53 mit Siegeltafel Nr. 1.

C.P.H.

*D 2 Siegel Heinrichs des Löwen, Herzog von Bayern und Sachsen ([1142] 1156-1180), Typ III

Typar: Niedersachsen, vor 1156 – Urkunde: Herzberg, 1156 Juni 24

Helles Wachs – durchgedrückt – Dm. 8,8 cm.

Hannover, Niedersächsisches Hauptstaatsarchiv, Cal. Or. 100 Bursfelde Nr. 8

Das dritte Reitersiegel des Herzogs, das sich lediglich in dem hier vorliegenden Exemplar erhalten hat, weist die Umschrift + [HEINRICVS] D(e)I · GR(ati)A · DVX · BAWARIE · ATQ(ue) · SAXONIE (Heinrich, von Gottes Gnaden Herzog von Bayern und Sachsen) auf. Obschon Heinrich der Löwe noch nicht mit der bayerischen Herzogswürde belehnt worden war, hat er in sein zweites, drittes und viertes Typar bereits den Titel »Herzog von Bayern« aufgenommen und so seinen Anspruch darauf für jedermann sichtbar erhoben. Dargestellt ist der Herzog auf einem nach links springenden Pferd. Er hat einen Spitzhelm auf dem Kopf und hält eine Fahnenlanze sowie einen Schild in den Händen. Dabei hat der Stempelschneider die natürliche Haltung des Reiters berücksichtigt, so daß der Schild nach innen zeigt und auf ihm kein Bild sichtbar werden kann. Die Proportionen des Tieres mit seinem mächtigen Hinterteil und dem im Verhältnis dazu etwas zu klein geratenen Kopf sind nicht so gelungen wie in den vorangegangenen beiden Typaren des Herzogs.

Archiv des Klosters Bursfelde; im 16. Jahrhundert nach Marienmünster.

MGH UU HdL, Nr. 33, sowie S. XLVII.

Hasenritter 1936, S. 54 f. mit Siegeltafel Nr. 3.

C.P.H.

D 3 Siegel Heinrichs des Löwen, Herzog von Bayern und Sachsen ([1142] 1156-1180), Typ IV

Typar: Bayern (?) – Urkunde: o. J. (vor 1152) Februar 1

Naturfarbenes Wachs – Bild stark verwischt – Dm. 8,5 cm.

Innsbruck, Prämonstratenser-Chorherrenstift Wilten, Stiftsarchiv, Lade 1 A

Es handelt sich hier um das vierte Reitersiegel des Herzogs, das sich neben dem vorliegenden Exemplar nur noch in einer weiteren, beschädigten Ausprägung erhalten hat (München, Bayerisches Hauptstaatsarchiv, Ranshofen Nr. 5). Seine Umschrift lautet + HEINRICVS · D(e)I · GR(ati)A · DVX · BAWARIE · ET · SAXONIE (Heinrich von Gottes Gnaden Herzog von Bayern und Sachsen). Es zeigt den Herzog auf einem nach links springenden Pferd. Erkennbar sind Helm, Fahnenlanze mit in drei Zungen aufgespaltener Fahne und Schild. Auch wenn man den insgesamt schlechten Erhaltungszustand des Siegels in Rechnung

*D 4

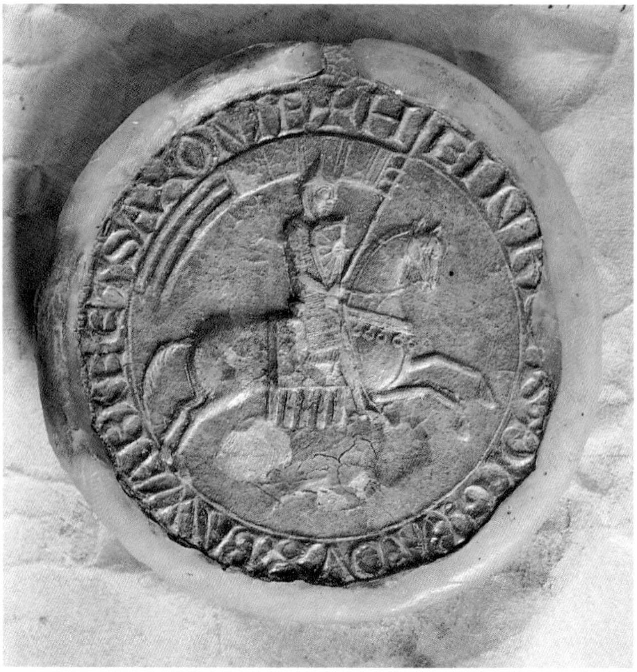

D 5

stellt, so hat der Stempelschneider einerseits die Fahne an den Bildrand angeglichen, andererseits sind die Proportionen von Pferd und Reiter auch diesmal nicht so gut gelungen. Möglicherweise ist es, da Ausprägungen nur von Urkunden für bayerische Empfänger bekannt sind, in Bayern und für den dortigen Gebrauch entstanden.

Archiv des Stifts Wilten.

MGH UU HdL, Nr. 17, sowie S. XLVII.

Monumenta Boica 3, Nr. 9 mit Tafel 1 Nr. 4 [nach MGH UU HdL, Nr. 37]. – Hasenritter 1936, S. 57 mit Siegeltafel Nr. 7.

C.P.H.

*D 4 Siegel Heinrichs des Löwen, Herzog von Bayern und Sachsen ([1142] 1156-1180), Typ V

Typar: Niedersachsen (?), vor 1160 – Urkunde: Corvey, 1162 Februar 3

Hellbraunes Wachs – Dm. 8,5 cm.

Wolfenbüttel, Niedersächsisches Staatsarchiv, 24 Urk 11

Von dem fünften Reitersiegel des Herzogs haben sich eine ganze Reihe von Ausprägungen erhalten. Die Titelführung des Herzogs deckt sich jetzt insofern mit der Wirklichkeit, als er seit September 1156 auch offiziell mit dem Herzogtum Bayern belehnt war. Das runde Siegel hat die Umschrift HEINRICV(s) · D(e)I · GR(ati)A · DVX · BAWARIE · ATQ(ue) · SAXONIE (Heinrich von Gottes Gnaden Herzog von Bayern und Sachsen) und zeigt den Herzog auf einem nach links springenden, mit nach unten ausfransender Decke belegtem Pferd. Der Reiter trägt einen nach oben spitz zulaufenden Helm sowie eine Fahnenlanze mit in drei Zungen aufgespaltener Fahne in der rechten Hand. In der Linken hält er einen nach innen verdrehten Schild. Gut erkennbar sind die Sporen des Reiters.

Archiv des Klosters Riddagshausen.

MGH UU HdL, Nr. 51, sowie S. XLVII.

Hasenritter 1936, S. 55 mit Siegeltafel Nr. 4.

C.P.H.

D 5 Siegel Heinrichs des Löwen, Herzog von Bayern und Sachsen ([1142] 1156-1180), Typ VII

Typar: Niedersachsen, vor 1163 – Urkunde: 116(3) Juli 12

Hellbraunes Wachs – restauriert – mit Zaponlack überzogen – Dm. 8,5 cm.

Schleswig, Landesarchiv Schleswig-Holstein, Urk.-Abt. 268 Nr. 4

Von dem siebenten Reitersiegel des Herzogs mit der Umschrift + HEINRI[CV(s)] · D(e)I · GR(ati)A · DVX · BAWARIE · ET · SAXONIE (Heinrich von Gottes Gnaden Herzog von Bayern und Sachsen) haben sich die meisten Ausprägungen erhalten. Es zeigt den mit spitzem Helm und Nasenschiene sowie einem Kettenhemd angetanen Herzog auf einem nach links springenden Pferd. In der Linken hält er das Gonfanon, die Fahnenlanze mit der in drei Zungen aufgespaltenen Fahne, die sich infolge ihres Anschmiegens an die obere Rundung des Bildfelds über dem Reiter entrollt. In der rechten Hand trägt er einen mit Strahlenkranz um den Buckel verzierten Schild. Das Pferd ist mit einer in fünf

Fransen endenden Decke belegt, sein Geschirr mit fünf angehängten Plaketten verziert. Herzog Heinrichs sechstes (Kat. G 90) und siebentes Reitersiegel bilden insofern eine Einheit, als beide eine ganz besonders gelungene Lösung bei der Wiedergabe der Fahnenlanze aufweisen. In dem hier vorliegenden Siegel allerdings ist der Herzog mit einem nach oben spitz zulaufenden Helm ausgerüstet, der im Gegensatz zu der in dieser Zeit ebenfalls gebräuchlichen runden Form etwaige gegnerische Schwerthiebe besser abgleiten ließ.

Domstiftsarchiv Lübeck (über dem Kreuzgang in einem vergitterten Zimmer); 1804 Archiv des Herzogs von Oldenburg in Eutin; 1850 Großherzoglich Oldenburgisches Haus- und Zentralarchiv in Oldenburg; 1938 Preußisches Staatsarchiv Kiel; seit 1947 im Landesarchiv Schleswig-Holstein in Schleswig.

MGH UU HdL, Nr. 60 sowie S. XLVII. – UB Bisthum Lübeck 1, Nr. 6.

Monumenta Boica 3, Nr. 15 mit Tafel 1 Nr. 3 [nach MGH UU HdL, Nr. 93]. – Hasenritter 1936, S. 56 f. mit Siegeltafel 6 [nach MGH UU HdL, Nr. 81]. – Philippi 1914, Tafel 4 Nr. 2 [nach MGH UU HdL, Nr. 80].

C.P.H.

D 6 Siegel Herzog Heinrichs des Löwen (1180-1195), Typ VIII

Typar: Braunschweig (?), vor 1188 – Urkunde: 1194 April 2

Rotes Wachs – an grünen und gelben Seidenschnüren hängend – Dm. 4,0 cm.

Hannover, Niedersächsisches Hauptstaatsarchiv, Cal. Or. 33 Salem Nr. 1

Nach dem Verlust seiner reichsfürstlichen Stellung seit 1180 benutzte Heinrich der Löwe diesen Siegeltyp, der als sogenanntes Löwensiegel bekannt wurde. Es hat die Umschrift SIGILLVM HENRICI DVCIS (Siegel Herzog Heinrichs) und zeigt einen sehr gemächlich schreitenden, hersehenden Löwen, heraldisch gesehen also einen Leoparden, wobei das Wappentier frei in einem runden Feld Gestalt annimmt. Diese Form gehört zu einem seit dem letzten Drittel des 12. Jahrhunderts auch bei anderen hochadeligen Geschlechtern zu beobachtenden Siegeltyp, der sehr wahrscheinlich eine Übergangsform des familiären oder persönlichen Symbols hin zum Wappenbild repräsentiert. Dem Verlust beider Herzogswürden trug Heinrich der Löwe in seinem letzten Siegel insofern deutlich Rechnung, als er fortan auf ein reichsfürstliches Reitersiegel verzichtete und in der Siegelumschrift den Herzogstitel ohne Zusatz führte. Aus demselben Grund sind nach 1180 bei dem Löwen auch nicht mehr die vier für einen Reichsfürsten obligatorischen Hofämter zu belegen, und es verändern sich sogar die Arengen der herzoglichen Urkunden, insofern sie zunehmend Gewicht auf religiöse Aspekte legen. Weitere Ausprägungen dieses achten Typars Heinrichs des Löwen haben sich unter anderem an Urkunden für das Stift Wunstorf (Hannover, Niedersächsisches Hauptstaatsarchiv, Cal. Or. 100 Wunstorf Nr. 1 [= MGH UU HdL, Nr. 127]) und das Kloster Walkenried (Wolfenbüttel, Niedersächsisches Staatsarchiv, 25 Urk 22 [= MGH UU HdL, Nr. 128]) erhalten. Die ohne Zweifel qualitätvolle Arbeit des Stempelschneiders weist Parallelen zu in der zeitgenössischen Buchmalerei vorkommenden Löwendarstellungen auf (Kat. F 13; Bd. 2, Abb. 289 und 344) und war traditionsbildend für die Löwensiegel der welfischen Fürsten im 13. und 14. Jahrhundert (vgl. Kat. E 25–E 27).

Archiv des Klosters Salem; Großherzogliches Archiv Karlsruhe; Geschenk des Großherzogs Friedrich von Baden an König Georg V. von Hannover.

MGH UU HdL, Nr. 129, sowie S. XLVIII.

Hasenritter 1936, S. 57 f. mit Siegeltafel Nr. 8 [nach MGH UU HdL, Nr. 128]. – Schnath 1961, S. 18 mit Abb. 4. – Kat. Stuttgart 1977, 1, Nr. 66; 2, Abb. 14. – Matthes 1980. – Fenske 1985, S. 100-109. – Hucker 1990, S. 586. – Ehlers 1992, S. 457 f. – Hasse 1995 (im Druck).

C.P.H.

D 7 Arnold von Lübeck, Chronik *(Historia regum)*

Pergament – 126 Blätter – H. 27 cm – B. 18 cm.

Berlin, Staatsbibliothek zu Berlin – Preußischer Kulturbesitz, Ms. lat. fol. 296

Der im Aegidienkloster und am Welfenhof zu Braunschweig erzogene Benediktiner Arnold (wohl aus der Edelherrenfamilie von Dorstadt stammend) wurde 1177

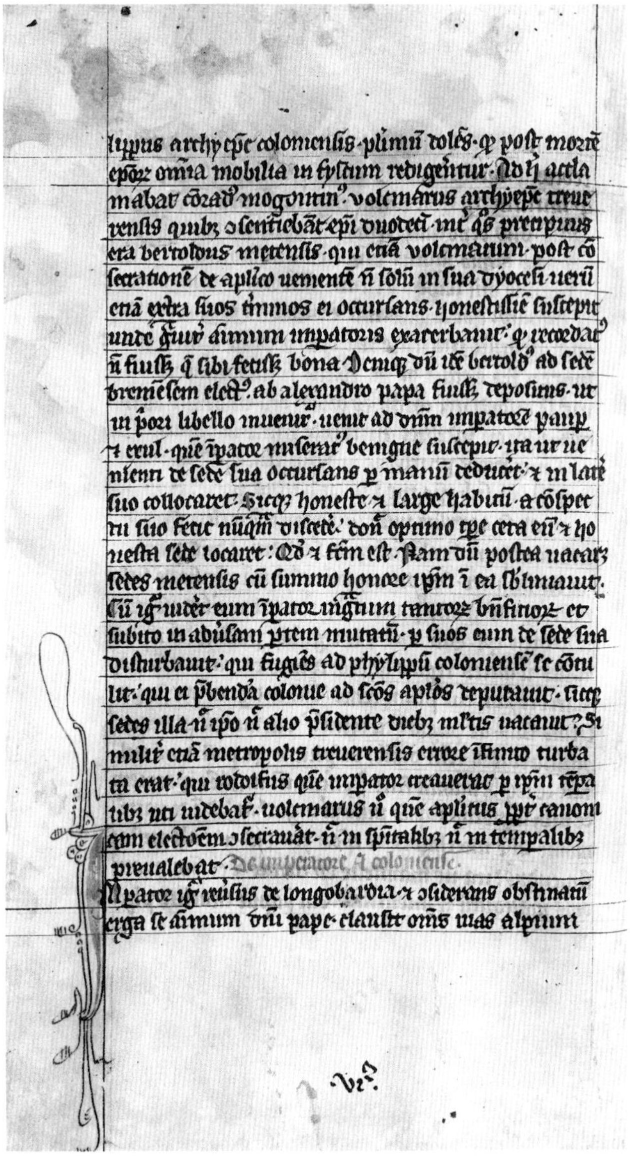

D 7

Abt des Klosters St. Johannis zu Lübeck und starb am 27. Juli 1211 oder 1212. Der Abt, der seinen Widmungsbrief an Wilhelm von Lüneburg selbstbewußt mit *Dei gracia abbas* einleitete, erwirkte 1181 bei Kaiser Friedrich I. die Bestätigung des Besitzes seines Klosters. 1195/97 wurde er schiedsrichterlich bei der strittigen Schweriner Bischofswahl tätig. Arnolds bis zum Jahre 1209 reichende Chronik entstand in den Monaten März bis August 1210. Der Autor gab vor, die Slawenchronik (*Cronica Slavorum*) Helmolds von Bosau vollenden zu wollen, weshalb man annahm, auch Arnolds Chronik habe den Titel *Chronica Slavorum* getragen. Im *Gregorius* (s. unten) verweist Arnold auf ein *opusculum*, in dem er die *gesta* und *opera* Heinrichs des Löwen beschrieben habe. Wenn damit überhaupt die Chronik gemeint ist, wird sie schwerlich einen auf den Welfen bezogenen Titel gehabt haben. Denn die Geschichtserzählung gipfelt und endet mit der Kaiserkrönung Ottos IV., und nur die ersten beiden Kapitel sind Heinrich dem Löwen gewidmet (hier ist auch ein Panegyricus auf dessen Tod eingeschaltet). Hinweise im Text der siebenteiligen Chronik ergeben, daß der Abt sie als *Historia regum* verstanden haben wollte und daß sie diesen oder einen ähnlichen Titel getragen haben muß. Leitthemen sind kaiserlicher Kreuzzug und königlicher Landfrieden, und so ist es kein Zufall, daß die Chronik mit der Jerusalemfahrt Heinrichs des Löwen von 1172 einsetzt. Die Widmung eines Exemplars an den Bischof Philipp von Ratzeburg erklärt sich wohl aus der Absicht, ihn in der Bereitschaft zu bestärken, an einem Kreuzzug Ottos IV. teilzunehmen. Die Chronik ist eine unentbehrliche Quelle für die Geschichte Sachsens und Nordalbingiens, Heinrichs des Löwen und Ottos IV. und besonders des Thronstreits. Arnold besaß eine breite literarische und literaturtheoretische Bildung. Er arbeitete mit Vergil, Horaz, Ovid und anderen klassischen Autoren. Außer mündlichen Berichten lagen ihm Briefe vor, darunter solche, die in die Kanzlei Ottos IV. eingelaufen waren. Arnold von Lübeck war auch Autor der »Taten des Sünders Gregorius«, die er nach Vollendung der Chronik als lateinische Übertragung von Hartmanns Reimpaardichtung *Gregorius* verfertigte. Diese Arbeit entstand im Auftrag von Kaiser Ottos IV. Bruder Wilhelm, Herzog von Lüneburg (†12.12. 1213 oder 1212), der von ihm in der (als Brief gehaltenen) Vorrede und im Epilog als *princeps* angesprochen wird. Da eine Übersetzung mittelhochdeutscher Texte in das Lateinische nicht häufig ist, sollte das Werk Arnolds wohl zur höfisch-literarischen Repräsentation am Hofe Wilhelms dienen und war vielleicht auch zur Weitervermittlung an den dänischen, wenn nicht an den angevinischen Königshof bestimmt. Wie schon der altfranzösische *Grégoire* dem Zweck diente, der Familie Eleonores von Aquitanien einen Heiligen einzugliedern, sollte wohl auch Arnolds Werk den aus der *regio Equitania* stammenden heiligen Eremiten und (legendären) Papst Grégoire an die Familie Ottos IV. (als Herzog von Aquitanien) ansippen. Unsicher ist, ob Arnold auch als Verfasser des Widmungsgedichts im Evangeliar Heinrichs des Löwen angesprochen werden darf (Kat. D 31; Bd. 2, Abb. 125).

Arnold von Lübeck, Chronica Slavorum (Ed. 1868). – Arnold von Lübeck, Chronica Slavorum (Ed. 1869). – Wattenbach/Schmale 1976, S. 437–441. – Mertens 1978 (II), S. 105 ff. – Wesche 1980, Sp. 1007 f. – Arnold von Lübeck, Gesta Gregorii Peccatoris 1986. – Hucker 1988 (Lit.). – Hucker 1990, S. 7, 23, 131-134, 373 f., 432 f.

B.U.H.

D 8 Gottfried von Viterbo, *Speculum regum, Liber universalis*

Pergament – 163 Blätter – H. 35 cm – B. 21 cm.

Paris, Bibliothèque Nationale de France, Département des manuscrits, Ms. lat. 4894, ausgestellt sind Blatt 153v-154r

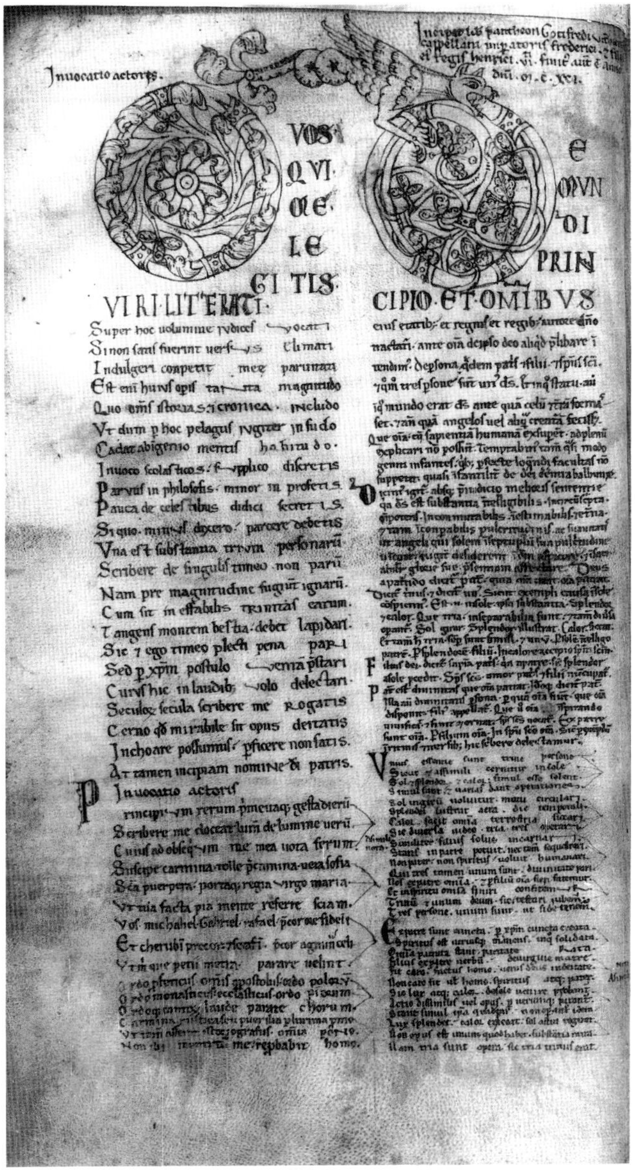

Gottfried von Viterbo berichtet hier eigenhändig über den Kreuzzug König Konrads III. von 1147/49 mit dem Zuge gegen Damaskus und dessen baldigem Tod nach der Heimkehr, allerdings irrig zu 1144 anstatt richtig zu 1152, und schließt mit dem Hinweis auf seinen Dienst bzw. Zuwendung der Verse an den König mit *Cui famulabar ego, qui mea metra lego.*

Anschließend behandelt er den Anfang der Regierung Friedrich Barbarossas mit dem Hinweis auf dessen *Gesta* am Ende des Buches. Am Rande ist später ebenfalls eigenhändig die Einleitung zur entsprechenden *Particula* des *Pantheons* in Prosa hinzugefügt worden.

In Viterbo 1125 geboren, benannte sich Gottfried daher stets als *Viterbiensis*. Seine Mutter war eine Italienerin, sein Vater allem Anschein nach ein Deutscher, der im Verlauf des zweiten Romzugs von Kaiser Heinrich V. nach Viterbo kam und möglicherweise aus Sachsen stammte. Das Eigengut der Familie ermöglichte Gottfried und seinem Bruder Werner sowie dessen Sohn Reimbert die Errichtung einer Pfalz für den Kaiser in Viterbo, die ihnen 1169 mit Vorrechten zu Lehen gegeben wurde.

Durch Kaiser Lothar III. kam Gottfried zur Grundausbildung in die Domschule zu Bamberg. Nach seiner Heimkehr erfolgte bald nach 1140 – dies belegen Schrift und Sprachgut – die Aufnahme in die päpstliche Kanzlei, die damals mit der Kurie in Viterbo weilte. Unter Papst Eugen III. wechselte er 1151, wohl in Zusammenhang mit der Vorbereitung des von diesem gewünschten Romzugs von König Konrad III., in dessen Dienste. Er wurde in die Hofkapelle des Staufers aufgenommen und erhielt als Pfründen ein Kanonikat im Mainzer Domstift, die Würde eines Propstes zu Frankfurt und dazu später noch ein Kanonikat im Dom zu Speyer.

In Anbetracht seiner Kenntnisse und Beziehungen zur päpstlichen Kurie wurde er von Friedrich I. vielseitig eingesetzt, zunächst vor allem als Schreiber und Verfasser von Urkunden von April 1152 bis Juni 1155. Er ist mitbeteiligt am Abschluß und Zeuge des Konstanzer Vertrags mit Papst Eugen III. von 1153 und dessen Erneuerung mit Papst Hadrian IV. im Jahre 1155. Später ist er nur noch gelegentlich als Kanzleikraft tätig gewesen, so unter anderem 1159 für den auf seiten des Kaisers stehenden Kardinal Oktavian, dem späteren Gegenpapst Viktor IV., oder 1169 mit dem kaiserlichen Gunsterweis für ihn selbst und seine Familie, desgleichen 1178 im Diplom für das Domkapitel zu Lucca. Dort und in Pisa hatte er nach Aufgabe seiner Pfründen in Deutschland als Domherr eine Versorgung für sein Alter erhalten.

Gottfrieds Dienste als Kapellan beschränkten sich nicht nur auf die eines Notars der »Reichskanzlei«. Er fand auch Verwendung im Hofgericht – im Diktat einiger Diplome sind seine juristischen Kenntnisse eindeutig zu erkennen – und vor allem bei diplomatischen Aufgaben. Stolz berichtet er in der Vorrede der *Memoria seculorum*, daß er als Abgesandter des Kaisers Reisen nach Sizilien, in die Provence, nach Spanien und Frankreich, insbesondere aber sehr viele nach Rom unternommen habe, dabei einmal sogar in die Gefangenschaft des Markgrafen von Montferrat geriet. Im langen Streit Kaiser Friedrichs I. mit Papst Alexander III. stand er auf seiten des Gegenpapstes Viktor IV. und half 1160 in Pavia sogar kurzzeitig in dessen Kanzlei als Notar und Datar aus.

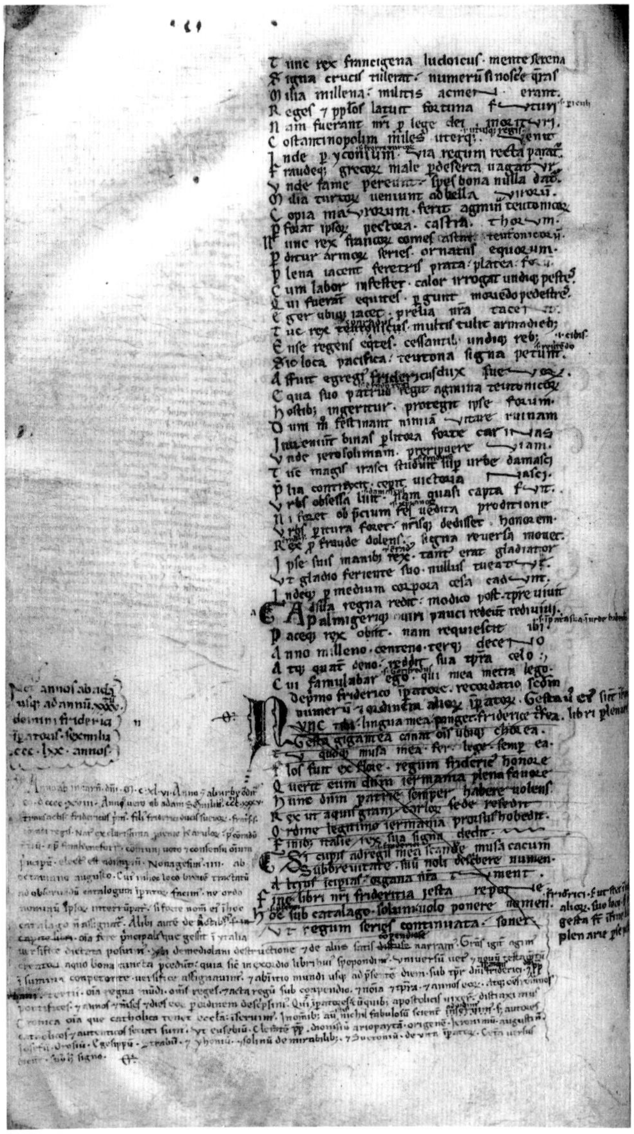

D 8

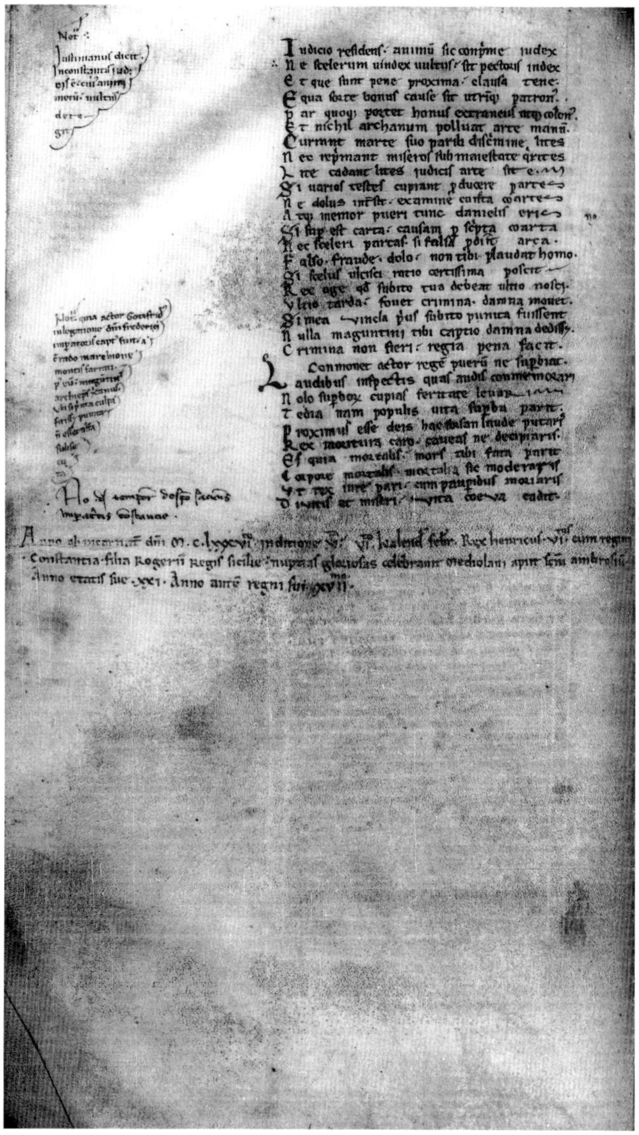

D 8

Seit 1169 bezeichnete sich Gottfried als Magister und wurde so auch 1186 von der Kanzlei Heinrichs VI. benannt. Seine beiden ersten Werke, deren Vorreden und Widmungen, desgleichen einige Stellen im *Liber universalis* deuten darauf hin, daß er einer der Lehrer Heinrichs VI. war. Wegen seines belehrenden Tons und der Mahnungen kam es schließlich zum Bruch mit dem selbstbewußten jungen König und zum Ausscheiden aus dem Hofdienst. Erst im Alter beschäftigte sich Gottfried nach 40jähriger Sammelarbeit als Dichter und Geschichtsschreiber. 1183 vollendete er das Heinrich VI. gewidmete *Speculum regum*, das kein Fürstenspiegel im üblichen Sinne ist, sondern für die Bildung des durch göttliche Fügung zur Herrschaft berufenen Staufers eine Art Genealogie und Geschichte der Könige und Kaiser von der Sintflut bis zu Karl dem Großen, dem hochmittelalterlichen Idealbild eines Kaisers, bietet.
Unter weitgehender Verwendung des *Speculum*, das in drei Fassungen vorliegt, entstand sodann die *Memoria seculorum*, die von der Schöpfung bis zu König Konrad III. reicht. Auch dieses Werk ist in einem für Gottfried typischen und schwierigen Versmaß geschrieben, hat aber an einer Stelle einen größeren Abschnitt in Prosa. Um die Benützung zu erleichtern, fügte er 13 *Introductiones* in Prosa hinzu, des weiteren ein auf 1185 datiertes, zweites Vorwort mit Widmung an den bereits als Kaiser (!) angesprochenen Heinrich VI. und die deutschen Fürsten; zugleich bezeichnete er das Werk nun als *Liber memorialis*.
Diese Weltgeschichte war nach Ab- oder Reinschrift durch zwei Hilfskräfte die Grundlage für den im Stoff erweiterten *Liber universalis*, wobei Gottfried viele Teile der Vorlage eigenhändig ergänzte, umschrieb und ganz auswechselte. Die Urschrift dieses Werkes ist erhalten geblieben – die ausgestellte Handschrift aus Paris. Hier wird der Gesinnungswandel Gottfrieds gegenüber dem jungen König im

Jahre 1187 durch die Widmung an Papst Gregor VIII. sichtbar. Die in den vorangehenden Werken angekündigten *Gesta Frederici* sind nur als *Particula XV* angefügt. Wie die vielen weiterhin vorgenommenen Tilgungen und Ergänzungen, teils in Versen, teils in Prosa, zeigen, ist dieses nie veröffentlichte Werk die Grundlage für die letzte Ausgestaltung seiner Weltgeschichte.

Gottfried nannte dieses Werk bezeichnenderweise *Pantheon*, das in Prosa und Versen in drei Fassungen vorliegt. Die erste Fassung ist dem im Oktober 1187 verstorbenen Papst Urban III. gewidmet, die zweite Fassung dem nachfolgenden, nur wenige Wochen regierenden Papst Gregor VIII., kann aber erst unter dessen Nachfolger Clemens III. 1188 fertig geworden sein. Die dritte und umfangreichste Fassung des *Pantheon* wurde 1191 in der Pfalz zu Viterbo vollendet und ist abermals dem längst verstorbenen Papst Gregor VIII. gewidmet.

Von wesentlicher Bedeutung sind Gottfrieds *Gesta Frederici*. Hier beschreibt er in seinem typischen Versmaß aus eigenem Miterleben die Italienzüge Barbarossas von 1155 bis 1178, den danach folgenden Zug zur Krönung nach Arles und den Sturz Heinrichs des Löwen. Den Abschluß bilden Lobgedichte auf die Sachsen und auf die Erzbischöfe Philipp von Köln und Wichmann von Magdeburg.

In einigen Handschriften der zweiten Fassung des *Pantheon* findet man die *Gesta Heinrici sexti*. In Vagantenversen behandelt hier Gottfried bruchstückartig nur Ereignisse in Italien bis 1198; eine Notiz am Schluß ist auf 1202 zu datieren.

Ein zeitlich nicht einzuordnendes Werk ist die *Denominatio regnorum imperio subiectorum*, in der Hauptsache ein Lobgedicht im typischen Versmaß auf die Städte am Rhein und auf das Elsaß.

In allen literarischen Werken, in denen immer wieder Hinweise auf seine deutschen Sprachkenntnisse zu finden sind, aber auch, wie in den von ihm ausgefertigten Urkunden, auf seine Legasthenie, fällt die Weitschweifigkeit auf, desgleichen die mehrfachen Fabeleien und manch fehlerhafte Zeitangabe. Einen wirklichen Wert als Geschichtsquelle haben nur die zuletzt genannten drei kleineren Werke und die zeitgenössischen Teile der großen Werke, die im Grunde den immer wieder gleichen Stoff stets mehr ausweiten. Deren Wert liegt aber auf dem Gebiet der Geisteswissenschaft und Publizistik: Sie untermauern den beanspruchten Vorrang der Deutschen als Nachkommen der wahren Franken vor den Franzosen als *Francigeni*, desgleichen die Größe des Geschlechts der Staufer als berufenen Träger der römischen Kaiserkrone; sie verkünden das Selbstverständnis der Dynastie und das Denken am Hofe Barbarossas über das Verhältnis zum Papsttum sowie zu den benachbarten nationalen Königreichen, insbesondere zu Frankreich. Die Fabeleien dienten ebenso wie die doppelte Darstellung in Prosa und Versen der einzelnen *Particula* des *Pantheon* dem angestrebten Ziel, von vielen mit Unterhaltung und leichtem Verständnis gelesen zu werden, hatten somit sowohl der Bildung wie der politischen Beeinflussung zu dienen. Dieses Ziel scheint Gottfried, wie die überaus reiche handschriftliche Überlieferung des *Pantheon* und die Übernahme in Werke etlicher Autoren des Spätmittelalters, ja sogar die Drucke der frühen Neuzeit zeigen, erreicht zu haben.

Gottfried ist hochbetagt erst nach 1202 in Viterbo gestorben.

Gottfried von Viterbo, Gesta Frederici.
Amberg 1969. – Boockmann 1992. – Delisle 1890. – Hausmann 1992.

F. H.

D 9 Gerhard von Steterburg, *Chronicon Stederburgense*

Steterburg, um 1316

Pergament – Einband 15./16. Jahrhundert – 176 Blätter - H. 31,5 cm – B. 24 cm.

Wolfenbüttel, Niedersächsisches Staatsarchiv, VII B Hs 365

Bald nach 1195 verfaßte Propst Gerhard II. (*1163, †1201/10) eine Chronik des Augustiner-Chorfrauenstifts Steterburg bei Braunschweig, die nur noch in überarbeiteter Gestalt in einer Steterburger Sammelhandschrift aus dem frühen 14. Jahrhundert überliefert ist. Propst Gerhard war ein Parteigänger Heinrichs des Löwen und beschrieb ausführlich die letzten Lebensjahre des entmachteten Herzogs. Die Stiftschronik endet mit einem sehr genauen Bericht über Heinrichs Tod am 6. August 1195. Der Herzog war seit Ostern 1195 schwer erkrankt und mußte 14 Tage vor seinem Ende noch miterleben, wie ein Blitz in das Dach der Blasiuskirche in Braunschweig einschlug. Auf Seite 103–104 heißt es dann in der Chronik: *Dux itaque, quia vim morbi in se timuit, nuncios suos post filium, qui tunc in partibus Reni morabatur, misit et episcopo Razeburgensi Isfrido, cui specialiter confiteri solebat, similiter nuncium destinavit. Qui subito veniens vidit eum morbo acrius laborare, verbum exhortacionis ad ipsum habuit, ut spiritu fortitudinis in hoc articulo habito Dominum se vocantem hylari corde sequeretur. At ille hiis et similibus verbis salubriter compunctus puram coram Deo et episcopo peccatorum suorum confessionem fecit et quarto Nonas Augusti in remissionem preteritorum delictorum suorum secundum consuetudinem ecclesie oleo inunctus est participans sacrosanctis mysteriis Christi. In hac itaque morbi molestia quatuor adhuc dies supervixit non querulus, non gemens, ut plerique solent infirmi, sed si quando erupit in vocem: ›Deus‹, inquit, ›propicius esto michi peccatori!‹ Erectus namque in virtutis culmine animus passionibus corporis non subcubuit, cui etiam in divisione corporis et anime morti succumbere quasi videbatur*

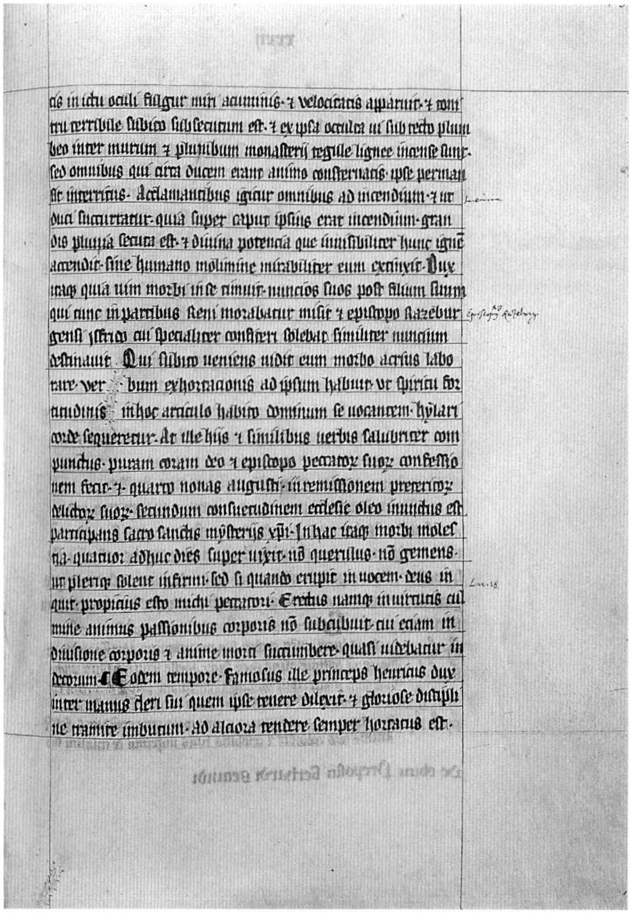

D 9

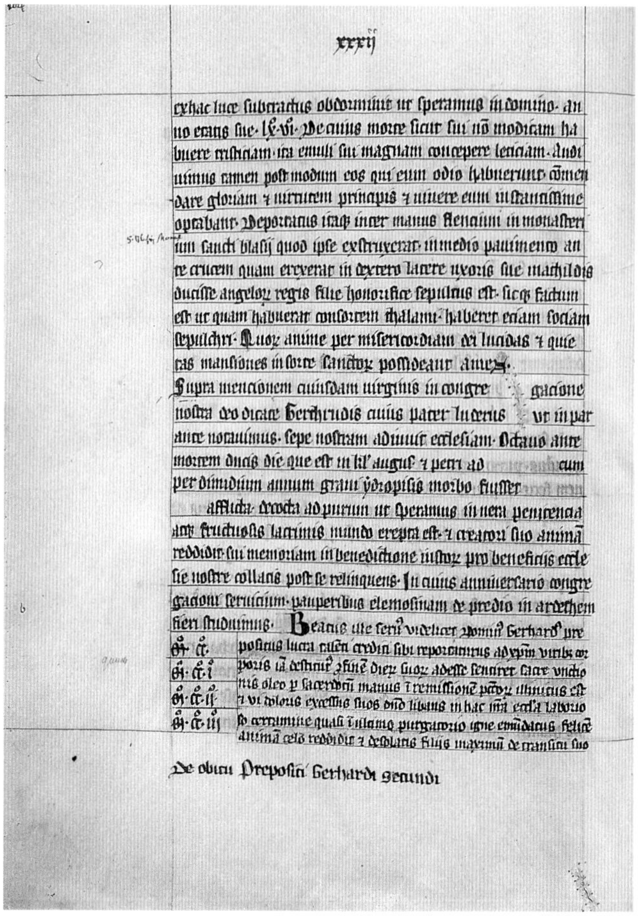

D 9

indecorum. Eodem tempore famosus ille princeps Henricus dux inter manus cleri sui, quem ipse tenere dilexit et gloriose discipline tramite imbutum ad alciora tendere semper hortatus est, ex hac luce subtractus obdormivit, ut speramus, in Domino anno etatis sue LX°VI°. De cuius morte sicut sui non modicam habuere tristiciam, ita emuli sui magnam concepere leticiam. Audivimus tamen postmodum eos, qui eum odio habuerunt, commendare gloriam et virtutem principis et vivere eum instantissime optabant. Deportatus itaque inter manus flencium in monasterium sancti Blasii, quod ipse exstruxerat, in medio pavimento ante crucem, quam erexerat, in dextero latere uxoris sue Mathildis ducisse, Angelorum [!] regis filie, honorifice sepultus est. Sicque factum est, ut quam habuerat consortem thalami, haberet etiam sociam sepulchri. Quorum anime per misericordiam Dei lucidas et quietas mansiones in sorte sanctorum possideant. Amen (Weil der Herzog die Stärke der Krankheit in seinem Körper fürchtete, schickte er nun seine Boten nach dem Sohn aus, der sich damals am Rhein aufhielt, und sandte einen Boten ebenso zu Bischof Isfried von Ratzeburg, dem er vertrauensvoll zu beichten pflegte. Als dieser schnell gekommen war, sah er, daß der Herzog schwerer unter der Krankheit litt, und ermahnte ihn, in dieser Bedrängnis tapfer zu sein und dem Ruf des Herrn frohen Herzens zu folgen. Jener aber, durch diese oder ähnliche Worte ergriffen, beichtete vor Gott und dem Bischof lauter seine Sünden und wurde am 2. August zur Vergebung seiner früheren Vergehen nach dem Brauch der Kirche mit dem Öl gesalbt und der hochheiligen Geheimnisse Christi teilhaftig. In dieser Pein der Krankheit lebte er noch vier Tage weiter, nicht klagend, nicht seufzend, wie dies die meisten Kranken gewöhnlich tun, sondern rief nur einmal aus: ›Gott, sei mir Sünder gnädig!‹ Denn aufrecht auf dem Gipfel der Tapferkeit stehend, beugte sich der Geist nicht den Leiden des Körpers, und es erschien ihm sogar bei der Trennung von Körper und Seele gleichsam unziemlich, dem Tod zu unterliegen. In dieser Zeit wurde jener berühmte Fürst, der Herzog Heinrich inmitten seiner Geistlichkeit, die er zärtlich liebte und die er immer ermahnte, auf dem eingeschlagenen Pfad rühmlicher Zucht zum Himmel zu streben, von dieser Welt genommen und entschlief in seinem 66. Lebensjahr, wie wir hoffen, im Herrn. Wie seine Anhänger über seinen Tod nicht wenig betrübt waren, so freuten sich seine Feinde sehr. Später hörten wir freilich, wie jene, die ihn gehaßt hatten, den Ruhm und die Tapferkeit des Fürsten lobten und wie sie sehnlichst wünschten, er würde noch leben. Der Herzog wurde nun umringt von

Weinenden in die Stiftskirche St. Blasius, die er selbst erbaut hatte, überführt und mitten im Fußboden vor dem Kreuz, das er errichtet hatte, an der rechten Seite seiner Gemahlin, der Herzogin Mathilde, Tochter des Königs von England, ehrenvoll bestattet. Und so geschah es, daß er mit derjenigen, die er im Ehebett bei sich gehabt hatte, auch im Grab vereint war. Ihre Seelen mögen durch die Barmherzigkeit Gottes helle und ruhige Wohnungen im Erbteil der Heiligen besitzen. Amen).

Stift Steterburg; im 19. Jahrhundert ins Landeshauptarchiv Wolfenbüttel.

Gerhard von Steterburg, Annalen, S. 197–231. – Melsheimer 1882. – Berg 1980 (Lit.). – Bunselmeyer 1983, S. 1–11, 62–79.

K. Na.

D 10 Handschrift aus Saint-Victor

Paris, Saint-Victor, 13. Jahrhundert (?)

Pergament – H. 16 cm – B. 13 cm.

Città del Vaticano, Biblioteca Apostolica Vaticana, Cod. Vat. Reg. Lat. 179

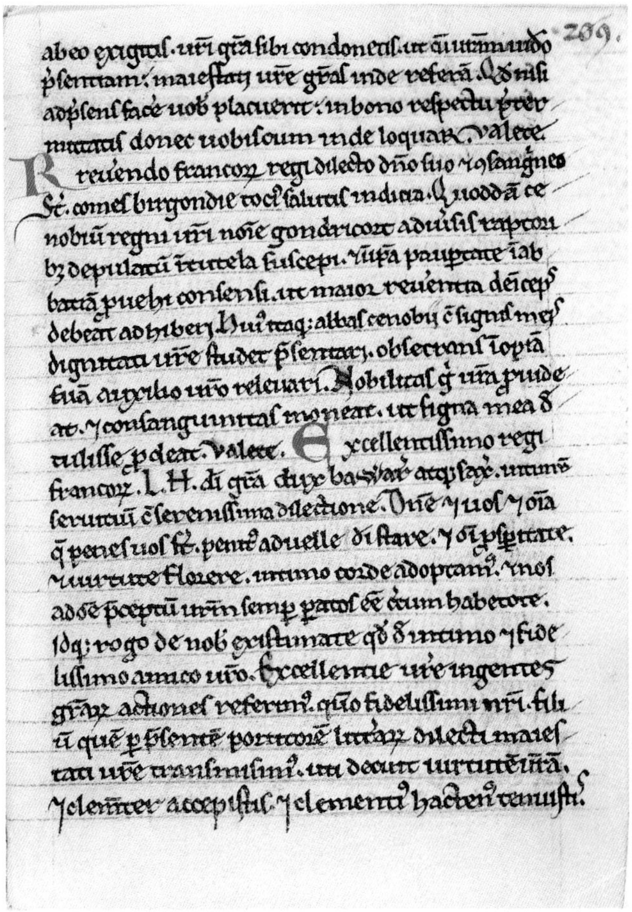

Der Codex ist 1993 von Gunnar Teske codicologisch untersucht und inhaltlich beschrieben worden. Er besteht aus vier verschiedenen Teilen, die insgesamt 573 Stücke aus der Zeit von 1138/1143 bis 1178/1195, mehrheitlich aus den sechziger und siebziger Jahren, umfassen. Zu einem späteren Zeitpunkt zusammengebunden, wurde die Handschrift seit dem 13. Jahrhundert als Einheit behandelt.

Die Abschrift des Briefes Heinrichs des Löwen gehört in den vierten Teil des Codex (fol. 102r–274v), der mehr als die Hälfte des Gesamtbestands umfaßt und vermutlich von einem einzigen Kopisten, allerdings mit großem Formenreichtum, geschrieben worden ist. Dieser Teil setzt die schon zuvor begonnene Sammlung von Briefen fort, die auf den Hof Ludwigs VII. und auf den Besitz von Hugo von Chamfleury, dessen Kanzler, zurückgehen und die daher hauptsächlich als Hofkorrespondenz zu verstehen sind. Sie bilden mit insgesamt 420 Stücken die größte Gruppe innerhalb der Briefsammlungen. Nach dem sozialen Rang ihrer Aussteller geordnet, finden sich darin an den französischen König gerichtete Briefe der Päpste, des Kaisers, von Bischöfen und Ordensgemeinschaften sowie (fol. 201–222) 61 Briefe von Laien, auch Laienfürsten, unter ihnen derjenige Heinrichs des Löwen.

Zwischen 1154 und 1180 zu datieren, steht er inhaltlich in enger Verbindung zu einigen der übrigen Briefe. Die Senatoren von Rom, der Markgraf von Montferrat, der Landgraf von Thüringen neben etlichen anderen Ausstellern vornehmlich aus dem Reich, und so auch Herzog Heinrich, verwendeten sich für einen Studienaufenthalt von Angehörigen und Vertrauten in Frankreich.

Seit dem Ende des 11. Jahrhunderts ist eine auffällige Bildungsmigration in Westeuropa festzustellen, die Lehrende wie Studierende außer nach Oberitalien (Bologna) vor allem nach Nordfrankreich (Reims, Laon, Paris) führte. Besonders die Pariser Schulen übten eine starke Anziehungskraft aus, und unter ihnen kam der 1108 von Wilhelm von Champeaux gegründeten Schule am Stift Saint-Victor besondere Bedeutung zu. Das Nebeneinander von etablierten Stiftsschulen und neuartigen Lehrformen der freien Magister sowie von einheimischen und auswärtigen Scholaren machte den besonderen Reiz gerade von Paris als Schulort aus und ließ es zu einem herausragenden Studienzentrum in Europa werden.

In seinem Brief (fol. 209r) dankt Herzog Heinrich König Ludwig dafür, daß der Sohn eines seiner Getreuen, den er an ihn gesandt habe, wohlwollend empfangen worden und bis jetzt aufgenommen gewesen sei. Wo genau innerhalb des Königreichs Frankreich er seinen Aufenthaltsort hatte, wird nicht ersichtlich. Aus welchem Anlaß er sich dort befand, ergibt sich aus dem Zusammenhang: Offenkundig war er, als junger Mensch (*puer*, im engeren Sinn »Kind«, Schüler), zu Studienzwecken nach Frankreich ge-

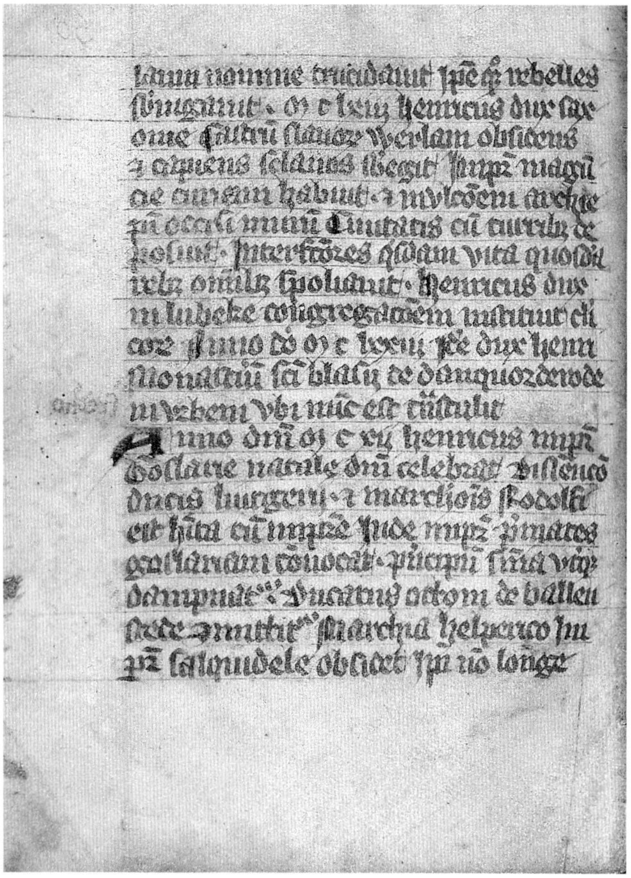

D 11

schickt worden, und die Überlieferung der Abschrift dieses Briefes im Bestand von Saint-Victor legt nahe, daß er sich am dortigen Stift und an dessen Schule aufgehalten haben mag. Im Gegenzug lädt Heinrich dazu ein, Jungen (*pueri*) aus dem Königreich Frankreich in sein Herrschaftsgebiet zu schicken – falls der König wolle, daß sie sein Land und die dortige Sprache (*terram nostram vel linguam*) kennenlernen sollten. Ob hierbei an einen Besuch der sächsischen Stiftsschulen oder eher an einen Aufenthalt am Hof gedacht war, muß danach offenbleiben. Der vorgenannte Sohn seines Getreuen sollte jedenfalls nun, zusammen mit dem herzoglichen Boten, der das Schreiben überbracht hatte, die Rückreise antreten.

Im 16. Jahrhundert aus der Bibliothek von Saint-Victor [Handschrift F / Codex JJ 22] entwendet, fand die Handschrift zunächst Eingang in den Familienbesitz eines humanistischen Büchersammlers. Dessen Erben machten sie André Duchesne (*1584, †1640) zugänglich, der die erste Gesamtedition herausgab. Nachdem sie 1650 an Königin Christine von Schweden verkauft worden war, gelangte die Handschrift schließlich über Antwerpen nach Rom, wo sie zunächst in Teilen 1698/90 und sodann 1748 vollständig in die Vatikanische Bibliothek überführt werden konnte.

MDH UU HdL, Nr. 117. – Ehlers 1981. – Teske 1993.

M.K.

D 11 Annalistische Exzerpte aus dem Blasiusstift Braunschweig

Braunschweig (?), 1. Hälfte 14. Jahrhundert

Pergament – 1987 restauriert mit neuem Einband – 79 Blätter – H. 13,7 cm – B. 10,2 cm.

Trier, Stadtbibliothek, Ms. 1999/129 8°

Bei dem Trierer Codex handelt es sich um die am Anfang verstümmelte Kopie einer historiographischen Sammelhandschrift, die zwischen 1294 und 1296 wahrscheinlich im Braunschweiger Blasiusstift entstandenen ist. Auf fol. 44v–45r, 50r–53r enthält die Sammlung eine kurze Sage über die Anfänge des Erzabbaus im Goslarer Rammelsberg und annalistische Exzerpte zu 1112–1173. Nach dem quellenkritischen Befund stammen diese Auszüge sehr wahrscheinlich aus einer verlorenen Kompilation, die Heinrich der Löwe 1194/95 in Braunschweig hatte anfertigen lassen. Als Hauptvorlage diente dabei die Weltchronik Ekkehards von Aura, die aus sächsischen Werken ergänzt und fortgesetzt wurde. Auf fol. 50v der Trierer Handschrift steht eine selbständige Nachricht aus dieser Kompilation: *Anno Domini MCLXXIII idem dux Henri*(*cus*) *monasterium sancti Blasii de Danquorderode in urbem, ubi nunc est, transtulit* (Im Jahre des Herrn 1173 verlegte dieser Herzog Heinrich die Stiftskirche St. Blasius aus Dankwarderode in die Burg / Stadt, wo sie heute steht). Die Stelle widerspricht der herkömmlichen Meinung über die Frühgeschichte des Blasiusstifts. Danach soll die zwischen 1022 und 1038 geweihte ältere Stiftskirche St. Peter und Paul bereits in der Braunschweiger Burg gestanden haben und 1173 abgebrochen worden sein, um dem Neubau zu weichen. Diese These stützt sich auf die Braunschweigische Reimchronik (v. 2812–2883) oder auf Quellen, die von diesem Werk abhängig sind. Der Reimchronist schrieb jedoch erst im späten 13. Jahrhundert und berief sich, abgesehen von noch erhaltenen schriftlichen Vorlagen, auf mündliche Überlieferung. Das älteste Schriftzeugnis im Trierer Codex spricht dagegen ausdrücklich von einer Verlegung des Stifts. Die ältere Kirche müßte demnach auf dem linken Okerufer in der Flur des Dorfes Dankwarderode, d.h. im Siedlungsbereich der späteren Weichbilde Altstadt und Sack, gelegen haben, dessen Name vor 1134 auf die Burg übertragen wurde. Zu prüfen wäre, ob nicht die im späten 12. Jahrhundert bezeugte Petrikirche als Nachfolgerin des alten Peter-und-Paul-Stifts anzusehen ist.

Im 17./18. Jahrhundert im Besitz des Jesuitenkollegs in Trier.

Annalium s. Blasii Brunsvicensium maiorum fragmenta, S. 16–19. – Holder-Egger 1892, S. 169–176. – Keuffer/Kentenich 1914, S. 66f. – Döll 1967, S. 26–50. – Naß 1993, S. 557. – Naß 1995.

K.Na.

D 12 Psalter aus Baltimore

Helmarshausen, 2. Hälfte 12. Jahrhundert

Pergament – Buchmalerei in Deckfarben – späterer, schmuckloser Einband aus rotem Samt – 125 Blätter – H. 11,4 cm – B. 6,5 cm.

Baltimore, The Walters Art Gallery, W. 10

Die ausgesprochen kleinformatige Handschrift entstand vermutlich im Auftrag Heinrichs des Löwen im Benediktinerkloster Helmarshausen. Der Codex war als Privatpsalterium für eine Frau bestimmt. Da die Datierungsvorschläge von den fünfziger bis in die achtziger Jahre des 12. Jahrhunderts reichen, konnte die ursprüngliche Besitzerin der Handschrift bis heute nicht eindeutig ermittelt werden. Eine frühe Datierung würde auf Clementia von Zähringen, Heinrichs erste Ehefrau, schließen lassen. Setzt man die Entstehung der Handschrift später an, kämen aber auch seine Tochter Gertrud aus erster Ehe oder seine zweite Frau Mathilde in Frage.

Die Handschrift enthält außer dem Psalter mit den üblichen Anhängen eine Litanei und einen Kalender, bei dem die ersten drei Monate fehlen. Den wesentlichen Bildschmuck machen drei ganzseitige Miniaturen aus, denen je eine gerahmte Initialseite folgt. Weitere Schmuckformen sind eine Gold-Silber-Initiale zu Psalm 109, Goldmajuskeln auf Farbgrund am Beginn der Psalmen sowie Goldbuchstaben an den Versanfängen. Die in Gold und Silber notierte Tageszählung im Kalendarium wird von hohen, schlanken Purpursäulen hinterfangen. Zwar ist die Ausschmückung der Handschrift – wohl wegen der geringen Größe – eher einfach, doch drückt sich in den verwendeten Materialien der Anspruch auf Kostbarkeit aus.

Vor Psalm 1 (fol. 6v) ist eine weibliche Figur mit adorierend erhobenen Händen dargestellt. In ihr ist die Stifterin bzw. Besitzerin des Psalters zu sehen. Sie ist nach rechts gewandt, wo ihr auf der gegenüberliegenden Seite ursprünglich eine weitere Miniatur entsprach, der ihre Anbetung galt. Hierbei könnte es sich um eine Darstellung aus dem Leben Christi oder eine Madonna mit Kind gehandelt haben. Die beiden anderen erhaltenen Bildseiten der Handschrift zeigen eine Kreuzigung (fol. 41v) und eine Maiestas Domini (fol. 77v).

Als Entstehungsort des Codex gilt Helmarshausen. Dafür sprechen neben stilistischen Gründen vor allem die Hervorhebung der Patrone des Diemelklosters, Petrus und Modoaldus, in Kalender und Litanei.

Bei dem Psalter handelt es sich um einen höfischen Auftrag. Darauf deutet die Darstellung der Beterin, deren vornehme Kleidung ihre höfische Abkunft verdeutlicht. Von Heinrich dem Löwen ist bekannt, daß er eine ganze Reihe von Codices in Helmarshausen fertigen ließ, so daß es naheliegt, in ihm auch den Auftraggeber dieser Handschrift zu sehen. Es ist zu vermuten, daß die Besitzerin des Manuskripts in enger Beziehung zu ihm stand. Goldschmidt (1938) wies auf die große stilistische Verwandtschaft zwischen dem Bild der betenden Frau im Psalter von Baltimore und den Darstellungen der Herzogin Mathilde im Helmarshausener Evangeliar und dem Londoner Psalter Heinrichs des Löwen hin. Er identifizierte die ursprüngliche Besitzerin des kleinen Psalters mit Heinrichs Tochter Gertrud, die das Büchlein anläßlich ihrer Vermählung mit dem dänischen Königssohn Knut Waldemarson 1178 als Hochzeitsgeschenk empfangen haben könnte. Dagegen sprach sich Dorothy Miner aus (Kat. Baltimore 1949, Nr. 24), die in Clementia von Zähringen, mit der Heinrich zwischen 1148 und 1162 verheiratet war,

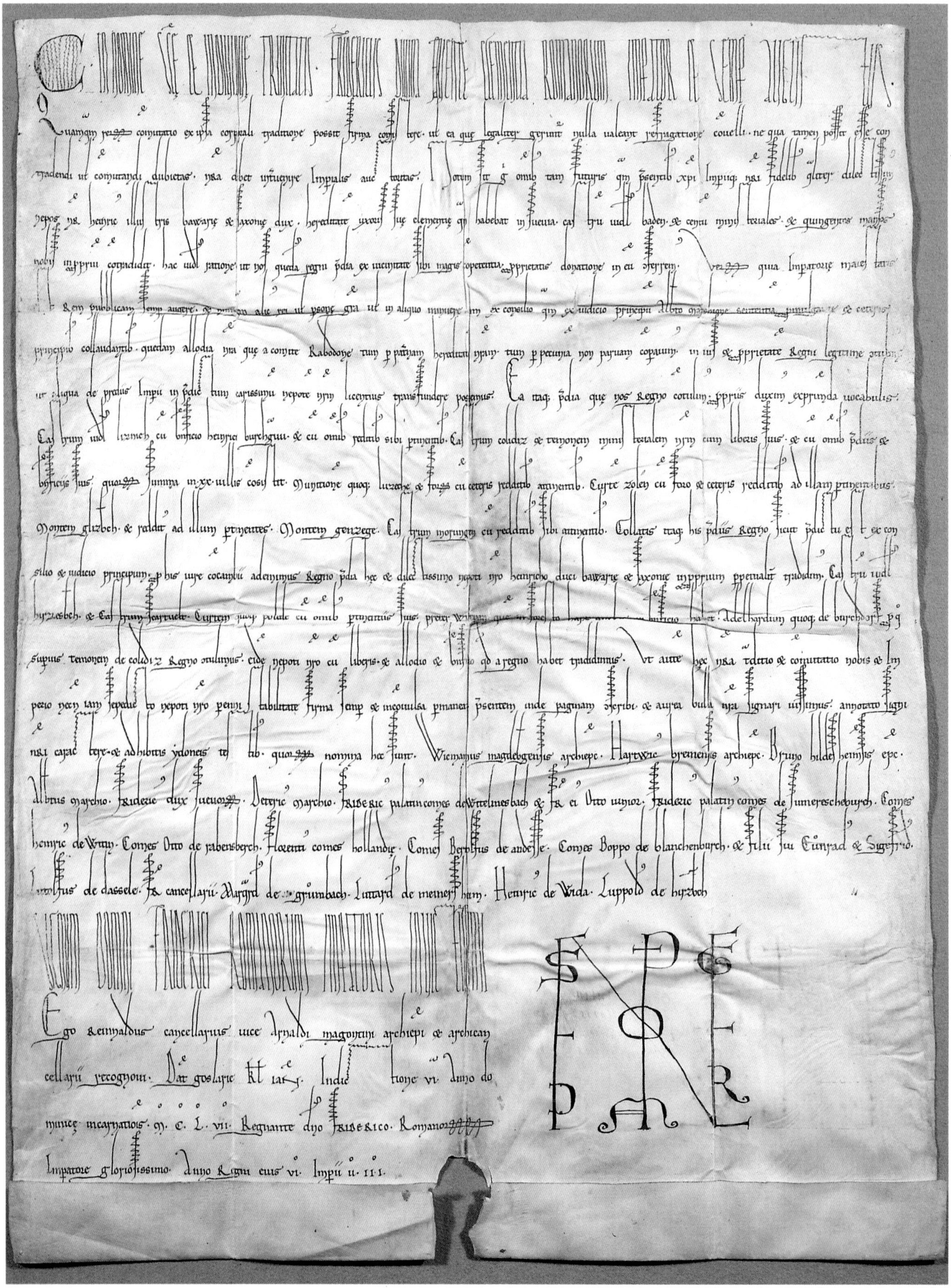

*D

die Eigentümerin sah. Dementprechend setzt sie die Datierung der Handschrift um 1150 an. Aber auch Mathilde wurde als mögliche Eignerin von der Forschung in Erwägung gezogen (Gosebruch 1983, S. 137, 139). Gosebruch rückte den Psalter in die Nähe des Helmarshausener Evangeliars und datierte ihn in die achtziger Jahre. Klemm zieht aufgrund stilistischer Parallelen mit den Miniaturen im Hersfelder Graduale und Sakramentar die späteren sechziger und die siebziger Jahre als Entstehungszeitraum für die Handschrift in Betracht (Klemm 1989, S. 71). Dementsprechend könnte der Psalter von Baltimore sowohl für Gertrud als auch für Mathilde bestimmt gewesen sein. Die letztendliche Entscheidung darüber muß offenbleiben.

Um 1430 im Besitz des erzbischöflich salzburgischen Kammermeisters Petrus Grillinger (Besitzvermerk fol. 126v); Gruel and Engelmann coll. n. 136.

MBK Österreichs, Bd. 4, S. 82. – Jansen 1933, S. 149. – Goldschmidt 1938. – Swarzenski 1942, S. 296. – Kat. Baltimore 1949, Nr. 24 (Dorothy Miner). – Kat. Corvey 1966, 2, S. 495f., Nr. 184 (Karl Hermann Usener u. Heribert Köllner). – Krüger 1972, Bd. 1, S. 279ff., Bd. 2, S. 757–761. – Gosebruch 1983, S. 136f., 139, 144. – Randall 1984, Pl. 11 (mit 2 Farbabb.). – Kat. Freiburg 1986, S. 94, Nr. 72 (Gert Althoff). – Klemm 1989, S. 69–72. – Hoffmann, 1992, S. 19f.

J.D.

*D 13 Urkunde Kaiser Friedrichs I. für Heinrich den Löwen über den Tausch von Reichsburgen am Harz gegen die Burg Badenweiler

Goslar, 1158 Januar 1

Pergament – H. 65,5 cm – B. 49,5 cm – Umbug 4,5 cm – Goldbulle fehlt seit 1830.

Wolfenbüttel, Niedersächsisches Staatsarchiv, 1 Urk 2

Kaiser Friedrich tauscht von Herzog Heinrich dem Löwen die Burg Badenweiler (am Schwarzwaldrand) mit 100 Ministerialen und 500 Hufen gegen die Reichsburgen Herzberg und Scharzfels sowie die Pfalz Pöhlde am Südharz ein und entschädigt das Reich gegen Zuweisung von Gütern im Pleißenland. Die rechtsrheinische Burg Badenweiler stammt aus dem Heiratsgut der Clementia von Zähringen, der ersten Gemahlin Heinrichs des Löwen. Die Zähringer waren den Staufern am Oberrhein an Macht und Einfluß ebenbürtig. Es ist anzunehmen, daß der Kaiser die Burg Badenweiler nebst Zubehör bald an die Zähringer abtrat, deren Hilfe er für seinen zweiten Italienzug brauchte. Heinrich der Löwe zog sich bald aus dem Oberrheingebiet zurück und ließ sich 1162 von Clementia scheiden. Der Tausch von 1158 brachte dem Herzog nur Vorteile, denn das Reichsgut am Harz war weit bedeutender als die Burg Badenweiler; eine Begünstigung des Herzogs lag durchaus im Kalkül des Kaisers, der sich seine Unterstützung sichern wollte. Um das Reich für das abgetretene Reichsgut zu entschädigen, verzichtete Barbarossa auf bedeutende Besitzteile im Pleißenland (in Westsachsen und Thüringen), die er ererbt und durch Kauf erworben hatte.

Die Bedeutung, die dem Besitztausch zugemessen wurde, zeigt der große Kreis der 21 Zeugen, die in dem Diplom aufgezählt werden, darunter drei Bischöfe und zahlreiche weltliche Große, wie der Markgraf Albrecht der Bär, der Pfalzgraf Friedrich von Wittelsbach und sein Bruder Otto. Die Urkunde war mit einer Goldbulle versehen, die nicht mehr erhalten ist. Aus der Zeit nach der Kaiserkrönung Barbarossas (1155) sind insgesamt zehn Goldbullen überliefert.

Gesamtarchiv des Fürstlichen Hauses Braunschweig-Lüneburg.

MGH D F I 199. – Regesta Imperii IV 2, 1, S. 162, Nr. 515 (Regest).

Hiller 1991, Abb. 7. – Haas 1983. – Kat. Freiburg 1986, S. 94, Nr. 71.

U. Schw.

D 14 Urkunde König Friedrichs I. für Heinrich den Löwen über das Investiturrecht in den Bistümern nördlich der Elbe

Goslar, Ende Mai/Anfang Juni 1154

Pergament – H. 47cm – B. 53,5 cm (kontr.) – Goldbulle – Dm. 5,9 cm– an roter Seidenschnur anhängend – Goldplatten mit 1152 im Maasgebiet (Lüttich) geschnittenen Stempeln geprägt, das Innere mit einer Füllmasse ausgefüllt.

Wolfenbüttel, Niedersächsisches Staatsarchiv, 1 Urk 1

Friedrich Barbarossa überträgt Herzog Heinrich dem Löwen das königliche Recht der Bischofsinvestitur in Oldenburg (in Holstein), Mecklenburg und Ratzeburg. Erzbischof Hartwig von Bremen hatte die drei in den slawischen Missionsgebieten gelegenen Bistümer, die seit 1066 nicht mehr besetzt waren, wiedererrichtet, indem er Bischöfe einsetzte. Darüber kam es zu einem ›Investiturstreit‹ mit Herzog Heinrich dem Löwen, der das Recht der Bischofseinsetzung in dem eroberten Land für sich beanspruchte. In der zeitgenössischen Slawenchronik Helmolds von Bosau wird dem Erzbischof das Argument in den Mund gelegt, nur ein König oder Kaiser dürfe Bischöfe investieren. Die Stellung der Bischöfe dürfe nicht infolge einer Investitur durch den Herzog gemindert werden. Auf dem Reichstag in Goslar 1154 erreichte Heinrich der Löwe, daß ihm der König das Investiturrecht in den drei Bistümern zuerkannte. Damit hatte der Herzog freie Hand und konnte seine Herrschaft nördlich der Elbe ausbauen. Im Jahr 1160 wurde der Bischofssitz von Oldenburg in die neugegründete Stadt Lübeck verlegt, und im gleichen Jahr wurde Schwerin anstelle von Mecklenburg zum Bischofssitz erhoben.

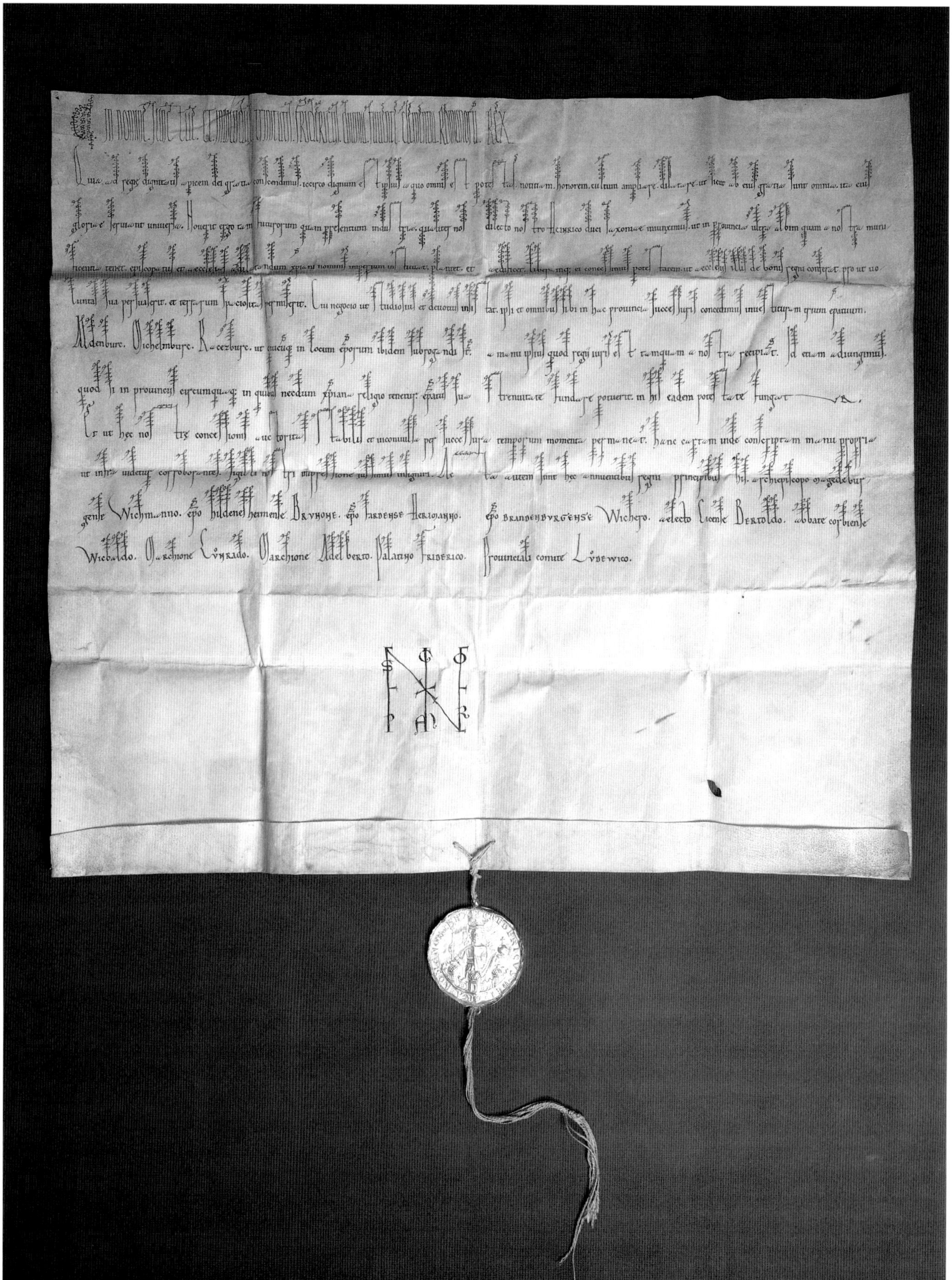

D1

14

Als Zeugen der Privilegierung von 1154 werden sechs geistliche und vier weltliche Reichsfürsten genannt. Der relativ kurze Urkundentext wurde außerhalb der Kanzlei von einem unbekannten Schreiber auf Pergament im Querformat geschrieben. Ob das Monogramm des Königs von einem Kanzleinotar stammt, ist fraglich. Der in Diplomen übliche Schlußteil mit Signum- und Rekognitionszeile und Datierung fehlt. Dennoch ist die Urkunde rechtsgültig, da sie besiegelt ist. Die Verwendung eines Metallsiegels aus Gold (Goldbulle) anstelle eines aufgedrückten Wachssiegels ist für Barbarossa zwar häufig bezeugt (insgesamt 86 mal), erhalten sind aber nur elf Bullen, darunter die vorliegende als einzige aus der Zeit vor der Kaiserkrönung (1155). Die Vorderseite zeigt den König mit Krone, Zepter und Reichsapfel und der Umschrift + FREDERICVS DEI GR(ati)A ROMANOR(um) REX. Auf der Rückseite findet sich eine Darstellung der Stadt Rom, die das Kolosseum im Zentrum und die beiden Worte AVREA ROMA (Goldenes Rom) erkennen läßt. Die Umschrift enthält den leoninischen (in sich gereimten) Hexameter + ROMA CAPVT MUNDI REGIT ORBIS FRENA ROTUNDI (Rom, das Haupt der Welt, regiert die Zügel des Erdkreises). Dieser Vers, der Rom als Sitz der Weltherrschaft preist, ziert seit Kaiser Konrad II. (1024–1039) die Rückseite der Bullen.

Gesamtarchiv des Fürstlichen Hauses Braunschweig-Lüneburg.

MGH D F I 80. – Regesta Imperii IV 2, 1, S. 67 f., Nr. 223.

Jordan 1939, S. 6ff. – Claasen 1973, S. 433ff. – Kat. Stuttgart 1977, 1, Nr. 2; 2, Abb. 2 (Urkunde); 1, Nr. 29; 3, Abb. 2 (Goldbulle).

U. Schw.

*D 15 Urkunde Heinrichs des Löwen über die Ausstattung des Bistums Lübeck

Lübeck, 1163 Juli

Urkunde mit Siegel – H. 52,6 cm – B. 24,9 cm.

Schleswig, Landesarchiv Schleswig-Holstein, Urk.-Abt. 268 Nr. 2

Heinrich, Herzog von Bayern und Sachsen, bekundet, daß Gerold, erster Bischof von Lübeck, der Dompropstei sämtliche Zehnten in und außerhalb der Stadt inklusive der Neurodzehnten verliehen hat, welches er anläßlich der Domweihe in Anwesenheit des Bremer Erzbischofs Hartwig sowie der Bischöfe von Ratzeburg, Evermod, und von Schwerin, Berno, öffentlich bekannt gemacht hat. Der Herzog schenkt der Dompropstei zu besonderem Gebrauch ein östlich des Dombezirks gelegenes Gelände.

Die Urkunde selbst ist undatiert, doch über die bekannten Daten der Domweihe (Juli 1163) und des Todes von Bischof Gerold (13. August 1163) zeitlich eingrenzbar. Bei der Domweihe erscheint erstmals das Domkapitel als formiert. Auch bei Helmold von Bosau werden anläßlich der Domweihe nicht nur die Anwesenheit des Bremer Erzbischofs Hartwig, sondern auch die aus freien Stücken durch Herzog Heinrich den Löwen, Bischof Gerold und den Grafen Adolf von Holstein zugunsten der Geistlichkeit vorgenommenen Schenkungen, unter anderem von Zehnten, erwähnt.

Unter Otto dem Großen war nach 968 erstmals in Oldenburg ein Missionsbistum im slawischen Gebiet errichtet worden, das hingegen nicht lange bestand und unter dem Obodritenfürsten Gottschalk zusammen mit den neuen Bistümern Ratzeburg und Mecklenburg 1062–1066 wiederum zu nur kurzem Leben gebracht werden konnte. Systematische Slawenmission und Pfarrorganisation sind in der Zeit danach erst wieder mit dem in Magdeburg zum Priester geweihten ehemaligen Bremer Domscholaster Vicelin seit der Regierung Lothars als sächsischem Herzog und deutschem König bzw. Kaiser verbunden. Vicelin, nachdem er 1150 in Lüneburg von Lothars Enkel Herzog Heinrich mit dem Bistum Oldenburg investiert und dotiert worden war, starb 1154 in Bosau (vgl. Kat. G 9). Erst auf dem Reichstag zu Goslar 1154 gestand der 1152 zum König gewählte Friedrich I. Herzog Heinrich dem Löwen zu, in der Provinz nördlich der Elbe die Investitur in den drei Bistümern Oldenburg, Ratzeburg und Mecklenburg in königlichem Auftrag vorzunehmen (Kat. D 14). Der bereits bestehende Streit zwischen Herzog und Bremer Erzbischof, der von 1149 an die Neugründung der drei Bistümer forcierte, erhielt neuen Nährboden, als Herzog Heinrichs Gemahlin in Abwesenheit ihres auf dem Romzug weilenden Gatten den herzoglichen Kapellan und Braunschweiger Kanoniker Gerold zum Nachfolger Vicelins einfach bestimmte und nicht wählen ließ; dessen Weihe nahm unter Fürsprache des Herzogs 1155 der Papst persönlich vor. Unter Vermittlung Kaiser Friedrichs I. kam 1158 der Ausgleich zwischen Herzog, Bischof und Erzbischof zustande. Nach dem Abschluß des Investiturstreits zwischen Papst und Reich (1125) erscheinen im Norden Deutschlands hiermit noch stark durch die Machtverhältnisse bedingte, eigenkirchenrechtliche Züge in der Politik des Sachsenherzogs, die der Kaiser anerkannte.

Auf Bitten Gerolds, der bisher in Eutin residierte, während Vicelin Bosau bevorzugt hatte, verlegte der Herzog im Jahre 1160 den Sitz des Bistums Oldenburg in das bevölkerungsreichere Lübeck, das im Sinn des kanonischen Rechts dazu auch eher geeignet schien. Nach dem Vorbild Ratzeburgs sollte auch das Lübecker Bistum mit 300 Hufen ausgestattet werden, die im wesentlichen Graf Adolf von Holstein bereitzustellen hatte und über deren nicht vollständigen Erhalt die Bischöfe längere Zeit danach noch Beschwerde führten.

Am neuen Sitz des Bistums wies der Herzog nach Hel-

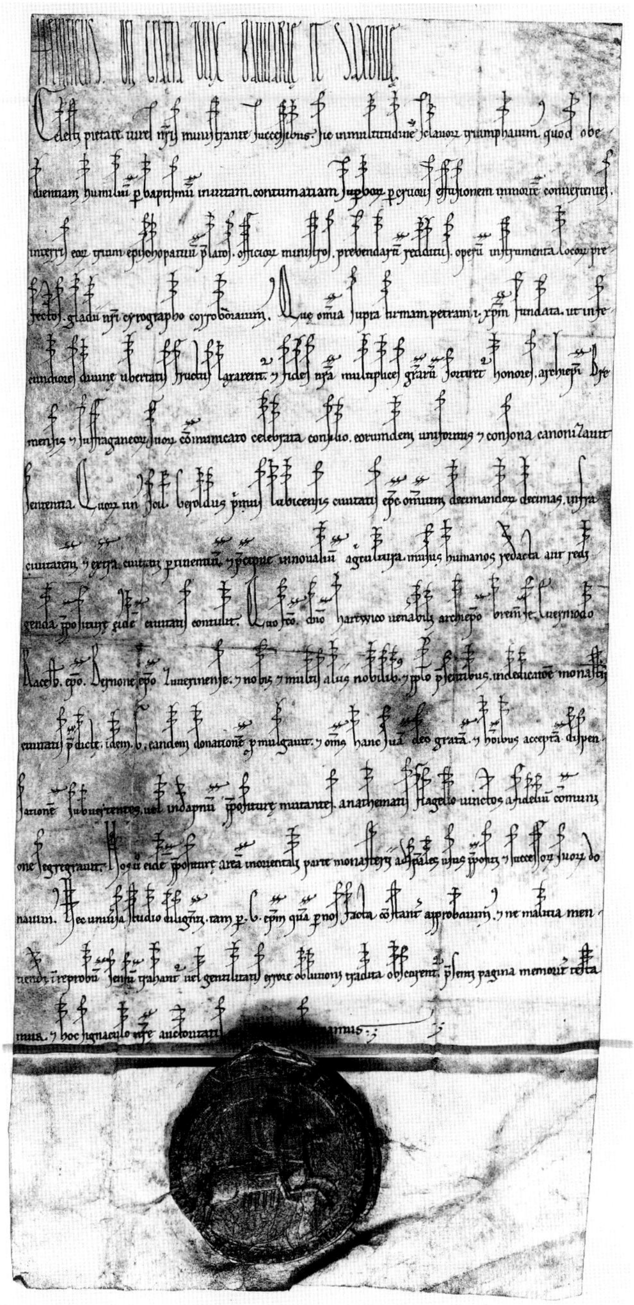

molds Bericht dem Domkapitel den südlichen Teil des von Trave und Wakenitz umflossenen Altstadthügels zu. Es handelt sich dabei um den von Marlesgrube und Mühlenstraße umgrenzten Bezirk. Hier befanden sich die Kirche und Gemeinschaftsgebäude des zur Gründungszeit aus zwölf Domherren bestehenden Kapitels, welchem als dreizehnter der Propst vorstand. Während die übrigen Domherren erst später bestimmte Höfe innerhalb des Dombezirks als Kurien beanspruchten, existierte seit der in der vorliegenden Urkunde überlieferten Schenkung des Herzogs für den Propst von Anfang an ein eigenes Gebäude, das sich am Platz der heutigen Oberschule zum Dom befand (Domkirchhof Nr. 3). Erster Propst wurde Priester Ethelo, der schon im Herbst 1160 in einem Haus an der Mühlenbrücke wohnte und einen Überfall der Söhne des Slawenfürsten Niklot auf die Stadt vereitelt hatte. Die Ausstattung des Kapitels durch den Bischof mit Zehnteinkünften belegt anschaulich, daß seit Errichtung des Lübecker Bistums das Vermögen des Bischofs von demjenigen des Kapitels getrennt verwaltet wurde.

MGH UU HdL, Nr. 59, S. 86 f. (mit Hinweisen auf frühere Editionen).

Helmold von Bosau, Slawenchronik, Kap. 90, 94. – Brehmer 1887–1890. – Jordan 1939, S. 13, Anm. 4 f.; S. 84 mit Anm. 1; S. 88; S. 114 ff. – Hoffmann 1976, insb. S. 131 ff. – Prange 1972. – Prange 1973, S. 109 ff. – Jordan 1973a, S. 106 f. – Friederici 1988, S. 59 ff. – Prange 1992, S. 9 ff.

U.S.

D 16 Helmold von Bosau, Slawenchronik

14. Jahrhundert und 15. Jahrhundert

Pergament – H. 31 cm – B. 22 cm.

Kopenhagen, Det Kongelige Bibliotek, Cod. Add. 50 fol.

Die Slawenchronik Helmolds von Bosau ist die wichtigste erzählende Quelle für die Geschichte der transalbingischen Slawenlande in der Zeit Heinrichs des Löwen. Der Autor wurde um 1120 vielleicht im Harzvorland geboren, scheint aber bereits frühzeitig nach Nordelbien gekommen zu sein, wohin er nach seiner schulischen Ausbildung in Braunschweig um 1143 zurückkehrte. Sein einstiger dortiger Lehrer Gerold, 1155 zum Bischof von Oldenburg geweiht, vertraute ihm 1156 die Pfarrei Bosau in Ostholstein an, wo er den Aufbau des Kirchenwesens in Wagrien als engagierter Zeitzeuge miterlebte. 1177 ist er letztmalig belegt.

Der heute übliche Titel »Slawenchronik« kommt schon in Handschriften vor, ist aber nicht authentisch. Helmold ging es darum, wie er in der Vorrede seines Werks bekennt, zum Lobe der Lübecker Kirche »die Bekehrung des slawischen Volkes (*conversionem Slavicae gentis*) zu beschreiben, nämlich durch welcher Könige und Prediger Eifer die christliche Religion in diesen Landen zuerst gepflanzt und später erneuert wurde« (Helmold von Bosau, Cronica Slavorum, S. 1). Die »Slawen« Helmolds sind im wesentlichen die westslawischen Stämme der Warnen, Polaben und Obodriten (Abotriten) mit den zeitweilig zum Lutizenbund gehörigen Kessinern und Zirzipanen, die den Metropolitenbereich der Hamburg-Bremer Kirche jenseits der Elbe bis zur Peene besiedelten. Ihre Missionierung und politische Unterwerfung mit allen Rückschlägen und Mühen von der ottonischen Zeit an hat Helmold, zunächst in engem Anschluß an die »Hamburgische Kirchengeschichte« Adams von Bremen, dann aus örtlicher Überlieferung und eigenem Erleben in einem ersten An-

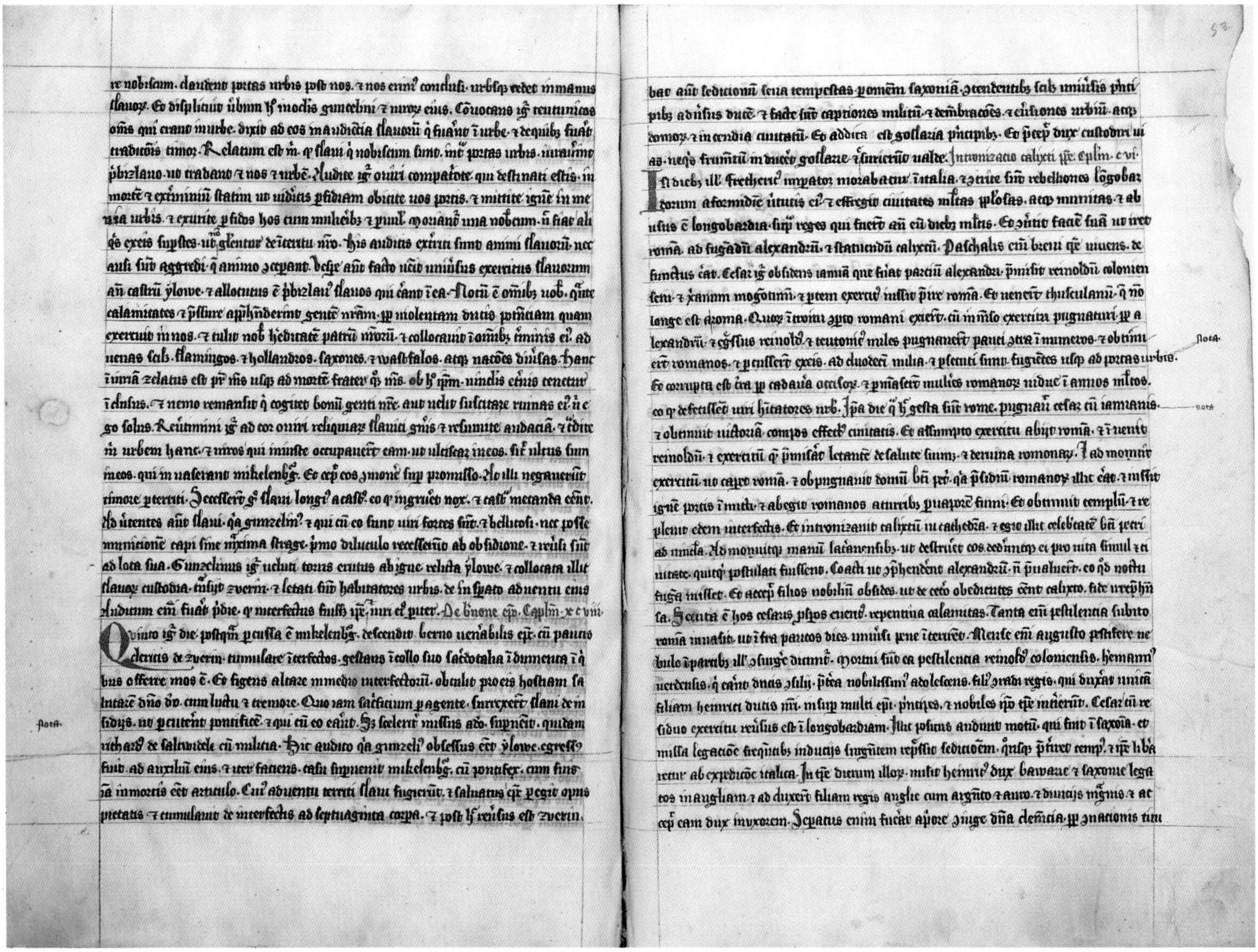

D 16

satz bis 1164 in den Jahren 1163–1167 beschrieben (Buch I, Kap. 1–95), dann um 1171/72 bis zum Jahre 1171 fortgesetzt (Buch II, Kap. 96–110). Für die Vorgänge in Transalbingien in den 1140er bis 1170er Jahren besitzt Helmold hohe Glaubwürdigkeit. Abläufe der Kaiser- und Reichsgeschichte erreichten ihn eher in verworrener Form. Seine Zuneigung gilt den Vätern der Missions- und Aufbauarbeit in Wagrien, den Oldenburg-Lübecker Bischöfen Vicelin und Gerold. Die Aktionen Heinrichs des Löwen, der die unerläßlichen machtpolitischen und organisatorischen Grundlagen der transalbingischen Kirche schuf, hat er aufmerksam registriert.

Der maßgebliche Überlieferungszeuge von Helmolds Werk ist der Codex Additamenta Nr. 50 der Universitätsbibliothek Kopenhagen, eine Pergamenthandschrift in Folioformat aus zwei Bestandteilen unterschiedlichen Alters, deren erster, aus dem 14. Jahrhundert – vielleicht etwas früher – stammend, Helmolds Slawenchronik (mit Lücken) und den Anfang seines Fortsetzers Arnold von Lübeck enthält, während der zweite Teil aus dem 15. Jahrhundert die Fortsetzung dieser Chronik bietet. Aufgeschlagen ist fol. 51v-52r, wo Helmold die Ernennung des Zisterziensers Berno zum Bischof von Mecklenburg, die Ausstattung seiner Kirche und die endgültige Verleihung der Kirchenhoheit über die transalbingischen Bistümer an Heinrich den Löwen durch Kaiser Friedrich I. schildert (Helmold von Bosau, Cronica Slavorum, lib. 1, cap. 88, S. 173; dt. nach Helmold von Bosau, Slawenchronik, S. 311): *Et facta postulacione obtinuit apud cesarem auctoritatem episcopatus suscitare, dare et confirmare in omni terra Slavorum, quam ipse vel progenitores sui subiugaverint in clipeo suo et iure belli* (Auf seinen Antrag erhielt er vom Kaiser die Vollmacht, im ganzen Lande der Slawen, soweit er selbst oder seine Vorfahren es mit dem Schwerte und nach Kriegsrecht unterworfen hatten, Bistümer zu gründen, zu verleihen und zu bestätigen).

Als Teil der Universitätsbibliothek Kopenhagen seit 1989 in der Königlichen Bibliothek.

Helmold von Bosau, Cronica Slavorum. – Helmold von Bosau, Slawenchronik. – Wattenbach/Schmale 1976, S. 427–433. – Zur Handschrift vgl. bes. die Bemerkungen Schmeidlers in der Einleitung seiner Edition (Helmold von Bosau, Cronica Slavorum), S. XVIIIf.

J.P.

D 17 Modell des Lübecker Doms um 1200

Entwurf: Dankwart Gerlach, Lübeck
Modellbau: Michael Schulz, Hannover, 1973

Lübeck, Ev.-luth. Dom-Gemeinde

Der Lübecker Dom gehört zu der Gruppe der oftmals als »Dome Heinrichs des Löwen« bezeichneten Bischofskirchen in Lübeck, Ratzeburg und Schwerin, für deren Bistümer der Herzog seit 1154 das Investiturprivileg, d.h. das vom König verliehene Recht der Bischofseinsetzung (Kat. D 14), besaß. Für alle drei Kirchenbauten ist eine finanzielle Förderung durch Heinrich den Löwen bekannt, doch waren die jeweiligen Bauherren die Bischöfe und die Domkapitel, so daß keine der drei Kirchen eine getreue Kopie der Braunschweiger Stiftskirche darstellt.

Zu Lübeck besaß Heinrich der Löwe eine enge Beziehung. Nach Auseinandersetzungen mit dem ersten Gründer, Graf Adolf II. von Holstein, erlaubte er 1159 die Neubesiedlung der zuvor durch Feuer verwüsteten Stadt und verlegte 1160 den Bischofssitz von Oldenburg in Wagrien nach Lübeck. 1173, gleichzeitig mit dem Baubeginn in Braunschweig, berief Heinrich der Löwe den Abt des Braunschweiger Aegidienklosters Heinrich zum neuen Lübecker Bischof und legte mit ihm zusammen den Grundstein für eine steinerne Kirche. *Et primum cum Heinrico episcopo lapidem in fundamento posuit*, berichtet der Chronist Arnold von Lübeck.

Über den genauen Baufortgang sind wir nicht unterrichtet; um 1201 werden in einer Urkunde der Chor und der Lettner erwähnt, doch bestätigen Ablässe der Jahre 1221 und 1222, daß zu dieser Zeit noch gebaut wurde. Für das Jahr 1247 läßt sich aus einem weiteren Ablaßbrief das Datum der Schlußweihe ermitteln. Nach dem Baubefund wurde im Osten und Westen der Kirche gleichzeitig zu bauen begonnen; die Baunaht, an der sich beide Bautrupps trafen, liegt an der westlichen Grenze des östlichen Mittelschiffsjochs.

Um 1254/59 wurde am Nordquerarm eine Paradiesvorhalle angebaut und schon um 1266 die Erweiterung des Chores in Angriff genommen, die nach längerer Pause 1329–1335 in der Form eines Hallenumgangschores mit Kapellenkranz zum Abschluß kam. Zugleich wurden auch die Seitenschiffe erhöht und damit der gesamte Dom zur Hallenkirche ausgebaut. Von der ursprünglichen Gestalt des 12./13. Jahrhunderts sind daher nur das Mittelschiff und das Querhaus sowie Teile der Westturmgruppe erhalten. Die Bombenzerstörung des Jahres 1942 hat die mittelalterliche Bausubstanz zusätzlich erheblich vermindert.

Das 1973 von Dankwart Gerlach entworfene Rekonstruktionsmodell zeigt den Bauzustand nach der Vollendung der ersten Bauphase, vor der Weihe um 1247. Im Grundriß ergibt sich eine starke Übereinstimmung mit dem Braunschweiger Dom: So wie dieser ist die Lübecker Kirche eine dreischiffige Basilika mit vierjochigem Langhaus im gebundenen System (die Seitenschiffe sind halb so breit wie das Mittelschiff), einem Querhaus mit Nebenapsiden und rechteckigem Altarhaus mit der Hauptapsis.

Das Langhaus wird im Westen durch einen massiven rechteckigen Turmunterbau abgeschlossen, der im Unterschied zu Braunschweig durch zwei Portale in den unteren Turmhallen zu betreten war. Die Fenstergliederung der Westfassade zeigt an, daß sich in der mittleren Turmhalle eine zum Mittelschiff geöffnete Empore befand, die über einem dreischiffigen dreijochigen Unterbau nach Art der Durchgangskrypten karolingischer Westwerke errichtet war. Das Rundfenster zur Empore sowie die Giebeldächer der beiden Türme hat Gerlach nach dem Vorbild der Kirchen in Ratzeburg und Schönenwerd (Schweiz) hypothetisch rekonstruiert.

In der Mitte des Langhaus-Obergadens wechselt der Fries unterhalb der Traufe von einem Kreuzbogenfries zu einem Rautenmuster, wodurch die Rekonstruktion einer mittleren Lisene in der im übrigen ungegliederten Obergadenwand notwendig wurde. Diese Zäsur fällt nicht mit der erwähnten Baunaht zusammen, sondern akzentuiert die Mitte des Langhauses, so wie das auch von älteren Kirchen (St. Cyriacus in Gernrode oder der Magdeburger Liebfrauenkirche) bekannt ist. Möglicherweise hängt diese Teilung mit dem Doppelpatrozinium des Lübecker Doms (Johannes der Täufer und Nikolaus) zusammen.

Die Rekonstruktion der Kirchenostteile steht dagegen auf sicheren Füßen. Das Querhaus ist erhalten, in ihm Teile der ursprünglichen Fenster sowie die Ansatzbögen der Nebenapsiden, deren Umfang zudem ergraben ist. Die sehr hoch angeordneten Rundbogenfenster berücksichtigen offensichtlich die Position der Mittelschiffsfenster, deren Höhe durch das Pultdach der Seitenschiffe bestimmt wurde. Nur das Rundfenster im Giebel des Nordquerarms ist eine ›Behelfslösung‹ Gerlachs, weil er das dort heute

D

noch vorhandene (1967 wiederaufgebaute) Putzfeld einer Erneuerung im Zuge des Paradiesanbaus zuschrieb. Das Altarhaus und die Hauptapsis waren entsprechend dem Querhaus gestaltet. Eine Krypta besitzt der Lübecker Dom nicht.

Das Material der Dachdeckung war, so läßt sich aus der Dachneigung schließen, von Anfang an Metall, also Blei oder Kupfer. Die Farbigkeit des Außenbaus läßt sich durch an versteckter Stelle erhaltene Befunde rekonstruieren: Das Backsteinmauerwerk war mit einer roten Ziegelmehlschlämme überzogen, die Fugen waren dachartig hervortretend gearbeitet und weiß gefaßt; weiß war auch der Anstrich der Putzfelder in den Fensterleibungen und der Hintergrund der Bogenfriese unter der Traufe.

Baltzer/Bruns 1919. – Venzmer 1959. – Venzmer 1959a. – Dom zu Lübeck. – Gerlach 1976 – Rötting 1976. – Grusnick/Zimmermann 1989. – Wilde 1989.

M. Mö.

D 18 Götteridol

Ostmecklenburg, 11.–12. Jahrhundert

Holz – H. 174 cm.

Schwerin, Archäologisches Landesmuseum, Inv. Nr. 69/77

Bei Ausgrabungen auf der Fischerinsel im Tollense-See bei Neubrandenburg wurde 1969 eine zweiköpfige Götterfigur geborgen, die in dieser Form einmalig im slawischen Kulturgebiet ist. Dargestellt ist auf einem kantigen Pfosten eine parallelgesichtige Gottheit mit betont großen Augen und eigenartig abgesetzten Bärten. Da alle bisher bekannten Idole dieser Zeit, auch außerhalb des slawischen Kulturbereichs, Bärte tragen und diese oft sogar umfassen und damit hervorheben, kann man im Bart selbst ein göttliches Symbol sehen.

Es gibt vielfältige Belege für mehrköpfige Götter bei den Slawen. So berichtet Saxo Grammaticus über die Statue des Svantevit im Tempel zu Arkona auf Rügen, daß sie viergesichtig gewesen sei. Rugiavit, der im Tempel zu Garz auf Rügen verehrt wurde, soll sogar sieben Gesichter gehabt haben. Hierzu gibt es auch außerhalb Mecklenburg-Vorpommerns verschiedene Belege, so in einer hölzernen Miniaturfigur aus Wolin mit vier Gesichtern. Verehrt wurden die Idole in Tempeln. Auch dazu liegen von verschiedenen Chronisten Hinweise vor, so durch Thietmar von Merseburg und Adam von Bremen, die über das Heiligtum zu Rethra berichten. In Groß Raden bei Sternberg gelang es, einen hölzernen Tempel mit vielen Details freizulegen. Er war ganz durch eine Palisade von hölzernen Planken mit verschiedengestaltigen Köpfen umkränzt. Neben den großen zentralen Heiligtümern für einen ganzen Stamm oder einen Stammesbund, wie Rethra für die Lutizen oder Arkona für die Ranen, gab es auch lokale Gottheiten und Hausgötter. Hierzu mögen auch Miniaturfiguren aus Holz und Bronze gehören, die eventuell von Priestern stets bei sich getragen wurden.

Gringmuth-Dallmer/Hollnagel 1971.

U. Scho.

Die Pfalz Heinrichs des Löwen: Herrschaft und Repräsentation

Innerhalb des Herrschaftsbereichs Heinrichs des Löwen tritt Braunschweig nach und nach als Herrschaftsmittelpunkt hervor. Neben dem reisenden Hof des sächsischen Herzogs konstituiert sich allmählich ein auch architektonisch markantes Zentrum seiner Herrschaft und Repräsentation. Gerade die Schattenseite dieser Entwicklung verdeutlicht dies: Mehrfach wird Braunschweig im 12. Jahrhundert Ziel von Angriffen des Kaisers und seiner Verbündeten.

Die herzogliche Pfalz beansprucht im 12. Jahrhundert einzigartigen Rang in Deutschland. Ihre klare Gesamtanlage macht die königsnahe Konzeption dieses außergewöhnlichen Ensembles deutlich: Es besteht aus der Burg Dankwarderode mit Löwenmonument und dem Burgstift St. Blasius mit der Grabkirche der Welfen samt ihren Anklängen an den Tempel des biblischen Königs Salomo. Die prachtvolle Ausstattung von Kirche und Pfalz mit Kunstwerken, sodann die damals aus fünf Stadtteilen sukzessive zusammenwachsende Stadt und die umsäumende Stadtmauer ergeben weitere Bestandteile des repräsentativen Zentrums.

Das Braunschweig des Welfen Heinrich gilt so als Prototyp früher Residenzbildung. Nichts bringt dies deutlicher zum Ausdruck als das Widmungsgedicht im Evangeliar Heinrichs des Löwen: »Sie haben diese Stadt glanzvoll erhöht: die Fama verkündet es über den ganzen Erdkreis. Sie haben der Stadt mit geweihten Kirchen und dem Reliquienschatz helfender Heiliger Glanz und Ansehen geschenkt und sie mit weiten Mauern befestigt.«

1031	erste urkundliche Nennung Braunschweigs als *Brunesguik*
1077	Tod der brunonischen Gräfin Gertrud, die durch Stiftung von Goldschmiedewerken hervortritt

1129/32 Geburt Heinrichs des Löwen
1134 Erstmalige Nennung der brunonischen Burg als *Tanquarderoth* in einer Urkunde Lothars III.
ab 1150 Ausbau der herzoglichen Pfalz
1164 Delegation des byzantinischen Kaisers Manuel I. besucht Braunschweig
1163/69 Aufstellung des Löwenstandbilds
1173 Neubau der Stiftskirche St. Blasius nach Rückkehr Heinrichs des Löwen aus dem Heiligen Land
1188 Weihe des Marienaltars
1189 Tod der Herzogin Mathilde
1195 Tod Herzog Heinrichs des Löwen
1200 Belagerung Braunschweigs
1209 Hoftag Kaiser Ottos IV. zu Pfingsten in Braunschweig
1218 Tod Kaiser Ottos IV. und Übergabe des welfischen Reliquienschatzes an das Stift St. Blasius
1226 Schlußweihe der Stiftskirche St. Blasius
1235 Urkunde Kaiser Friedrichs II. für das Fürstentum Braunschweig

Swarzenski 1932. – Döll 1967. – Dorn 1978. – Kat. Braunschweig 1981. – Beumann 1982. – Arens 1985. – Rötting 1985b. – Schmidt 1989. – Kötzsche 1989. – Weinmann 1991.– Schneidmüller 1993.– Oexle 1994. – Hasse 1995. – Rötting 1995 (im Druck). – Schneidmüller 1995.

F.N.

D 19 Burg Dankwarderode

Braunschweig, erste Nennung 1134, Ausbau unter Heinrich dem Löwen

Heutiger Saalbau durchgängige und teilweise freie Rekonstruktion 1887–1906 durch Ludwig Winter; Wiederaufbau nach den Zerstörungen im Zweiten Weltkrieg in mehreren Etappen; Abschluß mit der Restaurierung der Wandmalereien im Rittersaal 1995.

Archäologische Funde und Befunde weisen auf einen Herrensitz des 9. Jahrhunderts, der als Sitz der Brunonen spätestens seit dem 10. Jahrhundert zumindest im Nordwesten in der äußeren Ausdehnung der späteren Burgplatzbebauung befestigt war. Hinweise auf eine repräsentative brunonische Profanarchitektur fehlen. Für 1038 ist die Weihe einer Stiftskirche St. Peter und Paul genannt, deren prinzipielle Baugestalt überliefert ist.

Anspruchsvoller Ausbau der Burg unter Heinrich dem Löwen. Sie nahm zu seiner Zeit die gesamte Fläche einer östlich von der Oker und im übrigen von Wassergräben umzogenen Niederungsinsel ein. Zugang von Westen durch ein steinernes Burgtor (Reste innerhalb des Vieweghauses nachgewiesen). Der südliche Burgbereich wurde vom Neubau der Blasius und Johannes dem Täufer geweihten Stiftskirche eingenommen, dem sich südöstlich ein Kreuzgang mit den Stiftsbauten anschloß. Im nördlichen Burgbereich war der Platz mit dem Löwendenkmal von den Profanbauten der Burg umschlossen. Sie bestanden aus einem direkt an das Okerufer gestellten Saalbau mit südlich anliegender Burgkapelle St. Georg und Gertrud und wahrscheinlich Wirtschaftsbauten an der nordwestlichen Platzseite (später dort adelige Lehnshöfe, dann Bürgerhäuser). Unklar sind Entstehungszeit und ursprüngliche Rolle der einstigen Bebauung (z. B. des »Kleinen Mosthauses«) an der Oker im Winkel zwischen Burgkapelle und Stift. An Daten überliefert sind lediglich die Aufstellung des Löwendenkmals 1166 (1163/69) und der Beginn des Stiftskirchen-Neubaus 1173.

Der zweigeschossige Saalbau war für einen Herzogssitz jener Zeit ungewöhnlich aufwendig. Seine Bauornamentik, überwiegend aus dem Königslutter-Umkreis, weist auf einen Baubeginn vielleicht schon gegen 1160. Er wurde offenbar nicht auf älteren Kulturschichten, sondern einer Teilerweiterung der Okerinsel errichtet. Im Erdgeschoß war er durch steinerne Pfeiler mit Kantensäulchen zweigeteilt, durch Holzstützen wohl auch im Obergeschoß. Eine nachgewiesene Warmluftheizung (keine Hypokausten!) läßt das Erdgeschoß als Wintersaal deuten. Zum Burgplatz hin scheint sich der Saalbau nach einer Abbildung von 1598/1604 in beiden Geschossen durch blendbogen überfangene Dreierarkaden geöffnet zu haben. Gestalt und Aufgabe eines in Fundamentzügen nachgewiesenen Vorbaus (Altan mit Treppenaufgang?) können nicht weiter gesichert werden. Auf der Okerseite war das Erdgeschoß weitgehend geschlossen, das Obergeschoß in unterschiedlichem Rhythmus durch säulchengeteilte und nur teilweise blendbogenüberfangene Arkaden gegliedert. Die Säulenschäfte bestanden offenbar auch aus Kalksinter der römischen Wasserleitung Kölns. Über die weitere Ausstattung des Obergeschoßsaals (z. B. Kamine, Ausmalung) ist nichts bekannt.

Der leicht schräge Anschluß der als doppelgeschossig überlieferten Burgkapelle läßt Rücksichtnahme auf eine Vorbebauung vermuten. Der ergrabene Grundriß, die in Resten bekannte Bauornamentik (»Königslutter«) und 1620 genannte Säulen unterschiedlicher Größe geben eine enge Verwandtschaft mit der erhaltenen Doppelkapelle auf Burg Landsberg bei Halle zu erkennen.

Winter 1883. – Arens 1985 (Lit.). – Rötting 1985.

C. M.

D 20 Braunschweiger Burglöwe

Braunschweig, um 1166 (?)

Bronze – kleinere Reparaturflicken; Korrosionsschäden; mehrere Restaurierungs- und Sicherungsmaßnahmen (1412, 1616, 1721, 1762, 1791–92, 1818, 1939, 1858, 1943–46, 1980–83) – H. 178 cm – L. 280 cm.

Standort: Braunschweig, Herzog Anton Ulrich-Museum, Burg Dankwarderode

D 19

Das auf dem Burgplatz, zwischen der ehemaligen Stiftskirche St. Blasius und dem Palas der Burg Dankwarderode errichtete Standbild wurde 1980 von seinem hohen steinernen Unterbau heruntergenommen und durch eine Kopie ersetzt. Der Unterbau wurde 1858 mit neuen Steinen errichtet, wobei man die vorgefundene Form beibehielt. Die auf der Säulenvorlage der östlichen Stirnseite aufgestellte Inschriftentafel kommemoriert die Renovierung des Denkmals durch Herzog Friedrich Ulrich im Jahre 1616. Die Form des Unterbaus ist durch Bildquellen bereits für das späte 16. Jahrhundert belegt. Die ältesten, aus dem 12. und 13. Jahrhundert stammenden bildlichen Zeugnisse sowie schriftliche Quellen, in denen eine Säule (*columpna*) bzw. ein ›Pfahl‹ (*post*) erwähnt wird, lassen jedoch vermuten, daß der Bronze-Löwe ursprünglich nicht auf einem blockartigen Sockel aufgestellt war, sondern auf einem deutlich schmäleren, auf einer breiten gestuften Basis stehenden Rundpfeiler. Die Umgestaltung könnte im Zusammenhang mit dessen seit dem späten 13. Jahrhundert bezeugter Nutzung als Gerichtswahrzeichen erfolgt sein, denn bereits im frühen 14. Jahrhundert wird das Monument als »Löwenstein« bezeichnet.
Mehrere mittelalterliche Chronisten überliefern Heinrich den Löwen als Auftraggeber des Standbilds. Als Entstehungszeit wird gemeinhin das Jahr 1166 angegeben, da Albert von Stade in der Mitte des 13. Jahrhunderts die

D

D 20

Errichtung des Monuments unter diesem Jahr notierte. Es ist jedoch zu beachten, daß der Chronist demselben Jahr auch andere Ereignisse zuordnet, die zwischen 1163 und 1176/81 datieren.

Der Burglöwe ist das älteste erhaltene, frei aufgestellte, vollrunde Standbild des Mittelalters. Er war jedoch nicht das erste Bildwerk dieser Kategorie. Wahrscheinlich schließt er an eine nur durch Quellen bezeugte italienische Tradition mittelalterlicher Löwenmonumente an, die Heinrich dem Löwen sicherlich bekannt war, da er an den beiden ersten Italienzügen Friedrichs I. teilgenommen hatte. Man kann bei dem Herzog zudem die Kenntnis weiterer, in Verbindung mit Pfalzen und Residenzen aufgestellter Bildwerke voraussetzen. Es dürften ihm insbesondere die antiken Bronzebildwerke, die vor dem päpstlichen Lateranspalast in Rom standen (darunter die römische Lupa und die im Mittelalter als Darstellung Konstantins des Großen geltende Reiterstatue des Marc Aurel) und die im Mittelalter als Lupa identifizierte antike Bronze-Bärin der Aachener Pfalz Karls des Großen (Kat. D 21) bekannt gewesen sein.

Der Braunschweiger Burglöwe war ein Wahrzeichen der herzoglichen Herrschaft. Da er den Löwennamen des Herzogs verbildlichte, fungierte er als personales Monument. Der genaue Sinngehalt des Standbilds ist jedoch nicht bekannt, da die Herkunft des Löwennamens nicht hinreichend geklärt ist und die konkreten Entstehungsumstände des Monuments weitgehend im dunkeln liegen.

Unbekannt ist auch der Künstler. Die sorgfältig ziselierten Details des Bronzetiers lassen vermuten, daß es sich um einen Goldschmied handelte. Möglicherweise war dieser auch für den Guß verantwortlich. Es kann aber auch ein in der Ausführung großformatiger Bronzen erfahrener Glockengießer hinzugezogen worden sein. Als künstlerische Vorbilder des Löwenbildes kommen antike und mittelalterliche Löwenstatuen nicht in Frage. Man hat vergeblich nach hinreichend vergleichbaren Beispielen gesucht. Der Künstler orientierte sich offenbar an Werken der Kleinkunst. Die vielfach wiederholte Annahme, daß ihm ein Löwen-Aquamanile als Modell gedient haben könnte, reicht zur Erklärung des Burglöwen jedoch nicht aus. Die romanischen Löwen-Aquamanilien sind ihm zwar hinsichtlich einzelner Elemente (aufrechte Haltung, langgestreckte Körperproportionen) vergleichbar. An ihrer naturfernen summarischen Gestaltung wird aber auf den ersten Blick deutlich, daß sie künstlerisch weit weniger anspruchsvoll sind. Es fehlt ihnen – wie auch den meisten anderen romanischen Löwenbildern – insbesondere das, was die künstlerische Qualität des Burglöwen ausmacht: ein prägnant löwenhaftes Erscheinungsbild, die charakteristische Silhouette eines männlichen Löwen und die imposante Mähne. Es ist daher anzunehmen, daß der Künstler naturnähere Löwendarstellungen kannte. Als Vorlagen kommen insbesondere spätantike oder byzantinische Elfenbeinarbeiten in Frage.

Gosebruch 1985. – Spies 1985. – Schüßler 1991. – Seiler 1994 (Lit.). – Seiler 1994a.

P. Se.

D 21 Sogenannte Lupa

Römisch, 160–180 n. Chr.

Bronze – linker Vorderlauf im 19. Jahrhundert ergänzt – H. 80 cm.

Aachen, Domkapitel

Das Tier hockt auf seinen Hinterkeulen, über den weit auseinandergesetzten Vorderläufen hochaufgerichtet. Es wendet den Kopf nach links, die spitzen Ohren sind aufmerksam aufgestellt, und in dem geöffneten Maul werden die Reißzähne des Raubtiers sichtbar. Aus zoologischer Sicht sprechen Pfoten und Ohren für die naturalistische Darstellung eines Wolfs. Durch die deutlich ausgebildeten Zitzen ist das Tier unzweifelhaft als weiblich charakterisiert. Die mißverständliche Bezeichnung »Bärin« stammt erst aus der Neuzeit. Hingegen ist schon für das 14. Jahrhundert der Aachener Aufstellungsort dieser bronzenen Wölfin indirekt durch die Bezeichnung *porta lupi* für jene der Antike nahe verwandte karolingische Bronzetür überliefert. Braunfels und Mende hielten es aufgrund der stilistischen Konsonanz zwischen den Löwenköpfen der Aachener Wolfstür und der römischen Bronze für möglich, hier das antike Vorbild für die karolingische Gestaltung benennen zu können.

Markante Bronzen wurden seit jeher als Träger besonderer Bedeutungen an hervorgehobener Stelle plaziert. Im Rahmen der Herrschaftsrepräsentation gelten Bronzen seit der Antike durch die materialimmanente Dauerhaftigkeit als prädestiniert für klare Aussagen in der Sprache der Materialien. Papst Hadrian (†795) hat hochrangige antike Bronze-Denkmäler als Zeichen von Autorität und aus Gründen der Legitimation im Lateran zu Rom gleichsam als Spolien-Arrangement aufstellen lassen. Dazu gehörten: die Lupa, das Reiterdenkmal des Konstantin (Marc Aurel), der Dornauszieher und unter anderem ein Widder (vgl. Herklotz 1985; Raff 1994, S. 34). Dieses Ensemble hat Karl der Große gesehen und zum inspirierenden Vorbild für seine gleichfalls »Lateran« genannte Aachener Pfalz gewählt. In Aachen versammelte er antike Spolien verschiedener Art und inszenierte durch diesen Kunstwerktransfer seine historische Legitimation. Aachen wurde mit dem Theoderich-Denkmal und den Säulen-Spolien aus Ravenna zu einer *Roma secunda*. Auch wenn Drescher durch die Umdatierung des Aachener Pinienzapfens in ottonische Zeit dem karolingischen Rombezug einen Hauptbeleg nahm, darf in der Lupa weiterhin ein Objekt innerhalb der Spolienpolitik Karls des Großen gesehen werden.

Sowohl Karl der Große als auch der *nepos caroli*, Heinrich der Löwe, hatten Gespür für dieses Material und vertrauten zu Recht auf die damit verbundenen Chancen der Sichtbarmachung ihres Herrschaftsverständnisses und -anspruchs. Der Welfe hat wahrscheinlich nicht nur 1155 die Lupa am Lateran zu Rom, sondern auch die Aachener Wölfin gesehen. In einigen Urkunden König Friedrich Barbarossas, ausgestellt an den ersten Tagen nach der Aachener Krönung am 8. März 1152, ist Herzog Heinrich der Löwe in den Zeugenlisten erwähnt (Heydel 1929, S. 18 f.). Im Rahmen dieser aufwendigen Feierlichkeiten seines Vetters Friedrich Barbarossa innerhalb der Aachener Pfalz Karls des Großen könnte der Welfenherzog die vorhandenen Kunstwerke aus karolingischer Zeit wahrgenommen haben. Möglicherweise war Heinrich der Löwe noch einmal in Aachen, als er im Oktober 1168 an einer diplomatischen Gesandtschaft mit dem Kölner Erzbischof an den Hof des englischen Königs Heinrich II. in Rouen teilnahm. Damals war sein Spitzenahn schon kanonisiert, der Braunschweiger Löwe spätestens in Auftrag gegeben.

Vielleicht schon durch Karl den Großen aus Italien nach Aachen verbracht. Johannes Noppius erwähnt die Bronze 1632 in seiner »Aacher Chronik« auf einer gemauerten Säule im westlichen Eingangsbereich des Münsters stehend. In den 1860er Jahren in der Vorhalle aufgestellt.

Braunfels 1968, S. 379, Nr. 139. – Falkenstein 1966, S. 51 f. – Grimme 1972, Nr. 1. – Beutler 1982, S. 76–83. – Herklotz 1985. – Gramaccini 1987. – Müllejans 1988, S. 188–198 (Lit.). – Kat. Hildesheim 1993, 2, III–4 (Arne Effenberger und Hans Drescher). – Grimme 1994, S. 58 f. – Raff 1994, S. 34 f. – Mende 1994, S. 23, 131.

F. N.

D 22 Modell der Braunschweiger Stiftskirche St. Blasius und ihrer Ausstattung um 1250

Wissenschaftliche Beratung: Beate Braun-Niehr, Hans-Henning Grote, Claus-Peter Hasse, Anette Haucap-Naß, Norbert Koch, Martin Möhle, Franz Niehoff, Klaus Niehr, Harmen Thies
Modellbau: Barbara Steinmeyer, Susanne Siegl, Hannover

Material: Holz, Gips und andere Werkstoffe – Maßstab 1 : 50.

Braunschweig, Herzog Anton Ulrich-Museum

Braunschweig, Burgpfalz mit Burg Dankwarderode, ehemaliger Stiftskirche St. Blasius und Johannes (Dom) und dem Bronzelöwen

Das auf der Längsachse geschnittene Modell zeigt die dem Burgplatz zugewandte Nordseite der Braunschweiger Stiftskirche St. Blasius und ermöglicht die Ansicht auch des Inneren der Kirche. Für die Rekonstruktion wurde der Zustand um die Mitte des 13. Jahrhunderts gewählt, ohne daß damit eine Zäsur im Baugeschehen gesetzt werden soll. Wie der unvollendete Zustand des Nordturms zeigt, war die Blasiuskirche zu dieser Zeit noch eine Baustelle.

Mit der Errichtung der Kirche wurde 1173 begonnen, nachdem ein Vorgängerbau aus der Mitte des 11. Jahrhunderts abgebrochen worden war. Der Chronist Gerhard von Steterburg berichtet, daß Heinrich der Löwe im Alter Teile der Kirchenausstattung stiftete: *ymaginem domini nostri Ihesu Christi crucifixi cum aliis ymaginibus miro et decenti opere in medio monasterii summo studio collocari fecit, pavimento et fenestris ipsum monasterium laudabiliter ornavit, crucem auream opere fabrili fieri instituit, cuius pretium in auro et gemmis ad mille quingentas marcas argenti computabatur* (Er ließ ein Bild unseres gekreuzigten Herrn Jesus Christus mit anderen Bildern wunderbarer und schöner Arbeit in der Mitte der Kirche mit größtem Bedacht aufstellen, schmückte diese Kirche mit Paviment und Fenstern in löblicher Weise, ließ ein goldenes Kreuz von Schmiedearbeit machen, dessen Wert an Gold und Edelsteinen auf tausendfünfhundert Mark Silber berechnet wurde). Obwohl einige Altarweihen zu Lebzeiten des Herzogs belegt sind – so die Weihe des Marienaltars 1188 und diejenige des Kreuzaltars vor 1196 – waren um 1195 im Westen die Türme noch nicht vollendet, vielleicht war nicht einmal das ganze Langhaus fertiggestellt. Für das Jahr 1226 ist eine Weihe des Hauptaltars überliefert, aber auch dieses Datum gibt keinen Schlußpunkt der Bauarbeiten an. Die bis

D 22

heute teilweise erhaltene mittelalterliche Ausmalung der Wände und Gewölbe in Chor und Querhaus sowie das figürliche Grabmal Heinrichs und seiner Frau Mathilde wurden erst danach geschaffen, und die ersten Umbauten bzw. Abänderungen des Planes waren schon ins Werk gesetzt: So wurden nahezu gleichzeitig mit der Stiftung des Grabmals in die Obergadenwände des östlichen Mittelschiffs größere spitzbogige Kleeblattbogenfenster eingefügt. Überhaupt ist es schwierig, ein festes Datum für den Abschluß der Bauarbeiten an der romanischen Kirche anzugeben, da das Gotteshaus bis ins 19. Jahrhundert hinein unter dem Patronat der Welfenherzöge stand und den jeweiligen Bedürfnissen und Architekturvorstellungen kontinuierlich angepaßt wurde.

Den gravierendsten Eingriff in seine romanische Bausubstanz erfuhr die Stiftskirche durch die Erweiterung der beiden Seitenschiffe im 14. und 15. Jahrhundert. Während die nördliche Abseite als eine spätgotische zweischiffige Halle neuerbaut wurde, blieb das südliche Seitenschiff erhalten; seiner Außenwände beraubt, wurde es durch einen Anbau auf das Doppelte der Fläche erweitert. Die Rekonstruktion des romanischen Nordseitenschiffs im Modell stellt eine symmetrische Übertragung des südlichen dar; es besaß die halbe Breite des Mittelschiffs, war kreuzgratgewölbt, und seine Wölbfelder wurden paarweise durch runde Gurtbögen zusammengefaßt. Das Kirchenmodell am Grabmal Heinrichs des Löwen (Kat. D 25; Bd. 2, Abb. 1) belegt, daß seine Außenwände wie die des Obergadens durch flache Lisenen gegliedert waren. Ob die beiden Portale am Westende des Langhauses tatsächlich, wie hier angegeben, in der Mitte eines Doppeljochs – also genau gegenüber einem Pfeiler – angeordnet waren, läßt sich nicht mit Sicherheit feststellen, doch stellen vielleicht der genau auf dem Portalscheitel stehende Fensterzwischenpfeiler am Zugang in die Nordhalle des 15. Jahrhunderts sowie der ebenso plazierte Strebepfeiler über dem östlichen Portal des südlichen Seitenschiffs eine Übernahme jener ursprünglichen Gestaltung dar. Auch in der schon 1050 geweihten Stiftskirche St. Simon und Juda in Goslar (vgl. Kat. G 34) lag das nördliche Seitenschiffsportal gegenüber einer Stütze.

Eine Portalvorhalle wie am Goslarer »Dom« oder auch bei dem von Heinrich dem Löwen geförderten Ratzeburger Dom gab es in Braunschweig nicht. Jedoch sind die beiden westlichen Arkaden des Mittelschiffs höher als die östlichen, und auch die Seitenschiffsdächer waren über den

D 22

Portalen erhöht. Dadurch wird das westliche Ende des Langhauses als Eingangsbereich gekennzeichnet und eine ›integrierte Vorhalle‹ geschaffen.
Der Westbau besaß im Mittelalter kein Portal, die heutige Pforte wurde erst im 19. Jahrhundert eingebrochen. Das Mittelschiff erhält Licht durch ein großes Rundfenster, dessen heutige radial angeordnete Speichen ebenfalls erst im 19. Jahrhundert eingebaut wurden. Ursprünglich besaß es wohl einen Vielpaß, wie es das Stiftermodell angibt. Eine Binnengliederung aus anderem Material als Stein – in Kirchen der Zeit wurde Holz oder Bronze verwendet – ist angesichts der großen Glasfläche jedoch anzunehmen. Daß im Westbau eine Empore für den Herzog vorgesehen war, kann nach dem Vorbild der Königslutterer Klosterkirche, in der Heinrichs Großvater und Vater, Kaiser Lothar III. und Heinrich der Stolze, bestattet sind, vermutet werden, doch ist eine Planung hier wohl zunächst nicht ausgeführt worden. Erst in späterer Zeit wird durch hochgelegene Einritzungen im Mauerwerk eine Empore belegt, die wahrscheinlich der Aufnahme einer Orgel diente.
Eine heute nicht mehr bestehende Empore existierte im Nordquerarm; auf sie führte der Zugang über eine Brücke von der Burg Dankwarderode. Diese Einbauten sind 1888 durch Neubauten ersetzt worden, die ihrerseits 1935 abgebrochen wurden. Nach Zeichnungen Gustav Wichmanns aus dem Jahr 1872 handelte es sich ursprünglich um eine von zwei Pfeilern gestützte Empore vor der Stirnwand des Querhauses, die durch einen Laufgang quer vor der Nebenapsis mit dem Chorraum in der Vierung verbunden war (vgl. Abb.). Die Nebenapsis wurde dadurch zweigeschossig aufgeteilt, was auch von außen an einem heute zugesetzten kleinen Rundfenster im Untergeschoß zu erkennen war. Obwohl sichere Nachrichten über diesen Laufgang erst aus dem 17. Jahrhundert vorliegen (1681 ließ Herzog Rudolf August seine Frau in der nördlichen Nebenapsis bestatten und den davorliegenden Raum »ausbessern«), wurde in dem Rekonstruktionsmodell die Anlage dieses Laufgangs übernommen, um die Verbindung zwischen Emporen und Chor herzustellen. Die unterschiedlichen Höhen von Empore und Chor zeigen je-

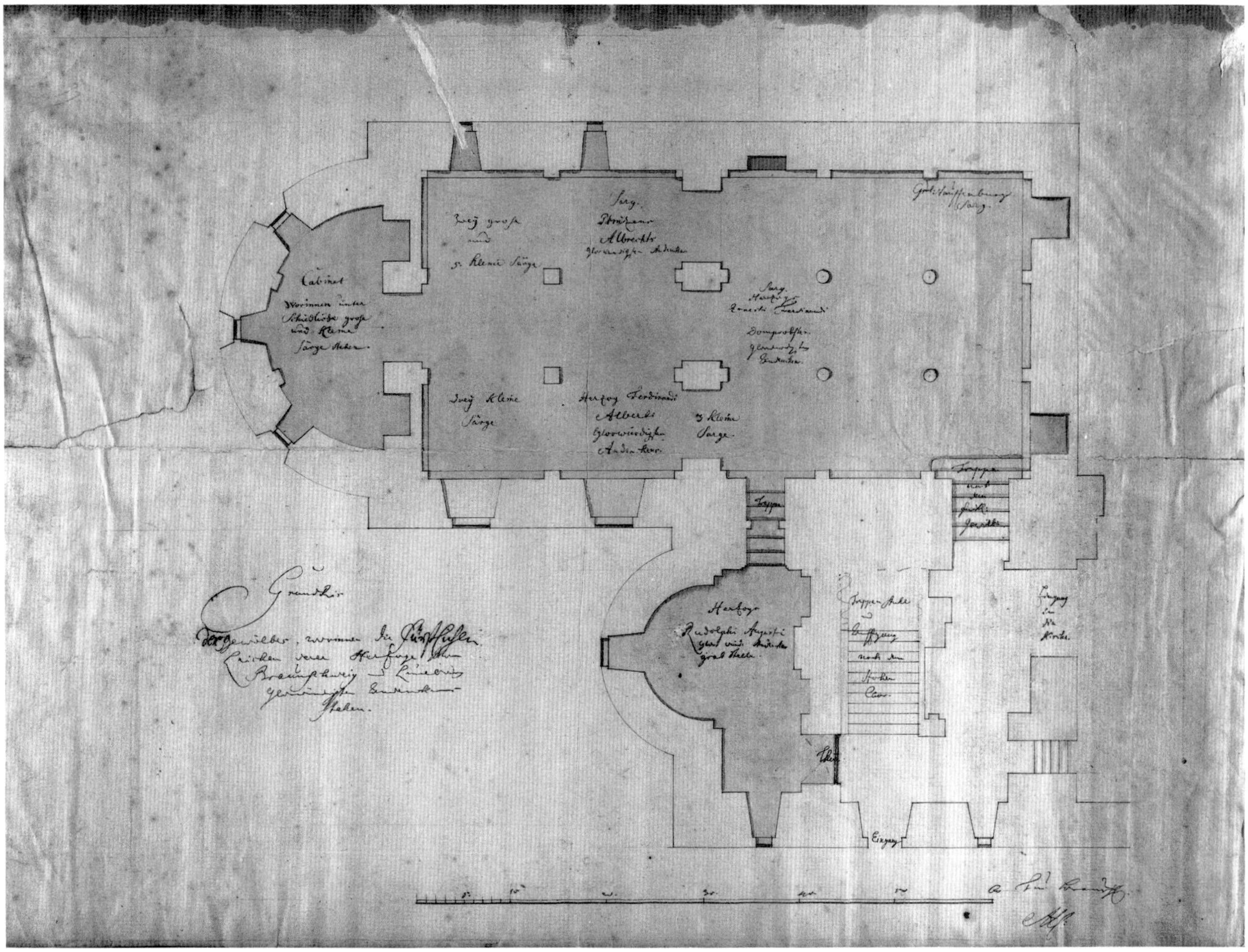

Grundriß der Domkrypta, um 1750

Grundriß des Domes, um 1739 ▷

doch an, daß es sich hierbei um einen nachträglichen Einbau handelt, der erst nach dem Tod Heinrichs des Löwen geplant wurde. Ein ähnliches Laufgangsystem ist für den Südquerarm zu rekonstruieren, und zwar spätestens für den Zeitpunkt, an dem der Kreuzgang im Winkel zwischen Querhaus und Chor zweigeschossig ausgebaut wurde und eine Obergeschoßtür in die Kirche erhielt. Entlang der Nord- bzw. Südwand der Krypta werden sich Treppenabgänge befunden haben, vielleicht auch nur schmale hölzerne Stiegen, um den Klerikern Zugang zu den Altären in den tiefergelegenen Querarmen und dem Langhaus zu verschaffen. Die Krypta selbst war durch Pforten von den Querarmen und zu seiten des Kreuzaltars zu betreten, wie bei der Restaurierung der Kirche im 19. Jahrhundert festgestellt werden konnte (vgl. Abb.).

Die liturgische Ausstattung des Chores ist nur teilweise erhalten. Der 1188 geweihte Marienaltar (Kat. D 26) befand sich nach Ausweis einer mittelalterlichen Quelle *in medio choro*, vielleicht inmitten der Vierung. Der Hauptaltar der Kirche stand in der um zwei Stufen erhöhten Apsis, er wurde 1728 durch eine barocke Neuschöpfung ersetzt und ist nicht erhalten. In ihm soll bis ins 16. Jahrhundert hinein ein Teil des Kirchenschatzes aufbewahrt worden sein. Im Chorraum standen zwei Säulen aus rotem und grünem Marmor (Kat. D 29), die 1801 nach Schloß Harbke verkauft wurden. Diese Spolien könnten auf die im ersten Buch der Könige (3 Rg 7, 15–22) beschriebenen Kupfersäulen des Salomonischen Tempels verweisen (Klamt 1968), Vorbilder mögen die drei Bronzesäulen im Chor des Goslarer Domstifts gewesen sein.

An den Außenwänden des Chores oder in der Vierung befand sich das Gestühl der Kleriker. Da von seiner mittelalterlichen Gestalt nichts bekannt ist, wurde für die Rekonstruktion das einzige erhaltene romanische Chorgestühl Norddeutschlands aus dem Ratzeburger Dom zum Vergleich herangezogen (Kat. D 30). Auch bezüglich des Lettners und der Chorschranken sind wir auf Vermutungen angewiesen; die erhaltenen Fragmente (Kat. D 38) sind zu klein, um eine sichere Rekonstruktion zu erlauben. Sie könnten den Chorschranken der Hildesheimer Michaeliskirche und der Halberstädter Liebfrauenkirche bzw. dem Lettner der Neuwerkkirche in Goslar geglichen haben.

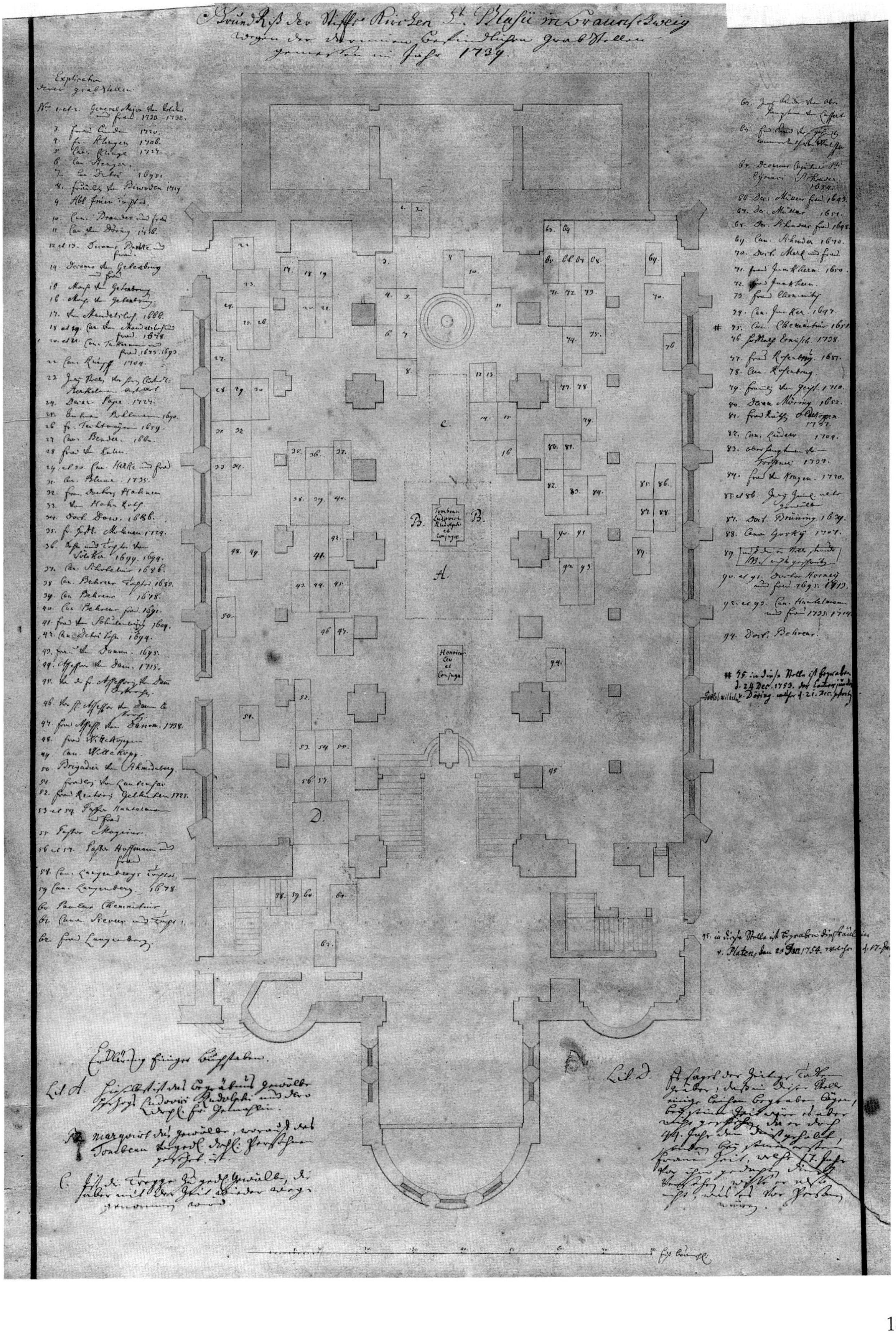
1739
A.
B.
B.
C.
D.
Tombeau Ludovici Rudolphi et Conjugis
Henricus Leo et Conjuga

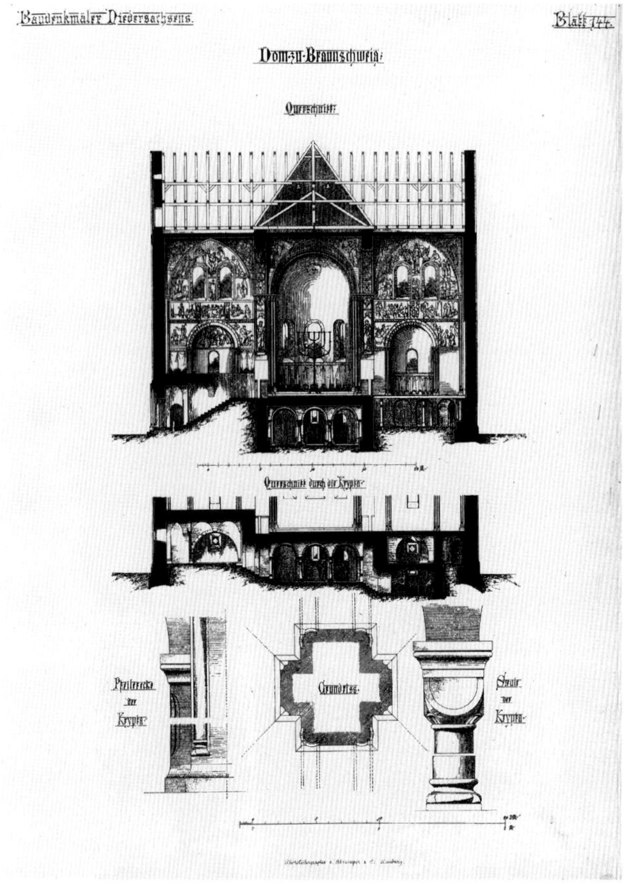

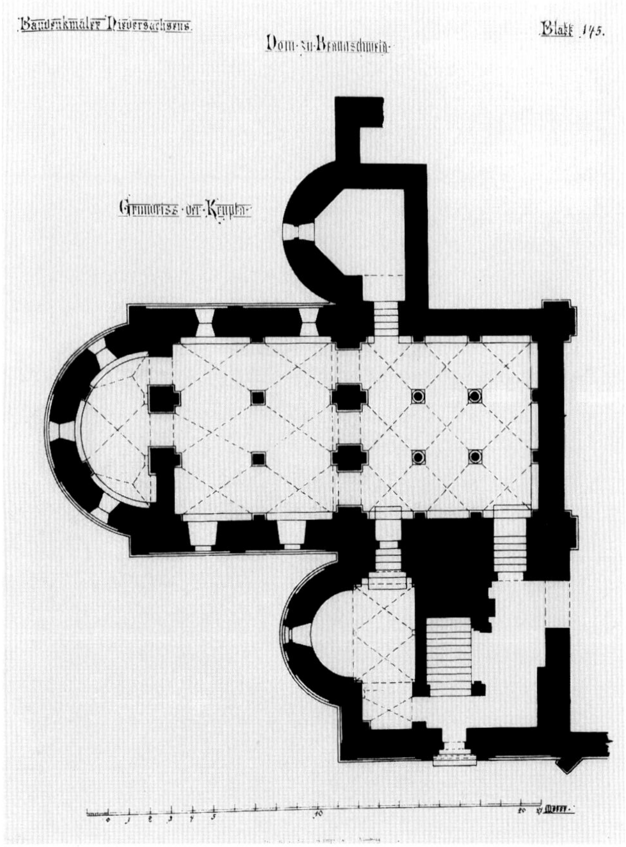

Im Ostteil des Langhauses liegt das um 1230/40 geschaffene Grabmal Heinrichs des Löwen und Mathildes (Kat. D 25) vor dem noch vom Herzog gestifteten Kreuzaltar und einer großen Triumphkreuzgruppe zwischen den westlichen Vierungspfeilern. Die Kreuzgruppe wurde zu Anfang des 19. Jahrhunderts im Sakristeiofen verheizt, doch aus Beschreibungen wissen wir, daß sie derjenigen im Halberstäder Dom (Bd. 2, Abb. 172) ähnlich sah. Ihre Rekonstruktion orientierte sich demnach an jener Nachahmung. Die Triumphkreuzgruppe mit den beiden Cherubim und auch der Siebenarmige Bronzeleuchter zu Füßen der Grabmalsfiguren (Kat. D 27) verweisen wiederum auf das Vorbild des Salomonischen Tempels. Auf dem Kreuzaltar wird das in den Steterburger Annalen erwähnte goldene Kreuz seinen Platz gefunden haben.

Auch die Nachfahren Heinrichs des Löwen ließen sich im Mittelschiff der Braunschweiger Stiftskirche bestatten. Die genaue Lage ihrer Gräber wissen wir nicht, da sie Ende des 17. Jahrhunderts aufgehoben und die Gebeine 1707 in der ovalen »Tumba der welfischen Fürsten« (heute im Nordquerarm, Bd. 2, Abb. 178) versammelt wurden. Der älteste Sohn Heinrichs des Löwen, Pfalzgraf Heinrich, stiftete 1222 einen Bartholomäusaltar inmitten des Langhauses; es dürfte naheliegen, daß er westlich vor seiner Stiftung begraben wurde. Kaiser Otto IV. und seine Gemahlin Beatrix könnten in einem Doppelgrab zwischen dem Grabmal Heinrichs des Löwen und dem Kreuzaltar gelegen haben.

Hypothetisch bleiben müssen die Angaben zur Farbigkeit der Kirche innen und außen. Die mit Bruchsteinen gemauerten Außenflächen der Stiftskirche waren von einer Schlämme überzogen, in die mit der Kelle eine grobe Quaderung eingeritzt war. An versteckter Stelle unter den Seitenschiffsdächern ist diese Mauerbehandlung erhalten, jedoch keine Reste einer farbigen Fassung. Die Ostteile der Kirche waren innen mit figürlichen Wandmalereien geschmückt, deren Reste 1845 entdeckt wurden (Kat. D 28). Im Langhaus waren die Mittelschiffspfeiler mit Heiligenbildern versehen, doch wie die Obergaden- und Seitenschiffswände ausgesehen haben, ist gänzlich unbekannt. Im Mittelschiff haben spätestens die Sgraffiti der Zeit des Nationalsozialismus die letzten Reste ehemaliger Bemalung vernichtet, und die Seitenschiffswände sind den Erweiterungen des Spätmittelalters zum Opfer gefallen. In den Jahren nach 1935 wurde auch der Fußbodenbelag im Mittelschiff ausgetauscht. Hier lagen ursprünglich Sandsteinplatten, die im Laufe der Jahrhunderte mehr und mehr durch Grabplatten der in der Kirche bestatteten Fürsten und Kleriker des Domstifts ersetzt wurden.

Rehtmeyer 1707–1720. – Bethmann 1861. – Meyer-Bruck 1952. – Liess 1968. – Klamt 1968. – Dorn 1978. – Gosebruch 1980. – Grote 1980. – Koch 1985. – Thies 1994. – Möhle 1995 (Lit.).

M. Mö.

23

D 23 Sogenanntes Imervard-Kreuz

Mitte 12. Jahrhundert

Eichenholz, rückseitig ausgehöhlt, Reste alter Fassung – Bartsträhnen, Finger und Zehen z. T. abgebrochen; eine Krone (unbestimmten Alters), die Füllung der gebohrten Pupillen und der Goldblechbeschlag des Gürtels verloren; mehrfach überfaßt: ursprünglich das Untergewand grün, die Ärmeltunika purpurrot, später blau-schwarz mit goldenen Sternen oder Punkten, am Ausgang des Mittelalters braun (vgl. Fink 1948/49, S. 271 sowie Dorn 1978, S. 218); das (ursprüngliche ?) Kreuz eventuell an den Seiten und unten gekürzt; im Hinterkopf ein mit Schiebedeckel verschlossenes Reliquiendepositorium eingelassen, die Reliquien 1881 entnommen und in das Reliquiengefäß der mittleren Säule des Marienaltars transloziert (vgl. Möller 1967, S. 113f.) – H. 277cm – B. 266cm.

Braunschweig, ehemalige Stiftskirche St. Blasius

Mit seinen markanten, scharf geschnittenen Gesichtszügen, den hochgezogenen Brauen, großen geöffneten Augen und tiefen Falten um den Mund sowie den streng parallel geführten Faltenwülsten der gegürteten Ärmeltunika gehört der überlebensgroße Imervard-Kruzifixus zu den eindrücklichsten Bildwerken des Gekreuzigten innerhalb der deutschen romanischen Skulptur. Einzig ein so individuelles Merkmal wie die auf den beiden Enden des Cingulums eingetiefte Künstler- bzw. Stifterinschrift – IMERVARD ME FECIT (Bd. 2, Abb. 123) – verbindet den Kruzifixus mit einem nicht minder rätselhaften Werk, dem um 1160 entstandenen Wolfram-Leuchter im Mariendom zu Erfurt. Im Gegensatz zur Stifterinschrift dieser Erfurter Bronze, die als Anrufung an die Titelheilige der Domkirche formuliert ist, war die namengebende Signatur des Braunschweiger Imervard in hochmittelalterlicher Zeit jedoch unter einer Goldblechverkleidung des Gürtels verborgen, dem Auge des Betrachters anscheinend bewußt entzogen und demnach als demütige Empfehlung ausschließlich an den Gekreuzigten selbst gerichtet.

Der sonderbar altertümliche Habitus des Imervard-Kreuzes, der für das Instrumentarium der Stilkritik eine außerordentliche Herausforderung darstellt, weist als bildprägendes Referenzobjekt dieses Kruzifixus auf das ›Heilige Antlitz‹, den *Volto Santo* im Dom zu Lucca zurück – ein seit dem Ende des 11. Jahrhunderts sicher faßbares Kultbild, das seinen Ruhm der Überlieferung verdankt, Nikodemus, ein Augenzeuge der Kreuzigung, habe es geschnitzt, während das Antlitz das Werk von Engeln sei. Da um die Wende zum 13. Jahrhundert eine Nachbildung an die Stelle des älteren Kruzifixes getreten ist, läßt sich das Aussehen dieses hochverehrten Holzbildwerks allerdings nur mehr vexierbildartig im Spiegel seiner frühen Kopien und vor allem der katalanischen *Majestades* des 12. Jahrhunderts erschließen. Daß A. Legner hier, im spanischen Katalanien, auch den Ursprung des Luccheser *Volto Santo* vermutet, verdient jedenfalls allein schon wegen der zahlreich überlieferten Apokalypse-Kommentare des Beatus von Liébana besondere Aufmerksamkeit. Denn ikonographisch deutet die gegürtete Ärmeltunika des Gekreuzigten – wie R. Haussherr zeigen konnte – auf die Parusie des apokalyptischen Christus hin, dessen Erscheinung Johannes in der Geheimen Offenbarung (Apc 1, 13) beschreibt als »einen, der einem Menschensohn ähnlich war, bekleidet mit einem Gewand und die Brust gegürtet mit einem goldenen Gürtel«.

Die Frage der Datierung des Imervard-Kreuzes geht nahezu zwangsläufig mit jener nach seiner liturgischen und kultischen Verortung im funktionalen Gefüge des Kirchenraums einher. Auf eine ausgeprägte Kreuzfrömmigkeit Heinrichs des Löwen deutet im Anschluß an die Pilgerfahrt zu den heiligen Stätten in Jerusalem eine erstaunlich dichte Reihe von Text- und Bildzeugnissen aus dem letzten Viertel des 12. Jahrhunderts hin, die den von B. Schwineköper skizzierten Gedankenkreis zur Christus-Reliquien-Verehrung der deutschen Könige und Kaiser um eine bemerkenswerte Facette auf der Ebene des Reichsfürstentums bereichert (vgl. Schwineköper 1981). Neben dem Krönungsbild des Evangaliars (fol. 171v; vgl. Kat. D 31) und der Kreuzigungsminiatur des Psalters (fol. 10v; vgl. Kat. D 93) ist an die Schenkung einer Kreuzreliquie an das Stift zum Hl. Kreuz in Hildesheim (1173) zu erinnern (MGH UU HdL, Nr. 95; vgl. Kat. D 89), der sich während des englischen Exils noch eine Stiftung an die Abtei Reading zur Seite stellen läßt, auf die erst jüngst B. Bänsch hingewiesen hat. Von der Kreuzfrömmigkeit des Welfen legt nicht zuletzt auch die Nachricht des Gerhard von Steterburg beredtes Zeugnis ab, daß der Herzog für die seit 1173 neu erbaute Stiftskirche St. Blasius (vgl. Kat. D 22) eine mehrfigurige Triumphkreuzgruppe (*ymaginem domini nostri Ihesu Christi crucifixi cum aliis ymaginibus*) und ein äußerst kostbares goldenes Kreuz im Wert von 1500 Mark Silber anfertigen ließ (*crucem auream opere fabrili fieri instituit, cuius pretium in auro et gemmis ad mille quingentas marcas argenti computabatur*). Hierbei mag es sich um eine Stiftung für den Kreuzaltar der Stiftskirche gehandelt haben, wie sie ähnlich eine Zeichnung des *Liber Vitae* von New Minster (fol. 6r; vgl. Kat. D 115) überliefert; mit Blick auf die retrospektive Bildausstattung des Evangeliars sollten aber auch die mit Goldblech verkleideten karolingischen und ottonischen Großkreuze (Mainz, sogenanntes Benna-Kreuz) nicht gänzlich außer Acht bleiben, deren Nachleben in staufischer Zeit etwa das sogenannte Böcklin-Kreuz (um 1200) im Freiburger Münster vor Augen führt.

Im Kontext dieser Überlegungen stößt die Einbindung des Imervard-Kreuzes in die Sakraltopographie der Blasiuskirche auf nicht unerhebliche Schwierigkeiten. Allein schon aufgrund der Ausmaße möchte man am ehesten eine Aufstellung als Triumphkreuz *in medio ecclesiae* in Verbindung mit Lettner und Kreuzaltar vermuten (vgl. Haussherr 1979, S. 131). Allerdings steht das hohe Anspruchsniveau der überlieferten und archivalisch bezeugten Stiftungen Heinrichs des Löwen entschieden der Annahme entgegen, daß der eindrucksvolle monumentale Kruzifixus – wenn man von einer Entstehung bald nach 1173 ausgeht – gleichsam nur als Interimslösung für einen Zeitraum von weniger als zwei Jahrzehnten der 1194 von dem Steterburger Chronisten bezeugten Triumphkreuzgruppe vorausgegangen sei. Daher wird man zumindest erwägen wollen, ob das Imervard-Kreuz nicht ursprünglich zur Ausstattung des Vorgängerbaus gehörte und die Reliquie des 1173 kanonisierten Thomas Becket im Zusammenhang mit der zu vermutenden Translozierung und Benediktion in das Reliquiendepositorium des Kruzifixus eingelegt worden ist. Jedenfalls lassen einige bedeutende Preziosen im Welfenschatz noch heute auf den hohen Rang des Inventars der brunonischen Gründung schließen und regen weiterführende Vermutungen darüber an, welche Ausstattungsobjekte darüber hinaus in den Neubau der Stiftskirche übernommen wurden. Daß für die Welfen – und vielleicht auch für Heinrich den Löwen – zudem frühzeitig mit einer Kenntnis des *Volto Santo* in Lucca zu rechnen ist, legt immerhin eine unter dem Datum des 11. April 1160 ausgestellte Urkunde Welfs VI. nahe, die dem Luccheser Domkapitel ein Diplom Heinrichs V. über die Einkünfte aus dem *vultus sacrarium* bestätigt.

Mitte des 17. Jahrhunderts in der Krypta; 1861 im Turmgewölbe ›aufgefunden‹ und in der Apsis der nördlichen Querarms aufgehängt; seit 1956 an der Ostwand des äußeren Nordseitenschiffs.

Gerhard von Steterburg, Annalen, S. 230. – Neumann 1891, S. 36, 326, 330. – Panofsky 1923. – Fink 1925. – Fink 1948/49. – Haussherr 1962 (Lit.). – Kat. Stuttgart 1977, 1, Nr. 462 (Willibald Sauerländer). – Dorn 1978, S. 218. – Haussherr 1979. – Lazzarini 1982, bes. S. 183f. – Legner 1982, S. 63, 176. – Kat. Braunschweig 1985, 2, Nr. 1014 (Lit.) (Anton Legner). – Belting 1990, S. 342–344. – Boockmann 1993, S. 32f., Nr. 21.

T.S.

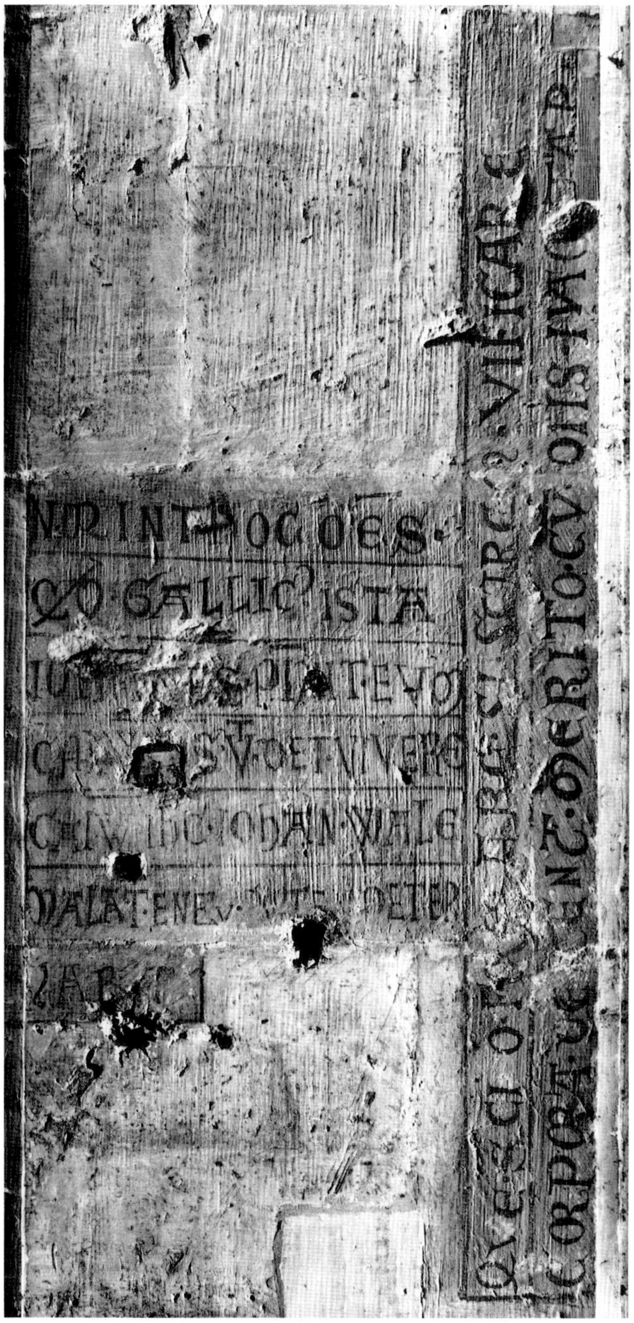

D 24

D 24 Künstlerinschrift des Johannes Gallicus

2. Viertel 13. Jahrhundert

(A) H. 43 cm – B. 41 cm; (B) H. 119 cm – B. 12,5 cm.

Braunschweig, ehemalige Stiftskirche St. Blasius

Nachdem in den Jahren 1845 bis 1856 die Ausmalung von Chor, Vierung und Südquerhaus der Braunschweiger Blasiuskirche aufgedeckt und ergänzt worden war, schloß sich seit 1876 die Freilegung und ›Restaurierung‹ der Malereien der Langhauspfeiler an, bei der u. a. eine Verkündigung, eine Anastasis sowie eine ganzfigurige Darstellung des hl. Paulus zutage kamen. Im Zuge dieser Maßnahmen stieß man an dem nordwestlichen Zwischenpfeiler auch auf die Künstlerinschrift des Johannes Gallicus, bestehend aus einem sechseinhalbzeiligen Text (A), dem in der Vertikalen rechts ein zweizeiliges Band (B) zur Seite gestellt ist; im Anschluß an Berges/Rieckenberg (1951) hat jüngst Boockmann (1993) folgende emendierte Textfassung vorgelegt:
(A) NORINT HOC OMNES QUOD GALLICUS ISTA IOHANNES PINXIT. EUM CUPIMUS DEUS UT DET VIVERE SALVUM (Es sollen alle wissen, daß dies Johannes Gallicus gemalt hat. Wir wünschen, Gott möge geben, daß er selig lebe).

(B) QVE SCIO FORMARE SI SCIREM VIVIFICARE CORPORA DEBERENT MERITO CVM DIIS HABITARE (Wenn ich das, was ich zu formen weiß, auch zu beleben wüßte, dann müßten die Körper mit Recht bei den Göttern wohnen).

Eine weitere Signatur des Malers, nun jedoch in der deutschen, ebenfalls auf dem Pfeiler vorkommenden Version seines Namens – Johannes Wale (IOHAN WALE) –, wurde zwischen 1937 und 1941 im Pfingstbild des Vierungsgewölbes entdeckt, so daß die Autorschaft des gleich zweifach bezeugten Künstlers, in dem man wohl den Kopf eines größeren Ateliers vermuten darf, für die Ausmalung der Stiftskirche gesichert ist (vgl. Klamt 1968, S. 187). Während man als Adressat für die selbstbewußte Mitteilung der Pfeilerinschrift – an prominenter Stelle gegenüber dem Nordwestportal und in der formelhaften Wendung von Urkunden jener Zeit (*norint hoc omnes*) – die ›lateinkundige Öffentlichkeit‹ annehmen kann, wird die ferne, ›versteckte‹ Künstlersignatur des Pfingstbildes ausschließlich für den Weltenrichter bestimmt gewesen sein. Auf die Wiederkunft des Herrn sind jedenfalls die Credo-Verse auf dem Schriftband des Matthäus unterhalb der Signatur bezogen; deren Anbringungsort wird man daher mit J.C. Klamt als Hinweis auf die Hoffnung des Malers verstehen können, daß sein Wunsch, er möge selig leben, dereinst in Erfüllung gehen werde.

1879 durch A. Essenwein Entdeckung der übertünchten, seither mehrfach ergänzend ›restaurierten‹ Inschrift.

Berges/Rieckenberg 1951. – Klamt 1981 (Lit.). – Boockmann 1993, S. 45–47, Nr. 24 (Lit.). – Klamt 1995, S. 303–305 (Lit.).

T.S.

D 25 Grabmal Heinrichs des Löwen und seiner Frau Mathilde

Braunschweig, um 1235/40

Muschelkalkstein vom Elm – originale Tumba 1935 zugunsten eines neuen niedrigen Unterbaus aufgegeben; 1988 mit altem Gitter rekonstruiert; diverse kleinere Beschädigungen und Ergänzungen an den Figuren; Fassung gänzlich entfernt; Oberflächen übergangen – Figurenplatten: H. 235,5 cm – B. 147,5 cm.

Braunschweig, ehemalige Stiftskirche St. Blasius

Wenn ein Kunstwerk seit dem 13. Jahrhundert als Kristallisationspunkt welfischen Selbstverständnisses bezeichnet werden darf, so das Grabmal Heinrichs des Löwen und seiner Gemahlin Mathilde in der von ihnen errichteten Stiftskirche St. Blasius. Die in niedersächsischer Kunst noch um 1300 nachzuweisende Wirkung der Figurentypen und die durch Ausgestaltung seiner Umgebung sichtbar werdende Integrierung des Denkmals in das Zeremoniell des Braunschweiger Hofs bis ins späte Mittelalter sind Reflexe dieser Bedeutung. Die Idee des Doppelgrabmals, aus Frankreich bekannt, hier erstmals im deutschen Sprachgebiet umgesetzt, hatte den Weg nach Braunschweig längst über die Literatur gefunden: Die Schlußszene in Eilharts von Oberg »Tristrant« präsentiert die toten Protagonisten aufgebahrt nebeneinander (v. 9432ff.). Das in den 1230er Jahren geschaffene Monument nimmt an diesem Bild allerdings charakteristische Änderungen vor, die die Aussage des Kunstwerks wesentlich bestimmen. Auf eine Tumba mit schmucklosen Seitenwänden, die über dem Bestattungsort des Löwenherzogs errichtet wurde, liegen die profilierten Platten mit den fast vollplastischen ganzfigurigen Darstellungen der Verstorbenen, die als Lebende in natürlicher Größe mit geöffneten Augen gegeben sind. Die Erscheinung Heinrichs und Mathildes als exemplarisches Herrscherpaar lenkt das Augenmerk auf genau beachtete konventionale Gegebenheiten des Entwurfs: Der Mann, trotz feiner Ausponderierung der Maßverhältnisse als der Größere in Erscheinung tretend, nimmt die höherwertige rechte Position ein. Das mit einem Gürtel umwundene Schwert und das Modell der Kirche in Händen, verkörpert er die weltliche Herrschaft wie den Status des Stifters. Dieser nach außen gerichteten Aktivität setzt Mathilde eine stille Frömmigkeit entgegen, die sich im Beten mit aneinandergelegten Handflächen ausdrückt. Solch rollenspezifisch differenzierende Stilisierung unterstreichen formale Abstufungen der Accessoires: die individuell ausgebildeten Konsolen, deren Form die Kenntnis zisterziensischer Bauplastik verrät und auf einen Bildhauer schließen lassen könnte, welcher vielleicht im Umfeld der Riddagshäuser Bauhütte nach Braunschweig gekommen ist, die variierte Größe der Kissen oder die vor allem im Saumbereich angedeutete unterschiedliche Textur der Gewandstoffe. Auf diese Weise wird ein Gesamtbild aus kontrapostisch charakterisierten, vollkommen sich ergänzenden Teilen gefügt. Heinrich und Mathilde sind als Menschen in der Blüte ihres Lebens präsentiert und entsprechen so der auch im *Lucidarius* formulierten Vorstellung von der Auferstehung der Toten im Alter von etwa 30 Jahren. Über Liegen oder Stehen wird nicht letztgültig entschieden. Die makellosen, ebenmäßigen Gesichter – ein Eindruck, der durch die Verschleifung der Formen und das Fehlen der Fassung infolge von Restaurierungen noch verstärkt wird – scheinen von zeitloser Entrücktheit; auf porträthafte Züge wurde gänzlich verzichtet. Das auf mehreren Stufen derart idealisierte Bild wird allerdings vermittels perfekter Wiedergabe der Realien und detailgenauer Schilderung der Kleidung sofort in die Wirklichkeit des 13. Jahrhunderts zurückgebunden. Die großzügige Fülle wie auch die durch die Fassung ehemals sicherlich noch deutlicher herausgearbeitete exquisite Kostbarkeit der Gewänder be-

zeichnen den Rang der Dargestellten (vgl. Brüggen 1989, S. 81 f.). Heinrich trägt über einem bis zu den Knöcheln reichenden, vor der Brust wahrscheinlich geknöpften Rock, dessen lange Ärmel eng anliegen, die Suckenie, ein hochschließendes Gewand mit seitlichen Armschlitzen. Die Beine des Herzogs zeichnen sich unter den gleichmäßig über sie gebreiteten Stoffen deutlich ab; seine Füße stecken in weichen Lederschuhen. Unsymmetrisch liegt der weite, pelzbesetzte Mantel auf den Schultern; eine Schnur hält ihn vorn zusammen. Deren ursprünglich auf der Innenseite des Kragens vorhandenen, zur Befestigung dienenden Quasten fehlen heute. Gegenüber der in Umriß und Anlage eher unruhigen Gestalt Heinrichs wirkt die Darstellung Mathildes geschlossener. Der Mantel, in Stoffesfülle wie Struktur des Formenapparats den des Mannes beinahe noch übertreffend, umhüllt ihren nahezu symmetrisch angelegten Körper fast vollständig, so daß nur wenige Partien des hochgegürteten, am Saum über den Füßen reich sich kräuselnden Ärmelgewandes sichtbar werden. Durch Gebende und rosenbesetzten Kronreif wird die Herzogin in ihrem Stand eher zurückhaltend charakterisiert. Das hingegen auffallend prononcierte Herausstellen leiblicher Qualitäten beim Paar dürfte über den Ausweis handwerklichen Geschicks hinaus dem zeitgenössischen Betrachter auf mehreren Allusionsebenen die Möglichkeit zur gedanklichen Auseinandersetzung mit den Bildwerken eröffnet haben: Die unter anderem in den *Lucidarius* eingegangene Vorstellung, daß die Verstorbenen nackt zum Gericht erscheinen, stellt die Plastiken ebenso in den Kontext endzeitlicher Symbolik wie die nach dem Philipperbrief vertraute Auffassung von der Schönheit des Körpers als Vorausdeutung auf die Verwandlung durch Gott (Phil 2, 20 f.). Andererseits schwingen wahrscheinlich durchaus aktuelle Bezüge aus Biographie oder Sehkonvention mit: Die Herzogin war während ihres Aufenthalts am Hof von Argentan in den 1180er Jahren von Bertran de Born besungen worden, welcher sich nicht gescheut hatte, seiner Begeisterung über die Schönheit Mathildes in z. T. ungewöhnlich direkten sexuellen Anspielungen Ausdruck zu verleihen. Wenn der Troubadour den Leib der Frau als »schlank, zart und frisch und glatt, gar fein sich schmiegend in das Gewand« beschrieb (Bumke 1979, S. 237 f.), mochte dies als topisches Lob noch unverdächtig genug erscheinen, auch in der Grabskulptur ›memoriert‹ zu werden. Angesichts der bis über die Knie deutlich zu erkennenden Beine Heinrichs ist der Umstand ins Gedächtnis zu rufen, daß das Hochmittelalter auch über ein ausgeprägtes Sensorium für männliche Schönheit verfügte, wobei gerade die Beine die ästhetisch-erotische Phantasie beflügelten (Brüggen 1989, S. 104 f.). Eine Übertragung solch profaner Gedanken auf Darstellungen Verstorbener scheint kein Einzelfall zu sein (vgl. Kat. Nürnberg 1992, S. 76).

Die offengelassene Frage um die Haltung der Personen und das Changieren ihrer Körpersprache zwischen diesseitiger Wirklichkeitsbejahung und theologischer Sublimierung irdischer Schönheit findet ihre Entsprechung schließlich auch auf der Ebene der höchst artifiziellen Ausführung der Gewandformen. Selbst hier schwankt die ›Sinngebung‹ zwischen den Extremen äußerlich motivierter und von bedingenden Faktoren scheinbar vollkommen gelöster Gestaltungen einzelner Mantelpartien, die wie ›autonome‹ Gebilde nahezu ›abstrakt‹ in Erscheinung treten (Bd. 2, Abb. 173). Angesichts all dieser Elemente, die das Kunstwerk in der Schwebe zwischen historisch fixierter Realität und überzeitlicher Idee positionieren, ist es am Ende nur ein einziges Detail, das – abgesehen vom Ort des Grabmals – die Dargestellten eindeutig als irdische Persönlichkeiten festhält und ihre Rolle in der Geschichte Braunschweigs definiert: Das minutiös gearbeitete Kirchenmodell in der Hand Heinrichs darf als ›Architekturporträt‹ (Bd. 2, Abb. 1) gelten; die exakte Eintragung der erweiterten Fenster im östlichen Mittelschiffsjoch zeigt den Zustand des Baus zur Zeit der Entstehung des Grabmals. Aber auch hier wird die Wirklichkeit in doppelter Weise überschritten: Die angesichts des antizipatorisch vollendeten Westteils der Kirche sich stellende Frage, ob der Ausführung des Modells eine konkrete Planung zugrunde lag, mag im Wissen um damals schon existierende ähnliche Lösungen in der Stadt (Martinikirche) weniger wichtig erscheinen. Daß aber Heinrich mit einer Kirche erscheint, deren präsentierte Gestalt und Vollendung erst lange nach seinem Tod Wirklichkeit wurde, überhöht erneut das historische Bild des Herzogs und macht aus ihm das Ideal einer exemplarischen Persönlichkeit.

Steigerwald 1972. – Bauch 1976. – Kat. Stuttgart 1977, 1, Nr. 447 (Willibald Sauerländer). – Niehr 1992, S. 141 ff., 175 ff., Nr. 17 (Lit.).

K. Ni.

D 26 Marienaltar

Braunschweig, vor September 1188

Bronzesäulen, gegossen und ziseliert; Altarplatte maasländischer (?) Marmor – an den Bronzesäulen Reste von wohl nicht originärer Vergoldung – H. 95 cm – B. 168,5 cm – T. 89 cm – Bleigefäß als Altarsepulchrum: oberer Dm. 21 cm.

Braunschweig, ehemalige Stiftskirche St. Blasius

Fünf bronzene Hohlsäulen mit Kapitellen tragen die aus grauschwarzem Marmor geschaffene Mensa des Marienaltars der Braunschweiger Stiftskirche St. Blasius. Die Kapitelle der Ecksäulen zieren Adler, während das Kapitell der Mittelsäule Lilienblätter auszeichnen. Ergab die Materialanalyse eine relative Ähnlichkeit der Legierungsanteile von Siebenarmigem Leuchter (Kat. D 27) und Marienaltar, so kann die maasländische Herkunft der polierten Steinplatte mit Muscheleinschlüssen mit großer Wahrscheinlichkeit bestimmt werden.

Der Altar wurde 1188 auf der prominenten Mittelachse im Vierungsbereich der welfischen Burgstiftskirche St. Blasius – *in medio choro beati Blasii* – aufgestellt und durch den zuständigen Hildesheimer Bischof Adelog geweiht. Die Verwendung von Bronze mit ihrem besonderen Materialwert verhilft dem Marienaltar innerhalb der Altarfamilie von St. Blasius zu einer herausragenden Stellung im liturgischen und ikonologischen Ranggefüge. Ursprünglich befand sich der Marienaltar zwar nur einige Meter östlich des jetzigen Aufstellungsorts, aber dennoch in gänzlich anderer Situation: Denn hinter dem heute zerstörten Lettner mit seiner mehrfigurigen Triumphkreuzgruppe war dieser Bereich für die Kanoniker des Stifts bestimmt. Gegenüber der heutigen Plazierung muß man sich die Aufstellungsorte von Marienaltar und Siebenarmigem Leuchter vertauscht vorstellen. Niehr hat die Deutung des Marienaltars im Bezugssystems der Salomonischen Tempelausstattung präzisiert und dabei verstärkt auf Analogien zu Bundeslade, Versöhnungstafel und Zeugnisplatte hingewiesen.

Möller entdeckte 1966 im Zuge der Neuplazierung des Altars in dem Blattkapitell der Mittelsäule das originale Altarsepulchrum in Form einer konisch nach unten sich verjüngenden Bleipyxis mit der Weiheinschrift auf der oberen Verschlußplatte wieder. Die konzentrisch in vier Ringen um die Skizze einer thronenden Figur umlaufende Inschrift lautet:

+ ANNO . D(omi)NI . M . C . LXXX . VIII . DEDICATV(m) . EST . HOC . ALTARE IN . HONORE . BEATE . DEI . GENITRICIS . MARIE . / + AB . ADELOGO . VENERABILI . EP(iscop)O . HILDESEM(en)SI . FVNDANTE . AC . PRO-

D 26

MOVE(n)TE . ILLVSTRI . DVCE . HENRICO ./ + FILIO . FILIE . LOTHARII . INPERATORIS . ET RELIGIOSISSIMA . EIVS . CONSORTE . MATHILDI . / + FILIA . HENRICI . SECVNDI . REGIS ANGLOR(um) . FILII . MATHILDIS . I(m)P(er)AT(r)ICIS . ROMANOR(um) (Im Jahr des Herrn 1188 ist dieser Altar zur Ehre der seligen Gottesmutter Maria von Adelog, dem ehrwürdigen Bischof von Hildesheim, geweiht worden, durch Stiftung und auf Veranlassung des erlauchten Herzogs Heinrich, des Sohnes der Tochter des Kaisers Lothar, und seiner sehr frommen Gemahlin Mathilde, der Tochter Heinrichs II., des englischen Königs, des Sohnes der römischen Kaiserin Mathilde) (Inschrift und Übersetzung nach Boockmann 1993, S. 29).

D 26

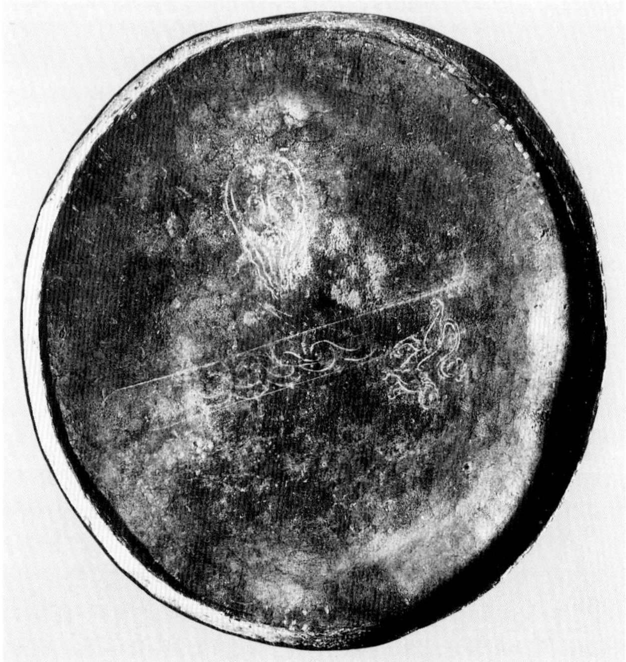

Die in der Art einer Vorzeichnung angelegte Gravur einer thronenden Sitzfigur mit zwei Kirchenmodellen weist eine unübersehbare Diskrepanz zur sorgfältigen Ausführung der umgebenden Inschrift auf. Auch wenn es nicht unmöglich scheint, eine Darstellung Heinrichs des Löwen in dieser Figur zu erkennen, so überrascht einerseits der flüchtige Ausführungsgrad auf dieser zentralen Stelle und läßt andererseits die Motivnähe zu dem in der Pyxis einliegenden Siegel Bischof Adelogs eine spätere Analogiebildung durchaus zu. Gleichwohl sei hingewiesen auf das Frontispiz der *Vita Annonis minor* von ca. 1183 (Darmstadt, Hessische Landes- und Hochschulbibliothek, Hs 945, fol. 1v), welches den hl. Anno mit den Modellen der fünf von ihm gestifteten Kirchen darstellt (vgl. Kat. Köln 1975, Nr. A 20). Auf der Unterseite der Verschlußplatte befinden sich flüchtige, nicht vollendete Gravuren eines bärtigen Männerkopfes, eines Ornamentstreifens und eines Löwen in musterbuchartiger Anordnung, deren Deutung rätselhaft bleibt.

Keineswegs auszuschließen ist, daß wir bisher nicht alle Umstellungen des Marienaltars im Lauf der Jahrhunderte kennen, und ebensowenig, daß die Altarurkunde bei diesen Gelegenheiten ans Licht kam. Zumindest lenkt die materialreiche Studie von Strauß (1993) über die zahlreichen Öffnungen des Herzogsgrabes den Blick auf die Möglichkeiten einer späteren Anbringung dieser Gravierung.

1223 bestätigt Pfalzgraf Heinrich die Stiftung dieses Marienaltars (Kat. D 39) seiner Mutter Mathilde. Fragen schließen sich an: War das Wissen um die gemeinsame Stiftung der Eltern 35 Jahre später verlorengegangen? Galt die Verehrung der als *religiosissima* charakterisierten Herzogin vielleicht in besonderem Maße der Muttergottes?

Die Stiftung des Herzogspaares im Jahr 1188 markiert einen der wichtigen Eckpfeiler innerhalb der oft nur indirekt erschließbaren Zeitpunkte von Hauptwerken der Künste am Hofe Heinrichs des Löwen, mehr noch als die mit den Daten 1168, 1173 und 1195 zu verbindenden Werke. Welche Aufträge Bronzegießer in Braunschweig außer den überlieferten Großbronzen wie Löwe, Marienaltar, Siebenarmiger Leuchter und Glocken sonst noch erhielten, bleibt offen.

Seit 1188 in der Vierung der Stiftskirche. 1686 erste nachweisbare Öffnung des Altarsepulchrums. 43 wahrscheinlich 1188 eingelegte Reliquienpartikel wurden 1709 von Herzog Anton Ulrich entnommen und in Salzdahlum an den Abt von Corvey geschenkt (Vermerk und Reliquien-Aufzählung auf Büttenpapier vom 4. September 1710 im Sepulchrum). 1966 an den jetzigen Standort und Öffnung des Altarsepulchrums am 1. Dezember 1966. Erneute Öffnung für den 2. August 1995 geplant.

Rehtmeyer 1707–1720, Teil 4, S. 37f. – Döll 1967, S. 174. – Möller 1967, S. 107–118. – Dorn 1978, S. 217. – Gosebruch 1980, S. 15, Abb. 65–71. – Haussherr 1980, S. 11ff. – Koch 1985, S. 485–486. – Kat. Braunschweig 1985, 2, Nr. 1016 (Michael Brandt). – Ruge/Zachmann 1988/89, S. 177–185. – Kat. Hildesheim 1989, S. 138 (Michael Brandt). – Kroos 1989, S. 164–243, hier S. 185. – Möhle 1991, S. 1–24. – Schneidmüller 1992, hier S. 78. – Steigerwald 1992, S. 228–247. – Boockmann 1993, S. XIXf., S. 29–30. – Raff 1994.

F.N.

D 27 Siebenarmiger Leuchter

Braunschweig, um 1188

Bronze; Grubenschmelz; Bergkristall – Ergänzungen durch Küsthardt 1896 – H. 4,80m – Spannweite ca. 4,30m.

Braunschweig, ehemalige Stiftskirche St. Blasius

In seiner heutigen Position mitten in der Vierung auf dem Hohen Chor ist der Siebenarmige Leuchter der zentrale Blickfang der ehemaligen Stiftskirche. Vier vom Stamm des Leuchters sich streckende Flügeldrachen ruhen auf liegenden Löwen (Bd. 2, Abb. 316) und ergeben zusammen mit den Füllungen aus Ranken und figürlichem Schmuck (19. Jahrhundert) den Leuchterfuß. Der aufsteigende Stamm, im Querschnitt als Vierpaß mit Ecknasen ausgebildet, wird durch sechs Knäufe in fünf Abschnitte gegliedert, welche sich nach oben leicht verjüngen. Der zweite und dritte trägt Emailarbeiten: der untere in Medaillons die Darstellungen der Evangelisten, der obere Personifikationen der Winde (im 19. Jahrhundert ergänzt). Aus dem vierblättrigen Blattkranz des dritten Knaufs entwickelt sich pflanzlich-organisch mit leichtem S-Schwung das erste Armpaar, aus den folgenden Knauf-Blatt-Gebilden die weiteren, wie der Stamm durch Knäufe mit Blattringen in mehrere Abschnitte unterteilt. Stamm und Arme enden jeweils in achtblättrigen Lichtschalen.

Bloch verdanken wir eine grundlegende kulturgeschichtliche und ikonologische Studie zum Bedeutungsspektrum des Siebenarmigen Leuchters als Paradies- oder Lebensbaum wie seiner Einbindung in die Wurzel-Jesse-Thematik und seiner Bezüge zu den Sieben Gaben des Heiligen Geistes. Im Mittelalter ist – wie auch in Braunschweig – die Funktion als Totenleuchter im räumlichen Kontext des Fundator-Grabes bezeugt. Der Braunschweiger Leuchter orientiert sich in seiner Grundform an jenem, der Ex 25, 31–40 beschrieben wird und bis zum 12. Jahrhundert als jüdische Menorah mit halbkreisförmigen Armen Vorbild für christliche Nachbildungen war. Die Umwandlung der geometrischen Form der Menorah in die häufig S-förmige, vegetabile Ausbildung der Arme und die figürlich-symbolische des Fußes geht wohl auf englische Vorbilder des 12. Jahrhunderts zurück (Canterbury, Bury St. Edmunds; vgl. Kat. D 116). Eine derartige Gesamtstruktur mag sowohl den erhaltenen Leuchter in Mailand (um 1180) als auch den heute nur noch in Fragmenten überlieferten Reimser Leuchter (2. Hälfte 12. Jahrhundert) beeinflußt haben. Die mittelalterlichen Grubenschmelz-Emails am Knauf des Braunschweiger Leuchters zeigen rheinischen, möglicherweise aber auch englischen Einfluß. Hatte Swarzenski 1932 auch aufgrund der in der englischen Goldschmiedekunst häufiger belegten gewölbten Emails die stilistischen Verbindungen zum anglonormannischen Reich betont, so überzeugte Kötzsche mit der Zuordnung zu einer Kölner Goldschmiedewerkstatt im Umkreis der Niello-Kelchkuppa des Kölner Diözesanmuseums. Dennoch ist von einer Herstellung des Leuchters in Braunschweig auszugehen. Materialanalysen des Leuchters (H. Pfeifer 1898 und Gutachten H. Drescher/J. Riederer 1988) und des Löwenstandbilds (Spies 1985), das Auffinden von Rogenstein (Nußberg bei Braunschweig) in Gußformresten des Löwen sowie schließlich die Untersuchungen zu Kupfer aus dem Goslarer Rammelsberg (Drescher 1993a, Laub 1993) belegen mit großer Sicherheit, daß die genannten Bronzeplastiken im Umkreis von Braunschweig gegossen wurden.

Wie der Marienaltar (1188), so gilt auch der Siebenarmige Leuchter als Stiftung Heinrichs des Löwen für die seit 1173 im Bau befindliche Stiftskirche. Seine Entstehungszeit ist durch keine Schriftquelle dokumentiert. Erstmals 1196 erfolgt im Zusammenhang mit einer Kerzenstiftung eine Erwähnung in einer Urkunde für St. Blasius, aus der auch die Aufstellung vor dem Kreuzaltar hervorgeht. Die Braunschweigische Reimchronik aus dem 13. Jahrhundert bestätigt diese Plazierung in einem Bericht über die Umbettung des Propstes Adelvoldus in die neue Stiftskirche. Gehören der Marienaltar und der Siebenarmige Leuchter als Belege für eine Ausstattungskonzeption gemäß dem Salomonischen Tempel zusammen, so ist von verschiedenen Autoren auf stilistische Ähnlichkeiten des Leuchters auch zum Löwenstandbild (Kat. D 20) hingewiesen worden. Die Löwen des Leuchterfußes ähneln im Detail (Ohrenform/Mähnenkragen) dem Löwenstandbild, die Vogelmenschen in den Schwanzvoluten der Drachen am Leuchterfuß den Adlern an den Kapitellen des Marienaltars (Kat. D 26; Bd. 2, Abb. 170). Auch die Blattausbildung an den Kapitellen ist vergleichbar, obwohl die Ausbildung der Leuchterblattkränze die Anordnung der Kapitelle verläßt und möglicherweise auf eine Datierung nach dem Marienaltar hinweist.

Wahrscheinlich 1687 durch Herzog Rudolf August im Zuge der Neugestaltung des Dominneren (Abbruch der kompletten Lettneranlage und des Triumphkreuzes, Einbau einer zweiläufigen Treppe) demontiert.– Ribbentrop erwähnt 1785/91 Wiederaufstellung durch Herzog Anton

D 27

Ulrich im Chor; demnach bestand der Unterbau zu der Zeit aus einer Elmkalk- und einer Rogensteinplatte (möglicherweise aus der Altarplatte des 1687 entfernten Kreuzaltars gefertigt). – 1728 beim Einbau des barocken Hochaltars von Anton Detlev Jenner demontiert und in einem »Verschlusse« auf dem Kapitelhaus gelagert; hier entging er 1806 dem Abtransport nach Paris. – 1815 Bestandsaufnahme des Leuchters durch F. Görges (67 Einzelteile; die tragende Eisenstange fehlte; während eiserne Stäbe zur Entlastung der freien Arme in der Stückliste erwähnt sind, waren die Füllungen zwischen den Drachen damals wohl schon nicht mehr vorhanden). – Im April 1830 Aufstellung im Domchor auf Betreiben von F. Görges und P. J. Krahe (möglicherweise wegen des geplanten Abrisses des Kapitelhauses); dafür ein Ersatz der inneren Tragstange erforderlich; Neuanfertigung der Füllungen mit ineinander verschlungenen Spiralen nach Entwurf von Krahe angefertigt: die Abbildung bei Neumann 1891, S. 55 zeigt das Kunstwerk »mit Hinweglassung der jungen Bestandteile«. Sie wird gleich nach dem Wiederaufbau des Leuchters entstanden sein. Bemerkenswert ist, daß man auf dieser Abbildung auch die Kerzenschalen nicht darstellte, das heißt sie für jüngere Ergänzungen hielt, und den Stamm bis auf den Steinsockel fortführte, was auf einen ursprünglich sechsteiligen Stamm schließen läßt. Bereits in der Abbildung von 1899 fehlt dieses Gußteil, so daß die innere Eisenstange unter den Ausfachungen sichtbar wird. Ende des 19. Jahrhunderts erscheint der Leuchter auf der neuen Sockelplatte, jedoch mit runden statt ursprünglich rechteckigen Ausbuchtungen.

D 28

Zwischen 1895 und 1897 unter H. Pfeifer restauriert, die unpassenden Ausfachungen am Leuchterfuß durch den Bildhauer Prof. Küsthardt in formeller Anlehnung an die Reimser Leuchterfragmente ergänzt, der zwischenzeitlich im Fußboden versenkte Leuchterfuß wieder freigelegt; am oberen Knauf alle vier rautenförmige Platten, am unteren einige Streifenornamente und Teile der $^3/_4$-kreisförmigen Medaillons mit Darstellungen von Tieren hinzugefügt.

1938 Aufstellung vor den Stufen zum Chorjoch auf der ursprünglichen Rogensteinplatte; die stark überspannten Sicherungsdrähte so weit gelockert, daß die Kerzenschalen halbwegs waagrecht standen – um 1940 durch Stoffbahnen mit Hakenkreuzfahnen und Reichsadler kulissenartig verhängt – 1942 zusammen mit dem Imervard-Kreuz in der Krypta des Doms untergebracht, 1943 im Rammelsberg eingelagert – am 20.8.1945 Rücktransport in den Dom und Aufbau vor dem östlichen Vierungsbogen bis zum 4.11.1945.

1954 Ersatz der inneren Tragestange durch ein Quadratrohr, bestehend aus zwei zusammengeschweißten U-Eisen 80/40mm; Verankerung des 4,20m lange Vierkantrohrs auf der ehemaligen Altarplatte über einem Flacheisenkreuz und mittels Stegplatten gegen Schwankungen ausgesteift (dabei die ursprüngliche obere Steckverbindung der Tragestange, die wohl konisch nach oben zulief, weitgehend zerstört) – heutiger Standort im Zuge der Neugestaltung des Innenraums unter F. Berndt.

1984 während einer Theateraufführung Bruch im linken zweiten Arm im Bereich der Steckverbindung; eine anschließend durchgeführte Autopsie ergab neben den ohnehin feinen Haarrissen aus der Zeit des Bronzegusses eine erhebliche Anzahl von neuen Rissen und möglichen Bruchstellen; im Oktober 1984 restauratorische Dokumentation (Stadtkirchenbauamt: Dom-Akten 1984–95); eine Stabilisierung der Seitenarme durch Einbau von Stahlrohren, was eine Zerstörung der historischen Steckverbindungen zur Folge gehabt hätte, aus denkmalpflegerischen Gründen abgelehnt.

Erneute Zerlegung unter Herbeiziehung einer Expertengruppe am 18./19. Mai 1992; Materialproben entnommen, Sicherung: die Vertikallasten auf den Knäufen durch dünne Lederscheiben gleichmäßig verteilt, die labilen Seitenarme durch ein dünnes, an den Vierungspfeilern abgespanntes Stahlseil statisch gesichert. Eine notwendige Restaurierung wird zahlreiche Fragen zur Materialanalyse, zur Technik und zur Restaurierungsgeschichte zu beantworten haben.

Ribbentrop 1789/96. – Görges 1815, S. 35–37. – Neumann 1891, S. 16 u. 347. – Pfeifer 1898. – Graeven 1902. – Swarzenski 1932, S. 3351ff. – Dorn 1954. – Bloch 1961. – Kötzsche 1975, S. 144. – Kat. Braunschweig 1985, 2, Nr. 1015 (Michael Brandt).

N.K.

D 28

D 28 Wand- und Gewölbemalereien in Chor, Vierung und südlichem Querarm der ehemaligen Stiftskirche St. Blasius und Johannes

2. Viertel 13. Jahrhundert

Secco-Malerei – 1845 Entdeckung der übertünchten Wand- und Gewölbemalereien in Chor, Vierung und südlichem Querarm, bis 1856 Freilegung und Ergänzung durch H. Brandes und A. Neumann; 1895/96 Restaurierung und Erneuerung schadhafter Wandgemälde im Chorjoch (bis in Kämpferhöhe) und im südlichen Querarm (bis in Höhe der Fenstersockel) durch A. Quensen; 1937–1941 ›Entrestaurierung‹: Abnahme der Übermalungen des 19. Jahrhunderts und Restaurierung der schadhaften Stellen im Chor, in der Vierung und an den Langhauspfeilern (vgl. Kat. D 24) durch R. Curdt und O. Schulz; 1952 Beseitigung der Kriegsschäden und Sicherung der Gewölbemalereien in Vierung und Chor durch F. Herzig; 1954–1955 ›Entrestaurierung‹: Abnahme der Übermalungen des 19. Jahrhunderts und partielle Retouchen der Wandgemälde im südlichen Querarm durch F. Herzig (vgl. Seeleke/Herzig 1957; Klamt 1968, S. 43–49; Brenske 1988, S. 17–19, Anm. 3) – präzise Aussagen über den Erhaltungszustand der Wandmalereien und den Anteil der Originalsubstanz sind von den laufenden Schadensuntersuchungen unter Leitung von Rolf-Jürgen Grote und Norbert Koch zu erwarten.

Braunschweig, ehemalige Stiftskirche St. Blasius

Ungeachtet ihres problematischen Erhaltungszustands gehören die flächendeckenden Wand- und Gewölbemalereien in Chor, Vierung und südlichem Querarm der Blasiuskirche zu den hervorragenden Zeugnissen der deutschen Monumentalmalerei des 13. Jahrhunderts. Eingehende stilistische Vergleiche mit Werken der sächsischen Buchmalerei, vor allem einer Handschriftengruppe um das Goslarer Evangeliar (vgl. Klössel 1983) und das sogenannte Wolfenbütteler Musterbuch, deuten auf eine Entstehung der Ausmalung im zweiten Viertel des 13. Jahrhunderts und damit im Anschluß an die Gesamtweihe der Stiftskirche am 29. Dezember 1226 hin.
Insofern sich die komplexe, ikonographisch vielschichtige Ausmalung auf ein übergreifendes theologisches Programm beziehen läßt, scheint der Bildauswahl und -zu-

sammenstellung die Verherrlichung der Gottesmutter und des *lignum vitae* als Leitgedanke zugrunde zu liegen, wie J.C. Klamt ausgehend von den vielfältigen Auslegungen der einzelnen Szenen in der exegetischen Literatur des Mittelalters darlegen konnte. Diese thematische Schwerpunktsetzung hat eine auffällige Entsprechung in der ausgeprägten Marien- und Kreuzfrömmigkeit Heinrichs des Löwen, die geradezu exemplarisch in den beiden programmatischen Miniaturen des Evangeliars, im Widmungs- und im Krönungsbild, Ausdruck gefunden hat (vgl. Kat. D 31 u. D 23); in die Zeit Heinrichs des Löwen weist auch die Ausdeutung der Stiftskirche als *Novum templum Salomonis* zurück, die in der Darstellung des Himmlischen Jerusalem im Vierungsgewölbe nachzuklingen scheint, als dessen Präfiguration der Salomonische Tempel galt (vgl. Klamt 1968, S. 39–42 u. 189–198).

Zeitigt hier im Verhältnis von ›Bau und Überbau‹ möglicherweise ein gedankliches Konzept seine Nachwirkungen, das bis in die Erbauungszeit der Kirche zurückreicht, oder findet hier eher eine typisch welfische Frömmigkeit ihren Ausdruck? Jenseits einer aktuellen politischen Ausdeutung des umfangreichen Hl.-Kreuz-Zyklus im südlichen Querarm, wie sie Stefan Brenske überzeugend vorgetragen hat, ist jedenfalls in diesem Zusammenhang daran zu erinnern, daß schon der Tragaltar der Gräfin Gertrud Konstantin und Helena in Verehrung des Kreuzes zeigt und das Kaiserpaar somit gleichsam die Darstellung Heinrichs des Löwen und seiner Gemahlin Mathilde im Londoner Psalter (Kat. D 93) präfiguriert. Unter einer Doppelarkade am Kreuzfuß wenden sie sich an den Gekreuzigten mit den Worten: *Adoramus te Christe et benedicimus tibi* (Heinrich der Löwe), *Salva nos Christe per virtutem crucis* (Mathilde).

Chor: Im Gewölbe konzentrisch angeordnete Wurzel Jesse mit Jesaja, König David und Maria in der Mittelachse, ikonographisch zugeordnet der Sündenfall auf der Schildfläche über dem östlichen Vierungsbogen sowie die Maiestas Domini in der Kalotte der Hauptapsis (thematisch gesicherte Ergänzung von H. Brandes); auf den Schildflächen der Chorwände jeweils in zwei Registern sieben alttestamentliche Szenen: auf der Nordwand drei Szenen aus der Geschichte von Kain und Abel (Kain und Abel bringen ihre Opfergaben dar; Kain erschlägt seinen Bruder Abel; Gottvater befragt Kain), auf der Südwand vier Szenen mit Moses und Abraham (Moses vor dem brennenden Dornbusch, Aufrichtung der Ehernen Schlange, Abraham und die drei Engel; Opferung Isaaks); darunter auf den Chorwänden in drei Registern die Viten der Kirchenpatrone: auf der Nordwand in drei Streifen ausführlich die Geschichte Johannes des Täufers, gegenüber auf der Südwand oben in zwei Streifen die Legende des hl. Blasius, in dem Streifen darunter sieben Szenen aus dem Leben des hl. Thomas Becket.

Vierungsgewölbe: Eingefaßt von dem Mauerring des Himmlischen Jerusalem mit Halbfiguren der Apostel sind um den zentralen Vierpaß mit dem Lamm Gottes (thematisch nicht gesicherte Ergänzung) radial sechs Szenen aus dem Leben Christi angeordnet: Christi Geburt und Darbringung im Tempel in der Südkappe; die Drei Frauen am Grab in der Westkappe, der Emmausgang und das Gastmahl in Emmaus in der Nordkappe sowie die Ausgießung des Heiligen Geistes (Pfingsten) in der Ostkappe; die Zwickelflächen füllen ganzfigurige Darstellungen von acht Propheten; figürliche Malereien treten auf den Schildflächen der Vierungsbögen ergänzend hinzu: Deesis (östlicher Vierungsbogen); Christus und Johannes der Täufer zwischen Phönix und Pelikan (westlicher Vierungsbogen); Engel, eine Weltkugel haltend (südlicher und nördlicher Vierungsbogen); die Unterseiten der Gurte schmücken Medaillons mit Halbfiguren von sieben Bischöfen (östlicher Vierungsbogen); sieben Engel (westlicher Vierungsbogen), sechs Tugendpersonifikationen (*Fortitudo, Castitas, Temperantia, Prudentia, Fides, Iustitia* – nördlicher Vierungsbogen) sowie sechs ungedeuteten Heiligen (Könige oder Propheten? – südlicher Vierungsbogen).

Südlicher Querarm: In der östlichen Gewölbekappe Maria und Christus thronend als *Sponsus* und *Sponsa* bzw. als Weltenrichter und als apokalyptische Frau, ihnen gegenüber in der Westkappe die Vierundzwanzig Ältesten der Apokalypse, während die Nord- und Südkappe jeweils drei Engel und einen Cherub aufnehmen; die Zwickelflächen füllen wiederum ganzfigurige Darstellungen von acht Propheten; auf der Schildfläche der Ostwand die Anastasis (links), Christi Auferstehung (rechts) und Himmelfahrt (Mitte); auf den Schildflächen der Nord- und Westwand Kluge und Törichte Jungfrauen; darunter jeweils in zwei Registern auf der Ost- und Südwand der Hl.-Kreuz-Zyklus sowie auf der Westwand die Martyrien verschiedener Heiliger (z.T. ungedeutet).

Seeleke/Herzig 1957. – Klamt 1968 (Lit.). – Klamt 1981. – Kat. Braunschweig 1985, 2, Nr. 1017 (Lit.) (Stefan Brenske). – Brenske 1988. – Boockmann 1993, S. 34–44, Nr. 23. – Klamt 1995 (Lit.).

T. S.

D 28

D 29 Säulenschaftfragment aus der ehemaligen Stiftskirche St. Blasius

Ägypten, antik

Grüner Marmor – H. 135,8–127,5 cm – Dm. 35,5 cm.

Schloß Harbke

Das Fragment eines marmornen Säulenschafts wurde 1994 in Harbke entdeckt. Glaubwürdiger Überlieferung zufolge verkaufte das Braunschweiger Kapitel 1801 im Zuge von Renovierungsarbeiten zwei Säulen aus dem St.-Blasius-Dom an die von Veltheim nach Harbke (Dorn 1978, S. 222). Am 15. Dezember 1810 wurde das Kapitel aufgehoben. Augenblicklich verunmöglicht der Zustand des ehemaligen Schlosses eine Bergung des zweiten längeren und dickeren Schaftfragments.

Zur Übertragung von Bedeutung wiederverwendete Architekturteile aus altehrwürdigen Bauwerken nennt man Spolien; ihre Verwendung nimmt nicht nur im Mittelalter hohen Rang ein. Für Braunschweig selbst sind keine mittelalterlichen Schriftquellen zum Transport von Säulenspolien in die Welfenresidenz erhalten, so daß allenfalls über spätere Indizien Spurensicherung betrieben werden kann. Nur einige Stimmen hierzu: Schon 1620 waren aus der damals ruinösen Burgkapelle der Heiligen Georg und Gertrud Marmorsäulen ausgebaut worden, um sie in die ev. Hauptkirche Beatae Mariae Virginis in Wolfenbüttel zu übertragen. In der Reisebeschreibung des Herzogs Ferdinand Albrecht zu Braunschweig und Lüneburg zum 3. Juni 1658 heißt es aus Anlaß einer Dombesichtigung, welche Dechant Barbeke durchführte: *Ein altar mit vier seulen, so von einem kostbahren stein gemachet ist, welchen der fundator aus dem heiligen Land gebracht und man vor einen Jaspis helt.* (vgl. Neumann 1891, S. 329). Im Jahr 1753, so überliefert Ribbentrop in seiner Stadtbeschreibung (1791, Bd. 2, S. 286), *brachte man das berühmte Mantuanische Gefäß, eine Säule von egyptischen grünen Granit* … in das von Herzog Karl gegründete Kunst- und Naturalienkabinett.

Auch wenn nicht ausdrücklich überliefert, so kann nicht ausgeschlossen werden, daß Herzog Heinrich Marmorspolien nach Braunschweig transferierte. Sowohl die Kenntnis entsprechender Vorbildhandlungen als auch seine vielen Reisen sind hierfür als Voraussetzung zu werten,

wie es in der Vergangenheit zuweilen für die Lüneburger Luna-Säule vermutet wurde (Alpers 1982, S. 87–129).
Zwei knappe Beispiele sollen illustrieren, daß Spolien wie Reliquien dem Bedeutungstransfer dienten und in ihrer vollen Wirksamkeit für die Geschichte der Kunst wohl nicht zu überschätzen sind. »Da er die Säulen und den Marmor für die Kirche anderswo nicht bekommen konnte, ließ er sie aus Rom und Ravenna herbeischaffen«, derart begründet der Biograph Karls des Großen, Einhard, in der *Vita Karoli Magni* den Transport von Säulenspolien nach Aachen, welche dort als Säulengitter der Pfalzkapelle zum Zeugnis von Würde und Ansehen, zur Legitimation und als Repräsentation seiner Herrschaft eingebracht wurden (Grimme 1994, S. 56f.; Raff 1994, S. 85f.). Für das neugegründete Missionsbistum Magdeburg ließ Otto I. Marmorsäulen aus Italien nach Magdeburg schaffen (Ullmann 1989). Sie wurden in den ottonischen Dom integriert und nach dem Brand am Karfreitag, dem 20. April 1207, in den staufischen Neubau an prominenter Stelle im Hochchor eingebaut.
Die Aufstellung von Säulen im Kirchengebäude kann verschieden motiviert und inhaltlich begründet sein (Reudenbach 1980, S. 310–359). Die Säule mit bekrönendem Kreuz ist beispielsweise in Hildesheim mit der Bronzesäule aus St. Michael belegt (Kat. Hildesheim 1993, 2, Nr. VIII-17 [R. Kahsnitz]). Bronzesäulen standen zu seiten des Hochaltars der Goslarer Stiftskirche (Steigerwald 1993a, S. 133f.). Auch als hervorgehobener Plazierungsort für Kruzifix oder Kreuz in Essen (Haussherr 1979, S. 136f.) bzw. für eine Marienfigur in Hildesheim (Kat. Hildesheim 1993, 2, Nr. VIII-18 [Arne Effenberger]) sind Säulen überliefert. Bekannt sind auch die JACHIM und BOOZ benannten Säulen von der um 1230 errichteten Vorhalle des Würzburger Doms (Naredi-Rainer 1994, S. 146f.). Möglicherweise griffen die beiden Braunschweiger Marmorsäulen ein weiteres Element des Salomonischen Tempels, die beiden Säulen am Eingang, wieder auf. Derart verstanden, hätten sich Siebenarmiger Leuchter, Marienaltar (Kat. D 27 u. D 26) und Marmorsäulen auf diesen alttestamentarischen Musterbau bezogen. Erst durch die Studien Cord Mecksepers wird der konkrete geschichtliche Hintergrund der sächsischen Spolienverwendung im Hochmittelalter erkennbar werden.

D 29

Ribbentrop 1796, S. 286. – Bethmann 1861, S. 558. – Neumann 1891, S. 14f., 329. – Dorn 1978, S. 222, 248f. – Boockmann 1993, S. XIXf. – Effenberger 1993, S. 145–159. – Jürgen Richter, in: Frankfurter Allgemeine Zeitung 12.8. 1994, S. 28. – Meckseper 1995 (im Druck).

F.N.

D 30 Chorgestühlwangen

Norddeutschland, 2. Hälfte 12. Jahrhundert

Eiche – H. 102 cm – B. 11 cm – T. 32 cm.

Ratzeburg, Ev.-Luth. Domkirchgemeinde zu Ratzeburg

Die aus zwei Teilen zusammengesetzten Gestühlwangen sind fast ausschließlich auf der schmalen Ansichtsseite verziert. Der untere, bis zur Sitzfläche reichende Wangenteil zeigt auf der Vorderseite herausgearbeitete Doppelsäulen mit umgekehrten würfelkapitellartigen Basen, die teilweise mit Blattwerk dekoriert sind. Die Blattkapitelle sind individuell gestaltet. Die Schäfte bestehen aus Tauen, Stäben und Flechtwerkbändern und werden teilweise von einem Band spiralförmig umwunden. Die Vorderkante des nahezu quadratischen oberen Wangenteils ist c-förmig ausgeschnitten und läuft in Voluten aus. Das untere Ende dient dabei als Handstütze. Die Vorderseiten sind durch streng geometrisch konstruierte Blatt-, Blütenrosetten oder Kugeln, die von den Voluten eingefaßt werden, verziert. Bei einigen Rosetten sind kleine Dübellöcher feststellbar bzw. abgebrochene Holzstifte, die auf zusätzliche aufsteckbare, heute verlorene Dekorelemente hinweisen. Ein gratig abgesetzter, zylinderförmiger Wulst schließt die Wange ab und dient als Armlehne. Die Vorderkante ist ebenfalls mit Blattrosetten, Wirbeln oder Schuppen dekoriert.
Die Chorgestühlwangen gehören zu den ältesten erhaltenen Chorgestühlteilen. Den ursprünglichen Aufstellungsort des Gestühls wird man im Chorjoch oder im Vierungsquadrat zu vermuten haben. Das gesamte Gestühl wurde wohl 1648 zersägt und einzelne Teile als Fußstücke für Armenbänke verwandt. 1859 sind zehn untere und zwölf obere Teilstücke wiederentdeckt worden. Man setzte diese 1880 zu einem neuen Gestühl zusammen, wobei die Wangen durch große Teile ergänzt werden mußten sowie Rückwand und Sitzflächen frei rekonstruiert wurden. Eine

erneute Renovierung fand 1966 statt (neue Rücklehnen und Sitze). Sehr wahrscheinlich waren ursprünglich Klappsitze vorhanden, darauf könnten die an den unteren Wangenabschnitten feststellbaren Ausklinkungen für eventuelle Scharnierlager der Sitzflächen hinweisen.
Eine Vorstellung von dem ursprünglichen Gesamterscheinungsbild des Chorgestühls kann das ins 13. Jahrhundert datierte Chorgestühl von Gradafes (Provinz León, jetzt Archäologisches Museum Madrid; Armlehnen und Rückwand) geben. Der Aufbau des Ratzeburger Chorgestühls läßt sich einerseits von steinernen Bischofssitzen ableiten, andererseits könnte das Gestühl als Weiterentwicklung von Chorbänken (vgl. Alpirsbach, Mitte 12. Jahrhundert) gesehen werden. Die Gestaltung des Gestühls unterscheidet sich deutlich von den gotischen Chorgestühlen, obwohl durch die fragmentarische Erhaltung Fragen offenbleiben, z.B. die Gestaltung der Abschlußwangen, der Rückwand oder das Vorhandensein von Miserikordien. Das Chorgestühl in der Xantener Stiftskirche St. Viktor (nach 1228, zeigt bereits den typischen gotischen Aufbau, der für Jahrhunderte gültig blieb: viertelkreisförmig vorbauchende Zwischenwangen mit Handknauf, gebälkartige, halbkreisförmige Armstützen und hohe Abschlußwangen. Die Dekore an den Ratzeburger Wangen sind aus der Architektur übernommen und können von der ornamentalen Bauplastik abgeleitet werden. Die Säulenschäfte lassen sich mit denjenigen aus dem nördlichen Kreuzgang von Königslutter (1. Hälfte 12. Jahrhundert) oder mit denen in der Nachfolge von Königslutter stehenden Säulen im Kapitelsaal des Klosters St. Aegidien in Braunschweig (spätes 12. Jahrhundert) vergleichen, die unter lombardisch-italienischem Einfluß entstanden sind. Es spricht nichts gegen eine Annahme, daß das Chorgestühl für den von Heinrich dem Löwen begründeten Dom in Ratzeburg

angefertigt worden ist, dessen Bau um 1160 begann und um 1215/20 abgeschlossen wurde.

Lisch 1864, S. 211, 212. – Reiners 1909, S.19, 20. – Habicht 1915, S. 2, 3, 37, 38. – Inv. Land Ratzeburg. – Loose 1931, S. 5, 6, 19, 104. – Mühlberg 1991.

T. A.

D 31 Evangeliar Heinrichs des Löwen

Helmarshausen, wahrscheinlich zwischen 1185 und 1188

Pergament – Buchmalerei in Deckfarben – Ledereinband, mit Golddruck und Blindlinien verziert, auf Vorderdeckel und Rücken mit rotem Samt überzogen; teilweise vergoldete Silberappliken und durchbrochene Beschläge: Kreuzigung, Evangelisten, 3 Wappen; Reliquien-Kapsel mit Bergkristallverschluß (Prag, 1594) – 226 Blätter – H. 34 cm – B. 25,5 cm.

Wolfenbüttel, Herzog August Bibliothek, Cod. Guelf. 105 Noviss. 2°, zugleich München, Bayerische Staatsbibliothek, Clm 30055

Das Evangeliar Heinrichs des Löwen zählt aus verschiedenen Gründen zu den herausragenden Leistungen der romanischen Buchkunst. In ihm konstituiert sich wie kaum ein zweites Mal das Selbstverständnis eines adligen Auftraggebers einerseits im Bewußtsein seiner privaten sowie politischen und darin historischen Stellung, andererseits im Wissen und in der Sorge um seine Einbindung in den Heilsplan Gottes durch ein Stiftungsobjekt von höchstem geistig-ideellem wie künstlerischem Rang.
Ein in Goldtinte geschriebenes Widmungsgedicht (fol. 4v) benennt den Anlaß, der im Widmungsbild (fol. 19r) wiedergegeben ist. Dort werden die *ducissa Mathilda* vom hl. Aegidius, dem Patron des Braunschweiger Benediktinerklosters St. Aegidien, und der *dux Heinricus* vom hl. Blasius, dem Patron der Braunschweiger Stiftskirche, bei der Hand genommen und durch weisende Geste der Gottesmutter und Christus empfohlen. Die komplexe Bildvorstellung der mit *Theotocos* (Gottesgebärerin) bezeichneten und als Himmelskönigin gekrönten Maria ist zum einen dem byzantinischen Madonnenbild der Nikopoia (Siegbringende) sowie im Orantengestus und mit dem vor ihrem Körper schwebenden Christustondo der Platytera (die weiter gemacht ist als die Himmel, um Christus zu empfangen) verpflichtet. Zum anderen folgt sie im Typus der frontal sitzenden und ihren Sohn als den inkarnierten Logos auf dem Schoß tragenden Maria dem abendländischen Bild der *Sedes Sapientiae* (Sitz der Weisheit) und wird über all dies hinaus von dem Herrschaftszeichen der Mandorla umfangen. Sie ist hier gleichsam Mittlerin für das Erscheinen Christi, dem in Entsprechung zum Widmungsgedicht »dieses von Gold glänzende Buch« von Heinrich dem Löwen entgegengebracht wird.
Seitdem auffallende Übereinstimmungen im Wortlaut des Widmungsgedichts mit der Inschrift auf der Reliquienkapsel bekannt wurden, die im Kapitell der mittleren Säule des 1188 geweihten Marienaltars der 1173 im Bau begonnenen Stiftskirche eingelassen ist, konnte das Evangeliar überzeugend als Stiftung des Herzogspaares für den der *dei genitrix* (Gottesmutter) geweihten Altar angenommen und damit auch verbindlich datiert werden. Die Vorstellung liegt nahe, daß bald nach der Rückkehr Heinrichs und Mathildes aus ihrem Exil am englischen Königshof nach Braunschweig im Herbst 1185 mit der Arbeit am Evangeliar begonnen wurde und die Cimelie, vor dem Tod der Herzogin 1189, als kostbare Stiftung für den ausgewählten liturgischen Gebrauch am Marienaltar anläßlich der Altarweihe vollendet war.
In der Tradition kaiserlicher und königlicher Buchstiftungen aus karolingischer, besonders aber ottonischer und salischer Zeit stehend – wie die Stiftungen Kaiser Heinrichs III. für den Dom zu Speyer und für die Stiftskirche St. Simon und Juda in Goslar aus dem Echternacher Scriptorium – und zugleich aufgrund der komplexen Einbringung persönlicher Ansprüche in das heilsgeschichtliche Gefüge mittelalterlichen Weltverständnisses weit darüber hinausreichend, manifestiert sich der außerordentliche kulturgeschichtliche und künstlerische Rang der liturgischen Handschrift. Bereits im Widmungsbild zeigt sich diese persönliche Einbindung des Stifters in das theologische Konzept der Evangeliarillustration ganz deutlich. Die beiden die Gottesmutter begleitenden Heiligen Johannes der Täufer, der erste Patron der Stiftskirche, und Bartholomäus, von dem die Kirche kostbare Reliquien in einem zur Zeit Heinrichs des Löwen entstandenen Armreliquiar besaß, tragen als Zeichen ihrer Christusnachfolge die Märtyrerpalme bzw. einen Kreuzstab sowie ein Spruchband mit den Worten »Durch uns werden im (ewigen) Leben gegründet, die uns verehren«. Zusammen mit den Worten Christi »Kommt mit meiner Hilfe zum Reich des Lebens« wird die gedankliche Tiefe des Widmungsbildes sowie des gesamten Bilderzyklus mit den neutestamentlichen Geschehnissen als umfassender Heilsplan zur Errettung der Menschheit erkennbar.
Die auf dieses Ziel hin angelegten vielfältigen Sinnbezüge setzen bereits mit den 17 Kanontafeln (fol. 10v–18v) ein, in deren Tympanonfeldern Christus mit den Worten der Apostelaussendung, die zwölf Apostel in Erfüllung dieses Auftrags mit den Worten des Glaubensbekenntnisses sowie die zwei jüngeren Evangelisten, Paulus und Johannes der Täufer, mit Hinweisen auf das Kommen und die Erlösung durch Christus auf die Einsetzung der Kirche hinweisen. Die torbogenartigen und mauerähnlichen Versatzstücke der Kanontafeln haben seit jeher Assoziationen zum Bild des himmlischen Jerusalem geweckt, wie es im 21. Kap. der Apokalypse beschrieben und in der Exegese, so auch in der *Psychomachia* des Prudentius (5. Jahrhundert) bei der Beschreibung des Tempelbaus mit den Na-

SCS. IOHANNES. BAPT. SCA. THEOTOCOS. SCS. BARTHOLOMEVS.

men der Apostel über den Toren, näher ausgeführt worden ist. Die über den Bogenansätzen der Kanontafeln siegreich über die Laster triumphierenden Tugenden mit Texten aus der *Psychomachia* weisen den Weg für die Seligen, die mit der Hilfe Christi als Erfüllung im Jenseits durch die Tore in das himmlische Jerusalem eingehen.

Vor jedem Evangelium mit Autorenbild sowie Initial- und Textzierseiten erweitern Bildgruppen mit Szenen aus dem Leben und der Passion Christi sowie Ereignissen nach seinem Tod das theologische Programm. Ein solches Konzept der Evangeliarbebilderung steht ebenfalls in älterer Tradition, wenngleich die Auswahl der Bildthemen und ihr Verhältnis zum nachfolgenden Text anderen Kriterien als etwa denjenigen im Goldenen Evangelienbuch aus Echternach im Germanischen Nationalmuseum in Nürnberg (Hs. 156142) aus dem 11. Jahrhundert folgen. Die Bereicherung der Miniaturen durch zahlreiche Inschriften sowie durch prophetische und allegorische Begleitfiguren in den Bildecken führt zu typologisch-allegorisch-mystisch angelegten Aussagen einer umfassenden heilsgeschichtlichen Bildauslegung im Hinblick auf die Errettung der Menschheit. Die in auffallender Häufigkeit auftretenden Gestalten von *Sponsus* und *Sponsa*, die dem Hohenlied entnommenen Figuren von Braut und Bräutigam, betonen darüber hinaus die zukünftige Vereinigung mit Christus, wobei die Exegese im Bräutigam stets Christus sah, für die Braut aber je nach Autor in unterschiedlicher Gewichtung eine dreifache Auslegung als Kirche, als Seele des einzelnen Menschen und auf Maria bezogen kannte. In diesem Zusammenhang ist das Widmungsgedicht in Erinnerung zu rufen, in dem es heißt: »Dieses Buch Gottes vereint das edle Liebespaar«, und es bezeugt, »daß der fromme Herzog Heinrich und seine Gemahlin von ganzem Herzen die Liebe zu Christus über alles andere stellten«.

Die immer wieder im Bilderzyklus bewußte Braut-Bräutigam-Symbolik, mit der die Vereinigung der Menschheit mit dem Bräutigam Christus als Ziel der Heilsgeschichte umschrieben ist, betrifft hier in der Hoffnung des Einzelnen und als Glaubensgewißheit das Stifterpaar selbst und wird in diesem Sinne auch im abschließenden Krönungsbild (fol. 171v), das ebenfalls vom Figurenpaar *Sponsus-Sponsa* begleitet ist, noch einmal einbezogen. Dieses außergewöhnliche Bild zeigt in einer oberen Zone Christus, von Johannes dem Täufer, Johannes Evangelista, Petrus und Bartholomäus sowie von Blasius, Georg, Gregor und Thomas von Canterbury begleitet, und darunter das kniende Herzogspaar mit Kreuzen in den Händen, das von zwei aus dem Himmelssegment herausreichenden Händen die Krone empfängt. Hinter Heinrich stehen seine Eltern, Herzog Heinrich der Stolze und Gertrud, die Tochter Kaiser Lothars III.; dieser selbst sowie seine Gemahlin Richenza schließen sich an. Zur Seite Mathildes folgen ihr Vater, König Heinrich II. von England, und dessen Mutter Mathilde sowie eine nicht identifizierbare weibliche Gestalt. Sie alle mit Ausnahme der beiden äußeren Personen halten Kreuze in den Händen. Zweifellos dokumentiert die in mittelalterlicher Bildvorstellung ungewöhnliche Betonung der vornehmen Abstammung aus kaiserlichem und königlichem Haus einen ausgeprägten Herrscherstolz, doch ist die Krönungszeremonie nicht als ein von Heinrich dem Löwen erhofftes, aus machtpolitischem Ehrgeiz antizipierend gefordertes Ereignis gemeint, vielmehr ereignet sich diese Szene als eine heilsgeschichtliche Erwartung im Jenseits. Das Spruchband Christi »Wer mir nachfolgen will, der verleugne sich selbst und nehme sein Kreuz auf sich und folge mir nach« (Mt 16,24) erklärt als Aufruf zur Kreuzannahme das Attribut in Händen der vornehmen Schar, während die Prophezeiungen in Händen der Eckfiguren von der Krone des ewigen Lebens als Lohn der Christus-Nachfolge künden und somit die Krönung des Herzogspaares aus dem Anspruch einer irdisch-aktuellen Fiktion in die Bildpräsenz einer Jenseitserwartung verlagern.

Das im Widmungsbild zu Beginn der Handschrift Verheißung ankündende Spruchband Christi, von Maria mitgetragen, »Kommt mit meiner Hilfe zum Reich des Lebens«, findet im Krönungsbild seine Erfüllung in der Kreuzannahme als Zeichen der Nachfolge Christi und im Lohn der Krone des ewigen Lebens. Das ihm gegenüberstehende, den gesamtem Zyklus vor dem Johannes-Evangelium abschließende Bild der Maiestas Domini, verbunden mit dem *Creator mundi* und seinem Sechstagewerk (fol. 172r), beruht auf der theologischen Überzeugung der Einheit von Weltenschöpfer und Erlöser, dem Zusammenhang von Genesisbeginn und Anfang des Johannes-Evangeliums, der Ineinssetzung von Christus mit dem Schöpfergott und auf einem Verständnis der Heilsgeschichte, die mit der Schöpfung beginnt und sich auf das Ziel der Rückführung zu Gott hin entwickelt.

Dieses Ziel ist das Eingehen ins himmlische Reich, welches im Widmungs- und Krönungsbild vom Stifterpaar intendiert und mit der Stiftung des Evangeliars wachgehalten wird. Ihre namentliche Nennung und Darstellung im Bild versichert Heinrich den Löwen und seine Gemahlin Mathilde der Memoria durch die Gebetsgemeinschaft der Geistlichen, die das Buch in der liturgischen Feier benutzen. So wurzelt das Anliegen der kostbaren Stiftung in dem Wunsch und dem Auftrag an die Beschenkten, in Gebet und Fürbitte des Stifters zu gedenken in der Hoffnung auf das Gedenken Gottes, die Gewährung des ewigen Lebens und die Aufnahme in den *Liber vitae*, das Buch des Lebens, von dem es in der Apokalypse (21, 27) heißt, daß nur die darin Verzeichneten in die Stadt des Lammes (Christus), in das himmlische Jerusalem eingehen werden,

31

womit zu dem bereits im Schmuck der Kanontafeln entstandenen Bild der Himmelsstadt zurückgefunden ist.
Der Komplexität der theologischen Aussage einzelner Miniaturen sowie der Bilderfolge insgesamt entspricht eine Vielteiligkeit im Aufbau der stets aufwendig gerahmten Bildseiten. Additive formale Gestaltungsmittel erfüllen die simultane Präsenz verschiedener inhaltlicher Schichten, wenn die biblischen Szenen mit typologischen und allegorischen Figurationen und in besonderer Fülle mit Schriftbändern eine erweiternde und gliedernde Struktur erhalten. Für die Buchkunst von Helmarshausen charakteristisch und für dieses Prunkevangeliar im besonderen Maße gültig ist ein gewisser ambivalenter Eindruck der Bildseiten, bewirkt durch ein konstruktives Rahmen- und Gliederungsgerüst, das aber zugleich überlagert wird von einem vielfältigen dekorativen Element, welches ebenso alle Bildgründe gleichsam überwuchert und Assoziationen von kostbaren Geweben sowie Ornamentgründen aus dem Bereich der Goldschmiedekunst hervorruft. Dieses reiche Wechselspiel zwischen ordnender Tektonik und sie zugleich wieder im Ornament spielerisch zurücknehmendem Schmuck bewirkt die faszinierende Pracht der in leuchtender Farbigkeit erhaltenen Kompositionen.
Das Widmungsgedicht überliefert, daß das Evangeliar in Erfüllung eines Auftrags Heinrichs des Löwen auf Weisung des Abtes Konrad von Helmarshausen von Herimann geschaffen worden ist. Der Herzog hatte sich schon zuvor an das Benediktinerkloster gewandt, wie unter anderem das Psalterfragment in der British Library in London (Kat. D 93) belegt. Der genannte Abt Konrad II. ist zwischen 1170 und 1180 nachgewiesen, sein Nachfolger Wilhelm von Helmarshausen erstmalig 1189 erwähnt, so daß auch diese Kenntnis einer Datierung des Evangeliars in Verbindung mit der 1188 erfolgten Weihe des Marienaltars in St. Blasius nicht widerspricht. Die minutiös abwägenden Überlegungen der Autoren des Kommentarbandes zum Faksimile im Hinblick auf den Anteil Herimanns an der Herstellung der Handschrift lassen Fragen weiterhin offen: War er der Schreiber und wird in dieser Funktion nach mittelalterlicher Gepflogenheit als einziger namentlich genannt, oder war er zugleich der Maler der Miniaturen, vielleicht sogar auch aller Zierseiten, oder wird er als Leiter des Scriptoriums und Konzeptor des Buches überliefert? Bei aller Vielfalt dominiert eine künstlerische Einheitlichkeit in Kalligraphie und Malerei, etwa in der kompositionellen Anlage der Miniaturen, auch in der Wahl und Verteilung innerhalb des Ornamentschmucks, bis hin zu Abweichungen der malerischen Ausführung gegenüber der Vorzeichnung und zu Differenzen in der Sorgfalt einzelner Arbeitsvorgänge, die es nahelegt, sich den Mönch Herimann als Verantwortlichen mit helfenden Mitarbeitern vorzustellen.
Das gleiche Schriftbild findet sich auch in der künstlerisch nächstverwandten Helmarshausener Handschrift, dem Evangeliar Nr. 142 im Trierer Domschatz (Kat. G 78), dessen Miniatur- und Initialzierseiten zum Matthäus- und Markus-Evangelium aufgrund der stilistischen Übereinstimmung vom Maler des Evangeliars Heinrichs des Löwen ausgeführt sein dürften. Freilich überragt die Stiftung des Welfenherzogs alle übrigen bekannten Arbeiten des Helmarshausener Scriptoriums an Prachtentfaltung wie ebenso an gedanklicher Tiefe des theologischen Programms als Beleg mittelalterlicher Heilserwartung und erfüllt darin den hohen Anspruch eines der mächtigsten Landesfürsten der Stauferzeit. Im Hinblick auf die Formulierung des »von Gold glänzenden Buchs« im Widmungsgedicht und seiner dementsprechenden Wiedergabe auf dem Widmungsbild dürfte der verlorene originale Einband einer solchen Erwartung ebenfalls gerecht geworden sein.

Für den Marienaltar der Stiftskirche St. Blasius in Braunschweig; 1594 Metropolitankapitel von St. Veit zu Prag (Besitzvermerk fol. 73r); 1861 Erwerb durch König Georg V. von Hannover; 6. Dezember 1983 bei Sotheby's, London, versteigert (lot 50).

Haussherr 1980. – Klemm 1988a. – Kötzsche 1989 (mit der älteren Literatur). – Nilgen 1989. – Fried 1990. – Gosebruch/Steigerwald 1992 (bes. die Beiträge von: E. Klemm, P.G. Schmidt, A. Cohen-Mushlin, F. Steigerwald, M. Gosebruch und V. Roehrig-Kaufmann). – Hoffmann 1992, S. 43–45. – Oexle 1993. – Oexle 1994, bes. S. 147–171.

J.M.P.

D 32 Rituale

Magdeburg, 1. Viertel 12. Jahrhundert

Pergament – neuzeitlicher Einband – 130 Blätter – H. 30,3 cm – B. 22,4 cm.

Wolfenbüttel, Niedersächsisches Staatsarchiv, VII B Hs 167

Auf niedersächsischem Gebiet gibt es heute keinen ähnlich umfangreichen Bestand an liturgischen Handschriften wie den des ehemaligen Kanonikerstifts St. Blasius in Braunschweig. Diese Codices stellen die wichtigsten Quellen der niedersächsischen Choralgeschichte des Mittelalters dar und geben einen Einblick in den Gottesdienst dieser Kirche vom 11. bis zum ausgehenden 15. Jahrhundert.
Das bisher fälschlich als Sakramentar bekannte Rituale aus dem Anfang des 12. Jahrhunderts gehört zu den ältesten Liturgica aus der Stiftskirche. Es enthält die vom Seelsorger zu spendenden Sakramente wie Taufe, Begräbnis, dazu Aschenweihe und Palmenweihe. Es ist wohl für St. Blasius hergestellt (fol. 48r: *Fratribus in choro sancti Blasii stantibus*), vielleicht aber in Magdeburg entstanden oder nach einer Magdeburger Vorlage kopiert worden. Das Kalendar führt Magdeburger Feste auf; die für jüngere Liturgica ty-

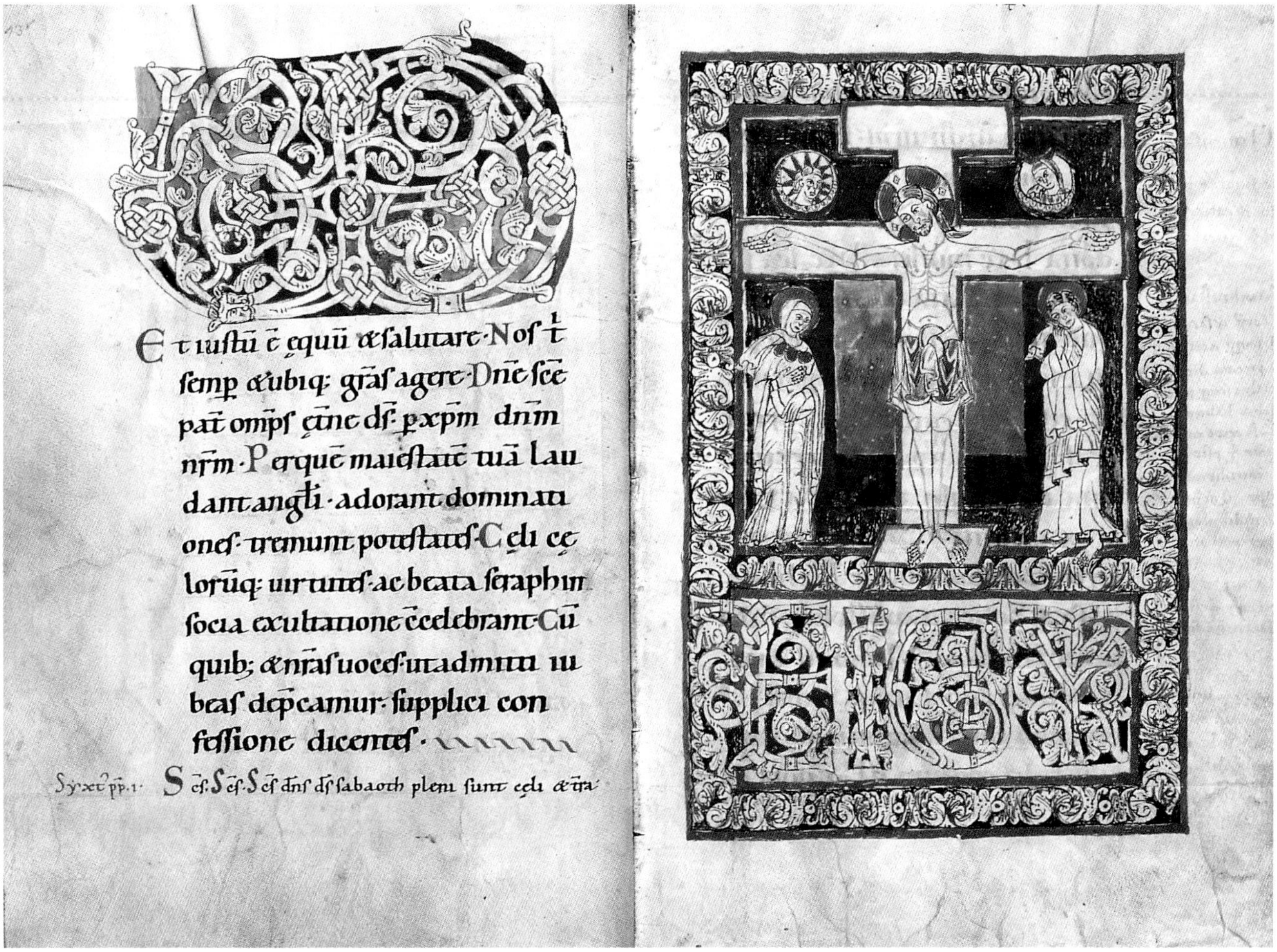

pischen Eigenfeste des Doms und die Hildesheimer Diözesanfeste, welche die liturgische Abhängigkeit von der Hildesheimer Kathedrale erweisen, fehlen noch völlig und sind auch nicht nachgetragen.

An einem kurzen Text dieser Handschrift (fol. 1r) entzündete sich schon früh das wissenschaftliche Interesse und rief Germanisten und Musikwissenschaftler auf den Plan. Er wirft ein Licht auf die liturgische Praxis der Osterliturgie um 1200, denn er ist Teil der lateinischen liturgischen Osterfeier mit kurzen szenischen Angaben und musikalischer Notation. Ihren Inhalt bilden die Ereignisse des Ostermorgens mit dem Kern des Grabbesuchs der drei Marien und ihrem Dialog mit dem Auferstehungsengel am leeren Grab Christi. Damit finden sich auch an der Braunschweiger Stiftskirche St. Blasius Spuren für die Entwicklung des Dramas im Mittelalter, das anfangs ganz auf biblische Stoffe beschränkt, an bestimmte Festtage gebunden und in der Kirche zur Aufführung gebracht wurde. Die Entwicklung zum dramatischen Osterspiel ist aber in diesem Text noch nicht vollzogen.

Der Meßkanon zu Anfang des Codex ist für ein Rituale ungewöhnlich und hat vielleicht auch dazu geführt, in ihm ein Sakramentar zu sehen. Ihm verdankt das Manuskript den einzigen figürlichen und ornamentalen Schmuck, eine handwerklich einfache Arbeit, die im sächsischen Gebiet entstanden ist. Das Kanonbild zeigt wenig plastische Modellierung, alles wirkt sehr flächenhaft. Christus, bärtig, neigt sein Haupt Maria zu. Diese blickt zum Herrn hinauf. Ihr linker Arm fällt entspannt herab, während die rechte Hand auf der Brust ruht. Johannes, gegenüber, stützt das Haupt mit der Rechten. Über dem Querbalken des Kreuzes Sonne und Mond in Medaillons.

Ebenfalls für ein Rituale ungewöhnlich sind die Benediktionsformeln für die Kaltwasserprobe und die Probe mit dem heißen Eisen, die bei mittelalterlichen Gottesurteilen angewendet wurden. Diese Form der Rechtsfindung widersprach eigentlich der nach den Grundsätzen des römischen Rechts gebildeten kirchlichen Rechtsanschauung, war spätestens im 12. Jahrhundert obsolet geworden und wurde auf dem Laterankonzil 1215 verboten.

Braunschweig, Stiftskirche St. Blasius; von der herzoglichen Kammer 1834/1835 an das damalige Landeshauptarchiv abgegeben.

Zimmermann 1879. – Milchsack 1880, S. 24, 47, 49, 51, 53. – von Buch-

D 33

wald 1881. – Zimmermann 1911 (I), S. 42f. mit Taf. 1. – Habicht 1930, S. 10 (Abb. 9), S. 11. – Jansen 1933, S. 108. – Sievers 1936, S. 23. – Kat. Braunschweig 1948. – Kroos 1964, S. 183 (mit Datierung ins 3. Viertel des 12. Jahrhunderts). – Lipphardt 1975–90, Bd. 3, Nr. 543, Bd. 6, S. 472, Bd. 7, S. 429f. (Datierung der Handschrift 12. Jahrhundert; der Osterfeier um 1200).

H. H.

D 33 Missale plenarium aus St. Blasius

Diözese Hildesheim, 4. Viertel 12. Jahrhundert

Pergament – Buchmalerei in Deckfarben – Einband des 15. Jahrhunderts – 242 Blätter – H. 35cm – B. 22cm.

Wolfenbüttel, Niedersächsisches Staatsarchiv, VII B Hs 172

Das Plenarmissale gehört zu einer im 11. Jahrhundert noch recht jungen Gattung liturgischer Bücher und enthält alle feststehenden und wechselnden Texte der Messe für das liturgische Jahr. Es ist etwa zur gleichen Zeit, also im ausgehenden 12. Jahrhundert, wie das Evangeliar Heinrichs des Löwen entstanden. Fraglich ist aber, ob es jemals gemeinsam mit diesem »goldglänzenden« Buch bei gottesdienstlichen Verrichtungen verwendet worden ist. Entstehungsort und Entstehungszeit lassen Fragen offen. Die Feste des Kalendars weisen den Codex dem Hildesheimer Bistum zu, die Schmuckinitiale, die die Texte zum Blasiusfest hervorhebt, mag darauf hinweisen, daß das Buch schon bald für die Blasiuskirche gedacht war. Aber erst Nachträge wie eine Kerzenstiftung für die Johanneskapelle der Stiftskirche (fol. 237v) oder das Formular für das Fest des hl. Thomas Becket bezeugen eindeutig seinen Gebrauch in St. Blasius. Die bisherige Datierung auf das Jahr 1203 aufgrund einer erst später eingefügten Klerikernotiz (*M° CC° III fui promotus in sacerdotem*) ist nicht haltbar; es ist sogar möglich, daß das Buch schon vor 1192, dem Jahr der Kanonisation des hl. Bernward von Hildesheim, geschrieben ist. Denn seine Erwähnung im Kalender mag auch schon auf die Verehrung Bernwards als Confessor im Hildesheimer Bistum zurückzuführen sein. Sie war dem Bistum schon 1150 zugestanden. Im Hildesheimer Ratmann-Missale (vgl. Kat. G 31) wird er daher auch schon 1159 als *Sanctus* genannt.

Das Missale ist eine sorgfältige, gut ausgestattete Gebrauchshandschrift. Wie bei vielen derartigen Büchern der Stiftskirche besteht der Schmuck aus einem Kanonbild und Initialminiaturen zu Beginn des Kirchenjahrs am ersten Advent und den Hauptfesten wie Weihnachten, Ostern, Pfingsten. Als einziges Heiligenfest ist das des hl. Blasius hervorgehoben.

Das Kanonbild (Bd. 2, Abb. 348) geht dem Kernstück der Messe voraus, welches die Wandlung von Brot und Wein mit den Abendmahlsberichten und den Einsetzungsworten enthält. Es stellt ein bedeutendes Beispiel für den byzantinischen Einfluß auf die sächsischen Künstler der Zeit dar. Organisch gebaute, lebendig bewegte Menschen in reich drapierter Gewandung prägen diese Kunst. Ihr ist der Künstler des Kanonbildes verpflichtet, wenn er die Gestalt des Gekreuzigten durch die Kontrapoststellung der Beine in der rechten Hüfte ausschwingen läßt. Malerisch weich ist die Innenzeichnung des Oberkörpers; den Gewändern der anderen Figuren fehlt die bis dahin übliche reiche lineare Faltenzeichnung. Aber auch weitere Akzidentien weisen auf die byzantinische Kunst: der kurze obere Querbalken am Kreuz, das Suppedaneum (Fußbrett), der Hügel unter dem Kreuz und die Pflöcke.

Die elf sieben- bis achtzeiligen Tier- und Rankeninitialen auf goldenem oder blauem Grund mit hellblauen oder hellgrünen Spalten in den Buchstabenleisten gehören zum romanischen Spaltleistentyp. Die Buchstabenkörper werden häufig aus Drachen gebildet (Bd. 2, Abb. 349), welche sich in zu Spiralen eingerollten Ranken fortsetzen und

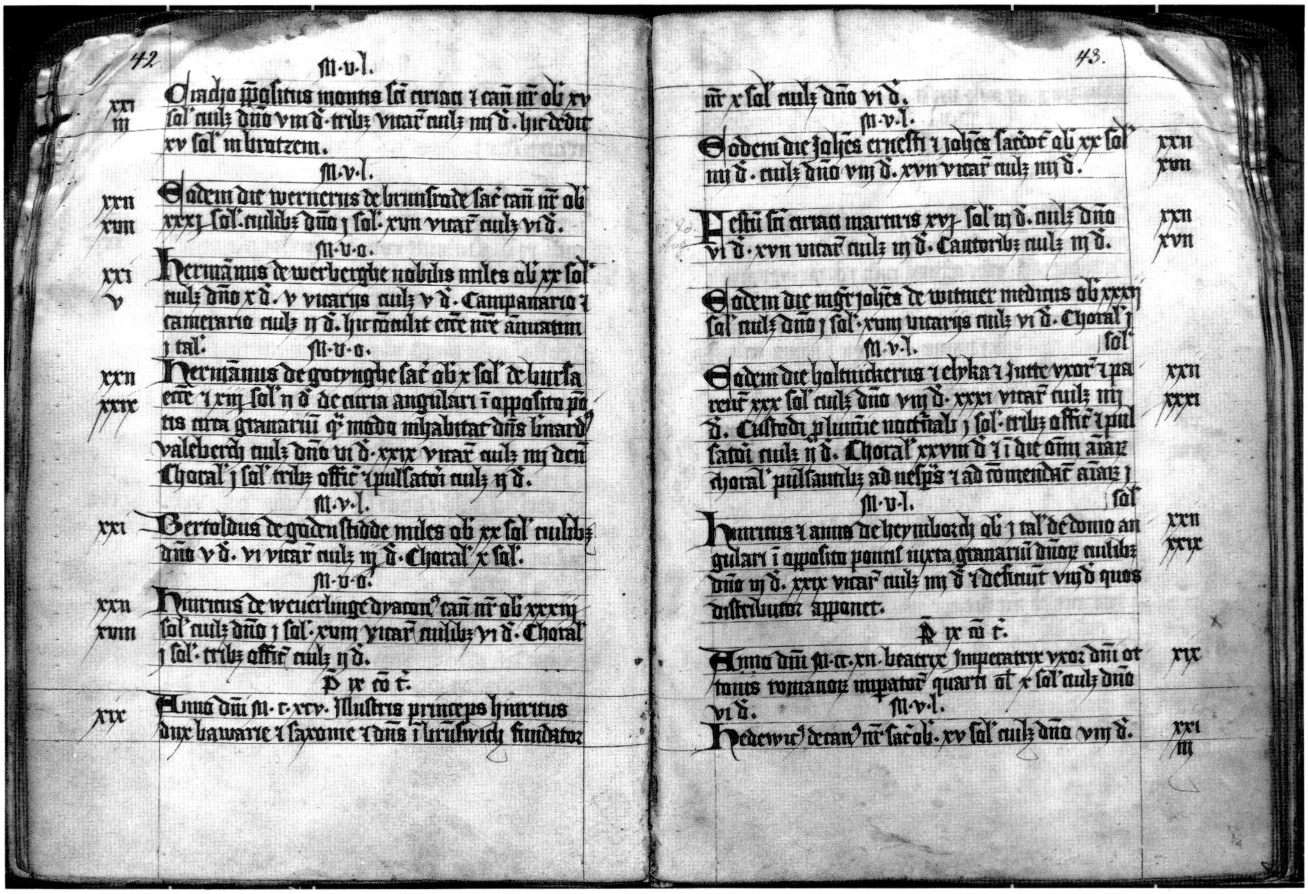

D 34

in muschelförmige, meist gewellte Blätter auslaufen. Beschläge oder Schnallen halten Buchstaben- und Ornamentteile zusammen.

Braunschweig, Stiftskirche St. Blasius; von der herzoglichen Kammer 1834/1835 an das damalige Landeshauptarchiv abgegeben.

Zimmermann 1911 (I), S. 44–45 mit Abb. 3–5. – Lambert 1926, S. 86–87. – Stange 1929, S. 324–325 mit Abb. – Gerhardt 1932, S. 35. – Härting 1963, S. 26 – 28, 58–59, 80–82.

H.H.

D 34 Memorien- und Festregister des Blasiusstifts in Braunschweig

Braunschweig, um 1400

Pergament – Einband: mit rotem Leder überzogener Holzdeckel aus dem 15. Jahrhundert; auf der Vorderseite Lederschnitt in Rautenform; Schließen nicht erhalten; Brandschaden an der oberen rechten Ecke – 76 gezählte beschriebene Seiten – H. 24,5 cm – B. 19 cm.

Wolfenbüttel, Niedersächsisches Staatsarchiv, VII B Hs 165

Das Register zeigt die Folge der Feste und Feiern des Totengedächtnisses im Ablauf eines Jahres, die im Braunschweiger Blasiusstift begangen wurden. Es sind 64 Kirchenfeste und über 300 Memorien auf der Grundlage älterer Vorlagen verzeichnet, wobei bei den Memorien die Tagesdaten in der Regel fehlen. Dem Urheber der Aufzeichnung kam es darauf an, die Anwesenheitsgelder und sonstigen Leistungen, die den Stiftsherren und Vikaren, auch Offizianten und Chorschülern zustanden, genau zu notieren. Unter den eingetragenen Personen, derer in der Stiftskirche gedacht wird, sind neben den Angehörigen des Adels, der Bürgerfamilien und den kirchlichen Würdenträgern besonders die Patrone des Stifts, die welfischen Herzöge, hervorzuheben. Es erscheinen die führenden Vertreter der welfischen Familie und ihre braunschweigischen Besitzvorgänger über Kaiser Lothar III. und seine Gemahlin Richenza bis hin zu den brunonischen Grafen und den sagenhaften Gründern Braunschweigs, Dankward und Brun, aufgeführt. Die welfische Memorialtradition in St. Blasius ist ganz auf Braunschweig konzentriert, die frühen süddeutschen Welfen sind ausgeblendet. Heinrich der Löwe wird als Gründer des Blasiusstifts angesehen (pag. 42 f.).

Dürre 1886. – Döll 1967, S. 222 ff. – Schneidmüller 1992, S. 79 ff.

U. Schw.

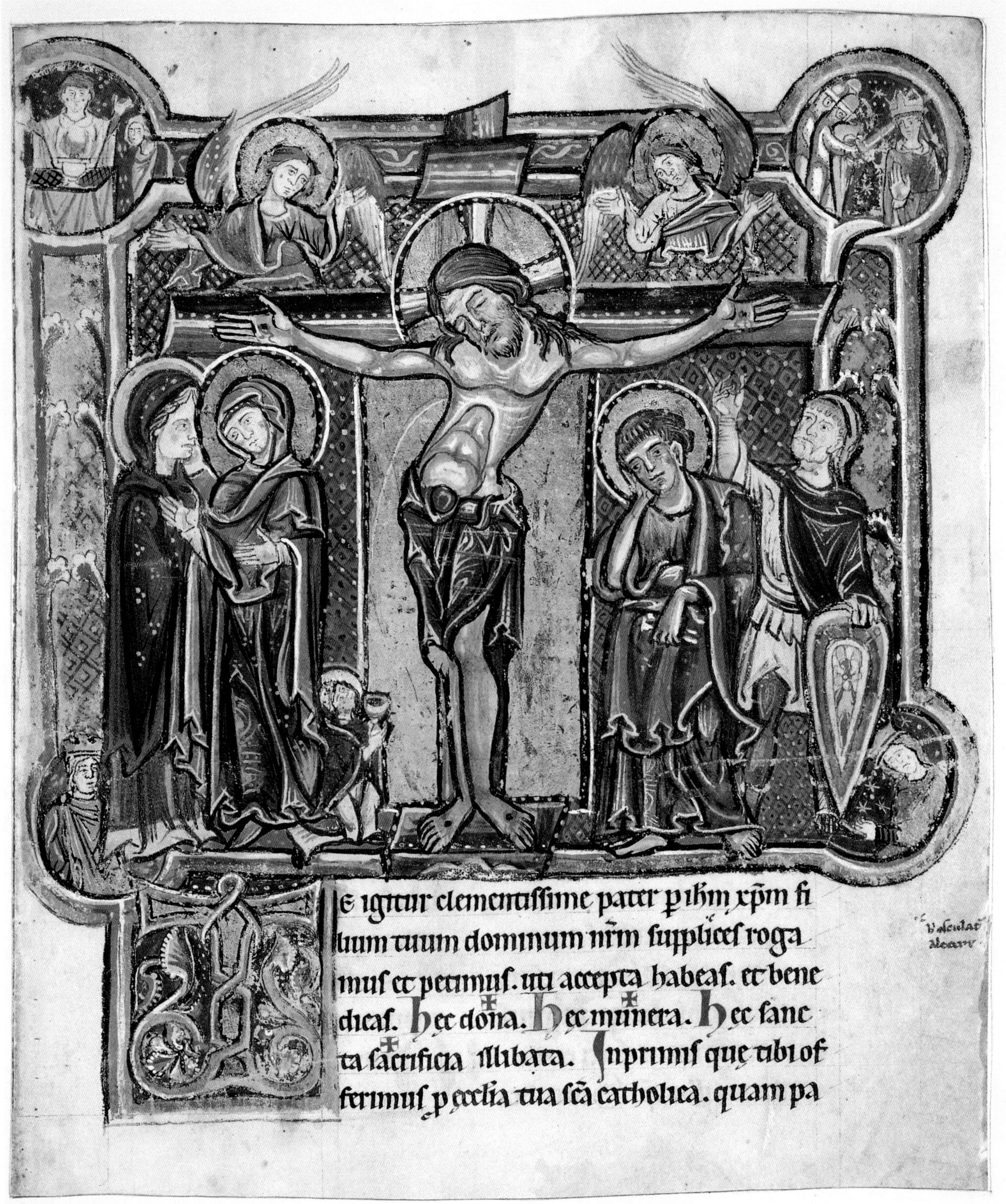

D 35 Einzelblatt aus einem Missale

Wohl Westfalen, gegen Mitte 13. Jahrhundert
Pergament – Buchmalerei in Deckfarben – H. 25 cm – B. 21 cm.
Cambridge, Fitzwilliam Museum, Marlay Bequest, Cuttings no. 21 (G 1)

Das weitgehend unbearbeitete Kanonbild mit der Kreuzigung zeigt als außergewöhnliche Nebenszene die Ermordung des Erzbischofs Thomas Becket im Eckmedaillon oben rechts. In den weiteren Eckfeldern erscheinen außer-

potens eterne ds. P. xpm dnm nrm. Per que maiestatem tuam
laudant angli. adorant dnationes tremunt potestates. Celi celoru
q; uirtutes. ac beata seraphyn. socia exultatione concelebrant. Cu
quib; 7 nras uoces. ut admitti iubeas depcamur. supplici confes
sione dicentes. Sanctus scs scs dns ds sabaoth. pleni st celi 7 terra gla t.
36

dem ein zelebrierender Priester – vielleicht der Märtyrer selbst – sowie unten die Halbfiguren von Ecclesia und Synagoge. Bei der Kreuzigung können die eng beieinanderstehenden Frauen, der zum Kruzifixus weisende Centurio sowie eine kleine nimbierte, am Kreuzfuß kniende Frauengestalt als spezielle Motive gelten. Die Assistenzfiguren gehören zu dem figurreichen Bildtypus der sogenannten historischen Kreuzigung, die vor allem im zweiten Viertel des 13. Jahrhunderts in sächsischer und westfälischer Malerei beliebt war. Der Hauptmann mit seiner eigentümlichen Geste, seiner altertümlichen Kriegstracht und dem Schild findet seinen nächsten Verwandten in einer Soester Tafelmalerei um 1230/40 (Berlin, Staatliche Museen – Preußischer Kulturbesitz, Gemäldegalerie, Inv. Nr. 1216 A).

Das kleine Figürchen, das mit einem Kelch den Blutstrahl aus der Seitenwunde Christi auffängt, wirft jedoch Probleme auf. Der Nimbus und die heilige Handlung verbieten es, darin eine Stifterfigur zu erkennen. Jedoch bestehen Übereinstimmungen mit wohl zisterziensisch geprägten Kreuzigungsdarstellungen, bei denen in entsprechender Position und Größe Tugendallegorien Christus ans Kreuz nageln (Düsseldorf, Landesbibliothek, Hs. B 31). Vereinzelt hält eine der Tugenden auch den Kelch für das Blut (Oxford, Keble College, Ms. 49). In diesem Kontext erscheinen ebenso Ecclesia und Synagoge als Beifiguren. Die durch Kronenattribut bzw. den gebeugten Kopf hinlänglich gekennzeichneten Halbfiguren des Kanonbildes scheinen also aus dem gleichen Zusammenhang wie das kniende Figürchen zu stammen. Hier wären demnach Motive eines mystisch geprägten Kreuzigungsbildes mit denen einer historischen Szene kombiniert worden. Die recht unbeholfene formale und thematische Erscheinung spricht für eine lokal gebundene Arbeit.

Die Meßfeier und das Martyrium des Thomas Becket setzen die Kenntnis der schon frühzeitig mit kleinteiligen Bildern illustrierten Berichte des Geschehens voraus (London, British Library, Ms. Cotton Claudius B 11). Die Darstellung läßt auf eine entsprechende Verehrung schließen. Niederdeutsches Zentrum des Becket-Kults war zweifelsfrei das Blasiusstift in Braunschweig. Doch auch im zisterziensischen Bereich hatte die Verehrung eine gewisse Bedeutung, z.B. in dem 1185 eingerichteten Frauenkloster St. Thomas in der Eifel, dessen Klosterkirche 1222 geweiht wurde. Weiterhin ließ sich in dem schon 1173 kanonisierten englischen Erzbischof ein Vorläufer des 1225 ermordeten Erzbischofs Engelbert von Köln sehen. Diese Tat löste gerade in Westfalen eine Gründungswelle von Zisterzienserinnenklöstern aus.

In die gleiche Richtung weist die stilistische Betrachtung. Die weichen, teilweise etwas teigigen Figuren, denen an einigen Partien noch die gratigen, mit hellen Konturen nachgezogenen Motive des Zackenstils anhaften, finden ihre nächste Parallele in der Bibel des westfälischen Zisterzienserklosters Bredelar (Darmstadt, Hessische Landesbibliothek Hs. 824). Das Kanonbild dürfte also im Bereich eines niederdeutschen, wohl westfälischen zisterziensischen Klosters entstanden sein, das möglicherweise erst kurz zuvor gegründet worden war.

Paris, Sammlung Gélis-Didot; Marlay Bequest; von da 1912 ins Museum.

Swarzenski 1936. – Wormald/Giles 1966, Nr. 21.

B.K.

D 36 Missale

Diözese Hildesheim, um 1235–1240

Pergament – Buchmalerei in Deckfarben – 281 Blätter – H. 38 cm – B. 26,5 cm.

Hannover, Kestner-Museum, Inv. Nr. 3928

Die Handschrift bildet das wichtigste Zeugnis für die Ausstattung des Blasiusstifts im 13. Jahrhundert mit liturgischen Handschriften. Ihren frühzeitigen Gebrauch ebenda belegen der zeitgenössische Besitzeintrag *Liber sancti Iohannis baptiste et sancti Blasii beatique Thome in Bruneswic* sowie auch verschiedene Nachträge zu den Festen der Braunschweiger Stiftspatrone Blasius und Thomas Becket. Den paläographischen und hagiographischen Indizien zufolge kann das Missale aber nicht von vornherein für das Blasiusstift bestimmt gewesen sein und dürfte deshalb wohl auch nicht aus Braunschweig selbst stammen.

Die durchaus nicht reiche, aber qualitätvolle illuminatorische Ausstattung mit einem fast ganzseitigen Kanonbild und elf kleineren Schmuckinitialen weist – in Einklang mit textlichen Merkmalen – auf eine Gruppe von Buchmalereien, die wohl in einem Hildesheimer Scriptorium entstanden ist. So findet die Kreuzigungsszene mit Maria und Johannes sowie zwei adorierenden Engelsbüsten die beste Vergleichsmöglichkeit in einem dort lokalisierten Psalterium, das in die Zeit kurz nach 1235 datiert wird (bisher: Donaueschingen, Fürstlich Fürstenbergische Hofbibliothek, Ms. 309, fols. 39r, 185v). Einer der drei beteiligten Maler zeigt eine ganz entsprechende kleinteilige Splittrigkeit der Gewänder, die selbst im Rahmen des in ganz Sachsen herrschenden Zackenstils in dieser leicht exaltierten Variante nur bei wenigen Werken zu finden ist. Das Kreuzigungsbild des Missales überrascht außerdem mit einer ausgesprochen kräftigen und stark kontrastierenden Kolorierung in Weiß, Blau, Rot und Grün.

Bei den Schmuckinitialen treten innerhalb der vielfach verflochtenen Rankenspiralfüllungen Motive auf, die schon in einigen Handschriften ›der spätesten Helmars-

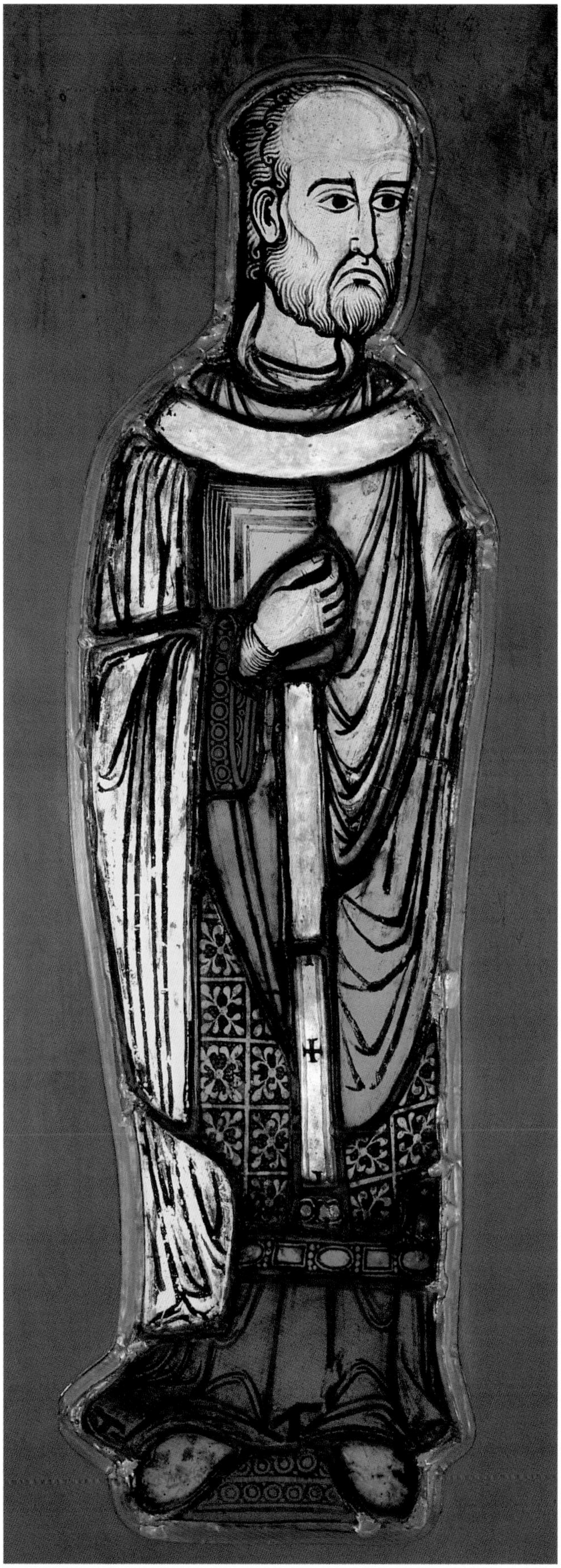

a

D 37b

D 37c

hausener Gruppe‹ (G 122 u. G 124) um 1190 aus dem in Paris ausgebildeten Buchkunststil übernommen worden waren. So zeigen mehrere Initialen (fol. 5r, 138r, 192r) die bekannten Drachen, Tierköpfe und Hunde, andere Initialen zu Ostern (fol. 118r, 145v, 158r) eine Variation der großflächigen Oktopusblätter. Diese speziellen Formen scheinen gerade in dem Kerngebiet Hildesheim – Braunschweig – Goslar (Trier, Domschatz Hs. 141; Oxford, Bodl. Libr., Ms. lat. liturg. e.1; Kat. F 14; Wien, Österreichische Nationalbibliothek Ms. S. n. 12760; Goslarer Evangeliar) um 1230–1250 eine Neubelebung erfahren zu haben.
Da das Missale dem Charakter der ortsbezogenen Nachträge zufolge schon bald nach seiner Vollendung im Blasiusstift benutzt wurde, dürfte es auf Bestellung oder als Ankauf nach Braunschweig gelangt sein. Der in dem Hildesheimer Scriptorium ausgeprägte Stil läßt sich wenig später auch in Braunschweig fassen, wie in einem um 1240 zu datierenden, in Braunschweig überlieferten Evangelistar (Kat. F 14). Der von auswärts in das Stift gelangte Codex und die wohl am Ort entstandene Handschrift repräsentieren gemeinsam den Stand heimischer Buchmalerei zur Zeit der umfassenden Ausgestaltung der Braunschweiger Stiftskirche mit Monumentalmalereien.

Braunschweig, St. Blasiusstift; um 1850 in Hannover, Sammlung Culemann; 1886 Erwerbung durch die Stadt Hannover.

Härting 1963, S. 41–44, 71–73, 84. – Kroos 1964, bes. S. 110, 114f., 118f., 186. – Kroos 1972, S.124, 133. – Härtel (in Vorbereitung).

B.K.

D 37 Glasgemälde aus der ehemaligen Stiftskirche St. Blasius

Braunschweig (?), um 1180

Schwarzlotmalerei auf Farbglas; Bleinetz – a) Figur ohne Mitra: linke Hand fehlt, unterer linker Teil und gesamter rechter Teil der Kasel, unteres Ende des Palliums sowie Standfläche ergänzt; b) Figur mit Mitra: rechte Hand und Fußpartie fehlen, rechts unten Dalmatika ergänzt, im Pallium Schwarzlotverluste; mittleres Dreieck in der Mitra und rechtes äußeres Teil der Kasel 1971 ergänzt; c) Palmettenborte: Ergänzungen von 1971 und früher – a) H. 64cm – B. 18cm; b) H. 53cm – B. 17cm; c) H. 106cm – B. 14cm.

Braunschweig, Herzog Anton Ulrich-Museum, Inv. Nr. 237–239

Wie in der Chronik des Gerhard von Steterburg überliefert wird, hatte Heinrich der Löwe die seit 1173 neu errichtete Kirche seiner Residenz auch mit Glasfenstern schmücken lassen. Da die drei Fragmente bei der Restaurierung des Doms 1876–1881 in den nördlichen Obergadenfenstern gefunden wurden, liegt es nahe, sie mit dieser Stiftung zu verbinden.
Sowohl der Gesichtstypus als auch die liturgischen Gewänder der beiden Gestalten erinnern an die Darstellung der Heiligen Blasius und Aegidius im Widmungsbild des Evangeliars (Kat. D 31), das vor 1188 im Helmarshausener Scriptorium für den Marienaltar der Braunschweiger Stiftskirche angefertigt wurde. Von hier scheinen auch Details wie die Form der Mitra mit dem goldenen *circulum* und die Stoffmuster, die sich in den feinen Vermiculé-Ornamenten der Handschrift finden, entlehnt zu sein. Offensichtlich haben die Glasmaler eine dem Widmungsbild vergleichbare Unterscheidung für Rang und Würde der beiden Heiligen vorgenommen: Man möchte in der Gestalt ohne Mitra und mit kahler Stirn, bekleidet mit grüner Dalmatika über dem purpurvioletten Mönchsgewand und gelb-violetter Kasel mit aufgenähter Schmuckborte, die erst in späterer Zeit zu einem Pallium wurde, den hl. Aegidius als Abt erkennen. In der rechten Hand hält er ein Buch, vielleicht als Hinweis auf die Ordensregel. Aegidius war Patron des Braunschweiger Benediktinerklosters, das die brunonische Gräfin Gertrud, eine Vorfahrin des Löwenherzogs, gestiftet hatte.
Mitra, Pallium, weiße Albe und Manipel des hl. Blasius, legendärer Bischof von Sebaste, demonstrieren zumindest die größere Verehrung, die man ihm in der Familie des Welfen entgegenbrachte. Bemerkenswert, wenn auch bei Darstellungen bedeutender heiliger Bischöfe nicht ganz ungewöhnlich, ist die Tatsache, daß Blasius als Bischof das Pallium trägt, welches, vom Papst verliehen, bis auf wenige Ausnahmen allein den Erzbischöfen vorbehalten war.
Freilich ist der Zusammenhang, aus dem die beiden Gestalten gerissen wurden, nicht mehr zu rekonstruieren. Ihre Haltung läßt darauf schließen, daß sie in den weggebrochenen Händen die Krummstäbe hielten und – wenn sie sich nicht als Pendantfiguren einander zuneigten – auf eine Mitte bezogen waren. Vergleichbare Darstellungen sind aus der zeitgenössischen Buchmalerei bekannt. Vielleicht standen dem Glasmaler auch Vorlagen aus einem Scriptorium zur Verfügung.
Wahrscheinlich waren die Darstellungen von der Palmettenborte gerahmt, die mit ihren vegetabilen und geometri-

schen Motiven sowie den diamantierten Blattformen in der Ornamentik romanischer Kunst geläufig ist.
Stilistisch weisen die Glasmalereien mit den parallelen Falten, die zu Dreiecken umbrechen und sich dort in Kontur und Schattierung verdichten, sowie mit dem wellenförmigen Gewandsaum, dessen Stauchung nur schematisch durch dreieck- und pfeilerförmige Falten angedeutet ist, am ehesten auf die Stilstufe des Evangeliars. Allerdings ist die Sprache des Glasmalers einfacher, spannungsloser. Es fehlen die ornamentalen Faltenwirbel; und die gemusterten Stoffe werden nicht von Faltenzügen durchsetzt, so daß die Dalmatika wie ein Brett auf dem Körper liegt. Unter den wenigen erhaltenen Glasmalereien der zweiten Hälfte des 12. Jahrhunderts könnte man – wegen der Verunklärung durch Restaurierung mit aller Vorsicht – sowohl in einigen Köpfen als auch in der Gewandzeichnung der Verglasung von St. Patrokli in Soest eine Vorstufe zu den Braunschweiger Fragmenten sehen. Jedoch bleibt eine Einordnung und Lokalisierung mangels erhaltener niedersächsischer Glasmalerei der Zeit schwierig.

Habicht 1943, S. 14. – Kat. Stuttgart 1977, 1, Nr. 415 (Rüdiger Becksmann). – Kat. Braunschweig 1985, 2, Nr. 1019 (Ulf-Dietrich Korn), 4, S. 486f. mit Abb. S. 503 (Norbert Koch).

M. Bö.

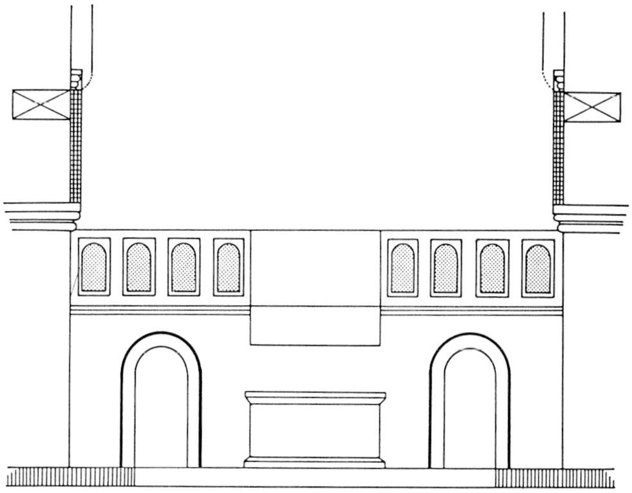

Fredelsloh, St. Blasii, Lettnerrekonstruktion

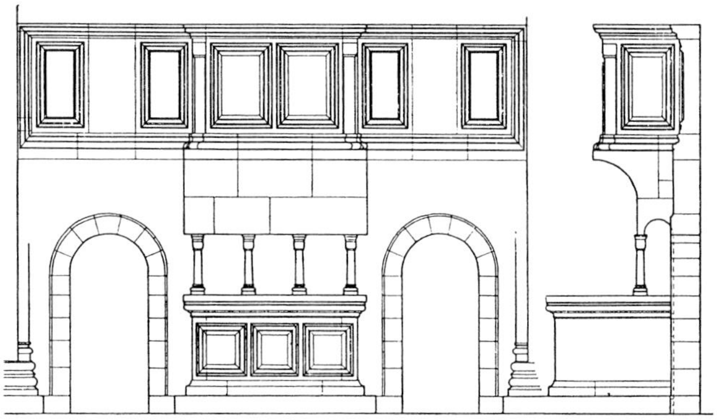

Goslar, St. Simon und Juda, Lettnerrekonstruktion

D 38 Fragmente, angeblich von Lettner oder Chorschranken der ehemaligen Stiftskirche St. Blasius

Braunschweig, um 1175/80

Muschelkalk – (a) die neuzeitliche Vermauerung im Museum läßt eine Analyse der Bearbeitung nicht mehr zu; (b) ausgestemmtes Mauerstück, unten glatt bearbeitet, sonst mit unregelmäßigen Bruchkanten – (a) H. 14 cm – B. 83 cm – T. 18 cm – (b) H. 12 cm – B. 55 cm – T. 22 cm.

Braunschweig, Braunschweigisches Landesmuseum, Inv. Nr. VMB 5580e (a) und VMB 5580g (b)

Bei den Stücken handelt es sich um Teile des oberen und unteren Abschlusses der Verkleidung einer Mauer oder eines Mauerabschnitts, vielleicht um Einfassungen von Bildfeldern, von denen sich aber keine weiteren Reste erhalten haben. Sie gemäß der Überlieferung als Relikte des Lettners oder der Chorschranken aus St. Blasius zu bezeichnen, muß allerdings Hypothese bleiben. Für das sorgfältig gearbeitete Ornament findet sich motivisch wie stilistisch nächst Verwandtes in der Bauplastik der Stiftskirche von Königslutter, am Fries des Hauptchores außen sowie an den Kapitellen des nördlichen Kreuzgangflügels. Während ansonsten der Bauschmuck der Braunschweiger Kirche ganz zurückhaltend bleibt, entfaltet sich an den Fragmenten reicher Dekor in hoher Qualität: Die beiden Eckstücke, ein Palmettenfries mit Astragal und das von Wulstrahmen eingefaßte, aus fleischigen, radial gestellten

D 38a

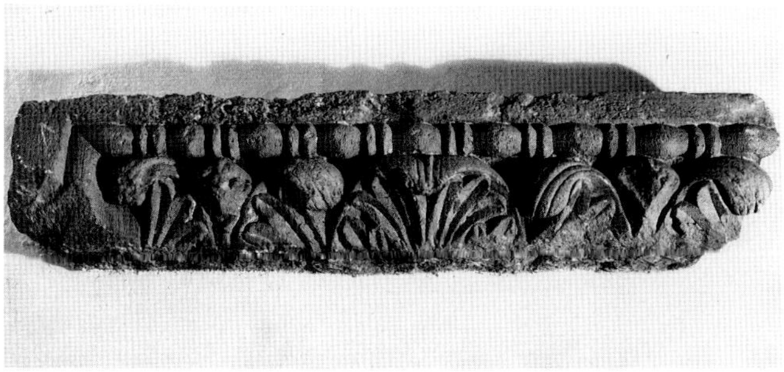

D 38b

diamantierten Muschelblättern gebildete Blütenornament könnten durchaus zur angemessenen Ausstattung des liturgischen Chors gehört haben. Doch selbst wenn sich eine Provenienz aus dem Sanctuarium der von Heinrich dem Löwen errichteten Kirche sichern ließe, wäre es unmöglich aus ihnen allein die Gesamtanlage der Chorabschrankung wiederherzustellen. Auch Quellen geben über ihr Aussehen nur ungenügende Auskunft. Im 14. Jahrhundert wird des öfteren ein *lumen in ambone* erwähnt (Dürre 1886, passim), und Rehtmeyer spricht von einer Kanzel, die Rudolf August 1687 vor dem Chor entfernen ließ (Rehtmeyer 1707–1720, Teil 1, S. 110). Als weitere Hilfe für die Rekonstruktion müssen deshalb die wenigen, oft ebenfalls nur erschließbaren entsprechenden Einbauten in Kirchen des 12. und frühen 13. Jahrhunderts aus der Umgebung herangezogen werden. Insbesondere kommen hierfür die nach dem Lettner der Goslarer Neuwerkkirche rückzuerschließenden Anlagen der dortigen Stiftskirche St. Simon und Juda sowie die zeitlich vielleicht noch früher anzusetzende der Fredelsloher Stiftskirche in Betracht, welche konkrete Anhaltspunkte für Braunschweig liefern (siehe Abb.) (vgl. Kirchner-Doberer 1946, S. 32 u. 39–43; Appuhn 1963, S. 31, Textabb. 5; Gramatzki 1972, S. 191–198). Über einer zwischen den westlichen Vierungspfeilern eingespannten Wand mit dem in der Mitte davor plazierten Kreuzaltar und seitlichen Durchgängen erhob sich in Goslar eine Brüstungsmauer, deren mittlerer Teil, rechteckig vorkragend, auf einer durch Säulen gestützten Halbtonne ruhte. An anderen Orten – etwa kurze Zeit später im Kölner Dom oder dann in Wechselburg – wurde dieser Ambo zusätzlich von zwei in den Raum gestellten Stützen getragen, so daß den Kreuzaltar eine Ziboriumsarchitektur überfing. Im Unterschied zu den angeführten niedersächsischen Anlagen bildete die der Braunschweiger Stiftskirche gleichzeitig – wie in St. Michael zu Hildesheim – den Abschluß der Krypta; durch die seitlichen Türen gelangte man über Treppen in die Unterkirche. Der Lettner war demnach in seiner ganzen Breite vom Chor aus begehbar. Um die Gesimshöhe seiner Brüstungsmauer auf etwa gleiches Niveau wie die ca. 2 Meter hohen seitlichen Schranken zu bringen, lag sein Fußbodenniveau vielleicht – wie das des Naumburger Ostlettners – einige Stufen über dem des Chores.

Kluckhohn 1938/39, S. 552f. – Kluckhohn 1955, S. 52. – Dorn 1978, S. 11 u. 222.

K.Ni.

D 39 Urkunde Heinrichs, Herzog von Sachsen und Pfalzgraf bei Rhein (*1173, †1227), für das Stift St. Blasius in Braunschweig mit Bestätigung der Stiftung des Marienaltars

Urkunde: 1223 – Typar: vor 1212 (1209 ?)

Pergament – H. 27,9 cm – B. 21,4 cm – Umbug 2,5 cm – Siegel aus braunem Wachs an roten Seidenfäden – Dm. 8,2 cm.

Wolfenbüttel, Niedersächsisches Staatsarchiv, 7 Urk 16

Pfalzgraf Heinrich bestätigt die Stiftung des Marienaltars (Kat. D 26) in der Stiftskirche St. Blasius zu Braunschweig und die darüber erteilten Statuten. In der Intitulatio der Urkunde bezeichnet sich der Pfalzgraf auch als Reichslegat – *sacri imperii legatus*. Diesen Titel führte Heinrich bisweilen, seit er anläßlich der Übergabe der Reichskleinodien an Kaiser Friedrich II. im Jahre 1219 mit dem Reichsverweseramt nördlich des Mains beauftragt worden war. Während auf der im Altar selbst verborgenen Weiheurkunde Heinrich der Löwe und seine Frau Mathilde als Stifter genannt werden, bezeichnet der Pfalzgraf seine Mutter als alleinige Stifterin und erwähnt lediglich den väterlichen Konsens. Offenbar war 35 Jahre nach Errichtung des Altars eher die Initiative der verstorbenen Herzogin denn die tatsächliche Rechtshandlung von Bedeutung und in Erinnerung geblieben. Der Marienaltar wurde inmitten des Chores der Kirche – *in medio choro beati Blasii* – aufgestellt und von der Stifterin mit dem Besitz der Kirche im Dorf Deersheim dotiert. Die Rechtshandlung des Pfalzgrafen bezeugen neben dem Dekan Herwig zehn weitere namentlich genannte Kanoniker des Stifts sowie acht Ministerialen. An der Urkunde hängt eine Ausprägung des dritten Typars des Pfalzgrafen (siehe Kat. D 40).

Archiv des Stifts St. Blasius in Braunschweig.

Origines Guelficae, Bd. 3, S. 676f. – UB Stadt Braunschweig 2, S. 22 (Regest).

von Heinemann 1882. – MGH UU HdL, Nr. 121. – Möller 1967. – Döll 1967, S. 174 und 206. – Jordan 1981, S. 131ff. – Pischke 1987, S. 6, Nr. 17.

C.P.H.

D 40 Urkunde Heinrichs, Herzog von Sachsen und Pfalzgraf bei Rhein (*1173, †1227), für die Stiftskirche St. Blasius über die Stiftung des Bartholomäusaltars mit Siegel, Typ III

Braunschweig 1222 (August 24 ?) – Typar: 1209–1212

Pergament – H. 16,6cm – B. 36,3cm – Umbug 2,4cm – Siegel aus braunem Wachs an roten und braunen Seidenfäden – restauriert – Dm. 8,2cm.

Wolfenbüttel, Niedersächsisches Staatsarchiv, 7 Urk 15

Pfalzgraf Heinrich veranlaßte im Jahr 1226 die Aufnahme des hl. Thomas Becket (vgl. Kat. D 117) als Mitpatron der Stiftskirche St. Blasius in Braunschweig und ihre Schlußweihe, aus welchem Anlaß er möglicherweise das Büsten-Reliquiar des hl. Blasius stiftete. In der vorliegenden Urkunde nun offenbart Heinrich, daß er in der Mitte der Kirche St. Blasius einen Altar zu Ehren des Apostels Bartholomäus errichten ließ – *in medio ecclesie beati Blasii Bruneswic altare in honore beati Bartolomei Apostoli fieri iussimus*. Dies testieren der Stiftsdekan Herwig (von Uetze), die Grafen Siegfried von Blankenburg, Heinrich von Wohldenberg und Heinrich von Schladen sowie der Truchseß Jordan (von Blankenburg), der Marschall Wilhelm (von Volkmarode), Bertram von Veltheim, Balduin von Dahlum und Vogt Balduin der Jüngere (von Dahlum). Zwar weist das Dokument kein Tagesdatum auf, doch dürften Altarweihe und Beurkundung am Tag des hl. Bartholomäus erfolgt sein. Die Verehrung des hl. Bartholomäus durch das welfische Fürstenhaus geht schon auf

Herzog Heinrich den Löwen zurück, der das Bartholomäus-Armreliquiar des Welfenschatzes stiftete und in dessen Evangeliar (Kat. D 31) der Heilige gemeinsam mit der Gottesmutter Maria und Johannes dem Täufer das Widmungsbild beherrscht. An der Urkunde hängt eine Ausprägung des dritten Typars des Pfalzgrafen mit der Umschrift + HENRICVS D(e)I GR(ati)A DVX SAXONIE . PALATINIS . COMES . RENI (Heinrich von Gottes Gnaden Herzog von Sachsen und Pfalzgraf bei Rhein). Es zeigt den Pfalzgrafen auf einem nach links galoppierenden Pferd, das der Stempelschneider gut proportioniert wiedergegeben hat; Sattel, Zaumzeug und Steigbügel sind im Detail erkennbar. Der Reiter trägt ein Kettenhemd und darüber einen Waffenrock mit Faltenwurf. Seinen Kopf hat er mit einem geschlossenen Helm geschützt. In der Linken schwingt der Pfalzgraf ein großes blankes Schwert, während er in seinen ersten beiden Siegeln (Kat. E 22 u. E 23) noch eine Fahne gehalten hatte. Vielleicht steht dies in Zusammenhang mit der erstmals im Jahre 1209 erfolgten Übertragung des Reichsverweseramtes an Pfalzgraf Heinrich. Im rechten Arm hält er einen oben abgerundeten Schild, auf dem mit zwei übereinanderstehenden Leoparden das Wappenbild der welfischen Herzöge zu sehen ist. Sehr wahrscheinlich wurde er nach seinem Tod am 28. April 1227 westlich des von ihm gestifteten Altars beigesetzt.

Archiv des Stifts St. Blasius in Braunschweig.

Origines Guelficae, Bd. 3, S. 693. – UB Stadt Braunschweig 2, S. 22 (Regest).

von Heinemann 1882. – Schmidt-Phiseldeck 1882, Siegel Nr. 10, S. 2. – Döll 1967, S. 172. – Schneidmüller 1985, S. 257–265. – Fenske 1985, S. 94f. und S. 156f. mit Abb. 2. – Niehr 1992, S. 181f. – Hasse 1995 (im Druck).

C.P.H.

D 41 Siegel des Stifts St. Blasius in Braunschweig, Typ I

Braunschweig, 1203

An Zwirnsfäden angehängtes Siegel aus braunem Wachs – gebrochen, neu zusammengefügt, Rand ergänzt, Rückseite verstärkt, Versprödung gefestigt – Dm. 6,7 cm (7,4 cm).

Wolfenbüttel, Niedersächsisches Staatsarchiv, 7 Urk 5

Umschrift: + SCS BLAS IUS IN BRUN ES WICH
Hinter dem Rund einer geschlossenen Stadtmauer erscheint der hl. Blasius, das Haupt von einem Nimbus umgeben, beide Hände segnend erhoben. Der Heilige trägt Kasel, Pallium und Kreuz sowie den Hirtenstab, doch keine Mitra. Zwei Türme mit auffallenden, offenen Geschossen begrenzen das Siegelbild. Die durch die Mauer kürzelhaft dargestellte Stadt, in der der Heilige residiert und als segensreich wirkend verstanden wurde, ist durch die Umschrift als Braunschweig zu identifizieren.
Das Siegel trägt das Bild eines der Hauptpatrone des Stifts. Blasius, Bischof von Sebaste in Kappadokien (Armenien), wurde nach der Legende unter Kaiser Diokletian nach langem Martyrium enthauptet. Am 3. Februar wird den Gläubigen der sogenannte Blasiussegen gegen Halsbeschwerden erteilt.
Die strenge Frontalität der Darstellung und der Segensgestus mit den flach erhobenen Händen entspricht der Tradition bei Konventssiegeln dieser Zeit.
Dieses Stiftssiegel wurde in der Anfangszeit der Regierung des Dekans Herwicus eingeführt und ist auf der vorliegenden Urkunde zum ersten Mal überliefert. Ältere Siegel und Typare vom Stift St. Blasius sind nicht bekannt. Das Siegel wurde lediglich vier Jahre geführt, danach fand ein neues Typar Verwendung (Wolfenbüttel, Niedersächsisches Staatsarchiv, 7 Urk 8).

Archiv des Stifts St. Blasius in Braunschweig.

Döll 1967, S. 44 ff. B.M.-K.

D 42 Siegel des Stifts St. Blasius in Braunschweig, Typ II

Braunschweig, 1207

An messingfarbenen Seidenfäden anhängendes, hellbraunes Wachssiegel – Rand und Bruchstelle rechts ergänzt, Rückseite verstärkt, Versprödung gefestigt – Dm. 8,2 cm (9,5 cm).

Wolfenbüttel, Niedersächsisches Staatsarchiv, 7 Urk 8

Umschrift: + SCS IOHA NNES B APT SCS BLASIUS IN BRUNESWICH.
Über der von Türmen gegliederten, zinnenbekrönten Stadtmauer erscheinen zwei Heilige einander zugewandt mit einem Stern zwischen sich. Haupt- und Titelpatrone der von Heinrich dem Löwen neuerrichteten Stiftskirche sind auf dem Siegel dargestellt. Auf der linken Seite steht Blasius, Bischof von Sebaste, in Pontifikalkleidung, mit Kasel, Rationale, Hirtenstab und Mitra, ein Buch haltend. Rechts befindet sich Johannes der Täufer mit langem Haar und Bart, in einen Umhang gehüllt, den Palmzweig in der Hand. Beide Heilige sind durch Nimben ausgezeichnet.
Die Umschrift erläutert, daß die detailreich dargestellte Mauer die Stadt Braunschweig symbolisiert. Die weite

Öffnung ihrer Tore fordert zum Eintreten auf, um sich in den Schutzbereich der beiden Heiligen zu begeben.
Dieses Siegel wurde unter Dekan Herwicus geführt. Mit Ausnahme eines Fragments an einer auf ca. 1236 zu datierenden Urkunde (Niedersächsisches Staatsarchiv Wolfenbüttel, 24 Urk 64) stammt das letzte sichere Beispiel seiner Verwendung aus dem Jahr 1231 (Niedersächsisches Staatsarchiv Wolfenbüttel, 24 Urk 60). Zwischen Typar I und II bestehen deutliche Unterschiede.
Das neue Typar könnte einer gewissen Konkurrenz zu der hohen Wertschätzung, die der hl. Auctor erfuhr, entspringen. In diesen Jahren integrierte man das Benediktinerkloster St. Aegidien in die Stadt, das mit seinem Typar I ein ganz ähnlich gestaltetes Siegel führte. Hatte das nur vier Jahre ältere Siegel von St. Blasius den Heiligen noch allein dargestellt, trat mit Johannes dem Täufer, der ebenfalls stets zu den Patronen des Stifts gezählt hatte, ein weitaus bedeutenderer Heiliger hinzu. Doch auch die liturgische Kleidung von Blasius weist eine deutliche Aufwertung auf. Seit 1236 fand wiederum ein neues Typar Verwendung (Hauptstaatsarchiv Hannover, Or. Hild. Wöltingerode 11, 1236 Juli). Johannes derTäufer steht groß im Zentrum, neben ihm, im Bedeutungsmaßstab deutlich kleiner, Blasius und als dritter Titelheiliger des Stifts der erst 1226 neu hinzugekommene Thomas Becket, Erzbischof von Canterbury.

Archiv des Stifts St. Blasius in Braunschweig.

UB Stadt Braunschweig 4, S. 390, Nachtrag 26 (Regest).

Döll 1967, S. 44 ff. B. M.-K.

D 43 Furniertes Kästchen mit Emailplatte des Evangelisten Matthäus

Kästchen Sizilien, Ende 12. Jahrhundert
Email Köln, um 1170

Kastenkörper Buchenholz; Furnier Eiche (gebeizt) und Spindelholz (Evonymus); Elfenbein, z.T. geschwärzt – Beschläge Rot- und Gelbguß, Spuren von Feuervergoldung; Schloß Eisen; Emailplatte Grubenschmelz auf Kupfer, vergoldet – Kasten: L. 21 cm – B. 9,5 cm – H. 8,8 cm (ohne Füße 5,9 cm) – Email: H. 5,4 cm – B. 8,1 cm.

Braunschweig, Herzog Anton Ulrich-Museum, Inv. Nr. MA 352

Das Braunschweiger Kästchen gehört, nach seiner Technik zu urteilen (Konstruktion, Holzmosaik, Beschläge), zu einer Reihe von zehn Kästchen, einem Tragaltar, einem Wachstafelbüchlein und zwei Fragmenten, die sich in Kirchenschätzen in Gandersheim, Essen, Quedlinburg, Hal-

D 43

berstadt (3 Stücke), Paderborn und einigen Museen erhalten haben. Es entstammt dem Schatz der Braunschweiger Stiftskirche St. Blasius. Schon eine Beschreibung im ersten Inventar des Doms von 1482 (Kat. D 47) ist damit in Verbindung zu bringen.

Vier Füßchen in Menschenfußgestalt aus (ehemals vergoldetem) Gelbguß (das hintere rechte ergänzt) tragen einen niedrigen querrechteckigen Kasten. Der Kastenkörper aus bis zu 6 Millimeter dicken, stumpf aneinander stoßenden und verdübelten Buchenholzbrettchen wurde nach dem Zusammenbau mit einem bis zu 3 Millimeter starken Holzmosaik belegt. Dieses besteht aus ca. 1 Millimeter breiten, in der Längsrichtung liegenden, dunkel gebeizten Eichenholzstreifen, zwischen denen jeweils ein dünner Span des Spindelholzes liegt. Beide Späne sind in Gegenrichtung eingeschnitten und zu einem Mosaik von sehr feiner Wirkung ineinandergeschoben.

Nach früheren Vermutungen über arabischen Einfluß hat die Forschung diese Holzmosaikkästchen im 20. Jahrhundert dem niedersächsisch-westfälischen Raum zugeschrieben. Erst jüngst wurde die frühere Vermutung aufgegriffen und konnte überzeugend die siculo-arabische Herkunft nachgewiesen werden (Himmelheber 1994). Diese Holzmosaikarbeiten wurden wie die bekannteren und fast in jedem mittelalterlichen Kirchenschatz nachweisbaren Elfenbeinkästchen in den arabischen Werkstätten des unter normannischer Herrschaft stehenden Sizilien im ausgehenden 12. und 13. Jahrhundert für den europäischen Markt produziert.

Das Braunschweiger Kästchen trägt in der Mitte des Deckels eine in Grubenschmelztechnik gefertigte Plakette mit dem Brustbild des Evangelisten Matthäus, wie die Inschrift bezeugt: S(anctus) MATHEVS. Das Bild erinnert an Emails von der Oberseite des Eilbertus-Tragaltars aus dem Welfenschatz (heute Berlin), weist aber noch größere Nähe zu einer Gruppe kölnischer Schmelzarbeiten aus dem Umkreis des Heribert-Schreins auf, was eine Datierung um 1170 nahelegt.

Die qualitätvolle Schmelzarbeit ist nachträglich – in sehr grober Weise – auf das elegante sizilische Kästchen aufgenagelt worden, wozu man das kostbare Mosaikfurnier keineswegs paßgenau herausgestochen hat. Manches spricht dafür, daß dieses erst in spätgotischer Zeit geschah. So entstammt das im Boden angebrachte Kastenschloß wohl spätgotischer Produktion. Seine Verlegung in den Boden wurde aber erst notwendig, als man das Email auf dem Deckel anbringen wollte und damit das ursprünglich sizilische Bügelschloß entfernen mußte, ohne die dadurch entstehenden Fehlstellen in der komplizierten Holzmosaikauflage ergänzen zu können.

Dies würde aber bedeuten, daß nicht, wie bisher angenommen, bereits gegen Ende des 12. Jahrhunderts Email und Kästchen zusammengefügt, sondern daß beide getrennt voneinander vielleicht sogar bis in das 15. Jahrhundert hinein verwahrt wurden, um erst dann durch Kombination ein neues Kästchen zu schaffen. Diese Neugestaltung wäre mit einer Funktionsumwidmung zu erklären. Das von dem Evangelisten gehaltene Schriftband VENIE(n)T DIES. CV(m). AUFERETVR (Die Tage werden kommen, da er ihnen genommen wird) zitiert verkürzt einen Satz aus Mt 9, 15, der auf die Liturgie der Karwoche verweist. Dies hat an eine Funktion als »Hostiengrab« denken lassen, in dem am Gründonnerstag die noch vorhandenen geweihten Hostien auf einem Seitenaltar weggeschlossen werden bis zur Osternacht.

Braunschweig, Stiftskirche St. Blasius; 1671 Reliquienschatz des Hauses Braunschweig-Lüneburg (»Welfenschatz«); 1930 Sammlung Robert von Hirsch, Frankfurt am Main/Basel; 1978 Bundesrepublik Deutschland; Braunschweig, Herzog Anton Ulrich-Museum.

Wex 1989 (Lit.). – Himmelheber 1992, S. 77. – Himmelheber 1994, S. 66, 68, 71, 76, 85, Nr. 6.

R. W.

D 44 Heiliges Grab als liturgisches Gerät

Sachsen/Niedersachsen, Mitte 12. Jahrhundert

Bronze, gegossen und ziseliert – die Aufbauten des Kastens (Grabbau und Kreuzabnahme-Gruppe), die als Deckel zu öffnen sind, haben durch intensiven Gebrauch gelitten (Zustand im einzelnen bei Springer 1981; seit der Restaurierung 1982 verändert: der durchbrochene Grabbau gedreht, somit die angebrochenen Dach-Ecken jetzt auf der Rückseite; Nischen im Sockel des Kreuzes freigelegt); insbesondere der waagrechte Kreuzbalken verbogen, Bruchstellen innerhalb der Figurengruppe (der herabhängende Arm Christi, Nikodemus mit der Zange), die Gruppe insgesamt stark berieben, besonders die Gesichter; nur der rechts sitzende Engel original, sein linker Flügel verbogen, der hinweisende Finger bestoßen; der Engel links ist eine neuere Ergänzung, dessen linker Flügel abgebrochen; an dieser Kasten-Schmalseite die

14

Deckplatte etwas überstehend, mit drei leeren Nietlöchern; hier verloren die Figuren der drei Marien; verloren auch die Einlagen (Steine, Glasflüsse) im Sockel unter dem Kreuz – H. (gesamt) 24 cm – B. 16 cm – Tiefe 8,6 cm – Figuren der Kreuzabnahme: H. 5,5 bis 6 cm.

Nürnberg, Germanisches Nationalmuseum, Inv. Nr. KG. 159

Ein flacher Kasten auf Löwenpranken und mit ebener Deckplatte, in deren Mitte eine rechteckige Öffnung ausgespart ist. Diese wird verschlossen durch einen an zwei Scharnieren beweglichen Deckel (vorn eine Vorrichtung für den Verschluß). Er besteht aus einer Grundplatte mit Zinnenkranz, dem darauf stehenden Grabbau und dem darüber aufwachsenden Kreuz. Mit reicher figürlicher Ausstattung kommen Kreuzabnahme, Grablegung und Auferstehung zur Darstellung, zeitlich aufeinander folgende Ereignisse, die insgesamt »das Heilige Grab in der Gesamtheit seiner Bezüge« (Kahsnitz 1982, S. 39) zum Inhalt haben.

Joseph von Arimathia nimmt den toten Christus vom Kreuz, das mit Astansätzen, also als Lebensbaum-Kreuz dargestellt ist; Nikodemus löst mit der Zange den Nagel rechts. Beide ebenso wie die trauernden Maria und Johannes stehen auf Ranken, die am Fuß des Kreuzes aufwachsen. Darunter, im Innern des Grabbaus, betten sie den Leichnam in einen Sarkophag, Joseph von Arimathia zu Häupten Christi und Nikodemus kniend zu dessen Füßen. Der Grabbau besteht aus Ecksäulen, aus Dreierarkaden der Langseiten (die Schmalseiten offen) und einem rautengemusterten Dach darüber. Drei schlafende Wächter, in zisielierter (d. h. gepunzter, nicht gravierter) Darstellung zieren die Vorderseite des Kastens, der mittlere breitbeinig sitzend, die beiden seitlichen in angedeuteter Liegestellung. Sie gehören zum Themenbereich der Auferstehung Christi, ebenso wie auch der seitlich sitzende Engel rechts. Dessen ausgestreckter Zeigefinger gilt dem leeren Grab, zeitlich folgend auf die dort sichtbare Grablegung, und ist bezogen auf die Gruppe der drei Marien, die auf der gegenüberliegenden Schmalseite gestanden haben muß (dort drei leere Nietlöcher), anstelle des neuzeitlich hinzugefügten zweiten Engels. Mit dem Engel und den Marien, die das Grab aufsuchen, ist auch das Ereignis des Ostermorgens hier dargestellt.

Das Gerät ist ein Altarkreuz (anstelle der Kreuzigung hier die Kreuzabnahme) mit einem Kreuzfuß, der das Grab Christi darstellt und zugleich ein Behältnis ist. In liturgischer Funktion diente es vermutlich – vergleichbar einer Pyxis – zur Aufnahme konsekrierter Hostien, bestimmt für die Kommunion der Kranken und Sterbenden, aber auch innerhalb der Feiern der Osterliturgie als »liturgisches Grab« für die Hostie, die als Symbol des toten Herrn am Karfreitag gleichsam begraben wird (Springer 1981, S. 84–86; Kahsnitz 1982, S. 45–49; Niehoff 1990, S. 23–24, 30). Dabei kann der Kasten selbst, das Behältnis für die Hostie, als Teil des Grabbaus gelten, entsprechend der Bildtradition von einem zweigeschossigen Gebäude mit durchbrochenem Aufsatz.

Der beim Erwerb nur vage Hinweis auf eine Herkunft aus Maastricht (s. Provenienz), der nachfolgend jedoch als Faktum zitiert wurde, hat dazu geführt, daß dieses und alle mit ihm verwandten Gußwerke ins Maasgebiet, möglicherweise Maastricht, lokalisiert worden sind. Das läßt sich stilgeschichtlich nicht bestätigen. Auch zu Reiner von Huy besteht keine Verbindung; lediglich der abgegriffene Erhaltungszustand hat dazu verleitet, in der weichen Oberflächenstruktur spezifische handwerkliche Gemeinsamkeiten zu sehen. Die Verwandtschaft zur bisher genannten Gruppe von Kleinbronzen – Kentauren- und Elefanten-Leuchter, Kreuzfuß in Form eines Kirchenbaus – besteht tatsächlich (Springer 1981, S. 83–84, die Beziehung zum Büsten-Aquamanile Budapest dort überbetont); für diese hat sich inzwischen allerdings eine andere regionale Zuordnung ergeben, nämlich in den Umkreis der Magdeburger Gußwerkstatt von ca. 1152/1156 (zuletzt Mende 1992a; eingehend: Mende 1986). In diesen Zusammenhang gehört auch das Nürnberger Heilige Grab, das zumindest in Sachsen/Niedersachsen entstanden sein wird. Sein Figurenstil, feingliedrig und zart, wie auch der Gesichtstypus, deuten auf einen bestimmten Abstand von den Magdeburger Gußwerken selbst hin.

Vollends abweichend in Stil und Ausführung ist das Gerät im Victoria and Albert Museum, London, das ebenfalls Kreuzabnahme und Heiliges Grab kombiniert und nur motivisch dem Heiligen Grab in Nürnberg verwandt ist (Springer 1981, Nr. 25, Abb. K 197–203).

1869 im Kunsthandel erworben. »Soweit unsere Nachforschungen einen Fingerzeig abgeben, scheint das Gefäß aus Maastricht zu stammen.« (von Essenwein 1870, Sp. 6).

von Essenwein 1870. – von Essenwein 1871, Nr. 159, Taf. 12. – Werner 1977/81, 1, S. 189, Nr. 273. – Springer 1981, S. 43, 122, 137, 151, Nr. 7, Abb. K 55–66 (Lit.). – Kahsnitz 1982. – Legner 1982, S. 74, 181, Taf. 320. – Niehoff 1990, S. 30 mit Anm. 102. – Bloch 1991, S. 91, 93, Abb. 8. – Kat. Speyer 1992, S. 369, Vitr. 7,1 mit Abb. (Mechthild Schulze-Dörrlamm). – Mende 1992a, S. 110 f.

U. M.

D 45 Einzelblatt

Niedersachsen, um 1200

Pergament – Buchmalerei in Deckfarben – H. 31,5 cm – B. 22,7 cm.

Amsterdam, Rijksmuseum, Prentenkabinet, Inv. Nr. RP T 1937.8

Das von Hanns Swarzenski bekannt gemachte Einzelblatt stammt aus einer liturgischen Handschrift, möglicherweise aus einem Missale. Die Miniatur folgte den ursprünglich recto stehenden Gebeten des Priesters bei der Seg-

DAS IST MEIN LEIB
RESVSV
RECCIO

nung des Weihrauchs, der Incensio von Opfergaben und Altar sowie dem anschließenden Gebet zur Heiligen Dreifaltigkeit. Durch dessen von der gewöhnlichen Formulierung abweichenden Wortlaut wird der Anlaß deutlich, bei dem dieses Meßformular Verwendung fand: Die Gaben werden für die Seelen aller verstorbenen Gläubigen dargebracht. Damit fügten sich die beiden von flankierenden Mauerzungen einheitlich gerahmten Darstellungen in den Zusammenhang der Totenmesse. Die eher unübliche Kombination von Letztem Abendmahl und Frauen am Grabe scheint darin ebenso ihren Grund zu finden wie einige ikonographische Besonderheiten. Beim Geschehen am Gründonnerstag, das unter einer von kleinen Türmchen bekrönten Dreierarkade stattfindet, liegt der Akzent ganz auf der Einsetzung der Eucharistie: Christus hält eine große Hostie und den Kelch empor, die Jünger wenden sich ihm zu; selbst Judas erscheint – da der Tisch fehlt – in seiner knienden Haltung vor dem Herrn nicht wie sonst nur negativ charakterisiert. Die Szene der Frauen am Grabe kann als Ausdruck der Auferstehungshoffnung – auch um 1200 noch durchaus als Osterbild gebräuchlich – gelesen werden. Mit den beiden Engeln, die auf dem von einer Akanthusranke umzogenen Grab sitzen, steht die Miniatur in der Tradition maasländischer oder englischer Arbeiten. Dafür, daß jede der Frauen außer den Salbgefäßen ein Weihrauchfaß trägt, finden sich Parallelen in Werken aus dem niedersächsisch-thüringischen Umkreis. Gleichzeitig ist daran zu erinnern, daß in einigen Texten der liturgischen Osterfeier für alle Repräsentanten der Frauen *thuribula* vorgeschrieben sind. Auch das Vorweisen der Grablinnen durch die Engel zum Zeichen der Auferstehung ist eine aus den Feiern abzuleitende Gebärde. Hier fällt jedoch auf, daß der himmlische Bote zugleich mit dem feinen Gewebe eine Hostie umhüllt – Hinweis auf die der *Visitatio sepulchri* vorhergehende *Elevatio hostiae*.

Deutscher Kunsthandel; 1937 aus der Sammlung des Rijksinstituut tot Opleiding van Tekenleraren in das Rijksmuseum gelangt.

Swarzenski 1977. – Niehoff 1990, S. 24 mit Abb. 25f. – Braun-Niehr 1996 (im Druck), Kap. 4.3.2.

B.B.-N.

D 46 Fragment eines Wandbehangs

Niedersachsen, um 1160–1170

Auf feinem Leinen Seidenstickerei in Hellgrün, Weiß, Hellviolett, Gelb, zwei Braun und zwei Blau mit Kettenstich – H. 118 cm – B. 220 cm.

Berlin, Staatliche Museen – Preußischer Kulturbesitz, Kunstgewerbemuseum, Inv. Nr. 88,470

Der noch etwa in seiner halben Höhe und zwei Dritteln seiner ursprünglichen Breite überkommene Behang zeigte in vier Zeilen, von denen zwei teilweise erhalten sind, Szenen aus dem Neuen Testament. Er mag einem Altar an der Wand als eine Art Retabel gedient haben. – In der heute unteren Zeile folgte auf die Auferstehung Christi und die Frauen am Grabe einst die Himmelfahrt Christi. Das breitere Bild darüber zeigt das Pfingstwunder. Als eine um die Mitte des 12. Jahrhunderts neuartige Verbildlichung entsteigt Christus mit der Osterfahne in der Rechten dem offenen Sarkophag, vor dem vorn zwei Wächter mit ihren Schilden schlafen; Christus begleiten zwei akklamierende Engel. Rechts unten erscheint in Halbfigur anbetend eine Klosterfrau, ebenso auf dem Bild daneben. Hier sitzt der große Engel auf dem Sarkophag und wendet sich den von links mit Salbgefäßen und Weihrauchfaß herantretenden Frauen zu. Ein Bogenband und einzelne Turmkuppeln darüber weisen wie in der Ferne auf Jerusalem. Die Inschriftzeile darüber lautet: HIC CO(n)SVRGIT HO(mo) QVE(m) QVERV(n)T I(n) MONUM(en)TO + ASCEND(it). In der oberen Zeile thront die gekrönte Muttergottes unter einem Rundbogen, während von oben die Taube des Heiligen Geistes herniederkommt; rechts und links sitzen jeweils vier Apostel, von denen nur Petrus durch zwei erhobene Schlüssel gekennzeichnet ist; auf ihren Häuptern brennen kleine Flammen. Deckenbalken und gestelzte Bögen deuten den Innenraum an, darüber eine Reihe von Turm- und Kuppelarchitekturen die Stadt Jerusalem. Daneben ist noch eine Darstellung Petri erhalten, der den lahmen Aeneas heilt; zu seinen Füßen kniet anbetend ein Mönch. Auf dem oberen Schriftband: HIC CELOS LINGVIS EXORNAT CEL [...]. Auf der breiten Bordüre – links und oben – wechseln in Quadratfeldern zweifach konturierte Kreise mit Blütenständen und Halbfiguren von Heiligen und einem Kleriker; nur unten links folgt auf SAMSON gleich SEVERVS, dann S(anctus) BENEDICTVS, in der Ecke HEINRIC(us) PAT(er) MONASTERII, oben S(anctus) STEFAN(us) und BONIFACIVS. Neben der Auferstehung aus dem Grabe war auch die Darstellung des Pfingstgeschehens mit der in der Mitte der Apostel herausgehoben thronenden Muttergottes zu dieser Zeit eine ikonographisch neuartige Verbildlichung: beide lassen sich damals in Niedersachsen erstmals nachweisen. Renate Kroos, hat die einstige Größe des gestickten Behangs rekonstruiert und ebenso stilistische Parallelen zur einheimischen Buchmalerei aufgezeigt.

Erworben 1888 von R. Bernstein, Berlin. Nach Julius Lessing aus der Gegend von Halberstadt.

Lessing 1902, Taf. 8. – Kroos 1970, S. 26–29, 113f., Nr. 1, Taf. 3, 7, 8.

L.v.W.

D 46

D 47 Verzeichnis des Welfenschatzes von 1482

Pergament – 18 Blätter – H. 36,5 cm – B. 24 cm.

Wolfenbüttel, Niedersächsisches Staatsarchiv, VII B Hs 166

Das älteste erhaltene Inventar des Reliquienschatzes der Kirche St. Blasius in Braunschweig, des sogenannten Welfenschatzes, verzeichnet 140 Schatzstücke, die in ihrer Mehrzahl auf Stiftungen der Familie der Welfen und zuvor der Brunonen zurückgehen. Im wesentlichen handelt es sich dabei um Reliquiare vom 11. bis zum 15. Jahrhundert, die z. T. mit kostbarsten Materialien wie Gold, Silber und Edelsteinen kunstvoll verzierten Behältnisse für die leiblichen Überreste der Heiligen. Schatzverzeichnisse dieser Art wurden für umfangreichere Kirchenschätze immer wieder angefertigt, um den Besitzstand zu dokumentieren. Anlässe für ihre Aufstellung waren zumeist ein Wechsel des Besitzers, etwa zum Amtsantritt eines Bischofs oder Abtes, oder die Bestimmung eines neuen Kustoden für den Thesaurus, aber auch Krisenzeiten, wenn Verluste zu befürchten waren. Inwieweit diesem Verzeichnis ein älteres zugrunde lag oder die Aufstellung durch eine gewissenhafte Autopsie des Kustoden im Jahre 1482 zustande

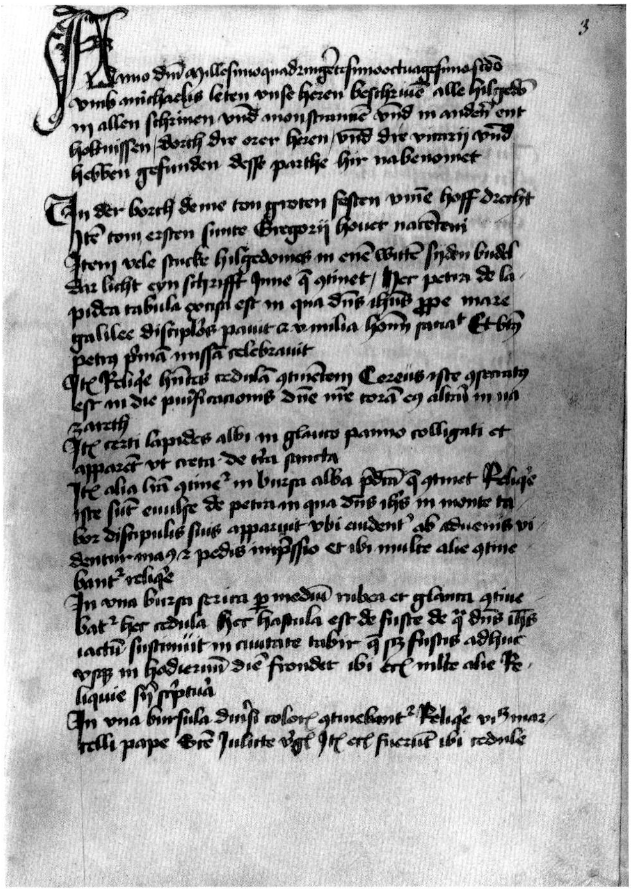

D 47

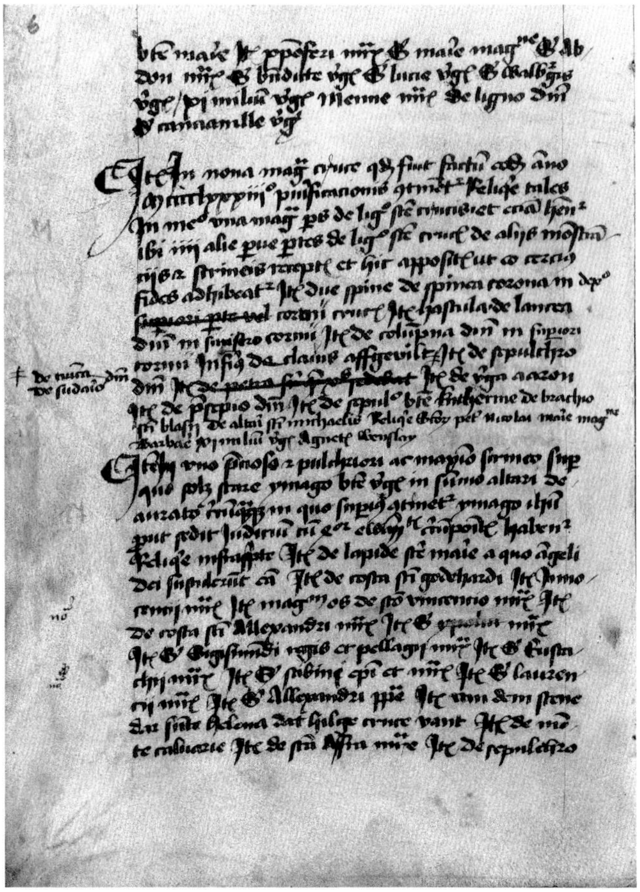

D 47

kam, bedarf sorgfältiger Erwägung im Einzelfall. Inventare mittelalterlicher Kirchenschätze können eine Vorstellung vom einstigen Reichtum kirchlicher Schatzkammern sowie der Kostbarkeit ihrer einzelnen Ausstattungsstücke für Liturgie und Kult vermitteln, von denen heute leider größtenteils nur noch weniges erhalten ist. Die Auflistungen enthalten zumeist Informationen über die verschiedenen Materialien, beziehen aber auch, vor allem bei Goldschmiedearbeiten, Angaben über ihren materiellen Wert ein. Daneben finden sich immer wieder Hinweise auf ihre Funktion innerhalb der Liturgie und des Festkalenders des Kirchenjahres.

Bei aller Kürze der Angaben des vorliegenden Schatzverzeichnisses zum Aussehen der einzelnen Gegenstände bietet es jedoch in einigen Fällen historisch sehr interessante Informationen zu ihrer liturgischen Verwendung. So fand der »kostbare, besonders schöne und stattliche« Tragaltar des Kölner Goldschmieds Eilbertus (um 1150) auf dem Hochaltar Aufstellung und trug eine Madonnenfigur. Desgleichen sollte das furnierte Kästchen mit dem Emailbild des Evangelisten Matthäus (Kat. D 43) an Herrenfesten auf den Altar gestellt werden, wo es wohl als »Hostiengrab« diente. Ob diese Angaben zur liturgischen Verwendung aus dem 15. Jahrhundert uneingeschränkt auch auf die Zeit Heinrichs des Löwen übertragen werden können, bedarf genauerer liturgiegeschichtlicher Untersuchung.

Eingehender hingegen befaßt sich das Inventar mit dem Inhalt der Reliquienbehältnisse. Zwar erschwert dieser Umstand die Identifikation der heute noch erhaltenen Gegenstände, dafür ist beispielsweise zu erfahren, daß ursprünglich in dem berühmten Kuppelreliquiar aus der Zeit um 1180 (Bd. 2, Abb. 393f) das Haupt des hl. Gregor von Nazianz geborgen war. Es wird vermutet, daß Heinrich der Löwe diese wertvolle Reliquie 1173 von seiner Pilgerfahrt in das Heilige Land mitgebracht hatte. Von den zwölf erhaltenen Armreliquiaren des Welfenschatzes, von denen allein fünf aus der Regierungszeit des Herzogs datieren, sind elf im Inventar verzeichnet. Zwei davon, die Reliquiare der Heiligen Theodorus und Innocentius, sind inschriftlich als Stiftungen Heinrichs ausgewiesen, was im Schatzverzeichnis jedoch nicht vermerkt wurde. Das künstlerisch besonders herausragende Apostelarmreliquiar (Kat. D 60) kann mit keinem der Einträge identifiziert werden. Vermutlich schenkte es Heinrich der Löwe um 1190 an das Stift St. Cyriacus, dessen Kirchenschatz im Jahre 1545, nach Einführung der Reformation in Braunschweig, in den Thesaurus des Blasiusstifts integriert wurde. Auch das berühmte Evangeliar, welches Heinrich und

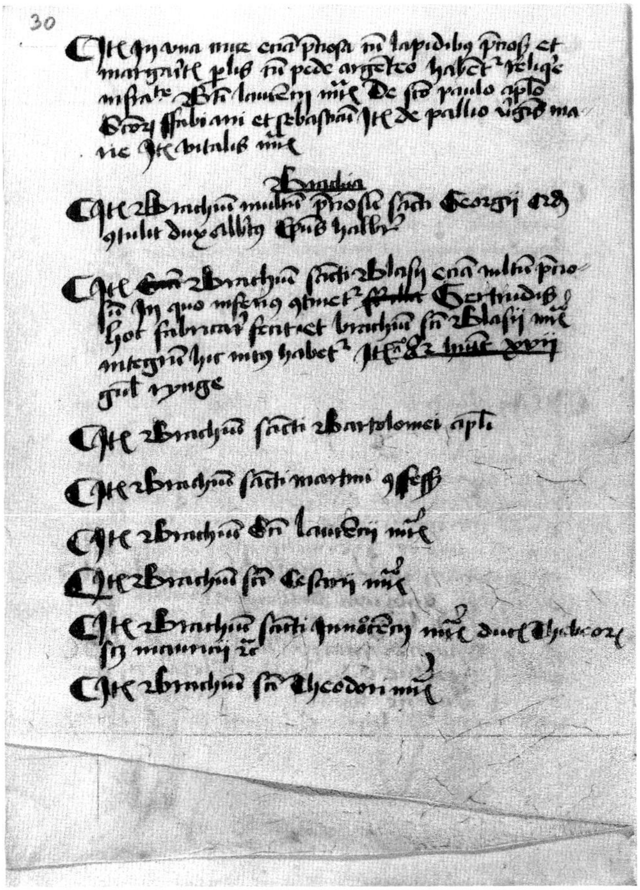

D 47

seine Gattin Mathilde an St. Blasius stifteten, konnte in das Inventar des 15. Jahrhunderts nicht aufgenommen werden, Kaiser Karl IV. (*1316, †1378) hatte es seinerzeit mit nach Prag genommen. Dafür überliefert das Verzeichnis ein seit dem 17. Jahrhundert verlorenes Reliquiar in Form einer fünftürmigen Kirche als Stiftung Heinrichs des Löwen.

Jede Auflistung dieser Art hilft neue Facetten der Überlieferung zu erkennen. Bei genauerer Analyse sowie der wünschenswerten Edition dieses Inventars würden sich mit Sicherheit neue Aspekte zur Geschichte des Welfenschatzes ergeben. Hierbei verdient der Gedanke von höfischer Repräsentation durch Reliquien und ihre Behältnisse im Rahmen verschiedener Anlässe erneut Interesse.

Braunschweig, Stiftskirche St. Blasius.

Bischoff 1967 (allgemein). – Kötzsche 1973, bes. S. 9 (Lit.). – de Winter 1986, S. 171–174. – Kat. Braunschweig 1985, 2, Nr. 1045 (Michael Brandt). – Hucker 1990, S. 606–610. – Boockmann 1993, S. XIX-XXVIII. – Kat. Hildesheim 1993, 2, Nr. IX-28 (Michael Brandt).

B. B.

D 48 Inventarzeichnung vom Schatz der Goldenen Tafel in Lüneburg

Kopie des 19. Jahrhunderts nach dem Original des 15. Jahrhunderts (verloren)

H. 76 cm – B. 53 cm.

Hannover, Niedersächsisches Landesmuseum Hannover, Landesgalerie, Inv. Nr. WM XXVII, 122

Der Schatz der Goldenen Tafel war der Reliquienhort des Hauses Braunschweig-Lüneburg, welcher seit Beginn des 15. Jahrhunderts im Mittelschrein des Hochaltars der Benediktinerabtei St. Michaelis in Lüneburg aufbewahrt wurde. Er enthielt Schatzstücke vom 10. bis zum 15. Jahrhundert, vorwiegend Reliquiare, welche die welfischen Herzöge und ihre billungischen Vorfahren an ihr Hauskloster gestiftet hatten. Bei der im 15. Jahrhundert angefertigten Inventarzeichnung, die im Original verloren, jedoch in einer Kopie des 19. Jahrhunderts überliefert ist, handelt es sich um ein mittelalterliches Schatzverzeichnis besonderer Art: Neben der üblicherweise schriftlichen Auflistung der einzelnen Gegenstände einschließlich Materialangaben bietet sie zusätzlich eine bildliche Darstellung des Schatzes. Damit bildet sie die Grundlage der Kenntnis von seinem ehemaligen Umfang und Reichtum und seiner originalen Aufstellung im Altarschrein zu Beginn des 15. Jahrhunderts. Einige der wenigen noch erhaltenen Schatzstücke können anhand ihrer detaillierten Wiedergabe auf der Zeichnung als zum ursprünglichen Bestand gehörig identifiziert werden.

Im Zentrum des Altarschreins stand die Goldene Tafel, eine aus Gold getriebene Altartafel (H. 108 cm – B. 216 cm), nach welcher der Schatz seinen heutigen Namen erhielt. Sie wurde von 22 mit Maßwerk geschmückten Fächern umrahmt, in denen sich 88 kirchliche Ausstattungsstücke von hohem materiellem und künstlerischem Wert befanden. In der verschließbaren Predella des Altars – auf der Zeichnung die unterste Gefachreihe – fanden weitere Schatzstücke Aufstellung. Bisher wurde diese kostbare Goldschmiedearbeit überwiegend als eine Stiftung Heinrichs des Löwen angesehen, möglicherweise käme aber auch einer der Söhne des Herzogs als Auftraggeber in Betracht. Sie zeigte im Relief Christus als Weltenrichter in der Mandorla, umgeben von den zwölf Aposteln. Ursprünglich vielleicht als Antependium oder Retabel konzipiert, wurde die Goldene Tafel mehrfach umgearbeitet. In Wertschätzung des Überkommenen integrierte man sie in den um 1420 angefertigten, mit Skulpturen und Malereien reich geschmückten Flügelaltar von St. Michaelis als formales und geistiges Zentrum.

1698 ging der größte und wertvollste Teil des Schatzes durch den spektakulären Raub von Nickel List verloren. Weiteres wurde 1791–1793 verkauft, der Altarschrein zer-

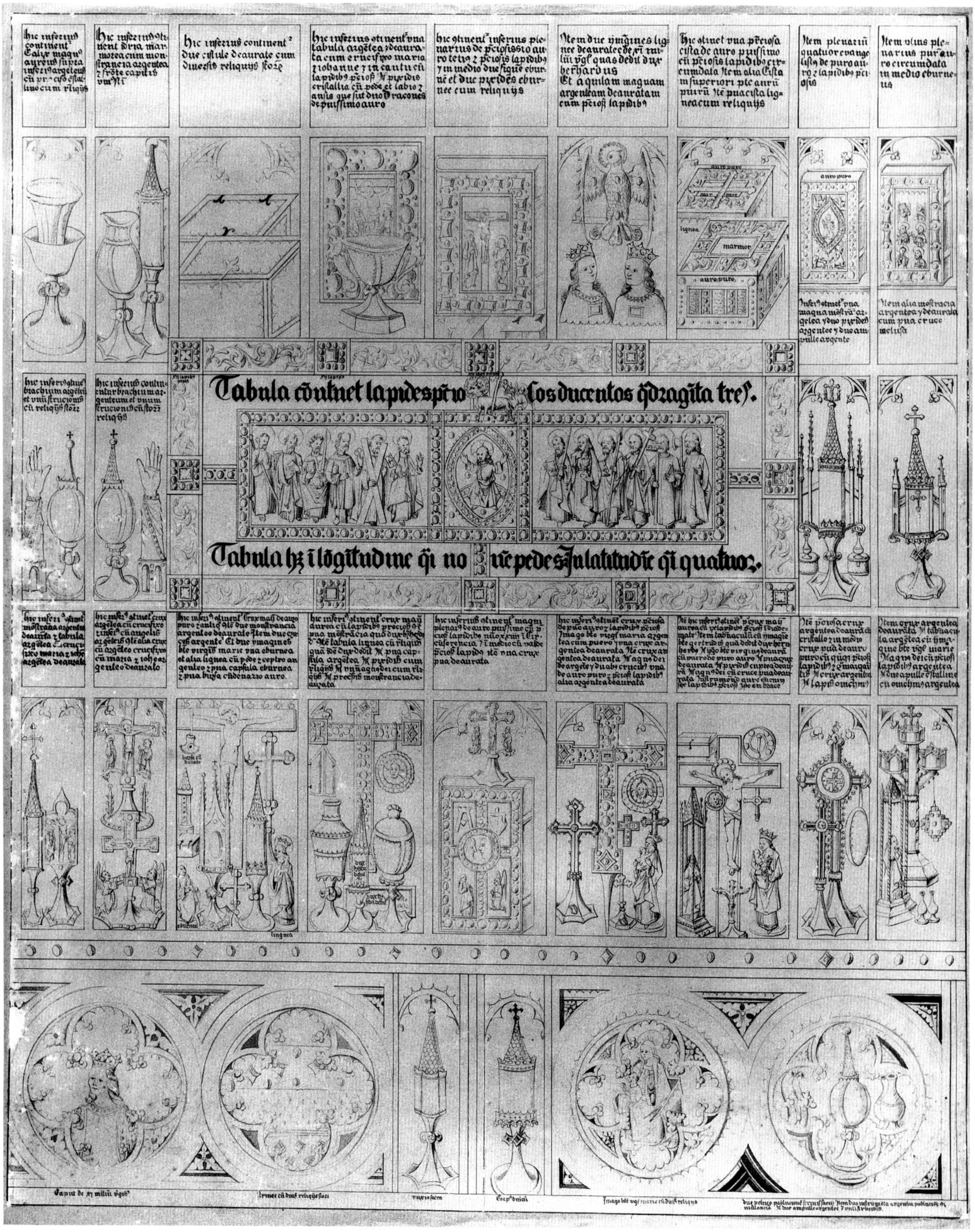

Tabula cõtinet lapides p̃cios[os] ducentos q̃dragita tres.
Tabula h[abe]t i lõgitudine q̃i nove pedes In latitudĩe q̃i quatuor.

D 48

stört. Die noch erhaltenen Gegenstände befinden sich heute im Kestner-Museum und in der Niedersächsischen Landesgalerie in Hannover. Anhand der Inventarzeichnung wird deutlich, daß der Welfenschatz des Lüneburger Michaelisklosters in der Kostbarkeit und dem Reichtum seiner einzelnen Werke dem berühmten und umfangreicheren Welfenschatz der Braunschweiger Blasiuskirche durchaus vergleichbar war. An besonderen kirchlichen Festtagen, die Heinrich der Löwe zeitweise in seiner zweiten Residenz in Lüneburg verbrachte, nahmen an den feierlich zelebrierten Gottesdiensten zahlreiche Vertreter des hohen Adels und Klerus teil. Mit der Verwendung von kostbaren liturgischen Austattungsstücken und Reliquiaren, welche teilweise sicherlich auch auf Stiftungen des Herzogs zurückgingen, wurde diesen Messen besonderer Glanz verliehen; eine Inszenierung, die in der Öffentlichkeit auf die Repräsentation seines Reichtums und seiner Macht, aber auch seiner Frömmigkeit und seines Anspruchs auf memoriales Gebetsgedenken ausgerichtet war.

Stuttmann 1937. – Fritz 1982, S. 74f., Abb. 18. – Marth 1994.

B.B.

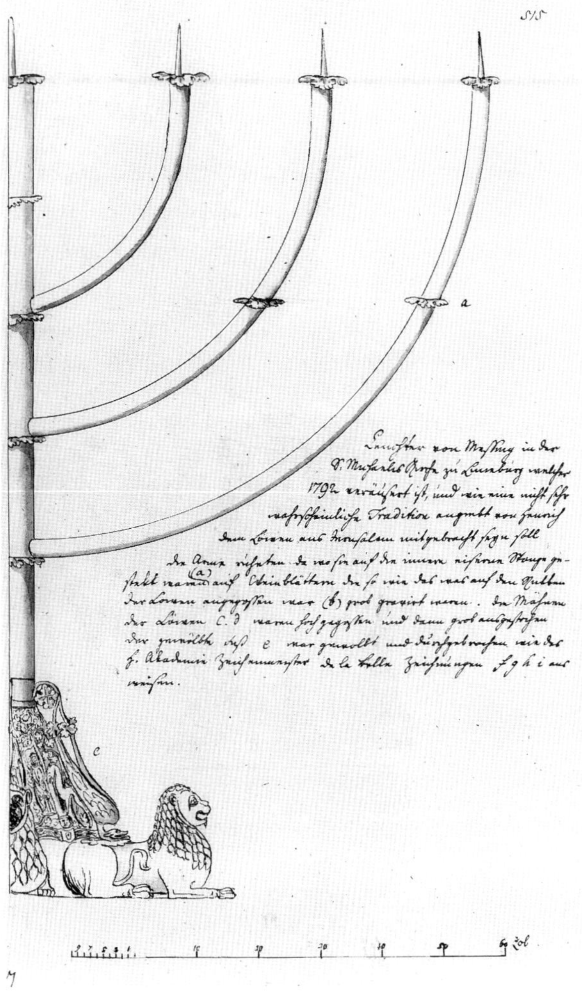

*D 49 Zeichnung des Siebenarmigen Leuchters aus der Michaeliskirche in Lüneburg

Niedersachsen, 13. Jahrhundert oder um 1300

Bronze – H. ca. 336 cm (1792 eingeschmolzen).

Hannover, Niedersächsische Landesbibliothek, Ludwig Albrecht Gebhardi, Collectanea, Bd. 6, Bl. 515.

Nur in Zeichnungen von Ludwig Albrecht Gebhardi (*1735, †1802) ist dieser Siebenarmige Leuchter überliefert. Er stand in St. Michaelis neben dem Eingang zur Fürstengruft und wurde an den Gedächtnistagen der dort bestatteten Mitglieder des Welfenhauses angezündet. 1792 wurde er aufgrund seines Materialwertes eingeschmolzen.

Der Leuchter, in Aufbau und Typus eng verwandt mit dem im Braunschweiger Dom, zeigt einen ikonographisch besonders interessanten Leuchterfuß. Zwischen vier nach unten gestreckten Drachen befinden sich, umgeben von Rankenwerk, insgesamt acht Darstellungen, teils aus der Bibel, teils aus dem Physiologus: 1.) Jungfrau mit Einhorn und Phönix auf Zweigen; 2.) Moses mit der Ehernen Schlange und Strauß mit Jungem und Hufeisen; 3.) Samson im Löwenkampf und Pelikan, der sich die Brust aufreißt; 4.) Löwe erweckt seine Jungen durch Gebrüll und Jona mit dem Wal. Nach Bloch (1961) sind hier Verkündigung/Geburt, Kreuzigung, Höllenfahrt und Auferstehung jeweils in zweifacher Weise wiedergegeben; die am Fuß für eine komplette Typologie fehlenden Antitypen aus dem Leben Jesu könnte der Leuchter, in seiner Bedeutung als Wurzel Jesse, umschrieben haben.

Problematisch ist die Datierung. Nach der Legende, überliefert von Gebhardi, brachte Heinrich der Löwe den Leuchter von seiner Pilgerfahrt aus Jerusalem mit; es wurde auch vermutet, Heinrich habe den Leuchter nach 1167 für das Lüneburger St. Michaeliskloster in Auftrag gegeben, zum Gedächtnis an seinen in diesem Jahr in Lüneburg verstorbenen Sohn Heinrich. Beides ist jedoch aus stilistischen Gründen nicht möglich, da die Tracht der Dargestellten und das Rankenwerk in die Zeit um 1300 weisen. Sicherheit ist darüber jedoch nicht mehr zu gewinnen, da auch die Zeichnungen Gebhardis seiner Zeit verhaftet und damit nicht unbedingt in unserem Sinne abbildgenau sind.

Bloch 1961, zum Lüneburger Leuchter S. 148–153, Abb. 85–89. – Kroos 1970, S. 60 mit Anm. 24, 25.

R.M.

D 50 Tragaltar mit Kardinaltugenden

Köln oder Niedersachsen, um 1160

Eichenholzkern; Altarstein grüner Porphyr; Kupferblech, gestanzt, graviert und vergoldet; Gruben- und Zellenschmelz; Bodenplatte Braunfirnis; Füße Bronze, gegossen und vergoldet – Emailplatte einer Schmalseite verloren, zwei Füße erneuert, einige Emailstreifen der Kanten von Boden- und Deckplatte ergänzt – H. 13,5 cm – B. 17,6 cm – L. 28, 8 cm.

Berlin, Staatliche Museen – Preußischer Kulturbesitz, Kunstgewerbemuseum, Inv. Nr. W 12

Der älteste Nachweis für die Zugehörigkeit des Tragaltars zum Schatz der Stiftskirche St. Blasius in Braunschweig findet sich im Inventar aus dem Jahr 1482 (Kat. D 47). Sein runder Altarstein aus grünem Porphyr weist ihn als das dort verzeichnete *schrinium deauratum habens IIII pedes et superius unum lapidem rotundum de marmore* aus. Bezeichnenderweise wurde schon vom Inventaristen des 15. Jahrhunderts die ungewöhnliche, an byzantinische kaiserliche Rotae erinnernde Porphyrplatte als Unterscheidungsmerkmal benannt. Das Portatile gehört zum Typus des Kastenaltars mit eingezogenen Wandungen auf Drachenfüßen. Geschmückt mit Grubenschmelzplatten in der dominierenden Farbkomposition blau-grün-gold, vertritt er eine Form, die im 12. Jahrhundert besonders im Rheinland mit seiner Metropole Köln ihre besondere Ausprägung erfahren hat.

Das ikonographische Programm des Portatiles ist, entsprechend seiner liturgischen Funktion bei der Feier des Meßopfers, auf die Deutung und Verkündung des christlichen Heilsgeschehens ausgerichtet: Auf der Deckplatte zu seiten des Altarsteins die Evangelistensymbole und die vier Kardinaltugenden *Prudentia* (Klugheit), *Temperantia* (Mäßigkeit), *Fortitudo* (Tapferkeit) und *Iustitia* (Gerechtigkeit). Auf der vorderen Langseite zentriert eine Deesisdarstellung: Christus auf dem Regenbogen thronend, flankiert von Maria und Johannes dem Täufer sowie zwei Aposteln; auf den Schmalseiten ehemals die übrigen acht Apostel, davon heute nur noch vier erhalten; auf der Rückseite die Gottesmutter, umgeben von den vier Evangelisten. In der Mitte der Bodenplatte, welche von einem textilen Blütenmuster in Braunfirnis verziert wird, ist eine verschließbare Reliquienkammer eingelassen. Kompositionsweise und zeichnerischer Stil der in Metall ausgesparten, vergoldeten Figuren sowie ihre blau-grünen rahmenartigen Hintergründe verbinden das Portatile mit einer Gruppe von kölnischen Werken etwa gleicher Entstehungszeit: insbesondere dem Tragaltar des *Eilbertus coloniensis*, ebenfalls im Welfenschatz, dem Mauritius-Tragaltar in Siegburg und dem Tragaltar in Mönchengladbach.

Neben dieser rheinischen Tradition werden zugleich Stilelemente aus der Werkstatt-Tradition Rogers von Helmarshausen aufgegriffen – ein Phänomen, welches in den Bildkünsten im Umkreis des welfischen Hofes häufig anzutreffen ist. So können als charakteristische und tradierte Eigentümlichkeiten aus dem Werkstattrepertoire Rogers der mit Perlpunzen verzierte Fond der gravierten Deckplatte sowie die mit kleinen Kreuzchen geschmückten Streifen auf den Flügeln der Drachen gelten.
Wo der Tragaltar entstanden ist, wer sein Auftraggeber war und ob er schon im 12. Jahrhundert zum Inventar von St. Blasius gehörte, ist unklar. Im Spannungsfeld einer weitreichenden Mobilität von Künstler, Stifter oder Auftraggeber wie auch dem Werk selbst, welches über das mittelalterliche Geschenkwesen leicht seinen Besitzer wechseln konnte, eröffnet sich zu diesen Fragenbereichen eine weite Skala von Möglichkeiten. Festzuhalten bleibt, daß der Altar in seiner Vielfalt der souverän beherrschten Techniken und seiner erlesenen Farbgebung dem Rang eines repräsentativen liturgischen Ausstattungsstücks am Hof Heinrichs des Löwen entsprach, welches seiner liturgischen Bestimmung entsprechend auch auf Reisen mitgeführt werden konnte.

Braunschweig, Stiftskirche St. Blasius; 1671 Hannover, Schloßkirche; 1862 Hannover, Welfenmuseum; 1935 Berlin, Schloßmuseum; heute Kunstgewerbemuseum.

Neumann 1891, Nr. 17. – von Falke/Schmidt/Swarzenski 1930, Nr. 18. – Lasko 1972, S. 200ff. – Kötzsche 1973, Nr. 13. – Legner 1982, S. 81f., Bildnotiz 359. – Soltek 1985. – Boockmann 1993, Nr. 12. – Stratford 1993, S. 31–37.

B. B.

D 51 Tragaltar mit Bergkristallplatte

Byzanz (Italien ?), Ende 12./Anfang 13. Jahrhundert

Eichenholzkern; Silberblech, vergoldet und nielliert; Bergkristall; unterlegt mit purpurfarbenem Leder – H. 3,2cm – B. 21,8cm – T. 25cm.

Berlin, Staatliche Museen – Preußischer Kulturbesitz, Kunstgewerbemuseum, Inv. Nr. W 5

Im Inventar des Welfenschatzes von 1482 läßt sich dieser Tragaltar nicht identifizieren. Vielleicht gehörte er zu den Objekten, die nach der Zerstörung des Cyriacusstifts 1545 nach St. Blasius überführt wurden.

D 50

D 51

Der Tragaltar hat die Gestalt einer flachen Tafel. Ein großer Bergkristall als Altarstein bedeckt ein hell purpurgefärbtes Leder, unter dem sich eine kreuzförmige Vertiefung zur Aufnahme von zehn Reliquien befindet (vgl. Lit.), die jedoch von außen nicht zu erkennen ist. Den Bergkristall umgibt ein breiter Rahmen aus vergoldetem und gestanztem Silberblech, der aus einem Stück gefertigt ist. Er zeigt spiralige Ranken und Bildnismedaillons, in den vier Ecken jeweils ein Rankenbäumchen. Die Seiten bedeckt ebenfalls vergoldetes Silberblech mit Rankenmuster, die Unterseite ein unverziertes Stück Silberblech.
Die Heiligen in den Medaillons sind, für byzantinische Kunst ungewöhnlich, nicht beschriftet. Oben ist Christus mit Buch und wohl Segensgestus zu erkennen, links Maria, rechts Johannes der Täufer, beide zur Mitte gewandt, also eine Deesisgruppe. Der Heilige unter Maria links könnte Theodor (Tiro oder Stratelates) darstellen mit ungeteiltem Spitzbart, der Heilige rechts unten Georg mit der Lanze. Der ebenfalls nimbierte Diakon mit Kelch unten ist nicht gedeutet. Die Ranken des Rahmens und der Seiten sind in Modeln geformt, es entsprechen sich die Formen oben und unten sowie rechts und links. Die Medaillons könnten als separater Arbeitsgang getrieben worden sein (Kötzsche 1973) oder auch mit einem anderen Model geformt. Ungewöhnlich ist die Kombination der getriebenen Rankenbäumchen mit Niello, das nicht sehr sorgfältig aufgetragen wurde. Wahrscheinlich entstand das Portatile in Italien unter byzantinischem Einfluß. Dies würde eine gewisse Nachlässigkeit in der Fertigung, das Fehlen der Beischriften und den eher handwerklichen Stil der Figuren erklären.
Der Welfenschatz war, wie mittelalterliche Kirchenschätze in der Regel, ein Reliquienschatz, in dem nicht die heute noch in ihrem Materialwert beeindruckenden Behältnisse, sondern die von ihnen umschlossenen Reliquien den eigentlichen Wert ausmachten. Bemerkenswert ist jedoch die ungewöhnlich große Anzahl von Tragaltären, die sich im Schatz befinden. Aus der Zeit vom 11. bis ins 13. Jahrhundert lassen sich heute noch elf Tragaltäre nachweisen. (Zum Vergleich: Im Schatz der Goldenen Tafel ist nicht einer erhalten oder nachweisbar.) An zweien dieser Altäre haben sich die Namen der Stifter, Gräfin Gertrud und der Propst Adelvoldus, erhalten. Über die Provenienz der anderen Portatilen und darüber, durch wen und warum sie in den Schatz gelangten, ist kaum etwas bekannt.

Neumann 1891, Nr. 16. – von Falke/Schmidt/Swarzenski 1930, Nr. 9. – Kötzsche 1973, S. 23/24, Nr. 4. – de Winter 1986, S. 65/66.

R.M.

D 52 Kästchen mit bemalten Elfenbeinplatten

Spanien (Granada ?), 13. Jahrhundert

Eichenholzkern; Elfenbeinplatten; Bronzebeschläge – H. 15,5 cm – B. 24,7 cm – T. 16,6 cm.

Berlin, Staatliche Museen – Preußischer Kulturbesitz, Kunstgewerbemuseum, Inv. Nr. W 6

Das hausförmige Kästchen hat einen Holzkern, auf den unregelmäßig zugeschnittene Elfenbeinplatten genagelt wurden; sie sind nicht komplett erhalten. Das Elfenbein zeigt noch Reste der Bemalung in Braun und Gold. Die in Lanzettformen endenden Beschläge geben dem Kästchen Stabilität und bilden Scharniere und Verschluß. Schlichte Metallstreifen ersetzen einige seitliche Beschläge; Handgriffe, Ringe und Ösen an den Schmalseiten sind spätere Zutaten. Der Boden des Kästchens ist innen mit ebenfalls nicht mehr vollständig erhaltener Einlegearbeit aus Elfenbein, die ein geometrisches Muster bildet, geschmückt.
Das Kästchen des Welfenschatzes, wahrscheinlich mit einem im Inventar von 1482 genannten zu identifizieren, gehört zu der großen Gruppe der sogenannten siculo-arabischen Elfenbeinkästchen. Sie alle zeigen die auffälligen Bronze- oder Kupferbeschläge, die in Lanzettformen enden; außerdem waren wohl alle ursprünglich bemalt. Sofern noch zu erkennen, zeigt die Bemalung häufig Tiere (Pfauen und Geparden), Arabesken, Jagdmotive oder auch Harfenspieler in Medaillons. Aufgrund von Parallelen zu der Ausschmückung der Capella Palatina in Palermo, 1130 begonnen, werden diese Kästchen übereinstimmend in Sizilien, wohl Palermo, lokalisiert. Das Berliner Kästchen

D 52

zeigt jedoch eine abstrakte, geometrische Bemalung, die ursprünglich das gesamte Elfenbein überzog: Muster aus Rauten, Vier- und Sechsecken, Arabesken, auch Streifen mit pseudo-kufischer Schrift an den Schmalseiten. Nach P. B. Cott, der 1939 diese »siculo-arabischen« Elfenbeine publizierte, weist dieser Dekor nach Spanien, wahrscheinlich zu einer Werkstatt in Granada.

Die meisten dieser Kästchen sind wahrscheinlich ursprünglich für private Unterlagen oder Schmuck hergestellt worden, wie die an einigen vorhandenen kufischen Inschriften mit Wünschen für den Besitzer nahelegen. Sie wurden jedoch bald in Europa weit verbreitet, sei es durch Handel oder als Geschenke, und gelangten häufig in Kirchenschätze. Aufgrund ihrer kostbaren Erscheinung und der meist handlichen Größe scheinen sie die idealen Reliquienbehälter gewesen zu sein.

Neumann 1891, Nr. 34. – von Falke/Schmidt/Swarzenski 1930, Nr. 11. – Cott 1939, Nr. 135, vgl. S. 1 und Nr. 132. – Kötzsche 1973, S. 24, Nr. 5. – de Winter 1986, S. 66–67.

R. M.

D 53 Reliquienkreuz mit Kreuzfuß

Niedersachsen (Braunschweig ?), 1. Viertel 12. Jahrhundert

Bronze; Bergkristall – das untere Kreuzende gebrochen; rückseitig mit zwei Metallstreifen (Kupfer) geschient; Bergkristall des unteren Endes mit neueren Schellen befestigt – H. mit Kreuzfuß 34,5 cm – Kreuz 21,5 cm (mit Dorn 27,5 cm) – B. 17,2 cm.

Berlin, Staatliche Museen – Preußischer Kulturbesitz, Kunstgewerbemuseum, Inv. Nr. W 10

Drei auf ihren Hinterbeinen stehende Löwen balancieren mit ihren Mäulern eine Kugel, in die das Krückenkreuz eingesteckt ist. Es zeigt in den Enden Bergkristalle, in seiner Mitte eine mit einem Bergkristall abgedeckte Reliquienkapsel, die eine Kreuzreliquie und ein auf Pergament geschriebenes Reliquienverzeichnis birgt. In den Ecken dieser Kapsel vier kleine Bergkristalle. Zwei sehr ähnliche weibliche (?) Figuren mit Trauergestus sind zusammen mit Teilen der Rahmenleisten gegossen und stehen auf kleinen Sprossen unterhalb des Querbalkens. In Gravur sind auf der Vorderseite der thronende Christus, zwei Blüten oder Sterne sowie die mit Kreuznimbus verse-

D 53

hene Taube, auf der Rückseite die Kreuzigung Christi, Christus mit offenen Augen und ohne Wund- oder Nägelmale, mit zwei als Büsten dargestellten Figuren, wohl Maria und Johannes, und der Hand Gottes wiedergegeben.
Eigenartig ist der Gegensatz zwischen dem hohen Anspruch eines Reliquienkreuzes mit wohl durchdachtem ikonographischem Programm – Löwen, Sinnbilder des Bösen, tragen die Welt in Gestalt der Kugel, die als Basis für das Kreuz Christi, das Sieges- und Erlösungszeichen dient – und der unbeholfenen, teilweise groben Ausführung des Gusses und der Gravuren. In technischer und handwerklicher Hinsicht schließt sich das Kreuz denn auch an schlichte Bronzekreuze mit eher derben Corpora an, die sich relativ zahlreich in Kirchen und Museen erhalten haben (z.B. Bad Gandersheim, Holtensen, Redekin; vgl. Bloch 1992, Gruppe I L) und in Niedersachsen, wahrscheinlich Braunschweig, zu lokalisieren sind. Die Form des Krückenkreuzes mit Rahmen und durchbrochenen Enden für Schmucksteine ist für diese niedersächsische Kreuzgruppe fast verbindlich. Eine genaue stilistische Einordnung der Gravuren ist aufgrund der geringen Qualität kaum möglich. Auch die Assistenzfiguren und der Löwenfuß sind bislang nur eher allgemein der niedersächsischen Kunst zugeordnet worden.
Die Bedeutung der beiden seitlich Stehenden ist ungeklärt; sie wurden als Trauernde, was dem Gestus entspricht, aber zu seiten des richtenden Christus unangebracht wäre, oder als Ecclesia und Synagoge angesprochen, wofür jedoch kein Hinweis vorhanden ist. Ein neuer Vorschlag sei hier angefügt: Die Figuren könnten ursprünglich der Rückseite zugeordnet gewesen sein, wo sie als Trauernde oder auch als nicht präzise wiedergegebene Maria und Johannes ihren Platz hätten. Indiz für diese Überlegung ist die zugleich mit den Figuren gegossene Rahmenleiste, die ein doppeltes Wellenmuster zeigt, was dem Muster des Randes der Rückseite entspricht, während auf der Vorderseite eine sehr abstrahierte Blattranke wiedergegeben ist. Auch die Deutung der Sprossen, auf denen die Figuren stehen, als Abbreviaturen des Lebensbaumes bekäme im Zusammenhang mit der Kreuzigung Gewicht. Die fehlerhafte Montage könnte im Zusammenhang der Reparatur des unteren Kreuzendes geschehen sein. Nicht geklärt bleiben so die gravierten Büsten unterhalb der Arme Christi, die jedoch vielleicht nicht ursprünglich sind, wie die durchgehende Linie des Kreuzbalkens und eine weitere Qualitätsminderung (Hand des Johannes im Gegensatz zu den Händen Christi und Gottvaters) nahelegt.
Das Kreuz ist erst 1697 im Welfenschatz belegt. Es wird angenommen, daß es für das von den Brunonen im 11. Jahrhundert gegründete Cyriacusstift in Braunschweig angefertigt wurde und 1545, als dieses Stift zerstört wurde, zusammen mit anderen Gegenständen, nach St. Blasius kam.

Neumann 1891, Nr. 4, Abb. Vorder- und Rückseite. – von Falke/Schmidt/Swarzenski 1930, Nr. 16. – Kötzsche 1973, S. 28/29, Nr. 11. – Springer 1981, Nr. 16 (Lit.). – de Winter 1986, S. 59/60.

R.M.

D 54 Kreuzfuß (sogenanntes starkfarbiges Reliquiar)

Norddeutschland oder Dänemark, 1. Hälfte 12. Jahrhundert

Eichenholzkern; Kupfer; Grubenschmelz – H. 13,5 cm – B. 20,6 cm – T. 12,5 cm.

Berlin, Staatliche Museen – Preußischer Kulturbesitz, Kunstgewerbemuseum, Inv. Nr. W 16

Das hausförmige Kästchen mit flachem Walmdach, geschmiedet aus starken Kupferplatten, ist seit 1482 im Welfenschatz nachweisbar. Es zeigt in einer plakativen Farbigkeit auf dem Deckel die vier Evangelistensymbole und in der Mitte einen Adler (oder die Taube ohne Nimbus), auf der Wandung vorne den thronenden Christus in einer Mandorla mit zwei Engeln; begleitet von insgesamt elf Heiligen mit Büchern auf allen Wandungen. Diese stellen sicherlich die Apostel dar. Mitten in das Bild des Adlers auf dem Deckel ist ein großer Kugelknauf mit Schlitz montiert, der zur Aufnahme eines Kreuzes diente. Alle Kanten des Kästchens und das Bildfeld des Adlers sind mit kugelförmigen Schmucknieten besetzt, vier dieser Nieten des Deckels durch moderne Schrauben ersetzt, die den Deckel mit dem Holzkern verbinden [Lit.]. Dies läßt sich, laut Leihgeber, nicht verifizieren).

Das Kästchen gehört zu einer Gruppe von weiteren neun Kästchen bzw. Fragmenten davon, die untereinander sehr eng verbunden sind. Sie alle zeigen die auffälligen kugelförmigen Schmucknieten oder Reste davon und kombinieren wenige christliche Themen – Geburt Christi und Kreuzigung, Maiestas Domini, stehende Heilige oder Apostel –, die jedoch keine narrativen Zyklen ergeben (Ausnahme: Kästchen in Montecassino). Die Figuren sind ungelenk und flächenhaft gebildet. Auch die Anpassung der Vorlagen an das jeweilige Bildformat gelingt nicht immer, wie z.B. das Berliner Kästchen zeigt: Nur der thronende Christus, der Heilige links von ihm, die Heiligen der Rückseite und der Adler des Deckels sind mit Füßen dargestellt; alle anderen, einschließlich der Evangelistensymbole, sind in Schienbeinhöhe beschnitten. Die Farben, Dunkelblau, Mittelblau, Weiß, Gelb, Rot und Grün, sind ohne Schattierungen und Abstufungen nebeneinander gesetzt; es wird nur selten der Versuch unternommen, durch farbige Tupfen eine Auflockerung zu erreichen (Kästchen im British Museum). Die Lokalisierung zwischen Norddeutschland und Dänemark, die aufgrund alter Provenienzen einiger Stücke vorgeschlagen wurde, ist heute allgemein gültig.
Die Funktion des Berliner Kästchens als Kreuzfuß ist

durch den Knauf im Deckel relativ eindeutig. Dem widerspricht nicht, daß im Innern des Kästchens sich heute noch Reliquien befinden (Lit.). Ein verwandtes Kästchen in Kopenhagen zeigt noch das ursprünglich zugehörige Kreuz, das Londoner Kästchen jedenfalls einen Einsteckschlitz. Für die Kästchen in Hildesheim und Cleveland ist jüngst ebenfalls die Verwendung als Kreuzfuß wahrscheinlich gemacht worden (Stratford 1993). Die anderen Exemplare der Gruppe sind durch Kunsthandel oder durch Restaurierungen stark verändert oder wurden bislang nicht entsprechend, z. B. mit Röntgenstrahlen, untersucht.

Es hat also den Anschein, daß alle Kästchen dieser Gruppe ursprünglich mit einem Kreuz versehen waren und als Kreuzfüße dienten, einige, wie das Berliner Stück, auch als Reliquiare. Daraus kann jedoch nicht geschlossen werden, daß diese Kreuzfüße gleichzeitig Tragaltäre mit abnehmbarem Kreuz gewesen seien (zuletzt Stratford 1993). Für das Berliner Kästchen scheidet dies durch die Dachform von vornherein aus; für die anderen Kästchen ist festzuhalten, daß der auch für einen Tragaltar notwendige Altarstein fehlt, eine emaillierte Figur Christi kann diesen nicht ersetzen. Hinzu kommt, daß Altarkreuze für die Feier der Messe zwar im Verlauf des 11. Jahrhunderts üblich werden, jedoch bis ins 16. Jahrhundert nicht vorgeschrieben sind; es gibt also keine Notwendigkeit, ein Kreuz auf einem Tragaltar anzunehmen bzw. nur aus der Existenz eines Kreuzes auf die Funktion eines Tragaltars zu schließen. Wahrscheinlich hatten die Kästchen nur die Funktion eines Kreuzfußes und vielleicht eines Reliquiars. Für die Meßfeier wurden sie auf den Altar gestellt, wie es für die Reliquien die *Admonitio synodalis* von Papst Leo IV. (847/855) formuliert.

Neumann 1891, Nr. 27. – von Falke/Schmidt/Swarzenski, 1930, Nr. 23. – Kötzsche 1973, S. 39/40, Nr. 17. – Springer 1981, Nr. 12 (Lit.). – Stratford 1993, Nr. 25, bes. S. 113–115 (Lit.).

R. M.

D 55 Klappaltärchen aus dem Welfenschatz

Deutschland, Mitte 13. Jahrhundert, und wohl Braunschweig, 1. Hälfte 14. Jahrhundert

Tabernakel und Flügel Silber, gegossen, gestanzt und vergoldet; Ständer Silber, getrieben; Elfenbeinstatuette der Madonna mit Resten alter Fassung und Vergoldung – H. (gesamt) 16,3 cm – H. (Statuette) 3,4 cm.

Berlin, Staatliche Museen – Preußischer Kulturbesitz, Kunstgewerbemuseum, Inv. Nr. W 37

Die Teile des Klappaltärchens stammen aus unterschiedlichen Zeiten. Den in die Mitte des 13. Jahrhunderts datierbaren Kern bildet ein Tabernakel mit einem Kreuzgewölbe auf vier gewirtelten Säulchen. Das viergiebelige Dach wird von einem übereck gestellten Türmchen bekrönt. Die im Tabernakel geborgene Madonna sitzt streng frontal auf einer niedrigen Bank. Sie stammt ebenfalls aus der Mitte des 13. Jahrhunderts, wie ihr spezielles Sitzmotiv anzeigt. Die streng vertikal geführten Unterschenkel tragen dazu bei, den Körper als zwei im Umriß geschlossene Blöcke von Ober- und Unterkörper zu sehen. Diese retrospektive Gestaltungsweise wurde mit den Apostelfiguren des Eleutherius-Schreins in Tournai 1247 verglichen (vgl. Kat. Köln 1972, Nr. M 11 [Anton von Euw]). Weiterhin fallen bei der Statuette andere steife, teilweise starre Motive auf, wie die Armhaltung Mariens, deren linker Arm gerade nach vorne geführt ist, mit einer rechtwinklig abgeknickten Hand, die einen Apfel hält, oder der Sitz des Kindes quer zur Körperachse Mariens ohne Blickkontakt zur Mutter. Darin wurden Merkmale einer stilistischen Übergangszeit in der Mitte des 13. Jahrhunderts gesehen. Schwerer als die Frage nach der zeitlichen Einordnung gestaltet sich die nach der Lokalisierung. Der Vorschlag, die Elfenbeinfigur direkt als Werk aus Frankreich zu betrachten, scheint abwegig. Auch die Annahme, die Statuette sei unter französischem Einfluß im Maasgebiet entstanden, führt nicht weiter. Den gelängten mosanen Madonnengestalten fehlt die Massigkeit des Berliner Figürchens (vgl. etwa die thronende Muttergottes des Schnütgen-Museums: Bergmann 1989, S. 182–185, Nr. 28). Auch der Gedanke einer Fertigung am Mittelrhein, in Koblenz, wurde von Schönberger bereits im Ansatz verworfen. In diesem Zentrum entstanden um die Mitte des 13. Jahrhunderts eine Reihe von Holzmadonnen, (vgl. Bergmann 1989, S. 177–180, Nr. 25 f.; Kat. Nürnberg 1992, S. 77–80), in denen das frontal ausgerichtete hierarchische Sitzmotiv mit einem unruhigen Gewandstil verknüpft ist. Die Berliner Madonna wäre nur im Gesichtsschnitt und in der Führung des gezackten Kopftuchs mit diesen Skulpturen zu vergleichen. Nicht zuletzt sollten auch westfälisch-niedersächsische Madonnen betrachtet werden, die oftmals mit wenigen Parallelfalten beim Madonnenmantel eine ähnlich schematische Formulierung erkennen lassen (vgl. Klack-Eitzen 1985).

Alle diese Vergleiche führen letztlich zu keinem schlüssigen Ergebnis. Zwar existieren noch weitere deutsche Elfenbein-Madonnen des 13. Jahrhunderts, doch sind sie wie das Hamburger Beispiel früher entstanden und deshalb zum Stilvergleich nicht geeignet.

Die geringe Größe dieser Madonnenfigürchen spricht für einen privaten Gebrauch im Rahmen der persönlichen Marienverehrung. Eine derartige Funktion dieser Marienbilder belegt die Vita der hl. Hedwig von Schlesien (†1243): »Unter allen Heiligen aber verehrte sie, wie es sich ziemt, die Mutter des Herrn; deshalb trug sie immer ein kleines Bildnis von ihr bei sich, dieses nahm sie oft heraus und trug es in den Händen, aus Liebe wollte sie es öfters ansehen.« (zitiert nach Joseph Gottschalk, Hedwig von Andechs – Herzogin von Schlesien, Freiburg 1982, S. 73). Wegen seiner Kostbarkeit wurde von hochgestellten Persönlichkeiten als Material für die Statuetten Elfenbein bevorzugt. Eine zeitgenössische Nachricht zu den Jahren 1251/53 besagt z.B., daß Königin Eleanor von England, Gemahlin König Heinrichs III. – eines Vetters Kaiser Ottos IV. –, Elfenbein zur Herstellung von Bildern erwarb (vgl. Stratford 1987, S. 107).

Wem die Berliner Statuette des Welfenschatzes zur frommen Andacht gedient hat (einem Mitglied der Welfenfamilie ?), bleibt nur zu vermuten. Durch einen Umbau, die Einfügung eines Reliquienfachs an der Basis des Tabernakels und die Hinzufügung eines Standfußes, wurde im 14. Jahrhundert die Funktion verändert. Neu angebracht wurden auch die Klapptüren, auf deren Innenseiten gestanzte – eine in Niedersachsen im 13. Jahrhundert weitverbreitete, später aber nicht mehr aktuelle Technik – Figuren aufgelötet sind: Engel, Oranten, weitere stehende Gestalten und Christus als Weltenrichter. Das Figurenprogramm erscheint in Ikonographie und Stil uneinheitlich. Auf den Außenseiten der Türen stehen Heiligennamen zur Bezeichnung der geborgenen Reliquien: Apostel Andreas, Mauritius, Blasius, Georg und Jungfrau Clara. Die Form der Buchstaben ergibt keine Datierungshinweise. Die letztere Heilige wurde jedoch erst 1255 kanonisiert, was zumindest einen Terminus post quem ergibt. Mit der Veränderung im 14. Jahrhundert wurde das Tabernakel aus der privaten Sphäre herausgelöst und einer liturgischen Verwendung zugeführt. Als Reliquiar wurde es, wie generell üblich (vgl. etwa die Ausschmückung des Hochaltars des Magdeburger Doms: Kroos 1989, S. 91), auf einem Altar an bestimmten Festtagen ausgesetzt. Die einzigen Altäre der Blasiuskirche, die einen der auf den Außenseiten der Flügel des Reliquienaltärchens genannten Heiligen – außer dem Hauptpatron Blasius – als (Mit-)Patron besitzen, sind der Altar der Andreas-Kapelle, 1334 gegründet, und der Georgs-Altar, zu dem 1335 eine Vikarie fundiert wurde. Die frühesten Nachweise zu diesen beiden Altären liegen also in der ersten Hälfte des 14. Jahrhunderts, in der auch der Umbau des Tabernakels erfolgte. Zusätzlich muß darauf verwiesen werden, daß der Altar der Andreas-Kapelle zwar von einem Kanoniker des Blasiusstifts gegründet wurde, aber zur Meßlesung für die Gründerfamilie und die welfischen Herzöge dienen sollte.

Schönberger 1967. – Kötzsche 1973, Nr. 40, S. 79f. (Lit.). – Boockmann 1993, S. 48f., Nr. 26.

J.L.

D 55

D 56 Olifant

Unteritalien, 11. Jahrhundert

Elfenbein mit Resten farbiger Fassung (Rot und Grün) und Vergoldung – Fassungsreste jeweils zwischen den beiden Querringen und an ihrem äußeren Rand sowie am Randstreifen der Mündung; auf den beiden von den Querringen eingefaßten Streifen jeweils an einer Stelle mehrere Nagellöcher; Längsrisse; in den Vertiefungen graue Ablagerungen – größte L. 58 cm – Dm. der Schallöffnung 12 x 13 cm.

Braunschweig, Herzog Anton Ulrich-Museum, Inv. Nr. MA 107

Reliefs: Querstreifen beim Mundstück: Vogel und Löwe. Querstreifen bei der Mündung: Zwei heraldisch angeordnete Hirsche über einem Freßkorb oder Trinkgefäß. Daran anschließend nach rechts ein Löwe, ein Vogel und ein Elefant. Hintergrund des Streifens mit Blattranken besetzt. Ähnliche Blattranken an den vier Querringen. Am Corpus 15 reliefierte Längsstreifen: auf der kurzen Längsachse ein breiter Streifen mit zwei schlangenartigen, hundsköpfigen

D 56

Fabeltieren; die wellenförmig geschwungenen Körper spiegelbildlich angeordnet und sich im Wechsel überschneidend. Hintergrund ebenfalls mit Blattranken besetzt. Im oberen und unteren Zwickelfeld je ein Vogel, im zweiten von oben ein Adler. Beiderseits des breiten Streifens jeweils zweimal zwei Streifen in der Abfolge Tiere, Blattranken. Die restlichen sechs Streifen mit Tieren. In bezug auf die Standlinie der Tiere asymmetrische Aufteilung zu je zwei und je vier Streifen. Tierdarstellungen: Vögel, Hunde, Jagd- und Fabeltiere. Körper der Tiere im Streifen links des breiten Streifens mit Blattranken, die der übrigen mit halbmondförmigen Einkerbungen verziert.

Der Olifant ist in einem 1753 datierten Inventar des von Herzog Carl in Braunschweig eingerichteten Herzoglichen Kunst- und Naturalienkabinetts nachweisbar. In der neuesten Forschung wird er mit dem Olifanten gleichgesetzt, der in dem jüngst wiederentdeckten Inventar der Salzdahlumer Kunst- und Naturalienkammer verzeichnet ist. Der Inventareintrag lautet: *Das Horn des Heiligen Blasii. Es soll das original, hingegen dasjenige, so in der braunschweigischen Dom Kirchen gezeiget wird, nur eine Copey davon seyn.* (Kat. Braunschweig 1994b, Cat. 223, S. 33). 1705 wurde der Olifant in der Herzoglichen Kunst- und Naturalienkammer der Bibliothek in Wolfenbüttel aufbewahrt. Leonhard Christoph Sturm bezeichnet ihn in seiner Beschreibung der Wolfenbütteler Kunst- und Naturalienkammer als ein *Alt geschnitzt Horn so vor diesem unter des Stiffts Blasii zu Braunschweig Reliquien auffbehalten worden.* Es ist nicht ausgeschlossen, daß Herzog Anton Ulrich, der Mitbegründer der Wolfenbütteler Kunst- und Naturalienkammer, außer den in der Literatur nachgewiesenen Stücken, auch den Olifanten dem Welfenschatz entnommen hat (Neumann 1891, S. 36f.; vgl. Kat. D 57).

Alter Bestand der Herzoglichen Sammlungen.

Sturm 1705, S. 142. – Herzogliches Museum, Die Sammlung mittelalterlicher und verwandter Gegenstände, Braunschweig 1879, S. 92–95. – Herzogliches Museum, Nachtrag zum Verzeichnis der Sammlung mittelalterlicher und verwandter Gegenstände, Braunschweig 1884, S. 131. – Herzogliches Museum, Führer durch die Sammlungen, Braunschweig 1887, dass. 1891, dass. 1897, Erdgeschoß, 2. Sammlung der mittelalterlichen und verwandten Gegenstände, Nr. 107. – von Falke 1929, S. 516, Abb. 9, S. 517. – Scherer 1931, S. 31. – Kühnel 1959, S. 45, Abb. 18. – Hedergott 1981, S. 5f., Nr. 5–6. – de Winter 1986, S. 171, Nr. 10, Farbabb. S. 78. – Lademann 1993, S. 18–20, Abb. 1–5, S. 16–19. – Kat. Braunschweig 1994b, S. 14f., S. 33, Cat. 223, S. 43f.

A. Wa.

D 57 Olifant

Herkunft und Datierung unbestimmt

Elfenbein – in den Vertiefungen des Reliefs geschwärzt – L. 51 cm – Dm. 11,5 × 9,8 cm.

Braunschweig, ehemalige Stiftskirche St. Blasius, Leihgabe im Herzog Anton Ulrich-Museum, Inv. Nr. MA L5

Corpus im Querschnitt 13-eckig. Die zweimal zwei Querringe mit geschnitzten Weinranken verziert.

In seiner 1753 erschienenen Reisebeschreibung erwähnt Zacharias Conrad von Uffenbach den Olifanten, den er

Ende 1709 beim Besuch der Braunschweiger Stiftskirche St. Blasius gesehen hatte: *In der Sacristey sahen wir ... das Horn des St. Blasii. Es ist beynahe zwey Spannen lang, von einem Elephanten-Zahn sehr sauber polirt, und hat unten und oben zwey Reiffe.* Im Inventar der Salzdahlumer Kunst- und Naturalienkammer, das nach 1746 abgefaßt wurde, wird der Olifant als Kopie des dort aufbewahrten Exemplars bezeichnet (vgl. Kat. D 56). Somit ist für diese beiden Stücke seit dem Beginn des 18. Jahrhunderts die Bezeichnung »Blasiushorn« sowie ihr ursprünglicher Aufbewahrungsort in der Blasiuskirche quellenmäßig belegt. Zusammen mit dem nach Cleveland verkauften Exemplar (von Falke/Schmidt/Swarzenski 1930, S. 112. – de Winter 1986, Abb. S. 78.) sind folglich drei Olifanten erhalten, die mit ziemlicher Sicherheit aus dem Reliquienschatz der Welfen stammen. Nicht geklärt ist, welcher davon mit dem im Inventar von 1482 verzeichneten Stück (Niedersächsisches Staatsarchiv Wolfenbüttel, VII B Hs 166, S. 31; vgl. Kat. D 47) zu identifizieren ist. Ebensowenig läßt sich der Beschreibung Herzog Ferdinand Albrechts entnehmen, welche Stücke er 1658 in der Braunschweiger Stiftskirche gesehen hat (*... zweene elffenbeine grosse iägerhorner, die der S. Blasius, in dessen ehr vnd S. Joh. Baptistae Henr. Leo die kirch erbauen lassen, der ein iäger gewest, gebraucht, ...,* zitiert nach Neumann 1891, S. 330).

Braunschweig, ehemalige Stiftskirche St. Blasius; 1976 dem Museum zur Ausstellung in der Burg Dankwarderode überlassen.

von Uffenbach 1753, S. 282. – Görges 1820, S. 46. – Herzogliches Museum, Nachtrag zum Verzeichniss der Sammlung mittelalterlicher und verwandter Gegenstände, Braunschweig 1884, S. 131, Nr. 107.
Zu Inv. Nr. MA 107: Braunschweig 1909. Dom St. Blasii in Braunschweig. Hrsg. von Fritz Geibel u. Julius Krampe [Kalender], Bild 8. – Inv. Stadt Braunschweig 1926, Nr. 16, S. 13. – Kat. Braunschweig 1994b, S. 44.
Zur Bedeutung der Olifanten: MacKinnon Ebitz 1986, S. 123–141; vgl. auch die Katalogbeschreibungen zu acht Olifanten, in: Kat. Berlin 1989, Nr. 3/11 bis 3/18, S. 537–541.

A. Wa.

D 58 Armreliquiar des hl. Valerius

Niedersachsen (Braunschweig ?), 2. Hälfte 12. Jahrhundert

Lindenholz – Wurm- und Nagellöcher, Nägel der ehemaligen Metallbeschläge – H. 55,5 cm.

Hannover, Kestner-Museum, Inv. Nr. WM XXIa, 1

Das Armreliquiar aus dem Schatz der Goldenen Tafel des Michaelisklosters in Lüneburg zählt zu den sogenannten redenden Reliquiaren, die mit ihrer äußeren Form über ihren Reliquieninhalt Auskunft geben. Erhalten hat sich nur der Holzkern, welcher nach den Zeichnungen und Beschreibungen Ludwig Albrecht Gebhardis (*1735, †1802) ehemals mit teilweise vergoldetem Silberblech beschlagen war. Die Ärmelsäume zierten breite Goldborten, besetzt mit Filigran, Edelsteinen, Perlen und Glasflüssen. In den eingetieften Rundbogenfeldern des viereckigen Sockels befanden sich gestanzte Silberreliefs mit thronenden Heiligenfiguren: Christus auf dem Regenbogen in der Mandorla, Petrus, Valerius und ein unbekannter Heiliger. Die Rahmung der Reliefs sowie der schräge Gewandsaum auf der Rückseite des Arms war mit einem damals weitverbreiteten niellierten Rautenmuster geschmückt. Erst 1792 ging diese kostbare Ausstattung des Reliquiars, welche sich

D 57

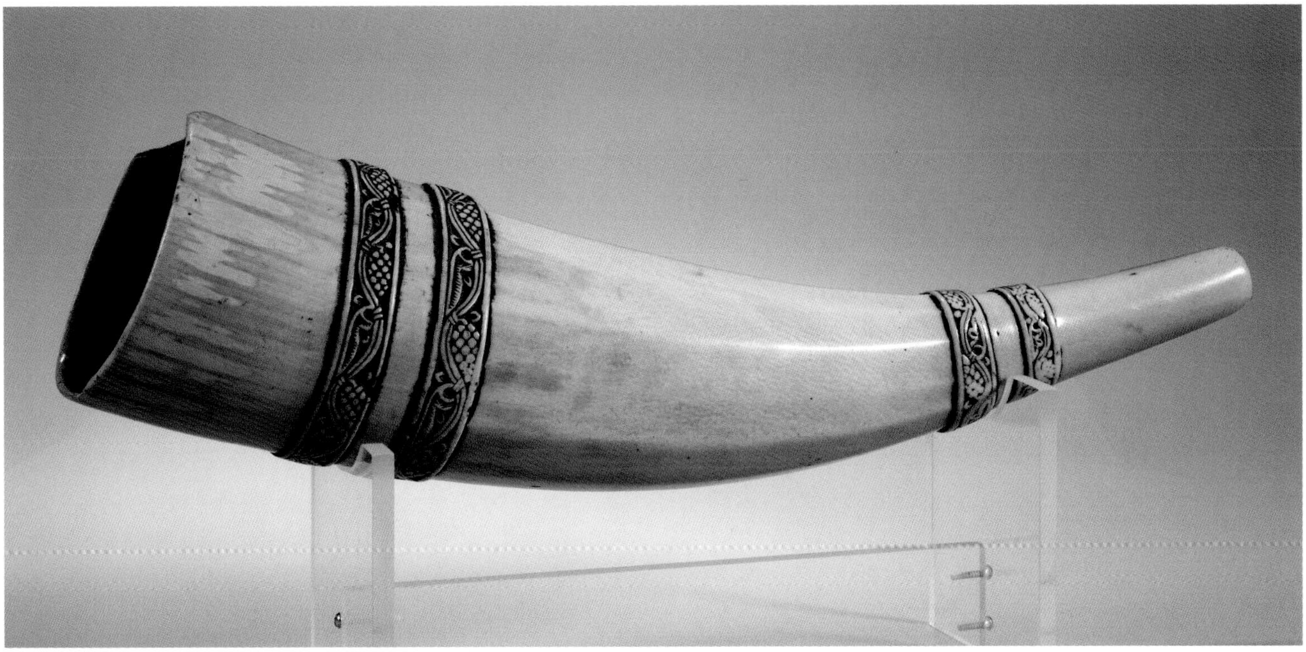

D 58

durch ihre Vielfalt künstlerischer Techniken auszeichnete, durch Verkauf verloren. Daß der Arm zum ursprünglichen Bestand des Schatzes der Goldenen Tafel gehörte, zeigt die in einer Kopie überlieferte Inventarzeichnung (Kat. D 48) aus dem 15. Jahrhundert, auf welcher er als *brachium argenteum* (silberner Arm) bezeichnet wird. Danach hatte er im Schrein des Hochaltars von St. Michaelis, zusammen mit dem in Typus und Schmuck gleichartig gestalteten Armreliquiar des hl. Pancratius, in den Fächern links von der Mitteltafel Aufstellung gefunden. Die außergewöhnliche bildkünstlerische Gestaltungsweise des Sockels stellt den Valerius-Arm wie auch den des hl. Pancratius unmittelbar dem Armreliquiar des hl. Theodorus aus dem Welfenschatz (Berlin, Staatliche Museen zu Berlin – Preußischer Kulturbesitz, Kunstgewerbemuseum, Inv. Nr. W 20) an die Seite. Auf seiner Standfläche trägt dieser die Inschrift DUX HEINRICUS ME FIERI IVSSIT AD HONOREM DEI (Herzog Heinrich ließ mich zur Ehre Gottes anfertigen), so daß man auch für das Lüneburger Reliquiar Heinrich den Löwen als Stifter annehmen kann. Daß der Herzog offenbar eine Vorliebe für diese Reliquiarform hegte, darauf deuten zwei weitere Reliquienarme im Welfenschatz und zwei im Domschatz in Minden, welche mit ihm in Verbindung gebracht werden. Aufgrund von Übereinstimmungen in ihren ornamentalen Schmuckformen könnten alle in derselben Werkstatt in Auftrag gegeben worden sein, die ihren Sitz vielleicht in Braunschweig hatte.

Aus der ehemaligen Benediktiner-Abteikirche St. Michaelis zu Lüneburg; 1792 Museum der Ritterakademie, Lüneburg; 1861 Welfenmuseum; 1954 als Leihgabe übernommen.

Stuttmann 1937, Nr. 8. – Kötzsche 1973, S. 41f. – Michael 1986, Nr. 3. – Boockmann 1993, S. XXI, S. XXVIII. – Marth 1994, S. 11f.

B. B.

D 59 Armreliquiar des hl. Blasius

Braunschweig, vor 1077

Holzkern, ausgehöhlt; Goldblech; ehedem bis zu 20 Ringe nachweisbar, einige mit Inschriften; 1 Kamee, 8 Gemmen, Perlen – H. 51,3 cm.

Braunschweig, Herzog Anton Ulrich-Museum, Inv. Nr. MA 60

Das halbmeterhohe schlanke Armreliquiar des hl. Blasius besticht durch vornehme Eleganz und durch seinen materiellen Wert. Das dünne Goldblech wird von einem Holzkern in Form eines Unterarms mit geöffneter Hand getragen, auf dem es mit kleinen Nägeln befestigt ist. Die nach oben weisenden parallel gelegten Finger führen keine spezielle Handgebärde vor Augen, dürfen aber trotzdem im allgemeinen Sinne als Segensgebärde verstanden werden. Die Finger sind über und über mit heute noch insgesamt 16 Ringen geschmückt. Überhaupt hat der Künstler der Hand dieses Armreliquiars der Oberflächenmodulation hohe Aufmerksamkeit gewidmet, wofür besonders auf den Handrücken hingewiesen sei. Drei Borden zieren die ansonsten ganz glatte Oberfläche des pfeilerartigen Unterarms. Sowohl die parallel verlaufenden Zierborden am Handgelenk und am Sockel als auch die diagonal über die Vorderseite geführte Schmuckleiste sind mit Perlen, Edelsteinen und antiken geschnittenen Steinen geschmückt. Zwischen die einfachen Kastenfassungen fügt sich zartes Filigran. Der Verzicht auf die Andeutung von Faltenstrukturen und die dafür gewählte glatte Außenfläche des Unterarms wirken abstrakt. Wohl deshalb fällt es schwer, irgendeine Umsetzung liturgischer Gewandung in den Zierborden zu erkennen. Trotz der extremen Schlankheit des Goldarms sorgt kein Sockel für Standfestigkeit, was

im Vergleich mit anderen späteren Armen bewußt wird. Auffällig betont ein antiker Sardonyx mit der Profildarstellung einer behelmten Athena die Mitte der unteren Borde; acht hochformatige Gemmen zieren das Handgelenk. Die Inschrift auf der verborgenen ovalen Sockelplatte benennt den Inhalt des goldenen Gefäßes und seine Stifterin:
BRACHIV(m) S(an)C(t)I BLASII M(artyris) HIC INTVS HABETVR INTEGRVM – GERTHRVDIS HOC / FABRICARI FECIT (Der Arm des hl. Märtyrers Blasius ist hier innen unversehrt verwahrt. Gertrud ließ dies anfertigen).

Waren die Patrone der brunonischen Stiftskirche noch die Heiligen Peter und Paul, so setzt sich der hl. Blasius – obwohl schon im Hauptaltar der brunonischen Stiftskirche (*Notitia dedicationis altarium*, vgl. Döll 1967, S. 27) und auch im Armreliquiar Blasius-Reliquien für Braunschweig bezeugt sind – erst im 12. Jahrhundert durch, verdrängt sodann sogar die Apostelfürsten als Patrone. Fortan entfaltet sich ein reicher Kult und eine entsprechend kontinuierliche lokale Blasius-Ikonographie. Von seiner Pilgerfahrt nach Jerusalem bringt Heinrich der Löwe 1173 eine weitere wichtige Blasius-Partikel zurück (Kat. D 85).

Das Blasius-Armreliquiar ist nicht nur das einzige am Ort seiner Entstehung verbliebene Reliquiar der sogenannten Gertrudis-Gruppe, sondern auch dasjenige Werk, welches mit seiner Schreibweise des Namens der Stifterin GERTHRVDIS statt GERDRVD bzw. GERDRVDIS abweicht. Seit 1930 befinden sich die drei anderen Werke – das Ludolf- und Gertrud-Kreuz und der Tragaltar der Gertrud – in Cleveland (Bd. 2, Abb. 120, 386–88).

Über das Verhältnis dieser Goldschmiedewerke untereinander sowie über den Ort ihrer Entstehung vor dem Hintergrund der Mobilität der Goldschmiede und den zeitüblichen Praktiken adliger Auftragsvergabe wird augenblicklich von Michael Peter und Hiltrud Westermann-Angerhausen erneut intensiv geforscht.

Nötig erscheint zugleich eine differenzierte Betrachtung der Armreliquiare als sogenannte redende Reliquiare: Die Beschaffung einer Armreliquie zeigt ein Bild der *Vita Mathildis* des Donizo (Bd. 2, Abb. 199). Der Umgang speziell mit Armreliquiaren in Liturgie und Reliquienfrömmigkeit kann durch zahlreiche Darstellungen illustriert und durch mannigfache Schriftquellen historisch differenziert dargestellt werden. Immer schon überraschte die Vielzahl der Armreliquiare im Stiftsschatz von St. Blasius: Dem Arm des hl. Blasius folgen zeitlich dasjenige des hl. Sigismund sowie das von Heinrich dem Löwen gestiftete Theodorus-Armreliquiar. Durch die Mehrzahl gleichartiger Gefäße ließen sich für die jeweiligen Zeremonien eindrucksvolle liturgische Hierarchien bilden. Bei den heute noch vorhandenen 16 Fingerringen handelt es sich um Dedikationen an den hl. Blasius.

D 59

Das kostbare Einzelgefäß für eine exklusive Reliquie – den Arm *(brachium integrum)* des hl. Blasius – hat in Braunschweig eine erstaunliche Geschichte und glanzvolle Karriere hinter sich. Als sichtbarer Promoter einer Patrozinienänderung ward dem Blasius-Armreliquiar schon früh eine stetig wachsende Wertschätzung zuteil, ja, es avancierte sozusagen zum Hausreliquiar der Braunschweiger Welfen. Als im 17. Jahrhundert der Schatz des ehemaligen welfischen Kollegiatstifts nach Hannover ausgeliefert werden mußte, verblieb es als Hüter brunonischer Memoria am Ort seiner jahrhundertelangen Wirksamkeit.

1482 im *Registrum in quo conscripte sunt reliquie que habentur in ecclesia sancti Blasii* auf pag. 30 verzeichnet. 1671 nach der Unterwerfung der Stadt Braunschweig durch Herzog Rudolf August blieb dieses Reliquiar im Dom. 1829 aus St. Blasius in das Herzogliche Museum.

Neumann 1891, S. 27, 32, 39, 322f., 331, 349. – Swarzenski 1932, S. 326f. – Hedergott 1981, S. 7f. – Gosebruch 1979. – Corbet 1991. – Schulze-Dörrlamm 1991, S. 83ff. – Bänsch 1993, S. 128f. – Boockmann 1993, Nr. 5, S. 8–9. – Franz Niehoff (in Vorbereitung).

F.N.

D 60 Armreliquiar, sogenannter Apostelarm

Niedersachsen, Ende 12. Jahrhundert

Eichenholzkern; Silberblech, getrieben und vergoldet; Grubenschmelz – Treibarbeit rissig und teilweise verdrückt, Schmelzwerk teilweise verloren – H. 51 cm.

Cleveland (Ohio), The Cleveland Museum of Art, Acc. No. 30.739.

Das Armreliquiar, das wegen der Darstellung des Apostelkolloquiums auf der Abschlußborte auch als Apostelarm bezeichnet wird, gehört zu den Teilen des Kirchenschatzes von St. Blasius, die 1671 in die Hannoversche Schloßkirche überführt wurden und in den dreißiger Jahren unseres Jahrhunderts als sogenannter Welfenschatz in den Kunsthandel gelangten. Im ältesten Inventarverzeichnis der Braunschweiger Stiftskirche von 1482 wird der Apostelarm noch nicht aufgeführt, so daß man nicht mit Sicherheit entscheiden kann, ob er etwa schon von Heinrich dem Löwen in Auftrag gegeben wurde oder erst sehr viel später in die Stiftskirche gelangte.

Unter den zahlreichen Armreliquiaren des Welfenschatzes ist ihm im künstlerischen Rang nur noch der Reliquienarm des hl. Laurentius (Bd. 2, Abb. 395) an die Seite zu stellen. Ebenso wie der Apostelarm zeigt auch das Laurentius-Reliquiar am Sockel figürliche Darstellungen, allerdings nicht in halbkreisförmiger Rahmung. Dieses Motiv findet man an rheinischen Reliquienarmen, wie den beiden aus St. Gereon in Köln. Verglichen damit wird aber deutlich, daß die beiden Armreliquiare aus dem Welfenschatz in einen eigenen künstlerischen Zusammenhang gehören, wobei der Schmuck des Laurentius-Arms mit aufwendiger Niellierung ganz auf graphische Wirkung anglegt ist, während sich der Apostelarm mit seinem plastischen Volumen wie das Werk eines Bildhauers ausnimmt. Nicht von ungefähr sind seine Treibarbeiten mit den Stuckreliefs der Chorschranken von St. Michael in Hildesheim und denen in der Halberstädter Liebfrauenkirche verglichen worden.

Für die von Ranken umspielten Bildnismedaillons hat man auf byzantinische Goldschmiedearbeiten wie die Weihbrotschale im Domschatz von Halberstadt verwiesen. Solche Stücke mögen der niedersächsischen Goldschmiedewerkstatt, die das Armreliquiar verfertigt hat, durchaus bekannt gewesen sein. Andererseits ist daran zu erinnern, daß Medaillonranken in der zweiten Hälfte des 12. Jahrhunderts verschiedentlich in der niedersächsischen Buchmalerei begegnen.

von Falke/Schmidt/Swarzenski 1930, S. 76f., 153, Nr. 30. – Swarzenski 1932, S. 326–339, 380f. – Kat. New York 1970, Nr. 110. – Sauerländer 1971, S. 515f. – de Winter 1985, S. 87f., 151.

◁ D 59

M. Br.

D 61 Armreliquiar des hl. Georg

Braunschweig, um 1350

Zedernholzkern; Silberblech, getrieben, gestanzt, graviert, vergoldet; Edelsteine, Glasflüsse (z. T. foliiert) – H. 55,3 cm.

Berlin, Staatliche Museen – Preußischer Kulturbesitz, Kunstgewerbemuseum, Inv. Nr. W 33

Mit diesem im Inventar des Welfenschatzes als *Brachium multum preciosum sancti Georgii* verzeichneten Reliquiar gelangt die seit der Brunonin Gertrud greifbare und durch zahlreiche Armreliquiarstiftungen aus der Zeit Heinrichs des Löwen verstärkte Tradition dieses Reliquiartyps in St. Blasius zu einem späten Höhepunkt. Herzog Albrecht von Braunschweig-Göttingen, Bischof von Halberstadt (1324–1358), schenkte es um die Mitte des 14. Jahrhunderts in den Kirchenschatz. Daß es sich bei der durch ein Schmuckgitter sichtbaren Reliquie um einen in roten Seidenstoff gehüllten Armknochen des hl. Georg handelt, darauf verweist das Attribut des Heiligen, eine in Miniaturformat gebildete Lanze mit Brechscheibe, welche an der Handfläche befestigt ist. Auf der Rückseite eingraviert die Figur des Ritterheiligen, auf seinem Schild das Wappen der Herzöge von Braunschweig; daneben der hl. Blasius in bischöflichem Ornat, in seiner Rechten ein Schild mit dem Familienwappen der Rixa von Werle, der Mutter des Stifters. Die besondere Verehrung der beiden Heiligen Blasius und Georg im Hause der Welfen beruht auf einer weit zurückreichenden Überlieferung. Georg war der Patron der von Heinrich dem Löwen erbauten Burgkapelle, und unter den Reliquien, die er aus dem Heiligen Land mitgebracht hatte, soll sich auch eine Armpartikel des Heiligen befunden haben. Wie eine Nachricht aus dem späten 13. Jahrhundert belegt, wurden jährlich in dieser Georgskapelle feierliche Seelenmessen für die verstorbenen Welfenherzöge zelebriert. Die Kontinuität des Blasius-Kultes in Braunschweig läßt sich über das Patrozinium der von Heinrich dem Löwen neu errichteten Stiftskirche bis zur Schenkung des Blasius-Armreliquiars (Kat. D 59) durch die Brunonin Gertrud im 11. Jahrhundert zurückverfolgen. Wie aus der *Notitia dedicationis altarium* hervorgeht, waren auch bereits unter den Altarpatronen der alten Stiftskirche Georgius und Blasius vertreten. In welchem Maße die beiden als die besonderen Schutzheiligen des Herzogs und seiner Familie galten, zeigt das Krönungsbild im Evangeliar Heinrichs des Löwen, auf dem sie nebeneinander unter den Fürbittern des herzoglichen Paares vertreten sind.

Braunschweig, Stiftskirche St. Blasius; 1671 Hannover, Schloßmuseum; 1862 Hannover, Welfenmuseum; 1935 Berlin, Schloßmuseum, heute Kunstgewerbemuseum.

von Falke/Schmidt/Swarzenski 1930, Nr. 44. – Fritz 1966, Nr. 87. – Döll 1967, S. 27, 44–50. – Kötzsche 1973, S. 51 f., Nr. 32. – Kroos 1973. – Fritz 1982, S. 208, Abb. 180. – de Winter 1986, S. 124, Abb. 145, 146. – Hucker 1990, S. 606 – 610, bes. S. 609.

B. B.

2

D 62 Kreuzfuß

Westdeutsch, 2. Hälfte 11. Jahrhundert

Bronze mit Resten von Vergoldung; Eisen – H. 27,3 cm – B. 24,4 cm.

Hannover, Kestner-Museum, Inv. Nr. WM XXIa, 8

Der bronzegegossene Kreuzfuß ist das ikonographisch interessanteste Objekt des Schatzes der Goldenen Tafel. Verbildlicht ist, in einem komplizierten Aufbau und erläutert mit Beschriftungen, die Vorstellung, daß das Kreuz Christi über dem Grabe Adams errichtet und Adam als erster Mensch durch den Erlösungstod Christi vom Tode befreit wurde. So ist in der Mitte, direkt unter der Kreuzsäule, die von zwei als »Seraphim« und »Cherubim« bezeichneten Engeln gehalten wird, der sich aus seinem Sarkophag aufrichtende Adam dargestellt; die Inschrift am Sarkophag lautet übersetzt »Durch den Tod des neuen Adam (= Christus) wird Adam das frühere Leben wiedergegeben«. Die Säule, ein aus der antiken Triumphalsymbolik übernommenes Motiv, trug das verlorengegangene Kreuz.

Ausgehend von der Mitte des achtseitigen Untersatzes strömen die vier Paradiesesflüsse aus liegenden Kannen unter den schreibenden Evangelisten hindurch, als Wasserspeier gebildete Löwenköpfe dienen ihnen als Sitz. Dies ist ein Sinnbild des sich von der Weltmitte, vom Paradies, in die Welt ausbreitenden Evangeliums, wie auch hier eine Inschrift verkündet: »Das siegreiche Kreuz herrscht mit dem Zeichen weit und breit bis in den Himmel oben und in die Tiefen unten. Daher hat der goldene Sitz des Kreuzes vier Füße, den viergestaltigen Erdkreis der Herrschaft des Kreuzes zuschreibend.« Die Vorstellung des Paradieses als Weltmittelpunkt deuten auch die beiden Astansätze der Säule an, die den Engeln als Griffe dienen: Sie weisen auf den in der Mitte des Paradieses wachsenden Lebensbaum hin. Die Gleichsetzung des Kreuzes mit diesem Lebensbaum ist eine seit dem 2. Jahrhundert geläufige Vorstellung.

Ikonographisch hängt der Kreuzfuß eng mit einem im Churer Domschatz erhaltenen (Kat. G 17) zusammen, der in Sachsen zu lokalisieren und um 1130/40 zu datieren ist. Stilistische Verbindungen bestehen jedoch nicht. Der Hannoveraner Fuß ist in Aufbau und einigen Details, wie Krallenfüßen und Rankenmotiven, dem um 1000 entstandenen Siebenarmigen Leuchter in Essen ähnlich; die agilen, mit untergeschlagenen Beinen sitzenden Evangelisten, gekleidet in eng anliegende Gewänder und darüber kräftig auftragende Mäntel, erinnern an die Sockelfiguren der beiden silbernen Bernwardsleuchter (Kat. Hildesheim 1993, 1, Nr. VIII-32 [Michael Brandt]), so daß heute von einer Datierung ins 11. Jahrhundert ausgegangen wird. Dies findet Unterstützung von epigraphischer Seite, die die Inschriften nach Duktus und Buchstabenform ebenso datiert. Eine stilistisch präzise Einordnung steht bislang aus.

Der Kreuzfuß mit Kreuz wird wahrscheinlich zur ältesten Ausstattung von St. Michaelis gehört haben. Er ist aber erst nach dem Verlust des zugehörigen Kreuzes in den Schatz der Goldenen Tafel gelangt, d.h. zu den anderen Objekten in den Altarschrein gestellt worden, wo ihn Ludwig Albrecht Gebhardi 1766 verzeichnet. Daß er in den vorher erstellten Verzeichnissen nicht genannt wird, darf nicht verwundern, da er als liturgisches Gerät, ob mit oder ohne Kreuz, nicht dem Reliquienschatz zuzurechnen war.

Springer 1981, Nr. 3. – Michael 1986, Nr. 2. – Kat. Speyer 1992, S. 370, Nr. 3 (Mechthild Schulze-Dörrlamm). – Marth 1994, S. 20–22, Nr. 4 (Lit.).

R. M.

D 63 Emailliertes Reliquienkästchen

Niedersachsen (Braunschweig ?), um 1220/30 und rhein-maasländisch, 2. Hälfte 12. Jahrhundert

Holzkern; Kupferplatten mit Gruben- und Zellenschmelz, Braunfirnis; Bronzeguß – H. 9,4 cm – B. 15,7 cm – T. 7,5 cm.

Hannover, Kestner-Museum, Inv. Nr. WM XXIa, 9

Als *pixidis cuprea deaurata* (vergoldete Kupferbüchse) wird das Kästchen auf der Inventarzeichnung des 15. Jahrhunderts (Altarschrein, untere Reihe, 3. Fach von rechts) vom Schatz der Goldenen Tafel des Michaelisklosters in Lüneburg bezeichnet. In den Aufzeichnungen Ludwig Albrecht Gebhardis (*1735, †1802) findet es sich als ein *messingner mit Schmelz verzierter Kasten*, was seine Identifizierung und Zugehörigkeit zum ursprünglichen Bestand des Lüneburger Welfenschatzes bestätigt. Das Reliquiar wurde vermutlich um 1220/30 unter Verwendung älterer Emailplatten in einer Braunschweiger Goldschmiedewerkstatt angefertigt. Aus seiner Entstehungszeit stammen die Schauseite des Kästchens mit dem Urteil Salomos (?), die linke Schmalseite mit einer thronenden Heiligen und die in Braunfirnis gearbeiteten Plättchen der in vegetabiler

Ornamentik gehaltenen Rückseite sowie der rahmenden Wandungsleisten. Der zweiten Hälfte des 12. Jahrhunderts wird die rechte Schmalseite mit einem Heiligen am Altar, vielleicht Jakob bei der Altarweihe in Beth-El, zugerechnet und die mit lebendig bewegten Vogeldarstellungen und Ornamentmustern geschmückte Deckplatte. Letztere zeugt von unübertroffener Meisterschaft und wird hinsichtlich Komposition, Farbgebung, Stil und Technik übereinstimmend einem rhein-maasländisch geschulten Goldschmied zugeschrieben. In den Emails der Dachflächen des Heribert-Schreins in Köln-Deutz findet sich am ehesten Verwandtes, wobei die Tierdarstellungen des Kästchens darüber hinaus von englischen Bestiarien inspiriert sein könnten (Swarzenski). Auch die jüngeren Emails weisen Verbindungen zur westlichen Emailkunst auf. Für entscheidende Anregungen wird das sogenannte Artes-Liberales-Kästchen im Victoria and Albert Museum in London aus dem Ende des 12. Jahrhunderts herangezogen, welches nicht nur im Aufbau übereinstimmt, sondern auch im Figurenstil Vergleichbares aufzeigt. Ihre eingängige Erklärung finden diese Zusammenhänge in den engen verwandtschaftlichen Beziehungen der Welfen zum Haus der Plantagenêt. In den Reliquienschatz von St. Michaelis könnte das Kästchen durch eine Stiftung Ottos IV. oder seines Neffen Otto von Lüneburg gelangt sein, die sich beide dem Kloster gegenüber nachweislich als besondere Wohltäter erwiesen hatten.

Aus der ehemaligen Benediktinerabtei St. Michaelis zu Lüneburg; 1792 Museum der Ritterakademie, Lüneburg; 1861 Welfenmuseum; 1954 als Leihgabe übernommen.

Swarzenski 1932, S. 360–363. – Stuttmann 1937, Nr. 10. – Kat. New York 1970, Nr. 194. – Kat. London 1984, Nr. 287 (Neil Stratford). – Marth 1994, Nr. 5.

B. B.

D 64 Bergkristall-Lampe

Ägypten, 10./11. Jahrhundert

Bergkristall, Hochschnitt – H. 10,1 cm – B. 8,4 cm.

Hannover, Kestner-Museum, Inv. Nr. WM XXIa, 28a

Zum ursprünglichen Bestand des Schatzes der Goldenen Tafel gehörend, ist das Bergkristallgefäß gleichwohl von profanem Charakter. Wie an der Becherform und dem schmalen, zylindrischen Zapfen am Boden zu erkennen ist, handelte es sich ursprünglich wohl um eine Lampe. Solche Lampen wurden in Ampeln aus Bronze gesetzt, die die Form einer Scheibe mit runden Öffnungen hatten. Alle Inventarzeichnungen nennen das ›Gefäß‹, das mit Reliquien gefüllt und in Gold gefaßt war. Die Fassung wird

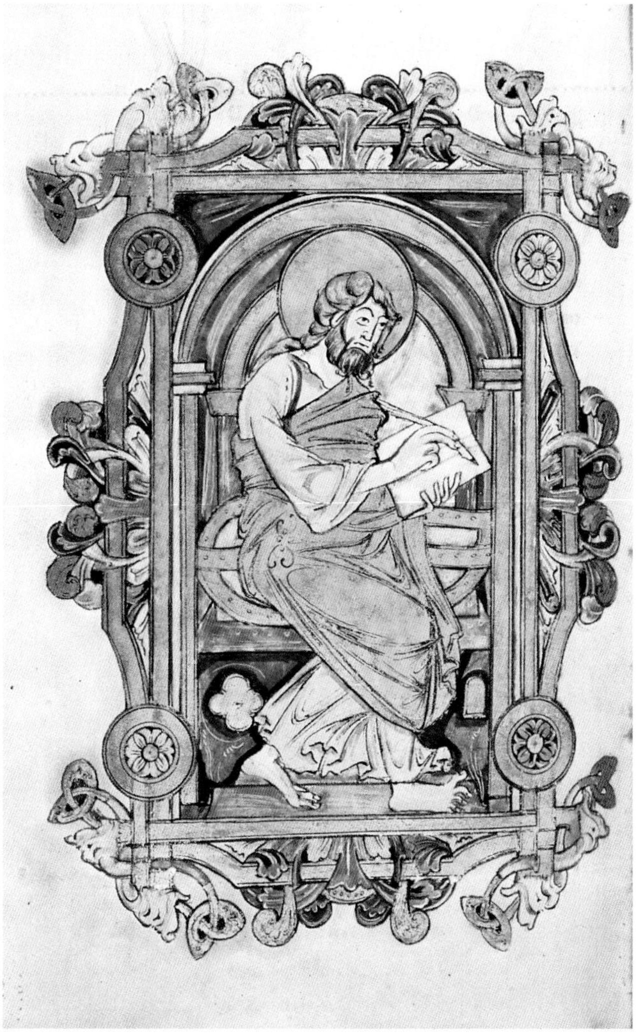

D 65

D 65

noch von Gebhardi erwähnt, sie ging also wahrscheinlich erst 1792 verloren.
Die Lampe ist in Ägypten entstanden, wo unter der Herrschaft der Fatimiden (969–1171) die Steinschneidekunst besonders im 10./11. Jahrhundert blühte. Die von dort stammenden Objekte wurden in der Regel aus einem Bergkristallblock oder auch aus Glas gefertigt und, wie bei der Hannoveraner Lampe, im aufwendigen Hochschnitt verziert, bei dem der Hintergrund weggeschnitten wurde, während das Motiv erhaben stehenblieb.
Wie die Lampe nach Lüneburg gelangte, ist nicht überliefert. Sie könnte von Heinrich dem Löwen von seiner Pilgerreise ins Heilige Land mitgebracht worden sein, was jedoch hypothetisch bleibt. Das Material Bergkristall, das in theologischer Deutung als Inbegriff von Reinheit und Glaubensstärke galt (vgl. Hahnloser/Brugger-Koch 1985, S. 10), machte solche Gefäße im Abendland zu hervorragenden Reliquienbehältnissen (vgl. Kat. D 87).

Niewöhner 1991, Nr. 13. – Marth 1994, S. 16 f., Nr. 18 (Lit.).

R.M.

D 65 Evangeliar, sogenannter Codex Eadwi

Canterbury, um 1010–1025

Pergament – Buchmalerei in Deckfarben; kolorierte Federzeichnungen – 194 Blätter – H. 22,5 cm – B. 16,5 cm.

Hannover, Kestner-Museum, Inv. Nr. WM XXIa, 36

Der Codex ist benannt nach dem Schreiber EADVVIUS, der sich selbst am Schluß des Johannes-Evangeliums nennt und um sein Heil bittet. Er war Mönch in Christ Church in Canterbury, wo er noch weitere Handschriften schrieb und vielleicht auch illuminierte. Das Evangeliar ist mit 14 Kanontafeln und vier Miniaturen der schreibenden Evangelisten geschmückt. Die Kanontafeln zeigen in ihren Bogenfeldern jeweils die Köpfe der entsprechenden Evangelistensymbole, umgeben von Blattwerk, die erste Kanontafel (fol. 9v) jedoch die Hand Gottes mit Waage und Zirkel, eine Abkürzung für den *Creator Mundi*, und fol. 10r die Halbfigur des segnenden Christus.
Die vier Evangelisten, auffälligerweise ohne ihre Symboltiere und ohne namentliche Bezeichnung, sind jeweils sit-

zend in Rahmen mit üppigem Blattwerk und in verschiedenen Stadien des Schreibens dargestellt. Matthäus taucht seine Feder in ein Tintenfaß, Markus prüft den Federkiel, Lukas schreibt. Johannes hält eine Buchrolle vor den Körper, die auf seine traditionell angenommene Identität mit dem Autor der Apokalypse anspielt und ihn so mit alttestamentlichen Propheten vergleicht; auf der Rolle steht der Beginn seines Evangeliums IN PRINCIPIO ERAT VERBUM ET VERBUM ERAT APUD DEUM ... Die Rolle fällt herab bis auf den Kopf eines in der rechten unteren Ecke erscheinenden Mannes, der als ARRIUS bezeichnet ist. Er hält seinerseits eine Buchrolle mit den Worten ERAT TEMPO QUANDO NON ERAT (Es gab eine Zeit, als es [das Wort] nicht war). Hier wird auf theologische Streitigkeiten des 4. Jahrhunderts angespielt: Arius (†336) vertrat die Ansicht, daß das Wort, das heißt der Gottessohn Jesus Christus, von Gott geschaffen und so nicht wesenseins mit Gott sein könne. Er sei Gott untergeordnet. Als orthodoxe Lehrmeinung galt aber, daß das Wort ewig existiere und mit Gott wesenseins sei. Als Zeugnis für die volle und ewige Gottheit Christi beriefen sich die orthodoxen Väter auf den auf der Schriftrolle geschriebenen Anfang des Johannesevangeliums. Auf dem Konzil von Nicäa 325 wurde der sogenannte Arianische Streit verhandelt und Arius als Häretiker verurteilt.

Diese Darstellung des Johannes ist singulär. Es ist unwahrscheinlich, daß die oben geschilderten theologischen Probleme im 11. Jahrhundert relevant waren; vielmehr sollte wohl Johannes in seiner Bedeutung und seiner visionären Kraft hervorgehoben werden.

Die vier Evangelisten sind blockhaft und voluminös wiedergegeben, die unruhige Binnenzeichnung kontrastiert mit ihrer ruhigen Sitzhaltung und dem geschlossenen, fast ein wenig engen Rahmen. Ihre goldenen Mäntel über weißen Untergewändern, in Korrespondenz zu den ebenfalls in Gold mit farbigen Details in Rot, Grün und Blau ausgeführten Rahmen, weisen auf ihre überirdische Sphäre hin.

Das Evangeliar befand sich im 2. Viertel des 11. Jahrhunderts in Kloster Hersfeld, wo es einige Ergänzungen erhielt, wie die Vorreden und das *Capitulare evangeliorum*. Wie und wann der Codex nach Lüneburg in den Schatz der Goldenen Tafel gelangte, ist unbekannt. Er gehörte jedenfalls zum alten Bestand. Der kostbare Einband mit Treibarbeit, Perlen und Edelsteinen ist 1792 verkauft worden.

Temple 1976, Nr. 67. – Kat. Hildesheim 1993, 2, Nr. V-40 (Ulrich Kuder). – Marth 1994, S. 24–27, Nr. 21 (Lit.).

R.M.

D 66 Elfenbeintafel

Byzanz, 10. Jahrhundert

Elfenbein mit Resten von Vergoldung – H. 22,9 cm – B. 11,9 cm.

Hannover, Kestner-Museum, Inv. Nr. WM XXIa, 44b

Die Tafel ist den Elfenbeinen der »Romanos-Gruppe« zuzurechnen, deren namengebendes Stück mit der Darstellung der Krönung von Kaiser Romanos und Kaiserin Eudokia in Paris aufbewahrt wird (Kat. Paris 1992/93, Nr. 148 [Danielle Gaborit-Chopin]). Die Vorderseite des Hannoveraner Reliefs teilt ein Perlstab in zwei gleich große Felder; das obere zeigt die Kreuzigung, das untere die Kreuzabnahme. An der Kreuzigung mit der knappen Angabe des Golgathahügels und den erzählerischen Details der drei Pflöcke, die den Kreuzbalken im Boden fixieren, nehmen mit Trauergesten Maria und Johannes sowie die Erzengel Michael und Gabriel, griechisch bezeichnet, teil. Christus, mit geschlossenen Augen, zeigt nur an den Füßen die Wundmale, Körper und Hände sind unverletzt. Die weitere Inschrift gibt die Worte Jesu »siehe dein Sohn«

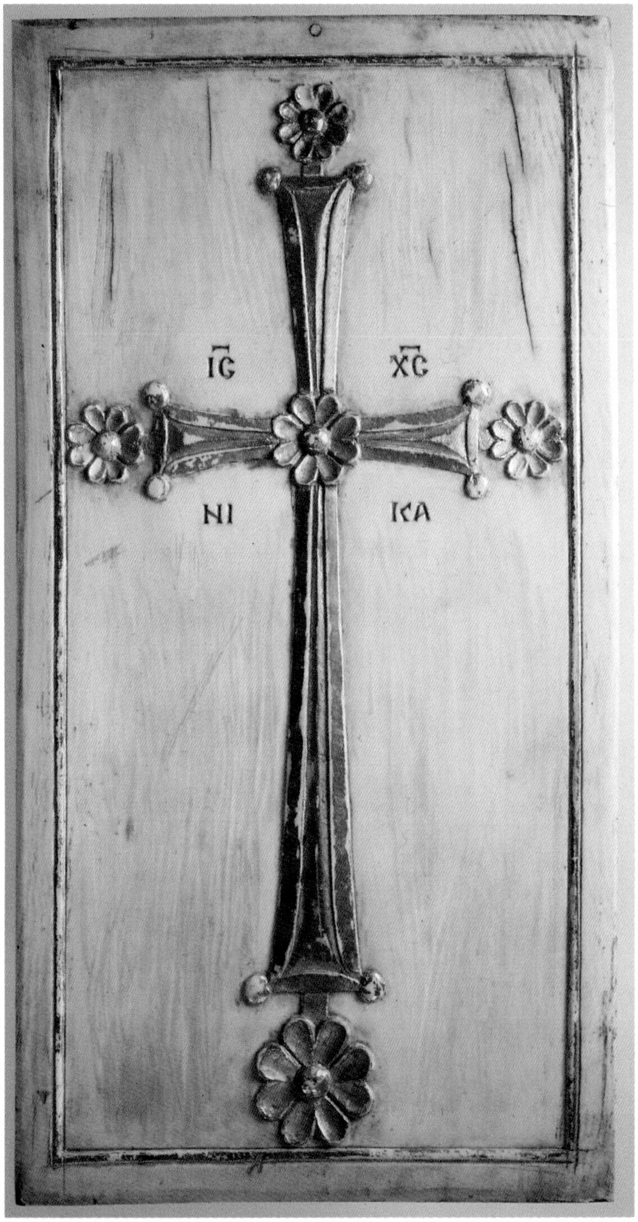

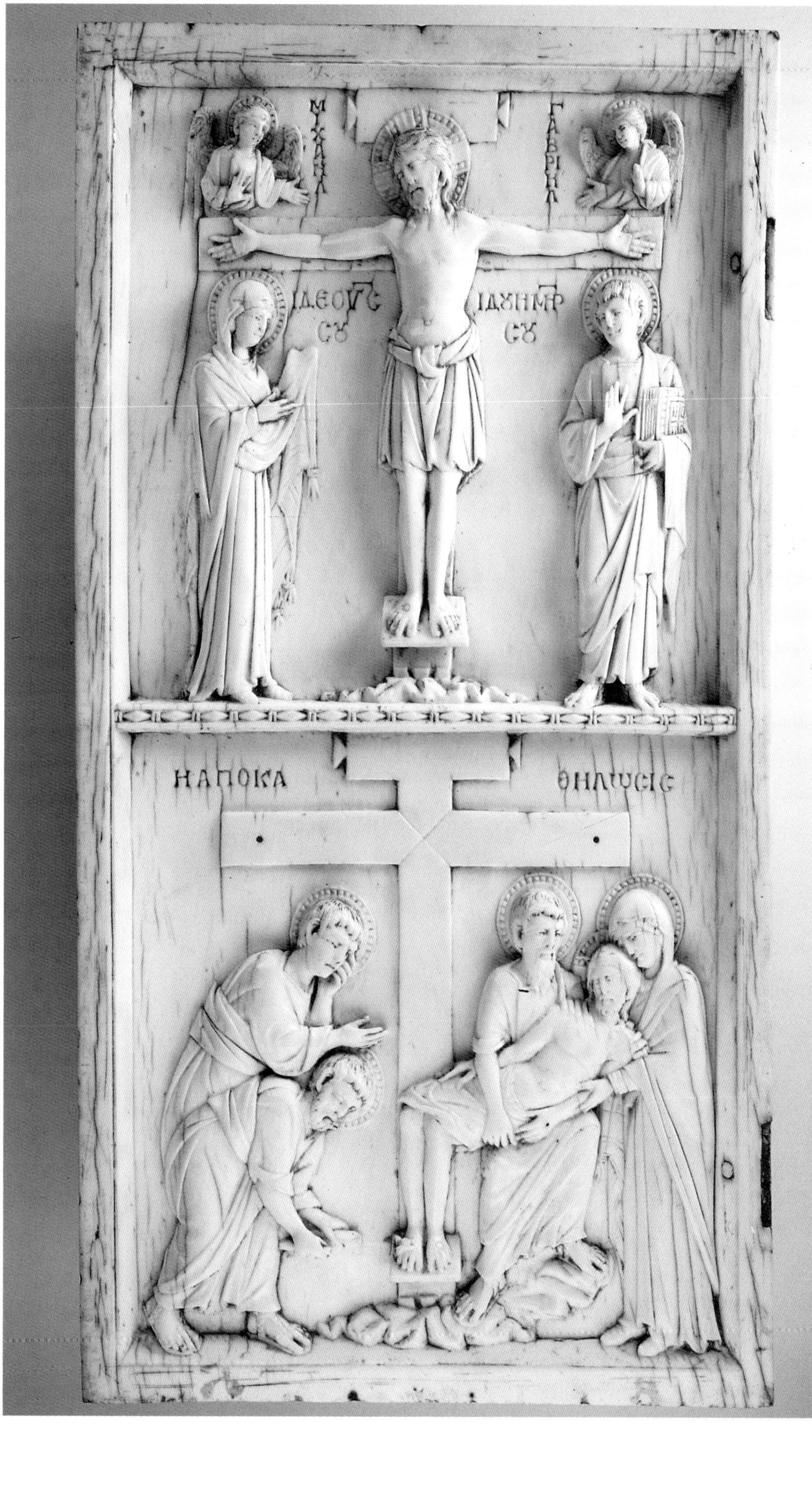
ΗΑΠΟΚΑ
ΘΗΛΩCIC

und »siehe deine Mutter« nach Jo 19, 26/27, wieder. Die Kreuzabnahme, als »Abnahme« griechisch bezeichnet, wiederholt die Darstellung des Kreuzes, des Hügels und der Pflöcke. Nikodemus zieht die Nägel aus den Füßen Christi – die Zange ist als einziges Detail abgebrochen –, dessen Körper leblos und schwer in den Armen des Josef von Arimathia ruht, während Maria ihren Sohn liebevoll umfängt; Johannes steht trauernd dabei. Die Rückseite der Tafel schmückt ein vergoldetes Kreuz mit der griechischen Beischrift »Jesus Christus siegt«.

Die Elfenbeintafel gehört zu den künstlerisch bedeutendsten Objekten, die vom Schatz der Goldenen Tafel erhalten sind, und sie ist eines der qualitätvollsten Elfenbeine der Romanos-Gruppe. Virtuos und souverän werden auch schwierige Details gemeistert, vielgerühmt sind die Eleganz und der Adel der Figuren.

Wie Scharnierschlitze auf der rechten Seite der Tafel zeigen, bildete sie einst den linken Flügel eines Diptychons. Die rechte Tafel hat sich ebenfalls erhalten und befindet sich als alter Besitz, jedoch ohne Provenienz, im Grünen Gewölbe in Dresden. Dort ist im oberen Feld die Erscheinung des Auferstandenen vor den Frauen und unten die Höllenfahrt Christi dargestellt – die Reihenfolge müßte chronologisch umgekehrt sein. Das Elfenbein in Dresden ist stark gedunkelt und zeigt tiefe Risse, was darauf hinweist, daß beide Tafeln früh voneinander getrennt wurden.

Die Lüneburger Tafel schmückte ursprünglich ein buchförmiges Reliquiar – noch in Hannover erhalten – und gehörte wohl zum alten Bestand des Schatzes, obwohl das Reliquiar auf der Zeichnung des 15. Jahrhunderts nicht eindeutig zu identifizieren ist. Es könnte vermutet werden, daß Heinrich der Löwe das Elfenbein von seiner Pilgerfahrt 1172 ins Heilige Land, in deren Verlauf er auch in Byzanz Station machte, mitbrachte und nach Lüneburg schenkte. Dies bleibt jedoch hypothetisch.

Goldschmidt/Weitzmann 1934, Nr. 40. – Marth 1994, S. 22–23, Nr. 28 (Lit.).

R.M.

Heinrich der Löwe und das Herzogtum Bayern

Seit dem 11. Jahrhundert waren die Welfen im bayerischen Regensburg als Herzöge zu Hause. Durch die Heirat von Heinrich dem Stolzen, Vater Heinrichs des Löwen, mit der einzigen Tochter Kaiser Lothars III. kam es zur außergewöhnlichen Herrschaftskonzentration in seiner Hand: einer königsgleichen Herrschaft über zwei Herzogtümer. Im Gefolge der unverhofften Wahl Konrads III. zum deutschen König wurden dem Welfen nacheinander die Herzogtümer Sachsen und Bayern 1138 abgesprochen.

Erst 14 Jahre nach seinem Herrschaftsantritt in Sachsen erlangte Heinrich der Löwe nach längeren Vorverhandlungen und nach Zustimmung Kaiser Friedrichs I. die bayerische Herzogswürde zurück und konnte so seine Ranghöhe beträchtlich steigern. Trotzdem nahm Heinrich seine Herrschaftsfunktionen in Bayern immer nur für kurze Zeit wahr. Nachdrücklich blieb die Gründung Münchens und der Bau einer Brücke über die Isar gegen den Protest Bischof Ottos von Freising 1157/58 in allgemeiner Erinnerung. Daneben treten konzentrierte Maßnahmen zur besseren Kontrolle der Salzhandelsstraße etwa in Bad Reichenhall oder durch den Bau der Burg Landsberg. Auch die Einrichtung von Gebetsbrüderschaften wie in Schäftlarn ist belegt.

Von seinen insgesamt sieben bayerischen Landtagen hielt Heinrich der Löwe drei in Regensburg ab, darunter das prachtvolle und repräsentative Fest im Jahre 1172. Auf seiner Pilgerfahrt nach Jerusalem kam er mit »seinem ganzen Gefolge nach Regensburg, wo er das Fest der Reinigung mit den Großen des Landes feierlich beging«, wie Arnold von Lübeck berichtet.

Ein noch 1482 im Schatz der Stiftskirche St. Blasius zu Braunschweig bezeugtes aufwendiges architektonisches Reliquiar war auf Veranlassung *Henrici Ducis Saxonie et Bawarie* angefertigt worden. Ob die über 20 Jahre währende doppelte Herzogswürde einen intensiven künstlerischen Austausch zwischen den Regionen begründete, bedarf indes weiterer Forschungen.

Auf dem Rückweg von Chiavenna besuchte Heinrich der Löwe letztmals Bayern. Zur Absetzung des Herzogs vermerkt der Regensburger Annalist lakonisch: »Im Jahr 1180: Kaiser Friedrich enthebt den Herzog Heinrich seiner Herzogswürde in Bayern und Sachsen. Und im gleichen Jahr, am 16. September setzt er den Pfalzgrafen Otto in Bayern als Herzog ein. Dies ist geschehen in Altenburg.«

MGH UU HdL. – Arnold von Lübeck, Chronik. – Swarzenski 1932. – Kat. München 1972. – Schmid 1977. – Kraus 1980. – Kraus 1980a. – Skubiszewski 1980. – Reindel 1981. – Wanderwitz 1984. – Opll 1986. – Kat. Regensburg 1987. – Kraus 1988. – Hartmann 1989. – Störmer 1991. – Kat. Dresden/München 1994/95. – Kötzsche 1995.

F.N.

D 67 Siegel Heinrichs II. Jasomirgott, Herzog von Bayern (*1107/8, †1177)

Typar: Bayern oder Österreich, 1143–1156 – Urkunde: 1156 vor September 17

Braunes Wachs – eingehängt – Dm. 8,2 cm.

Archiv der Benediktiner-Erzabtei St. Peter in Salzburg, Urk. Nr. 21 – SUB II, Nr. 323; 1156 –

67

Heinrich Jasomirgott war ein Sohn Markgraf Leopolds III. von Österreich und dessen Gemahlin Agnes, Tochter Kaiser Heinrichs IV. Er übernahm die Erbgüter seiner Mutter und wurde 1140 Pfalzgraf bei Rhein, während sein jüngerer Bruder Leopold IV. (†1141) dem Vater als Markgraf folgte und 1139 gegen die Ansprüche des Welfen Heinrich des Stolzen zum Herzog von Bayern ernannt wurde. Nach dem Tod des Bruders erbte Heinrich Jasomirgott dessen Güter und Titel, wobei eine durch König Konrad III. mit Gertrud, der Witwe Heinrichs des Stolzen, vermittelte Ehe das bayerische Herzogsamt zusätzlich legitimieren sollte. Nach dem frühen Tod Gertruds (†1143) hielten jedoch Welf VI. wie später auch Heinrich der Löwe ihre Ansprüche auf Bayern aufrecht. Kurz nach Herrschaftsantritt Friedrichs I. kam es im Jahr 1156 hierüber zu einer einvernehmlichen Regelung: Das Herzogtum Bayern wurde geteilt, wobei Heinrich Jasomirgott Österreich als eigenständiges Herzogtum, Heinrich der Löwe aber Restbayern erhielt. Das vorliegende Siegel gibt die Situation vor dieser Einigung wieder, indem es noch die Umschrift + HEINRICVS DE(I) · GR(ati)A · DVX · BAWARIE (Heinrich von Gottes Gnaden Herzog von Bayern) aufweist. Es zeigt den Herzog auf einem nach rechts springenden Pferd, wobei die Anatomie der Beingelenke besonders eindrucksvoll wiedergegeben ist. Sattel, gemusterte Satteldecke, Zaumzeug und Steigbügel sind im einzelnen gut erkennbar. Der Reiter trägt einen oben spitz zulaufenden Helm mit Nasenschiene, ein langes Kettenhemd mit Panzerkapuze und ist mit einem Schwert umgürtet. In der rechten Hand hält er die zum Kampf gesenkte Fahnenlanze, deren Fahne in drei Lätzen endet, in der linken einen in reicher Ornamentik beschlagenen und nach Normannenart geformten Schild. Als Herzog von Österreich führte Heinrich Jasomirgott einige Monate später ein Siegel mit der entsprechenden Umschrift. Das Schild weist dabei statt der Verzierungen einen Adler auf; die Fahne ist zweimal quer geteilt. Während der Adler den Status des Fürsten als Reichslehnsmann symbolisieren sollte, ist in der Teilung der Fahne schon der babenbergische Bindenschild und spätere österreichische Dreifarb (rot-weiß-rot) vorweggenommen.

Archiv der Erzabtei St. Peter in Salzburg.

UB Salzburg 2, Nr. 323. – UB Babenberger 1, Nr. 23; 3, Nr. 11.

Lechner 1976. – Appelt 1978, S. 44ff. – Kat. Lilienfeld 1976, S. 438f., Nr. 728. – Gall 1976, S. 436–438. – Kat. Landshut 1980, 2, Nr. 20*. – Scheibelreiter 1989.

C.P.H.

D 68 Urkunde Heinrichs des Löwen für das Stift Innichen

o. D. [1174 ?]

Pergament – H. 38 cm – B. 28,8 cm – Umbug 2,1 cm – Siegel fehlt – Reste der Befestigungsfäden noch vorhanden.

München, Bayerisches Hauptstaatsarchiv, Hochstift Freising, Nr. 35

Heinrich der Löwe beurkundet Abmachungen über die Stiftsvogtei von Innichen im Pustertal (Südtirol), die er von Bischof Albert von Freising als Lehen erlangt. So solle die Einsetzung eines Untervogts sowie ein Befestigungsbau nur mit Zustimmung und auf Bitten des Bischofs erfolgen. Innichen war schon kurz nach seiner Gründung als Benediktinerkloster im 8. Jahrhundert an das Bistum Freising gelangt und in der Mitte des 12. Jahrhunderts von Bischof Otto von Freising in ein Kollegiatstift umgewandelt worden. Mit der lehnsweisen Erlangung der Stiftsvogtei, die damit zu den nicht zahlreichen welfischen Kirchenvogteien im bayerischen Herzogtum trat, konnte Heinrich der Löwe Einfluß auf wichtige Verkehrswege im Alpenraum ausüben. In die eidlich bekräftigte Zusage an seinen bischöflichen Lehnsherrn (*hoc laudamentum in manum episcopi data dextra propria*) bezog der Herzog nicht nur einen gräflichen und sieben ministerialische Zeugen, sondern auch seinen Sohn H(einrich) aus der Ehe mit Mathilde ein, ein wichtiger Hinweis für die Datierung der Urkunde auf die Zeit zwischen der Geburt Heinrichs und der Geburt des zweiten Sohns Lothar. Heinrich der Löwe nennt nämlich den Knaben als gerade Heranwachsenden (*filius noster H., qui inpresentiarum adolescit*) und verweist darauf, daß künftig vielleicht noch weitere Söhne geboren würden. Freilich bedürfen die Abfolge und die genaue Datierung der Geburten von Kindern Heinrichs und Mathildes über den bisherigen Forschungsstand hinaus noch weiterer Erörterung. Die ausdrückliche Nennung des Knaben Heinrich sollte nicht allein die Kontinuität welfischer Herrschaft in der Stiftsvogtei sichern, sondern dürfte vor allem auch Freude und Erleichterung über die schließliche

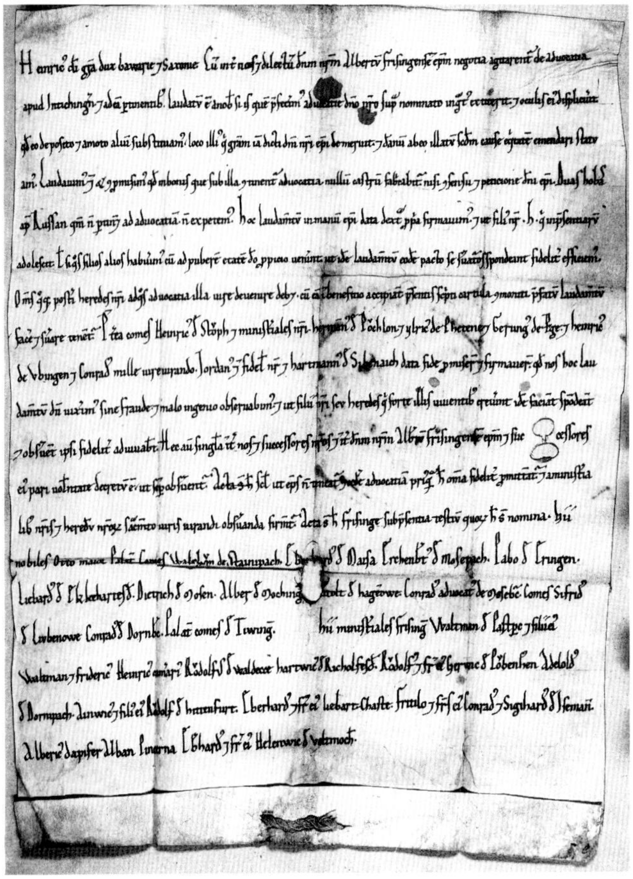

D 68

Erfüllung dynastischer Wünsche ausdrücken: Nach beträchtlichen Frömmigkeitsleistungen in der Pilgerfahrt und in reichen Stiftungen war dem nicht mehr jungen Herzog endlich der ersehnte Sohn und Erbe geboren!

MGH UU HdL, Nr. 102.

Jordan 1980, S. 157f. – Kraus 1980, S. 166 und 197. – Jordan 1981, S. 111–144. – Riedmann 1991.

B.Schn.

D 69 Petrus Lombardus, Psalmenkommentar

Vermutlich Bamberg, um 1180

Pergament – 7 ganzseitige Miniaturen mit anfangs rot, blau und ocker kolorierten Federzeichnungen (ab 3v fehlt die blaue Farbe); 171 Schmuckbuchstaben, darunter viele mit Tier- oder Menschengestalten belebt, im letzten Drittel vorwiegend historisierte Initialen – weißer Ledereinband mit in der Mitte vergoldeten Prägestempeln der Bamberger Dombibliothek; 2 Schließen – 221 Blätter – H. 33 cm – B. 23,5 cm.

Bamberg, Staatsbibliothek Bamberg, Msc. Bibl. 59

Petrus Lombardus, der 1160 als Bischof von Paris starb, verfaßte seinen Kommentar zu den Psalmen zwischen 1135 und 1143. Das Werk zählt zu den wichtigsten Beiträgen frühscholastischer Literatur und verbreitete sich schnell in Europa. Schon 1158 ist eine Abschrift in Kloster Prüfening bei Regensburg bezeugt. Diese Kongregration pflegte enge Kontakte zum Bamberger Mutterkloster auf dem Michelsberg. Spätestens durch die Korrespondenz zwischen Bischof Eberhard II. von Bamberg (1146–1170) und Gerhoch von Reichersberg sowie die Bamberger Disputation im Jahre 1163 ist die wissenschaftliche Auseinandersetzung mit diesem Werk des Lombarden in der fränkischen Bischofsstadt bezeugt.

Es ist kein weiterer Psalmenkommentar erhalten, der ähnlich reich mit Buchschmuck ausgestattet wäre wie der Bamberger. Jeder Psalm beginnt mit einem Zierbuchstaben, längere Passagen sind mit mehreren Initialen geschmückt. Nach dem ursprünglichen Konzept sollten die Psalmen der Drei- und Achtteilung durch Größe und Ausstattung besonders betont werden. Doch es muß im letzten Drittel einen Planwechsel gegeben haben. Denn Psalm 101 wurde nur noch in Wasserfarben koloriert, und auf die besondere Ausgestaltung der beiden letzten Psalmen der Achtteilung wurde ganz verzichtet.

Dem Text ist eine gesonderte Lage aus vier Seiten vorangestellt, die einen Bilderzyklus zum Leben Davids enthält. Einer modernen Bildergeschichte ähnlich, wird das Leben des berühmten Königs aus dem Alten Testament in jeweils drei Streifenfeldern auf einer Seite erzählt und mit Inschriften kommentiert. Die bilderläuternden Überschriften in den Rahmenleisten sind in leoninischen Hexametern verfaßt, die einzelnen Personen durch Namensbeischriften bezeichnet und die wichtigsten wörtlichen Reden den Sprechern als Schriftbänder in die Hände gegeben. Jede Bildseite thematisiert einen bestimmten Lebensabschnitt des Königs. Der Zyklus beginnt mit den Heldentaten Davids als Hirtenjunge, der seine Schafe vor dem Löwen rettet, aber durch sein Harfenspiel auch die Herde und den tobenden Saul beruhigt. Die gegenüberliegende Seite zeigt die Salbung Davids und drei Phasen des Kampfes mit Goliath. Darauf folgt die aufgeschlagene Doppelseite mit der Vermählung Davids als Lohn für seine Heldentat und dem Ende des herrschenden Königs Saul.

Linke Seite (fol. 2v):

1. Register: Titulus: ALTI. PACTA. THORI. CEDUNT. TIBI. SPONSE. LABORI. (Der hohe Ehebund wird Dir, Bräutigam, zur Mühsal). – Vor den Toren Jerusalems reicht Saul, der König der Juden, David die verhüllte Hand seiner Tochter Michol. Als Trauzeugen begleiten vier Getreue Davids und Jonathan, der Bruder der Braut und Freund Davids, die Eheschließung.

2. Register: Titulus: SPLENDIDA. CURA. DAPU(m). FEDUS. NOTAT. INTEMERATUM. (Die glänzende Ausrichtung des Festmahls bestätigt die unbefleckte Verbindung). – Zwischen je zwei nicht näher bezeichneten Höflingen sitzen David und Michol in festlicher Kleidung an der gedeckten Tafel. Der Bräutigam faßt seiner Frau in höfischer Geste der Zärtlichkeit unter das Kinn. Auf dem Boden vor dem Tisch

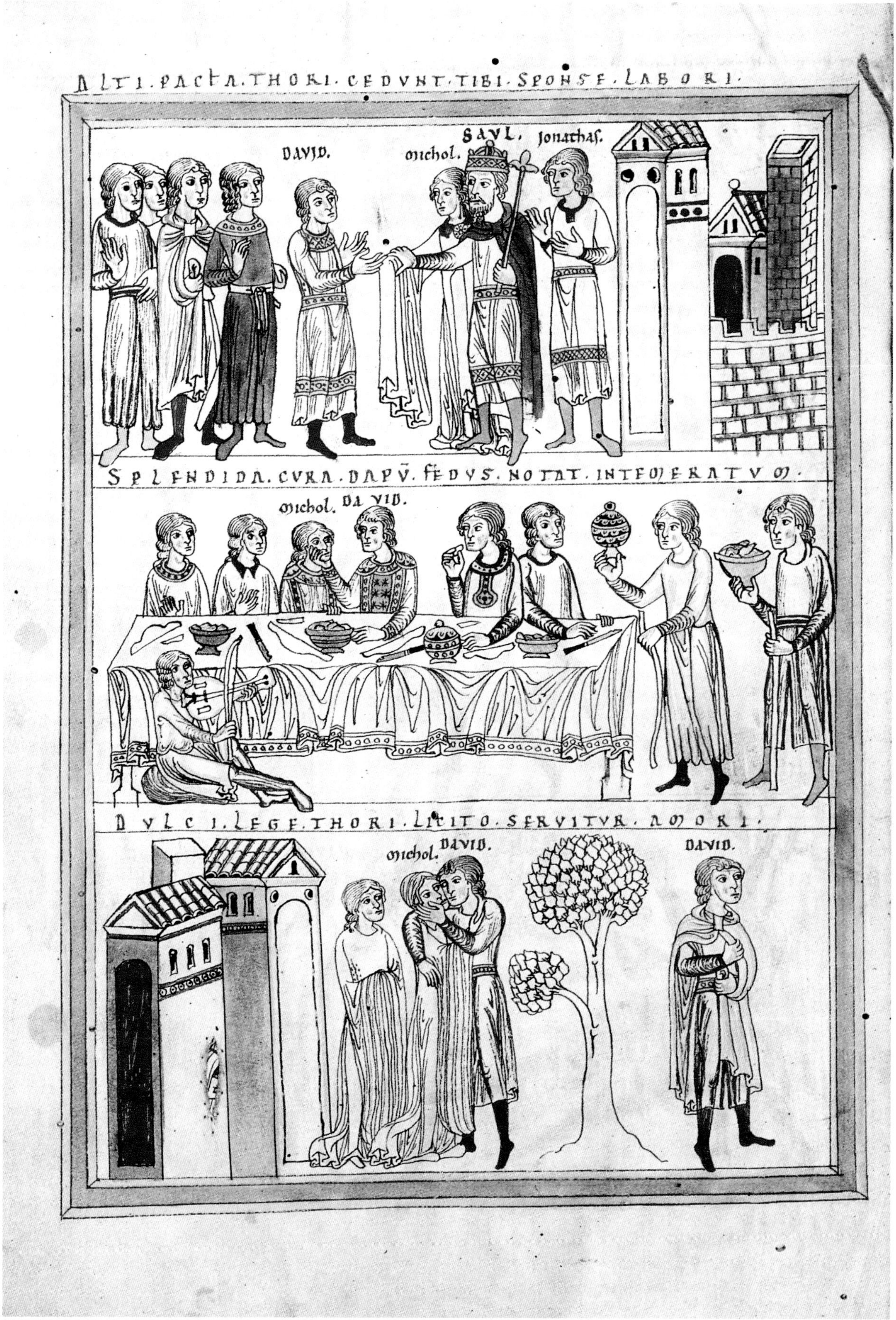
ALTI. PACTA. THORI. CEDUNT. TIBI. SPONSE. LABORI.
DAVID.
michol.
SAUL.
Jonathas.
SPLENDIDA. CURA. DAPŪ. FEDUS. NOTAT. INTEMERATUM.
michol.
DAVID
DULCI. LEGE. THORI. LICITO. SERVITUR. AMORI.
michol.
DAVID.
DAVID.

spielt ein Musikant die Fiedel. Von rechts treten zwei Truchsesse mit Amtsstäben heran; sie bringen einen Doppelpokal und eine Schale mit Geflügel herbei.
3. Register: Titulus: DULCI. LEGE. THORI. LICITO. SERVITUR. AMORI. (Man dient der süßen, durch den Rechtsakt der Eheschließung erlaubten Liebe). – Von den Nachstellungen des eifersüchtigen Königs Saul bedroht, verläßt David heimlich seine Frau. Er umarmt Michol im Beisein einer Dienerin vor den Toren der Stadt und flieht.

Rechte Seite (fol. 3r):
1. Register: Titulus: COGIT. ACHIS. VIRES. IN MARTIS. OPUS. IUVENILES. (Achis sammelt jugendliche Kräfte zum Kriegsdienst). – Der Philisterkönig Achis von Gath, zu dem David geflohen ist und dessen Vertrauen er erworben hatte, reitet mit seinen Getreuen in die Schlacht gegen Saul.
2. Register: Titulus: STULTUS. UT. EXPLORAT. SUA. FATA. PAVORE. LABORAT. (Sobald der Dumme sein Schicksal erforscht, packt ihn das Entsetzen). – Um sein Schicksal zu erfahren, hat König Saul die Hexe von Endor aufgesucht. Er liegt in ihrem Haus auf einem Ruhelager. Hinter ihm beschwört die als *phitonissa* bezeichnete Zauberin den Geist des verstorbenen Propheten Samuel herauf. Dieser erscheint im Bild vor dem König und verkündet auf einer Schriftrolle folgende Worte: *Cras hac hora diei. mecum eris tu et filii tui* (Morgen um diese Stunde wirst Du bei mir sein, Du und Deine Söhne). Saul verläßt mit seinen Begleitern das Haus der Zauberin.
3. Register: Titulus: FASTU(m). DIVINA. P(re)MIT. ULTIO. TESTE. RUINA. (Die göttliche Rache zerstört den Hochmut, wie der Untergang beweist). – In der Schlacht zwischen Israeliten und Philistern ist die Entscheidung gefallen. König Achis beobachtet von rechts das Schlachtgetümmel, in dem Saul schon tot am Boden liegt und ein Teil der Israeliten sich gerade zur Flucht wendet.

Darauf folgt auf der nächsten Doppelseite die Klage Davids über die Gefallenen, seine Krönung und der Kampf Joabs bei Gabaon sowie die Überführung der Bundeslade mit Michols Spott, die Rebellion Absaloms mit Davids Flucht und der Beschimpfung durch Semeis. Der Zyklus endet mit drei Absalom-Szenen, seinem Tod, der Vertreibung seiner Anhänger und Davids Trauer.
Die beschriebenen Szenen der aufgeschlagenen Doppelseite zeigen charakteristische Merkmale, die für den gesamten Bamberger Zyklus kennzeichnend sind. Die David-Geschichte wird hier nicht einfach so erzählt, wie es die verschiedenen Bücher des Alten Testaments berichten, sondern zu einem Ritterepos ausgestaltet. Dies zeigt sich in der Auswahl und Akzentuierung der Szenen ebenso wie in Kostümdetails. So fehlt beispielsweise in den Bibeltexten und in vergleichbaren Zyklen ein Hinweis auf das Hochzeitsmahl, für das ein ganzer Bildstreifen reserviert wurde. Auch die in der Bibel dramatisch geschilderte Flucht vor den Schergen Sauls, bei der David nur durch eine List Michols vor seinen Verfolgern gerettet und in einem Korb aus ihrem Fenster gelassen wird (1Sm 19), wurde im zeitgenössischem Sinne in eine höfische Abschiedsszene umgestaltet, die der Turbulenz der zugrunde liegenden Geschichte widerspricht.
Ebenso charakteristisch ist der Ausritt des Achis, der weniger an die Vorbereitung einer Entscheidungsschlacht als an ein Ritterturnier erinnert. Einmalig ist auch die Aufnahme der Traumszene mit der Hexe von Endor, die zwar im Bibeltext erwähnt wird (1Sm 28), aber in anderen Bilderfolgen der Zeit fehlt.
Die Figuren sind in Kostüme gekleidet, die für das letzte Viertel des 12. Jahrhunderts charakteristisch sind. In akribischer Genauigkeit sind bei den Rittern Kettenhemden mit angeschnittenen Kapuzen, spitz zulaufende Helme mit Nasenschutz, Beinpanzerung und lange dreieckige Schilde dargestellt. Bei den Frauengewändern fallen lang herabfallende weite Ärmel und bei festlichen Anlässen Schmuckborten am Halsausschnitt auf. Die gegnerischen Könige tragen dieselben edelsteingeschmückten Bügelkronen mit drei Kugeln.
Der David-Zyklus stammt von der Hand eines Künstlers, der auch Initialen im letzten Drittel der Handschrift ausführte. Seine Beteiligung an der Ausschmückung war nicht von vornherein geplant, sondern führte zu einer Veränderung der Konzeption, wie ausradierte und neu übermalte Zierbuchstaben zeigen.
Von diesem Maler ist eine weitere Miniatur (München, Bayerische Staatsbibliothek, Clm 13069, fol. 123v) erhalten, die einer glossierten Matthäus-Handschrift angehört; sie wurde wohl von einem Bamberger Domkanoniker nach Prüfening geschenkt, der um 1195/96 nachweisbar ist. Außerdem lassen sich Figuren- und Initialstil der Petrus-Lombardus-Handschrift stilistisch in die Produktion der Bamberger Malerschule des Michelsberger Klosters im letzten Viertel des 12. Jahrhunderts einordnen. Deswegen erscheint das bisher vorgeschlagene Datum um 1170 etwas zu früh angesetzt zu sein und die Entstehung um 1180 eher wahrscheinlich. Analogien des David-Zyklus zu Werken der Goldschmiedekunst des letzten Viertels des 12. Jahrhunderts (z.B. den Meßkelchen aus Wilten und Tremessen; Skubiszewski 1982, S. 198f.) bestätigen diese Datierung.
Dagegen versteht S. Wittekind den Bamberger David-Zyklus als Bischofslob und führt Konzeption und Entstehung unmittelbar auf Bischof Eberhard II. von Bamberg zurück. Davids Hochzeit mit Michol z.B. verweist demnach nicht nur typologisch auf die Vermählung Christi mit seiner Braut, der Kirche, sondern außerdem auf den in Reichsdiensten häufig abwesenden Reichsbischof, der als könig-

liche Belohnung das Bistum erhält. Die Abschiedsszene von David und Michol soll deshalb angeblich zeigen, daß die Liebe zur Braut auch Enthaltsamkeit erfordert, d.h. daß der Bischof für Reichsdienste abwesend sein muß. Aus Interpretationen dieser Art zieht die Autorin den Schluß, der David-Zyklus reflektiere konkrete, zeitgeschichtliche Ereignisse zwischen 1165 und 1169.

Die Handschrift stammt aus der Bamberger Dombibliothek, jedoch erfolgte der Besitzvermerk erst im 18. Jahrhundert.

Suckale-Redlefsen 1986 (Lit.). – Schemmel 1990, Nr. 39. – Wittekind 1994 (Lit.). – Für Hilfe bei Übersetzung der leoninischen Hexameter danke ich W. Berschin und H. Spilling.

G.S.-R.

D 70 Traditionscodex des Prämonstratenserstifts Schäftlarn mit einer Verfügung Heinrichs des Löwen

Kloster Schäftlarn, 12. Jahrhundert, mit Nachträgen bis 1305 – Urkunde o.D. [1171 Februar ?]

Handschrift von ursprünglich 106 Pergamentblättern – lederbezogener Holzdeckel mit Messingnägeln und Lederschließen, beschriftet: Liber delegatorum Pars I – Deckel: H. 29,5 cm – B. 20 cm – T. 6 cm.– Seite: H. 28,5 cm – B. 19 cm.

München, Bayerisches Hauptstaatsarchiv, Schäftlarn Kl. Lit. Nr. 3 / I, S. 113 = Bl. 59v

Der von verschiedenen Händen geschriebene und in mehreren Etappen entstandene Traditionscodex von Schäftlarn (südlich von München) umfaßt Urkunden, Verzeichnisse, Weihenotizen sowie aus dem Umschlag gelöste Reste eines Necrologs und enthält die nur hier überlieferte Verfügung Heinrichs des Löwen. Schäftlarn wurde im 8. Jahrhundert zunächst als Kloster begründet und 1140 von Bischof Otto von Freising in ein Prämonstratenserstift umgewandelt. Die Datierung der ausgestellten Urkunde auf Februar 1171 ist aus den Amtsdaten der genannten Personen und dem Itinerar Heinrichs erschlossen. Mit Zustimmung seiner Ministerialen überträgt der Herzog dem Stift die Gerechtsame am Gut Moorenweis (zwischen Landsberg am Lech und Fürstenfeldbruck). Dafür verlangt er von den Geistlichen »vollständige Verbrüderung« (*plena fraternitas*) und – zu Lebzeiten wie nach dem Tod – Aufnahme in das Gebetsgedenken (*memoria eius vivi sive defuncti deinceps ibidem haberetur*). Dieses Verlangen eines adligen Herrn nach geistlichen Gedächtnis- und Gebetsleistungen ist für das Früh- und Hochmittelalter typisch und belegt neben den vielen frommen Stiftungen die Sorge des Welfen um seine dauerhafte Memoria.

MGH UU HdL, Nr. 84. – Kloster Schäftlarn, Nr. 164, S. 164–166 (dort genauere Identifizierungen als in MGH UU HdL).

Oexle 1994.

B. Schn.

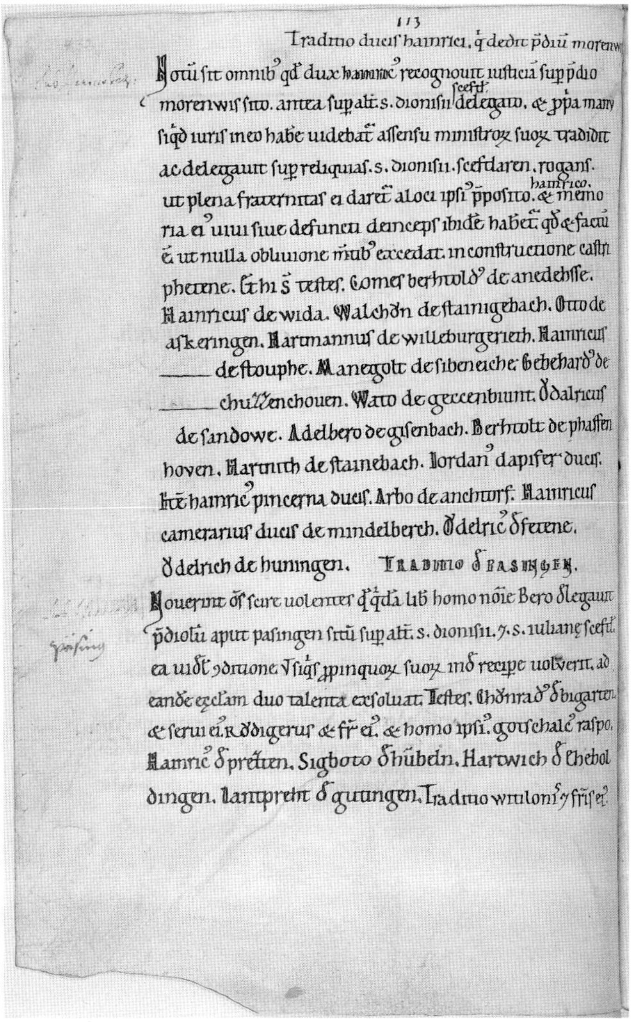

D 70

D 71 Rupert von Deutz, *De victoria verbi Dei* (und andere Texte)

Salzburg, Mitte 12. Jahrhundert

Pergament – Federzeichnung – Heller Ledereinband (Salzburg, 15. Jahrhundert) – 195 Blätter – H. 33 cm – B. 22,5 cm.

Wien, Österreichische Nationalbibliothek, Cod. 1420

Der erste Text dieser Sammelhandschrift enthält die 1124 von Rupert von Deutz (*um 1070, †1129/30) verfaßte Schrift *De victoria verbi Dei* (Über den Sieg des Wortes Gottes).

Vielleicht durch die Namensgleichheit angeregt, wurde dem Codex eine ganzseitige Federzeichnungsminiatur mit der Darstellung des hl. Rupert, des »Gründerheiligen« von Salzburg, vorangestellt (fol. 1r).

Bischof Rupert erhielt gegen Ende des 7. Jahrhunderts die zerstörte Stadt Iuvavum (Salzburg) vom Bayernherzog Theodo als Geschenk übertragen. Dort gründete er das Kloster St. Peter sowie das Frauenkloster Nonnberg,

D 71

dessen Leitung er seiner Nichte Erentrudis anvertraut hatte. Die Rupert-Vita, die uns über das Leben des Heiligen unterrichtet, wurde 774 aus Anlaß der Translation seiner Gebeine in den von Bischof Virgil neu erbauten Salzburger Dom verfaßt.

Rupert (Namensbeischrift im Nimbus) wird in der Miniatur als heiliger Bischof dargestellt. Als Insignien seines Amtes trägt er eine hornförmig ausgebauschte Mitra mit auf den Schultern aufliegenden Zierbehängen (Infulae), über der Kasel das mit Kreuzen verzierte Pallium und den Bischofsstab. Als weiteres Attribut hält er in der linken Hand ein Buch. Der Heilige steht vor einer sakralen Architektur, die von zwei Türmen begrenzt und nach oben hin von einem zinnenbewehrten Giebel abgeschlossen wird. Der Mittelteil öffnet sich in der Art eines Kirchenportals und ist seitlich mit Reihen aus halbkreisförmigen Bögen versehen. Sie sind mit halbfigurig dargestellten Figuren gefüllt – vorwiegend heilige Bischöfe, von denen einige Bücher in den Händen halten, die sie Rupert zu präsentieren scheinen.

Das stilistische Erscheinungsbild der Miniatur wird außer durch die graphische Federzeichnung im Farbdreiklang Rot, Braun und Violett auch von der relativ stark hervortretenden Griffel-Vorzeichnung geprägt, besonders auffällig dort, wo sie in dicken Strichen den Kontur begleitet, oder (z. B. bei der Bischofsfigur links oben) von der ausgeführten Federzeichnung merkbar abweicht.

In der Literatur wird die Handschrift hypothetisch als Geschenk des Salzburger Erzbischofs Eberhard I. (1147–1164) an die Dombibliothek bezeichnet. Konkrete Hinweise auf eine Stiftung, wie sie etwa das mit dieser Miniatur vergleichbare Rupert-Bild einer Münchener Handschrift enthält (Bayerische Staatsbibliothek, Clm 15812; siehe Klemm 1980, Nr. 280), sind jedoch nicht gegeben.

Der Codex gelangte mit zahlreichen anderen Handschriften aus der Salzburger Dombibliothek 1806 in die Hofbibliothek in Wien.

Swarzenski 1913, S. 94. – Hermann 1926, S. 133–134, Nr. 80. – Klemm 1980 (Lit.).

A. Fi.

D 72 Diplom Kaiser Friedrichs I. für Bischof Otto von Freising und Herzog Heinrich den Löwen u. a. wegen München, sogenannter Augsburger Schied

Augsburg, 1158 Juni 14

Pergament – H. 44 cm – B. 34 cm – Siegel abgefallen.

München, Bayerisches Hauptstaatsarchiv, Abt. I Kaiserselekt Urk. 498

Bald nachdem Heinrich der Löwe am 8. oder 17. September des Jahres 1156 mit dem Herzogtum Bayern belehnt worden war, ging er auch hier daran, herzogliche Rechte wieder stärker geltend zu machen und zu erweitern. Die wichtige Salzstraße von Reichenhall nach Augsburg überquerte die Isar bei Oberföhring auf dem Gebiet des Bischofs von Freising, dem auch die dazugehörige Burg und Zollstätte gehörte. Heinrich ließ kurzerhand Burg, Brücke, Münze und Markt in Föhring zerstören und verlegte den Isarübergang einige Kilometer flußaufwärts auf sein Gebiet. Der Herzog legte hier eine planmäßige Marktsiedlung an, die bereits 1170 eine Ummauerung erhielt. Auf die diesbezügliche Klage Bischof Ottos von Freising, immerhin der Onkel des Kaisers, entschied Friedrich I. Barbarossa im wesentlichen zugunsten Heinrichs und gewährte dem Bischof lediglich eine Entschädigung: *Forum, quod esse solebat apud Verigen, et pons ad theloneum de cetero iam ibidem non erit neque moneta. In eius autem rei recompensationem consanguineus noster Henricus dux ecclesie Frisingensi contradidit terciam partem totius utilitatis, que provenire poterit de theloneo fori sui apud Mvnichen sive in tributo salis sive aliarum rerum magnarum vel minutarum seu venientium seu inde redeuntium.* (Der Markt, der gewöhnlich in Föhring war, sowie die Zollbrücke und die Münzstätte daselbst sollen nicht mehr bestehen. Um diese Sache jedoch zu entschädigen, wird Herzog Heinrich, unser Blutsverwandter, der Kirche von Freising ein Drittel aller Einnahmen übergeben, die aus dem Zoll seines Marktes zu München ob aus der Steuer auf Salz oder anderen großen und kleinen Waren oder beim Verkauf oder anderen Geschäften entstehen könnten.) Die Urkunde ist in der Kanzlei des Kaisers vom Schreiber Heribert verfaßt und durch den Kanzler Rainald (von Dassel) für den Erzkanzler, Erzbischof (Arnold) von Mainz, rekognosziert worden. War der Augsburger Schied ein deutlicher Ausfluß des damals noch ungetrübten Verhältnisses zwischen den staufisch-welfischen Vettern, so rollte der Kaiser dessen ungeachtet jenen Konflikt nach dem Sturz des Löwen noch einmal auf: Anläßlich des Hoftages zu Regensburg widerrief er in einem gesonderten Diplom vom 15. Juli 1180 seine Entscheidung von 1158 und gab dem Bischof von Freising den Ort mit seinen Pertinenzien zum Eigentum (München, Bayerisches Hauptstaatsarchiv, Kaiserselekt Nr. 535 [= MGH D F I 798]). Zu der dabei in Aussicht genommenen Rückverlegung von Brücke und Markt kam es dann allerdings nicht mehr, so daß Heinrichs Sturz die Entwicklung und den Aufstieg seiner Gründung weiter nicht beeinträchtigte: München entfaltete sich durch das Salzhandelsgeschäft sehr schnell zu einer der bedeutendsten Städte Bayerns. Nachdem die Wittelsbacher hier um 1240 den starken bischöflichen Einfluß hatten brechen können, wurde die Stadt seit der Mitte des 13. Jahrhunderts zur Residenz des oberbayerischen Teilherzogtums.

Archiv des Bistums Freising.

MGH D F I 218.

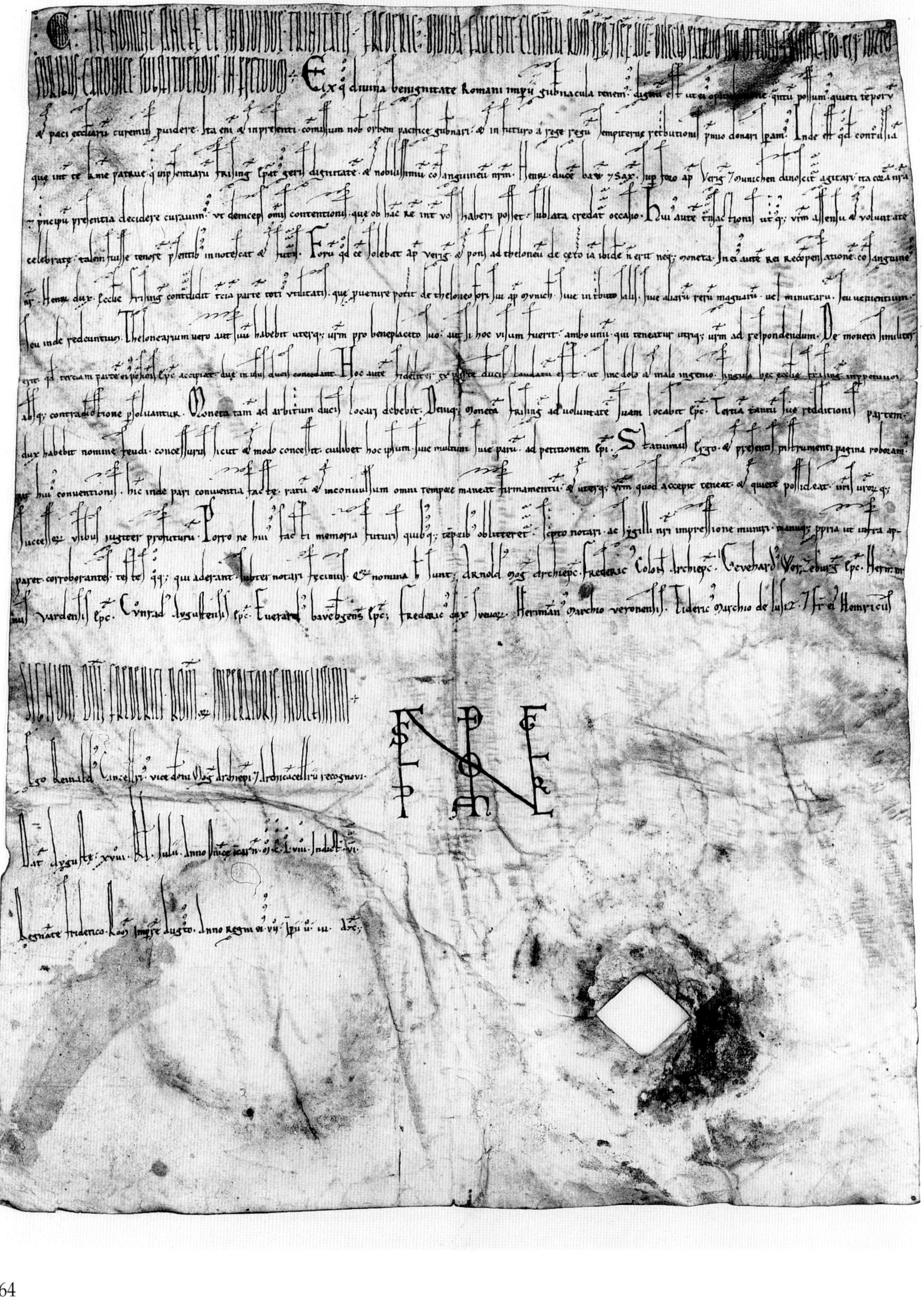

D 7

Schaffer 1950, S. 84–87. – Kat. München 1972, Nr. 140. – Jordan 1979, S. 154, Nachträge zu S. 281. – Kat. Landshut 1980, 2, Nr. 4.– Kraus 1980, S. 185ff. – Hiller 1991, Abb. 4. – Schattenhofer 1984, S. 9–24. – Maier 1992. – Schmid 1993. – Kat. Dresden/München 1994/95, S. 88f., Nr. 33.

C.P.H.

D 73 Urkunde Heinrichs des Löwen für das Augustiner-Chorherrenstift St. Zeno/Reichenhall

Regensburg, 1172

Pergament – H. 31,8 cm – B. 31,5 cm– Umbug 2,4 cm – mit an Hanfschnur anhängendem Siegel aus rotbraunem Wachs – restaurierter Riß.

München, Bayerisches Hauptstaatsarchiv, St. Zeno, Nr. 13

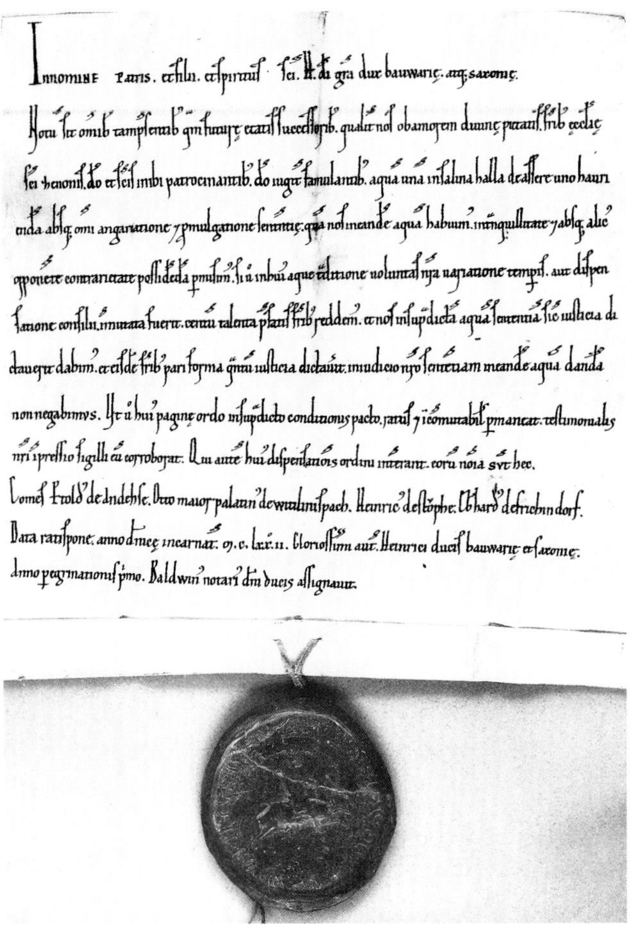

Dem 1136 vom Salzburger Erzbischof gegründeten Augustiner-Chorherrenstift St. Zeno schenkt Heinrich der Löwe einen Anteil an der Saline in Reichenhall (*aquam unam in salina Halla*). An dem damals wichtigsten Ort der Salzgewinnung im bayerischen Herzogtum verfügte der Welfe neben dem Salzburger Erzbischof und anderen Herren über Besitz. Die aufgrund der Salzgewinnung hochbedeutende Hallgrafschaft hatte Heinrich wohl kurz vorher, vielleicht 1169, in seine Hand bringen können, ein wichtiges Zeugnis für den herzoglichen Durchsetzungswillen auf Kosten der Grafengewalt in Bayern, der mit entsprechenden Maßnahmen in Sachsen zusammen gesehen werden sollte. Die nicht mit Monats- und Tagesdatum versehene Urkunde, die das Testat des Grafen Bertold von Andechs, des Pfalzgrafen Otto von Wittelsbach und des Grafen Heinrich von Stoffen aufweist, könnte im Februar 1172 ausgestellt worden sein. Im Januar 1172 war Heinrich von Braunschweig zu seiner Pilgerfahrt nach Jerusalem aufgebrochen und ordnete vor dem Zug nach Ungarn auf einer glanzvollen Zusammenkunft mit dem bayerischen Adel in Regensburg Angelegenheiten des Herzogtums. Konsequent datiert die vom Notar Balduin diktierte und von einem vermutlich oberdeutschen Schreiber geschriebene Urkunde nach dem »ersten Jahr der Pilgerreise des hochberühmten Herzogs Heinrich von Bayern und Sachsen« (*gloriosissimi autem Heinrici ducis Bauwarie et Saxonie anno peregrinationis primo*).

MGH UU HdL, Nr. 93.

Schmid 1977, S. 423. – Jordan 1980, S. 155. – Kraus 1980, S. 182f. und 208f. – Dopsch 1995.

B. Schn.

Von Chiavenna bis zum Prozeß von Gelnhausen

Auf seinem fünften Italienzug 1174 wollte Kaiser Friedrich I. versuchen, das Papst-Schisma zu beseitigen und die Herrschaft des Reichs in der Lombardei zu sichern. Nach gescheiterten Friedensbemühungen sah er sich jedoch einer Übermacht von Gegnern gegenüber. »Der Kaiser aber, in die Enge getrieben, entsandte Boten nach Deutschland zur Ergänzung des Heeres, und zugleich an Heinrich, den Sohn seines Oheims und Herzog von Bayern und Sachsen, damit er zu einer Unterredung in Chiavenna mit ihm zusammentreffe. Als dieser kam, eilte er ihm entgegen und bat demütig, mehr als es für die kaiserliche Majestät ziemlich war, daß er dem gefährdeten Reiche zu Hilfe komme. Herzog Heinrich … forderte dafür Goslar, die reichste Stadt Sachsens, unter Lehnrecht als Geschenk« berichtet Otto von St. Blasien. Die Forderung nach dem wichtigsten Stützpunkt des Königtums im Norden des Reichs, dem möglicherweise sogar ein Kniefall des Kaisers vorausging, beendete auf höchst signifikante Art die Zeit des Einvernehmens zwischen den beiden Vettern. Sowohl der Vorfriede von Anagni 1176 als auch der Friedensschluß von Venedig 1177 enthielten Bestimmungen, die sich eindeutig gegen Heinrich den Löwen richteten. Zudem erwarb der Staufer nach seiner Rückkehr nach Deutschland den Anspruch auf das Erbe der Welfen in Schwaben. Die wiederaufgeflammten Kämpfe in Sachsen und die damit verbundenen Anklagen bewogen Friedrich I. diesmal dazu, ein formelles Rechtsverfahren gegen Heinrich den Löwen zu eröffnen. Ablauf und Ende dieses ›politischen Prozesses‹ gehen aus dem 1180 in Gelnhausen ausgestellten Diplom des Kaisers für den Erzbischof von Köln hervor. Chiavenna, im heutigen Italien am südlichen Fuß des Splügenpasses gelegen, wurde sehr bald zu einem Schlag- und Schlüsselwort der Bewältigung dieser historischen Wende. Es beeinflußte die Themen der Historienmalerei des 19. Jahrhunderts, bewegte Bismarck und ist Untersuchungsobjekt der modernen Geschichtswissenschaft geblieben.

Otto von St. Blasien, Chronik, S. 33f.: *Imperator igitur angustatus legatos in Germaniam pro supplemento exercitus direxit simulque ad Heinricum avunculi sui filium, ducem Saxonie et Bawarie, ut Clavenne ad colloquium sibi occurreret, venientique obviam procedens, ut periclitanti imperio subveniret, plus quam imperialem deceret maiestatem, humiliter efflagitavit. Dux … Heinricus … Gossilariam ditissimam Saxonie civitatem iure beneficii pro donativo ad hoc expeciit.*

Otto von St. Blasien, Chronik, S. 36. – Haller 1911. – Güterbock 1920. – Güterbock 1933. – Mayer 1944. – Scaramellini 1976. – Theuerkauf 1980. – Engels 1982. – Heinemeyer 1990. – Schneidmüller 1992. – Althoff 1992b. – Weinfurter 1993. – Althoff 1993a. – Berg 1994. – Althoff 1995.

C.P.H.

D 74 Urkunde Kaiser Friedrichs I. Barbarossa für das Erzbistum Köln, sogenannte Gelnhäuser Urkunde

Königspfalz Gelnhausen, 1180 April 13

Lichtdruck – [Original: Pergament – im 14. Jahrhundert durch Feuchtigkeit und später auch durch Reagenzien, besonders in der oberen Hälfte, beschädigt – mit guterhaltener Goldbulle an rotseidenen Fäden – H. 47,5 cm – B. 58,5 cm].

Das Diplom ist verschollen, doch verfügen wir mit dem ausgezeichneten Lichtdruck, den Güterbock seiner grundlegenden Abhandlung beigegeben hat und der hier wiedergegeben wird, über einen guten Ersatz. Ausgefertigt durch den kaiserlichen Kanzleinotar [Gottfried G], dessen Name nicht bekannt ist, zeigt es alle Merkmale eines feierlichen Privilegs. Hervorstechend ist die elegante Schrift mit Verzierungen an den Satzanfängen und sorgfältiger Gleichmäßigkeit der verlängerten Schrift am Textbeginn. Chrismon und Monogramm sind mit kleinen Strichen und Punkten – erstmals hier nachweisbar – ausgeschmückt.
Die Gelnhäuser Urkunde ist die wichtigste Quelle, die wir über den Prozeß gegen Heinrich den Löwen besitzen. In der ausführlichen Narratio (*qualiter Heinricus quondam dux … nostroque iuri addicta et potestati*) wird das Verfahren in seinen einzelnen Schritten geschildert. In diesem langen Satz wird dargelegt, daß der »Herzog von Bayern und Westfalen« (*dux Bawarię et Westfalię*) in Mißachtung des geschützten Rechtsstandes (*libertas*) der Kirchen Gottes und der Adligen des Reiches (*ecclesiarum dei et nobilium imperii*) deren Güter besetzt und deren Rechte beeinträchtigt habe, daß er infolgedessen auf die Klagen der Fürsten und vieler Adliger vor das Gericht zitiert worden, aber nicht erschienen sei, und daß daraufhin (nämlich am 24. Juni 1179 auf dem Hoftag von Magdeburg) gegen ihn durch die Fürsten und durch schwäbische Rechtsgenossen das Urteil auf Ächtung gefällt worden sei. Dann aber, als er gegen die Rechte und *libertas* der Fürsten und des Adels weiterhin gewütet habe, sei er deswegen und wegen vielfacher Mißachtung des Kaisers (*pro multiplici contemptu*) und insbesondere wegen erwiesenen Vergehens an der Majestät (*precipue pro evidenti reatu maiestatis*) in rechtmäßiger Weise nach Lehnrecht (*sub feodali iure*) dreimal geladen worden, aber wieder nicht erschienen und somit wegen Rechtsverweigerung (als *contumax*) verurteilt worden. Durch das einmütige Urteil der Fürsten seien ihm seine Herzogtümer – »Bayern sowie Westfalen und Engern« (*tam ducatus Bawarię quam Westfalię et Angarię*) – und seine Reichslehen abgesprochen worden.
Bei diesen Formulierungen fällt auf, daß trotz der Verurteilung des Löwen auf »landrechtlicher« bzw. »volksrechtlicher« Grundlage mit der Achterklärung in Magdeburg (24. Juni 1179) noch ein zweites Verfahren nach Lehnrecht nachgeschoben wurde. Mit diesem lehnrechtlichen Verfahren sollte offenbar die Rechtskonsequenz verschärft werden: das Lehnsurteil konnte nicht mehr (wie das »volksrechtliche« Urteil) abgemildert oder in einem Vergleich außer Kraft gesetzt werden. Auf dieser lehnrechtlichen Grundlage war es drei Monate später möglich, am 13. April 1180 auf dem Hoftag zu Gelnhausen das Herzogtum Sachsen neu zu vergeben. Während der östliche Teil an den Askanier Bernhard ging (der in der Zeugenliste bereits als *dux Westfalię et Angarię* auftritt), wurde der westliche Teil, der sich auf das Erzbistum Köln und die Diözese Paderborn erstreckte (*que in episcopatum Coloniensem et per totum Pathebrunnensem episcopatum protendebatur*), der Kirche von Köln geschenkt; anschließend wurde der derzeitige Erzbischof von Köln, Philipp von Heinsberg, damit belehnt. Der Übergang dieses Teils des »westfälischen« Her-

zogtums an Köln wird also in der Gelnhäuser Urkunde festgehalten und bestätigt. Daß hinter all diesen Vorgängen vornehmlich Kölner Interessen standen, wird unter anderem darin erkennbar, daß die Stelle in der Urkunde, die die Verdienste des Erzbischofs um Kaiser und Reich hervorhebt (*consideratione meritorum, quibus dilectus princeps noster Phylippus Coloniensis archiepiscopus …gratię imperialis promeruit privilegium*), sich an Formulierungen anlehnt, wie sie in der Kölner Bischofskanzlei in Gebrauch waren. Der Kölner Erzbischof und seine Kirche waren auch Empfänger dieser Urkunde, die daher im kurkölnischen Archiv überliefert wurde.

Original: Kurkölnisches Archiv; Hauptstaatsarchiv Düsseldorf; Im Zweiten Weltkrieg in das Salzbergwerk »Schacht Hadmersleben« ausgelagert. Laut Abschlußbericht des Staatsarchivs Magdeburg vom 7.12. 1946 wurde »ohne Wissen« der Behörde die Holzkiste, in der sich die

D 75

Urkunde befand, nach Kriegsende abtransportiert und ist seither verschollen.

MGH D F I 795.

Güterbock 1920. – Heinemeyer 1981. – Heinemeyer 1990. – Weinfurter 1993.

S. W.

D 75 Sächsische Weltchronik

Hamburg, vor 1290

Pergament – Miniaturen auf Goldgrund – Ledereinband auf Holz 16. Jahrhundert – 102 Blätter – H. 32,5 cm – B. 23 cm.

Bremen, Staats- und Universitätsbibliothek, Ms. a 33

Die Handschrift gehört der in der Erzdiözese Bremen zu lokalisierenden B-Rezension der Sächsischen Weltchronik an, die um 1240 entstanden ist. Die Miniatur auf fol. 68v zeigt die Erhebung der Gebeine Karls des Großen durch Kaiser Otto III. im Jahre 1000 in Aachen. Die ideologische Anknüpfung eigener Herrschaftsauffassungen an das Vorbild des großen Karolingers wurde im Mittelalter gern gesucht, besonders nachdem Karl 1165 kanonisiert worden war. Heinrich der Löwe konnte Karl sogar zu seinen Vorfahren zählen. Hinter dem in ein weißes Leichentuch gehüllten, bekrönten Karl ist Otto III. mit Krone und Schwert dargestellt. Seine emporweisende Handbewegung und der auf Karl gerichtete Blick deuten den gesuchten Traditionsbezug an. Auffallend ist die Abwesenheit von Geistlichen, die die Störung der Grabesruhe sanktioniert: Im Text wird das baldige Ende Ottos III. offenbar als Strafe für die übertriebene Traditionssuche dann auch vorausgesagt.

Auf fol. 86v findet sich die Szene des angeblichen Fußfalls Kaiser Friedrich Barbarossas vor Heinrich dem Löwen. Der nach den gescheiterten Verhandlungen von Montebello von den Lombarden bedrängte Kaiser bat im Januar/Februar 1176 Heinrich in Chiavenna um militärische Hilfe. Weil er als Gegenleistung eine Belehnung mit Goslar ablehnte, verweigerte der Welfe seinen Beistand. Zwischen Friedrich I. und Heinrich begann eine persönliche und politische Entfremdung, die in der Absetzung des Herzogs in Gelnhausen gipfelte. Die Sächsische Weltchronik spitzt das in den sonstigen Quellen in mehreren Varianten geschilderte Geschehen dramatisch zu. Während in der wichtigsten Variante die Kaiserin anwesend ist, Barbarossa tröstet und dem Herzog die Rache Gottes ankündigt, tritt statt ihrer hier der herzogliche Truchseß mit der Bemerkung auf, da die Krone dem Herzog nun schon zu Füßen liege, werde sie ihm auch noch aufs Haupt kommen. Die Miniatur zeigt den Kaiser kniend in bittender Haltung, sein Gefolge besteht aus dem Schwertträger links und dem kaiserlichen Truchseß oder Herold, der seine Bitte offenbar flehentlich vorträgt. Der Herzog und sein Gefolge sind zu Pferde, Heinrich in majestätischer Pose grüßend dargestellt, rechts hinter ihm der insinuierende herzogliche Truchseß, mit leicht gestikulierender Hand seine Bemerkung andeutend.

Vom Hamburger Bürger Johann von dem Berge dem Grafen Gerhard I. von Holstein (†1290) geschenkt; von Reimar Kock (†1569) für seine Chronik von Lübeck benutzt; 1581 auf Schloß Wisborg in Visby nachweisbar; 1603 im Besitz des Johannes Brockenhuß, 1698 des P. C. von der Osten; seit den 1820iger Jahren in der Stadtbibliothek Bremen; von dort in die Staats- und Universitätsbibliothek übernommen.

Sächsische Weltchronik. – Lappenberg 1838. – Ballschmiede 1914. – Herkommer 1972. – Menzel 1985. – Schmidt 1986. – Hägermann 1989. – Herkommer 1992 (Lit.).

M. Me.

D 76 Urkunde Friedrichs V., Herzog von Schwaben, für das Kloster Kreuzlingen mit Siegel

Altdorf, 1178(9) Dezember 25

Pergament – H. 44 cm – B. 46 cm – an einer ursprünglich mit Seide umnähten Hanfschnur hängendes Siegel – Dm. 8 cm.

Frauenfeld, Staatsarchiv des Kantons Thurgau, 7'32'11 / Lade XI Nr. 5 1179 XII 25

Der sich seit dem Tod seines Sohnes im Jahre 1167 ohne direkten männlichen Nachkommen sehende Herzog Welf VI. (vgl. Kat. B 12) hatte ursprünglich mit seinem Neffen Heinrich dem Löwen einen Erbvertrag ausgehandelt. Dieser aber kam den daraus resultierenden Zahlungsverpflichtungen nicht nach, wohl weil er ohnehin mit dem baldigen Ableben seines Onkels und dem damit verbundenen Erbfall zu seinen Gunsten rechnete. Nach den Friedensschlüssen in Italien 1177, sehr wahrscheinlich noch vor dem Weihnachtsfest 1178, sollte es zwischen Kaiser Friedrich I., ebenfalls ein Neffe Welfs, und seinem Oheim zu einer überraschenden Vereinbarung hinsichtlich des Erwerbs jenes welfischen Erbes in Schwaben kommen: Welf VI. übergab dem Kaiser sein Erbgut, um es von diesem als ein durch Reichsgut erweitertes Lehen auf Lebenszeit zurückzuerhalten. In einer gesonderten, finanziell höchst aufwendigen Abmachung bestimmte Herzog Welf VI. die Staufer daraufhin zu seinen Erben. Dieser Handel zwischen Herzog Welf VI. und den Staufern eröffnete Friedrich Barbarossa nicht zuletzt auch die Möglichkeit, die süddeutsche Position Heinrichs des Löwen einschließlich der welfischen Familienbande entscheidend zu schwächen, um so – durch das Bündnis mit dem ältesten Vertreter des Welfenhauses gestärkt – gegen den Löwen vorgehen zu können. So endete mit Welfs VI. Tod am 15. Dezember 1191 die welfische Herrschaft in Schwaben. Die vorliegende Urkunde ist nur kurze Zeit nach dem Erbvertrag zwischen Welf VI. und Friedrich Barbarossa entstanden und gibt die neue Situation exakt wieder. Aussteller ist Herzog Friedrich V. von Schwaben, der zu jener Zeit mit elf Jahren noch im unmündigen Alter war. Die Geschäfte führte sein Vater, Kaiser Friedrich I., der ihn offenbar auch als Erben der welfischen Güter ausersehen hatte. Hier nun verpflichtet sich Herzog Friedrich, nach dem Tod oder einer freiwilligen Auflassung Welfs VI. das Kloster St. Udalrich in Kreuzlingen zu schützen und es in seinen Gütern und Rechten zu erhalten. Ferner erlaubt er, daß die ihm bei der Schenkung überlassenen, ehemaligen Ministerialen Welfs – *ministerialibus nostris qui ex donatione prefati ducis Welfonis ad nos pertinent* – sich selber oder ihre Güter dem Kloster übergeben dürfen. An der Urkunde hängt das beschädigte Reitersiegel Herzog Friedrichs. Es zeigt den Herzog auf einem nach links schreitenden Pferd mit einer Lanze und einem nach Normannenart oben abgerundeten Schild in den Händen.

Archiv des Stifts Kreuzlingen.

UB Thurgau 2, Nr. 56. – UB Würtemberg 2, Nr. 419.

Feldmann 1971, insb. S. 86–91 sowie Nr. 157 (dort auch zur Datierung). – Feldmann 1971a, S. 308–326. – Kat. Stuttgart 1977, 1, Nr. 6. – Jehl 1995.

C. P. H.

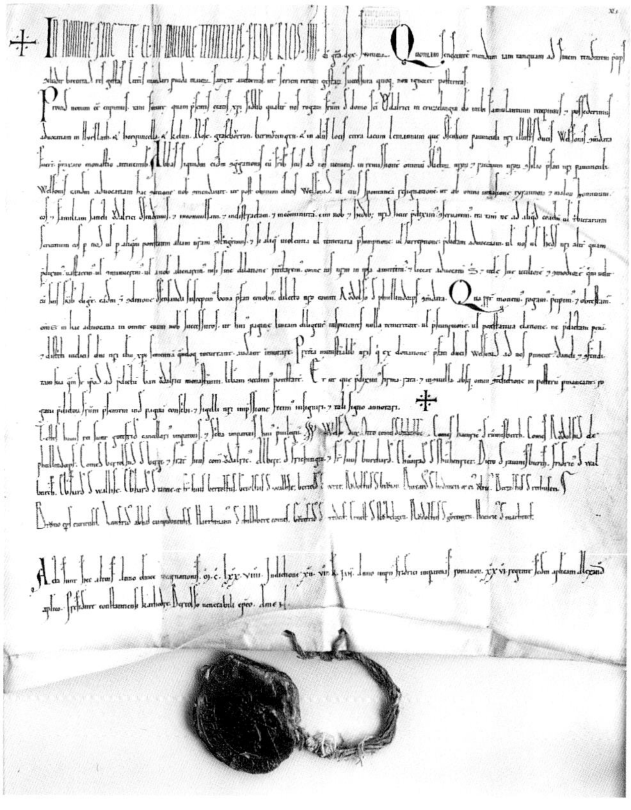

D 77 Siegel Kaiser Friedrichs I. (*nach 1122, König 1152, Kaiser 1155, †1190)

Typar: 1155 – Urkunde: 1156 Mai 10

Braunes Wachs – durchgedrückt – restaurierter Riß – Dm. 8,5 cm.

Hannover, Niedersächsisches Hauptstaatsarchiv, Cal. Or. 100 Hilwartshausen Nr. 16

Noch im Herbst des Jahres 1179 trafen Kaiser Friedrich I. und Herzog Heinrich der Löwe in oder bei Haldensleben zusammen, wo Barbarossa dem Löwen gegen eine Zahlung von 5000 Mark (ca. 1168,80 kg Silber) vergeblich seine Vermittlung bei den aufgebrachten Fürsten anbot. Die für das Jahr 1180 angesetzte Reichsheerfahrt gegen Heinrich wurde schnell ein voller Erfolg für Barbarossa, fielen doch bedeutende Mitstreiter des Löwen, darunter selbst Teile der herzoglichen Ministerialität, eilends von diesem ab. Die vollständige militärische Niederlage endete mit der Unterwerfung des Herzogs auf dem Hoftag in Erfurt Mitte November 1181. Nach einem dreijährigen Exil in England kam Heinrich 1185 wieder nach Deutschland zurück. Hier soll ihn Kaiser Friedrich Barbarossa im Zuge seiner Vorbereitungen zum Dritten Kreuzzug schon bald vor drei Alternativen gestellt haben: entweder nur zum Teil in die früheren Rechte eingesetzt zu werden, oder ebenfalls das Kreuz zu nehmen und so die alte Stellung wiederzuerlangen, oder aber mit dem erstgeborenen Sohn ein erneutes Exil anzutreten. Heinrich wählte das Exil, aus dem er schließlich wegen des plötzlichen Todes seiner Gattin Mathilde vorzeitig zurückkehrte. Während in Deutschland Barbarossas Sohn, König Heinrich VI., noch erfolgreich gegen die Restaurationsbemühungen des Löwen focht, starb der Kaiser während der Kreuzfahrt am 10. Juni 1190 durch einen Unglücksfall. Das kaiserliche Siegel Friedrichs I. weist die Umschrift + FREDERIC(VS) · DEI · GR(ATI)A · ROMANOR(VM) · IMPERATOR · AVG(VSTV)S auf. Barbarossa trägt hier einen gestutzten Vollbart und hat eine Krone auf dem Haupt, die in einer mit aufgesetztem Kreuz versehenen Kugel endet, wobei das Kronenkreuz zugleich den Anfang der Siegelumschrift bildet. Von der Krone hängen zwei mit Perlen verzierte Bänder herab; der unterhalb der rechten Schulter mit einer Fibel zusammengehaltene Kaisermantel läßt das darunterliegende Cingulum sichtbar werden. Der Thron, auf dem der Kaiser sitzt, ist offenbar gemauert, mit Säulen und Gittern geschmückt und erhält lediglich durch die Betonung von Sitz- und Fußflächen räumliche Wirkung. In der linken, angehobenen Hand hält der Kaiser den Reichsapfel, in der Rechten das Zepter. Wie schon bei den Siegel- und Bullenstempeln seiner Königszeit beauftragte Friedrich I. seinen Vertrauten und Ratgeber Abt Wibald von Stablo mit Entwurf und Herstellung des kaiserlichen Siegels. Die große Ähnlichkeit zwischen dem Königs- und Kaisersiegel Friedrichs stellte schon Otto Posse fest und konnte darin durch Josef Deér präzisiert werden. Letzterer schloß auf eine Entstehung im Maasgebiet (Lüttich), brachte das Stück mit dem Meister des Armreliquiars Karls des Großen (Kat. A 14) in Verbindung und identifizierte jenen mit dem Stempelschnitt beauftragten Goldschmied als *Godefridus aurifaber civis Hoyensis* (Gottfried, Goldschmied und Bürger von Huy).

Archiv des Klosters Hilwartshausen.

MGH D F I 138.

Posse 1909–13, Bd. 1, 22,1; Bd. 5, S. 25. – Deér 1961. – Westrich 1965. – Kat. Stuttgart 1977, 1, Nr. 30 (zu einer anderen Ausprägung).

C.P.H.

D 78 Siegel Philipps von Heinsberg, Erzbischof von Köln (1167–1191), Typ II

Typar: Köln, 1174 – Urkunde: 1181

Hellbraunes Wachs – an roter und grüner Seidenschnur hängend – H. 9 cm – B. 6,9 cm.

Köln, Historisches Archiv der Stadt, St. Kunibert U 3/14: 1181

Philipp war der jüngste Sohn Goswins II. von Heinsberg-Valkenburg und Adelheids von Sommerschenburg (vgl. dazu Kat. G 52 und G 93), wodurch eine direkte Verwandtschaft zu Herzog Heinrich dem Löwen bestand, hatte dieser doch den Onkel Philipps, den Pfalzgrafen Friedrich von Sommerschenburg, in einer Urkunde als *cognatus noster* bezeichnet (MGH UU HdL, Nr. 125). Nach seiner Ausbildung in Köln und Reims wurde Philipp durch Rainald von Dassel in die Reichskanzlei berufen und 1167 zu dessem Nachfolger in Köln gewählt. Während er auf der einen Seite in bedeutenden Reichsangelegenheiten tätig war, trat Philipp andererseits vehement für die Erweiterung seines erzbischöflichen Territoriums ein. In Westfalen stießen die Interessen des Erzbischofs von Köln mit denen des sächsischen Herzogs zusammen, was Philipp zum bedeutendsten Gegner des Löwen werden ließ. Mit dem lehnsrechtlichen Erwerb des *ducatus Westfalie et Angarie* nach Heinrichs Sturz wurde Philipp schließlich auch zu dessen größtem Nutznießer. Das spitzovale zweite Erzbischofssiegel Philipps weist die Umschrift + PHILIPPVS D(e)I GR(ati)A COLONIENSIS ARCHIEP(is)C(opus) (Philipp von Gottes Gnaden Erzbischof von Köln) auf. Der Erzbischof sitzt angetan mit Ornat und Mitra auf einem mit einer Decke oder einem Teppich belegten sowie mit Tierköpfen und -klauen verzierten Faldistorium; seine Pontifikalschuhe ruhen auf einem Kissen. Er hält in der ausgestreckten Rechten den einwärts gekehrten Bischofsstab, dessen unteres Ende in den Inschriftrand hineinragt; in der Linken das geöffnete, mit Buchstaben versehene Evangelium. Die geziemende erzbischöfliche Unnahbarkeit und Würde ist durchaus intendiert; ihr hat der Stempelschneider durch eine strenge Bildkomposition und detaillierte Wiedergabe sämtlicher Herrschaftsinsignien Rechnung getragen.

Archiv des Klosters St. Kunibert.

UB Niederrhein 1, Nr. 480.

Regesten Eb. Köln, 2, Nr. 1163. – Ewald 1933–42, 1, Taf. 12,2. – Esser 1955. – Kallen 1960, S. 183–205. – Kat. Köln 1985, 2, Nr. D 13, Abb. S. 30, Text S. 33 (Rainer Kahsnitz). – Petke 1985, S. 238f., insb. Anm. 404. – Seibert 1993. – Weinfurter 1993, S. 455–481.

C.P.H.

D 78

D 79 Siegel Wichmanns von Seeburg, Erzbischof von Magdeburg (1152/54–1192)

Typar: Magdeburg (?), 1154 – Urkunde: 1161

Hellbraunes Wachs – durchgedrückt – Dm. 8,5 cm.

Brandenburg, Domstiftsarchiv, BDK 49, U 4

Wichmann entstammte den Grafen von Seeburg, die mit den Herren von Querfurt in agnatischem Zusammenhang standen, und war zudem mit Erzbischof Konrad von Magdeburg (1134–1142) und Bischof Udo von Naumburg (1161–1186) verwandt. Im Jahre 1136 wurde er Domherr in Halberstadt, 1145 Propst des dortigen Chorherrenstiftes St. Johannis, im Jahr darauf Dompropst und 1149 Bischof von Naumburg. 1152 schließlich bestimmte ihn König Friedrich I. zum Erzbischof von Magdeburg; das Pallium erhielt er erst zwei Jahre später. Die Einsetzung Wichmanns fügt sich in das Bestreben des Staufers, mit einer eigenen Investiturpolitik an seinem Einfluß im Norden des Reiches trotz des Einvernehmens mit Heinrich dem Löwen auch dadurch festzuhalten, daß er Bistümer und Erzbistümer gegen jegliche Mediatisierungsversuche des sächsischen Herzogs zu stabilisieren suchte. Der Erzbischof selbst konnte ein mit Hilfe von Lokatoren erfolgreiches Siedlungswerk entfalten und so den Einfluß Magdeburgs nach Osten bedeutend erweitern. Noch während der Jerusalemwallfahrt Heinrichs des Löwen fungierte Wichmann als dessen Stellvertreter in Sachsen, trat dann aber spätestens im Streit um das Erbe der Grafen von Sommerschenburg auf die Seite der herzoglichen Gegner. Das runde Siegel des Erzbischofs hat die Umschrift + WICMANNVS D(e)I GRA(tia) MAGETHEBVRGENSIS ECCLESIE ARCHIEP(i)S(copvs) (Wichmann von Gottes Gnaden Erzbischof von Magdeburg). Es zeigt ihn im Ornat nebst Pallium auf einem gemauerten Thron sitzend; in der rechten Hand hält er einen einwärts gekehrten Bischofsstab, in der linken das geöffnete Evangelienbuch, in dem die Zeilen PAX VOB(iscvm) (Friede sei mit Euch) lesbar sind. Im Gegensatz zu den meisten anderen Bischofssiegeln dieser Zeit ist Wichmann dabei ohne Kopfbedeckung, dafür mit gelocktem Haupthaar dargestellt. Erzbischof Wichmann starb am 25. August 1192; die Chronisten priesen ihn als einen friedensliebenden, heiteren und kunstsinnigen Herrscher.

Archiv des Domstifts Brandenburg.

UB Erzbistum Magdeburg 1, Nr. 303.

Bierbach 1913, S. 87–90 – Hoppe 1908, S. 178f. und S. 190. – Claude 1975. – Beck/Unger 1979, S. 30 mit Abb. 5. – Kat. Magdeburg 1992, insb. S. 245, Nr. III/6.

C.P.H.

de magdabg. Burchard comes de valken
Richar. Hernot. Conrad 7 alij
illic psentes aderat.

I

*D 80 Siegel Ludwigs III. des Frommen, Landgraf von Thüringen (1172–1190), Typ I

Typar: Thüringen, 1172 – Urkunde: 1189

Braunes Wachs – durchgedrückt – auf der linken Seite größere restaurierte Bruchstelle – Dm. ca. 7,4 cm.

Hannover, Niedersächsisches Hauptstaatsarchiv, Cal. Or. 100 Hilwartshausen Nr. 20

Ludwig III. war der Enkel jenes ersten ludowingischen Landgrafen, der im Jahre 1131 von König Lothar III. mit der Landgrafenwürde von Thüringen belehnt worden war. Die Verwandtschaft mit den Staufern rührte von seiner Mutter Jutta her, der Nichte König Konrads III. und Halbschwester Friedrich Barbarossas. Im Jahre 1179 schloß sich Ludwig der Fürstenkoalition gegen Heinrich den Löwen an, von dem sich die Ludowinger seit seiner Übernahme des Winzenburger Erbes bedroht gefühlt hatten, und bekam für seine staufertreue Haltung auf dem Gelnhäuser Hoftag schließlich die Würde des sächsischen Pfalzgrafen übertragen; zusätzlich konnte er seine Herrschaft an Unterwerra, Oberweser und Leine ausbauen. Nach dem Tode seines Bruders Heinrich Raspe III. im selben Jahr übernahm Ludwig auch die Herrschaft in Hessen, geriet aber bald darauf mit seinem Bruder Hermann in die mehrmonatige Gefangenschaft Heinrichs des Löwen. Ludwigs erstes Reitersiegel mit der Umschrift LVDEVVI[C(VS) LANTGRAVIVS] weist ihn noch einzig als Landgrafen von Thüringen aus. Er sitzt auf einem nach links schreitenden, wenig bewegten Pferd, das mit einer in Fransen auslaufenden Decke belegt ist. Die Beine des Reiters sind dabei kampfbereit in die Steigbügel gestreckt. Ludwig trägt einen nach oben spitz zulaufenden Helm, hält in der Linken einen mit Strahlenkranz verzierten Schild und in der Rechten eine Fahnenlanze, deren Stoff starr erscheint und in sechs Fransen ausläuft. Die Haltung des Tieres und die Wiedergabe des Fahnenstoffs wird in dem zweiten Reitersiegel, das sich Ludwig nach dem Erwerb der sächsischen Pfalzgrafschaft schneiden ließ, eleganter gelöst. Hier ist neben dem neuen Titel erstmals auch der steigende Löwe in das Wappenschild aufgenommen. Landgraf Ludwig III. begleitete Friedrich Barbarossa auf dem Dritten Kreuzzug (»Held von Akkon«), verstarb während der Heimreise auf See am 16. Oktober 1190 und wurde im Kloster Reinhardsbrunn beigesetzt.

Archiv des Klosters Hilwartshausen.

UB Erzbistum Mainz, Nr. 107.

Posse 1888, S. 16, 20, Tafel 11. – Frommann 1908. – Patze/Schlesinger 1967–1984, Bd. 2, S. 24–29. – Kat. Marburg/Wartburg 1992, S. 155f. – Blaschke 1991. – Schwind 1992, S. 12–15.

C.P.H.

*D 80

*D 81 Siegel Ottos II., Markgraf von Brandenburg (1184–1205), Typ I

Typar: Norddeutschland, vor 1187 – Urkunde: 1196 November 24, 25 und 28

Braunes und helles Wachs – an roten Seidenfäden hängend – H. 8 cm – B. 5,8 cm.

Magdeburg, Landeshauptarchiv Sachsen-Anhalt, Rep. U 1 XVIII Nr. 4 b

Markgraf Otto II. entstammte einem im nordöstlichen Harzraum burgsässig gewordenen hochadligen Geschlecht, das sich zunächst nach seiner Hauptburg Ballenstedt und später nach der Feste Aschersleben (lat. Ascharia, davon Askanier) nannte. Otto von Ballenstedt kam 1112 durch Kaiser Heinrich V. für kurze Zeit zu der Würde eines sächsischen Herzogs. Sein Sohn Albrecht der Bär wurde von Herzog Lothar 1123 als Markgraf der Lausitz eingesetzt, 1134 mit der Nordmark (Brandenburg) belehnt und konnte im Juli 1138 gegen die welfischen Ansprüche ebenfalls kurzzeitig als Herzog von Sachsen reüssieren. In den östlichen Slawenmarken schufen die Askanier einen großen Herrschaftskomplex, aus dem heraus Markgraf Otto I. von Brandenburg und sein jüngerer Bruder Graf Bernhard von Aschersleben gefährliche Gegner Heinrichs des Löwen wurden. Nach dem Sturz des Herzogs belehnte Kaiser Friedrich I. Bernhard mit dem Herzogtum Sachsen. Der Sohn des Markgrafen, Otto II., ergriff nach der vorzeitigen Heimkehr Heinrichs des Löwen im Jahre 1191 sogleich Partei für die welfischen Gegner. Ottos ovales Siegel weist die Umschrift OTTON(is) D(e)I GRA(tia) [BRANDEBVR]GENSIS MARCHIO (Otto von Gottes Gnaden Markgraf

*D 81

von Brandenburg) auf und zeigt den Markgrafen im Standbild mit einer Fahnenlanze im rechten und einem nach Normannenart geformten Schild im linken Arm. Dieser mit ankerkreuzförmigem Metallbeschlag und genageltem Rand versehene Schild ist perspektivisch dargestellt. Der Markgraf selbst trägt einen Eisenpanzer mit Waffenrock und Schwert. Sein Nacken ist durch einen Hersenier, sein Kopf durch einen niedrigen Helm geschützt. Es handelt sich um ein typisches Beispiel für die von den Askaniern verwendete Siegelform, die wiederum aus deren typischem Siegelbild resultiert, wie es schon von Markgraf Albrecht dem Bären verwendet worden war. Anders als die Mehrzahl der Reichsfürsten gebrauchten sie in der Regel kein Reitersiegel, sondern ließen sich stets im Standbild darstellen. Im dritten Typar Markgraf Ottos II. ist auf dem Schild ein heraldischer Adler zu erkennen; als Motiv sollte dies zunächst nur die reichsfürstliche Stellung des Siegelführenden ausdrücken, hat sich aber bei den Askaniern in der Folge zum familiären Wappenbild weiterentwickelt.

Archiv des Domstifts Magdeburg.

Riedel 1838–69, C. I. S. 2–4 (nach einem Kopiar). – Regesta Archiepiscopatus Magdeburgensis 2, Nr. 61, S. 27–29.

Sello 1887, S. 277–283. – Bier 1937, S. 17f. – Regesten Markgrafen Brandenburg. – Heinrich 1990.

C.P.H.

D 82 *Annales Ratisponenses*

Regensburg, Ende 12./Anfang 13. Jahrhundert

Pergament – 105 Blätter – H. 18 cm – B. 13 cm.

München, Bayerische Staatsbibliothek, Clm 14733

Das sogenannte Notizbuch Hugos von Lerchenfeld stammt aus dem Regensburger Kloster St. Emmeram. Hugo war Regensburger Bürger und trat später in das Domkapitel ein. Als vielseitig interessierter Mann weltlichen Standes betrieb er Studien in Klosterbibliotheken und hinterließ eine Reihe von Aufzeichnungen unterschiedlichster Art, darunter auch historische Notizen zum letzten Viertel des 12. Jahrhunderts, die als Teil der *Annales Ratisponenses* herausgegeben worden sind. Als erster im deutschen Sprachraum verwendete er bei der Jahreszählung mitunter arabische Ziffern.
Zum Jahre 1180 findet sich auch eine Nachricht über den Machtwechsel in Bayern: »Kaiser Friedrich hat Heinrich,

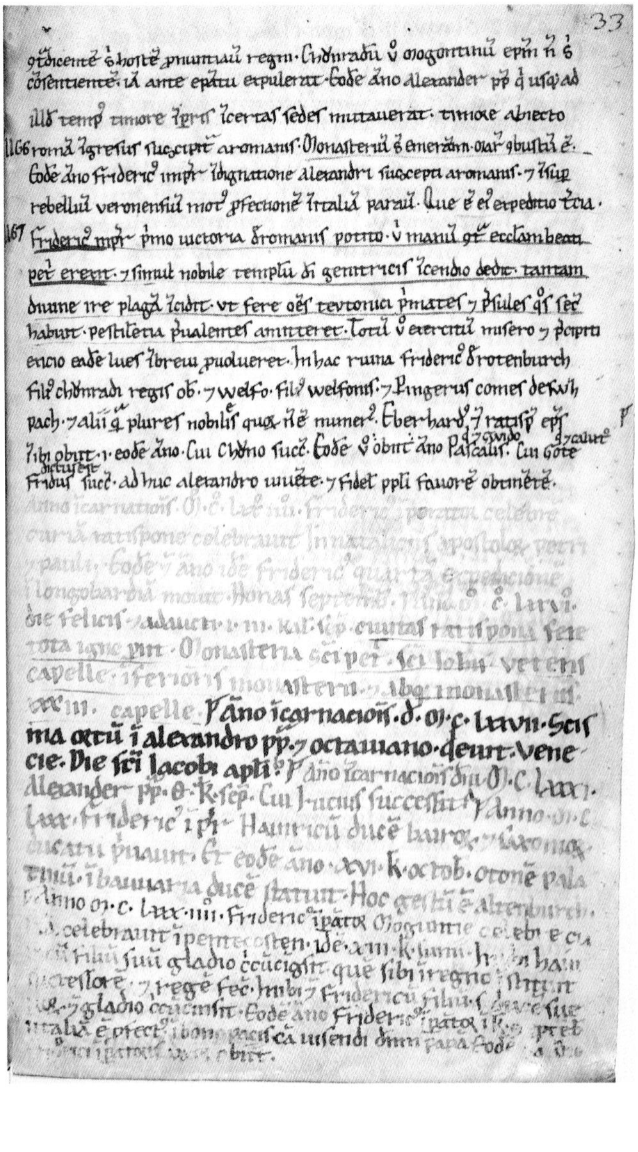

den Herzog der Bayern und Sachsen, seiner Herzogswürde enthoben. Und im gleichen Jahr, am 16. September, hat er den Pfalzgrafen Otto in Bayern als Herzog eingesetzt. Dies ist geschehen in Altenburg (in Thüringen) am 16. September 1180.« Besonderes Interesse verdienen diese lapidaren Sätze schon allein deshalb, weil es sich hier um eine der sehr wenigen Erwähnungen dieser Ereignisse in der zeitgenössischen bayerischen Annalistik handelt. Der Sturz Heinrichs des Löwen, der in Sachsen die Gemüter erhitzte und die meisten der dortigen Chronisten zu einer Stellungnahme geradezu herausforderte, in Schwaben zu einem Adelskomplott führte und sogar im Ausland zur Kenntnis genommen wurde, traf in Bayern auf erstaunlich wenig Resonanz. Unterstützung hat Heinrich aus diesem Herzogtum nicht erhalten, einen Kommentar eines zeitgenössischen bayerischen Chronisten sucht man ebenso vergebens wie ein Urteil über den Herzog. Sang- und klanglos ging das ›welfische Jahrhundert‹ in Bayern zu Ende.

Wahrscheinlich war dies eine Folge der untergeordneten Rolle, die dieses Herzogtum im Rahmen der Politik Heinrichs spielte. Der Welfe dürfte sich selbst eher als Sachse gefühlt haben, und auch der Schwerpunkt seiner Herrschaft lag eindeutig in Norden. Bayern war für ihn nur ein Nebenland; Wurzeln geschlagen hatte seine Herrschaft hier offensichtlich kaum.

Der neue Herzog Otto stammte aus der Wittelsbacher Linie der Grafen von Scheyern. Er war bereits etwa 60 Jahre alt und hatte bislang das Amt des bayerischen Pfalzgrafen bekleidet. Entscheidend für seinen Aufstieg dürfte in erster Linie das persönliche Verhältnis zum Kaiser gewesen sein. Der Wittelsbacher gehörte schon seit den frühen fünfziger Jahren zum engsten Kreis um Barbarossa und hatte sich immer wieder in königlichen Diensten bewährt. Bekannt geworden ist er während des ersten Italienzugs, als er das kaiserliche Heer in der Veroneser Klause aus einer mißlichen Lage rettete. Als unerschrocken und wagemutig wird Otto geschildert, seine Treue zum Kaiser war unerschütterlich. Auf dem Reichstag von Besançon im Jahre 1157 soll er »beinahe mit gezücktem Schwert« einen päpstlichen Legaten bedroht haben – vielleicht Roland Bandinelli, den späteren Papst Alexander III. –, als dieser Barbarossa mit der Frage provozierte, von wem denn der Kaiser seine Würde habe, wenn nicht vom Papst.

Der Herrschaftsantritt Ottos war dennoch nicht frei von Problemen. Insbesondere bei den großen Adelsgeschlechtern Bayerns, von denen einige den Wittelsbachern an Macht durchaus ebenbürtig waren, rief die Rangerhebung des Pfalzgrafen offenbar Unmut hervor. Wohl auch deshalb hat Barbarossa dem Grafen Berthold IV. von Andechs den Titel eines Herzogs von Meranien (in Dalmatien) verliehen; die Steiermark wurde von Bayern getrennt und zum Herzogtum erhoben.

Otto gelang es, sich in seinem Herzogtum durchzusetzen. Er hielt eine Reihe von Landtagen ab, wurde als Richter tätig und schuf durch seine Heiratspolitik die Grundlagen für den Aufschwung der Herrschaft seines Geschlechts im nächsten Jahrhundert. Seine Regierung war allerdings nicht von langer Dauer: Bereits am 11. Juli 1183 starb der Herzog. Die Konsolidierung der Herrschaft der Wittelsbacher gelang erst seinen Nachfolgern; bis 1918 hat dieses Geschlecht dann in Bayern regiert.

Wattenbach/Schmale 1976, S. 233. – Kat. Landshut 1980, 2, Nr. 22* (Aloys Schmid) – Kraus 1980. – Kraus 1980a

W.H.

Die Jerusalemreise Heinrichs des Löwen

Im Jahr 1172 brach Herzog Heinrich der Löwe zu einer etwa ein Jahr dauernden Wallfahrt ins Heilige Land auf. *Ipso anno Heinricus dux Saxonum Iherosolimam cum 500 fere militibus tetendit, felici prorsus usus et honesta per terram porfectione et reditu* – »In diesem Jahre zog Herzog Heinrich von Sachsen mit etwa 500 Rittern nach Jerusalem und machte hinwärts und rückwärts zu Lande eine durchweg glückliche und ehrenvolle Fahrt«, erzählt die Kölner Königschronik. Der Herzog verband dabei die Erfüllung religiöser Pflichten und Bedürfnisse mit einer Zurschaustellung von Macht und Ansehen. Die auf der Reise gewonnenen Eindrücke dürften durchaus anregend auf Heinrich gewirkt haben; die Masse der mitgebrachten Reliquien und Güter erlaubten ihm jedenfalls, großzügige Stiftungen zu tätigen. Nicht zuletzt reihte er sich ein in den Kreis von Fürsten und Adligen des 12. Jahrhunderts aus seiner Familie und seinem Umkreis, deren verheißungsvolles Ziel die Heilige Stadt in Palästina war.

1096–1101	Erster Kreuzzug: Herzog Welf IV. von Bayern (†1101 auf Zypern)
1100–1147	Konrad, Mönch in Clairvaux, Sohn Herzog Heinrichs des Schwarzen (†1126 in Bari)
1147–1149	Zweiter Kreuzzug: Herzog Friedrich III. von Schwaben, der spätere Kaiser; Welf VI. (bricht den Kreuzzug vorzeitig wegen Krankheit ab)
1149–1187	Markgraf Albrecht der Bär; Bischof Ulrich

von Halberstadt 1158; Erzbischof Wichmann von Magdeburg 1164; Herzog Welf VI. (feiert Ostern 1167 in Jerusalem); Bischof Hermann von Hildesheim (†1170 in Suza)

1189–1191 Dritter Kreuzzug: Kaiser Friedrich I.(†1190 in Kleinasien); Graf Ludolf II. von Dassel; Grafen Ludolf und Wilbrand II. (†1190 in Antiochien) von Hallermund; Graf Christian II. von Oldenburg (wird auf der Heimfahrt ermordet); Graf Adolf III. von Holstein-Schaumburg (bricht den Kreuzzug wegen der Rückkehr Heinrichs des Löwen ab); Grafen Burchard und Hoyer (†1190 in Antiochien) von Wohldenberg.

1192–1202 Erzbischof Hartwig II. von Bremen 1197 (bringt Reliquien der hl. Anna und das Schwert des hl. Petrus mit); Bischof Rudolf von Verden 1197; Heinrich von Braunschweig, Pfalzgraf bei Rhein 1197; Bischof Gardolf von Halberstadt 1198; Bischof Konrad I. von Hildesheim 1198; Graf Adolf IV. von Holstein-Schaumburg 1198

Chronica regia Coloniensis, S. 123f.
Arnold von Lübeck, Chronica Slavorum (Ed. 1868), Lib. 1, Cap. 1–12. – Röhricht/Meisner 1880. – Röhricht 1894. – Heydel 1929, S. 74–80. – Joranson 1938. – Kölner Königschronik, S. 104f. – Lahrkamp 1956. – Rüdebusch 1972. – Mayer 1980. – Kat. München 1984. – Kat. München 1984 (Erg.Bd.). – Georgi 1990, S. 209–225. – Ohler 1994.

C.P.H.

D 83 Collectar aus Cambrai

Cambrai (?), um 1140–1170

Pergament – 103 Blätter – H. 33,6 – B. 23,5cm.

Cambrai, Bibliothèque Municipale, Ms. 466 (ehemals 437)

Das Collectar, das wohl in der Benediktinerabtei Saint-André-du-Cateau bei Cambrai entstanden ist, gelangte später in die Bibliothek der Kathedrale von Cambrai. Es enthält außer dem Plan der *civitas Jherusalem* (fol. 1r) eine Abschrift des *Liber supra Libros Regnum* (fol. 1v–92r) sowie drei Briefe Friedrichs I. an die Grafen Dietrich und Philipp d'Alsace (fol. 93r), die die Bischofswahl des Elekten Petrus von Cambrai betreffen; die Antworten aus kurialer Sicht sind in dem Codex ebenfalls zu finden.

Der Cambraier Plan zeigt Jerusalem auf rechteckigem Grundriß. Somit nimmt er eine Sonderstellung innerhalb der kartographischen Darstellungen der Heiligen Stadt im 12. Jahrhundert ein, da die meisten Jerusalem-Pläne die Gestalt des viergeteilten Kreises besitzen (vgl. Kat. A 7). Der Plan und der Bericht des Wilhelm von Tyrus, Erzbischof und Kanzler des Königreichs Jerusalem, beschreibt die Stadt wie folgt: »Jerusalem ist kleiner als die größten und größer als die mittelmäßigen; ihre Form ist länglich, ein Teil länger als der andere, sie ist jedoch ein Viereck und ist auf drei Seiten von tiefen Tälern eingeschlossen.«

Die graphische Darstellung Jerusalems auf diesem Plan läßt das Bemühen um eine der Wirklichkeit entsprechende Erfassung der Topographie und Gebäude erkennen. So darf man darauf schließen, daß dem Zeichner eine sehr gute Vorlage von der Stadt zur Verfügung stand oder er mit der Topographie Jerusalems vertraut war. Die Gebäude und Straßen sind durch Inschriften gekennzeichnet.

Jerusalem, die Stadt der Passion Jesu Christi, übte auf europäische Pilger eine starke Anziehungskraft aus. Neben den hier besonders berücksichtigten Profanbauten, wie der *Curia Regia*, gilt die Aufmerksamkeit des Zeichners den Wallfahrtsstätten. In der Mitte des Plans steht die *Anastasis* mit der Doppelkapelle von Golgatha und Calvaria auf der *Platea Sepulcri*. Außerdem erkennt man die Ädikula über dem Grabe Christi unter der gewaltigen Kuppel der *Anastasis*. Im Südosten, im Winkel der Stadtmauer, liegt das Domizil des Templerordens mit den *Stabulae Salomonis*. Heinrich der Löwe hat während seines Aufenthalts in Jerusalem nicht nur eine bedeutende Stiftung für das Heilige Grab veranlaßt (vgl. Kat. D 84); sondern auch die Templer wurden – wie die Johanniter – reich bedacht (Mayer 1980). Unter allen Kirchenbauten ragt das *Templum Domini* mit der *porta speciosa* und *porta aurea*, durch die Christi bei der Palmsonntagsprozession den Einzug in Jerusalem hielt, am höchsten hervor.

Heydenreich 1965.– Giese 1978, S. 390ff. – Otto 1980, S. 222. – Kat. Köln 1985, 3, Nr. H 2 (Franz Niehoff). – Naredi-Rainer 1994, S. 58f., Abb. 20.

S.B.

D 84 Urkunde Heinrichs des Löwen, Herzog von Bayern und Sachsen, für das Heilige Grab in Jerusalem mit Bullen der Kanoniker der Grabeskirche, des Patriarchen Amalrich von Jerusalem (1158–1180) und des Königs Amalrich I. von Jerusalem (1162–1173)

Jerusalem, 1172

Südliches Pergament – H. 41,7cm – B. 39,6cm – Umbug 3cm – drei Bleibullen an gelbroten Seidenfäden – (1) Dm. 3,1cm – (2) Dm. 3,6cm – (3) Dm. 3,8cm.

Wolfenbüttel, Niedersächsisches Staatsarchiv, 1 Urk 4

D 83

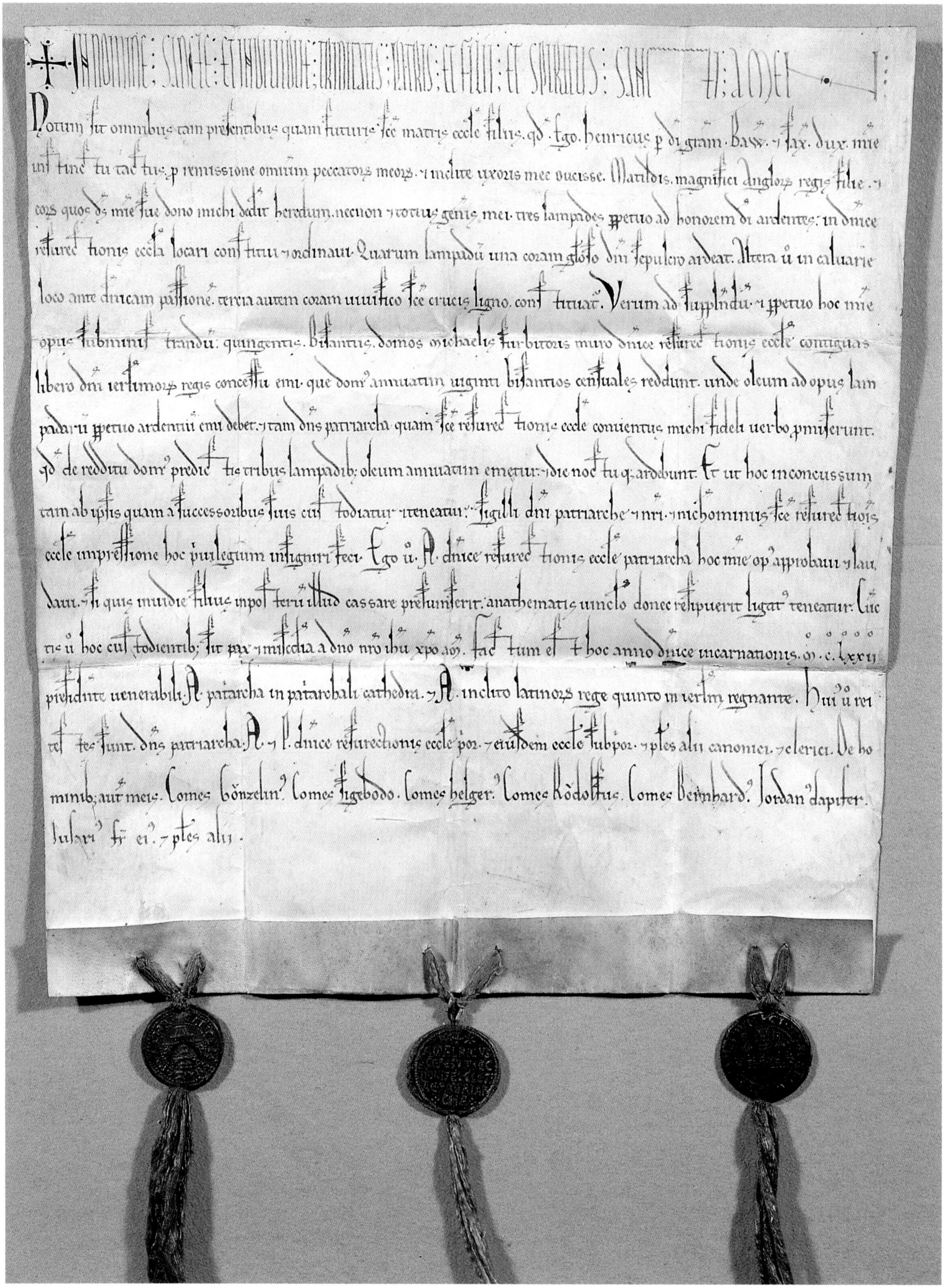

In nomine sancte et individue trinitatis patris et filii et spiritus sancti amen.

Notum sit omnibus tam presentibus quam futuris sancte matris ecclesie filiis, quod ego Heinricus dei gratia Bawarie et Saxonie dux, divini instinctu tactus, pro remissione omnium peccatorum meorum et inclite uxoris mee ducisse Mathildis, magnifici Anglorum regis filie, et eorum quos deus mee sue dono michi dedit heredum, necnon et totius generis mei tres lampades perpetuo ad honorem dei ardentes in dominice resurrectionis ecclesia locari constitui et ordinavi. Quarum lampadum una coram glorioso domini sepulcro ardeat, altera vero in Calvarie loco ante dominicam passionem, tertia autem coram vivifico sancte crucis ligno constituatur. Verum ad supplendum in perpetuo hoc meum opus subministrandum quingentis bisantiis domos Michaelis turbitoris muro dominice resurrectionis ecclesie contiguas libero domini Ierosolimorum regis concessu emi, que domus annuatim viginti bisantios censuales reddunt, unde oleum ad opus lampadarum perpetuo ardentium emi debet. Et tam dominus patriarcha quam sancte resurrectionis ecclesie conventus michi fideli verbo promiserunt, quod de redditu domus predictis tribus lampadibus oleum annuatim emetur et die nocteque ardebunt. Et ut hoc inconcussum tam ab ipsis quam a successoribus suis custodiatur et teneatur, sigilli domini patriarche et nostri et michi hominum sancte resurrectionis ecclesie impressione hoc privilegium insigniri feci. Ego vero A. dominice resurrectionis ecclesie patriarcha hoc meum opus approbavi et laudavi. Si quis iniquitatis filius in posterum illud cassare presumpserit, anathematis vinculo donec resipuerit ligatus teneatur. Cunctis vero hoc custodientibus sit pax et misericordia a domino nostro Iesu Christo amen. Factum est hoc anno dominice incarnationis MCLXXII presidente venerabili A. patriarcha in patriarchali cathedra et A. inclito Latinorum rege quinto in Ierusalem regnante. Huius vero rei testes sunt: dominus patriarcha A. et P. dominice resurrectionis ecclesie prior et eiusdem ecclesie subprior et plures alii canonici et clerici. De hominibus autem meis: Comes Gunzelinus. Comes Sigebodo. Comes Helgerus. Comes Rodolfus. Comes Bernhardus. Iordanus dapifer. Iuliarius frater eius et plures alii.

34

D 84

Im Jahr 1172 brach Herzog Heinrich der Löwe zu einer Wallfahrt in das Heilige Land auf. Der genaue Verlauf dieser Reise mit seinen Teilnehmern, den Stellvertretern des Herzogs sowie den Zusammenkünften mit Fürsten und Gesandten ist der entsprechenden Karte im Anhang von Band 2 dieses Ausstellungskatalogs zu entnehmen. Bei der Stiftung für das Heilige Grab reihte sich der Herzog in die Tradition der deutschen Jerusalempilger ein, aus der heraus etwa schon Markgraf Konrad von Meißen 1145 eine größere Stiftung für das Heiligen Grab getätigt hatte. Heinrich der Löwe nun stiftete für die Vergebung der Sünden seiner selbst, seiner Gattin Mathilde, Tochter des englischen Königs, seiner Nachkommen und der ganzen Familie drei ewige Lampen an herausragenden Stellen innerhalb der Grabeskirche: *una coram glorioso domini sepulcro …, altera vero in calvarie loco ante dominicam passionem, tercia autem coram vivifico sancte crucis ligno* (vor dem Hl. Grab, in der Kalvarienkapelle vor dem Altar der Passion des Herrn und vor der Reliquie des Heiligen Kreuzes). Das Öl für die Lampen war von 20 Byzantinern Jahreszins zu kaufen, den die vom Herzog für 500 Byzantiner erworbenen, dem Heiligen Grab benachbarten Häuser eines Michael Furbitor abwerfen sollten. Die Urkunde ist offenbar von einem Schreiber verfaßt worden, der als Notar oder Geistlicher im Dienste des Patriarchen Amalrich stand. Angehängt sind die für den Mittelmeerraum und den lateinischen Osten typischen Bleibullen. An erster Stelle hängt die Bulle der Kanoniker der Grabeskirche. Sie zeigt auf der Vorderseite das Bild des Heiligen Grabes – ein kapellenähnliches Gebäude mit Kreuz innerhalb eines größeren Komplexes – und hat die Umschrift SANCTISSIMI SEPVLCHRI (das allerheiligste Grab). Auf der Rückseite befindet sich ein Doppelkreuz mit der Inschrift IˆC XˆC NI KA zwischen den Kreuzarmen sowie die Umschrift SIGILLVM CANONICORVM (Siegel der Kanoniker). An zweiter Stelle hängt die Bulle des Patriarchen Amalrich: Auf der Vorderseite zeigt sie das Bild des auferstandenen Christus mit Doppelkreuz in der Rechten, der vor zwei aufrecht stehenden Personen zwei weitere mit sich reißt. Sie trägt die griechische Inschrift 'HA/NA/CTA/CIC. Auf der Rückseite weist sie die Aufschrift *+* AMALRICVS S(an)C(ta)E RESVRRECTIONIS ECCLESIAE · PATRIAR∴CHA∴(Amalrich, Patriarch der Kirche der Auferstehung) auf. An dritter Stelle schließlich hängt anstelle des im Urkundentext angekündigten herzoglichen Siegels die Bulle König Amalrichs I. Somit liegt die Vermutung nahe, daß in Jerusalem zwei gleichlautende Urkunden ausgestellt worden sind, von denen eine zunächst in der Grabeskirche verblieb und die andere als Stiftungsbeleg von Heinrich mitgenommen wurde. Die Bulle zeigt auf der Vorderseite den thronenden König Amalrich I., in der Rechten das Zepter, in der Linken den Apfel mit Kreuz haltend, und die Umschrift + AMALRICVS DEI GRACIA REX IERVSALEM (Amalrich von Gottes Gnaden König von Jerusalem), auf der Rückseite die Ansicht von Jerusalem mit Turm und zwei Kuppeln sowie die Umschrift + CIVITAS REGIS REGVM OMNIVM (Stadt des Königs aller Könige).

Braunschweig-Lüneburgisches Gesamtarchiv in der Stiftskirche St. Blasius in Braunschweig; 1830 Schloß Braunschweig; seit 1836 im Herzoglichen Archiv Wolfenbüttel.

MGH UU HdL, Nr. 94, S. 143ff.

Heydel 1929, S. 74–80. – Joranson 1938, S. 146–225. – Mayer 1980. – Kühnel 1994, S. 243, Abb. 124. – Schlumberger/Chalandon/Blanchet 1943, S. 6f., insb. Nr. 11; S. 76f., insb. Nr. 11; S. 134.

C.P.H.

D 85 Ostensorium mit Reliquie des hl. Blasius

Niedersachsen, Braunschweig (?), 3. Viertel 14. Jahrhundert

Silberblech, getrieben und teilweise vergoldet; Silber, gegossen und teilweise vergoldet; Silbergrubenschmelz; Kristall; Reliquienfassung: Silber, nielliert und vergoldet – Dachbekrönung oberhalb des Knaufes abgebrochen – H. 31,3 cm.

Berlin, Staatliche Museen – Preußischer Kulturbesitz, Kunstgewerbemuseum, Inv. Nr. W 44 (37, 22)

Die schlanke turmförmige Reliquienmonstranz birgt, aufgehängt in ihrem Kristallzylinder, eine ovale silbervergoldete Reliquienkapsel. Auf deren Wandung berichtet eine umlaufende niellierte Inschrift in griechischen Buchstaben über den Inhalt: Tropfen (Reliquie) vom hl. Märtyrer Blasius. Auch der schmale, eingerollte Pergamentstreifen unterhalb der Kapsel trägt die Aufschrift *de osse S. Blasii*, der breitere Streifen hingegen zeigt die Schrift *pollex de s. marco*, was als Fehldeutung der griechischen Buchstaben ausgelegt wird. Ursprünglich war das Ostensorium wohl für eine Lukas-Reliquie bestimmt; darauf verweist die auf den Rautenknöpfen des Nodus angebrachte Inschrift mit dem Namen des Evangelisten. Möglicherweise könnte sich das byzantinische Enkolpion unter den zahlreichen bedeutenden Reliquien befunden haben, welche Heinrich der Löwe auf seiner Pilgerfahrt in das Heilige Land vom Kaiser in Konstantinopel als Geschenk erhalten hatte. Da sich im Gefolge des Herzogs 1200 Ritter und Berufssoldaten befanden, ist vielleicht von Interesse, daß der hl. Blasius im 12. Jahrhundert als der Schutzherr der Kreuzfahrer galt. Daß Heinrich dem hl. Blasius besondere Verehrung erwies, äußert sich vor allem in dem Wechsel des Patroziniums bei der Erbauung der neuen Stiftskirche: An die Stelle der Apostel Petrus und Paulus als Hauptpatrone rückten Blasius und Johannes der Täufer. Der Blasiuskult hatte in Braunschweig – bezeugt durch das Blasius-Armreliquiar (Kat. D 59), eine Stiftung der Brunonin Gertrud sowie die Altarreliquien der alten Stiftskirche – eine bis in das 11. Jahrhundert zurückreichende Tradition. Welch bevorzugten Platz der Heilige als Patron des Welfenhauses einnahm, zeigen die Illustrationen im Evangeliar Heinrichs des Löwen (Kat. D 31). Im Widmungsbild überreicht der Herzog das »goldglänzende Buch« an Maria, geführt vom hl. Blasius, der ihn der Gottesmutter empfiehlt. Auch im Krönungsbild erscheint der Heilige unter den Fürbittern. Der Transfer von Reliquien und Reliquiaren aus Konstantinopel in das Abendland vollzog sich häufig – wie bei Heinrich dem Löwen – auf dem Wege des Geschenkaustausches, wofür dieses byzantinische Kapselreliquiar ein beredtes Zeugnis darstellt.

Braunschweig, Stiftskirche St. Blasius; 1935 in das Schloßmuseum, Berlin (Kunstgewerbemuseum).

von Falke/Schmidt/Swarzenski 1930, Nr. 60. – Döll 1967, S. 44–50. – Kötzsche 1973, S. 54f., Nr. 38 (Lit.). – Niehoff 1985 (Lit.). – Ganz 1989, S. 34. – Hucker 1990, S. 606–610. – Bookmann 1993, Nr. 44.

B.B.

D 86 Zwei Pilgerampullen

Jerusalem, 2. Hälfte 12. Jahrhundert

Blei-Zinn-Legierung – 4,8 x 6,7 cm (24/73) – 4,5 x 6,0 cm (25/73). – 24/73: Vorderseite: gemauerte, dreifach gegliederte Bogenarchitektur mit Kuppeldach in der Mitte, darunter der in Tücher gehüllte Leichnam Christi, der auf einem Grab mit drei Oculi auf der Frontseite liegt, kreuzbekrönte Kuppel (links) und dreistöckiger Turm (rechts). – Rückseite: Frauen am Grabe; kaum lesbare Inschrift. – 25/73: Vorderseite: dreifigurige Kreuzigung; Ysopstab links; Lanze des Stephaton (rechts). – Rückseite: Anastasis.

Berlin, Staatliche Museen zu Berlin – Preußischer Kulturbesitz, Museum für Spätantike und Byzantinische Kunst, Inv. Nr. 24/73 und 25/73

Die beiden Pilgerampullen zeigen auf ihren Vorder- und Rückseiten charakteristische Kennzeichen, welche auf die Jerusalemer Anastasis und das darin geborgene Grab des Herrn zurückgehen. In ihrer Motivik greifen sie aber nicht auf die Pictogramme der Monzeser Ampullen des 6./7. Jahrhunderts zurück. Anhand detaillierter ikonographischer Analysen konnte Lieselotte Kötzsche diese Darstellungselemente auf den Vorder- und Rückseiten beider Ampullen überzeugend als Reflexe der Jerusalemer Monumentalarchitektur und -malerei der Kreuzfahrerzeit erklären. Aufgrund der abbreviaturhaften Wiedergabe der am 15. Juli 1149 geweihten Kreuzfahrerbasilika, auf der Vorderseite von Ampulle 1, können die Blei-Ampullen in die zweite Hälfte des 12. Jahrhunderts datiert werden. Neben einigen ausführlichen Berichten von Palästina-Pilgern des 12. Jahrhunderts – darunter der russische Abt Daniel und der Würzburger Priester Johannes – stützen in besonderem Maße gleichzeitige Bleibullen mit schematischen, nichtsdestoweniger charakteristischen Kirchendarstellungen Jerusalems diese Einordnung. Zu den Belegen zählt auch die Stiftungsurkunde Heinrichs des Löwen für das Heilige Grab in Jerusalem von 1172 mit anhängenden Bullen der Kanoniker der Grabeskirche (Kat. D 84). Wegen der Verwendung gleichartiger Stanzen liegt es auf der

D 86a

D 86b

Hand, daß Bleibullen und -ampullen von denselben Jerusalemer Werkstätten in nachfrageorientierter Menge gefertigt wurden.
Derartige Andenken, welche die private Teilnahme am Numinosen ermöglichten, zählten wie schon in der Spätantike auch für Heinrich den Löwen und zahlreiche Adligen aus Sachsen 1173 zu den heimgebrachten Devotionalien der Palästina-Wallfahrer.

Joranson 1938, S. 146–225. – Kötzsche 1988. – Georgi 1990, S. 209–225.

F.N.

D 87 Bergkristallflakon

Ägypten, 11./12. Jahrhundert

Bergkristall, Hochschnitt – H. 12 cm.

Köln, Schnütgen-Museum, Inv. Nr. F 51

Das guterhaltene Fläschchen hat die Form eines schlanken Zylinders. Der Gefäßkörper zeigt vegetabile Motive im Hochschnitt, d.h., das Motiv blieb erhaben vor dem weggeschnittenen Hintergrund stehen; diese Hauptzone wird nach unten von einer, nach oben von zwei Profilen abgeschlossen, zwei ebensolche Profile schmücken den leicht trichterförmigen Hals.
Ursprünglich waren solche Fläschchen für die Aufbewahrung kostbarer Öle oder Parfums bestimmt; sie wurden, da die meisten unten rund sind und deswegen nicht gestellt werden konnten, wohl in Haltevorrichtungen aufbewahrt. Durch Pilger, Handel oder als Geschenke gelangten sie früh ins Abendland. Bereits im 11. Jahrhundert lassen sie sich an christlichen Kunstwerken als Reliquienbehältnisse (Reliquienkreuz in Borghorst, um 1050 und nach 1100) nachweisen.
Die Provenienz des Kölner Fläschchens ist nicht bekannt. Es wurde vermutet (Wentzel 1972), daß es sich ursprünglich im Besitz der Kaiserin Theophanu befunden habe, als einer ihrer Parfumflakons; sie könnte es einer der Kölner Kirchen als Reliquienbehältnis geschenkt haben. Dies bleibt jedoch hypothetisch.

Wentzel 1972, S. 45–53, Abb. 52. – Vergleichsbeispiele: Kat. Berlin 1989, Nr. 4/4–4/7.

R.M.

D 88 Reliquienbeutel

Italien, 1. Viertel 13. Jahrhundert

Auf weinrotem Seidensamit (Köperschußkomposit Bindung) Stickerei mit vergoldeten Silberfäden, mit roter Seide angelegt – H. 14,5 cm – B. 17 cm.

Utrecht, Museum Catharijneconvent Utrecht, Inv. Nr. OKM T 101

Der kleine rechteckige Beutel kann mit zwei langen, in Seidenfransen endenden Schnüren zusammengezogen werden, die oben durch eine doppelte Stofflage geführt sind. Er zeigt auf Vorder- und Rückseite unterschiedlichen Dekor, jeweils seitlich von Spiralrankenbändern begleitet. Auf der einen Seite enthalten drei Kreise in drei Reihen Lilien und andere Blüten, ein Kreuz mit Herzblattenden sowie, konfrontiert, zwei Vögel und zwei Löwen; auf der anderen Seite bilden Bandspiralen in versetzten Reihen Herzformen mit stilisierter Blütenfüllung. Der Beutel könnte ursprünglich für profanen Gebrauch vorgesehen und erst im Nachhinein einer Kirche als Reliquienbeutel gestiftet worden sein.

In Material, Sticktechnik und Stil läßt der Beutel sich verbinden mit der als Reliquie verehrten sogenannten Stephanshaube in der Schatzkammer des Wiener Kunsthistorischen Museums (Stefan Krenn, in: Kunsthistorisches Museum Wien, Weltliche und Geistliche Schatzkammer, Bildführer, Salzburg 1987, S. 136, Nr. 16) und mit dem sogenannten Kissen des hl. Franziskus in S. Francesco in Cortona (Donata Devoti, in: Arte aurea aretina. Tesori dalle chiese di Cortona [Ausstellung Cortona 1987], Cortona 1987, S. 1–3). Obwohl die Kreise sich verschlingen, die Ranken aufsteigen, sind sie doch wie die Tiere gehalten, die in sie eingestellt sind, so daß die wie fest geschriebenen Details bei allen drei Stickereien im Gegensatz stehen zu der grenzenlosen, fließenden Bewegung, die die Arbeiten der sizilischen Hofwerkstatt des 12. Jahrhunderts und ihrer Nachfolge kennzeichnet, wo zudem die Goldstickerei in versenkter Anlegetechnik ausgeführt worden ist.

von Wilckens 1991, S. 187f., Abb. 210. – von Wilckens (im Druck [a]).

L. v. W.

D 87

D 89 Sogenanntes Kreuz Heinrichs des Löwen

Hildesheim, Ende 12. Jahrhundert

Holzkern; Silber, gestanzt und vergoldet; Filigran, Perlen, Steinschmuck – Stanzen zum Teil verdrückt und rissig, Fassungen großenteils erneuert, Kantenbeschläge des Kreuzes sowie Schaft und Sockel des Kreuzständers neuzeitlich, auf der Vorderseite am unteren Längsbalken ein silbervergoldetes Kreuz aus dem frühen 16. Jahrhundert – 1966 letztmalig restauriert – H. (mit Fuß) 68,5 cm – H. (des Kreuzes) 40,5 cm.

Hildesheim, Kath. Pfarrgemeinde Zum Heiligen Kreuz (als Dauerleihgabe im Dom- und Diözesanmuseum Hildesheim, Inv. Nr. DS L 112)

Das Prunkkreuz gilt als Geschenk Heinrichs des Löwen an das Hildesheimer Kreuz-Stift. Tatsächlich verwahrte das Kapitel eine undatierte Urkunde über die Schenkung eines Reliquienkreuzes durch den Welfenherzog (UB Hochstift Hildesheim 1, Nr. 359). Da Heinrich darin noch als Herzog von Bayern und Sachsen bezeichnet wird, muß er die Schenkung in den Jahren vor seiner Entmachtung vorgenommen haben, am ehesten wohl im Anschluß an seine Pilgerfahrt nach Jerusalem. Daß die Stiftung noch in den siebziger Jahren des 12. Jahrhunderts erfolgte, wird auch durch das Urkundensiegel nahegelegt, das in dieser Form nur bis 1174 nachgewiesen werden kann.

Das ausgestellte Kreuz dürfte im Blick auf die Goldschmiedearbeit allerdings erst gegen Ende des 12. Jahrhunderts entstanden sein. Die vier Engel auf den Kreuzen-

D 88

den der Rückseite z.B. sind mit einer Preßform gefertigt worden, die in den neunziger Jahren für einen Hildesheimer Prunkeinband verwendet wurde: für das Matthäus-Bild auf dem Vorderdeckel des sogenannten Kostbaren Evangeliars aus St. Michael (Brandt 1993, Taf. 1). Auch findet man dort ganz ähnliches Filigran, wie auf dem sicher noch originalen Nodus des Kreuzes, der ursprünglich eine zugehörige Tragestange bekrönt haben dürfte. Und die geprägten Ornamentstreifen des Kreuzes sind von Georg Swarzenski überzeugend mit Bordüren im Evangeliar Heinrichs des Löwen und mit einer Ornamentstanze am Apostelarm (Kat. D 60) verglichen worden. Sollte das

Kreuz also gar nichts mit der Schenkung Heinrichs des Löwen zu tun haben? In den erhaltenen Schatzverzeichnissen der Kreuzkirche ist vom Welfenherzog keine Rede, wohl aber von der Reliquie des Kreuzholzes, deretwegen das Kreuz an hohen Festtagen feierlich umhergetragen wurde. Man wird wohl davon ausgehen können, daß es sich um eine Reliquie handelt, die der Herzog zu seinem Gedächtnis dem Kreuzstift übereignet hat. Wenn das Kreuz, das sie heute umschließt, aber offenkundig erst lange nach der Schenkung entstanden ist, dann müssen die Kreuzpartikel ursprünglich eine andere Fassung gehabt haben. Dafür gibt es eine Reihe von Anhaltspunkten.

Das älteste, wohl zu Beginn des 13. Jahrhunderts entstandene Siegel des Stiftskapitels von Hl. Kreuz zeigt das Kreuz in Form einer byzantinischen Staurothek. Mit großer Wahrscheinlichkeit ist hier Bezug genommen auf die Reliquienschenkung Heinrichs des Löwen, bei der es sich um eine jener weit verbreiteten »Kreuzfahrer-Staurotheken« gehandelt haben mag, für die das in der Ausstellung gezeigte Kreuzreliquiar aus Denkendorf ein charakteristisches Beispiel ist (Kat. D 90). So sehr sich das Kreuz, das heute mit Heinrich dem Löwen in Verbindung gebracht wird, von solchen Reliquienkreuzen unterscheidet, könnte es das mutmaßliche Urbild doch in wesentlichen Einzelheiten zitieren: mit dem Rankenwerk auf den Kreuzbalken der Vorderseite etwa, das an entsprechende Treibarbeiten auf der Rückseite von »Kreuzfahrer-Staurotheken« denken läßt, mit den ungewöhnlichen schmalen Zierstreifen auf den Kreuzbalken der Rückseite, die an die gelängten Fassungen der Kreuzspäne auf den betreffenden Staurotheken erinnern, und nicht zuletzt mit den vier Engeln auf den Kreuzenden anstelle der sonst üblichen vier Wesen. Engelmedaillons findet man ja auch an den oberen Kreuzenden der Denkendorfer Staurothek und bei vielen anderen Kreuzreliquiaren.

Creutz 1909, S. 176. – Swarzenski 1932, S. 332. – Schnitzler 1957, S. 393. – Brandt 1980, S. 157f. – Brandt 1993, S. 58–61.

M. Br.

D 90 Staurothek aus Denkendorf (Kreuzreliquiar)

Jerusalem, vor 1129

Holzkern; Silberblech, geprägt und vergoldet; Schmucksteine – H. 23 cm – B. 11 cm.

Stuttgart, Württembergisches Landesmuseum, Inv. Nr. KK 131 grün

Die Staurothek hat die Form eines Doppelkreuzes, d.h. eines Kreuzes mit zwei Querbalken, von denen der eine deutlich kürzer ist als der andere; der kürzere, obere Querbalken deutet den Titulus an. Die Vorderseite, geschmückt mit Edelsteinen in schlichten Fassungen, wiederholt diese Doppelkreuzform mit einer Öffnung, hinter der ein Span vom Kreuz Christi zu sehen ist. Vierpaßförmige Öffnungen in den Kreuzenden, insgesamt sechs, nehmen Reliquien vom Grabe Christi auf. Die Rückseite zeigt in der Kreuzmitte das Lamm Gottes mit Kreuzstab, in den Enden umgeben von den vier Evangelistensymbolen und zwei Engeln als Brustbilder. Dazwischen verläuft eine einfache Wellenranke.

Dieses Kreuzreliquiar ist durch schriftliche Quellen gut einzuordnen. Es ist eng mit der Gründung des Augustiner-Chorherrenstifts zum Heiligen Grab in Denkendorf (Kr. Esslingen) verbunden, die auf einen Berthold zurückgeht und 1129 abgeschlossen war. Berthold hatte wohl nach 1120 eine Pilgerreise ins Heilige Land und nach Jerusalem unternommen, wo er von dem Jerusalemer Patriarchen Warmund Reliquien vom Kreuz und Grab Christi erhielt. Diese waren für das Stift in Denkendorf bestimmt. Das Chorherrenstift hielt auch in der Folgezeit engen Kontakt zum Patriarchen von Jerusalem, der die Pröpste stellte. Die Staurothek verblieb nach der Säkularisierung 1535 in Denkendorf, gelangte dann aber 1598 in die Kunstkammer Herzog Friedrichs I. von Württemberg; dort wird sie auch in den folgenden Inventaren erwähnt.

Die Staurothek von Denkendorf gehört zu einer Gruppe von etwa zehn Kreuzreliquiaren, die sich in westlichen Kirchenschätzen oder Sammlungen erhalten haben. Charakteristisch ist die Form des Doppelkreuzes und die Sichtbarmachung der Reliquie(n) auf der Vorderseite. Zum Teil finden sich dort auch Darstellungen des Heiligen Grabes oder die Evangelistensymbole, auf der Rückseite, soweit erhalten, in der Regel das Lamm Gottes und Ranken. Einige Staurotheken weisen noch einen Knauf und eine hohle Aufstecktülle am unteren Ende auf; dies wird der ursprüngliche Zustand auch der anderen gewesen sein. Sie dienten also als Vortragekreuze, wahrscheinlich bei besonderen Anlässen und Wallfahrten.

Für diese Staurotheken wurde wahrscheinlich gemacht, daß sie in Jerusalem selbst im Laufe des 12. Jahrhunderts – vermutlich bis 1187, als Jerusalem von den Arabern erobert wurde – unter Verwendung bestimmter, offenbar auch über einen längeren Zeitraum verwendeter Muster und Modeln eigens für den Export hergestellt wurden. Sie sind Zeichen eines regen Reliquientransfers der besonders begehrten Teile des Kreuzes Christi und – wie im Falle der Denkendorfer Staurothek – weiterer Jerusalem-Reliquien.

Fleischhauer 1975. – Meurer 1985 (Abb. 2, 3). – Brandt 1993, S. 60 (Abb. 7).

R. M.

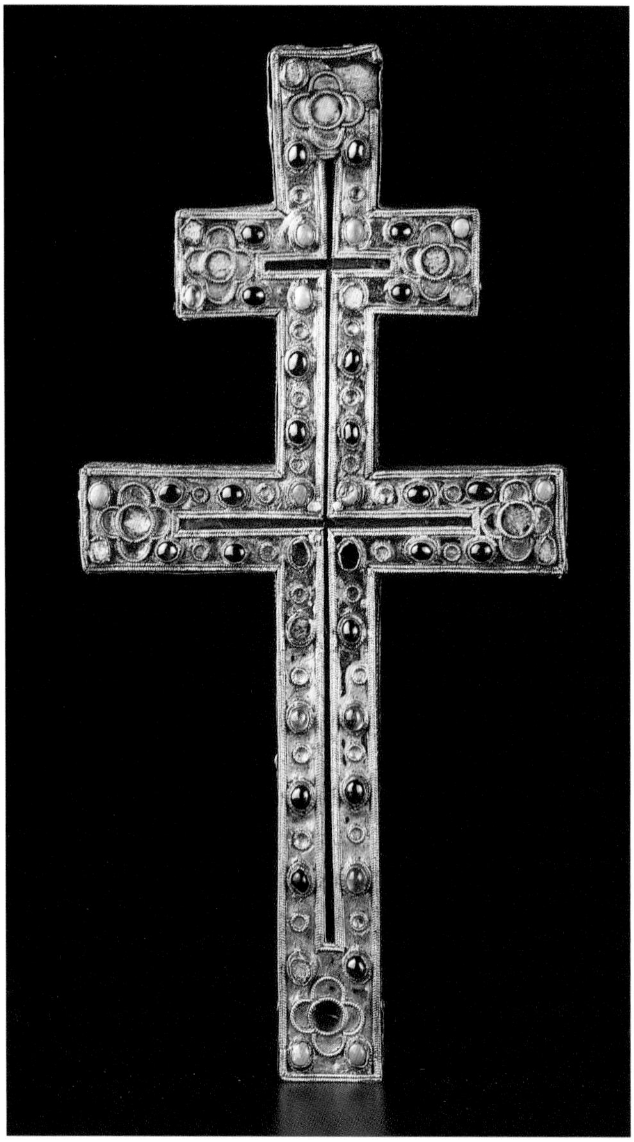

D 90

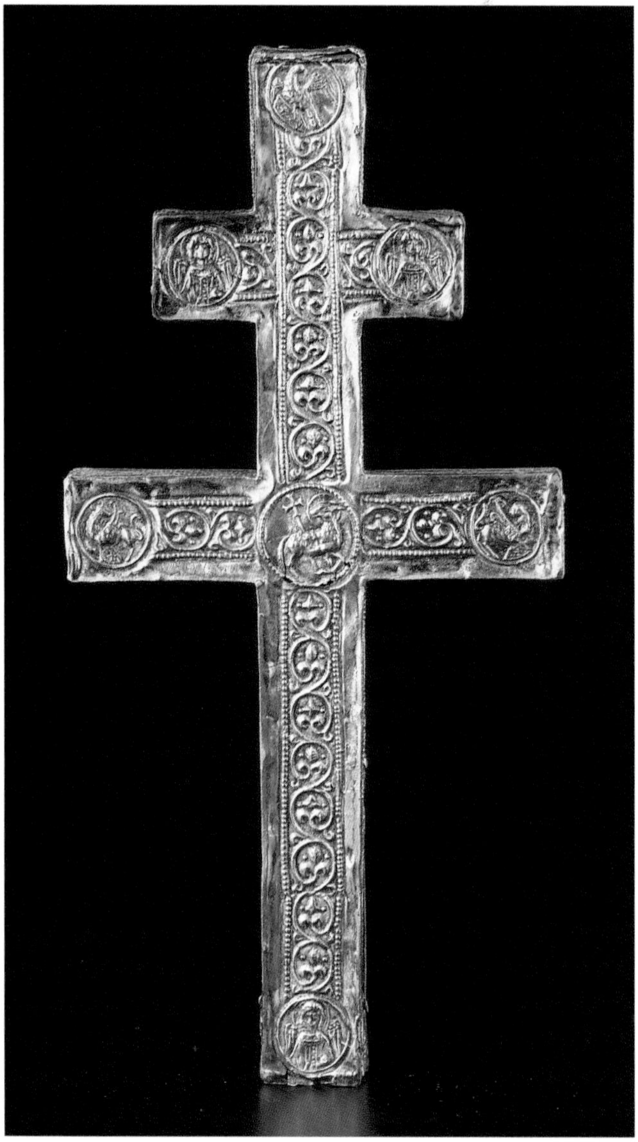

D 90

Die Welfen und das anglonormannische Königreich

... rex maximas expensas fecit pro eo ... (Der König tätigte größte Ausgaben für ihn ...) In diesen Worten beschreibt der zeitgenössische Chronist Robert von Torigni die großen Haushaltsaufwendungen des englischen Königs für seinen Schwiegersohn Heinrich den Löwen während dessen Verbannungszeit.

Heinrich der Löwe unterhielt in der zweiten Hälfte des 12. Jahrhunderts privilegierte Kontakte zum anglonormannischen Königreich. Der Grundstein hierfür wurde im Jahre 1168 durch die Heirat mit Mathilde gelegt, der ältesten Tochter des englischen Königs Heinrich II. und seiner Gemahlin Eleonore von Aquitanien. Die zeitgenössischen Chronisten rühmen die äußerst reiche Ausstattung der Braut auf ihrer Reise nach Sachsen.

Nach dem politischen Sturz des Welfen intensivierten sich aufgrund der ehelichen Verbindungen die Beziehungen zum angevinischen Hof, der zu den kulturell führenden seiner Zeit gehörte. Der mit der Reichsacht belegte Heinrich wurde 1182 in Begleitung seiner Familie von Heinrich II. in der Normandie empfangen. Das Herrschaftsgebiet der Plantagenêts umfaßte damals durch die Ehe zwischen Eleonore von Aquitanien und Heinrich II. einen Großteil Westfrankreichs südlich und westlich der Loire bis zu den Pyrenäen. Als Heinrich Ostern 1189 für weitere drei Jahre das Reich verlassen mußte, hielt er sich wiederum am angevinischen Hof auf, während Mathilde zur Wahrung der Interessen ihres Mannes in Braunschweig zurückblieb. Auf literarischer Ebene belegen das im Um-

kreis des Herzogspaares entstandene Epos »Tristrant« und das »Rolandslied« als früheste deutsche Bearbeitungen französischer Epen die engen kulturellen Kontakte zum anglonormannischen Reich.

Habicht 1930. – Swarzenski 1932. – Wurster 1980. – Kat. London 1984. – Ahlers 1987. – Berg 1987. – Fandrey 1987. – Fryde 1987. – Garzmann 1989. – Holzapfel 1991.

M. Mü.

D 91 Leben und Wunder des hl. Edmund

Bury St. Edmunds, um 1124/30

Pergament – Buchmalerei in Deckfarben – 100 Blätter (foliiert und paginiert) – H. 27,3 cm – B. 18,4 cm.

New York, The Pierpont Morgan Library, M 736

Der Codex enthält 1.) die anonymen *Miracula Sancti Edmundi regis et martyris*, 2.) die von Abbo von Fleury vor 998 verfaßte *Passio Sancti Edmundi* sowie 3.) Lesungen für das Officium des hl. Edmund und Hymnen. Dem Text vorangestellt sind eine Lesung für die Vigil des Festes des hl. Edmund sowie 32 ganzseitige Miniaturen, davon 26 zur *Passio* und 5 zu den *Miracula* sowie ein Bild des thronenden, von Mönchen verehrten Heiligen. Ferner gibt es historisierte Initialen: eine zur Vigil-Lesung, 9 zu den *Miracula*, eine zur *Passio* und 2 zum Officium; außerdem 25 ornamental geschmückte Initialen; eine Initiale zu Beginn der *Miracula* ist herausgeschnitten.

Die relativ kleine, aber reich geschmückte Handschrift ist ein sogenannter *libellus*, ein liturgisches Buch, das alle bei der Festfeier des wichtigsten Heiligen einer Kirche benötigten Texte und dazu eine Serie von Bildern zu seinem Leben und posthumen Wirken enthält. Die Texte wurden von einem auch in anderen Handschriften faßbaren Schreiber des Scriptoriums von Bury St. Edmunds geschrieben. Für den Bildschmuck engagierte man auswärtige Maler, da das eigene Scriptorium nicht über entsprechend qualifizierte Kräfte verfügte. Die ganzseitigen Bilder gehören dem engsten Umkreis des »Alexis-Meisters« an, der vor allem für das Scriptorium der Abtei St. Albans tätig war und dort nach 1123 den Psalter der Christina von Markyate (»Albani-Psalter«, Hildesheim, St. Godehard) ausschmückte. Er gehört zu den bedeutendsten Buchmalern des 12. Jahrhunderts und brachte die aus ottonischen und südwestfranzösischen Vorbildern gespeiste Deckfarbenmalerei in England erneut zur Blüte. Charakteristisch für seinen Stil sind extrem schlanke, aber sorgfältig modellierte Figuren in durch die Profilstellung intensivierter Aktion. Möglicherweise fertigte er selbst die Vorzeichnungen der Bilder zur Edmund-Vita an, die dann von einem zweiten Maler (einem Werkstattgenossen des Künstlers der z. T. ebenfalls figürlichen, aber in abweichendem Stil geschmückten Initialen ?) in Deckfarben ausgemalt wurden.

Der ausführliche Bilderzyklus schildert in drei Bildern die Vorgeschichte der Herrschaft Edmunds, nämlich die Überfahrt der mit Sachsen, Jüten und Angeln besetzten Schiffe von Norddeutschland zu den britischen Inseln, wobei sie eine kleine Insel mit einer befestigten Siedlung passieren (fol. 7r, aufgeschlagen), die Vertreibung der Briten durch die drei Stämme und die Aufteilung des eroberten Landes. Es folgen die Krönung Edmunds als König von Ost-Anglia und seine Almosenspende. Der Angriff der Dänen und die Auseinandersetzungen mit ihnen nehmen fünf weitere Bilder ein; besonders ausführlich, in 13 Bildern, werden Martyrium und Tod Edmunds durch die Dänen und sein Begräbnis geschildert. Drei wunderbare Ereignisse um die (in Bury St. Edmunds bewahrten) Reliquien des Heiligen werden auf acht Bildern ausgebreitet; sie stellen eine Warnung vor der Nichtachtung des hl. Edmund und vor Übergriffen auf Besitz und Privilegien der ihm geweihten Abtei dar. Den Abschluß bildet eine Darstellung des frontal thronenden, von Engeln gekrönten und von zwei Mönchen verehrten Heiligen. – Einige der Hauptereignisse und Wunder kehren in stark verkürzter Ikonographie in den Initialen wieder.

Abtei Bury St. Edmunds (Einträge auf S. 1–3); seit dem 16. Jahrhundert in verschiedenem Privatbesitz (Namenseinträge); 1927 von der Pierpont Morgan Library erworben.

McLachlan 1965. – Kauffmann 1975, Nr. 34 (Lit.). – Bateman 1978. – McLachlan 1978, S. 331 f. – Thomson 1982, S. 26 f., 124, Nr. 80 (Lit.). – Kat. London 1984, Nr. 20 (Lit.) (C. M. Kauffmann).

U. N.

D 92 Weltkarte des Heinrich von Mainz zu Honorius Augustodunensis, *Imago Mundi*

England, 1180–1190

Pergament – Buchmalerei in Deckfarben (?) – Kartenformat H. 29,5 cm – B. 20,5 cm.

Cambridge, The Masters and Fellows of Corpus Christi College, Ms. 66

Die Weltkarte ist der *Imago Mundi* des Honorius Augustodunensis vorangestellt und füllt die zweite Seite einer Sammelhandschrift aus der englischen Zisterzienserabtei Sawley. Sie kopiert eine 1109–1110 entstandene Vorlage, die der Domherr Heinrich von Mainz der *Imago* vorangestellt hatte und die heute verloren ist. Der Blattspiegel ist in seiner gesamten Größe genutzt worden und bestimmt

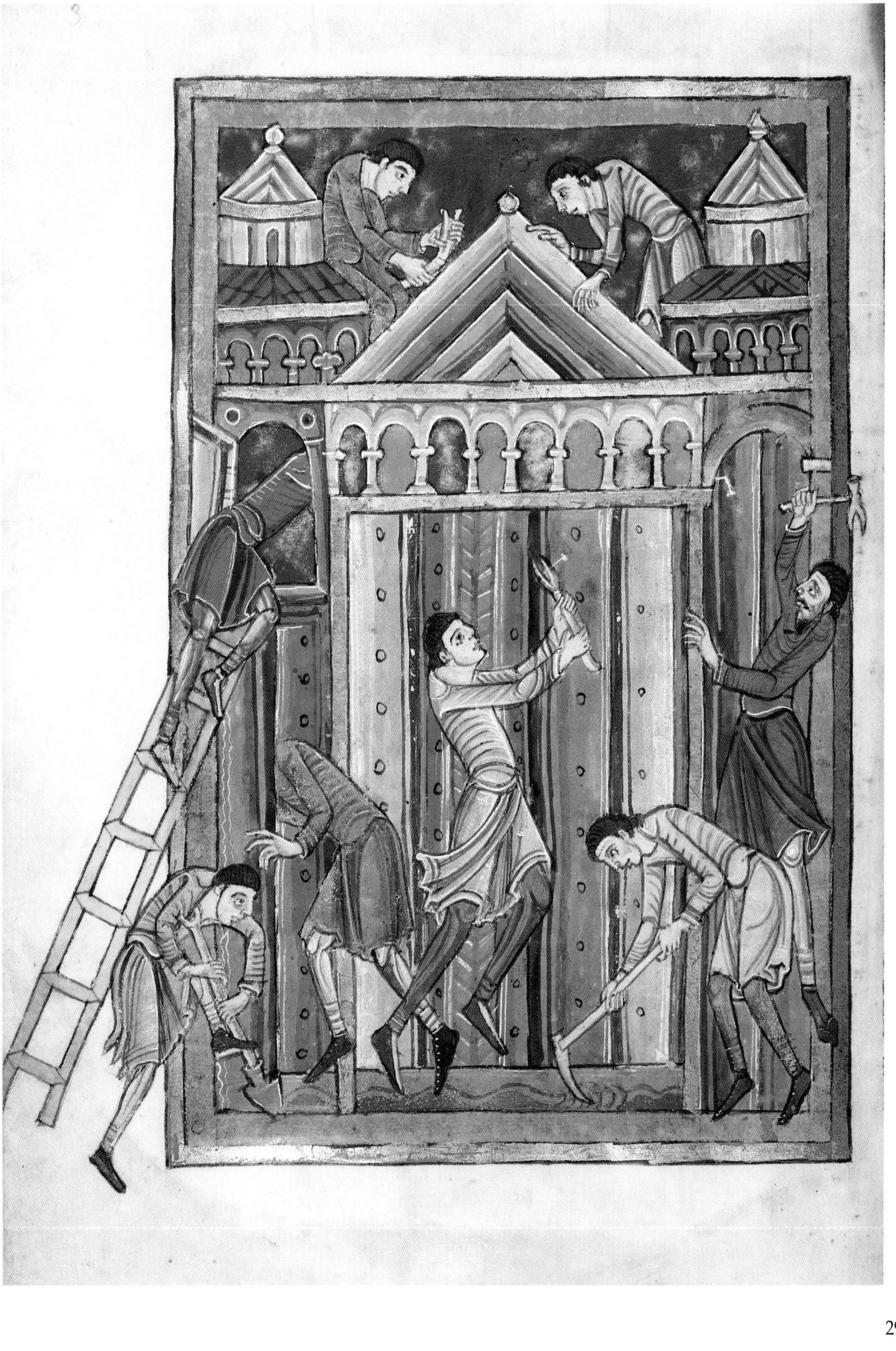

D 91

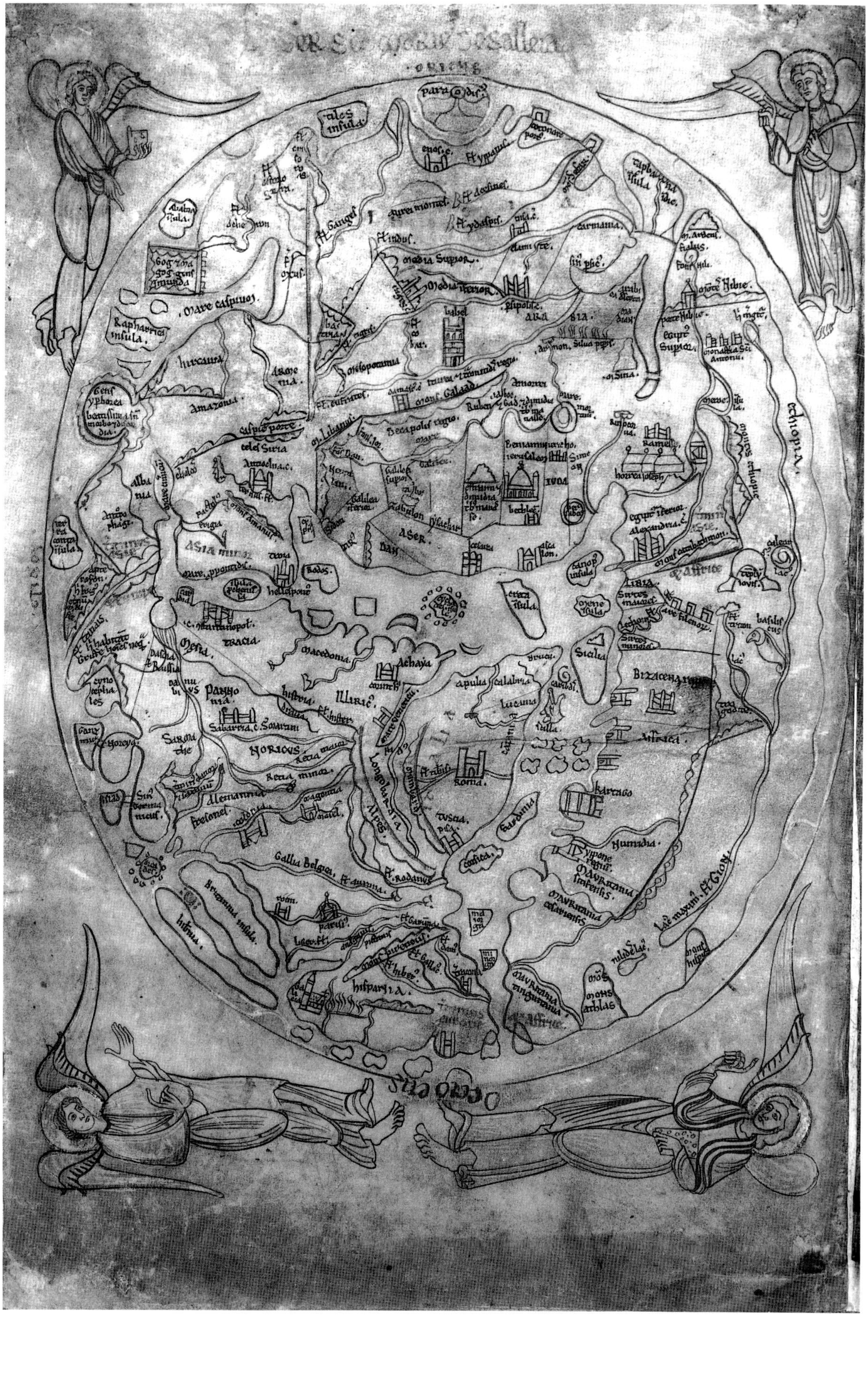

Oriens
Occidens
paradisus
Babel
Roma
Kartago
Sicilia
Macedonia
Achaya
Tracia
Numidia
hispania

D 92

die längsovale Form der Karte. In den freigebliebenen Eckzwickeln befinden sich Engel, Beischriften an den Seitenrändern erläutern die Himmelsrichtungen und die Herkunft des Werkes (LIBER S[AN]C[T]E MARIE DE SALLERIA). Innerhalb des Ovals bezeichnen insgesamt 229 Legenden Orte, Gewässer, Gebirge, Inseln und Bewohner des Erdkreises.
Das Welt-Bild Heinrichs von Mainz stellt nicht eigentlich eine Illustration der *Imago Mundi* dar, es korrigiert und erweitert die Textvorlage vielmehr und vermittelt eine eigenständige Vorstellung von der Erde. Orientiert haben dürfte sich der Zeichner an älterem, antike Vorlagen rezipierendem Kartenmaterial. Das erhellt besonders daraus, daß im Zentrum der Erde nicht wie üblich Jerusalem liegt, sondern nach griechisch-römischer Vorstellung das Apollonheiligtum Delos inmitten der Inselgruppe der Kykladen. Den Möglichkeiten und Vorstellungen der Zeit entsprechend, verfolgte die Karte keine praktischen Ziele, sondern diente der enzyklopädischen Erfassung des Welt-Ordo und – Hugo von St. Viktor folgend – der *loca in quibus [res] gestae sunt*. So werden das Paradies mit den vier Strömen (oben) und die hinter Mauern verborgenen Endzeitvölker Gog und Magog (links oben) ebenso verzeichnet wie die im Zeitalter der Kreuzzüge besonders interessanten Stätten des Heiligen Landes – Jerusalem etwa ist durch ein aufwendiges Architekturkürzel, das vielleicht den Felsendom meint, ausgezeichnet – und seine Grenzen gemäß der Besiedlung durch die Zwölf Stämme. Doch auch Afrika, Asien und Europa werden, abgesehen von randständigen Ländern oder unerforschten Gebieten, durch zeichnerische Symbole, Legenden und den Verlauf von Flüssen, Gebirgen oder Grenzlinien strukturiert. Auffällig im Vergleich zu anderen mittelalterlichen Karten ist der Verzicht auf Darstellungen fabelhafter Erdbewohner; lediglich am mittleren rechten Rand taucht ein BASILISCUS auf.
Die Geschichte der hier gezeigten Karte und ihrer originalen Vorlage vermittelt einen Eindruck von wissenschaftlichem und künstlerischem Austausch im Mittelalter. Der Verfasser der weit verbreiteten und einflußreichen *Imago mundi de dispositione orbis* war der aus Autun stammende, auch in England und Deutschland tätige Benediktinermönch Honorius. Wahrscheinlich hatte er sich bei Abfassung seines Werks, das übrigens um 1110 im deutschen Raum entstanden ist, bereits an einer Weltkarte orientiert, diese selbst aber nicht in die Schrift aufgenommen. Sofort nach Erscheinen aber stellte ihr der Mainzer Kanoniker und spätere Erzbischof Heinrich (†1153) eine selbstgezeichnete Weltkarte voran. Das solchermaßen illustrierte Werk widmete er laut Prolog der englischen Königstochter Mathilde, die 1110 als Braut Heinrichs V. nach Mainz kam und dort zur Königin gekrönt wurde. Es ist anzunehmen, daß die *Imago* in Familienbesitz blieb, vielleicht sogar an die gleichnamige Enkelin der Beschenkten, die Gemahlin Heinrichs des Löwen fiel. Das Entstehungsdatum der vorliegenden Abschrift korrespondiert in auffälliger Weise mit der Zeit des englischen Exils. So oder so wurde das in Deutschland entstandene Werk um 1180/90 für die 1147 von einem englischen Grafen gegründete Zisterzienserabtei Sawley in Yorkshire kopiert. Es gehörte somit zum Grundstock der Bibliothek in dem kleinen, aber bald als Hort der Gelehrsamkeit bekannten Kloster.

Sawley Abbey, Yorkshire; von Erzbischof Matthew Parker von Canterbury (1504–1574) an sein College in Cambridge geschenkt.

Miller 1895, S. 21–29, Umzeichnung (mit älterer Lit.). – Destombes 1964, S. 48. – Kliege 1991, S. 70f. (Lit.). – von den Brincken 1992, S. XIX, 69f.

F.D.

D 93 Psalter Heinrichs des Löwen

Helmarshausen, zwischen 1168 und 1189

Pergament – Buchmalerei in Deckfarben mit Gold – Einband des 19. Jahrhundert in rotem Maroquinleder mit dem Lansdowne Wappen – 11 Blätter – H. 20,9 cm – B. 13 cm.

London, The British Library, Lansdowne MS 381, Teil 1

Diese elf Blätter sind die einzigen erhaltenen Fragmente eines kleinformatigen, außergewöhnlich reich dekorierten Psalters, der für Heinrich den Löwen, Herzog von Sachsen, und seine englische Gemahlin Mathilde geschrieben und illuminiert worden ist. Die Blätter stammen aus zwei unterschiedlichen Teilen der Handschrift.
Der erste und umfangreichere Teil beginnt mit einem vollständigen Kalendarium (fol. 1v–7r), das ganz in Gold auf purpurgefärbtem Pergament geschrieben ist. Für jeden Tag des Jahres sind ein oder mehrere Einträge darin vorgesehen. Um ein Maximum an dekorativem Effekt zu erreichen, ist jede Zeile gefüllt. Unter den Einträgen finden sich zahlreiche französische und auch einige englische Namen. Sie sind auf jeder Seite einer vergoldeten Arkatur einbeschrieben, deren Rundbögen das zugehörige Tierkreiszeichen und eine kleinformatige Szene mit den Monatsarbeiten in Deckfarbenmalerei einschließen.
Dem Kalender folgen unmittelbar (fol. 7v–8r) zwei ganzseitige Miniaturen. Die erste stellt die Verkündigung an Maria dar, gefolgt von ihren alttestamentarischen Präfigurationen: Moses vor dem brennenden Dornbusch und Gideon mit dem Vlies. Die zweite Miniatur zeigt die Darstellung Christi im Tempel, begleitet von Moses und Malachias (Maleachi). Darauf folgt (fol. 8v–9r), von einer großformatigen B-Initiale eingeleitet, Psalm 1, in Gold auf Purpurgrund; der daran anschließende Psalm 2 (fol. 9v) ist hingegen in gewöhnlicher Tinte auf ungefärbtem Perga-

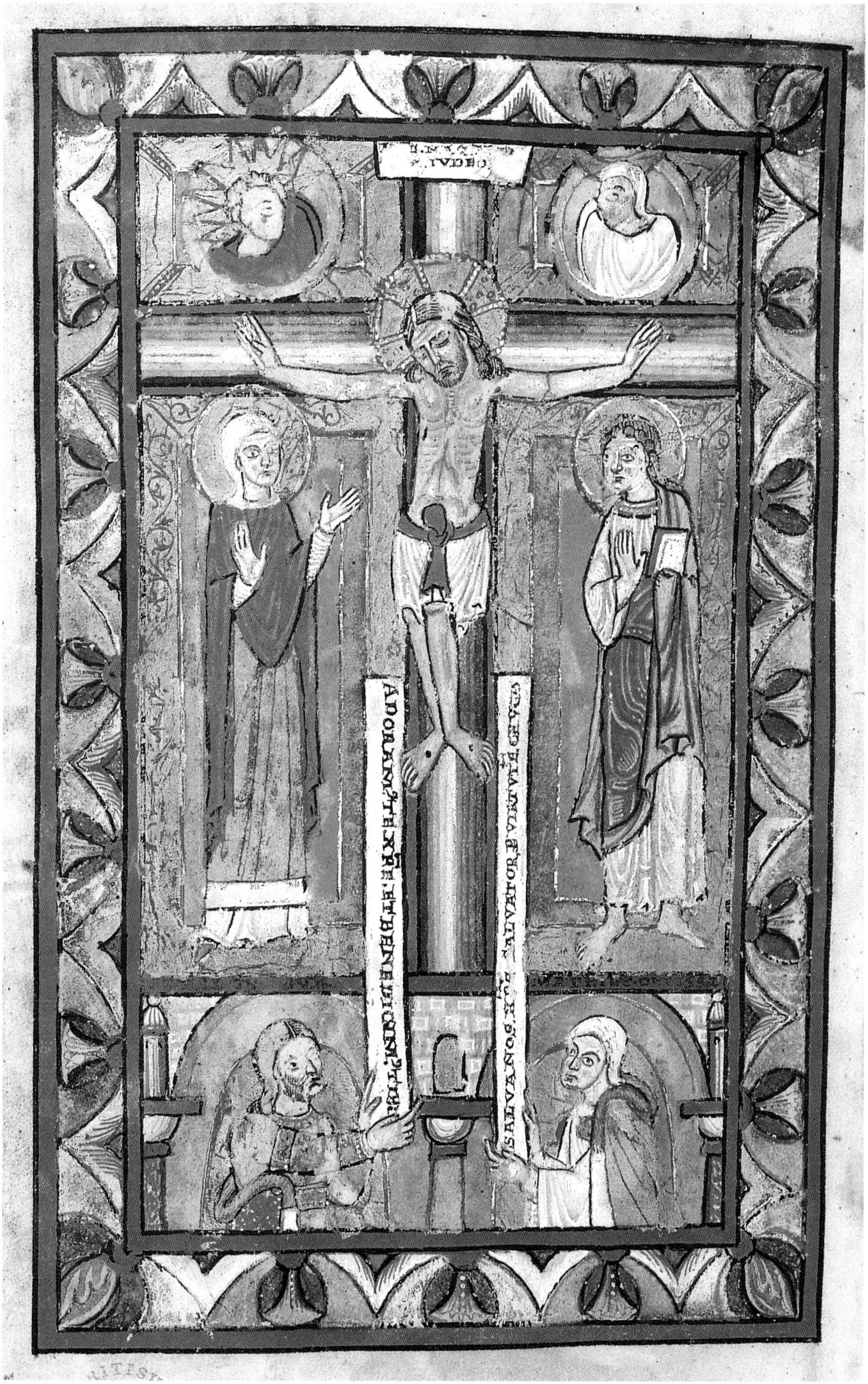

ment geschrieben und lediglich mit kleinformatigen Initialen versehen.
Der zweite Teil des Fragments besteht nur aus zwei Blatt, die Miniaturen der Kreuzigung und der Marien am Grabe zeigen (fol. 10v–11r). Diesen vorangestellt ist Psalm 100, in gewöhnlicher Tinte auf ungefärbtem Pergament, gefolgt von den Eröffnungsversen des Psalms 101, der wiederum in Gold auf Purpurgrund geschrieben ist und von einer großformatigen, illuminierten D-Initiale eingeleitet wird.
Die vollständige Handschrift muß dazwischen zumindest ein weiteres Paar von Miniaturen enthalten haben, die den Anfang von Psalm 51 anzeigten, möglicherweise auch noch weitere an den liturgisch bedeutsamen Abschnitten des Textes.
Der ursprüngliche Besitzer der Handschrift steht außer Zweifel, sind doch Herzog Heinrich der Löwe und seine Frau Mathilde (auf fol. 10v) in den Arkadenbögen unterhalb der Kreuzigungsszene dargestellt. Obgleich keiner von beiden, wie im Evangeliar Heinrichs des Löwen, mit den formal korrekten herzoglichen Insignien ausgestattet ist, sind doch beide eindeutig durch die Inschriften auf den rot gerahmten Leisten zu ihren Häupten namentlich benannt; die Inschrift über dem Kopf Heinrichs des Löwen ist heute allerdings fast bis zur Unlesbarkeit abgerieben. Das Buch muß demnach während ihrer Ehe, zwischen 1168 und 1189, entstanden sein.
Herzogin Mathilde war das dritte Kind und die älteste Tochter König Heinrichs II. von England und der Eleonore von Aquitanien (Kat. E 8). Sie war zugleich Enkelin und Namensschwester der Kaiserin Mathilde (Kat. D 97), die in erster Ehe mit Kaiser Heinrich V. verheiratet gewesen war, und ihres zweiten Ehemanns, des Grafen Gottfried von Anjou (Plantagenêt). Obwohl sie England im Gefolge ihres Mannes bereits im Alter von zwölf Jahren verlassen hatte, scheinen sie selbst wie auch Heinrich der Löwe stets enge Verbindungen zum englischen Königshof unterhalten zu haben. In den achtziger Jahren des 12. Jahrhunderts, während ihres Exils, verbrachten sie eine nicht unbeträchtliche Zeit am englischen Königshof.
Stilistisch ist der Psalter eng verwandt mit dem Evangeliar Heinrichs des Löwen (Kat. D 31), das als Werk des Mönches Herimann von Helmarshausen belegt ist. Die Miniaturen der Verkündigung und der Darstellung im Tempel stehen sich in beiden Handschriften besonders nahe. Man hat daher vermutet, dem Illuminator hätten Vorlagen aus England oder Nordfrankreich vorgelegen, und dies ist durchaus nicht auszuschließen, zieht man Mathildes familiäre Verbindungen in Betracht. Aufgrund ihrer stilistischen Nähe ist jegliche neuerliche Überlegung zur Datierung einer der beiden Handschriften unweigerlich verknüpft mit einer Neubestimmung der anderen. In der älteren Forschungsliteratur neigte man zu einer Datierung des Evangeliars um 1175, während der Psalter etwas früher, nach der Heirat Heinrichs mit Mathilde im Jahre 1168, angesetzt wurde.
Die jüngere Forschung, insbesondere jene Beiträge, die seit der Rückkehr des Evangeliars Heinrichs des Löwen nach Deutschland im Gefolge der Versteigerung von 1983 publiziert worden sind, tendiert dazu, beide Handschriften etwas später anzusetzen. Läßt man die Evidenz und die Zweckbestimmung des Evangeliars beiseite, so lohnt vielleicht der Hinweis darauf, daß das Erscheinen des hl. Thomas Becket als Patron Heinrichs II. von England sich leichter mit einer Datierung der Handschrift in die achtziger Jahren des 12. Jahrhunderts vereinbaren läßt als mit einer Datierung um 1175. Obwohl der im Dezember 1170 auf Geheiß Heinrichs II. ermordete Erzbischof bereits im Jahre 1173 heiliggesprochen worden war und Heinrich II. im Sommer 1174 vor seinem Schrein öffentlich Buße geleistet hatte, liegt die frühe Datierung doch noch unangenehm nahe an diesen Ereignissen. Um das Jahr 1185, als das herzogliche Paar aus dem Exil in England ins Heilige Römische Reich zurückkehrte, war der Kult des Erzbischofs von Canterbury hingegen bereits fest etabliert. Heinrich der Löwe und Mathilde hatten den Schrein im Jahre 1184 auf ihrer Reise an den englischen Hof aufgesucht. Darüber hinaus existieren Nachrichten von Pilgerreisen anderer hochgestellter Würdenträger aus dem Heiligen Römischen Reich, darunter kein Geringerer als der Erzbischof von Köln. Als deutliches Zeugnis für die Annahme des hl. Thomas Becket als Schutzpatron der englischen Königsfamilie ist auch seine Wahl als Patron der Kirche in Acre (Castle Acre ?) anzusehen, einer Gründung von Mathildes Bruder, Richard I., aus dem Jahr 1190.
Der weitere Weg der Handschrift ist nicht belegt. Dem Duktus einer Inschrift nach zu urteilen, die im 13. Jahrhundert am Fuße von fol. 10r hinzugefügt wurde, befand sich die Handschrift mindestens seit Ende des 13. Jahrhunderts in England. Sie mag nach dem Tode Mathildes in den Besitz ihrer englischen Verwandtschaft gelangt sein. Zwei ihrer Brüder, der Kreuzfahrer Richard I. (1189–1199) und Johann (1199–1216), folgten ihrem Vater als Könige auf dem englischen Thron. Zu Beginn des 16. Jahrhunderts fügte eine englische Hand auf fol. 1r eine Notiz hinzu, und auch auf den Kalenderseiten wurden Randeintragungen gemacht. Schließlich gelangte die Handschrift noch im 18. Jahrhundert in die Sammlung des William Petty, 1st Marquis of Lansdowne (†1805). 1807 wurde sie als Teil der Sammlung Lansdowne für das Britische Museum erworben.

Swarzenski 1932, S. 254ff. – Jansen 1933, S. 95ff. – Kat. Corvey 1966, Nr. 191 (Karl Hermann Usener und Heribert Köllner). – Krüger 1972, S. 301ff., 829ff. – Kat. Stuttgart 1977, Nr. 755 (Reiner Haussherr). – Kat. Landshut 1980, Nr. 9 (Renate Kroos). – Kat. Braunschweig 1985, Nr. 1025 (R. Kroos). – Kötzsche 1989, S. 69ff. (Elisabeth Klemm).

J.B.

D 94 Siegel Heinrichs II., König von England (1154–1189)

Typar: England, 1155 – Urkunde: 1172–74

Rotes Wachs – an Seidenkordel hängend – Dm. 9,3 cm.

London, The British Library, Add. Charter 5719.

Heinrich II. war der Sohn der Kaiserinwitwe Mathilde (vgl. Kat. D 97) und des Grafen Gottfried von Anjou (†1151). Nach seiner Hochzeit mit Eleonore von Aquitanien (vgl. Kat. E 8) herrschte er über die Grafschaft Anjou, das Herzogtum Normandie, die Grafschaft Poitou und hatte zusammen mit letzterem auch die aquitanische Herzogswürde inne. Im Jahre 1154 schließlich konnte er seinen Anspruch auf die englische Königskrone durchsetzen. Anläßlich der Verhandlungen zwischen König Heinrich II. und Vertretern Kaiser Friedrichs I. über das Papstschisma kam es im Frühjahr des Jahres 1165 zwischen dem angevinischen Hof sowie den staufischen und welfischen Fürstenhäusern zur Verabredung einer doppelten Eheverbindung. Mathilde, die mit elf oder zwölf Jahren älteste Tochter König Heinrichs II., heiratet daraufhin am 1. Februar 1168 Herzog Heinrich den Löwen, wohingegen eine staufisch-angevinische Vermählung nicht zustandekommen sollte. Indem König Heinrich II. und seine Gattin Eleonore Schwiegereltern des Löwen wurden, kam es für den welfischen Herzogshof in Sachsen zu wichtigen geistigen und kulturellen Impulsen von anglonormannischer Seite. Ob König Heinrich II. von England mittels der Eheverbindungen seiner Töchter tatsächlich auch eine ›imperiale‹ Politik hat betreiben wollen, bleibt dagegen eher fraglich. Heinrich, erkrankt und von seinen Söhnen und Vasallen verlassen, starb am 6. Juli des Jahres 1189 und wurde im Kloster Fontevraud bestattet. Sein großes Rundsiegel hat die Umschrift + H[EI]NRICVS : DEI : GRATIA : REX : ANGLORVM (Heinrich von Gottes Gnaden König der Engländer) und zeigt den König auf einem lehnenlosen Thron sitzend, deren vordere, leicht nach außen wegknickende Säulen mit Kugelknäufen verziert sind. Heinrich trägt einen auf der rechten Schulter zusammengehaltenen, bodenlangen Mantel, der ihn mitsamt Thronsessel in seiner ganzen Länge umwallt und dabei lediglich die Knie freigibt. Heinrichs Füße ruhen dabei auf einem vom eigentlichen Thronsockel vorspringendem Sims. In seiner rechten Hand hält er ein blankes, langes Schwert mit breiter Klinge, das ihn als obersten Richter und Friedenswahrer kennzeichnet; in der Linken ist der mit einem Kreuz versehene Apfel zu sehen. Auf dem Kopf trägt der König eine schlichte Krone; sein Gesicht ist schlank, aber konturlos. Das für die englischen Könige typische Rücksiegel zeigt ihn, angetan mit gezogenem Schwert, Normannenschild sowie Spitzhelm samt Nasenschiene, auf einem nach links galoppierenden Pferd.

Archiv der Herren von Stuteville.

Wyon/Wyon 1887, Nr. 32f. – de Gray Birch 1887, Nr. 56. – Hardegen 1905. – Appleby 1966. – Kat. London 1984, Nr. 333 (zu einer anderen Ausprägung mit Abb. des Reverssiegels). – Ahlers 1987, insb. S. 66–112.

C.P.H.

D 95 Kopenhagen-Psalter

Nordengland, Lincoln (?), um 1170–1175

Pergament – Buchmalerei in Deckfarben mit Gold – Einband des 18. Jahrhunderts – 199 Blätter – H. 28,6 cm – B. 19,8 cm.

Kopenhagen, Det Kongelige Bibliotek, Ms. Thott 143.2°

Die Handschrift enthält den Psalter (in der seit dem 12. Jahrhundert auch in England üblichen gallicanischen Version) sowie die in mittelalterlichen Handschriften regelmäßig dazugehörigen *Cantica* (= andere biblische Gebete und Hymnen), Litanei und Gebete. Vorangestellt ist ein Kalender (fol. 2r–7v) und ein Zyklus von 16 ganzseitigen Bildern aus dem Leben Christi (fol. 8r–15v). Jeder Psalm sowie jedes *Canticum* und die Litanei sind durch ein in Deckfarben gemaltes großes Initial eingeleitet, drei davon enthalten szenische Darstellungen aus dem Leben Davids (zu Ps 26, 50, 51, fol. 40r, 68r, 69v), etliche auch kleinere Vers-Illustrationen bzw. Bilder der Autoren der *Cantica*. Die zehn liturgischen Teilungspunkte (bei Ps 1, 26, 38, 51, 52, 68, 80, 97, 101, 109) sind durch vergrößerte Initialen hervorgehoben. Aus späteren Einträgen ergeben sich Hinweise auf die Provenienz des Codex.

Der Schmuck der Handschrift ist zwei unterschiedlichen Stilrichtungen zuzuweisen: Der Bilderzyklus sowie mit gewissen Einschränkungen die figürlichen Initialen im er-

sten Teil des Psalters (bis Ps 97) zeigen den für England im 12. Jahrhundert so typischen sogenannten ›kurvig anhaftenden Feuchtfalten-Stil‹ in seiner späten, dünnstofflich fließenden und verfeinerten Spielart; dabei sparen die zarten Faltenstränge, die die plastisch vortretenden Körperteile umziehen, ovale und tropfenförmige Partien aus, auf denen das Licht in Form von spinnwebfeinen Ornamenten spielt. Die Köpfe mit ihrem angespannten Ausdruck und dem typischen Blick aus den Augenwinkeln sind subtil modelliert, die Farbskala ist leuchtend und satt bei reicher Verwendung von Gold in den Hintergründen. Die engsten Parallelen zu dieser Stilvariante finden sich in Canterbury, im Schreiber-Porträt des Eadwine-Psalters, aber auch im Wandbild des Paulus in der Anselm-Kapelle der Kathedrale. – Von der fließenden Eleganz dieses Stils setzt sich der in den späteren Partien des Psalters (ab Ps 98) auftretende Stil durch eine gewisse Nüchternheit der figürlichen Formen bei gleichbleibender Qualität der Modellierung ab. Die zugehörigen ornamentalen Initialen mit den drahtigen, von Scharen kleiner weißer Löwen durchschwärmten Spiralranken sind typische Vertreter einer neuen internationalen Stilrichtung der beginnenden Gotik, des sogenannten Channel-Style, der auf beiden Seiten des Ärmelkanals, in England ebenso wie in Nordfrankreich, gleichzeitig aufblüht. Ein früher Repräsentant dieser modernen, nüchtern-klaren Stilrichtung ist der »Simon-Meister«, ein reisender, vornehmlich in Südengland und Nordfrankreich tätiger Berufs-Maler, der unter anderem für Abt Simon von St. Albans Handschriften ausschmückte und dem auch die meisten Initialen im zweiten Teil des Kopenhagen-Psalters zugeschrieben werden. Vertreter einer verfeinerten, ausblühenden Kunst treffen hier also mit frischen, in die Zukunft gerichteten Kräften bei der Ausschmückung einer und derselben Handschrift zusammen. Die luxuriöse Ausstattung einerseits, die Zufügung des Alphabets zwischen den Texten des *Gloria* und des *Pater noster* andererseits weisen darauf hin, daß der Psalter für einen hochgestellten jugendlichen Benutzer hergestellt wurde, der aus diesem Gebetbuch auch elementares Wissen, Lesen und Latein lernen sollte. Patricia Danz Stirneman erwägt Geoffroy Plantagenêt, einen natürlichen Sohn Heinrichs II. von England und damit Halbbruder der Herzogin Mathilde, der 1173 als etwa Zwanzigjähriger zum Bischof von Lincoln gewählt wurde, oder Mathilde selbst, doch fehlt jeder genauere Anhaltspunkt für eine Identifizierung des ursprünglichen Besitzers.

Kalendereinträge und Litanei verweisen auf eine nach der augustinischen Regel lebende Klerikergemeinschaft in Nordengland; Thomas Becket (kanonisiert 1173) fehlt; Einträge des 13. Jahrhunderts weisen auf Besitzer in Schweden und Dänemark; im 18. Jahrhundert im Besitz des Grafen Otto Thott; 1786 in die Königliche Bibliothek Kopenhagen.

Kauffmann 1975, Nr. 96 (Lit.). – Stirneman 1976. – Kat. London 1984, Nr. 76 (Lit.) (C.M. Kauffmann). – Nilgen 1986, S. 150. – Gibson/Heslop/Pfaff 1992, S. 179, 183.

U.N.

D 96 Anonyme Kaiserchronik für Heinrich V.

Würzburg (?), 1112/1114

Pergament – 1 ganzseitige Miniatur in Deckfarben (fol. 83r); braune und rote Federzeichnung – 96 Blätter u. Vorsatzblätter – H. 21,6 cm – B. 14,5 cm.

Cambridge, Corpus Christi College, Ms. 373

Die Handschrift enthält laut Prolog eine auf Wunsch Kaiser Heinrichs V. aus anderen Chroniken zusammengestellte Geschichte von der Herkunft der Franken bis auf die eigene Zeit, das heißt 1114. Sie wurde von der älteren Literatur als eine Rezension der Chronik des Ekkehard von Aura angesehen, stammt nach neueren Forschungen von Schmale-Ott jedoch aus der Feder eines bisher nicht sicher identifizierten Autors aus dem Umkreis des Bischofs Er-

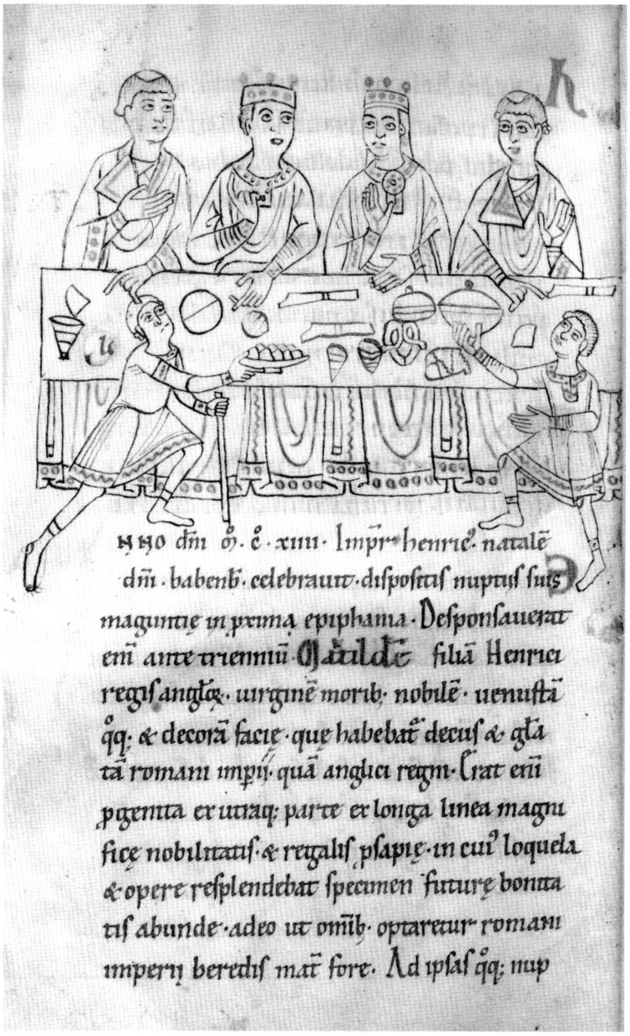

lung von Würzburg (Bischof Otto von Bamberg?), der für die zeitlich entfernteren Ereignisse auf Sigebert von Gembloux und Ekkehard fußt, ab 1106 aber unabhängig von älteren Texten und mit deutlicher Hervorhebung des *Romanum imperium* und des *Teutonicum regnum* schreibt. Die in der Literatur geäußerte Vermutung, es handele sich bei der Handschrift in Cambridge – der einzigen dieser Textüberlieferung – um das an Heinrich V. gegebene Widmungsexemplar, wird durch die Beibindung einer Traditionsurkunde für Würzburg eher unwahrscheinlich; andererseits könnte die Handschrift, die sich schon im 13. Jahrhundert in England befand, nach dem Tode des Kaisers 1125 durch seine Witwe, Mathilde von England, dorthin gelangt sein.

Die Handschrift ist mit 16 Federzeichnungen ausgestattet, die jeweils vor den entsprechenden Berichten den betreffenden Herrscher von Pippin bis zu Heinrich IV. im Siegelbild-Typus thronend darstellen. Dazu kommen vor dem 3. Buch (fol. 83r) eine ganzseitige Deckfarben-Miniatur, die die Übergabe des Reichsapfels durch Papst Paschalis II. (in roter Kasel und glatter Tiara) an Heinrich V. während des Krönungszeremoniells zeigt sowie die hier aufgeschlagene Federzeichnung des Hochzeitsmahls Heinrichs V. mit Mathilde von England im Jahre 1114 in Mainz (fol. 95v). Mathilde war die Tochter (und seit 1120 einzige legitime Erbin) Heinrichs I. von England, des Sohnes Wilhelms des Eroberers. Auf der Zeichnung sitzt das Brautpaar zwischen zwei Geistlichen in der typischen Tracht der Kanoniker (mit aufgeschlagenem Revers) an der Festtafel, während Diener die Speisen in Schüsseln reichen. Spitzbecher und Messer sind das Eßgerät; die Speisen wurden ohne Teller aus den Schüsseln gegessen, wobei die runden Brotfladen als Unterlage dienten. Deutlich sichtbar liegt eine Brezel vor der Braut.

1116/17 Würzburg? (beigebunden Abschrift einer Traditionsurkunde von 810 für Bischof Wolfger von Würzburg); im 13. Jahrhundert in England (Einträge).

James 1912, S. 215–218. – Schramm/Mütherich 1962, Nr. 167, Abb. S. 403 (Nachträge, München 1981, Nr. 167 [Lit.]). – Anonyme Kaiserchronik, S. 39–43. – Schramm/Mütherich 1983, Nr. 174, 184, 190, Abb. S. 430, 439, 445. – Schmid 1994, S. 486–488, 490.

U.N.

D 97 Siegel Mathildes, Kaiserinwitwe und Königin von England (*1102, †1167), mit dazugehöriger Seidenhülle

Typar: Deutschland, 1114–1125 – Urkunde: ca. 1141–42 – Seidenhülle: England, 12. Jahrhundert

Rotes Wachs – Dm. 6,7 cm – Samit (?) aus blauer und gelber Seide.

London, The British Library, Add. Charter 75724

Mathilde war die Tochter König Heinrichs I. von England und Mathildes von Schottland. Im Jahr 1110 brachte sie aus Anlaß ihrer Verlobung mit Kaiser Heinrich V. eine Mitgift von 10000 Mark Silber nach Deutschland, die der Salier zur Finanzierung seiner zweiten Romfahrt verwendete. Die Ehe war durch das Verhalten des Kaisers stets problematisch und blieb kinderlos. Nach dem Tod dieses letzten Saliers 1125 kehrte Mathilde in das anglonormannische Reich zurück, wurde hier mit dem Grafen Gottfried von Anjou vermählt und so zur Stammutter des Hauses Plantagenêt. Nach dem Tod Heinrichs I. konnte sich Mathilde gegen ihren Rivalen König Stephan behaupten, zog sich aber 1148 in die Normandie zurück, um von hier aus ihren Sohn König Heinrich II. (Kat. D 94), den Schwiegervater Heinrichs des Löwen, zu beraten. Das runde Siegel der Königin hat die Umschrift + MATHILDIS DEI GRATIA ROMANORVM REGINA (Mathilde von Gottes Gnaden Königin der Römer), gibt also die Titelführung Mathildes als römisch-deutsche Königin korrekt wieder. Wenn sich Mathilde in den Intitulationes ihrer Urkunden in der Regel als *Mathildis imperatrix, Henrici regis filia et Anglorum domina* bezeichnete und so auch von Zeitgenossen genannt wurde, wird dies in erster Linie seinen Grund in der Schwierigkeit gehabt haben, die fehlende Festkrönung der Kaiserinwitwe, ihre dennoch über die einer Königin stehende Stellung sowie ihren Herrschaftsanspruch in England auf einen Nenner zu bringen. Indem die Königin ihr altes Siegel weiterbenutzte, ließ sich dieses Problem unter Wahrung von dessen Rechtsbedeutung auf elegante Art und Weise lösen. Zudem handelt es sich hier um ein Thronsiegel, auf dem sämtliche Herrschaftsattribute vertreten sind: Die Königin sitzt auf einem gemauerten Thron und trägt den Schleier der verheirateten Frau unter ihrer Krone. Mit der erhobenen rechten Hand umfaßt sie ein Lilienzepter; auch die Linke scheint etwas auf Brusthöhe zu halten. Ob es sich dabei um eine Kugel wie im Siegel Marias, Gattin Kaiser Ottos IV., oder ein Kreuz wie bei Beatrix, Gattin Kaiser Friedrichs I., handelt, läßt sich aufgrund des eingeschränkten Erhaltungszustands des Siegelbilds nicht eindeutig beantworten. Das hier ausgestellte Siegel wurde durch Einnähen in ein seidenes Gewebe geschützt. Der Stoff – wohl ein Samit mit einem Muster aus Kreuzgittern und darin gelegten Kreisen von gelber auf blauer Seide – ist offenbar ebenfalls im 12. Jahrhundert entstanden. Da es sich bei dem Dokument um die Gründungsurkunde des Zisterzienserklosters Bordesley handelt, ist anzunehmen, daß das anhängende Siegel schon bald nach der Ausstellung in den betreffenden Stoff gebettet wurde – eine seltene Ausnahme zu jener Zeit, da ansonsten eher nicht zeitgenössische ›Stoffreste‹ zu diesem Zweck Verwendung fanden.

Archiv des Klosters Bordesley.

Regesta Regum Anglo-Normanorum 3, Nr. 116; 4, Tafel XLVII.

de Gray Birch 1875, S. 392f. – Wyon/Wyon 1887, S. 14, Taf. IV, Nr. 29. – de Gray Birch 1887, S. 10, Nr. 54. – Greenwell/Blair 1911, S. 46–136 und Nr. 829–1566. – Posse 1909–13, Taf. 19, 4; 5, S. 24. – Robinson/Urquhart 1934, S. 163–211. – Schramm/Mütherich 1983, S. 253, Nr. 189 (mit Abb.). – Borrie 1970, S. 104–107, insb. Anm. 3, Taf. XXIII. – Kittel 1970, S. 274 mit Abb. 178. – Schnith 1974, S. 166–182, insb. S. 172f. – Jäschke 1991, S. 181ff. (Rekonstruktionszeichnung des Siegels auf dem Buchdeckel). – Schnith 1993a. – Oexle 1993, S. 86.

C.P.H.

D 98 Siegel Richards I. Löwenherz, König von England (*1157, † 1199), Typ I

Westfrankreich oder England, August 1189

Grünes Wachs – Dm. 10 cm.

London, The British Library, loose seal XXXIX. II

Richard wurde als zweiter Sohn König Heinrichs II. von England (Kat. D 94) und Eleonores von Aquitanien (Kat. E 8) geboren und wuchs am Hof seiner Mutter in Poitiers auf, wo er nicht nur in dem ihm bald den Beinamen einbringenden Waffenhandwerk, sondern auch in Gesang und Literatur unterrichtet wurde. Nach langjährigen Machtkämpfen im anglonormannischen Reich wurde Richard schließlich am 3. September 1189 zum König gekrönt und brach daraufhin umgehend zum Dritten Kreuzzug auf. Nach entsprechenden finanziellen Zuwendungen und entgegen den staufischen Ansprüchen erkannte Richard Tancred von Lecce als König von Sizilien an, eroberte das christliche Zypern und konnte schließlich in Palästina militärische wie diplomatische Erfolge gegen Sultan Saladin erringen. Auf seiner Rückfahrt wurde er von Herzog Leopold V. von Österreich, den er noch im Heiligen Land brüskiert hatte, gefangengenommen, an Kaiser Heinrich VI. ausgeliefert und erst gegen eine enor-

me Lösegeldzahlung, den Lehnseid sowie das Versprechen, die welfischen Verwandten nicht mehr zu unterstützen, freigelassen. Bei den Kämpfen mit König Philipp II. von Frankreich fiel Richard am 6. April 1199 und wurde in Fontevraud beerdigt. Noch im Mittelalter, vor allem aber durch die im 19. Jahrhundert einsetzende literarische Verknüpfung mit dem englischen Nationalhelden Robin Hood wurde die zweifellos herausragende Persönlichkeit König Richards I. zu einer legendären Gestalt. Sein rundes erstes Königssiegel ist großformatig und, wie bei den englischen Königen des Mittelalters üblich, zweiseitig geprägt. Die Vorderseite mit der Umschrift + RICH[ARDVS DEI GRACI]A REX ANGLORVM (Richard von Gottes Gnaden König von England) zeigt den thronenden, die Rückseite mit der Umschrift + RICHARDVS DVX NORMANNORVM ET AQVITANORVM ET COMES ANDEGAVORVM (Richard Herzog der Normandie und Aquitaniens und Graf von Anjou) den auf dem Streitroß reitenden Herrscher. Der König sitzt auf einem mit Schnitzereien verzierten, ohne große Tiefenwirkung dargestellten Thron; seine Füße ruhen auf einer Fußbank. Das bartlose Haupt trägt eine mit drei Kreuzen verzierte Krone; ein bodenlanger Mantel legt sich über sein Gewand. In der ausgestreckten Rechten hält er das blanke Schwert, dessen breite Blutrinne und großer Knopf am Griffende deutlich sichtbar sind. Die Linke zeigt eine Kugel, aus der ein langer, mit Trieben versehener Kreuzstab nach oben wächst. Während aus dem Boden links und rechts des Throns knospende Lilienranken treiben, befindet sich über den Schultern des Königs jeweils ein Sonnenrad samt darunterliegender Mondsichel. Derartige Herrschaftssymbole sind auf mittelalterlichen Königssiegeln äußerst selten, treten aber auch im Kaisersiegel Ottos IV., des Neffen Richards, auf (Kat. E 2).
Insgesamt ist die Arbeit des Stempelschneiders feiner und phantasievoller, als es noch im Siegel von Richards Vater der Fall gewesen war. Zusätzlich weist das Schild des Ritters auf dem Rücksiegel erstmals einen aufrechten Löwen auf, aus dem sich später das Stammwappen des englischen Königshauses entwickeln sollte. König Richard I. führte seit 1195 einen zweiten Stempel, der hinsichtlich seiner künstlerischen Qualität den ersten noch übertraf: Der Thron ist perspektivisch und der Faltenwurf des Gewandes noch feiner dargestellt, die raumausfüllenden, eher störenden Zusätze entfallen. Auch die Wiederholung bei den himmlischen Herrschaftssymbolen wird aufgehoben, insofern sich die jetzt mit Strahlen versehene Sonne über der linken, die Mondsichel über der rechten Schulter befindet. Das Wappen auf dem Revers zeigt erstmals die drei übereinanderstehenden angevinischen Leoparden.

Von unbekannter Urkunde abgetrennt.

Wyon/Wyon 1887, Nr. 35f. – de Gray Birch 1887, Nr. 80–86. – Greenwell/Blair 1911, S. 46–136 und Nr. 829–1566.– Gillingham 1978. – Critchley 1994. – Kat. London 1984, S. 304, Nr. 334.

C.P.H.

D 99 Vertrag Johanns Ohneland (*1167, † 1216), König von England, mit König Otto IV.

La Suze, 1202 September 8

Südliches Pergament – H. 15,7 cm – B. 30,8 cm – Umbug 2,4 cm – Siegelbruchstück aus grünem Wachs – an roter Seidenkordel hängend – H. 4,6 cm – B. 4,4 cm.

Wolfenbüttel, Niedersächsisches Staatsarchiv, 1 Urk 7

Johann erhielt seinen Beinamen, nachdem er aus den Familienfehden zur Zeit König Heinrichs II. (Kat. D 94) leer hervorgegangen war. Dessen ungeachtet wurde er nach dem Tod seines älteren Bruders Richard Löwenherz (Kat. D 98) im Jahre 1199 König von England. Johann versuchte in erster Linie zu einem friedlichen Ausgleich mit König Philipp II. von Frankreich und seinem Neffen Arthur zu kommen. Dabei wendete er sich zunächst von Otto IV., seinem welfischen Verwandten, ab und verweigerte im Frühjahr 1200 sogar die Auszahlung des diesem zustehenden Teils aus Richards Erbe. Erst das entschiedene, Johann mit Kirchenstrafen bedrohende Eintreten Papst Innozenz III. für Ottos Königtum sowie der bevorstehende Verlust seiner festländischen Lehen nach dem Kontumazurteil durch Philipp II. ließ König Johann im Sommer des Jahres 1202 in La Suze ein welfisch-angevinisches Bündnis eingehen. Dessen recht allgemein gehaltener Inhalt ist nur in der von Johann ausgestellten Version überliefert. Die Könige Johann und Otto geloben darin, sich gegenseitig bei der Verteidigung und Wahrung ihrer Rechte zu unterstützen – *ad ipsum et imperium suum et iura sua custodienda et defendenda et de impendendum ei fidele consilium et auxilium ad iura sua perquirenda et manutenenda*. Ferner legen sie alle früher zwischen ihnen bestehenden Streitigkeiten – *omnes querele et omnes indignationes, si que fuerunt inter nos* – bei.
Auf der Vorderseite des fragmentarisch erhaltenen Siegels ist das gekrönte Haupt des thronenden Herrschers, auf der Rückseite die Brustpartie des reitenden Herrschers samt seinem drei Leoparden zeigenden Schild erkennbar.
Da eher von defensiver Natur, konnte beider Bündnis hingegen nicht verhindern, daß König Philipp II. von Frankreich Johann vom Festland verdrängte und Otto IV. gegenüber seinen staufischen Gegnern in die Defensive geriet. Jener Vertrag von La Suze bildete jedoch die Grundlage für erhebliche englische Subsidienzahlungen an Otto IV. und seine Anhänger. Deren Einbindung in den angevinisch-kapetingischen Konflikt hatte nach der verlo-

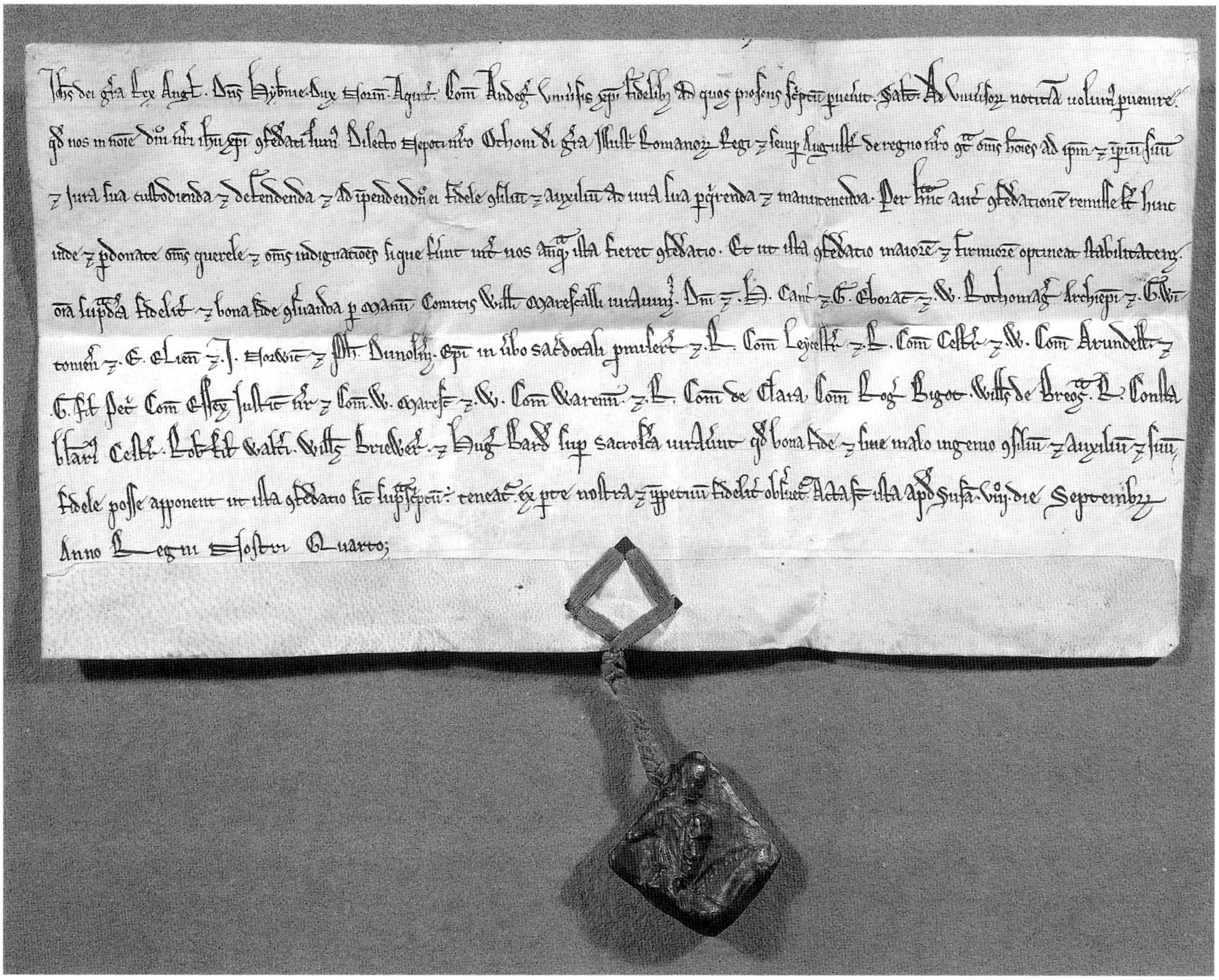

renen Schlacht von Bouvines immerhin das faktische Ende des welfischen Kaisertums zur Folge.

Braunschweig-Lüneburgisches Gesamtarchiv in der Stiftskirche St. Blasius in Braunschweig; 1830 Schloß Braunschweig; seit 1836 im Herzoglichen Archiv Wolfenbüttel.

MGH Const. 2, Nr. 25, S. 29 f.

Kat. London 1984, S. 305, Nr. 335. – Ahlers 1987, S. 197–252, insb. S. 209. – Hucker 1990, S. 381 f.

C.P.H.

D 100 Reliquienkästchen der hl. Valeria

Limoges, um 1170/80

Holzkern; Kupferplatten; Grubenschmelz – H. 23,2 cm – B. 28 cm – T. 11,5 cm.

St. Petersburg, Staatliche Ermitage, Inv. Nr. 175

Der Reliquienschrein mit Satteldach wird durch einen durchbrochen gearbeiteten Firstkamm bekrönt. Der Bildschmuck des Kästchens stellt einen umlaufenden, von links nach rechts zu lesenden narrativen Zyklus mit Hauptereignissen aus der Vita der hl. Valeria dar.
Die Kastenfront schmückt das Martyrium der Heiligen. Diese *virgo Dei* verweigerte einem heidnischen Herrscher die Ehe und wurde auf dessen Befehl geköpft. Entsprechend der *Vita prolixior* aus dem 11. Jahrhundert wird auf dem Dach des Kästchens der Henkersknecht, der dem Herzog Bericht über die Vollstreckung des Urteils erstattet, durch Intervention eines Engels vom Blitz getroffen (*ab angelo Dei percussus*). Es schließt sich die Kephalophorie der Heiligen an, die ihr Haupt dem hl. Martial übergibt, der die Messe zelebriert.
Auf der Rückseite findet sich die Darstellung der Heiligen Drei Könige vor der thronenden Madonna und dem hl. Joseph unter einer bekrönenden Architekturabbreviatur. Das Kästchendach schmückt auf der Rückseite ein Apostelkollegium in Halbfiguren.
Der Kult der hl. Valeria als Protomärtyrerin Aquitaniens ist hagiographisch eng mit der Verehrung des hl. Martial

D 100

verbunden, der sie zum Christentum bekehrte. Die Vita der Heiligen entwickelte sich maßgeblich in der *Vita prolixior* des 11. Jahrhunderts und in zahlreichen Predigten, die Adémar de Chabannes über den hl. Martial hielt. Diese Predigten sind in den Kontext einer Kampagne zu stellen, die die Abtei Saint-Martial im frühen 11. Jahrhundert unternahm, um ihre Bedeutung durch den Nachweis des Apostolats des hl. Martial zu stützen. Zahlreiche Reliquien der hl. Valeria wurden bis zur Französischen Revolution in Limoges verehrt.

Es sind keine illuminierten hagiographischen Handschriften bekannt, die diesem Kästchen und einem verwandten Kästchen im British Museum, London, als ikonographische Vorlage dienen konnten. Beide um 1170 entstandene Reliquiare stellen die frühesten Belege für die Bildtradition der Protomärtyrerin Aquitaniens in der Limoger Emailkunst dar. Die romanischen Wandfresken in Saint-Léger in Ebreuil (Allier) illustrieren jedoch bereits in der ersten Hälfte des 12. Jahrhunderts ihr Martyrium.

Dem Kult der hl. Valeria kam eine exponierte Stellung für das dynastische Selbstverständnis Eleonores von Aquitanien zu, da sie sich genealogisch auf die als *ducissa Aquitania* bezeichnete Märtyrerin beziehen konnte. Im *ordo* der aquitanischen Herzöge erhielt dieser, wie es 1172 für

Richard Löwenherz belegt ist, feierlich den Ring der Märtyrerin als Zeichen seiner mystischen Verbindung mit der hl. Valeria.
Eine Frühdatierung des Kästchens in die siebziger Jahre des 12. Jahrhunderts kann sich argumentativ auf dieses dokumentarisch abgesicherte Ereignis stützen, das den Stellenwert der Reliquien der hl. Valeria sinnfällig macht.

Rupin 1890, S. 399ff. – Bréhier 1927, S. 121–140. – Mâle 1931, S. 197ff. – Perrier 1948, S. 85–86. – Gauthier 1972, Nr. 48, S. 329. – Nitz 1976, Sp. 531–532. – Gauthier 1987, Nr. 94, S. 100ff.

M. Mü.

D 101 Reliquienkästchen der hl. Valeria

Limoges, um 1220/25

Holzkern (erneuert); Kupferblech, Grubenschmelz – H. 19 cm – B. 21 cm – T. 9 cm.

Minden, Kath. Dompropsteigemeinde St. Gorgonius und St. Petrus, Ap., Domschatz Verz. Nr. 3

Der Reliquienschrein mit satteldachförmiger Bekrönung besitzt auf der Vorderseite und den beiden seitlichen Schmalseiten figürlichen Schmuck, während die Rückseite lediglich ornamental verziert ist. Diese Differenzierung ist an Reliquienkästchen der Limoger Emailkunst wiederholt anzutreffen.
Die Köpfe der Figuren sind als Appliken erhaben gearbeitet. Auf der Vorderseite des Kästchens ist das Martyrium der hl. Valeria dargestellt, die insbesondere in Aquitanien verehrt wurde. Sie bringt ihr abgeschlagenes Haupt dem durch eine Mitra charakterisierten hl. Martial dar, der die Messe zelebriert. Es handelt sich um eine getreue bildliche

Umsetzung des Martyriums der hl. Valeria, das bereits in den zwischen 1030 und 1034 verfaßten Predigten des Adémar de Chabannes beschrieben wird. Er schildert, daß die Heilige, nachdem sie geköpft worden war, das abgeschlagene Haupt mit eigenen Händen zum hl. Martial trug: *Nam corpus decollatum accepit caput suum, propriis manibus et ante hominem Dei recto cursu deposuit...*
Wiederholt in der Forschung geäußerte Vermutungen, nach denen das Martyrium der hl. Dymphna auf dem Mindener Kästchen illustriert sei, sind vor diesem Hintergrund von der Hand zu weisen. Das Haupt dieser insbesondere in Brabant verehrten Heiligen, die auf Geheiß ihres Vaters geköpft wurde, schmückt in der Regel eine Krone als Verweis auf ihre fürstliche Abkunft, die auf dem Mindener Kästchen jedoch nicht zu finden ist.
Entsprechend der in der Limoger Emailkunst üblichen Ikonographie, ist die Grablegung der Heiligen in Gegenwart des hl. Martial auf dem Dach des Reliquienkästchens dargestellt, wobei zwei Heilige die Schmalseiten des Kästchens analog zu einer in Limoges üblichen Darstellungstradition schmücken.

Rupin 1890, S. 399ff. – Bréhier 1927. – Mâle 1931, 4., S. 197ff. – Perrier 1948, S. 85f. – Gauthier 1956, S. 57f. mit Abb. – Nitz 1976. – Kessemeier/Luckhardt 1982, Nr. 3.

M. Mü.

D 102 Vortragekreuz

Limoges, um 1200

Holzkern; Kupfer, vergoldet, ziseliert, graviert, gestanzt; Grubenschmelz; Schmucksteine (Glas und Bergkristall) – H. (mit Nodus und Tülle) 72,5 cm – Kreuz H. 54 cm – B. 32,2 cm – T. 2 cm.

Nürnberg, Germanisches Nationalmuseum, Inv. Nr. KG 644

Der außergewöhnliche Erhaltungszustand dieses beidseitig mit Kupfer und Email geschmückten Kreuzes mit mandorlaförmigem Schnittpunkt und profilierten, dreipaßförmigen Balkenenden, macht es zu einem der seltenen Stücke dieser Gattung liturgischer Objekte, die unversehrt in ihrem mittelalterlichen Zustand auf uns gekommen sind.
Auf den Holzkern wurde mit Hilfe kleiner Nägel auf Vorder- und Rückseite Zierat in verschiedener Profilstärke und Größe aufgebracht. Fünfzehn Emailplättchen in einer Dicke von 2 bis 2,5 Millimeter schmücken beide Seiten: fünf auf der Vorder- und zehn auf der Rückseite. Die aus acht Farben bestehende Palette umfaßt die Töne Nachtblau, Ultramarinblau, Azurblau, Türkis, Feldgrün, Gelb, Weiß und Rot. Die emaillierten Flächen sind teilweise einfarbig, teilweise ein Zusammenspiel von zwei oder drei abgestuften Farbtönen.

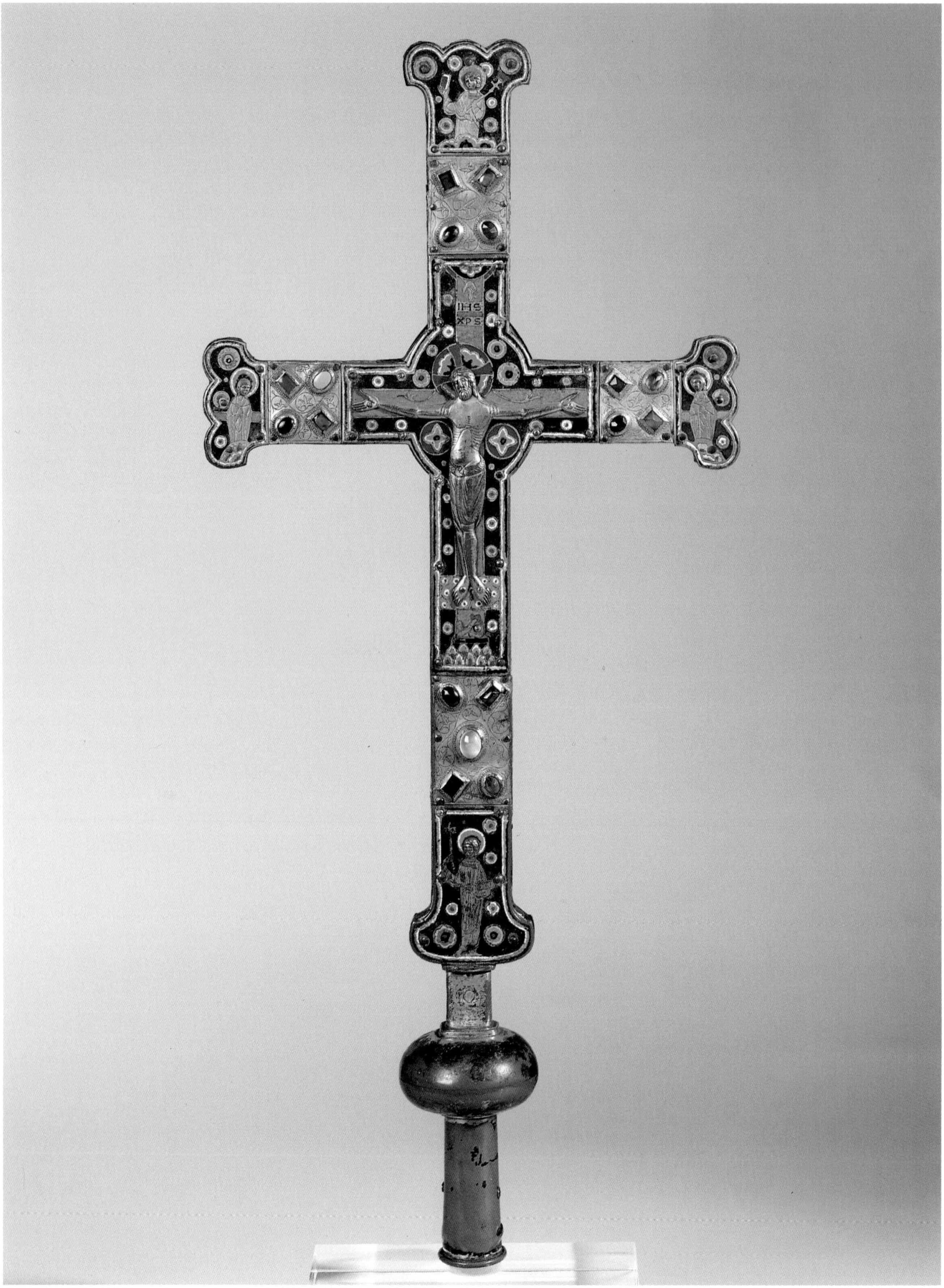
IHS
XPS

Acht Fragmente der Verkleidung sind aus beschnittenen und dünneren Kupferplättchen von 1 Millimeter Stärke gearbeitet; sie schmücken die Zwischensegmente der Kreuzbalken. Schmalere Kupferplatten mit gestanzten und ziselierten Motiven zieren die Seiten. Ein vermutlich ursprünglicher Nodus und eine Tülle dienten an der Basis des Kreuzes zur Aufnahme des Prozessionsstabes.
Gemäß der traditionellen Ikonographie in Limoges stehen sich auf den beiden Flächen des Kreuzes die Kreuzigung und die *Maiestas Domini* gegenüber. Zur Darstellung des Gekreuzigten, der Jungfrau und des hl. Johannes auf der Vorderseite tritt diejenige des hl. Petrus am Kreuzfuß hinzu. Am oberen Kreuzende findet sich die eher ungewöhnliche, halbfigurige Darstellung eines Heiligen, umrahmt von himmlischen Wolken. Er hält in seinen Händen ein verschlossenes Buch und ein Kreuz.
Der segnende Christus im Schnittpunkt der Kreuzbalken auf der Rückseite thront auf einem Regenbogen und hält ein Buch mit den griechischen Buchstaben Alpha und Omega. Er wird gerahmt von den vier geflügelten Evangelistensymbolen: links und rechts der Löwe des hl. Markus und der Stier des hl. Lukas mit einem Buch; oben der Adler des hl. Johannes, der eine Schriftrolle zwischen seinen Krallen entrollt, während unten der geflügelte Matthäus auf Kniehöhe ein Buch vorweist.
Das Kreuz des *opus lemovicense* gehört zu einer homogenen, ins beginnende 13. Jahrhundert zu datierenden Gruppe, die – ungeachtet gewisser Abweichungen – durch eigentümliche Charakteristika gekennzeichnet ist, vergleichbar in Aufbau, Maßen, Ausführung, Ikonographie, Schmuck und Stil: Zur Gruppe der fünf von Thoby 1953 katalogisierten Werke unter den Nummern 63 (Münster, Domkammer), 64 (Saint-Quentin, Musée Lécuyer), 65 (Baltimore, Walters Art Gallery), 66 (London, Victoria and Albert Museum, Inv. Nr. 575–1910), 67 (Dijon, Musée des Beaux-Arts, Inv. Nr. D. 1514) werden heutzutage im *Corpus des émaux* etwa 20 weitere Kreuze gezählt. Aufgrund ihrer zahlreichen Bestandteile sind nur sehr wenige von ihnen vollständig in ihrem mittelalterlichen Zustand erhalten geblieben; die Kreuze aus London, Münster und Nürnberg gehören trotz einiger Restaurierungen zu den am besten erhaltenen Werken der Gruppe.

Durch das Museum 1882 von einem Antiquitätenhändler erworben, der es aus der Sammlung Johannes Paul aus Hamburg am 16.10. 1892 in Köln ankaufte.

Verkauf Johannes Paul, Köln, 16. 10. 1882, Nr. 610. – de Linas 1885. – Thoby 1953, Nr. 84, S. 140. – François 1993.

G.F.

D 103 Leuchter aus Limoges

Limoges, um 1180/85

Kupfer, vergoldet; Grubenschmelz – H. 40 cm – B. Fuß 16 cm.

Berlin, Staatliche Museen – Preußischer Kulturbesitz, Kunstgewerbemuseum, Inv. Nr. 17,102

Auf einem dreiteilig-pyramidalen Fuß erhebt sich ein ungewöhnlich langer Schaft mit drei abgeplatteten Nodi, deren mittlerer größer und reicher verziert ist als die beiden

anderen. Die Lichtschale mit zinnenartig-umlaufendem, abgerundetem Zahnkamm umschließt den spitzen Dorn zum Aufstecken der Kerze. Während der Schaft ein schuppenartig graviertes Muster aufweist, sind der Fuß, die Nodi und die Lichtschale reich mit Grubenschmelz geschmückt. Gegenüber allen übrigen, lediglich durch florale Ornamentik in Form von Blatt- und Rankenwerk verzierten Partien zeigt einzig der Kandelaberfuß figürlichen Schmuck in Gestalt heteromorpher Wesen mit applizierten Köpfen und reptilienartigem Unterleib, der in Rankenformen ausläuft.

Die in den mittelalterlichen Inventaren als *candelabrum, ceroferarium* oder *cerostata* bezeichneten Kandelaber stellten vor allem im 13. Jahrhundert einen regelrechten Exportschlager der Limoger Emailkunst dar. Ihre weite Verbreitung belegt beispielsweise ein Inventareintrag der St.-Pauls-Kathedrale in London aus dem 13. Jahrhundert: *Item duo candelabra de cuprea de opere lemovicensi.*

Es konnte sich bei diesen Kandelabern sowohl um Altarleuchter als auch um Leuchter im höfisch-profanen Gebrauch handeln, wobei auch der Bildschmuck in der Regel keinen eindeutigen Aufschluß über ihre Funktion gibt. In der Liturgie wurde es erst im Laufe der zweiten Hälfte des 11. Jahrhunderts üblich, die Mensa des Altars mit einem oder mehreren Leuchtern zu schmücken, die aus Anlaß hoher kirchlicher Feiern auch bisweilen der Höhe nach gestaffelt aufgestellt wurden.

Der Berliner Kandelaber mit seiner ungewöhnlichen Höhe, die die um 16 bis 20 Zentimeter liegende Norm der Limoger Leuchter bei weitem übersteigt, ist ein besonders prunkvolles Werk der Limoger Emailkunst. Ein Kandelaber im Metropolitan Museum of Art, New York (Inv. Nr. MD 17.190.345), der in das Umfeld des aquitanischen Hofes in den 1180er Jahren zu stellen ist, weist in Form und künstlerischer Gestaltung so große Übereinstimmungen zu diesem Leuchter auf, daß er vermutlich als Pendant konzipiert war. Es handelt sich hierbei um den vergleichsweise seltenen Fall der Zuordnungsmöglichkeit eines Kandelaberpaares.

Rupin 1890. – Braun 1932, S. 492ff. – Gauthier 1987, Nr. 185, S. 172. – Zuchold 1993, Nr. 98.

M. Mü.

D 104 Schmuckkästchen

Canterbury, nach 1150 (?)

Buchsbaumholz mit Metallbeschlägen – H. 14 cm – B. 21,1 cm – T. 11,2 cm.

Florenz, Museo Nazionale del Bargello, Coll. Carrand Nr. 1345

Das Holzkästchen mit abgeflachtem Walmdach steht auf bronzenen Klauenfüßen. Die Frontseite ziert mittig ein Metallschloß. Ein umlaufender Rahmenstreifen, den ein feinreliefiertes Flechtband und ein durchlaufendes Zickzackband auf dem Kastendeckel schmücken, faßt figürliche Medaillons mit heteromorphen Fabelwesen und Kampfszenen ein, die in ein kompliziertes, filigranes System von Ranken- und Blattornamenten eingebunden sind.

Die Figur des bogenschießenden Kentauren, Simsons Kampf mit dem Löwen sowie die Gestalt des lyraspielenden Esels gehören ikonographisch zum Allgemeingut der romanischen Kapitellplastik und zum Initialschmuck der Buchmalerei. So illustriert beispielsweise der musizierende Esel das bereits bei Boethius bekannte Thema des *Asinus ad Lyram* als Bild für menschliche Torheit und Selbstüberschätzung.

Während Heinrich Kohlhausen in seinem Corpuswerk der mittelalterlichen »Minnekästchen« eine rheinisch-westfälische Provenienz des Kästchens vermutete, wies George Zarnecki auf enge Beziehungen zur Bauplastik und Buchmalerei in Canterbury in der ersten Hälfte des 12. Jahrhun-

D 104

D 104

derts hin. Andererseits wurde auf Analogien zu Werken der rheinländischen Goldschmiedekunst wie dem Heribert- und Anno-Schrein aufmerksam gemacht, die argumentativ eine Datierung des Kästchens um 1200 stützen. In der Verbindung reicher Ranken- und Blattornamentik mit der Thematik von Kampfdarstellungen bewaffneter Mischwesen ergeben sich ferner Affinitäten zum Bildschmuck eines Reliefs der Rückseite des sogenannten Thrones im Mindener Dom, dessen Entstehung gleichfalls um 1200 liegt.

Die Authentizitätsproblematik vergleichbarer mittelalterlicher Holzkästchen ist unlängst verstärkt in die Diskussion gebracht worden, wobei sich im Einzelfall durch philologisch zweifelsfrei als falsch zu identifizierende Inschriften oder ikonographisch suspekte Normabweichungen der Nachweis erbringen läßt, daß es sich um eine neuzeitliche Nachempfindung bzw. Neuschöpfung mittelalterlicher Kunstwerke handeln muß.

Kohlhausen 1928, Nr. 4. – Kohlhausen 1955, S. 101, Abb. 86. – Kat. Stuttgart 1977, 1, Nr. 520 mit Abb. 312. – Zarnecki 1979, Kap. XIX, S. 37–43. – Meyer 1984. – Diemer 1992, S. 1021–1060.

M. Mü.

D 105 Fragment eines Schmuckkästchens

12. Jahrhundert (?)

Bronze – H. 8 cm – B. 20,8 cm.

Bologna, Privatsammlung

Die beiden à jour gearbeiteten Bronzereliefs sind nahezu identisch mit den Längsseiten eines Buchsbaumkästchens im Bargello (vgl. Kat. D 104), das offensichtlich als Matrix diente. Gußtechnisch bedingt, weist das Relief Fehlstellen und Brüche auf; geringe Abweichungen gegenüber dem Holzkästchen des Bargello im Bereich der Blattornamente sind zufolge einer Expertise des Restaurators Giovanni Morigi, Bologna, durch Retuschen nach Erkalten des Gusses erklärbar.

Der auffällige Zusammenhang zwischen beiden Objekten findet technisch durch den Umstand eine plausible Erklärung, daß Gußmodeln aus Buchsbaumholz im Bereich der Goldschmiedekunst wiederholt Verwendung fanden. Fraglich ist lediglich, wann der mechanische Abdruck des Florentiner Kästchens zur Herstellung der vorliegenden Reliefs erfolgte. Von dem erstmals 1874 publizierten Holzkästchen der Sammlung Louis Carrand in Paris fertigte man zwei Kopien für das British Museum in London und den Schatz von Notre-Dame in Paris an. Letztere wurde versilbert und ungeachtet der tatsächlichen Provenienz als ursprünglich mittelalterliches Werk ausgegeben, indem man es als sogenanntes Kästchen des hl. Thomas Becket

D 105

als Werk des 12. Jahrhunderts katalogisierte (*Coffret en argent (XIIe s.) dit de saint Thomas Becket*).

Obgleich in künstlerisch-technischer Hinsicht ein mittelalterlicher Ursprung der Bologneser Reliefs durchaus denkbar ist, kann angesichts der angeführten Zusammenhänge auch eine wesentlich spätere Entstehung nicht zweifelsfrei ausgeschlossen werden.

Unveröffentlicht.

M. Mü.

D 106 Holzkästchen mit höfisch-galanten Szenen

Westfrankreich, um 1180/90

Holz; Deckfarbenmalerei auf Pergament – Schließvorrichtung wohl 15. Jahrhundert; Eisenscharniere sowie Füße des Kästchens fehlen – H. 21 cm – B. 51 cm – T. 24 cm.

Vannes, Schatz der Kathedrale von Vannes

Die durch jeweils eine feine Trennlinie in zwei gleich große Bildfelder unterteilten Bildflächen des Holzkästchens werden durch einen umlaufenden ornamentierten Rahmen eingefaßt, in dem stilisierte florale Muster mit diagonal schraffierten Feldern abwechseln.

Der feingliedrig-zarte Figurenstil der Darstellungen zeigt eine eigentümlich transparente Gewandbehandlung. Repliken von Motiven wie z. B. die seitenverkehrte Wiederholung einer umworbenen Frauengestalt, die als Tänzerin an einer der Schmalseiten des Kästchens wiederzufinden ist, lassen auf den frühen, experimentellen Status der höfisch-repräsentativen Szenen schließen und sprechen für eine Datierung ins ausgehende 12. Jahrhundert. Dies wird durch Kostümdetails wie die langen Hängeärmel der Frauengestalten argumentativ gestützt.

Der Bildschmuck des Kästchens verbindet die Falkenjagd mit Kampf- und Minnedarstellungen. Es handelt sich vermutlich nicht um präzise malerische Umsetzungen identifizierbarer Episoden. Illustriert werden vielmehr topoihafte Themen und Motive der höfischen Literatur.

Die exponierte Stellung des Kästchens ergibt sich durch den Umstand, daß sich nur singuläre Fälle analoger Werke um die Wende zum 13. Jahrhundert anführen lassen. In diesem Zusammenhang ist aus einer Privatsammlung ein

D 106

D 106

Holzkästchen zu nennen, das eine Kampfhandlung vermutlich aus dem Kontext der Rolandslegende zeigt.
Als mögliche Bildquellen der Kampfdarstellungen des Kästchens in Vannes sei auf die romanischen Wandfresken in Cressac (Charente) und im Donjon von Carcassonne (Aude) hingewiesen. Motivisch-thematische Zusammenhänge ergeben sich jedoch eher zu einem Limoger Emailkästchen im British Museum, London (Inv. Nr. MLA 59,1–10,1), wo sich in vergleichbarer Weise eine ikonographische Verbindung von Tanz und Minne sowie Kampfdarstellungen finden. Analogien zu diesem Emailkästchen sind auch in der Gestaltung der ornamentalen Rahmung der Darstellungen festzustellen.

Grand 1958, S. 160–164. – Auzas 1960. – Kat. Paris 1965, Nr. 336. – Brault 1969. – Kat. Heidelberg 1988, 2, Nr. H 3 mit Abb. S. 597 (Ewald M. Vetter). – Kauffmann 1992.

M. Mü.

D 107 Flucht nach Ägypten

England, um 1170–1180

Walroßzahn, Pupillen schwarz ausgefüllt – größere Fehlstellen: obere linke Ecke, Kopf Mariens, Hinterbeine des Esels – H. 7,8 cm – B. 3,9 cm.

New York, The Metropolitan Museum of Art, Dodge Fund, 40.62

Der obere linke Bereich des sehr kleinen Täfelchens ist abgebrochen, der untere und der rechte Rand sind erhalten,

ebenso ein gutes Drittel des linken: Das Relief kann als rechteckig rekonstruiert werden, die Randzone hinter dem Kopf des stehenden bärtigen Mannes rechts deutet auf einen möglicherweise rundbogigen oberen Abschluß hin.
Die Gruppe der im Damensitz auf einem grasenden Esel sitzenden Frau mit dem gewickelten und verschnürten Kind (vgl. D 108) im Arm, der ein hinter dem Esel stehender Mann seinen rechten Arm um die Schulter legt, während er in der Linken die Zügel des Tieres hält, ist als »Flucht nach Ägypten« zu identifizieren. Dieses Thema wurde im Hochmittelalter nicht isoliert dargestellt; das Täfelchen wird Teil einer Folge des Marienlebens oder der Kindheit Jesu gewesen sein, die einen Tragaltar oder ein Reliquienkästchen geschmückt hat. Die von einigen Autoren wegen des grasenden Tieres erwogene Deutung als »Ruhe auf der Flucht nach Ägypten« erscheint hingegen irreführend, weil dieser Terminus eine idyllische Szene benennt – das Jesuskind wird gestillt, und Joseph sitzt dabei oder versorgt den Esel –, die zudem erst im späten Mittelalter aufkommt.
John Beckwith stellt eine kleine Gruppe aus der Nikolaus-Krümme (Kat. D 108), einem Elfenbeinrelief mit der Himmelfahrt im Victoria and Albert Museum, London (Inv. Nr. A 15–1955), und dem kleinen Täfelchen aus New York zusammen, die er einer um 1170–1180 in Canterbury tätigen Werkstatt zuschreibt (Beckwith 1972, S. 103f., 1956 formuliert er zurückhaltender). Bei allen – allerdings eher globalen – Gemeinsamkeiten sind doch auch bedeutsame Unterschiede zu konstatieren: Während die Flucht nach Ägypten durchbrochen gearbeitet ist und die Tiefe des Blocks es erlaubt, die Personen hintereinander zu schichten, ist das Relief der Auferstehung so flach in die Tafel eingetieft, daß sich nur die Köpfe und einige Gliedmaßen über den Grund erheben – die Komposition besteht hier gezwungenermaßen aus Zeilen; bei der Nikolaus-Krümme hingegen steht erstaunlich viel Material für Plastizität bis hin zu fast vollrunden Gestalten zur Verfügung. Ähnlich deutliche Differenzen gibt es hinsichtlich der Dynamik: Die Auferstehung ist sehr bewegt, nicht zuletzt auch durch wirbelnde Gewänder, während deren ornamentale Gestaltung bei der Flucht nach Ägypten den Ausdruck der Ruhe fördert; bei der Nikolaus-Krümme wirkt auch die dramatische Beziehung zwischen dem Heiligen und dem Vater der armen Schwestern eher verhalten. So reichen die Gemeinsamkeiten aus, ihre Herstellung in England zu vermuten, wobei Frankreich nicht gänzlich außer acht zu lassen ist.

Vermutlich aus Saint-Omer (Gaborit-Chopin 1978, S. 205); 1911 in Tournai ausgestellt; Lille, Sammlung Théodore.

Swarzenski 1954, Abb. 314. – Beckwith 1956 (Lit.). – Kat. New York 1970, Nr. 62. – Sauerländer 1971, S. 512. – Beckwith 1972, S. 103f., Nr. 100. – Swartz 1972/73. – Kat. London 1974, Nr. 57. – Gaborit-Chopin 1978, S. 111f., 205, Nr. 136. – Kat. London 1984, S. 211, 228, Nr. 213 (Peter Lasko).

D 107

U. Schä.

D 108 Krümme mit hl. Nikolaus

England oder Frankreich, um 1150–1170

Elfenbein – kleine Risse und Fehlstellen – H. 12 cm – B. 11 cm.

London, Victoria and Albert Museum, Inv. Nr. 218–1865

Oberhalb eines kurzen, geraden Schaftes beschreibt die Krümme einen Dreiviertel-Kreis, die inneren ›Kanten‹ der Kreisbogenzone sind durch Kehlen markiert, auf der einen Seite gefüllt mit ›Perlen‹, auf der anderen mit ›Tönnchen‹. Außen, auf etwa drei Vierteln des leicht ovalen Querschnitts, befinden sich Figuren in teilweise recht erhabenem Relief mit Unter- und Hinterschneidungen. Aus dem Ende entwickelt sich eine ›Figurenknospe‹ mit zwei verschiedenen Ansichten; diese ist über eine S-förmig geschwungene Tuchbahn mit dem Schaft verbunden.

Auch der Schaft hat zwei Ansichten. Auf der einen sind drei Hirten mit ihrer Herde zu sehen, denen der als ANGELVS bezeichnete Engel die Geburt Christi verkündet, die auf der gleichzeitig sichtbaren Seite der ›Figurenknospe‹ dargestellt ist. Die Muttergottes ›wächst‹ aus dem Ende der Krümme hervor, darüber liegt in einer Mulde der S-förmigen Tuchbahn das Christuskind, zwischen beiden die Köpfe von Ochs und Esel; eine Lampe und auch der achtstrahlige Stern bei dem Engel charakterisieren die Szene der Heiligen Nacht. Die andere Seite der ›Knospe‹ zeigt einen Engel, der das Lamm Gottes, zu seiten des Christkindes in der Mulde liegend, stützt. Diese Ansicht scheint die Hauptansicht zu sein, weil hier die amorphe Textilmasse, aus der rückseitig die Köpfe von Ochs und Esel erwachsen, als Schulter und Arm des Engels eine Erklärung findet.

Für die übrigen Figurengruppen, die Schaft und Krümme bevölkern, konnte William S. A. Dale 1956 in der Legende des heiligen Bischofs Nikolaus von Myra plausible Erklärungen finden: Auf dem Schaft ist – gleichsam auf der Rückseite der Verkündigung an die Hirten – die Geburt des Heiligen dargestellt, darüber – in Gestik und Wendung sehr drastisch – seine Verweigerung der Mutterbrust an Freitagen mit dem Fastengebot; der konsternierte Vater ›teilt‹ gestikulierend mit den Händen die Oberfläche des Krummstabs. Die ›auf dem Ende der Krümme stehende‹ Figur – von beiden Seiten aus gleichermaßen zu sehen – läßt sich als barmherziger Nikolaus deuten, der den drei Töchtern ohne Mitgift – oben zur Ruhe gelagert und deutlich zur ›Nikolausseite‹ hin orientiert – Goldkugeln ›hinaufreicht‹, um sie vor dem Schlimmsten zu bewahren. Dazwischen, dem heiligen Bischof zugewandt, befinden sich nach Dales Interpretation die Eltern der armen Schwestern; der zur ›Nikolausseite‹ hin orientierte ›Vater‹ ist als überaus gebrechlich charakterisiert: Sein entblößter Oberkörper wirkt ausgezehrt, mühsam scheint er sich von seinem Krankenlager aufrichten zu wollen, um sich dem Heiligen zuzuwenden. Für die deutlich der anderen Seite zuzurechnende, aber ebenso deutlich durch Gesichtswendung und Armhaltung ›flehend‹ den Heiligen adressierende ›Mutter‹ finden John Beckwith (1956) und Danielle Gaborit-Chopin eine andere Erklärung als Dale: Die Gestalt sei als die Mariens Jungfräulichkeit bezweifelnde Hebamme Salome zu identifizieren, deren – bei der Elfenbeinskulptur nie vorhandene oder aber verlorene – verdorrte rechte Hand nach der Tradition der Ostkirche (LCI, Bd. 2, Sp. 96–99) die Strafe ihres Unglaubens sei. Durch diese Erklärung würde die Zweiseitigkeit der ›Figurenknospe‹ als Kompositionsmaxime – fast – des gesamten Werks erklärt. »Das ›Gesetz des Rahmens‹ herrscht in vollkommener Weise« (Gaborit-Chopin 1978, S. 111), die Figuren sind nicht – wie z.B. bei einer Initiale – in den Rahmen eingepaßt, sondern bevölkern diesen selbst. Die ornamentale und stilisierende Gestaltung – überlängte Figuren, kalligraphische Faltenmotive – ist in Details durch manch treffende Naturbeobachtung gekennzeichnet, so bei der Herde oder dem Oberkörper des Vaters der Schwestern ohne Mitgift (vgl. aber dessen Arme und Hände).

Sowohl hinsichtlich der Lokalisierung als auch hinsichtlich der Datierung bereitet die Einordnung der Krümme Schwierigkeiten, weil sie ikonographisch nur auf den hl. Nikolaus als Namens-, Stifts- oder Bistumspatron verweist, technisch und stilistisch aber zudem höchst außergewöhnliche Züge zeigt. So sind die Versuche, das Werk durch Vergleiche mit einem der Zentren in England oder Frankreich in Verbindung zu bringen, wenig überzeugend und werden von ihren Autoren in der Regel mit Fragezeichen versehen.

1865 aus der Sammlung Webb für das Museum erworben; Dales Hypothese, sie könne in dem zwischen 1735 und 1749 aufgefundenen Grab Erzbischof Richards von Canterbury (1173–1184) die Jahrhunderte überdauert haben, ist durch nichts zu belegen.

Swarzenski 1954, Nr. 139. – Beckwith 1956 (Lit). – Dale 1956 (Lit). – Kat. New York 1970, Nr. 59. – Sauerländer 1971, S. 512. – Beckwith 1972, S. 103f., Nr. 98. – Gaborit-Chopin 1978, S. 111f., Nr. 113, S. 200. – Barral i Altet/Avril/Gaborit-Chopin 1984, S. 287. – Kat. London 1984, Nr. 213, S. 228 (Paul Williamson). – Kat. London 1987 (Lit.).

U. Schä.

D 109 Siegeltypar des Kapitels der Kathedrale von Lincoln

England (Lincoln ?), um 1150/60

Silber; Niello – die niellierte Christusfigur auf dem Revers nahezu unkenntlich und (zu Beginn des 20. Jahrhunderts ?) mit einer Silberplatte abgedeckt – H. 7,5 cm – B. 5,2 cm.

Umschrift: SIGILLUM : CAPITULI : SANCTE MARIE LINCOLNIENSIS ECCLESIE

Lincoln, Dean and Chapter of Lincoln Cathedral

Unter den Werken, die Georg Swarzenski zum imaginären »Kunstkreis Heinrichs des Löwen« zusammengestellt hat, fügen sich die Goldschmiedearbeiten mit Niello-Schmuck zu einer vergleichsweise homogenen Gruppe zusammen, deren markante technische und formale Gemeinsamkeiten er geradezu als Charakteristikum sächsischer Goldschmiedekunst im Umfeld des Welfenherzogs bewertete. Vor allem das Oswald-Reliquiar (Kat. A 17 [Lit.]), die sogenannte Bernward-Patene (Kat. Hildesheim 1993, 2, Nr. IX-29 [Michael Brandt]) und der Wiltener Kelch (Fillitz/Pippal 1987, Nr. 41) sowie – mit einigem Abstand – der Kelch in Tremessen (Trzemeszno) (Skubiszewski 1980, bes. S. 59–64) stehen sich hinsichtlich des flächenfüllenden, spiralig eingerollten Rankenwerks mit gezackten Blättern nahe. Diesen sächsischen Niellos läßt sich eine kleinere

D 109

Gruppe eng verwandter Goldschmiedewerke mit niellierter Rankenornamentik in England zur Seite stellen, die einmal mehr die vielfach dokumentierten künstlerischen Kontakte Sachsens zum angevinischen Königreich bezeugen, ohne daß bislang das zeitliche, stilistische und vor allem kunsttechnische Verhältnis dieser Ranken-Niellos zueinander befriedigend geklärt werden kann (vgl. Stratford 1984a u. Stratford 1986).

Nächst den Buchschließen der Puiset-Bibel in Durham (Kat. London 1984, Nr. 301 [Neil Stratford]) kommt in diesem Zusammenhang augenscheinlich dem Siegeltypar der Kathedrale von Lincoln eine herausragende Stellung zu, dessen Verwendung erstmals an einer zwischen 1148 und 1160 anzusetzenden Urkunde belegt ist. Das Siegelbild der thronenden Muttergottes mit Kind – der Titelheiligen der Kathedralkirche – folgt einem in England im 12. Jahrhundert verbreiteten Typus und schließt sich ikonographisch an das frühere, etwa bis 1150 gebräuchliche Siegel der Kathedrale an (vgl. Heslop 1981). Hingegen zeigen die niellierten Spiralranken des Revers mit dem heute nahezu unkenntlichen Bild des thronenden Christus auf dem Regenbogen nächste Parallelen zu sächsischen Goldschmiedearbeiten der zweiten Hälfte des 12. Jahrhunderts, unter denen der um 1160/70 datierte Wiltener Kelch dem Siegeltypar von Lincoln zeitlich am nächsten kommt. In einem ähnlichen zeitlichen Abstand zueinander scheinen auch die Niello-Platten des Oswald-Reliquiars (um 1185/89) und die bis ins Detail übereinstimmenden, vermutlich um 1170/80 entstandenen Buchschließen mit flächenfüllender Rankenornamentik in Durham zu stehen, wo – wie in Hildesheim – offenbar seit alters her eine Schädelreliquie des hl. Oswald bezeugt ist. Allerdings besteht über die englische Provenienz der beiden Buchschließen bislang keine letzte Sicherheit (vgl. Geddes 1980, S. 142–146), und immerhin als Möglichkeit sollte auch die Überlegung einbezogen werden, daß die Niello-Arbeit auf dem Revers des Typars von Lincoln auch in einigem zeitlichen Abstand zum Siegelstempel entstanden sein könnte.

Alles in allem läßt die lückenhafte Überlieferung englischer Goldschmiedekunst hinsichtlich des ›typisch sächsischen‹ niellierten Rankenwerks bislang keine verbindlichen Rückschlüsse auf die Formen und Wege des Kulturtransfers mit der nordfranzösisch-englischen Kunst zu, zumal im weiteren Kontext noch so prominente Stücke wie die Schale aus dem »Dune-Schatz« (Kat. D 112) zu berücksichtigen sind, deren Lokalisierung nach England oder in das Rhein-Maas-Gebiet strittig ist. Neben den verstärkt seit 1165 wirksam werdenden dynastischen Verbindungen der Welfen zeichnen sich jedenfalls immer deutlicher differenzierte Kulturkontakte verschiedener sächsischer Institutionen und Personen zum Herrschaftsgebiet der Plantagenêts ab.

Kat. London 1984, Nr. 360 (Lit.) mit Abb. S. 78 u. 281 (T.A. Heslop). – Stratford 1984a, S. 234. – Heslop 1986, S. 50f. mit Taf. XXIIc. – Stratford 1986, S. 32, 45 mit Pl. XVIIa. – Ahlers 1987.

T.S.

D 110 Pevensey-Löffel

England, 2. Hälfte 12. Jahrhundert

Silber, gehämmert, graviert und teilweise vergoldet, Niello – Laffe stark beschädigt – L. (insgesamt) 21,6 cm – L. (Griff) 13,7 cm – L. (Laffe) 7,9 cm – B. (Griff) max. 1,1 cm – B. (Laffe) max. 4 cm – H. (Laffe) max. 1 cm.

London, The Trustees of the British Museum, Inv. Nr. MLA 1931, 12–15,1

Der silberne und nielloverzierte Löffel ist aufgrund seiner Lage am Fundort in die zweite Hälfte des 12. Jahrhunderts zu datieren. Der gut erhaltene Griff besteht aus einem oberen, spiralförmig gewundenen Teil mit Perlstabornamentik und dem Kopf eines Nagetiers als Abschluß. Am unteren Ende vermittelt ein quadratisches Teil mit Vierpaßblüte zu dem gehämmerten, in die Form eines langen Ovals gebrachten zweiten Teil, dessen Oberseite mit feinem Ranken- und Blattwerk verziert ist, wobei die Spiralen durch Niello-Technik hervorgehoben werden. Unterhalb des fla-

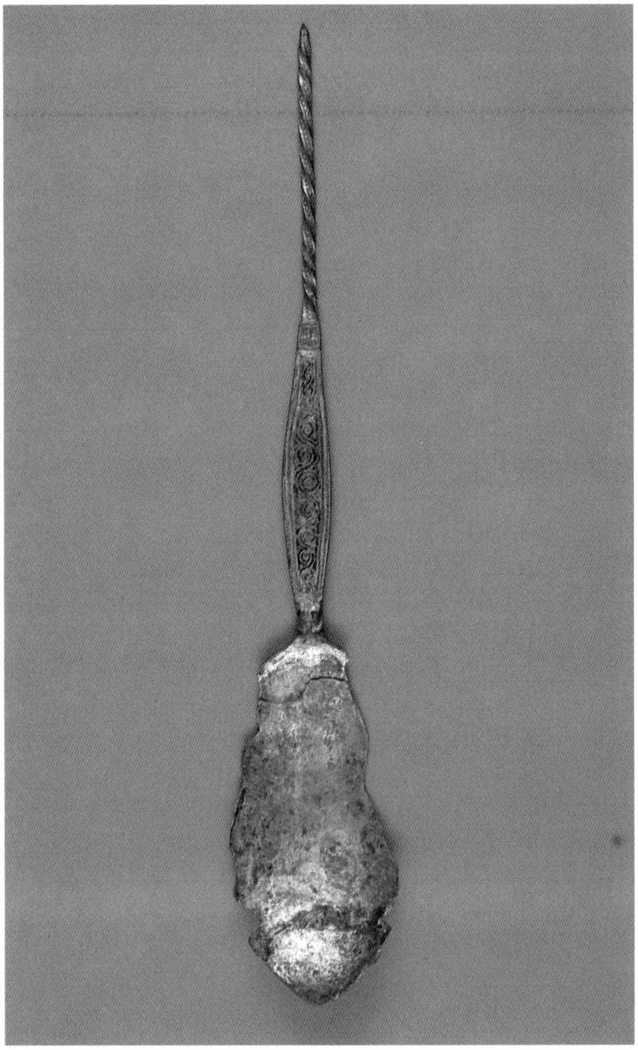

chen Griffteils sitzt ein zweiter Tierkopf; in sein geöffnetes Maul ist die separat aus einer Silber-Kupfer-Mischung gearbeitete Laffe eingepaßt.

Pevensey Castle, die Fundstätte des Löffels, ist ein geschichtsträchtiger Ort. In der Bucht von Pevensey landete 1066 der normannische Herzog Wilhelm mit seinem Heer, von hier nahm die Eroberung Englands ihren Ausgang. Unweit von der Landestelle befand sich das sächsische Lager Anderida, das zur ersten normannischen Burg auf englischem Boden ausgebaut wurde. Sie unterstand zunächst einem Kastellan, wurde jedoch 1157 durch König Heinrich II. konfisziert und blieb fortan bis ins 13. Jahrhundert königlicher Besitz. Da für die Zeit von 1161 bis 1197 Zahlungen für Reparaturen und kleinere Baumaßnahmen in Pevensey Castle überliefert sind, wird man vielleicht mit gelegentlichen königlichen Aufenthalten in dieser Zeit rechnen dürfen. Jedenfalls läßt sich der Löffel in dieselbe Zeit datieren, und seine im Vergleich mit anderem erhaltenem Tischgerät aufwendige Gestaltung verweist auf Benutzer aus Hofkreisen. Somit ist er ein Zeugnis jener gehobenen Tischkultur am englischen Hofe, in deren Genuß zweifellos auch Heinrich der Löwe und seine Gemahlin anläßlich ihrer unfreiwilligen Englandbesuche gekommen sein dürften.

1931 in Pevensey Castle gefunden; ins Museum.

Simms 1932, S. 73f. – How 1952, S. 28, Taf. 3. – Wilson 1964, S. 60f. u. 159f., Taf. XXVII. – Kat. London 1984, S. 28, Taf. 3. – Stratford 1986, S. 32, Taf. XV b.

F. D.

D 111 Deckel einer Trinkschale

England, 3. Viertel 12. Jahrhundert

Kupfer, vergoldet; Grubenschmelz – stark beschädigt, bis auf geringe Reste die Vergoldung und das Email verloren, ebenso der bekrönende Knauf und die Silbereinlagen – H. 5,8 cm – Dm. 16–16,5 cm.

London, The Trustees of the British Museum, Inv. Nr. M & LA 50,7–22,1

Der Deckel ist aus einem starken Kupferblech gearbeitet, er war innen komplett vergoldet. Er hat die Form einer gedrückten Halbkugel und ist in zehn erhabene, ovale Felder aufgeteilt, die von breiten Bordüren mit mäander- oder floralen Mustern umgeben sind. Sie zeigen abwechselnd einen Mann und teils kämpfende Tiere in Ranken – Drachen, Löwen, Vögel, ein Hase – oder sind leer. In der Mitte des Deckels war auf einer freien runden Fläche der Knauf befestigt. Auf dem Deckelrand vor noch erhaltenem, mattgrünem Email finden sich gegenständige Drachen, deren Schwänze in verzweigte Äste und Blätter auslaufen. Weitere Reste von Email zeigen die Farben Dunkel- und Mittelblau, Türkis, Grün, Rot und Weiß.

Die fünf heute leeren Felder und die Zwickel waren mit feinem Silberblech eingelegt, wie wenige Reste belegen. Über das Aussehen dieser Silberfelder läßt sich nichts mehr sagen, wahrscheinlich waren sie mit Gravuren oder Niello verziert und vergoldet. Für die seltene Kombination von Silbereinlagen mit Grubenschmelz auf Kupfer lassen sich nur wenige Beispiele benennen, unter anderem zwei limousiner Bischofskrümmen aus der zweiten Hälfte des 12. Jahrhunderts.
Von der Schale, zu der der Deckel ursprünglich gehörte, ist nichts bekannt. Es ist vermutet worden, daß es sich um ein profanes Trinkgerät gehandelt habe, da der Dekor mit phantastischen, kämpfenden Tieren nicht zu einem kirchlichen Gerät, etwa einem Ziborium, passe. Da jedoch die Hälfte des Deckelschmucks verlorengegangen ist und ähnliche Darstellungen sich auch auf eindeutig kirchlichem Gerät und in der Buchmalerei finden, ist darüber keine Gewißheit zu erlangen.
Der erhaltene Dekor hat seine besten Parallelen in der englischen Buchmalerei, wo sich sowohl die Bordürenmuster als auch die Tiere in Ranken finden. Die Drachen der Randbordüre mit ihren schmalen, hundeartigen Köpfen und den sich in Blättern verzweigenden Schwänzen haben ihre engsten Verwandten auf dem Fuß einer verlorengegangenen Trinkschale in Kopenhagen, deren Dekor auch vor emailliertem Grund ausgespart ist. Dieser Fuß gilt als englisch und entstand um die Mitte des 12. Jahrhunderts. Die früher betonte Verbindung zu der Gruppe der englischen Emailziborien (vgl. Kat. D 113) wird dagegen in der neuesten Literatur gelockert, sicherlich zu Recht, ist doch das Rankenwerk nur allgemein verwandt und der formale Aufbau des Deckels mit den gewölbten Feldern von dem der Ziborien gänzlich verschieden. Eine Bewertung der technischen Parallelen zu limousiner Werken steht noch aus, eine mögliche Verbindung wurde jüngst jedoch entschieden abgelehnt.

1850 im Londoner Kunsthandel erworben.

Kat. London 1984, Nr. 276 (Neil Stratford). – Gauthier 1987, Nr. 127 (Bischofskrümmen: Nr. 139, 158). – Stratford 1993, Nr. 24, Fuß in Kopenhagen Abb. 150 (Lit.).

R.M.

D 112 Trinkschale aus dem »Dune Schatz«

England (?), um 1200

Silber, vergoldet – H. (mit Fuß) 15,5 cm – Dm. 14,3–14,7 cm.

Stockholm, Statens historiska museum, Inv. Nr.6849:7 a-b

Die Schale gehört neben anderen Kunstwerken zum sogenannten Dune Schatz, einem höchst bedeutsamen und umfangreichen Fund eines vermutlich aus Angst vor Plünderungen versteckten Hofvermögens in Dalhem (Gotland). Die partiell vergoldete Silberschale weist zwei in Majuskeln geschriebene Inschriften auf. Als Künstlersignatur ist unter dem Gefäßkörper am Rande des vermeintlichen Fußansatzes der Trinkschale die Inschrift SIMON ME FECIT zu deuten, während umlaufend am Schalenrand eine Inschrift auf den Auftraggeber und ersten Besitzer zu verweisen scheint: + ME IVSSIT PROPRIO ZALOGNEV SVMPTV FABRICARI : ERGO POSSIDEAR POSTERITATE SVA: VALE. Zu übersetzen ist diese Inschrift sinngemäß wie folgt: »Zalognev ließ mich auf seine Kosten fertigen. Möge ich folglich im Besitz seiner Nachkommen sein. Lebe wohl.« Der Name Zalognev deutet vermutlich auf einen Auftraggeber slawischer Herkunft; es könnte sich um einen Händler gehandelt haben, der mit Skandinavien in Geschäftsbeziehungen stand – eine Annahme, die für den Fundort der Schale eine natürliche Erklärung bieten würde.
Der Umstand, daß die Inschrift im Verhältnis zum Figurenschmuck der Trinkschale auf dem Kopf steht, wirft die Frage auf, ob es sich nicht um eine spätere Hinzufügung handelt, was jedoch dem Sinngehalt des Textes zu widersprechen scheint. Wie af Ugglas 1936 vermutete, könnte es sich ursprünglich um den Deckel eines Gefäßes handeln, das dann zu einer Trinkschale umfunktioniert wurde. Im Rahmen einer solchen Zweitverwendung wurde auch möglicherweise dem Gefäßkörper ein neuer, trompetenförmiger Fuß aufmontiert.
Umlaufend, im Sinne ›bewohnter‹ Rankeninitialen, weist die Schale figürlichen Schmuck in Form von insgesamt zwölf Gestalten unterschiedlicher Größe auf, die ein nicht näher bestimmbares Kampfgeschehen zwischen Menschen und Löwen illustrieren. Die tänzerisch bewegten Figuren in knielangen Tuniken sind kompositionell in die spiralförmig eingedrehte, florale Ornamentik aus Blattwerk und Stielen eingebunden, wobei die Pflanzenstiele die Figuren medaillonartig einrahmen und umschlingen.
Figurenstil und Ornamentik zeigen einerseits Analogien zur englischen Buchmalerei des letzten Viertels des 12. Jahrhunderts, andererseits auch Affinitäten zur rheinmaasländischen Goldschmiedekunst. Partiell lassen sich die Bildquellen der Darstellungen im Bereich der Sakralikonographie festmachen. So z. B. eine Gestalt, die sich mit einem Speer gegen einen angreifenden Löwen wehrt. Motivisch sind hier Verbindungen zu den *Psychomachia*-Illustrationen des Tugend- und Lasterkampfes festzustellen, wobei die Tugenden in der Regel mit einem Speer die zu ihren Füßen befindlichen Laster bekämpfen.
Aus dem hohen Mittelalter sind hölzerne und metallene Trinkgefäße erhalten, die bei festlichen Anlässen im Rahmen des höfischen Zeremoniells Verwendung fanden. Lediglich bedeutsame Ehrengäste hatten hierbei das Vorrecht einer eigenen Trinkschale, wobei in der Regel mehre-

D 113

re Gäste eine Schale benutzten. Radulf von Diceto erwähnt beispielsweise in seinen *Imagines historiarum*, daß sich im Besitz des 1182 verstorbenen Erzbischofs von York sieben silberne und eine goldene Trinkschale (*cuppa*) befanden. Der *Codex Falkensteinensis* liefert gegen Ende des 12. Jahrhunderts die früheste Aufzählung und Beschreibung höfischer Trinkgerätschaften.

Schatzfund aus Dune/Gotland.

af Ugglas 1936, S. 16, Abb. VIII–IX. – Andersson 1983, S. 25–29, 59–60, Abb. 18 A–I. – Kat. London 1984, Nr. 305, S. 284f.

M.Mü.

D 113 Warwick-Ziborium

England, 1150–1175

Kupfer, ehemals vergoldet; Grubenschmelz – Deckel verloren, ebenso bis auf geringe Reste seit 1871 das Email und die Vergoldung – H. 11,6cm – Dm. 19,6cm.

London, Victoria and Albert Museum, Inv. Nr. M 159–1919

Das Warwick-Ziborium, ein Gefäß zur Aufbewahrung der konsekrierten Hostien, das nach Warwick-Castle, seinem Aufbewahrungsort im 15. Jahrhundert benannt ist, hat eine kelchartige Form mit leicht eingezogenem Rand und steht auf einem runden Fuß. Die Darstellungen der Wandungen sind vor emailliertem Grund ausgespart, durch den Verlust des Emails präsentiert sich das Ziborium heute also in jener Gestalt, die es vor dem Emaillieren gehabt hatte. Das Innere der Schale zeigt den Agnus Dei mit Kreuzstab, aus dessen Brust Blut in einen Kelch fließt. In sechs aus sich verschlingenden Ranken gebildeten Medaillons sind Szenen des Alten Testaments wiedergegeben, die wahrscheinlich ihre typologischen Pendants des Neuen Testaments auf dem Deckel hatten. Dargestellt sind: Moses und der brennende Dornbusch, Opfer von Kain und Abel, Beschneidung des Isaak, Isaak trägt das Feuerholz, Opferung Isaaks sowie Jona und der Wal. Als Szenen des Deckels werden vermutet: Geburt Christi, Darstellung im Tempel, Taufe Christi, Kreuztragung, Kreuzigung und

Frauen am Grabe. Vier dieser Darstellungspaare haben ihre Entsprechung in zwei weiteren Ziborien (Balfour-Ziborium in London, Morgan-Ziborium in New York), die auch stilistisch eng miteinander und mit dem Warwick-Ziborium verbunden sind. Unter der Randbordüre ist eine umlaufende Inschrift graviert, die sich auf die Darstellungen bezieht.
Die genannten drei Ziborien gehören zu den bedeutendsten Zeugnissen der englischen Emailkunst in der zweiten Hälfte des 12. Jahrhunderts, nicht nur aufgrund ihrer Qualität, sondern auch, weil sie einen Blick auf Gepflogenheiten einer Werkstatt zulassen. Da die Ähnlichkeiten in den einzelnen Szenen sehr groß sind, muß auf das gleiche Musterbuch als Vorlage geschlossen werden. Darüber hinaus finden die Beischriften ihre Entsprechungen in den kommentierenden Inschriften zu Wandmalereien (oder Glasfenstern) im Kapitelsaal der Kathedrale von Worcester; diese sind zwar verloren, die Texte jedoch in einer Handschrift überliefert. Ikonographische Parallelen zu den seltenen Szenen der Beschneidung des Isaak und Isaaks, der das Feuerholz trägt, bestehen zu der ebenfalls nicht mehr vorhandenen Ausschmückung der Kathedrale von Peterborough. So steht eine Entstehung in England nicht in Frage.
Stilistisch ist das Warwick-Ziborium von den beiden anderen Ziborien jedoch unterschieden. Die Szenen wirken eher ernst und monumental, die Gewänder sind variantenreicher gefältelt, die Gliedmaßen scheinen in der Regel durch. Während die ausgestellten Ziborien in London und New York als das Werk eines Künstlers gelten, der sich stilistisch vorwiegend an der englischen Buchmalerei orientierte, wird für das Warwick-Ziborium ein Künstler angenommen, der auch mosane oder französische Einflüsse verarbeitet hat.

1917 von George Holmes in London erworben; vor 1856 in die Sammlung des Earl of Warwick; seit 1917 im Museum.

Campbell 1983, Abb. 20a (Aquarell des Warwick-Ziboriums aus dem 18. Jahrhundert), S. 31–32. – Kat. London 1984, S. 234 u. Nr. 280 (Neil Stratford). – Stratford 1984. – Williamson 1986, S. 130–133.

R.M.

D 114 Armreliquiar des hl. Sidonius

Nordfrankreich, Anfang 13. und Mitte 15. Jahrhundert

Holzkern; Silberblech; Kupfer und Silber, vergoldet; Grubenschmelz; Halbedelsteine und Glaspartikel – H. 65,8 cm – B. 15,1 cm – Dm. (Fuß) 8,5 cm.

Rouen, Musée départemental des Antiquités, Inv. Nr. R. 91. 22

Das Reliquiar aus Saint-Saens in Gestalt eines Unterarms mit im Segensgestus erhobener Hand enthielt wahrscheinlich eine Partikel von einem Schenkelknochen des hl. Sido-

nius. Dieser aus Irland stammende Schüler des hl. Philibert, des Gründers des Abtei Jumièges, rief im 7. Jahrhundert das Priorat Saint-Saens ins Leben.
Der ausgehöhlte Eichenholzkern des Reliquiars ist mit Silberblech beschlagen. Der Unterarm wird durch den Ärmel einer Albe aus horizontal plissiertem Silberblech bekleidet, die vergoldete Borte schmückt mit Edelsteinen besetztes Filigran. Zu ihnen gehören drei wiederverwendete Stücke: zwei römische Intaglien und ein Rosettenfingerring mit Almandinzellenwerk aus merowingischer Zeit (Ende 5. Jahrhundert). Über den Albenärmel legt sich der viel weitere Ärmel einer Tunika aus diagonal gefälteltem Silberblech. Eine breite Borte – alternierend aus Emailmedaillons und gestanztem Silberblech auf der einen Seite bzw. edelstein- und filigrangeschmückten Kupferplatten auf der anderen Seite gebildet – faßt diesen an allen Kanten ein. Auf der Vorderseite des Reliquiars findet sich etwa in der Mitte eine kleine hochrechteckige Öffnung, in der die Reliquie geborgen war. Sie wird durch einen Schiebedeckel (15. Jahrhundert) verschlossen, auf dem die Gestalt eines nimbierten Mönchs unter einem Baldachin eingraviert ist: vermutlich der hl. Sidonius, der in seiner Linken den Abtsstab, in der anderen Hand ein Buch mit der (Benedikts)Regel hält.
Wenn man das Sidonius-Armreliquiar in die Nachfolge des Apostel-Armreliquiars aus dem Welfenschatz in Cleveland (Kat. D 60) stellt, wird man es näherhin mit den Armreliquiaren des Kimbell Art Museums in Fort Worth (Texas) und des Metropolitan Museum (The Cloisters) in New York verbinden sowie mit jenem der Stiftskirche Saint-Ursmer in Binche und dem Landelinus-Arm in Crespin. Die Grundform des Reliquiars, die Faltenstruktur des Silberblechs, die Borte der Albe, die beiden filigran- und edelsteinverzierten rechteckigen Beschläge, die die vordere (linke) Borte des Tunika-Ärmels zieren, erlauben eine Datierung des Werks in den Beginn des 13. Jahrhunderts.
Im 15. Jahrhundert erfuhr der Tunika-Ärmel eine gelungene Restaurierung: Damals entstanden zwei der vertikalen Beschläge der Borte und jeweils die beiden am oberen und unteren Rand. Leisten aus vergoldetem Silberblech sind mit getriebenen Ornamenten verziert: Blüten werden von Zweigen, aus denen floralen Motive herauswachsen, eingeschlossen. Dazwischen sind sieben Emailmedaillons gesetzt, deren Blütendekor ebenso wie jener der Zierleisten in Bordüren in Handschriften des 15. Jahrhunderts eine Entsprechung findet und daher in die gleiche Zeit zu datieren ist.
An der linken Borte der Vorderseite wurden bei dieser Restaurierung zwei ältere Emailmedaillons auf filigranverzierter Grundplatte wiederangebracht: Das eine zeigt auf gewölbter Oberfläche Palmetten unter Arkaden, es wird dem Ende des 12. Jahrhunderts zugewiesen. Das zweite Medaillon in einem gänzlich anderen Stil und ziemlich ungeschickter Ausführung stellt den segnenden Christus im Brustbild dar und muß etwa derselben Zeit entstammen.

Priorat von Saint-Saëns (?), Pfarrkirche von Saint-Saëns; 1871 Musée départemental des Antiquités de la Seine Inférieure.

Darcel 1870–72. – Swarzenski 1932, S. 327f. mit Anm. 148, Abb. 271f. – Braun 1940, S. 390 u. 403, Taf. 120, Abb. 453. – Kat. Rouen 1979, Nr. 294 (Marie-Madeleine Gauthier). – Gauthier 1987, Nr. 113, Abb. 339. – Ch. Riou, Le Bras-reliquaire de Saint-Saëns, unpublizierte Magisterarbeit, Universität Paris IV-Sorbonne, 1992.

L.F.

D 115 *Liber Vitae* von New Minster

Winchester, New Minster, 1031 mit weiteren Eintragungen bis ins frühe 16. Jahrhundert

Pergament – farbige Federzeichnungen – Bindung des 19. Jahrhundert in grünem Maroquinleder mit Goldprägung – 69 Blätter – H. 25,5cm – B. 15cm.

London, The British Library, Stowe MS 944

Die Handschrift, die sicher in das Jahr 1031 zu datieren ist, enthält eine Liste von Namen der Brüder, Mönche, Assoziierten und Wohltäter der Abtei New Minster in Winchester, Kopien von Dokumenten in Lateinisch und Angelsächsisch, die sich auf Gründung und Frühgeschichte des Klosters beziehen, sowie ausgewählte liturgische Schriften. Der *Liber Vitae* diente der Gebetsverbrüderung und wurde von einem Subdiakon bei einer der beiden täglichen Messen vor der versammelten Mönchsgemeinschaft zum Altar gebracht. Aus der Handschrift wurden die Namen derer verlesen, denen der Konvent im Gebet gedenken sollte. Bis in die Reformationszeit fügte man der Liste weitere Namen hinzu.
Als Schreiber der Handschrift ist ein Mönch mit Namen Aelsinus bekannt, der auch das kleine Gebetbuch (London, British Library, Cotton MS Titus D. xxvi, xxvii) für Aelfwine geschrieben hat, der zwischen 1032 und 1035 als Abt von New Minster amtierte und damals noch das Amt des Dean bekleidete. An beiden Handschriften wirkte auch derselbe Künstler mit, der zu dem Gebetbuch drei, zu dem *Liber Vitae* zwei farbige Federzeichnungen beigetragen hat.
Die beiden Federzeichnungen befinden sich am Anfang des Codex und nehmen dort die ersten drei Seiten ein (fol. 6r-7r). Der *Liber Vitae* war ein Buch, das vermutlich auch wichtigen Besuchern und potentiellen Gönnern des Klosters vorgelegt wurde. Die Illustrationen ehren die Generosität der Stifter und wollen zugleich zu weiteren Donationen an das Kloster ermuntern, im Verweis auf das Vorbild der Mächtigen und durch die Darstellung der

CNUT
REX

Wohltaten des Himmels und der Strafen der Hölle, welche die Menschen im Leben nach dem Tode erwarten.
Die erste Zeichnung (fol. 6r) zeigt König Knut (†1035) und seine Frau Aelgyfu (Emma aus der Normandie, Witwe seines Vorgängers Aethelred II.), die ein großes Kreuz für den Altar der Abteikirche stiften. Über dem Stifterpaar erscheint Christus in der Mandorla, zu seiner Rechten die Jungfrau Maria, zu seiner Linken der hl. Petrus, beide Patrone der Abtei New Minster. Ganz unten auf derselben Seite ist unter einer Arkatur eine Gruppe von Mönchen dargestellt, die die monastische Gemeinschaft repräsentieren. Die Komposition geht in der Grundidee zurück auf das Frontispiz der großen Gründungsurkunde von New Minster von 966, wie sie in der Handschrift der British Library (Cotton MS Vespasian A.viii) überliefert ist, worin König Edgar zwischen der Jungfrau Maria und dem hl. Petrus erscheint und Christus die Gründungsurkunde des Klosters überreicht.
Die zweite Darstellung, die zwei Seiten der Handschrift einnimmt (fol. 6v-7r), zeigt das Jüngste Gericht. Im obersten Register heißt Petrus als Bewahrer der Himmelsschlüssel die Geretteten im Reich Gottes willkommen. Die wartenden Seelen werden unterdessen von zwei Engeln in Reih und Glied aufgestellt. Im mittleren Register verweist Petrus zwei Verdammte in die Hölle zurück. Den Worten eines Engels lauschend, der aus einem Buch (dem *Liber Vitae?*) vorliest, bewahrt er während dessen eine dritte Seele vor dem gleichen Schicksal, indem er einem Teufel seine Schlüssel ins Gesicht schlägt. Im untersten Register schließt ein Engel die Pforten der Hölle hinter jenen zu, die ohne Vergebung bleiben. Diese Darstellung findet sich im 12. Jahrhundert häufig, sie erscheint in annähernd gleicher Form im Psalter des Heinrich von Blois (London, British Liberary, Cotton MS Nero C.iv).

Bis zur Reformation verblieb die Handschrift in Winchester. Während des 18. Jahrhunderts wechselte sie mehrfach den Besitzer. Im Jahre 1804 wurde sie Teil der Sammlung des George Temple-Nugent Grenville, Marquis of Buckingham (†1813) in Stowe/ Buckinghamshire. 1883 konnte der Earl of Ashburnham die Handschriften aus Stowe für das British Museum erwerben.

Temple 1976, Nr. 78 (Lit.). – Kat. London 1981, Nr. 116. – Kat. London 1984a, Nr. 62. – Kat. Berlin 1992a, Nr. 412.

J.B.

D 116 Beda, Kommentar zur Apokalypse des Johannes

Essex, Kloster Ramsey, um 1160–1180

Pergament – Federzeichnung – iii u. 213 Bll. – H. 27 cm – 17,8 cm.

Cambridge, The Master and Fellows of St. John's College, Ms. H. 6 (209)

Vier ganzseitige Federzeichnungen gehen dem Apokalypse-Kommentar des Beda voran. Fol. 2v zeigt den auf einem prächtigen Faldistorium thronenden Evangelisten Johannes, gekleidet im Ornat eines Bischofs, die Rechte zum Segen erhoben. Zu seinen Füßen kniet betend der Schreibermönch *(scriptor libri)* dieses Bandes. Gegenüber (fol. 3r) befindet sich eine komplexe Darstelllung: Unter einem Baldachin erscheint ein siebenarmiger Leuchterbaum. Zusammen mit den vier Türmen unter dem Sockel des Leuchters stellen die drei Türme der Rahmenarchitektur Abbreviaturen der sieben Städte (Apc 1, 11) dar, an welche die Schreiben der großartigen Eingangsvision der Apokalypse gehen: Ephesus, Smyrna, Pergamon, Thyatira, Sardis, Philadelphia und Laodizea. Die Zeichnung ist ikonographisch einzigartig, da sie die Siebenzahl der Städte und der goldenen Einzel-Leuchter (Apc 1, 12–20) in ein zusammenfassendes ekklesiologisches Gedankenbild mit dem siebenarmigen Tempelleuchter im Zentrum einbringt.
Auch wenn die Provenienz der Handschrift aus Ramsey für das Spätmittelalter gesichert ist, besteht bezüglich des Entstehungsortes nicht ausreichend Klarheit. 1932 machte Georg Swarzenski auf das Dedikationsbild dieser Beda-Handschrift aufmerksam, um das stilistische Umfeld der gewölbten Email-Medaillons vom Knauf des Siebenarmigen Leuchters der Braunschweiger Stiftskirche (Kat. D 27) näher zu charakterisieren. Doch sind keineswegs allein die stilistischen Konsonanzen dieser Federzeichnungen zur Goldschmiedekunst am Hof der Welfen – worauf Ursula Nilgen erneut hinsichtlich des Oswald-Reliquiars hinweist – von Belang, sondern außerdem ikonographische und historische Aspekte. Diese lassen sich im besonderen an das Leuchterbild dieses Beda-Kommentars anknüpfen.
Immer von neuem orientiert sich die ideale Ausstattung des mittelalterlichen Kirchenbaus im Ganzen wie in Teilen an der ausführlich beschriebenen Tempelausstattung des von König Salomo erbauten Heiligtums (3Rg 5, 15–9, 9; 2Par 2–5). Schon für dessen Vorgänger, die Stiftshütte, hatte Belzaleel einen siebenarmigen Leuchter gefertigt (Ex 25, 31–40; 37, 17–24). Im typologischen Denken stehen den alttestamentlichen Vorbildern diese überbietende Antitypen gegenüber: So wird aus dem seitwärts aufgestellten Tempelleuchter realiter oftmals ein in der Mitte der Kirchen des Neues Bundes plazierter Totenleuchter. An derart markantem Ort erhalten verdiente Bestattete einen Licht-Wächter, welcher die liturgische Memoria gleichsam visualisiert. Von den mehr als 50 unter anderem für Winchester, Canterbury, Bury St. Edmunds und Westminster dokumentierten mittelalterlichen Leuchtern blieb in England kein einziger erhalten. Allein Federzeichnungen wie diese vermitteln einen vagen Eindruck vom Aussehen derartiger englischer Großleuchter (vgl. auch Petrus Comestor, Historia Scholastica, Cambridge, Trinity College, Ms. B. 15.4, fol. 8): aufwendige Sockel mit mehreren Füßen und durchbrochenen Füllungen, sodann ausschwingende Arme mit blatt-

Septem
ecclesie.
Smyrna
Ephesus
Septem
candelabra.
Sardis
Philadelfia

werkverzierten Knäufen und gestuften Kerzentellern. Die engen Beziehungen zwischen den Formen und den Siebenzahlen von Tempelleuchter und Wurzel Jesse ermöglichen eine folgenreiche Synthese. So verwundert kaum, daß ein derartiger Leuchter in Canterbury im 11. Jahrhundert »Jesse« genannt wurde *(quod Jesse vocatur)*. Auch für Cluny ist eine aufwendige Stiftung eines siebenarmigen Leuchters bezeugt, der auf die englische Königin Mathilde (†1105) zurückgeht. Mit Sicherheit hat die Welfenfamilie gerade im Exil einige dieser prachtvollen Tempelgeräte betrachten können. Auch wenn im Einzelfall unbekannt bleibt, inwieweit Adligen das typologische Gedankensystem im Rahmen ihrer Erziehung vermittelt wurde, gewinnt doch im besonderen die typologische Bezugsfigur König Salomos für Herzog Heinrich außerordentliches Gewicht. Arnold von Lübeck sieht Heinrich den Löwen wie selbstverständlich als neuen Salomo, ein Verständnis, das gleich mehrere Stiftungen des Herzogspaares – Evangeliar, Marienaltar und Leuchter (Kat. D 31, D 26, D 27) – auf verschiedene Weise bestätigen. Die Denkform der Typologie vermittelt hier gleichsam Grund und Anreiz für Handlungsmuster hochmittelalterlicher Auftraggeber und ist heute der Schlüssel für eine Topik der Interpretion.

Kloster Ramsey (Inschrift des 15.–16. Jahrhunderts auf fol. 1 ausgelöscht); William Crashaw (*1572, †1626); Henry Wriothesley, Earl of Southampton, um 1615; als Geschenk im Jahre 1635 durch Thomas Wriothesley an das St. John's College.

Swarzenski 1932, S. 355 f. – Bloch 1961, S. 56, 125–128. – Kauffmann 1975, Nr. 86. – Kat. London 1984, Nr. 66 (C. M. Kauffmann). – Henderson 1985, hier S. 61–65. – Vgl. zur Rezeption des Salomonischen Tempels und seiner Ausstattung: Reudenbach 1984. – Naredi-Rainer 1994.

F.N.

D 117 Sekretsiegel des hl. Thomas Becket, Erzbischof von Canterbury und Kanzler des Königs (*1120, †1170)

Gemme: römisches Kaiserreich – Typar: England, vor 1154 – Urkunde: o. D. (1162–63)

Rotes Wachs – an Pergamentstreifen hängend – H. ca. 2,9 cm – B. ca. 2,5 cm.

London, Public Record Office, E 40/4913

Im Jahre 1155 erhob König Heinrich II. von England (vgl. Kat. D 94) den bisherigen Archidiakon von Canterbury, Thomas Becket, zum Lordkanzler. Seit 1162 war Thomas dann Erzbischof von Canterbury und Primas von England in einer Person und trat in dieser Funktion entschieden für die Exemtion des Klerus von der weltlichen Gerichtsbarkeit sowie für die Unantastbarkeit kirchlichen Besitzes ein. Von 1164 bis 1170 mußte Erzbischof Thomas wegen seiner Nichtanerkennung der Konzilsbeschlüsse von Clarendon, die von seinem einstigen Gönner König Heinrich II. maßgeblich diktiert worden waren, ein festländisches Exil am Hofe König Ludwigs VII. von Frankreich antreten. Nach England zurückgekehrt, wurde er am 29. Dezember 1170 von vier Rittern des Königs ermordet und schon am 12. März 1173 von Papst Alexander III. heiliggesprochen. Nach der Buße König Heinrichs II. begannen sehr bald auch dessen Schwiegersöhne mit der Verehrung des heiligen Märtyrers: So ließ ihm der Normannenkönig Wilhelm II. (1166–1189) um 1178 ein Mosaikbild im Dom von Monreale weihen; im wohl 1188 entstandenen Evangeliar Heinrichs des Löwen (Kat. D 31) nimmt Thomas als fürsprechender Heiliger im Krönungsbild eine zentrale Stelle ein. Wie kaum ein anderer war Thomas Becket mit der Bedeutung und dem Gebrauch von Siegeln vertraut, hatte er doch in seinem Amt als Kanzler die Aufsicht über die königlichen Stempel innegehabt. Als Erzbischof von Canterbury führte Thomas dann ein großes Siegel, das ihn im Standbild mit der Umschrift + SIGILLVM THOME DEI GRATIA ARCHIEPISCOPI CANTVARIENSIS (Siegel Thomas von Gottes Gnaden Erzbischof von Canterbury) zeigte. An der vorliegenden Urkunde erhielt sich allerdings lediglich sein als Rücksiegel gebrauchtes Sekretsiegel, während das ursprünglich auf der Vorderseite ausgeprägte Bischofssiegel zerstört ist. Der ursprüngliche Sinn und Zweck eines Sekretsiegels lag darin, Geheimzuhaltendes zu verschließen und zur Verschwiegenheit darüber aufzufordern. In dieser Art ist es als persönliches Siegel des Ausstellers zu verstehen. Seine Verwendung als Rücksiegel kommt in der ersten Hälfte des 12. Jahrhunderts in England, in der zweiten Hälfte in Frankreich und im 13. Jahrhundert auch in Deutschland vor und war offensichtlich als ein Mittel gegen Urkundenfälschungen gedacht. Das vorliegende Sekretsiegel wurde unter Verwendung einer ovalen antiken Gemme geprägt, die eine aufrecht stehende, unbekleidete Gestalt zeigt, welche einen Helm trägt und sich auf eine Säule stützt. Möglicherweise ist hier der Gott Merkur dargestellt, den Thomas Becket aufgrund dessen Bedeutung für beständige Weisheit sowie Gewandtheit in Sprache und Auftreten gewählt haben mag. Antike Gemmen mit den in sie geschnittenen Kopf-, Brust- oder Standbildern von Herrschern und Göttern wurden schon im Frühmittelalter als (Ideal-)Porträt des Siegelinhabers oder Schutzpatrons umgedeutet. Mit ihrer Verwendung als Siegelstempel erhob die mittelalterliche Siegelkunst einen hohen künstlerischen Anspruch, an dem sich die Stempelschneider fortan zu messen hatten. Im 12. und zu Beginn des 13. Jahrhunderts entwickelten sich antike Gemmen in ihrer Verwendung als Siegel und Schmuckstein zu einer regelrechten Mode (vgl. auch Kat. G 93). Bisweilen wurden die Gemmen nachträglich graviert oder, wie hier, mit einem Inschriftring versehen. Die Umschrift + SIGILLVM TOME LVND(oniensis) (Siegel Thomas' von London) weist keinerlei Titelführung, sondern lediglich eine Herkunftsbezeichnung auf, so daß dieses Typar wohl noch vor Thomas' Zeit als Archidiakon von Canterbury entstanden sein dürfte.

Archiv des Stifts der Heiligen Dreifaltigkeit in London; unter Heinrich VIII. (1509–1547) in die königliche Schatzkammer überführt.

Buritt 1869, S. 84–89 (mit Abb.).

Baltrusaitis 1985, S. 38–45. – Nilgen 1986, insb. S. 146f. mit Abb. XLI b. – Barlow 1986, S. 38f. mit Anm. 29 und Abb. 2. – Greenaway 1961, S. 41.

C.P.H.

D 118 Reliquiar des hl. Thomas Becket

Wahrscheinlich England, um 1173–1180

Silber, teilweise vergoldet; Niello; rötliches Glas auf Kupferfolie (»Rubin«) – neuere Eingriffe oder Restaurierungen nicht nachweisbar – H. 5,5 cm – B. 6,9 cm – T. 4,2 cm.

New York, The Metropolitan Museum of Art, Inv. Nr. 17.190.520

Das Kästchen besteht aus acht Niello-Platten, die jeweils von vergoldeten Rahmenleisten eingefaßt werden und auf einer Grundplatte montiert sind. Die an dem Verschluß erkennbare Vorderseite zeigt unten die Ermordung des Erzbischofs Thomas Becket von Canterbury: Die Hauptfigur, charakterisiert durch Tonsur und Pallium, beherrscht das linke Feld der Platte mit der Inschrift: S[ANCTUS]. TOMAS. OCCIDIT. (Der heilige Thomas stirbt.)
Rechts drängen sich, von zwei Schwertern gleichsam gerahmt, drei der überlieferten vier Ritter; der dem Erzbischof zugewandte vollführt den tödlichen Hieb. Über der Mordszene erscheint auf der Dachfläche ein zu Becket herabblickender, segnender Engel mit Kreuzstab. Das untere Feld der Rückseite zeigt zwei Mönche, die den toten Erzbischof tragen. Ein Schriftband in Länge der Niello-Tafel verkündet: [...]T[...] SANGUIS. E(st). S(ancti). TOME (... ist das Blut des Heiligen Thomas). Im Dachfeld darüber empfängt ein Engel die als nacktes Kind dargestellte Seele des Verstorbenen. Die Schmalseiten zeigen unten jeweils die Büste eines Engels, oben symmetrische Rankenornamente. Zwei Ösen zu seiten des bekrönenden »Rubins« verweisen auf die Verwendung des Kästchens als Hängereliquiar. Das Objekt wurde von Swarzenski und später von Hoffmann als englisches Werk bezeichnet und aufgrund bestimmter Stilvergleiche auf die Zeit um 1175/80 datiert. Stratford zog die vermeintliche englische Herkunft jedoch in Zweifel und richtete den Blick – wie schon Darcel vorgeschlagen hatte – auf kontinentale Modelle. Seine Vergleichsobjekte weisen in der Tat stärkere Übereinstimmungen mit dem Figuren- und Ornamentstil des Reliquiars auf als die zuvor herangezogenen. So erinnern Physiognomie, Gestik und Gewandung der Figuren besonders stark an eine Grubenschmelzplatte vom Einband des Bleidenstädter Codex (vgl. Kötzsche 1964, S. 156f. und Abb. 1/2). Stratfords These eines in England tätigen Goldschmieds rheinischer oder mosaner Herkunft hat einiges für sich: Während nämlich entsprechende Kontakte nachweisbar sind, scheint die ungewöhnliche Ikonographie auf Canterbury selbst als Entstehungsort des Reliquiars hinzudeuten.
Nachdem Thomas Becket 1170 in seiner Kathedrale ermordet worden war, ereigneten sich an seinem Grab rasch zahlreiche Wunder, die von eigens hierzu abgestellten Mönchen aufgezeichnet wurden; ihre Texte bildeten die Grundlage für die 1173 erfolgte Kanonisation und die hagiographische Literatur. Schon früh setzte ein schwunghafter Handel mit Pilgerabzeichen und Reliquien ein, wobei das mit Wasser verdünnte Blut des Heiligen eine besondere Rolle spielte. Der dem Kathedralkonvent angehörende Goldschmied Ernoldus hatte das vergossene Blut des Erzbischofs unmittelbar nach dessen Tod eingesammelt, und rasch wurde es, in Phiolen abgefüllt, als wundertätiges Pilgersouvenir gehandelt. Zwei solcher Phiolen dürften sich einst in dem ursprünglich zweigeteil-

D 118

ten Inneren des Kästchens befunden haben; entsprechend wurde das fehlende Wort der rückwärtigen Inschrift als INTUS (im Inneren) gedeutet. Auch der aufgesetzte rote Stein sowie die ganze Ikonographie verweisen auf den ehemaligen Inhalt. Allerdings hatte sich ein verbindliches ikonographisches Konzept für die Darstellung von Szenen aus der Becket-Vita wohl erst nach 1180 etabliert. Beispielhaft stehen hierfür die ab 1190 entstandenen Reliquiare mit Emailschmuck aus Limoges mit ihren formelhaften Wiedergaben von Mord und Begräbnis. Der Inventor des Bildprogramms für das New Yorker Kästchen konnte wohl noch nicht auf diesen Kanon zurückgreifen, sondern orientierte sich offenbar an älteren Darstellungsmustern. Das beweist in erster Linie die Aufnahme der Seele in den Himmel: Es scheint, als ob dieses Motiv, das Sauerländer nicht von ungefähr als problematisch bezeichnete, auf entsprechende Vorlagen aus der englischen Buchmalerei der ersten Hälfte des 12. Jahrhunderts zurückgeht (vgl. Kauffmann 1975, Nr. 19, 26 und 54 mit Abb. 49, 62 und 147). Die Ikonographie stützt also Stratfords Datierung auf kurz nach 1170.

Sammlung Louis Germeau, Prefet de la Haute-Vienne, um 1865; Versteigerung Hôtel Drouot, 4.–7. Mai 1868, Lot 41; Versteigerung Hôtel Drouot, 13.–25. Februar 1905, Lot 931; ersteigert von John Pierpont Morgan; von diesem 1917 dem Museum geschenkt.

Darcel 1865 (Stichabb.). – Breck 1918. – Borenius 1932, S. 78f., Taf. XXIX, 1–2. – Swarzenski 1943, S. 50f., Fig. 71. – Swarzenski 1954, Taf. 209, Fig. 490. – Kat. New York 1970, 1, Nr. 85 (Abb.). – Kat. London 1984, S. 282 (Abb.). – Stratford 1986, S. 43, Taf. XVII b und XVIII a.

F. D.

D 119 Reliquienkästchen des hl. Thomas Becket, Erzbischof von Canterbury

Limoges, um 1200–1210

Holzkern; Kupferplatten, gehämmert und vergoldet; Grubenschmelz – geringfügige Restaurierungen auf der Rückseite und an einem Fuß – H. 15,5 cm – B. 6 cm – L. 12,4 cm.

British Museum, Medieval and Later Antiquities, Inv. Nr. MLA 78, 11-1,3

Der mit einem Firstkamm versehene Schrein mit Giebeldach steht auf vier Füßen und besitzt auf der Rückseite eine mit Schloß und Scharnieren ausgestattete Tür. Im Innern des Kästchens sind noch Spuren der originalen roten Bemalung erhalten. Der Schrein muß als Reliquienbehälter gedient haben. Diese Reliquien sind vermutlich mit der Szene auf der Vorderseite des Schreins in Verbindung zu bringen, dem Martyrium des hl. Thomas Becket: Der Erzbischof steht vor einem Altar und wird von einem Ritter mit einem langem Schwert angegriffen, während ein zweiter Ritter zur rechten Seite flieht. Im Medaillon darüber sieht man Becket, flankiert von zwei Engeln, in den Himmel aufsteigen. An jeder Schmalseite des Kästchens ist eine stehende Heiligenfigur dargestellt. Die Rückseite und die umrahmende Einfassung schmücken geometrische Grubenschmelz-Emails, während der Firstkamm von »Schlüsselloch«-Mustern durchbrochen wird.

Seit 1152, der Heirat Eleonores von Aquitanien mit König Heinrich II. von England, gehörte die Stadt Limoges politisch in den angevinischen Machtbereich. Die erste bekannte Erwähnung, die sich auf das »œuvre de Limoges« bezieht (das bei Zeitgenossen beispielsweise unter dem Namen *opus Lemovicense* bekannt war), erscheint in einem Brief, der gegen 1170 von einem gewissen John, Mitglied des Kreises um den Erzbischof Thomas Becket, während seines Exils in Frankreich geschrieben wurde. Nach dem Märtyrertod Beckets am 29. Dezember 1170 oder wahrscheinlich eher seit seiner formalen Heiligsprechung 1173 wurden seine Reliquien als Teil einer politischen Kirchenbewegung über ganz Europa verstreut, wobei er als Repräsentant par excellence für das Streben der Kirche nach Unabhängigkeit vom Staat diente. Vor diesem Hintergrund genoß sein Kult eine erstaunliche und weitgestreute Popularität.

Die Limousiner Email-Künstler scheinen mit der Ausbreitung des Becket-Kultes von Anfang an eng in Verbindung gestanden zu haben. Nicht weniger als 52 vollkommen und unvollkommen erhaltene Becket-Schreine sind uns überliefert, und von 16 anderen ist ihre Existenz bezeugt, wobei sie die Periode von ca. 1190 bis 1250 abdecken. Weniger klar ist die Rolle der Stadt Limoges selbst nach dem dritten Viertel des 12. Jahrhunderts, denn es sind keine archäologischen Beweise vorhanden, die helfen könnten, die Produktionsstätten dieser Kupfer-Grubenschmelz-Emails zu lokalisieren. Ihre Vielfalt läßt auf unterschiedliche Herstellungszentren schließen. Es muß daher die Möglichkeit in Betracht gezogen werden, daß wenigstens einige der Becket-Schreine auf eine angevinische Email-Werkstatt in England und nicht in Aquitanien zurückgehen, beispielsweise in einem Zentrum wie London. Der früheste erhaltene Becket-Schrein (ca. 1190) hat eine englische Vergangenheit, die bis vor die Auflösung der englischen Klöster unter Heinrich VIII. zurückverfolgt werden kann. Auch der hier beschriebene Schrein, ein geradezu typischer Vertreter Limousiner Emailkunst um 1200, befand sich lange in England; er nimmt somit die gegen Ende des 18. Jahrhunderts einsetzende Sammeltätigkeit von Limousiner Ware voraus. Das läßt den Schluß zu, daß auch dieser Becket-Schrein eine mittelalterliche englische Herkunft besitzt. Im Zusammenhang der Ausstellung kann das Reliquienkästchen als Beispiel eines der Haupttypen der liturgischen Objekte, die zur Zeit Heinrichs des Löwen populär waren, dienen. Hergestellt auf angevinischem Territorium, aber weit gehandelt und begehrt, sind sie in Zusammenhang zu sehen mit einer der wichtigen politischen Streitfragen dieser Zeit, die in die letzten Dekaden des Investiturstreits fiel.

Am 10. Januar 1788 wurde der Schrein der Society of Antiquaries of London von Revd. Michael Lort (*1725, †1790) vorgeführt; am 29. April 1812 von Joseph W. Dimsdale bei Colonel Matthew Smith's Verkauf bei

D 120

Christie's erworben; Dimsdale übergab den Schrein Francis Douce (*1757, †1834); 1834 Sir Samuel Meyrick; 1878 wird der Schrein den Trustees of the British Museum von Major-General Augustus Meyrick als Geschenk übergeben.

Caudron 1977, Taf. 12f. (Lit.). – Caudron 1993, S. 68, passim.

N.S.

D 120 Reliquienkästchen

Canterbury (?), um 1200 (?)

Kupfer, vergoldet – innerer Schließmechanismus verändert – H. 17,8 cm – B. 25,4 cm – T. 11,4 cm.

New York, The Metropolitan Museum of Art, The Cloisters Collection, Inv. Nr. 1980.417

Der Reliquienkasten, dessen zeitliche und örtliche Einordnung keineswegs unumstritten ist, wird von insgesamt 14 durch eingravierte Heiligenbüsten verzierte Rundmedaillons zwischen schematischem Rankenwerk geschmückt. Während die vier Seiten des Corpus zehn Heilige aufweisen, sitzen in den beiden Hauptflächen der Bedachung jeweils drei Medaillons. Inschriften ermöglichen die Identifizierung der dargestellten Figuren.
Die Langseiten des Corpus zeigen vorn Elphege, Thomas, Dunstan und Anselm, hinten Blasius und Augustinus.

Sämtliche Gestalten sind durch Mitra und Bischofsstab ausgezeichnet und tragen, abgesehen von Blasius, das Pallium. Elphege und Thomas halten zudem eine Märtyrerpalme in Händen. Die Anordnung scheint auf den ersten Blick keiner inneren Logik zu folgen, wenngleich alle Heiligen in Canterbury eine wichtige Rolle spielten. So bezieht sich die Vorderseite mit den Erzbischöfen Dunstan (†988) und dem 1012 ermordeten Elphege auf die inoffiziellen Patrone der dortigen Kathedrale einerseits, mit Anselm (†1109) und dem 1170 ermordeten Thomas Becket auf die Kämpfer für deren kirchliche Freiheit andererseits. Die Rückseite hingegen stellt den Begründer des Erzbistums, Augustinus (†604), sowie den frühchristlichen Bischof Blasius von Sebaste († um 316) vor. Sämtliche Heiligen wurden in Canterbury verehrt, abgesehen von Augustinus ruhten ihre Reliquien in der dortigen Kathedrale. Während sich die neben Christus auf den Dachflächen verewigten Hauptheiligen Petrus und Paulus sowie Maria unschwer mit diesem fragmentarischen Heiligenkalender in Einklang bringen lassen – zudem war die Kathedrale dem Erlöser, ihre Krypta der Jungfrau, die Nachbarabtei den Apostelfürsten geweiht –, fallen die Büsten auf den Schmalseiten des Corpus und zu seiten Marias aus dem auf Canterbury bezogenen Programm fast ganz heraus. Die Könige Eduard der Bekenner (†1066) und Edmund der Märtyrer (†870) besaßen mit den Abteien von Westminster und Bury ihre eigenen, dem Rang als Nationalheilige angemessenen Kultstätten. Hingegen erfreuten sich die neben Maria gezeigten Heiligen Ursula und Cordula in England überhaupt keiner größeren Beliebtheit. Da Cordulas Reliquien erst 1278 erhoben wurden und eine bildliche Darstellung von ihr erstmals um 1220/1230 in einem Glasgemälde in St. Kunibert in Köln erscheint, ist eine plausible Zuordnung des Reliquienkastens ausgesprochen problematisch. Gegen Canterbury jedenfalls sprechen auch die unbeholfenen Inschriften – sie lassen sich mit der hochentwickelten Schriftkultur des englischen Kathedralklosters kaum in Einklang bringen.

Privatsammlung; 1980 für das Museum erworben.

Kat. New York 1970, Nr. 88. – The Metropolitan Museum of Art – Annual Report for the Year 1980–1981, New York 1981, S. 42. – Wixom 1981, S. 23f. (Abb.). – Dandridge 1992 (Abb.). – Wixom 1992 (Abb.).

F. D.

E Kaiser Otto IV.

... et sequenti dominica post festum sancti Michaelis archangeli, id est 4. Non. Octobr., in ecclesia maiori beati Petri apostoli in imperatorem consecratur. (... und am folgenden Sonntag nach dem Fest des hl. Erzengel Michael, d.h. am 4. Oktober, wurde er im Petersdom zum Kaiser gekrönt.) (Chronica Regia Coloniensis, Cont. III.)

Der als dritter Sohn Heinrichs des Löwen geborene Otto gelangte als einziger Welfe zur Kaiserwürde. Seine Erziehung genoß er maßgeblich am Hof der Plantagenêts unter dem wohlwollenden Einfluß seines Onkels, des kinderlos gebliebenen Erbprinzen Richard, besser bekannt als Richard Löwenherz, von dem er die Grafschaft Poitou und das Herzogtum Aquitanien als festländische Besitzungen des angevinischen Reichs zu Lehen erhielt. In der Wahl seines Kaisersiegels, das ihn zwischen den kosmischen Symbolen von Sonne und Mond thronend zeigt, knüpft Otto konkret an das Siegel des Richard Löwenherz an, der ihm einen bedeutenden Anteil seiner Erbschaft hinterließ.

Nach dem plötzlichen Tod Kaiser Heinrichs VI. ging Otto bei der Königswahl als Kandidat der stauferfeindlichen Partei unerwartet als Sieger hervor und wurde im Aachener Münster gekrönt. Seine Wahl war Ausgangspunkt für einen zähen und langandauernden Thronstreit, denn der staufische Gegenkandidat, Herzog Philipp von Schwaben, ließ sich in Mainz krönen. Im Anschluß an die 1209 erfolgte Kaiserkrönung in Rom regierte Otto IV. bei wechselvollen Koalitionen. Die Schlacht von Bouvines gegen König Philipp August von Frankreich im Jahre 1214 markiert einen entscheidenden politischen Wendepunkt, da Otto und seine englischen Verbündeten infolge ihrer militärischen Niederlage maßgeblich an Einfluß gegenüber der staufisch-französischen Allianz verloren.

Von Otto IV. haben sich eindrucksvolle Gönnerzeugnisse und Spuren seiner Herrscherrepräsentation in Kunst und Literatur erhalten. Neben der mit ihm in Verbindung zu bringenden prunkvollen Gestaltung des Kölner Dreikönigenschreins ist das »Buch von den Wundern der Welt« zu nennen, das der vermutlich Ottos Kanzlei zuzuordnende Gervasius von Tilbury verfaßte. Die kosmologische Weltschau der Zeit illustriert ferner die Ebstorfer Weltkarte. Walther von der Vogelweide setzte sich literarisch für den Welfen ein, indem er bei den Fürsten des Reichs für den von Otto propagierten Kreuzzug warb.

1177	drittgeborener Sohn der Herzogin Mathilde und Herzog Heinrichs des Löwen
1182/89	Erziehung in England am Hof König Heinrichs II. während des Exils Heinrichs des Löwen
1189	28. Juni: Tod der Mutter Mathilde
1190	Tod des Bruders Lothar
1194	Geisel bei Kaiser Heinrich VI.
1196	Belehnung mit der Grafschaft Poitou und dem Herzogtum Aquitanien
1198	12. Juli: Königskrönung in Aachen
1207	April: Besuch bei König Johann in England
1208	21. Juni: Ermordung König Philipps von Schwaben in Bamberg
1209–1212	Italienzug Ottos IV.
1209	4. Oktober: Kaiserkrönung in Rom durch Papst Innozenz III.
1212	22. Juli: Hochzeit mit Beatrix, Tochter des ermordeten Königs Philipp
1212	30. Juli: Tod der Gattin Beatrix von Staufen
1212	9. Dezember: Königskrönung Friedrichs II. in Mainz
1214	19. Mai: Vermählung mit Maria, Tochter Herzog Heinrichs von Brabant
1214	27. Juli: Niederlage in der Schlacht von Bouvines gegen König Philipp August von Frankreich
1218	19. Mai: Testament und Tod auf der Harzburg Beisetzung in der Stiftskirche St. Blasius in Braunschweig

Petersohn 1987. – Schaller 1989. – Hucker 1990.

Text: M. Mü.
Datentafel: C. P. H.

E 1 Siegel König Ottos IV.

Typar: Westdeutschland (Köln oder Aachen), 1198. – Urkunde: 1209 Januar 27

Rotbraunes Wachs – gut erhalten – am Fragment einer roten Seidenschnur anhängend – Dm. 8,5 cm.

Hannover, Niedersächsisches Hauptstaatsarchiv, Cal. Or. 33 Kloster Salem Nr. 2

Während des Thronstreits (1198–1208) und bis zu seiner Kaiserkrönung am 4. Oktober 1209 führte Otto IV. ein Thronsiegel, das ihn bartlos als Gekrönten mit Reichsapfel in der Linken und Lilienzepter in der Rechten sowie angetan mit dem Königsmantel zeigt. Die Umschrift lautet: + OTTO DEI GRA(tia) ROMANOR(um) REX ET SEMP(er) AVGVST(vs). Dieses Siegel, wohl eine rheinländische Arbeit von 1198, ist in seiner Gestalt den Siegeln Heinrichs VI. angelehnt, ohne jedoch dessen Thron und die Trageweise des Mantels nachzuahmen. Der Mantel folgt englischen Vorbildern; seine Schließung unter dem Kinn ist sonst Geistlichen vorbehalten.

Daneben hat der König, wohl für private Zwecke, ein Ringsiegel in Gebrauch gehabt, auf dem sein bärtiger gekrönter Kopf zu sehen ist (Legende: + REX ODDO).

Kloster Salem; Großherzogliches Archiv Karlsruhe; Geschenk des Großherzogs Friedrich von Baden an König Georg V. von Hannover.

Posse 1909–13, Nr. 1 und Taf. 25,1. – Kat. Stuttgart 1977, 1, S. 25–27 (Rainer Kahsnitz). – Hucker 1990, S. 624 und Abb. 27b, c.

B. U. H.

E 2 Siegel Kaiser Ottos IV. Abb. S. 330

Typar: England (?) – Urkunde: 1209 Dezember 24

Rotes Wachs – an grünen, gelben und braunen Seidenfäden anhängend – Dm. 8,5 cm.

Wolfenbüttel, Niedersächsisches Staatsarchiv, 25 Urk 46

Von seiner Kaiserkrönung an führte Otto IV. ein Majestätssiegel, das ihn, wie schon auf seinem Königssiegel, als thronenden Herrscher mit Kaiserkrone, Zepter und Reichsapfel zeigt und die Umschrift DEI GRACIA OTTO ROMANORVM IMPPERATOR ET SEMPER AVGVST(vs). »Der westlicher Kunst verpflichtete Goldschmied«, der auch den Stempel für Ottos Goldbulle verfertigte, dürfte aus dem Umkreis des angevinischen Hofes gekommen sein (Rainer Kahsnitz).

Hier wie auf seiner Goldbulle sind neben dem Haupt die Symbole für Sonne und Mond angebracht, die den Königssiegeln sowohl seiner staufischen Vorgänger Friedrich I. und Heinrich VI. als auch denen seiner Gegner Philipp und Friedrich II. fehlen, aber schon auf den Siegeln Richards Löwenherz vorkommen. Bei Otto IV. sind sie die propagandistische Antwort auf Anspruch und Theorie des Papstes Innozenz III., wonach die kaiserliche Gewalt, symbolisiert durch den Mond, ihren Glanz vom Papst (als Sonne) erhält. Otto beansprucht dagegen die volle, nicht abgeleitete kaiserliche Gewalt »über die ganze Welt« (*per totum mundum*) und führte diese Sinnbilder als Herleitung vom göttlichen Lenker des Firmaments hier wie auf dem noch erhaltenen Braunschweiger Kaisermantel (Kat. E 9).

Archiv des Klosters Walkenried.

Posse 1909–13, Nr. 3 und Taf. 25, 4. – Kat. Stuttgart 1977, 1, S. 27 f., Nr. 39 (Rainer Kahsnitz). – Hucker 1990, S. 119 f., 654 und Abb. 5b.

B. U. H.

E 3 Siegel der Kaiserin Maria

Typar: Westliches Reichsgebiet, 1214–1218 – Urkunde: Herzberg, o. D. (zwischen 1218 Mai 19 und 1218 September 29)

Rotbraunes Wachs – an roten, gelben und grünen Seidenfäden anhängend – restauriert – Dm. 8 cm.

Hannover, Niedersächsisches Hauptstaatsarchiv, Cal. Or. 100 Osterode St. Jacobi 2

Maria von Brabant wurde bereits 1198 mit Otto IV. verlobt, doch kam es in den Jahren des Thronstreits aus politischen Gründen nicht mehr zur Eheschließung. Erst als Beatrix von Staufen, die 1208 mit Otto verlobt worden war, 1212 nach kurzer Ehe starb, wurde die erste Verlobung wieder aktuell. Ende Mai 1214 heiratete der Kaiser die Brabanterin auf dem Hoftag zu Maastricht. Die Witwe Maria wurde 1220 Frau des Grafen Wilhelm von Holland, der indes schon Anfang 1222 starb. Nun ging die »ehemalige Kaiserin«, wie sie sich in Urkunden und auf Siegeln nannte, nach Brabant zurück, wo sie 1260 starb. Ihr Bruder räumte ihr im Norden des Herzogtums Herrschaftsrechte ein. Marias Hof, den sie auf der Burg Helmond unterhielt, war ein Zentrum literarischer und künstlerischer Bemühungen. Nicht weit von Helmond stiftete sie zum Gedächtnis ihrer verstorbenen Ehemänner das Zisterzienserinnenkloster »Kaiserinnenort« (*Locus imperatricis*).

Das einzige erhaltene Siegel Marias als Kaiserin ist an einem Privileg erhalten, das sie in Ergänzung des letzten Willens Ottos IV. 1218 der Rittergesellschaft St. Jakobi zu Osterode gewährte (BF 5531). Es trägt die Legende + MARIA [DEI GRACIA ROMANO]R(um) IMPERA[TRIX SEMPER] AVGVSTA. Das im Frühjahr angefertigte Majestätssiegel der Kaiserin folgt den Formen des Kaisersiegels Ottos, nur die kurze Lilie in der Rechten entspricht französischen Siegelbildern. Wie der Kaiser, wird auch sie von Sonne und Mond umsäumt (Kat. E 2). Ob der runde Gegenstand in ihrer Linken ein Reichsapfel ist, scheint zweifelhaft. Es ist an ein Reliquiar oder eine andere Preziose zu denken. Dem unbekannten (brabantinisch-niederrheinischen ?) Goldschmied, der das Typar schnitt, wird bescheinigt, er habe »glänzend in seinen Stilmitteln« gearbeitet.

Kloster St. Jacobi in Osterode.

Posse 1909–13, Nr. 1 und Taf. 26.1. – Kat. Stuttgart 1977, 1, S. 28f., Nr. 41 (Rainer Kahsnitz). – Hucker 1990, S. 120f., 654 und Abb. 5c.

B.U.H.

E 3

E 4 Zwei Medaillons mit höfischen Musik- und Tanzszenen

Limoges, spätes 12. oder frühes 13. Jahrhundert

Grubenschmelz – seitliche Lochbohrungen – Dm. 7,3 cm.

Kopenhagen, Danmarks Nationalmuseet København, Inv. Nr. VII, 3 E 32

E 4

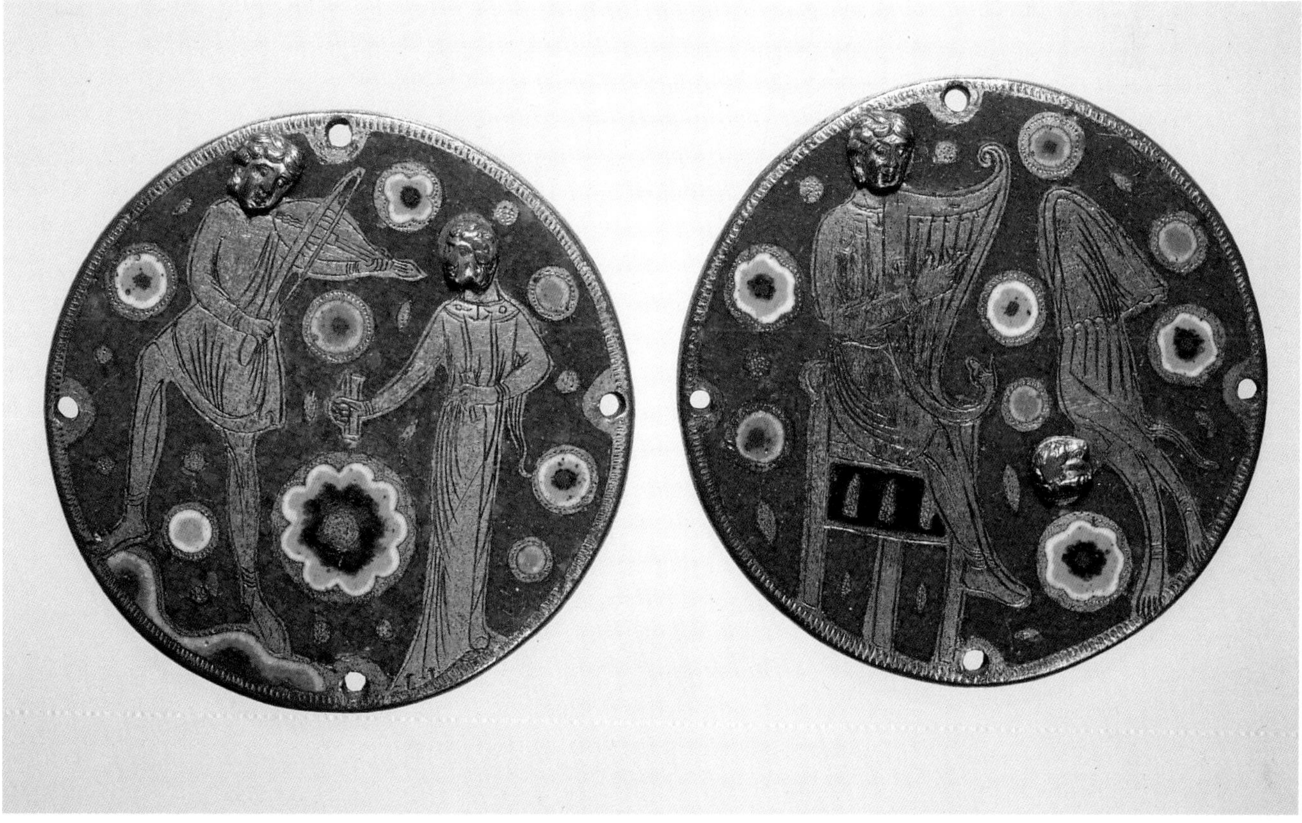

E

Vor einem sternenartig gemusterten Bildgrund sind zwei Figurenpaare eines Fiedlers zur Linken und einer weiblichen Tänzerin oder Akrobatin zur Rechten dargestellt, deren Köpfe als Appliken gearbeitet sind. Die feinen Lochbohrungen am Rande der Medaillons deuten auf eine Montierung auf einem Kästchen hin. Aus dem ersten Viertel des 13. Jahrhunderts sind vergleichbare Musikerpaare wiederholt als Schmuck von Kästen erhalten, wobei durch das Verfahren des Aufmontierens standardisierte Themen variierend genutzt werden konnten. Beispiele für eine solche Verwendung bieten die »cassette de Saint Louis« im Louvre sowie das im Aachener Münster aufbewahrte sogenannte Kästchen des Richard de Cornouailles (de Vaivre 1974).

Nach zeitgenössischer mittelalterlicher Nomenklatur handelt es sich im vorliegenden Fall um die Darstellungen von *jongleresses* und *jongleurs*-Figuren. Die frühesten Belege für die Ausformung dieser Bildwelt höfischer Unterhaltungsmusiker bieten die Tanzdarstellungen eines um 1180 zu datierenden Emailkästchens im British Museum (Inv. Nr. MLA, 59,1–10,1) sowie ein etwa gleichzeitig entstandenes bemaltes Holzkästchen im Kathedralschatz von Vannes (Kat. D 106).

Kat. New York 1970, 1, Nr. 155 mit Abb.

M. Mü.

E 5 Zwei Handwaschschalen aus dem Lüneburger Schatz der Goldenen Tafel

Limoges, 1. Viertel 13. Jahrhunderts

Kupfer, getrieben, ziseliert, ehemals vergoldet; Grubenschmelz – Dm. 22,5 cm.

Hannover, Kestner-Museum, Inv. Nr. WM XXIa, 38 und 39

E 5

Der sich entsprechende figürliche und heraldische Schmuck beider Handwaschschalen läßt den Schluß zu, daß es sich um ein Schüsselpaar handelt. Eine ist mit einer Ausgußtülle zur Handwaschung versehen. Die vertieften Innenflächen sind mit dem Plantagenêt-Wappen (drei gekrönte Leoparden auf rotem Grund) geschmückt, während der Rand umlaufend Medaillons mit Darstellungen von bewaffneten Kämpfern zeigt, die durch filigrane Rankenornamente getrennt sind, welche in Palmetten auslaufen.

Die Provenienz der Gémellions aus dem welfischen Hauskloster St. Michaelis in Lüneburg läßt auf den Umstand schließen, daß es sich um die *duas pelves* handelt, für die Otto IV. nach Erhalt diverser Kleinodien brieflich Johann Ohneland um das Jahr 1203 dankte.

Die Bezeichnung *pelvis* war für diese Form liturgischer oder höfischer Handwaschschüsseln durchaus gebräuchlich, wie es durch Theophilus Presbyter in seiner *Schedula diversarum artium* belegt wird. An zwei Stellen erwähnt dieser Becken aus getriebenem Kupfer, die zur Handwaschung dienen (*pelves quibus aqua in manibus funditur*).

In der Verbindung aus heraldischem und kleinfigürlichem Schmuck gehört das Schalenpaar zu einer Gruppe Limoger Gémellions, die ab dem ersten Viertel des 13. Jahrhunderts zu datieren sind.

Stuttmann 1934, S. 80f., Nr. 12 u. 13. – de Vasselot 1952. – Marth 1994, S. 20, Nr. 23.

M. Mü.

E 6 Handwaschschale – »Gémellion«

Limoges, 1. Viertel 13. Jahrhundert

Kupfer, getrieben; Grubenschmelz – Dm. 22,5 cm.

Eisenach, Wartburg-Stiftung, Inv. Nr. Kl 10

Die Bezeichnung »Gémellion« verweist in ihrer etymologischen Ableitung von *gemellus* auf die zwillingshafte bzw. paarweise Verwendung dieser reich geschmückten Waschschalen, wobei jeweils eine Schale mit einer Ausgußtülle versehen war, durch die bei der Handwaschung das Wasser in die zweite Schüssel gegossen wurde.

Die zentrale Darstellung eines berittenen Falkners wird von sechs sich partiell überschneidenden Kreissegmenten gerahmt, unter denen auf thronartigen Sitzen männliche Gestalten zu erkennen sind. Ein aus Ranken- und Palmettenformen bestehendes Ornamentsystem umspielt flächendeckend den figürlichen Schmuck der Schale.

Unklar ist, ob die liturgische Nutzung solcher Wasserschalen, so auch der Eisenacher, bei der *lotio manum* des Zelebranten ihrer Verwendung bei der höfischen Mahlzeit vorausging oder umgekehrt. In dieser potentiell profanen

E 6

und sakralen Doppelfunktion sind die Gémellions den Aquamanilien an die Seite zu stellen. Gemessen am überwiegend weltlich-repräsentativen Bildschmuck der erhaltenen Handwaschschalen ist in der Regel davon auszugehen, daß sie profanen Verwendungszwecken dienten. Hochmittelalterliche Inventarverzeichnisse führen sie als *urceoli*, *cyphi*, *bacini* oder *pleves* auf.
Da man feste Speisen mit den Fingern aß, darf nan der Händewaschung bei der höfischen Mahlzeit durchaus einen pragmatischen Stellenwert zuerkennen, der in den mittelalterlichen »Tischzuchten« beschrieben wird. So führt die *Disciplina Clericalis* des Petrus Alphonsus aus: »Nachdem du, jedesmal wenn du ißt, die Hände abgewaschen hast, berühre nichts mehr außer den Speisen, solange du ißt« (*Cum ablueris manus ut comedas nihil tangas nisi prandium, donec comedas*). Es kommt zu einer stufenweisen Ausgestaltung des Zeremoniells der Handwaschung im Sinne höfischer Etikette und Repräsentation.
Die Limoger Emailkünstler hatten eine als monopolistisch zu bezeichnende Stellung bei der Herstellung dieser

Waschschüsseln, die einen ›Exportschlager‹ des *opus lemovicense* darstellten. Ab dem ersten Viertel des 13. Jahrhunderts setzt eine äußerst intensive Verbreitung dieser Schüsseln ein, die sich bis ins letzte Viertel des 13. Jahrhunderts erstreckt und dann langsam ausläuft.

North/Beyer 1990, Abb. 79.

M. Mü.

E 7 Limousiner Becken

Limoges, 1. Viertel 13. Jahrhundert

Kupfer, getrieben, vergoldet; Grubenschmelz – Dm. 21 cm.

Frankfurt, Museum für Kunsthandwerk, Inv. Nr. WMF 4

Die mit einer Ausgußtülle in Form eines stilisierten Tierkopfes an der Unterseite der Wandung versehene Schale wird durch die zentrale Medaillondarstellung eines männlichen Fiedlers und einer akrobatischen Tänzerin, die auf ihren Händen balanciert, geschmückt. Eine gravierte pseudo-kufische Inschrift rahmt diese zentrale Darstellung. Die äußere Wandung der Schale zieren sechs Medaillons mit halbfigurigen Engelsgestalten, die von Palmetten- und Rankenformen umspielt werden.

Der figürliche und ornamentale Schmuck der Innenfläche weist Analogien zu einem Medaillonpaar in Kopenhagen auf (Kat. E 4). Die als ikonographische Entlehnung von Bildprogrammen Limoger Reliquienkästchen zu verstehende Präsenz der Engelsfiguren der rahmenden Medaillons wirkt in seiner Verbindung mit der Darstellung höfischer Unterhaltungsmusiker zunächst befremdlich, verweist jedoch auf die funktionale Spannbreite der Gémellions in den Bereichen der höfischen Kultur und der Liturgie hin. Eine vergleichbare Koexistenz sakraler und höfisch-profaner Darstellungen ist auch auf weiteren Limousiner Becken zu finden.

Spätmittelalterliche Inventarverzeichnisse zeigen jedoch, daß auch Gémellions mit höfisch-galanten Szenen liturgisch genutzt wurden. So heißt es beispielsweise im 1380 erstellten Inventar Karls V. von Frankreich: *2 bacins de chapelle, d'argent dorez; en chascun une rose ou fonds, à un esmail de 2 dames qui tiennent 2 faucons ...*

Rupin 1890, S. 543 ff. – de Vasselot 1952. – Braun 1973, S. 531 ff. – Gauthier 1977.

M. Mü.

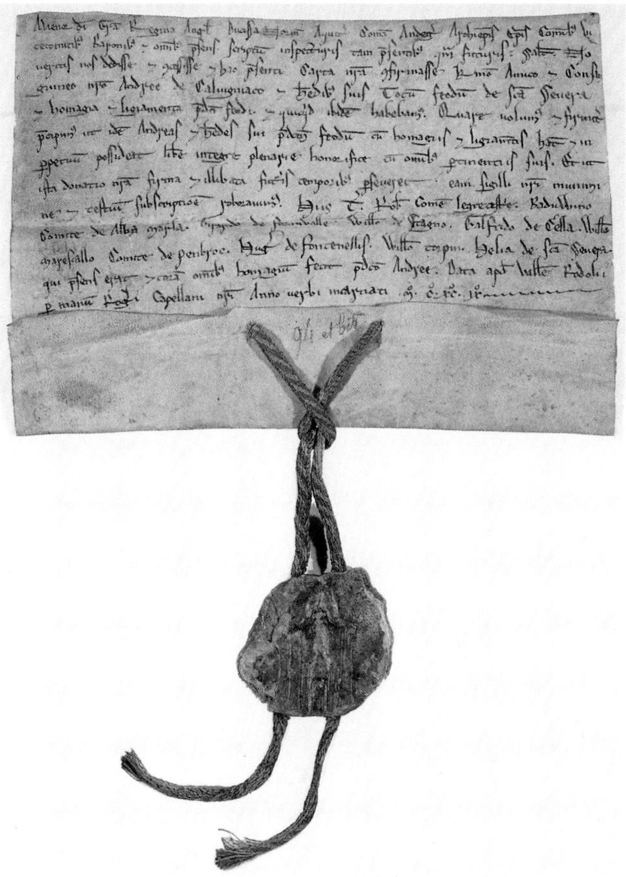

E 8 Siegel Eleonores, Königin von England und Herzogin von Aquitanien, Gräfin von Anjou und Poitou (*1122?, †1204)

Typar: Westfrankreich oder England, 2. Hälfte 12. Jahrhundert – Urkunde: 1199

Helles Wachs – stark beschädigt – mit Zaponlack bestrichen – an blau-braun-weiß gewebten Seidenbändern hängend – H. ursprünglich ca. 9 cm – B. ca. 6,3 cm.

Paris, Archives de France, J 628, n° 5.

Eleonore war die Erbtochter Wilhelms X., Herzog von Aquitanien, und der Aénor von Châtellerault. Ihre erste Ehe mit König Ludwig VII. von Frankreich, den sie auf dem Zweiten Kreuzzug begleitete, wurde im Jahre 1152 geschieden, worauf sie Heinrich Plantagenêt, Graf von Anjou, Herzog der Normandie und seit 1154 König von England (vgl. Kat. D 94), heiratete. Von 1174 bis 1189 wechselten Gefangenschaft und Indienstnahme der Königin, die sich gemeinsam mit ihren Söhnen gegen den Gatten empört hatte, einander ab. Mit dem Erbantritt Richards Löwenherz (vgl. Kat. D 98) betrat Eleonore erneut die politische Bühne. Sie brachte persönlich das hohe Lösegeld für König Richard nach Deutschland und setzte nach dessen Tod die Ansprüche Johanns Ohneland (vgl. Kat. D 99) durch. Zeitgenössische Berichte sagen Eleonore neben einer legendären Schönheit auch eine Reihe leidenschaftlicher Romanzen nach; doch war es eine Affäre ihres Gatten, die Eleonore 1168 schließlich nach Poitiers ausweichen ließ. Ihr Hof wurde sehr bald zum Mittelpunkt des höfisch-ritterlichen Lebens überhaupt – als »Königin der Troubadoure« ging sie in die Geschichte ein. Eleonore starb am 31. März 1204 und wurde in der Familiengrablege der Plantagenêts, dem Kloster Fontevraud, beigesetzt. Eleonore siegelte in der Regel so, daß auf der Vorderseite ihr königliches, spitzovales Siegel mit der Umschrift + ALIENOR(e) DEI GRACIA REGINE ANGLORVM DVCISSE NORMAN(norvm) (Eleonore von Gottes Gnaden Königin der Engländer und Herzogin der Normandie) ausgeprägt wurde. Das hier gezeigte, ebenfalls spitzovale Rücksiegel mit der Umschrift [+ALIENOR(e) DVCISSE AQ]VITANOR[VM ET COMITISSE A]NDEGA[VOR(vm)] wies sie zudem als Herzogin von Aquitanien und Gräfin von Anjou aus. Das Bild beider Siegel ist allerdings gleich: Es zeigt die taillenbetont schlanke, stehende Figur der Königin, um deren Haupt offenbar ein Tuch locker gelegt ist, angetan mit einem Mantel, dessen Schleppe bis auf den Boden liegt. Ihre leicht angewinkelten Arme sind in enge Ärmel gekleidet, von beiden Handgelenken fallen Schleier lang herab. In der rechten Hand hält sie einen Lilienstab; auf der Linken sitzt ein Vogel, bei dem es sich wahrscheinlich um einen Falken handelt. Die Darstellung im Standbild war die verbreitetste Art des mittelalterlichen Damensiegels. Sein schlechter Erhaltungszustand erlaubt zwar kaum Aussagen über die künstlerische Qualität des Siegels, doch lassen die ungewöhnliche Größe und die naturgetreue Darstellung des Faltenwurfs dessen ursprüngliche Wirkung zumindest erahnen.

Archiv der Herren von Chauvigny.

d'Arcq 1868, Nr. 3–5, hier Nr. 4 bis; Nr. 10006. – Eygun 1938, Tafel LIII, Nr. 3 und 5. – Pernoud 1966. – Kibler 1976.– Critchley/Jung 1986. – Laube 1984. – Ennen 1991, S. 126–129.

C.P.H.

E 9 Mantel Kaiser Ottos IV.

Seide: Byzanz, um 1200. Stickerei: England, um 1200

Auf Seidensamit (Köperschußkomposit-Bindung) Stickerei mit vergoldetem Silberlahn in versenkter Anlegetechnik; Anlegefäden (auf Rückseite) Leinenzwirn; außerdem Spalt- und Stielstich mit weißem Seidenzwirn – 1972–1977 im Bayerischen Nationalmuseum, München, restauriert und unterlegt – H. 133 cm – Dm. 314,5 cm.

Braunschweig, Herzog Anton Ulrich-Museum, Inv. Nr. MA 1

Der zu einer Altardecke umgearbeitete Mantel wurde 1876 in seiner ursprünglichen Form wiederhergestellt. Für den Halbkreis sind an eine Webbreite mit horizontaler Kettrichtung unten Stücke mit gleicher Kettrichtung mit Horizontalnaht angesetzt, dazwischen ein spitzwinkliges Fehlstück. In der Rückenmitte stehen heute drei (wahrscheinlich einst vier) Adler mit ausgebreiteten Flügeln übereinander: Zeichen des königlich-kaiserlichen Anspruchs? An die Adler schließen sich auf beiden Seiten in sieben dem Rund des Mantels folgenden Zeilen nach außen springende Leoparden, Wappentiere der englischen Krone, im Wechsel mit Halbmonden und Sternen (Sonnen) an. An der vorderen Kante thronen oben, von Kreisen umschlossen, rechts Christus, mit der Rechten segnend, ein Buch in der halb ausgestreckten Linken, links Maria, gekrönt, mit erhobenen Händen, Zeigefinger und Daumen der Rechten halten eine Blume. Darunter schwingen, im Wechsel mit Blüten, vier Engelpaare Weihrauchfässer. In dem durch Sterne bzw. Sonnen und Monde angedeuteten Firmament sind Christus und Maria einander gleichgestellt, in einer verkürzten Version von paralleler Christus- und Marien-Maiestas. Dies ist hier keine Marienkrönung, bei der im 12. Jahrhundert Christus und Maria nebeneinander thronten, und z.B. auf dem Fresko aus Viel-Brioude (Abegg-Stiftung, Riggisberg) Christus die Krone der sich zu ihm neigenden Maria segnend berührt. Hier kenn-

E 9

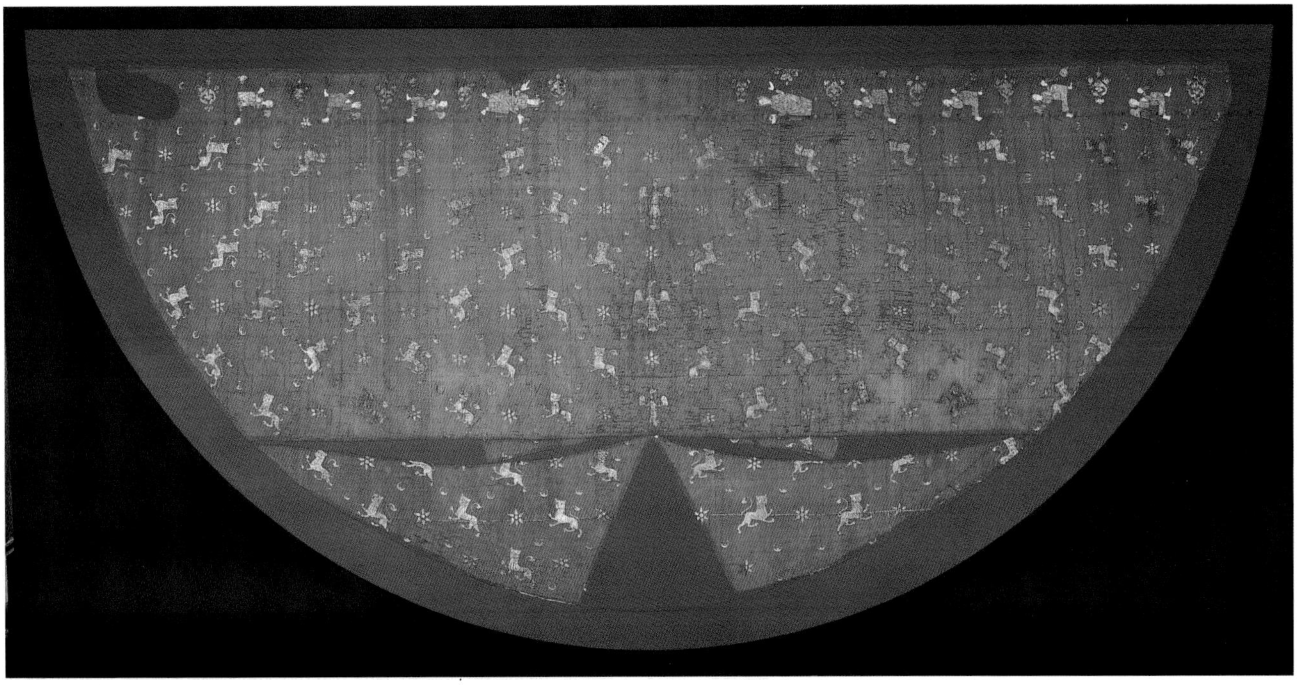

E 9

zeichnen Christus- und Marien-Maiestas den Herrschermantel, so wie auf dem Mantel von Ottos Gegenkönig Philipp von Schwaben, aus dessen Grab im Speyerer Dom an der gleichen Stelle Medaillons mit den Halbfiguren von Christus und Maria appliziert waren. Bei dem 1133/34 in Sizilien geschaffenen ehemaligen Mantel König Rogers, dem späteren Krönungsmantel der deutschen Kaiser, dokumentieren Gleiches die beiden emaillierten Medaillons mit Kosmogramm.
Otto IV. starb am 19. Mai 1218 auf der Harzburg, nachdem er einen Tag zuvor sein Testament gemacht hatte. Sein Bruder, Pfalzgraf Heinrich, sollte die Reichsinsignien dem rechtmäßig zum Kaiser gewählten Nachfolger übergeben, den Mantel jedoch dem Aegidienkloster in Braunschweig. Otto IV. betrachtete also den Mantel als seinen persönlichen Besitz, der ihn mit dem kaiserlich-königlichen Anspruch zugleich mit England verband. Der Mantel hat im Aegidienkloster das Feuer überstanden, das Kirche und Sakristei 1278 verwüstete. Er wird noch 1682–1707 in der Paramentenliste des Klosters geführt, um 1744 mit »alten Mönche-Röcke« verkauft zu werden und schließlich in das Collegium Carolinum zu gelangen. Dort fand ihn, zu einer Altardecke umgearbeitet, 1859 der Inspektor am herzoglichen Museum, Professor Brandes.

Bock 1858. – Fink 1930. – Schuette 1930, S. 3–7, Taf. 1–2. – Christie 1938, S. 72–75, Taf. 25–27. – Hucker 1990, S. 558–560, Abb. 10. – von Wilckens 1994, S. 13–14, Nr. 1 (Lit.).

L.v.W.

Zu E 9 Kasel

Seide: Byzanz (?), Ende 12. Jahrhundert. Stickerei: England, Ende 12. Jahrhundert

Purpurfarbener Seidensamit mit Goldstickerei in versenkter Anlegetechnik – H. ca. 132 cm.

Ehemals Angers, Kathedrale St. Maurice. Nachzeichnungen von Montfaucon in Paris, Bibliothèque Nationale, Ms. Lat. 11912, fol. 161r/v. (Hervé Baron Pinoteau, Versailles, machte auf die zwei Zeichnungen in den nachgelassenen Papieren Montfaucons aufmerksam.)

In Material, Technik, Größe und Motiven stimmte die Kasel aufs engste mit dem Mantel Ottos IV. überein. Sie zeigte mit Leoparden, Sonne und Mond die Wappen des englischen Königshauses; die Medaillons auf der Rückenseite enthielten die Halbfiguren von drei Königen und zwei Heiligen. Offenbar handelte es sich um eine Stiftung des englischen Königshauses, möglicherweise Ottos IV., der im Auftrag seines Onkels Richard Löwenherz nach Aquitanien kam und 1196–1198 Graf von Poitiers war.
Beischriften: fol. 161r: (oben) *Ancienne Chasuble violette de l'Eglise D'angers fermée des deux Côtez / derrière.* (links) *a Ce Léopard est mal tourné / il doit avoir La teste / en dehors comme les / autres. C'est une faute / du Copiste.* (unten) *Echelle quatre pieds.* – fol. 161v (oben) *Devant de la Chasub(l)e violette d'une espèce de tabis.* (rechts) *a doit être un croissant / b doit être une molette d'Eperon / Le copiste s'est mépris.* (a und b sind vertauscht).

Charles Rohault de Fleury, La messe. Etudes archéologiques sur les monuments VII, Paris, 1888, 1, S. 171; 2, Taf. 609 (zwei Ausschnitte aus den Zeichnungen von Montfaucon).

F.M.

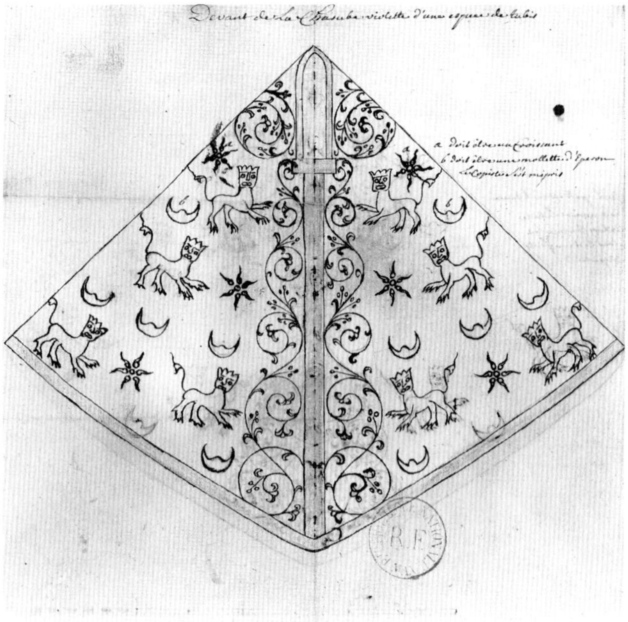

zu E 9

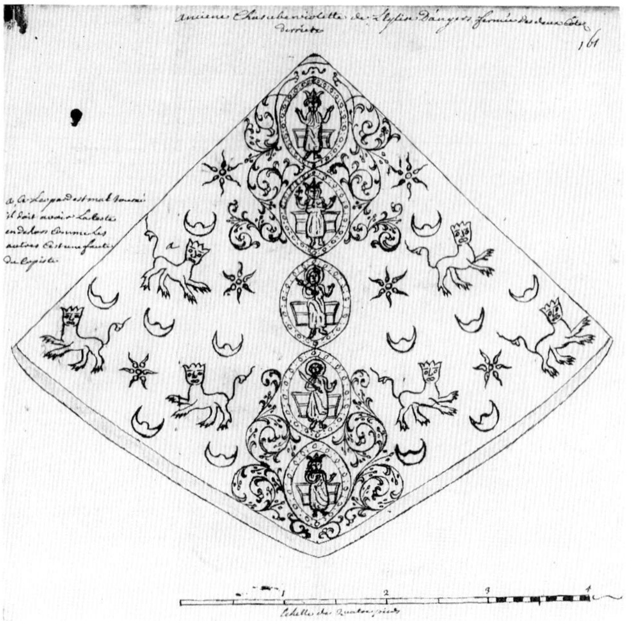

zu E 9

E 10 Wappenrolle der Aachener Krönung Ottos IV. 1198

Abschrift von ca. 1662

H. 16 cm – B. ca. 17,5 cm – T. ca. 4 cm.

Paris, Bibliothèque Nationale de France, Bibliothèque de l'Arsenal, Ms. 5014, fol. 158r–161v

Die Abschrift steht in einem gebundenen, auf dem Einband vorne und hinten mit seinem Wappen geprägten Autograph des Philippe-Nicolas d'Aumale, genannt le Marquis d'Haucourt. Er hat den Band fol. 3r eigenhändig mit *Piesces ramassees, ou celuy qui n'a pas d'estime pour les curiosités heraldiques poura s'ennuier a plaisir* betitelt. Eine – durchaus nicht langweilige – genealogisch-heraldische Sammelhandschrift also, deren Texte, wie die zweifache Erwähnung des Datums 1662 zeigt, in diesem Jahr, kurz davor und kurz danach kopiert und zusammengestellt worden sind. Der überzeugte Protestant hatte sich nach Holland zurückgezogen und trieb dort, aber auch in den katholischen Niederlanden und im heimatlichen Cambrésis, heraldisch-genealogische Studien. Die Vorlage der gegenwärtigen Wappenrolle könnte er in Brüssel gefunden haben.

Die Wappenrolle von 40 Namen und 21 Wappen (oder Bannern) erweist sich neben und noch vor dem Quedlinburger Wappenkästchen von ca. 1209 (Kat. G 120) europaweit und im Abstand von ein, zwei oder drei Generationen (je nachdem, ob die Wappen auf 1198 oder doch in die 1220er Jahre datiert werden) als die älteste bekannte Wappenrolle überhaupt und bietet dazu noch Farbangaben. Einzige Parallele in der Sache ist das sogenannte Turiner Wappenbuch. Dieser ehemalige Rotulus enthält in französischer Sprache die zeitgenössischen Blasonierungen (nicht aber die Bilder) der Wappen von 119 Fürsten, Herren und Rittern, die am 29. Juni 1312 der Kaiserkrönung Heinrichs VII. in Rom beigewohnt hatten; sie stammt wohl aus der savoyischen Kanzlei.

Vieles deutet darauf hin, daß wir mit der »Aachener Wappenrolle« ein Zeugnis der brabantischen Partei in Händen halten und dazu ein Spiegelbild der ephemeren politischen Situation der Aachener Tage, als die Titel noch unsicher waren, die Brabanter von einer Wiedererrichtung des Herzogtums Sachsen träumten (nicht die Kölner) und von einer königlichen Hauptstadt Braunschweig, ohne durch die Gegenwart des Ansprüche erhebenden Pfalzgrafen Heinrich gestört zu sein. Außerdem zeigt das Dokument Otto IV. erneut in enger, farbiger Beziehung zur ritterlich-höfischen Kultur des Westens, in der der König aufgewachsen war. Eine neue Weise, Gruppen und politische Zusammenschlüsse zu dokumentieren, wird sichtbar, die sich von den älteren Formen der religiösen Memoria unterscheidet. Zahlreiche Wappen, Bilder und Teilungen erscheinen hier zum ersten Mal in Farbe oder zum ersten Mal überhaupt.

Dazu gehören auch Ottos IV. Wappen: ein bewehrter Adler, belegt mit einem gespaltenen Mittelschild (ausgerechnet hier fehlen die Farbangaben): vorne ein Löwe = Welfen, hinten zwei Leoparden übereinander = abgewandeltes Wappen der englischen Plantagenêts. Es stimmt nicht mit den anderweitig überlieferten Wappen des Herrschers überein, die zumeist vorne in Gold einen schwarzen halben Adler am Spalt, hinten in Rot drei goldene Leoparden zeigen. Der Mittelschild (die Figur ist bislang erst 1226/1266 belegt, im Wappen des Hochmeisters des Deutschen Ordens, Biewer 1992, S. 30f.) zeigt wahrscheinlich

sein älteres Wappen als Herzog von Aquitanien und Graf von Poitou (1196–1198). Auffälligerweise ist dieses Bild identisch mit den beiden Wappen an den Giebeln des Braunschweiger Altstadtrathauses von ca. 1370 und ca. 1400, die vielleicht doch eine ältere Tradition repräsentieren als bislang angenommen wurde (Rabbow 1984–85).
Die in der Wappenfolge genannten Personen lassen sich fast ausnahmslos urkundlich bei der Krönung Ottos IV. am 9. Juni 1198 in Aachen nachweisen: Es lag also eine authentische, uns nur in dieser Form erhaltene Teilnehmerliste vor. Wappen werden nur weltlichen Personen gegeben. Geistliche führen in der Tat zu jener Zeit noch keine Wappen, werden auffälligerweise aber erst nach den weltlichen genannt, weshalb eventuell auf zwei ursprünglich getrennte Listen zu schließen ist. Wo wir dies überprüfen können, gehören die Wappen einer sehr frühen Zeitstufe an: mandelförmiger Schild der Herzogin von Brabant, Wappen der Grafen von Geldern und Kleve vor deren Wechsel von 1223 bzw. 1228/1236; eine gelehrte Rekonstruktion etwa des 17. Jahrhunderts ist deshalb ausgeschlossen. Der Marquis d'Haucourt notiert nicht nur Farbangaben (mit wenigen Ausnahmen), sondern gibt auch Kommentare, die über die Namensnennung hinausgehen:

E 10

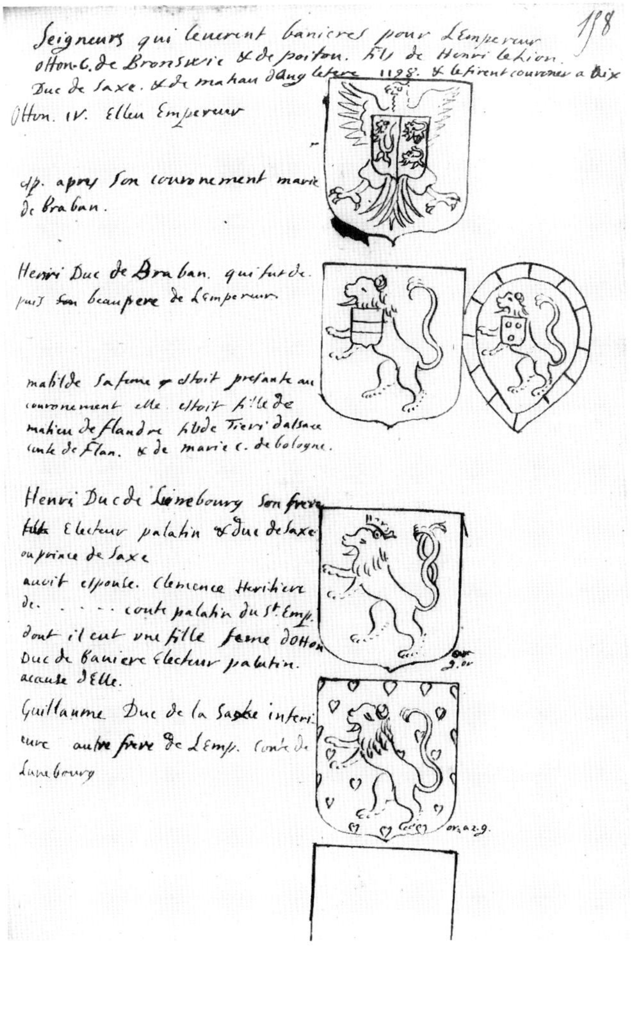

Bei diesen vermischen sich kurzlebige Nachrichten aus dem Jahre 1198 mit eindeutig späteren Angaben (nach 1225, Erwähnung des 1354 erstmals genannten »Niedersachsen«), auch Richtiges mit Falschem. Seine Vorlage ist allem Anschein nach deutscher oder eher »dietscher« Sprache gewesen, doch kann diese Fassung aus dem Lateinischen oder Französischen übersetzt worden sein: Spätere Überarbeitungen sind nicht ausgeschlossen. Möglicherweise ist die Wappenfolge nicht an Ottos Hof, sondern an dem seines Schwiegervaters Herzog Heinrich I. von Brabant entstanden, der mit seiner Frau unmittelbar nach Otto IV. und noch vor dessen Brüdern rangiert.

Ms. 5014 ist mit wenigstens 13 weiteren Sammelhandschriften des Marquis d'Haucourt in den Besitz des Antoine René de Voyer d'Argenson, Marquis de Paulmy (*1722, †1787) übergegangen und mit dessen Bibliothek an die Bibliothèque de l'Arsenal gekommen. Vorbesitzer war vermutlich der Kardinal [François] de Mailly, Erzbischof von Reims (*1658, †1721).

Rabbow 1984–85. – Paravicini 1993. – Waldner 1992. – Hasse 1995 (im Druck).

W.P.

E 11 Reichsschwert und Scheide, Zeremonialschwert und Seidengürtel

Johann A. Delsenbach, 1751

Kupferstich, koloriert, in: Johann A. Delsenbach, Wahre Abbildung der sämtlichen Reichskleinodien welche in der des Heil. Röm. Reichs freyen Stadt Nürnberg aufbewahret werden ... Nach den Originalen abgezeichnet und in Kupfer gestoßen von A. Delsenbach Nürnberg 1790, Tabula III – H. 49 cm – B. 120 cm.

Göttingen, Niedersächsische Staats- und Universitätsbibliothek, Inv. Nr. 2° J. Germ. III, 2126

Der kolorierte Kupferstich Delsenbachs von 1751 veranschaulicht in ausführlicher Darstellung vier Gegenstände, die zum Ornat und zu den Insignien der Kaiser und Könige des Heiligen Römischen Reiches Deutscher Nation gehören: in der Mitte das 1220 unter Friedrich II. gefertigte Zeremonialschwert mit einer separaten Ansicht der zweiten Seite des Schwertknaufs, daneben ein heute nicht mehr vorhandener Gürtel sowie vier Ansichten des Reichsschwerts und der das Schwert umfangenden Scheide mit Herrscherdarstellungen des 11. Jahrhunderts, die neuerdings in die Zeit Heinrichs IV. (1056–1106) datiert wird.
Das Reichsschwert, der alten Verehrung für den Ritterheiligen wegen auch Mauritiusschwert genannt, war Zeichen der Macht und der Aufgabe, für Kirche und Welt zu kämpfen. Bei der Kaiserkrönung wurde der Herrscher vom Papst damit umgürtet. Der Tradition gemäß gab es schon im frühen Mittelalter eine Reihe kaiserlicher Schwerter. Das heute noch in der Schatzkammer in Wien überlieferte Werk jedoch stammt einheitlich aus der

Regierungszeit Kaiser Ottos IV. (1198–1218), wie neuere form- und sprachhistorische Untersuchungen erwiesen haben. Auf eine Datierung des Schwertes zumindest in die zweite Hälfte des 12. Jahrhunderts weisen die schmale Hohlkehle der Klinge und die breite Parierstange. Funktion und Auftraggeber werden durch die Wappen auf dem pilzförmigen Knauf und die Inschriften auf Knauf und Parierstange verdeutlicht. Trug ein Schwertträger das Schwert aufrecht dem Herrscher voran, so war das sonst auf dem Kopf stehende geteilte Wappen Ottos, ein halber Adler und drei schreitende Löwen, erkennbar und die den Laudes, den Lobgesängen der Herrscherhuldigung, entnommene Inschrift der Parierstange zu lesen: CRISTVS. VINCIT. CRISTVS. REIGNAT. CRIST(VS). INPERAT (Christus siegt – Christus regiert – Christus herrscht). Bei umgekehrter Tragweise mit nach unten gehaltenem und auf die andere Seite gedrehtem Schwert, etwa am Schwertgurt befestigt, war auf der Parierstange eine Kurzform dieser Inschrift zu sehen. Auf dem Knauf erschien dabei der eingravierte Reichsadler. Nur bei gesenktem Schwert war auch der um den Knauf laufende Psalm 144 aus der Krönungsliturgie lesbar: BENEDICTVS. DO(minv)S. DE(v)S. QVI. DOCET MANV(s) (Gepriesen [sei mein] Herr [und] Gott, der [meine] Hände [kämpfen] lehrt). Die Wortformen REIGNAT bzw. REINAT der gekürzten Inschrift weisen darauf hin, daß hier das Mittellatein von einem Schreiber stammt, dessen Muttersprache nord- oder südfranzösisch war. In Hinblick auf die Beziehungen Ottos IV. zum englischen Hof und sein Amt als Graf von Poitou läßt sich eine Herstellung der Waffe in Frankreich unmittelbar für die Krönung Ottos in Aachen 1198 vorstellen.

Delsenbach gibt auf dem Stich auch einen heute verlorenen Seidengürtel mit folgender Inschrift wieder: OTTONI REGVM VIRTVS CVI CRESCAT ACRIS EA PRECELSO VINCIMINA SIC (in freier Übersetzung: Dieser Gürtel [ist] dem unter den Königen so erhabenen Otto [gewidmet], dessen tatkräftige Tugend wachsen möge). Er besaß vergoldete Riemenzungen und fünf melonenförmige anhängende Goldblechperlen, die als kleine Glöckchen dienten. Auch für diesen Gürtel und den nicht abgebildeten, aber unter den Reichsinsignien in Wien erhaltenen sogenannten Schwertgurt kann Otto IV. als Auftraggeber gelten.

Hucker 1990, S. 598–601. – Schulze-Dörrlamm 1995.

J.L.

E 11

E 12 Testament Kaiser Ottos IV.

Harzburg, 1218 Mai 18

Pergament – H. 36,1 cm – B. 30,3 cm – Umbug 1,7 cm – mit restauriertem Siegel aus grünem Wachs an roten Seidenfäden.

Wolfenbüttel, Niedersächsisches Staatsarchiv, 2 Urk 1

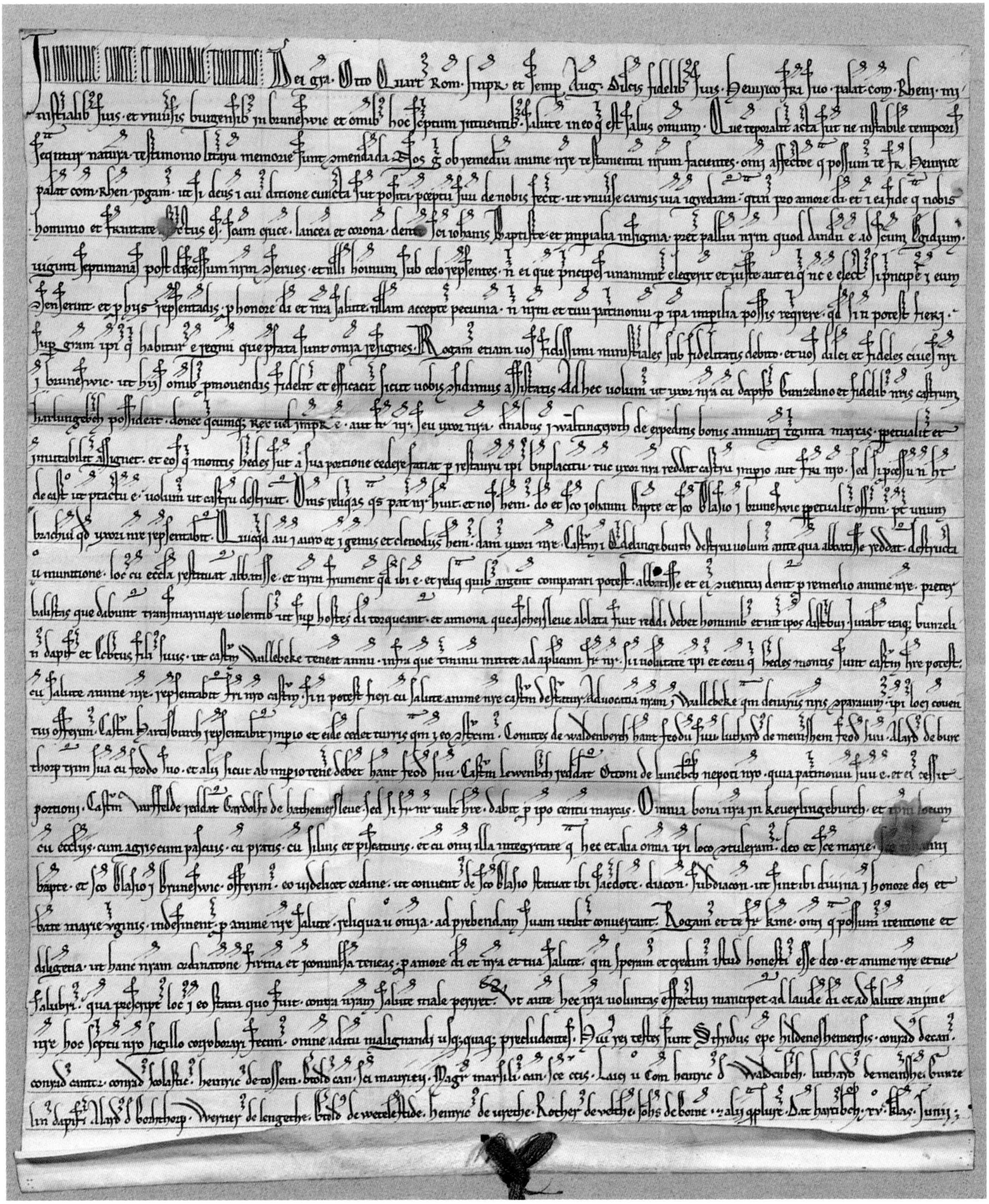

E 12

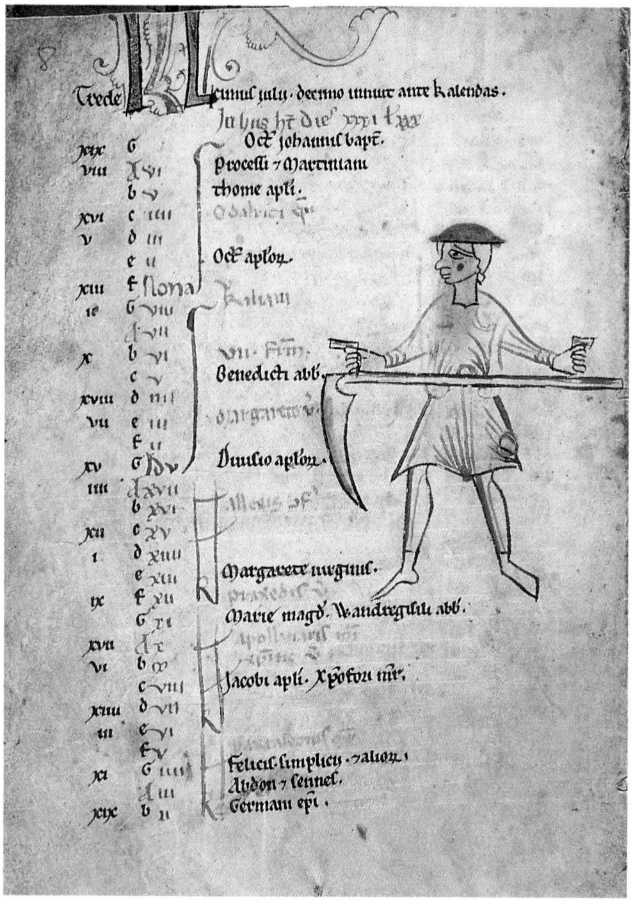

E 13

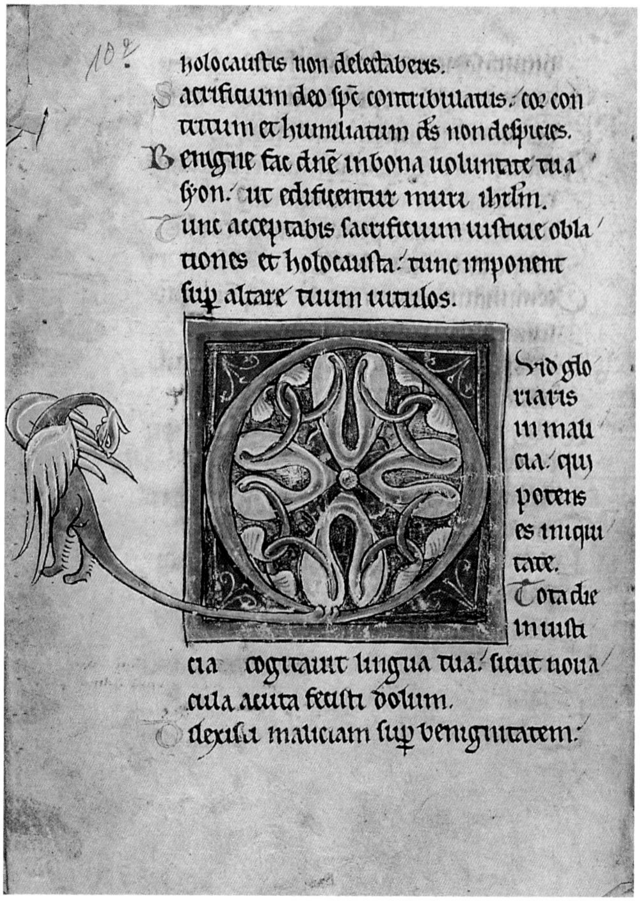

E 13

Otto IV. hat seinen letzten Willen am Tage vor seinem Ableben (19. Mai 1218) kundgetan. Die wichtigste darüber ausgefertigte Urkunde ist im Archiv des Braunschweiger St.-Blasiusstifts erhalten geblieben. Sie wurde vom Kanzlisten D nach dem Diktat des Propstes Johannes Marcus geschrieben. Den paläographischen Untersuchungen Hans Martin Schallers zufolge hat es sich bei D um den 1215 bezeugten Notar Gervasius gehandelt, der wiederum als identisch mit Gervasius von Tilbury (Kat. E 20 u. E 21) und dem Propst Gervasius von Ebstorf angesehen wird.
In dem vorliegenden Schriftstück setzt Otto IV. seinen Bruder, den Pfalzgrafen Heinrich, zum Haupterben ein. Als Testamentsvollstrecker sind Pfalzgraf Heinrich, die Ministerialen Ottos und die Bürger von Braunschweig bestimmt. Die Kaiserin erhält einen Reliquienarm aus dem Reliquienschatz Heinrichs des Löwen und soll an den künftigen Regelungen über Ottos Burg Harlingeberg mitwirken.
In sieben Artikeln wird über die Reichsinsignien und die Burgen am Harz verfügt. Heiliges Kreuz, Lanze, Krone, der Zahn Johannes des Täufers und die übrigen *imperialia insignia* sollen nach 20 Wochen demjenigen ausgehändigt werden, den die Fürsten dann zum König gewählt haben, oder, falls die Fürsten sich nicht einigen, an Friedrich II. gelangen. Die Harzburg geht ans Reich, die Befestigungen in Quedlinburg sollen zerstört und die Örtlichkeit dann an die Äbtissin zurückgegeben werden. Die Kirche zu Scheverlingenburg wird samt ihrem Besitz dem St.-Blasiusstift übertragen, das auch den Reliquienschatz Heinrichs des Löwen erhält.
Neben der Haupturkunde gab es eine Reihe weiterer, teils mündlicher Verfügungen des Kaisers. Das Konzept der Testamentsurkunde gelangte in die Hände des Verfassers der *Narratio de morte Ottonis IV.*, weshalb der Text auch hierin überliefert ist.

Fürstliches Gesamtarchiv, bis 1830 in der Stiftskirche St. Blasius aufbewahrt.

MGH Const. 2, Nr. 42, S. 51–53.– Regesta Imperii V 1, Nr. 511; V 4, S. 141 (Regest).

Walther 1938, S. 178–182, 184. – Hucker 1990, S. 331–341, S. 659–670. – Schaller 1995.

B.U.H.

E 13 Psalterium

Westflandern, um 1200

Pergament – Federzeichnungen – Buchmalerei in Deckfarben – Einband des 15. Jahrhunderts – 158 Blätter – H. 20,2 cm – B. 15,4 cm.

Wolfenbüttel, Niedersächsisches Staatsarchiv, VII B Hs 215

Dieser unscheinbare Psalter ist um 1200 in Westflandern entstanden. Die zweite Heirat Heinrichs des Löwen, durch die er mit dem englischen Königshaus verbunden war, gab sicher Anlaß zu vielfältigen Kontakten mit England und auf dem Wege dorthin mit Flandern. Er ist, nachdem er für den Lebens- und Wirkungsbereich um Gent geschrieben worden war, nach Niedersachsen gelangt; ob aber auch ohne Umwege in das Stift St. Blasius in Braunschweig, ist fraglich.

Besitzvermerke (pag. 1) bezeugen, daß er der privaten Andacht von Klerikern diente. Er gehörte am Ende des 14. Jahrhunderts dem Schreiber und Boten des Blasiusstifts Thidericus Wedehoppe, eine Zeitlang der Kirche in Venslebe, heute wüst bei Ingeleben im Kreis Wolfenbüttel. Erst danach wird er ausdrücklich als Besitz des Blasiusstifts bezeichnet. Nachdem der Buchblock im 15. Jahrhundert erheblich beschnitten worden war, erhielt er seinen Einband.

Der Psalter enthält einen Kalender, die 150 Psalmen in der Einteilung der römischen Liturgie, außerdem Cantica, Litanei und das Psalmengebet für die sogenannte Totenwache (*Vigilia mortuorum*).

Sein Schmuck beschränkt sich auf Monatsbilder im Kalender und neun- bis zwölfzeilige Initialen zu den Psalmen aller Matutinen und der Vesper des Sonntags, weil beim römischen Offizium ihnen liturgisch höhere Bedeutung zukam (Psalm 1, 26, 38, 52, 68, 80, 97, 108). Spiralig gedrehte Ranken finden sich im Buchstabenkörper, sie laufen in Halbpalmetten, Drachenleiber oder -köpfen aus.

Die Zuordnung der Bilder zu den einzelnen Monaten im Kalender gibt Aufschluß über den Wirkungs- und Lebensbereich der ursprünglichen Besitzer dieses Psalters. Vornehmlich im westeuropäischen Kulturkreis findet sich für das Aprilbild der Blumenträger, für das Maibild der Falkner, erntende Bauern für Juli und August, was dem maritimen Klima der Niederlande und Englands entspricht, klimatisch bedingt auch das Bild des Sämanns im Oktober. Zum Beweis für die Lokalisierung des Kalenders in Westeuropa: Der Psalter der Christina von Markyate aus St. Albans, heute in St. Godehard Hildesheim, ordnet die Kalenderbilder denselben Monaten zu.

Braunschweig, Stiftskirche St. Blasius. 1834/35 durch die herzogliche Kammer an das damalige Landeshauptarchiv in Wolfenbüttel übergeben.

Achilles 1985.

H. H.

E 14 Siegeltypar Konrads III. von Scharfenberg, Bischof von Speyer (1200–1224)

Mittelrhein, Speyer (?), zwischen 1203 und 1207

Silber – auf der Rückseite kleine Handhabe – H. 7 cm – B. 5,4 cm.

Speyer, Historisches Museum der Pfalz, Inv. Nr. 1935/29

Konrad von Scharfenberg war einer der mächtigsten und einflußreichsten Speyerer Bischöfe. Er wurde um das Jahr 1165 geboren und entstammte dem Geschlecht der Herren von Scharfenberg, die als Reichsministerialen auf der Reichsburg Scharfenberg (»Münz«) – in unmittelbarer Nähe des Trifels – ihren Stammsitz hatten. Durch Konrads Bruder Heinrich I., der sich nach der Burg (Alt)-Scharfeneck benannte, erfolgte 1219 eine Teilung in die Herrschaften Scharfeneck und Scharfenberg. Daher erklärt sich die häufig falsche Benennung Konrads als »von Scharfeneck«. Wohl bereits im Kindesalter für den geistlichen Beruf bestimmt, besuchte er die Domschule von Speyer, 1186 bis 1196 war er Propst des Stifts St. German zu Speyer, danach Domdekan. In den Jahren 1198 bis 1200 diente er König Philipp von Schwaben als Protonotar. Im Frühjahr 1200 wurde er zum Bischof von Speyer gewählt, blieb aber auch weiterhin als Ratgeber und Diplomat für Philipp tätig. Nach Philipps Ermordung (21. Juni 1208) – bei der er zugegen war – setzte sich Konrad zur Beilegung des staufisch-welfischen Thronstreits und zur Friedenssicherung für den Welfen Otto IV. ein. Nach dessen allgemeiner Anerkennung als König wurde Konrad von Otto IV. 1208 als Reichskanzler bestellt. Als Begleiter Ottos auf dem Italienzug 1209 bereitete er in Gesprächen mit Papst Innozenz III. die Kaiserkrönung in Rom vor. Nach päpstlicher Bannung des welfischen Kaisers schloß er sich im Jahr 1212 der Partei des staufischen Gegenkönigs Friedrich II. an. Die im Sommer des gleichen Jahres erfolgte, kirchenrechtlich unzulässige Wahl Konrads zum Bischof von Metz wurde daraufhin von Innozenz III., wohl aus Dank, bestätigt. Nunmehr lagen beide Bistümer, Speyer und Metz, in einer Hand. Ebenfalls noch im Jahr 1212 wurde Konrad bei einer Begegnung in Hagenau von dem jungen Staufer als Reichskanzler übernommen. In den folgenden Jahren wurde Konrad zu einem der wichtigsten Berater Friedrichs II. 1220 ging er als dessen Reichslegat nach Italien und leitete unter anderem dessen Kaiserkrönung (22. November) in die Wege. Zurück in Deutschland, übte Konrad bis zu seinem Tode wohl maßgeblichen Einfluß auf die Reichsregierung des noch unmündigen Heinrich (VII.) aus. Obwohl Konrad, wie andere bedeutende geistliche Fürsten, dem Königtum die Treue bewahrte und mehr der Reichspolitik verschrieben war als seinem geistlichen Amt, hat er seine Wertschätzung bei Königen und Päpsten auch zum Vorteil seiner beiden Bistümer zu nutzen gewußt. Beeindruckt von dem segensreichen Wirken der Franziskaner und Dominikaner in Italien, ebnete er diesen den Weg nach Deutschland. Die Niederlassungen der Franziskaner in Speyer und die der Dominikaner in Metz zählen zu den ersten dieser Orden auf deutschem Boden.

Am 24. März 1224 verstarb Konrad von Scharfenberg. Im Dom zu Speyer fand er – wie literarisch überliefert – seine letzte Ruhestätte. Vermutungen zufolge ist sein Leichnam identisch mit den Gebeinen, die 1900 – mittig zwischen vier weiteren hohen Geistlichen – in der Gräberreihe westlich der Kaiser- und Königsgräber im Königschor aufgedeckt wurden.

Mittelalterlichem Brauchtum entsprechend, wurden erhaltene Siegelstöcke zur Vorbeugung von Mißbrauch zerschlagen oder dem Toten mit ins Grab gegeben. Die Herkunft des Typars Konrads ist unbekannt. 1935 wurde es vom Historischen Museum der Pfalz erworben. Indizien für die Vermutung, es entstamme seinem Grab, fehlen.

Das spitzovale Typar zeigt innerhalb eines umlaufenden Schriftbands Bischof Konrad III. im Ornat auf einem mit Tierköpfen gezierten Faldistorium sitzend. In seiner rechten Hand hält er das einwärts gekehrte Pedum, in der linken ein Buch. Die Umschrift benennt ihn als Bischof von Speyer : + CVNRAD(us) · DEI · GRACIA · SPIRENSIS ECLESIE · EPISCOP(us) :.

Die Entstehungszeit des Typars läßt sich aus der Siegelführung Konrads erschließen. Je ein Abdruck eines älteren Typars, das in der Umschrift geringfügig von dem ausgestellten abweicht, hängt an drei Urkunden von 1203 für das Kloster Maulbronn – ohne Tagesdatierung (UB Württemberg 2, Nr. 520–522). Abdrucke des hier gezeigten Typars befinden sich an einer Urkunde von 1207 (UB Württemberg 2, Nr. 532) sowie als loses Siegel im Staatsarchiv Marburg, das von einer Urkunde von 1211 stammen soll. Daraus läßt sich die Entstehung des Typars in die Zeit zwischen 1203 und 1207 datieren. Im Jahr 1212 war ein neues Typar in Verwendung, das Konrad in der Umschrift als Bischof von Speyer und Kanzler des kaiserlichen Hofs bezeichnet (Kat. Stuttgart 1977, 1, S. 68).

1935 vom Historischen Museum der Pfalz in Speyer erworben.

Remling 1852, 1, S. 421–450. – UB Württemberg 2, S. 340–344, Nr. 520–522; S. 356–358, Nr. 532. – Winkelmann 1882, S. 620–621. – Hilgard 1885, S. 27. – Bienemann 1886. – Acht 1936. – Acht 1940, S. 72–78. – Schoenstedt 1940, S. 9–21. – Stamer 1949, S. 5–8. – Schaller 1957, S. 216f. – Lutz 1961. – Kubach/Haas 1972, S. 992, 1048. – Ißle 1974, S. 179–181. – Kat. Stuttgart 1977, 1, S. 68f.; 3, Abb. 98. – Schaller 1980. – Stein 1986, S. 81, 151f. – Bistum Speyer, S. 34. – Debus 1988, S. 287. – Kat. Koblenz 1988, S. 73 und S. 75, Abb. V/20. – Thorau 1991.

A.N.

E 15 Proskriptionsliste von 1208/09

Einzelblatt – Pergament – H. 32 cm – B. 23,5 cm.

Wolfenbüttel, Niedersächsisches Staatsarchiv, VII B Hs 129a

Die fortgeschrittene Schriftlichkeit am Hofe des Welfen Otto IV. ergibt sich aus dem leider nur fragmentarisch erhaltenen Verzeichnis der Geächteten, das später dem *Liber Ordinarius* des Braunschweiger Stifts St. Blasius von 1298 (VII B Hs 129, Kat. B 5) als hinteres Schutzblatt eingeheftet wurde. Die knapp 300 Namen, die ein oberdeutscher Schreiber hier aufzählt, umfassen staufische und altwelfische Ministerialen, aber auch Kleriker, Söhne von Klerikern, Handwerker, Diener, ja selbst einen Fährmann und einen Gaukler im südöstlichen Schwaben, dessen Herzog Otto IV. seit seiner Verlobung mit Beatrix, der ältesten Tochter König Philipps von Staufen, faktisch war. Die Personen werden als Geächtete und Sünder (*intolerabiles, peccatores*) bezeichnet; zuweilen sind die Delikte angegeben (meist Mord und Diebstahl). Die Reihenfolge der genannten Orte und Herkunftsnamen läßt sich exakt mit dem Itinerar Ottos IV. zwischen dem 6. Januar und dem 5. Februar 1209 zur Deckung bringen, als der König von Augsburg über Weingarten, Ulm, Memmingen, Giengen nach Aufkirchen zog. Wir müssen uns die Vorgehensweise wohl so vorstellen, daß die Angeklagten zunächst auf der Liste erfaßt wurden, die dann dem König zusammen mit der Aussage von Zeugen vorgelegt wurde, denn nur der Herrscher persönlich konnte die Acht erklären. So kommt es,

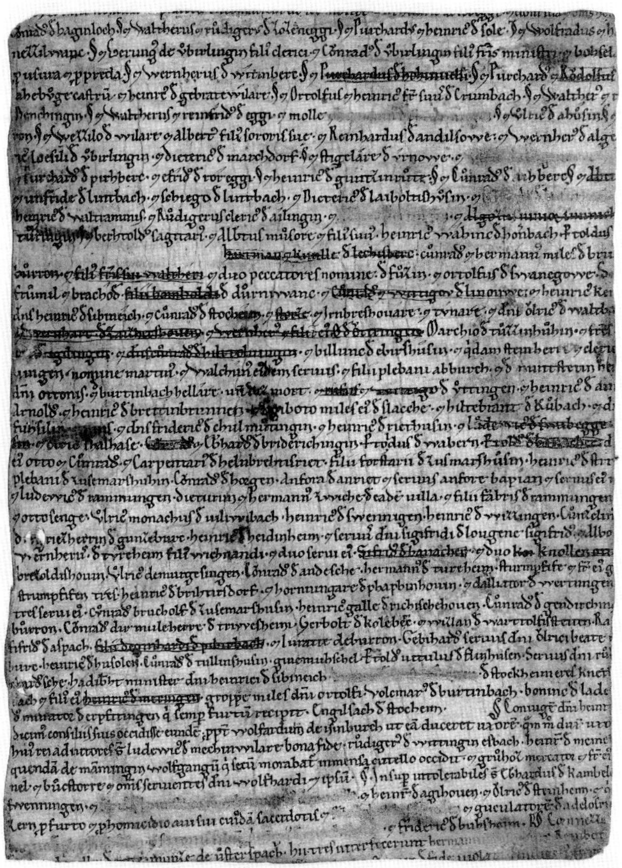

5

daß die Proskriptionsliste auch den Reiseweg Ottos widerspiegelt. Sie beweist ferner das harte Durchgreifen des Königs. Bald war der Landfrieden in Schwaben vollständig wiederhergestellt. Deshalb priesen ihn »die Armen, die Mönche und die niederen Kleriker … als Schirmer der Gerechtigkeit« (Burchard von Ursberg). Ein guter Teil der Geächteten waren jedoch keine eigentlichen Kriminellen, sondern Dienstleute der Andechs-Meranier und der Wittelsbacher Pfalzgrafen. Otto von Wittelsbach war der Mörder König Philipps, und Heinrich von Andechs-Meranien, Markgraf von Istrien, wurde am 6. Januar auf dem Hoftag zu Augsburg als Beteiligter am Königsmord samt seinen Helfern in die Acht getan. Es ist nicht auszuschließen, daß der Herzog von Bayern und der Marschall von Kalden, die mit der Vollstreckung der Acht betraut worden waren, zugleich die Amtsträger ihrer territorialen Konkurrenten treffen wollten. Ein Nachtrag vom 30. Juli führt fünf Personen aus dem Bistum Passau auf: Damals sammelte Otto IV. bei Augsburg das Reichsaufgebot für den Romzug, und der Passauer Bischof hatte ihm hier offenbar eine weitere kleine Liste von Landfriedensbrechern vorgelegt.

Bibliothek des Stifts St. Blasius in Braunschweig.

Wellmer 1975 (mit Datierung auf 1235). – Hucker 1990, S. 108ff., 233f. und 676–687.

B.U.H.

E 16 Paulus-Briefe mit Glossen. Nachtrag: *Versus Reinhardi regis de morte Philippi*

Südwestdeutschland, 3. Viertel 12. Jahrhundert, und Zwiefalten, um 1209/10

Pergament – 153 Blätter – H. 28 cm – B. 19,7 cm.

Stuttgart, Württembergische Landesbibliothek Stuttgart, Cod. bibl. 2° 72

Die letzten freigebliebenen Blätter der Handschrift mit den glossierten Paulus-Briefen nutzte ein Autor namens Reinhard für die Niederschrift des hochpolitischen Gedichts *Versus Reinhardi regis de morte Philippi*. Die Verse handeln zunächst von der Ermordung König Philipps von Schwaben 1208 in Bamberg, enthalten aber zugleich einen Lobpreis auf die Herrschaft Ottos IV. und brechen bei der Schilderung der Rache an dem Mörder Pfalzgraf Otto von Wittelsbach ab.

Der Verfasser läßt sich als Reinhard von Munderkingen identifizieren, der seit der Jahrhundertwende in dem Scriptorium der Abtei Zwiefalten wirkte. Ein zeitgenössisches Bildnis im jüngeren Necrolog von Zwiefalten überliefert ihn als jugendlichen Schreiber der Gedenklisten (Stuttgart, Württembergische Landesbibliothek, Cod. hist. 2° 420, fol. 1r, siehe Abb.). Reinhard war dort aber auch

zu E 16

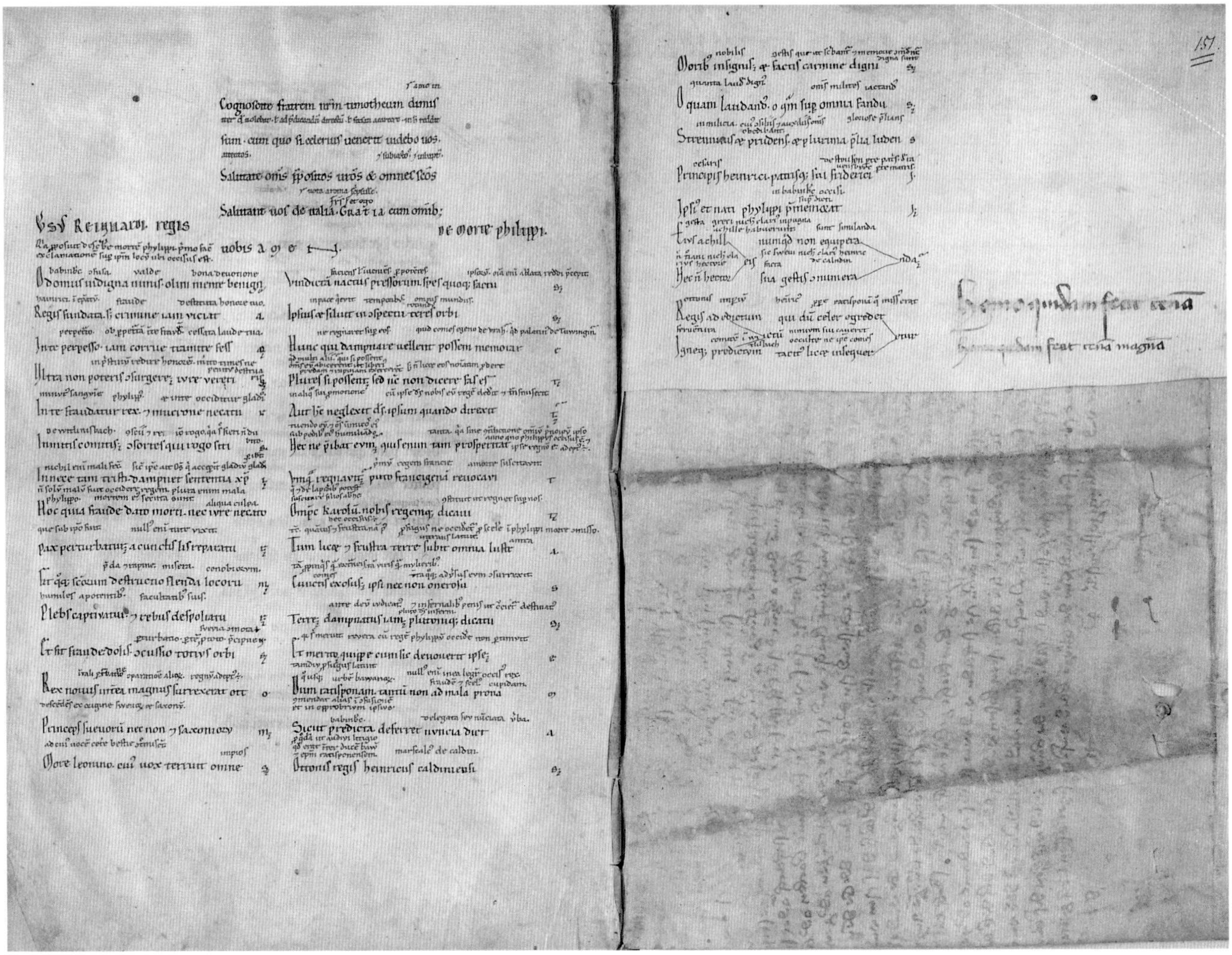

E 16

als Bearbeiter und sogar als Autor tätig, der andere Handschriften mit Glossen bzw. Nachträgen und mit einigen selbstverfaßten Versen versah. Jahrzehnte später, 1232–1234 und 1252–1253, amtierte Reinhard von Munderkingen als Abt in Zwiefalten.

Nachdem im ersten Abschnitt des Gedichts die Bluttat von Bamberg und ihre Folgen beklagt werden, rühmt der Autor im zweiten Abschnitt (v. 13–23) Otto IV. als neuen, unangefochtenen Herrscher: *Rex novus interea magnus surrexerat Otto.* Die Verse schildern den Welfen Otto auf dem Höhepunkt seiner Macht nach der im November 1208 erfolgten einmütigen Wahl zum König und auch in Hinblick auf die vorgesehene oder schon vollzogene Kaiserkrönung im Oktober 1209. Zugleich deutet der plötzlich bei der Beschreibung des Rachegerichts vom Februar 1209 abbrechende Text auch schon auf den Machtverlust Ottos hin, der mit dem im November 1210 verhängten Bann begann. Offenbar erlaubten es die aktuellen politischen Konstellationen vor der Wahl Friedrichs II. Reinhard von Munderkingen nicht mehr, sein schon vollendetes Gedicht über eine vermeintlich neue Ära noch niederzuschreiben. Zwischen Konzeption und Ausführung dieses Textes konzentriert sich die Entwicklung der Herrschaft Ottos IV.

Abtei Zwiefalten.

von Borries-Schulten 1987, Nr. 82 (Lit.). – Spilling 1990.

B.K.

E 17 Matthew Paris, *Chronica Maiora*, Teil II

St. Albans, etwa 1240–1253

Pergament – Federzeichnung, koloriert – 281 Blätter und 5 Vorsatzblätter – H. 36,2 cm – B. 24,8 cm.

Cambridge, The Master and Fellows of Corpus Christi College, Ms. 16

Die Handschrift enthält den zweiten, die Jahre von 1189 bis 1253 betreffenden Teil der *Chronica Maiora*, deren erster Teil (von Erschaffung der Welt bis 1188) ebenfalls in Cambridge liegt (Corpus Christi College, Ms. 26). Sie ist weitgehend ein Autograph des Autors, wie auch die zahlreichen Illustrationen von Matthew Paris selbst stammen, der als Mönch der bedeutenden Benediktiner-Abtei St. Albans bei London verschiedene historiographische und ha-

giographische Werke verfaßte und z.T. selbst illustrierte. Vorgebunden sind der Handschrift Zeichnungen mit dem Itinerar von London nach Apulien, Landkarten des Heiligen Landes und der Britischen Inseln, Genealogien u.a., dabei als Kuriosum ein Bild des Elephanten, den Ludwig der Heilige von Frankreich als Geschenk an Heinrich III. von England schickte. Der Chronik-Text, der bis zum Jahre 1235 weitestgehend auf der Weltchronik des Roger Wendover beruht, ist mit 75 Randzeichnungen von erstaunlicher Lebendigkeit illustriert: In bunter Auswahl werden hier weltbewegende historische Ereignisse wie z.B. die Schlacht von Bouvines (fol. 37r [41r]) neben Geschichten rein lokaler Bedeutung, Anekdoten und Schauergeschichten (z.B. über die kannibalischen Sitten der Tataren, fol. 166r) verbildlicht, immer in einer spontan zupackenden und den Betrachter unmittelbar mit der Drastik der Ereignisse konfrontierenden Art, die als typisch englisch anzusehen ist und die man auf dem Kontinent nicht kennt. Die hier aufgeschlagene Federzeichung zur Schlacht von Bouvines 1214, die Otto IV. und der mit ihm verbündete Johann Ohneland gegen Philipp August von Frankreich verloren, evoziert das Ereignis in der für Matthew Paris typischen Weise durch zwei kurze Episoden: die gefährliche (aber abgewehrte) Attacke auf Philipp August und die Verfolgung des englischen Ritters Hugo de Boves, der das englische Heer gegen alle Sitte an einem Sonntag zum Angriff angestachelt hatte, was der Chronist scharf rügt. – Neben den szenischen Illustrationen bietet Matthew Paris

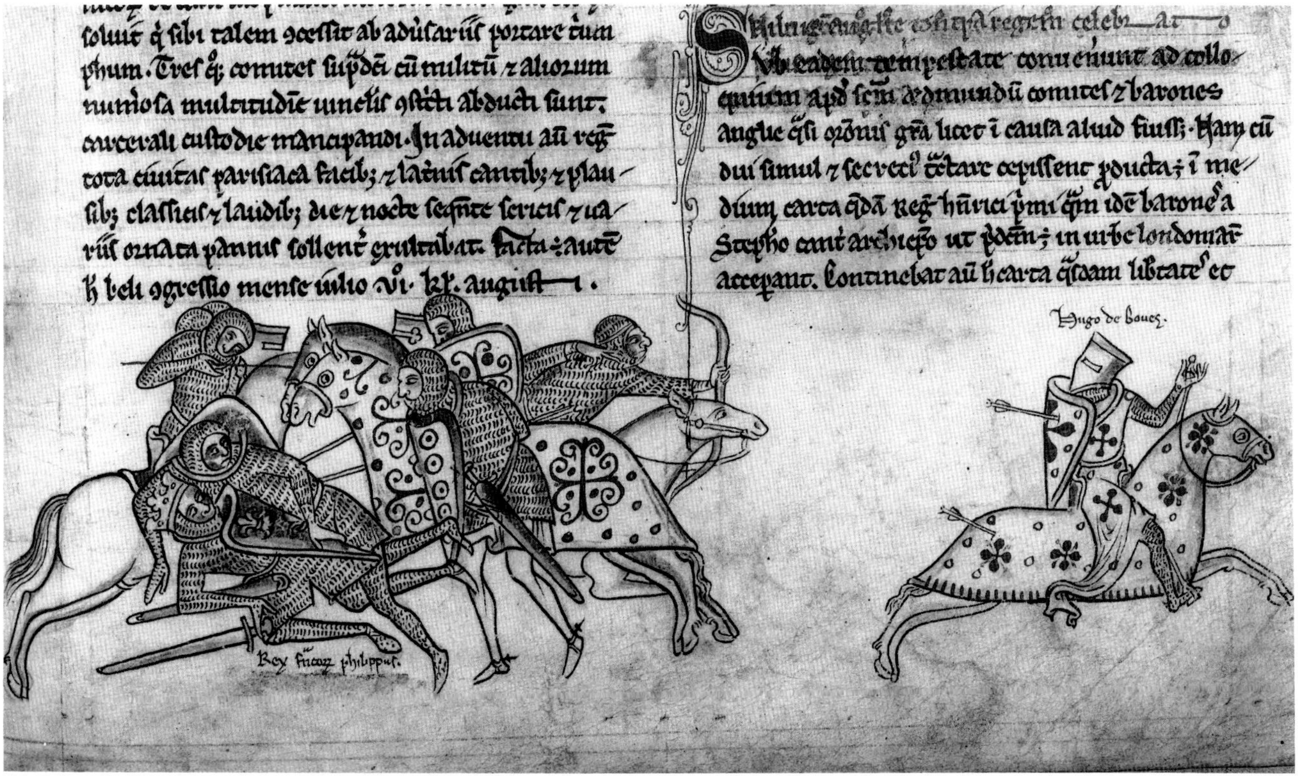

(hiermit in der Nachfolge des Ralph de Diceto) ein ganzes System symbolischer Rand-Bildzeichen, die unmittelbar neben dem Text auf wichtige Ereignisse hinweisen, z.B. den umgekehrten Wappenschild als Hinweis auf den Tod des Trägers.

Laut Eintrag auf fol. 1r von Matthew Paris selbst seinem Kloster St. Albans gegeben; nach Auflösung der Klöster unter Heinrich VIII. schließlich an Matthew Parker, Erzbischof von Canterbury, der beide Bände der Chronik dem Corpus Christi College in Cambridge vermachte.

Morgan 1982, Nr. 88 (Lit.). – Lewis 1987, S. 185–187. – Schnith 1993.

U.N.

E 18 *Chronica Sancti Pantaleonis*

Aachen oder Köln, um 1240

Pergament (+ 2 Deckblätter aus Papier) – Buchmalerei in Deckfarben – neuzeitlicher Einband – 159 + 3 Blätter – H. 32,8 cm – B. 23 cm.

Bruxelles, Bibliothèque Royale Albert Ier, Cabinet des Manuscrits, Ms. 467

Die Brüsseler Handschrift (Hs. B) der *Chronica Sancti Pantaleonis* (CSP) stellt neben dem Wolfenbütteler Exemplar (Kat. A 12) die einzig bebilderte Überlieferung der Kölner Weltchronik dar. Die letzte Kollation ergab, daß beide Handschriften eine gemeinsame Vorlage haben (Breuer 1967). Doch gibt es auch Indizien dafür, daß B größtenteils auf G zurückgehen könnte (Gädeke 1992). Der Entstehungsort ist umstritten: Aachen (Swarzenski 1936) oder Köln (Boeckler 1926).

Die aufwendig gestaltete Handschrift geht in ihrer bildlichen Ausstattung weit über die Wolfenbütteler hinaus. Neben den dort vorhandenen Miniaturen (fol. 1r: Romulus, Octavian, Caesar; fol. 1v: Adam und Seth; die Weltreichspersonifikationen fehlen wohl aufgrund von Blattverlust; fol. 17v: Karolingerstemma; fol. 43r: Stemma der Nachkommen Heinrichs I.) enthält sie eine Reihe ganzfiguriger Herrscherdarstellungen größeren Formats als Stand- oder Sitzbild: fol. 23r: Karl der Große, fol. 62r: Lothar III., fol. 63v: Konrad III., fol. 103v: Friedrich I., fol. 118v: Heinrich VI., fol. 125v: Otto IV., fol. 137r: Philipp von Schwaben, fol. 144r: Friedrich II. Dazu kommt auf fol. 64r die Miniatur der Hildegard von Bingen; damit zu erklären, daß hier – durch überleitende Sätze in den Chroniktext integriert – auf 38 Blättern Auszüge aus ihren Werken eingeschoben sind. Auffallend ist, daß alle Herrscher – auch die Kaiser – in den Beischriften jeweils die Bezeichnung *rex* tragen. Dies läßt sich erklären mit dem Bestimmungsort des Codex, der Aachener Marienkirche, der Krönungskirche der deutschen Könige. Mit der Aachener Karlstradition ist auch erklärt, daß Karl der Große allein dasteht, während erst mit Lothar III. eine – dann lückenlose – Herrscherreihe beginnt. Dagegen gibt es keine Hervorhebung Heinrichs I.

Dem scheint die Genealogie seiner Nachkommenschaft auf fol. 43r zu widersprechen. Aber auch wenn Stemma und Handschrift all die Elemente bringen, die Heinrich I. im Wolfenbütteler Codex zur zentralen Figur werden lassen, so ist zu fragen, ob sie damit dieselbe Nachricht tragen. Daß solche Zweifel durchaus eine Berechtigung haben, zeigt ein Blick auf die Überlieferung dieser Stemmata insgesamt. Alle gehen auf ein Exemplar zurück, das im mittleren 11. Jahrhundert zur Verhinderung einer Nahehe unter Nachkommen Heinrichs I. angefertigt wurde. Das Stemma sollte den konkreten Verwandtschaftsbeweis liefern und dabei auch auf weitere Nahehen in diesem Kreis hinweisen. Dieser ursprüngliche Zweck ist in allen erhaltenen Überlieferungen dieses Urstemmas, auch wenn sie weit darüber hinausgeführt sind, klar zu erkennen – so z.B. in den zahlreichen weiteren Herrscher- und Magnatenlinien, die bereits beim Wolfenbütteler Exemplar angesprochen wurden. Bereits mit den ersten Fortsetzungen wurde das einstige Beweisinstrument aber umfunktioniert – zur Darstellung der königlich/kaiserlichen Nachkommenschaft Heinrichs I. – und nur noch in einer Linie weitergeführt.

Im Unterschied zu fast allen erhaltenen Exemplaren aus dieser Überlieferungsgruppe setzt das Brüsseler Stemma seine unmittelbare Vorlage – aus einer verlorenen Handschrift der CSP oder dem Wolfenbütteler Codex selbst – nicht mehr fort. Doch gibt es Veränderungen gegenüber G in den beiden letzten Zeilen. In der zweitletzten geht das Stemma über den Bestand der Vorlage hinaus, mit *Heinricus rex filius*, *Fridericus imperator*, *Heinricus imperator*: nach dem Vergleich mit der Wolfenbütteler Genealogie wohl die Staufer Heinrich (VII.), Friedrich II., Heinrich VI., deren Medaillons, in eine andere Zeile versetzt, jetzt aber aus dem Zusammenhang herausfallen. Damit wird das Prinzip der exakten Filiationsdarstellung aufgegeben. In der letzten Zeile folgt auf *Phylippus rex* rechts *Heinricus rex*, den man von der Position her mit Heinrich VI., von der Bezeichnung her eher mit Heinrich (VII.) identifizieren würde – wobei beide schon in der vorangegangenen Zeile zu finden sind; links folgt *Otto rex*. Dabei muß es sich um den Welfen Otto IV. handeln, der, wenn auch mit den Staufern verwandt, nicht in die Filiationszusammenhänge des Stemmas paßt. Eine Erklärung könnte sein, daß Otto IV. hier als Schwiegersohn König Philipps aufgenommen ist (Hucker 1990). Auffällig ist aber, daß er die Bezeichnung *rex* trägt – ebenso wie die beiden anderen Herrscher der letzten Zeile. Möglicherweise knüpft das Stemma hier, in dieser Veränderung gegenüber der Vorlage, an das Bildprogramm des Codex an und nimmt dessen Königsreihe –

ADAM et eva ut revelatum fuit sco metodio in carcere virgines egressi sunt de paradyso et anno vite ade xv^mo natus est ei kaim et soror eius kalmana. nam xxx. filios et totidem filias absque cain et abel habuisse dicunt. Post alios xv. annos natus est ei abel et soror eius delbora. Anno vite adam c. xxx^mo. cain occidit abel. et luxerunt eum adam et eva centum annos. Tunc natus est ei seth. xxx. anno prime ciliadis Inchoat enim methodius secla post

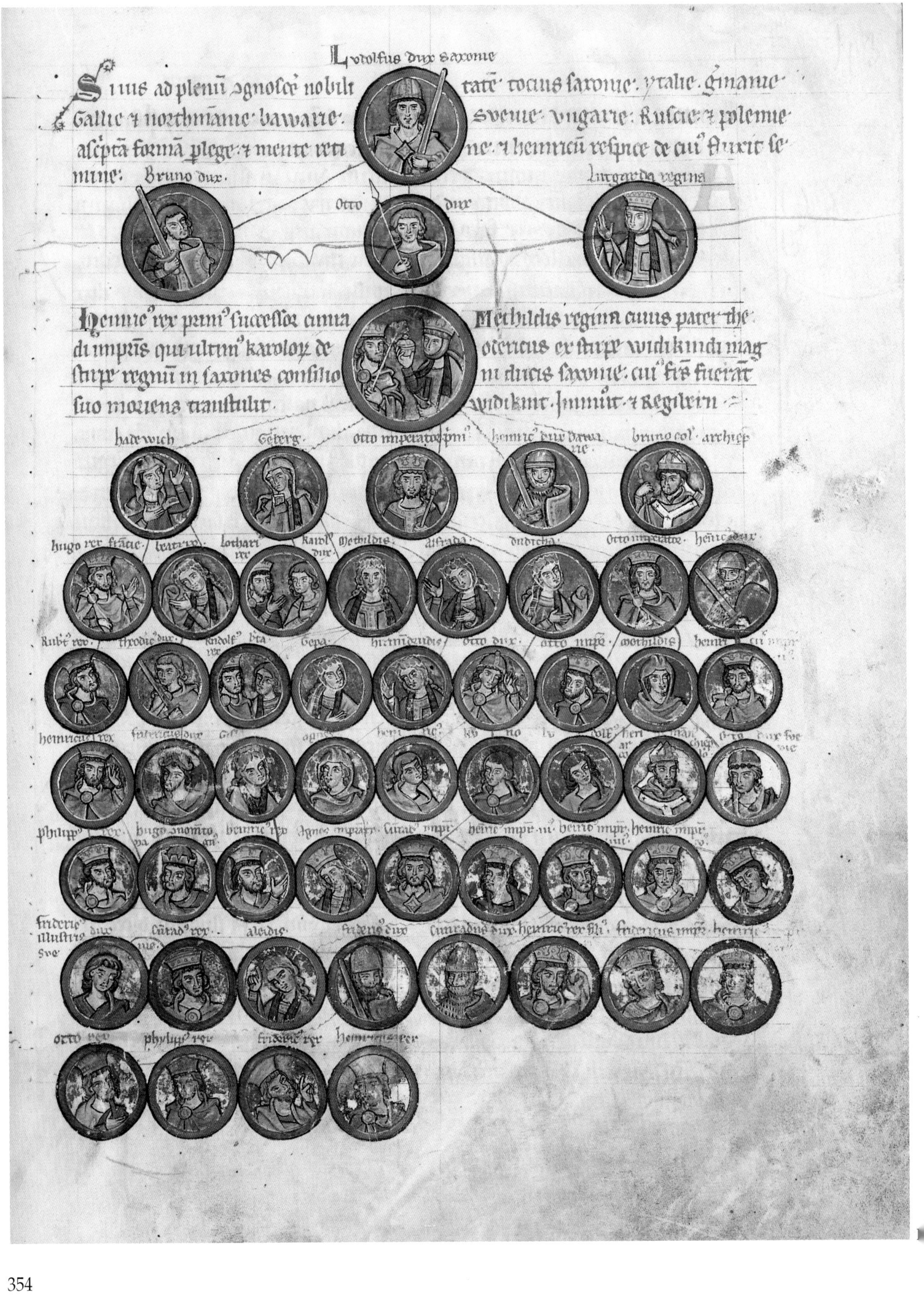
Ludolfus dux saxonie
Bruno dux
Otto dux

Ricardus Rex Sextus
Johannes Rex septimus
Henricus Rex octavus

E 19

dort über die Seiten verteilt – teilweise wieder auf (Gädeke 1992).
Die Darstellung einer Herrscherreihe in einzelnen Repräsentationsbildern findet sich im 12. und 13. Jahrhundert mehrmals in Codices, die einem Herrscher selbst dargebracht werden oder in einem auf das Königtum bezogenen Umkreis Verwendung finden sollten. Gerade hier ist das Zurückdrängen der genealogischen Darstellung gegenüber der der Sukzession besonders aufschlußreich: Es spiegelt die tatsächliche Schwächung des Geblütsgedankens als Legitimation für die Ausübung der Königsherrschaft.

Aachen, Marienstift, 1531 dort noch nachgewiesen. Über die Bibliothèque Nationale, Paris, nach Brüssel gekommen.

Chronica regia Coloniensis. – Boeckler 1926. – Swarzenski 1936, S. 16ff., 90f. – Breuer 1967. – Kat. Köln 1972, 1, Nr. L 18 mit Abb. S. 342 (Joachim M. Plotzek). – Wattenbach/Schmale 1976, S. 109–112. – Kat. Stuttgart 1977, 1, Nr. 752 mit Abb. 544 (Rainer Kahsnitz). – Hucker 1990. – Gädeke 1992. – Sauer 1993, S. 264–266. – Schmid 1994.

N.G.

E 19 Matthew Paris, *Historia Anglorum (Chronica Minora)* und *Chronica Maiora*, Teil III

St. Albans, 1250–1259

Pergament – Buchmalerei in Deckfarben und Randzeichnungen – moderner Einband – 232 Blätter – H. 35,5 cm – B. 25 cm.

London, The British Library, Royal MS 14 C.vii

Matthew Paris (†1259), Mönch in der Benediktinerabtei von St. Albans, Chronist, Autor von Heiligenviten, Schriftsteller, Künstler und Kartograph, ist einer der bekanntesten und bedeutendsten englischen Geschichtsschreiber des Mittelalters. Dieses Manuskript umfaßt die *Historia Anglorum* oder *Chronica Minora*, eine kurze Geschichte Englands von der Normannischen Eroberung 1066 bis zum Jahr 1253, sowie den dritten und letzten Teil seines Hauptwerks, der *Chronica Maiora*, der den Zeitraum zwischen dem Jahr 1254 und dem Jahr seines Todes 1259 abdeckt. Der Text der Chronik, den der Autor eigenhändig niedergeschrieben hat, wird durch die Hinzufügung von Randzeichnungen von seiner eigenen Hand verlebendigt, die der Illustration der beschriebenen Ereignisse dienen.
Der Band enthielt einst auch eine Anzahl von Blättern mit kartographischem Material, darunter das Itinerar einer Reise von London nach Apulien (vgl. Bd. 2, Abb. 7 u. 8), eine Karte des Heiligen Landes und die detailreichste der Karten des Matthew Paris von den Britischen Inseln. Sie wurden jedoch bereits vor einiger Zeit entnommen und werden heute separat aufbewahrt.
Am Anfang der Handschrift befinden sich drei ganzseitige Illustrationen. Die erste und berühmteste ist eine Zeichnung der Jungfrau mit dem Kind, zu deren Füßen der Autor und Illustrator Matthew Paris in eigener Person kniet (fol. 6r). Darauf folgen ein Kalender der Abtei St. Albans (fol. 7r–8r) und eine Doppelseite (fol. 8v–9r) mit der Darstellung von acht englischen Königen, deren Regierungszeit die *Historia Anglorum* umfaßt: Wilhelm I. (der Eroberer), Wilhelm II. (Rufus), Heinrich I. und Stephan sind auf der linken Seite dargestellt. Heinrich II. (Vater der Herzogin Mathilde von Sachsen), Richard I. und Johann (ihre beiden Brüder) sowie Heinrich III. (ihr Neffe) erscheinen auf der rechten Seite. Jeder von ihnen ist durch eine Inschrift von der Hand des Matthew Paris in der Randleiste der jeweiligen Seite namentlich benannt. Die Anordnung der Figuren auf den beiden gegenüberliegenden Seiten – jede Figur ist thronend unter einem Rundbogen, der einem Rechteckrahmen einbeschrieben ist, dargestellt und vor einen farbigen Grund gesetzt, der Tiefenräumlichkeit illusioniert – erinnert insgesamt betrachtet an die Galerie thronender Könige an der Westfassade der Kathedrale von Wells.
Diese quasi skulpturale Präsentation ist Matthew Paris' Darstellung der Monarchen Englands in der *Chronica Maiora* auch inhaltlich durchaus angemessen. Jeder der acht Könige wird als Idealbild eines christlichen Herrschers und Schutzherrn der Kirche vorgestellt und hält in der Rechten das Modell einer Kirche oder eines Kultraums, der auf seine Gründung zurückgeht. Die jeweilige Gründung wird durch Beischriften, die je nach Bedarf am oberen bzw. am unteren Rand der Seite angefügt sind, benannt und beschrieben: Wilhelm I., dem ein Schiff – Sinnbild der Überquerung des Kanals – als Fußschemel dient, ist Battle Abbey in Sussex zugeordnet, das er zur Erinnerung an die Schlacht bei Hastings im Jahre 1066 gründete. Wilhelm II. trägt Westminster Hall, Heinrich I. seine Abtei in Reading/Berkshire und Stephan das Kloster von Faversham in Kent. Heinrich II. präsentiert Waltham Abbey in Essex, das er 1182 reformierte. Das Brustbild seines Sohnes, Heinrich des Jüngeren, der noch zu Lebzeiten des Vaters gekrönt wurde, jedoch noch vor der Thronbesteigung verstarb, ist in der Mitte des oberen Registers zu seinen Füßen dargestellt. Der Kreuzfahrerkönig Richard I., bekannt unter dem Beinamen Löwenherz, schwingt sein Schwert und trägt das Modell der Kirche des hl. Thomas Becket, die er 1190 in Acre gründete, in der erhobenen Linken. Johann wird verbunden mit der Gründung der Zisterzienserabtei von Beaulieu in Hampshire, Heinrich III. mit der königlichen Abtei von Westminster, die sich zu Lebzeiten des Matthew Paris noch im Bau befand.

Ursprünglich im Besitz der Abtei St. Albans, gehörte die Handschrift später dem bibliophilen Bruder Heinrichs V., Humphrey, Herzog von Gloucester (*1391, †1447). Sie wurde durch Jakob I. zusammen mit anderen Handschriften aus der Sammlung des John Lord Lumley (†1609) für die königliche Bibliothek angekauft und gelangte im Jahre 1757, als Georg II. der Nation die alte königliche Bibliothek zum Geschenk machte, von dort in das British Museum.

Morgan 1982, Nr. 92 (Lit.). – Lewis 1987, Kap. 3. – Kat. London 1987, Nr. 437.

J. B.

E 20 Gervasius von Tilbury, *Otia imperialia*

Löwen, Kloster St. Maartensdaal, 1486

Papier – neuzeitlicher Ledereinband – 4 + 246 + 4 Blätter – H. 13,0 cm – B. 10,0 cm.

Berlin, Staatsbibliothek zu Berlin – Preußischer Kulturbesitz, Ms. lat. oct. 133

Neben der Handschrift mit eigenhändigen Verbesserungen und Randbemerkungen des Verfassers Gervasius von Tilbury (Vat. lat. 933, Kat. E 21) sind 29 weitere Handschriften mit den *Otia imperialia* erhalten geblieben. Lediglich drei davon wurden wahrscheinlich noch im 13. Jahrhundert geschrieben, die übrigen sind in das 14. bis 17. Jahrhundert zu datieren. Bemerkenswert ist, daß nur ein einziger Codex mit Sicherheit im deutschen Sprachgebiet entstanden ist. Die übrigen stammen vor allem aus Frankreich, einige weitere aus Italien oder England.
Eine kleine, schlichte Papierhandschrift mit den *Otia imperialia* wurde 1486 im Kloster St. Maartensdaal (Vallis Sancti Martini) bei Löwen geschrieben. Dieses Kloster, das die Regel des hl. Augustins befolgte, war Mitglied der angesehenen Kongregation von Windesheim. Im Kolophon dieser Handschrift lernen wir nicht nur den Namen und Herkunftsort des Schreibers kennen und den Tag, an welchem er seine Abschrift beendete, sondern erfahren auch, daß der Schreiber im alten Schlafsaal im Ostteil des Klosters gearbeitet hat: *Finitum hoc presens fuit opus nono kalendas novembrias, anno salutis octogesimosexto super millesimum et quadringentesimum* (24. Oktober 1486) *in monasterio sancti Martini Lovaniensis in dormitorio vetustiori ad orientalem eiusdem monasterii plagam per fratrem Ottonem Palm civem Mechliniensem.*
1992 wurde behauptet, die Handschrift sei eine direkte Kopie des Exemplars, das Otto IV. vom Verfasser überreicht wurde; sie würde somit die definitive Gestalt der *Otia imperialia* enthalten. Diese Behauptung, die es verdiente, näher überprüft zu werden, beruht auf der Tatsache, daß Kaiserin Maria, Gemahlin Ottos IV., nach dem Tode ihres Mannes im Jahre 1223 an den Hof ihres Vaters, des Herzogs Heinrich von Brabant, in Löwen zurückgekehrt war. Sie hätte die überreichte Reinschrift der *Otia imperialia* mit anderen Büchern und Wertgegenständen mitgenommen, und diese Handschrift wäre die direkte (oder

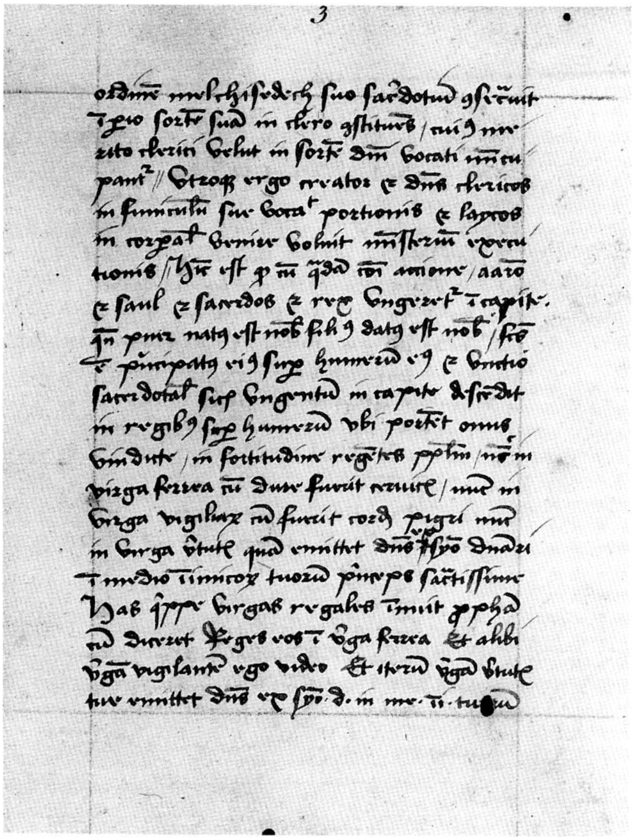

indirekte) Vorlage der Abschrift des Otto Palm gewesen. Ob dies tatsächlich der Fall gewesen ist, ist nicht nachgewiesen. Auch das Verhältnis zwischen dem Text der oben erwähnten Autorhandschrift des Gervasius und dem der Handschrift aus St. Maartensdaal ist noch nicht geklärt.

Die Handschrift wurde 1889 von der Königlichen Bibliothek zu Berlin aus englischem Privatbesitz erworben.

Hucker 1984. – Duchesne 1995, S. 16–17.

E. O.

E 21 Gervasius von Tilbury, *Liber de mirabilibus mundi (Otia imperialia)* von 1215/16

Pergament – H. 27,5 cm – B. 20 cm.

Città del Vaticano, Biblioteca Apostolica Vaticana, Cod. Vat. lat. 933

Als ein reicher Bürger aus Bristol sich auf einer Seefahrt nach Irland befand, fiel ihm ein Messer ins Meer. Wie er später feststellte, fand sich dieses Messer zu Hause wieder, wo seine Frau und Söhne zurückgeblieben waren und es im Moment des Verlustes durch das Dachfenster gefallen war. Ob man deshalb daran zweifeln dürfe, daß das Meer über unseren Wohnungen liege, fragt der Autor des »Buches von den Wundern der Welt« (*Liber de mirabilibus*

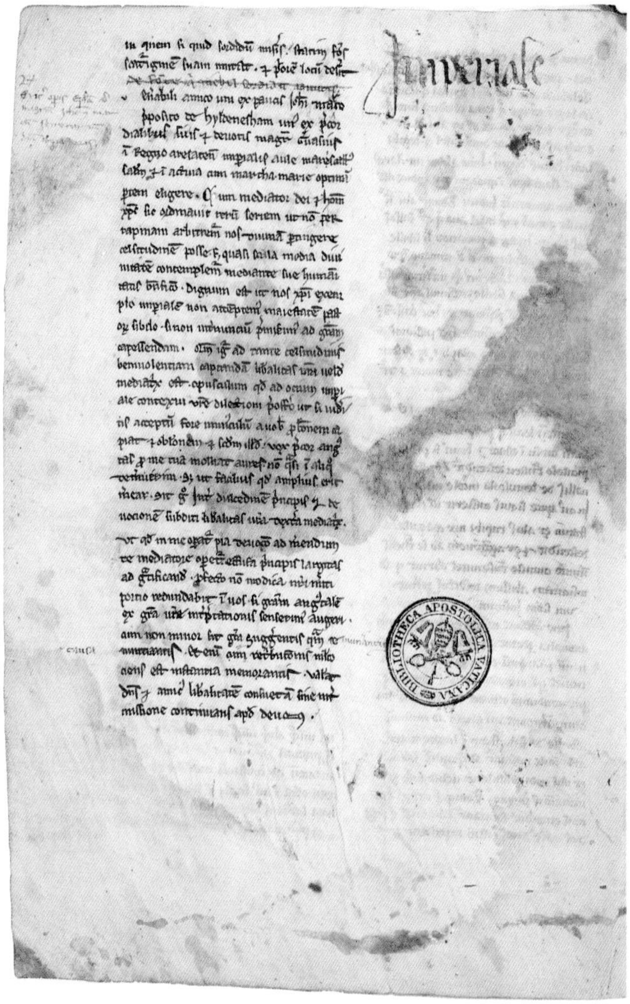

E 21

mundi) seine Leser, deren vornehmster Kaiser Otto IV. gewesen sein dürfte, dem der Autor, der Engländer Gervasius von Tilbury, das Buch zum Trost nach dem Verlust der Schlacht bei Bouvines widmete. Solche und ähnliche Histörchen aus dem Volksmund Unteritaliens, des Arelats, Kataloniens und Englands enthalten die 128 Kapitel des dritten Buches (*decisio tertia*) seines *Liber*, den er auch *Solacium imperatoris* (später *Otia imperialia*) nannte. Die erste Decisio umfaßt Erörterungen über den Kosmos sowie die Heilsgeschichte von der Schöpfung bis zur Sintflut, die zweite eine Beschreibung und Geschichte der einzelnen Länder samt kommentierten Herrscherlisten. Ihr sollte eine Weltkarte (*Mappa mundi*) neuer Art beiliegen, die sich jedoch in keiner der erhaltenen Handschriften findet. Die Vorrede gibt sich als Widmungsbrief des Autors an Otto IV., bietet tatsächlich eine gereimte Legitimation von König- und Priestertum (*Collatio sacerdotii et regni*), die sich geradezu wie eine »lange Reimschlange« hinzieht. Der kunstvolle Charakter der ersten und zweiten Decisio als Versdichtung erschloß sich erst neuesten philologischen Untersuchungen (Hans Zimmermann).

Die einzige vollständige Edition stammt von Gottfried Wilhelm Leibniz, der seiner Ausgabe die Wolfenbütteler Handschrift Helmst. 481 zugrunde legte, die er mit den durch die englischen Gelehrten Sikius und Wassus beschafften Lesarten einer zweiten Handschrift aus Cambridge verglich.

Gervasius, geboren zwischen 1162/63 und 1169/70 im englischen Tilbury, begann seine Laufbahn als Erzieher des jungen, 1183 verstorbenen Königssohns Heinrich und wirkte vor 1189 auch am sizilischen Königshof. Später heiratete er in Arles und erbte ein Stadtpalais. 1209 wurde er Ottos IV. Marschall im arelatischen Königreich, wo seine Stellung nach dem Auftreten Friedrichs II. offenbar unhaltbar wurde. Er wandte sich deshalb an den Kaiser, der ihn in seiner Kanzlei verwendete und – wenn nicht alles trügt – schließlich als Propst des von seinen Anhängern, den Grafen von Schwerin, um 1217 neugegründeten Frauenklosters Ebstorf unterbrachte. Das »Buch von den Wundern der Welt« war offenbar eine Vorleistung für erwartete Wohltaten. Diese Erwartung wird im Widmungsbrief an Ottos IV. *secretarius* Johannes Marcus unverhohlen zum Ausdruck gebracht. Johannes war ein Gelehrter, der 1210/11 am Kaiserhof in Apulien weilte und wie der Kanzler Konrad von Würzburg der Hildesheimer Domschule entstammte. Der Dank des Gervasius könnte darin bestanden haben, die noch fehlende Weltkarte in wahrhaft imperialer Gestalt gesondert nachzuliefern (Ebstorfer Weltkarte, Kat. A 1).

Ausgestellt ist die von James R. Caldwell entdeckte Vatikanische Handschrift mit den eigenhändigen Verbesserungen und Randbemerkungen des Gervasius – aufgeschlagen die Seite mit dem Brief des Autors an Johann Marcus, Propst von Bardowick und Oelsburg.

Gervasius von Tilbury (Ed. Leibniz). – Duchesne 1992. – Caldwell 1957. – Strzelczyk 1970. – Hucker 1984b. – Hucker 1990, S. 407–409. – Wolf 1991, S. 89–100 und 115f. – Hucker 1992a. – Zimmermann 1992.

B.U.H.

Die Brüder Ottos IV. – Herzog Otto das Kind und die Gründung des Herzogtums Braunschweig-Lüneburg

Die Bedeutung der Brüder Ottos IV. wird bisweilen unterschätzt, obschon sie nicht nur als wichtige Fürsten des Reichs, sondern auch als Auftraggeber, Stifter und Förderer von Kunstwerken in Erscheinung getreten sind. Ottos älterer Bruder mit Taufnamen Heinrich (*1173, †28. April 1227) fiel während des Italienzuges im Jahre 1191 von Kaiser Heinrich VI. ab und wurde in die Acht erklärt. 1194 verlobte er sich gegen den Willen der Väter mit Agnes (†9. Mai 1204), Erbtochter des staufischen Pfalzgrafen Konrad bei Rhein. Ihre ein Jahr später vollzogene Liebesheirat überwand den staufisch-welfischen Konflikt nur kurz. Die Situation nach dem plötzlichen Tod Kaiser Heinrichs VI. schildert Roger von Howden: »Der König von England bemühte sich in allem, daß Herzog Heinrich von Sachsen, sein Neffe, Kaiser werde. Aber da dieser noch nicht von seiner Kreuzfahrt heimgekehrt war …, brachte er die Erzbischöfe von Köln und Mainz … dazu, Otto, … den Bruder Heinrichs …, zum Kaiser zu wählen.« Zwar hat Heinrich, der seit 1195 Pfalzgraf bei Rhein war, daneben aber stets auch seine Ansprüche auf das Herzogtum Sachsen betonte, zunächst mit der Anerkennung Ottos gezögert, ist dann aber, abgesehen von dem Zerwürfnis der Jahre 1204–1208, uneingeschränkt für diesen eingetreten. Im Mai 1202 teilten die Brüder das Erbe Heinrichs des Löwen untereinander auf, wobei der Jüngste, Wilhelm (*1184, †12. Dezember 1212/13), hauptsächlich Lüneburg erhielt. Die Rheinpfalz übergab Heinrich, der 1212/13 Agnes, die Tochter des wettinischen Markgrafen Konrad von Landsberg geheiratet hatte, seinem einzigen, gleichnamigen Sohn, der aber schon am 26. April 1214 verstarb. Damit war die welfische Herrschaft auch dort zu Ende gegangen. Einziger männlicher Erbe der Welfen war nun der noch unmündige Sohn Wilhelms von Lüneburg, Otto das Kind (*1204, †9. Juni 1252), der Mechthild, eine Tochter Markgraf Albrechts II. von Brandenburg, geehelicht hatte. Ihn setzte Pfalzgraf Heinrich im Juli 1223 feierlich zu seinem Erben ein. Nach anfänglichen Schwierigkeiten konnte Otto durch eine ausgleichende und dem Reichsoberhaupt gegenüber neutrale Politik am 21. August 1235 seine Belehnung als Herzog von Braunschweig-Lüneburg erreichen. Er führte damit das welfische Haus auch de jure wieder in den reichsfürstlichen Stand zurück, dessen Fortbestehen zusätzlich durch einen reichen Kindersegen – Otto hatte fünf Töchter und fünf Söhne – gesichert war.

Roger von Howden, Chronica (Ed. Liebermann/Pauli), S. 173: … *rex Anglie modis omnibus nitebatur efficere, quod Henricus dux Saxonie, nepos eius, fieret imperator. Sed quia ipse nondum de peregrinacione sua redierat, … prefatus rex Anglie effecit adversus archiepiscopos Coloniensem et Maguntinum …, quod ipsi elegerunt Othonem, … fratrem predicti Henrici …, in imperatorem.*

Oesterley 1786. – von Heinemann 1882. – Michels 1891. – Brandi 1914. – Busch 1921. – Zillmann 1975. – Boshof 1980. – Jordan 1981. – Patze/Ahrens 1986. – Schneidmüller 1986. – Schneidmüller 1987. – Brenske 1988. – Hucker 1990. – Schneidmüller 1992. – Hasse 1995 (im Druck).

C.P.H.

E 22 Siegel Heinrichs, Pfalzgraf bei Rhein (*1173, †1227), Typ I

Typar: Rheinpfalz, 1195 – Urkunde: Braunschweig, 1196

Braunes Wachs – an Pergamentstreifen verkehrt herum hängend – der Schriftrand stark bestoßen – Dm. 7,6 cm.

Wolfenbüttel, Niedersächsisches Staatsarchiv, 7 Urk 1

Der erstgeborene Sohn Heinrichs des Löwen mit gleichem Taufnamen trat schon in den letzten Lebensjahren seines Vaters aktiv auf, so bei der Verteidigung Braunschweigs in den Jahren 1189 und 1192. Heinrich von Braunschweig, wie er bisweilen genannt wird, brachte zudem nach seinem Abfall von König Heinrich VI. während dessen Italienheerfahrt im Jahre 1191 ein päpstliches Privileg mit, wonach eine eventuelle Exkommunikation Heinrichs des Löwen und dessen Nachfolger nur durch den Papst oder seine Beauftragten erfolgen könne (Wolfenbüttel, Niedersächsisches Staatsarchiv, 1 Urk 6, Bd. 2, Abb. 87). Nach dem Tod des Löwen war Heinrich in Sachsen zunächst alleiniger Repräsentant der welfischen Herrschaft, in welcher Eigenschaft er wichtige Urkunden für Klöster und Stifte in Sachsen ausstellte. Über seine Liebesheirat mit Agnes von Staufen, Tochter des Pfalzgrafen Konrad, und die Übernahme der Rheinpfalz spätestens seit 1196 konnten die Welfen in den Kreis der Reichsfürsten zurückfinden, zumal Pfalzgraf Heinrich eine diplomatische, gemäßigte welfische Position vertrat. Möglicherweise ist im Umkreis des pfalzgräflichen Hofes zu dieser Zeit der »Tristrant« des Eilhard von Oberg entstanden. Heinrichs erstes Reitersiegel benutzte er allein in seiner Stellung als Pfalzgraf bei Rhein von (1195)/1196 bis 1197/(1198) und hat demgemäß die Umschrift HEINRICV[s] D(e)I GR(ati)A [PALATINVS COMES RH]ENI (Heinrich von Gottes Gnaden Pfalzgraf bei Rhein). Es zeigt den Pfalzgrafen auf einem nach links springenden Pferd. Unter dem kegelförmigen Helm sind die Gesichtszüge des Reiters erkennbar. Sein Nacken

E 22

E

und sein Körper werden von einem langen Kettenhemd, Helmbrünne und Rüststrümpfen geschützt. Deutlich sind dessen Sporen, ferner der Sattel mit darunterliegender Decke sowie Steigbügel erkennbar. Im linken Arm hält er einen oben abgerundeten Schild, auf dem ein Adler dargestellt ist. Wie in den Siegeln weiterer Reichsfürsten dieser Zeit sollte damit die Bindung des Siegelführenden an das Reich und dessen reichsfürstliche Stellung ausgedrückt werden. Die Linke hält eine Fahnenlanze, deren dreilätziges Tuch in den oberen Inschriftenrand hineinweht. Auch das Pferd ist von dem Stempelschneider in feiner Art gestaltet worden, indem er besonderen Wert auf den Ausdruck seines Kopfes legte. Umschrift des Siegels und der Adler des ›staufischen‹ Königtums legen es nahe, daß der dazugehörige Stempel in der Rheinpfalz oder in deren Nähe geschaffen wurde.

Archiv des Stifts St. Blasius in Braunschweig.

Origines Guelficae, Bd. 3, S. 605 f.

von Heinemann 1882. – Schmidt-Phiseldeck 1882, Nr. 8, S. 2. – Jordan 1981, S. 131 ff. – Schneidmüller 1985, Abb. 1. – Fenske 1985, S. 94 f., S. 156 f. – Kat. Nürnberg 1992, S. 186 mit Anm. 401. – Hasse 1995 (im Druck).

C.P.H.

E 23 Siegel Heinrichs, Herzog von Sachsen und Pfalzgraf bei Rhein (*1173, †1227), Typ II

Typar: Braunschweig (?), 1198/99 – Urkunde: 1201

Hellbraunes Wachs – restauriert – an weißen Zwirnfäden hängend – Dm. 8,2 cm.

Wolfenbüttel, Niedersächsisches Staatsarchiv, 24 Urk 24

Spätestens nach der Wahl seines jüngeren Bruders Otto zum römisch-deutschen König 1198 erhob Pfalzgraf Heinrich den Anspruch auf Restituierung des welfischen Herzogtums Sachsen. Außenwirkung zeitigten hierbei eine veränderte Titel- und Siegelführung, aber auch die Berufung von Hofämtern in Sachsen in der für Reichsfürsten typischen Vierzahl. Die für Heinrich ungünstigen Ergebnisse der ersten welfischen Teilung 1202 wurden zwar faktisch nach der zweiten Königswahl Ottos IV. zurückgenommen, die sächsische Herzogswürde jedoch konnte der Pfalzgraf nie de jure erlangen. Sein zweites Reitersiegel mit der Umschrift + HEINRICVS · DEI · GRA(tia) · DVX · SAXON(iae) ET PALATINVS · COM(es) RHENI (Heinrich von Gottes Gnaden Herzog von Sachsen und Pfalzgraf bei Rhein) hatte er seit 1198/99 in Gebrauch. Es zeigt den Fürsten auf einem nach links galoppierenden Pferd, im linken Arm einen Schild mit zwei Leoparden darauf, in der Rechten eine Fahnenlanze haltend, auf deren Tuch ein aufrechter Löwe sichtbar ist. Schild und Fahne des Pfalzgrafen zeigen jetzt also welfische Wappenbilder. Zudem ist die Entwicklung der militärischen Ausrüstung berücksichtigt, da der Reiter nun einen mit einer vor dem Gesicht befindlichen Eisenplatte verbesserten Helm sowie über dem Panzer einen Waffenrock trägt. Der Stempelschneider hat die Hufe des Tieres und die Fahnenspitze so aus dem runden Bildfeld in den Umschriftrand hineinragen lassen, daß die Szene eine großartige Plastizität und Tiefe gewinnt. Der anspruchsvolle Stempel wurde ca. 1209 von einem anderen Typar abgelöst (Kat. D 40).

Archiv des Klosters Riddagshausen.

Origines Guelficae, Bd. 3, S. 625.

von Heinemann 1882. – Schmidt-Phiseldeck 1882, Nr. 9, S. 2. – Fuchs 1969. – Jordan 1981, S. 131ff. – Engels 1991a. – Fenske 1985, S. 94f., S. 156f. mit Abb. 2 und 3. – Schneidmüller 1985, Abb. 2. – Hasse 1995 (im Druck).

C.P.H.

*E 24 Siegel Agnes', Witwe Heinrichs, Pfalzgraf bei Rhein und Herzog von Sachsen, Typ I

Typar: Braunschweig (?), nach 1227 April 27 – Urkunde: o. D. (ca. 1241)

Braunes Wachs – an weißen Zwirnfäden hängend – H. 6cm – B. 4cm.

Wienhausen, Kloster Wienhausen, Archiv, Urkunde 21/Or.16 von 1241 c.

Agnes von Staufen, die erste Frau Heinrichs, Herzog von Sachsen und Pfalzgraf bei Rhein, starb am 9. Mai 1204 und wurde im Marienkloster Stade beigesetzt. Vor dem Jahr 1211 heiratete der Pfalzgraf ein zweites Mal, nun Agnes von Wettin, Tochter des Markgrafen Konrad von Landsberg. Die Ehe blieb kinderlos, so daß der Pfalzgraf 1223 seinen Neffen zum Erben einsetzte. Das Herrscherpaar begann damals offenbar auch mit der Gründung eines Frauenklosters in Nienhagen. Dieses wurde bald nach dem Tod des Pfalzgrafen nach Wienhausen verlegt, einem günstiger gelegenen Ort unweit des Witwensitzes der Agnes. Der hier gegründete Zisterzienserinnenkonvent erfuhr ähnlich dem ebenfalls von Agnes gegründeten Zisterzienserkloster Isenhagen bedeutende Zuwendungen durch die zwischen 1248 und 1253 verstorbene Herzoginwitwe: So ertauschte sie Güter von ihrem Neffen Otto das Kind gegen ihr Wittum, die Burg in Altencelle, die Helmstedter Vogtei und den Goslarer Bergwerkszehnten. Das spitzovale Siegel der Agnes weist die Umschrift + AGNES VIDVA DVCIS HEINRICI DE BRVNESWIC (Agnes, Witwe Herzog Heinrichs von Braunschweig) auf. Es zeigt die Herzogin in einem bodenlangen Gewand mit übergelegtem Mantel auf einem hölzernen, gedrechselten Thron sitzend. Sie trägt das Gebende und hält mit der linken Hand einen dreieckigen Schild, auf dem zwei übereinanderstehende Leoparden abgebildet sind. Dabei handelt es sich um das von ihrem verstorbenen Gatten (Kat. D 40, E 23) und später für das Herzogtum Braunschweig traditionell verwendete Wappenbild. In der rechten, vor die Brust gelegten Hand hält sie ein Kreuz oder eine Lilie. Von seiner künstlerischen Qualität her steht das Siegel deutlich über demjenigen, in welchem die Herzoginwitwe kurz darauf Bezug auf ihren neuen Sitz in Wienhausen nahm (Kat. G 58). Auch hat der Stempelschneider den Thron so naturgetreu wiedergegeben, daß er mit dem im Kloster Isenhagen verwahrten, später zu einem Lesepult umgearbeiteten Thron der Herzogin identifiziert werden kann.

Archiv des Klosters Wienhausen.

Origines Guelficae, Bd. 3, S. 715. – Pröve 1929, S. 37, Anm. 3 [fehlerhaft].

Schmidt-Phiseldeck 1882, Nr. 11, S. 2. – Maier 1970, S. 102–121. – Zillmann 1975, Abb. – Appuhn 1978/79. – Leerhoff 1994. – Hasse 1995 (im Druck).

C.P.H.

E 25 Siegel Wilhelms von Lüneburg (*1184, †1212/13), Typ III

Typar: Norddeutschland, nach 1202 – Urkunde: 1204 November 26

Braunes Wachs – an Pergamentstreifen hängend – Dm. 7cm.

Lüne, Klosterarchiv, Urkunde Nr. 3

Der jüngste Sohn Heinrichs des Löwen kommt bereits im Jahre 1199 mit dem Zunamen »von Lüneburg« vor, bevor er durch die erste welfische Teilung auch offiziell in den Besitz dieses Erbteils gelangte. In den Intitulationes seiner Urkunden benannte sich Wilhelm – von zwei aufschlußreichen Ausnahmen abgesehen – nach der Hauptburg und zugleich bedeutendsten Stadt seines Herrschaftsgebiets und bezeichnete sich ferner als Sohn des Herzogs von Sachsen. Diese Wendung findet sich auch in den Umschriften seines zweiten (Kat. F 1) und dritten Siegels, während ein Stempel mit der Bezeichnung Wilhelms als Sohn des Herzogs von Braunschweig nur durch die Faksimile der Urkunden zur ersten welfischen Teilung (1202 Mai 1, Origines Guelficae, Bd. 3, Taf. XXVII u. Taf. XXVIII) bekannt ist. Das hier präsentierte Siegel hat die

E 25

E 26

entsprechende Umschrift + WILLEHELMVS DE LVNEBVRC FILI(i) DVCIS SAXONIE und zeigt das Bild eines frei ins Feld gestellten, nach rechts schreitenden Löwen, dessen Schwanz nach oben gebogen ist. Form und Bildinhalt der Siegel Wilhelms orientierten sich offenbar an dem letzten Stempel Heinrichs des Löwen (Kat. D 6). Während das erste Siegel Wilhelms noch in etwa dessen Größe aufwies und beim zweiten die freie Bildfläche zusätzlich durch Rankenwerk erfüllt war, ist der dritte Stempel großzügiger und ohne unheraldische Zusätze gestaltet. Es handelt sich somit um ein echtes »Löwensiegel«, das als Vorbild für die meisten Siegel der welfischen Herzöge von Braunschweig-Lüneburg im 13. Jahrhundert diente.

Archiv des Klosters Lüne.

Origines Guelficae, Bd. 3, S. 855 mit Taf. XXV (2). – UB Lüneburg 7, Nr. 29.

Schmidt-Phiseldeck 1882, Nr. 19, S. 3. – Busch 1921, S. 33. – Zillmann 1975, Abb. – Hucker 1990, S. 368–376. – Hasse 1995 (im Druck).

C.P.H.

E 26 Siegel Ottos des Kindes, Fürst von Lüneburg, Typ II

Typar: Lüneburg (?), 1218–1224 – Urkunde: 1225

Gelbliches Wachs – an roten Seidenfäden hängend – Dm. 8 cm.

Wolfenbüttel, Niedersächsisches Staatsarchiv, 25 Urk 79

Otto das Kind wird seinen ersten Siegelstempel (Kat. B 35) sehr wahrscheinlich kurz nach dem Tod Kaiser Ottos IV. durch einen neuen Stempel ersetzt haben, hatte der erste doch noch Bezug auf das Amt und die Person seines kaiserlichen Onkels genommen. Die Umschrift lautete jetzt + SIGILL(vm) OTTONI[S PRI]NCIPIS [ET DOMIN]I . DE LVNEBVRG (Siegel Ottos, Fürst und Herr von Lüneburg). Das Bild aber wandelte sich leicht, indem es einen halbaufgerichteten Löwen nach links in einem freien Siegelfeld zeigt. Im Juli des Jahres 1223 bestimmte Pfalzgraf Heinrich in einem feierlichen Akt, dem in erster Linie welfische Ministerialen beiwohnten, seinen gerade volljährig gewordenen Neffen Otto das Kind zum Erben seiner Lehen und seiner Besitzungen (Original 1830 verbrannt; vgl. Wolfenbüttel, Niedersächsisches Staatsarchiv, 36 Alt 385). Seitdem verwendete Otto zwar die Intitulatio *Otto dei gratia dux de Luneborch*, führte aber den rechtsbedeutenden, zweiten Siegelstempel weiter.

Archiv des Klosters Walkenried.

Origines Guelficae, Bd. 3, S. 700. – UB Stift Walkenried 1, Nr. 143.

Schmidt-Phiseldeck 1882, Nr. 22, S. 4. – Michels 1891. – Busch 1921, S. 34. – Zillmann 1975, Abb. – Schneidmüller 1993a. – Hasse 1995 (im Druck).

C.P.H.

E 27 Siegel Ottos des Kindes, Herzog von Braunschweig, Typ IV

Typar: Lüneburg (?), 1229 – Urkunde: 1248

Rötliches Wachs – an Leinenfäden hängend – Dm. 8,5 cm.

Wolfenbüttel, Niedersächsisches Staatsarchiv, 24 Urk 95

Als Otto das Kind im Frühsommer des Jahres 1227 das Erbe seines am 28. April 1227 verstorbenen Onkels Heinrich

E 27

antreten wollte, fand er Braunschweig von einer Koalition aus abtrünnigen Ministerialen und staufischen Gesandten besetzt. Während er die Stadt militärisch im Handstreich und politisch durch Privilegienvergabe für sich einnehmen konnte, mußte er die Burg zunächst in der Hand seiner Widersacher zurücklassen. An den damals ausgestellten Schriftstücken, dem Ottonianum (Kat. F 4) und dem Hagenrecht (Kat. *F 5), hängen Ausprägungen des dritten Typars Herzog Ottos, dessen Stempel offenbar kurz darauf in der Schlacht von Bornhöved oder während der Gefangenschaft Ottos in Schwerin verlorenging. Der hier vorliegende vierte Stempel unterscheidet sich von jenem lediglich durch ganz geringe Abweichungen. Als Umschrift weist er die Worte + SIGILLVM OTTONIS DVCIS DE BRVNESWIC (Siegel Herzog Ottos von Braunschweig) auf und zeigt einen nach rechts schreitenden Löwen als Bild. Obschon Otto das Kind seit seiner offiziellen Erhebung zum ersten Herzog von Braunschweig (-Lüneburg) 1235 auch ein reichsfürstliches Reitersiegel hätte führen können, verwendete er dieses künstlerisch wie stempeltechnisch gelungene Siegel bis zu seinem Tod am 9. Juni 1252.

Archiv des Klosters Riddagshausen.

UB Asseburg 1, Nr. 250.– Origines Guelficae, Bd. 4, S. 71 praef.

Schmidt-Phiseldeck 1882, Nr. 23, S. 4. – Michels 1891. – Busch 1921, S. 34. – Hasse 1995 (im Druck).

C.P.H.

E 28 Siegel Mechthilds, Herzogin von Braunschweig (†1261), Typ I

Typar: Braunschweig (?), 1223–1235 – Urkunde: 1236 Juli

Braunes Wachs – an roten Seidenfäden hängend – restauriert – Dm. 7,3.

Hannover, Niedersächsisches Hauptstaatsarchiv, Hild. Or. 2 Wöltingerode Nr. 10

Mechthild, Tochter des Markgrafen Albrecht II. von Brandenburg und der Mechthild von der Lausitz, wurde zwischen 1219 und 1222 Gemahlin Ottos des Kindes. Die Ehe begründete ein ausgesprochen gutes welfisch-askanisches Verhältnis, das sich auch in Notzeiten bewährte. Auf dem runden Siegel der Herzogin sind die Wappentiere der beiden einst verfeindeten Familien einträchtig, in Vorwegnahme des sogenannten Allianzwappens, vereint. Es hat die Umschrift + SIGILL(vm) · MACHTHILDIS · DVCISSE · DE · BRVNESWIC · ET · DE · LVNEBVRG, weist die Siegelführende also – anders als es die Gründungsurkunde des Herzogtums (Kat. E 30) vorsah – als Herzogin von Braunschweig und Lüneburg aus. Mechtild sitzt auf einem gemauerten, lehnenlosen Thron, dessen Sitzfläche aus einer starken Platte besteht. Sie trägt das Gebende um den Kopf und ein tailliertes, bodenlanges Gewand mit einem Mantel darüber, der über der Brust mit Hilfe eines steinverzierten Schmuckstücks geschlossen ist. Ihre Füße ruhen auf einer Fußbank. Zur Linken der Herzogin schwebt ein heraldischer Adler, das Wappenbild ihres Vaterhauses, der askanischen Markgrafen von Brandenburg (vgl. Kat. D 81). Während Mechthild die linke Hand vor die Brust hält, legt sie ihre Rechte hilfreich um einen das Podest des Throns erklimmenden, aufrechten kleinen Löwen. Späterhin führte die Herzogin ein ähnliches Siegel, das sich in der Haltung der Hände sowie der Darstellung der Gewänder und des Throns von dem hier vorliegenden unterscheidet (Lüneburg, Stadtarchiv, UA b 1257 Dezember 22). Ferner ist von ihr ein Sekretsiegel nachweisbar, das unter Verwendung einer antiken Gemme gestaltet wurde (ebenda; Bild heute undeutlich, nach von Praun »Herkules, der einen aufgerichteten Löwen mit seinen Armen festhält«; Umschrift: + SEC(re)TVM MEC(h)TILDIS D(e) LVN(eburg); H. 2,8 cm – B. 2,1 cm). Neben dem Standbild- und Falkenjagdtypus wird das Thronsiegel seit Beginn des 13. Jahrhunderts immer öfter auch von Damen, in der Regel Gattinnen von Reichsfürsten, gebraucht und bei den Herzoginnen von Braunschweig-Lüneburg beinahe zur Regel.

Archiv des Klosters Wöltingerode.

UB Asseburg 1, Nr. 186. – UB Hochstift Hildesheim 2, Nr. 460.

von Praun 1779–1789, Bd. 1, S. 23. – Schmidt-Phiseldeck 1882, S. 4, Nr. 24–26, hier Nr. 24. – Schnath 1961, S. 19. – Kat. Stuttgart 1977, 1, Nr. 80; 2, Abb. 31 (= Typ II). – Zillmann 1975, S. 309–317, mit Abb. (Typ II).

C.P.H.

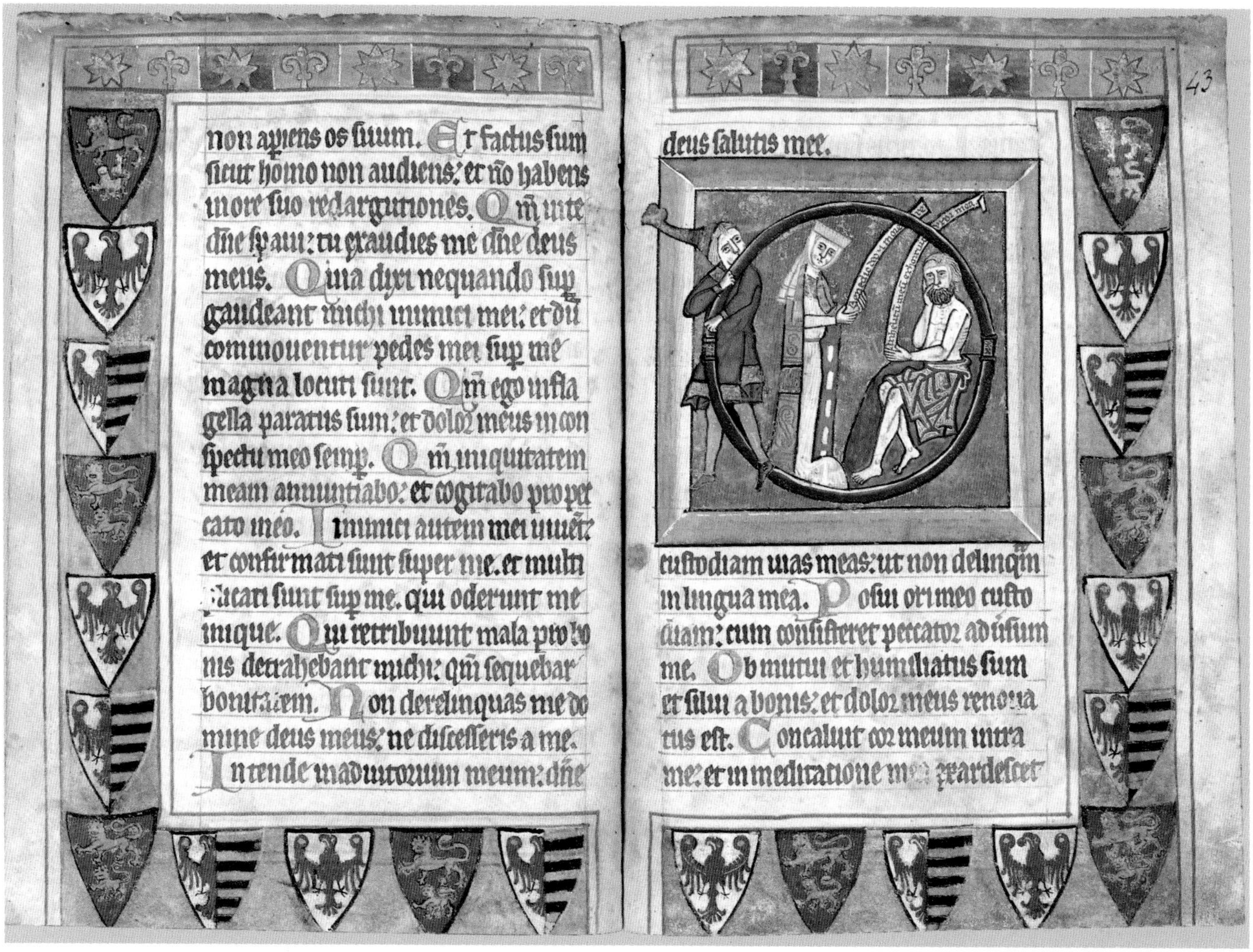

E 29 Mechtild-Psalter

Hildesheim, 1245

Pergament – Buchmalerei in Deckfarben und Gold – Pergamenteinband aus dem 17. Jahrhundert – 190 Blätter – H. 20,5 cm – B. 14,5–15,5 cm.

Berlin, Staatsbibliothek zu Berlin – Preußischer Kulturbesitz, Ms. theol. lat. qu. 31

Unter den zahlreichen Psalterien der thüringisch-sächsischen Malerschule nimmt diese Handschrift eine besondere Stellung ein: An den Rändern von fol. 42v und 43r sind mehrfach die Wappenschilde von Braunschweig (in Rot zwei goldene Löwen), Anhalt (in Silber und Gold gespaltenem Schild rechts ein halber roter Adler, links fünf schwarze Balken) und Brandenburg (in Silber ein roter Adler) dargestellt, die es ermöglichen, die braunschweigische Prinzessin Mechtild als Erstbesitzerin zu ermitteln. Mechtild durfte erst nach einer päpstlichen Ehedispens den mit ihr im 4. Grad verwandten Heinrich II. von Anhalt heiraten. Da die beiden Brüder von Mechtilds Mutter, Johann und Otto von Brandenburg, und ihr zukünftiger Schwiegervater, Heinrich I. von Anhalt, miteinander zerstritten waren, forderte Papst Innozenz IV. die Kontrahenten auf, sich – im Gegenzug zu seiner Dispens – zu versöhnen. Die drei Wappen an den Rändern von fol. 42v und 43r veranschaulichen nachdrücklich, daß die friedenstiftende Eheschließung im Sinn des Papstes verlaufen ist. Angesichts der eiligen, Details vernachlässigenden Ausführung kann zwischen der am 18. Mai 1245 erteilten Dispens und der Fertigstellung der Handschrift kaum Zeit vergangen sein. Es ist deshalb sehr wahrscheinlich, daß der Psalter noch im gleichen Jahr entstanden ist.

Die der privaten Andacht dienenden Psalterien enthalten meist Kalender, Psalmen, Cantica und Litanei, so auch der Mechtild-Psalter. Dessen Kalendarium (fol. 1r–6v) zeigt traditionell *K(a)l(endae)*-Initialen und Tierkreiszeichen in Arkadenbögen sowie Monatsdarstellungen in Medaillons. Die über 13 Seiten verteilte Litanei (fol. 186r–192r) wird fast erdrückt von einem Rahmen, in dem, eingeleitet von der Deesis, je zwölf Apostel, Märtyrer, Bekenner und heilige Frauen in Halbfigur dargestellt sind. Alle weiteren Text- und Bildseiten außer fol. 57v sind mit dreiseitigen ornamentalen Schmuckleisten in Deckfarben und Gold eingefaßt, die bei gegenüberliegenden Verso- und Recto-Seiten innerhalb einer Lage bis fol. 131v identisch sind. Farbige historisierte Initialen markieren den Anfang der Psalmen 1, 26, 38, 51, 52, 68, 80, 95(!), 101, 109 und des ersten Canticum. Obwohl mit dieser sogenannten Zehnteilung die formale Gruppierung in 3 x 50 Psalmen schon berücksichtigt ist, werden im Mechtild-Psalter die Einschnitte vor Ps 51 und Ps 101 durch ganzseitige Miniaturen zusätzlich betont. Anstelle einer ganzseitigen Miniatur ist als Auftakt zu Ps 1 eine ganzseitige historisierte B-Initiale und ein über zwei Seiten reichender Textanschluß in goldenen Versalien auf farbigen Streifen gewählt worden.

Die Themen der historisierten Initialen (fol. 7v: Wurzel Jesse, zu Ps 1; fol. 29r: Blindenheilung, zu Ps 26; fol. 43r: Verspottung Hiobs, zu Ps 38; fol. 58r: Kampf Davids gegen Goliath, zu Ps 51; fol. 59r: Simson kämpft mit dem Löwen, zu Ps 52; fol. 76r: Jonas entsteigt dem Wal, zu Ps 68; fol. 94v: Darstellung eines Heiligen oder Propheten, zu Ps 80; fol. 110r: Steinigung des Stephanus, zu Ps 95; fol. 116r: Enthauptung eines Heiligen, zu Ps 101; fol. 133r: König David Harfe spielend, zu Ps 109; fol. 171r: Darstellung eines Propheten oder Heiligen, zum ersten Canticum) und der ganzseitigen Miniaturen (fol. 56v: Kreuzigung, vor Ps 51; fol. 57v: Auferstehung, vor Ps 51; fol. 115v: Himmelfahrt, vor Ps 101; fol. 170v: Maiestas Domini, vor den Cantica) folgen keinem ikonographisch einheitlichen Programm, sondern scheinen individuell zusammengestellt zu sein. Als Bildquelle wurden für den Mechtild-Psalter vor allem der Elisabeth-Psalter (Cividale, Museo Archeologico Nazionale, Cod. CXXXVII) und das Psalterfragment, ehem. Chester Beatty (heute Privatbesitz) benutzt. Ob die Wahl der Themen eventuell durch die spezielle Situation zu erklären ist, in der dieser Psalter entstand, müßte untersucht werden. Auffällig ist immerhin, daß in der Miniatur »Verspottung Hiobs« auf fol. 43r die Gattin Hiobs als vornehme, modisch gekleidete Dame mit Gebende dargestellt ist. Ihre Aufmachung und ihre dominierende Stellung in der von den Wappen eingefaßten Initiale können als Anspielung auf die jung verheiratete Besitzerin Mechtild von Anhalt verstanden werden.

An der figürlichen Ausstattung des Psalters waren drei Werkstattgruppen beteiligt. Die erste schuf alle historisierten Initialen und die ganzseitigen Miniaturen mit Ausnahme der Auferstehungsminiatur. Von der zweiten stammen die Kalenderminiaturen sowie die Rahmen der Litanei und von der dritten die Auferstehungsminiatur auf fol. 57v. Bei den ornamentalen Schmuckleisten ist ein deutlicher Ausstattungswechsel nach fol. 131v erkennbar. Während die Schmuckleisten bis fol. 131v der ersten Werkstattgruppe zuzurechnen sind, lassen sich die folgenden, flüchtig und einfallslos ausgeführten Leisten m. E. nicht mit der gleichen Bestimmtheit zuordnen. Dieselbe Werkstattgemeinschaft hat schon beim Donaueschinger Psalter (Stuttgart, Württembergische Landesbibliothek, Ms. Fürstenberg 309) zusammengearbeitet. Sie bildete den Kern einer sehr wahrscheinlich in Hildesheim tätigen Werkstatt, die all jene Psalterien schuf, die heute als Zweite Haseloffreihe der thüringisch-sächsischen Malerschule bekannt sind.

Mechtild von Anhalt starb ca. 30 Jahre nach ihrem Gatten Ende des 13. Jahrhunderts als Äbtissin von Gernrode. Wie und wann ihr Psalter in die Kurfürstliche Bibliothek gelangte, ist unklar. Mit dem neuen Einband aus dem 17. Jahrhundert gingen alle Hinweise auf frühere Besitzer verloren. Vor dem Neubinden muß der Codex längere Zeit (eventuell sogar ohne Einbanddeckel) großer Feuchtigkeit ausgesetzt gewesen sein. Seither ist der ohnehin in höchster Eile hergestellte Buchblock in einem beklagenswerten Zustand: Das Pergament ist stellenweise brüchig und porös, die Tinte haftet nicht mehr gleichmäßig. Das Blattgold wurde abgetragen und der pulverige Bolusgrund über den gesamten Buchblock verteilt.

von Heinemann 1875, S. 130–131, Nr. 164. – Rose 1901, Nr. 253. – Haseloff 1906, S. 101. – Kroos 1960. – Kat. Berlin 1975/76, Nr. 60. – Achten 1987, Nr. 12. – Büchler 1991. – Drechsler 1994, S. 253–254.

P. V.

E 30 Urkunde des Kaisers Friedrich II. über die Gründung des Herzogtums Braunschweig-Lüneburg

Mainz, 1235 August 21

Pergament – H. 53,5 cm – B. 42 cm – Umbug 2,5 cm – Goldbulle fehlt seit 1830, durch Nachbildung ersetzt.

Wolfenbüttel, Niedersächsisches Staatsarchiv, 1 Urk 13

Das Diplom Kaiser Friedrichs II. ist die Geburtsurkunde des Herzogtums Braunschweig-Lüneburg. Sie markiert neben dem Ende der welfisch-staufischen Auseinandersetzungen zugleich auch den erfolgreichen Abschluß der Bemühungen der Welfen, ihre durch den Sturz Heinrichs des Löwen 1180 eingebüßte reichsfürstliche Stellung wiederzuerlangen. Der bedeutende staatsrechtliche Vorgang fand auf dem Reichstag in Mainz 1235 statt, auf den der Enkel Heinrichs des Löwen, Otto das Kind, geladen wurde. Dieser war beim Tod seines Onkels, des Pfalzgrafen Heinrich, 1227 noch unmündig gewesen und hatte seither den gesamten welfischen Familienbesitz auf sich vereinigt, um so faktisch eine reichsfürstliche Stellung einzunehmen. Die Urkunde nennt die Einzelakte, aus denen sich der komplizierte rechtliche Vorgang zusammensetzte: Otto übertrug sein Eigengut (namentlich genannt nur die Lüneburg) dem Kaiser, dieser übertrug es seinerseits an das Reich und tat das gleiche mit der Stadt Braunschweig (auf die Friedrich einen Rechtsanspruch erhob). Die beiden

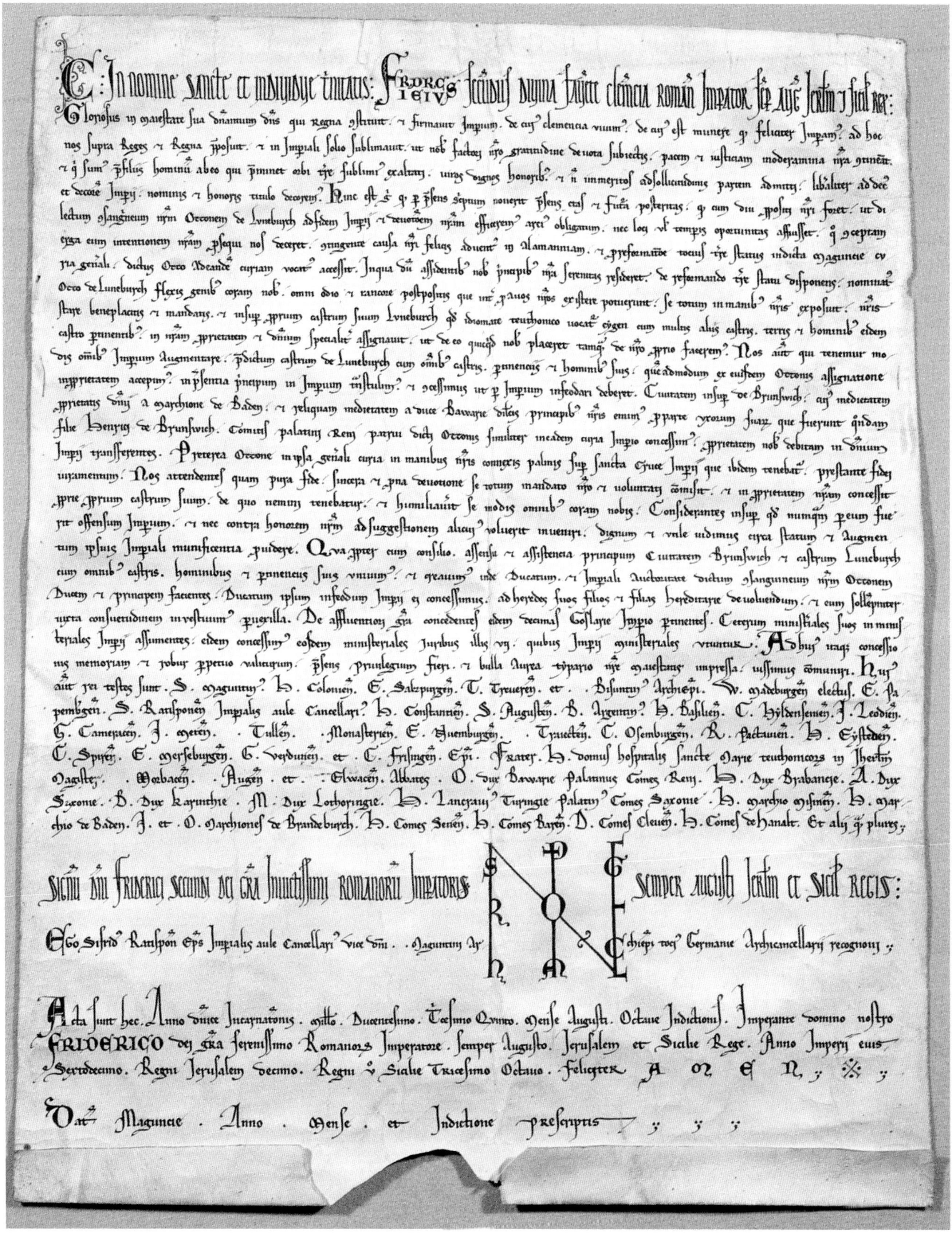
C. In nomine sancte et individue trinitatis. Fridericus secundus divina favente clementia Romanorum imperator semper augustus, Ierusalem et Sicilie rex.

Gloriosus in maiestate sua dominantium dominus, qui regna constituit et firmavit imperium, de cuius clementia vivimus, de cuius est munere quod feliciter imperamus, ad hoc nos supra reges et regna preposuit et in imperiali solio sublimavit, ut nobis factoris nostri gratitudine devota subiectis pacem et iusticiam moderamina nostra contineant, et quoniam sumus prefulsi hominum ab eo qui preeminet orbi terre sublimius exaltati, viros dignos honoribus et non immeritos ad sollicitudinis partem admittimus, liberaliter ad decus et decorem imperii nominis et honoris titulo decoremus. Hinc est igitur quod per presens scriptum noverit presens etas et futura posteritas, quod cum diu propositi nostri foret, ut dilectum consanguineum nostrum Ottonem de Luneburch ad fidem imperii et devotionem nostram efficacem arcius obligarem, nec loci vel temporis opportunitas affuisset, quod conceptam erga eum intentionem nostram prosequi nos deceret, contingente causa nostri felicis adventus in Alamanniam et pro reformatione totius terre status indicta Maguncie curia generali, dictus Otto ad eandem curiam vocatus accessit. In qua dum assidentibus nobis principibus nostra serenitas resideret, de reformando terre statu disponens, nominatus Otto de Luneburch flexis genibus coram nobis, omni odio et rancore postpositis que inter progenitores nostros existere potuerunt, se totum in manibus nostris exposuit, nostris stare beneplacitis et mandatis, et insuper proprium castrum suum Luneburch, quod idiomate teuthonico vocatur eigen, cum multis aliis castris, terris et hominibus eidem castro pertinentibus in nostram proprietatem et dominium specialiter assignavit, ut de eo quicquid nobis placeret tamquam de nostro proprio faceremus. Nos autem qui tenemur modis omnibus imperium augmentare, predictum castrum de Luneburch cum omnibus castris, pertinentiis et hominibus suis, quemadmodum ex eiusdem Ottonis assignatione in proprietatem accepimus, in presentia principum in imperium transtulimus et concessimus, ut per imperium infeodari deberet. Civitatem insuper de Brunswich, cuius medietatem proprietatis dominii a marchione de Baden et reliquam medietatem a duce Bawarie dilectis principibus nostris emimus pro parte uxorum suarum, que fuerunt quondam filie Henrici de Brunswich comitis palatini Reni, patrui dicti Ottonis, similiter in eadem curia imperio concessimus, proprietatem nobis debitam in dominium imperii transferentes. Preterea Ottone in ipsa generali curia in manibus nostris connexis palmis super sancta cruce imperii que ibidem tenebatur prestante fidelitatis iuramentum, nos attendentes quam pura fide, sincera et prona devotione se totum mandato nostro et voluntati commisit, et in proprietatem nostram concessit proprie proprium castrum suum, de quo nemini tenebatur, et humiliavit se modis omnibus coram nobis. Considerantes insuper quod numquam per eum fuerit offensum imperium, et nec contra honorem nostrum ad suggestionem aliquorum voluerit inveniri, dignum et utile vidimus circa statum et augmentum ipsius imperiali munificentia providere. Quapropter cum consilio, assensu et assistentia principum civitatem Brunswich et castrum Luneburch cum omnibus castris, hominibus et pertinentiis suis univimus et creavimus inde ducatum, et imperiali auctoritate dictum consanguineum nostrum Ottonem ducem et principem facientes, ducatum ipsum in feodum imperii ei concessimus, ad heredes suos filios et filias hereditarie devolvendum, et eum sollempniter iuxta consuetudinem investivimus per vexilla. De affluentiori gratia concedentes eidem decimas Goslarie imperio pertinentes. Ceterum ministeriales suos in ministeriales imperii assumentes, eidem concessimus eosdem ministeriales iuribus illis uti, quibus imperii ministeriales utuntur. Ad huius itaque concessionis memoriam et robur perpetuo valiturum presens privilegium fieri et bulla aurea typario nostre maiestatis impressa iussimus communiri. Huius autem rei testes sunt: S. Maguntinus, H. Coloniensis, E. Salzburgensis, T. Treverensis et .. Bisuntinus archiepiscopi, W. Magdeburgensis electus, E. Babenbergensis, S. Ratisponensis imperialis aule cancellarius, H. Constantiensis, S. Augustensis, B. Argentinus, H. Basiliensis, C. Hyldensemensis, J. Leodiensis, G. Cameracensis, J. Metensis, .. Tullensis, .. Monasteriensis, E. Nuemburgensis, .. Traiectensis, C. Osemburgensis, R. Pactaviensis, H. Eystetensis, C. Spirensis, E. Merseburgensis, G. Verdunensis et C. Frisingensis episcopi. Frater H. domus hospitalis sancte Marie Teuthonicorum in Ierusalem magister. .. Morbacensis, .. Augensis et .. Elwacensis abbates. O. dux Bawarie palatinus comes Reni, H. dux Brabancie, A. dux Saxonie, B. dux Karinthie, M. dux Lothoringie, H. lantgravius Turingie palatinus comes Saxonie, H. marchio Misnensis, H. marchio de Baden, J. et O. marchiones de Brandeburch, H. comes Seinensis, H. comes Barensis, D. comes Clevensis, H. comes de Hanalt et alii quam plures.

Signum domini Friderici secundi dei gratia invictissimi Romanorum imperatoris semper augusti Ierusalem et Sicilie regis.

Ego Sifridus Ratisponensis episcopus imperialis aule cancellarius vice domini .. Maguntini archiepiscopi totius Germanie archicancellarii recognovi.

Acta sunt hec anno dominice incarnationis millesimo ducentesimo tricesimo quinto, mense augusti, octave indictionis, imperante domino nostro FRIDERICO dei gratia serenissimo Romanorum imperatore semper augusto, Ierusalem et Sicilie rege, anno imperii eius sextodecimo, regni Ierusalem decimo, regni vero Sicilie tricesimo octavo. Feliciter AMEN.

Datum Maguncie anno mense et indictione prescriptis.

E 31

E 32

Besitzteile wurden zu einem neuen Herzogtum vereinigt und als erbliches Reichslehen an Otto verliehen. Otto leistete den Handgang und schwor den Treueid, wie das Lehnrecht es vorsah. Braunschweig und Lüneburg wurden die namengebenden Hauptorte des neuen Herzogtums, das in der Folgezeit in mehrere Teilfürstentümer aufgeteilt wurde. Der letzte regierende Welfe dankte 1918 im Herzogtum Braunschweig ab.
Die Urkunde entspricht der Form des feierlichen Privilegs. Die Arenga betont die Machtfülle des Kaisers. Im gesamten, sorgfältig stilisierten Text wird Wert auf rhythmische Satzschlüsse gelegt. In der ersten Zeile und in der Datierung ist der Name des Kaisers FRIDERICUS besonders hervorgehoben. Die anhängende Goldbulle fehlt seit 1830 und ist durch eine Nachbildung ersetzt. Als Zeugen werden – der Bedeutung des Aktes entsprechend – 31 geistliche Reichsfürsten, darunter 6 Erzbischöfe und 21 Bischöfe, 10 weltliche Reichsfürsten sowie vier Grafen genannt.

Gesamtarchiv des Fürstlichen Hauses Braunschweig-Lüneburg.

MGH Const. 2, S. 263, Nr. 197. – Regesta Imperii V 1, S. 416f., Nr. 2104 (Regest).

Weinrich 1977, S. 484ff., Nr. 120a (Übersetzung). – Moderhack 1979, Abb. 6. – Brandi 1914 (mit Abb.). – Kat. Stuttgart 1977, 1, Nr.18. – Boshof 1980.

U. Schw.

E 31 Urkunde Ottos, Herzog von Braunschweig, für die Bürger der Stadt Lüneburg

Lüneburg, 1247 April 28

Pergament – H. 58,5 cm – B. 43,3 cm – Umbug 5,1 cm – an zwei roten Seidenkordeln anhängendes Siegel aus grünem Wachs – leichte Bruchstellen – restauriert – Dm. 9 cm.

Lüneburg, Stadtarchiv, UA a[1] 1247 April 28[1]

Das vielzitierte Dreigestirn *mons, pons, fons* – der Kalkberg mit seiner für die Heide ungewöhnlichen Höhenburg, die Brücke über die ab hier schiffbare Ilmenau und die das weiße Gold hervorbringende Salzquelle – bildete die Grundlage für den bedeutenden Aufstieg Lüneburgs, dessen Stellung als herrschaftsbildender Teil der welfischen Besitzungen mit der Erhebung Ottos des Kindes zum ersten Herzog von Braunschweig (Kat. E 30) auch offiziell noch einmal bestätigt wurde. Dem zugleich gewachsenen kommunalen Selbstverständnis – seit 1239 sind Ratsherren nachweisbar – trug der Herzog dadurch Rechnung, daß er die Bürger der Stadt privilegierte. So soll ein Höriger, wenn er ein Jahr und einen Tag in der Stadt gewesen – *quis in ipsa civitate annum et diem transegerit* – nicht an seinen Herrn zurückgegeben werden müssen. Daneben enthält das Privileg eine ganze Reihe weiterer Freiheiten, etwa das Recht auf städtischen Grundbesitz, das Erbrecht sowie die herzoglichen Eigenleute in der Stadt und den herrschaftlichen Vogt betreffend. Zuletzt bestätigt er pauschal die unter seinen fürstlichen Vorgängern erworbenen Rechte – *Ultimo autem omnium omnia illa iura, quae civitas a prima sui fundatione habuit usque ad tempus hodierum, et stabilimus et praesenti privilegio confirmamus.* Diese könnten von Heinrich dem Löwen, unter dem 1163 erstmalig ein Vogt in Lüneburg erwähnt wird, von Wilhelm von Lüneburg, dessen Urkunde von 1200 sieben Lüneburger Bürger mitbezeugen, vielleicht aber auch von Kaiser Otto IV. herrühren. Die Urkunde wurde vom Notar Heinrich (1236–1252, †1282) verfaßt, dem »bedeutendste(n) Kanzleivorstand, welcher am herzoglichen Hofe in der ersten Hälfte des 13. Jahrhunderts tätig war« (Friedrich Busch), zugleich Domherr von St. Blasius in Braunschweig und seit 1249 dort auch Propst. Es testieren eine großen Anzahl von Personen: 3 Grafen, 1 Edelfreier, 24 Ministerialen, darunter die Hofamtsträger Truchseß, Marschall, Schenk, Kämmerer sowie der Vogt Segeband von Wittorf und schließlich 25 Bürger, worunter die Anwesenheit eines Münzmeisters und eines Goldschmieds hervorzuheben ist. Beim anhängenden Siegel handelt es sich um eine Ausprägung des vierten Typars von Herzog Otto (Kat. E 27). Das Privileg bildet eine Einheit mit der am selben Tag ausgestellten Urkunde der Herzogin Mathilde, die die gleichen Zeugen aufweist, jedoch von ihrem persönlichen Notar verfaßt und von anderer Hand geschrieben wurde (Lüneburg, Stadtarchiv, UA a 1247 April 28[2]).

Archiv der Stadt Lüneburg.

Origines Guelficae, Bd. 4, S. 213. – UB Stadt Lüneburg 1, Nr. 67, S. 36–40.

Doebner 1882, Nr. 10. – Busch 1921, S. 16 mit Anm. 1. – Reinecke 1933, Bd. 1, S. 90ff. – Haase 1956. – Thurich 1960, S. 17–24. – Diestelkamp 1961, S. 138–161. – Diestelkamp 1964, S. 185ff. – Witthöft 1976. – Reinhardt 1976, insb. S. 220. – Kat. Braunschweig 1985, 2, Nr. 892 (mit Abb.) – Hucker 1990, S. 246. – Hasse 1995 (im Druck).

C.P.H.

E 32 Eike von Repgow, Sachsenspiegel

Lüneburg, Hans Borneman, um 1442

Pergament – Buchmalerei in Deckfarben – Holzdeckelband mit braunem Lederbezug; Streicheisenlinien und Einzelstempel – 283 Blätter – H. 48 cm – B. 30 cm.

Lüneburg, Ratsbücherei der Stadt Lüneburg, Ms. Jurid. 1

In den Jahren um und nach 1400 ließ der Lüneburger Rat zur Betonung des Wertes des geschriebenen Rechts mehrere prächtig ausgestattete Rechtshandschriften anfertigen. Den Anlaß für die Herstellung lieferte der »Lüneburger

Erbfolgekrieg« um das Fürstentum Lüneburg. Zur Rechtskodifizierung wurden bereits vorhandene Kompendien genutzt, bei der vorliegenden Handschrift, einer Rezension des Brand III. von Tzerstede (†1451), unter anderem der ältere Lüneburger Sachsenspiegel und der Lüneburger Schwabenspiegel.

Dem Rechtstext sind jeweils auf der Verso-Seite von fol. 2–5 vier Miniaturen hinzugefügt, die die Herkunft des Rechts verbildlichen und seine Weitergabe von Christus bis zu den Bürgern von Lüneburg wie in einer genealogischen Reihe und in seiner Wandlung vom göttlichen Recht zum Stadtprivileg beschreiben. Sie werden dem Maler Hans Borneman zugewiesen. Auf dem ersten Blatt übergibt Christus zwei Schwerter als Sinnbilder geistlichen und weltlichen Rechts an Papst und Kaiser. Im zweiten belehnt der Kaiser vier Fürsten, die die Stammeswappen der Sachsen, Bayern, Schwaben und Franken tragen; in der dritten Miniatur belehnt Kaiser Karl IV. einen Herzog von Sachsen mit dem altsächsischen Land Lüneburg. Die vierte Bildseite auf fol. 6v bezieht sich noch deutlicher auf historische Ereignisse. Hier händigt Kaiser Friedrich II. 1235 dem im Bildzentrum stehenden Otto das Kind die Lehnsurkunde für das Herzogtum Braunschweig aus. Dieser wiederum – mit dem Wappenschild von Braunschweig-Lüneburg vor seinem Körper – reicht eine Urkunde, wohl das Lüneburger Stadtprivileg von 1247, an die Bürger von Lüneburg. Die besondere Bedeutung des Vorgangs für die Stadt werden durch das Lüneburger Stadtwappen unten im Bild und die umlaufenden Wappen von 24 Patrizierfamilien angezeigt. Spätestens hier wird deutlich, daß die Folge insgesamt auf die Interessen der Stadt Lüneburg zugeschnitten ist.

Die vierte Miniatur wirkt gleichsam wie ein das mittelalterliche Verständnis von »Landesherrschaft und Stadtprivilegierung« illustrierendes Historienbild. Sie ist unmittelbar mit den beiden Urkunden in den vorhergehenden Katalognummern (Kat. E 30 u. E 31) verknüpfbar.

Stähli 1981, S. 120f. – Drescher 1991. – allgemein: Kat. Oldenburg 1995, 1, S. 447–449, Nr. StM 10 (Eckhard Freise).

J. L.

F Welfische Städtepolitik in Sachsen

Für die Herrschaft des hochmittelalterlichen Fürsten war eine Stadt sowohl wirtschaftlich als auch strategisch von größter Bedeutung. Planmäßiger Ausbau und Bewidmung mit besonderen Rechten und Freiheiten, aber auch die Eigeninitiative fernreisender Handelskaufleute ließen eine Reihe von neuen Städten entstehen. Die Förderung Braunschweigs begann schon unter den Brunonen, die hier zwei Kollegiatstifte gründeten, und fand ihre Fortsetzung unter Lothar III. als sächsischem Herzog und römisch-deutschem König. Aber erst von Heinrich dem Löwen wurde der Ausbau der Stadt planmäßig vorangetrieben und erreichte unter seinen Söhnen den auf die Stadtgrenzen bezogenen Abschluß. Kurz nach der erfolglosen Belagerung Braunschweigs durch König Philipp, die den hl. Auctor zum Beschützer der Stadt machte, ließ Otto IV. auch das bis dahin mauerlos gewesene Weichbild Altewiek befestigen. *Dhisse vurste hoheborn leyz begraben hi bevorn und vesten dhe Alden Wich,* preist die Braunschweigische Reimchronik das Werk. Neben Braunschweig entwickelte sich auch Lüneburg zu einer Residenz der welfischen Fürsten, wobei sich die Wirtschaftskraft der Bürger und der Bedarf der herzoglichen Höfe gegenseitig stärkten.

Auch kleinere Geschlechter gründeten im ersten Drittel des 13. Jahrhunderts Städte, so beispielsweise die Grafen von Wölpe Neustadt am Rübenberge und die Grafen von Everstein Holzminden. Im Zuge der erweiterten Territorialpolitik bewidmete Herzog Otto das Kind eine ganze Reihe von Städten mit Privilegien, von denen viele jetzt, dem Kanzleibetrieb der Zeit und dem Bedürfnis des Bürgertums nach Rechtssicherheit entsprechend, schriftlich fixiert wurden. Das älteste, in niederdeutscher Sprache geschriebene Stadtrecht stellte Herzog Otto im Jahre 1227 für Braunschweig aus. Gefördert wurden auch Städte wie Hannover, Göttingen und Duderstadt. Untrennbar mit der Blüte der städtischen Gemeinwesen ist das Bestreben der Bürger verbunden, die adlige Stadtherrschaft und deren Einfluß auf ihre Belange zu neutralisieren. Wichtige Meilensteine auf diesem Weg waren der Erwerb des Pfarrerwahlrechts und der Stadtvogtei.

1114	Braunschweig wird von Kaiser Heinrich V. besetzt
1115	Lothar III. urkundet erstmals in Braunschweig
1157/58	Gründung Münchens durch Heinrich den Löwen
1161	Gründung Schwerins durch Heinrich den Löwen
1163/1169	Errichtung des Löwenstandbilds in Braunschweig (Kat. D 20)
1179	Brand und Zerstörung der Stadt Halberstadt infolge der Belagerung durch Heinrich den Löwen
1181	Erzbischof Wichmann von Magdeburg zwingt die Stadt Haldensleben durch Aufstauung der Ohre zur Übergabe
1192	Erfolglose Belagerung Braunschweigs durch die Gegner Heinrichs des Löwen
1199	Pfalzgraf Heinrich urkundet *in civitate nostra Bruneswich*
1200	Erfolglose Belagerung Braunschweigs durch König Philipp von Schwaben
1209	Gründung der Löwenstadt Bleckede durch Wilhelm von Lüneburg
1227	Stadtrechtsverleihung durch Herzog Otto das Kind für den Hagen und die Altstadt in Braunschweig
1232	Wiedererwerb von Göttingen durch Herzog Otto

Braunschweigische Reimchronik, S. 549, Z. 7217ff.
Dürre 1861. – UB Stadt Braunschweig. – Reinicke 1933. – Rieckenberg 1953. – Jordan 1960. – Bärmann 1961. – Diestelkamp 1961. – Diestelkamp 1964. – Garzmann 1976. – Reinhardt 1976. – Kat. Braunschweig 1981. – Spies 1982. – Kat. Braunschweig 1985. – Rötting 1985a. – Garzmann 1986, S. 135–186. – Plath 1988. – Hucker 1990. – Naß 1990. – Weinmann 1991. – Schneidmüller 1993a. – Meibeyer 1994.

C.P.H.

◁ F 13

F 1 Urkunde Wilhelms von Lüneburg (*1184, †1212/13) über die Gründung der Löwenstadt/Bleckede mit Siegel, Typ I

Lüneburg, 1209 August 28

Pergament – Wasserschäden – H. 35 cm – B. 33,1 cm – zerbrochenes, stark beschädigtes, restauriertes Siegel aus braunem Wachs an Leinenfäden – Dm. 8,3 cm.

Hannover, Niedersächsisches Hauptstaatsarchiv, Celle Or. 9 Schr. IX Caps. 44 Nr. 3

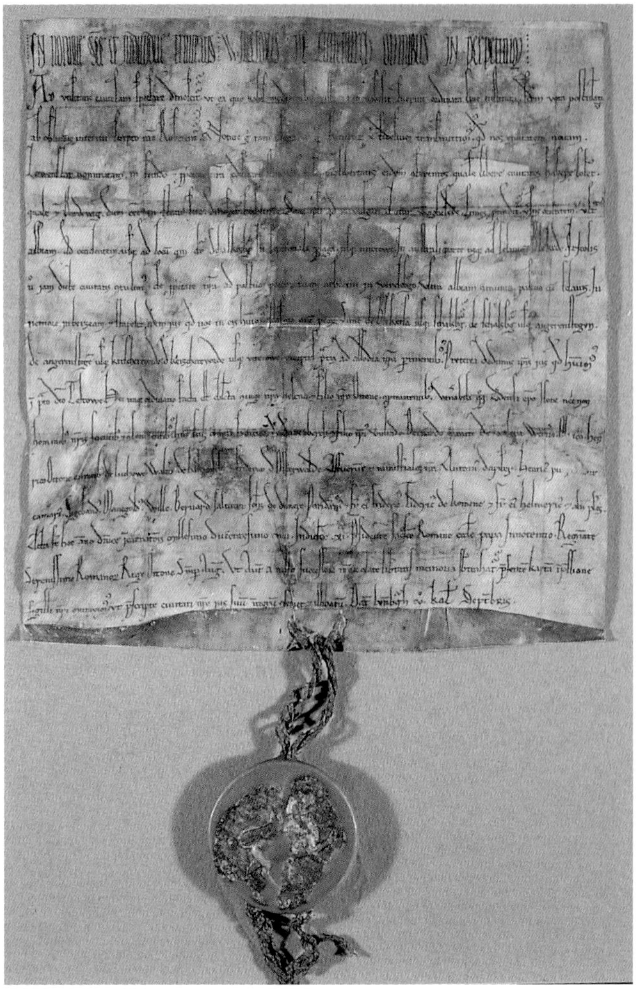

Im Jahre 1209 gründete Wilhelm von Lüneburg mit Rat und Zustimmung seiner Vasallen – *hominibus nostris scientibus det consentientibus* – eine Stadt unweit des an der Elbe gelegenen slawischen Ortes Bleckede – *sclavicum Blekede* – und gab ihr den Namen *Lowenstat*. Dabei wurden die Grenzen der neuen *civitas* genau festgelegt und der Stadt zugleich jenes Recht verliehen, das Bardowick bereits besaß. Zur Namensfindung griff Wilhelm auf die schon von seinem Vater Heinrich dem Löwen bei der Verlegung Lübecks im Jahre 1158 verwendete Bezeichnung (Helmold von Bosau Cronica Slavorum, cap. 86) zurück. Daraus läßt sich möglicherweise ein politisches Programm herauslesen: die versuchte Revision der welfischen Herrschaft für den elbischen, vielleicht auch nordelbischen Raum. Schließlich waren Wilhelm bei der ersten welfischen Erbteilung 1202 nicht nur Lüchow, Dannenberg und Hitzacker, sondern auch Besitzungen jenseits der Elbe »bis zum Meer und in den slawischen Gebieten« zugesprochen worden. Zur Zeit der Gründung der Löwenstadt Bleckede konnte sich Wilhelm der Rückendeckung seines königlichen Bruders und zunächst noch unangefochtenen Reichsoberhauptes, Otto IV., sicher sein. Besondere Beachtung verdient ferner die Tatsache, daß die Urkunde in der Kanzlei des Pfalzgrafen Heinrich hergestellt wurde. Seine Zustimmung zum Gründungsakt, wenn nicht gar dessen geistige Urheberschaft, muß daher vorausgesetzt werden. Wilhelm war seit 1202 mit der Tochter des dänischen Königs Waldemar II. verheiratet und suchte den politischen Ausgleich mit Dänemark, der sich insbesondere auf wirtschaftlichem Gebiet positiv für die Welfen auswirkte. Die neue Stadt sollte helfen, den Salzhandel Lüneburgs über die Elbe nach Schwerin und Wismar zu sichern, und hatte zugleich jenen den askanischen Herzögen von Sachsen gehörenden Städten Bardowick und Lauenburg Konkurrenz zu machen. An der Stadtgründungsurkunde hängt eine Ausprägung des ersten Typars des Fürsten mit der Umschrift [SIGILL' WILHELMI DE LVNEBVRH FI]LII DVC[IS SAXONIE] (Siegel Wilhelms von Lüneburg, Sohn des Herzogs von Sachsen). Es zeigt als Bild einen nach links schreitenden Löwen auf einem mit Ranken verziertem Grund, wobei der Löwe frei im runden Siegelfeld Gestalt annimmt. Da sich eine weitere Ausprägung dieses Stempels von 1200 erhalten hat (Lüne, Klosterarchiv, Urkunde Nr. 2), dürften der erste und der dritte (Kat. E 25) Stempel parallel verwendet worden sein.

Königliches Archiv Celle.

Origines Guelficae, Bd. 3, S. 858f. und Taf. XXV. (5). – UB Herzöge Braunschweig-Lüneburg 1, Nr. 5, S. 4.

Schmidt-Phiseldeck, Nr. 18, S. 3. – Keetz 1909, S. 53–55. – Busch 1921, S. 17, 33 und 55. – Zillmann 1975, S. 140–175, insb. S. 150. – Hucker 1990, S. 45 mit Anm. 79, S. 54–56. – Hasse 1995 (im Druck).

C.P.H.

*F 2 Privileg König Ottos IV. für Braunschweig

Braunschweig, 1199 Januar

Pergament – gegenüber dem 19. Jahrhundert mit Textverlusten – H. 41 cm – B. 30,3 cm – Fragment des runden Thronsiegels an grünen Seidenfäden.

Braunschweig, Stadtarchiv Braunschweig, Urkunde A I 1 Nr. 1 (weitere Ausfertigung ebenda, A I 1 Nr. 1a.)

Von diesem Diplom existieren zwei Ausfertigungen, die von verschiedenen Schreibern verfaßt worden sind. So-

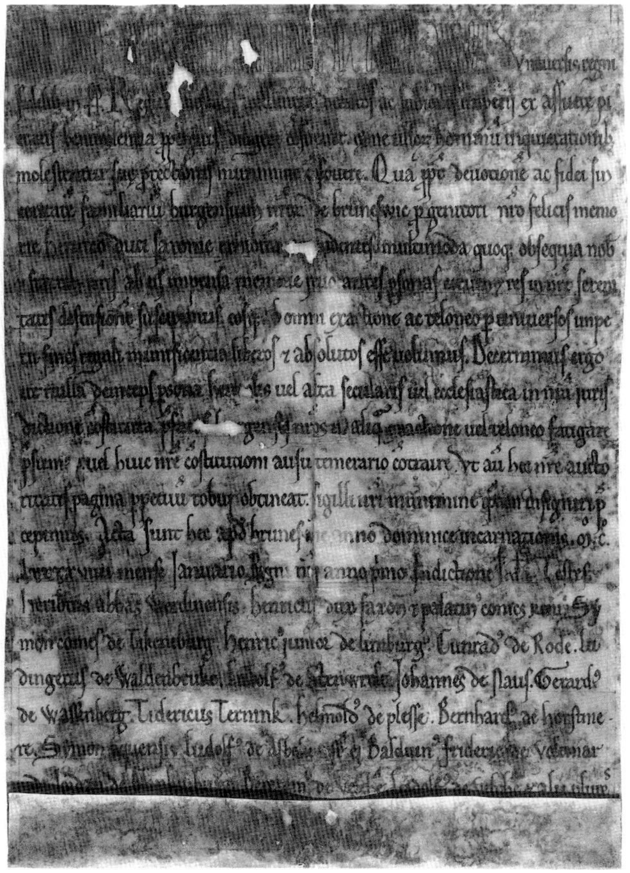

wohl Hans Goetting als auch Bernd Schneidmüller vermuten, daß die vorliegende Urkunde A I 1 Nr. 1, die den Bischof Hartbert von Hildesheim nicht erwähnt, die ursprüngliche Fassung darstellt, während A I 1 Nr. 1a wahrscheinlich erst später geschrieben wurde.
Im Thronstreit zwischen dem Welfen Otto IV. und dem Staufer Philipp von Schwaben spielten die Städte eine besonders wichtige Rolle. Deshalb unterstützte Otto IV. die Bürgerschaft Kölns gegen deren erzbischöflichen Stadtherrn und gewährte den Bürgern Braunschweigs im Januar 1199 ein großzügiges Privileg: Er befreit sie von sämtlichen Zöllen und Abgaben im gesamten Reich. Während diese Abgabenfreiheit ausschließlich das Reichsgebiet betraf, erhielten die Braunschweiger Kaufleute drei Jahrzehnte später für den Nord- und Ostseeraum weitreichende Vergünstigungen, die ihre wirtschaftliche Position erheblich stärkten: Am 6. September 1228 bewidmet König Waldemar II. von Dänemark die Bürger Braunschweigs mit der Zollfreiheit in seinem Territorium sowie dem damals essentiellen Recht, im Falle eines Schiffbruchs ihre Handelsgüter ungestört bergen zu können (Stadtarchiv Braunschweig: A I 1 Nr. 2b). Mehr als zwei Jahre später, am 10. November 1230, nimmt König Heinrich III. von England die Braunschweiger in seinen Schutz und gewährt ihnen gleichfalls ungehinderten Handel und Wandel in seinem großen Herrschaftsbereich (UB Stadt Braunschweig 2, Nr. 78, S. 30f.).
Diese großzügigen Privilegien sind beredte Zeugnisse bürgerlicher Loyalität gegenüber den hart bedrängten welfischen Stadtherren. Dadurch vermochte Braunschweig im frühen 13. Jahrhundert in den illustren Kreis der einflußreichen und weit ausgreifenden Handelsstädte aufzusteigen, die sich später in dem weitumspannenden Bündnis der Hanse zusammenschlossen, welche dann mehr als 400 Jahre das wirtschaftliche und politische Schicksal der Stadt Braunschweig bis zum Verlust der städtischen Unabhängigkeit im Sommer 1671 ganz entscheidend mitbestimmt hat.

Archiv der Stadt Braunschweig.

UB Stadt Braunschweig 2, Nr. 30, S. 12f.

Dürre 1861. – Winkelmann 1873/78. – Achilles 1913.– Steinbach 1968. – Zillmann 1975. – Garzmann 1976. – Goetting 1984, S. 469 mit Anm. 100. – Schneidmüller 1985, S. 261f. mit Anm. 29. – Hucker 1990.

M.R.W.G.

F 3 Urkunde Pfalzgraf Heinrichs für das Hospital St. Johannis in Braunschweig

Braunschweig, 1224

Pergament, H. 32,7 cm – B. links 32,35 cm, rechts 31,6 cm (mittig 31,5 cm) – Umbug 2 cm – angehängtes Siegel an weiß-roten Seidenfäden, Wachs, dunkelrot, Reitersiegel, Reiter heraldisch nach links gewandt – Dm. 8,5 cm.

Wolfenbüttetl, Niedersächsisches Staatsarchiv, 32 Urk 1

Heinrich nimmt, als *dux saxonie, comes palatinus Rehni,* das vom Johanniterorden geführte Hospital des hl. Johannes des Täufers, das in seiner Stadt Braunschweig von den Spenden der Gläubigen zur Ehre Gottes und zur Unterstützung der Armen gegründet und erbaut worden ist, unter seinen besonderen Schutz: *... domum hospitalis, que in civitate nostra Bruneswick ab elemosines fidelium ad honorem Dei et in subsidium pauperum fundata est et constructa in nostram suscepimus protectionem ac firmam defensionem.*
Ausgefertigt wurde die Urkunde 1224, *in civitate nostra Bruneswick,* vor neun namentlich genannten Zeugen sowie Braunschweiger Bürgern.
Während L. von Heinemann noch die Originalurkunde veröffentlichte, bezeichnete das Braunschweiger Urkundenbuch sie als verschollen und druckte eine Abschrift von 1774. Bis in die jüngste Zeit findet daher das Original nicht immer Beachtung.
Die Aussage der Quelle über die als bereits errichtet bezeichnete Niederlassung läßt die Annahme zu, daß die

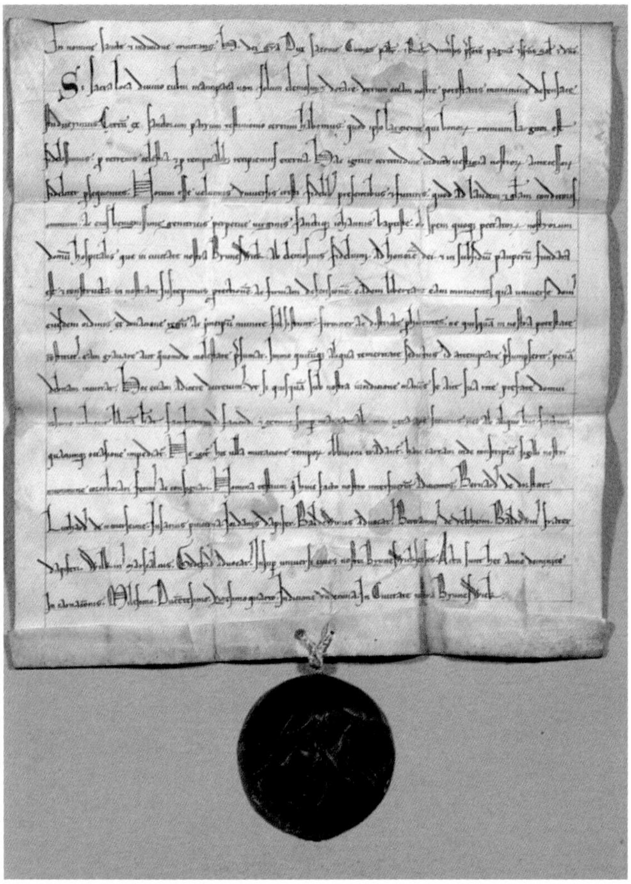

F 3

Gründung sowie die Ansiedlung der Johanniter bereits einige Jahre zurücklagen. Ob allerdings Heinrich der Löwe die Johanniter im Heiligen Land 1172, wie die Überlieferung berichtet, aufforderte, sich in Braunschweig niederzulassen, bleibt offen. In jedem Fall war St. Johannis das erste Hospital sowie die älteste Fürsorgeeinrichtung der Stadt und zählte zu den frühesten Niederlassungen der Johanniter in Norddeutschland.
Spenden der Bevölkerung ermöglichten die Errichtung und Führung dieses Hospitals. Weit mehr als ein Krankenhaus, gewährte es Schutz und Hilfe, Unterkunft und Versorgung für Bedürftige und Arme. Diese Einrichtungen befanden sich daher innerhalb der Stadt, während ansteckend Kranke außerhalb der Mauern gepflegt wurden.
In der Regel lagen diese Einrichtungen bei den geistlichen Orden, unter denen die Johanniter einen besonderen Ruf genossen. Der Schutz, den sie dem einzelnen Schwachen geben konnten, war weitreichend. Von der Hoffnung getragen, durch die Gebete einer Ordensgemeinschaft dem Fegefeuer zu entgehen, konzentrierte sich die Betreuung der Bewohner auch auf seelsorgerische Dienste. Dieselbe Hoffnung war Aufforderung an andere, zu ihrem eigenen Seelenheil den Orden Almosen zu spenden und so den Armen zu dienen.

Am Ende dieser Hierarchie von Schutzgewährenden und -empfangenden stand in diesem Fall Pfalzgraf Heinrich, Herzog von Sachsen, der mit der Gewährung seines Schutzes sein Verhältnis zur Stadt Braunschweig und seinen Herrschaftsanspruch verdeutlichte.
Der im 18. Jahrhundert zerstörte Johanniterhof nahm einen großen, von Kattreppeln, ehemals By sunte Johannese, ausgehenden Bereich ein. Ein Saalbau für die Krankenpflege lag neben einer Kapelle für die Meßfeier, die auch als Begräbnisstätte diente. Das Aussehen dieser Kapelle, ein Saalbau mit Dachreiter, überliefern mehrere Stiche.

Archiv des Johanniterordens.

von Heinemann 1882, S. 336f., Nr. 18 – UB Stadt Braunschweig 2, S. 24.

Rehtmeyer 1707–1720, Teil 1, S. 137ff. – Schultz 1970, S. 37ff. – Schneidmüller 1985, S. 257ff. – Boldt 1988.

H.R.J.

F 4 Ottonianum für die Altstadt in Braunschweig

Braunschweig, Frühsommer (?) 1227

Pergament – H. 57,8 cm – B. 44,2 cm – stark beschädigtes Wachssiegel – gelb – rund – restauriert – am Pergamentstreifen – (heraldisch) nach rechts schreitender Löwe mit ungezacktem Zagel – teilweise beschädigte Umschrift: SIGILLVM OTTONIS DVCIS BRVNESVIC.

Braunschweig, Stadtarchiv Braunschweig, Urkunde A I 1 Nr. 2a

In einer stadtgeschichtlich äußerst turbulenten Phase hat Herzog Otto das Kind (*1204, †1252) durch eine großformatige, mit farbigen Initialen verzierte Pergamenturkunde den Bürgern der Altstadt ihre angestammten Rechte bestätigt, die Kaiser Lothar III. (†1137) höchstwahrscheinlich bereits um 1130 ihren Vorfahren in einem nicht überlieferten Diplom verliehen hatte. Mit der respektablen Zahl von immerhin 66 Paragraphen enthält das Ottonianum – wie es nach dem Aussteller genannt wird – im wesentlichen straf-, zivil-, prozeß- sowie auch erb- und marktrechtliche Bestimmungen. Nach dem anhängenden grünen Wachssiegel, das der Urkunde ihre unverbrüchliche Rechtskraft verleiht, handelt es sich bei dem Aussteller zweifelsfrei um Herzog Otto das Kind *(Otto puer)*, der seinen Beinamen deshalb trug, weil er schon 1213 im Alter von erst neun Jahren seinen Vater Wilhelm von Lüneburg verloren hatte.
Wegen ihrer für mittelalterliche Urkunden sicher ungewöhnlichen Form ist die Echtheit dieser bestechend schönen Urkunde bisweilen angezweifelt worden. Diese offenkundigen Unzulänglichkeiten dürften sich indessen dadurch historisch hinreichend erklären lassen, daß sich Otto das Kind im Juli 1227 nur wenige Tage in Braunschweig hat aufhalten können und innerhalb dieser sehr kurzen Frist versuchen mußte, sein territoriales Erbe gegen frem-

de Ansprüche zu behaupten. Ein Vierteljahr zuvor, am 28. April 1227, war mit Pfalzgraf Heinrich der älteste Sohn Heinrichs des Löwen in Braunschweig gestorben. Die testamentarische Verfügung des Pfalzgrafen zugunsten seines Neffen Otto des Kindes wurde von den staufischen Opponenten aufs heftigste angefochten. Denn die beiden pfalzgräflichen Töchter, Agnes und Irmingard, hatten ihr jeweiliges Erbe dem Kaiser verkauft, so daß sich Friedrich II. im Frühsommer 1227 zumindest de jure als Eigentümer der Stadt Braunschweig betrachten konnte, während diese freilich de facto weiterhin von den Welfen beherrscht wurde. Otto das Kind kam zwar aus Holstein in einem Eilmarsch nach Braunschweig, vermochte aber die Stadt zunächst nicht zu betreten, weil etliche welfische Ministerialen und Teile der Bürgerschaft auf die Seite des Staufers übergewechselt waren. Mit entscheidender Hilfe ihm ergebener Bürger konnte der Welfe dann in den Hagen gelangen und von dort schließlich die gesamte Stadt unter seine Botmäßigkeit bringen. Binnen kurzem mußte Otto das Kind größte Anstrengungen unternehmen, um seine schwankenden Herrschaftsgrundlagen zu stabilisieren. Eine seiner hierfür entscheidenden Maßnahmen war die offizielle Bestätigung der althergebrachten Rechte für die Bürger der Altstadt in der von ihm besiegelten Empfängerausfertigung, deren materielle Echtheit nicht in Zweifel gezogen wird.

Das Ottonianum gehört zu den frühesten in mittelniederdeutscher Sprache abgefaßten Rechtsdenkmälern; es hat bis in das erste Drittel des 16. Jahrhunderts der kontinuierlichen, weitestgehend autonomen Rechtsentwicklung in der Stadt Braunschweig die notwendige Substanz gegeben. Hauptsächlich beruht das Ottonianum auf lokalem Gewohnheitsrecht, das für sämtliche privatrechtlichen Streitigkeiten verbindlich war. Bis in das ausgehende 12. Jahrhundert gehörten ferner die Volksrechte sowie die Lehn- und Hofrechte zu den geltenden Rechtsnormen. Sowohl fürstliche Gunsterweise als auch die von den Bürgern vereinbarten und vom herzoglichen Stadtherrn sanktionierten Satzungen waren wichtige Quellen der Rechtsschöpfung. Keineswegs bildete das Stadtrecht einen in sich starr geschlossenen Kanon von längerfristig unverändert gültigen Vorschriften; vielmehr mußte es den häufig wechselnden politischen Strukturen und sozialen Bedingungen angepaßt werden.

Mit nahezu identischem Wortlaut bekräftigen die Paragraphen 60 und 66, daß *de borgere von Bruneswich* dieses Stadtrecht *bi vnses alden herren tiden an lande vnde an watere* besessen und jetzt *von vnses herren genaden* bestätigt erhalten haben. Neben dem bereits erwähnten Kaiser Lothar III. dürften hierfür auch Herzog Heinrich der Löwe, Pfalzgraf Heinrich, Kaiser Otto IV. und Herzog Otto das Kind in Betracht kommen.

Wenngleich das Ottonianum keine strenge Systematik kennt, so heben sich dennoch innerhalb seines umfangreichen Stoffes bestimmte inhaltlich verwandte Rechtssätze heraus, wie z.B. das Straf- und Prozeßrecht (§§ 4–11), die Schuldklagen (§§ 14–19), der Anfang als das bedeutendste Instrument der gerichtlichen Fahrnisverfolgung im hohen und späten Mittelalter (§§ 23–26), die erb- und güterrechtlichen Vorschriften (§§ 33–38 sowie §§ 43 und 44) und schließlich die Zollbestimmungen (§§ 46–51).

Mehrere Paragraphen betreffen die rechtliche Stellung des Vogts, der mit verwaltungsmäßigen, gerichtlichen und finanziellen Kompetenzen seitens des herzoglichen Stadtherrn ausgestattet war (§ 1, 15, 40, 43 und 44). Nur mit der Mehrheit der Urteiler, d.h. der Urteilsfinder, kann der Vogt den Beklagten überführen (§ 63). Hierin zeigt Braunschweig übereinstimmende Rechtstraditionen mit anderen mächtigen Handelsstädten wie Lübeck, Hamburg und Bremen.

Neben dem Gericht des Vogts anerkennt das Ottonianum auffälligerweise auch eine gerichtliche Befugnis des Rats, der bei der Übertragung des Eigentums an städtischen Liegenschaften subsidiär zugelassen ist (§ 64) und bei deren Verpfändung alternativ tätig werden kann (§ 22). Diese Bestimmungen verdeutlichen einerseits die allmählich geminderten Kompetenzen des stadtherrlichen Funktionsträgers, andererseits die schrittweise erstarkende Machtposition der Bürgerschaft in der Altstadt, der es noch in demselben Jahr 1227 gelang, gegen einen festen Jahreszins die Vogtei mit aller Nutzung und Gerechtigkeit von Herzog Otto dem Kind zu erwerben.

Es gehört zu den unveräußerlichen Charakteristika eines Bürgers, daß er innerhalb der Stadtmauern *schotes vnde rechtes pleget* (§ 50); d.h. er entrichtet den jährlichen Schoß, die vorrangig aus dem städtischen Grundbesitz resultierende Vermögenssteuer, und steht entweder vor dem Vogt oder dem Rat zu Recht in der Stadt (§ 13). Beide Verpflichtungen erwuchsen unmittelbar aus dem städtischen Grundstücksbesitz, so daß in der Altstadt ausnahmslos städtische Grundbesitzer zu den Bürgern gehörten. Da das Ottonianum weder Wurt- noch Grundzins kennt, die ein persönliches und dingliches Abhängigkeitsverhältnis begründeten, liegt die Vermutung sehr nahe, daß die Altstädter ihren Grund und Boden seit frühester Besiedlung zu freiem Eigentum besessen haben.

Der Paragraph 42 beinhaltet einen für Zuzügler höchst bedeutsamen Satz: Wer für die Frist von Jahr und Tag ungestört Bürger zu Braunschweig gewesen ist, kann von seinem bisherigen Herrn nicht mehr zurückgefordert werden. Es wird jedoch unabdingbar vorausgesetzt, daß der ehemals Hörige inzwischen städtischen Grundbesitz erworben hat, wodurch er zwangsläufig dem städtischen Gericht unterworfen und zudem steuerpflichtig geworden ist.

Neben zahlreichen kriminal- und prozeßrechtlichen Regelungen wird auch der Zoll zum Gegenstand verschiedener Bestimmungen. Das Ottonianum spricht in § 50 den Bürgern, die jährlich den Schoß, also eine Steuer gemäß eidlich selbst eingeschätztem Vermögen, zahlen mußten, völlige Zollfreiheit zu. Der auswärtige Kaufmann, der in die Stadt kommt, genießt nur dann den notwendigen Rechtsschutz *(vrede)* für seine Person und seine Güter, wenn er den festgesetzten Zoll entrichtet hat (§ 57).
In seiner Gesamtheit hat das Ottonianum, das aus formaler Perspektive viel stärker einer städtischen Stadtrechtsaufzeichnung als einem fürstlichen Stadtprivileg entspricht, wie es uns in den Rechten und Freiheiten des Hagens deutlich entgegentritt, die weitere Rechtsentwicklung der gesamten Stadt Braunschweig bis in das 16. Jahrhundert hinein maßgeblich beeinflußt. So waren gerade die heutzutage pedantisch anmutenden Zollvorschriften elementare Voraussetzungen für den geradezu lebensnotwendigen Marktverkehr und Marktfrieden, damit die Städte durch ungestörten und regen Handel wirtschaftlich, politisch und kulturell aufblühen konnten.

Archiv der Stadt Braunschweig.

UB Stadt Braunschweig 1, Nr. 2, S. 3ff.

Varges 1890. – Michels 1891. – Hänselmann 1892. – Mack 1904. – Schottelius 1904. – Frensdorff 1905. – Frensdorff 1906. – Busch 1921. – Timme 1931. – Wolff 1948/50. – Spieß 1949. – Strahm 1955. – Bärmann 1961. – Diestelkamp 1961. – Wittram 1966. – Zillmann 1975. – Garzmann 1976. – Garzmann 1977. – Garzmann 1978. – Moderhack 1985.

M.R.W.G.

*F 5 Rechte und Freiheiten für den Hagen in Braunschweig

Braunschweig, Frühsommer (?) 1227

Pergament – H. 39,3 cm – B. 24,8 cm – Herzogssiegel – rund – restauriert – an roten Seidenfäden anhängend – Löwe erkennbar – Umschrift: SIGILLVM OTTONIS DVCIS DE BRVNESWIC.

Braunschweig, Stadtarchiv Braunschweig, Urkunde A I 1 Nr. 2

Ebenfalls im Frühsommer 1227 bestätigt Herzog Otto das Kind das Stadtrecht des Hagens, welches sich in zwei Kriterien deutlich von dem Altstädter Ottonianum (Kat. F 4) unterscheidet: Die *Jura et libertates Indaginis* (die Rechte und Freiheiten des Hagens) sind in lateinischer Sprache abgefaßt und umfassen lediglich 16 Paragraphen. Unbestritten gehen die meisten Rechtssätze auf »den berühmten Herrn Heinrich«, Herzog von Sachsen und Bayern, zurück, den die Urkunde in Paragraph 1 ausdrücklich als den eigentlichen Gründer dieses nach der Altstadt bedeutendsten Braunschweiger Weichbildes hervorhebt. Sein Enkel Otto das Kind hat die althergebrachten, wohl um

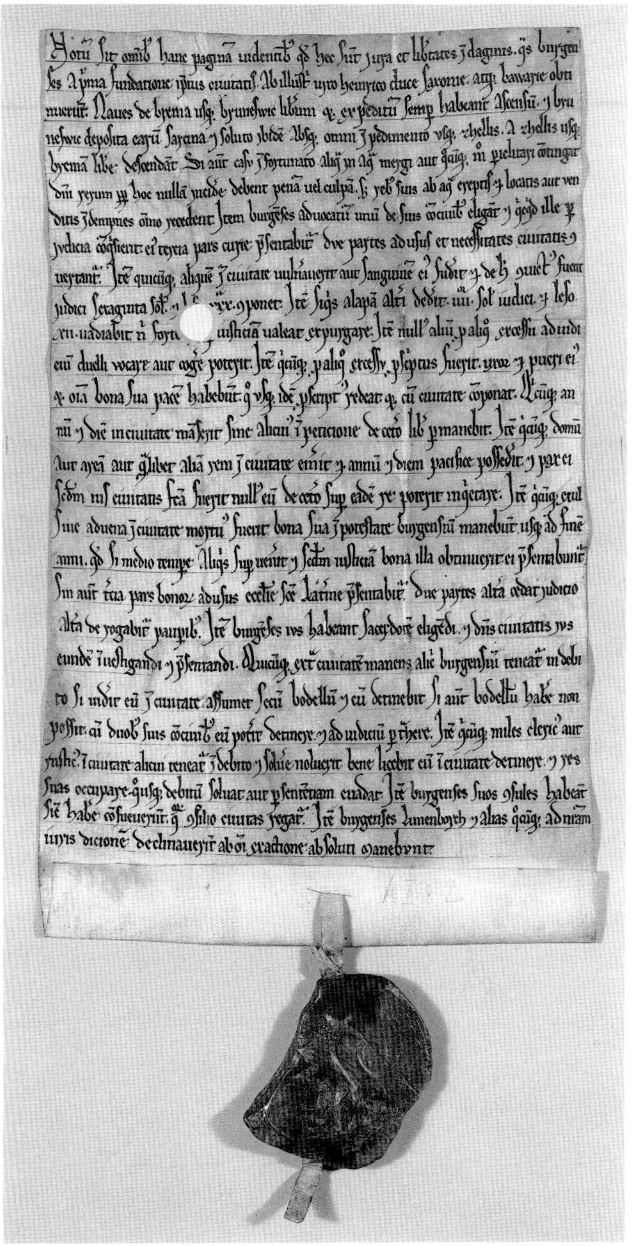

1160 vom illustren Vorfahren erstmals verliehenen Rechte offiziell bestätigt und entsprechend dem gewachsenen bürgerlichen Selbstverständnis neue Gerechtsame hinzugefügt. Uneingeschränkt wirtschaftliche Bedeutung haben die weitreichenden Vorschriften über die freie Schiffahrt – bis in das frühe 17. Jahrhundert ein heutzutage oft sträflich unterschätzter Wirtschaftsfaktor – von Braunschweig auf Oker, Aller und Weser in Richtung Bremen (§ 2), über die allgemeine Befreiung von der namentlich während des Mittelalters für Fernhändler häufig ruinösen Grundruhr (§ 3): das Recht des Grundherrn auf sämtliches Gut, das infolge eines Schiffbruchs seinen Grund und Boden berührt. Der Paragraph 16 schließlich befreit alle Braunschweiger Bürger vom Zoll in Lüneburg wie im gesamten welfischen Territorium.

Zwar konnten die Bürger aus ihren Reihen einen Vogt wählen (§ 4), der aber blieb dem gleichnamigen Funktionsträger des Herzogs untergeordnet. Erst aus dem beginnenden 13. Jahrhundert – während der Regierung des Pfalzgrafen Heinrich bzw. des Kaisers Otto IV. – dürften die frühestgreifbaren Ansätze einer gemeindlichen Selbstverwaltung stammen: Ein bürgerliches Ratsgremium regelte mit stadtherrlichem Konsens die vielfältigen Aufgaben in eigener Verantwortung (§ 15). Wenngleich den Bürgern des Hagens die freie Wahl des Pfarrers an der seit 1210 vorhandenen St.-Katharinen-Kirche zustand (§ 12), so haben die welfischen Landesherren als Patrone die Rechte der Investitur und der Präsentation weiterhin ungeschmälert ausgeübt. Neben detaillierten Regelungen straf-, schuld- und prozeßrechtlicher Natur beansprucht der berühmte Satz über den Erwerb der Bürgerfreiheit nach Jahr und Tag eine herausragende Stellung im Rahmen der eigenständigen Rechtsentwicklung der Stadt Braunschweig und zählt zu den in dieser Hinsicht ältestüberlieferten Nachrichten überhaupt. Auffälligerweise hängt das Erlangen des Bürgerrechts lediglich vom fristgerechten Wohnen in der Stadt ab (§ 9), während andere Stadtrechte zwingend fordern, daß nur derjenige zum Bürger aufsteigen kann, der über eigenen Grundbesitz innerhalb der Stadtmauern verfügt. Ebenso wird demjenigen, der ein Haus oder eine sonstige Sache rechtmäßig erworben und anschließend Jahr und Tag friedlich besessen hat, auch künftig der ungestörte Besitz desselben oder derselben ausdrücklich zugesichert (§ 10).
Im Vergleich zum Ottonianum räumt das Hagenrecht der freiheitlichen Position des Bürgers einen höheren Stellenwert im persönlichen wie im wirtschaftlichen Bereich ein.

Archiv der Stadt Braunschweig.

UB Stadt Braunschweig I, Nr. 1, S. 1f.

Varges 1890. – Michels 1891. – Hänselmann 1892. – Mack 1904. – Schottelius 1904. – Frensdorff 1905. – Frensdorff 1906. – Busch 1921. – Kleinau 1929. – Reichard 1930. – Timme 1931. – Wolff 1948/50. – Spieß 1949. – Strahm 1955. – Bärmann 1961. – Diestelkamp 1961. – Wittram 1966. – Jordan 1970. – Knauf 1974. – Zillmann 1975. – Garzmann 1976. – Garzmann 1977. – Garzmann 1978. – Moderhack 1985. – Hucker 1990.

M.R.W.G.

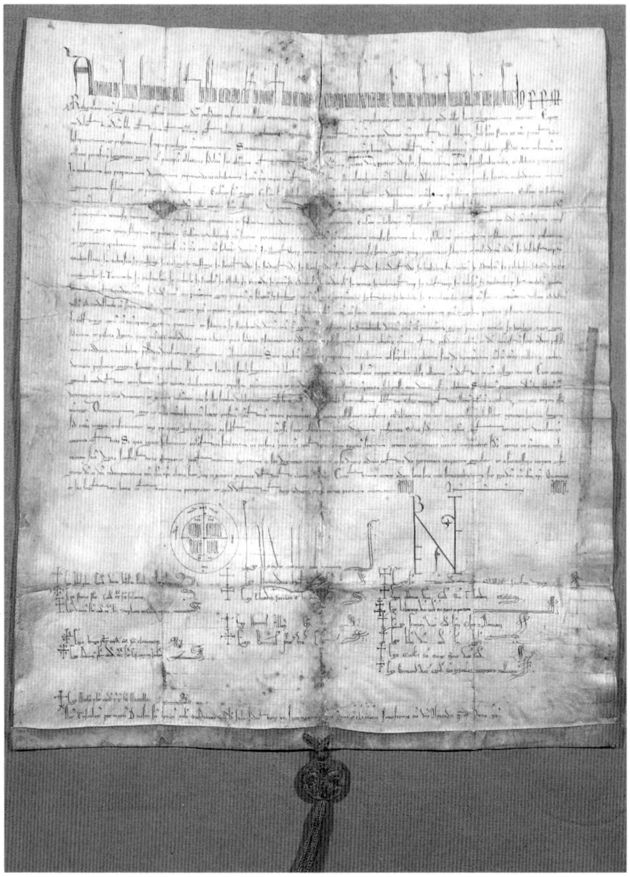

F 6 Urkunde Papst Alexanders III. für das Kloster St. Aegidien in Braunschweig

Tusculum, 1179 Juli 8

Pergament – H. 62 cm – B. 54 cm – Umbug 2 cm – mit anhängender Bleibulle an braunen Seidenfäden – Dm. 3,9 cm.

Wolfenbüttel, Niedersächsisches Staatsarchiv, 9 Urk 5

Papst Alexander III. bestätigt den Besitz des Klosters St. Aegidien in Braunschweig. Gegenüber dem Diplom Kaiser Lothars III. von 1134 für St. Aegidien zeigt die päpstliche Bulle von 1179 einen wesentlich erweiterten Grundbesitz des Klosters. Sie zählt etwa 50 verschiedene Orte im Osten und Südosten Braunschweigs, im Gebiet

von Peine und bis hinauf zur Aller namentlich auf. Über den Umfang des Besitzes finden sich keine genaue Angaben, vielfach handelt es sich wohl um geringfügigen Streubesitz. Dem Kloster unterstanden mehrere Kirchen, darunter die Magni-Kirche sowie die Nikolaikirche im Weichbild Altewiek in Braunschweig.
Die Papsturkunde gehört dem Typ des feierlichen Privilegs an, das im Schlußteil unter dem Text die Zeichen der Rota und des sogenannten Benevalete-Monogramms sowie die Kardinalsunterschriften aufweist. Zwischen Rota und Monogramm steht die Unterschrift des Papstes, der den Anfangsbuchstaben des Wortes *Ego* und das Ringkreuz in der Rota eigenhändig ausgeführt hat. Unter den 17 Kardinälen, die unterschrieben und überwiegend zumindestens die Unterschriftskreuze eigenhändig gesetzt haben, befinden sich zwei künftige Päpste: der Kardinalbischof Hubald von Ostia (Lucius III.) und der Kardinaldiakon Jac(inthus) von S. Maria in Cosmedin (Coelestin III.). Die anhängende Bleibulle zeigt auf der einen Seite den Namen des Papstes ALEXANDER PAPA III und auf der anderen Seite die Köpfe von Petrus und Paulus mit den abgekürzten Apostelnamen. Diese Bullenform ist seit dem Anfang des 12. Jahrhunderts üblich und wird – mit geringen Modifikationen – bis heute verwendet.

Archiv des Klosters St. Aegidien in Braunschweig.

Schneidmüller 1986a, S. 55–58 (mit Abb. nach S. 48). – Lerche 1914, S. 70 (Regest).

Römer-Johannsen/Römer 1979, S. 17, Nr. 7.

U.Sch.

F 7 Siegel des Benediktinerklosters St. Aegidien in Braunschweig, Typ I

Typar: Norddeutschland (Braunschweig?), vor 1158 – Urkunde: 1158

Rotbraunes Wachs – eingehängt – Dm. 6,4 cm.

Wolfenbüttel, Niedersächsisches Staatsarchiv, 9 Urk 3

Das Kloster St. Aegidien ist eine Stiftung der brunonischen Gräfin Gertrud und wurde am Tag des hl. Aegidius (1. September) des Jahres 1115 der Jungfrau Maria geweiht (vgl. Kat. C 5). Gertrud soll der Legende zufolge die Gebeine des ihr erschienenen hl. Aegidius auf dessen Wunsch hin entführt und in das von ihr gestiftete Kloster gebracht haben. In Braunschweig und im weiteren Umland setzte sehr bald eine verstärkte Verehrung dieses Heiligen ein, der schließlich auch zum Hauptpatron des Klosters wurde. Von den in diesem Zusammenhang entstandenen Kunstwerken haben sich so bedeutende wie das Evangeliar (Kat. F 13) und das Evangelistar (Kat. F 14) aus St. Aegidien erhalten. Die Vogtei des Klosters war an den Besitz der Burg Dankwarderode geknüpft und fiel über Kaiser Lothar III. an die Welfen, die das Kloster mit Stiftungen bedachten, aber auch deren Mönche zu verschiedenen Aufgaben heranzogen. Die im Jahre 1173 erfolgte, der herzoglichen Investiturpolitik entspringende Berufung Abt Heinrichs von St. Aegidien zum Bischof von Lübeck findet so ihre Entsprechung in dem dem Kloster 1218 testamentarisch vermachten Kaisermantel Ottos IV. (Kat. E 9) als Beispiel für welfische Freigebigkeit. Während der Belagerung Braunschweigs im Jahre 1200 wurde das Kloster von Truppen König Philipps (von Schwaben) besetzt. In diesem Moment soll der hl. Aegidius den Kirchenschatz vor Plünderung bewahrt haben. Durch die zur gleichen Zeit handelnde Legende von der Erscheinung des hl. Auctor wurde das auch dessen Gebeine bergende Kloster St. Aegidien zum Zentrum des sich in Braunschweig rasant ausbreitenden Auctorkultes. In Umschrift und Bild wird das Klostersiegel vom hl. Aegidius bestimmt: + SIGILLVM · [S(ancti) · EGIDII · C]ONFESS(oris) XPI IN BRVNESWIC (Siegel des hl. Aegidius, Beichtvater zu Christus, in Braunschweig), und es zeigt den Heiligen mit Stab und Buch über einem Mauerkranz mit drei Türmen. Es muß von dem das gleiche Bild zeigenden ersten Konventssiegel unterschieden werden und weist in der Wahl des Motivs erhebliche Ähnlichkeit mit dem ersten Siegel des Stifts St. Blasius in Braunschweig auf (Kat. D 41). Die Reputation des Aegidius als Beichtvater rührt von jener Legende her, die berichtet, Karl dem Großen sei durch die Fürsprache des Heiligen im Gebet eine schwere Sünde vergeben worden. Diese Episode dürfte für die Welfen insofern von Bedeutung gewesen sein, als sie sich ja mit Recht als Nachkommen dieses großen Herrschers sehen konnten.

Archiv des Klosters St. Aegidien in Braunschweig.

UB Stadt Braunschweig 2, Nr. 11.

Piekarek 1, 1979, S. 141f. – Römer-Johannsen/Römer 1979, S. 16, Nr. 6. – Römer-Johannsen 1979, S. 33–56, insb. S. 56. – Römer-Johannsen 1981, S. 33–56. – Kat. Braunschweig 1985, 1, Nr. 32. – Schneidmüller 1986a. – Naß 1989, insb. Anm. 71f., S. 17f. – Naß 1990. – Hucker 1990, S. 610–613.

C.P.H.

F 8 Siegeltypar der Stadt Braunschweig

Braunschweig, vor 1231 (?)

Messing – neuzeitliche Vergoldung – Dm. 8,5 cm.

Braunschweig, Städtisches Museum, Inv. Nr. Cha 1 Nr. 1

Gerade die erste Hälfte des 13. Jahrhunderts war erfüllt mit einer großen Anzahl von für die Stadt Braunschweig wichtigen Ereignissen, so die Vollendung des Mauerrings um alle Weichbilder, der Erwerb des Pfarrerwahlrechts in der Marktkirche St. Martin 1204 und der Altstädter Vogtei sowie die Stadtrechtsvergabungen 1227 (Kat. F 4 u. *F 5). Zu dieser Zeit wird auch das erste Siegeltypar der Stadt entstanden sein, von dem sich erstmals ein Abdruck am Innungsbrief für die Goldschmiede von 1231 (Stadtarchiv Braunschweig, A I 1 Nr. 3) erhalten hat. Zweifellos stehen Urkundeninhalt und Typar in unmittelbarem Bezug, wurde der Stempel doch von den eben Privilegierten selber geschnitten. Das Siegel hat die Umschrift + SIGILLVM · BVRGENSIVM · IN · BRVNESWIC (Siegel der Bürger in Braunschweig), wobei dem ausführenden Stempelschneider anders als sonst noch Platz für eine abschließende Verzierung geblieben war. Das Bild zeigt in der Mitte einen auf einfachem Podest stehenden, nach links gewendeten, heraldisch wirkenden Löwen, dessen Schwanz S-förmig nach oben erhoben ist. Über dem Tier befindet sich ein durch seinen besonders verzierten Mauerkranz halb verdecktes Gebäude mit spitzem Dach und je zwei kuppelbekrönten Türmen – wohl eine Wiedergabe der Burg Dankwarderode und seines Stifts. Das Ganze ist von einem mit vier Türmen versehenen Mauerkranz umgeben, durch den ein zu Füßen des Löwen befindliches Tor Einlaß gewährt. In einer ganz ähnlichen Art ist der Löwe auf der Ebstorfer Weltkarte (Kat. A 1) über der Stadtsilhouette Braunschweigs dargestellt, so daß bei der Spätdatierung der Karte eben gerade das Stadtsiegel als das Vorbild dieser Darstellung angesehen wurde. Das Löwenstandbild kommt neben dem Siegeltypar ferner auf Brakteaten Heinrichs des Löwen, Kaiser Ottos IV., Pfalzgraf Heinrichs und Herzog Ottos des Kindes vor (Kat. F 8 a-e), wobei die Bildkomposition des Typars besonders große Verwandtschaft mit einem Hohlpfennig Heinrichs des Löwen aufweist (Kat. F 8 a). Angesichts der Zusammenstellung erscheint es jedoch fraglich, daß der Stempelschneider lediglich diesen Brakteaten Heinrichs des Löwen nachgeahmt haben soll. Zwar dürfte zu dieser Zeit eine authentische Wiedergabe des Löwendenkmals noch nicht beabsichtigt gewesen sein, doch ist die zum Bronzelöwen abgewandelte Schwanzhaltung gewiß kein Ausdruck künstlerischer Freiheit. Die Darstellung wird vielmehr einer frühen heraldischen Auffassung entsprechen, wie sie sich auch in den Löwensiegeln der welfischen Fürsten (vgl. Kat. D 6, E 25–E 27) niedergeschlagen hat.

Einen erheblichen geographischen Unterschied zwischen Burg und Stadt hat es im 13. Jahrhundert nicht mehr gegeben; so stellt Pfalzgraf Heinrich eine Urkunde zu 1219 *in palatio nostro Bruneswic* (in seiner Pfalz (zu) Braunschweig) aus (Wolfenbüttel, Niedersächsisches Staatsarchiv, 22 Urk 35). Die Stadt ging erst nach den Unruhen am Ende des 13. Jahrhunderts auf Distanz zu ihren welfischen Stadtherren, was letztlich zum Ende der Residenzfunktion und zu ihrer spätmittelalterlichen Blüte als de facto freie Stadt führte. So darf es auch nicht verwundern, daß sich die Stadt hier noch mit dem ›herzoglichen‹ Löwenstandbild identifizierte. Vielmehr werden die Ratsherren dieses Motiv von hohem Wiedererkennungswert bewußt gewählt haben und kombinierten damit vier für Braunschweig wesentliche Dinge: das Löwenstandbild als einzigartiges Wahrzeichen der Stadt, ein Symbol für Heinrich den Löwen als wichtigsten Förderer Braunschweigs, das Wappenbild ihrer welfischen Stadtherren und den Mauerkranz des bürgerlichen Gemeinwesens, der all dies wohl verwahrt. Der Stempelschneider hat dies sowohl künstlerisch als auch handwerklich in großartiger Manier umgesetzt. Das Typar wurde von Hermann Wegener, Paul Zimmermann und Rainer Kahsnitz als der seit 1231 verwendete, durch Abnutzung und goldschmiedetechnische Eingriffe leicht abgewandelte Stempel identifiziert, wohingegen ihn Richard Moderhack als eine erst gut 100 Jahre später entstandene, beinahe originalgetreue Kopie des ursprünglichen ansah. Zwar kann hier nicht einer genaueren Prüfung dieses Problems vorgegriffen werden, doch spricht ein Pausenvergleich der vor 1331 ausgeprägten Siegel mit dem erhaltenen Typar eher dafür, daß es sich hierbei tatsächlich um den ersten Siegelstempel der Stadt Braunschweig handelt. Letzthin erscheint es unwahrscheinlich, daß im ersten Drittel des 14. Jahrhunderts eine auf kleinste Details Wert legende Kopie des bis dato relativ scharf ausprägenden Stempels ideell erwünscht und technisch möglich gewesen ist. Somit dürfte die Braunschweiger Goldschmiedearbeit des frühen 13. Jahrhunderts für die Besiegelung zahlloser wichtiger Dokumente bis zur Unterwerfung der Stadt durch ihren welfischen Stadtherrn im Jahre 1671 in Verwendung geblieben sein.

Archiv der Stadt Braunschweig; seit 1861 im Städtischen Museum Braunschweig.

W(egener) 1894, Nr. 1, S. 4f.; Nr. 2, S. 14ff. – UB Stadt Braunschweig 1, S. 7f. – Zimmermann 1905, S. 114–117. – Swarzenski 1938, S. 251. – Ohnesorge 1961, S. 162ff. – Drögereit 1962, S. 13. – Jordan/Gosebruch 1967, S. 42ff. – Garzmann 1976, insb. S. 123. – Kat. Stuttgart 1977, 1, Nr. 139; 2, Abb. 68. – Moderhack 1978a. – Spies 1981. – Kat. Braunschweig 1981, Umschlagabb. – Wolf 1988, S. 78f. – Hucker 1988, S. 510–538, insb. S. 519f. und Anm. 32. – Weinmann 1991. – Seiler 1994a, S. 135–183.

C.P.H.

F 8 a–f Brakteaten mit Löwenstandbild

Das von Herzog Heinrich dem Löwen zwischen 1163 und 1169 errichtete Löwendenkmal kommt auf drei Brakteaten Heinrichs des Löwen (Kat. F 8 a, F 8 b; Denicke 16), je einem Brakteaten Kaiser Ottos IV. (Kat. F 8 c), des Pfalzgrafen Heinrich (Kat. F 8 d) sowie auf zwei Brakteaten Herzog Ottos des Kindes (Kat. F 8 e-f) vor. Während Julius Menadier die das Löwendenkmal zeigenden Brakteaten

Heinrichs des Löwen noch als Gedenkprägungen auf seine Errichtung angesehen hatte, ging die Numismatik zwischenzeitlich z. T. auf Distanz zu dieser Interpretation, wie sie in ähnlicher Weise auch auf andere Brakteaten Anwendung fand (z.B. »Hochzeitspfennige« Heinrichs des Löwen und Albrechts des Bären [Kat. G 8 r]). Neben der einfachen Erklärung, daß das Denkmal die Münzstätte symbolisieren sollte, spricht allerdings einiges für Prägungen aus Anlaß der Regierungsübernahme des jeweiligen welfischen Fürsten. Wenn diese Tradition von den Söhnen Herzog Ottos nicht weiter fortgeführt wurde, so geschah dies zum einen wegen der spätestens 1267 deutlich werdenden Erbteilung zwischen Albrecht und Johann sowie aufgrund der seit Mitte des 13. Jahrhunderts stark erhöhten Geldmenge. Sie war es, die in immer kürzeren Abständen Münzverrufungen nötig werden ließ und zu dem damit verbundenen Qualitätsverlust der Brakteaten führte.

Dannenberg 1891, S. 322. – Menadier 1891. – Swarzenski 1932, S. 224. – Pinder 1952, S. 224. – Jordan/Gosebruch 1967, S. 42ff., Abb. 17a. – Bilzer 1980, S. 342. – Denicke 1983–1988. – Hucker 1990, S. 585f. mit Abb. 16.

C.P.H.

a) Heinrich der Löwe (1142–1180, †1195)
Münzstätte Braunschweig
Einseitiger Pfennig (Brakteat)

Silber – Gew. 0,72 g.

Hannover, Kestner-Museum, Inv. Nr. T 61

Der Löwe steht aufgerichtet nach rechts auf einem Podest. Über ihm der Bogen einer Toranlage. Zu beiden Seiten kleine Mauern, auf deren Enden schlanke Kuppeltürme stehen.

Fund Mödesse I, 21 b. – Slg. Löbbecke 129. – Slg. Gaettens 200. – Berger 1993, 591.

F.B.

b) Heinrich der Löwe (1142–1180, †1195)
Münzstätte Braunschweig
Einseitiger Pfennig (Brakteat)

Silber – Dm. 25,0–26,0 mm – Gew. 0,635 g.

Hannover, Niedersächsisches Münzkabinett der Deutschen Bank, Inv. Nr. 01.026.058

In der Mitte ein stehender Löwe nach links auf einer Konsole, über dem Hinterteil des Löwen das Segment eines Architekturbogens (Turm mit Gebäude), außen keine Umschrift.

Fiala 1910/. – Denicke 1983–88, Nr. 15. – Berger 1993 /.

R.C.

F 8b

F 8c

c) Heinrich der Lange (1195–1227)
Münzstätte Braunschweig
Einseitiger Pfennig (Brakteat)

Silber – geschnittene rechte Hälfte – Dm. 15–29 mm – Gew. 0,445 g.

Hannover, Niedersächsisches Münzkabinett der Deutschen Bank, Inv. Nr. 01.025.006

In der Mitte ein stehender Löwe nach rechts auf einer Konsole, über dem Hinterteil des Löwen das Segment eines Architekturbogens (Turm mit Gebäude), vor der Brust ein Kreuz und die Buchstaben HA, unter dem Körper ein Stern, außen keine Umschrift.

Die Beschreibung erfolgte nach einem vollständigen Exemplar. Teilwerte des Pfennigs wurden in der Pfennigzeit (800–1300) nur ganz selten geprägt. Die vorliegende Münze ist ein weiteres Beispiel für die praktische Art und Weise, wie man durch Zerschneiden halbe oder viertel Pfennige herstellen konnte.

Der Brakteat gehört zu der Gruppe der Brakteaten mit dem Löwendenkmal, die wegen des Bildthemas überwiegend Heinrich dem Löwen zugewiesen werden. Am engsten ist die Verwandtschaft zu dem Brakteaten Denicke 1983–88, Nr. 15 (Kat. F 8 b), der im Bildaufbau ein Spiegelbild zu dem vorliegenden Brakteaten ist. Ältere Zuweisungen haben deshalb Heinrich den Löwen als Münzherrn in Betracht gezogen. Wegen der Buchstaben wurde Hannover als Münzstätte diskutiert. Sie werden aber auch als Anfang des Namens HAINRICVS gedeutet, was die Zuweisung an Heinrich den Löwen oder an Heinrich den Langen offenläßt. Aus dem Vorkommen in zwei wichtigen späteren Funden ergeben sich Anhaltspunkte für eine Spätdatierung, so daß das Stück zuletzt zu Heinrich dem Langen gelegt wurde. Eine weitergehende Ermittlung des Fundvorkommens dürfte noch mehr Sicherheit in die Zuweisung der Münze bringen.

Aus Münzfund Saalsdorf.

Schönemann 1852a, Nr. 3, Taf. A, Nr. 3 (etwas abweichende Zeichnung). – Fiala 1910, Nr. 59, Taf. 2, Nr. 8. – Denicke 1983–88, Nr. 52. – Berger 1993 /.

R.C.

d) Otto das Kind (1227–1252)
Münzstätte Braunschweig
Einseitiger Pfennig (Brakteat)

Silber – Gew. 0,59 g.

Hannover, Kestner-Museum, Inv. Nr. 1947,16

Der Löwe steht nach rechts auf einem Podest, der Kopf frontal, im Bogen des Podestes eine Lilie.

Fund Lucklum 5. – Berger 1993, 692.

F.B.

e) Otto das Kind (1227–1252)
Münzstätte Braunschweig
Einseitiger Pfennig (Brakteat)

Silber – Gew. 0,66 g.

Kestner-Museum Hannover, Inv. Nr. MBG

Der Löwe steht nach rechts auf einem Podest, vorn und oben ein Kreuz. Umschrift: + OTTO DVX DE BRVN.

Fund Lucklum 2.

F.B.

f) Otto IV. (1198–1218)
Münzstätte Braunschweig
Einseitiger Pfennig (Brakteat)

Silber – Dm. 28,5 mm – Gew. 0,834 g.

Niedersächsische Privatsammlung

Der gekrönte Löwe nach rechts auf einem Podest. Die Krone auf dem Löwenkopf ist auch für die anderen Brakteaten Kaiser Ottos IV. typisch.

Im Münzhandel erworben.

Suhle 1963, Nr. 7. – Hucker 1990, S. 585f. und Abb. 16.

C.P.H.

F 9 Tragaltar aus St. Michaelis in Braunschweig

Braunschweig oder Hildesheim, 3. Viertel 12. Jahrhundert

Eichenholzkern; Kupfer, vergoldet; Silberblech, gestanzt; Füße Bronze, gegossen und vergoldet – Vergoldung abgerieben; Silberblechstreifen fragmentiert; Altarstein verloren, ebenso zwei der vier später den Eckfeldern der Deckplatte aufgenieteten, kastenförmigen, ohn Steine erhaltenen Fassungen – L. 19 cm – B. 11 cm – H. 10 cm.

Braunschweig, Städtisches Museum

Auf den Schmalseiten der Deckplatte sind Christus und Maria einander gegenübergestellt, jeweils eingerahmt von zwei Cherubim. An den Längsseiten weisen sich je drei Engel durch Spruchbänder mit dem S[AN]C[TU]S als Seraphim der Vision des Jesaja (Is 6, 2–3) aus. Das dem für die Messe zentralen Kanon vorausgehende Sanctus betont zugleich die eucharistische Funktion des Tragaltars. Auf den Wandungsplatten thronen die auf der oberen Randleiste benannten Apostel einander paarweise zugewandt auf ›Regenbogen‹. Der zur Parallelführung neigende Faltenwurf, die Kopftypen, die Ornamentik und die Punzierung der Hintergründe lassen den Tragaltar deutlich als ein von der Goldschmiedekunst der ersten Hälfte des 12. Jahrhunderts aus dem Umkreis des Roger von Helmarshausen ab-

F 9

geleitetes, qualitativ eher provinzielles Durchschnittswerk erkennen. Gewisse Übereinstimmungen zeigt auch eine etwa zeitgleiche, um ein Portatile aus Vorau gebildete Gruppe von Tragaltären mit ebenfalls auf ›Regenbogen‹ thronenden Aposteln. Sah Georg Swarzenski den Ursprung dieser Gruppe im Wesergebiet, so fand Brandt (1987, S. 87f.) Argumente für ihre Entstehung im Umkreis von Hildesheim. Obwohl der Tragaltar aus St. Michaelis nicht direkt zu dieser Gruppe gehört, legt seine Verwandtschaft mit ihr doch seine Entstehung in Hildesheim bzw. Braunschweig nahe. Bereits Swarzenski sah in dem Tragaltar aus St. Michaelis ein Beispiel Braunschweiger Lokalproduktion, das er von seinem »Kunstkreis Heinrichs des Löwen« absetzte, ohne allerdings wie Brandt seine Entstehung für die Weihe der Michaeliskirche 1157 anzunehmen.

Aus St. Michaelis in Braunschweig.

Swarzenski 1932, S. 312. – Kat. Braunschweig 1985, 1, Nr. 28 (Lit.) (Michael Brandt). – Brandt 1987.

H.W.v.d.K.

F 10 Kreuz mit Corpus

Niedersachsen, um 1230

Bronze – H. 37 cm – H. ohne Dorn 33,2 cm – B. 26,3 cm – Corpus: H. 15,8 cm – B. 15,3 cm.

Braunschweig, Ev.-luth. Kirchengemeinde St. Ulrici-Brüdern

Das Krückenkreuz zeigt als Schmuck einen mitgegossenen, vergoldeten Rahmen mit Lochpunzen in regelmäßigen Abständen. Mitgegossen sind auch drei Ringösen am oberen und an den beiden seitlichen Enden. Auf den seitlichen Kreuzarmen der glatten Rückseite ist ein Reliquienverzeichnis in einer Schrift des 14./15. Jahrhunderts sorgfältig eingraviert. Der Kruzifixus steht mit horizontal ausgestreckten Armen und etwas nach rechts geschwungen auf einem einfachen Suppedaneum am Kreuz. Das Haupt ist geneigt, die Augen sind geschlossen. Brust und Bauch sind plastisch und voluminös gebildet, Brustbein, Brustwarzen, Rippen und Bauchnabel detailliert markiert. Das kurze Lendentuch, zur linken Hüfte gezogen und dort verknotet, ist auffällig stofflich und glatt in großen Formen gebildet und weist kaum Binnenzeichnung auf.

Das Verzeichnis der Rückseite nennt Reliquien vom Grabe Christi und seinem Purpurmantel, vom Kalvarienberg sowie von weiteren Heiligen. Wo genau sich diese Reliquien befanden, ob in der hohlen Rückseite des Kruzifixus oder in Anhängern, die seitlich in den Ringösen hingen, ist nicht bekannt.
Stilistisch ist der Kruzifixus hinsichtlich Physiognomie und Gewandbildung mit den Taufen in Hildesheim und Osnabrück verwandt. Die Ähnlichkeiten zum sogenannten Katharinenreliquiar in Quedlinburg scheinen dagegen eher allgemeiner Natur zu sein (Bloch), ist doch beim Braunschweiger Kruzifixus gerade die Schlichtheit und Glätte des Lendentuchs charakteristisch, während die Figuren des Quedlinburger Reliquiars in stoff- und faltenreiche Gewänder gehüllt sind.
Es ist nicht bekannt, seit wann sich das Kreuz in der Brüdernkirche befindet oder durch wen es in die Kirche gelangte. Der Bau der Brüdernkirche war 1242 begonnen worden, sie war bis ins 16. Jahrhundert die Klosterkirche der Franziskaner. 1544 wurde, nach dem Abriß der St.-Ulrici-Kirche, dieser Gemeinde die Brüdernkirche als Pfarrkirche zugewiesen. Damals gelangte ein bronzegegossenes Taufbecken aus St. Ulrici in die Brüdernkirche, und es ist zu überlegen, ob auch das Kreuz von dort stammen könnte (Hinweis Pfarrer Gozdek, Brüdernkirche). Es könnte sich aber auch stets, gewissermaßen als Grundausstattung, in der Brüdernkirche befunden haben.

F 10

Kat. Braunschweig 1985, 2, Nr. 1061 (Peter Bloch). – Bloch 1992, Nr. VI A 16 (Lit.).

R.M.

F 11 Kelch aus St. Katharinen

Braunschweig (?), 2. Hälfte 13. Jahrhundert und 1. Drittel 13. Jahrhundert (Stanzen)

Silber, getrieben, gestanzt und vergoldet; Filigran mit Perlen- und Steinbesatz – Restaurierungen: 1668, 1694 und 1712 – H. 19 cm.

Braunschweig, Ev.-luth. Kirchengemeinde St. Katharinen

Durchbrochen gearbeitetes Rankenfiligran, am Fuß mit Steinbesatz, am gerippten Nodus mit weinlaubartigen Blättchen, verleiht dem Kelch sein prächtiges Erscheinungsbild. In reizvollem, spannungsreichem Kontrast dazu steht die glatte, weite Halbkugel der Kuppa. Die figürlichen Reliefs wurden mit Hilfe älterer Matrizen in der Technik der Stanzarbeit angefertigt und weisen stilistisch in das erste Drittel des 13. Jahrhunderts. Auf dem Fuß vier Rundmedaillons mit christologischen Darstellungen: thronende Muttergottes, Kreuzigung, thronender Christus und Frauen am Grab, dazwischen eingefügt Brustbilder von Heiligen, am Kelchschaft Engelhalbfiguren unter Arkaden. In derselben ikonographischen Zusammenstellung finden sich die Medaillons am Fuß eines Kelchs in Wittingen, welcher ebenfalls der zweiten Hälfte des 13. Jahrhunderts angehört. Weitere Exemplare der Reliefs mit der Kreuzigung und dem Ostergeschehen an den Kelchen in Prenzlau, Rochsburg, Berlin und Gronau. In Braunschweig selbst wiederholen sich die beiden Stanzbleche mit dem thronenden Christus und der Gottesmutter auf dem im ersten Drittel des 13. Jahrhunderts entstandenen Tragaltar aus St. Magni (Städtisches Museum, B 79). Auch die kleinen Plättchen mit männlichen Heiligenköpfen am Kelchfuß entstammen den gleichen Matrizen wie die Heiligen Magnus (?) und Aegidius (?) auf dem genannten Portatile.
Das Vorkommen identischer Stanzreliefs an einer ganzen Reihe von liturgischen Ausstattungsstücken (z.B. Kelche, Buchdeckel, Tragaltäre) in einem größeren Gebiet legt die Vermutung nahe, daß die entsprechenden Matrizen in seriellen Bildfolgen über den Bronzeguß vervielfältigt oder z.T. auch nachgeschnitten wurden und auf diesem Wege in Umlauf kamen. Nicht ungewöhnlich ist die Verwendung von Stanzblechen unterschiedlichen Alters an ein und demselben Werk, da die Preßgesenke zum ständigen Vorlagenrepertoire der Goldschmiede zählten und über

F 11

Generationen hinweg in den Werkstätten in Gebrauch blieben. Daß in Braunschweig bereits zu Beginn des 13. Jahrhunderts mit einer größeren Anzahl von Goldschmieden gerechnet werden muß, darauf deutet die früheste erhaltene Zunfturkunde der Stadt aus dem Jahr 1231. In ihr wird den Braunschweiger Goldschmieden das Recht auf die alleinige Entscheidung über Größe und Zusammensetzung ihrer Zunft verbrieft, ein Dokument, mit dem zugleich der älteste bekannte Innungsbrief dieses Handwerks in Deutschland überliefert ist. Aus dem Ottonianum von 1227, der Bestätigung des Stadtrechts für die Altstadtbürger durch Herzog Otto das Kind (Kat. F 4), geht bereits hervor, daß die Goldschmiede älteren Rechten zufolge in einer Korporation zusammengeschlossen waren, deren Meister jedoch noch vom Rat bestimmt wurden. Ottonianum und Zunfturkunde lassen Rückschlüsse auf den Wandel der Organisationsstrukturen zu und begünstigen Überlegungen zur Vielfalt des städtischen Handwerks vor 1230. Eine Stadt wie Braunschweig, in welcher der Bedarf an Gold- und Silberschmiedearbeiten sakraler wie profaner Art entscheidend durch die Welfenresidenz und etwa ein Dutzend Kirchen und Klöster gesteigert wurde, mußte auch schon zur Zeit Heinrichs des Löwen Goldschmieden aus nah und fern als ein Anziehungspunkt mit vielversprechender Auftragslage erscheinen.

Meyer 1932 (I). – Swarzenski 1932, S. 303f. – Spies 1980. – Garzmann 1981, S. 575f. – Spies 1981, S. 275–277, Abb. S. 322f. – Kat. Braunschweig 1985, 1, Nr. 27 (Michael Brandt); 2, Nr. 619 (Karl Bernd Heppe). – Bänsch 1985a, S. 346f. – Bänsch 1986, S. 51–59. – Wolter-von dem Knesebeck 1993, S. 341, 344. – Stratford 1993, S. 95f.

B.B.

F 12 Einband eines Lektionars aus dem Aegidienkloster in Braunschweig

Niedersachsen bzw. Limoges, 1. Viertel 13. Jahrhundet

Holzkern; Bronze vergoldet; Kupferplatten vergoldet und graviert; Grubenschmelz; Bergkristalle und farbige Steine – H. 32 cm – B. 23,5 cm – Dicke der Eichenholzplatte 3,5 cm.

Paderborn, Erzbischöfliches Diözesanmuseum, Inv. Nr. PR 52 (Leihgabe der Pfarrei St. Nikolaus, Höxter)

Es handelt sich bei dem Prachteinband um die Montierung ursprünglich nicht zusammengehörender Teile. Dessen Mitte nimmt eine reliefierte Madonnenfigur ein, die in vergoldetem Bronzeguß gearbeitet ist. Unter einem kleeblattförmigen Bogen thronend, sind ihr die Evangelistensymbole in den Ecken zugeordnet. Eine nahezu identische Madonnenfigur im Musée de Cluny belegt den Gebrauch von Modeln bei Bronzegüssen.

Die Rahmung der zentralen Madonnenfigur erfolgt durch zwei mit Steinen und gravierte, mit vegetabilem Dekor verzierte Seitenflächen, deren Grund aus vergoldetem Kupferblech gearbeitet wurde. Der Steinbesatz dieser rahmenden Flächen besteht aus runden und ovalen Bergkristallen, die mit gefärbtem Stoff oder Pergament unterlegt und durch einfachen Perldraht gefaßt sind.

In der Mittelachse sind ober- und unterhalb der Madonnenfigur einander weitgehend entsprechende Medaillons in durchbrochenem Grubenschmelz-Email aus Limoger Ateliers montiert. Sie stellen jeweils ein Kampfgeschehen zwischen einem Mann und einer Harpyie, einem aus Reptilienkörper mit Fügeln gebildeten Mischwesen, dar.

Ähnliche Kampfdarstellungen finden sich ab dem ausgehenden 12. Jahrhundert auf den verschiedensten Kunstobjekten der Limoger Emailkunst. Die vorliegenden Medaillons wurden vermutlich für einen ursprünglich höfisch-repräsentativen Bildträger wie ein hölzernes Kästchen gefertigt. Zwei beinahe identische Stücke im Londoner Victoria and Albert Museum belegen die fast seriell zu nennende Fertigung dieser Medaillons. Ihre Wiederverwendung in einem sakralen Bildzusammenhang ließ sich durch eine allegorische Deutung des Kampfgeschehens als Konfrontation des Menschen mit dämonischen Kräften im Sinne eines *bellum intestinum* theologisch legitimieren.

Die Lektionen der Feste des hl. Benedikt, des hl. Aegidius und, zum 20. August, des hl. Auctor legen eine Provenienz der durch den Prachteinband geschmückten Pergament-

Die mit Filigran, Eckrosetten und Steinen besetzte Borte des Deckels rahmt fünf Walroßzahnreliefs: die drei Marien am leeren Grabe oben, in der Mitte Christus in der Mandorla, umgeben von den Evangelistensymbolen – zusätzlich eingefaßt von einer dünnen Halbedelsteinleiste –, links und rechts davon die Heiligen Petrus und Paulus sowie unten die Heiligen Drei Könige vor Maria und dem Kind.

Seit der frühen Bearbeitung des Deckels durch Adolph Goldschmidt wurden stilistische Übereinstimmungen der Reliefs mit den jüngeren Bildern des Wolfenbütteler Evangeliars von 1194 (Kat. G 80) gesehen, vor allem aber Ähnlichkeiten mit den Buchdeckeln der Handschriften 140 und 141 im Trierer Domschatz (Kat. G 32), deren Lokalisierung nach Hildesheim und Datierung »um 1170–1180« Michael Brandt sichern konnte. Insbesondere wurden formale Motive wie die Haarbehandlung, die Typen der Evangelistensymbole (bei Cod. 140) und das Bildschema der Frauen am Grabe (bei Cod. 141) zum Vergleich herangezogen. Jedoch äußerte schon Georg Swarzenski (1932, S. 345, Anm. 185) Zweifel: »Die … [Braunschweiger] Tafeln stehen auf einer unvergleichlich höheren künstlerischen Stufe, als die Schnitzereien, die sonst in diesem Kreise, bes.

handschrift aus dem Braunschweiger Aegidienkloster nahe. Ferner ist die Eintragung *anniversarium domine Gertrudis* für den 9. Dezember in Beziehung zum Todestag der Markgräfin Gertrud als Klostergründerin zu bringen. Die weitgehende Zerstörung aller Konvents- und Wirtschaftsgebäude des Aegidienklosters durch einen Brand am 12. Mai 1278 führte möglicherweise zu der Notwendigkeit, erhaltene Restbestände von Kunstwerken neu zu kombinieren.

Asseburg 1895. – Römer-Johannsen/Maué 1978. – Römer-Johannsen/Römer 1979, Nr. 49 mit Abb. 11 (Hermann Maué). – Kat. Köln 1985, 1, Nr. B 117 mit Abb. S. 340 (Birgit Bänsch).

M.Mü.

F 13 Buchdeckel des Evangeliars aus St. Aegidien

Abb. S. 372

Niedersachsen, um 1170–1190

Holzkern; Silberblech vergoldet; Perlen, Halbedelsteine; Walroßzahn – H. 30,7 cm – B. 21 cm.

Braunschweig, Herzog Anton Ulrich-Museum, Inv. Nr. MA 55

Die Handschrift enthält einen den vier Evangelien-Texten zugeordneten Bildzyklus mit Szenen aus dem Leben Christi (siehe Abb.), Evangelistenporträts, Initial- und Zierseiten.

in Verbindung mit den Emails erscheinen.« So zeigt z.B. die Szene der Marien am Grabe beim Trierer Deckel eher ungelenke Figuren, während die Gestalten in Braunschweig durch ein flüssiges gemeinsames Vorwärtsschreiten ausgezeichnet sind. Der Engel mit seiner raumgreifenden Sitzhaltung hier hebt sich von der proportional kleineren, wie in das vorhandene Feld nur eingepaßten Trierer Figur deutlich ab. Ebenso offensichtlich unterscheiden sich auch die Gewänder der aus Bein geschnitzten Gestalten, die in Trier nur flächig eingraviert sind, beim Braunschweiger Deckel jedoch körperbetont, wie feucht modelliert wirken und Faltenstege besitzen. Der künstlerische Anspruch äußert sich auch in der Anordnung der fünf Platten. Ihr liegen spätrömische bzw. frühchristliche fünfteilige Diptychen zugrunde, bei denen ebenfalls eine zentrale Gestalt seitlich von Assistenzfiguren sowie oben und unten von einem niedrigen Fries begleitet wird (vgl. das heute im Domschatz zu Halberstadt bewahrte Consulardiptychon des 5. Jahrhunderts). Die Rolle der Vermittler spätantiker Vorlagen dürften wohl Werke karolingischer Hofkunst übernommen haben (vgl. den Evangelieneinband aus Lorsch, Anfang 9. Jahrhundert, Città del Vaticano, Biblioteca Apostolica Vaticana/London, Victoria and Albert Museum).
Für welche Kirche Handschrift und Deckel ursprünglich hergestellt worden sind, bleibt nur zu vermuten. In diesem Zusammenhang ist jedoch daran zu erinnern, daß Petrus und Paulus die ursprünglichen Patrone der 1030 geweihten Braunschweiger Stiftskirche waren. Nach 1173 wurde zwar der hl. Blasius Hauptpatron, jedoch ist in der Zeit Heinrichs des Löwen noch ein Petrialtar in der sogenannten Peters-Kapelle des Kreuzgangs gegründet worden.

Aus der Aegidienkirche über Kloster Riddagshausen 1708 und den Dom St. Blasii 1832 ins Herzogliche Museum.

Goldschmidt 1923, Bd.3, Kat. Nr. 57 – Kat. Braunschweig 1985, 2, Nr. 1030 (Lit.) (Frauke Steenbock). – Zu den beiden Hildesheimer Buchdeckeln: Brandt 1987, S. 28–33. – Kat. Hildesheim 1988, Nr. 29, 30 (Michael Brandt).

J.L.

F 14 Buchdeckel eines Evangelistars

Niedersachsen, um 1240

Holzkern; Silberblech vergoldet; Filigran; Halbedelsteine – H. 30,9 cm – B. 22 cm.

Braunschweig, Herzog Anton Ulrich-Museum, Inv. Nr. MA 56

Ältester Teil des Vorderdeckels ist die Mittelplatte mit einer Maiestas Domini in der Mandorla – über einer Model getrieben – sowie vier flacher getriebenen Evangelistensymbolen in den Ecken. Bei der ein wenig höheren Rahmenborte mit frei geführtem Rankenfiligran wurden in den Eckfeldern die facettierten Steine und deren Fassungen in jüngerer Zeit erneuert, während die Zwischenfelder mit eingestreuten kleineren Steinen wohl gänzlich aus dem 18./19. Jahrhundert stammen. Insofern stellt der Deckel ein Konglomerat aus verschiedenen Epochen dar.
Die Mitteltafel jedoch bleibt zeitlich und räumlich eindeutig festlegbar. Der Typus der getriebenen Evangelistensymbole war im 13. Jahrhundert in Niedersachsen weit verbreitet, unter anderem mit Werken in Osnabrück, aus Lüneburg und in Minden (vgl. Wolter-von dem Knesebeck 1993, S. 342). Das Relief des thronenden Christus hingegen ähnelt deutlich der entsprechenden Darstellung auf dem Deckel des sogenannten Reliquienkastens Heinrichs I. in Quedlinburg und an der Schmalseite des dortigen Katharinenreliquiars. Hinzuzuzählen ist auch die Christusgestalt am Kronenreliquiar im Historischen Museum in Stockholm (nach 1236 entstanden). Die Nähe in Typus und Stil spricht für eine Datierung des Deckels um 1240. Sie stimmt mit der neuerdings erwogenen zeitlichen Ansetzung der Malereien des Evangelistars (zwei Evangelistenbilder, illuminierte Initialen) überein. Die Handschrift kann als Werk der unter Herzog Otto dem Kind neubelebten Hofkultur betrachtet werden.
1707 wurde das Evangelistar (wie auch das Evangeliar) in St. Aegidien besichtigt. Für dieses Kloster war die Handschrift ursprünglich wohl kaum bestimmt, da die für diese Benediktiner-Niederlassung wichtigen Heiligen Aegidius und Auctor bei den Heiligenfesten des Evangelistars nicht erwähnt werden. Hingegen fällt die Betonung der Gestalt Maria Magdalenas durch Textauszeichnungen und durch ihr Erscheinen in drei Miniaturen auf. Dies ist wohl vor dem Hintergrund einer weitreichenden Förderung der Magdalenen-Verehrung um 1230 in Niedersachsen zu sehen. Im Bereich des Braunschweiger Domstifts gab es eine Maria-Magdalenenkapelle schon 1237.

Kat. Braunschweig 1985, 1, Nr. 31 (Lit.) (Frauke Steenbock). – Klössel 1992.

J.L.

F 15 Reliquienbüste des hl. Cyriacus

Niedersachsen, 2. Viertel 13. Jahrhundert

Eichenholzkern; Silberblech, getrieben, teilweise vergoldet; Bergkristalle und Halbedelsteine; im Kopf ein Reliquiendepositorium – Fassungsspuren an Lippen und Augen – H. 31,5 cm.

Braunschweig, Herzog Anton Ulrich-Museum, Inv. Nr. MA 61

Die monumentale Büste gehörte zur Ausstattung des zweiten Braunschweiger Stifts, des im 11. Jahrhundert vor den Toren der Stadt gegründeten Cyriacusstifts. Es steht zu vermuten, daß das monumentale Werk zu Festtagen auf einem Altar präsentiert wurde.

F 15

Der Titelheilige des Cyriacusstifts, Märtyrer unter Kaiser Maximinian (286–310 n.Chr.), ist hier wie üblich als jüngerer Diakon dargestellt, der eine Dalmatik trägt. Vor allem aufgrund des Gewandstils wurde eine Datierung der Büste in das zweite Viertel des 13. Jahrhunderts bzw. gegen Mitte des 13. Jahrhunderts vorgeschlagen. Dieser Zeit gehören auch der Kragen (Parura) mit Kreuzchen in einem Rautenmuster und das Band um den Sockel mit verschlungenen Palmettenranken an. Hingegen stellen das quer von der linken Schulter über die rechte Brust gezogene Band – in seiner Erscheinung durch Beschlagwerkornament und große Steine bestimmt – sowie wohl auch der Steinbesatz des Sockels eine Ergänzung des ausgehenden 16. Jahrhunderts dar. Folgt man dieser zeitlichen Festlegung, so sind für Braunschweig drei Büstenreliquiare aus dem 13. Jahrhundert erhalten geblieben: die des hl. Blasius (in Berlin, um 1225/30), des hl. Cyriacus und des hl. Cosmas (ebenfalls in Berlin, letztes Viertel 13. Jahrhundert).

Die Büste kam nach der Zerstörung des Stifts 1545 in die Johannes-Kapelle des Doms, 1832 von dort ins Museum.

Kat. Braunschweig 1985, 2, Nr. 1089 (Lit.) (Karl Bernd Heppe). – Niehr 1992, S. 182.

J.L.

F 16 Modell Braunschweig-Altstadt, Quartier St. Jacobi – Turnierstraße um 1230 (Areal begrenzt von Eiermarkt, Petersilienstraße, Turnierstraße, Güldenstraße, Heydenstraße und An der Martinikirche)

Bezirksregierung Braunschweig 1976–1978, Stadtgrabungen 5, 7 und 9. – Niedersächsisches Landesverwaltungsamt – Institut für Denkmalpflege, Außenstelle Braunschweig bzw. Projekt Stadtarchäologie Braunschweig, ab 1979 bzw. 1993 Stadtgrabungen 33 und 95

Archäologische und bauhistorische Grundlagen, Gestaltungsentwurf und Projektleitung: Hartmut Rötting
Plan- und Entwurfsgraphik: Wolfgang Hau
Baukonstruktionsgraphik: Dieter Haupt
Paläoethnobotanische Grundlagen: Maren Hellwig

Modellbau: Siegl und Steinmeyer (Barbara Steinmeyer, Susanne Siegl, Rolf Möller, Karin Heisler)

Material: Holz, Gips und andere Werkstoffe – Modellmaß: 170 x 160 cm; Maßstab 1 : 87.

Braunschweig, Herzog Anton Ulrich-Museum

Stadtbaugeschichtliche wie hausbau- und nutzungsgeschichtliche Merkmale und Grundzüge, ermittelt auf der Basis langjähriger Ausgrabungen der Jahre 1977/78 und 1985–1990 ergänzt, unter Verwendung örtlicher bauhistorischer Vergleichsbefunde und Ableitungen, prägen die Modellgestaltung, die neben der grundstücksbezogenen ›offenen‹ Bebauung mit einem an die Seite gerückten Doppelhaus und einer sich spezialisierenden Raumteilung auch umwelt- und vegetationsgeschichtliche Untersuchungen mit einbezieht und ›in Szene setzt‹.
Ein Bauwerk, als materieller Überrest in mehr oder minder sehr ergänzungsbedürftigen Befunden zu Fundament und Aufgehendem überliefert, ist allein mit weiterzuentwickelnder Versuchsanordnung, die sich zeitgemäß an Verhaltensweisen, Technikstand, Standards und dokumentierten Beispielen orientiert, idealtypisch ›wiederaufzubauen‹.
Prozeßgebundene Vorgänge sind im Modell zu verdichten. Sie sind in Einzelfällen zu antizipieren, und die nach Befund wahrscheinlich stattgefundenen, vielteiligen Ereignisse sind simultan zu inszenieren.
Die Modelldarstellung akzentuiert einen hausbaugeschichtlichen und parzellentopographischen Zustand mit einer Neubauphase im Steinbau während eines Zeitraums um 1230 (max. ±20 Jahre) in einem Wohnviertel der altstädtischen Oberschicht unmittelbar westlich von St. Jakobi (Bau II: 1. Hälfte 12. Jahrhundert), östlich von St. Michaelis (1157) und südlich von St. Martini (ab um 1190). Die Kirchengründungen am Rande des Quartiers belegen zugleich den im 12. Jahrhundert dynamisch zunehmenden Wachstumsprozeß der Altstadt, deren südlicher Siedlungsbereich im Raum CD (vgl. Bd. 2, Abb. 268) nach der archäologischen Quellenlage im letzten Viertel des 11. Jahrhunderts, noch in brunonischer Zeit, als nach

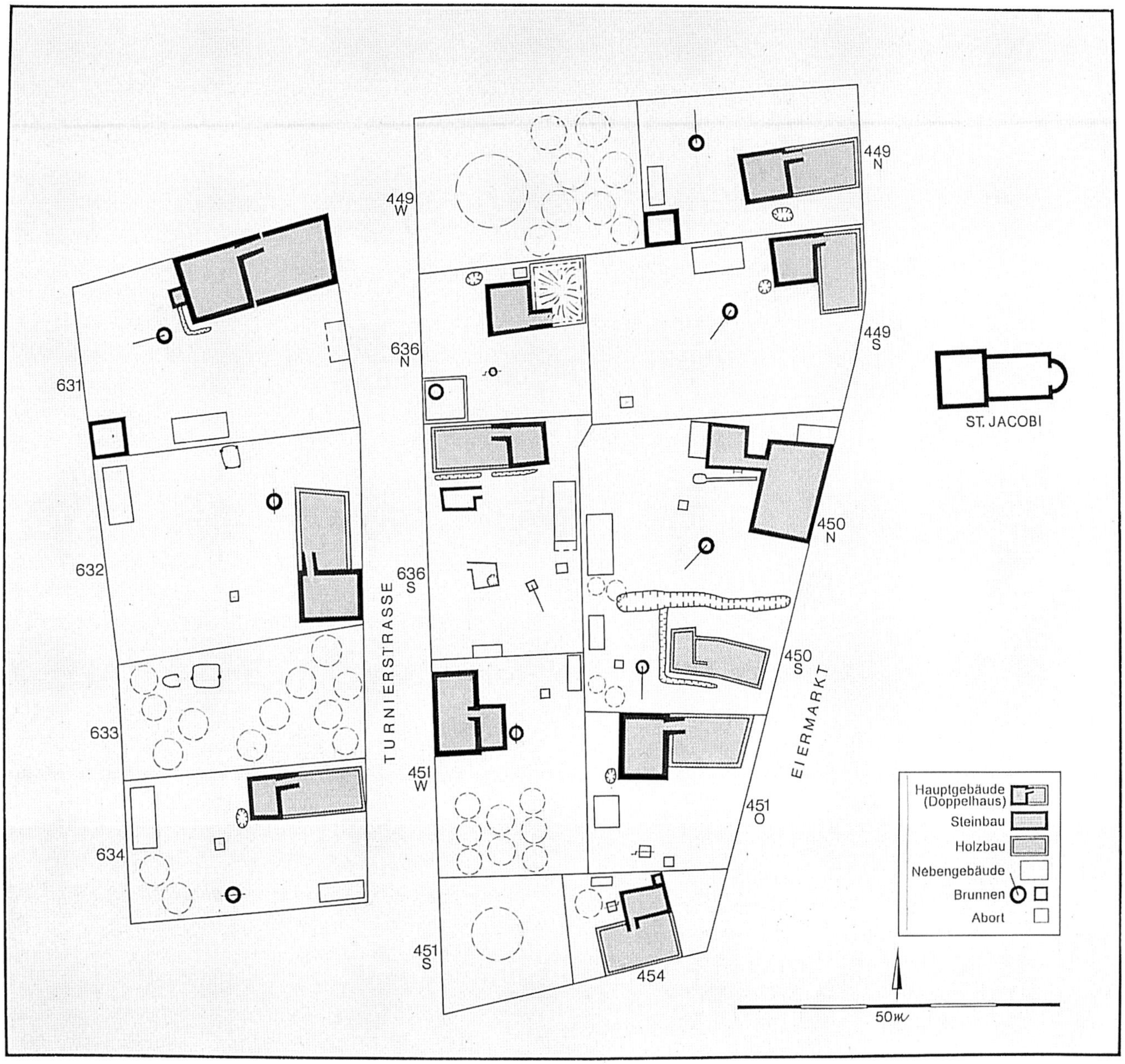

Hauptbebauungsplan Braunschweig-Altstadt, Quartier St. Jacobi – Turnierstraße, um 1230

Straßen-, Grundstücks- und Bebauungsstruktur geregelter Aufsiedlungsprozeß einer frühstädtischen Fernkaufleute- und Handwerkersiedlung entstand.

Insbesondere die Entwicklung der typischen Braunschweiger Kemenate, eines Steinbaus in rückwärtiger, dem straßenorientierten Haupthaus nachgeordneter Grundstückslage und diesem als Hausteil eines Doppelbaus verbunden, setzt in brunonischer Zeit ein und steht im Modellzeitraum um 1230 (vgl. Abb. Hauptbebauungsplan) neben dem Steinbautyp des Saalgeschoßbaus am Beginn einer formalen Ausgestaltung und räumlichen Vergrößerung (vgl. Beitrag Rotting in Band 2 des vorliegenden Katalogs).

Der Wohnbezirk wird in der zweiten Hälfte des 13. Jahrhunderts im Verlauf verheerender Flächenbrände erheblich zerstört und trägt dann nach seinem Wiederaufbau bereits spätmittelalterliche Gestaltungszüge.

Timme 1963. – Fricke 1975. – Green 1979. – Wiedenau 1983. – Rötting 1985. – Schneidmüller 1986. – Fehring 1987. – Hellwig 1990. – Meckseper 1991. – Binding 1993. – Meckseper 1994, S. 121f. – Willerding 1994. – Rötting 1995.

H.R.

F

F 17 Braunschweiger Bodenfunde zu Alltag und Repräsentation der frühstädtischen Kaufleute und Handwerker

Die ausgewählten wie die im Fundinventar vorhandenen Bodenfunde zum Nachweis eines ›gehobenen Bedarfs‹ stammen eindeutig überwiegend aus dem Quartier der altstädtischen Oberschicht westlich St. Jakobi, südlich der Pfarrkirche St. Martini – ebenso ein charakteristischer, jedoch nicht repräsentativer Anteil der Belege für Hauswerk und Handwerk. Während der Ansiedlungsphase im ausgehenden 11. Jahrhundert und im 12. Jahrhundert arbeiteten im Quartier auch Handwerker für Buntmetall und Beinverarbeitung. Im Hauswerk wurden, zeitlich nicht begrenzt, Arbeitsgänge beispielsweise der Textilherstellung besorgt. Eine Berücksichtigung fand archäologisches Alltagsgut ferner aus den anderen Weichbilden der Gruppenstadt sowie vergleichend und ergänzend aus Vorburg und Burg Dankwarderode, auch aus Burgen der näheren Umgebung im Umfeld der Stadt.

Alltägliches Leben wurde mit funktionsgerechten Gebrauchsgegenständen geführt, deren Material, kunsthandwerkliche Gestaltung, Spezialisierung und gegebenenfalls überhöhende Bedeutungsfunktion jedoch eine erhebliche und zeitlich im 13. Jahrhundert fortschreitende formale Differenzierung und Wertsteigerung erfuhr.

Eine profane Repräsentation, wie sie im Materiellen nach der archäologischen Quellen- und Bedingungslage zu greifen und interdisziplinär vielseitig zu untersuchen ist, stattete der frühstädtische, erfolgreiche Fernhandelskaufmann und Kunsthandwerker offensichtlich mit in- und ausländischem Fernhandelsgut aus, wenn es sich um Tischgeschirr und Tischgerät, um Trachtbestandteile wie Messer oder Gürtel, um Schmuck oder um Reitpferdgeschirrteile aus Metall handelte.

Im Kinderspielzeug, wie es sich beispielsweise am Schwert oder Pferdchen mit aufsitzender Königin bzw. Ritter ableiten läßt – vergleichbar dem Brettspiel der Erwachsenen – sollte sich offensichtlich ritterliche und höfische Sitte als Erziehungsideal spiegeln. Für eine schlichte, sakrale Repräsentation waren wohl ornamental dekorierte Beinkästchen als Reliquienbehälter in Gebrauch.

Zu erkennen ist auf diesem Wege in Umrissen eine frühstädtische, bürgerliche Repräsentation, die sich dem niederen Burgadel annähert und ihn bereits in manchem Repräsentationsgut wie dem Trinkgeschirr aus Bleiglas und aus Steinzeug übertrifft. Sehr fern und standesgemäß abgehoben bleiben alle künstlerischen und bildungsreichen Schätze der hohen profanen und sakralen Herrschaftsrepräsentation. H. R.

In den Katalogtexten sind folgende Abkürzungen verwendet worden:

BLM = Braunschweigisches Landesmuseum
IfD = Niedersächsisches Landesverwaltungsamt, Institut für Denkmalpflege
Stgr. = Stadtgrabung

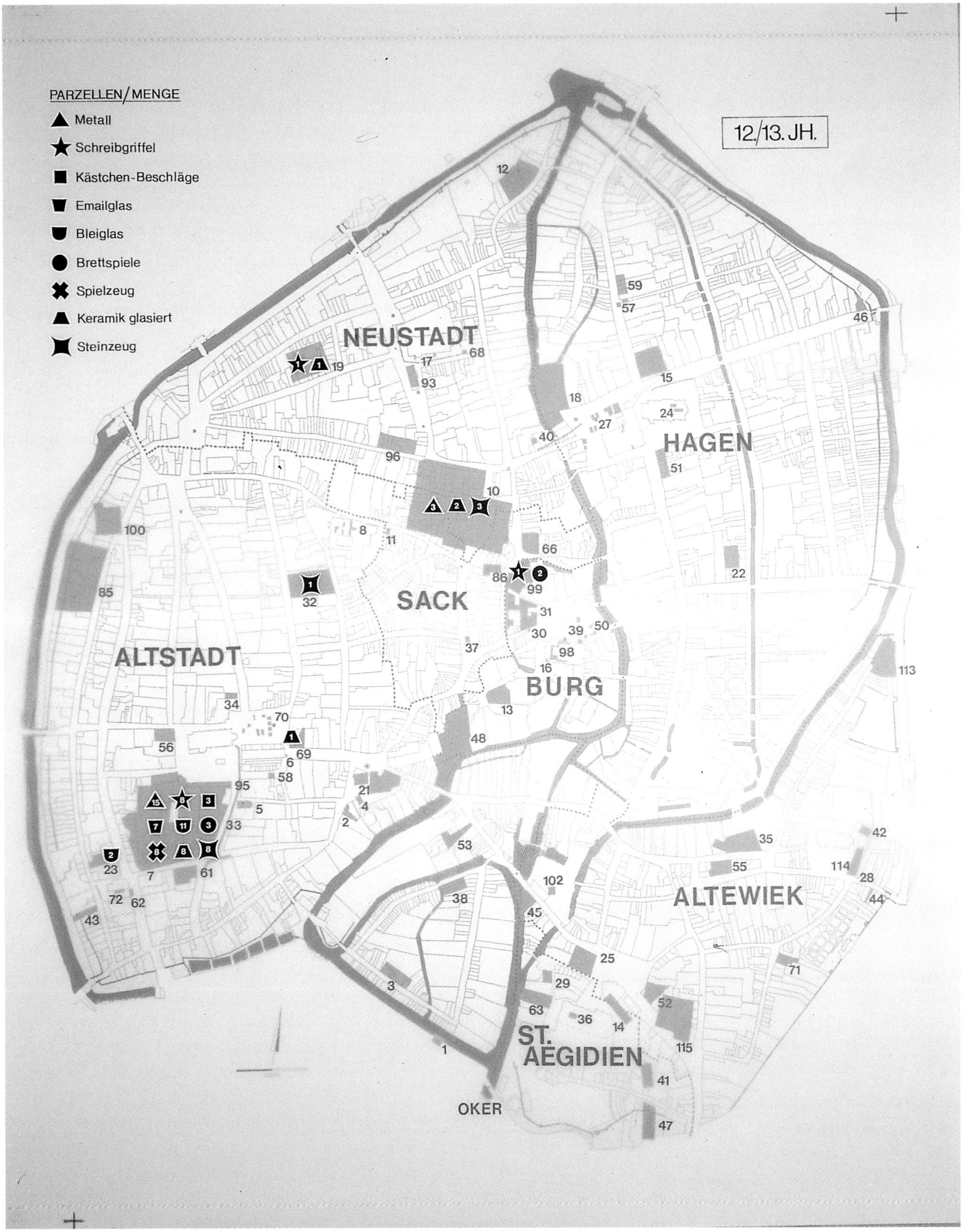

Fundkarte: Verbreitung des ›gehobenen Bedarfs‹ an hochmittelalterlichen Gebrauchsgegenständen in der Gruppenstadt Braunschweig (Arbeitsstand 1993. Die Mengenangabe ist jeweils auf die Grabung bezogen, nicht auf die Einzelparzellen.)

I. 1 Textilherstellung

F 17/01 Schwingbrett

Braunschweig, 13. Jahrhundert

Rotbuche – Schlagfläche an der Spitze seitlich ausgebrochen – L. gesamt 43,5 cm – L. Schlagfläche 31,5 cm – L. Griffpartie 12,0 cm – B. Schlagfläche 4,0–9,0 cm – B. Griff 3,0–4,0 cm – Dicke Brettspitze 0,5 cm – Dicke Griffende 3,5 cm.

Braunschweig, BLM, Inv. Nr. 85:1/17930

Das Brettholz ist aus einem Stück geschnitten und weist eine sich zur Spitze hin verjüngende, im Querschnitt flach doppelkonische Schlagfläche sowie einen kräftigen, runden Griffstiel auf. Griffende und Grundseite der Schlagfläche sind kantig zugearbeitet, die Holzoberfläche ist glattgeschliffen.

Die Gewinnung des Leinengarns aus der Faser des Flachses machte eine Reihe von vorbereitenden Arbeitsgängen erforderlich, deren Ziel darin bestand, die Flachsfasern von Holzresten zu befreien. Das Schwingen des Flachses, zu dem das vorliegende Schwingbrett Verwendung fand, folgte als fünfter Arbeitsschritt dem Reepeln (Ablösen der Fruchtkapseln), dem Rotten (Auflockern der Holzteile durch Einlegen in Wasser), dem Klopfen (Weichschlagen des Flachses mit dem Flachshammer) und dem Erhitzen und Brechen der Flachsfasern (Trocknen im Backofen und Bearbeitung mit der Handbreche). Durch Ausschlagen der Stengel mit dem Schwingbrett wurden noch anhaftende Holzteilchen entfernt. Die Arbeit erfolgte am Schwingbock, über den man die auszuschlagenden Flachsbündel legte. Nach dem Schwingen noch versteckte Holzteilchen wurden mit der stumpfen Klinge eines Messers abgeschabt. Letzter Arbeitsgang vor dem Spinnen des Garns war das Hecheln, bei dem man die von Holzanhaftungen gereinigten Flachsfasern am Hechelstuhl durch die Eisenzähne der Hechel zog.

Braunschweig-Altstadt, Eiermarkt 7, IfD, Stgr. 33. Steinkloake 3225.

Bomann 1933, S. 221–231. – Wiswe 1984, S. 34–35.

K.K.

F 17/02 Spinnwirtel einer Handspindel

Südniedersachsen (?), 2. Hälfte 13. Jahrhundert (wohl vor 1278)

Gelbe Irdenware – H. 1,6 cm – Dm. des Wirtelkörpers 3,1 cm – Dm. der Bohrung 0,5–0,6 cm.

Braunschweig, BLM, Inv. Nr. 88:5/1480

Der Spinnwirtel besitzt eine doppelkonische Grundform, die Deckflächen sind leicht eingezogen. Der Körper ist stufig abgedreht. Das Fundstück ist hier zur Veranschaulichung mit einem frühneuzeitlichen Spindelstab verbunden.

Die nach dem Hecheln von ihren Holzanteilen befreiten und auf gleiche Länge und Feinheit gebrachten Flachsfasern wurden durch das Spinnen mit der Spindel zu Garn verarbeitet. Man formte die gehechelten Fasern zu Bündeln und zupfte aus ihnen den Garnfaden heraus. Der Faden wurde in einer Kerbe oder an einem Häkchen an der Spitze des Spindelstabes befestigt. Das Zwirnen des Garns erfolgte durch Drehen der Spindel. Der Spinnwirtel diente als Kreiselgewicht und hielt die Spindel am Boden. Das gewonnene Garn wickelte sich auf das Spindelholz auf.

Aus der Stadt Braunschweig liegen zahlreiche Spinnwirtelfunde vor. Die Garnherstellung im Heimwerk – sei es für häusliche Zwecke, sei es als nebengewerbliche Garnspinnerei für den Bedarf des Weberhandwerks – war offensichtlich weit verbreitet. Auffälligerweise stammen die Fundstücke nicht nur von Grundstücken der mittelständischen Handwerkerschicht, sondern auch aus Wohnarealen des kaufmännischen Bürgertums. Neben der Frau des Handwerkers hat auch die patrizische Bürgersfrau die Garnspinnerei betrieben.

Braunschweig-Altstadt, Eiermarkt 7, IfD, Stgr. 33. Doppelhaus 335, Brandschutt.

Bomann 1933, S. 232–246. – Wiswe 1984, S. 36–37. – Borst 1983, S. 256, Abb. 48.

K.K.

F 17/03 Webgewicht

Braunschweig, 12. Jahrhundert

Lehm, uneinheitlich gebrannt, im Bruch graubeige bis rehbraun, Oberfläche brandgeschwärzt – seitliche Absprengungen – H. ca. 8,0 cm – Dm. ca. 9,5–10,0 cm – Dm. der Bohrung 1,2–1,7 cm.

Braunschweig, BLM, Inv. Nr. 88:5/2116

Das vorliegende, zu einem Hochwebstuhl gehörende Webgewicht besitzt einen handgeformten, flachkugeligen Körper. In Körpermitte ist eine Bohrung zur Aufnahme der am Tuchbaum aufgehängten Kettfäden eingebracht.

Werden die Kettfäden beim waagrechten Trittwebstuhl durch Einspannen in den Webrahmen straff gehalten, so müssen sie beim Hochwebstuhl, wo sie vom Tuchbaum senkrecht herabhängen, durch angebundene Webgewichte auf Spannung gehalten werden. Die Kettfäden sind in zwei Fadengruppen aufgeteilt, die durch Trennstab und Litzenstab so voneinander getrennt werden, daß sie abwechselnd vor und hinter dem Webrahmen entlanglaufen. Die waagrechten Schußfäden werden zwischen den Kettfäden von der einen zur anderen Webstuhlseite und wieder zurück geführt, wobei nach jedem Fadenlauf durch

Vor- bzw. Rückhängen des Litzenstabes die hintere Kettfadenreihe vorgeholt bzw. in ihre Ausgangslage zurückgesetzt wird. Obgleich der Trittwebstuhl, an dem erheblich schneller gearbeitet werden konnte als am Gewichtswebstuhl, während des hohen Mittelalters bereits bekannt war, behielt der Hochwebstuhl für die Herstellung breiter Stoffe seine Bedeutung, da bei ihm die Webbreite anders als beim Flachwebstuhl nicht beschränkt war.
Auffällig ist, daß die archäologischen Belege für die Weberei der vor- und frühstädtischen Zeit in Braunschweig ausschließlich aus der Altstadt stammen, wo sich während des späten Mittelalters und bis weit in die Neuzeit hinein die bedeutendste und vornehmste Wandschneider- und Lakenmachergilde der Stadt befand: Befunde und Funde zur Weberei des hohen Mittelalters haben sich außer an der Petersilienstraße am Kohlmarkt und an der Güldenstraße eingestellt. Auf dem Boden des von Heinrich dem Löwen gegründeten, mit niederländischen Ansiedlern besetzten Weichbildes Hagen, das gemeinhin als Ausgangsort der Weberei in Braunschweig gilt, hat sich die Weberei bislang archäologisch nicht nachweisen lassen. Möglicherweise haben die Hägener Neusiedler bevorzugt die ihnen aus ihrer Heimat bekannte, fortschrittliche Trittwebstuhltechnik, die archäologisch nur schwer zu fassen ist, ausgeübt und eine nennenswerte Weberei am Hochwebstuhl nicht betrieben.

Braunschweig-Altstadt, Petersilienstraße 9, IfD, Stgr. 33. Grubenhaus 490.

Elsner o.J., S. 49–54. – Vollmer 1913. – Bomann 1933, S. 247–266. – Kat. Braunschweig 1985, 1, Nr. 7 (Harald W. Zimmermann).

K.K.

F 17/04 Langzinkenkamm

Braunschweig, 2. Hälfte 12. Jahrhundert

Metatarsus vom Rind – L. 13,6 cm – B. 2,4 cm – H. 0,5 cm.

Braunschweig, BLM, Inv. Nr. 89:6/857

Die Knochenwand eines Rinder-Metatarsus (Fußknochen) wurde nach Entfernung des distalen (von der Körpermitte weiter entfernten) Gelenkendes als Platte abgesägt. Die proximale (näher an der Körpermitte liegende) Epiphyse wurde geglättet und die Seiten begradigt. Die langen Zinken wurden vermutlich unter Einsatz von Sägen mit Spurhaltern gearbeitet, deren Blattbreite maximal 0,3 Millimeter betrug. Andere Stücke sind zusätzlich mit gesägten Strichornamenten verziert und – auch bei einem schon vorhandenen natürlichen Gefäßkanal im Kopfteil – mit einem Loch versehen.
Die offensichtlich gewerbliche Herstellung dieser für mittelalterliche Städte und Burgen charakteristischen Fundstücke – allein in Schleswig wurden 243 Exemplare gefunden – läßt auf eine handwerkliche oder hauswerkliche Nutzung schließen. Für eine Verwendung beim Riffeln oder Hecheln von Flachs reicht die Stabilität der Stücke nicht aus, daher wäre eine Verwendung beim Spinnen zum Karden oder beim Weben, eventuell auch Brettchenweben, anzunehmen. Jedoch konnte der tatsächliche Verwendungszweck dieser Kämme bisher nicht mit Sicherheit geklärt werden.

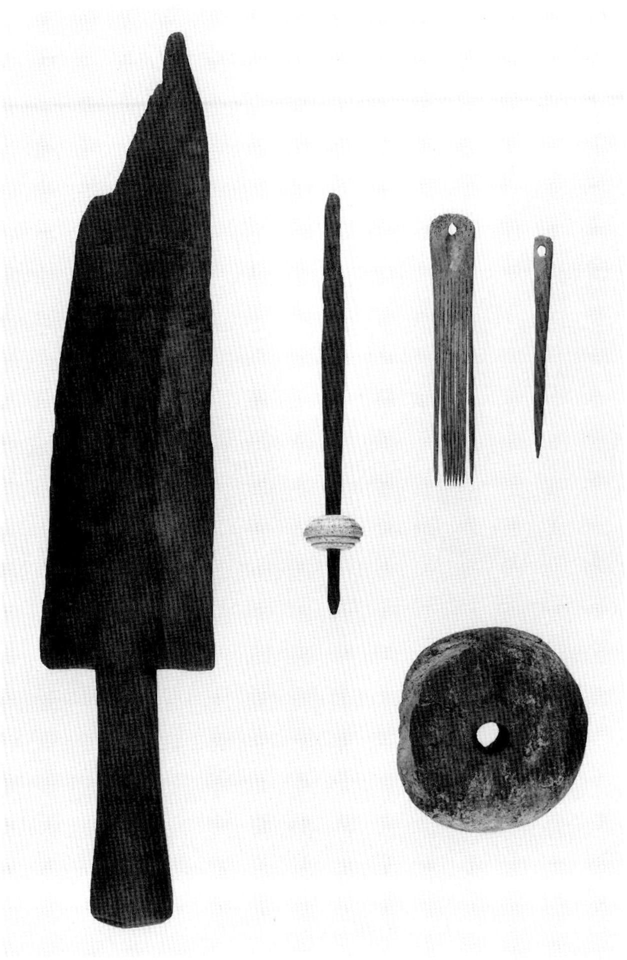
F 17/01–05

Braunschweig-Altstadt, Doppelhaus 335, IfD, Stgr. 95, Sediment 103.

Rempel 1957. – Roes 1963. – Ulbricht 1984. – Dunkel 1994 (im Druck).

R.D.

F 17/05 Flechtnadel

Braunschweig, 2. Hälfte 12. Jahrhundert

Fibula (Wadenbein) vom Schwein – L. 11,2 cm.

Braunschweig, BLM, Inv. Nr. 85:1/14742

Die Schweine-Fibula bietet sich durch ihre natürliche Form für eine Verarbeitung zu nadelförmigen Geräten geradezu an. Der flache Kopfteil wurde durchlocht, der kompakte Schaft zugespitzt und nach Bedarf geglättet, wobei die proximale Verbindungsstelle zur Tibia (Schienbein) entfernt wurde. Knochennadeln dieser Art wurden nicht bei Näharbeiten verwandt, sondern eher als Flechtnadeln, wie z. B. bei der Sack- oder Netzherstellung eingesetzt. Eine andere Interpretation deutet sie als Gewandnadeln, die eventuell auch paarweise oder mit einer Kordel versehen lose Kleidungsstücke als ›Sicherheitsnadeln‹ zusammenhielten. Formgleiche Stücke sind seit der Völkerwanderungszeit in Mitteleuropa verbreitet und wurden häufig als Grabbeigaben gefunden.

Braunschweig-Altstadt, Turnierstraße 1, IfD, Stgr. 33, Sediment 3763

Ulbricht 1984. – MacGregor 1985. R. D.

I. 2 Werkstatt eines Knochenschnitzers

F 17/06 Tierknochenverarbeitung

Braunschweig, 2. Hälfte 12. Jahrhundert

a) Werkstattabfall

Gelenkende eines Rinderfußknochens, Perlenscheit und Beschlagstück

Braunschweig, BLM, Inv. Nrn. 90:7/178.2 – 90:7/233.1 – 90:7/388.1

b) Rohlinge

Zwei Langzinkenkamm-Vorstufen aus Rindermetapodien, ein spitzer Langknochenabschnitt

Braunschweig, BLM, Inv. Nrn. 90:7/253.2 – 90:7/236.1 – 90:7/348.10

c) Produkte

ca) Langzinkenkamm

Kamm aus einem Rindermetatarsus – zwei Zinken abgebrochen – L. 15,4 cm – B. 3,6 cm – H. 0,8 cm.

cb) Perlenscheit mit Perle

L. 2,7 cm – B. 2,0 cm – H. 5,7 cm – Perlen-Dm. 0,7 cm.

cc) Würfel

Seitenlänge 1 cm.

cd) Pfriem

Schweine-Fibula (Wadenbein) – L. 6,4 cm – B. 0,6 cm – H. 0,3 cm.

Braunschweig, BLM, Inv. Nrn. 90:7/90 – 90:7/360.5 – 90:7/260 – 90:7/351

Braunschweig-Sack, Papenstieg 8, IfD, Stgr. 99. Älterer Burggraben, Sedimente 60, 61, 66 und 68.

F 17/07 Horn- und Geweihverarbeitung

Braunschweig, 2. Hälfte 12. Jahrhundert

a) Werkstattabfall

Ziegenhornzapfen, Abschnitt einer Geweihstange und Perlenscheit aus Geweih

Braunschweig, BLM, Inv. Nrn. 90:7/178.6 – 90:7/360.2 – 90:7/258.1

b) Rohlinge

Ein Sproßabschnitt, eine rechteckige und zwei runde Scheiben

Braunschweig, BLM, Inv. Nrn. 90:7/319.2 – 90:7/251.2 – 90:7/348.9 – 90:7/348.11

c) Produkte

ca) Hammerkopf

Geweih – L. 3,9 cm – 5,6 cm – B. 2,9 cm – H. 2,4 cm.

cb) Schachfigur

Geweih – H. 3,1 cm – Dm. Standfläche 2,0 cm.

cc) Zählstein

Geweih – H. 0,9 cm – Dm. außen 2,8 cm.

Braunschweig, BLM, Inv. Nrn. 90:7/251.1 – 90:7/283 – 90:7/68

Aus Sedimenten des älteren Burggrabens wurden an einer Stelle 145 bearbeitete Tierknochen und Geweihteile geborgen, ausgesiebt oder ausgeschlämmt. Neben einer größeren Anzahl von Abfallstücken und Rohlingen wurden auch Produkte und Werkzeugteile der Werkstatt gefunden. Messer, Ziehmesser, Sägen mit unterschiedlichen Sägeblattbreiten und Spurhaltern, Bohrer, holzbohrer- und zirkelartige Geräte sind zusätzlich aufgrund der Werkzeugspuren nachzuweisen. Der Hammerkopf aus Hirschgeweih (F 17/07ca – 90:7/251.1) diente wahrscheinlich zur Bearbeitung von Blechen, z. B. um Durchbruchsarbeiten an Kästchen zu hinterlegen, oder auch zum Anbringen von Nieten und Nägeln. Rohlinge in Verbindung mit Vorstufen und Produkten lassen den jeweiligen Produktionsweg der Stücke erkennen wie die gelochten Knochenscheite (F 17/06a – 90:7/233.1, F 17/07a – 90:7/258.1), die zugleich auf die Herstellung von Knochenperlen weisen. Die Produktion umfaßte auch Spielsteine aus Geweih. Auf der Burg Baldenstein bei Gammertingen wurden zur kegelförmigen Figur (F 17/07cb – 90:7/283) vergleichbare Stücke gefunden und als Bauern eines Schachspiels gedeutet. Der scheibenförmige Gegenstand (F 17/07cc – 90:7/68) hat Parallelen in Schleswig und ist wahrscheinlich als Zählstein für Würfelspiele anzusprechen.
Das vom Knochenschnitzer wohl des Vorburgbereichs genutzte Artenspektrum bestand hauptsächlich aus Rind, Pferd und Hirsch (Geweih) sowie Schaf/Ziege (Horn). Die abgesägten Hornzapfen sind Indizien für eine durch Fundstücke nicht belegbare Verarbeitung von Hornscheiden. Aber auch Schweine- und Rehknochen wurden gezielt für bestimmte Produkte ausgewählt.
Neben der Herstellung von Zähl- und Spielsteinen, Würfeln, Nadeln und Kämmen liegt offensichtlich eine Spezialisierung auf die Perlenproduktion vor. Vergleichbare Fundgutzusammensetzungen sind z. B. aus 's-Hertogenbosch (Niederlande), Breisach, Konstanz und Basel (Schweiz) bekannt. Im Erfurter Fundgut ist eine Speziali-

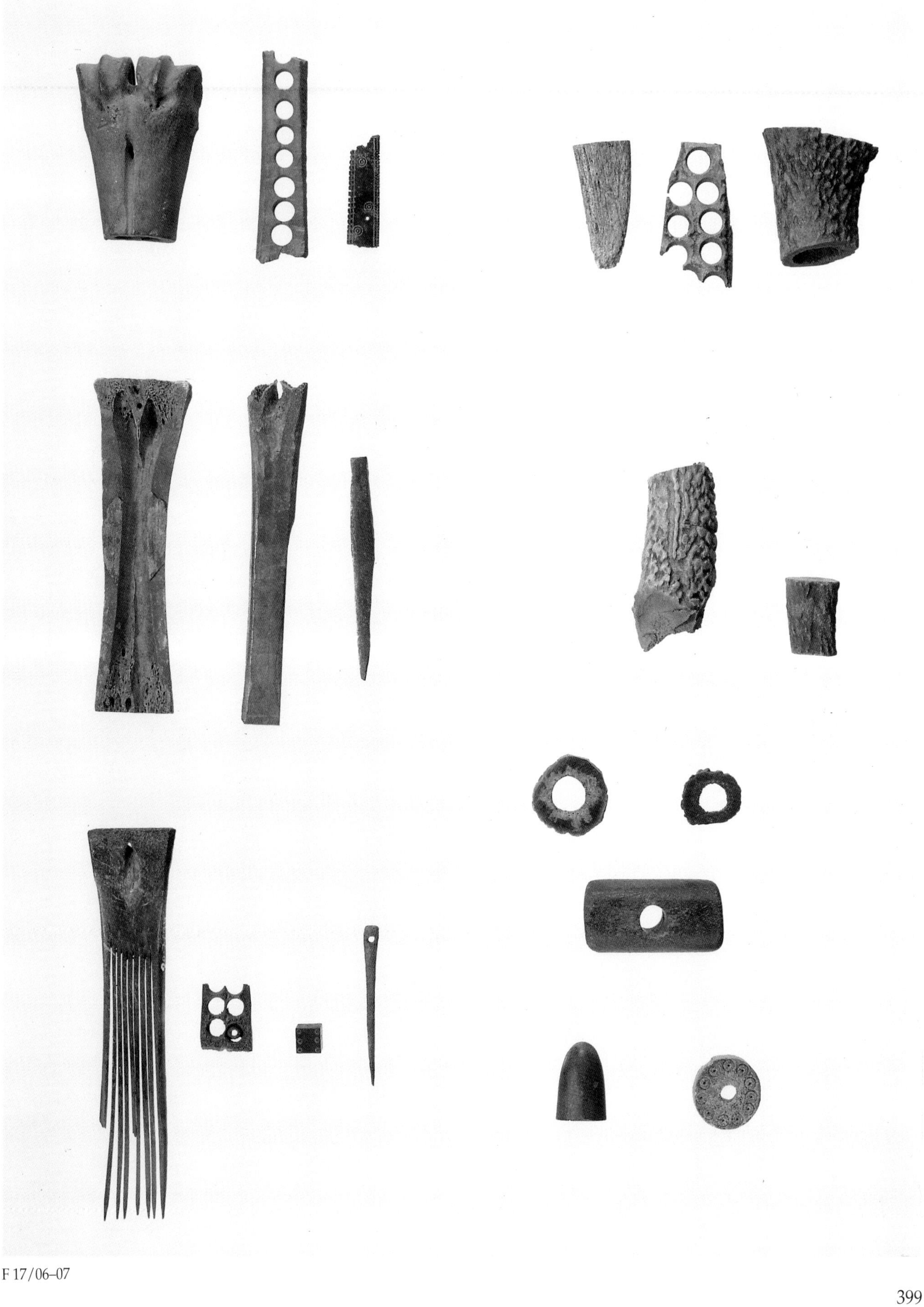

F 17/06–07

sierung des Knochenschnitzers auf Würfel zu erschließen, wie sie sich auch bei einem weiteren Braunschweiger Knochenschnitzer aus dem 12. Jahrhundert von der Turnierstraße 1 nachweisen läßt. Überraschend ist dagegen das Produktionsprogramm einer Göttinger Knochenschnitzerwerkstatt aus dem 13. Jahrhundert, das 40 verschiedene Produkte umfaßte.

Braunschweig-Sack, Papenstieg 8, IfD, Stgr. 99. Älterer Burggraben, Sedimente 60, 61, 66 und 68.

Ulbricht 1984. – MacGregor 1985. – Janssen 1986. – Kluge-Pinsker 1991, S. 111–119.

R. D.

I. 3 Buntmetallverarbeitung

F 17/08 Rohmaterialien

a) Zwei Stücke Löt- oder Gußblei

Braunschweig, um 1200

aa) Blei – Schäden durch Korrosionsfraß – Dm. 2,7–2,9 cm – H. 1,1 cm – Gew. etwa 52,9 g.

Braunschweig, BLM, Inv. Nr. 85:1/14692

Das Fundstück ist scheibenförmig ausgebildet, die Kanten sind rund überformt, die Deckflächen uneben verquollen. Der Körper weist einen massiven, ringförmig von Metallmasse umschmolzenen Kern auf.

Braunschweig-Altstadt, Turnierstraße 1, IfD, Stgr. 33. Sickergrube 4145.

ab) Blei – Fundstück unbeschädigt – Dm. 1,9–2,0 cm – H. 0,9 cm – Gew. etwa 28,1 g.

Braunschweig, BLM, Inv. Nr. 85:1/10957

Das Bleistück besitzt eine flachzylindrische Grundform. Die Kanten sind gerundet, die Deckflächen uneben ausgeschmolzen.

Braunschweig-Altstadt, Turnierstraße 1, IfD, Stgr. 33. Streufund.

Die Fundstücke F 17/08aa und F 17/08ab lassen sich als Rohmaterial für Löt- oder Gußarbeiten interpretieren. Eine nahe verwandte frühmittelalterliche Parallele liegt aus Mainz, Löhrstraße, vor.
Eine Verwendung der Fundstücke als Waagegewichte ist auszuschließen. Gewichte, wie sie für mittelalterliche Armwaagen gebräuchlich waren, erscheinen in einfachen, leicht zu identifizierenden, geometrischen Grundmustern als flach scheibenförmige, kugelzonenförmige, doppelkonische oder schalenförmige Formen. Sie weisen in der Regel eine Gewichtsmarke oder ein vom Eichmeister eingeschlagenes Beschauzeichen auf. Mit ihren Gewichten von knapp 53 und gut 28 Gramm lassen sich die gezeigten

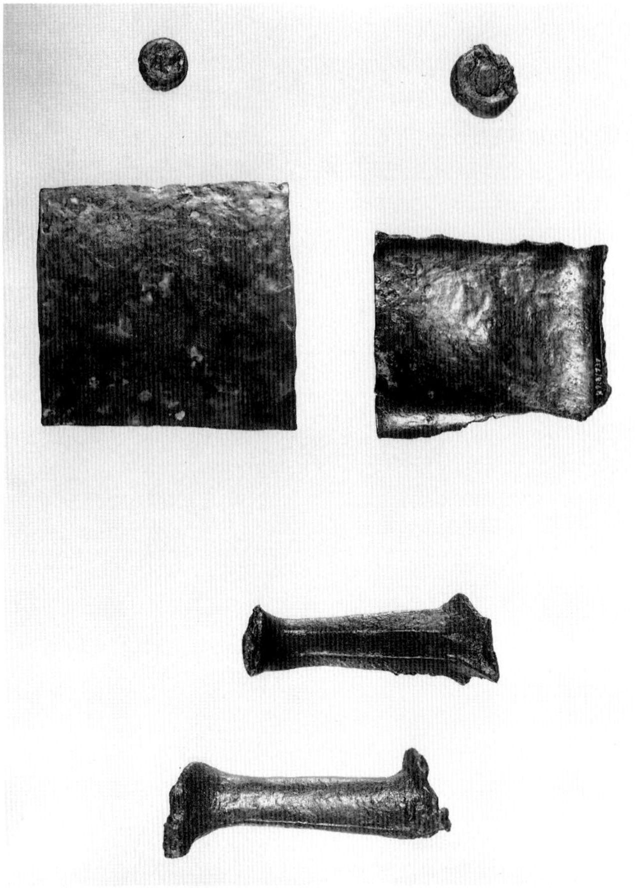

F 17/08

Bleifundstücke keiner der bekannten mittelalterlichen Braunschweiger Gewichtseinheiten zuordnen.

Ziegler 1969. – Witthöft 1992. – Kat. Hildesheim 1993, 2, Nr. IV-10 (Egon Wamers).

b) Zwei Buntmetallplatten

Norddeutschland (?), 1. Hälfte 13. Jahrhundert

ba) Kupferlegierung, 2,5% Zinn, 1,0% Blei und 11,0% Zink – Platte an drei Seiten ausgebrochen und an der vierten Seite ungleichmäßig geschnitten, Oberfläche rotbraun bis schwarz patiniert und teilweise korrodiert – L. 7,9 cm – B. 9,6 cm – Materialst. um 0,3 cm – Gew. 147,3 g.

Braunschweig, BLM, Inv. Nr. 79:8/131

Braunschweig-Neustadt, Weberstraße 42, IfD, Stgr. 19. Grube 5, Brandschutt.

bb) Kupferlegierung, 4,6% Zinn, 1,8% Blei und 7,8% Zink – Platte rundum unsauber beschnitten und leicht gewölbt, Oberfläche rotbraun und schwarz patiniert – L. 9,8 cm – B. 10,2 cm – Materialst. um 0,25 cm – Gew. 129,8 g.

Braunschweig, BLM, Inv. Nr. 79:8/43

Braunschweig-Neustadt, Beckenwerkerstraße 10, IfD, Stgr. 19. Kloake 3.

Die beiden Buntmetallplatten stammen aus den Abfall- und Brandschutthorizonten zweier Gießereiwerkstätten. Es handelt sich vermutlich um Verschnittreste, die aus

einer Beckenschlägerwerkstatt angeliefert wurden und für die Wiedereinschmelzung vorgesehen waren.
Die Rückgewinnung von Rohstoffen aus Altmetall konnte von den Beckenwerkern nicht selbst betrieben werden. Ihre Arbeit bestand ausschließlich darin, vorgefertigte Bleche zuzuschneiden, durch kaltes Hämmern am Amboß zu Becken und Kesseln zu formen und in künstlerischer Treib-, Punzier- und Rißtechnik mit allegorischen Motiven auszuschmücken. Die Werkstätten der Beckenwerker waren für Schmelz- und Gußarbeiten nicht eingerichtet.

Fuhse 1935, S. 1–19 und S. 32–34. – Bergholz 1954 – In Auswertung befindliche Metallanalysen durch Arbeitsgruppe H. Urban, H.-J. Bollingberg und Chr. Zientek, Universität Frankfurt/Main, Institut f. Geochemie.

c) Zwei Beine von Bronzegrapen

Herkunft unbekannt, 13. Jahrhundert

ca) Kupferlegierung, patiniert – Bein mit Ansätzen der Gefäßwandung erhalten – H. 11,0 cm – Dm. 1,8–2,3 x 2,3–2,5 cm – Gew. 358,8 g.

Braunschweig, BLM, Inv. Nr. 85:1/15102

Das Grapenbein ist im Querschnitt gratig-tropfenförmig ausgebildet und weist einen breiten, tatzenförmigen Fuß auf. Das Fundstück ist massiv gegossen.

Braunschweig-Altstadt, Turnierstraße 1, IfD, Stgr. 33, Planierschicht 3300.

cb) Kupferlegierung, braun bis schwarz patiniert – Bein mit Ansätzen der Gefäßwandung erhalten, Fußspitze abgebrochen – H. 10,2 cm – Dm. 0,7–1,1 x 1,9–2,5 cm – Gew. 223,2 g.

Braunschweig, BLM, Inv. Nr. 85:1/16777

Das massiv gegossene, im Querschnitt kantig-trapezoide Grapenbein zeigt eine breit ausladende, tatzenartige Fußbildung.

Braunschweig-Altstadt, Doppelhaus 335, IfD, Stgr. 33. Steinkloake 3225.

Durch archivalische Zeugnisse ist belegt, daß in den Haushalten der mittelalterlichen Stadt Buntmetall gesammelt wurde, um es bei Bedarf zu neuwertigem Küchen- oder Tafelgerät umschmelzen zu lassen. Das Sammeln von Altmetall, das vermutlich bereits während des Mittelalters auch gewerblich betrieben wurde, dürfte dazu geführt haben, daß ein erheblicher Teil des Abfallaufkommens in den Herstellungskreislauf zurückgeführt wurde und die Gießereiwerkstätten der Städte über einen nicht unbeträchtlichen Zufluß von Buntmetallschrott verfügten. Die hier gezeigten Grapenbeine, die wie die meisten Braunschweiger Funde von Buntmetallabfällen aus Schutt- und Abfallschichten bürgerlicher Hausgrundstücke geborgen wurden, stehen stellvertretend für das in Häusern der Stadt geübte Sammeln von Altmetall.

Drescher 1982. – Drescher 1986a.

K.K.

F 17/09 Gerät

a) Schmelztiegel

Nordhessen (Groß Almerode) (?), 1. Hälfte 13. Jahrhundert

Stark versinterter, grob gemagerter Tiegelton, im Bruch grauviolett gefärbt, Oberfläche mit weinroter Selbstglasur überfangen – Randbereich teilweise ausgebrochen – H. 10,5–11,0 cm – Dm. etwa 7,0–8,0 cm – Wandst. 0,8–0,8 cm.

Braunschweig, BLM, Inv. Nr. 79:8/155

Der Schmelztiegel weist einen zylindrischen Körper auf, der Boden ist rund ausgeformt. Der Randbereich ist stellenweise aufgerissen, zum Teil ausgebrochen. Im Tiegelinnern finden sich Reste patinierter Buntmetallschmelze.

Braunschweig-Neustadt, Weberstraße 39–44/Beckenwerkerstraße 4–13, IfD, Stgr. 19. Streufund.

b) Tiegeldeckel

Nordhessen (Groß Almerode) (?), Mitte 13. Jahrhundert

Stark versinterter, grob gemagerter Tiegelton, im Bruch grau bis graubeige gefärbt, Oberfläche außen beigeockerfarben bis graubraun, innen grau bis grauschwarz gefärbt – Fundstück im Randbereich ausgebrochen, Ton stellenweise aufgerissen – H. 9,8 cm – Dm. 11,0 cm – Wandst. um 1,0 cm – Dm. der Bohrungen 0,5–0,6 cm.

Braunschweig, BLM, Inv. Nr. 79:8/56

Der Deckel ist glockenförmig gebildet. Eine Besonderheit stellt der als Kopffigur mit spitz auszipfelnder, kuttenartiger Mützenbedeckung geformte Knauf dar. Auf der Deckelschulter befinden sich drei um die Kopfplastik herumgruppierte Entlüftungsbohrungen. Schmelztiegeldeckel liegen auch von der Alten Waage in Braunschweig-Neustadt vor. Kopffigurenknäufe sind ebenfalls aus Braunschweig-Neustadt und aus der Altstadt von Magdeburg bekannt.

Braunschweig-Neustadt, Beckenwerkerstraße 10, IfD, Stgr. 19. Kloake 3.

Die Arbeit des Buntmetallgießers gliederte sich in verschiedene Einzelschritte. Am Beginn stand die Erstellung der Gußform, eine Arbeit, die bedeutendes technisches Können erforderte und bei der mitunter hohes künstlerisches Niveau erreicht wurde. Der Guß erfolgte je nach Werkstück in einschaligen Formen, die zur Entnahme des Gußstücks aufgeschlagen werden mußten und verloren waren, oder in Halbformen, die geöffnet werden konnten und wiederverwendbar waren. An die Bereitung der Gußform schlossen sich das Ausschmelzen des Rohmetalls im Gußtiegel und das Gießen des Werkstücks an. Nach Erkalten des Rohlings und nach Abnahme der Gußform wurde das Formstück durch Beseitigung der Gußnähte und durch Nacharbeiten von Fehlstellen fertiggestellt.

Fuhse 1935. – Stoll 1964. – Rötting 1985b, S. 108–112. – Drescher 1986a. – Kablitz 1992, S. 101–102.

K.K.

F 17/09–11

F 17/10 Gußformteil und Werkstück

a) Einfüllstutzen einer Gußform

Norddeutschland (Elm) (?), um 1100

Kalkstein – Fundstück an einer Stirnseite geborsten, Bruchstücke geklebt – H. um 4,5 cm – L. 13,5–14,0 cm – T. 3,0–3,5 cm – vier Bohrungen, Dm. je 0,7–0,8 cm.

Braunschweig, BLM, Inv. Nr. 85:1/14713

Bei dem Fundstück handelt es sich um das Deckstück oder das Rückenteil eines zweischaligen Gußformstutzens. Der Stein ist langquaderförmig gebildet, die Arbeitsseite ist glatt geschliffen, dagegen sind die Außenseiten grob zugearbeitet. An den Kopfseiten des Steins befinden sich Bohrungen zum bündigen Anpassen und Befestigen des Stutzengegenstücks. Von der Oberseite her sind zwei Bohrlöcher unbekannter Funktion, möglicherweise zum Einspannen des Steins in eine Werkbank gedacht, bis in die querlaufenden Halterungsbohrungen hineingetrieben worden. Der Stein weist einen mittig eingeschnittenen Einfülltrichter auf, von dem zwei schräg nach rechts und links abzweigende, dann senkrecht nach unten abknickende Gußkanäle in die unterhalb ansetzende, vom Einfüllstutzen getrennte Gußform hinabführen. Der doppelte Zulauf machte den Guß zweier Werkstücke in einem Arbeitsgang möglich.
Ein Vorzug des gesondert gearbeiteten Einfüllstutzens lag darin, daß austauschbare Gußformen eingesetzt werden konnten, die keine eigenen Zulaufkanäle mehr benötigten. Der Aufwand bei der Herstellung der Gußmodel ließ sich damit auf das Schneiden der Werkstückform einschränken. Vermutlich fand der gezeigte Füllstutzen beim Guß von Kleinformen wie Schnallen, Spangen oder Beschlägen Verwendung. Die Formsteine dürften ähnlich vorzustellen sein wie die für die Herstellung von Pilgerzeichen gebräuchlichen Model.

Braunschweig-Altstadt, Turnierstraße 1, IfD, Stgr. 33. Holzbau 3895, Estrichbettung.

b) Pilgerzeichen

Norddeutschland (?), frühes 13. Jahrhundert

Blei-Zinn-Legierung – Fundstück unbeschädigt – H. 4,6 cm – B. 2,8 cm (ohne Ösen)/3,6 cm (mit Ösen) – Materialst. um 0,1 cm – Gewicht 6,95 g.

Braunschweig, BLM, Inv. Nr. 80:12/536

Die hochrechteckige Plakette schließt oben mit einem Segmentbogen ab, an jeder ihrer Langseiten befinden sich zwei Befestigungsösen. Das Bildfeld zeigt Petrus mit Mitra, Krummstab und Schlüssel. Die Rückseite ist mit einem engmaschigen Diagonallinienmuster versehen.
Der Guß erfolgte in einem zweischaligen Model. Dabei war die Abdeckplatte nicht bündig, sondern leicht versetzt auf die Bildform aufgelegt worden, so daß das Linienmuster der Plakettenrückseite und die rückwärtigen Hälften der Befestigungsösen verschoben wurden.

Grabungsfund Braunschweig-Hagen, Casparistraße/Ecke Hagenmarkt, IfD, Stgr. 27. Abfallhorizont am Okerufer.

Kat. Braunschweig 1985, 1, Nr. 331 (Kurt Köster). – Köster 1985. – Drescher 1986a.

K. K.

F 17/11 Zwei Schreibgriffel

a) Norddeutschland, 1. Hälfte 13. Jahrhundert

Kupferlegierung, vergoldet – Spitze leicht deformiert – L. 10,4 cm – Dm. Schaft 0,32 cm – Gew. 5,7 g.

Braunschweig, BLM, Inv. Nr. 79:8/82

Im Guß hergestellter, feuervergoldeter Stilus mit handförmig profilierter Öse, die auf ihrem Rücken ein eingearbeitetes Andreaskreuz über drei Querstrichen trägt. Die obere Schafthälfte ist durch drei langgestreckte, gefeilte Facettenquader gegliedert, die jeweils von einem dünnen Quersteg gerahmt werden.

Braunschweig-Neustadt, Beckenwerkerstraße 13, IfD, Stgr. 19, Stelle 2.

b) Norddeutschland, 12. Jahrhundert

Kupferlegierung mit 3,7% Zinn, 1,1% Blei, 5,8% Zink (zur Analyse vgl. Kat. F 17/08) – grün und schwarz patiniert – L. des Griffels 16,7 cm – Dm. Schaftoberteil 0,65 x 0,53 cm – L. des Kettenfragments ca. 4 cm – Gew. 29,85 g.

Braunschweig, BLM, Inv. Nr. 88:5/1278a

Der rundstabig gegossene Griffel besitzt ein rechteckiges Schaftoberteil, das nach oben und unten durch je drei, vermutlich gefeilte Querwülste abgesetzt ist. Drei Seiten zeigen herzförmig gravierte Motive, die vierte weist eine unregelmäßig gebrochene Dreierstrichgruppe in Längsrichtung auf. Den Abschluß bildet eine kreisförmige Schaftdurchbrechung, die ein kleines Kettchen, möglicherweise zur Befestigung an einem Gürtel, aufnimmt.

Braunschweig-Altstadt, Eiermarkt 7, IfD, Stgr. 33, Grube 269.

Die Schreibgeräte zählen zu dem Typ 1 / Variante 1 (a) und zu dem gebräuchlichsten Typ 2b (b) der Griffel der sogenannten Harzer Gruppe, die sich im wesentlichen aus Funden des 12. und 13. Jahrhunderts zusammensetzt und, vereinfacht ausgedrückt, durch einen kantigen Schaftoberteil mit Öse charakterisiert werden. Die große Nachweishäufigkeit dieser Stili im Harz und Harzumland, der nicht zuletzt ein besonders guter Forschungsstand in diesem Gebiet zugrunde liegt, wirkte sich namengebend für diese Gruppe von Schreibgeräten aus. Nach jüngerem Forschungsstand relativieren sich jedoch die Verbreitungsschwerpunkte zugunsten von Funden aus den Niederlanden, Nordwest- und Norddeutschland. Daneben sind auch Objekte aus Skandinavien belegt.
Der Versuch, durch chorologische Detailanalysen einzelne Werkstattkreise für bestimmte Griffel herauszuarbeiten, wie sie etwa für die Harzregion vemutet werden, ist bislang noch nicht überzeugend gelungen.

Schimpff 1983. – Rötting 1985b, S. 108, Abb. 62b.

A. L.

F 17/12 Zwei zweiseitige Dreilagenkämme

a) Braunschweig (?), 2. Hälfte 13. Jahrhundert

Rinderknochen, u. a. Rippe und Metatarsus – fünf statt sechs Teile erhalten, zwei Zinken abgebrochen – L. max. 6,7 cm – B. 3,9 cm – H. noch 0,7 cm.

Braunschweig, BLM, Inv. Nr. 88:5/953.2

Braunschweig-Altstadt, Eiermarkt 7, IfD, Stgr. 33, Steinkloake 189.

b) Goslar (?), um 1100

Langknochendiaphysen, vermutlich vom Rind – zwei Zinken abgebrochen – L. 6,5 cm – B. 4,7 cm – H. max. 0,9 cm.

Braunschweig, BLM, Inv. Nr. 77:12/970

Goslar-Kaiserpfalz, IfD, Grabung südwestlicher Pfalzbereich (sog. Jüngeres Wohngemach), Schicht 191.

Der Braunschweiger Kamm (a) besteht aus zwei Mittelstücken mit 28 schmalen Zinken auf der einen und 17 breiteren auf der anderen Seite, zwei flügelförmigen Endstücken mit beidseitigen Kreisaugenverzierungen in den Ecken sowie einer Schmuck- und Befestigungsleiste, die ursprünglich ein entsprechendes Gegenstück hatte. Der Kamm wurde wohl an einer Schnur getragen (vgl. Lochung). Abnutzung und Politur belegen häufigen Gebrauch.
Mittelteil und Außenstücke des Goslarer Kamms (b) wiesen ursprünglich an einer Seite 21 breite, an der Gegenseite 36 schmale Zinken auf. Die beiden Deckleisten sind mit Zirkelschlagornamenten aus doppelten Kreisaugen und Halbkreisen sowie mit doppelten randbegleitenden Messerritzlinien versehen. Zwei Außenstücke mit breiter Kante tragen in jeder Ecke ein doppeltes Kreisauge. Der Produktionsablauf entspricht dem des Braunschweiger Kamms, indem die Rohlinge erst verziert, dann passend zugesägt und mit Hilfe von vier Buntmetallnieten zusammengesetzt wurden. Das Einsägen der Zinken geschah deckleistenübergreifend von den beiden Flachseiten des Kamms her. Abschließend wurde das Stück poliert.
Bei den meisten zweiseitigen Dreilagenkämmen, so auch bei Stücken aus Minden aus dem 12. bis 14. Jahrhundert, sind die Außenteile geschwungen und zur Deckleiste hin eingezogen, während die beiden vorliegenden Stücke durch ihre relativ geraden Außenkanten auffallen. Schlichtere Kämme, wie das Braunschweiger Exemplar, sind auch aus Schleswig und Magdeburg bekannt. Größe und Form lassen an Bartkämme oder auch sogenannte Staub- oder Läusekämme denken.

Ulbricht 1984. – Ausgrabungen in Minden 1987. – Kat. Magdeburg 1992.

R. D.

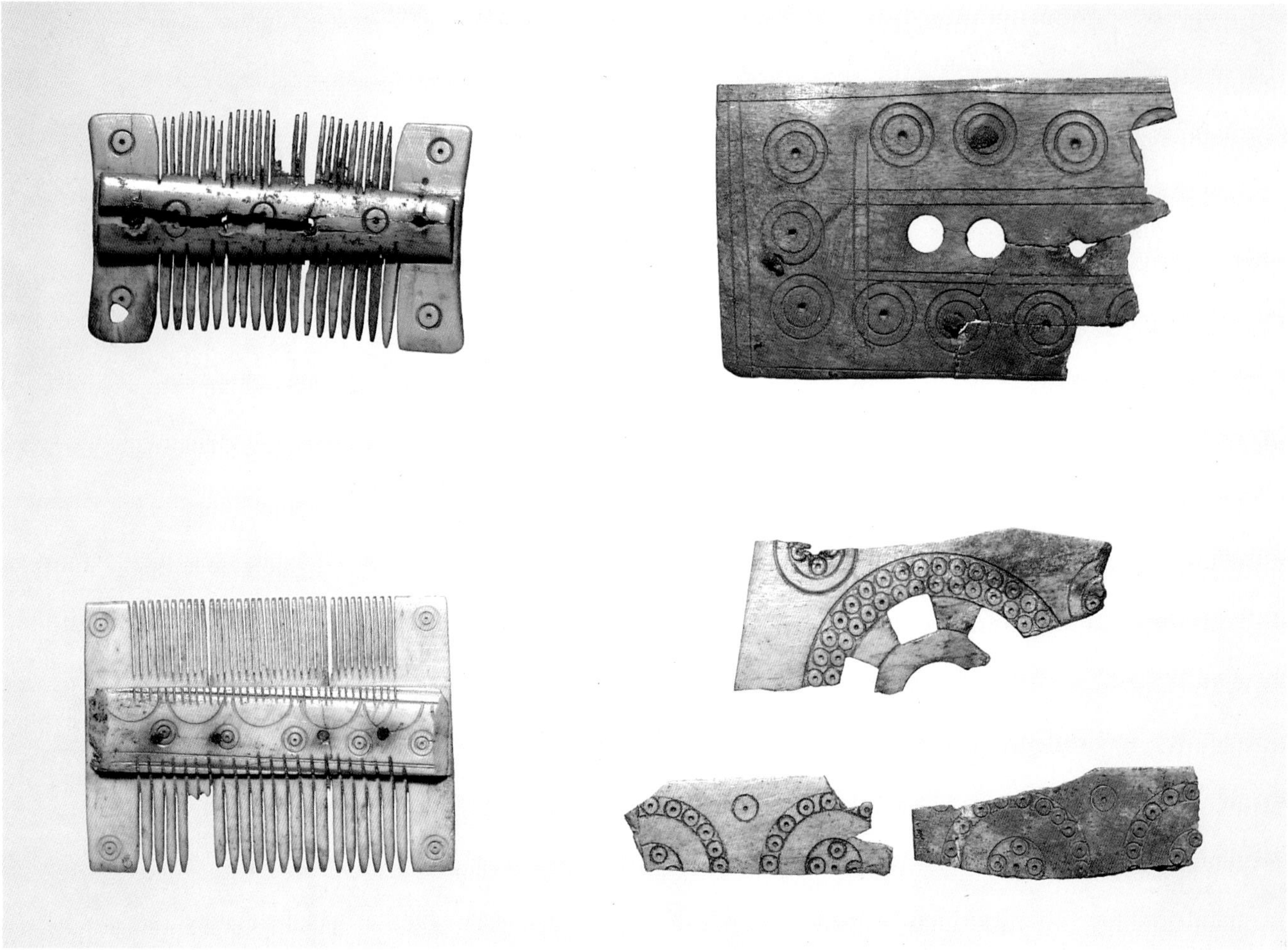

F 17/12–13

F 17/13 Beschlagfragmente von zwei Beinkästchen

Braunschweig, 2. Hälfte 12. Jahrhundert

a) Große Beschlagplatte

Außenwand eines Pferde-Unterkiefers, drei eiserne Nietstifte in situ – fragmentiert, geklebt – L. noch 8,0 cm – B. 5,1 cm – H. 0,3 cm.

Braunschweig, BLM, Inv. Nr. 85:1/3917

Die beidseitig geglättete Knochenplatte ist an der Außenseite mit randbegleitenden doppelten Kreisaugen und doppelten und einfachen Messerritzlinien verziert. Vier vorgebohrte Löcher dienten zur Aufnahme von eisernen Nietstiften. Die Umgebung der beiden kreisrunden Zierlöcher auf der Mittellinie des Stücks ist grünlich verfärbt – dies deutet auf eine Hinterlegung mit Kupfer- oder Messingblech. Ähnlich verzierte Knochenplatten befinden sich an einem Reliquienkästchen aus St. Andreas/Köln, das aus dem 11. bis 12. Jahrhundert stammt, sowie auf einem Kästchendeckel aus der Wüstung Holzheim bei Fritzlar.

Braunschweig-Altstadt, Turnierstraße 7, IfD, Stgr. 33, Brandschicht 2034.

b) Drei kleine Beschlagstücke

Braunschweig (?), 2. Hälfte 12. Jahrhundert

Schulterblatt (ba), Unterkiefer (bb, bc) vom Rind – fragmentarisch – (ba) L. 6,2 cm – B. 3,3 cm – H. 0,4 cm; (bb) L. 4,7 cm – B. 1,7 cm – H. 0,2 cm; (bc) L. 5,0 cm – B. 1,9 cm – H. 0,2 cm.

Braunschweig, BLM, Inv. Nrn. (ba) 85:1/12603, (bb) 85:1/12085, (bc) 85:1/15949

Die noch erkennbaren großen und kleinen Ornamente der Beschlagstücke bestehen aus konzentrischen Kreisen, die in unterschiedlicher Weise mit einfachen Kreisaugen angefüllt sind. Die größere Knochenplatte trägt ein Radmotiv in Durchbrucharbeit (vgl. Rekonstruktion). An den kleineren Stücken ist zwischen zwei Ornamenten jeweils ein Kreisauge größeren Durchmessers erkennbar. Knochenbeschläge dieser Art waren ursprünglich auf Holzkästchen sowohl religiösen als auch profanen Gebrauchs montiert und in einigen Fällen an den Durchbrüchen mit Metall hinterlegt. Ältere Parallelstücke aus Wunstorf und Wietzen dienten als Beschläge von Reliquienkästchen. In den meisten Fällen treten ausschließlich geometrische Muster auf, wie z.B. auch auf Stücken aus Schleswig, Zim-

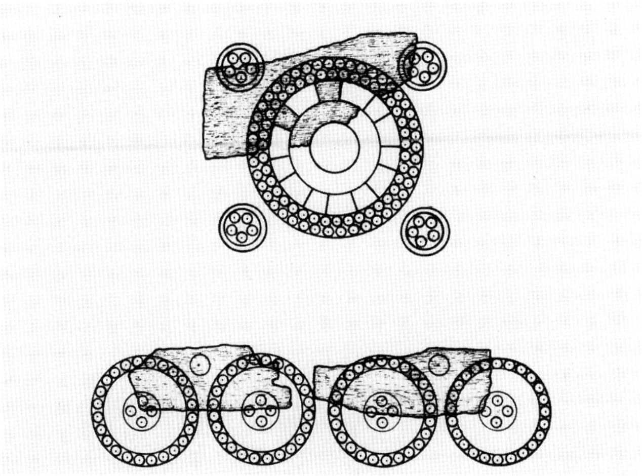

mern/Stebbach und Holzheim. Aufgrund der Ornamentik ist anzunehmen, daß die Braunschweiger Beschlagstücke zu ein und demselben Beinkästchen gehörten.

Braunschweig-Altstadt, Turnierstraße 1, IfD, Stgr. 33, Schichten (ba) 3455, (bb) 3214 und (bc) 4045.

Ulbricht 1984. – Rötting 1989. – Schulze-Dörrlamm 1992. – Theune-Großkopf/Röber 1994.

R.D.

F 17/14 Fragment einer Spiegelfassung

Nord- oder Mitteldeutschland (?), 2. Hälfte 12. Jahrhundert (vor 1199)
Tierknochen, wahrscheinlich Rind – Türflügel und Spiegeleinlage verloren – H. 8,6 cm – B. 4,5 cm – Dm. der Vertiefung 4,1–3,8 cm.

Braunschweig, BLM, Inv. Nr. LMB 62:54

Die aus drei Knochenstreifen zusammengesetzte Tafel mit drei zinnenartigen Aufsätzen zeigt die stilisierte Darstellung einer Turmburg mit je einem Baum über den niedrigeren Seitenteilen. Die Rückseite hat oben und unten aufgenietete Querriegel mit Löchern für die ›Angeln‹ von (nicht erhaltenen) Klapptürchen und eine annähernd runde Vertiefung, in der ursprünglich ein kleiner Glasspiegel anzunehmen ist. In Analogie zu zahlreichen anderen mittelalterlichen Spiegelfunden hat man sich diesen Spiegel als schwach konvexen Abschnitt aus einer großen, mit Blei verspiegelten Glaskugel vorzustellen. Dieses Fragment gehört in eine Gruppe von Spiegelfassungen aus Knochen oder Horn mit ähnlicher Konstruktion und ähnlichen Motiven der Schnitzerei. Bisher sind neun Exemplare nachzuweisen, die über ein weites Verbreitungsgebiet streuen: von London im Westen bis Litomerice (Leitmeritz, Nordböhmen) im Osten, und von Hitzacker im Norden bis Burg Hain (Dreieich, Hessen) im Süden. Die Materialbasis

F 17/14

F 17/14

ist noch so spärlich, daß eine Lokalisierung eigentlich nicht möglich ist, für die angedeutete Möglichkeit einer Entstehung im nord- oder mitteldeutschen Raum spricht allein die relative Funddichte von vier Exemplaren in diesem Bereich. Für eine Datierung der Gruppe ins 12., höchstens frühe 13. Jahrhundert ist diese Tafel besonders wichtig, da sie mit einem terminus ante quem verbunden ist: Sie stammt von einer Burg, die 1199 zerstört und danach nicht wiederaufgebaut wurde. – Die kleine Knochenplatte aus Magdeburg, die bisher nur allgemein als »Tür zu einem Schrein« angesprochen wurde, war höchstwahrscheinlich ein Flügel einer solchen Spiegelfassung (vgl. Rekonstruktion). Sie wurde sinnigerweise in der Pflasterung einer Straße gefunden, die schon im 13. Jahrhundert als *pons speculorum* (Spiegelbrücke) erwähnt wurde (Kat. G 20).

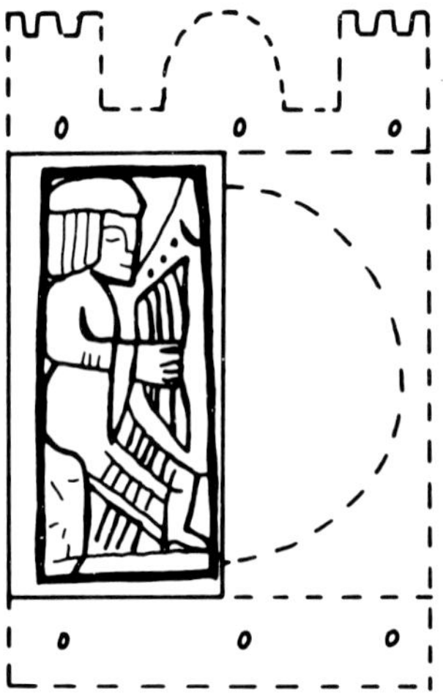

Burg Warberg (Elm), Ldkr. Helmstedt, Grabungsfund aus Suchgraben I im südwestlichen Mauerwinkel von Heizanlage und Wohnturm.

Schultz 1964, S. 22f. – Krueger 1990. – Krueger 1993. – Kat. Braunschweig/Magdeburg 1993. – Krüger 1995 (im Druck).

I.K.

F 17/15 Anhänger und Riemenverteiler von Pferdegeschirren

a) Durchbrochene Schmuckscheibe

Norddeutschland (Harzregion ?), 2. Hälfte 12. Jahrhundert

Kupfer (zur Analyse vgl. Kat. F 17/08), Schauseite mit Resten einer Feuervergoldung, krümelige Lederreste der rückseitigen Bespannung separiert – H. 6,7 cm – Dm. Rahmen 5,6 cm – Blechst. Rahmen 0,1–0,15 cm – Gew. 10,8 g.

Braunschweig, BLM, Inv. Nr. 88:5/2080

In Treib-, Durchbruch- und vermutlich Graviertechnik ist ein vergoldetes, sphinxartiges Fabelwesen mehrfach körpergewendet in einem Reif dargestellt. Der anthropomorphe Kopf, der geflügelte Vorder- und der akzentuierte Hinterleib werden von vier katzenartigen Beinen getragen, umgeben von einem floralen, weintragenden Rankenwerk. Die massive Öse ist gegenüber der Scheibe um 90° gedreht.

Braunschweig-Altstadt, Turnierstraße 7, IfD, Stgr. 33, Holzkloake 487.

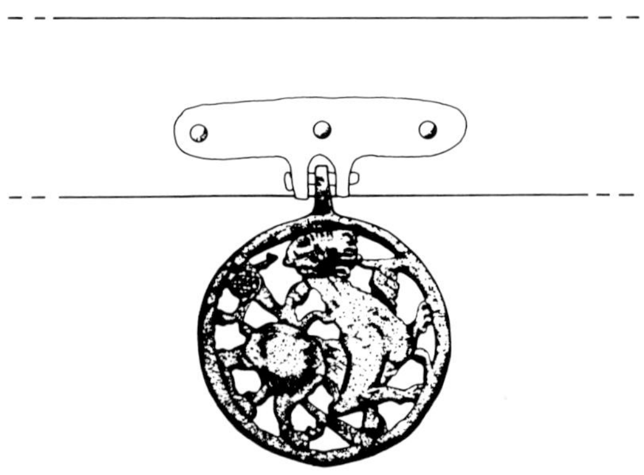

b) Massive Schmuckscheibe

Werkstatt unbestimmt, Mitte 11. bis 3. Viertel 12. Jahrhundert

Kupferlegierung, Schauseite vergoldet – H. 4,1 cm – Dm. Scheibe 2,7 cm – Blechst. Scheibe 0,1–0,15 cm – Gew. 2,75 g.

Braunschweig, BLM, Inv. Nr. 88:5/687

Die flachkugelig getriebene und vergoldete Schmuckscheibe besitzt zwei symmetrisch angeordnete, halbkreisförmige Ausschnitte zu beiden Seiten der durchlochten, um 180° gedrehten Lasche.

Braunschweig-Altstadt, Eiermarkt 7, IfD, Stgr. 33, Planierschicht 236, sekundäre Lagerung.

Die repräsentativen Anhänger für Pferdegeschirre erfreuten sich vom 11. bis 13. Jahrhundert einer besonderen Beliebtheit. Der bevorzugte Sitz dieser meist vergoldeten Objekte war der Brustriemen des Reitpferdgeschirrs, wo sie mittels Halterungen montiert waren (Rekonstruktion nach von Falke/Meyer 1935, Abb. 269).
Fundnachweise für Schmuckscheiben liegen für den nord- und süddeutschen Raum sowie das Rheinland vor, ferner für Österreich, Ungarn, Polen und England. Fundschwerpunkte für die kunsthandwerklichen Durchbrucharbeiten haben sich in Ungarn und Österreich und in der Harzregion gebildet. Die Darstellungen umfassen in dieser Gruppe neben Sphingen auch Drachen-, Sirenen- und Vogelmotive. Großkatzen wie Panther oder Löwen sind in der Minderzahl. Eine ikonographische Bearbeitung liegt noch nicht vor. Im Gegensatz zu den gegossenen verweisen die getriebenen Durchbrucharbeiten wie beim Braunschweiger Stück auf eine Produktion am Harz bzw. im Harzumland.

c) Ein Paar Riemenverteiler, zweigängig

Werkstatt unbestimmt, 13. Jahrhundert

Kupferlegierung – drei Riemenzwingen festkorrodiert – L. ca. 5,2 cm – Ring 1,5 x 1,1 cm – Materialst. Ring 0,2–0,35 cm und L. ca. 4,9 cm – Ring 1,4 x 1,2 cm – Materialst. Ring 0,1–0,4 cm.

Braunschweig, BLM, Inv. Nr. 85:1/11654

Die Riemenverteiler liegen paarweise vor. Sie bestehen aus einem rechteckförmig erweiterten Ring, der eine bessere Führung für jeweils zwei Riemenzwingen gewährleisten sollte. Die U-förmig gebogenen Zwingen wurden in den Ring eingehakt und konnten an ihren übereinanderliegenden, offenen Enden mit Hilfe eines mitgegossenen Stifts einen oder mehrere Lederriemen in Niettechnik aufnehmen. Die Schauseite der vier Zwingen läuft jeweils in einer stilisierten Lilie aus. Die leicht voneinander abweichenden Ausmaße und Ausformungen deuten auf eine Verwendung unterschiedlicher Gußformen.

Braunschweig-Altstadt, Turnierstraße 1, IfD, Stgr. 33, Planierschicht 3296, sekundäre Lagerung.

d) Ein Riemenverteiler, viergängig

Werkstatt unbestimmt, 1. Viertel 13. Jahrhundert

Kupfer (zur Analyse vgl. Kat. F 17/08) – Zwingen ausgefallen, ein Ärmchen ausgebrochen, Gebrauchsspuren in Form von Einkerbungen an den Riemendurchlässen bei 8–10 facher Vergrößerung sichtbar – max. L. 3,3 cm – erhaltene B. 2,7 cm – Materialst. Rahmen 0,2–0,4 cm – Gew. 4,4 g.

Braunschweig, BLM, Inv. Nr. 88:5/1888

Der annähernd rechteckige Rahmen des Verteilers bildet im Innern eine kreuzförmige Aussparung zur Aufnahme von bis zu vier Riemen. Die Rahmenecken sind jeweils mit einem diagonal nach außen gerichteten Steg besetzt, dessen Ende löffelförmig ausgetrieben wurde.

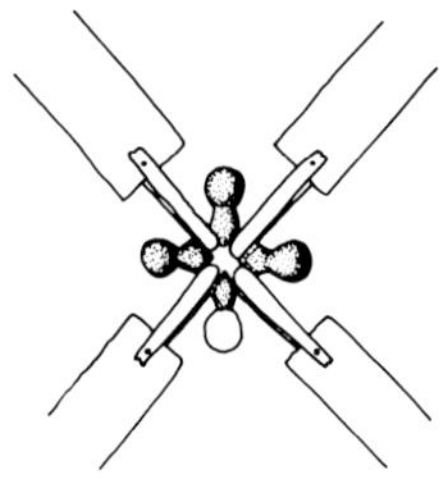

Ein Parallelfund liegt aus Magdeburg-Altstadt vor. Das Stück aus der Zeit um 1100 besitzt nahezu identische Ausmaße, abweichend sind hier die Ärmchen jedoch nicht löffelförmig gestaltet, sondern mit Malkreuzen und Doppelrillen verziert.

Braunschweig-Altstadt, Eiermarkt 7, IfD, Stgr. 33, Doppelhaus 335, Baugrube.

Die Riemenverteiler wurden im Fahr- und Reitwesen als Bestandteile von Geschirr- und Spannvorrichtungen verwendet. Die Feinheit der Stücke spricht für einen Sitz am Zaumzeug, wo solche Verteiler etwa an den Schnittstellen der Nasen-, Stirn- oder Kehlriemen respektive der Genick- und Backenstücke vorkamen. Bei dem Verteilerpaar sind die Zwingen zur Riemenbefestigung erhalten, während bei dem kreuzförmigen Verteiler lediglich Einkerbungen indirekt auf den Gebrauch solcher Riemenhalter hinweisen (Rekonstruktion).

von Falke/Meyer 1935. – Schirwitz 1938. – Fingerlin 1980. – Rötting 1991, S. 52. – Kat. Magdeburg 1992, Nr. II./241 (Heidelore Schulz).

A. L.

F 17/16 Zwei Ziernägel

a) Tropfenförmiger Beschlag

Werkstatt unbestimmt, 12. Jahrhundert

Kupfer (zur Analyse vgl. Kat. F 17/08) – Schaftspitze abgebrochen, überwiegend grau bis schwarz patiniert – H. 6,1 cm – B. 3,0 cm – Schaftlänge noch 3,2 cm bei einer St. von 0,4 x 0,4 cm – Gew. 15,9 g.

Braunschweig, BLM, Inv. Nr. 88:5/537

Tropfenförmiger Nagelkopf mit abwärts geneigtem Rand, von einem massiven, quadratischen Schaft getragen. Die Funktion des Fundes ist nicht bekannt. Die Herstellung aus dem relativ weichen Kupfer ließ keine stärkere mechanische Beanspruchung zu. Die Kopfgestaltung erfolgte wahrscheinlich in Übertragung der im 11. und 12. Jahrhundert gebräuchlichen Schildform.

Braunschweig-Altstadt, Eiermarkt 7, IfD, Stgr. 33, Planierschicht 97.

b) Emaillierter Beschlag

Werkstatt unbestimmt, 13. Jahrhundert (wohl vor 1278)

Kupferlegierung, vergoldet, Grubenschmelz beschädigt – H. 2,3 cm – B. 2,1 cm – Metallst. Kopf 0,2–0,25 cm – Gew. 5,1 g.

Braunschweig, BLM, Inv. Nr. 85:1/11808

Der Kopf des Ziernagels ist in den Konturen einer heraldischen Lilie ausgebildet und entsprechend in vier emailbesetzte Felder gegliedert. Die zentral angelegte Blüte ist bei einer sägezahnartigen oberen Einfassung grün und gelb gefüllt. Alle übrigen Felder sind blau belegt, nach außen z. T. weiß abgesetzt. Die Rahmung des Emails wurde vergoldet, an der Rückseite schließt ein massiver Schaft an.

Braunschweig-Altstadt, Turnierstraße 1, IfD, Stgr. 33, Verfüllung/Ausbruch 3296.

A. L

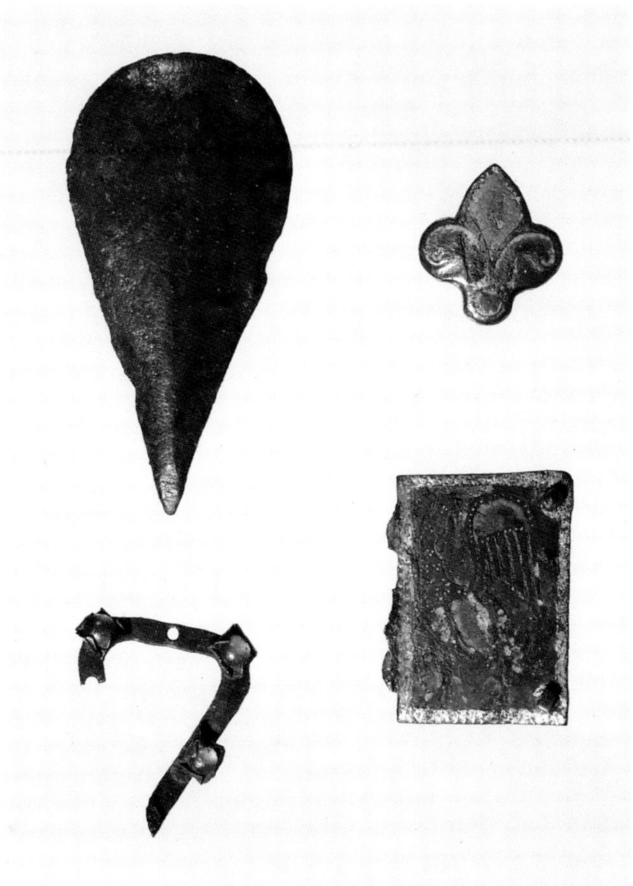

F 17/16–18

F 17/17 Gewandschließe, Fragment

Werkstatt unbestimmt, frühes 13. Jahrhundert

Kupferlegierung, Lötmasse aus Blei- oder Blei-Zinnlegierung, Steine aus Glasfluß (?) – Schließe zu beiden Seiten ausgebrochen, Nadel ausgefallen – erhaltene H. 3,0 cm – B. 2,7 cm – T. 0,4 cm – Blechst. 0,05–0,15 cm – Gew. 2,2 g.

Braunschweig, BLM, Inv. Nr. 80:12/536

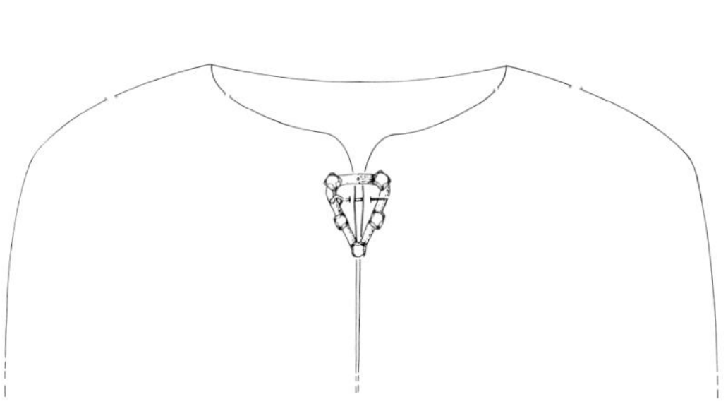

Der Rahmen, in Treib- und Schneidetechnik gefertigt, läßt eine ehemals dreieckige Schließenform erkennen und ist mit drei halbkugeligen, gelblichen Steinen in aufgelöteten, krallenartigen Fassungen besetzt. Lötreste im Bereich einer Bruchstelle deuten auf eine weitere Fassung. Die Durchlochung oben diente womöglich zur Aufnahme eines Schmuckelements in Niettechnik. Eine zweite Durchlochung ist in Ansätzen im Bereich der linken Bruchstelle zu erkennen. Hier war offensichtlich die Nadel anscharniert (vgl. Rekonstruktion nach Krüger 1981).
Ein goldener, ebenfalls steinbesetzter Vergleichsfund stammt von der Burg Plesse, Landkreis Göttingen. Seine Datierung vom 15. bis zum Anfang des 16. Jahrhunderts gibt ein Beispiel für die langwährende Gebrauchsdauer von Gewandhaften dieser Form, die zum Schließen sowohl von Männer- als auch von Frauentrachten dienten.

Braunschweig-Hagen, Hagenmarkt, IfD, Stgr. 27, Abfallschicht am Okerufer.

Krüger 1981, S. 52–56.

A. L.

F 17/18 Beschläg einer Gürtelschnalle

Südfrankreich, nach 1200

Kupferlegierung, teilweise feuervergoldet, Grubenschmelz mit Fehlstellen – Verbindungsstück zur Schnalle ausgebrochen – H. 3,5 cm – erhaltene B. 2,5 cm – Beschlägst. 0,15–0,2 cm – Gew. 10,9 g.

Braunschweig, BLM, Inv. Nr. 85:1/4618

Am hochrechteckigen Beschläg finden sich links die Reste einer Hülse zur Befestigung an einem Schnallenbügel. Die Beschlägplatte selbst wird durch einen umlaufenden, vergoldeten Rahmen eingefaßt, der auf der rechten Seite zwei Nieten zur Befestigung auf dem Riemen umschließt. Der untere Rahmenabschluß wird durch ein Sägezahnmuster betont. Im Innern ist auf blau emailliertem Grund ein Pelikan mit aufgestelltem Flügel und zurückgewandtem Kopf zu erkennen. Sämtliche Konturlinien sind aus Metall belassen, einzelne Bereiche durch vergoldete Punktpunzeneinschläge besonders betont. Rote, blaue und weißgrüne Schmelzeinlagen auf Schnabel, Rumpf und Flügel führen zu einem lebhaftem Farbkontrast.
Die Art der Vogeldarstellung ist wohl in Anlehnung an die christlich adaptierte Fabel des Pelikans entstanden, der

sich mit dem Schnabel die Brust aufreißt, um seine Jungen mit dem eigenen Blut, hier durch die Goldpunkte angezeigt, zu nähren. Im Mittelalter galt der Pelikan als Symbol für den Opfertod Christi und der Eucharistie.
Die Fertigung erfolgte vermutlich in dem Goldschmiedezentrum Limoges im Südwesten Frankreichs oder zumindest in einer Werkstatt, die sich stark an den dortigen Arbeiten orientierte. Die Limousiner Kunstgegenstände besitzen nach Technik und Formempfinden einen sehr einheitlichen Duktus, dem sich das Braunschweiger Stück mühelos anschließen läßt (Rekonstruktion nach Fingerlin 1971). Ein detaillierter Vergleich der Emailausführungen ermöglicht eine Zuweisung in die erste der insgesamt drei Varianten für Gürtelschnallen (Fingerlin 1971, 38–40). Deren Herstellungsdauer umspannte die Zeit ab etwa 1200 bis zur Mitte des 13. Jahrhunderts, wobei die Schnallen der Variante 1 vermutlich schon in den ersten Dezennien dieses Jahrhunderts von den Varianten 2 und 3 zahlenmäßig übertroffen wurden.
Schon die wenigen lokalisierbaren älteren Stücke aus dem beginnenden 13. Jahrhundert spiegeln eine breite räumliche Streuung in West- und Mitteleuropa wider. Das Braunschweiger Exponat zählt neben einer Schnalle aus Brandenburg an der Havel zu den östlichsten Fundorten.

Braunschweig-Altstadt, Turnierstraße 7, IfD, Stgr. 33, Brandschicht 2281.

Fingerlin 1971. – Grebe 1983. – Forstner/Becker 1991, S. 239f. – Rötting 1993.

A.L.

F 17/19 Drei Scheidenbeschläge

a) Schwertortband

Werkstatt unbestimmt, um 1100

Kupferlegierung mit 2,8% Zinn, 1,7% Blei, 8,4% Zink (zur Analyse vgl. Kat. F 17/08), Lötmasse aus Blei- oder Blei-Zinnlegierung – patiniert, Fehlstelle im Bereich einer Randschiene, Leder (?)- und Holzreste bei der Restaurierung entnommen – H. 7,5 cm – B. 5,9 cm – Blechst. 0,1–0,2 cm – Gew. 31,2 g.

Braunschweig, BLM, Inv. Nr. 85:1/16811

Das V-förmige Schwertortband wurde in Treib- und Schneidetechnik gefertigt. Die schräg nach hinten gestellten Randeinfassungen sind rückseitig miteinander verlötet, die Enden auf der Frontseite verbreitert und mit je einem Nietloch zur stabilisierenden Befestigung auf einer Holzscheide versehen, wie zumindest die vollständig erhaltene Beschlaghälfte vermuten läßt. Die Schauseite wird zusätzlich durch ein mittig von der Ortbandspitze aufsteigendes Dreieck gegliedert.
Ein direkter Parallelfund dieser Fundgattung liegt aus dem 12. Jahrhundert aus Thaleischweiler-Fröschen bei Pirmasens vor. Darüber hinaus gelang im deutschen Siedlungsraum allein für die bayerische Region eine vorläufige typologische Gliederung einer kleinen Gruppe durchbrochener Schwertortbänder, für die sich, kontemporär zu dem hiesigen Stück, eine Datierung vom 11. bis 12. Jahrhundert abzeichnet. Abweichende Form, Größe und Befestigungsvorrichtung verbieten jedoch eine uneingeschränkte Zuweisung des Braunschweiger Stücks in diese Gruppe.

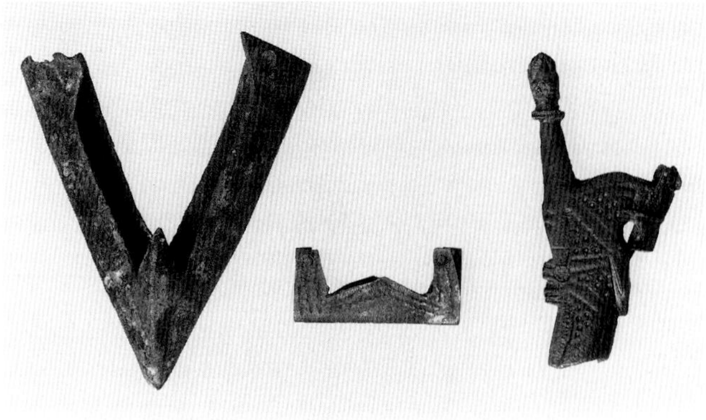

Braunschweig-Altstadt, Turnierstraße 1, IfD, Stgr. 33, Pfosten-Schwellriegelbau 4200, Brandschutt.

b) Massiver Messerscheidenbeschlag

Norddeutschland, 2. Hälfte 12. Jahrhundert

Kupferlegierung – teilweise grün patiniert – H. 3,4 cm – B. 1,6 cm – Blechst. 0,05–0,1 cm – Gew. 2,75 g.

Braunschweig, BLM, Inv. Nr. 90:7/252

Der Messerscheidenbeschlag mit geradem Rücken, steil zugeschnittenen Seitenarmen und eckig auszipfelndem Mittelteil wurde in Treib- und Schneidetechnik gefertigt. Die Schauseite ist umlaufend mit zwei bzw. drei Reihen tremolierstichartiger Verzierungen besetzt, die Arme sind mit je einem Nietloch zur Befestigung auf einer Lederscheide versehen.
Ausweislich seiner Grundform gehört der Fund zu den Scheidenortbändern vom Typ IV (Knorr 1938), für den sich eine allgemeine Zeitstellung vom 11. bis 13. Jahrhundert und ein Fundschwerpunkt im südlichen Ostseegebiet feststellen läßt. Vereinzelte Fundnachweise wie etwa aus Braunschweig und aus Höxter belegen auch westlich des ehemals slawischen Siedlungsgebiets eine Vorkommen dieser Beschlagform.

Braunschweig-Sack, Papenstieg 8, IfD, Stgr. 99, Älterer Burggraben, Sediment 60.

c) Zoomorpher Messerscheidenbeschlag

Norddeutschland, 2. Hälfte 12. Jahrhundert

Kupferlegierung – dunkelgrün und schwarz patiniert, kleine Fehlstelle im Bereich der Rückseite, zwei Niete und Reste organischen Materials (Leder ?) im Innern erhalten – H. 6,3 cm – B. 2,9 cm – Materialst. 0,1–0,15 cm – Gew. 17,6 g.

Braunschweig, BLM, Inv. Nr. 85:1/1315

Der Scheidenbeschlag wurde in Gestalt eines kauernden, zurückblickenden Tieres, wahrscheinlich eines Cerviden, gegossen, dessen Kopf mit abgesetzter Schnauze, ausgeschnittenen Ohren und geschwungenem Hals durch eine kreisförmige Aussparung vom Rumpf abgesetzt ist. Die Seitenflächen sind mit vier punktgefüllten Dreiecksfeldern in Punz- und wohl Graviertechnik verziert. Die offene Basisseite besitzt die Konturen der Hinterläufe. Die Flügelfortsätze des Beschlags wurden als gestreckte Vorderläufe ausgebildet. Die Nietlöcher dienten zur Befestigung auf der Lederscheide, in die durch einen Schlitz der Scheidenbeschlag offensichtlich so eingefügt war, daß er beidseitig sichtbar blieb und die Messerspitze darin ruhen konnte (Rekonstruktion nach Gabriel 1991).

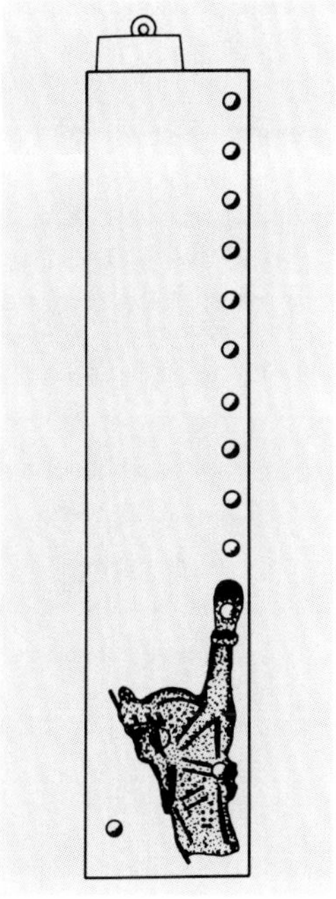

Die Gruppe der Messerscheidenbeschläge mit einer mehr oder minder dreieckigen Grundform und Tiermotiv ist sowohl im slawischen als auch im deutschen Siedlungsraum vom ausgehenden 11. bis in das 13. Jahrhundert nachgewiesen. Durch eine Unterteilung dieser Beschläge anhand formaler Kriterien konnten drei Varianten herausgearbeitet werden. Das vorliegende Stück läßt sich der Variante I zuweisen (Timpel 1987, S. 289), die sich aus etwa einem Dutzend Funden zusammensetzt. Sie streuen über den nordwest- und nordostdeutschen Raum. Die südlichsten Ausläufer liegen aus Thüringen vor, ein anderer stammt von Bornholm. Allein drei dieser Stücke (eines von dem Herrensitz Düna, Landkr. Osterode am Harz, zwei weitere von bzw. aus dem Umfeld der Südburg bei Goslar) zeigen eine deutliche räumliche Nähe zu dem Braunschweiger Fund an, der sich um drei weitere Stücke anderer Varianten vermehrt.

Braunschweig-Altstadt, Petersilienstraße 6, IfD, Stgr. 33, Erdkloake 100, Fäkalsediment.

Knorr 1938. – Koch 1986. – Timpel 1987. – Gabriel 1991. – Kat. Speyer 1992, Nr. 20/10 (Barbara Theune-Großkopf). – König 1994.

A. L.

II. 2 Spielzeug und Spielgerät

F 17/20 Zwei Rasseln in Miniaturgefäßform

a) Nordfrankreich (Andenne) (?), 2. Hälfte 12. Jahrhundert

Im Bruch pinkfarbene, gelbocker bis ockerbraun glasierte Irdenware – geringe Abbrüche im Mündungsbereich – H. 4,5 cm – Randdm. 2,1 cm – Körperdm. 3,6 cm – Bodendm. 2,0–2,1 cm.

Braunschweig, BLM, Inv. Nr. 85:1/5268

Das Rasselgefäß ist als Miniaturflasche mit Standboden, birnenförmigem Körper, engem Hals und schräg öffnendem Lippenrand gebildet. Der Gefäßkörper schließt eine Tonmurmel ein.

Braunschweig-Altstadt, Turnierstraße 8, IfD, Stgr. 33, Wassergraben 2376, Sediment.

b) Nordhessen (Reinhardswald) (?), 13. Jahrhundert

Im Bruch gelbe, dunkelgrün glasierte Irdenware – Gefäß unbeschädigt erhalten – H. 4,5 cm – Randdm. 2,8 cm – Körperdm. 3,0 cm – Bodendm. 1,6–1,8 cm.

Braunschweig, BLM, Inv. Nr. 85:1/12991

Die vasenförmige Rassel besitzt einen bauchig-doppelkonischen, mit einem engen Hals und einem breiten Krempenrand versehenen, auf einem Standboden ruhenden Gefäßkörper. In das Gefäß ist eine Tonmurmel eingeschlossen.

Braunschweig-Altstadt, Turnierstraße 1, IfD, Stgr. 33, Steinbrunnen 3619, Brandschutt.

Schütte 1982. – Ludowici 1992.

K. K.

F 17/20–21

F 17/21 Vier Spielfigürchen, Fragmente

a) Tierfigur

Nordfrankreich (Andenne) (?), 12./13. Jahrhundert

Gelbe bis rosafarbene, ockerfarben glasierte Irdenware – Figurenfragment – H. 3,4 cm.

Braunschweig, BLM, Inv. Nr. 85:1/18068

Von der Tierfigur, die vermutlich einen Hund darstellen soll, sind der Kopf und die vordere Rumpfpartie erhalten. Es fallen die großen, aus Kreis und Punkt gebildeten Augen und die lang herabhängenden Ohren auf, die Schnauze erscheint überdimensioniert.

Braunschweig-Altstadt, Turnierstraße 1, IfD, Stgr. 33, Streufund.

b) Spielzeugpferdchen mit Reiter

Südniedersachsen oder Nordhessen (?), 2. Hälfte 13. Jahrhundert (um 1300)

Graue bis rosafarbene Irdenware, flächendeckende, olivgrüne Bleiglasur – beide Hinterbeine, rechtes Vorderbein und Schwanzspitze des Pferdes abgebrochen, Reiterfigur als Torso erhalten, teilrestauriert – erhaltene H. 6,2 cm.

Braunschweig, BLM, Inv. Nr. 85:1/1604

Das Pferd ist grob modelliert, die aufsitzende Reiterfigur geht bruchlos in den Pferderumpf über, Gewand und Beine sind nur schwach ausgeformt. Ein Sattel ist nicht erkennbar. Die Hände der Reiterfigur fassen Hinterkopf und Mähne des Pferdes.

Braunschweig-Altstadt, Güldenstraße 69, IfD, Stgr. 33, Steinkloake 3100.

c) Spielzeugpferdchen mit Königin

Südniedersachsen oder Nordhessen (?), 2. Hälfte 13. Jahrhundert (um 1300)

Graue Irdenware, flächendeckende, olivgrüne Bleiglasur – Reiter vollständig erhalten, Pferd bis auf Reste von Kopf, Hals und Rücken verloren – erhaltene H. 6,3 cm.

Braunschweig, BLM, Inv. Nr. 85:1/1636

Die Reiterfigur weist markante Gesichtszüge auf. Neben den hohen Wangen treten das spitze Kinn und die kräftige Nase hervor. Das zu einem lang herabfallenden Zopf geflochtene Haar gibt Anlaß, die Reiterfigur als Amazone anzusprechen. Die auf das Haar gesteckte Krone läßt an eine Königin denken.

Braunschweig-Altstadt, Güldenstraße 69, IfD, Stgr. 33, Steinkloake 3100.

d) Spielzeugpferdchen mit Reiter

Südniedersachsen oder Nordhessen, um 1300

Graues, mit einer braunen Salzglasur überfangenes Faststeinzeug – Reiter verloren, linkes Vorderbein abgebrochen – erhaltene H. 7,8 cm.

Braunschweig, BLM, Inv. Nr. 85:1/1191

Das Pferd ist grob herausgearbeitet, vom Reiter sind Teile des sich in Falten werfenden Gewandes zu erkennen, der Sattel ist angedeutet.

Braunschweig-Altstadt, Petersilienstraße 7, IfD, Stgr. 33, Holzkloake 322.

Stark fragmentierte hochmittelalterliche Tier- oder Ritterfigürchen sind im Fundgut an Turnierstraße und Eiermarkt in Braunschweig-Altstadt häufig vertreten.

Borremans/Warginaire 1966. – Schütte 1982. – Stephan 1982. – Ludowici 1992.

K.K.

F 17/22 Schnurrer

Braunschweig, 12. Jahrhundert

Linker Metacarpus IV (Vorderfußknochen) eines jungen Schweins – L. 6,8 cm.

Braunschweig, BLM, Inv. Nr. 90:7/299.4

In der Mitte durchbohrte Metapodien werden als »Schnurrer« oder »Schnurren« bezeichnet und waren im slawischen Raum auch in neuester Zeit noch als Kinderspielzeug zu finden. Durch das Loch wird ein Doppelfaden gezogen, welcher aufgedreht wird und beim Auseinanderziehen den Knochen zum Schnurren bringt (Rekonstruk-

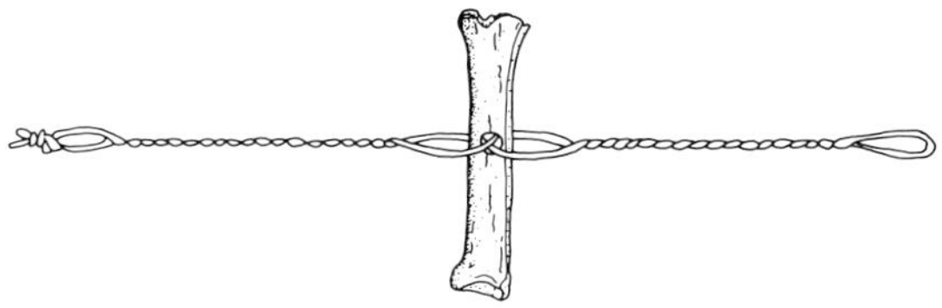

tion nach MacGregor). Vergleichbare Fundstücke sind z. B. aus Mecklenburg und Schleswig dokumentiert.

Braunschweig-Sack, Papenstieg 8, IfD, Stgr. 99, Älterer Burggraben, Sediment 60.

Ulbricht 1984. – MacGregor 1985, S. 144–146. – Lehmkuhl 1989.

R.D.

F 17/23 Kreisel

Braunschweig (?), 13. Jahrhundert

Esche – Körpersegment abgeplatzt – Dm. 5,5 cm – H. 7,6 cm.

Braunschweig, BLM, Inv. Nr. 88:5/1147

Der Kreiselkörper ist spitz-eiförmig gebildet. Die Nackenfläche setzt sich stufig vom Körper ab. Auf der Mitte des Körpers laufen zwei flache Drehrillen um. Vergleichbare Kreisel finden sich vor allem im Fundgut der Stadtgrabung 10, Braunschweig-Neustadt/Sack, Meinhardshof und Jöddenstraße.

Braunschweig-Altstadt, Eiermarkt 7, IfD, Stgr. 33, Steinkloake 189, Fäkalsediment.

Rötting 1985b, S. 77–78.

K.K.

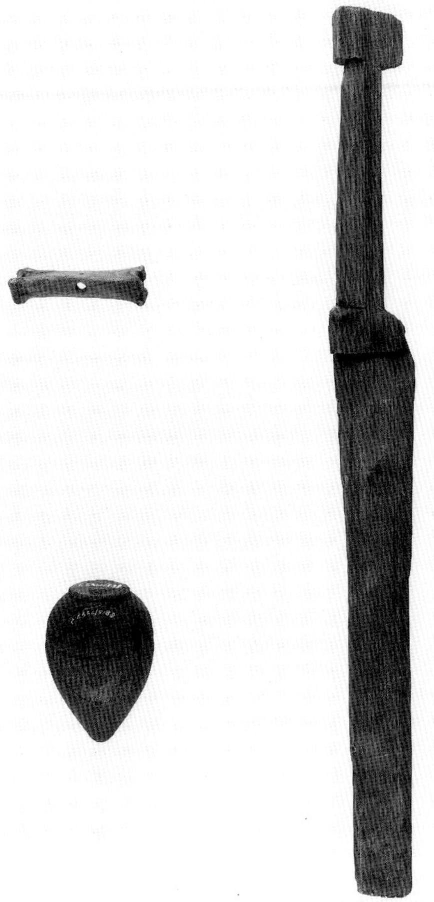

F 17/22–24

F 17/24 Holzschwert

Braunschweig, 2. Hälfte 13. Jahrhundert

Rotfichte – Schwertspitze und beide Arme der Parierstange abgebrochen – L. gesamt 41,6 cm – L. der Klinge 25,7 cm – B. der Klinge 3,0–4,2 cm – St. der Klinge um 0,7 cm.

Braunschweig, BLM, Inv. Nr. 88:5/1007

Das Holzschwert ist mit groben Schnitten aus einem Stück geschnitzt. Die Klinge weist ein dickes, zur Schneide und zum Rücken hin nur wenig abgeflachtes Blatt auf. Die Parierstange setzt sich von der Klinge breit ab. Der im Anschnitt ovale Griff schließt mit einem kantig zugearbeiteten, breiten Knauf ab.
Spielzeugwaffen sind im Fundmaterial mittelalterlicher Städte nur selten vertreten, dürften aber gleichwohl zum Alltag des Kinderspiels gehört haben. Neben Holzschwertern (einige wikingerzeitliche Beispiele aus Staraja Ladoga, Rußland, sind mit dem Braunschweiger Fundstück nahe verwandt) kommen hölzerne Dolche und Streitäxte vor (Deutsche Brücke in Bergen, Norwegen). Aus spätmit-

telalterlicher Zeit ist der Fund einer hölzernen Spielzeugarmbrust bekannt (Bodenfund Hamburg).

Braunschweig-Altstadt, Eiermarkt 7, IfD, Stgr. 33, Steinkloake 189.

Kat. Braunschweig 1985. – Kat. Hamburg 1989, 2, Nr. 23.86 (Jörgen Bracker). – Kat. Berlin 1992a, Nr. 279 (Olga I. Davidan).

K.K.

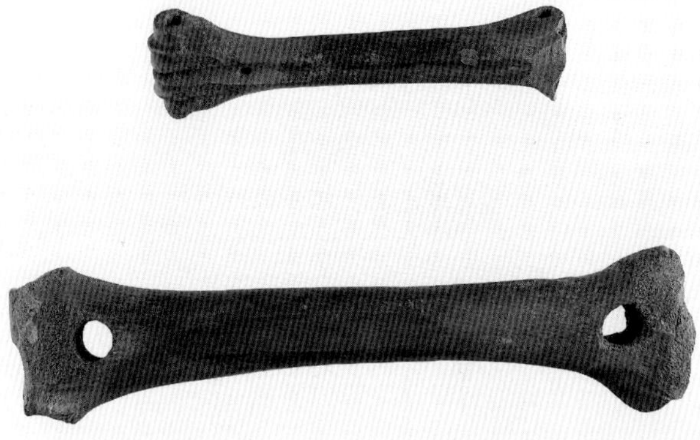

F 17/25 Schlittknochen

Braunschweig, 2. Hälfte 12. Jahrhundert

a) Schlittschuh

Rechter Metatarsus (Hinterfußknochen) vom Rind – L. 20,1 cm – B. 5,0 cm – H. 2,7 cm.

Braunschweig, BLM, Inv. Nr. 90:7/226.1

b) Schlittenkufe

Linker Radius (Speiche) vom Pferd – L. 33,4 cm – B. 7,8 cm – H. 2,9–4,0 cm.

Braunschweig, BLM, Inv. Nr. 90:7/319.10

Gerade und stabile Langknochen großer Haustiere wurden im Mittelalter häufig als Schlittknochen zugerichtet. Dazu wurden Vorsprünge an den Gelenkenden grob begradigt und Löcher für die jeweilige Befestigungsvorrichtung in die Gelenkenden gebohrt. An den Knochen treten charakteristische Glättungsflächen auf, die in Längsrichtung durch feine Kratzspuren gekennzeichnet sind. Die Bearbeitung des Pferde-Radius (b) läßt darauf schließen, daß er mit Hilfe von Bolzen an einem Aufbau als Schlittenkufe diente, während der kleinere Rinderknochen (a) wahrscheinlich mit Stricken oder Lederriemen als Schlittschuh an den Fuß gebunden wurde. Schlittknochen beider Verwendungsarten sind im mittelalterlichen Fundgut aus Großbritannien, den Niederlanden und Deutschland mehrfach nachgewiesen. Doch auch um die Jahrhundertwende waren Schlittknochen – vorwiegend bei der ländlichen Bevölkerung – noch in Gebrauch.

Braunschweig-Sack, Papenstieg 8, IfD, Stgr. 99, Älterer Burggraben, Sediment 61.

Herman 1902. – MacGregor 1985, S. 144–146. – Barthel 1989.

R.D.

F 17/26 Kernspaltflöte, Fragment

Braunschweig, 13. Jahrhundert

Linke Gänse-Ulna (Flügelknochen) – am unteren Ende beschädigt, Kern fehlend – L. 10,8 cm – B. 1,0 cm.

Braunschweig, BLM, Inv. Nr. 78:3/600

Die Gelenkenden des Knochens wurden abgeschnitten, so daß eine leicht gebogene Röhre entstand, in die das Anblasloch eingekerbt wurde. Am Schaft sind noch drei Grifflöcher zu erkennen. Ein Daumenloch ist nicht vorhanden. Die Flöte war mit einer Hand spielbar, was einen Gebrauch als Kinderspielzeug oder Signalpfeife wahrscheinlich macht. Abbildungen ähnlicher Stücke finden sich schon im Sachsenspiegel. Für gleiche Knochenfunde

F 17/26–28

aus Schleswig wird eine Verwendung bei der Jagd zum Imitieren von Vogelstimmen erwogen.

Braunschweig-Sack, Meinhardshof 14, IfD, Stgr. 10, Holzkloake 25.

Brade 1975. – Ulbricht 1984. – May 1985. – Hakelberg 1995.

R.D.

F 17/27 Spielstein, Zählstein und Würfel

a) Spielstein

Norddeutschland (?), 2. Hälfte 12. Jahrhundert/um 1200

Sandstein – Dm. 4,5–4,6 cm – H. 0,8 cm.

Braunschweig, BLM, Inv. Nr. 90:7/208

Der scheibenförmige Spielstein weist glatt geschliffene Deckflächen auf, die Kanten sind abgerundet. Die Schauseite zeigt eine einfache Verzierung durch eine der Randkontur zu drei Vierteln folgende Gravurrille. Rückseite und Rand der Spielscheibe sind ohne Dekor.
Der gezeigte, aus dem älteren Befestigungsgraben der Burg Dankwarderode geborgene Spielstein gehörte zu einem Dame-, Mühle- oder Trictrac-Spiel. Das Fundstück stellt eine einfache Gebrauchsform dar, für die sich in ähnlich schmuckloser Ausformung in mittelalterlichen Städten zahlreiche, meist aus Holz oder Tierknochen hergestellte Parallelen finden. In Material und Dekor übereinstimmende Vergleichsstücke liegen aus der Königspfalz Tilleda am Kyffhäuser, Landkreis Sangerhausen vor.
In seiner schlichten Ausführung verweist das Fundstück auf Lebensverhältnisse weniger anspruchsvollen Niveaus, wie sie unter den im Vorburgbereich der Burg Dankwarderode oder auf dem Burggelände selbst angesiedelten Burghandwerkern geherrscht haben könnten. Brettspiele gehobenen Standards, die bei den herzoglichen Ministerialen der Burg gebräuchlich gewesen sein dürften, waren aufwendig aus hochwertigen Materialien gearbeitet. Die zugehörenden Spielsteine wurden nicht selten aus Walroßzahn oder aus Elfenbein gefertigt und mit allegorischen Bildmotiven versehen.

Braunschweig-Sack, Papenstieg 8, IfD, Stgr. 99, Älterer Burggraben, Sediment 60/61.

Kluge-Pinsker 1991. – Rötting/Weber/Sterly 1992. – Caune 1993. – Kat. Oldenburg 1995, 2, Nr. 161 und 162 (Lothar Weschke), Nr. 163–165 (Andreas König), Nr. 166 (Gertrud Blaschitz).

b) Zählstein

Braunschweig (?), 13. Jahrhundert

Wahrscheinlich Rind – H. 0,1 cm – Dm. 1,6 cm.

Braunschweig, BLM, Inv. Nr. 85:1/10764

Die leicht konvexe Oberseite des runden Plättchens weist feine, kreisförmige Glättungsrillen auf, während an der Unterseite noch deutliche Sägespuren erkennbar sind. Es wurde mit einiger Wahrscheinlichkeit auf einer Drehbank gefertigt, wie z.T. auch schon Vergleichsstücke aus römischer Zeit. Plättchen dieser Art werden häufig zusammen mit Würfeln aufgefunden und als Zählsteine interpretiert.

Braunschweig-Altstadt, An der Martinikirche 8, IfD, Stgr. 33, Planierschicht 3217.

c) Würfelchen

Braunschweig, 12. Jahrhundert

Wahrscheinlich Geweih – beschädigt – L. 1,0 cm – B. 0,6 cm – H. 0,8 cm.

Braunschweig, BLM, Inv. Nr. 85:1/13208

Der Würfel weist eine auffällige Asymmetrie auf, wie sie bei Stücken frühdatierter Fundkomplexe häufiger auftritt. Mittelalterliche Würfel dieser Form gibt es u.a. auch in Erfurt und Schleswig. Sie können als ›Falschspielerwürfel‹ gedeutet werden. Die von der heute üblichen Zählweise abweichende Anordnung der Augen, die an diesem Stück als einfache Punkte mit einem Drillbohrer eingesenkt wurden, findet sich auch an weiteren mittelalterlichen Würfeln vom Eiermarkt und vom Papenstieg.

Braunschweig-Altstadt, Turnierstraße 1, IfD, Stgr. 33, Sandschicht 3555.

Barthel/Stecher/Timpel 1979. – Ulbricht 1984. – MacGregor 1985.

K.K. (a)/R.D. (b und c)

F 17/28 Trictrac-Brett, zwei Fragmente

Braunschweig, 12. Jahrhundert

Knochenleiste (a) Radius-Diaphyse vom Rind, Rest eines Bronzestifts in situ – Spitze abgebrochen – L. 16,0 cm – B. 3,2 cm – H. 0,3 mm;
(b) Tierknochenschaft – fragmentarisch – L. 4,2 cm – B. 2,8 cm – H. 0,4 mm.

Braunschweig, BLM, Inv. Nrn. (a) 85:1/17908 (b) 85:1/14110

Unter Einsatz von Säge und Ziehmesser wurden die Knochenrohlinge erstellt und dann mit Zirkelschlagornamenten verziert, hier mit einfachen Kreisaugen sowie Halbkreisen. Erst danach bekamen die Werkstücke ihre endgültige Form, wurden mit randbegleitenden Ritzlinien versehen und mit Hilfe von Nieten und Nägeln auf das vermutlich hölzerne Spielbrett montiert. Das aus versetzten Halbkreisen und Kreisaugen gebildete flechtbandartige Muster wurde durch Farbeinlagen aus vermutlich gefärbtem Wachs (Enkaustik) betont, die innerhalb der Ornamentlinien noch an einigen Stellen nachweisbar sind. Aufgrund der identischen Ausführung beider Knochenleisten ist davon auszugehen, daß sie zu ein und demselben Spielbrett gehörten. Relativ vollständige Trictrac-Spielbretter mit Knochenbeschlägen wurden in Gloucester (Großbritannien) und Saint-Denis (Frankreich) gefunden (vgl. Rekonstruktion nach Wyss in Kluge-Pinsker 1991)

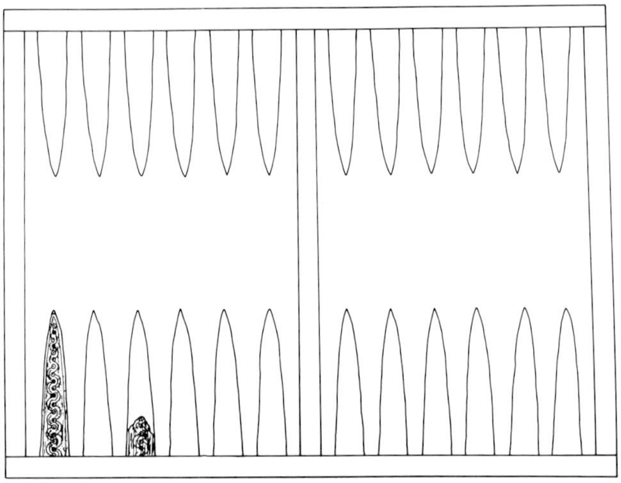

und datieren in das 11./12. Jahrhundert. Das aus Asien stammende Spiel entspricht dem heutigen Backgammon und war in gleicher Weise bei Adel, Kaufleuten, Handwerkern und Bauern beliebt.

Braunschweig-Altstadt, Turnierstraße 1, IfD, Stgr. 33, (a) Planierschicht 3564, (b) Schicht 3545, sekundäre Lagerung.

Kluge-Pinsker 1991. – Ludowici 1992. – Blaschitz 1995.

R.D.

II. 3 Tischgeschirr und Tafelgerät

Keramik und Holz

F 17/29 Drei Krüge

a) Standleistenkrug

Südniedersachsen (?), um 1200

Gelbe Irdenware – leichte Beschädigungen im Mündungsbereich – H. 13,5–14,0 cm – Randdm. 8,9 cm – Körperdm. 12,4 cm.

Braunschweig, BLM, Inv. Nr. 78:3/500

Der Standleistenkrug mit bauchigem Gefäßkörper, kurzer Schulter und hoher Halspartie wurde im Schulter-Hals-Bereich mit drei- bis vierzügigen, spiralförmig umlaufenden Gurtfurchen dekoriert. Das Gefäß zeigt einen leicht ausbiegenden, nach außen abgedachten Lippenrand und weist einen unterrandständigen, tief bis unter die Gefäßschulter herabgeführten Bandhenkel auf.

Braunschweig-Neustadt/Sack, Meinhardshof 15, IfD, Stgr. 10, Erdkloake 19.

b) Standbodenkrug

Südniedersachsen (?), vor 1250

Gelbe Irdenware – Gefäß unbeschädigt erhalten – H. 8,0 cm – Randdm. 7,3 cm – Körperdm. 6,5 cm – Bodendm. 4,9 cm.

Braunschweig, BLM, Inv. Nr. 84:1/3

Der auf einem Standboden ruhende Krug besitzt einen doppelkonischen, gerieften Körper und weist einen schlichten, schräg abbiegenden Lippenrand auf. Die Schulter ist mit einem dreizeiligen Rollstempeldekor in Fischgrätmuster verziert. Der unterrandständige, außen gekehlte Bandhenkel ist auf die Mitte des Gefäßkörpers herabgeführt.

Braunschweig-Neustadt, Höhe/Ecke Marstall, IfD, Stgr. 66, Keller 1, Brandschutt.

c) Steinzeugkrug, Fragmente

Siegburg, 2. Hälfte 13. Jahrhundert

Steinzeug – Rand-, Körper- und Bodenscherben, teilweise geklebt – H. 14,5 – Randdm. 7,4 cm – Bodendm. 9,4 cm.

Braunschweig, BLM, Inv. Nr. 85:1/1705

Der mit einem unterrandständigen Bandhenkel ausgestattete Krug (vgl. Rekonstruktion) weist einen bauchigen Gefäßkörper, eine kurze Schulter und einen von der Gefäßschulter abgesetzten, zylindrischen, mit einem Steilrand abschließenden Hals auf. Hals, Schulter und Gefäßkörper

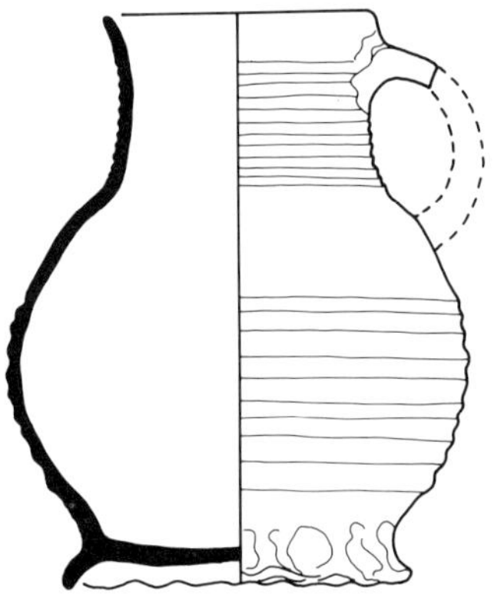

sind mit Drehrillen verziert, die im Halsbereich eng laufen und eine gratige Ausprägung haben, auf Schulter und Körper dagegen breit und flach ausgeführt sind. Der Wellenfuß ist unsauber ausgebildet.
Die Keramik zeigt im Bruch deutlich sichtbare Magerungszusätze auf und gilt im allgemeinen archäologischen

F 17/29–32

Sprachgebrauch als Faststeinzeug. Das Fundstück muß nach P. Scholz und H. Rötting aber wegen der sehr weitgehenden Versinterung des Scherbens bereits als voll entwickeltes Steinzeug angesprochen werden.

Braunschweig-Altstadt, Heydenstraße 2, IfD, Stgr. 33, Holzkloake 3118.

Rötting 1985. – Rötting 1993.

K.K.

F 17/30 Drei Kannen

a) Tüllenkännchen

Südniedersachsen (?), um 1210

Gelbe Irdenware – Bodenpartie beschädigt – H. 7,5 cm – Randdm. 6,9 cm – Körperdm. 8,4 cm – Bodendm. etwa 3,6 cm.

Braunschweig, BLM, Inv. Nr. 82:8/91

Auf dem Standboden ruht ein bauchiger, geriefter Gefäßkörper. Die kurze Hals-Schulter-Partie schließt mit einem ausbiegenden, nach außen abgestrichenen Lippenrand ab. Auf der Schulter, über die sich ein unterrandständiger Bandhenkel spannt, findet sich ein drei- bis vierzeiliger Rollstempeldekor mit senkrecht gestellten, rechteckigen Grübchen. Die Tülle ist röhrenförmig gebildet und zur Mündung hin geweitet. Das Gefäß besitzt einen unterrandständigen, außen flach gekehlten Bandhenkel.

Braunschweig-Altewiek, Langedamm 15, IfD, Stgr. 55, Brunnen 20.

b) Kanne mit Schuppendekor, Fragmente

Südengland (?), um 1250

Im Bruch gelbe bis beigefarbene, an der Oberfläche hellrotbraun überfangene Irdenware mit grüngelblicher Bleiglasur – Rand- und Bodenfragment – rekonstr. H. 28,0 cm – Randdm. 109,04 cm – Bodendm. etwa 110,0 cm.

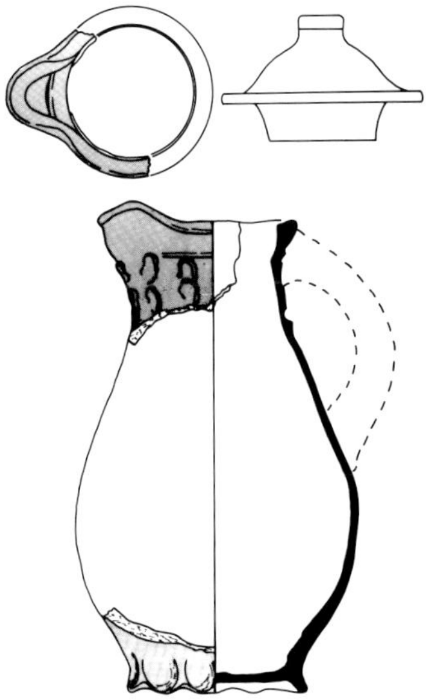

Braunschweig, BLM, Inv. Nr. 85:1/12791

Die Kanne (vgl. Rekonstruktion) hat einen verdickten, schräg nach innen abgedachten Karniesrand. Die Schneppe ist angarniert und vor ein Wandungsloch gesetzt. Das Gefäß steht auf einem flachen, aus breiten Dellen gebildeten Wellenfuß. Der Gefäßkörper ist mit einem in senkrechten gereihten Leisten laufenden Schuppenauflagendekor verziert.

Braunschweig-Altstadt, Turnierstraße 1, IfD, Stgr. 33, Planierschicht 3403.

c) Standleistenkanne

Südniedersachsen (?), 2. Hälfte 13. Jahrhundert

Jüngere graue Irdenware – Gefäß unbeschädigt – H. 19,8 cm – Randdm. etwa 9,6 cm – Körperdm. 17,1 cm.

Braunschweig, BLM, Inv. Nr. 82:8/83

Der bauchige Gefäßkörper ist auf drei Standleisten gesetzt und mit einem einfachen, innen deckelfalzartig gekehlten Karniesrand und einer kurzen Schneppe versehen. Die Schulter wurde mit einem einreihigen Buckel-Dellen-Dekor, die Halspartie mit Gurtfurchen geschmückt. Der randständige Bandhenkel ist außen gekehlt.

Braunschweig-Altewiek, Langedamm 15, IfD, Stgr. 55, Brunnen 20.

Krüge und Kannen bildeten einen unverzichtbaren Bestandteil der Tafel des gehobenen Handwerkers wie des bürgerlichen Kaufmanns und des adligen Herrn. Archäologisch nur selten erfaßt, aber bereits durch archivalische Quellen des ausgehenden 13. Jahrhunderts belegt, gesellten sich dem gezeigten keramischen Inventar dort, wo es das Vermögen erlaubte, Krüge und Kannen aus Zinn zu. Die Gefäße dienten als Schenkgeschirr für Wein und Bier, wohl aber auch für Wasser, Säfte oder Milch. Sie fanden ihren Platz, anders als uns heute vertraut, nicht auf dem Tisch. Üblicherweise standen die Schenkgefäße, in einem zur Kühlung der Getränke mit Wasser gefüllten Bottich eng beieinandergedrängt, zu ebener Erde neben der Tafel. Es war Aufgabe der Dienerschaft, mit Krug und Kanne umherzugehen und der Tafelgesellschaft die Getränke einzuschenken. Auch das Aquamanile, in dem man das Wasser bereitstellte, das der Reinlichkeit bei Tisch diente, war abseits der Tafel abgestellt.

Hasse 1979. – Borst 1983, S. 323–335. – Rötting 1985b, S. 110–111, 149–150. – Rötting 1993.

K. K.

F 17/31 Drei Becher

a) Mündelbecher

Braunschweig (?), um 1250

Jüngere graue Irdenware – Gefäß im Mündungsbereich geringfügig ergänzt – H. 12,0–12,6 cm – Randdm. 9,4–11,2 cm – Körperdm. 13,1 cm.

Braunschweig, BLM, Inv. Nr. 79:13/21

Ein kugelbauchiger Gefäßkörper auf drei Standleisten mit abgesetztem und mit Gurtfurchen verziertem Hals schließt mit einem vierpaßförmig gefalteten, gemündelten Lippenrand ab. Mit dem Mündelbecher liegt nach regionaler Begriffsbildung der älteste Typ der sogenannten Welfenkeramik vor.

Braunschweig-Altstadt, Güldenstraße 9, IfD, Stgr. 23, Kloake 1, Brandschuttverfüllung.

b) Fußbecher

Südniedersachsen (?), 2. Hälfte 13. Jahrhundert (wohl vor 1278)

Jüngere graue Irdenware – Gefäß brandzerstört und teilrestauriert – H. etwa 12,5–13,5 cm – Randdm. 11,7 cm – Körperdm. 11,5 cm – Bodendm. 9,7 cm.

Braunschweig, BLM, Inv. Nr. 88:5/1612

Das pokalförmige Gefäß, offenbar einer hölzernen Form nachgebildet, trägt auf der Schulter zwei mit Strichmusterung versehene Wulstringe. Die mit zwei bis drei Millimetern Wandstärke auffällig dünn abgedrehte Keramik zeigt unterhalb der Dekorzone feine Drehrillen.

Braunschweig-Altstadt, Eiermarkt 7, IfD, Stgr. 33, Doppelhaus 335, Brandschutt.

c) Trichterbecher

Siegburg, 2. Hälfte 13. Jahrhundert

Steinzeug (zur Warenbestimmung vgl. Kat. F 17/29c) – Gefäß leicht beschädigt, restauriert – H. 10,5–11,3 cm – Randdm. 8,0–14,7 cm – Bodendm. 8,1–8,4 cm.

Braunschweig, BLM, Inv. Nr. 85:1/5541

Der Gefäßkörper ist durch gratartig ausgebildete Drehstufen in vier Zonen geteilt und mit eng laufenden Drehrillen versehen. Die Mündung ist oval ausgebildet und schließt mit einem Steilrand ab. Der Wellenfuß ist nur schwach ausgeformt und standringartig gebildet.
Das Fundstück gilt im herkömmlichen archäologischen Sprachgebrauch wegen der noch deutlich sichtbaren Magerungszusätze des Tons als Faststeinzeuggefäß, muß nach P. Scholz und H. Rötting aber als voll entwickeltes Steinzeug angesprochen werden, da der Scherben bereits sehr weitgehend versintert ist.

Braunschweig-Altstadt, Turnierstraße 7, IfD, Stgr. 33, Kloake 2507.

Rötting 1985. – Rötting 1993.

K. K.

F 17/32 Drei Schalen

a) Daubenschale

Braunschweig (?), um 1200

Gefäßdauben aus Fichtenholz, Weidenruten – Gefäß unbeschädigt erhalten – H. 6,4cm – Randdm. um 16,5cm – Bodendm. um 13,5cm.

Braunschweig, BLM, Inv. Nr. 72:102/6

Die hohe, steilwandig-konische Grundform ist aus sechs Holzdauben geböttchert, die von drei Weidenreifen zusammengehalten werden. Das Bodenholz ist in eine Daubennut gefaßt.

Braunschweig-Altstadt, Schuhstraße 24, Senkgrube.

b) Fußschale

Südniedersachsen (?), um 1250

Gelbe Irdenware – Gefäß im Randbereich leicht beschädigt und ergänzt – H. 9,3cm – Randdm. 13,5cm – Körperdm. 13,5cm – Bodendm. 5,7cm.

Braunschweig, BLM, Inv. Nr. 79:8/89

Das breit öffnende, mit kräftigen Drehrillen verzierte Gefäß ist auf einen flach abgesetzten, gratartig profilierten Standboden gestellt. Der kurze Lippenrand biegt schräg ab und ist nach außen abgedacht.

Braunschweig-Neustadt, Beckenwerkerstraße 11, IfD, Stgr. 19, Grube 1, Brandschutt.

c) Standbodenschale

Braunschweig (?), aus Fundzusammenhang des frühen 14. Jahrhunderts, aber formgleich mit Braunschweiger Parallelstücken der zweiten Hälfte des 13. Jahrhunderts

Jüngere graue Irdenware – Gefäß im Randbereich ausgebrochen, Fehlstellen ergänzt – H. 4,3–4,7cm – Randdm. 10,7–13,2cm – Bodendm. 7,0cm.

Braunschweig, BLM, Inv. Nr. 83:1/40

Die schlichte Standbodenschale hat einen kurzen Steilrand. Die Mündung ist oval zusammengedrückt.

Braunschweig-Altstadt, Gördelingerstraße 41, IfD, Stgr. 32, Steinkloake 1.

Die hochmittelalterliche Tafel – nicht nur die des Handwerkers, auch die des Kaufmanns und die des Adligen – war nur karg ausgestattet. Man saß bei Tisch, die aus Holz gedrechselte oder geböttcherte, aus Keramik gefertigte oder aus Zinn gegossene Schale vor sich, von der man aß, und den Holz-, Keramik- oder Glasbecher, aus dem man trank. Zum gebräuchlichen Tischgut zählten allenfalls noch Schüsseln, in denen man die Speisen reichte, auch die sogenannten Hanseschüsseln, sowie Löffel und Messer – letztere gewöhnlich Mitbringsel der Tafelgäste, die ihre eigenen Messerbestecke mit sich führten. Gabeln waren bei Tisch ungebräuchlich, in der Küche aber bekannt, wo sie beim Zerlegen und Zuschneiden der Speisen nützlich waren.

Borst 1983, S. 323–335. – Busch 1985. – Wiswe 1985. – Rötting 1985b, S. 40–41, 110–111, 121–122 und 135–136. – Schormann 1989. – Rötting 1993.

K.K.

Glas, Metall

F 17/33 Stengelglas mit gekniffenen Stegen

Weserbergland (?), 13. Jahrhundert (wohl vor 1278)

Smaragdgrünes Bleiglas – geklebt und ergänzt, Ausbrüche an den Stegen – H. 13,5–13,8cm – Dm. Lippe 11,4cm – Wandstärke Lippenrand 2,6mm (sonst viel dünner).

Braunschweig, BLM, Inv. Nr. 85:1/13517

Auf hochgezogenem Fuß mit nach unten umgeschlagenem Rand sitzt das spitz ausgezogene, stielartige Unterteil der Kuppa auf. Fünf zickzackförmig gekniffene Stege umgeben den ›Stiel‹ und stützen die Kuppa, die mit fünf Beerennuppen und horizontaler Fadenauflage verziert ist. Dieses bizarre Stengelglas gehört in die erst seit wenigen Jahren bekannt gewordene Gruppe mittelalterlicher Hohlgläser aus einer besonderen Glasmasse, die aus etwa drei Gewichtsanteilen Bleioxid und einem Teil Sand erschmolzen wurde. Das Bleisilikatglas hat einen viel niedrigeren Schmelzpunkt als Holzasche- oder Sodaglas und ein etwa doppelt so hohes spezifisches Gewicht. Es zeichnet sich durch besonders leuchtende Farben (smaragdgrün, gelb, seltener opakrot) und starken Glanz aus. Für kleinere Gegenstände wie Perlen, Ringe, Glassteine etc. wurde das Bleiglas schon viel früher benutzt, aus islamischen Ländern sind Bleiglasgefäße des 9. bis 11. Jahrhunderts nachgewiesen. In Europa hat die Verwendung von Bleiglas für geblasene Gefäße frühestens im 12. Jahrhundert eingesetzt. Die bisher gefundenen Fragmente stammen aus dem 13. und 14. Jahrhundert, sie sind vor allem in der nördlichen Hälfte Deutschlands, den Niederlanden und England zutage gekommen. Erste Bleiisotopenbestimmungen haben den Verdacht erhärtet, daß Bleiglasgefäße etwa gleichzeitig in verschiedenen Regionen produziert wurden, und zwar vermutlich im Rhein-Maas-Gebiet, im Weserbergland und wahrscheinlich auch in England. Die besonders reichen und relativ gut erhaltenen Bleiglasfunde aus Braunschweig (wie auch die aus Höxter) stammen höchstwahrscheinlich aus Glashütten östlich der Weser. Bei einer Scherbe aus Braunschweig ließ sich Blei aus Lagerstätten im Harz nachweisen.
Das rekonstruierte Stengelglas erscheint zur Zeit noch als Unikum (es gibt kleinere Fragmente, die auf ähnliche Stücke zurückgehen könnten), ist aber durch Details von

Form und Dekor mit anderen Gläsern derselben Periode verwandt. Hochstielige Gläser sind in vielerlei Varianten aus verschiedenen Ländern Europas geläufig, darunter auch solche mit gekniffenen Stegen. Beerennuppen finden sich mehrfach an Bleiglasgefäßen, aber auch an solchen aus ›normalem‹ Glas und auf Keramik des 13. Jahrhunderts.

Braunschweig-Altstadt, Turnierstraße 1, IfD, Stgr. 33, Steinkloake 3720 (darin auch Scherben von weiteren Bleiglasgefäßen, vgl. Kat. F 17/34).

Baumgartner/Krueger 1988, Nr. 161–175, speziell Nr. 133. – Rötting 1989, S. 221, 223, Abb. 9,1. – Wedepohl/Krueger/Hartmann 1995 (im Druck).

I.K.

F 17/34 Schale, Fragmente

Weserbergland (?), 13. Jahrhundert (wohl vor 1278)

Gelbes und grünes Bleiglas – zum Teil geklebt, stellenweise schwärzlich korrodiert – H. ca. 9 cm – Dm. Lippe ca. 16 cm – Wandstärke min. 1,5 mm.

Braunschweig, BLM, Inv. Nr. 85:1/14296

Die Schale (vgl. Rekonstruktion) weist einen wenig hochgewölbten Boden und eine leicht konisch auslaufende

Wandung auf. Sie hat einen mehrfach umgewickelten glatten Fußfaden und reiche Verzierung aus Fadenauflagen und Nuppen: unten eine grüne Ranke, zusammengesetzt aus volutenförmig gerollten Fadenabschnitten, darüber zwischen zwei gelben Fadenringen einen zickzackförmig gewundenen Faden und gelbe Nuppen in den Zwickeln, um die Lippe einen grünen Randfaden. Die Form dieser Schale ist als extrem breite und niedrige Variante der breiten Glasbecher zu verstehen, die im Repertoire der hochmittelalterlichen Gläser Deutschlands bekannt sind (z.B. aus Magdeburg und Würzburg). Dieser besondere Schalentyp ist bisher nur mit Funden aus Braunschweig vertreten und nur in Bleiglas. Die prächtige Wirkung der formal sehr simplen, fast plumpen Gefäße beruht allein auf der intensiven Farbigkeit und der üppigen Verzierung. Dieselbe Kloake, aus der die Scherben dieses Exemplars geborgen wurden, enthielt noch Fragmente von wohl drei weiteren sehr ähnlichen Schalen, zwei davon zeigten im unteren Bereich Nuppen anstelle der Ranke.

Braunschweig-Altstadt, Turnierstraße 1, IfD, Stgr. 33, Steinkloake 3720.

Baumgartner/Krueger 1988, Nr. 126. – Rötting 1989, S. 222f., Abb. 9,7.

I.K.

F 17/35 Flasche oder Krug, Fragmente

Weserbergland (?), 2. Hälfte 13. Jahrhundert

Gelbes und grünes Bleiglas – zum Teil geklebt, kaum korrodiert – H. (des Fragments) 9,9 cm – Dm. Fußring 11 cm – Wandstärke min. 1,2 mm.

Braunschweig, BLM, Inv. Nr. 85:1/5705 (alt: 4929)

Die Fragmente stammen von einem großen Gefäß mit schwach gewölbtem Boden und leicht bauchiger Wandung, wahrscheinlich einer Flasche oder einem Krug (vgl. Rekonstruktion). Die Gesamtform ist mangels Parallelen nicht näher zu rekonstruieren. Die Glasmasse ist nur wenig angegriffen und zeigt so besonders deutlich den Glanz und die Leuchtkraft der Farben dieser Bleiglasgefäße. Über einem zweifach umgelegten grünen Fußfaden weist die Wandung ein kompliziertes Muster aus verschiedenen Auflagen auf: unter Bögen aus abwechselnd grünen und

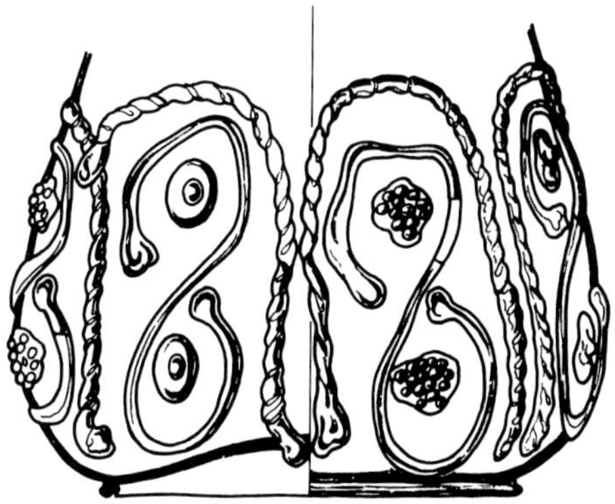

gelben gekerbten Fäden sind glatte Fäden S-förmig aufgelegt (wieder alternierend grün und gelb) und dahinein einfache gelbe Nuppen bzw. grüne Beerennuppen gestellt. Ein nahezu gleicher Dekor fand sich auf den Bruchstücken einer glockenförmigen Kuppa aus dem Hafen von Kalmar (Schweden), auch kleinere Scherben aus Schleswig könnten zu ähnlich verzierten Gefäßen gehört haben. Die Bruchstücke der prächtigen ›Flasche‹ stammen aus derselben Kloakenschicht wie Scherben eines islamischen Goldemailbechers; die Abwurfzeit der Beifunde dürfte um 1300 liegen.

Braunschweig-Altstadt, Turnierstraße 7, IfD, Stgr. 33, Steinkloake Befund 2507.

Baumgartner/Krueger 1988, Nr. 136.

I.K.

F 17/34

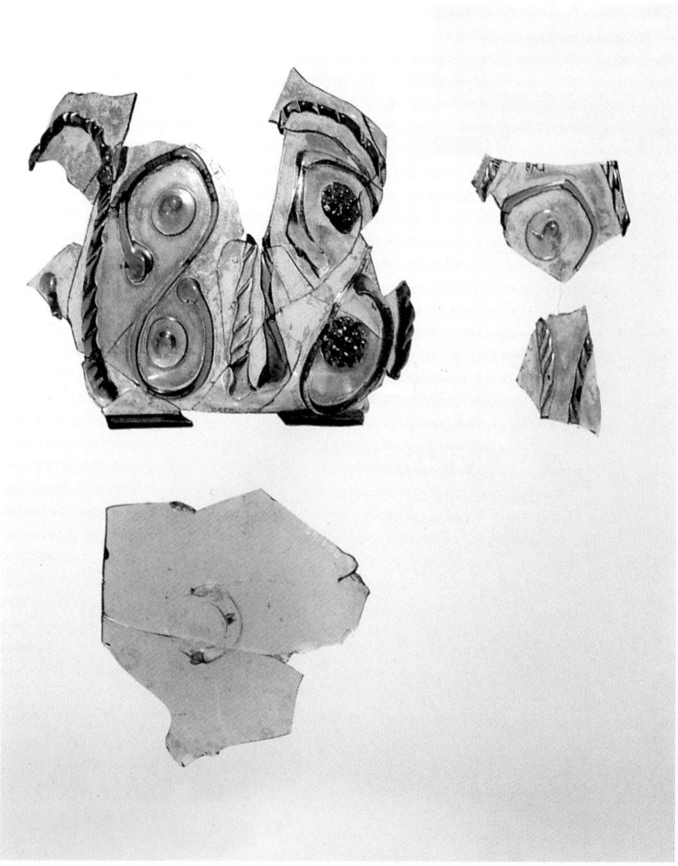

F 17/35

F. 17/36 a

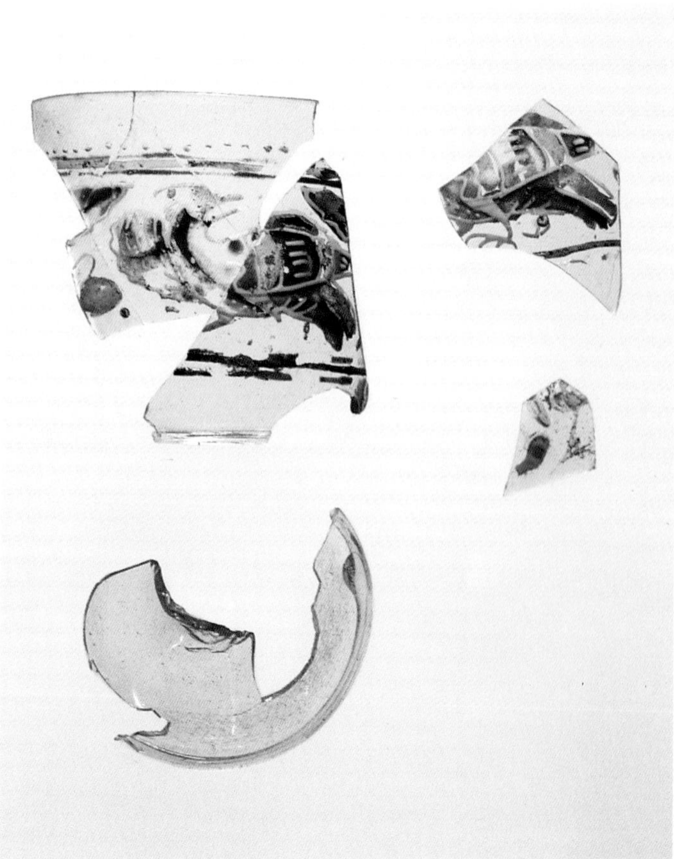

F 17/36 b

F 17/36 Zwei emailbemalte Becher, Fragmente

Murano (?), 2. Hälfte 13. Jahrhundert/um 1300

a) Farbloses Glas – bunte Emailfarben innen und außen – Fragmente geklebt und ergänzt – Farben z.T. durch Korrosion verändert. – H. 9,5 cm – Dm. Lippe 7 cm – Wandstärke ca. 1 mm.

Braunschweig, BLM, Inv. Nr. 88:5/728

Der relativ kleine und schlanke Becher läßt noch folgende Bemalung erkennen: über rot-gelb-roten Horizontallinien zweimal ein Vogel zwischen Pflanzen und zwei Säulen mit Dreieckskapitellen, zuoberst Kettborte zwischen rot-gelb-roten Linienbündeln. Das Schema wie auch die Motive des Dekors bleiben im Rahmen des Üblichen, die Ausführung wirkt routiniert und flüchtig. In Details besteht Verwandtschaft zu Bechern von weit entfernten Fundorten: z.B. in der waagrechten (statt wie üblich senkrechten) Farbunterteilung der Säulen zu dem Becher in Chur, in Haltung und Musterung der Vögel zu Fragmenten aus London und Tartu (Estland). Beim Londoner Parallelstück ist der Vogel durch ein Nest mit Jungen als Pelikan gekennzeichnet, wodurch die Kopfwendung zur Brust einen Sinn erhält (der Pelikan nährt seine Jungen mit dem eigenen Blut). Die Vögel auf diesem Braunschweiger Becher und dem Gegenstück in Tartu könnten vereinfachte Wiederholungen einer Pelikan-Vorlage sein.

b) Farbloses Glas – bunte Emailfarben innen und außen – Fragmente, zum Teil geklebt, Farben stark korrodiert – H. 6,9 cm – Dm. Lippe 8 cm – Wandstärke 1–1,4 mm.

Braunschweig, BLM, Inv. Nr. 88:5/886 und 871

Die Fragmente gehörten zu einem ungewöhnlich breiten und niedrigen Becher, einer Form, wie sie erst in jüngerer Zeit vereinzelt aufgetaucht ist, z.B. in Straßburg und Konstanz. Von der Bemalung ist noch zu erkennen: über rot-gelb-roten Horizontallinien Vögel mit rückwärts gewandtem Kopf (mindestens zwei) zwischen Pflanzen (von eventuellen Säulen ist nichts erhalten), oben rot-gelb-rote Linien und Reihe weißer Punkte.
Die Scherben der Becher Kat. F 17/36a und F 17/36b wurden in der Kloake beim Wohnhaus eines wohlhabenden Bürgers gefunden. Das entspricht dem üblichen Fundmilieu, die Fragmente dieser Gläsergruppe kamen fast ausnahmslos in Burgen, Klöstern oder Stiften und Wohnvierteln der städtischen Oberschicht zutage, häufig mehrere Exemplare zusammen. Sie sind als gehobene Gebrauchsgegenstände einzustufen, nicht als luxuriöse Schaustücke.
Nachdem sich durch den enormen Materialzuwachs in den letzten Jahrzehnten die These von einer Herstellung in Syrien für »fränkische« Abnehmer als unhaltbar erwiesen hat, sprechen nun gewichtige Indizien für eine Herkunft aus Venedig (Murano), in erster Linie Dokumente, die belegen, daß dort in der zweiten Hälfte des 13. und ersten Hälfte des 14. Jahrhunderts in großen Mengen Glasbecher bemalt wurden. Sie erwähnen auch einige Malernamen, die in den ME-FECIT-Inschriften solcher Becher vorkommen. Die Verbreitung, soweit bisher bekannt, steht aber in seltsamem Widerspruch zur These vom venezianischen Monopol auf die Produktion dieser Gläser, denn von derzeit ca. 120 nachweisbaren Exemplaren stammen höchstens sechs aus Italien, dagegen mehr als hundert aus Ländern nördlich der Alpen. Es bleibt noch zu untersuchen, ob solche Gläser (Becher und Stengelgläser) als frühe Beispiele einer façon-de-Venise-Produktion auch anderswo bemalt wurden.

Braunschweig-Altstadt, Turnierstraße 7, IfD, Stgr. 33, Steinkloake 189.

Baumgartner/Krueger 1988, S. 126–160. (Lit., seither zahlreiche Neufunde, größtenteils unpubliziert). – Rötting 1990, S. 45.

I.K.

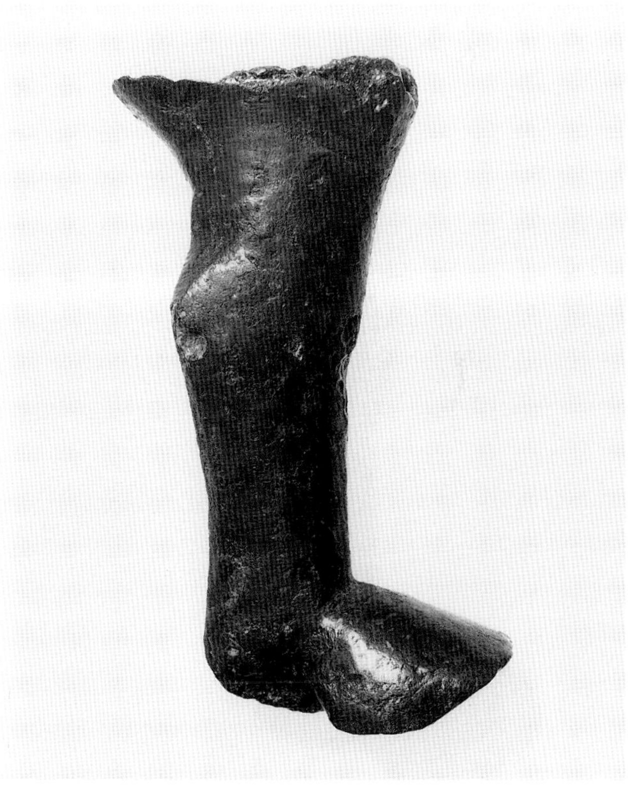

F 17/37 Aquamanile, Beinfragment

Herkunft unbestimmt, 2. Hälfte 13. Jahrhundert (wohl vor 1278)

Kupferlegierung mit 3,3% Zinn, 2,5% Blei, 7,0% Zink (zur Analyse vgl. Kat. F 17/08), am Beinansatz ausgebrochen, dort Reste von Blei oder einer Blei-Zinnlegierung – überwiegend rotbraun und schwarz patiniert – erhaltene H. 9,8 cm – Gew. 227,5 g.

Braunschweig, BLM, Inv. Nr. Inv. Nr. 88:5/1904

Bei dem Fundstück handelt es sich um ein zoomorph ausgebildetes, Huf, Ferse und Sprunggelenk zeigendes rechtes Hinterbein eines Kentauren- oder Pferde-Aquamaniles.

Die Fertigung von Gießgefäßen erfolgte ähnlich der Grapenproduktion im Hohlgußverfahren aus einem Stück. Die Reste von Blei oder einer Blei-Zinnlegierung an der muldenförmigen Innenseite des Beinansatzes wurden daher vermutlich als Lötmasse aufgetragen, mit deren Hilfe das abgebrochene Bein wieder befestigt worden war.
Eine Lokalisierung der Herstellerzentren von Gießgefäßen, deren Produktion etwa um 1100 einsetzte und über 500 Jahre bis in die frühe Neuzeit währte, deutet durch stilgeschichtliche Analysen auf das Maasland und Niedersachsen sowie Lübeck, Magdeburg und Nürnberg als mögliche Produktionsorte, die aber damit noch nicht vollständig erfaßt sein dürften. Eine Werkstattbestimmung für das Beinfragment verbietet sich.

Braunschweig-Altstadt, Eiermarkt 7, IfD, Stgr. 33, Doppelhaus 335, Brandschutt.

Hütt 1993 (Lit.).

A.L.

F 17/38 Kastentruhe

Norddeutschland, um oder kurz nach 1177

Eiche; Eisenbeschlag – H. 48 cm – L. 108 cm – B. 50,5 cm.

Kloster Ebstorf, Inv. Nr. Ebs Ba 65

Die aus Eichenbohlen zusammengesetzte Truhe zählt zu den Kastentruhen. Auf der Bodenbohle sind zwei Seitenwände aufgestellt, an die die Bohlen der Längsseiten angenagelt sind. Diese wurden mittels Holznägeln vor die Bodenbohlen befestigt. Der flache Deckel wird durch drei Eisenbänder mit Scharnieren an den Truhencorpus angebunden. Drei kurze, übereck geführte Eisenbänder verstärken die Kanten. An den Seiten befindet sich jeweils ein langes Eisenband mit einem tordierten Ring, durch den ein Tau gezogen werden konnte, um einen schnellen Abtransport zu ermöglichen. Auf der Vorderseite sind drei Eisenbänder sichtbar, von denen das mittlere kürzer ist, da sich darüber das Schloß befindet. Sämtliche Enden der Eisenbänder sind aufgespalten und halbkreisförmig auseinandergebogen. Lediglich auf dem Deckel läuft der Schloßbeschlag zur Überfalle in vier Ranken aus. Das auf der Außenseite befindliche Kastenschloß mit Kerbdekor ist noch original. Im Innern ist links eine Beilade eingebaut, auf deren Deckel ein kleines Kupferblech (2,3 × 3,8 cm) zur Befestigung des Schlitzes für eine Krampe aufgenagelt ist. Darauf sind gravierte Ornamente aus vorromanischer Zeit zu sehen.
Die Truhe diente sehr wahrscheinlich zur Aufbewahrung wertvoller Gegenstände, dies können auch Urkunden oder Bücher gewesen sein. Die Beilade spricht für eine ursprünglich private Nutzung. Die Kastentruhe gehört zu den ältesten datierten Möbeln und Truhen in Norddeutschland. In den Heideklöstern befinden sich noch zwei weitere datierte Truhen aus dem 12. Jahrhundert, die aber eine andere Konstruktion aufweisen. Eine Standseitentruhe (1179) im gleichen Kloster weist ein vergleichbares Schloß auf. Außenseitig angebrachte Schlösser sind Hinweise auf frühe Entstehungsdaten der Truhen. Die Ka-

stentruhen wurden vom 13. bis 16. Jahrhundert vorwiegend zur Aufbewahrung von Archivgut benutzt. Diese Truhen sind jedoch in der Regel stark mit Eisenbändern gesichert und konnten eine Länge von bis zu 2 Metern erreichen (z.B. Fritzlar, Dom, 13. Jahrhundert; Ebstorf, Kloster, nach 1269; Lübeck, St. Annen-Museum, 14. Jahrhundert). Kürzere Exemplare dienten häufig als Opferstöcke in Kirchen. Beispiele für diesen Truhentypus gibt es bis weit in die Neuzeit.

Kat. Stuttgart 1977, 1, Nr. 512 mit Abb. 305 (Horst Appuhn). – Appuhn 1984, S. 52. – Appuhn 1986, S. 124.

T.A.

F 18 Löwenkopf, Fragment eines Faltstuhls

Wahrscheinlich Mittelrhein, 1. Drittel 13. Jahrhundert

Marmor – stark abgestoßene Oberfläche, 1,1 cm großes Bohrloch auf der rechten Schaftseite – H. 10,5 cm – B. 4,2 cm – T. (oben) 6,5 cm, (unten) 3,9 cm.

Wolfenbüttel, Museum im Schloß Wolfenbüttel, Inv. Nr. Z 5122

Der kleine, aus Marmor gearbeitete Löwenkopf stammt aus der ehemaligen Sammlung des Börßumer Lehrers Ludwig Knoop (Sammlung Knoop Nr. 1890) und wurde beim Pflügen auf dem Mühlenfeldplan, dicht nördlich vor dem Ort Börßum gelegen, im Jahre 1892 gefunden. Seit den Forschungen Horst Appuhns gilt der Löwenkopf als Fragment eines Faldistoriums (Faltstuhl). Diese Vermutung stützt sich auf eine kreisrunde ca. 1,1 Zentimeter breite und ebenso tiefe Bohrung auf der rechten Schaftseite des Objekts, die Reste eines weißen Kittes und Spuren von Grünspan enthält.

In dieser Bohrung war wahrscheinlich eine Verbindungsstange befestigt, die das Sitzleder hielt. Faltstühle mit Löwenköpfen lassen sich im 12. und frühen 13. Jahrhundert in der Buchmalerei (Psalter Triplex aus Saint-Rémi/Reims, Cambridge, St. John's College; Evangeliar Heinrichs des Löwen [Kat. D 31]: Evangelist Johannes), auf Siegeln und in der Plastik (Basel, Münster, Galluspforte, Tympanon) sowie im 13. Jahrhundert als Originalmöbel von Äbten, Äbtissinnen und Bischöfen (Salzburg, Kloster Nonnberg, 1242) nachweisen. Wie bei den genannten Vergleichsexemplaren dürften auch beim Börßumer Faltstuhl ursprünglich vier Marmorlöwen die Abschlüsse der gekreuzten Stuhlstäbe gebildet haben. Der erhaltene Löwenkopf besticht durch die meisterhafte Ausarbeitung des Löwenschädels, die tiefliegenden, emporgerichteten Augen sowie die differenziert gebildeten Haar- und Fellzotteln. Die an den Schaftseiten emporführenden, abgeflachten und gerundeten, dem Löwenhals aufliegenden Stäbe sind als Verlängerungen der ehemaligen Stuhlbeine zu erklaren. Die qualitätvolle Steinbearbeitung und Bohrtechnik von Nasenlöchern und Augäpfeln, der emporgerichtete Blick sowie die Schädelbildung lassen auf die Kenntnis spätantiker Vorbilder schließen. Die aufgezeigten künstlerischen Merkmale weisen den Börßumer Löwenkopf dem Kreis mittelrheinischer und Kölner figürlicher Kapitellplastik im Wirkungsgebiet des sogenannten Laacher Samsonmeisters (insbesondere Doppelkapitell, Köln, Erzbischöfliches Diözesanmuseum) zu.

Vergleiche mit den Chorschranken in Hildesheim (St. Michael) und Halberstadt (Liebfrauen), die ebenfalls Einflüsse aus der Kapitellplastik des Mittelrheins aufweisen, legen die Vermutung nahe, daß es sich beim Löwenfragment um eine aus dem Rheinland importierte Plastik handelt. Sie dürfte wahrscheinlich als Teil eines Faltstuhls im sakralen Bereich Verwendung gefunden haben.

Das ehemalige Augustiner-Chorfrauenstift in Heiningen, nur wenige Kilometer westlich des Fundorts des Löwenkopfes gelegen, kommt als vermutlicher Besitzer des Stuhls in Frage. Die Vogteirechte im Kloster hatte im 13. Jahrhundert der Ministeriale Gunzelin von Wolfenbüttel, Reichstruchseß unter den Kaisern Otto IV. und Friedrich II., inne. Knüpfte er die Beziehungen an den Mittelrhein bzw. nach Köln?

Appuhn 1986, S. 111–128.

H.-H.G.

Lübeck

Eine der großen Leistungen des 12. Jahrhunderts muß in dem Missions- und Siedlungswerk gesehen werden, das unter Kaiser Lothar III. im nordelbischen Raum begann und unter Heinrich dem Löwen seinen erfolgreichen Abschluß fand. Im Zuge dieser Politik wurde von ihm im Jahre 1159 die Stadt Lübeck neu gegründet. *Et transmisit dux nuntios ad civitates et regna aquilonis, Daniam, Suediam, Norwegiam, Ruciam, offerens eis pacem, ut haberent liberum commeatum adeundi civitatem suam Lubike. Et statuit illic monetam et theloneum et iura civitatis honestissima* (Der Herzog aber sandte Boten in die Städte und Reiche des Nordens, Dänemark, Schweden, Norwegen und Rußland, und bot ihnen Frieden, daß sie Zugang zu freiem Handel in seine Stadt Lübeck hätten. Er verbriefte dort auch eine Münze, einen Zoll und höchst ansehnliche Stadtfreiheiten), notiert Helmold von Bosau. Unter Heinrich wurden die Grundlagen für den Aufstieg Lübecks als Tor zur Ostsee, jenem großartigen und für das ganze späte Mittelalter bestimmenden Handelsraum, geschaffen. Während der Kämpfe des Jahres 1181 öffneten die Lübecker Kaiser Friedrich I. ihre Tore, nicht ohne vorher die Zustimmung des Herzogs eingeholt zu haben. Während seit 1201 die dänische Krone eine offenbar strenge Stadtherrschaft der Grafen von Schaumburg ablöste, wurde Lübeck im ersten Drittel des 13. Jahrhunderts auch faktisch das, was es seit dem Sturz des Löwen eigentlich war: eine freie Reichsstadt.

1138	Alt-Lübeck, die Hauptburg des Slawenfürsten Heinrich († 1127), wird zerstört
1143	Graf Adolf II. von Schaumburg gründet Lübeck
1157	Brand der Stadt – Bau der Löwenstadt
1161	Gotlandfahrer-Urkunde Herzog Heinrichs des Löwen
1163	Weihe des Doms
1188	Privileg Kaiser Friedrichs I.
1192	Graf Adolf III. von Schaumburg wird Stadtherr
seit 1201	dänische Stadtherrschaft
1204	Privilegienbestätigung durch König Waldemar II. von Dänemark
1226	Reichsfreiheitsbrief Kaiser Friedrichs II.
1227	22. Juli: Schlacht von Bornhöved

Helmold von Bosau, Slawenchronik, Kap. 86, S. 304f.
UB Stadt Lübeck. – UB Bistum Lübeck. – Endres 1926. – von Freeden 1931, S. 45–57. – Jordan 1939. – Dollinger 1966. – Ebel 1971. – Jordan 1973. – Dom zu Lübeck. – Am Ende 1975. – Scheper 1975. – Ahlers/Graßmann/Neugebauer 1976. – Stoob 1984. – Graßmann 1988. – Kat. Hamburg 1989. – Fehring 1990. – Jenks 1995.

C.P.H.

F 19 Siegel der Stadt Lübeck, Typ I

Typar: vor 1224 – Urkunde: 1225

Helles Wachs – restauriert – an roten Seidenfäden hängend – Dm. 7,8 cm.

Schleswig, Landesarchiv Schleswig-Holstein, Urk.-Abt. 268 Nr. 27

Das Siegel zeigt den Typ I des Lübecker Schiffssiegels, dessen Gebrauch bis 1253 nachgewiesen werden konnte. Dieses älteste bekannte Siegel Lübecks entstammt nicht, wie lange Zeit angenommen, der Zeit nach dem Erhalt der Reichsfreiheit für die Stadt durch Kaiser Friedrich II. im Jahr 1226, sondern war bereits 1224 in Gebrauch. Die erste nachgewiesene Besiegelung erfolgte an einer vom Bischof von Lübeck ausgestellten Urkunde, die einen Streit zwischen Bischof und Rat der Stadt über Zehntrechte im Weichbild Lübecks unter Zustimmung des Domkapitels beendete und die zur Aufbewahrung im Archiv des Bischofs bestimmt war (Landesarchiv Schleswig, Abt. 268: 1224. Druck: UB Bistum Lübeck 1, Nr. 51).
Wie schon die Wahl des Ortsnamens Lübeck deutlich auf die vor 1143 an der Mündung der Schwartau in die Trave im Schutz des slawischen Herrschaftszentrums gelegene Kaufleutesiedlung Liubice Bezug nimmt, weist die Wahl des Siegelbildes deutlich auf den Lebensnerv der 1143 auf dem heutigen Altstadthügel im Machtbereich des Grafen Adolf von Holstein aus dem Hause Schaumburg entstan-

F 20

denen Stadt Lübeck hin: auf den Handel zur See. In dieser neuen Stadt ließen sich vermehrt deutsche Kaufleute aus Westfalen, Sachsen, Holstein und Friesland nieder. Darstellungen eines auf See befindlichen Schiffs besaßen in Stadtsiegeln westeuropäischer See- und Handelsstädte, vor allem in Flandern und England, bereits Tradition.
Das Siegelbild des präsentierten Typars zeigt eine Kogge. Dieser um 1200 aufkommende neue Schiffstyp trug in nicht unerheblichem Maß dazu bei, daß die Hanse in der Folgezeit ihre wirtschaftliche Vorrangstellung in der Ostsee erringen konnte. Vorder- und Achtersteven des dargestellten Schiffs werden von Planken umschlossen. Die Planken sind »klinkerartig«, d.h. mit versetzten Fugen angebracht, was dem Schiffskörper erhöhte Festigkeit verlieh. Beim Bau der Koggen konnte der benötigte Rauminhalt besser als bisher vorausberechnet werden, da am Anfang ein von der Länge des Kielholzes unabhängiges Gerüst gefertigt wurde. Erst die großen Laderäume der hansischen Koggen ermöglichten den Transport der Massengüter Getreide, Hering, Salz und Wein. Bug und Heck des dargestellten Schiffs sind mit Drachenköpfen verziert. Vom segellosen Mast laufen je drei Wanten (Taue) nach

vorn und hinten herab. Den Mast bekrönt eine diagonal durchkreuzte Fahne, deren Ende dreigeteilt ist (Flüger). Im Schiff sitzt mit einer Hand am Ruder der Schiffsführer, dessen Haupt eine Kapuze deckt. Ihm gegenüber ist ein zweiter Mann mit lockigem Haar und einer Hand in den Wanten zu sehen. Beide recken die zwei Finger der Schwurhand in die Höhe, was als Sinnbild für einen Schwurverband zu deuten ist.

Welchen Schwurverband die beiden Männer ursprünglich symbolisieren sollten (Entstehung der Stadtgemeinde; Schiffer und Befrachter bzw. Kaufmann; friesisch-schleswiger Seehandelskaufmann und westfälisch-deutscher Landkaufmann o.ä.), kann endgültig noch nicht als geklärt gelten. Die Siegelumschrift lautet + SIGILLVM [BVR]GENSIVM DE LVBEKE.

Archiv des Domstifts Lübeck.

UB Bistum Lübeck 1, Nr. 30.

Fink 1955, S. 15ff. mit Abb. 1. – Wiechell 1971. – Prange 1976, S. 88f. mit Anm. 7–10. – Heinsius 1986, S. 7ff. – Hoffmann 1986 (I), S. 34f. – Graßmann 1988, Abb. 32.

U.S.

F 20 Zweites Siegeltypar der Stadt Lübeck

1253–1256

Messing – auf der Rückseite Steg mit Lochung zum Durchführen einer Kette – Dm. 8,8 cm.

Lübeck, Archiv der Hansestadt, Inv. Nr. Typar A I 1

Von Typ 2 des Lübecker Schiffssiegels, das vergrößert und künstlerisch verfeinert wurde und zum ersten Mal an einer Urkunde des Jahres 1256 begegnet, ist das hier präsentierte Typar selbst noch erhalten. Die Siegelumschrift + SIGILLVM BVRGENSIVM DE LVBEKE blieb bei allen drei Typen des Lübecker Schiffssiegels gleich. Lediglich das erste Sekretsiegel von 1256 hat in der Umschrift den Begriff der *civitas*, der im zweiten Sekretsiegel wieder durch die *burgenses* ersetzt wird. Bei den drei Schiffssiegeln scheint die Darstellung nicht den Neuerungen im Schiffsbau gefolgt zu sein, wie dies sonst bei vergleichbarem Bildprogramm der Fall war. Archaisierend erscheint die Darstellung in der Abfolge von Schiffssiegel Typ 1–3 insofern nicht, als in Haltung und Gebärden die Person des Kaufmanns gegenüber dem Schiffsführer am Ruder zunehmend an Gewicht gewinnt: In Typ 1 und 2 weist die Schwurhand des Schiffers auf den Kaufmann, der seine Schwurfinger gen Himmel streckt, wobei der Kaufmann in Typ 2 mit der anderen Hand eine Wante und damit bewußt Besitz von Schiff bzw. Ladung ergreift; in Typ 3 umfaßt der Schiffer nur mehr das Ruder, die emporgestreckte Rechte des Kaufmanns ist ohne Schwurgestus ganz (zum Befehl ?) geöffnet.

Als der städtische Rat im Jahr 1280 von dem Stempelschneider *magister Alexander* erneut ein Stadtsiegel anfertigen ließ, das in wiederum etwas veränderter Form die bekannte Schiffsdarstellung zeigte (Typ 3 des Lübecker Schiffssiegels), wurde das vorige Siegel nicht abgeschafft, sondern zur Beurkundung durch die städtische Behörde der Kämmerei weiterverwendet. Erst die Einverleibung Lübecks in das Kaiserreich Frankreich 1811–1813 machte dessen Gebrauch überflüssig. Danach wurde es, genehmigt vom Senat, im Jahr 1819 durch die städtische Behörde des Finanzdepartements an die »Trese«, also in den Gewahrsam des Archivs abgegeben, in welchem es sich seitdem befindet.

Fink 1955, S. 17 mit Anm. 5, Abb. 2; sowie S. 18ff. – Kat. Stuttgart 1977, 1, Nr. 151; 2, Abb. 81. – Goetze 1981, S. 229ff. – Ellmers 1985b.

U.S.

*F 21 Urkunde Kaiser Friedrichs I. für die Stadt Lübeck

Lübeck, ca. 1225 – gefälscht auf Leisnig, 1188 September 12

Pergament – H. 77 cm – B. 54 cm – restauriertes Siegel an gelblichen Seidenfäden.

Lübeck, Archiv der Hansestadt, Caesarea 2

Als Kaiser Friedrich I. nach dem Sturz Heinrichs des Löwen die Stadt Lübeck im Spätsommer des Jahres 1181 festlich eingeholt betrat, hat er ihr als neuer Stadtherr alle von Heinrich dem Löwen verliehenen Rechte bestätigt. Im Verlauf der folgenden Jahre übte Graf Adolf III. von Schaumburg, Sohn des Stadtgründers Adolf II., auf die Stadt, nach deren Besitz er trachtete, mehr und mehr Druck aus. Er und der Ratzeburger Graf Bernhard suchten zudem Lübecks Nutzungsrechte im Umland zu beschneiden. So nennt auch die Narratio der vorliegenden Urkunde als Grund der Ausstellung die Beilegung dieser Streitigkeiten mit den beiden Grafen und bestimmt dabei zugleich die ausgedehnten Grenzen der Stadt, insbesondere auch auf den Flüssen Stepenitz, Stecknitz, dem Ratzeburger See und der Trave. Holznutzung im Klützer Winkel, Fischereirechte und Weidenutzung im Umkreis der Stadt werden den Stadtbewohnern gestattet, ebenso wie sie die ihnen schon von Heinrich dem Löwen verliehenen Patronatsrechte über die Marienkirche behalten sollen. Es folgen Zollbefreiung im Herzogtum Sachsen und das Zugeständnis umfangreicher Gerichtsbarkeit. Russen, Gotländer, Skandinavier und andere Völker des Ostens sollen fast zollfrei in die Stadt kommen dürfen; Geldwechslern ist freie Niederlassung in Lübeck erlaubt. Sodann folgen Bestimmungen über das von der Stadt ausgeübte Münzrecht und ihre Aufsicht darüber. Baulichkeiten Fremder dürfen im Stadtgebiet und innerhalb der Landwehr nicht

*F 21

errichtet werden; die Lübecker können hiergegen sogar militärisch vorgehen. Sie sind nicht der Heerfolge unterworfen und verteidigen nur ihre Stadt. Andernorts verhaftete Bürger sollen durch eidliche Versicherung ihre Freiheit wiedererlangen können. Diese Rechte gelten alle für das Stadtgebiet, insbesondere auch für den Bereich der Trave bis zu ihrer Hochwassergrenze. Schließlich folgt noch die Bestimmung, daß die Bürger in Zukunft an ihrem Recht bessern dürfen, was sie bessern möchten, unbeschadet der kaiserlichen Oberhoheit. Pönformel, Monogramm und Beglaubigung durch das herrscherliche Siegel mit dem Bild des thronenden Kaisers sichern ebenso wie die erlauchte Zeugenreihe diesen kaiserlichen Rechtsakt.

Schon seit 80 Jahren ist erwiesen, daß es sich bei der vorliegenden Urkunde um eine vom Lübecker Domherrn Marold gefertigte und mit nachgebildetem Siegel versehene Fälschung von ca. 1225 handelt. Ist sich die Wissenschaft auch einig, daß als Vorlage eine kaiserliche Urkunde ursprünglich vorhanden gewesen ist, so scheint es doch schwierig herauszufinden, welche Passagen authentisch und welche nachträglich eingefügt worden sind.

Ein Menschenalter war nach dem Empfang des Barbarossa-Privilegs vergangen, in dem sich der Einfluß der Stadt weiter vergrößert hatte und nun aufgrund der möglichen Beendigung der dänischen Herrschaft eine völlige politische Neuordnung in Norddeutschland und im Ostseeraum zu erwarten stand. Von Kaiser Friedrich II. mußten also unter Beibringung der notwendigen Urkunden – auch ein Waldemars-Privileg von 1204 wurde ihm in Form einer Fälschung vorgelegt, ebenso wahrscheinlich ein fiktives Diplom Heinrichs des Löwen – Sicherheiten erbeten werden, die Lübeck vor einer Stadtherrschaft der Schaumburger bzw. des sächsischen Herzogs bewahren und – aktualisiert – auch der rechtlichen Entwicklung in der Stadtgemeinde selbst Rechnung tragen konnten. So sind mit größter Wahrscheinlichkeit ergänzt worden: unter anderem Stadtrechtsbestimmungen (des angeblichen Stadtrechtsprivilegs Heinrichs des Löwen), das Marienkirchenpatronatsrecht sowie die durch den Rat auszuübende Gerichtsbarkeit nach eigenen städtischen Verordnungen und Festlegung der Hochwasserlinie der Trave als Grenze.

Rechtskraft allerdings und Wirkung Jahrhunderte hindurch hat die Urkunde durch den Kaiserenkel Friedrich II. erhalten, der sie vollinhaltlich im Mai 1226 in der Nähe von Parma (UB Stadt Lübeck 1, Nr. 34, S. 44) bestätigte. Einen Monat später ergänzte er diesen Rechtsakt noch durch die Ausstellung des sogenannten Reichsfreiheitsbriefs.

Archiv der Stadt Lübeck.

MGH D F I 981. – UB Stadt Lübeck 1, Nr. 7, S. 9ff.
Graßmann 1988, Abb. 34, S. 103–105, 115–118. – Walter 1989. – Boockmann 1981.

A.G.

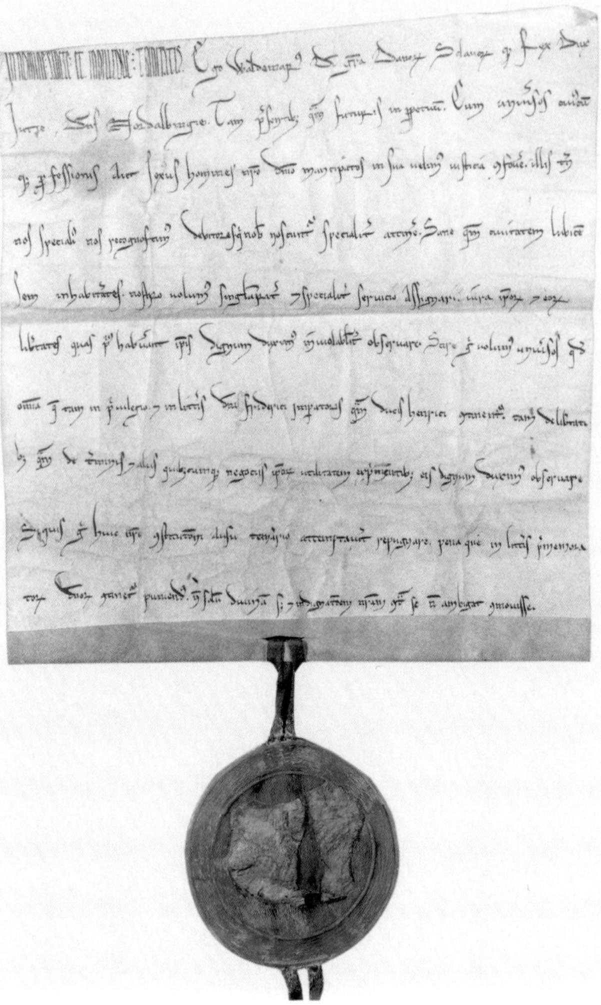

F 22

F 22 Urkunde König Waldemars II. von Dänemark für die Stadt Lübeck

o. J. (1203)

Pergament – H. 27 cm – B. 27 cm – restauriertes Siegel fragmentarisch an gewebten grünen Seidenkordeln.

Lübeck, Archiv der Hansestadt Lübeck, Danica 1

In das nach dem Sturz Heinrichs des Löwen entstandene Machtvakuum, das durch die fehlende Präsenz der Staufer im Norden und ihre Auseinandersetzung mit den Welfen nach dem Tod Kaiser Heinrichs VI. entstanden war, rückte das wachsende dänische Ostseeimperium vor. Nach der Niederlage des Schaumburgers Adolf III., dessen Machtausweitung die Stadt Lübeck mehr und mehr eingeschränkt und dessen Vertreibung sie deshalb begrüßt hatte, erkannten die Lübecker daher 1201 den dänischen König Knut VI. als Stadtherrn an. Die Unterstellung unter einen Herrscher, dessen Machtbereich sich über den gesamten Ostseeraum erstreckte, war für ein Handelsimperium wie das aufstrebende Lübeck weitaus förderlicher als die Zugehörigkeit zu einem Territorialherrn ohne derartige Einflußmöglichkeiten auf Schiffahrt und ersprießlichen Handel. Als Waldemar II. seinem Bruder Knut 1203 auf dem Thron folgte, bestätigte er den Lübecker Bürgern zunächst mündlich, in der vorliegenden Urkunde dann auch schriftlich alle ihnen von Heinrich dem Löwen und Friedrich I. verliehenen Rechte. Lübeck war wohl direkt dem dänischen König und nicht dem neuen holsteinischen Grafen Albrecht von Orlamünde unterstellt. Eine authentische, ausführlichere Urkunde Waldemars II. ist nicht überliefert; eine solche liegt nur in Form einer Fälschung aus der Feder des Lübecker Domherrn Marold vor, wohl auch bestimmt zur Erlangung der kaiserlichen Bestätigung von 1226 (vgl. Kat. F 21).

Archiv der Stadt Lübeck.

UB Stadt Lübeck 1, Nr. 11, S. 16 (Faksimile nach S. 16). – Diplomatarium Danicum 1, Re. 4, Nr. 53.

Hoffmann 1986 (I). – Hoffmann 1988.

A.G.

F 23a Aquamanile in Gestalt eines hockenden Löwen

Norddeutschland (Ostseeraum), um 1200

Bronze, gegossen – das rechte Ohr leicht eingedrückt, in der Mähne ein kleines Loch unterhalb der Schnauze, zwei weitere Löcher auf der rechten Seite; eine Flickstelle auf dem Griffdrachen (die Nachbesserungen auf den Hinterbacken durch Reparaturguß und kleine eingeschlagene Pflöcke sind ursprünglich); die eingetieften Pupillen waren vermutlich eingelegt – H. 20,3 cm – L. 21,5 cm – B. 13,7 cm.

Hamburg, Museum für Kunst und Gewerbe, Inv. Nr. 1898.176

Unter den spätromanischen Aquamanilien eines der schönsten und phantasievollsten, ein Löwe in ungewöhnlicher Stellung, breitbeinig hockend über zwei Drachen und mit einem dritten Drachen als Griff. Das Tiergesicht ist auf besondere Weise naturfern stilisiert, dabei aber drollig erscheinend mit seiner aufgeworfenen Nase, den gebleckten Zähnen und den Reihen zierlicher Löckchen über den Augen und als Rahmung des Mauls. Gelockte Zotteln bilden auch die füllige Mähne. Wassereinguß und -ausfluß sind auf ungewöhnliche und dabei sehr diskrete Weise dieser Tierplastik einkomponiert; die weit geöffneten Ohren und die geblähten Nasenlöcher dienen diesem Zweck. Die beiden niedergeworfenen Drachen recken ihre Köpfe zum Löwen zurück, den sie jedoch nur mit weit herausgestreckter Zunge erreichen. Ihre Schwänze, die in Palmetten enden, umschlingen die – mit Zotteln besetzten – Flanken des Löwen zusammen mit dessen eigenem, in einer Quaste auslaufendem Schwanz. Der im Löwen-Nacken aufgestützte Griff-Drache, auch er mit Palmettenschwanz, hebt zierlich eine Mähnenlocke an.

Zu diesem aus Flensburg stammenden Gießlöwen (siehe Provenienz) ist ein zweites Exemplar von sehr ähnlicher Formgebung, jedoch abweichender Ausführung bekannt geworden, das sich seit 1817 in Privatbesitz in Wismar nachweisen läßt und das als identisch gilt mit dem jetzt in New York befindlichen Löwen (Kat. F 23b). Die gegenwärtige Ausstellung führt erstmals beide Exemplare zusammen und bietet Gelegenheit, den Grad ihrer Verwandtschaft zu prüfen.

Vom gleichen Tierkopf-Typus mit der kurzen stumpfen Schnauze und mit Löckchenreihen um Augen und Maul sind der Samsonleuchter des Hamburger Museums (Meyer 1960, S. 64, Abb. 14) sowie zwei Türzieher in Dänemark (Mende 1981, Nr. 75f., Abb. 138, 140–141), davon als eng verwandt ein kleines, außerordentlich fein gearbeitetes Exemplar aus dänischem Privatbesitz im Nationalmuseum Kopenhagen und eine schlichtere Bronze an der Kirchentür von Hørby (Seeland). Im Ostseeraum konzentrieren sich somit die Spuren dieses Löwentypus, dort dürfte auch der Hamburger Gießlöwe entstanden sein. Vermutet wurde eine Lokalisierung nach Lübeck (seit E. Meyer, in: von Falke/Meyer 1935). Gußtätigkeit in städtischen Werkstätten wird dort bereits für das 12. Jahrhundert angenommen und ist seit dem Grabungsfund einer Werkstatt um 1220 auch nachgewiesen (dazu in Band 2 dieses Ausstellungskatalogs M. Gläser sowie U. Mende, Anm. 29). Konkrete Anhaltspunkte für Lübecker Herkunft des hockenden Gießlöwen haben sich bisher jedoch nicht finden lassen. Kriterien für seine Entstehungszeit um 1200 sind zum einen die Lebendigkeit und Natürlichkeit dieser Tierplastik, zum anderen ihre phantastischen Details von ausgesprochen dekorativem Reiz.

Der hockende Löwentypus ist unter den Aquamanilien ungewöhnlich, läßt sich bildlich jedoch in einer Pilatus-Handwaschung von 1503 noch nachweisen (Hütt 1993, S. 101, Abb. 39). Möglicherweise ist er zurückzuführen auf islamische Gießlöwen, die in Fayence-Ausführung bekannt sind (Museum für Islamische Kunst Berlin, Katalog 1971, Berlin 1971, Nr. 355); denkbar ist er aber auch als Leistung bildschöpferischer Phantasie romanischer Gußwerkstätten. Zumindest angedeutet wird das Hocken bei allen Samsonleuchtern, so auch bei dem genannten des Hamburger Museums, dort als Zeichen für den bezwungenen Löwen. Hier jedoch, über niedergeworfenen und zertretenen Drachen, mag der thematische Gegensatz Gut-Böse vorliegen, der Löwe als Sieger gegen die bösen Mächte.

Aus »ererbtem Besitz einer Predigerfamilie des Schleswigschen«, bis 1867 Familie Bruhn, Flensburg, später E. Peters, Hamburg, 1898 als Geschenk von Georg Hulbe, Hamburg, ins Museum gelangt (Brinckmann 1898, S. 110; von Falke/Meyer 1935, Nr. 373).

F 23a

b

Brinckmann 1898, S. 109–111 mit Abb. – von Falke/Meyer 1935, S. 37, 61f., Nr. 373, Abb. 351 (Lit.). – Kat. Flensburg 1953, Nr. 65 mit Abb. – Meyer 1960, S. 12, 64, Abb. 15. – Kat. Stuttgart 1977, 1, Nr. 657; 2, Abb. 463 (Peter Bloch). – Werner 1977/81, 1, S. 184, Nr. 211. – Mende 1981, S. 62f., Abb. 368 (Lit.).

U.M.

F 23b Aquamanile in Gestalt eines hockenden Löwen

Norddeutschland (?), um 1200 (?)

Bronze, gegossen und vergoldet – Bruchstellen zwischen Löwen-Brust und beiden Drachen-Zungen – H. 22cm – L. 20,5cm.

New York, The Metropolitan Museum of Art, Robert Lehman Collection, Inv. Nr. 1975.1.1410

Hockender Löwe über zwei niedergeworfenen Drachen und mit einem weiteren Drachen als Griff, vom gleichen Typus und mit weitgehend gleichartigen Details wie der Gießlöwe in Hamburg (Kat. F 23a), jedoch erheblich abweichend in der Ausführung. Beide gelten als Gegenstücke, die zusammen entstanden sind, orts- und zeitgleich, wenn auch von der Hand verschiedener Modelleure. Das ist jedoch zu überprüfen. Unterschiede sind nicht nur in Details der Formgebung zu beobachten, wie bei mittelalterlichen ›Gegenstücken‹ üblich – beim New Yorker Exemplar etwa die stumpfere Schnauze, die gekrauste Nase, das mehr kleinteilige Mähnengelock. Die Abweichung erstreckt sich auch auf die gußhandwerkliche Beschaffenheit, das Gußmetall, die Oberfläche, die Art der Ziselierung nach dem Guß, einen anderen Werkzeug-Einsatz. Bei beiden Gießlöwen treten unterschiedliche Werkstattgewohnheiten zutage.

Privatbesitz Wismar (Familie Konsul O. Lembke) seit mindestens 1817; 1882 Verkauf an holländischen Händler, der Nachgüsse in Hamburg veranlaßt, vertrieben durch Händler Josef Petrij (Inv. Amtsgerichtsbezirke Wismar … – Brinckmann 1898 – Brinckmann 1903). Vermutet wird, daß dieses seit Wismar nachweisbare Exemplar identisch ist mit dem dann in Sammlung Albert Oppenheim, Köln, befindlichen (erstmals genannt bei Brinckmann 1898), das über die Sammlungen Pierpont Morgan und Robert Lehman, beide New York, 1970 als Schenkung ins Metropolitan Museum gelangte.

Inv. Amtsgerichtsbezirke Wismar …, S. 219 mit Abb. – Brinckmann 1898, S. 111. – Brinckmann 1903, S. 229. – Molinier 1904, Nr. 123, Taf. 64. – von Falke/Meyer 1935, S. 61f., Nr. 372, Abb. 350 (Lit.). – Kat. New York 1968, Nr. 100 mit Abb. – Kat. Braunschweig 1985, 2, Nr. 752 mit Abb. (Lit.) (Ursula Mende). – Schrader 1986, S. 2, Abb. auf Umschlag und Titelblatt.

U.M.

F 24 Modell des Lübecker Kaufleuteviertels zwischen Alfstraße und Fischstraße im ersten Drittel des 13. Jahrhunderts

Entwurf: G. Legant-Karau, Amt für Archäologische Denkmalpflege der Hansestadt Lübeck
Ausführung: Modellbauwerkstatt H. E. Grützmacher, Lübeck

Modell: Maßstab 1 : 87.

Braunschweig, Herzog Anton Ulrich-Museum

Im heutigen Stadtbild der Hansestadt Lübeck erinnern noch einige Bürgerhäuser an die Existenz des 1942 fast völlig zerstörten Kaufleuteviertels. Es liegt am Westhang des Altstadthügels, zwischen der Marktkirche St. Marien und dem ehemaligen Fernhandelshafen und Warenumschlagplatz am Ufer der Trave. Die topographische Lage der ehemals von Fernhändlern und Großkaufleuten bewohnten Straßenzüge weist auf die geschichtliche Bedeutung dieses Viertels für die Entwicklung der Stadt Lübeck. Die vergleichsweise geringe Breite der Straßen deutet auf ein hohes Alter seines Straßensystems.
Die bauliche Entwicklung des Kaufleuteviertels wurde 1985–1990 exemplarisch untersucht durch die archäologische Ausgrabung einer 2.400 Quadratmeter großen, zwölf Grundstücke umfassenden Fläche zwischen Alf- und Fischstraße, westlich vor der Marienkirche. Freigelegt wurden neun Siedlungsperioden des 12. bis 20. Jahrhunderts. Die dendrochronologisch »um 1159« datierte hölzerne Erstbebauung (Periode II) ist zeitlich der Stadtherrschaft Heinrichs des Löwen (1159–1181) zuzuordnen. Damit sind erstmals Teile der archäologisch bislang nicht lokalisierten Gründungssiedlung bzw. Teile der bislang unbekannten Holzbebauung aus den ersten Jahrzehnten der Stadtgründung erfaßt.
Zu dieser Zeit war der etwa 200 Meter hangabwärts und außerhalb der städtischen Ummauerung gelegene Fernhandelshafen das wirtschaftliche Zentrum der jungen Stadt. Wie der Chronist Helmold von Bosau berichtet, erblühte die Stadt rasch und zog zahlreiche Neusiedler an.
Im archäologischen Befund erkennbar ist eine Aufsiedelung des Areals in östliche Richtung, d.h. hangaufwärts zur Marienkirche hin. Erfaßt sind zwei gehöftartige Großgrundstücke parallel zu den Hafenstegstraßen (Periode II). Ihre Aufteilung in vier zwischen 750 und 1.350 Quadratmeter große Grundstücke erfolgte bereits vor 1175 (Periode III). Charakteristisch ist die doppelte Reihung der zu einem Baublock zusammengefaßten Hofstellen. Die größeren von ihnen liegen an den späteren Schüsselbuden und bilden den Kopf des Baublocks gegenüber der Marienkirche. Die Bebauung der Hofstellen besteht aus einem giebelständig zu den Straßen orientierten Pfostenhaus und einem Nebengebäude in Pfosten- bzw. Blockbauweise sowie durch Zäune begrenzte Hausgärten mit Brunnen.

Nach dem Sturz des Welfenherzogs im Jahre 1181 wurde Lübeck unter Kaiser Friedrich I. Barbarossa Stadt des Reiches. Archäologisch ist eine Veränderung des Siedlungsgefüges bereits ab 1175 (Periode IV) durch die weitere Aufteilung der beiden innerhalb des Blocks gelegenen Hofstellen in fünf handtuchartig schmale Grundstücke belegt. Die zwischen 160 und 310 Quadratmeter großen Kleinparzellen sind zur Straße von einem einschiffigen Pfostenbau mit seitlicher Feuerstelle bebaut. Der rückwärtige Grundstücksteil dient als Hofbereich mit offenem Kloakenschacht und hat einen Brunnen mit Hebebaum. Ab 1180 ist ein neuer Haustypus auf den schmalen Grundstücken nachweisbar, der erstmals Lagerkapazitäten für größere Warenmengen bot. Es handelt sich um unterkellerte und mehrgeschossige Ständerbauten, die unmittelbar an das ebenerdige Vorderhaus anschließen. Der erhöhte Bedarf an überbauter Fläche wurde – offensichtlich bei gleichzeitiger Verknappung des Baugrunds – durch eine verdichtete und mehrgeschossige Holzbauweise ausgeglichen. Dieser im Kaufleuteviertel erstmals erfaßte turmartige Holzhaustyp kennzeichnet die Zeit der staufischen Stadtherrschaft. Vorangetrieben durch den steten Zuzug von Neusiedlern breitete sich die städtische Siedlung rasch nach Osten aus und hatte nach der schriftlichen Überlieferung und neuesten Grabungsergebnissen bereits in den 1180er Jahren die Wakenitz, also die östliche Seite der von Trave und Wakenitz umflossenen Insel erreicht.

Im Jahre 1201 wurde Lübeck für zweieinhalb Jahrzehnte Teil des dänischen Ostseeimperiums. Der verkleinerte Ufermarkt wurde in die Ummauerung der Stadt einbezogen. Das neue Zentrum der Stadt entstand um den Markt und die Marienkirche.

Nach dem Abfall der Lübecker von Waldemar II. erhob Kaiser Friedrich II. Lübeck im Jahre 1226 zur Freien Reichsstadt. Im archäologischen Befund (Periode V) zeichnet sich eine weitere Verdichtung der Handtuchparzellen ab. Neu erfaßt sind eingetiefte Hofgebäude mit Kloakenschächten. Sie liegen jeweils an der rückwärtigen Grundstücksgrenze und wurden unter Verwendung älterer Holzkonstruktionen als Wandgerüstbau bzw. Blockbau errichtet. Auf dem repräsentativen Eckgrundstück an der Alfstraße gegenüber der Marienkirche beginnt mit zwei verschiedenen Steinhäusern der Wandel vom Holz- zum Steinbau. Auf den Fluchten eines hölzernen Vorgängerbaus ist das halb eingetiefte Untergeschoß eines Saalgeschoßhauses nachweisbar, welches durch ein vergleichsweise klein dimensioniertes Turmhaus in rückwärtiger Grundstückslage baulich ergänzt wird. Auf der Freifläche zwischen den Häusern befindet sich ein aus Findlingen gemauerter Brunnenschacht mit hölzernem Brunnenhaus. Diese Siedlungsperiode ist im Modell dargestellt. Zur Veranschaulichung der zweiseitig bebauten Straßen dieses Viertels wurde jedoch für das Modell ein größerer Geländeausschnitt gewählt. Anhand von Planunterlagen des

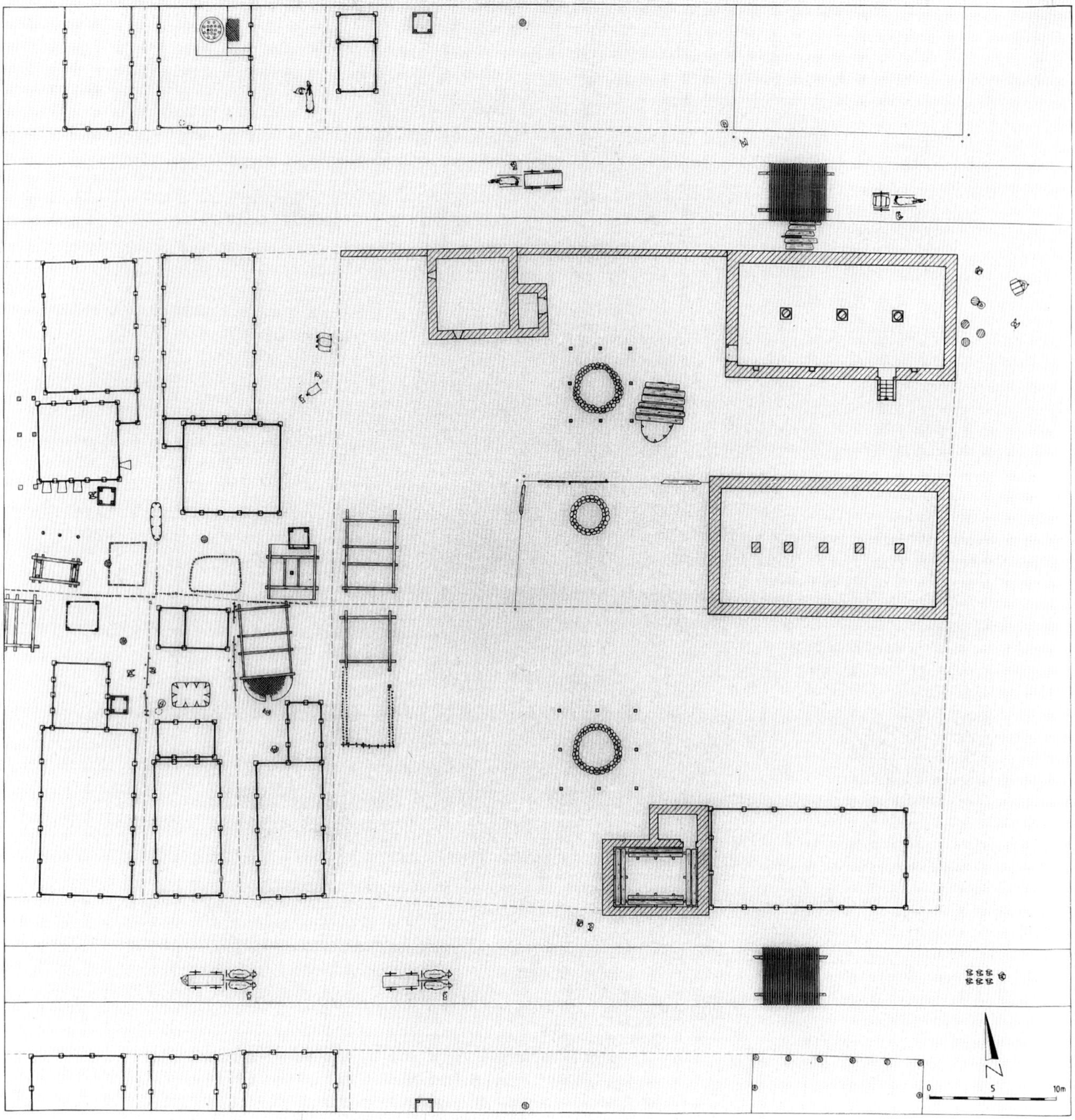

zu F 24

19. Jahrhunderts konnten der nicht ergrabene Teil des oberen Baublocks an der Fischstraße / Ecke Schüsselbuden vervollständigt und die beiden Straßen sowie Ansätze der nördlich und südlich benachbarten Baublöcke ergänzt werden. Die Rekonstruktion der hölzernen Straßenbeläge basiert auf jüngst in der Königstraße und angrenzenden Straßen zutage geförderten Grabungsbefunden.
Für die hölzernen Vorderhäuser entlang der Alfstraße sind keine Belege erhalten, diese sind jedoch entsprechend in der Fischstraße erfaßter Befunde anzunehmen. Die geräumigen Pfostenbauten werden aufgrund zweitverwendet erfaßter Bauhölzer und analog vergleichbarer Befunde aus Braunschweig jeweils als Pfostenschwellriegelbau mit Stabwänden rekonstruiert.
Archäologisch belegt ist die Stabbauweise für die Wände der aufgehenden Geschosse der stockwerksweise abgezimmerten und unterkellerten Hinterhäuser. Vorder- und Hinterhaus bilden eine Einheit. Treppenabgänge oder seitliche Rampen verbinden das ebenerdige Vorderhaus mit dem Kellergeschoß des Hinterhauses. Keller und eingetieftes Erdgeschoß boten gleichmäßig kühle und feuchte Lagerflächen, das Obergeschoß war trocken und gut belüf-

F 24

tet. Umgelagerte Reste von Kachelöfen deuten auf eine Wohnnutzung der größeren Häuser dieses Typs an der Alfstraße. Für die kleineren Gebäude an der Fischstraße scheint eine reine Speicherfunktion wahrscheinlicher. Vergleichsbefunde ebenerdiger Vorderhäuser in Pfostenbauweise mit unterkellerten, turmartigen Hinterhäusern aus Stein sind aus Braunschweig, Minden und dem brandenburgischen Freyenstein bekannt.

In Lübeck wurden die turmartigen Hinterhäuser gegen Ende des 12. Jahrhunderts als Holzbau errichtet. Ihre feuersichere Umsetzung in dem neuen Baustoff Stein begann im Kaufleuteviertel zu Anfang des 13. Jahrhunderts auf dem Großgrundstück in Ecklage. Der ergrabene Befund mit Treppenwange ist im Modell mit einem überdachten Treppenanbau rekonstruiert. Seine rückwärtige Lage auf dem Grundstück deutet auf eine vergleichsweise untergeordnete Funktion und wahrscheinliche Nutzung als Speicher. Das andere als im Bau befindlich dargestellte Turmhaus an der Fischstraße ist hypothetisch ergänzt nach einem an der Alfstraße erfaßten Befund aus Periode VI.

Bei den Hofgebäuden der Handtuchgrundstücke handelt es sich in der Regel um eingetiefte Blockbauten. Eines von

ihnen wies Reste oberirdisch auskragender Balken auf. Diese ermöglichen die Rekonstruktion eines Obergeschosses mit Laubengang in Anlehnung an zweigeschossige Laubenspeicher aus Norwegen.
Bei dem ergrabenen Wandgerüstbau handelt es sich um einen Pfostenbau mit eingeschobenen Bohlen. Die Anfang des 13. Jahrhunderts zweitverwendete Konstruktion von »1183« bildet eine typologische Reihe mit erhaltenen, in Ständerbauweise errichteten Speichern des 16. Jahrhunderts aus Schleswig-Holstein. Lage, Größe und Konstruktion der Hofgebäude weist auf ihre untergeordnete Stellung als Wirtschaftsgebäude. Sie dienten als Abort und zugleich als Stall oder Speicher bzw. Wohnraum mit untergeordneter Funktion. Für eines der Hofgebäude ist ferner ein seitlich angebauter Backofen nachgewiesen.
In scharfem Kontrast zur älteren Holzbebauung steht das Saalgeschoßhaus, dessen Wurzeln im feudalen Palas- und kirchlichen Immunitätsbau liegen. Die Rekonstruktion des in die ersten Jahrzehnte des 13. Jahrhunderts datierten Befundes erfolgte anhand besser erhaltener Lübecker Beispiele der Grundstücke Alfstraße 38 und Koberg 2. Saalgeschoß- und Turmhaus stehen im Gegensatz zum einschichtigen Hallenwohnen der hölzernen Vorgängerbebauung für ein feuer- und überfallsicheres Hausen sowie für geschichtetes Wohnen verschiedener Menschengruppen.
Die Errichtung des südlich anschließenden, im Bau befindlich dargestellten Steinhauses von 1230/40 leitet schließlich die Aufteilung des Großgrundstücks ein, die nun auch die Parzellen gegenüber der Marienkirche erreicht. Mithin konnten durch die Grabungen im Lübecker Kaufleuteviertel Spuren der von Heinrich dem Löwen eingeleiteten Stadtentwicklung sichtbar gemacht werden.

Bedal 1977. – Gläser 1985. – Holst 1985. – Isenberg 1987, S. 31–48. – Berg 1989. – Hinz 1989. – Plate 1989. – Remann 1991, S. 9–16. – Rötting 1991a. – Grabowski 1993. – Legant-Karau 1993. – Broscheit 1994 (im Druck). – Legant-Karau 1994 (im Druck).

G.L.-K.

F 25 Bodenfunde aus dem Lübecker Kaufleuteviertel

Lübeck, MKK = Museum für Kunst und Kulturgeschichte der Hansestadt Lübeck – Studiensammlung der Archäologischen Denkmalpflege

F 25/01 Hölzernes Tischgerät

Lübeck, um 1200

a) Daubenschalen, Daubenbecher

H. 4,8–6,2 cm – Dm. 10,4–17,4 cm.

b) Gedrehte Schalen

H. 3,1–5,5 cm – Dm. 14,5–19,2 cm.

F 25/01

F 25/02

c) Löffel

L. 15,5–21,2 cm.

MKK, Fund-Nr. 078/EH 3; 0101/EH 11; HL 75/EH 47; HL 75/EH 46; HL 75/EH 61; HL 70/3103; 064/EH 709; 064/EH 179; 064/EH 710; HL 70/8980; 064/EH 711; 078/EH 75; HL 70/6341; 0101/EH 44

Zur Zeit Heinrichs des Löwen bestand, wie auch noch in der ersten Hälfte des 13. Jahrhunderts, der überwiegende Teil des Eß- und Tischgeräts aus Holz. Keramikgefäße waren meist Koch- oder Vorratsgefäße. Erst mit dem fortschreitenden 13. Jahrhundert treten differenzierte Keramikformen, z. B. Becher und Kannen, und auch gläserne Trinkgefäße auf. Die Nutzung der Holzgefäße wurde damit aber noch nicht aufgegeben. Darstellungen von Tischszenen des 13. bis 15. Jahrhunderts zeigen immer noch die Formen der Daubenschalen und Daubenbecher und der gedrehten Schalen der Zeit um 1200. Wegen der Gleichförmigkeit der Ausführung ist es bis jetzt schwierig, ältere und jüngere Gefäße zu unterscheiden und zu bestimmen, wann Daubenschalen und -becher zum ersten Mal auftreten. Sie sind offenbar eine Erfindung des 12. Jahrhunderts und werden bis in die frühe Neuzeit hinein hergestellt und benutzt.

Die gedrechselten Schalen der hier gezeigten Formen tauchen auch erstmalig im 12. Jahrhundert auf. Eine dicke Holzscheibe wurde auf einer Seite facettenartig beschnitten, die mittlere Facette bildete den Boden. Danach wurde die andere Seite auf der Drehbank ausgedreht, und der so entstandene Hohlkörper war als Trink- und Eßgerät zu benutzen. Erst später, wieder im 13. Jahrhundert und den folgenden Jahrhunderten, überformte man auch die Außenseite der Schalen mit der Drehbank. Im 14. und 15. Jahrhundert sind auf diese Weise hölzerne Teller und Schalen entstanden, die Metallformen nachahmen.

Wie bei den Daubengefäßen ist die zeitliche Einordnung der frühen gedrehten Schalen nicht immer einfach. Beispiel dafür sind die jüngst im Sachsenspiegel-Katalog vorgestellten Stücke (Kat. Oldenburg 1995).

Die Löffel der Zeit um 1200 sind kurz und haben meist eine breite, fast runde Laffe. Sie wurden offenbar wie eine kleine Schaufel benutzt. Die Speisen wurden von der zum Mund geführten Schale in diesen hineingeschaufelt. Im 13. und 14. Jahrhundert werden Löffel auch aus Metall

(Zinn oder eine Blei-Zinn-Legierung) hergestellt. Der Stiel ist dann schon länger; dies kann ein Hinweis auf eine veränderte Eßweise sein.

Falk 1983. – Falk 1987. – Kat. Oldenburg 1995, S. 536–543.

A.Fa.

F 25/02 Roh-, Halbfertig- und Fertigprodukte der Kammherstellung

Lübeck, 13. Jahrhundert

Knochen und Horn.

Lübeck, MKK, Fund-Nr. 1/708; 1/713; 1/714; 1/694

Eine Massenware des Mittelalters stellen Kämme aus Knochen dar. Es sind dabei durchaus verschiedene Formen bekannt, so der Kamm mit kurzen Zinken in der heute noch gängigen Form oder aber der aufwendige Dreilagenkamm, bestehend aus Griffplatte und Zinkenleiste, der häufig, z.B. bei den Wikingern und Normannen, ein überaus reiches Dekor aus Ringaugen, Strichmustern und ähnlichem aufwies. Doch eine weitere Art von Kämmen wurde, den Funden nach zu urteilen, in sehr großen Mengen hergestellt, die sogenannten Langzinken- oder Steilkämme. Aufgrund der namengebenden langen Zinken waren sie sowohl in der Herstellung als auch beim Gebrauch besonders anfällig, so daß ihre Lebensdauer wohl recht kurz war und sie schnell im Abfall landeten. Bis heute ist nicht geklärt, zu welchem Zweck diese Kämme genutzt wurden. Zur Textilverarbeitung – wie früher häufig vermutet – eignen sie sich technisch wohl nicht; ob sie zur Pflege des Viehs benötigt wurden, müßten Untersuchungen auf noch heute in den Zinken verbliebene Parasiten klären.
In Lübeck konnten auf dem Grundstück Hundestraße 13–15 die Überreste einer Kammacherwerkstatt aus dem 13. Jahrhundert ergraben werden. Der Kammschnitzer arbeitete in einem hölzernen dreischiffigen Hallenhaus, das auf beiden Seiten Abseiten, sogenannte Kübbungen, aufwies. In der westlichen Kübbung hatte er seinen Arbeitsplatz. In einer mit Rundhölzern ausgesteiften Grube fanden sich die Überreste der Produktion: Rinderschädelfragmente, Hörner, abgeschlagene Gelenkenden (Epiphysen) der Metapodien (Mittelhand- und Mittelfußknochen) von Rindern und die abgespaltenen, stark gewölbten äußeren Teile dieser Knochen. Diese Abfallprodukte belegen die Herstellung von Langzinkenkämmen, und anhand der Roh- und Halbfertigfabrikate kann der Produktionsgang des hier tätigen Handwerkers rekonstruiert werden.
Zunächst mußten die Knochen von Fleisch und Sehnen befreit, dann durch Kochen entfettet werden, danach wurde ein Gelenkende, eine Epiphyse, abgetrennt, der Knochen mittig gespalten, wobei der stärker gewölbte Teil unbrauchbar war und demzufolge in den Abfall gelangte. Nun wurde der Knochen geglättet, und letztendlich wurden die Zinken freihändig eingesägt, man sieht es deutlich an den nicht ganz geraden Sägespuren. Häufig bekam der ›Kopf‹ noch ein Loch, so daß der Kamm am Gürtel getragen werden konnte.
Obwohl der Knochenschnitzer in der Hundestraße überwiegend Steilkämme herstellte, gibt es durchaus Hinweise im Fundgut, daß er darüber hinaus auch Dreilagenkämme und vielleicht sogar Griffel aus Knochen produzierte.

Grabungsfunde Lübeck, Hundestraße 9–17.

Stephan 1978a. – Ulbricht 1984. – Falk/Gläser 1988. – Gläser/Mührenberg 1989.

D.M.

F 25/03 Spiel und Spielzeug

a) Spielfiguren und Murmeln

Lübeck, um 1200

aa) Spielfiguren

Glasierte rote Irdenware – H. 4,7–5,3 cm.

ab) Murmeln

Rote Irdenware – Dm. 1,3 bis 2,2 cm.

Lübeck, MKK, Fund-Nr. 31/552; 31/272; 31/252; 31/585 (Murmeln); 31/557; 90/4204; 31/564; 31/554

b) Kegelkugeln und Kreisel

Lübeck, um 1200

Holz – Dm. 6,3–10,5 cm (Kugeln) – H. 5,3–6,4 cm (Kreisel).

Lübeck, MKK, Fund-Nr. 70/6586; 90/1246; 70/6585; 70/6586; 75/221; 094/12 – EH 52 (Kreisel); 0178 – EH 2; 70/6554; 058/EH 279; EH 1093; 083/1 – EH 5 (Holzkugeln)

c) Schachfiguren, Spielsteine und Würfel

Lübeck, spätes 12. und 1. Hälfte 13. Jahrhundert

ca) Schachfiguren

Holz – H. 3,5–5,5 cm.

cb) Spielsteine

Holz (1); Knochen – H. 1,0–1,1 cm.

cc) Würfel

Knochen (8); Elfenbein (1) – Kantenlänge 0,6–1,3 cm.

cd) Kreiselwürfel

Knochen – H. 4,2 cm.

Lübeck, MKK, Spielsteine: Fund-Nr. 70/1475; 0238 – K 11; 87/41 (2); 41/186; 70/4615; 89/146 (Holz); Würfel: 70/3735; 75/169; 31/223; 70/6810; 21/620; 75/214; 75/185; 70/1361; 21/484; 70/2431 (Elfenbein); Schachfiguren: 70/6402; 90/1163; 0224 – EH 66

F 25/03 a

Auch im hohen Mittelalter war das Spielen nicht nur auf Kinder beschränkt. Erwachsene gaben sich dieser Leidenschaft offensichtlich gleichermaßen hin.
Eine klare Grenze zwischen Kinder- und Erwachsenenspielzeug ist nicht in jedem Fall anzugeben, ebenso wie sich eindeutig weibliche und eindeutig männliche Spiele kaum voneinander abgrenzen lassen. Daß die Spielfreudigkeit sowohl bei Kindern als auch bei Erwachsenen seit eh und je groß war, ist inzwischen durch relativ zahlreich vorliegende Bodenfunde belegt. So konnten in den letzten Jahren vor allem in Braunschweig, Wismar, Minden, Lübeck und anderen Städten eine nicht geringe Anzahl von Fundstücken geborgen werden, die dem Lebensbereich Freizeitgestaltung zuzuordnen sind, ein Bereich, der durch schriftliche oder bildliche Überlieferungen erst seit dem Spätmittelalter häufiger in Erscheinung tritt. Eine Ausnahme bilden hier Kinderspiele und Kinderspielzeug, welches man offensichtlich gar nicht für wert erachtete, eigens beschrieben oder dargestellt zu werden.
Für Kinder war Spielen jedoch nicht nur Unterhaltung und Zeitvertreib. Damals wie heute spiegelte es auch die Welt der Erwachsenen wider: Häusliches Leben und Arbeitsalltag fanden ebenso ihren Niederschlag wie soziale Gliederung und Rollenverteilung der Geschlechter. So war z.B. das Schachspiel ebenso wie das Würfelspiel im Erziehungsplan junger Adliger vorgesehen; hölzerne Spielzeugschiffchen oder Nachbildungen von Arbeitsgeräten scheinen seine einstigen Besitzer dagegen einem ganz anderen sozialen Umfeld zuzuweisen.
Zu den ältesten Kinderspielzeugen gehören neben Bällen und Puppen vor allem Spieltiere und deren aus Ton hergestellte Nachbildungen wie z.B. die hier gezeigten Stücke (Pferd, Vogel, Kuh?, Abb. F 25/03 a).
Bälle im heutigen Sinn, also luftgefüllt, sind erst seit dem Spätmittelalter bekannt. Davor benutzte man entweder aus Ledersegmenten zusammengenähte und mit organischem Material gefüllte Bälle oder Kugeln aus Holz, die vor allem für das Rollen auf dem Boden benutzt wurden (Abb. F 25/03 b).
Die Kugeln der Kinder waren die Murmeln, die ja nach Art des Ziels verschiedene Spielvarianten ermöglichten. Allein 44 dieser Murmeln fanden sich in einem Brunnen auf dem Gelände des Lübecker St.-Johannis-Klosters (Abb. F 25/03 ab). Daß aber auch Erwachsene mit Murmeln spielten, ergibt sich aus einer Schriftquelle, die – allerdings erst für das Jahr 1254 – ein Spielverbot für *globe* (Murmeln) in Göttingen überliefert. Als Begründung wird angegeben, daß Bürger damit schon ihre gesamte Habe verspielt hätten.
Ebenso beliebt wie Murmeln und Kleinplastiken verschiedener Tiere waren Reiterfiguren aus glasierter Irdenware, mit denen vermutlich ritterliche Heldenkämpfe nachgespielt wurden. Dieses Spielzeug wurde zumindest seit dem Ende des 12. Jahrhunderts, wie Funde aus verschie-

F 25/03b

denen Städten belegen, in relativ großen Mengen hergestellt und auf den Märkten verkauft (Abb. F 25/03 a).
Der Kreisel gehört bereits seit der Antike zum weitest verbreiteten Kinderspielzeug (Abb. F 25/03 b). Der ›Topf‹ liegt in zwei Varianten vor: die birnenförmige Form mit Eisenspitze, die als Wurfkreisel gedeutet wird, sowie zylindrische Exemplare, die mittels Peitschenschlägen angetrieben wurden.
Der gleichseitige Würfel ist seit ca. 3.000 Jahren in Gebrauch. Wie bei den modernen Ausführungen betrug die Summe der gegenüberliegenden Augen stets 7. Die Lübecker Würfel sind jedoch nur teilweise nach diesem System numeriert; meist stehen sich bei ihnen 1 und 2, 3 und 4 sowie 5 und 6 gegenüber. Ein Exemplar besteht aus Elfenbein, die übrigen sind aus Knochen hergestellt. Erwähnenswert wegen seiner besonderen Form ist unter diesen ein sechseckiger Würfel, der mittels eines Stäbchens gedreht und nicht geworfen wurde. Er stammt vom Areal des Lübecker St.-Johannis-Klosters und datiert in den Zeitraum 1175 bis 1200. Auch hier liegen sich wiederum die Zahlen 1 und 2, 3 und 4 sowie 5 und 6 gegenüber.
Würfel und Brettspiele waren nahezu überall anzutreffen. Vor allem in den Städten gab es große Mengen dieser Spielgeräte, sogar im Badehaus und im Bordell wurde gespielt. Aber auch bei Rechtsakten spielten Würfel eine Rolle: Im Landrecht des Sachsenspiegels war z.B. festgelegt, daß Verpflichtungen aus dem Würfelspiel nicht auf die Erben übergehen sollten. Weiterhin wurde der Würfelwurf als Mittel des Losentscheids eingesetzt.
Mittelalterliche Quellen geben Zeugnis davon, daß nicht nur Männer, sondern auch Frauen und Mädchen würfelten. Auch der Adel und die Geistlichkeit konnten sich der Faszination dieses Spiels offensichtlich nicht entziehen, wie aus verschiedentlich überlieferten Verboten zu entnehmen ist. So erließen 1190 z.B. Philipp August und Richard Löwenherz in Messina eine Verordnung, die das Würfelspiel im Heer der Kreuzfahrer untersagte. Ausgenommen waren allerdings die Könige, und für Ritter und Kleriker wurde lediglich die Höhe des Spieleinsatzes beschränkt.
Runde Brettspielsteine, die auch mit Würfeln zusammen benutzt wurden, sind im Lübecker Fundgut mehrfach vertreten. Sie wurden aus Holz oder Bein gefertigt und auf einer oder beiden Seiten poliert. Als Verzierung treten Kreise in Kombination mit Punktkreisen auf, Kreise aus gebohrten Punkten sowie konzentrische Kreisverzierungen; z.T. sind sie mittig durchlocht. Bei den unverzierten Stücken mag es sich um noch nicht vollendete Steine handeln.
Gespielt wurde auf zusammenklappbaren Brettern Mühle-Spiele oder Backgammon, im Mittelalter Trictrac oder Puff genannt. In diesem Zusammenhang muß auch das Schachspiel erwähnt werden. Erste schriftliche Zeugnisse, die sich auf das Schachspielen beziehen, liegen für Mitteleuropa aus dem frühen 11. Jahrhundert vor. Schachfiguren aus kirchlichen Beständen sind aus wertvollen Materialien wie Elfenbein, Bergkristall und Halbedelstein gefertigt. – Auf den hochmittelalterlichen Adelssitzen war das

F 25/03c

Schachspiel unverzichtbarer Bestandteil gepflegten höfischen Lebensstils. Daß Schach dann zunehmend auch in nicht adeligen Schichten gespielt wurde, ist inzwischen durch eine erkleckliche Anzahl von Schachfiguren aus mittelalterlichen Städten belegt. Sie sind in der Regel aus weniger wertvollen Materialien wie Knochen, Geweih und Holz hergestellt, wie auch die gezeigten Lübecker Exemplare des ausgehenden 12. und der ersten Hälfte des 13. Jahrhunderts.

Schütte 1982. – Tauber 1987. – Gläser 1989d. – Kluge-Pinsker 1991.

I.S.

F 25/04 Fensterläden

Lübeck, 2. Hälfte 12. Jahrhundert und frühes 13. Jahrhundert

a) Holz und Eisen – H. 95 cm – B. 57 cm – T. 4 cm.

b) Holz und Eisen – H. 100 cm – B. 27 cm – T. 2 cm.

c) Holz und Eisen – H. 77 cm – B. 35 cm – T. 4 cm.

Lübeck, MKK, Fund-Nr. 53/55; 70/6675; 49/95

Alle drei Fensterläden entstammen dem Lübecker Kaufleuteviertel, also jenem Gebiet, das zwischen dem Areal der Marienkirche und der Untertrave liegt. In diesem Gebiet finden sich die bislang ältesten archäologisch nachweisbaren Spuren einer bürgerlichen Siedlung auf dem Lübecker Stadthügel (vgl. Kat. F 24).

Der älteste Fensterladen – er stammt aus der Alfstraße 36 – ist aus Eiche gefertigt und konnte mithin dendrochronologisch auf »um oder nach 1169« datiert werden (a). Folglich gehört er mit großer Sicherheit in die Zeit der Stadtherrschaft Heinrichs des Löwen. Den Fensterladen fanden die Ausgräber jedoch im Zustand der Zweitverwertung vor, nämlich als Unterlegholz für einen Fußboden. Damit mag zusammenhängen, daß auf der Außenseite nur noch zwei ringaugenförmige Abdrücke einer vermutlich metallenen Verzierung zu sehen sind.

Bei dem geborgenen Fensterladen scheint es sich um einen Flügel einer damals zweiflügeligen Fensterladenkonstruktion zu handeln. Denn auf der einen Seite, der Innenseite, sehen wir eine muldenartige Vertiefung, in welcher ein den Laden um 19 Zentimeter überragender Querriegel liegt. Dies könnte darauf hinweisen, daß der heute einbohlige Laden um eine Bohle, also um diese 19 Zentimeter breiter war und diese Bohle abbrach. Mit einem überlappenden Gegenflügel hätte er dann ein Quadrat von knapp einem Meter Seitenlänge ergeben. Solche Maße entsprächen denjenigen Maßen, die man für die auszufüllenden Gefache eines Hauses in der Alfstraße ermittelte. Es bleibt aber auch möglich, daß kein Stück abbrach, wir heute den Fensterladen in seiner alten Gestalt haben und der Riegel auf eine entsprechende Vorrichtung des anderen Flügels traf.

Wesentlich schlichter und rein funktionell stellt sich der Fensterladen aus der Fischstraße 12 dar (b). Er besteht aus nur einer Bohle, die freilich inzwischen zerbrochen ist, und einem klotzartigen Riegel. Darüber hinaus birgt der Laden zwei Eisennägel, die vermutlich zu Scharnieren

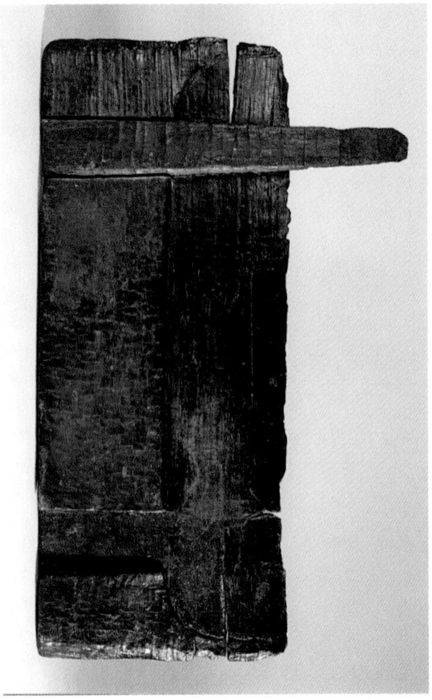

F 25/04a

F 25/04b

gehörten und die heute als zwei kleine Hügel wahrnehmbar sind. Da der Laden aus Kiefernholz angefertigt wurde, konnte er dendrochronologisch nicht datiert werden. Durch den Befundzusammenhang war er jedoch in die Zeit nach 1180 einzuordnen.

Prachtvoller wirkt jener Fensterladen, der in der Mengstraße 64 geborgen wurde (c). Auch er besteht aus einer einzigen Kiefernholzbohle. Die Außenseite ist mit Eisenbändern beschlagen, am Rande befinden sich Reste von Scharnieren. Diese Metallbestandteile gehören zu den ältesten Eisenbefunden in der Lübecker Innenstadt.

Schon seit ungefähr 1206 diente dieser beschlagene Laden in Zweitverwendung als Unterlegholz. Daher dürfen wir annehmen, daß seine Erstverwendung als Fensterladen noch deutlich ins 12. Jahrhundert reicht.

Mithin stammen alle drei Fensterläden noch aus der Holzbauphase Lübecks. Nicht mehr zu rekonstruieren ist heute, ob die Läden einst bemalt waren. Die über viele Jahrhunderte sich erstreckende Lagerung in der Erde hätte durchaus zu einer vollständigen Zersetzung eines Farbauftrags führen können.

Die Hinweise auf mittelalterliche Fenster und Fensterläden sind in der entsprechenden Fachliteratur recht schlank ausgefallen – dies betrifft zumal das frühe und hohe Mittelalter. Aber im 12. Jahrhundert müssen Glasfenster in normalen Bürgerhäusern rar gewesen sein. Gab es wiederum Glasfenster, so saßen sie zumeist fest im Gewände und waren nicht zu öffnen. Aber Glas gehörte in dieser Zeit noch zu den Kostbarkeiten, und Fensterglas war hauptsächlich den Kirchen vorbehalten.

Fensterläden stellten also zu dieser Zeit den Hauptschutz gegen Wind und Wetter dar. Andererseits diente das Öffnen der Fenster nicht nur dem Einlaß von Licht, sondern auch der Lüftung bzw. dem Entfernen des Herdqualms. Hierin werden die geöffneten Fenster sicherlich die auf dem Dachfirst angebrachten Rauchabzüge unterstützt haben.

Einen mittel- bis nordeuropäischen Tag im Winterhalbjahr müssen wir uns in einem prachtvollen Bürgerhaus recht düster vorstellen: Die Fensterläden waren zumeist geschlossen, die Dunkelheit nur erhellt vom Herdfeuer und von Öl-Leuchten. Wenn irgendwo das pauschale Reden vom ›dunklen Mittelalter‹ gerechtfertigt wäre, dann hier und im buchstäblichen Sinn.

Setzen wir voraus, die ergrabenen Läden seien Bestandteile zweiflügeliger Fensterläden gewesen, so kommen wir durchaus auf Fenstergrößen, die im Sommer genügend Sonnenlicht hineinlassen konnten. Dies setzt allerdings voraus, daß die damaligen Holzhäuser mehrere Fensteröffnungen hatten, was wahrscheinlich ist, aber bei den Grabungen in Lübeck nicht mehr bewiesen werden konnte.

F 25/04c

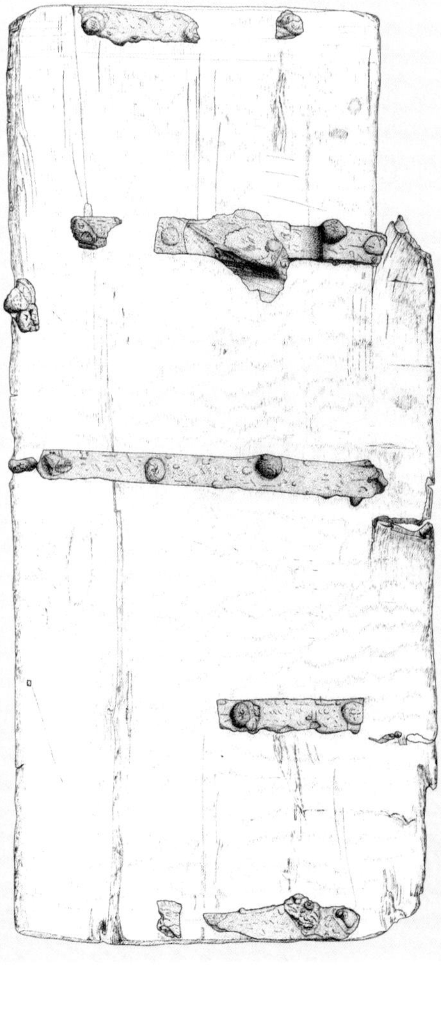

Auch zeitgenössische Darstellungen städtischen Lebens im späteren Mittelalter zeigen uns immer noch Fenster mit Läden, aber ohne Glas. Glasfenster – auch mit Butzenscheiben – werden aber häufiger. In Lübeck datieren Flachglasfunde schon in das frühe 13. Jahrhundert. Häufiger werden offensichtlich auch Mischformen an ein und demselben Gebäude: Zu sehen sind Häuser, die sowohl Lädenfenster ohne Glas als auch Glasfenster ohne Läden aufweisen. Für ärmere Regionen Europas galten Glasfenster bis ins 19. Jahrhundert als Rarität.

Grabungsfunde Lübeck, Alfstraße 36/38, Fischstraße 12 und Mengstraße 64.

Caune 1984, S. 163f. – Kat. Hamburg 1989, 2, Nr. 17.15/16 (Manfred Gläser). – Braudel 1990, S. 316ff. – Gläser 1992, S. 266f.

M.T.

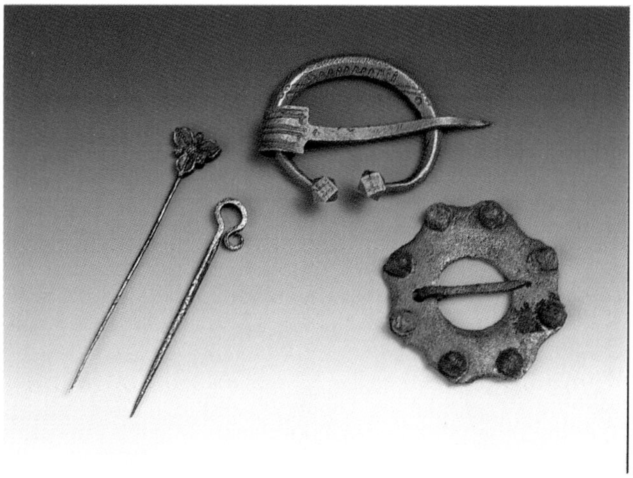

F 25/05 Schmuck und Trachtenzubehör

a) Bischofsring

Lübeck, 13. Jahrhundert

Gold mit Edelsteinen – Dm. 2,25cm.

Lübeck, MKK, Fund-Nr. 84/120

b) Nadel

Lübeck, 13. Jahrhundert

Silber, teilweise vergoldet – L. 6,8cm.

Lübeck, MKK, Fund-Nr. 31/558

c) Verschiedene Schmuckstücke

Lübeck, 13. Jahrhundert

Silber und Buntmetall.

Lübeck, MKK, Fund-Nr. 31/558; 90/4197; 90/5517; 41/344; 90/818; 21/405; 70/281

Kostbarer Goldschmuck wird bei Ausgrabungen in einer Altstadt selten gefunden. Nur wenige, sehr wohlhabende Bürger konnten sich einen derartigen Luxus leisten, trugen ihren Schmuck nur zu besonderen Gelegenheiten und waren sehr darauf bedacht, ihn nicht zu verlieren, so daß Goldschmuck nicht zu den sonst zahlreichen Funden in mittelalterlichen Siedlungsschichten zählt. Da Edelmetalle damals wie heute einen erheblichen Materialwert darstellten, gelangten auch schadhafte Stücke nicht in den Abfall, sondern wurden eingeschmolzen und weiterverarbeitet.
Außer Gold wurden im Mittelalter auch die preiswerteren Materialien Silber oder Bronze zur Schmuckherstellung verwendet und so sicherlich für eine breitere Käuferschicht erschwinglich. Ringe und Nadeln aus Silber und Bronze, teilweise vergoldet, gehören zum Fundgut einer Altstadtgrabung. Diese Schmuckstücke sind meist schlicht und mit so wenigen Zierelementen versehen, daß kein einheitlicher Stil auszumachen und eine Datierung in der Regel nur über archäologische Fundzusammenhänge möglich ist. Sie weisen jedoch eine entfernte Verwandtschaft zum wertvollen Schmuck des Adels und reicher Bürger auf, denn beliebte Materialien wie Bronze oder Glas ähneln bei flüchtigem Hinsehen Gold und Edelsteinen. So galten vermutlich trotz Verwendung einfacher Formen und preiswerter Materialien diese Schmuckstücke ihren Trägern als Zeichen eines bescheidenen Wohlstands, waren Bronze und Glas gewissermaßen das Gold und die Edelsteine des ›kleinen Mannes‹. Dies betrifft beispielsweise einen mit Einritzungen verzierten Bronzering, der ehemals als herausragendes Schmuckelement einen heute verlorenen Stein trug (Abb. F 25/05 a).
Schwer zu deuten ist ein wohl aus Silber gefertigter Bandring mit nicht zu identifizierenden Schriftzeichen. Inschriften auf Bandringen lassen sich häufig als Segensformeln interpretieren und sollen den Träger vor Krankheiten schützen, ebenso können sie ein Zeichen der Freundschaft oder gar einen Liebesbeweis darstellen.

Etwas kostbarer – schon aufgrund des Materialwerts – erscheint ein aus einem vergoldeten Messingstreifen geformter Ring mit schwarzem Stein. Auch er ist jedoch so sparsam mit Zierelementen geschmückt, daß eine stilistische Einordnung nicht möglich erscheint.
Wesentlich mehr Anhaltspunkte liefert hingegen der Ring aus dem Grab des Bischofs Heinrich II. von Bocholt im Lübecker Dom. Dieser Ring wurde aus Gold mit Fassungen für mehrere Edelsteine, darunter ein Granat und ein Saphir, gearbeitet. Ringe mit mehreren Steinen waren stets die Ausnahme und galten als besondere Kostbarkeit, die sich nur wenige hochgestellte Persönlichkeiten leisten konnten. Bereits zum Zeitpunkt des Todes von Bischof Heinrich II. von Bocholt im Jahre 1341 war eine der damals neun auf die Ringplatte gelöteten Zylinderfassungen abgebrochen, und es gab deutliche Abnutzungsspuren. Vermutlich wurde das beschädigte und im Vergleich zu anderen Bischofsringen jener Zeit altmodische Schmuckstück nicht mehr getragen und gelangte so in das Grab des Bischofs.
Neben Ringen galten auch mehr oder weniger aufwendig gearbeitete Nadeln und Fibeln als beliebte Schmuckstücke (Abb. F 25/05 b). Zu den sowohl schlichteren als auch preiswerteren Exemplaren dieser Kategorie zählt zweifellos eine zierliche Nadel aus zusammengelegtem Kupferblech. Aufgrund ihrer geringen Größe diente sie wohl weniger als Gewandschließe, sondern vielmehr als Haarschmuck oder zur Befestigung des Schleiers.
Einen ähnlichen Zweck erfüllte wohl eine zur gleichen Zeit gefertigte Nadel aus teilweise vergoldetem Silber. Das wertvollere Material und die aufwendige Goldschmiedearbeit – der Kopf ist als stilisierte Blüte ausgebildet – machen diese Nadel zu einer Besonderheit.
Noch dem 13. Jahrhundert zuzuordnen ist eine bronzene Fibel in Form einer achteckigen Scheibe mit geschwungenen Außenkanten und kreisförmiger Öffnung in der Mitte. Als Zierelemente wurden acht Halbkugeln angelötet, als Verschluß eine Nadel angebracht. Ähnliche Schmuckstücke wurden bei Grabungen in Magdeburg gefunden und als Gewandschließe gedeutet, da sie in dieser Funktion an der Magdeburger Bauplastik des 13. Jahrhunderts zu sehen sind.
Als Gewandschließe wurde sicherlich auch die aus Bronze gegossene, hufeisenförmige Fibel benutzt. Sie ist als viereckiger Ring mit hochgebogenen Enden und kantigen Köpfen gearbeitet. Eine breitköpfige Nadel dient der Befestigung am Gewand. Die Fibel ist reich mit Dreiecken, Punkten, Linien und Ochsenaugen in Punztechnik verziert. Vergleichbare Stücke wurden auf westfinnischen Friedhöfen des 12. und 13. Jahrhunderts, aber auch im Baltikum, in Norwegen und in Schweden gefunden. Aufgrund dieser Grabfunde konnte auch festgestellt werden, daß sie sowohl von Männern als auch von Frauen getragen wurden. Vermutlich handelt es sich bei unserem Stück um einen Import aus dem Norden; es ist damit ein Indiz für die weitreichenden Handelsbeziehungen Lübecks.

Nickel 1964a. – Kat. Hamburg 1989, S. 520 (Manfred Gläser). – Gläser 1989. – Legant-Karau 1992, S. 56. – Westermann-Angerhausen 1992.

W. L.

F 25/06 Keramikgefäße

Lübeck, um 1150 bis 1230

Lübeck, MKK, Fund-Nr. 70/6333; 70/6269; 63/25; 70/4730; 31/593; 52/109; 1/1011; 2/1262; 21/876; 70/4604; 49/92; 31/464; 21/2; 12/372; 41/103; 41/121; 41/119; 41/120; 41/121

Auf den ersten Blick scheinen die Sammlungen des Amtes für Archäologische Denkmalpflege durchaus die mittelalterliche Sachkultur widerzuspiegeln. So ist man geneigt, die Funde einer großen Ausgrabung als repräsentativen Querschnitt eines Haushalts zu interpretieren. Dieses ›runde‹ Bild scheint sich vor allem durch die überraschen-

F 25/06

F 25/06

F 25/06

de qualitative und quantitative Vielfalt der Kloakeninventare zu bestätigen, aus denen häufig nicht nur Gefäße unterschiedlicher Materialien, sondern auch Möbelteile, Textilien, Lederreste und anderes mehr geborgen werden.

Dieser ›erste Blick‹ trügt. Eine exakte Aufstellung der Funde ergibt bei jeder Grabung, daß rein quantitativ die Keramik die mit großem Abstand gewichtigste Fundgattung darstellt. Die Zufälligkeit der Überlieferung archäologischer Quellen führt zu grotesken Verzerrungen. Dies gilt für die absolute Zahl ehemals in den Boden gelangter und dann bei Ausgrabungen wieder geborgener Funde ebenso wie für das relative Verhältnis der Fundgattungen zueinander. Keramik, also gebrannter Ton, ob Backstein oder Kugeltopf, erweist sich als außerordentlich widerstandsfähig und langlebig – etwa im Gegensatz zu organischen Materialien wie Holz, Leder oder Textilien, die uns nur unter bestimmten feuchten Lagerungsbedingungen erhalten bleiben. Insofern verwundert auch nicht, daß letztgenannte Fundgattungen vor allem, bei einigen Grabungen ausschließlich, in den Kloaken oder in den untersten, ältesten, gut durchfeuchteten Schichten vorhanden sind. Es kommt hinzu, daß auch der materielle Wert eines Gegenstands diesen davor bewahren kann, achtlos in die Kloake geworfen zu werden. Wertvolle Gegenstände aus Metall werden, falls nicht zu reparieren, nicht achtlos fortgeworfen, sondern wieder eingeschmolzen, Holz wird umgearbeitet oder verbrannt – durchaus im Gegensatz zum zerbrochenen Keramikgefäß, aus dem sich nichts herstellen läßt.

Nach wie vor also stellt somit die Keramik die gewichtigste Fundgattung überhaupt dar, sowohl quantitativ aufgrund der großen Fundmengen als auch qualitativ als Datierungsgrundlage wie als Indikator für kulturgeschichtliche Entwicklungen. Insgesamt liegen im Magazin des Lübecker Amtes für Archäologische Denkmalpflege weit über 1,5 Millionen Scherben und Tausende von erhaltenen Gefäßen vor. Bereits in den fünfziger Jahren war bei den Ausgrabungen in der Lübecker Altstadt »der wohl größte archäologische Fundkomplex … für den Zeitraum vom 13. bis zum 19. Jahrhundert in der Bundesrepublik Deutschland« zusammengetragen worden, bevor dann die großen Ausgrabungen in den letzten 20 Jahren diese Anzahl nochmals vervielfachten.

In der Ausstellung werden drei Gruppen vorgestellt, die stellvertretend die Entwicklung der Lübecker Keramik illustrieren sollen. Es handelt sich zunächst um zwei Gefäße (Abb. F 25/06 a) von der Grabung Alfstraße/Fischstraße, die beide dendrochronologisch in das dritte Viertel des 12. Jahrhunderts datieren, also in die ersten Jahrzehnte der Zweitgründung Lübecks durch Heinrich den Löwen. In den Fundkomplexen dieser Zeit dominieren mit stets über 90% die lokal produzierten Kugeltöpfe der Harten Grauware. Es handelt sich um den klassischen Kochtopf des Mittelalters überhaupt, gelegentlich ist er mit Henkeln und Stielen versehen. Außerdem sind mit sehr geringen Anteilen slawische Töpfe vertreten. Somit ist – und dies gilt auch für das Inventar wohlhabender Haushalte – eine erstaunliche Armut an Varianten zu verzeichnen. Funktionstypen wie Becher oder Kannen sind äußerst seltene Exemplare, die vermutlich, wenn überhaupt vorhanden, importiert worden waren.
Bereits wenige Jahrzehnte später weist das Keramikspektrum eine größere Vielfalt auf. Die fünf fast vollständig erhaltenen Gefäße (Abb. F 25/06 b) fanden sich mit der Öffnung nach oben stehend neben der Herdstelle auf dem hölzernen Fußboden eines ausgegrabenen Hauses. Während ansonsten bei den Lübecker Altstadtgrabungen erhaltene Gefäße mit wenigen Ausnahmen aus der Kloake stammen, stellen diese Funde erstmals ein Ensemble von Gefäßen dar, die gleichzeitig in einem Haushalt genutzt werden. Ob es allerdings der vollständige Geschirrsatz war, entzieht sich unserer Kenntnis.
Es handelt sich um zwei Kannen und einen großen sowie zwei kleine Kugeltöpfe, einer davon ehemals mit einem Stiel ausgestattet. Die Kugeltöpfe bestehen aus Harter Grauware der Variante a, sind also oxidierend, mit höherer Sauerstoffzufuhr, gebrannt als die herkömmliche graue Standardware des Mittelalters. Am vorherrschendsten sind rötliche und bräunliche Farben, die auf ein und demselben Gefäß durchaus unterschiedlich sind. Die beiden Kannen hingegen bestehen bereits aus roter Irdenware und verfügen über einen für diese Waren bezeichnenden Dekor, nämlich eine grüne, z. T. bereits vergangene Glasur auf der Schulter. Glasierte Rote Irdenware ist noch vor wenigen Jahren frühestens in das beginnende 13. Jahrhundert datiert worden – seit den Ausgrabungen in Ribe und eben auch in Lübeck setzt man den Beginn dieser Produktion in die zweite Hälfte des 12. Jahrhunderts oder gar noch früher.
Die Gefäße belegen zusammen mit den Überresten der Feuerstelle eindeutig die Wohnfunktion des betreffenden Holzhauses. Unklar bleibt natürlich weiterhin, wieviele Personen zum Haushalt zählten. Auch die Frage, über wieviele Gefäße ein Haushalt verfügte, läßt sich nur annäherungsweise beantworten. Für andere Fundorte (Elisenhof und Schleswig) sind für das 9./10. Jahrhundert lediglich zwei, für das 11. Jahrhundert drei Gefäße errechnet worden.
Mit dem Aufkommen der bürgerlichen Wohnbauten aus Stein scheint auch eine Steigerung der Wohnkultur einherzugehen, zu der natürlich auch das Tischgeschirr zu zählen ist. Dies gilt in quantitativer wie auch qualitativer Hinsicht. Die Keramikmengen aus den Schichten des frühen 13. Jahrhunderts (Abb. F 25/06 c) sind erheblich größer als jene aus den Schichten des 12. Jahrhunderts, pro Haushalt scheinen mehr Gefäße vorhanden zu sein. Aber auch die Vielfalt der Keramikgefäße nimmt eindeutig zu. Dies läßt sich zunächst für die Warenarten feststellen: Neben der Harten Grauware und der Roten Irdenware sind nun auch in allen ergrabenen Fundkomplexen importierte Waren vertreten, nämlich Gelbe Irdenware aus Südniedersachsen oder aus dem Rheinland ebenso wie die reich dekorierte glasierte Rote Irdenware oder das Faststeinzeug. Neben dem Kochgeschirr wie Kugeltopf, Grapen (Kugeltopf mit drei Beinen und Stiel oder Henkel) und Pfannen gibt es jetzt auch Schüsseln und Schalen sowie Trink- und Schenkgeschirr wie Becher, Krüge oder Kannen. Besonders hervorzuheben sind die prachtvoll verzierten Krüge aus glasierter Roter Irdenware, die zahlreiche Applikationen wie Rosetten, Blümchen, Leisten, Schuppen oder Noppen aufweisen, bis hin zu Gesichtsdarstellungen oder Personengruppen wie Rittern oder Nonnen. Sonderformen wie Kienspanhalter, Lampen und Miniaturgefäße ergänzen dieses ohnehin breite Spektrum.
Es fällt auf, daß diese Varianten grundsätzlich bei jeder größeren Lübecker Grabung gefunden werden, gleichgültig, ob es sich um Untersuchungen auf den ehemaligen Grundstücken wohlhabender Kaufleute oder aber um die Grundstücke von Handwerkern oder Klöstern handelt. Somit lassen sich vorläufig aufgrund des Keramikensembles nur sehr verhalten Aussagen über den Wohlstand formulieren. Immerhin deutet sich an, daß sowohl bei den Kaufleuten als auch bei den Klosterinsassen die Anteile wertvoller Importkeramik wie auch die absoluten Zahlen deutlich höher liegen.

Gläser 1987a.

M. Gl.

F 25/07 a Bauplastiken

Lübeck, 1. Hälfte 13. Jahrhundert

aa) Attische Basis einer seitlichen Fenstersäule

Roter Backstein, hellbraun glasiert – H. 15,5 cm – Dm. 13–23 cm.

ab) Säulenschaftfragment einer seitlichen Fenstersäule

Roter Backstein, hellbraun glasiert – H. 24 cm – Dm. 10–13 cm.

ac) Kopfapplik eines Kapitells

Roter Backstein, hellbraun glasiert – H. 10 cm.

ad) Backstein mit einer Gesichtsdarstellung

Roter Backstein, olivgrün glasiert – unvollständig – H. 12 cm – B. 7,5 cm.

Lübeck, MKK, Fund-Nr. 90/5358; 90/7088; 70/8864; 84/11

Zu Beginn des 13. Jahrhunderts wurden im damals überwiegend ›hölzernen Lübeck‹ die ersten profanen Steinbauten errichtet. In Ermangelung von natürlichen Steinen wurden sie in Backstein ausgeführt. An den exponierten Stellen der Stadt, am Markt, am Koberg, im Hafenbereich, wurden Überreste dreier romanischer ›Saalgeschoßhäuser‹ archäologisch und bauhistorisch nachgewiesen, die repräsentativen, aber auch Wohn- und Geschäftszwecken dienten. Im rückwärtigen Grundstücksbereich errichtete man, oft als Anbauten an hölzerne Vorderhäuser, turmartige Steinwerke über quadratischen Kellergrundrissen, in denen eine feuersichere Warenlagerung gewährleistet war. Die Steinwerke waren aber auch zum sicheren Wohnen und zur Repräsentation gedacht.
Wegen Zerstörung oder Umbau sind die ersten Backsteingebäude nicht mehr in ihrer ursprünglichen Ausdehnung und Gestalt vorhanden. Nur Fundamentbereiche, weniger ganze Mauerzüge, belegen ihre Existenz und lassen die Grundrisse erkennen. Selten können auch die architektonischen Details aus ihrer sekundären Lage geborgen werden. Die drei aus verschiedenen Lübecker Fundstellen stammenden Säulenelemente bringen Aussagen über die Ausführung der romanischen Rundbogen- oder Arkadenfenster, wie sie in den ersten steinernen Gebäuden Lübecks anzunehmen sind.
Die spätromanische attische Basis einer seitlichen Fenstersäule (F 25/07 aa) hat einen ausgeprägten unteren Wulst, der durch die Eckzier in Form eines Sporns zu einer quadratischen Plinthe überleitet. Die Basis wurde in einer Hofplanierschicht im rückwärtigen Bereich des Grundstückes Dr.-Julius-Leber-Straße 38 gefunden. In dem durch Dendrodatierung ermittelten Zeitraum zwischen »um oder nach 1222« und »um 1242« stand dort als Anbau an das hölzerne Vorderhaus ein backsteinernes Steinwerk. Es ist anzunehmen, daß die in diese Zeit stilistisch passende Basis von einem Fenster dieses Gebäudes stammt, wo sie auch eine Zierfunktion erfüllen sollte.
Das Schaftfragment (Abb. F 25/07a) wurde aus einer in die zweite Hälfte des 13. Jahrhunderts datierten Grube im hinteren Hofbereich der Parzelle Dr.-Julius-Leber-Straße 32 geborgen. Nach Stil und Material ist es jedoch vor 1250 entstanden. Das ausgestellte Stück ist der obere Teil einer seitlichen Fenstersäule aus einem unbekannten Gebäude. Ein reliefartiges Zickzackornament verzierte den Schaft, der sich nach oben leicht verjüngte.

F 25/07a

Der Schaft stand sehr wahrscheinlich auf einer attischen Basis, ähnlich der Form des ausgestellten Exemplars, und war mit einem Kapitell abgeschlossen. In der ersten Hälfte des 13. Jahrhunderts waren Kelchblockkapitelle im Gebrauch, die oft mit Pflanzen, Tieren und Figuren geschmückt waren. Ein Beispiel solcher Ornamentik ist die kleine Darstellung eines männlichen Kopfes, die einst eine Kapitellecke unmittelbar unter der Deckplatte schmückte (Abb. F 25/07a). Der schmale, längliche Kopf hat deutlich hervorgehobene Gesichtszüge: Aus der wenig ausgeprägten Stirn geht ohne Absatz zwischen den Augenbrauen die leicht aufgestülpte Nase hervor, die zwischen den Lidern leicht gerundeten Augen haben gebohrte Pupillen, zwei Falten trennen die Wangen von der Mundpartie, aus dem geöffneten Mund blecken die Zähne, grob gekerbte Linien imitieren den Kinnbart. Das Haar fällt auf der rechten Seite offen herab bis an den schmalen Hals. Der quer durch das Gesicht verlaufende Riß entstand schon während des Brandes und war vermutlich die Ursache, daß der Kopf, ersetzt durch eine neue Plastik, bereits im ersten Viertel des 13. Jahrhunderts in die Verfüllung einer Kloake geriet. Die Nähe seines Fundplatzes zu dem Saalgeschoßhaus Schüsselbuden 6 kann auf seine Herkunft hinweisen.
Das Backsteinfragment mit Gesichtsdarstellung (Abb. F 25/07a) wurde in der Verfüllung einer Holzkonstruktion zusammen mit der Keramik der ersten Hälfte des 13. Jahrhunderts gefunden. Das vor der Sichtseite des Backsteins hervorspringende Gesicht weist eine grobe Ausführung auf. Oval und flach in der Form, hat es nur leicht angedeutete Augen, das gleiche gilt für die Nase und den Mund. Erst zusammen mit weiteren Steinen in einer Friesreihe entfaltet es seine Wirkung.

Grabungsfunde Lübeck, Dr.-Julius-Leber-Straße 38 und 32, Fischstraße 8 und Breite-Straße/Pavillon.

U.R.

F 25/07b

F 25/07 b Drei Ofenkacheln und Ofenlehmfragmente mit Kachelabdrücken

Lübeck, spätes 12. und frühes 13. Jahrhundert

Graue und gelblichbraune Irdenware – angeziegelter Lehm

ba) Topfkachel

H. 14,5 cm – Außendm. 13 cm – Mündungsweite 9 cm.

bb) Becherkachel

H. 14–14,5 cm – Außendm. 11 cm – Mündungsweite 9 cm.

bc) Becherkachel

H. 9–10 cm – Außendm. 10,5 cm – Mündungsweite 9 cm.

bd) drei Ofenlehmfragmente

Lübeck, MKK, Fund-Nr. 70/4076 (2 x); 70/8301; 70/4108

Dem guten Erhaltungszustand der Funde und dem günstigen Fundzusammenhang ist es zu verdanken, daß in Lübeck und allgemein nördlich der Elbe erstmalig die Existenz eines Kachelofens für das späte 12. und frühe 13. Jahrhundert durch die ausgestellten Fundstücke belegt werden konnte.

Die Topfkachel und die große Becherkachel sowie die Ofenlehmfragmente mit Kachelabdrücken (Abb. F 25/07) wurden zusammen mit zahlreichen durchglühten Findlingssteinen und Kachelbruchstücken in der Kellerverfüllung eines Ständerschwellenbaus auf dem Grundstück Alfstraße 9 gefunden. Der Fundzusammenhang macht die Rekonstruktion eines Kuppelofens über einem Feuerungsunterbau aus Findlingen im Stockwerk über dem Keller wahrscheinlich. Das Gebäude wurde nach den ermittelten Dendrodaten »um 1189« errichtet. Die Aufgabe erfolgte vermutlich um die Mitte des 13. Jahrhunderts.

Die kleine, fast vollständig erhaltene Becherkachel (Abb. F 25/07b) befand sich verworfen in der Bettung für die hölzerne Aussteifung einer Vorratsgrube auf dem Grundstück Fischstraße 10, die in dem Zeitraum zwischen »um oder nach 1198« und »um 1216« errichtet wurde.

Wegen der großen Ähnlichkeit der Topf- und Becherkachel mit der Geschirrkeramik sowie ihrer starken Fragmentierung in den Fundkomplexen wurden sie bisher nicht als solche erkannt und somit der Geschirrkeramik zugeordnet. Die bauchige Form der rundbödigen Topfkachel mit einem auslaufenden Rand weist z. B. eine große Ähnlichkeit zu den sonst etwas breitbauchigen Kugeltöpfen auf. Auch den ursprünglich reduzierten Brand und die Aufbautechnik hat die Topfkachel mit den Kugeltöpfen gemeinsam.

Die rötlich-braunen Flecken auf den Wandungs- und Bodenpartien sind Spuren des sekundären, oxydierenden Brandes. Die Kacheln waren in den lehmigen Ofenmantel mit der Öffnung nach außen eingebettet und wurden durch die Befeuerung des Ofens gewissermaßen ein zweites Mal gebrannt.

Der Becherkacheltyp ist in Lübeck bereits durch mehrere Exemplare belegt. Er weist eine zylindrische Form mit einem flachen Boden auf. Der Rand ist leicht nach außen abgeknickt und abgestrichen, zeigt innen eine ausgeprägte Kehlung. Der Gefäßkörper wurde in Wulsttechnik aufgebaut, der Rand aber auf der Drehscheibe nachgedreht.

Der Scherben der beiden Kacheltypen ist dick (0,6–1 cm), weich (MOHS Härte 2) und zeigt eine grobe Magerung. Die Oberfläche, besonders der Becherkachel, ist rauh.

Grabungsfunde Lübeck, Alfstraße 9 und Fischstraße 10.

Legant-Karau 1989, S. 10. – Kliemann 1990 (Lit.).

U. R.

F 25/08 Töpfereiabfall

Lübeck, 1. Hälfte 13. Jahrhundert

Rotbraune und rote Irdenware

a) Zwei Kugeltöpfe

H. 19,7 cm u. 17,4 cm – Dm. 23,1 cm u. 20,1 cm.

b) Zwei ›Lübecker Kannen‹

H. 24,5 cm u. 21,2 cm – Dm. 14,1 cm u. 14,6 cm.

c) Zehn Gefäßfragmente

Lübeck, MKK, Fund-Nr. 17/40; 36/2; 36/3; 36/4; 36/5; 36/40; 36/43; 36/45; 36/51

Im Mittelalter gehörten Tongefäße in großer Zahl zu der Grundausstattung jedes Haushalts. Beim Kochen wurden die Kugeltöpfe, beim Trinken die Kannen und die Becher zu Hunderten benutzt, gingen zu Bruch und gelangten als Abfall in den Boden. Der Verbrauch war enorm. Den Bedarf an Tongeschirr konnten die Stadteinwohner aus

F 25/08

Eigenproduktion nicht mehr decken. So versorgten sich auch die Lübecker mit Keramik aus professionellen Töpfereien. Reste von zwei solchen Werkstätten wurden im Norden der Lübecker Altstadt entdeckt.
Der am Koberg 15/16 ausgegrabene Ofen gehört zu den ›stehenden Öfen‹, in denen die Brennkammer von dem Heizkanal durch einen durchlöcherten Boden getrennt ist (Abb. F 25/08 a). Sowohl seine Bauweise als auch der Produktionsablauf lassen sich aus der Rekonstruktion deutlich ablesen.
Das Feuer wurde in der Heizgrube entfacht und von hier bedient. Die heiße Luft zog durch den unterirdischen Heizkanal zum runden Heizraum direkt unter dem Brennraum. Von dort aus stieg sie durch die Löcher des Zwischenbodens in die Brennkammer hinein, wo die luftgetrockneten Gefäße aufgeschichtet wurden. Von der Brennkammer aus gelangt die Luft in den Rauchabzug, der über der Arbeitsgrube gebaut wurde. Von hier aus konnte das Brenngut in den Ofen gestellt und nach dem Brand die fertige Ware aus dem Ofen geholt werden. Das geschah durch eine entsprechend große Öffnung in der Kuppel, die aber während des Brennprozesses verschlossen blieb. In der Kuppel befanden sich außerdem verschließbare Öffnungen, die der Regulierung der Brennatmosphäre dienten.
In dieser Töpferei wurden überwiegend Kugeltöpfe hergestellt: 68 Gefäßfragmente dieses Typus wurden als Abfall über den Ofenresten gefunden. Fast alle Gefäße sind durch reichliche Sauerstoffzufuhr während des Brandes oxidierend gebrannt und rot gefärbt.
Die zweite Werkstatt lag im Bereich der Kleinen Burgstraße 11. Es konnten zwar keine Ofenreste festgestellt werden, die Abfallschichten mit Fehlbränden machen die Lokalisierung jedoch sicher. Hier wurde der zweite der den Lübecker Haushalt kennzeichnenden Keramiktypen produziert, die ›Lübecker Kanne‹. Auch diese Ware wurde in einer oxydierenden Atmosphäre rot gebrannt.
Es stellt sich die Frage, ob die rote Farbe ursprünglich geplant war oder als Ergebnis eines Fehlbrands zu sehen ist. Fast alle Kugeltöpfe und ›Lübecker Kannen‹ aus dieser Zeit, die aus den Ausgrabungen in der Altstadt bekannt sind, wurden in einer reduzierenden Atmosphäre gebrannt und haben stets eine dunkelgraue Farbe. Eindeutig als mißlungener Brand ist der Kugeltopf mit ovalförmig deformiertem Rand zu sehen.
In beiden Töpfereien wurde eine für Lübeck neue Technik ausprobiert. Es fanden sich zahlreiche Fehlbrände von Gefäßen mit partieller Glasur. Bei manchen Scherben floß die Glasur über die Bruchkanten, manche sind durch Glasur zusammengeklebt (Abb. F 25/08 b).

Grabungsfunde Lübeck, Koberg 15/16 und Kleine Burgstraße 11.

Meyer 1988. – Meyer 1993.

M. Gr.

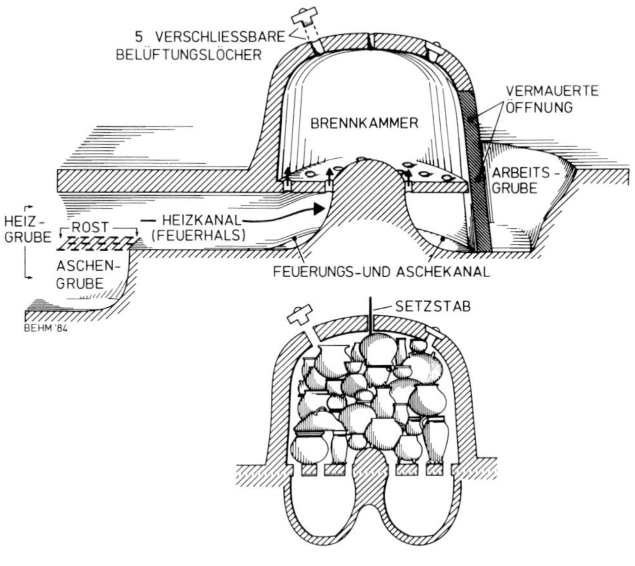

F 25/09 Der Lübecker Hafen im späten 12. und frühen 13. Jahrhundert in zwei Modellen

Entwurf: M. Gläser, Lübeck

Ausführung: Modellbauwerkstatt H. E. Grützmacher, Lübeck 1989

Diverse Materialien – Grundfläche jeweils 80 x 80 cm – Maßstab 1 : 87.

Lübeck, MKK

Lübecks prägende Funktion für die deutschen Stadtgründungen an der südlichen Ostseeküste ist unumstritten, ebenso die überragende Bedeutung Lübecks als ›Drehscheibe des nordeuropäischen Handels‹ und als Vorort der Hanse. Diese wirtschaftlichen und schließlich auch politischen Erfolge der Stadt sind aber ohne ihre Hafenanlage nicht vorstellbar, wobei unter Hafen nicht nur der unmittelbare Anlegeplatz verstanden werden darf, sondern wie

F 25/09a

auch heute der gesamte ›Bezirk‹ mit seinen vielfältigen, Schiffahrt und Handel dienenden Einrichtungen. Die schriftlichen Quellen zu den Lübecker Hafenanlagen des 12. und frühen 13. Jahrhunderts sind nicht sehr ergiebig, so daß zu den gewichtigsten Aufgaben der Lübecker Archäologie folglich auch Ausgrabungen in den travenahen Bereichen gehören, um »Einrichtungen der Seeschiffahrt und des Warenumschlags« zu erfassen. Hier sind besonders die Ergebnisse der Ausgrabungen An der Untertrave hervorzuheben. Es gelang erstmals, Überreste der hochmittelalterlichen Uferbefestigungen freizulegen. Die ungewöhnliche Dichte der Befunde und Funde bildet nach Detlev Ellmers »auch im internationalen Maßstab einen Markstein für unsere Kenntnis mittelalterlicher Hafenentwicklung«. Vor allem konnten zwei vollkommen unterschiedliche, aufeinanderfolgende Hafentypen mitsamt ihrer jeweiligen Bebauung erfaßt werden. Diese beiden Hafentypen sind jeweils an einem Modell dargestellt. Im ersten Modell wird der Lübecker Hafen des späten 12. Jahrhunderts vorgestellt, das zweite gibt den Zustand desselben Ausschnitts einige Jahrzehnte später, um 1220, wieder.

Auf dem ersten Modell (Abb. F 25/09 a) ist ein in die Trave hineinreichender Geländesporn zu erkennen, nur an dieser Stelle konnte im 12. Jahrhundert trockenen Fußes vom Stadthügel aus das Traveufer erreicht werden. Der Uferstreifen war im Osten durch die Stadtmauer und im Westen durch die Uferbefestigung begrenzt. Letztere bestand aus senkrechten, dicht an dicht nebeneinandergesetzten Pfählen, die mit waagrechten Ankerbalken gesichert waren. Die Anlage datiert dendrochronologisch in die Jahre »um 1157« und ist somit wohl als Hafen der Lübecker Zweitgründung Heinrichs des Löwen von 1158/59 anzusprechen. Der Lübecker Befund repräsentiert einen neuen Hafentyp. Mit dem Bau neuer Schiffstypen (Koggen) mußten nämlich technisch aufwendigere Hafenanlagen geschaffen werden, um ein schwimmendes Anlegen zu ermöglichen.

Stadt und Ufer sind durch einen breiten, durch ein Tor an der Stadtmauer geführten Bohlenweg verbunden. Die Bebauung sowohl auf dem breiten Uferstreifen als auch innerhalb der Stadtmauer bestand aus kleinen Holzhäusern quadratischen Grundrisses. Vier dieser Häuser sind bei der Grabung erfaßt worden; sie datieren dendrochronologisch in die letzten Jahrzehnte des 12. Jahrhunderts. Von einem dieser Häuser waren alle Schwellbalken, Überreste des Fußbodens und sogar Teile aufgehender Hölzer wie Wandbohlen und Ständer in situ erhalten, so daß eine genaue Rekonstruktion des gesamten Hauses möglich war.

F 25/09b

Zur Aufgabenstellung gehörte aber nicht nur die Wiedergabe bzw. Rekonstruktion ausgegrabener Befunde aus Holz oder Backstein, sondern darüber hinaus eine möglichst realistische Darstellung des ›Alltagslebens‹ im Hafengebiet. Die geborgenen Funde bezeugen bestimmte Tätigkeiten, die Begriffen wie ›Arbeit‹, ›Haushalt‹ oder ›Freizeit‹ zuzuordnen sind. Diese Funde lagen in Schichten, die in einen uns heute sehr lang erscheinenden, archäologisch aber außerordentlich kurzen Zeitraum zwischen 1184 und 1216 datieren. Sie belegen, daß der Ufermarkt verschiedene Funktionen zu erfüllen hatte: So fanden sich Überreste von Schiffen wie Kalfatklammern, Nägel, Nieten und Plankenfragmente, aber auch Ausrüstungsteile wie Wantenspanner, Juffern und Reparaturwerkzeug. Diese Funde verdeutlichen, daß der Lübecker Hafen der Frühzeit sowohl von deutschen Koggen als auch von skandinavischen Schiffen angelaufen wurde und daß die Schiffe hier auch repariert wurden.
Marktbetrieb und Handel sind mit archäologischen Methoden schwer zu erfassen. Immerhin belegen Funde wie zahlreiche Faßdeckel oder eine Eigentumsmarke wie auch der Riegel eines Truhenschlosses und ein Schlüssel, daß hier Waren verladen und/oder ausgepackt wurden. Um welche Waren es sich handelte, war nicht mehr zu ermitteln, abgesehen von den vielen zerscherbten Überresten rheinischen Faststeinzeugs und skandinavischer wie dänischer glasierter Kannen.
Während die Schiffe gelöscht und zuweilen auch repariert und die Waren zum Kauf angeboten wurden, schlief die Mannschaft vermutlich in Zelten am Ufer. Die zahlreichen Überreste von Kugeltöpfen, Kesselhaken und Grillstäbchen aus Holz belegen, daß man an offenen Feuern kochte und briet.
Der breite Uferstreifen bot aber auch Platz für andere Aktivitäten: Netzschwimmer aus Rindenholz und Netzsenke aus Blei deuten an, daß hier Fischernetze repariert wurden. Ob es aber Fischer waren, die in den kleinen Holzhäusern außerhalb der Stadt wohnten, oder etwa Träger oder Bootsbauer, wissen wir nicht. Es ist die Vermutung geäußert worden, daß hier am Ufermarkt außerhalb der Stadtmauern Dirnen ihrem Gewerbe nachgingen und ihre Gäste bewirteten. Daß auf diesem Platz nicht nur gearbeitet wurde, sondern daß es sich um einen Ort für Vergnügungen aller Art handelte, belegen Funde wie Würfel, Murmeln, Spielsteine, Kegelkugeln oder Kreise, aber auch Musikinstrumente wie eine Maultrommel oder eine Flöte.
Somit ließ sich insgesamt ein Hafen rekonstruieren, der zwar über eine ›moderne‹ Kaianlage verfügte, aber noch die Strukturen frühgeschichtlicher Ufermärkte aufweist. Dies sollte sich bereits zu Beginn des 13. Jahrhunderts än-

dern. Die stark angewachsene Bevölkerung wie auch der florierende Handel erforderten die Erschließung neuer Siedlungsflächen und eine Vergrößerung des Hafens. Nachdem alle Holzbefunde diesseits und jenseits der Stadtmauer einer Brandkatastrophe zum Opfer gefallen waren, vermutlich im Jahre 1209, fand eine radikale Umgestaltung der Hafenstrukturen statt. Die Uferlinie wurde erneut vorgeschoben, und es entstand ein funktional ausgerichteter, wesentlich längerer Anlegeplatz, der nunmehr auch für größere Schiffe bis zu 2 Meter Tiefgang geeignet war.

Diese für die zukünftige Entwicklung von Hafen und Stadt entscheidende Phase soll durch das zweite Modell (Abb. F 25/09 b) vermittel werden. Die archäologischen Untersuchungen belegen für die Jahre zwischen 1216 und 1240 einen ›Bauboom‹, der ohne die rasante wirtschaftliche und demographische Entwicklung der Stadt nicht erklärt werden kann. Die neue Uferbefestigung errichtete man 5 Meter vor der alten Kaimauer. Es handelte sich nunmehr um eine Spundwand aus horizontalen Bohlen, die etwa alle 2 Meter durch vertikale Pfosten gesichert und mit Erdreich und Schotter hinterfüllt waren. Auf dem hinzugewonnenen Gelände entstand die neue Stadtmauer, deren mächtige hölzerne Substruktionen und Feldsteinfundamente bei der Grabung erfaßt wurden. Außerdem sind die Fundamente und Grundmauern sowie Ostgiebel und Nordmauer des Hauses Alfstraße 38 bei den Untersuchungen erfaßt worden. Das Haus weist die beachtlichen Abmessungen von 22 x 13 Metern auf, im Osten war es teilweise in den ansteigenden Hang hineingebaut. Das Kellergeschoß wies nach Westen – zur Trave – zwei Portale auf und war durch eine aufwendige Abfolge runder und quadratischer Stützen in zwei langgestreckte Räume unterteilt. Dendrochronologische Untersuchungen datieren den Bau in die Jahre »um 1220«. Vermutlich handelt es sich bei dem Untergeschoß um einen jener Kaufkeller, die in den Kaufmannsordnungen des 14. Jahrhunderts überliefert sind. Der Grundriß des Hauses, seine exponierte Lage auf dem Eckgrundstück am Hafen und die ansonsten unnötig erscheinende Ausführung zweier Türen veranlaßten zu der Annahme, daß es sich um das Gildehaus der Kaufleute handelte. Diese These läßt sich mit archäologischen Befunden weder be- noch widerlegen. Immerhin belegt ein bronzener Griffel aus dem Nutzungshorizont die Schriftlichkeit; er mag als Niederschlag der Handelsgeschäfte gewichtet werden.

M. Gl.

F 25/10 Rekonstruktion eines mehrgeschossigen Lübecker Holzständerbaus

Lübeck, letztes Viertel 12. Jahrhundert

Zeichnung nach Grabungsbefunden und umgelagerten Bauhölzern
Entwurf: Gabriele Legant-Karau
Umsetzung: Rainer Unruh/Udo Dogart

Fundort Lübeck, Alfstr. 9/11

Nach den Festlegungen des etwa um 1220 schriftlich fixierten Sachsenspiegels durfte ein als Fahrhabe eingestuftes Gebäude von seinem Erbauer mitgenommen werden, wenn dieses nicht durch den Grundherrn ausgelöst wurde (Ldr. II, 53). Ein Fallbeispiel aus dem Jahre 1223 ist für Lübeck bekannt. Schriftlich überliefert ist der Vergleich zwischen dem Domkapitel und einer Lübecker Bürgerin namens Elisabeth, die das von ihr errichtete Haus beim Verlassen des dem Domkapitel gehörenden Grundstücks abschlagen und mitnehmen durfte. Das Gebäude war offensichtlich transportabel und in verschiedene Bauteile zerlegbar. Dieses setzte eine entsprechende Technologie voraus. Bei dem verwendeten Baumaterial kann es sich nur um Holz gehandelt haben.

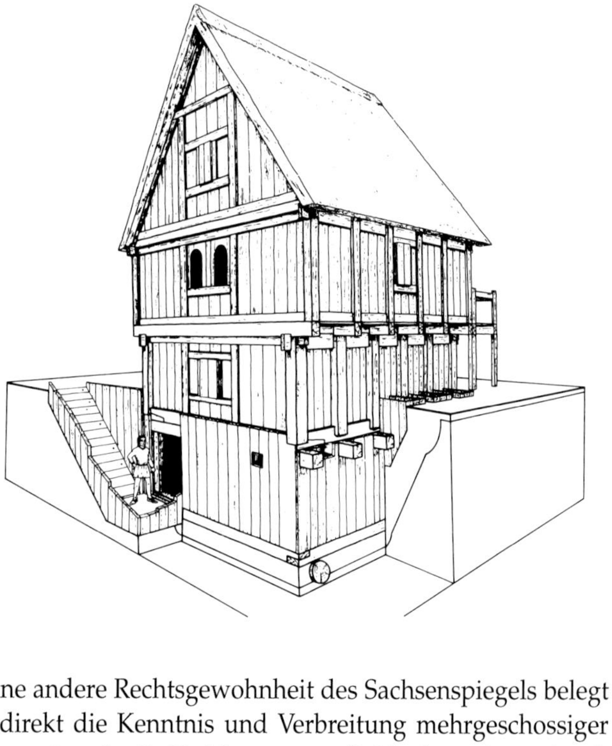

Eine andere Rechtsgewohnheit des Sachsenspiegels belegt indirekt die Kenntnis und Verbreitung mehrgeschossiger Bauweise, da die Errichtung von Gebäuden mit zwei aufgehenden Stockwerken über einem Kellergeschoß keiner Erlaubnis des Landrichters bedurfte (Ldr. III, 66 § 3).

Wie derartige aus Holz gebaute Häuser des hohen Mittelalters ausgesehen haben könnten, zeigt die Rekonstruktionszeichnung. Sie basiert auf Hausbefunden unterkellerter Holzständerbauten des späten 12. Jahrhunderts, von

denen fünf bei Ausgrabungen im Lübecker Kaufleuteviertel zutage traten (vgl. Siedlungsmodell). Hinweise auf die Konstruktion der aufgehenden Stockwerke über dem Kellergeschoß gaben insbesondere eine in situ erhaltene Gebäudeecke sowie zahlreiche in sekundärer Lage erfaßte Bauhölzer.
Bislang konnten auf dem Lübecker Altstadthügel insgesamt elf eingetiefte bzw. unterkellerte Häuser dieses Typs aufgedeckt werden. Sie datieren in das späte 12. und frühe 13. Jahrhundert. Ihre Konstruktion ist mit jüngeren Holzkellern aus Riga sowie jüngst in Rostock und Greifswald entdeckten Befunden des 13. Jahrhunderts vergleichbar. Der Rückschluß auf eine ähnliche Bautradition ist damit nahegelegt.
Dargestellt ist ein stockwerksweise abgezimmertes Gebäude mit auskragenden Deckenbalken und einer Dachneigung von 55 Grad. Das über Grundschwellen in Ständerbauweise errichtete Kellergeschoß (vgl. Kat. F 25/11) hat einen Außenzugang mit Rampe und mehrere Lichtschächte an der Hofseite. Die Wände des eingetieften Erdgeschosses und die des auskragenden ersten Obergeschosses sind in Stabbauweise abgezimmert. Eine seitliche Außentreppe mit Laubengang führt in das erste Obergeschoß. Dieses war bei den größeren Gebäuden vermutlich mit einem Kachelofen ausgestattet, worauf entsprechende Funde in den Verfüllungen der Keller deuten.
Die Häuser waren zwischen 15 und 60 Quadratmeter groß. Sie standen hinter den giebelständigen Vorderhäusern, in der rückwärtigen Mitte handtuchartig schmaler Grundstücke und dienten folglich als Hinterhaus. Ihre Obergeschosse waren trocken und gut belüftet, die Keller- und eingetieften Erdgeschosse boten gleichmäßig kühle und feuchte Lagerflächen. In Holzfässern verpackte Handelswaren konnten dort sicher gelagert werden (vgl. Kat. F 25/12f.), während das Obergeschoß der größeren Häuser vermutlich auch zu Wohnzwecken diente.
Die mehrgeschossigen Holzständerbauten boten erstmals Lagerkapazitäten für größere Warenmengen. Durch Zwischenlagerung von Waren in Lübeck konnten bereits gegen Ende des 12. Jahrhunderts saisonale Preisschwankungen zwischen Herkunftsort und Absatzmärkten überbrückt werden. Für Lübeck beginnt mit diesem Haustyp die Geschichte des Lübecker Kaufmannshauses als bewohntem Speicher, der erstmals mehrere Funktionen unter einem Dach vereinte.

Erdmann 1983. – Kroeschell 1977. – Caune 1993a. – Legant-Karau 1994 (Lit.).

G. L.-K.

F 25/11 Ecke eines mehrgeschossigen Lübecker Holzständerbaus. Schwellenkranz, Wandständer und Innenstütze der Kellerkonstruktion

Lübeck, um 1187

Eichenholz – Schwellen mit Kantenfalz und abgeblatteten Enden 32 x 35 x 630 bzw. 680 cm – Wandständer mit einfachem Zapfen und Ständerkopfzange 25 x 30 x 177 cm – Innenstütze mit abgefasten Ecken 21 x 22 x 197 cm.

Lübeck, MKK, Fund-Nr. 70/5746; 70/5747; 70/5722; 70/5501
Bodenfund Lübeck, Alfstraße 11

F 25/12 Daubenfaß

Lübeck, 2. Hälfte 12. Jahrhundert

Eichenholz – Dm. 80 cm.

Lübeck, MKK, Fund-Nr. 70/4816
Bodenfund Lübeck, Fischstraße 14

F 25/13 Faßdeckel oder -böden

Lübeck, Ende 12. Jahrhundert

Eichenholz – Dm. 27 bis 47 cm.

Lübeck, MKK, Fund-Nr. 53/57 (2), 53/60, 53/56
Bodenfund Lübeck, Alfstraße 36/38

Goslar zwischen Welfen und Staufern

Die reichste Stadt und wichtigster Pfalzort der Könige und Kaiser in Sachsen war Goslar, das zudem schon in der Mitte des 12. Jahrhunderts über eine erstaunliche Vielfalt von Gewerken verfügte. Die Welfen haben immer wieder versucht, hier Fuß zu fassen: Möglicherweise übte Heinrich der Löwe über einen seiner Ministerialen schon von 1152 bis 1166 größeren Einfluß aus. 1176 forderte er Goslar beim Hilfegesuch Kaiser Friedrich Barbarossas in Chiavenna; sofort nach Beginn der Kämpfe 1180 versuchte der Löwe, die Stadt zu erobern, und zerstörte dabei die Schmelzöfen und Blasebälge der Erzverhüttung. Gleich zu Beginn des welfisch-staufischen Thronstreits wurde Goslar zum Zankapfel zwischen Philipp von Schwaben und Otto von Braunschweig. Eine im Jahr 1199 durchgeführte Belagerung durch Otto IV. scheiterte, so daß der König 1203 die gegen Goslar gerichtete Harlyburg erbauen ließ. Schließlich konnte jedoch der Truchseß Ottos IV., Gunzelin von Wolfenbüttel, im Juni 1206 Verteidigungsmängel ausnutzen und die Stadt erobern. *Depopulata est igitur civitas opulenta valde, ita ut captivatis civibus et plaustris innumeris ... per octo dies spolia deferrentur civitatis. Inter que tanta erat copia piperis et aromatum, ut modiis ea et acervis maximis diverderent* (Darauf wurde die sehr reiche Stadt so geplündert, daß die Bürger gefangen genommen wurden, und auf zahllosen Wagen ... acht Tage lang die Beute aus der Stadt fortgeschafft wurde. Darunter befand sich eine solche Menge an Pfeffer und Spezereien, daß man diese in Scheffel und große Haufen teilte), weiß Arnold von Lübeck zu berichten. Auf die Mißlichkeiten, denen die Stadt von seiten der Welfen und den mit Goslar konkurrierenden Braunschweiger Kaufleuten ausgesetzt war, geht Kaiser Friedrich II. in der Arenga seines Privilegs von 1219 ein. Zwar konnten die Welfen doch noch die Vogtei über den Bergbau in ihre Hände bekommen, mußten aber letztlich die Reichsfreiheit der Stadt anerkennen.

Arnold von Lübeck, Chronica Slavorum (Ed. 1868), Lib. VI, Cap. 7, S. 227f.

Arnold von Lübeck, Chronik, S. 236. – UB Stadt Goslar. – Hölscher 1914. – Frölich 1920/21. – Hölscher 1927. – Jordan 1963. – Wilke 1970. – Petke 1971, S. 303–312. – Lubenow 1973. – Petke 1973. – Jordan 1977. – Opll 1986. – Hucker 1990, S. 74–77. – Schneidmüller 1993. – Schneidmüller 1993b. – Steigerwald 1993.

C.P.H.

F 26 Adler vom Marktbrunnen in Goslar

Goslar, Anfang 13. Jahrhundert, die Flügel 2. Viertel bis Mitte 14. Jahrhundert

Bronze, gegossen und ziseliert, vergoldet – technische Beschaffenheit und Zustand im einzelnen bei Drescher 1993 und Mende 1993, S. 227–229; der Vogelkörper insgesamt geputzt und überschliffen, die Feder-Musterung z. T. nachgepunzt, die Feuervergoldung ist Teil der Restaurierung durch Theodor Blume, 1937 (ursprünglich wohl nicht vergoldet); der Ansatz der Flügel erneuert und dabei völlig verändert (1937); zwei Bruchstellen im linken Flügel, eine am Ansatz des rechten, die Binnenzeichnung z. T. nachgepunzt; der Schwanz eine (barocke?) Ergänzung, im alten Ansatz (Knauf) modern verschweißt; die Krone eine neuzeitliche Zutat (mindestens seit 1780/1830 nachweisbar), mehrfach erneuert, die jetzige aus den sechziger Jahren unseres Jahrhunderts; in die Schädeldecke darunter eine neuzeitliche Öffnung eingeschlagen; die jetzt rosettenförmige Fußplatte ist Fragment einer größeren gewölbten Platte oder eines Knaufs – H. mit nachträglicher Krone 59 cm, ohne Krone 51,5 cm – Gesamt-L. mit Schwanz 69 cm, ohne Schwanz 45 cm – Flügel-Spannweite 69,5 cm.

Goslar, Rathaus

Heraldisch stilisierte Adlerfigur, majestätisch aufgerichtet und ohne Bewegung, von kraftvollem Körperbau und ausgestattet mit einem mächtigen Schnabel. Ziselierte Feder-Musterung bedeckt Vogelkörper und Kopf; einzige plastische und dabei sehr zurückhaltende Akzente sind Augen und Nüstern, auch eine Reihung spitzer Federchen am Schnabel-Ansatz. Flügel und Schwanz, gesondert gefertigt, sind von flächiger Silhouettenform. Obwohl in ihrem ausgesprochen heraldischen Charakter schwer datierbar, läßt diese Tierplastik sich Vergleichsbeispielen aus dem späten 12. bis frühen 13. Jahrhundert zuordnen und am ehesten ins frühe 13. Jahrhundert ansetzen. Das betrifft allerdings nur den Vogelkörper. Der ursprüngliche Schwanz muß kleiner und wohl fächerförmig gewesen sein, die Flügel weniger ausgreifend, die Gesamterscheinung – auch ohne das neuzeitlich hinzugefügte Attribut der Krone – dadurch geschlossener. Die Flügel gehen offenbar auf eine Erneuerung in der Mitte oder im zweiten Viertel des 14. Jahrhunderts zurück. Ihre ziselierte Feder-Musterung enthält eine Wellenranke, die als Motiv auf die ursprünglichen Flügel zurückgehen kann; die jüngere Entstehungszeit ergibt sich jedoch aus dem auf der Unterseite beider Flügel enthaltenen Wappenschild mit Adler-Wappen. Dieses zeigt sich dem Sekretsiegel der Stadt Goslar verwandt, das seit 1350 nachgewiesen, möglicherweise aber auch etwas älter ist, und das erstmalig den Adler als Wappenfigur der Stadt belegt. Um das Goslarer Stadtwappen wird es sich auch auf den Adlerflügeln handeln und damit um die Kennzeichnung des Brunnenadlers als städtisches Wappen; daß der Adler bald mit Krone vorkommt (auf den Adlerflügeln), bald ohne (Sekretsiegel), muß nicht verwundern, da eine Krone damals nicht zum festen Bestandteil eines Wappenbildes gehörte.

Für das ausdrückliche Kennzeichnen der älteren Adlerfigur als städtisches Wappentier Goslars bietet sich folgende Erklärung: Der Goslarer Marktbrunnen in seiner heutigen Gestalt besteht aus drei ursprünglich nicht zusammengehörigen Teilen, dem großen unteren Becken aus dem 12. Jahrhundert – oder auch älter –, einem darin stehenden kleinen kelchförmigen Brunnen aus dem frühen 13. Jahrhundert und dem etwa zeitgleichen, aber – mit Größe und Fußplatte – nicht dazu passenden Adler. Der Marktplatz in seiner jetzigen Lage entstand erst im späten 13. Jahrhundert (1290 erstmals erwähnt) im Verlauf städtischer Emanzipation, die 1340 schließlich Goslar zur Reichsstadt werden ließ. Vermutlich im 14. Jahrhundert hat man zur Ausstattung des Marktplatzes den Marktbrunnen errichtet, und zwar in Zweitverwendung dreier unterschiedlicher Bestandteile, die für diesen Zweck kostbar genug erschienen durch Material, Kunstfertigkeit und vielleicht auch erste Zweckbestimmung – die wir freilich von kei-

nem der Teile kennen. Als Bekrönung wurde an die Spitze dieses Brunnens ein Zeichen städtischer Repräsentation gesetzt, der Adler, der inzwischen Wappenbild der Stadt geworden war; um diese Sinngebung deutlich zu machen, erhielt er, der ursprünglich aus anderem Zusammenhang stammte, auf seinen erneuerten Flügeln zusätzlich den zweifachen Wappenschild. Dessen Form zeigt an, wann das geschah: im zweiten Viertel oder um die Mitte des 14. Jahrhunderts.

Der Goslarer Brunnenadler galt früher als kaiserlicher oder königlicher Wappenadler. Zum Zeitpunkt der Aufstellung des Marktbrunnens in seiner heutigen Form war er das nicht. Es könnte jedoch für seine Entstehungszeit zu Beginn des 13. Jahrhunderts zutreffen. Unbekannt ist freilich seine ursprüngliche Zweckbestimmung, ob sakral oder profan, wobei der heraldische Charakter eher letzteres vermuten läßt. Falls er bereits eine Brunnenfigur war, kann er nicht ursprünglich zum technisch andersartigen großen unteren Becken des heutigen Marktbrunnens gehört haben, er könnte aber eine spätere Ergänzung zu diesem sein, etwa nach Eroberung und Zerstörung Goslars 1206 durch Gunzelin, den Heerführer Ottos IV. Er wäre dann kaiserliches Herrschaftszeichen des Welfen Otto IV. (Hucker 1990). Nur Vermutungen gibt es über den ursprünglichen Standort dieses großen Brunnens, ob im Pfalzbezirk oder in der Stadt, im Bereich einer älteren Marktanlage.

Der Adler weist spezifische handwerkstechnische Gemeinsamkeiten mit den zwischen dem frühen und dem späten 13. Jahrhundert entstandenen Goslarer Gußwerken auf und kann zusammen mit ihnen als heimische Arbeit gelten.

1948 aus konservatorischen Gründen vom Brunnen auf dem Marktplatz ins Innere des Rathauses versetzt, zunächst ins Senatorenzimmer, 1985 in den Huldigungssaal (auf dem Brunnen und im Senatorenzimmer Nachguß-Exemplare).

Meyer 1939, S. 256–258, Abb. 4–6. – Griep 1957, S. 20–25 mit Abb. – Rautenberg 1965, S. 85–90. – Kat. Braunschweig 1985, 2, Nr. 695 mit Abb. (Lit.) (Ursula Mende). – Hucker 1990, S. 566f., Abb. 13. – Drescher 1993, S. 261–265, 273–274, 277–283, 292–295, Abb. 11–17, 24. – Laub 1993. – Mende 1993, S. 206–223, 239–240, Abb. 20–28, 62–63 (Lit.).

U.M.

F 27 Scheiben aus der Marktkirche in Goslar

Goslar (?), um 1250

Schwarzlotbemalung auf Farbglas – Verbleiung weitgehend original, Flickstück eines Engelflügels im Unterkörper des Lysias, Flickstücke im Thron daneben sowie am Anfang des Schriftbandes, Ergänzung des grünen Bodenstreifens, rückseitige Korrosion, Schwarzlotbemalung weitgehend abgewittert – H. 84,5 cm – B. 47,3 cm.

Goslar, Evangelisch-Lutherische Kirchengemeinde zum Markte St. Cosmas und Damian

Die den Heiligen Cosmas und Damian geweihte Kirche, die 1151 als *ecclesia forensis* erstmals urkundlich erwähnt wird, erhält Mitte des 13. Jahrhunderts ein Gewölbe. Die neun sehr schmalen, hochrechteckigen Scheiben mit Szenen aus dem Leben der Kirchenpatrone, ein Fragment mit betenden Engeln, das von einem genasten Bogen abgeschlossen wird, sowie ein Sechspaß mit Tauben als Gaben des Heiligen Geistes setzen Maßwerkfenster voraus, die möglicherweise im Zusammenhang mit der Einwölbung entstanden sind. Die Scheiben wurden dann in den um 1300 neu errichteten Chor übertragen.

Das Leben der orientalischen Arztheiligen ist in reich ausgeschmückten Legenden überliefert. Die Glasmalereien folgen einer lateinischen Tradition der Erzählung, die sich schon im 9. Jahrhundert im Martyrologium des Usuardus findet und noch um 1260 von Jacobus de Voragine in seine *Legenda aurea* aufgenommen wurde. Cosmas und Damian, die in der Zeit des Kaisers Diokletian in der syrischen Stadt Ägea lebten, erwarben sich große Verdienste, weil sie unentgeltlich im Namen und zur Ehre Gottes kranke Menschen und Tiere heilten. Daraufhin versuchte der heidnische Statthalter Lysias vergeblich, die beiden Brüder durch Folterungen zum Götzendienst zu zwingen, bis sie schließlich den Märtyrertod erleiden mußten.

Die hier ausgestellten Scheiben zeigen, wie die Heiligen ihr Christentum vor dem Statthalter bekennen. Sein Name LISIAS erscheint im Arkadenbogen über ihm. Er sitzt in einer für das Mittelalter typischen Haltung des Richters mit gekreuzten Beinen und dem Zepter in der Hand auf einem Thron. Hinter ihm wird ein Diener oder Schwertträger sichtbar, während das turmartige Gebäude am linken Bildrand wohl das Gefängnis darstellt. Auf einer Säule vor ihm steht ein kleiner Götze. Er verdeutlicht die Aufforderung zum Götzendienst, den die beiden Heiligen, die auf der anderen Scheibe unter einer Spitzbogenarkade dargestellt sind, entschieden verweigern, was durch ihre Gestik und das Schriftband mit den Worten NOS. XPI. PIGNUS. AMAMUS. (wir lieben das Unterpfand Christi) zum Ausdruck kommt. Über der Arkade ist noch ein Kastenraum zu sehen, in dessen obere Begrenzung die Namen COSMAS DAMIANUS eingeschrieben sind.

Unabhängig von der Frage nach ihrem Entstehungsort lassen die Scheiben eine Stillage erkennen, die seit dem zweiten Viertel bis über die Mitte des 13. Jahrhunderts hinaus charakteristisch ist. Jenseits von Muldenfalten- und Zackenstil, deren Elemente nebeneinander eingesetzt werden, zeigt sich eine Beruhigung des scharfbrüchigen Faltensystems hin zu einfachen Hakenfalten. Das Gewand erscheint nicht mehr wie aufgebläht, sondern tritt in ein mehr organisches Verhältnis zum Körper, ohne daß immer gotisches Körperempfinden spürbar würde. Diese Stilstufe kennzeichnet einige Miniaturen der sogenannten Zweiten Haseloffreihe und ihres Umkreises, deren Lokalisierung nach Hildesheim weist. Innerhalb der Glasmalerei scheinen sich diese Tendenzen jedoch weitgehend selbständig entwickelt zu haben, vertreten werden sie beispielsweise durch die Scheiben aus Lohne, die Verglasungen in Bücken, Breitenfelde und Neukloster sowie jenen aus den gotländischen Kirchen Dahlem oder aus Silte.

Obgleich eine Beurteilung infolge der vielfach abgewitterten Schwarzlotbemalung erschwert wird, sind die Goslarer Glasmalereien mit den vereinfachten und aufgelockerten Falten, etwas fahrig und flüchtig hingeschrieben, eine sehr eigenständige Arbeit. Die etwas mürrisch blickenden Gesichtstypen mit eingefallenen Wangen, schmalen Augen und hakenförmigen Brauen haben sich offensichtlich von Glasmalereien der Art der Braunschweiger Stiftskirche St. Blasius her tradiert. Das Goslarer Evangeliar scheint dem Glasmalereiatelier kaum Impulse vermittelt zu haben, und von den Skulpturen, mit denen um die Mitte des 13. Jahrhunderts Goslarer Kirchen geschmückt wurden, ließen sich am ehesten die – allerdings sehr verwitterten – Tympanonskulpturen der Frankenberg-Kirche neben die Glasmalereien stellen. Stilistisch verwandt erscheinen die Chorschrankenreliefs in Hamersleben. Hier wie dort zeigen eine großteilige Faltengebung mit wenigen Linien eine gegenüber dem Zackenstil weitgehend beruhigte Formgebung.

Dagegen möchte man in dem Retabel aus der Aegidienkirche in Quedlinburg (zerstört), das wahrscheinlich in Goslar entstanden ist, eine bereits zu gotischen Formen weiterentwickelte Stilstufe sehen. Mit Architekturrahmungen, die der romanischen Kunst verpflichtet sind, mit einem häufigen Farbwechsel, der trotz des gotischen Rot-Blau-Akkords, aber ohne rhythmische Schematisierung bunt wirkt und mit so gut wie gar nicht ausgebildeten Schüsselfalten setzen sich die Glasmalereien davon ab.

Zwei weitere noch erhaltene Scheiben aus der Stiftskirche St. Simon und Juda, die vor bzw. nach den Marktkirchenfenstern entstanden sind, legen den Schluß nahe, daß in der reichen Bergwerkstadt Goslar mehrere Glasmalereiwerkstätten gleichzeitig ansässig waren.

F 27

Goslar, Evangelisch-Lutherische Marktkirche, dort heute museal präsentiert.

Wentzel 1951, S. 27, S. 86f. – Kahsnitz 1975. – Grodecki 1977, S. 244–247, S. 267f. – Kat. Stuttgart 1977, 1, Nr. 417 mit Abb. 221. – Becksmann 1988, Nr. 10.

M. Bö.

F 28 Erzstufe aus dem Rammelsberg bei Goslar

Kupferkies und Pyrit in Tonschiefer – Grundfläche ca. 20 × 20 cm – H. ca. 8 cm.

Clausthal-Zellerfeld, Mineralogische Sammlungen im Institut für Mineralogie und Mineralische Rohstoffe der Technischen Universität Clausthal

Nach ersten archäologisch belegten Anfängen in der Spätantike nahm der Abbau von Silber, Blei und Kupfererzen am Rammelsberg in der zweiten Hälfte des 10. Jahrhunderts großen Aufschwung, woran sich auch die Blüte Goslars als zentraler Stadt des Königtums in Sachsen im 11. und 12. Jahrhundert knüpfte. Nach der schriftlichen Überlieferung soll Kaiser Otto I. (936–973) im Sachsenland Silberadern erschlossen haben. Damit können zwar auch andere Lagerstätten wie Gittelde im Westharz gemeint sein, aber es erscheint wenig zweifelhaft, daß Goslar von dieser herrscherlichen Initiative betroffen war und langfristig profitierte. Erstmals läßt sich Rammelsberger Silber dank seiner spezifischen Zusammensetzung in den berühmten, örtlich nicht zugewiesenen Otto-Adelheid-Pfennigen aus der Zeit kurz vor der Jahrtausendwende fassen. Münzen aus Goslar sind seit der Mitte des 11. Jahrhunderts bezeugt. Sie zeigen auf der Vorderseite den Kopf des

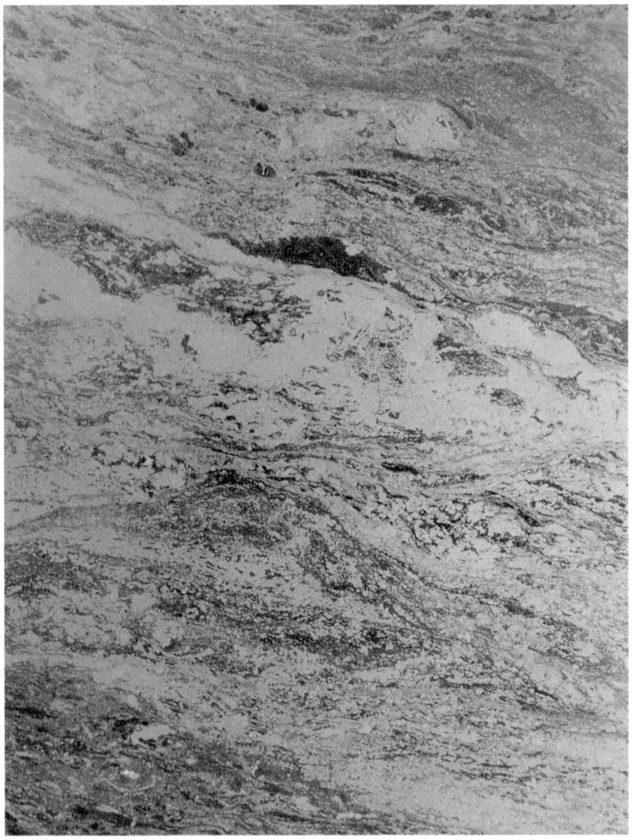

F 28

jeweils regierenden Herrschers und auf der Rückseite die Heiligen Simon und Judas, die Patrone des im Jahre 1050 von Kaiser Heinrich III. (1039–1056) gegründeten Kollegiatstifts in Goslar. Dieses gehörte zu der bereits unter Kaiser Heinrich II. (1002–1024) errichteten Königspfalz auf dem Liebfrauenberg, einem Ausläufer des Rammelsbergs. Der von Heinrich III. veranlaßte Pfalzneubau knüpfte in seiner Weitläufigkeit und dem eindrucksvoll mächtigen Kaiserhaus an die Pfalz in Aachen an, wie auch der oktogonale Kirchenbau des Stifts auf dem gegenüberliegenden Georgenberg Aachen zitierte.

Das in den mächtigen Lagerstätten des Rammelsbergs gewonnene Silber erlangte ebenso wie das dort abgebaute Kupfer aufgrund der hohen Qualität eine Sonderstellung im Metallhandel Mitteleuropas: Geprüftes Barrensilber, »Rammelsberg« geheißen (*quod Ramisperch appellatur*), diente in Köln in den siebziger Jahren des 12. Jahrhunderts als begehrtes Zahlungsmittel, und Metallhändler von der Maas kauften in Goslar ihr Kupfer. Auch die Goslarer Kaufleute betrieben ihrerseits weiträumigen Metallhandel, vornehmlich nach Flandern. Die erst in späterer Zeit belegten Bergleute (*montani*) und Waldleute (*silvani*) weisen auf die Organisation der Metallgewinnung und -verhüttung vor Ort hin; das im Süden gelegene Bergdorf mit der Johanniskirche wurde im Laufe des 12. Jahrhunderts durch den Mauerbau in die Stadt Goslar einbezogen.

Angesichts der wirtschaftlichen Blüte der Berg- und Königsstadt, die seit dem späten 11. Jahrhundert von einem Vogt im Auftrag des Herrschers verwaltet wurde, ist es verständlich, daß Heinrich der Löwe ein Interesse daran hatte, das dem eigenen Herrschaftszentrum Braunschweig unmittelbar benachbarte Goslar unter seinen Einfluß zu bringen. Wohl anläßlich der Wahl Friedrich Barbarossas im Jahre 1152 ließ sich Heinrich die Reichsvogtei Goslar übertragen und betraute mit ihr einen seiner Dienstleute. Nach den schweren Auseinandersetzungen zwischen dem Herzog und den sächsischen Fürsten 1167/68 mußte Heinrich offenbar Goslar an den Kaiser abtreten. Denn als dieser von ihm 1176 zusätzliche Hilfe für sein militärisches Eingreifen in Oberitalien erbat, soll der Löwe – allerdings vergeblich – Goslar als Gegenleistung verlangt haben. In der kriegerischen Auseinandersetzung nach Absetzung und Ächtung Heinrichs des Löwen hat dieser im Frühjahr 1180 die Hüttenwerke und Schmelzöfen nahe der für ihn nun endgültig verlorenen Bergstadt zerstören lassen.

Im Zusammenhang mit den Unruhen in Sachsen 1167/68 berichtet der Chronist Helmold von Bosau von der Expedition Heinrichs des Löwen gegen den sächsischen Adeligen Widukind von Schwalenberg. Dieser hielt sich nicht an die Friedensvereinbarung des Jahres 1169 und ging weiter gegen den Herzog vor. Als Heinrich den in der Burg Desenberg bei Warburg verschanzten Aufrührer zunächst ohne Erfolg belagerte, ließ er schließlich den Berg durch Rammelsberger Fachleute unterminieren, um der Burgbesatzung den Brunnen im Inneren des Berges zu verstopfen. Derart aufs trockene gesetzt, mußte sich Widukind samt seiner Burg in die Gewalt des Herzogs ergeben. Aus dieser Episode geht hervor, daß Heinrich der Löwe auch nach dem Verlust der Reichsvogtei zu Goslar und seinem Bergbau Beziehungen hatte und diese für seine militärischen Zwecke nutzen konnte.

Goslar, Erzbergwerk Rammelsberg, Altes Lager, 1. Sohle.

Helmold von Bosau, Slawenchronik, insb. S. 370f. – Jordan 1980. – Irsigler 1985. – Steigerwald 1993.

T.Z.

F 29 Der (zweite) Brakteatenfund von Mödesse

Auf demselben Acker der Feldmark des Dorfes Mödesse nordöstlich von Peine wurden binnen 66 Jahren zwei große Brakteatenschätze gehoben, die für die deutsche Münzgeschichte von überragender Bedeutung sind.

Brakteaten sind einseitige Pfennigmünzen aus dünnem Silberblech. Ihre Prägung begann in den dreißiger Jahren des 12. Jahrhunderts. Sie erreichte in der Zeit Heinrichs des Löwen ihren Höhepunkt künstlerischer Entfaltung und setzte sich im 13. Jahrhundert in minderer Qualität fort. Wie alle Münzen sind Brakteaten zu ihrer Zeit Zahlungsmittel gewesen, kleine Gegenstände des Alltagslebens, die wirtschaftlichen Zwecken dienten. Heute sind sie von dokumentarischer Bedeutung als Quelle der Geschichtswissenschaft und der Kunstgeschichte des Mittelalters.

Der erste Brakteatenfund von Mödesse wurde im September 1890 gehoben und leider frühzeitig in den Handel zerstreut. Er enthielt ca. 3000 Münzen aus Norddeutschland, vorwiegend aus Braunschweig und Hildesheim sowie einige wenige Stücke aus Hannover, Goslar, Gandersheim, Helmstedt, Halberstadt, Magdeburg, Brandenburg und Merseburg. Die Vergrabung dieses Hortes geschah um 1185.

Den zweiten Brakteatenfund von Mödesse entdeckte am 21. März 1956 der Landwirt Erich Köhler beim Pflügen in 20 Zentimeter Tiefe. Die Fundstelle liegt 1 Kilometer westlich des Ortes an der Straße nach Edemissen, 45 Meter südlich dieser Straße auf der Höhe einer Kiesgrube. Die Münzen befanden sich, in Rollen geschichtet, in einem Topf. Der Fund enthielt insgesamt 2214 Stücke, fast ausschließlich Brakteaten; davon stammen 1147 Stücke aus der Münze zu Braunschweig und 971 aus jener zu Hildesheim. Die restlichen 96 Münzen sind Brakteaten aus Magdeburg, Anhalt, Brandenburg, Goslar und Lübeck sowie zweiseitige Pfennige aus Köln, Soest, Aachen, Lübeck und England. 260 der Brakteaten sind Hälblinge, zumeist aus Hildesheim, weil sich das Hildesheimer Münzbild seiner Symmetrie wegen zur leichteren Hälftelung eignete; 81 Stücke waren anderweitig beschädigt. Die Münzen von Braunschweig weisen 30 Typen auf, Hildesheim ist mit 20 Typen im Fund vertreten. Insgesamt enthält der Fund 83 verschiedene Münztypen bei 97 Stempeln.

Die Vergrabungszeit des zweiten Mödesser Fundes wird mit 1196 bis 1200 angesetzt. Es fehlen gesicherte Brakteaten des Hildesheimer Bischofs Konrad (1194–1198) und König Ottos IV. (1198–1215). Anlaß der Vergrabung war die allgemeine Unsicherheit auf dem Lande zwischen der Eroberung Peines durch Heinrich den Jüngeren 1193 und der erfolglosen Belagerung Braunschweigs durch Philipp von Schwaben 1200. Vielleicht handelte es sich um die Verbergung eines Vermögens, das aus dem Verkauf von Lebensmitteln, Getreide oder Vieh an die kriegführenden Parteien der Welfen und Hohenstaufen angehäuft worden war.

F.B.

F 30 Der Schatzfund von Bokel

Beim Ausheben einer Steckrübenmiete fand im Oktober 1928 der Landwirt A. Borchers in Bokel bei Bevern, Kreis Bremervörde, einen Münzen- und Schmucksachenfund auf dem Acker: Er war auf ein Tongefäß gestoßen, das er zuerst für einen Feldstein hielt und daher kräftig darauf einschlug; aus dem zerspringenden Topf fielen Tausende von Münzen. Die Sicherstellung des Schatzes geschah durch den zuständigen Kreisheimatpfleger August Bachmann in Bremervörde. Der Fundort des Schatzes ist das zum Hof Bokel gehörige Flurstück »Stüh«, das erst 1911 gerodet und in Ackerland umgewandelt wurde. Er liegt 10 Meter östlich der Landstraße Bremervörde – Zeven und etwa 55 Zentimeter unter der Erdoberfläche.

Der Fundinhalt beläuft sich auf annähernd 14000 Münzen und ist damit der bedeutendste Schatzfund des Mittelalters in Norddeutschland. 1932 wurde er von Ortwin Meier publiziert. Heute befindet er sich im Kestner-Museum Hannover.

Der Schatzfund von Bokel ist ein norddeutscher Heimatfund. Die Münzen kommen fast ausschließlich aus der näheren Umgebung. Es sind Brakteaten, also einseitig geprägte Pfennigmünzen nach dem sogenannten Lübischen Münzfuß mit einem Durchschnittsgewicht von ca. 0,52g. Allein 9342 Exemplare stammen aus der welfischen Münzstätte Lüneburg, 1810 aus Hamburg, 1134 aus Lübeck und 402 aus Bremen. Der Fund enthält 443 verschiedene Münztypen. Das häufigste Stück ist ein Lüneburger Pfennig aus der Zeit Kaiser Ottos IV. mit einem nach rechts springenden welfischen Löwen, auf dem Kopf eine Krone, über einer Mauer mit drei Zinnen, von dem wir 4434 Stücke haben. Die im Fund vertretenen Münzen stammen aus der Zeit der Söhne Heinrichs des Löwen von ca. 1195 bis 1225. Das letztere Datum gilt als späteste Datierung für den Abschluß und die Vergrabung des Schatzes.

Bezüglich des ehemaligen Eigentümers gibt es eine Mutmaßung: In Bokel lebte 1218 ein Bauer namens Otbert, der Kranke heilen konnte und großen Zulauf hatte. Er stand unter dem Schutz von Pfalzgraf Heinrich. Als 1218 die Burg Vörde von bremischen Soldaten eingenommen wurde, mußte Otbert unter Zurücklassung seines Vermögens das Land verlassen. Wegen des hohen Anteils von lüneburgischen Löwenpfennigen ist gegenüber dieser Hypothese allerdings die Annahme wahrscheinlicher, daß es sich um staatliche Mittel, etwa eine Kriegskasse, eines Sohnes Heinrichs des Löwens handelt.

F.B.

F 31 Urkunde Kaiser Friedrichs I. Barbarossa für das Stift St. Simon und Juda in Goslar

Goslar, 1188 August 8

Pergament – H. 12cm – B. 21,8cm – Siegel fehlt – gelbe Seidenfäden vorhanden.

Goslar, Stadtarchiv, Urk. Domstift Nr. 25

Als im Jahre 1056 der Leichnam Heinrichs III. in die salische Grablege Speyer überführt, sein Herz hingegen im Goslarer Stift St. Simon und Juda beigesetzt wurde, war

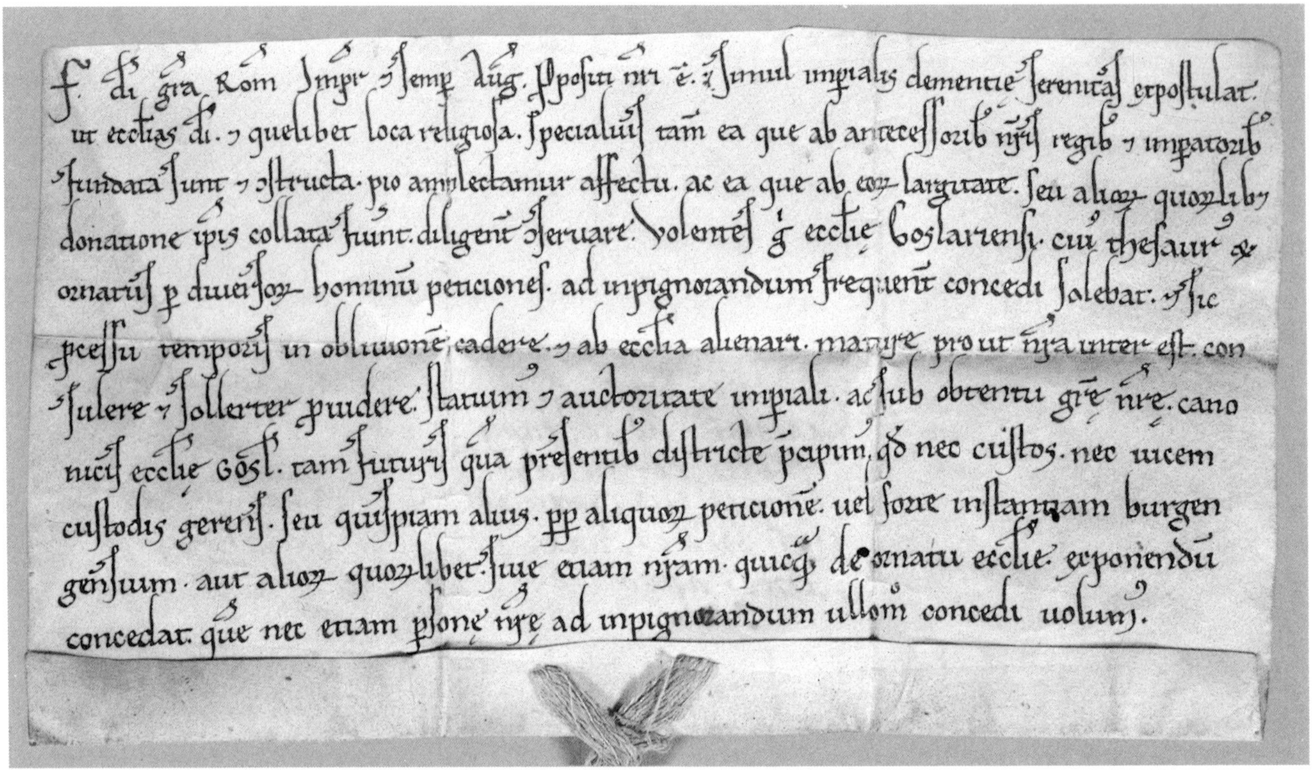

F 31

dies als Geste letztlich nur konsequent. Denn nachdem die Pfalz Goslar sich unter Heinrichs kaiserlichen Vorgängern bereits einer wachsenden Beliebtheit erfreut hatte, errichtete der Salier die Stiftskirche in den Jahren 1047–1052 als sakrales Zentrum des Pfalzkomplexes und weihte sie seinen Geburtsheiligen Simon und Judas Thaddäus. Neben einer großzügigen Güterausstattung sorgten die kaiserliche Schirmvogtei, das eigenkirchliche Recht des Gründers auf Einsetzung des Propstes sowie die Exemtion vom Diözesanverband für eine rechtliche wie materielle Sonderstellung des königlichen Stifts. Erst dieser Ausnahmestatus der *ecclesia Goslariensis* gewährleistete den maßgeblichen Einfluß des weltlichen Herrn auf das Stift und erlaubte mit einer loyal stimmenden Schulung und Bepfründung von Mitgliedern der Hofkapelle die zügige Einbindung des Pfalzstifts in das salische Herrschaftssystem: St. Simon und Juda avancierte zur »Bischofspflanzstätte«; jeder sechste, zeitweise sogar jeder dritte der von Heinrich III. und Heinrich IV. im Reich investierten Bischöfe ist zuvor als Goslarer Kanoniker anzutreffen. Mit den Sachsenkriegen Heinrichs IV. und dem Beginn des Investiturstreits ging dann ein drastischer Bedeutungsverlust des Stifts als Herrschaftsinstrument und zentrales Ausbildungsinstitut des Reichskirchendienstes einher.
Erst Friedrich I. Barbarossa (†1190) nahm sich in seiner eine Vielzahl von Urkunden umfassenden *reconstructio* erneut des Stifts und seiner Besitzungen an und betonte die Reichsunmittelbarkeit dieser *capella imperialis* gegenüber Adel und Bischof. Nach den staufischen Zugeständnissen in Italien und dem Sturz Heinrichs des Löwen 1180 mochte Barbarossa versucht gewesen sein, die noch immer beachtliche Wirtschaftskraft des Nordharzes dem Reich verstärkt nutzbar zu machen und mit dem Ausbau zur Königslandschaft einer beginnenden territorialen Zersplitterung des Harzraums entgegenzutreten.
Kurz vor Aufbruch zu jenem Dritten Kreuzzug, von dem er nicht mehr zurückkehren sollte, hält sich Barbarossa 1188 ein letztes Mal in Goslar auf. Anläßlich des Hoftags erweist er St. Simon und Juda seine besondere Gunst und Fürsorge in Gestalt dreier Privilegien gleichen Datums, die die Befugnisse der eingesetzten Vögte zugunsten des Stifts regeln und Sorge für den Kirchenschatz tragen. Dies geschieht in der vorliegenden Urkunde insofern, als künftig jedwede Verpfändung (*inpignorandum*) des Schatzes und Schmucks (*thesaurus et ornatus*) der Stiftskirche untersagt bleibt (*ad inpignorandum ullo modo concedi*); die häufige Praxis des Verpfändens, so die Begründung, habe in der Vergangenheit nur dazu geführt, daß Teile des Schatzes der Kirche entfremdet wurden (*ab ecclesia alienari*). Auch hier wird deutlich, daß die von Barbarossa konsequent initiierte *reconstructio* prinzipiell auf eine konstante Besitzstandswahrung aller Güter und Besitzungen des Reichsstifts ab-

zielte. Das ebenfalls zu jener Zeit von Kanonikerhand im Kopialbuch des Stifts festgehaltene, umfangreiche Güterverzeichnis war insofern eine Ergänzung der kaiserlichen Urkundentrias vom August 1188 und stand ganz im Zeichen einer dauerhaften Konsolidierung der materiellen Ausstattung des Reichsstifts gegenüber städtischem Bürgertum (*burgensium*) und regionalen Adelsgeschlechtern.

Archiv des Stifts St. Simon und Juda; im 19. Jahrhundert in das Stadtarchiv Goslar.

UB Stadt Goslar 1, Nr. 318.

Nöldeke 1904. – Weidemann 1978. – Zielinski 1984, S. 140–141 – Herkenrath 1985, S. 261–263. – Schneidmüller 1993.

A. We.

F 32 Urkunde König Friedrichs II. für die Stadt Goslar mit Bestätigung ihrer Privilegien

Goslar, 1219 Juli 13

Pergament – H. 58 cm – B. 67 cm – Wachssiegel – an roten und gelben Seidenbändern hängend – Dm. 8 cm.

Goslar, Stadtarchiv, Urk. Stadt Goslar 4

Das in der Pfalz Goslar ausgestellte Privileg Friedrichs II. zeugt von zwei bedeutenden Zäsuren der hochmittelalterlichen Reichsgeschichte:

1. Friedrich waren erst kurz zuvor von welfischer Seite die Reichsinsignien übergeben worden, ein Akt, der nach dem Tod Ottos IV. im Mai 1218 das Ende der jahrzehntelangen staufisch-welfischen Auseinandersetzungen um die Hegemonie im Reich symbolträchtig besiegelt hatte. Jener von Friedrich für Ende Juni 1219 anberaumte Goslarer Hoftag, zu dem er in erster Linie den Adel und Episkopat Sachsens erwarten durfte, bildete so nur den Auftakt der staufischen Anstrengungen um Rückgewinnung und nachhaltige Konsolidierung königlicher Macht und Herrschaft im *Regnum*. Auch das Privileg Friedrichs für die Stadt Goslar ist vor dem Hintergrund der Bemühungen zu sehen, jenes in Zeiten der Thronwirren und geschwächten Königsmacht entfremdete ›alte Recht‹ Goslars in 50 Paragraphen zu vereinigen, zu restituieren und so neuer Wirkung zuzuführen. Laut Urkundenarenga geschieht dies nicht zuletzt aus Dank für die von seiten der Bürgerschaft der staufischen Sache stets entgegengebrachte unverbrüchliche Treue, die, hier wohl in Anspielung auf die welfische Plünderung der Stadt im Juni 1206, in der Vergangenheit vielerlei Gefahren und Verluste an Leib, Leben und Gut der Einwohner mit sich gebracht habe.

Den Urkundeninhalt selbst durchziehen im wesentlichen zwei unterscheidbare Stränge stadtherrlicher Konzession und Intention: Da ist zum einen (a) die in anderen Stadtrechten jener Zeit stets anzutreffende Schwächung der stadtvogteilichen Position in Gericht und Verwaltung zugunsten einer zunehmend zur autonomen Rechtsgemeinschaft sich mausernden Bürgerschaft (*consilium burgensium*). Zwar blieb jener *advocatus civitatis* auch weiterhin die oberste Rechtssprechungsinstanz des Vogteibezirks und der Platz vor der kaiserlichen Pfalz die für Goslarer Bürger verbindliche Gerichtsstätte. In Fragen der Hochgerichtsbarkeit jedoch hatte der Vogt statt Mitglieder seiner *familia* Vertreter der städtischen Elite (*burgenses*) zu Verfahrenseröffnung und Urteilsfindung heranzuziehen. Durch vier von Bürgerseite gewählte Unterrichter (*iudices*) waren die Befugnisse des Stadtvogts beim Niedergericht ebenso deutlich beschnitten wie im Marktwesen, wo dieser nur auf Veranlassung der Burgensen selbst eingreifen konnte. Zum anderen (b), und das macht das Privileg von 1219 zu einem Zeugnis heftiger sozialer Spannungen innerhalb des städtischen Gemeinwesens, scheint es hier zwischen König und *burgenses* zu einem restaurativen Schulterschluß gegenüber den *habitatores*, den Handwerkern und ihren Verbänden gekommen zu sein. Bereits in der Arenga findet sich der Hinweis, das vormals von Kaisern und Königen verliehene Recht (*jura*) der Stadt sei von dortigen Einwohnern (*quibusdam ipsius civitatis habitatoribus*) verändert und mißbraucht worden. Beide soziale Gruppierungen, *burgenses* und *habitatores*, unterschieden sich dabei insofern, als es den *habitatores* an einem eigenen Haus und damit am Vollbürgerrecht fehlte, der Erwerb eines solchen Eigens grundsätzlich aber an die Zustimmung der Burgensen gebunden blieb. In der Vergangenheit hatte sich der Streit zwischen beiden Gruppen offenbar an dem Gewandschnittmonopol der Kaufleute entzündet, das nun noch einmal als Vorrecht der *mercatores* bestätigt wird. Mit Ausnahme der Fernhändler und Münzer werden darüber hinaus alle Gilden und Innungen der Stadt aufgehoben, was wohl in der Absicht geschieht, die korporative Einflußnahme der Handwerker auf die städtische Politik zu schwächen. Dieses Gildeverbot freilich erwies sich als nicht durchsetzbar und blieb seit 1223 auf Zimmerleute und Weber allein beschränkt.

2. Für Goslar, und hier liegt die zweite Zäsur des Jahres 1219, war jene schriftliche Fixierung seiner Gerechtsamen und Freiheiten auch ein Beleg für die zunehmende Königsferne der Stadt. In dem einstigen salischen Hätschelkind hatten die Kaiser und Könige stets eifersüchtig über ihre Regalien gewacht und durch häufige Präsenz des Hofes der Bergstadt ihren Glanz verliehen. Nun hingegen, im frühen 13. Jahrhundert, zog sich die königliche Gewalt endgültig als maßgebliche Kraft aus dem einstigen Herrschaftsmittelpunkt zurück, eine Entwicklung, die 1235 mit der Verleihung des Goslarer Bergzehnten an das neugegründete Herzogtum Braunschweig-Lüneburg ihren Höhepunkt und Abschluß zugleich fand. Bürgerliche

F 32

33

Kräfte bestimmten fortan zunehmend das Geschick der Stadt Goslar, die künftig im territorialen Gefüge der Welfen ihre Reichsfreiheit würde behaupten müssen.
An dem Diplom hängt das zweite Thronsiegel König Friedrichs II. mit der Umschrift + FRIDERICVS · D(e)I : GR(ati)A : ROMANOR(vm) : REX : ET · SE(m)P(er) AVGVST(vs) · ET · REX : SICIL(ie).

Archiv der Stadt Goslar.

UB Stadt Goslar 1, Nr. 401 (mit Abb. III, Nr. 2).

Frölich 1927, S. 396–406. – Jordan 1963. – Hillebrand 1969. – Kat. Stuttgart 1977, 1, Nr. 48; 3, Abb. 19 (zum Siegel). – Petke 1978. – Dilcher 1985, S. 88–91. – Ehbrecht 1985, S. 422–425.

A. We.

F 33 Urkunde Heinrichs des Löwen, Herzog von Bayern und Sachsen, für das Augustiner-Chorherrenstift Riechenberg bei Goslar mit Siegel, Typ II

Urkunde: Goslar, 1154 Juni 3 – Typar: Niedersachsen, vor 1146

Pergament – starke Wasserschäden – H. 47 cm – B. 34 cm – Siegel aus hellem Wachs – durchgedrückt – links oben stark beschädigt – Dm. 7,8 cm.

Hannover, Niedersächsisches Hauptstaatsarchiv, Hild. Or. 3 Riechenberg Nr. 2

Das Augustiner-Chorherrenstift Riechenberg wurde im Jahre 1117 gegründet und erlebte einen bedeutenden Aufschwung unter Propst Gerhard I., der zudem Vorsteher weiterer Stifte und Berater Kaiser Lothars III. war. Heinrich der Löwe nun schenkt mit der Urkunde dem Stift zwei Hufen Landes in Kantiggerode, die von seinem Ministerialen Gottfried von der Rhume aufgelassen wurden, sowie seine Rechte und Besitzungen am Nordberg, die sein Ministeriale Anno, Vogt von Goslar, und der Goslarer Bürger Herezo – *Annone ministeriali meo advocato Goslariensi et Herezone cive Goslariensi* – aufgelassen hatten. Die Frage, ob Anno als Vogt von Goslar ein Ministeriale Heinrichs des Löwen sein und zugleich in Reichsdiensten stehen konnte, mithin ob und wie lange der Herzog die Vogtei über Goslar in seinen Händen hielt, bleibt eine bis heute strittige Frage der Forschung. Anno ist zudem mit dem schon 1134 bei Kaiser Lothar III. und von 1144 bis 1170 bei Heinrich dem Löwen nachweisbaren Kämmerer Anno von Heimburg identifiziert worden. Aus den unterschiedlichen Benennungen Annos in den Urkundentexten und den dazugehörigen Zeugenreihen, hier beispielsweise *ministeriales Anno de Heimenburch* (andererseits jedoch *urbani Goslarienses … Herezo cuius fuit beneficium*), konnte jüngst jedoch gefolgert werden, daß es sich bei dem Kämmerer Heinrichs des Löwen und dem Vogt von Goslar sehr wahrscheinlich um zwei verschiedene Personen mit dem gleichen, vergleichsweise häufigen Taufnamen handelte. Die Urkunde wird von sieben Geistlichen, 16 Edelfreien, 35 Ministerialen und 64 Goslarer Bürgern bezeugt, wobei sich letztere zuallererst aus gesellschaftlich hochstehenden, zwischen Patriziat und Stadtministerialität anzusiedelnden Familien rekrutierten. Andererseits kommt auch eine große Anzahl anderer Personen vor, denen bisweilen ihre Berufsbezeichnung zur Kennzeichnung beigefügt wurde: Kaufmann (*mercator*), Goldschmied (*aurifex*), Weber (*linarius*), Steinmetz (*lapicida*), Blasebalgmacher für die Schmelzhütten (*follicularius*), Glöckner (*campanarius*), Schildmacher (*scutarius*), Sattler (*sellarius*), Färber (*fucarius*). Wenn innerhalb der Zeugenreihe ein deutlicher Abstand zwischen *Wernerus aurifex* und *Thancmarus aurifex* besteht, so wird man darin zweifellos eine zusätzliche soziale Differenzierung sehen müssen. Die für eine Urkunde jener Zeit ungewöhnlich hohe Anzahl von Zeugen führte zunächst zu der Annahme, daß sie anläßlich eines gleichzeitig mit oder kurz nach dem Goslarer Hoftag Kaiser Friedrichs I. stattfindenden Landtags Heinrichs des Löwen ausgestellt worden ist. Da jedoch das Datum der Urkunde mit dem Fronleichnamsfest des Jahres 1154 übereinstimmt und im Urkundentext darauf auch angespielt wird, dürfte dies der Anlaß für die Güterübertragung mit den Teilnehmern einer feierlichen Prozession als Zeugen gewesen sein. Das auf der Urkunde durchgedrückte, runde, zweite Reitersiegel des Herzogs weist die Umschrift [+ H]ENRICV(s) · DEI · GRA(tia) · DVX · BAWARIE · & · SAX[ONIE] (Heinrich von Gottes Gnaden Herzog von Bayern und Sachsen) auf. Der Rand des Siegels, von dem sich lediglich ein weiterer, zudem erheblich beschädigter Abdruck an einer Urkunde von 1146 erhalten hat (Wolfenbüttel, Niedersächsisches Staatsarchiv, 24 Urk 2 [MGH UU HdL, Nr. 7A]), überdeckt bisweilen die Schriftzeichen, womit deutlich wird, daß beim Schreiben der Urkunde zunächst zuwenig Raum für das Siegel gelassen worden war. Als Bild zeigt es den Herzog mit spitzem Helm auf einem wuchtigen, nach rechts springenden Pferd sitzend. In der rechten Hand hält der Reiter eine Lanze mit in drei Zungen aufgespaltener Fahne, in der linken einen langen, in Normannenart geformten Schild, auf dem ein nach rechts gewendeter, aufrechter Löwe abgebildet ist. Deutlich sichtbar sind ferner das umgegürtete Schwert sowie die Reitersporen. Das Siegel hat Herzog Heinrich der Löwe zur Mitte der vierziger Jahre stechen lassen, als er erneuten Anspruch auf die bayerische Herzogswürde erhob. Auch in der Intitulatio der Urkunde verwendet er den Titel *dux Saxonie et Bawarie*. Nach der offiziellen Belehnung mit Bayern wird es hingegen stets vor Sachsen genannt.

Archiv des Stifts Riechenberg.

MGH UU HdL, Nr. 27, S. 37 ff. sowie S. XLVI.

Hasenritter 1936, S. 54 mit Siegeltafel Nr. 2. – Jordan 1963. – Wilke 1970. – Bogumil 1972, S. 142–144. – Lubenow 1973. – Petke 1973. – Jordan 1977, S. 163f. – Peters 1980, S. 111f. – Goetting 1984, S. 320ff., S. 389, S. 394, S. 411. – Hasse 1995 (im Druck).

C.P.H.

F 34 Modell der Goslarer Stiftskirche St. Simon und Juda (Dom), Zustand vor dem Abbruch 1819

Rekonstruktion nach Zeichnungen von Eduard Mühlenpfordt, 1819
Entwurf: Dr. Gregor Becker
Modellbau: Rudolf Nickel

Goslar, Städtisches Museum, Kulturamt der Stadt

Das Modell der Goslarer Stiftskirche St. Simon und Juda gibt den Zustand des Gebäudes kurz vor seinem Abriß im Jahre 1819 wieder. Es handelt sich um eine Umsetzung der Zeichnungen, die der mit dem Abbruch beauftragte Maschinenbauinspektor Eduard Mühlenpfordt anfertigte und die 1858 von H. W. H. Mithoff im »Archiv für Niedersachsens Kunstgeschichte« und danach nochmals 1901 im Kunstdenkmäler-Inventarband Goslars veröffentlicht wurden. Das Modell ist auf der Südseite geöffnet und gewährt Einblick in den Innenraum, der nach dem Vorbild zweier Zeichnungen Gustav Gelders, die ebenfalls im erwähnten Inventarband abgedruckt sind, rekonstruiert wurde. Die Kirche wurde seit der Säkularisierung des Stifts 1803 nicht mehr gottesdienstlich benutzt und 1819 auf Abbruch versteigert; verschont blieb nur die Portalvorhalle am nördlichen Seitenschiff, die 1824 instandgesetzt wurde und der musealen Aufstellung einiger Ausstattungsstücke des Doms dienen sollte.

Der Gründer des Goslarer Kollegiatstifts war der salische Kaiser Heinrich III. (1039–1056), dem auch der Ausbau der gesamten Pfalzanlage mit dem großen »Kaiserhaus« auf dem Hügel westlich der Kirche zuzuschreiben ist. Im Jahr 1050 wurde die Kirche durch Erzbischof Hermann von Köln zu Ehren der Geburtstagsheiligen des Herrschers, Simon und Judas, geweiht. Heinrich III. ließ sein Herz in der Goslarer Kirche bestatten, für das im 13. Jahrhundert ein in der Vierung aufgestelltes figürliches Grabmal geschaffen wurde (heute befindet sich das Grabmal in der Ulrichskapelle der Pfalz).

Die Kirche war eine flachgedeckte dreischiffige Basilika mit Querhaus und Nebenapsiden, rechteckigem Altarhaus und halbrunder Hauptapsis. Der Bau stand noch wesentlich in spätottonischer Bautradition. Der Westbau mit dem rechteckigen Untergeschoßblock und den oben freiwerdenden achteckigen Türmen orientierte sich an Bauten wie der Kirche des Pantaleon-Klosters in Köln und vermutlich der älteren ottonischen Stiftskirche in Gandersheim, die beide ebenfalls eine zweigeschossige Vorhalle im Westen besitzen bzw. besaßen. Dieser Goslarer Westbau ist zum prägenden Vorbild einer großen Gruppe von sogenannten sächsischen Westriegeln geworden. Die Stützen im Mittelschiff des Langhauses wechselten als jeweils zwei Säulen und ein Pfeiler ab; dieser Stützenwechsel ist aus der Kölner Bischofskirche und auch aus dem Bernwardbau von St. Michael in Hildesheim bekannt. Das weit übertretende Querhaus, dessen Raumteile im Grundriß nicht quadratische, sondern rechteckige Proportionen haben, verweist ebenfalls auf ottonische Bauten, obwohl in Goslar wohl von Anfang an eine durch Bögen ausgeschiedene Vierung bestand. Unter dem Altarhaus befand sich eine dreischiffige dreijochige Krypta, die 1911 ergraben worden ist. Sie war über Treppenabgänge neben den Apsiden des Querhauses zu betreten. Die im Grundriß kreuzförmige Ostanlage des Goslarer Doms mit Querhaus und Nebenapsiden diente wie der Westbau als Vorbild für viele Kirchenbauten im Herzogtum Sachsen.

Dieser salische Kirchenbau erfuhr seine ersten größeren Umbauten während der zweiten Blütephase der Goslarer Pfalz zur Zeit des staufischen Kaisers Friedrich I. Barbarossa. Die Vorhalle am nördlichen Seitenschiff wurde in der Zeit zwischen etwa 1170 und 1180 angefügt, gleichzeitig vermutlich die gesamte Kirche eingewölbt, wozu nachträglich verstärkende Lisenen an der Außenwand des Obergadens angebracht wurden. Zur Aufnahme der Gurtbögen, die die Gewölbeeinheiten voneinander trennten, wurde der Stützenwechsel im Mittelschiff umgebaut zu einem regelmäßigen Wechsel von Säule und Pfeiler.

Der welfische Kaiser Otto IV. suchte seinen Platz in der Kirche auf dem bronzenen salischen Thron mit einer neugeschaffenen Sandsteinumschrankung neben dem Kreuzaltar an der Südseite des ersten Mittelschiffsjochs. Danach endete die »Goslarer Kaiserzeit«, die Pfalz wurde von den deutschen Herrschern nicht mehr besucht. Doch besaß das Kollegiatstift noch ausreichende Mittel, um am Ende des 14. Jahrhunderts die Erweiterung beider Seitenschiffe und den Anbau eines polygonalen Chores anstelle der alten halbrunden Hauptapsis ins Werk setzen zu lassen. Im Winkel zwischen Altarhaus und Südquerarm wurde eine Kapitelstube errichtet, der die südliche Nebenapsis zum Opfer fiel. Die nördliche Nebenapsis wurde durch einen

Sakristeianbau teilweise verdeckt. Die Mittel zur Bauunterhaltung konnten jedoch nicht kontinuierlich aufgebracht werden; im 15. Jahrhundert wurden Klagen über den verfallenen Zustand laut, eine Wiederherstellung durch die Einführung der Reformation unterbrochen, im 17. Jahrhundert war die Kirche wiederum baufällig. Nachdem das Stift 1803 säkularisiert worden war, reichten die Mittel des statt dessen gegründeten »Stiftsgüterfonds« für eine umfassende Restaurierung nicht aus, ebenso fehlte sowohl das historische als auch das politische Interesse an dem Bauwerk. Das Kircheninventar wurde versteigert und die Kirche abgebrochen, was man schon kurze Zeit später, als die Restaurierung des »Kaiserhauses« in Angriff genommen wurde, bitter bereuen sollte.

Mithoff o.J. (1858). – Inv. Stadt Goslar 1901. – Hoelscher 1927. – Salzwedel 1980. – Lange 1985. – Dahlhaus 1991. – Steigerwald 1993. – Frontzek/Memmert/Möhle 1995.

M. Mö.

F 35 a Zapfen-Kapitell

Goslar, um 1170

Sandstein – an einer Seite auf ganzer Höhe fast bis zur Hälfte abgearbeitet – H. 50 cm – B. 62 cm – T. 38 cm.

Goslar, Städtisches Museum, Kulturamt der Stadt, Inv. Nr. LA 272

Das Zapfen-Kapitell (so benannt, weil es in seiner Formgebung einem Pinienzapfen ähnelt) ist aus vier Kränzen von stark stilisierten kleinen Blättern aufgebaut. Die Blätter laufen an ihrem Ende spitz zu und sind mit einem mittleren wulstigen Blattsteg versehen. Die Blattreihen sind jeweils versetzt hintereinander angeordnet; die Blätter wirken in ihrer Dicke und Kompaktheit sehr starr, so daß hier die Assoziation zu Schuppen eines Zapfens gegeben ist. Der Halsring sowie auch die Abakusplatte mit kleiner Plättchenabstufung sind analog zum Goslarer Palmetten-Kapitell (Kat. F 35 b) ausgebildet; dieser Tatbestand sowie auch die fast übereinstimmenden Maße belegen die Zusammengehörigkeit der beiden Kapitelle und ihre Ausarbeitung durch denselben Steinmetz.

Der Typus des Zapfen-Kapitells ist in der sächsischen Bauornamentik des 12. Jahrhunderts weiter verbreitet; er findet sich unter anderem in St. Godehard in Hildesheim und in der Riechenberger Krypta. Aufgrund der Abarbeitung einer Kapitellseite bei diesem Werkstück ist zu vermuten, daß hier eine Zweitverwendung, wahrscheinlich als Wandkapitell, geplant und vielleicht auch durchgeführt wurde. Diese kann jedoch erst nach 1927 erfolgt sein, denn bei Hölscher ist das Kapitell noch ohne Abarbeitung abgebildet. Als ursprünglicher Standort kann wie für das Palmetten-Kapitell (Kat. F 35 b) der umgebaute Palas der Kaiserpfalz Goslar angenommen werden.

Goslar, wahrscheinlich aus dem Palas der Kaiserpfalz; heute in der Steinsammlung der Kaiserpfalz Goslar.

Inv. Stadt Goslar 1901, S. 37, Fig. 38. – Hölscher 1927, S. 39, S. 46, Abb. 3. – Lange 1971, S. 174f., Anm. 226. – Arens 1985. – Meckseper 1993. – Lieb 1995, S. 180, Anm. 463f.

S. L.

F 35 b Palmetten-Kapitell

Goslar, um 1170

Sandstein – H. 50 cm – B. 65 cm – T. 63 cm.

Goslar, Städtisches Museum, Kulturamt der Stadt, Inv. Nr. LA 270

Das Werkstück hat die Grundform eines Kelchblock-Kapitells mit hoch angesetztem Kelch und sehr schmaler oberer Blockzone. Den Kapitellecken entwachsen unmittelbar über einem breit ausgeführten Halsring vier große Vollpalmetten, die mit ihrer mittleren Palmettenzunge bis an den Eckpunkt der Abakusplatte stoßen. Im unteren Bereich sind diesen Vollpalmetten jeweils zwei kleinere Vollpalmetten vorgesetzt, so daß hier ein zweischichtiges Relief entsteht. Die Außenkanten der kleinen Vollpalmetten verschmelzen seitlich mit der Struktur der großen Vollpalmette zu einer einheitlichen Silhouette. Die freigelassenen Zwickel auf den Stirnseiten werden mit einer zweistengligen Ranke gefüllt, die mittig unterhalb der Abakusplatte ansetzt und sich hinter zwei Manschetten in vier Rankenstengel aufgabelt. Zwei dieser Stengel verlaufen seitlich parallel zur Abakusplatte und münden in Palmettenwedel, während die zwei weiteren Stengel sich zu einer liegenden Herzform zusammenschließen, in deren Mitte eine kleine Vollpalmette mit Volutenenden thront. Eine Plättchenabstufung setzt die gerade geschnittene, nicht ornamentierte Abakusplatte vom Kalathos ab.

Der genaue Standort dieses Palmetten-Kapitells, das typische Motive der sächsischen Bauornamentik um 1170 aufweist (vgl. Kat. G 60a), ist heute nicht mehr eindeutig nachzuweisen. Die Rekonstruktion Hölschers von 1927, in der dieses Kapitell zusammen mit dem Zapfen-Kapitell (Kat. F 35 a) die Säulen im umgebauten Obergeschoß des Palas geziert haben soll, kann weiterhin in Betracht gezogen werden. Eine gründliche Untersuchung und Zuordnung der gesamten Bauornamentik-Fragmente, die in der Steinsammlung der Kaiserpfalz Goslar lagern, steht jedoch nach wie vor aus. Erst wenn diese erfolgt ist, können weitere Rückschlüsse auf die Rekonstruktion der Bauornamentik für die ehemalige Goslarer Stiftskirche und die Kaiserpfalz erfolgen. Zunächst läßt sich festhalten, daß enge motivische Bezüge zur Braunschweiger sowie zur Hildesheimer Ornamentik bestehen, die eine Datierung auf um 1170 nahelegen.

Goslar, wahrscheinlich aus dem Palas der Kaiserpfalz; heute in der Steinsammlung der Kaiserpfalz Goslar.

Inv. Stadt Goslar 1901, S. 37, Fig. 37. – Hölscher 1927, S. 39, S. 46, Abb. 3. – Lange 1971, S. 174f., Anm. 226. – Arens 1985. – Meckseper 1993. – Lieb 1995, S. 180, Anm. 463f.

S. L.

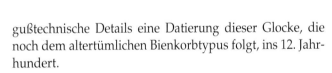

F 36 Dodelinus-Glocke

Niedersachsen, 1. Hälfte 12. Jahrhundert

Bronze – Glockenbronze aus 77,35% Kupfer, 19,7% Zinn, 2.02% Blei – H. 42 cm – Dm. 32,2 cm – Gew. 28,5 kg.

Bremen, Bremer Landesmuseum für Kunst- und Kulturgeschichte (Focke-Museum), Inv. Nr. 4121

Eine zweizeilige Inschrift auf der Glocke nennt den Stifter und und gibt die Weihe an Maria an: DODELINUS . ME . FIERI . IUSSIT . IN +HONORE . SANCTE . MARIE . VIRGINIS.

Die modernere Namensform *Dodelinus*, statt der im 9. bis 11. Jahrhundert gebräuchlichen *Dodalin*, stützt, wie auch

F 35b

gußtechnische Details eine Datierung dieser Glocke, die noch dem altertümlichen Bienkorbtypus folgt, ins 12. Jahrhundert.

Vom Gut Auburg bei Wagenfeld, Familie von Cornberg, 1941 vom Focke-Museum erworben.

Kat. Speyer 1992, S. 418f. (Hans Drescher).

F 37 Glocke

Niedersachsen, 13. Jahrhundert

Bronze – H. 77,5 cm

Lüneburg, Ev. Michaeliskirche, Inv. Nr. ST. MI. Kd. 1

Die Burglocke von Kalkberg legt aufgrund ihrer Form (»Zuckerhutglocke«) eine Datierung in die erste Hälfte des 13. Jahrhunderts nahe und könnte somit aus der 1371 zerstörten alten Benediktiner-Abteikirche St. Michaelis stammen.

Dehio Bremen/Niedersachsen, S. 880.

F 38

F 39 Glocke aus Olxheim

Niedersachsen, um 1220

Bronze – H. (ohne Krone) 58 cm – Dm. 60 cm.

Braunschweig, Braunschweigisches Landesmuseum, Inv. Nr. LMB 25046

Die verkehrt laufende, aus Wachsfäden modellierte kopfstehende Inschrift lautet SIGEFRIDERS +.
Aufgrund ihrer Herkunft aus dem zum Bistum Hildesheim gehörenden Olxheim sowie ihrer Inschrift ist eine Entstehung der Glocke unter Bischof Siegfried von Hildesheim (1216–1221 resign., †1227) nicht auszuschließen (Goetting 1984, S. 509–526). Auch die steile Zuckerhutform spricht nicht dagegen. Zwischen Schlagrand und Flanke befinden sich zwei flache Stege.

1975 aus dem Herzog Anton Ulrich-Museum (Inv. Nr. MA 255) an das Braunschweigische Landesmuseum gegeben.

Inv. Kreis Gandersheim, S. 248, Abb. 139. – Kat. Braunschweig 1993a, Nr. 26.

F.N.

F 39

F 38 Glocke aus Königslutter, ehem. Pfarrkirche St. Sebastian und St. Fabian

Niedersachsen, 2. Hälfte 13. Jahrhundert

Bronze – H. (ohne Krone) 76 cm – Dm. 97 cm.

Braunschweig, Braunschweigisches Landesmuseum

Die Majuskelinschrift an der Schulter zwischen Stegen lautet + DVLCE SONVM SACRA MVNCIO FVNERA PLANGO. Das Model der Kreuzigungsgruppe auf der Flanke – eingedrückte Kreuzigungsgruppe mit Maria und Johannes – kann in die erste Hälfte des 13. Jahrhunderts datiert werden, doch sprechen die entwickelte Gesamtform (gotische Rippe), die Anlage der Zier und die Gestalt der Krone eher für eine Entstehung der Glocke im späten 13. Jahrhundert.

Aus der Stadtkirche in Königslutter in das Herzog Anton Ulrich-Museum (ZL 3927). 1975 an das Braunschweigische Landesmuseum.

Paul Jonas Meier, Bau- und Kunstdenkmäler, Kreis Helmstedt, Wolfenbüttel 1896, S. 233. – Dehio Bremen/ Niedersachsen, S. 812 (zur Kirche).

37

G Kunst und Kultur in Sachsen

Im hohen Mittelalter beschreibt Adam von Bremen die Gestalt Sachsens als Dreieck, wobei »die Reise von Ecke zu Ecke acht Tage beträgt«. Verschiedene Lebenskreise zur Zeit Herzog Heinrichs des Löwen ergeben zusammen die gesellschaftliche Vielfalt: Dörfer inmitten von Wäldern, viele Klöster sowie ungezählte Burgen, aber nur wenige Städte prägen diese Landschaft.

Zu den ältesten christlichen Kulturzentren in Sachsen zählen die in karolingischer Zeit von Missionsklöstern aus gegründeten Bistümer: darunter Bremen, Halberstadt und Hildesheim. Magdeburg tritt 968 unter Kaiser Otto II. als letztes großes Missionsbistum hinzu. Eine Siegeltafel der Bischöfe ermöglicht Einblicke in die wichtigen Bischofsreihen der Hauptkirchen des Herzogtums. Alle Bistümer bemühen sich um Legitimation und Selbstdarstellung ihrer Institution. So entsteht zugleich ein Wettbewerb der Repräsentation. Als Zentren des Landes wachsen die Bischofsstädte schnell zu Knotenpunkten der Verwaltung und Wirtschaft, Bildung und Kommunikation, Kunst und Kultur heran. Diözesangrenzen unterteilen die Landschaften und schaffen auf diese Weise Zusammengehörigkeit in den jeweiligen Bistumsgrenzen.

Heilige Patrone treten als Vertreter der Bischofs- und Klosterkirchen auf Münzen und Siegeln, in Büchern und an Reliquiaren markant hervor: Der Mohr Mauritius in Magdeburg, der Missionar Ansgar in Bremen-Hamburg, der Märtyrer Stephanus in Halberstadt und die Muttergottes in Hildesheim. Noch zu Lebzeiten Heinrichs des Löwen werden die ersten sächsischen Bischöfe heiliggesprochen: Godehard 1133 und Bernward 1193.

Menschen aller Schichten mit unterschiedlichen Motiven wandern zwischen diesen Zentren und Klöstern hin und her; das gilt selbstverständlich auch für Handwerker und Künstler. Auf diese Weise ist der »Kunstkreis Heinrichs des Löwen« über seine Hofgesellschaft in das kulturelle Netzwerk Norddeutschlands eingebunden.

1126	Norbert von Xanten wird Erzbischof von Magdeburg
1137	Weihe der Zisterzienser-Klosterkirche Walkenried
1146-1158	Abbatiat Wibalds von Stablo in Corvey
1147	Wendenkreuzzug
1152	Heinrich der Löwe Vogt von Helmarshausen
1154	Heinrich der Löwen erhält das Investiturprivileg für die nordelbischen Bistümer
1154	Zeugenliste der Riechenberger Urkunde vermittelt ›Branchenverzeichnis‹ der Stadt Goslar
1152-1156	Guß der Bronzetüren für die polnische Bischofskirche Płock in Magdeburg
1167	bewaffnete Koalition gegen Heinrich den Löwen in Sachsen
1172	Erzbischof Wichmann von Magdeburg in Vertretung Heinrichs des Löwen von ihm als Stellvertreter in Sachsen eingesetzt
1180	Herzogtum Sachsen nach Verurteilung Herzog Heinrichs aufgeteilt
1184	Erzbischof Wichmann nimmt mit 600 magdeburgischen Rittern am Mainzer Hoftag Friedrichs I. teil
1190	Tod Bischof Adelogs von Hildesheim
1200	Hoftag König Philipps von Schwaben in Magdeburg
1202	erste welfische Teilung unter den Söhnen Heinrichs des Löwen – Pfalzgraf Heinrich, König Otto IV. und Wilhelm von Lüneburg – in Paderborn
1204	Plünderung von Konstantinopel und nachherige Stiftungen durch Bischof Konrad von Krosigk an den Dom zu Halberstadt
1209	Neubau des Magdeburger Doms nach Zerstörung durch Brand im Jahre 1207
1216	Neubaubeginn des Zisterzienserklosters Riddagshausen
1220	Neuweihe der Halberstädter Bischofskirche »im einundvierzigsten Jahre nachdem sie von Herzog Heinrich verbrannt worden war« (Chronik Kloster Petersberg)
1219-1258	Umgestaltung des Bremer Doms unter Erzbischof Gerhard II.
1227	Schlacht von Bornhöved

Appuhn 1963. – Meier 1967. – Heinemann 1968. – Bogumil 1972. – Goetting 1984. – Weinfurter/Engels 1984. – Brandt 1987. – Flemming/Lehmann/Schubert 1990. – Schubert 1990. – Ullmann 1989. – Kat. Magdeburg 1992. – Boockmann/Thies 1993.

F. N.

G 1 Siegel Balduins, Erzbischof von Hamburg-Bremen (1169–1178)

Typar: Norddeutschland (Bremen ?), 1169 – Urkunde: 1176

Helles Wachs – durchgedrückt – stark beschädigt – Dm. 8 cm.

Merseburg, Domstiftsarchiv, Urk. Nr. 31, 1176

Über seine Familie ist zwar nichts bekannt, doch nach dem Inhalt der vorliegenden Urkunde zu schließen, dürfte Balduin einem ostsächsischen Geschlecht von Edelfreien entstammen. In Halberstadt ist er seit 1136 als Domherr, seit 1163 als Domdechant und von 1164 an schließlich als Dompropst nachweisbar. Offenbar verdankte er seine Pfründe Herzog Heinrich dem Löwen, auf dessen Initiative hin er im Juni 1169 von Kaiser Friedrich I. auf dem Bamberger Hoftag zum Erzbischof von Bremen ernannt wurde. Dort war es nach dem Tod des Erzbischofs Hartwig I. zu einer Doppelwahl gekommen, wobei der welfenfeindliche Teil des Domkapitels mit dem Magdeburger Kanoniker Siegfried immerhin einen Askanier, der welfenfreundliche Teil hingegen den Domdekan Otbert gewählt hatte. Als es daraufhin in Bremen zu Tumulten kam, griff Graf Gunzelin von Schwerin als Vertreter des Herzogs mit Waffengewalt ein, so daß Siegfried fliehen mußte. Kaiser Friedrich erklärte die Bremer Wahlen für ungültig und bestimmte den zu dieser Zeit schon hochbetagten Balduin zum Erzbischof. Einmal im Amt, orientierte dieser sich ausnahmslos an Heinrich dem Löwen und seinen Zielen, was die Bedeutung des Erzbistums sowohl auf reichspolitischer Ebene als auch gegenüber seinen Suffraganen auf einen Tiefpunkt brachte. Als dann nach der Wende von Chiavenna 1176 und im Anschluß an die Friedensverträge von Anagni und Venedig auch die Bremer Bischofswahl wiederaufgerollt werden sollte, starb Balduin am 18. Juni 1178 – angeblich an jenem Tag, an dem ihm das Absetzungsdekret hatte überreicht werden sollen. Das Siegel Erzbischof Balduins zeigt den Siegelführenden mit Mitra und im Ornat auf einem offenbar gemauerten Thron sitzend, in der Linken den einwärts gekehrten Bischofsstab, in der Rechten einen heute unkenntlichen Gegenstand, wahrscheinlich das Evangelium. Die Umschrift + BALDEWIN[VS HAMAB]VRGENSIS · ECCLE(siae) · ARCHIEP(is)C(opus) (Balduin, Erzbischof der Hamburger Kirche) verweist auf Hamburg als den ursprünglichen Ort des Erzbistums, wo stets ein eigenständiges Domkapitel weiterbestanden hatte.

Archiv des Domstifts Merseburg.

von Heinemann 1867–83, T. 1, Nr. 552. – UB Hochstift Merseburg 1, Nr. 113.

Glaeske 1962, S. 179–183. – Regesten Eb. Bremen 1, Nr. 58. – Meier 1967, S. 232 f. – Weinfurter/Engels 1984, S. 46 – Ehlers 1992a, S. 454..

C.P.H.

G 2 Siegel Konrads, Bischof von Lübeck (1164–1172)

Typar: Braunschweig ?, 1164 – Urkunde: 1170 November 21

Schleswig, Landesarchiv Schleswig-Holstein, Urk.-Abt. 268 Nr. 8

Braunes Wachs – ursprünglich eingehängt – restauriert – mit Zaponlack überzogen – Dm. 5,1 cm.

Konrad stammte aus Schwaben und war ein Bruder Gerolds, der als Hofkapellan Heinrichs des Löwen 1154 während des ersten Italienaufenthalts des Herzogs von dessen Gattin Clementia von Zähringen als Bischof von

Oldenburg/Lübeck eingesetzt worden war. Als Abt des Zisterzienserklosters Riddagshausen bei Braunschweig wurde Konrad im Jahre 1164 gegen den anfänglichen Widerstand des Erzbischofs Hartwig I. von Bremen und des Domkapitels vom Herzog zum Bischof von Lübeck bestimmt. Als er 1167 unter dem Einfluß Erzbischof Hartwigs Heinrich die Lehnshuldigung verweigerte, kam es zur Entfremdung zwischen ihm und dem Löwen. Konrad floh daraufhin zu Erzbischof Wichmann von Magdeburg, besuchte das Generalkonzil der Zisterzienser und erkannte zur Zeit des Schismas Papst Alexander III. an. Nach dem Tod des Erzbischofs Hartwig 1168 söhnte sich Konrad unter Vermittlung Kaiser Friedrichs I. mit Heinrich dem Löwen aus und begleitete ihn auf dessen Wallfahrt ins Heilige Land. Dabei verstarb er am 17. Juli 1172 in Tyrus und wurde dort auch beigesetzt (vgl. die entsprechende Karte im Anhang von Band 2 dieses Ausstellungskatalogs). Konrads Siegel mit der Umschrift + CONRAD(us) D(e)I GR(atia) LVBICENSIS EPISCOP(us) (Konrad von Gottes Gnaden Bischof von Lübeck) zeigt den Bischof mit Mitra und im Ornat auf einem mit Tierköpfen verzierten Faltstuhl, in der Rechten den einwärts gekehrten Stab, in der Linken das geschlossene Evangelium. Es ist bedeutend kleiner als andere Bischofssiegel jener Zeit, was wohl Ausdruck der geringen Mittel ist, über die Konrad in seinem Bistum lediglich verfügte. Schließlich waren nicht nur die Kosten für die Anfertigung eines Siegelstempels, sondern auch die für Siegelwachs beträchtlich.

Archiv des Domstifts Lübeck (über dem Kreuzgang in einem vergitterten Zimmer); 1804 Archiv des Herzogs von Oldenburg in Eutin; 1850 Großherzoglich Oldenburgisches Haus- und Zentralarchiv in Oldenburg; 1938 Preußisches Staatsarchiv Kiel; seit 1947 im Landesarchiv Schleswig-Holstein in Schleswig.

UB Bisthum Lübeck 1, Nr. 9 mit Abb. auf Tafel I [zu Nr. 5 und Nr. 9].

Arnold von Lübeck, Chronik, Lib. I, cap. 1–11. – Biereye 1929, insb. S. 295ff. – Helmold von Bosau, Slawenchronik, S. 187; S. 189f.; S. 205f. – Weinfurter/Engels 1984, S. 66.

C.P.H.

G 3 Siegel des Bischofs Heinrich von Ratzeburg (1215–1228)

Typar: 1215 – Urkunde: Mölln, 1217 Mai 24

Mit Ziegelerde gemischtes Wachs – an grünen Seidenfäden hängend – spitzoval – H. 7,5cm – B. 5cm.

Lübeck, Archiv der Hansestadt Lübeck, Bergedorfiensia 1

Umschrift: + SIGILLV(m) HEINRICI RACEBVRGENSIS EPI(scopvs)
Bischof Heinrich von Ratzeburg ließ an einer für die Kirche in Bergedorf ausgestellten Urkunde, in der er Hufenschenkungen seiner Vorganger in Curslack, Börnsen und Wentorf sowie die Ermächtigung zur Anlage einer Mühle an der Bille bestätigte, zur Beglaubigung sein Siegel anbringen. Der einstige Dompropst Heinrich hatte nach Bischof Isfrids Tod 1204 gemäß eines Schiedsspruchs des Grafen Albrecht von Orlamünde bei der Einsetzung ins Bischofsamt zugunsten Philipps, Kapellan bei Isfrid, zurückstehen müssen. Erst 1215 (bis 1228) folgte er ihm im Amt. Die dänische Herrschaft, zuerst König Knuts VI., dann seines Bruders Waldemar II., nahm reibungslos die Stelle kirchlicher Oberherrschaft, wie sie Heinrich der Löwe innegehabt hatte, über die drei nördlichen Bistümer rechts der Elbe in Anspruch. Die dänische Einflußnahme bewirkte keinen Bruch in der Verwaltungskontinuität im Bistum Ratzeburg. So führte Bischof Heinrich auch das seit dem Ende des 12. Jahrhunderts für geistliche Herren typische spitzovale Siegel, auf dem er stehend im geistlichen Ornat zu sehen ist. In der Rechten hält er den Hirtenstab, in der Linken die Bibel. Die relativ schmucklose, klare Form des Siegelbildes ohne Baldachin und sonstige Schmuckelemente hebt sich durch die rote Färbung des Siegels jedoch ein wenig vom allgemeinen Gebrauch ab.

UB Hamburg 1, Nr. 404. – UB Meklenburg 1, Nr. 233. – Masch 1835, S. 116–124.

A.G.

G 4 Siegel des Domkapitels von Verden

Typar: Norddeutschland, um 1205 – Urkunde: o. D. (1205–1225)

Braunes Wachs – an Pergamentstreifen hängend – H. 6,6 cm – B. 4,3 cm.

Wolfenbüttel, Niedersächsisches Staatsarchiv, 25 Urk 33

Das Bistum Verden wurde im 9. Jahrhundert, möglicherweise unter Verlegung eines ursprünglich in Bardowick ansässigen Bischofssitzes gegründet und dem Erzbistum Mainz unterstellt. Der romanische Vorgängerbau des heutigen Doms wurde zwischen 1181 und 1185 der Muttergottes sowie den Heiligen Caecila und Fabian geweiht. Das Domkapitel des Bistums bestand aus 16 Domherren und hatte seit dem ersten Drittel des 13. Jahrhunderts das Recht inne, sich durch eigene Wahl zu ergänzen. Durch eine ausführliche Wahlkapitulation an den bisherigen Dompropst und Erwählten Iso von Wölpe im Jahre 1205 gelang es dem Kapitel, seine Macht dem Bischof gegenüber bedeutend auszubauen und unter anderem das alleinige Konsensrecht zu erhalten. In dieser Zeit wird auch das vorliegende Siegel entstanden sein. Es ist spitzoval und weist die Umschrift + SIGILLVM CAPITULI V[ERDE]NSIS ECLESIE (Siegel des Kapitels der Verdener Kirche) auf. Als Bild zeigt es drei in lange Gewänder gekleidete, mit Nimben versehene Personen, die jeweils auf Steinhügeln stehen. In der Mitte befindet sich die übergroß dargestellte Maria als Hauptpatronin des Doms. Die Muttergottes hält Jesus auf ihrem linken Arm und einen Lilienstab in der rechten Hand; über ihr befindet sich ein kleiner achtstrahliger Stern. Rechts neben Maria steht ein heiliger Bischof mit Mitra und Bischofsstab, möglicherweise der hl. Fabian. Links neben ihr ist ein durch den Palmzweig als Märtyrer gekennzeichneter Heiliger zu sehen, was auf den hl. Andreas als ursprünglichen Patron der Kirche hindeutet. Das Siegel des Verdener Domkapitels beeindruckt durch seine schlichte, ausgewogene Bildkomposition. Es wurde spätestens im 14. Jahrhundert durch einen anderen, runden Stempel abgelöst, der als Bild den thronenden Heiland ausprägte.

Archiv des Klosters Walkenried.

UB Stift Walkenried 1, Nr. 146.

Bückmann 1912. – Drögereit 1978, S. 253–354. – Streich 1986, S. 124f. – Heyken 1990, S. 208 mit Anm. 13.

C.P.H.

G 5 Siegel Adelogs von Reinstedt, Bischof von Hildesheim (1170/71–1190)

Typar: Hildesheim (?), 1170/71 – Urkunde: 1178 Juli 24

Braunes Wachs – mit rotem Wachs überzogen – durchgedrückt – Dm. 7,5 cm.

Göttingen, Georg-August-Universität, Diplomatischer Apparat, Urkunde Nr. 64

Adelog entstammte der Familie der Edelherren von Reinstedt. Seit 1160 ist er als Propst des Stifts St. Simon und Juda in Goslar nachweisbar, dürfte damals aber zudem eine Kanonikerpfründe im Hildesheimer Domkapitel und spätestens seit 1167 auch die Propstei des Goslarer Stifts

G 6

G 6

auf dem Petersberg innegehabt haben. Adelog übernahm schon zu dieser Zeit Tätigkeiten im Reichsdienst, wie auch seine Wahl zum Hildesheimer Bischof im Jahre 1171 auf Veranlassung Kaiser Friedrichs I. erfolgt sein wird. Seitdem bemühte sich Adelog um ein ausgeglichenes Verhältnis zu Herzog Heinrich dem Löwen, wobei offenbar der Propst des Augustiner-Chorfrauenstifts Steterburg, Gerhard II., vermittelnd tätig wurde. Nach der Gründung des Klosters Wöltingerode durch die Grafen von Wöltingerode-Wohldenberg im Jahre 1174 unterstützte der in Reichsdiensten stehende Adelog Friedrich I. 1176 militärisch auf dessen Italienzug. Angesichts der bevorstehenden Kämpfe mit Heinrich dem Löwen verschaffte sich Adelog durch das sogenannte Große Privileg für das Hildesheimer Domkapitel Rückendeckung innerhalb seiner eigenen Diözese und trat seitdem offen für die kaiserliche Partei ein. In der Folgezeit konnte Adelog das von Heinrich dem Löwen beanspruchte Erbe der Grafen von Assel erwerben und weihte am 8. September 1188 den von Heinrich und seiner Frau Mathilde gestifteten Marienaltar in der Stiftskirche St. Blasius zu Braunschweig. Bischof Adelog starb am 20. September 1190 und wurde in der Mitte der Domkrypta beigesetzt. Seine Grabplatte steht heute an der Nordseite des Domkreuzgangs. Adelog führte schon als Propst des Stifts St. Simon und Juda ein eigenes Siegel. Sein großes rundes Bischofssiegel hat die Umschrift + ADELHOGVS · DEI · GRATIA · HILDENESHEMENSIS EPISCOPVS (Adelog von Gottes Gnaden Bischof von Hildesheim). Es zeigt ihn auf einem mit Tierköpfen verzierten Faltstuhl thronend, in der Rechten den nach außen gekehrten Stab, in der manipelbedeckten Linken das geschlossene Evangelienbuch, auf dem Kopf die Mitra.

Archiv des Stifts Riechenberg; seit 1810 im Diplomatischen Apparat der Universität Göttingen.

UB Stadt Goslar 1, Nr. 288. – UB Hochstift Hildesheim 1, Nr. 386 sowie Siegeltafel II.

Ehlers 1992a, S. 435–466. – Goetting 1984, S. 414–443. C.P.H.

G 6 Siegel und Rücksiegel Hartberts von Dahlum, Bischof von Hildesheim (1199–1216)

Typar: Niedersachsen (Hildesheim ?), 1201 – Urkunde: Lamspringe, 1212 September 22

Braunes Wachs – an Pergamentstreifen hängend – am Rande bestoßen – H. 8,2 cm – B. 5,4 cm – Rücksiegel Dm. 2,8 cm.

Hannover, Nds. Hauptstaatsarchiv, Hild. Or. 2 Lamspringe Nr. 9

Hartbert entstammte dem Edelherrengeschlecht von Königsdahlum, das zu den bedeutendsten edelfreien Familien am Rande des Nordharzes gehörte. Im Hildesheimer Domkapitel ist er seit 1178 als Subdiakon, seit 1189 als Domkantor und von 1193 an im Amt des Dompropstes nachweisbar. Als Anführer der welfischen Fraktion im Domkapitel wurde Hartbert im Jahre 1199 unter Einflußnahme König Ottos IV. zum Bischof von Hildesheim gewählt. Da die Stiftsvasallen, die Stiftsministerialität ebenso wie die Hildesheimer Bürger für den staufischen König Philipp Partei ergriffen, konnte Hartbert jedoch nicht vor 1201 in sein Bistum einziehen. In seine Amtszeit fällt die Exemtion des Reichsstifts Gandersheim aus dem Hildesheimer Diözesanverband sowie die Gründung des Kollegiatstifts St. Andreas in Hildesheim. Bischof Hartbert blieb während seiner ganzen Amtszeit treuer Anhänger des welfischen Kaisers Otto IV., wofür er im Jahre 1212 von Papst Innozenz III. exkommuniziert wurde. Er starb am 21. März 1216 in Hildesheim und fand seine letzte Ruhe im Mittelschiff des Hildesheimer Doms. Hartbert führte schon als Dompropst ein persönliches Siegel, das heute jedoch nicht mehr erhalten ist. Das vorliegende spitzovale Bischofssiegel zeigt ihn mit Mitra und im Ornat auf einem mit Löwenköpfen geschmückten Faldistorium thronend. In der rechten Hand hält er einen einwärts gekehrten Bischofsstab, in der linken das Evangelienbuch. Die Umschrift lautet + HA(r)TBERT(us) D(e)I GR(ati)A HILDENESHEYMEN(si)S EPISCOP(us) (Hartbert von Gottes Gnaden Bischof von Hildesheim). Die hier vorliegende Ausprägung weist als sphragistische Seltenheit ein Rücksiegel auf, das unter Verwendung eines Brakteatenstempels geprägt wurde. Der durch den Bünstorffer Fund auch im Original nachweisbare Brakteat zeigt in einem Perlenkranz zwischen zwei Kuppeltürmen mit Kugelspitzen den auf einem Faltstuhl thronenden Bischof mit Mitra, in jeder Hand einen Kreuzstab haltend.

Archiv des Klosters Lamspringe.

UB Hochstift Hildesheim 1, Nr. 658, S. 628 sowie Siegeltafel III.

Heinemann 1895. – von Bahrfeldt 1917, Nr. 15 mit Tafel 28. – Galster 1920, Nr. 227. – Schieferdecker 1956, S. 8 mit Abb. 26. – Goetting 1984, S. 477–509.

C.P.H.

G 7 Siegel des Domkapitels von Halberstadt, Typ II

Typar: Halberstadt (?), 1179 – Urkunde: Halberstadt, 1215

Braunes Wachs – restauriert – an weißen und roten Seidenschnüren hängend – Dm. 6,6 cm.

Wolfenbüttel, Niedersächsisches Staatsarchiv, 22 Urk 32

Das Halberstädter Domkapitel galt als eines der einflußreichsten und vornehmsten in Sachsen und setzte sich bis zum Ende des 13. Jahrhunderts fast ausschließlich aus Söhnen edelfreier Familien zusammen. Sein großes Rundsiegel trägt die Umschrift + SIGILLVM S(ancti) · STEPHANI · HALBERSTADE(n)SIS ECCL(es)ie (Siegel der Kirche des hl. Stephan in Halberstadt) und zeigt den Bistums- und Domkirchenheiligen Stephan, wie er, mit Nimbus versehen und die Hände gen Himmel erhoben, halb niederkniet. Umgeben ist er dabei von acht Steinen, die sein Martyrium (er wurde gesteinigt) andeuten. Anders als in jenem bis 1174 nachweisbaren ersten Typar des Domkapitels ist im zweiten ein kleiner achtstrahliger Stern hinzugefügt. Da der Stempel erstmalig im Jahre 1183 benutzt worden ist, dürfte das erste Typar des Domkapitels beim Brand des Doms und der Zerstörung Halberstadts infolge der Belagerung durch Heinrich den Löwen am 29. September 1179 untergegangen sein.

Archiv des Klosters Mariental.

UB Hochstift Halberstadt 1, Nr. 485, S. 433 f. sowie Siegeltafel V, Nr. 27.

Meier 1967. – Heinrich Meibom, Chronik Marienthal, Abb. auf S. 51 [von einer anderen Ausprägung].

C.P.H.

Münzstätten in Sachsen

Das Herzogtum Sachsen zur Zeit Heinrichs des Löwen unterteilt sich in drei große Währungsgebiete: Westlich der Weser herrscht der schwere, zweiseitige Kölner Pfennig mit seinen wichtigsten Münzstätten Soest, Dortmund, Münster, Osnabrück, Wiedenbrück und Minden. Im Norden gibt es den lübischen Pfennig in Brakteatenform mit seinem niedrigen Gewicht, und in Ostfalen überwiegt der schwere Brakteat mit den Städten Hildesheim, Braunschweig, Halberstadt und Magdeburg als Zentren der Münzprägung und somit auch als Zentren eigener regionaler Wirtschafts- und Währungsgebiete.

Das Recht der Münzprägung lag ursprünglich nur beim deutschen König. Doch schon 833 beginnen die Verleihungen des Münzrechts an andere, geistliche Herren. Durch die Münzrechtsverleihungen geschah im Laufe der Zeit eine Minderung der königlichen Rechte zugunsten territorialer Mächte. Neben die geistlichen Münzherren traten auf niedersächsischem Gebiet zahlreiche weltliche Herren, die ohne Beleihung aus eigener Machtvollkommenheit Münzen prägten, so zuerst Herzog Bernhard I. (973–1011) in Lüneburg und Bardowick. Im 12. Jahrhundert nahm die Zahl der Münzstätten in Deutschland noch einmal gewaltig zu, so daß es an der Wende zum 13. Jahrhundert mehrere hundert Orte mit Münzprägung gab. Dabei nimmt Niedersachsen eine herausragende Stellung ein, wobei der Silberreichtum des Harzes eine wichtige Rolle spielt. Im Umkreis dieses Gebirges liegt das Zentrum der niedersächsischen Brakteatenprägung.

Die Prägung der Brakteaten begann um 1130 in der Mark Meißen. Von dort dehnte sie sich in westlicher Richtung aus und ist wenige Jahre später in Erfurt, Magdeburg, Quedlinburg und Hersfeld nachweisbar; Thüringen und das Harzvorland bildeten dann das Zentrum. Im Herrschaftsgebiet Heinrichs des Löwen dürften um 1150 die ersten Brakteaten geprägt worden sein. Im nördlichen Niedersachsen begann die Brakteatenprägung noch später, zuerst wohl in Lüneburg, dann auch in Stade, Hamburg und Lübeck. Diese Münzform breitete sich rasch über ganz Deutschland nördlich des Mains und östlich der Weser aus. Ausläufer reichen bis Skandinavien und Böhmen. Die Ausbreitung geschah unter gleichzeitiger Aufgabe der (zweiseitigen) Denarprägung in diesen Gebieten. Gleichzeitig kommen beide Münzformen nur im Grenzbereich von Denar- und Brakteatenlandschaften vor, wobei der Denar eher dem Fernhandel und der Brakteat eher dem lokalen Umlauf diente. Es waren also keineswegs alle deutschen Landschaften an der Herstellung einseitiger Pfennige beteiligt. In wirtschaftlich weit entwickelten Gebieten wie Rheinland, Westfalen und Bayern, wo die Bevölkerung schon lange an Geldwirtschaft gewöhnt war, wurde die traditionelle Münzform beibehalten.

Die Blüte der Brakteatenzeit ist etwa zeitgleich mit den Regierungszeiten Friedrichs I. Barbarossa und Heinrichs des Löwen. Kunstgeschichtlich gehören die Brakteaten somit in die späte Romanik und stehen ganz im Stil ihrer Zeit. Sämtliche Bildelemente erscheinen in typisierter Form. Architektonische Motive sind rein dekorativ und topisch zu verstehen, Kuppeln, Türme, Mauern und Tore fügen sich in symmetrisch gestaltete Bauensembles. Die Verwendung von Architektur als Zierelement wird mit dem Einfluß der byzantinischen Kunst erklärt, da uns Ähnliches auch auf Elfenbeintafeln, Miniaturen und Goldschmiedearbeiten begegnet. Eine kleine Gruppe von Brakteaten zeigt ausschließlich Architektur und ist unter dem Begriff »Burgbrakteaten« bekannt. Solche Stücke gibt es in größerer Anzahl etwa aus Hamburg und Magdeburg, wo man die Burg auch als redendes Wappen auffassen kann. Menschliche Figuren, die nie individuell dargestellt sein wollen, sind oft von Architekturen eingerahmt. Das Münzbild selbst wird von einem oder mehreren Zierkreisen verschiedener Gestaltungsmuster und einem Rand umgeben. Dazwischen befindet sich oft eine Umschrift, die fast ausschließlich in Latein gehalten ist. Nur bei den besten Brakteaten und künstlerisch ambitionierten Stempelschneidern ist die Umschrift in korrekten und deutlich lesbaren Buchstaben ausgeführt, so in Braunschweig, Halberstadt, Quedlinburg und Magdeburg. Die vielen Stücke mit sinnentstellter Umschrift oder sogenannter Trugschrift zeigen an, daß die Stempelschneider oft des Lesens unkundig waren und nur die Schrift imitierten. Doch da auch die überwiegende Mehrheit der Bevölkerung nicht lesen und schreiben konnte, war die Konzentration auf den bildlichen Inhalt der Münze um so wichtiger. Im 13. Jahrhundert wird die Umschrift fast überall weggelassen, was eine Zuordnung der Brakteaten nicht erleichtert.

Der Münzherr charakterisiert sich im Typus durch seine Kleidung, Attribute und Wappen. Der bekannteste Beleg für das redende Wappen ist zweifellos der welfische Löwe auf den Münzen Heinrichs des Löwen in Braunschweig und Lüneburg. Dem vergleichbar ist der Falke der Grafen von Falkenstein, der Adler der Herren von Arnstein, der Hirsch der Grafen von Stolberg und die Hirschstange der Grafen von Blankenburg-Regenstein. Die Äbtissinnen von Gandersheim und Quedlinburg sind durch den über den Kopf gezogenen Schleier charakterisiert. Heilige werden mit einem Nimbus oder durch die Art ihres Martyriums bezeichnet, so der hl. Petrus in Bremen, der hl. Ludgerus in Helmstedt, der hl. Stephan in Halberstadt, die Apostel Simon und Judas Thaddäus in Goslar und der hl. Moritz in Magdeburg. Geistliche Herren erkennt man an der Kasel, dem über der Dalmatik getragenen ärmellosen Gewand. Als Attribute dienen Mitra, Krummstab, Kreuzstab, Lilienzepter, Buch oder Tonsur. In solcher Gewandung finden wir etwa den Bischof von Verden, den Bischof von Hildesheim, den Abt von Fulda, den Bischof von Halberstadt und den Abt von Kloster Nienburg an der Saale. Andere religiöse Themen, wie etwa Marien- und Christusdarstellungen, fehlen hingegen fast vollkommen.

Auch der weltliche Münzherr charakterisiert sich durch seine Kleidung und Attribute. Der König als oberster

Lehnsherr trägt immer die Königskrone als Zeichen seiner höchsten Würde. Der prächtige Brakteat König Konrads III. aus Erfurt, eine der schönsten deutschen Münzen des Mittelalters, zeigt den König in Dreiviertelansicht mit geschultertem Schwert und einer fahnengeschmückten Lanze in der Faust. Auf dem Kopf trägt er eine sorgfältig gestaltete Bügelkrone mit drei Lilienverzierungen. Er steht im Hüftbild vor einer herrschaftlichen Balustrade, umgeben von zwei gedrehten Kuppeltürmen. Die korrekt ausgeführte Umschrift und die Zierkreise runden dieses künstlerisch vollkommen gestaltete Münzbild ab.

F. B.

G 8 Prägungen sächsischer Münzstätten

a) Gerhard I. von Wildeshausen (1210–1219)
Erzbistum Bremen
Einseitiger Pfennig (Brakteat)

Silber – Gew. 0,46 g.

Hannover, Kestner-Museum, Inv. Nr. Bo 80

Der hl. Petrus, bekleidet mit einem Gewand, sitzt auf einem Bogen. Um seinen Kopf ein Nimbus. Links hält er einen Doppelschlüssel, rechts ein offenes Buch, darunter befindet sich ein Kreuz.

Fund Bokel 80. – Berger 1993, 9.

b) Iso von Wölpe (1205–1231)
Bistum Verden
Einseitiger Pfennig (Brakteat)

Silber – Gew. 0,50 g.

Hannover, Kestner-Museum, Inv. Nr. Bo 121

Sitzender Bischof im geistlichen Gewand mit Mitra. Er hält links einen Palmzweig, rechts einen Kreuzstab. Im Feld Rosette. Trugschrift.

Fund Bokel 121. – Berger 1993, 87.

c) Zeit der Dänen, 1201–1225
Münzstätte Hamburg
Einseitiger Pfennig (Brakteat)

Silber – Gew. 0,49 g.

Hannover, Kestner-Museum, Inv. Nr. Bo 38

Zentraler Dreipaß, darauf breiter Zinnenturm und zwei Kuppeltürme. Darunter Ensemble von drei weiteren Türmen.

Fund Bokel 12 und 38. – Slg. Bonhoff 136. – Berger 1993, 162.

d) Zeit der Dänen, 1201–1225
Münzstätte Lübeck
Einseitiger Pfennig (Brakteat)

Silber – Gew. 0,57 g.

Hannover, Kestner-Museum, Inv. Nr. Bo 64

Brustbild des dänischen Königs mit Mantel und Krone hinter Balustrade mit Zinnen. Er hält links ein Schwert und rechts einen Palmwedel.

Fund Bokel 64. – Berger 1993, 234.

e) Heinrich der Löwe (1142–1195)
Hannover, Welfische Münzstätte
Einseitiger Pfennig (Brakteat)

Silber – Gew. 0,84 g.

Hannover, Kestner-Museum, Inv. Nr. 1924,107

Gleichschenkliges befußtes Kreuz vom Hildesheimer Typ, in den Winkeln je zwei Lilien und zwei Löwenköpfe. Umschrift: +COOENNOORRVERRE-SVVMM.

Fund Mödesse I, 43. – Slg. Löbbecke 152. – Berger 1993, 1005.

f) Adolf III. von Berg (1160–1174)
Helmstedt, Münzstätte der Abtei Werden-Helmstedt
Einseitiger Pfennig (Brakteat)

Silber – Gew. 0,89 g.

Hannover, Kestner-Museum, Inv. Nr. 1924,34

Der hl. Ludgerus im langen geistlichen Gewand und Nimbus um den Kopf sitzt mit Kreuzstab und erhobener Hand auf der Brüstung eines Mauerbogens, die Füße auf einem kleinen Bogen. Zu beiden Seiten dreistöckige Kuppeltürme an perspektivisch gezeichneten Seitengebäuden. Unten sechs Kreuzquadrate, im Feld zehn Ringel.

Fund Gotha 222 b. – Berger 1993, 1023.

g) Adelog von Dorestad (1171–1190)
Hildesheim, Bischöfliche Münzstätte
Einseitiger Pfennig (Brakteat)

Silber – Gew. 0,80 g.

Hannover, Kestner-Museum, Inv. Nr. T 310

Sitzender Bischof in geistlichem Gewand und mit zweizipfliger Mitra sitzt frontal mit leichter Rechtswendung. In den Händen hält er Krummstab und Lilienzepter. Zu beiden Seiten je ein schlanker Kuppelturm. Rechts und links die Umschrift: HIEDNIIDE – ISEMENSIS.

Fund Mödesse I, 48. – Slg. Löbbecke 62. – Slg. Bonhoff 218. – Berger 1993, 1069.

G8 a

G8 b

G8 c

G8 d

G 8 e

G 8 f

G 8 g

G 8 h

G 8 i

G 8 j

G 8 k

G 8 l

G 8 m

G 8 n

G 8 o

G 8 p

G 8 q

G 8 r

G 8 s

h) Heinrich III. (1192–1216)
Hameln, Münzstätte der Abtei Fulda
Einseitiger Pfennig (Brakteat)

Silber – Gew. 0,85 g.

Hannover, Kestner-Museum, Inv. Nr. 1928,161

Hüftbild des Abtes im geistlichen Gewand mit breiter Mitra; er hält in den Händen links ein Kreuz und rechts ein offenes Buch. Vorn ein kleiner Bogen, davon ausgehend führen Mauern zu zwei Kuppeltürmchen, über den Mauern je ein Mühlstein. Umschrift: +MONETA IN QVERENHAMELN SEBV.

Fund Nordhausen 33. – Berger 1993, 1171.

i) Liutgard (1131–1151)
Abtei Gandersheim
Einseitiger Pfennig (Brakteat)

Silber – Gew. 0,32 g.

Hannover, Kestner-Museum, Inv. Nr. MBG

Unten im Torbogen Kopf der Äbtissin frontal mit Schleier. Auf dem Bogen zweistöckiger Turm mit zwei Anbauten, außen je ein Kuppelturm.

Fund Mödesse I, 66a. – Slg. Bonhoff 274.

j) Otto IV. (1208–1215)
Goslar, Königliche Münzstätte
Einseitiger Pfennig (Brakteat)

Silber – Gew. 0,70 g.

Hannover, Kestner-Museum, Inv. Nr. Bo 300

Brustbilder der beiden Apostel Simon und Judas mit Nimbus und Mänteln mit Fibel. Unten in einem Bogen ein nach rechts schreitender Löwe, oben ein Kuppelturm. Umschrift: + S SIMON S IVDAS.

Fund Bokel 300. – Berger 1993, 1222.

k) Albrecht III. (1173–1214)
Münzstätte Wernigerode
Einseitiger Pfennig (Brakteat)

Silber – Gew. 0,93 g.

Hannover, Kestner-Museum, Inv. Nr. 1926,4

In der Mitte Kreis mit kleinem Lilienzepter, darauf ein breiter mehrstöckiger Zinnenturm, daneben je ein Kuppelturm auf Konsole.

Fund Marschwitz 50. – Berger 1993, 1245.

l) Grafschaft Stolberg, um 1200/1240
Einseitiger Pfennig (Brakteat)

Silber – Gew. 0,79 g.

Hannover, Kestner-Museum, Inv. Nr. MBG

Nach rechts stehender Hirsch in einem Dreieck aus groben Kugeln, darum Kugelkreis, unten beidseits je ein Kugelkreuz.

Friedrich 1911, 15.

m) Siegfried III. (1196–1246)
Blankenburg, Münzstätte der Grafen von Blankenburg-Regenstein
Einseitiger Pfennig (Brakteat)

Silber – Gew. 0,79 g.

Hannover, Kestner-Museum, Inv. Nr. 1928,220

Große Hirschstange mit vier Enden; darunter ein Stern in Umfassung, darauf oben drei Türme und zwei Sterne, zwei schöne Zierränder.

Fund Nordhausen 68. – Slg. Löbbecke 243. – Berger 1993, 1385.

n) Gero (1160–1177)
Bistum Halberstadt
Einseitiger Pfennig (Brakteat)

Silber – Gew. 0,91 g.

Hannover, Kestner-Museum, Inv. Nr. MBG

Große Toranlage mit zwei dreistöckigen Kuppeltürmen auf Konsolen. Oben der hl. Stephan mit Nimbus in geistlichem Gewand, beide Hände segnend erhoben. Im Torbogen der Bischof mit einzipfliger Mitra im geistlichen Gewand. Er hält links einen Krummstab und rechts einen Architektenzirkel (!).

Fund Freckleben 50.

o) Beatrix II. von Winzenburg (1130–1160)
Abtei Quedlinburg
Einseitiger Pfennig (Brakteat)

Silber – Gew. 0,75 g.

Hannover, Kestner-Museum, Inv. Nr. 1924,102

Die Äbtissin mit Schleier und langem Gewand sitzt auf einem Klappstuhl, dessen Sitzfläche in Hundeköpfen und dessen Füße in Löwentatzen enden. Sie hält ein geöffnetes Buch und einen Kreuzstab. Darum Zierrahmen mit Zäpfchen. Umschrift: BATRISI V A BISAHNR.

Fund Freckleben 55. – Slg. Löbbecke 91. – Berger 1993, 1398.

p) Burkhard II. (1142–1174)
Ermsleben, Münzstätte der Grafschaft Falkenstein
Einseitiger Pfennig (Brakteat)

Silber – Gew. 0,90 g.

Hannover, Kestner-Museum, Inv. Nr. MBG

In der Mitte ein nach links sitzender Falke mit geschlossenen Flügeln. Über dem Falken ein geschwungener Bogen zwischen zwei hohen Türmen, die oben in überdachten Scharten enden. Unten eine Arkade mit drei Blättern.

Slg. Gaettens, 48, Taf. 252.

q) Arnold (1135–1162)
Kloster Nienburg an der Saale
Einseitiger Pfennig (Brakteat)

Silber – Gew. 0,89 g.

Hannover, Kestner-Museum, Inv. Nr. 1931,198

Überdachte Halle mit Mittelsäule und zwei Fenstern, getragen von zwei großen Türmen. Über das Gitterdach lugen die Köpfe zweier Engel; in den Fenstern links Kopf eines weltlichen Herrn mit geschultertem Schwert – der Vogt – und rechts der des Abtes mit Tonsur.

Fund Freckleben 91. – Berger 1993, 148.

r) Markgraf Albrecht der Bär (1123–1170)
Münzstätte Wegeleben, Ballenstedt oder Aschersleben
Einseitiger Pfennig (Brakteat)

Silber – Dm. 37 mm – 0,90 g.

Berlin, Märkisches Museum, Inv. Nr. IV 68/641 o

Der Markgraf steht rechts mit Helm, Schild und Mantel; er hält einen langen Stab mit Fahne. Die Markgräfin steht links mit langem Gewand. Umschrift: MARCHI O ADALBERTS. Der schön erhaltene Brakteat wurde im Sarg Markgraf Albrechts des Bären gefunden. Daß ein hochmittelalterlicher Fürst eine eigene Münze als Grabbeilage erhält, ist singulär und bedarf noch weiterer Forschung.

Bahrfeld 1889. 20. – Cahn 1931, 298 (dieses Exemplar). – Kat. Stuttgart 1977, 1, Nr. 189,44 (Elisabeth Nau). – Schlüter 1967, 44. – Thormann 1976, 8. – Berger 1993, 1743.

s) Erzbistum Magdeburg, Burgpfennig, um 1160
Einseitiger Pfennig (Brakteat)

Silber – Gew. 0,98 g.

Hannover, Kestner-Museum, Inv. Nr. T 1183

Bogen, getragen von zwei doppelstöckigen Kuppeltürmen, auf dem Bogen zweiflügelige Anlage mit Mittelturm, im Bogen zweiteilige Anlage.

Slg. Löbbecke 316. – Berger 1993, 1611.

F.B.

Bremen

G 9 Vicelinus-Codex

Bremen, Ende 11./Anfang 12. Jahrhundert (?)

Pergament – letzte Lage durch Wurmfraß geschädigt – Minuskel in hellbrauner Tinte, rubriziert, mit z.T. mehrzeiligen Initialen – 1937 neuer Einband: brauner Lederrücken und rotbraunes, marmoriertes Papier auf Holzdeckeln – 87 Blätter – H. 23,5 cm – B. 13,5 cm.

Münster, Staatsarchiv, Mscr. I, Nr. 228

Der Ende des 11./Anfang des 12. Jahrhunderts (?) in Minuskel geschriebene sogenannte Vicelinus-Codex ist eine Vitenhandschrift, die außer Rubriken und den z.T. mehrzeiligen Initialen in Minium und mit Spuren von Vergoldung (fol. 10v) keine besonderen Schmuckelemente besitzt. Zudem läßt die minderwertige Qualität des Pergaments darauf schließen, daß der Codex vor allem als eine Gebrauchshandschrift angelegt worden war. Der Name Vicelinus weist jedoch nicht den Schreiber der Handschrift aus (so Niemeyer 1953, S. 2), sondern ihren Stifter. Nach einer aus der zweiten Hälfte des 12. Jahrhunderts stammenden Eintragung auf fol. 1r hatte »Vicilinus, frommer Canoniker der Bremer Kirche«, mit Zustimmung seines Bischofs Friedrich (1104–1123) Reliquien der heiligen Bischöfe Willehad, Ansgar und Rimbert dem Kloster Abdinghof in Paderborn geschenkt (Regesten Eb. Bremen 1, Nr. 412). Die Schenkung sollte zur Bekräftigung der Gebetsverbrüderung dienen, die Vicelinus mit dem Paderborner Abt Hamuko(nius) (1115–1142) und seinem Konvent geschlossen hatte. Doch brachte er nicht allein die Reliquien nach Abdinghof, sondern erleichterte durch die mitgelieferte Vitensammlung der drei heiligen Missionsbischöfe auch ihre liturgische Verehrung. Willehad war in diesem Trio der älteste und als ›Gründungsbischof‹ von Bremen der herausragendste Heilige. Im Anschluß an den Bericht über seine Wundertaten, wie sie von seinem Nachfolger Ansgar nach 860 niedergeschrieben worden waren und damit die von Gott verliehene Auszeichnung und Erhöhung dauerhaft dokumentierten (ihr Schluß ist noch in den ersten drei Zeilen zu lesen), wurde das Willehad-Officium (fol. 21v–24r) notiert. Die hier ausgestellten Seiten fol. 21v–22r geben den Anfang des Lobgesangs für den im Stundengebet zu verehrenden Willehad wieder (nachträglich überschrieben: *De Sancto Willehado*). Mit seinem zwischen dem Gesangstext eingeritzten Vierliniensystem (seit Guido von Arezzo, Mitte des 11. Jahrhunderts), über dem die Neumen verteilt den Melodieverlauf kennzeichnen, wird die bis dahin gleichförmige, einspaltige Gestaltung des Textspiegels unterbrochen (zusammen mit einem Antiphonar für Ansgar bis fol. 24v) und stellt damit eine formale Besonderheit der Handschrift dar. Ob sie ebenso wie die Vita

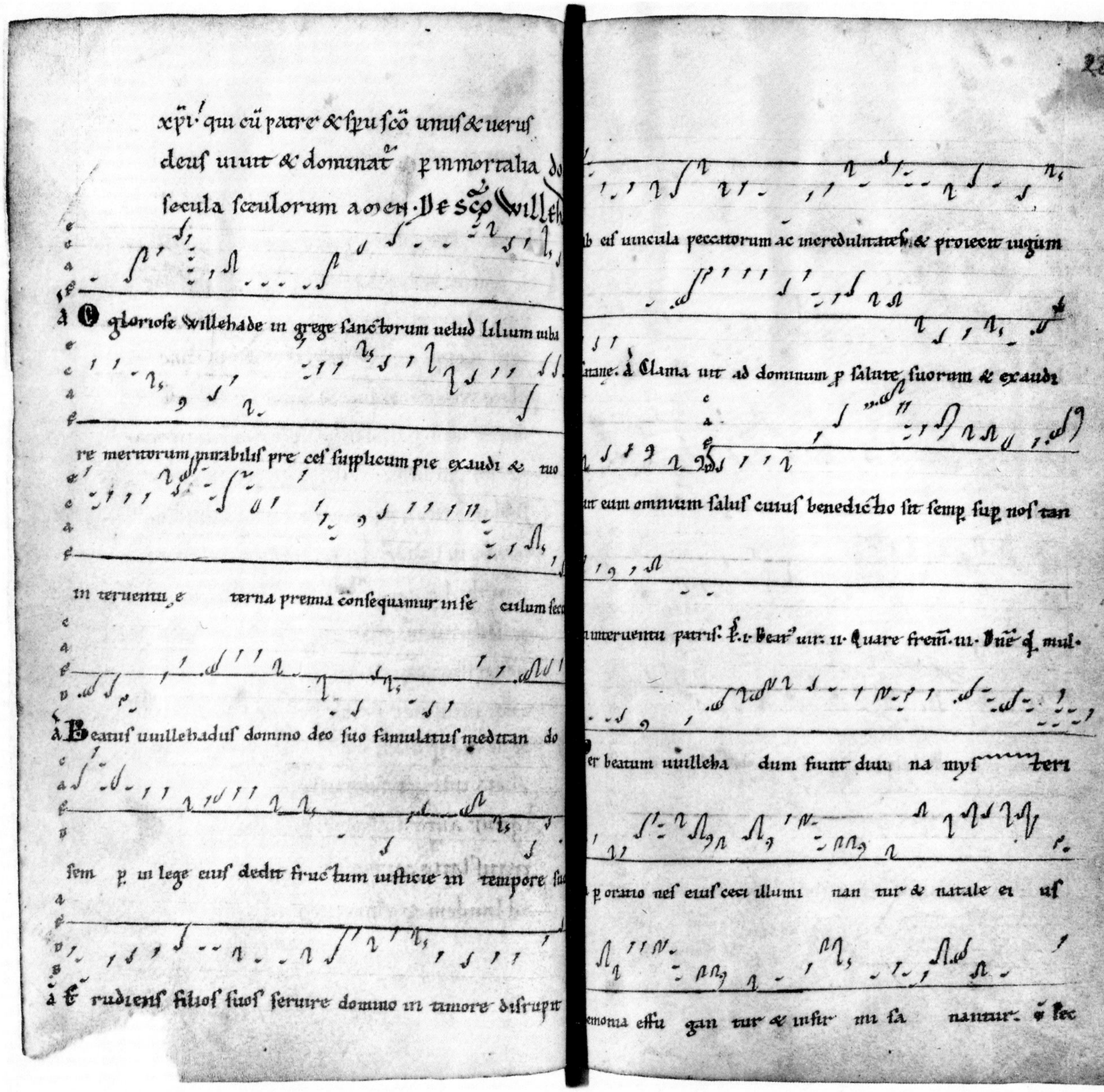

G 9

und Miracula des Willehad, die Vita des hl. Erzbischofs Ansgar und die seines Nachfolgers und Biographs Rimbert aus der Feder eines gewissen *Euerhardus* stammten, muß eine genauere codicologische Untersuchung ergeben. *Euerhardus* hatte sich als Schreiber am Ende der drei Heiligenviten auf fol. 81v verewigt. In der Sorge um sein Seelenheil bat er den Leser, seiner zu gedenken. Mit der gleichen Intention schrieb sich auch »der Sünder« Vicelinus an dieser Stelle in das Buch ein. Es ist fraglich, ob sie diese Einträge etwa gleichzeitig oder in zeitlichem Abstand zueinander notierten. Für eine zeitliche Differenz zwischen der Niederschrift und der Schenkung der Handschrift könnte der Abschluß der auf fol. 82r-83r folgenden Bischofskataloge sprechen (vorausgesetzt, die andere Pergamentqualität der letzten Lage [?] deutet nicht auf eine nachträgliche Ergänzung des Codex hin). Die Reihe der Bischöfe von Bremen und Hamburg (fol. 82r-83r) schließt mit Adalbertus (†1072), und am Ende der wenigen Namen der Bischöfe von Schleswig steht Ratoltus (†1071). Zumindest die Reihe der Bischöfe von Bremen-Hamburg wurde demnach nicht bis in die Zeit des Vicelinus geführt. Die letzten Blätter (fol. 83r-87r) galten schließlich der Verordnung und dem Eid des Kölner Gottesfriedens von 1083.
Vicelinus rechnete offenbar nicht mit der ausreichenden Popularität der Heiligen in Paderborn, weshalb die Vitensammlung Abhilfe leisten und die entsprechende Verehrung auch außerhalb Bremens gewährleisten konnte. Mit dieser die Gebetsverbrüderung unterstützenden Schen-

kung knüpfte er dauerhaft die geistigen Bande zu seinem Ausbildungsort. Dort in Paderborn, an der bekannten Domschule, war er Schüler gewesen, bevor er sein Wissen als Scholaster in Bremen weiterreichen sollte. Bremen blieb jedoch nicht seine letzte Station. Nach Studien in Frankreich wurde er in Magdeburg durch Norbert (von Xanten) zum Priester geweiht und in der Folgezeit mit der Mission der Wenden in Wagrien (Ostholstein) beauftragt (Helmold von Bosau, Slawenchronik, Lib. 1, cap. 42 ff.; Regesten Eb. Bremen 1, S. 101 ff.). Als Bischof von Oldenburg/Holstein (seit 1149) (Regesten Eb. Bremen 1, Nr. 492) geriet er in die Auseinandersetzungen zwischen Erzbischof Hartwig I. von Bremen und Heinrich dem Löwen.
Hervorzuheben ist im Blick auf den von Vicelinus geschenkten Codex und die Reliquien die damit hergestellte Verbindung zwischen seinem missionarischen Engagement und den frühmittelalterlichen Anfängen der Mission im nordeuropäischen Raum. Neben dem frommen Dienst für die drei frühen Vorbilder und der Verbreitung ihrer Verehrung über Bremen hinaus erscheint diese Förderung ihres Kultes in der Rückschau wie ein ideelles Fundament für seine eigene Mission. Diese wurde schließlich auch durch den geistlichen Gebetsbeistand des reformierten Abdinghofer Konvents (Hirsauer Observanz) unterstützt. Die so nachhaltig in die Pflicht genommene klösterliche Gemeinschaft versprach, sein würdiges Gedenken dauerhaft zu bewahren (fol. 1r).
Bis zur Aufhebung der Abtei im März 1803 blieb der Codex Vicelinus im Bücherbestand des Abdinghofer Klosters; 1824 gehörte er gemäß des Besitzvermerks auf dem Vorsatzblatt des Buches zum Bücherbestand des Paderborner Domkapitulars J. Meyer, der ihn 1829 für die Edition, besorgt von G. H. Pertz (MGH), nach Hannover auslieh, bevor die Handschrift schließlich Eingang in die Bestände des Staatsarchivs Münster fand.

Kloster Abdinghof/Paderborn; J. Meyer, Domkapitular in Paderborn, 1824.

Ansgar, Vita Willehadi. – Leben des hl. Willehad. – De S. Willehado. – Helmold von Bosau, Slawenchronik. – Regesten Eb. Bremen 1. – Niemeyer 1953. – Niemeyer 1956. – Böhne 1965. – Kahl 1965. – Honselmann 1980. – Hägermann 1989a. – Angenendt 1990. – Angenendt 1994. – Honselmann/Sagebiel 1994 (Lit.).

M. Si.

G 10 Johannes Gratianus, *Concordia discordantium canonum (Decretum Gratiani)*

Bremen, vor 1168

Pergament – Buchmalerei in Deckfarben – Renaissance-Ledereinband mit Rollenstempeln, Bronzeschließen – 233 Blätter – H. 43,5 cm – B. 31 cm.

Bremen, Staats- und Universitätsbibliothek, Ms. a. 142

G 10

Die Handschrift ist Teil der Bücherstiftung Erzbischof Hartwigs I. von Bremen (1148–1168) an seinen Dom. Sie erscheint an erster Stelle des Stiftungsverzeichnisses im sogenannten großen Lombardus-Psalter (Kat. G 11) und ist daher vor dem Tode Hartwigs I. 1168 entstanden. Das *Decretum Gratiani*, die wichtigste Sammlung des mittelal-

G 10

terlichen Kirchenrechts, ist aber erst um 1140 von dem biographisch nicht näher faßbaren, wohl an der für ihre Rechtsstudien berühmten Universität in Bologna lehrenden Gratian beendet worden. Wegen der frühen Entstehung des Bremer Codex vor 1168 sah Nordenfalk in ihm eine Schlüsselhandschrift für die Textüberlieferung. Gern wüßte man daher mehr über ein zweites im Verzeichnis Bischof Hartwigs I. erwähntes, aber nicht mehr nachweisbares *Decretum Gratiani.*
Der erhaltene Band besitzt zahlreiche, z.T. durch farbige bzw. pergamentgrundige Tiergrotesken belebte Rankeninitialen, die sich stilistisch einem maasländischen Maler zuschreiben lassen, wie auch die verwandten Initialen des etwas qualitätvolleren großen Lombardus-Psalters derselben Stiftung. Im Briefwechsel Hartwigs I. mit Wibald von Stablo, dem Abt von Corvey, wird das Interesse beider an Rechtsdingen und vor allem am kanonischen Recht deutlich (Regesten Eb. Bremen 1, Nr. 487–489, 500, 507). Der indirekte Vorwurf Hartwigs, Wibald folge bei seinem Rechtsverständnis zu sehr der Rhetorik (Regesten Eb. Bremen 1, Nr. 488), trifft sich mit der zu dieser Zeit von Wibald betriebenen Sammlung der Schriften Ciceros, deren Abschrift in einem wohl ebenfalls von einem maasländischen Maler illustrierten Corveyer Codex erhalten ist (Berlin, Staatsbibliothek zu Berlin – Preußischer Kulturbesitz, Ms. lat. fol. 252; vgl. Kat. G 69). Auch noch später im 12. Jahrhundert spielen Rechtsstudien in Bremen eine gewisse Rolle. Ein verschollener, 1183 datierter Codex mit Justinians Institutionen und Novellen wird im Bücherverzeichnis der Dombibliothek von 1650 genannt. Mit dem *Ordo iudicarius* des Eilbert von Bremen, der in einer Urkunde des Bremer Erzbischofs Hartwig II. (1185–1207) vom 1. April 1189 als *magister Eilbertus* faßbar ist (Regesten Eb. Bremen 1, Nr. 642), schuf ein Bremer Kleriker zu Schulzwecken eine Bearbeitung der in Frankreich um 1160 entstandenen *Rhetorica ecclesiastica* auf der Grundlage des *Decretum Gratiani.* Gerade in der Phase des unaufhaltsamen Niedergangs des Erzbistums, deren Beginn das skandalöse Vorgehen Heinrichs des Löwen gegen den Bremer Erzbischof Adalbero bei dem Erwerb des Stader Erbes markiert, scheinen sich juristische Studien in Bremen intensiviert zu haben, ohne daß allerdings mit ihnen der Krise beizukommen war.

Dombibliothek Bremen, mit dieser 1650 nach Stade überführt; 1684 in die Athenaeums-Bibliothek in Bremen; 1817 in die Bibliothek der Hauptschule, 1868 schließlich in die Staatsbibliothek Bremen.

Regesten Eb. Bremen 1. – Bruch 1960 (Lit.). – Kat. Bremen 1975, Nr. 5. – Stelzer 1976, S. 64. – Kat. Bremen 1979, Nr. 54. – Nordenfalk 1980, S. 323.

H.W.v.d.K.

G 11 Großer Lombardus-Psalter

Bremen, 1166

Pergament – Buchmalerei in Deckfarben – Renaissance-Ledereinband mit Rollenstempeln, Bronzeschließen und Kettenöse, moderner Lederrücken – 263 Blätter – H. 41 cm – B. 29 cm.

Bremen, Staats- und Universitätsbibliothek, Ms. a 244

Für die Geschichte der Bremer Dombibliothek im Hochmittelalter ist der sogenannte große Lombardus-Psalter, eine Handschrift mit dem Psalmkommentar des Pariser Magister Petrus Lombardus (um 1095/1100–1160), das Hauptdokument. In einem ausführlichen Kolophon (fol. 263r) nennt sich der Schreiber Michael, welcher die Handschrift 1166 auf Befehl des Erzbischofs Hartwig I. von Bremen (1148–1168) schuf. Sie war Teil der umfangreichen Buchstiftung Hartwigs I. für seinen Dom, von der ein 26 Titel umfassender Katalog im Lombardus-Psalter selbst (fol. 263v) Zeugnis ablegt.
Der in etwas verunklärter Zehnteilung der Psalmen illustrierte Codex weist bei den Teilungspsalmen z.T. nur mit Tieren und Rankenkletterern belebte Rankeninitialen auf.

G 11

QVONIAM INTRAVE
runt aque usq; ad animam
meam. Tytulus. In finem pro his qui co
mutabuntur ipsi dauid.

ïG. Dues s͂ ꝯmutationes. una ẽ de bono in malũ. qua
ꝯmutatꝰ ẽ adam ex forma di in deũ. in q̊ os morũ

G 11

Ausnahmen sind Psalm 51 und 68. Zu Psalm 51 sind außen um den Initialkörper herum die Taten Davids zu sehen: die Tötung des Löwen bei der Herde, sein Sieg über Goliath sowie die Übergabe der Schaubrote des Tempels und des Goliath-Schwertes an David durch den Priester Ahimelech aus Nob, innerhalb der Initiale die daran anschließende Enthauptung der Priester von Nob durch den Verräter Doeg vor dem Thron Sauls. Den Textbezug zum Titel des Psalm 51 stellt der dort erwähnte Verrat des Doeg her. Zu Psalm 68 findet sich die Kreuzigung, bezogen vor allem auf Ps 68, 22: »Sie gaben mir Galle zu essen und Essig zu trinken für meinen Durst«. Demzufolge wird sie um zwei an ihren Hüten und den langen Bärten zu erkennenden Juden erweitert, von denen der rechte den Essigschwamm hält, während der linke mit der Lanze Christus die Seite öffnet. Die unten zu sehende Aufrichtung der ehernen Schlange zur Abwendung der Schlangenplage durch Moses ist typologisch auf Christus am Kreuz bezogen. Zugleich läßt sie analog den die S-Initiale des Psalms bildenden Drachen als das durch das Kreuz bezwungene Böse erkennen. Die von den Schlangen bedrängten Juden werden mit den Juden der Passion Christi durch das Spruchband gleichgesetzt, das ihre Unbelehrbarkeit im Angesicht des Erlösers verdeutlicht: *Sanguis eius sup(er) nos* ... (Sein Blut komme über uns, Mt 27, 25). Die Hinrichtung der Priester von Nob in der Initiale zu Psalm 51 erscheint in etlichen englischen Psaltern des 12. Jahrhunderts. Bereits in karolingischen Psaltern ist die Kreuzigung zu Psalm 68 nachweisbar; ihre typologische Ausschmückung war im 12. Jahrhundert im Maasland besonders beliebt.

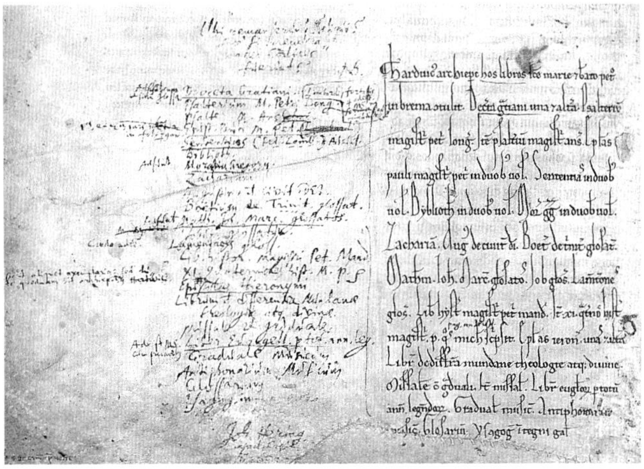

Daß der Bremer Codex von einem maasländischen Künstler illustriert wurde – wie auch das *Decretum Gratiani* derselben Stiftung (Kat. G 10) –, belegen die sehr engen Übereinstimmungen mit den Miniaturen und Initialen einer maasländischen Handschrift von Gregors *Moralia in Iob* (Paris, Bibliothèque Nationale, Ms. lat. 15675). Handschriften dieser Art waren für die Vermittlung der neuen westlichen Formen der Initialornamentik nach Norddeutschland von besonderer Bedeutung. Bruch vermutete, daß die Stiftung Hartwigs die möglicherweise von Heinrich dem Löwen bei seiner Eroberung Bremens 1155 entführte Dombibliothek ersetzen solle. Aber auch ohne diese Annahme ist der Datierungszusatz des Schreibervermerks (fol. 263r) erstaunlich: *Imperante vero Friderico Romanorum imperatore, qui et Mediolanam civitatem Langobardorum delevit. Saxonie autem ducatum regente Heinrico viro illustri et glorioso.* (Unter der Herrschaft des römischen Kaisers Friedrich, der auch der Lombarden Stadt Mailand zerstört hat. In Sachsen aber unter dem Herzogtum des ruhmvollen und berühmten Heinrich.) Neben der 1166 bereits vier Jahre zurückliegenden Eroberung Mailands durch Friedrich Barbarossa wird ausgerechnet die Herrschaft Heinrichs des Löwen, des Erzfeindes Hartwigs I., angeführt, der Herzog sogar als *viro illustri et glorioso* gerühmt. Zwar herrschte seit dem Augsburger Reichstag von 1158 ein brüchiger Burgfriede zwischen den beiden Kontrahenten. Dennoch bleibt die positive Hervorhebung des Herzogs in einer Stiftung Hartwigs I. erklärungsbedürftig, zumal sich auch die zugegebenermaßen bedeutende Zerstörung Mailands in den Urkunden Heinrichs und Hartwigs I. nur im Jahr 1162 selbst wiederfindet (MGH UU HdL, Nr. 52; Regesten Eb. Bremen 1, Nr. 549).

Dombibliothek Bremen, 1650 nach Stade überführt; 1680 vom Jesuitenpater Joh. Rollyn seinem Jesuitenkolleg in Coesfeld geschenkt, später im Besitz von William Gott, Bischof von Truro, Cornwall (1891–1906); 1907 in die Sammlung C.W. Dyson Perrins, aus dieser 1959 für die Bremer Staats- und Universitätsbibliothek erworben.

Regesten Eb. Bremen 1. – The New Palaeographical Society: Facsimiles of Ancient Manuscripts, etc., Ser. I, London 1903–1912, Pl. 188. – Warner 1920, Nr. 117. – Bruch 1960. – Kat. Bremen 1975, Nr. 2. – Kat. Bremen 1979, Nr. 51. – de Hamel 1984, S. 59. – Kahsnitz 1989, S. 285.

H.W.v.d.K.

G 12 Bischofskrümme aus Grab 19 des Bremer Doms

England, um 1200

Bronze, vergoldet mit eingelegten Glasflüssen – H. 25 cm (Krümme ohne Schaft).

Bremen, St.-Petri-Dom, Bremer Dom-Museum, Inv. Nr. 19/397

Über dem Schaft und dem leicht abgeplatteten Nodus verjüngt sich in einer Doppelvolutenform die Krümme, welche ein kleiner Löwenkopf ziert. Das Werk gehört zu einer Gruppe von Krümmen in Doppelvolutenform mit Tier-

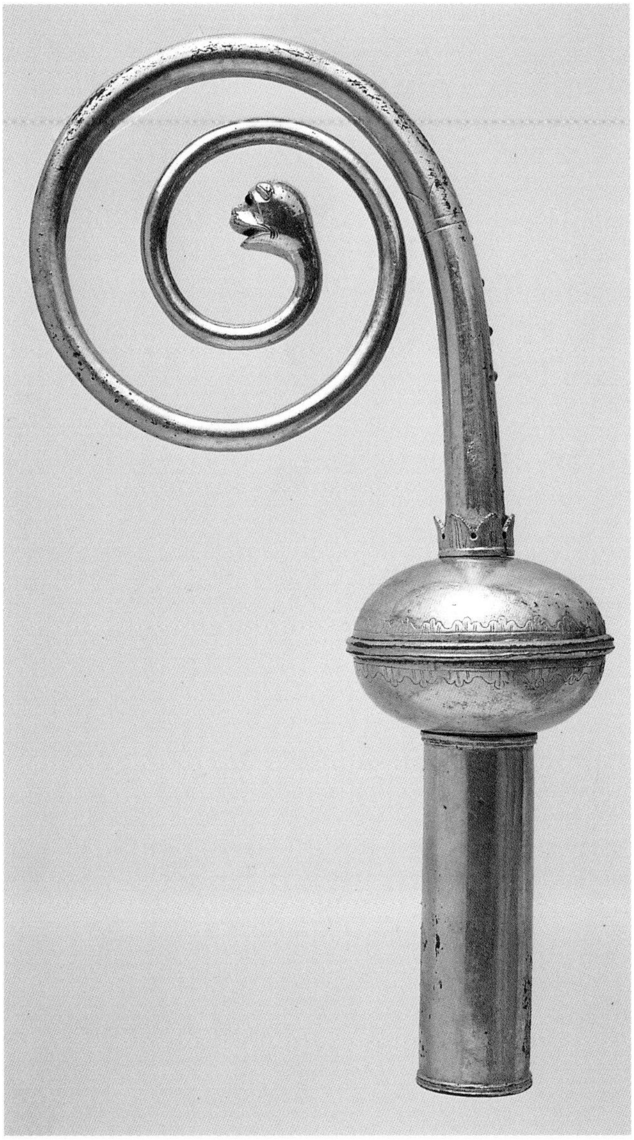

G 12

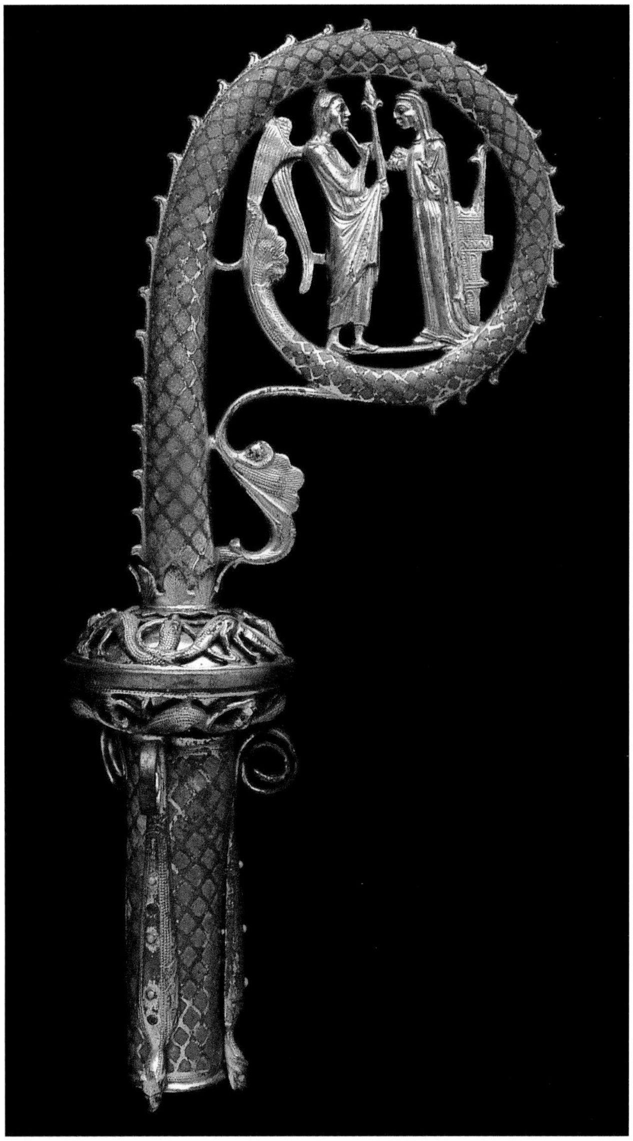

G 13

kopfverzierungen, wobei entweder Löwen- oder Schlangenköpfe ihren figürlichen Schmuck bilden. Als Entstehungsgebiete wurden sowohl England als auch Nordfrankreich erwogen, wobei die vorliegende Volutenform mit Tierkopf insbesondere dem angelsächsischen und irischen Raum zuzuschreiben ist.
Entwicklungsgeschichtlich ist eine stufenweise Formkomplexität beim *baculus pastoralis* als Sinnbild bischöflicher Autorität feststellbar, die von leicht gebogenen Frühformen über einfache Volutenformen bis hin zu Doppelvolutenkrümmen führt. Das dekorative Element des Tierkopfs ist etwa gegen Mitte des 11. Jahrhunderts nachweisbar und bleibt bis ins 14. Jahrhundert hinein gebräuchlich.
Die einzelnen Formelemente der Bischofskrümme waren wiederholt Gegenstand allegorischer Deutungen berühmter hochmittelalterlicher Theologen und Gelehrter. So nimmt der namhafte Pariser Theologe Hugo von St. Viktor konkret Bezug auf die gebogene Endung des Bischofsstabes, die er in christlich-moralisierender Auslegung auf die Tätigkeit des Hirten bezieht, der aus der Herde ausbrechende Tiere mit seiner Hilfe an den Beinen zurückziehe.

von Bàràny-Oberschall 1958. – Kat. New York 1970, 1, Nr. 87, S. 80 mit Abb. – Kat. Bremen 1979, Nr. 12, S. 93, 114 mit Abb.

M. Mü.

G 13 Bischofskrümme aus Grab 18 des Bremer Doms

Limoges, 1. Hälfte 13. Jahrhundert

Kupfer, vergoldet, getrieben, gegossen, ziseliert und emailliert – H. 141,5 cm (mit Schaft) – Dm. 3,4 cm

Bremen, Focke-Museum, Bremer Landesmuseum für Kunst- und Kulturgeschichte, Inv. Nr. 79.126 (Leihgabe des Bremer Dom-Museums)

Den freiplastischen Figurenschmuck der Bischofskrümme bildet eine Verkündigungsgruppe. Der Erzengel Gabriel mit Lilienzepter steht im Segensgestus vor Maria. Diese hält – von einem fein ziselierten Thronsitz hinterfangen – ein aufgeschlagenes Buch vor der Brust. Das Figurenpaar wird von der sich schneckenförmig einrollenden Krümme eingefaßt, welche ein vergoldetes Rautenmuster mit blauem Grubenschmelzemail schmückt. Die krabbenbesetzte Krümme läuft in einer fein ziselierten Palmettenform aus, während der aus einer abgeplatteten Kugel bestehende Nodus mit ineinander verschlungenen Drachenfiguren verziert ist.
Der *baculus pastoralis* bzw. *baculus episcopalis* war in seiner Funktion als Bischofs- oder Abtstab Symbol der geistigen Hirtenfunktion seines Trägers, wie dies bereits Isidor von Sevilla in seiner Schrift *De officiis* beschreibt. Der florale und figürliche Schmuck der Bischofskrümmen wurde von alttestamentarischen Textpassagen und deren Auslegung angeregt. Es handelt sich hierbei um Aarons Stab, der als Zeichen der Erwählung zu blühen begann, sowie um den sich in eine Schlange verwandelnden Stab des Moses. Verkündigungsdarstellungen sind wiederholt auf den Limoger Emailkrümmen des frühen 13. Jahrhunderts anzutreffen. Während eine recht homogene Werkgruppe den Erzengel bewegt-dynamisch in einer ausladenden Schrittstellung kennzeichnet, weist die vorliegende Figurengruppe eher eine ruhige Statuarik auf, die zusammen mit dem Motiv des fein ziselierten Throns der Jungfrau für eine zweite homogene Gruppe Limoger Krümmen aus dem ersten Viertel des 13. Jahrhunderts charakteristisch ist.
Der Umstand, daß es sich bei der vorliegenden Krümme um einen Grabungsfund in einem Bischofsgrab des Bremer Doms handelt, ist durch die mittelalterliche Bestattungspraxis zu erklären, den Bischof mit seinen Herrschaftsinsignien beizusetzen.

de Vasselot 1941. – Schwarzwälder 1978. – Kat. Bremen 1979, Nr. 16.

M. Mü.

Magdeburg

Die Bedeutung Magdeburgs als Handelsplatz läßt sich urkundlich bis ins frühe 9. Jahrhundert zurückverfolgen. In ottonischer Zeit wird die Stadt zum Herrschaftszentrum. Die Bestimmung des Doms als kaiserliche Grablege und die durch Otto I. vergebenen Zoll- und Marktrechtsprivilegien illustrieren diesen Entwicklungsprozeß. Auf religiösem Gebiet sind die Magdeburger Erzbischöfe maßgeblich die Träger der Slawenmission in den Regionen östlich der Elbe.
Als herausragende Persönlichkeit tritt vor allem der in den *Carmina Burana* lobend erwähnte Erzbischof Wichmann hervor (1152–1192), der – durch Friedrich Barbarossa in sein Amt eingesetzt – gute Kontakte zu dem Staufer unterhält. 1188 reformiert Wichmann maßgeblich das Magdeburger Stadt- und Innungsrecht, das später Vorbildcharakter für andere Städte erhält; er erweitert das Territorium des Erzbistums rechtselbisch. Das Verhältnis zwischen Heinrich dem Löwen und Wichmann ist wechselhaft und spannungsreich. Zwar vertraut ihm der Herzog die Verwaltung seiner sächsischen Besitztümer während seiner Pilgerreise in das Heilige Land an, doch gehört der Magdeburger Erzbischof auch zu den prominentesten Mitgliedern der ostsächsischen Fürstenopposition.
Künstlerisch tritt Magdeburg insbesondere im 12. Jahrhundert durch Bronzegüsse hervor: Die Grabplatten der Erzbischöfe Friedrich von Wettin (†1152) und Wichmann (1192) sind herausragende Werke früher mittelalterlicher Grabplastik. Die stilistisch eng verwandten Novgoroder Bronzetüren, die ursprünglich für die Kirche von Płock bestimmt waren, belegen die überregionale Bedeutung der Magdeburger Werkstatt und die Vielfalt ihrer Formensprache. Als Kulturzentrum des hohen Mittelalters muß Magdeburg erst wiederentdeckt werden.

Claude 1972/75. – Kat. Magdeburg 1992.

M. Mü.

G 14 Annales Magdeburgenses

Sachsen, Ende 12. Jahrhundert

Pergament – neuzeitlicher Einband – 128 Blätter – H. 24,5 cm – B. 17,5 cm.

Hannover, Niedersächsische Landesbibliothek, Ms. XIX 1105

Bei den sogenannten *Annales Magdeburgenses* handelt es sich um eine Weltchronik, die mit Christi Geburt einsetzt und bis 1188 reicht. Das Werk ist vermutlich im Benediktinerkloster Berge bei Magdeburg entstanden. Die zweispaltige Handschrift enthält auf fol. 125v-126r die Jahresberichte zu 1176 (Schluß) bis 1180, die hauptsächlich von dem letzten Schreiber G eingetragen worden sind. Die Chronik berichtet in diesem Zeitraum auch über die Kämpfe Heinrichs des Löwen im östlichen Sachsen und über die Verurteilung des Herzogs. Zu 1179 heißt es: *In Septembre a militibus ducis H(einrici) Halberst(at) civitas capitur et plurimis occisis et igne consumptis tota civitas et domus*

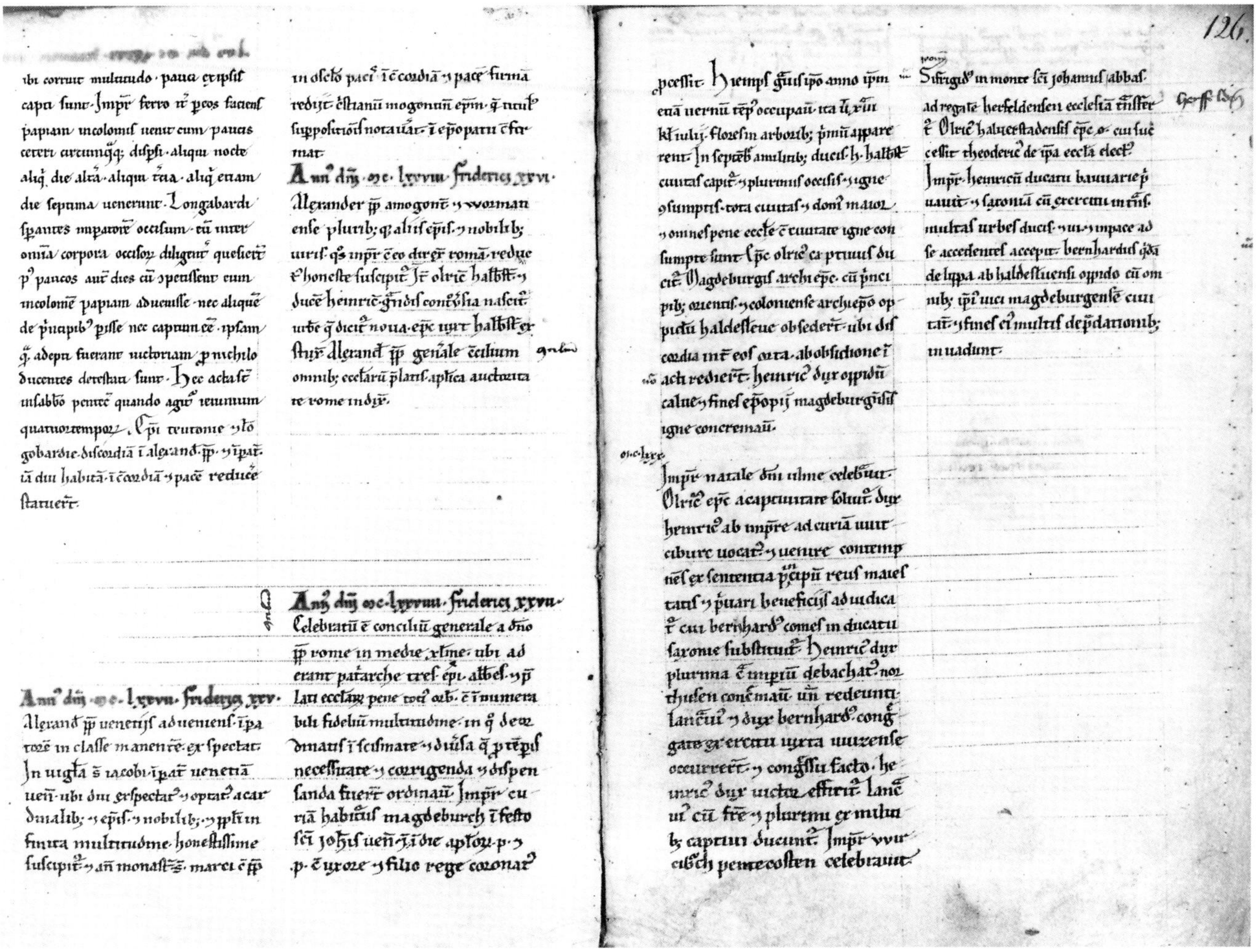

G 14

maior et omnes pene ecclesie cum civitate igne consumpte sunt. Episcopus Olricus captivus ducitur (Im September wird die Stadt Halberstadt von den Rittern Herzog Heinrichs erobert, und nachdem sehr viele getötet und verbrannt worden waren, wurden die ganze Stadt und der Dom und fast alle Kirchen mit der Stadt niedergebrannt. Bischof Ulrich wird gefangengenommen); zu 1180: *Dux Heinricus ab imperatore ad curiam Uuirciburc vocatus et venire contempnens ex sententia principum reus maiestatis et privari beneficiis adiudicatur, cui Bernhardus comes in ducatu Saxonie substituitur … Imperator Heinricum ducatu Bauuarie privavit et Saxoniam cum exercitu intrans multas urbes ducis et vi et in pace ad se accedentes accepit* (Herzog Heinrich, der vom Kaiser zum Hoftag in Würzburg geladen worden ist und es verschmäht hat zu kommen, wird durch Fürstenspruch als Majestätsverbrecher verurteilt und mit dem Verlust der Lehen bestraft; für ihn wird Graf Bernhard ins Herzogtum Sachsen eingesetzt … Der Kaiser nahm Heinrich das Herzogtum Bayern weg, zog mit dem Heer nach Sachsen und übernahm gewaltsam oder friedlich viele Burgen des Herzogs). Diese Nachrichten stimmen meist wörtlich mit den ausführlicheren Pegauer Annalen und der Chronik des Petersstifts bei Halle überein und stammen wahrscheinlich aus einer gemeinsamen Quelle.

2. Hälfte 15.Jahrhundert in Erfurt; 17. Jahrhundert im Besitz Christoph Brouwers und des Jesuitenkollegs in Trier; 1668 an die Bollandisten in Antwerpen geschenkt; nach 1697 an Gottfried Wilhelm Leibniz geschenkt; 1716 in die Königliche Bibliothek zu Hannover.

Annales Magdeburgenses. – Wattenbach/Schmale 1976, S. 390f. (Lit.). – Härtel/Ekowski 1982, S. 226. – Dolbeau 1985, S. 60.

K. Na.

G 15 Brandenburger Evangelistar

Magdeburg (?), frühes 13. Jahrhundert

Pergament – Buchmalerei in Deckfarben – ursprünglicher Einbanddeckel mit Kreuzigung Christi seit 1945 verschollen, zwischen 1946 und 1950 neuer Ledereinband – 109 Blätter – H. 33,6 cm – B. 24 cm.

Brandenburg, Domstiftsarchiv (ohne Signatur)

Erst in der Mitte des 12. Jahrhunderts konnte in Brandenburg, das durch Otto I. zum Bistum erhoben, aber bereits 983 an die Wenden verlorengegangen war, kirchliches Le-

G 15

ben neu beginnen. Zusammen mit dem Markgrafen Albrecht dem Bären unterstützte Erzbischof Wichmann von Magdeburg die Wiederbegründung des Suffraganbistums; die Bindung an den Metropolitansitz blieb auch in der Folgezeit eng. Prämonstratenser aus Leitzkau stellten das Domkapitel; 1165 erfolgte die Grundsteinlegung für die neue Bischofskirche. Ältere liturgische Codices, die die Kanoniker wohl noch aus ihrem Mutterkonvent mitbrachten, haben sich nicht erhalten; das Brandenburger Evangelistar gehört bereits einer jüngeren Stilstufe an.

Die Handschrift enthält die während der Meßfeier vorzutragenden Evangelien-Perikopen von der Weihnachtsvigil bis zur Adventszeit, außerdem die Lesungen zu Heiligen-, Votiv- und Totenmessen. 18 ganzseitige Miniaturen, eine Initialzierseite, 10 historisierte sowie zahlreiche unterschiedlich aufwendig gestaltete figürliche bzw. ornamentale Initialen setzen entsprechend der Bedeutung der Feste gliedernde Akzente im Ablauf des Kirchenjahrs. Die Bestimmung für den Konvent des Brandenburger Doms ergibt sich sowohl aus dem Lesungsbestand mit seinen nach Magdeburg weisenden Charakteristika wie aus Besonderheiten bei den Miniaturen. Zum Fest des Augustinus, von dessen Regel auch diejenige der Prämonstratenser abgeleitet wird, findet sich eine Darstellung des Heiligen als Bischof. Besonders hervorgehoben wird das Fest der Apostelfürsten durch die Miniatur der *Traditio legis*, der Schlüsselübergabe an Petrus und der Überreichung des Evangelienbuchs an Paulus, der seit etwa 1194 als Mitpatron nachzuweisen ist. Zu prüfen wäre, ob die Erweiterung des Patroziniums den Anstoß für künstlerische Aktivitäten gegeben haben könnte. Neben dem stilistisch ins frühe 13. Jahrhundert weisenden Evangelistar ist an das bei der letzten Restaurierung entdeckte Fragment einer wohl dem Kreuzaltar zugehörenden Wandmalerei und den allerdings etwas späteren Einbau der Krypta zu erinnern.

Für die Buchmalerei des Codex läßt sich die Mitarbeit von mindestens drei verschiedenen Händen erschließen. Während ihre Anteile bei den ornamentalen Initialen, wo sich altertümliche und fortschrittliche Formen in mannigfacher Weise mischen, nicht leicht zu bestimmen sind, erscheint die Zuweisung der Miniaturen an die einzelnen Künstler weniger problematisch. Sie konnten über ein reiches Vorlagenmaterial verfügen, das sowohl traditionell niedersächsische als auch ›moderne‹ byzantinische Ikonographie und Stilmittel bereithielt. Auf einen größeren Werkstattbetrieb verweist auch die nahe am Falz zu entdeckende Anweisung auf fol. 100r: *Michael calcans dracone(m)*. Hier hat in seiner charakteristischen, weich Körper und Gewänder modellierenden Art jener Maler den Kampf des Erzengels mit dem Drachen ausgeführt, dem neben den Miniaturen der *Traditio legis* und der *Sapientia* zu Mariä Himmelfahrt die historisierten Initialen verdankt werden. Seine klare Gestaltungsweise, für die sich auch in anderen Codices Belege finden (vgl. Kat. G 49 u. G 50), zielt ganz auf die in ihrer Präsenz erfaßte Einzelgestalt und steht in Kontrast zu den anderen Miniaturen, deren Kompositionen im Nebeneinander von Figur, Architektur und Rahmen stärker der Tradition verhaftet sind. Dennoch erreicht auch der Meister, der unter anderem die Passionsszenen ausführte, vor allem in der Darbringung im Tempel eine ungemein eindrucksvolle Differenzierung der Personen. In überzeugender Weise gelingt ihm durch das Hinausschieben der Architektur auf den freien Pergamentrand die ›Sprengung‹ des Rahmens; fast artifiziell wirkt der in seinen verschiedenen Möglichkeiten präsentierte Farbauftrag bei den Gewändern, deren Saumführung Zackenstilmotive vorwegnimmt. Ob das Scriptorium in Magdeburg gearbeitet hat, oder ob für den Auftrag eigens Kräfte nach Brandenburg gerufen wurden, wird letztlich nicht zu entscheiden sein. Zu ihnen hat dann auch jener von Hans Belting

15

postulierte Wanderkünstler gehört, dem hier die Darstellung der Patrone Petrus und Paulus anvertraut wurde.

Gülden/Rothe/Opfermann 1961. – Kat. Stuttgart 1977, 1, Nr. 771; 2, Abb. 563 (Lit.) (Renate Kroos). – Belting 1978, S. 227f. – Fait 1991, S. 24 mit Abb. S. 27f. – Braun-Niehr 1996 (im Druck), passim.

B. B.-N.

G 16 Scheibenfragment mit Darstellung der Oboedientia

Magdeburg (?), um 1210

Schwarzlotmalerei auf Farbglas, Bleinetz – Anfang 19. Jahrhundert auf eine neugotische Maßwerköffnung zugeschnitten; 1962 letztmalig restauriert: Verbleiung erneuert, einige kleine Scherben ergänzt, Sprünge geklebt, Korrosionsbelag abgetragen; Schwarzlotverluste – Dm. 45 cm.

Brandenburg, Dommuseum, Inv. Nr. B 347 K 6

Höchstwahrscheinlich gehörte die als gekrönte Figur wiedergegebene und im Nimbus namentlich bezeichnete

Tugend der *Oboedientia,* des Gehorsams, zu einem Scheibenzyklus mit annähernd lebensgroßen Gestalten, von dem sich noch eine weitere Rundscheibe mit dem Kopf einer Heiligengestalt erhalten hat. Kürzlich wurde der archivalische Nachweis erbracht, daß die Glasmalereien ursprünglich in der Kirche des Prämonstratenser-Klosters Unser Lieben Frauen in Magdeburg ihren Platz hatten und 1816 auf Veranlassung des preußischen Königs in die Dorfkirche nach Paretz kamen.
Wie zahlreiche andere Reformorden des 12. und 13. Jahrhunderts haben auch die Prämonstratenser in ihre Statuten Teile der monastischen Gesetzgebung von den Zisterziensern übernommen. Jedoch scheint sich die asketische Gesinnung nicht wie im Zisterzienserorden in Vorschriften für den Kirchenbau und dessen Ausstattung manifestiert zu haben. Von den Figuren auf den beiden Scheibenfragmenten läßt sich aber kaum auf eine ordenseigentümliche Ikonographie schließen. Tugenddarstellungen wurden im Mittelalter unter vielfältigen Aspekten thematisiert, und mit der Personifikation einer Tugend, wie sie die Scheibe zeigt, könnte eine allegorische Begleitfigur gemeint sein. Eher noch verbindet die Krone und der strenge Gesichtsausdruck die *Oboedientia* mit der Darstellung einer *virtus triumphans.*
Die Baugeschichte der romanischen Klosterkirche gibt keinen eindeutigen Hinweis auf Datierung und Lokalisierung der beiden Scheiben. Nachdem der Ordensgründer Norbert von Xanten 1126 zum Erzbischof von Magdeburg gewählt worden war, besetzte er 1129 das Stift mit Chorherren seines Ordens. Zu diesem Zeitpunkt wird die ab 1070 gebaute dreischiffige, flachgedeckte Basilika bis auf Teile des Westbaus fertiggestellt gewesen sein. Ihre Einwölbung erfolgte zwischen 1220 und 1240. Nach einem Brand im Jahre 1188 wurden Veränderungen am Stützsystem des Innenraums notwendig. In die Zeit um 1200 weist die Bauornamentik der Sakristei.
Stilkritische Argumente wie der strenge Gesichtsausdruck, der feste Kontur und die stabilisierende symmetrische Flächenordnung verknüpfen das Scheibenfragment eher mit der stilistisch so vielstimmigen Periode der Kunst um 1200 als mit modernen lokalen Tendenzen des Zackenstils. Der eindringliche Blick, der das Pathos der Physiognomie steigern soll, ist charakteristisch für diese Zeit und steht für eine Tradition, die letztlich auf spätantike und byzantinische Kunst zurückgeht. Innerhalb der einheimischen Kunst rücken einzelne Miniaturen des Brandenburger Evangelistars mit großen, ruhigen Köpfen, fixierten Pupillen und schwer gerundetem Kinn in die Nähe der Scheibe. Ebenso läßt sich eine lavierte Federzeichnung aus dem unweit von Magdeburg gelegenen Kloster Berge, die den hl. Paulus zeigt, in der großzügigen Monumentalität des Kopfes vergleichen. Zwar fehlt der *Oboedientia* das Gewand, an dem im traditionellen Sinn Stilgeschichte betrieben werden kann, doch scheint sie ähnlich wie die genannten Werke in auffälliger Distanz zu der bereits vom Zackenstil geprägten, 1214 entstandenen Magdeburger Handschrift des *Ordo de consecratione crismatis* zu stehen (verschollen). Ebenso gehören die Fresken in der Vorhalle der Liebfrauenkirche einer späteren Stilstufe an.

Magdeburg, Klosterkirche Unser Lieben Frauen; von 1816 bis 1962 Dorfkirche Paretz; seit 1979 im Dommuseum Brandenburg.

Maercker 1967. – Kat. Stuttgart 1977, 1, Nr. 418 mit Abb. 222 (Rüdiger Becksmann). – Maercker 1989.

M.Bö.

G 17 Kreuzfuß

Niedersachsen/Sachsen (Magdeburg ?), 1130–1140

Bronze, gegossen und ziseliert, vergoldet – die Verbindung von Ober- und Unterteil ursprünglich durch einen Dorn (abgebrochen), jetzt durch Nietung; nachträglich die Blei-Abdeckung des Säulenkapitells; Zustand und Schäden im einzelnen bei Springer 1981 – H. 21,4 cm (H. des Unterteils 9,6 cm, des Oberteils 11,8 cm) – B. 17,8 cm.

Chur, Dommuseum der Kathedrale von Chur

Der Kreuzfuß besteht aus zwei Teilen, zum einen aus dem auf vier Löwenpranken stehenden Fuß mit der Darstellung der vier Paradiesflüsse in Rankenwerk und der vier Evangelisten (Unterteil), zum anderen aus dem in einem Sarkophag sich aufrichtenden Adam und zwei Engeln, die über diesem eine Säule zur Aufnahme des Kreuzes halten (Oberteil). Zentrum der Komposition bildet das Mittelfeld des unteren Teils mit vier Wasserurnen inmitten von Blattwerk, den Quellen der vier Paradiesflüsse, deren Wasser sich über den Rahmenstreifen hinweg in offene Rinnen ergießt. Diese enden in Löwenkopf-Wasserspeiern, genau über den Löwenpranken, auf die der Wasserstrahl schließlich auftrifft. Über den Wasserrinnen und direkt hinter den Löwenköpfen sitzen die vier Figuren der schreibenden Evangelisten. Ihre Pulte wachsen aus Rankenwerk hervor, das sich seitlich der Rinnen ausbreitet. Über den Paradiesfluß-Urnen erhebt sich der Sarkophag mit dem bereits sitzenden Adam, der sich das Grabtuch über eine Schulter zieht. Auf den Sarkophag-Schmalseiten stehen zwei Engel, zur Mitte gebeugt und mit beiden Händen, an Basis und Schaft, eine kurze gedrungene Säule tragend. Ihre Spruchbänder sind leer. Folgende Inschriften befinden sich am Kreuzfuß (Übersetzungen nach Legner 1982, S. 180): Auf der Wandung des Sarkophags + ECCE RESVRGIT ADAM CVI DAT D(ev)S IN CRVCE VITAM (Siehe Adam auferstehen, dem Christus am Kreuz neues Leben gibt). Um das Mittelfeld mit den Wassergefäßen die Namen der Evangelisten und der Paradiesflüsse IOH(a)NNES EVFRATES LVCAS GEON MARCVS

G

VISON MATHEVS TIGRIS. Auf dem unteren Randstreifen die Nachricht über Stifter und Meister NORTPERTVS DEI GRA(tia) PRAEPOSITVS HOC IMPETRAVIT OPVS AZZO ARTIFEX (Nortpertus, von Gottes Gnaden Praepositus, hat dieses Werk dem Künstler Azzo aufgetragen). Nach Cetto 1954, die *dei gratia* mit doppelter Sinngebung interpretiert, bezogen auf das von Norbert gegründete Kloster Gottesgnad: Norbertus durch Gottes Gnade Praepositus von Gottesgnad ...

Dargestellt ist ein komplexes, auf das Kreuz bezogenes Programm, in dem Triumph-Symbolik, kosmologische Paradies-Symbolik, die Zuordnung Paradiesflüsse-Evangelisten und die Typologie Adam-Christus zum Ausdruck kommen. Thema und Einzelmotive entsprechen dem Kreuzfuß aus dem Lüneburger Schatz der Goldenen Tafel (Kat. D 62), jedoch weicht die Ausführung völlig ab. Für beide Bronzen ist ein gemeinsames Vorbild anzunehmen. Bei aller Lebendigkeit läßt eine gewisse Derbheit in der Ausführung – schlicht modellierte Details, flüchtig wirkende ziselierte Binnenzeichnung – an Magdeburger Bronzen denken. So wird eine Entstehung im stilgeschichtlichen Umfeld Magdeburgs angenommen – zeitlich noch vor der Bronzetür von 1152/1156 liegend –, zumal auch eine hypothetische Identifikation die inschriftlich genannten Personen dieser Region zuordnet (Cetto 1954). Demnach wäre Auftraggeber der hl. Norbert, Erzbischof von Magdeburg und Gründer des Prämonstratenser-Ordens, der 1131 das Kloster Gottesgnaden bei Kalbe an der Saale gründete. Als einer der ersten Insassen dort ist ein »Marquart, der auch Azzo genannt wird« namentlich bekannt. Im Jahre 1132 könnte der Kreuzfuß als Geschenk an Konrad I. von Biberegg, Bischof von Chur, gelangt sein, als Norbert zusammen mit Kaiser Lothar III. auf dem Weg nach Italien über die Alpen zog.

Alter Bestand des Domschatzes.

Swarzenski 1932, S. 294–301, Abb. 237, 239, 241, 244. – Cetto 1954. – Springer 1981, Nr. 17, Abb. K 143–155 (Lit.). – Legner 1982, S. 69, 74–75, 180, Taf. 317. – Kat. Köln 1985, 1, Nr. B 57 mit Abb. (Peter Springer).

U.M.

G 18 Löwen-Aquamanile

Magdeburg, 2. Hälfte 12. Jahrhundert

Bronze, gegossen und ziseliert – die Oberfläche stark korrodiert (Bodenfund), erhebliche Ausbrüche links im Schulterbereich, geringere rechts vorn in der Mähne sowie mehrere kleine Löcher; ursprüngliche Ausflickungen auf Nase und Stirn; der Einguß-Deckel verloren – H. 28,7 cm – L. 33,7 cm.

Magdeburg, Kulturhistorisches Museum Magdeburg, Inv. Nr. 82:30

Hochbeiniger Löwe, steil aufgerichtet, der Körper breit ausladend und insbesondere Kopf und Brust von mächtigem Volumen. Die Zotteln der Mähne sind teils nur graphische Flächenmusterung, teils ganz flaches Relief. Die Schnauze endet in einem dicken Bartwulst mit stilisiertem pilzförmigem Nasenspiegel. Feine gekerbte Streifen verlaufen im Tiergesicht sowie entlang der Beine und auf den Vorderpranken. Ein weiteres graphisches Ornamentmotiv befindet sich auf den Hinterschenkeln: eine zweiteilige Ranke, die vom Schwanz des Griff-Drachen ausgeht. Der Löwen-Schwanz ist untergeschlagen und endet mit einer Quaste auf der rechten Flanke.

Als Magdeburger Bodenfund ist dieser Gießlöwe einer der wenigen ortsfest verbliebenen Zeugen der bedeutenden Gußtätigkeit hier während des 12. Jahrhunderts. Er gehört einem Löwentypus an, der bereits auf der um 1152/56 in Magdeburg entstandenen Bronzetür von Novgorod vorkommt sowie dann in deren Umkreis und Nachfolge in Gestalt zahlreicher Löwenkopf-Türzieher und Löwen-Aquamanilien. Der erst 1961 geborgene Fund bestätigte die kurz zuvor vorgeschlagene Lokalisierung einer großen Zahl dieser Bronzen nach Magdeburg (Meyer 1959). In den Details des Tiergesichts dem Magdeburger Gießlöwen besonders gut vergleichbar ist der Türzieher der ehemaligen Klosterkirche von Hadmersleben in räumlicher Nachbarschaft Magdeburgs (Mende 1981, Nr. 81, Abb. 154).

Spezifische Kennzeichen dieser mit Magdeburg in Verbindung stehenden Gießlöwen – wohl nur z.T. am Ort entstanden, zum anderen Teil lediglich unter Magdeburger Einfluß und zeitlich von der Mitte bis in die zweite Hälfte des 12. Jahrhunderts reichend – sind eine steile hochbeinige Gestalt, ein eher an Hunden orientierter Tierkopf, dieser oft mit betontem Bartwulst und mit einer pilzförmigen Nase, sowie reichliche ziselierte Binnenzeichnung und Musterung. Die noch heute in großer Zahl erhaltenen und weit über Europa verstreuten Exemplare (Kirchenbesitz und Fundorte bis nach Dänemark, Schweden, Ungarn, Italien) lassen auf besondere Aktivität und überregionale Bedeutung dieser Guß-Region schließen. Zu den jüngeren Vertretern dieses Magdeburgischen Typus gehören die Gießlöwen in Minden (Kat. G 27) und Stuttgart (Kat. G 28).

Bodenfund Magdeburg, 1961 (Lesefund von Ausschachtung Nähe Stephansbrücke), dem Museum überwiesen.

Nickel 1964. – Mende 1981, S. 66, Abb. 369. – Drescher 1989, S. 113f. – Mende 1989, S. 100, Abb. 37, 41. – Adam/Stoll/Wilde 1990, S. 101, Abb. 1. – Kat. Magdeburg 1992, Nr. V./1, Farb-Abb. 1 (Heidelore Schulz). – Kat. Braunschweig/Magdeburg 1993, Nr. I.55, Abb. S. 45 (Heidelore Schulz).

U.M.

G

G 19 Bodenfliese

Magdeburg, Mitte 12. Jahrhundert

Ziegelton – eine Ecke an der oberen Seite ausgebrochen, Verzierung an der gegenüberliegenden Ecke durch Abnutzung nur teilweise erkennbar – L. 15,0 cm – B. 15,0 cm – H. 2,5 cm.

Magdeburg, Kulturhistorisches Museum Magdeburg, Inv. Nr. 81:307

Die eingeritzte Verzierung der Bodenfliese besteht aus einem diagonal gestellten Blütenstab mit beidseitig abgehenden, vierfach gefiederten Blättern. Der Blütenstab wird von einem durch zwei parallele Linien gebildeten Viertelkreisbogen durchzogen. Die Fliese ist ein Teilstück des durch jeweils vier Fliesen gebildeten Rapports. Sie war Bestandteil des originalen Fußbodens im zwischen 1130 und 1160 gebauten Winterrefektorium des Klosters Unser Lieben Frauen.

Magdeburg, Kloster Unser Lieben Frauen, Restaurierungsarbeiten 1972/74.

Kat. Magdeburg 1992, Nr. II./1 (Heidelore Schulz).

G.Bö.

G 19

G 20

G 20 Knochenplatte mit sitzendem Harfenspieler

Orient (?), 12. Jahrhundert

Knochen – H. 5,0 cm – B. 2,5 cm – St. 0,5 cm.

Magdeburg, Kulturhistorisches Museum Magdeburg, Inv. Nr. Spbr. I/BN; 55, 50/22

Auf der Schauseite der Knochenplatte ist im schmal umrandeten Bildfeld die Darstellung eines sitzenden Harfenspielers reliefartig herausgearbeitet. Der Spieler zeigt dem Betrachter seine rechte Seite. Kinn und Mund sind im Profil, Auge und Nase von vorn zu sehen. Unter einer kappenförmigen Mütze reichen die Haarsträhnen bis zur Schulter. Details der Kleidung und des Sitzes sind bis auf einen herabhängenden Ärmel am rechten Arm nicht erkenn- bzw. deutbar. Die rechte, in die Saiten greifende Hand ist besonders groß dargestellt. Das Instrument ist eine ägyptische oder assyrische Flachbogenharfe. Das ›fremde‹ Instrument könnte auf die Herkunft der Darstellung aus dem Orient hindeuten. Die an der oberen und unteren Schmalseite vorhandenen Bohrungen lassen eine Verwendung der Platte als Tür eines Schreins vermuten.

Magdeburg, Spiegelbrücke, Stadtkerngrabung 1955.

Nickel 1964a, S. 63, Taf. 65 a. – Kat. Magdeburg 1992, Nr. 2/199 (Gerhard Gosch).

G.Bö.

G 21 Pilgerzeichen mit den Heiligen Drei Königen

Köln, 2. Hälfte 12. Jahrhundert

Silber – linker Turm abgebrochen – B. 5,2 cm – H. 6,0 cm.

Magdeburg, Kulturhistorisches Museum Magdeburg, Inv. Nr. 82:29

Das 1952 nahe der Elbe aus Fundschichten des 13. Jahrhunderts geborgene Pilgerzeichen ist den Kölner Dreikönigszeichen zuzuordnen. Es zeigt auf der Vorderseite die Anbetung der Heiligen Drei Könige in der Art des ältesten Formenkreises dieser Darstellung (hellenistischer Typus), der noch auf das 12. Jahrhundert zurückgeht. Die Figurengruppe überfängt ein Architekturaufbau, dessen Fenster z. T. durchbrochen sind. Den spitzen Mittelgiebel mit der geflügelten Büste des Sternenengels rahmen zwei Türmchen, von denen nur noch der rechte erhalten ist; einer nach oben hin abschließende Rautenschraffur deutet das Dach an.

G 21

Die Rückseite ist in der Höhe des Bildfelds mit geometrischen Figuren verziert: in der Mitte ein Doppelkreis mit schraffiertem Innenteil, darin sich kreuzende Diagonallinien, Viertelkreise an den Ecken und Dreiecke in den verbleibenden Zwischenräumen. Rechts und links des Bildfelds sind je zwei kleine Ringösen zum Anheften des Pilgerzeichens angebracht.
Die zeitlichen und lokalen Fundzusammenhänge deuten darauf hin, daß dieses Pilgerzeichen nach seiner ursprünglichen Zweckbestimmung weiterhin als Dreikönigs-Amulett verwendet worden ist, waren doch die Heiligen Drei Könige auch immer mehr zu Schutzpatronen der Reisenden geworden.

Magdeburg, Knochenhauerufer 17, Stadtkerngrabung Magdeburg 1952.

Gandert 1954 (Taf. XX, Abb. 1). – Kat. Köln 1972, Nr. VIII, 16–28 (Kurt Köster). – Kat. Magdeburg 1992, Nr. II./9 (Heidelore Schulz).

H.S.

G 22 Zinnfigurenstreifen mit Szenen aus dem Parzival (Turnierkrone ?)

Magdeburg (?), Mitte 13. Jahrhundert

Zinn – H. 2,5 cm – L. 59,8 cm.

Magdeburg, Kulturhistorisches Museum Magdeburg, Inv. Nr. 82:31

Die Zinnstreifen mit figürlichen Darstellungen kamen als historischer Bodenfund in einer Fäkaliengrube zutage. Sie zeigen zwischen zwei Kampfszenen ein sich umarmendes Liebespaar. Die paarweise angeordneten Figurengruppen werden jeweils durch einen stilisierten Baum bzw. ein Marktkreuz getrennt. Die sich rechts anschließende Turnierkampfszene zweier mit flachen Topfhelmen ausgestatteter Ritter ist örtlich durch eine als Stadttor zu deutende Architekturabbreviatur präzisiert, die die Zinnfigurenstreifen jeweils rechts abschließt.

In der motivischen Kombination des Liebespaars mit dem Turnierkampf kommt die für die mittelalterliche Epik und Lyrik archetypische Verbindung von ritterlicher *aventiure* und Minne zum Ausdruck, die konkret sogar eine Ausdeutung als Illustration der Parzivalsage erfahren hat, wobei Gahmurets Turniersieg und dessen Verbindung mit Herzeloide dargestellt sein könnten. Das sich umarmende Paar läßt sich als motivische Entlehnung aus geläufigen sakralen Bildthemen wie der Begegnung von Maria und Elisabeth oder Joachim und Anna ableiten. Die Zinnfigurenstreifen fanden möglicherweise als Turnierkrone Verwendung und spiegeln somit die Entwicklung des Turniers vom *exercitium militare* zum ritterlich-höfischen Gesellschaftsspiel wider.

Kat. Hamburg 1989, 2, Nr. 23.29 (Lit.). – Kat. Magdeburg 1992, Nr. IV./8 (Heidelore Schulz).

M.Mü.

Niedersächsischer Bronzeguß – Transfer zwischen Zentren

G 23 Leuchter

Niedersachsen, 2. Hälfte 12. Jahrhundert

Bronze, gegossen und ziseliert – H. 20,3 cm (ohne Dorn 13,9 cm) – Dm. der Fuß-Kalotte 13,5 bis 14 cm.

Hadmersleben (Kreis Wanzleben), Katholische Pfarrkirche St. Peter und Paul, Inv. Nr. 01/1150

Als Fuß eine flache Kalotte mit leicht erhabenem, gemustertem Randstreifen, auf drei Löwenpranken stehend. Die ziselierte Musterung besteht aus einer Abfolge von Feldern, die wechselnd schraffiert oder mit äußerst reduzierten Rosetten versehen sind. Über gedrücktem Nodus erhebt sich weit ausladend die Traufschale.
Der Leuchter, ein besonders großes Exemplar, gehört zum Typus der Rundleuchter, wie sie vor allem in Niedersachsen und Westfalen überliefert sind (von Falke/Meyer 1935, Nr. 146–160). Die gelegentlich vorkommenden Ornamentstreifen an Fuß und auch Traufschale zeigen schlichte und im 12. Jahrhundert im nördlichen Deutschland verbreitete Motive, außer den hier genannten Motiven noch Kreuzschraffuren, Zackenbänder, Vierblattrosetten. Besonders reich ausgestattet ist ein Leuchterpaar aus Akenhausen (bei Gandersheim) im Herzog Anton Ulrich-Museum, Braunschweig, mit einer Wellenranke am Fuß des einen Exemplars und am anderen mit den gleichen vereinfachten Rosetten wie in Hadmersleben, hier im Wechsel mit Kreuzschraffur (von Falke/Meyer 1935, Nr. 146, Abb. 123).

Eine Traufschale mit übereinstimmender Musterung wie in Hadmersleben findet sich an einem Leuchter des Bayerischen Nationalmuseums, hier jedoch (nachträglich?) kombiniert mit dem Fuß eines ganz anderen, zeitlich und räumlich allerdings übereinstimmenden Leuchtertypus (von Falke/Meyer 1935, Nr. 131, Abb. 121. – Mende 1989a, S. 80, Anm. 46). Da die Kirche in Hadmersleben einen Löwenkopf-Türzieher besitzt, der dem Magdeburger Umkreis angehört, stellt sich die – bisher ungeklärte – Frage, wie weit die Rundleuchter sich eventuell auf Magdeburg zurückführen lassen.

Vermutlich alter Besitz der Kirche des ehemaligen Benediktinerinnen-Klosters.

von Falke/Meyer 1935, S. 21, Nr. 148, Abb. 124.

U.M.

G 24 Löwen-Aquamanile

Norddeutschland (?), 1. Hälfte 12. Jahrhundert

Bronze, gegossen und ziseliert – der Einguß-Deckel verloren – H. 20,5 cm – L. 24,1 cm.

Eisenach, Wartburg-Stiftung, Inv. Nr. Kl 5

Ein naturfern stilisierter Löwe von gedrungenen Proportionen, auf kurzen Beinen stehend, mit mächtigem Körpervolumen, dabei besonders betonter Wölbung der Brust, und mit einem flachen, anthropomorph erscheinenden Tiergesicht. Die Mähne mit fein ziselierter Haarzeichnung auf den plastischen, spitz zulaufenden Zotteln bedeckt nur den Nacken. Der Schwanz ist untergeschlagen und endet mit einer Quaste auf der rechten Flanke. Als Griff dient eine in eleganter Bogenführung den Rücken überspannende Schlange.

Vom gleichen Löwentypus sind zwei Aquamanilien im Kunstgewerbemuseum Berlin und ehemals in der Sammlung Pierpont Morgan, New York (von Falke/Meyer 1935, Nr. 353f., Abb. 329 a,b–330), beide allerdings handschriftlich abweichend und figürlich bereichert durch Samson auf dem Löwenrücken als Griff. In Proportion und Kopftypus aller dieser Löwen wird die Nähe zu islamischem Formengut deutlich, weshalb sie auch zu den frühesten europäischen Aquamanilien gerechnet werden (Meyer 1959a, der dort seine zunächst spätere Datierung, in: von Falke/Meyer 1935, korrigierte). Die Entstehung vor 1150 ist wahrscheinlich, schwierig erscheint jedoch eine genauere Bestimmung, und schwierig stellt sich ebenso das zeitliche Verhältnis aller drei Stücke untereinander dar. Das Exemplar in Berlin wird ins zweite Viertel des 12. Jahrhunderts datiert und gilt als älter als jenes der Wartburg. Die Abfolge ist aber ebenso umgekehrt denkbar: Das einheitliche Erscheinungsbild der höchst qualitätvoll modellierten Tiergestalt auf der Wartburg könnte auch Voraussetzung für die im Detail stärker stilisierten Löwen in Berlin und ehemals New York gewesen sein.

Konkrete Anhaltspunkte fehlen schließlich für die Lokalisierung. Traditionell gilt die Werkgruppe als norddeutsch oder niedersächsisch.

Herkunft unbekannt. Erworben vor 1906 für die museale Ausstattung der Wartburg.

Inv. Wartburg, S. 334 m. Abb. – von Falke/Meyer 1935, S. 59, Nr. 355, Abb. 331 – Asche 1955, S. 125f. mit Abb. (Ausgabe Berlin 1962 S. 150–152 mit Abb.). – Meyer 1959a. – Hütt 1993, S. 36, Abb. 4.

U.M.

G 25 Löwen-Aquamanile

Norddeutschland, Anfang 13. Jahrhundert

Bronze, gegossen und ziseliert – der Einguß-Deckel ergänzt, Griff und seitliche Mähnenzotteln erheblich abgegriffen, auf der Brust eine eingepunzte Hausmarke (schräg stehender spitzer Winkel mit Kreuzstrich) – H. 23,5 cm – L. 25,5 cm.

Hannover, Kestner-Museum, Inv. Nr. 1913,373

Stilisierter Löwe, kurzbeinig und steil aufgerichtet. Phantastisch gebildet ist das Tiergesicht, eine Art Katzenkopf mit kurzer breiter Schnauze und besonders betonten Augen, wobei ziselierte Musterungen wirkungsvoll die modellierte Form ergänzen. Die großen Augen mit eingezeichneter Iris und Pupille werden überfangen von Bogenformen, die in Streifen gemustert sind; zwischen ihnen eine kleine Palmette. Am fein ziselierten Bartwulst stützt sich die halb im Löwenrachen steckende Figur eines Mönches ab, deren Kapuze als Wasserausfluß dient. Die Mähne besteht aus zierlichen Locken, ebenfalls mit sorgfältiger Haarzeichnung. Als Griff ein Drache mit Palmetten-Schwanz. Der Löwenschwanz zunächst freiplastisch und dann um die rechte Flanke geschlungen. Die Beine mit ziselierten Schraffuren und Punzreihen.

Der Löwe gehört zu einem besonders reizvollen Typus spätromanischer Tier-Bronzen von ausgesprochen naturferner Gestaltung, deren gemeinsames Kennzeichen jene merkwürdige Physiognomie mit der gemusterten Bogenform über den Augen ist. Neben Aquamanilien in Löwen- und Drachenform gehören dazu ein Löwen-Leuchter mit Samson auf dem Rücken und auch Löwenkopf-Türzieher (von Falke/Meyer 1935, Nr. 361–368, Abb. 337–346. – Bloch 1981, Taf. 8, Taf. 24. – Mende 1981, S. 81f., Nr. 114f., Abb. 201–213). Die Stücke variieren in der Ausführung, teilweise sind sie stärker durch modellierte Details bestimmt, teilweise durch intensiveren Einsatz graphischer Mittel, durch Ziselierung. Mehrfach sind Ausguß und Griff besonders phantasievoll als Tier- oder als menschliche Figur gebildet. Dem Löwen in Hannover besonders nah verwandt sind ein Löwen-Aquamanile im Museum von Arezzo, allerdings mit einfachem Ausgußrohr, dann ein Drache im Metropolitan Museum New York mit gleichem Mönchs-Ausguß, schließlich ein Türzieher-Paar in Regensburg, Niedermünster, sowie ein verlorener Türzieher ehemals in Trier (Sammlung Kesselstatt), die das gleiche Löwengesicht ins Großformat übertragen zeigen.

Die weit verstreut in Sammlungsbesitz befindlichen Tierbronzen dieses Typus geben kaum Hinweise auf Ort oder Region der Entstehung. Regensburg, wo ein Türzieher-Paar überliefert ist, war dies sicher nicht. Wichtig ist jedoch der Samson-Leuchter des Kunstgewerbemuseums Berlin als ein Bodenfund aus dem Schaalsee. Auf Norddeutschland weist auch eine gewisse Verwandtschaft zu Aquamanilien aus Magdeburg und dessen Einflußbereich. Die spezifische Form des von einem Bart gerahmten Löwen-Mauls, die Bogen über den Augen und auch der figürliche Ausguß könnten von dort angeregt sein. Auch die Datierung orientiert sich an den Magdeburger Bronzen, die zeitlich wohl voraufgehen.

1913 durch Kauf aus Privatbesitz erworben.

von Falke/Meyer 1935, S. 60f., Nr. 365, Abb. 343. – Kat. Bern 1949, Nr. 388. – Stuttmann 1966, Nr. 28, Abb. S. 152 (Lit.). – Werner 1977/81, 1, S. 185, Nr. 217. – Mende 1981, S. 81f. – Kat. Braunschweig 1993a, Nr. 6 mit Abb.

U.M.

G 26 Löwen-Aquamanile

Niedersachsen (Braunschweig oder Hildesheim), Anfang 13. Jahrhundert

Bronze, gegossen und ziseliert – Einguß-Deckel ergänzt, Gußfehler (Loch) im Rücken des Griff-Drachen – H. 29 cm – L. 28 cm.

London, Victoria and Albert Museum, Inv. Nr. 560–1872

Löwenfigur in aufrechter, gespannter Haltung, mit mächtig vorgewölbter und von kurzen Mähnenzotteln bedeckter Brust. Vom Tiergesicht ist die Mähne abgesetzt durch die stilisiert wiedergegebene Bartwamme, einen schmalen, fein schraffierten und direkt aus den Ohren hervorwachsenden kragenartigen Streifen. Die Augen sind schräggestellt, der Ausdruck wirkt lebhaft, der Rachen mit dem Ausgußrohr ist halb geöffnet. Als Griff dient ein beinloser Drache. Der Schwanz hängt frei herab und endet mit seiner Quaste am rechten, mit gepunzter Musterung versehenen Hinterbein.

Von gleicher Werkstattherkunft sind weitere Löwen, die sich in demselbem Museum in London, in Hamburg und im Halberstädter Domschatz befinden (von Falke/Meyer 1935, Nr. 436f., 439, Abb. 408, 410, 412), darüber hinaus im Museum für Kunsthandwerk Dresden (Kat. Dresden 1981, Nr. 174 mit Abb.). Sie alle stehen in besonderer Beziehung zum Braunschweiger Löwendenkmal, denn von allen Löwen-Aquamanilien in dessen Nachfolge, kenntlich insbesondere an der wie ein ›Kragen‹ wirkenden Bartwamme, scheint es sich hier um die früheste und unter sei-

25

nem direkten Eindruck entstandene Werkgruppe zu handeln. Das wird insbesondere an einem Detail deutlich: am merkwürdigen Ansatz der Bartwamme aus den Ohren heraus. Das ist kaum ohne die unmittelbare Vorlage des monumentalen Löwen vorstellbar, bei dem einzelne Mähnenzotteln aus den Ohren hervorwachsen und zum Kragenstreifen überleiten. Bisher wird diese besonders qualitätvolle Aquamanile-Gruppe nach Hildesheim lokalisiert, in den Umkreis des Domtaufbeckens (um 1220), und zwar speziell wegen der vergleichbaren akzentuierten Blickführung aus schrägliegenden Augen. Die besondere Nähe zum Burglöwen läßt aber auch an eine Entstehung in Braunschweig denken, vielleicht bereits um 1200.

1872 erworben vom Sammler und Kunsthändler A. Pickert, Nürnberg.

Fortnum 1876, S. 113. – von Falke/Meyer 1935, S. 69f., Nr. 438, Abb. 411.

U.M.

G 27 Löwen-Aquamanile

Niedersachsen/Sachsen (Umkreis Magdeburg), Ende 12. Jahrhundert

Bronze, gegossen und ziseliert – linkes Vorderbein ergänzt; Einguß-Deckel verloren; eine ursprüngliche Ausflickung an der Nasenwurzel – H. 32 cm – L. 38,5 cm.

Minden, Katholische Dompropsteigemeinde St. Gorgonius und St. Petrus, Ap., Verz. Nr. 27

Hochbeiniger Löwe von gestreckter Haltung, steil aufgerichtet und mit weit zurückgestellten Hinterläufen. Das Tiergesicht ist außerordentlich stilisiert, der mächtige Schädel und die Schnauze sind hart voneinander abgesetzt, graphische Musterungen füllen die Flächen. Auf der Stirn verläuft eine Wellenranke, radiale Linien und Schraffuren füllen die Bogenformen über den Augen, weitere Schraffuren finden sich unterhalb der Augen und als Rahmung des geöffneten Rachens. Das Ausgußrohr ist als

männliche Figur gebildet, die sich zwischen den Zähnen hervorreckt und dabei an der Schnauze abstützt. Der Drache, der als Griff dient, bäumt sich hoch auf, wendet lebhaft den Kopf zur Seite und endet mit schöner Palmettenform auf dem Löwenrücken. Er ist insgesamt intensiv gemustert. Die Mähne besteht aus vereinzelten, mächtig gebuckelten Zotteln, spitz zulaufend und von dichter ziselierter Haarzeichung bedeckt. Der Schwanz hängt frei und umschlingt das rechte Hinterbein.

Der Löwentypus – hochbeinig, mit hundeartigem Kopf und mit reichlich ziselierter Binnenzeichnung – weist nach Magdeburg (Meyer 1959; vgl. den Gießlöwen als Magdeburger Bodenfund, Kat. G 18). Charakteristisch für diesen regionalen Bereich ist die häufige Ausstattung all dieser Löwen – sowohl der Aquamanilien als auch der Löwenkopf-Türzieher – mit figürlichem Beiwerk, wie hier als Ausguß (bereits bei Sidenius 1932 für dieses Stück deshalb der Hinweis auf Sachsen). Unter den zahlreichen Aquamanilien, die nach Magdeburg oder in dessen Einflußbereich zu lokalisieren sind, bildet das Exemplar des Mindener Domschatzes mit seinem plastischen und graphischen Formenreichtum die aufwendigste Version. Mit seinen gestreckten Proportionen gehört es – ebenso wie das Löwen-Aquamanile in Stuttgart (Kat. G 28) – zu den jüngeren, wohl gegen Ende des 12. Jahrhunderts (Anfang 13. Jahrhundert ?) entstandenen Vertretern.

Daß diese Tierplastik dem Braunschweiger Burglöwen auf besondere Weise nahesteht – wie von G. Swarzenski 1932 bemerkt (»... unter den Kleinbronzen das Werk, dessen Auffassung dem Löwen des Denkmals am meisten entspricht ...«) –, trifft nicht zu. Die Streckung der Hinterläufe allerdings, zusammen mit dem frei hängenden Schwanz, ist ähnlich bei jenen Gießlöwen zu beobachten, die wohl tatsächlich in Nachfolge des Burglöwen entstanden (vgl. das Löwen-Aquamanile in London, Kat. G 26). Insofern sind Kenntnis und Verständnis bestimmter Formen der Löwenplastik von 1166 vorauszusetzen.

Alter Bestand des Domschatzes Minden, seit dem Inventar von 1683 nachweisbar: »Ein messings Handfaß in eines Löwen Format« (von Schroeder 1980).

Sidenius 1932, S. 171, Abb. 4. – Swarzenski 1932, S. 316. – von Falke/Meyer 1935, S. 63f., Nr. 390, Abb. 364. – Kat. München 1950, Nr. 350. – Kat. Münster 1951, Nr. 160. – Meyer 1959, S. 26f. – Leo/Gelderblom 1961, Nr. 12 mit Abb. – von Schroeder 1980, S. 38, Abb. 63. – Kessemeier/Luckhardt 1982, S. 19, 20, Nr. 27, Abb. S. 68. – Legner 1982, S. 181, Taf. 325. – Kat. Braunschweig 1985, Nr. 1064 mit Abb. (Lit.) (Michael Brandt). – Mende 1989, S. 100, 104, Abb. 44 (Lit.). – Kat. Magdeburg 1992, S. 274. – Hütt 1993, S. 131, Abb. 49. – Mende 1993, S. 202f., 212f., Abb. 14.

U.M.

G 28 Löwen-Aquamanile

Niedersachen/Sachsen (Umkreis Magdeburg), Ende 12. Jahrhundert

Bronze, gegossen und ziseliert – nachträglich mit schwarzem Lack überzogen, später mit einer weißlich-grauen Fassung, von der Reste vor allem in Mähne, Gesicht und an den Pranken zeugen; das Ausgußrohr abgearbeitet, neuzeitlich ergänzt der Einguß-Deckel und die Verdeckelung der Öffnung in der Brust – H. 33,5 cm – L. 31,3 cm.

Stuttgart, Württembergisches Landesmuseum, Inv. Nr. L. 1949/12 (Leihgabe der Oberfinanzdirektion Stuttgart, Inv. Nr. B 22/1)

Hochbeiniger Löwe, in Typus, Proportion und gestreckter Haltung dem Gießlöwen in Minden verwandt (Kat. G 27) und mit ihm und zahlreichen weiteren Exemplaren zum Magdeburger Umfeld gehörig. Einige von diesen (in den Museen von Dortmund, Stockholm, Viterbo, Prag sowie ehemals Sammlung Kofler-Truniger) zeigen die Mähnenzotteln ebenfalls ohne jede Modellierung, reduziert zu graphischer Haarzeichnung auf Hals und Brust, und zwar ganz schematisch mit einem Wechsel von senkrechten und querliegenden Strichlagen. Beim Stuttgarter Löwen geschieht das jedoch in besonders sorgfältiger Weise, mit dichten Schraffuren. Auch in den feinen Details des Tiergesichts wird hier eine individuelle Handschrift sichtbar. Singulär ist das phantastische Motiv der zierlichen Blattform zwischen dem mächtigen Schädelbogen und dem Maulwinkel. Als Griff dient ein Drache mit intensiver Musterung von Flügeln und Schwanz, der in einem hochgeschlagenen Blatt endet. Der Löwenschwanz hängt frei und ist mit der Quaste um den rechten Hinterlauf geschlungen.

Die straffe Haltung mit weit zurückgestellten, natürlich empfundenen Hinterbeinen – vergleichbar dem Mindener Löwen-Aquamanile – ist Anzeichen dafür, daß auch der

G

Löwe in Stuttgart zu den jüngeren, wohl gegen Ende des 12. Jahrhunderts entstandenen Gußwerken im weiteren Umkreis von Magdeburg gehört.

Kunstkammer der Herzöge von Württemberg in Stuttgart, im Inventar 1642 erstmalig nachweisbar (Fleischhauer 1976, S. 47). Ab 1870 zur Ausstattung des königlichen Jagdschlosses Bebenhausen gehörig, später in Staatsbesitz übergegangen. 1949 als Leihgabe der Oberfinanzdirektion Stuttgart ans Württembergische Landesmuseum.

Lemperle 1959, S. 11, Taf. 2. – Kat. Augsburg 1973, Nr. 112, Abb. 103 (Hermann Fillitz). – Fleischhauer 1976, S. 47, Abb. 8. – Fleischhauer 1977, S. 10, Abb. S. 40. – Werner 1977/81, 1, S. 188, Nr. 256. – Mende 1989, S. 105, Anm. 17.

U.M.

Hildesheim

Die Gründung des Bistums Hildesheim erfolgt im Jahre 815 durch Ludwig den Frommen. Kirchlich-administrativ stellt somit Hildesheim bereits im 9. Jahrhundert ein bedeutendes Zentrum dar. Die zwischen 1030 und 1037 erfolgte Weihe der Braunschweiger Stiftskirche St. Blasius nahm der Hildesheimer Bischof Godehard vor. Hildesheim stellt sich zunächst jedoch lediglich als Verbund kleinerer topographischer Einheiten dar; erstmals in einer Urkunde des Jahres 1167 findet der Begriff *cives* Verwendung, der auf den Rechtsstatus der städtischen Bevölkerung verweist. Bedeutende Etappen in der Stadtentwicklung vollziehen sich unter dem Episkopat des hl. Bernward (993–1022) – einem hervorragenden Stifter und Förderer der Künste. Die rege Kunstproduktion und Bautätigkeit findet einen glanzvollen Höhepunkt in der Weihe von Bernwards Grabkirche St. Michael im Jahre 1022; daneben verdienen in künstlerischer und technischer Hinsicht die monumentalen Bronzebildwerke für den Dom besondere Erwähnung. Der Hildesheimer Domschule kommt zu dieser Zeit als Bildungsinstitution überregionale Bedeutung zu. Bernwards Heiligsprechung 1192/93 bezeugt die außergewöhnliche Verehrung und den nachhaltigen Einfluß dieses Hildesheimer Bischofs.
Heinrich der Löwe versuchte seinen Allodialbesitz im südostsächsischen Gebiet auszudehnen und störte die Nutzung der Verkehrswege um Hildesheim. Beim Hoftag von Gelnhausen 1180 entzog man ihm die Oberhoheit über das Bistum unter Hinweis auf die Unrechtmäßigkeit seiner Gebietsansprüche. Künstlerisch zeichnen sich die Hildesheimer Bronzegußwerkstätten im 12. Jahrhundert insbesondere durch die Fertigung von kleinplastischem liturgischem Gerät aus.

UB Hochstift Hildesheim. – Heinemann 1968. – Goetting 1984. – Brandt 1987. – Kat. Hildesheim 1989. – Niehr 1989. – Kat. Hildesheim 1993. – Gussone 1995. – Lieb 1995.

M.Mü.

G 29 Jüngere Hildesheimer Briefsammlung

Hildesheim, um 1195

Pergament – 146 Blätter – H. 40 cm – B. 30 cm.

Leipzig, Universitätsbibliothek »Bibliotheca Albertina«, cod. 350, fol. 132r–146v

Die jüngere Hildesheimer Briefsammlung, so benannt zur besseren Unterscheidung von dem älteren, um 1085 in Hildesheim redigierten Briefcorpus, setzt sich aus drei selbständigen Teilen zusammen: der Urkundenlehre des Bernhard von Meung, der Hildesheimer Briefe und der in Oberitalien entstandenen *Aurea Gemma Oxoniensis*. Die Urkundenlehre und die *Aurea Gemma* sind mit Beispielen versehene Abhandlungen für die stilgerechte Abfassung von Urkunden bzw. Briefen. Sie umgeben als theoretischer Rahmen die den Kern der Briefsammlung ausmachenden 93 Briefe und verleihen dem Ganzen das Gepräge eines Handbuchs, gut verwendbar in Schule und Kanzlei. Die im Leipziger Codex überlieferten Fassungen der beiden theoretischen Teile sind in ihrer Entstehung auf die Zeit um 1190 anzusetzen und stammen mit hoher Wahrscheinlichkeit aus dem Lütticher bzw. aus dem Kölner Raum, von wo sie nach Hildesheim gelangten und dort mit den Briefen verbunden wurden, was angesichts der guten Beziehungen zwischen Hildesheim und Lüttich/Köln weiter nicht erstaunlich ist.
Die 93 Hildesheimer Briefe sind Unikate. Eine Vielzahl der Briefe sind ihrem Inhalt nach alltäglich: Studenten- und Geschäftsbriefe, Briefe aus Pfarrei und Diözese, Briefe von kleinen, den Alltag der Menschen prägenden Fehden, Überfällen und Machenschaften. Daß es bei solchen Schreiben besonders schwierig ist, ihre Aussagen durch paralleles Quellenmaterial zu überprüfen, erklärt sich aus der lückenhaften Überlieferungssituation. Eine der wenigen Überlieferungschancen bildet ihre Aufnahme in Brief- und Formularsammlungen, die – zu Lehrzwecken abgefaßt – eben auch oder gerade das Typische, das Wiederholbare tradieren wollen.
Die andere Gruppe von Briefen ist von reichs- und landesgeschichtlicher Relevanz. Die meisten Schriftstücke bezie-

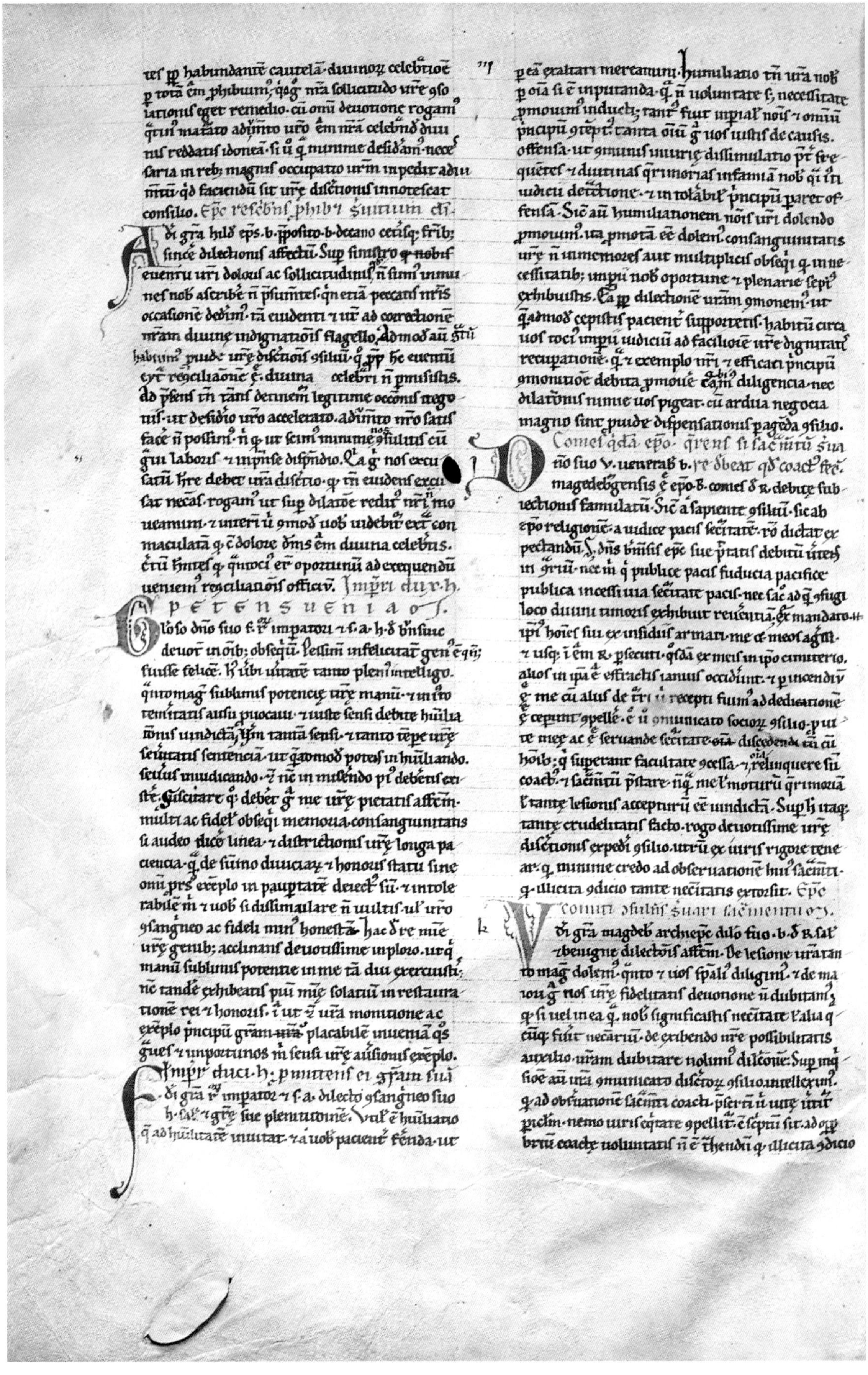

G 29

hen sich auf Ereignisse aus den 1180er Jahren. In diese Zeit gehört das ausgestellte Schreiben auf fol. 135v in der linken Kolumne. Unter der Rubrik *Imperatori dux H. petens veniam* (Herzog H. bittet den Kaiser um einen Gnadenerweis) folgt von anderer Schreiberhand die Adresse des Briefes: *Glorioso domino suo F. Romanorum imperatori et s(emper) a(ugusto) H. de Brunsuic devotum in omnibus obsequium* (H[einrich] von Braunschweig seinem ruhmreichen und immer erhabenen Herrn F[riedrich I.] in allem ergebenen Gehorsam). Heinrich der Löwe führte nach seiner Entmachtung als Herzog von Sachsen und Bayern häufig den schlichten Namen Heinrich von Braunschweig. Als solcher bittet er hier den Kaiser unter Hinweis auf seine Gefolgschaftsdienste und ihre Blutsverwandtschaft um die Wiederherstellung seiner Ehre und seines Besitzes *(restauratio rei et honoris)*, damit durch einen solchen Gnadenerweis auch die Fürsten ihre antiwelfische Politik änderten. Das Schreiben ist undatiert, fällt aber wohl in die Zeit zwischen Heinrichs Rückkehr aus England im Oktober 1185 und dem Goslarer Hoftag im Sommer 1188. Daß Heinrich in dieser Zeit Verhandlungen über die Restitution des Herzogtums Sachsen angestrebt hat, läßt sich durch parallele Quellen belegen.

Der Brief ist einzig in dieser Handschrift überliefert. Damit stellt sich die Frage nach seiner Echtheit. Die Anhaltspunkte zur Beurteilung der Echtheitsfrage, die aus der Untersuchung des Formulars zu gewinnen sind, reichen im Fall der Hildesheimer Briefsammlung nicht aus, um eindeutig fingierte Briefe nachweisen zu können. Das heißt aber nicht, daß alle Briefe in der vorliegenden Form in jedem Fall echt sein müssen. Viele Briefe scheinen überarbeitet und mehr oder weniger auch gekürzt worden zu sein. Trotzdem ist davon auszugehen, daß in den Briefen noch ein originales Substrat vorhanden ist, das sich in den damaligen zeitgeschichtlichen Kontext einbauen und bewerten läßt. Anhand der Hildesheimer Briefe sollte also nicht in jedem Fall das korrekte Formular – das geschieht über die *Aurea Gemma* und deren Musterbriefe –, sondern in erster Linie ein zeitgeschichtliches Bild vermittelt werden.

Weil in mehr als einem Drittel der Briefe der Hildesheimer Bischof Adelog (1170/71–1190) oder die Hildesheimer Domkapitulare als Absender oder Adressaten vetreten sind, dürfte die Sammlung wohl im Umkreis von Domkanzlei und Domschule entstanden sein. Hier konnte der Redaktor der Sammlung, der vielleicht Angehöriger des Domkapitels war, verschiedenstes authentisches Briefmaterial (Konzepte, Briefe, Abschriften) einsehen, das über Hildesheims weitläufiges Beziehungsnetz in die Kanzlei gelangt war. Einige wenige Briefe sind in die Zeit des Hildesheimer Bischofs Berno (1190–1194) zu datieren. Aufgrund ihrer zeitgeschichtlich-aktuellen Ausrichtung dürfte die Sammlung gegen Ende von Bernos Pontifikat (1190-1194) oder in der Frühzeit Bischof Konrads von Querfurt (1195–1199) zusammengestellt worden sein.

Im Verlauf des 13. Jahrhunderts ist die Briefsammlung in die Bibliothek des sächsischen Zisterzienserklosters Altzelle gelangt, wo sie mit der Inserierung der schmuckvollen Initialen und dem Bibliotheksvermerk *Liber Veteris Celle Sancte Marie* (fol. 145v–146r) ihre abschließende Bearbeitung erfahren hat.

Jüngere Hildesheimer Briefsammlung (Lit.). – Kat. Hildesheim 1993, 2, S. 615f.

R.D.K.

G 30 Zwei Fragmente vom Schmuckfußboden der Chorapsis im Hildesheimer Dom

Hildesheim, um 1153–1162

Gipsestrich, mit rot- und schwarzgefärbter Gipsmasse inkrustiert – Tugend: H. 98 cm – B. 58 cm – Basilisk (Personifikation des Elements Feuer): H. 80 cm – B. 50 cm.

Hildesheim, Dom- und Diözesanmuseum Hildesheim

Die Fragmente kamen 1850 bei Erneuerung des neuzeitlichen Fußbodenbelags in der seinerzeit hinter dem Hochaltar gelegenen Chorsakristei zum Vorschein. Dabei ging fast das ganze, z.T. offenbar stark abgetretene Mittelfeld vorloren. Eine Deutung des vielschichtigen enzyklopädisch angelegten Bildprogramms ist deshalb nur in Ansätzen möglich.

Die große Platte mit IVVENT(vs) und FORTI(tudo) gehörte zu einem zentralen Kreisgebilde, das den größten Teil der Apsisrundung füllte und in radialer Anordnung weitere Lebensalter- und Tugendfigurationen enthielt. Zwei klei-

nere, zum Hochaltar gerichtete Kreise flankierten das große Figurenrad. Von ihnen hat sich nur mehr ein Teil des nördlichen Kreises mit der Darstellung des Abrahamopfers erhalten. Damit kann man für die Gegenseite das Opfer Abels oder Melchisedechs erschließen, die zusammen in typologischem Bezug zum eucharistischen Opfer stehen und so auch im Meßkanon angesprochen werden.
Das ausgestellte Bruchstück mit Darstellung eines Basilisken stammt aus dem einfassenden Medaillonrahmen. In dessen Verband ist es als Personifikation des Elements Feuer zu interpretieren, wie auch die Verkörperungen von Wasser, Erde und Luft sich in diesen Kreisbogen eingeschlossen fanden, der über den Sinnbildern von Tod und Leben in einem dreigesichtigen ›Januskopf‹ gipfelte.
Entstanden ist der Schmuckboden, der einen kleinen Eindruck von der reichen bildnerischen Ausstattung der Hildesheimer Sakralbauten vermittelt, vermutlich unter Bischof Bruno (1153–1162). Nachdem sein Vorgänger Berthold I. den im 11. Jahrhundert unter Hezilo begonnenen Neubau der Kathedrale mit der Errichtung einer neuen Ostapsis zum Abschluß gebracht hatte, stiftete Bruno – wie die Bischofschronik berichtet – ein neues Dach und einen neuen Fußboden.

Roemer 1896. – Kier 1970, S. 100–102, Abb. 147–148. – Kat. Braunschweig 1985, 1, Nr. 37 (Michael Brandt).

M.Br.

G 31 Ratmann-Sakramentar

Hildesheim, St. Michael, 1159

Pergament – Buchmalerei in Deckfarben – Holzdeckel mit Leder bezogen; vermutlich beim Neuschreiben der Handschrift – 1400 – restauriert, original wohl nur noch das feine rote Leder des Vorderdeckels; Kupferplatten, graviert, mit Resten von Vergoldung – 202 Blätter mit zahlreichen Miniaturen – H. 34,5 cm – B. 24 cm.

Hildesheim, Dom- und Diözesanmuseum Hildesheim, Inv. Nr. DS 37.

Eine urkundenähnliche Notiz zu Beginn der Handschrift nennt als Stifter und Auftraggeber den Konventualen Ratmann von St. Michael, der den Codex 1159 für sein Kloster hat anfertigen lassen, und zwar für den Gottesdienst am Hauptaltar. Ein entsprechendes Widmungsbild zeigt Ratmann, umgeben vom Konvent, wie er das Meßbuch kniefällig dem hl. Erzengel Michael übereignet, neben dem auch Bernward schon als heiliger Schutzpatron der Klostergemeinschaft dargestellt ist.
Auch der vordere Einbanddeckel kann als Widmungsbild gedeutet werden. Das Bild des triumphierenden Christus, der Löwe und Basilisk niedertritt und damit nach Psalm 90 als Sieger über Teufel und Sünde dargestellt ist, wird nämlich von zwei quadratischen Kristallplatten eingefaßt, unter denen eine Stifterinschrift zu sehen ist: Ratmann wendet sich hier unmittelbar an den göttlichen Heiland, den auch die Klostergemeinschaft mit einer das Bildfeld umrahmenden Inschrift um Erlösung bittet: CVNCTA REGENS ADVERSA PREMENS INIMICA COERCENS + NOS HVMILES SALVA MAIESTAS QVESVMVS ALMA/. (Deine Majestät, die alles regiert, das Widrige niederhält und das Feindliche zügelt, möge uns demütig Bittenden das Heil schenken; Übersetzung nach Elbern 1969).
Ebenso wie die Handschrift wird auch der Einband in St. Michael entstanden sein. Die Ornamentik des Rahmenwerks steht ganz in der niedersächsischen Tradition, während das Christusbild offenbar rheinischen Vorbildern aus dem Umkreis des Eilbertus-Tragaltars verpflichtet ist.

Steenbock 1965, Nr. 96. – Elbern/Reuther 1969, Nr. 37. – Stähli 1984, S. 120. – Kat. Braunschweig 1985, 2, Nr. 1024 a, b (Frauke Steenbock, Renate Kroos). – Kat. Hildesheim 1993, 2, Nr. IX-9 (Renate Kroos).

M.Br.

G 32 Evangeliar aus St. Godehard

Einband: Hildesheim, um 1170/80 (Vorderdeckel) bzw. Ende 15. Jahrhundert

Eichenholz mit rotem Leder überzogen; Silberblech (Kantenbeschlag), Kupfer, vergoldet, mit Filigran, Grubenschmelz, Walroßzahn, Perlen und Steinschmuck – am linken Rand fehlt oben ein Stück des Beschlags, mehrere Fassungen beschädigt oder verloren, Steinschmuck und Filigran z. T. verloren – H. 37 cm – B. 25,5 cm.

Trier, Hohe Domkirche, Domschatz Nr. 70, Cod. 141 (olim 126)

Der auf fol. 2r nachgetragene, sehr sorgfältig ausgeführte Besitzervermerk weist die Handschrift als Stiftung des Abtes Friedrich von St. Godehard in Hildesheim aus (†1153). Der kostbare Einband ist erst nachträglich hinzufügt. Als Stifter kann Friedrichs Nachfolger Arnold (†1180) identifiziert werden, der sich in einem Rechenschaftsbericht über seine Amtszeit unter anderem die Schenkung zweier Plenarien im Wert von 4 Mark und 2 Talenten zugute hält.
Auf dem Buchdeckel des Codex steht der breite Schmuckrahmen in wirkungsvollem Kontrast zu der starkfarbigen Emailtafel, die mit ihren drei übereinandergesetzten Bildstreifen an frühmittelalterliche Kompositionen anknüpft. Mit Tod und Auferstehung Christi ist hier die zentrale Aussage der vier Evangelien, die in den vier Wesen des Schmuckrahmens Gestalt gewinnen, zum Titelbild des Codex gemacht: Zuoberst wird gezeigt, wie Christus sich Maria Magdalena als der Auferstandene offenbart, unten, wie der Engel am leeren Grab den drei Marien die Osterbotschaft verkündet: ANGELUS . EXILARAT . (domi)NI . QVOS MORS . CRVCIARAT (Der Engel des Herrn bringt denen, die der Tod quälte, die Freude). Der Angelpunkt des Erlösungsgeschehens ist der Opfertod Christi am Kreuz, das mit seinen grünen Balken zum Baum des Lebens wird. In

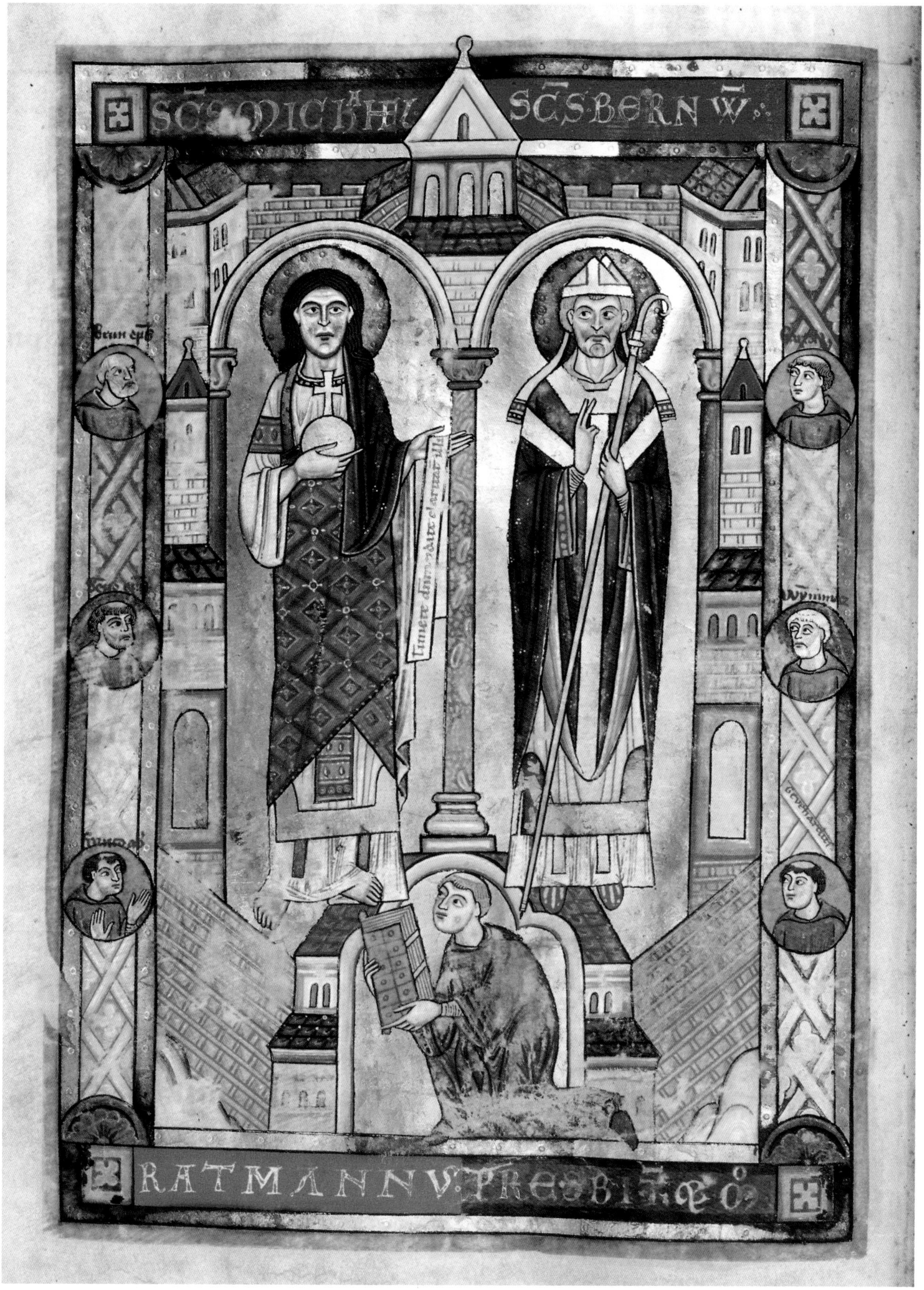

G31

C

ISTA·FLET·HEC·SVRG·OB·HIC·CAD·HEC·DOLET·ISTE·
ANGELVS·EXILARAT·DNI·QVOS·MORS·CRVCIARAT·

32

knappen Worten wird das Bild erläutert: ISTA . FLET (sie weint) steht über Maria geschrieben; HEC SVRG(it) (diese erhebt sich) heißt es zu der Gekrönten, die als Personifikation der Kirche in einem Kelch Blut und Wasser aus der Seitenwunde Christi auffängt, Zeichen für Taufe und Eucharistie. Christus ist im Augenblick des Todes dargestellt (OB(iit) . HIC – dieser stirbt). Die Frau, die sich mit verbundenen Augen abwendet und dabei ihre Krone verliert (CADIT . HEC – diese stürzt) steht für das Volk des Alten Bundes, das Christus nicht als den Messias erkannt hat. Doch so, wie das Alte Testament den Erlöser prophezeit, zeigt auch die Synagoge auf den Gekreuzigten, dem sich Johannes im Trauergestus zuneigt (DOLET . ISTE – dieser trauert).
Die Felderteilung auf dem Rahmen des Buchdeckels, der noch einmal Ecclesia und Syngagoe miteinander konfrontiert, erinnert an den Prunkeinband des Ratmann-Sakramentars (Kat. G 31). Und an der gleichen Stelle, an der dort mit einem Besitzvermerk auf die beiden Schutzpatrone des Michaelisklosters hingewiesen wird, findet man im vorliegenden Fall zwei Heilige dargestellt, die als Godehard und Maria gedeutet werden können. Filigran und Steinfassungen des hier besprochenen Codex und seines Gegenstücks lassen sich ebenfalls mit einer Arbeit aus St. Michael zusammenbringen, einem Prunkkreuz, das offenbar in derselben Werkstatt entstanden ist wie die Schmuckbeschläge und wie diese in der Tradition einer Gruppe von Goldschmiedearbeiten aus dem Umkreis des Hildesheimer Godehardschreins steht. Dagegen knüpft die große Bildtafel in der Art der Emaillierung mit ausgesparten, vergoldeten Figuren vor farbigem Schmelzgrund an rheinische Vorbilder an, denen sie auch in der Art der Figurenzeichnung verpflichtet bleibt. Doch hat sich Hildesheim in der zweiten Hälfte des 12. Jahrhunderts sehr bald zu einem relativ eigenständigen Zentrum derartiger Emailarbeiten entwickelt, unter denen sich auch mehrere vergleichbare Kreuzigungsdarstellungen nachweisen lassen.

Die Handschrift kam über die Sammlung Kesselstatt in den Trierer Domschatz.

von Falke/Frauberger 1904, S. 105–115. – Goldschmidt 1923, Nr. 55. – Swarzenski 1932, S. 339ff. – Kroos 1964, S. 101f. – Becksmann 1969, S. 32. – Brandt 1987, S. 28–56 u.ö.

M.Br.

G 33 Vortragekreuz

Hildesheim, letztes Jahrzehnt 12. Jahrhundert

Eichenholz (?), marmoriert; Einsteckdorn: Kupfer, geschmiedet; Beschläge: Kupfer, vergoldet, graviert, zisiliert, Grubenschmelz, Braunfirnis; Corpus: Bronze, zisiliert, vergoldet, Abreibungen und Ausbrüche – Halterung am Suppedaneum zerbrochen; Gewindebohrung im Einsteckdorn; Mittelquadrat der Rückseite erneuert; Verbindung der Kreuzbalken gelöst, Nagelungen erneuert; zuletzt 1994 restauriert – Kreuz: H. (mit Dorn) 56,4 cm – B. 37,5 cm – Corpus: H. 21 cm – B. 19 cm.

Hildesheim, Basilika St. Godehard

Das Kreuz, dessen Rückseite eine einfache Braunfirnis-Dekoration trägt, war vermutlich dazu bestimmt, bei Prozessionen mitgetragen zu werden, wie es auch heute wieder bei feierlichen Gottesdiensten geschieht. Lange Zeit scheint man ihm allerdings wenig Beachtung geschenkt zu haben. Wegen seines geringen Materialwertes wurde es zu Anfang des 19. Jahrhunderts offenbar nicht einmal in der Sakristei verschlossen, sondern stand – wie überliefert – »gewöhnlich auf dem St.-Benedictus-Altar«, der als einziger unter den Altären der Kirche erhalten geblieben ist.
Wie eine eingehende Untersuchung während der jüngsten Restaurierung ergab, muß das Kreuz früher wesentlich größer gewesen sein. Zu einem unbekannten Zeitpunkt wurde es stark überarbeitet. Ursprünglich waren Corpus und Nimbusplatte auf der mit Braunfirnisornament verkleideten Rückseite angebracht. Die Emailplatte mit Darstellung der thronenden Ecclesia hat man sich eigentlich im Zentrum der Vorderseite zu denken, umgeben von den Osterszenen der Anastasis, der Begegnung von Christus und Thomas, vom Emmausbild und einer weiteren, heute verlorenen Darstellung auf den Kreuzenden.
Die Emailtafeln unterscheiden sich durch ihre feine Zeichnung grundlegend von anderen niedersächsischen Emailarbeiten des 12. Jahrhunderts und erinnern eher an Nielloarbeiten in der Art derer am Laurentius-Armreliquiar im Welfenschatz oder an einige der Königsdarstellungen am Oswald-Reliquiar. Auch der Christus-Corpus ist von einer goldschmiedehaften Feinheit, die ihn mit Arbeiten wie dem Apostelarm (Kat. D 60) oder dem Oswald-Reliquiar (Kat. A 17) vergleichbar macht.
Typenmäßig geht der Corpus auf ein wesentlich älteres Werk zurück: ein aus Silber gegossenes Kreuz aus dem Kirchenschatz von St. Michael, das durch seine Widmungsinschrift *(Bernwardus presul fecit hoc)* als Stiftung Bischof Bernwards (†1022) ausgewiesen ist. Dieses Kreuz wird von dem um mehr als anderthalb Jahrhunderte jüngeren Goldschmied mit einer für seine Zeit derart ungewöhnlichen Detailgenauigkeit übernommen, daß man sich fragen muß, ob nicht vielleicht die Heiligsprechung Bernwards im Jahre 1192 den Anstoß dazu gegeben hat, ein vermeintlich von der Hand des Bischofs stammendes Werk zu kopieren.

Kat. Hildesheim 1988, Nr. 32 (Michael Brandt). – Brandt 1994 (Lit.).

M.Br.

G 34 Altarleuchter-Paar

Hildesheim, 2. Viertel 12. Jahrhundert

Bronze, gegossen und ziseliert, vergoldet; Eisen-Dorn – Vergoldung am Leuchterfuß stellenweise abgerieben, an Nodus und Traufschale bis auf Spuren weggeputzt; Montierung zwischen Fuß und Traufschale erneuert (Schraube). – L 54: H. 18,5 cm (ohne Dorn 13,2 cm); L 55: H. 18,4 cm (ohne Dorn 13,8 cm) – B. 13,8 cm.

Trier, Bischöfliches Dom- und Diözesanmuseum, Inv. Nr. L 54 und L 55

Die Leuchter bestehen aus einem durchbrochenen Fuß, der in zart reliefiertes Rankenwerk aufgelöst und mit vollplastischen Drachenfigürchen versehen ist, und aus dem glatten, unverzierten Oberteil, der Traufschale über gedrücktem Nodus. Auf drei kalottenartigen Füßen stehend, ist jeder Leuchter dreiseitig, alle sechs Seiten des Leuchterpaares sind identisch gebildet. Sie zeigen längsgeripptes Rankenwerk in symmetrischer Komposition, die Zweige in spannungsvollen Windungen geführt und direkt in die Blätter übergehend, diese teilweise eingerollt. Auf den Leuchterschrägen winden sich die Drachen aufwärts, Kopf und Pranken auf den Boden gestemmt, den Rücken hoch aufgebäumt und den Schwanz in peitschender Bewegung.

Ein nächstverwandter Leuchterfuß, dessen Entstehung in Lothringen vermutet wurde, befindet sich in Brüssel, Musées Royaux d'Art et d'Histoire (von Falke/Meyer 1935, Nr. 16, Abb. 17), offenbar von derselben Hand und in den Motiven leicht variierend. Er wie auch das Trierer Leuchterpaar zeigen jedoch engste Nachbarschaft zum durchbrochenen Rankenwerk der Scheibenkreuze im Hildesheimer Domschatz (Kat. Braunschweig 1985, Nr. 1041 mit Abb. [Michael Brandt]. – Mende [im Druck]); das gilt bis in die Feinheit der Ausführung hinein, die einer Goldschmiedearbeit entspricht. So werden sie derselben, um

1132–1140 dort tätigen Werkstatt zugeschrieben, die sich in der Nachfolge Rogers von Helmarshausen befindet. Die Nähe zum Werk Rogers bestätigen auch diese Leuchter; ihre Drachenfigürchen lassen sich auf eine der Roger-Werkstatt zugewiesene Leuchter-Gruppe zurückführen (Mende 1989a, insbesondere Abb. 13: Leuchter in Borghorst).

Aus der Pfarrkirche Kärlich (Kreis Mayen-Koblenz) zwischen 1911 und 1924 ins Museum gelangt.

von Falke/Meyer 1935, Nr. 35. – Mende 1994a (Lit.).

U.M.

G 35 Kelch mit Patene

Niedersachsen, um 1200–1210

Kuppa: Silber getrieben, graviert, nielliert und vergoldet; Patene: Silber getrieben, graviert und teilweise vergoldet – Kelchfuß und Schaftstück oberhalb des Nodus laut Inschrift am Fuß 1670 ergänzt, Nodus wohl damals ausgebeult – Kelch: H. 17,8 cm – Kuppa: H. 6,5 cm – Dm. 11,4 cm – Patene: Dm. 14,2 cm.

Hannover, Kestner-Museum (Leihgabe der Ev. Pfarrgemeinde St. Johannis, Einbeck-Iber)

Die heutige Gestalt des Kelchs aus der Dorfkirche zu Iber (Kreis Einbeck) wirkt in ihren Proportionen unstimmig. Fuß und Schaftring sind im Verhältnis zu Kuppa und Nodus zu groß. Daß diese Formgebung nicht dem ursprünglichen Zustand entspricht, sondern auf eine Umgestaltung des 17. Jahrhunderts zurückgeht, bezeugt eine Inschrift auf einem der Fußpässe: DIESER KELCH GEHORT DER CHRISTLIGEN GEMEINDE ZU IBER UND IST DER FUS UND KNOPF ZUGEMACHT ANNO 1.6.7.0 *Joachim Clages, Kirchvater.* Kelchschale und Nodus blieben von diesem Eingriff unberührt. Die Wandung der Kelchkuppa ist bis auf einen schmalen Lippenrand vollständig mit gravierten Darstellungen versehen, die durch vier Medaillons mit ornamental verzierten Rahmen gegliedert werden. Sie zeigen die Verkündigung an Maria, die Geburt Christi, die Kreuzabnahme sowie die Auferstehung Christi und geben damit die entscheidenden Begebenheiten der neutestamentlichen Heilsgeschichte wieder. Die oberen Bögen des Medaillonrahmens schmücken gravierte Halbpalmetten, die seitlichen Partien weisen im unteren Bereich Steinschmuck imitierende Gravuren auf. In den Zwickelfeldern zwischen den Kreisbildern sind die Büsten von vier bärtigen Propheten mit Schriftbändern dargestellt, deren Text die je-

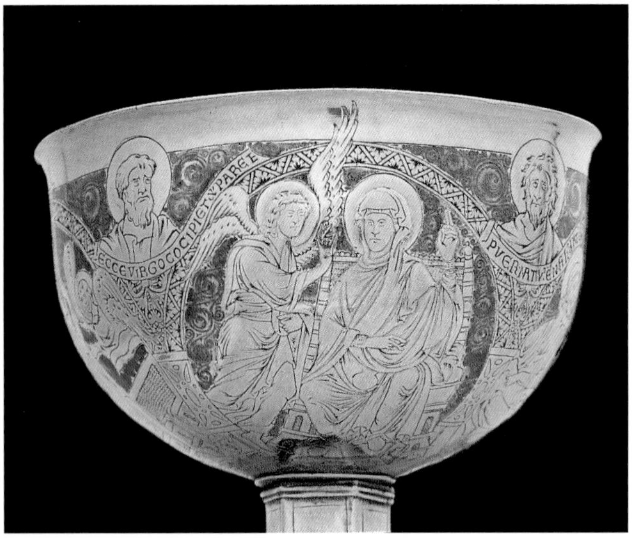
G 35

weils rechts folgende Szene kommentiert. So wird die Darstellung der Verkündigung von der Weissagung des Jesaja (Is 7, 14) begleitet: ECCE VIRGO CO(n)CIPIET ET PAR(i)ET (Siehe, die Jungfrau wird empfangen und gebären). Eine andere Stelle aus Jesaja (Is 9, 5) ist der Geburtsszene zugeordnet: PVER NATV(s) E(st) FILI(us) DAT(us) E(st) (Ein Kind ist uns geboren, ein Sohn ist uns geschenkt). Der Kreuzabnahme gehen die Worte des Propheten Hosea voraus: ERO MORS TUA O MORS (Ich werde dein Tod sein, o Tod; Os 13, 14), und vor der Auferstehung Christi steht geschrieben: XPC (Christus) RESURG(e)NS A MORTUIS (Christus aufersteht von den Toten; Rm 6, 9). Sommer machte darauf aufmerksam, daß die Sprüche im Wortlaut liturgischen Formulierungen entsprechen, wie sie für Meßfeiern im Advent, an Weihnachten, in der Karwoche und zu Ostern überliefert sind (Sommer 1957, S. 113, Anm. 10).
Die Bildgründe sind nielliert und werden von dichtem silbernem Rankenwerk durchzogen. Die Medaillons, Prophetenbüsten, Spruchbänder, Rahmen und Palmetten sind vergoldet; ebenso der Lippenrand und das Innere der Kelchschale. Daraus ergibt sich ein farblicher Dreiklang aus Gold, Silber und Niello. Vermutlich wurde das Bildprogramm durch weitere Darstellungen auf dem ursprünglichen Fuß vervollständigt. Dies legen Vergleiche mit zeitgenössischen Kelchen nahe, deren Füße szenische Darstellungen aufweisen, wie z.B. der Kelch von St. Godehard in Hildesheim oder der Kelch von Wilten.
Zu dem Kelch gehört eine silberne Patene, die gravierte Darstellungen in einem vertieften Vierpaß aufweist. Im Zentrum erscheint Christus, dessen Haupt von einem Kreuznimbus hinterfangen wird. Er hat die Rechte zum Segensgestus erhoben und hält in der Linken ein geöffnetes Buch. Der Typus leitet sich von der byzantinischen Pantokrator-Ikonographie her. Er wird von den vier Evangelistensymbolen umgeben, die leere Spruchbänder vorweisen. Die Unterseite der Patene zeigt die segnende Hand Gottes vor einem Kreuznimbus. Das Bildprogramm der Patene greift die heilsgeschichtliche Thematik der Kuppa auf. Besteht doch zwischen den vier geflügelten Wesen ein deutlicher Sinnbezug zu den wichtigsten Heilstatsachen der Evangelien: Der Mensch bzw. Engel steht als Symbol des Evangelisten Matthäus für die Menschwerdung Christi. Der Stier (= Lukas) bedeutet den Opfertod Christi, der Löwe (= Markus) die Auferstehung und der Adler (= Johannes) die Himmelfahrt Christi.
Kelchschale und Patene stehen stilistisch und in der technischen Ausführung in der Tradition älterer niedersächsischer Nielloarbeiten. Es wurde wiederholt auf stilistische Parallelen vor allem zum Oswald-Reliquiar im Hildesheimer Domschatz (Kat. A 17) und zum Laurentius-Arm aus dem Welfenschatz im Kunstgewerbemuseum in Berlin hingewiesen. Eine überzeugende Lokalisierung der ausführenden Werkstatt ist bis heute nicht erfolgt.

Iber, St. Johannis

Sommer 1957. – Kat. New York 1970, Nr. 116. – Kat. Stuttgart 1977, 1, Nr. 579 (Dietrich Kötzsche) – Kat. Braunschweig 1985, 2, Nr. 1054 (Michael Brandt).

J.D.

G 36 Kelch aus St. Mauritius, sogenannter Hezilo-Kelch

Niedersachsen (Hildesheim ?), 1. Viertel 13. Jahrhundert

Silber, getrieben, graviert, vergoldet; Filigran; Niello – H. 17 cm – Dm. Kuppa 15 cm.

Hildesheim, Katholische Pfarrkirche St. Mauritius (als Dauerleihgabe im Dom- und Diözesanmuseum Hildesheim, Inv. Nr. L 1994–1)

Der Hezilo-Kelch, so genannt nach dem Erbauer von St. Mauritius, zeigt die noch aus dem 12. Jahrhundert bekannte Form mit gedrückter, fast halbkugeliger Kuppa mit leicht nach außen gezogenem Lippenrand, relativ großem Nodus und flachem, weit ausladendem Fuß. Die Kelchschale ist mit Gravuren geschmückt. Dargestellt sind unter Rundbögen die zwölf Apostel mit Büchern oder Schriftrollen, jedoch nicht namentlich bezeichnet; teilweise werden ihre Nimben von den Rundbögen überschnitten. Der Nodus ist aus durchbrochenem Filigran gebildet, welches üppiges Pflanzenwerk zeigt; vier Medaillons mit den Evangelistensymbolen sind dem Knauf eingefügt. Auf dem Kelchfuß befinden sich vier getriebene Darstellungen mit alttestamentlichen Szenen, die typologisch auf das Meßopfer hinweisen und inschriftlich benannt sind: Abel und Melchisedech mit Lamm und Wein (Gn 4, 4 und Gn 14, 18–20), die Kundschafter mit der Traube (Nm 13, 23),

die Opferung Isaaks (Gn 22, 1–13) und die Aufrichtung der ehernen Schlange (Nm 21, 8–9). Die durch die Medaillons gebildeten Zwickel füllen gravierte Engeldarstellungen. Die Gravuren der Kuppa, die Engel des Fußes und die mit kleinteiligen Mustern verzierten Hintergründe der Medaillons sind nielliert. Die Zarge des Fußes trägt eine Inschrift, die sich auf das Opfer Christi bezieht (alle Inschriften in: Kat. Stuttgart 1977, Nr. 581).
Der Hezilo-Kelch bildet zusammen mit dem Kelch aus Mariensee (Kat. G 37) und dem sogenannten Bernhardskelch aus St. Godehard in Hildesheim eine Gruppe kostbarer, in Niedersachsen zu lokalisierender Meßkelche. Der Typus mit gravierten und getriebenen Darstellungen sowie Filigranknauf läßt sich zunächst eher westlich einordnen, wo er mit dem großen Kelch aus St. Aposteln in Köln eine bedeutende Parallele hat. Auch der sogenannte Muldenfaltenstil, den der Hezilo-Kelch und der Kölner Kelch aufweisen, verbindet beide. Darüber hinaus gibt es engste ikonographische Parallelen. Eine Entstehung im Rheinland wird dennoch in der neueren Literatur aus verschiedenen Gründen abgelehnt. So ist die Verwendung von Niello in dieser Intensität vor allem in Niedersachsen nachzuweisen, wie z. B. am Kelch aus Iber (Kat. G 35). Der Filigrannodus hat Ähnlichkeit nicht nur mit den Knäufen vom Anno-Schrein in Siegburg (Meyer 1932 [I]), sondern auch, worauf M. Brandt hinwies (Kat. Braunschweig 1985), mit den Schmuckborten, wohl vor allem der Ärmel, der Großen Goldenen Madonna des Hildesheimer Domschatzes, die ins 13. Jahrhundert zu datieren sind. Der Muldenfaltenstil findet sich im 13. Jahrhundert auch in Hildesheim, z. B. an dem zweiten Siegel des Hildesheimer Domkapitels, welches 1244/45 zu datieren ist (Kat. Hildesheim 1993, a, Nr. VII–17 [Rainer Kahsnitz]). Eine Entstehung in Niedersachsen, vielleicht in Hildesheim, gewinnt so an Wahrscheinlichkeit.

Meyer 1932 (I), S. 165. – Kat. Stuttgart 1977, 1, Nr. 581 (Dietrich Kötzsche). – Kat. Braunschweig 1985, 2, Nr. 1056 (Michael Brandt).

R.M.

G 37 Kelch aus Kloster Mariensee

Hildesheim, um 1230

Silber, getrieben, graviert, vergoldet; Filigran; Niello – H. 14,7 cm – Dm. Kuppa 12 cm.

Nürnberg, Germanisches Nationalmuseum, KG 516

Die Form des Kelches und der Dekor zeigen große Ähnlichkeiten zum Hezilo-Kelch (Kat. G 36). So ist die Kuppa ebenfalls in der Form einer Halbkugel mit leicht nach außen gebogenem Lippenrand gebildet, allerdings ist sie

G 36

hier völlig glatt. Der Filigrannodus mit den nach oben und unten begrenzenden Filigranringen zeigt sechs dicht gesetzte Medaillons mit Niello, auf denen die vier Evangelistensymbole sowie das Lamm Gottes und Christus als Weltenrichter dargestellt sind. Der flache, weit ausladende Fuß ist mit vier großen und vier kleinen Medaillons geschmückt, die ihre Darstellungen vor mit kleinen Mustern nielliertem Grund aussparen. Die vier großen Medaillons zeigen die Kreuzigung Christi sowie das Opfer Abels, die Opferung Isaaks und das Opfer des Melchisedech, also typologisch auf die Kreuzigung und das Meßopfer hinweisende Ereignisse des Alten Testaments. Hierbei steht sinnfällig die Opferung Isaaks der Kreuzigung direkt gegenüber, Abel und Melchisedech sind dieser zugewandt. Auf den vier Medaillons dazwischen vier nimbierte, nicht namentlich bezeichnete Propheten und Apostel, David, Jesaia, Paulus und ein nicht gedeuteter Heiliger; ihnen zugeordnet auf die Kreuzigung bezogene Texte aus dem Brevier der Karwoche, die am Rand des Fußes graviert sind. Wiederum wird die Kreuzigung betont, indem zwei dieser Texte in Spiegelschrift geschrieben sind, um so, entgegen der Leserichtung, auf die Kreuzigung zuzulaufen. Das vom Fuß zum Nodus überleitende Schaftstück ist getrieben in Formen von Rinden oder Borken; hier könnte die

G 37 (mit zugehöriger Patene)

Vorstellung vom Lebensbaum oder dem alttestamentlichen blühenden Aronsstab mitschwingen.
Ist auch die Verwandtschaft zum Hezilo-Kelch durch die ähnliche Form, die Verwendung gleicher Techniken (Filigran, Niello) und ein vergleichbar reiches ikonographisches Programm mit Bezug zur Meßfeier auf dem Fuß offensichtlich, so gibt es doch einige Unterschiede. Beispielsweise überfängt das Filigran den Nodus hier gleichmäßig, während es beim Hezilo-Kelch wie aus zwei gegengleichen Hälften gebildet ist. Die Schaftringe zeigen hier kleine Säulenstellungen, beim Hezilo-Kelch das gleiche Muster wie der Nodus. Eine weitere Verbindung zu Niedersachsen und Hildesheim ist durch den in der Hildesheimer Basilika St. Godehard erhaltenen, sogenannten Bernhardskelch gegeben (Kat. Braunschweig 1985, 1, Nr. 1055 [Michael Brandt]), der in reicher Treibarbeit neutestamentliche Szenen an der Kuppa solchen des Alten Testaments am Fuß gegenüberstellt. Hier gibt es allerdings keine Verwendung von Niello. Diese drei Kelche zeigen also verschiedene Möglichkeiten der Gestaltung eines Meßkelchs, der durch seine reiche Ikonographie auf seinen kostbaren Inhalt hinweist. Die Entstehung in Niedersachsen wird nicht zuletzt durch die Provenienzen nahegelegt.

Kloster Mariensee bei Hannover; 1873 in das Germanische Nationalmuseum, Nürnberg.

Inv. Fürstenthum Calenberg, S. 139. – Meyer 1932 (I), S. 166. – Germanisches Nationalmuseum, Führer durch die Sammlungen, Nürnberg 1977 (2. Aufl. 1980), Nr. 57 (Rainer Kahsnitz). – Legner 1982, Nr. 367.

R.M.

G 38 Psalter (sogenannter Arenberg-Psalter)

Hildesheim, um 1230–1240

Pergament – Buchmalerei in Deckfarben auf Goldgrund – spätmittelalterlicher (?) Einband in Form eines mit rotem Leder bezogenen hölzernen Buchkastens – 157 Blätter – H. 24,7 cm – B. 17,0 cm.

Paris, Bibliothèque Nationale de France, Département des Manuscrits, Ms. Nouv. acq. lat. 3102

Die Handschrift, ein Psalterium mit Kalender, Cantica, Litanei und Totenoffizium, ist in ihrem heutigen Umfang nicht ganz vollständig; vier zugehörige Einzelblätter mit

Miniaturenschmuck werden in Handschriftensammlungen in New York (Kat. G 39), Chicago (Art Institute, acc. no. 24.671), Berlin (Kunstbibliothek, GS 4000 [zur Zeit vermißt]) und Washington (National Gallery of Art, Rosenwald Collection, acc. no. 1946. 21. 11) aufbewahrt. Weitere, zu unbekanntem Zeitpunkt ausgeschnittene Einzelblätter sind verschollen. Bei Berücksichtigung der zugehörigen Fragmente umfaßt der Bildschmuck des Arenberg-Psalters eine zwölfteilige Folge von Kalenderminiaturen mit Darstellungen von Apostelmartyrien sowie den jeweils dem Monat zugehörigen Tierkreiszeichen und Monatsarbeiten. Daneben sind dem ersten Psalm als geschlossene Folge vier Vollbilder mit christologischen Themen zur Kindheitsgeschichte und Passion Christi vorangestellt, wobei die einzelnen Miniaturen jeweils mehrere biblische Szenen in zwei Bildregistern übereinander aufnehmen. Die Bilderfolge endet mit Geißelung und Kreuzigung Christi (Chicago). Möglicherweise war vor Psalm 51 und 101 je eine weitere Miniatur geplant, beide wurden jedoch nicht ausgeführt.

Besonders aufwendig illustriert ist die Litanei. Ihr geht eine ganzseitige Darstellung des Paradieses (Washington) voraus, Rahmenillustrationen mit Deesis, zwei Cherubim und Engeln mit den Leidenswerkzeugen Christi (fol. 147r) sowie Darstellungen von Heiligen in Halbfigur begleiten die einzelnen Anrufungen der Litanei. Eine abschließende, wiederum seitenfüllende Auferweckung der Toten am Jüngsten Tag nimmt auf das Totenoffizium Bezug (fol. 150v). Im Sinne eines Titelbildes zum gesamten Psaltertext stehen sich die seitengroße Schmuckinitiale *B(eatus vir)* zu Psalm 1 und eine Schriftzierseite mit den Folgebuchstaben auf einer Doppelseite (fol. 10v/11r) gegenüber. Die Initiale selbst ist in ein an den Ecken und in der Mitte der rechten Rahmenleiste ausschwingendes goldgrundiges Bildfeld eingespannt. Sie besteht aus mehrfarbigen, vielfach geflochtenen Band- und spiralig eingerollten Rankenzügen, die im Buchstabeninnern in Blattfigurationen enden. Zwischen Buchstabe und Rahmenleiste erscheinen in den Ausbuchtungen der thronende David mit Harfe – nach mittelalterlichem Verständnis der Dichter und Sänger der Psalmen – sowie vier weitere Musiker mit verschiedenartigen Instrumenten (Glockenspiel, Leier, Viola und Psalterium). Entsprechend den Gepflogenheiten der Psalterausstattung sind neben den Psalmen der Dreiteilung (die Initiale zu Psalm 51 ist ausgeschnitten) auch die Initialen der liturgischen Psalterachtteilung – allerdings ohne Psalm 97 – durch unfigürliche Rankeninitialen wechselnder Größe herausgehoben. Der Beginn der biblischen Cantica bleibt ohne besondere Auszeichnung.

Auf der Doppelseite fol. 6v/7r stehen sich – seit der Entfernung des Einzelblattes in New York – die Kalenderminiatur zum Monat November und zwei Szenen aus der Kindheitsgeschichte Jesu gegenüber. Die Gestaltung der Monatsbilder schließt sich eng an die entsprechenden Seiten des für die Landgräfin Sophia von Thüringen wohl vor 1210 angefertigten sogenannten Elisabeth-Psalters (Cividale, Mus. Archeol. Naz., Cod. 137) an, deren bildliche Elemente teilweise übernommen, jedoch abweichend angeordnet werden. Den Hauptakzent bildet der quergelagerte obere Bildstreifen, in dem dem Beter jeweils das Martyrium eines im entsprechenden Monat besonders verehrten Apostels in breitflüssigem, einschichtig erzählendem Duktus vor Augen geführt wird. Das Novemberblatt zeigt den Apostel Andreas, der in Anwesenheit seines Richters, des Präfekten Aegeas, und dessen Gefolge von vier jugendlichen Knechten in zeitgenössisch-modischen Trachten ans Kreuz gebunden wird. Die Textspalte mit den Festeinträgen begleitet rechts ein weiterer Bildstreifen, in dem unter einer KL-Ligatur (für *Kalendae*) das dem Monat zugehörige Tierkreiszeichen (Schütze) und eine monatstypische Beschäftigung (Dreschen) in arkadenförmig gerahmten Feldern eingefügt sind.

Die beiden christologischen, der ikonographischen Tradition verpflichteten Szenen umschließt ein gemeinsamer, unten ausgebogener und oben mit einer baldachinartigen Bekrönung abgeschlossener Rahmen; sie sind hier chronologisch von unten (Anbetung der Könige) nach oben (Darbringung) abzulesen, so daß die Architekturbekrönung des Rahmens zugleich auf die Örtlichkeit, das Innere des Tempels, hinweist, in der sich die Darstellung Jesu vollzieht. Auffallend ist die kräftige Farbigkeit der kleinen, in Blick und Geste behäbig agierenden Figürchen, deren Gesichter stark typisiert sind.

Derartig luxuriös ausgestattete Psalterien, die vornehmlich auf Bestellung in spezialisierten Malwerkstätten entstanden, sind in aller Regel zum Gebrauch für hochgestellte Privatpersonen, Kleriker oder Laien, insbesondere vornehme Damen bestimmt, die den Psalter als persönliches Gebet- und Andachtsbuch nutzen, ihn »geradeso als Standesattribut tragen wie Männer Waffen und Schild (Naumburger Stifterfiguren)« (Kroos 1964, S. 110). Entsprechend kommt ihnen trotz der gattungsüblichen Berücksichtigung eines Kalendariums und einer Litanei keine wirkliche liturgische Funktion zu. Auch die hagiographischen Indizien des Arenberg-Psalters, die allgemein auf einen Erstbesitzer im Bereich der Bistümer Hildesheim und Magdeburg verweisen, erlauben keine eindeutige Festlegung des ursprünglichen Bestimmungsortes. Nachgetragene Gebete, darunter ein Dankgebet für sieben Reliquien Christi und Mariä, die im Hildesheimer Dom aufbewahrt wurden, legen nahe, daß der Codex sich im 14. Jahrhundert in oder im nächsten Umkreis von Hildesheim befand. Auf den Rändern der Handschrift ist um 1300 ein Zyklus von deutschen Gebetsanweisungen zu den einzelnen Psal-

G 38

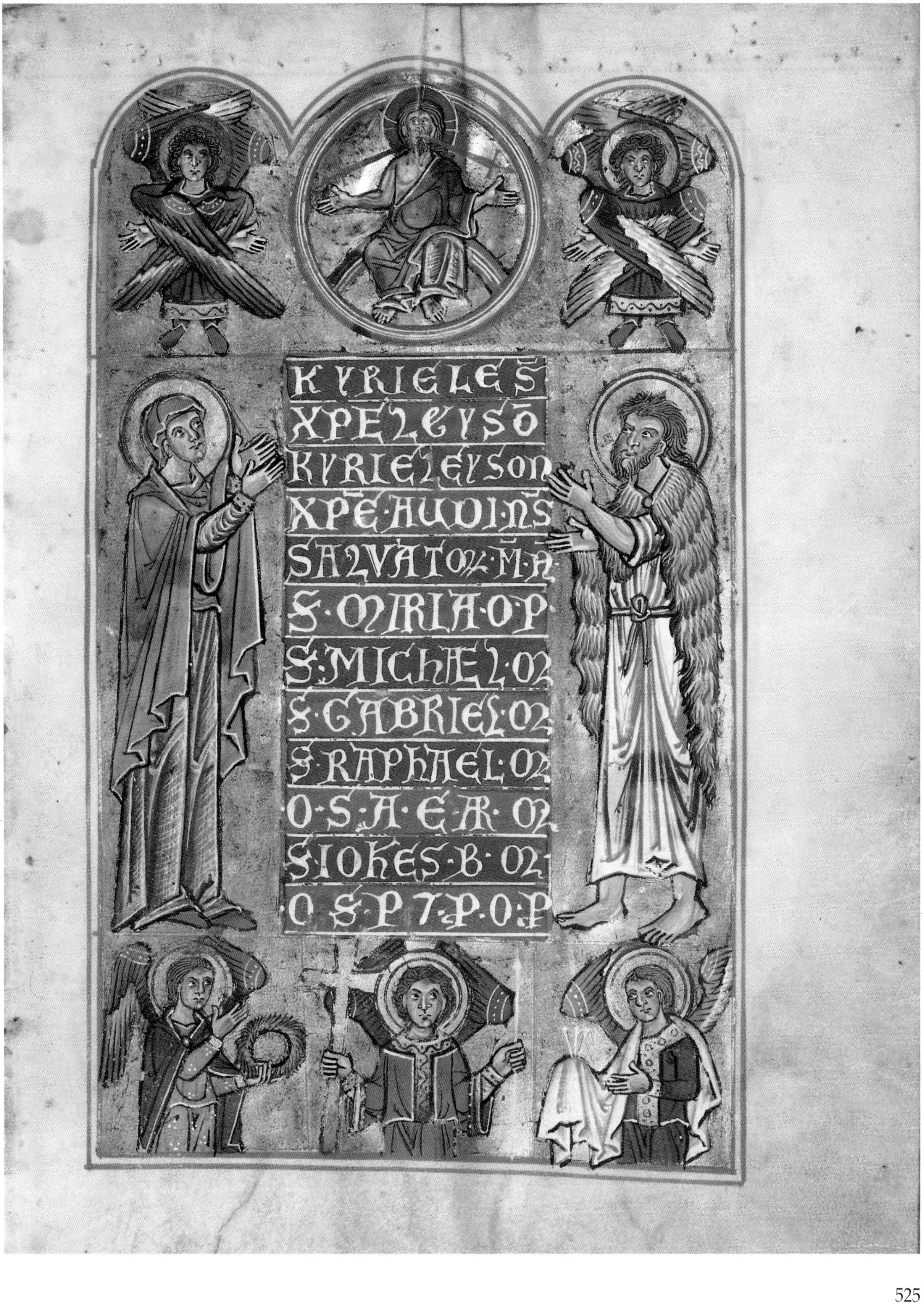
KYRIELES
XPE LEYSO
KYRIELEYSON
XPE·AUDI NS
SALVATOR·M·A
S·MARIA·O·P
S·MICHAEL·OR
S·GABRIEL·OR
S·RAPHAEL·OR
O·S·A·E·AR·OR
S·IOHES·B·OR
O·S·P·T·P·O·P

men nachgetragen. Sie liefern dem Beter Hinweise, welchem spezifischen Gebetsanlaß (z.B. für Schiffsreisende, Schwangere, bei Krankheit, gegen Diebstahl) der betreffende Psalm zuzuordnen ist. Diese Psaltermarginalien sind der Privatandacht vorbehalten; sie erlauben somit Rückschlüsse auf einen nicht liturgischen Gebrauch des Psalters und einen Benutzer, der die Psalmen zwar lateinisch betete, die Sprache aber möglicherweise nur ungenügend beherrschte. Aus einem um 1300 ebenfalls nachgetragenen Brief von Papst Gregor IX. an die hl. Elisabeth von Thüringen wurde auf die Entstehung des Psalters aus Anlaß der am 9. Oktober 1239 erfolgten Vermählung von Helene, der Tochter Ottos von Braunschweig, mit dem Landgrafen Hermann II. von Thüringen, dem einzigen Sohn der hl. Elisabeth, geschlossen (Klamt 1968a). Die Hypothese beruht freilich auf falschen Voraussetzungen. Aus der Formulierung *Deus domine perpetua pietate miserere anime famule tue …* (fol. 154r) kann lediglich sicher auf eine Dame als Erstbesitzerin des Psalters geschlossen werden.

Grundsätzlich ist bei Privatpsalterien des hier gezeigten Typus zwischen Bestimmungs- und Herstellungsort zu unterscheiden. Letzterer läßt sich häufig nur durch stilistische und ikonographische Vergleiche mit verwandten Handschriften näher bestimmen. Seit der ersten Untersuchung der Handschrift durch Arthur Haseloff (1905) besteht am Ursprung der Miniaturen in einer Malwerkstätte des niedersächsischen Bereichs kein Zweifel. Enge stilistische und ikonographische Beziehungen kennzeichnen die Handschrift als ein Prachtpsalterium in der Nachfolge zweier älterer, stilbildender Codices, des Landgrafenpsalters (Stuttgart, Württembergische Landesbibliothek, Cod. HB II 24) und des Elisabeth-Psalters. Mit den Miniaturen des Arenberg-Psalters unmittelbar verwandt sind insbesondere Psalterhandschriften der sogenannten Zweiten Haseloff-Reihe, darunter der Donaueschinger Psalter Cod. 309 (heute Stuttgart, Württembergische Landesbibliothek), der Mechtild-Psalter in Berlin (Kat. E 29) sowie ein Psalter aus Wöltingerode (Wolfenbüttel, Cod. Guelf. 515 Helmst.). Sie alle sind vermutlich in einem hoch leistungsfähigen, im wesentlichen auf die Anfertigung von Prachtpsalterien spezialisierten Atelier in Hildesheim entstanden, in der jeweils mehrere Maler neben- oder miteinander an verschiedenen Auftragswerken arbeiteten. An den Miniaturen des Arenberg-Psalters war vermutlich nur ein Maler beteiligt.

Textgestaltung, Art und Umfang des Bildprogramms, ebenso der künstlerische Rang der Miniaturen dieser Psalterien orientierten sich an den besonderen Ansprüchen der Auftraggeber. Entsprechend ist für dieses Hildesheimer Atelier mit einer serienmäßigen Handschriftenproduktion auf Vorrat nicht zu rechnen.

Brüssel, Herzöge von Arenberg (Ms. 4). Paris, Comte Guy du Boisrouvray, 1952 aus dem Kunsthandel erworben, durch Schenkung 1961 an die Bibliothèque Nationale, Paris.

Haseloff 1905, S. 98. – Porcher 1961, S. 27f. (Nr. 4). – Kroos 1964, S. 116ff. und passim. – Klamt 1968a. – Kat. Washington 1975, Nr. 33. – Kat. Stuttgart 1977, 1, Nr. 768 (Renate Kroos). – Engelhart 1980, Sp. 1129f. – Kat. Braunschweig 1985, 2, Nr. 1035 (Renate Kroos). – Hellgardt 1987/88, S. 403. – Büchler 1989, bes. S. 233f., Tab. 2 (A). – Avril/Rabel 1995, Nr. 125.

H.E.

G 39 Einzelblatt aus dem sogenannten Arenberg-Psalter

Hildesheim, um 1230–1240

Pergament – Buchmalerei in Deckfarben – H. 22,4cm – B. 15,5cm.

New York, Sammlung Bernard H. Breslauer

Das doppelseitig illuminierte Einzelblatt wurde spätestens 1904 aus dem Arenberg-Psalter entfernt. Es befand sich dort ursprünglich zwischen fol. 6 und 7. Die Vorderseite enthält die Kalenderminiatur zum Monat Dezember; auf der Rückseite schließt sich das erste Vollbild des vierteiligen Bilderzyklus mit christologischen Themen unmittelbar an. In der für alle Kalenderminiaturen verbindlichen Anordnung zeigt die Kalenderseite in ihrem oberen, quer-

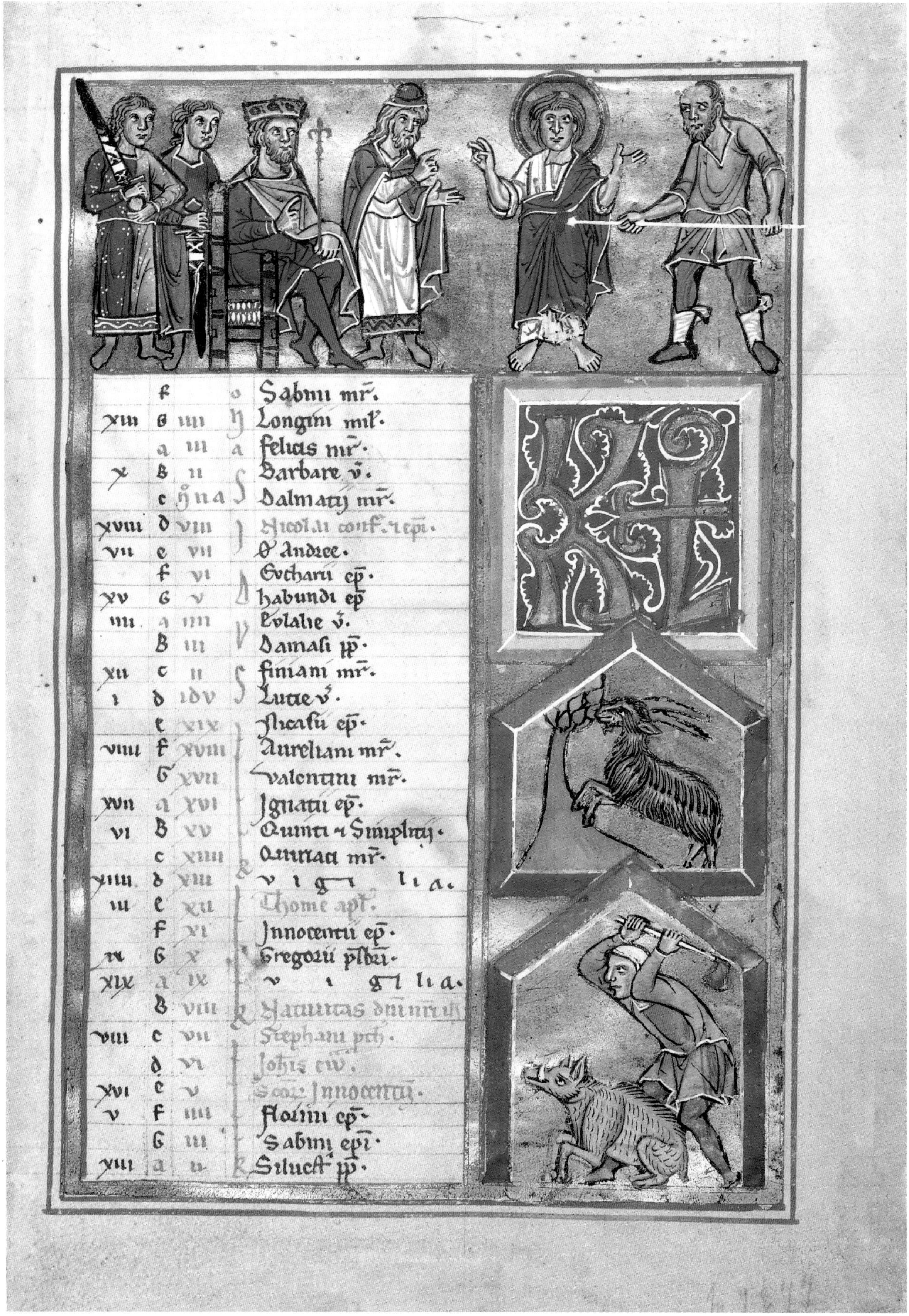
Sabini mr.
Longini mil.
Felicis mr.
Barbare v.
Dalmatii mr.
Nicolai conf. et epi.
Oct. Andree.
Eucharii ep.
Habundi ep.
Eolalie v.
Damasi pp.
Finiani mr.
Lucie v.
Nicasii ep.
Aureliani mr.
Valentini mr.
Ignatii ep.
Quinti et Simplicii.
Quiriaci mr.
vigilia.
Thome apl.
Innocentii ep.
Gregorii pbri.
vigilia.
Natiuitas dni nri ihu
Stephani pth.
Johis ew.
Scor Innocentu.
Florini ep.
Sabini epi.
Siluestri pp.

G 39

gelagerten Bildstreifen die Darstellung des Martyriums des am 21. Dezember liturgisch verehrten Apostels Thomas (Festeintrag rubriziert). Dem üblichen Schema der Apostelmartyrien entsprechend, sitzt links König Missedius von Indien, begleitet von zwei Schwertträgern, auf seinem Richterstuhl, Thomas ist in der rechten Bildhälfte als jugendliche Gestalt frontal gegeben. Die Hände zugleich im Gebets- und Gesprächsgestus erhoben, scheint der Apostel mit seinem neben dem König stehenden Ankläger zu sprechen, während ihn von rechts ein Scherge bereits mit einer Lanze durchbohrt, wie die Legende berichtet. Das dem Monat zugeordnete Tierkreiszeichen zeigt einen Steinbock, das entsprechende Monatsbild einen jugendlichen Bauern, der mit dem stumpfen Ende eines Beiles einen Eber erschlägt. Die Miniatur der Rückseite bringt innerhalb eines bizarr gebrochenen und in der Mitte der beiden Seiten kreisrund erweiterten Rahmens mehrere Szenen gemeinsam zur Darstellung. In der Mitte des oberen Bildstreifens erscheint unter einem schmalen, kuppelbekrönten Gebäude die Jungfrau Maria. Zu ihr ist von links der Verkündigungsengel Gabriel grüßend herangetreten; seine Worte *Aue maria gra(tia) ple(na)* sind auf einem Spruchband eingetragen. Rechts neben der Verkündigungsgruppe schließt sich die Szene der Heimsuchung an. Hier sind Maria und Elisabeth in inniger Umarmung dargestellt. Die beiden halbfigurigen Prophetengestalten in den Kreismedaillons (einer davon durch seine Krone – fälschlich – als König bezeichnet) halten in ihren Händen Spruchbänder mit den Worten *Ecce v(ir)go (con)cipiet et par(iet filium)* (Is 7, 14) bzw. *Egredi(tur) u(ir)ga de ra(dice) yesse* (Is 11, 1), die typologisch auf Maria zu beziehen sind. Die Aktionsräume der beiden Szenen des unteren Bildstreifens, die Geburt Christi und die anschließende Verkündigung an die Hirten, sind weniger deutlich voneinander getrennt, so daß die Hirtenverkündigung, wie in der niedersächsischen Buchmalerei häufig, als Nebenszene aufzufassen ist. Wohl in Anpassung an den zur Verfügung stehenden Bildraum ist Maria im Weihnachtsbild nicht auf einem Polster ruhend, sondern auf einem Hügel sitzend dargestellt. Sie umarmt das auf einer altarähnlichen Krippe liegende Jesuskind, das sein Köpfchen der Mutter zuwendet. Etwas isoliert sitzt Joseph rechts vor der Krippe und blickt mit nachdenklicher Geste zu dem Kind auf. Hinter einer an einem Hügel lagernden Herde von Rindern, Schafen und einer Ziege reagieren drei Hirten erstaunt auf einen Engel in Halbfigur, der ihnen auf einem Spruchband die frohe Botschaft *Annu(n)cio vobis gaudiu(m) magnu(m)* verkündet.

Die Miniaturen beider Seiten sind das Werk eines einzigen Malers, der stilistisch dem in der ersten Hälfte des 13. Jahrhunderts in der niedersächsischen Buchmalerei vorherrschenden »Zackenstil« verpflichtet ist. Er zeigt sich hier vor allem an den scharf gebrochenen Gewandsäumen und in der eigenwilligen Anlage des Bildrahmens. Die typologisch auf die Ereignisse des Neuen Testaments vorausweisenden Prophetengestalten mit ihren auf Spruchbändern eingetragenen Weisungen sind bereits in den ebenfalls querformatigen Vita Christi-Bildern des Elisabeth-Psalters vorgeprägt. Das Motiv der ihr Kind liebevoll umarmenden Gottesmutter kehrt in beiden Geburtsbildern des ebenfalls der Zweiten Haseloff-Reihe zuzurechnenden Donaueschinger Psalters (Hildesheim, nach 1235) wieder. Die Miniaturen eines der an diesem Psalter beteiligten Malers stehen stilistisch und in ihrer kräftigen Farbigkeit dem Arenberg-Psalter besonders nahe. Möglicherweise vermittelt über Musterbücher oder Skizzenblätter haben der Arenberg-Psalter oder verlorene Schwesterhandschriften des Hildesheimer Ateliers die Würzburger Psalterillustration um 1250 nachhaltig beeinflußt.

Straßburg, Robert Forrer; Paris, Edouard Kann; Glencoe/Illinois, Joel Spitz; New York, Bernard Breslauer (1990).

Engelhart 1987. – Kat. New York 1992, Nr. 34.

H.E.

G 40 *Vita Bernwardi*

Hildesheim, St. Michael, zwischen 1186/1192

Pergament – Initialen in Deckfarben – 132 Seiten – H. 32,2 cm – B. 21 cm.

Hannover, Niedersächsisches Hauptstaatsarchiv, Ms. F 5

Die vorliegende Handschrift der Lebensgeschichte Bernwards bildete die wichtigste Schriftquelle für die in Hildesheim schon lange betriebene und um die Jahreswende 1192/93 in Rom erfolgte Kanonisation des Staatsmanns und Bischofs. Diese wohl aktuell in Hinblick auf die Heiligsprechung überarbeitete Fassung des späten 12. Jahrhunderts geht auf eine Lebensbeschreibung zurück, die der Domherr Thangmar schon im frühen 11. Jahrhundert verfaßt hatte. Der Text enthält nicht nur die eigentliche Vita mit allen biographischen Stationen, sondern auch eine Schilderung der 1022 im Michaeliskloster eingerichteten Grabanlage und vor allem der posthum in Bernwards Namen erfolgten Wunder. Gerade derartige Berichte waren für die Etablierung und die offizielle Bestätigung eines Kultes entscheidende Voraussetzung. So werden die nachträglichen – natürlich ortsgebundenen – Wunderzeichen in der päpstlichen Kanonisationsurkunde auch ausdrücklich neben den Verdiensten und der rühmlichen Lebensweise Bernwards als Begründung aufgeführt. 1150 hatte bereits eine Provinzialsynode in Erfurt eine auf die Grabanlage in St. Michael begrenzte kultische Verehrung zugelassen. Das Heiligsprechungsverfahren fand seinen Abschluß in der feierlichen Erhebung der Gebeine Bernwards im August 1194. Dieses Ereignis nutzte das zumin-

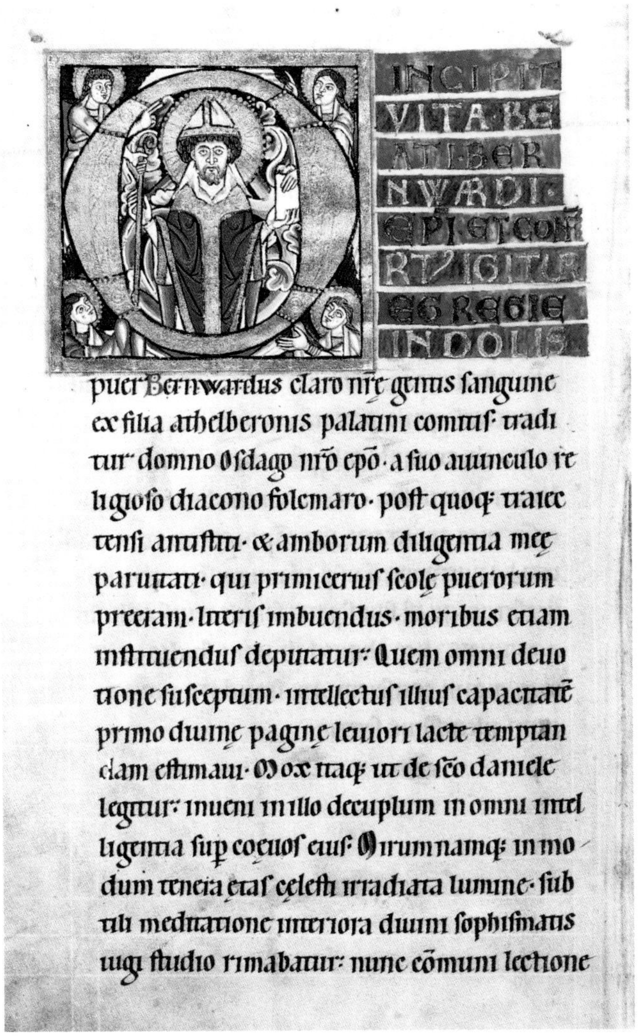

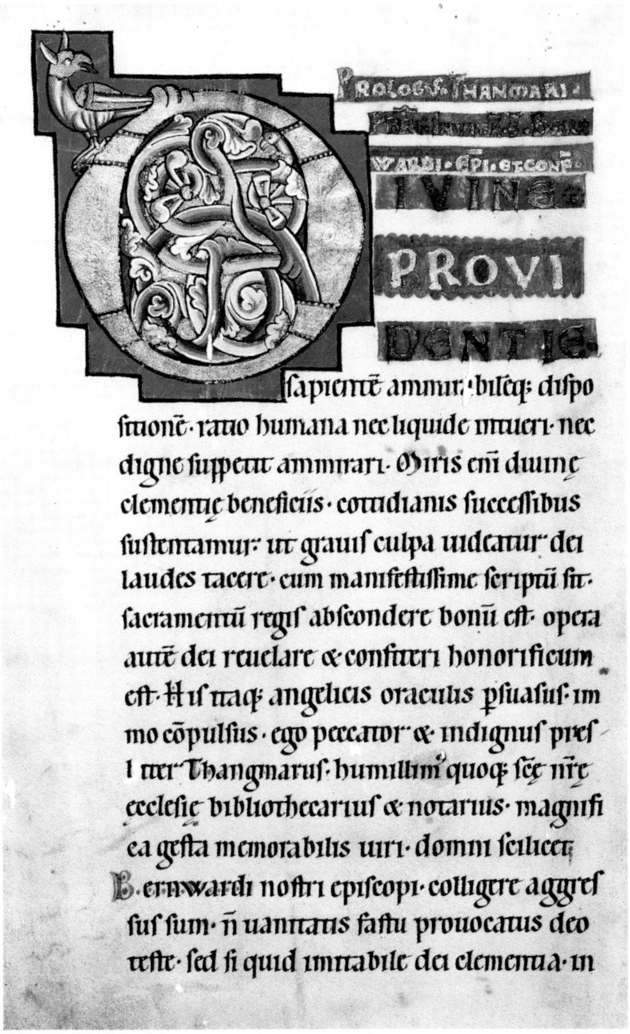

dest teilweise welfenfreundliche Domkapitel, um wichtige Bernward-Reliquien in Besitz des Domschatzes zu bringen. Ein Kopf- und ein Armreliquiar (Kat. G 41) aus dieser Zeit blieben bis heute erhalten.
Die miniatorische Ausstattung der Vitenhandschrift muß als spärlich bezeichnet werden. Zwei kleinere illuminierte Initialfelder schmücken den Beginn des Prologs (S. 2) und des eigentlichen Vita-Textes (S. 4). Das erste zeigt eine Füllung mit dickstämmigem Rankenwerk und einigen zoomorphen Motiven. Die zweite Initiale umfaßt ein Bildnis Bernwards in pontifikaler Gewandung. Vier Engelsbüsten in den Zwickeln des Initialfelds reichen ihm Bischofsstab und Evanglienbuch bzw. blicken mit huldigenden Gesten zu ihm empor. Sowohl die Initialformen als auch die Darstellung Bernwards, aber auch die Schriftgestalt stehen in der Tradition des Scriptoriums von St. Michael, von dem vor allem das Ratmann-Sakramentar von 1159 (vgl. Kat. G 31) und das Stammheim-Missale von 1170–1180 künden. Die in die Initiale so selbstverständlich eingefügten Tiermotive, die auf stärkere westeuropäische Einflüsse hindeuten, und vor allem die bildliche Erhebung Bernwards durch die Engel in eine himmlische Sphäre bieten die bildlichen Argumente für eine spätere Datierung in die Zeit kurz vor der Kanonisation.

Hildesheim, St. Michael; nach der Säkularisation ins Archiv.

Kat. Hildesheim 1993, 2, Nr. I-1 (Lit.). – Schuffels 1993.

B.K.

G 41 Armreliquiar des hl. Bernward

Hildesheim, 1. Viertel 13. Jahrhundert

Holzkern; Silber getrieben, vergoldet; Filigran mit Steinbesatz – zuletzt restauriert 1993 – H. 53,5 cm.

Hildesheim, Kath. Pfarrgemeinde St. Magdalenen (Dauerleihgabe im Dom- und Diözesanmuseum Hildesheim, Inv. Nr. L 1978–2)

Das Reliquiar hat die Form eines zum Segen erhobenen Armes und gibt damit einen Hinweis auf die Reliquie, zu deren Aufnahme es geschaffen wurde. Der Inhalt ist verloren, und auch die Bodenplatte, mit der die entsprechende Höhlung des Holzkerns einmal verschlossen war, ist nicht

G 41

mehr vorhanden. Hier wird man sich eine Inschrift zu denken haben, auf der der Reliquieninhalt verzeichnet war.
Das Armreliquiar stammt aus dem Kirchenschatz von St. Michael und gelangte von dort nach Aufhebung des Klosters mit Teilen des alten Inventars in den Besitz der katholischen Pfarrgemeinde, die nach St. Magdalenen übersiedelte, einer ebenfalls säkularisierten Klosterkirche. In einem Schatzverzeichnis des Michaelisklosters, das der Rat der Stadt Hildesheim 1542 anfertigen ließ, sind insgesamt fünf Armreliquiare erfaßt, doch nur von zweien heißt es, sie seien vergoldet. Eines davon wird als Arm des hl. Vincentius bezeichnet, und ein entsprechend beschriftetes Armreliquiar ist zusammen mit dem hier besprochenen von St. Michael nach St. Magdalenen überführt worden. Das andere Reliquiar, das seine alte Inschrift verloren hat, wird demzufolge jenes sein, das im Schatzverzeichnis aufgeführt ist als *eyn arm Sante Bernwardus verguldet*.
Das Motiv der übergangslos vom Sockel aufsteigenden und kurvig um den Arm geschmiegten Bordüre des Obergewandes verbindet den Hildesheimer Reliquienarm mit einer Reihe niedersächsischer Armreliquiare und begegnet schon am Blasius-Arm (Kat. D 59). Filigran und Faltenwurf erweisen das Armreliquiar des hl. Bernward jedoch als eine wesentlich jüngere Arbeit aus dem ersten Viertel des 13. Jahrhunderts.

Inv. Stadt Hildesheim, S. 261. – Kat. Hildesheim 1991, S. 138f., Nr. 39 (Michael Brandt). – Kat. Hildesheim 1993, 2, S. 624, Nr. IX-22 (Michael Brandt).

M. Br.

Halberstadt

Geographisch liegt die Stadt Halberstadt im Mittelalter an einem Kreuzungspunkt wichtiger mittelalterlicher Handelswege. Unter Ludwig dem Frommen wird sie bereits zum Bischofssitz. Otto III. gewährt gegen Ende des 10. Jahrhunderts dem Bischof von Halberstadt ein Marktprivileg mit Münze und Zoll. Die Stadt zählt im 12. Jahrhundert zu den bedeutendsten des Reichs. Heinrich der Löwe versucht in diesem südostsächsischen Gebiet wiederholt seine Macht auszubauen. Im Jahre 1179 kommt es zur Einnahme Halberstadts durch Truppen des Welfenherzogs, der Bischof Ulrich an der Spitze der gegen ihn sich formierenden sächsischen Front sieht. Durch einen Brand gehen die Domburg und Großteile des Siedlungsverbundes in Flammen auf. Der zeitgenössische Chronist Arnold von Lübeck weiß zu berichten, der Herzog habe angesichts der menschlichen Verluste, mit der die Einnahme der Stadt verbunden war, »sein Antlitz gebeugt und einen Strom von Tränen vergossen«. Die Zerstörung der Stadt zieht den Bau der 1199 erstmals urkundlich erwähnten Stadtmauer nach sich; die tiefe Prägung des städtischen Bewußtseins durch die Ereignisse des Jahres 1179 läßt sich noch 1220 bei der Schlußweihe des Doms ablesen, zu der ausdrücklich vermerkt wird, sie erfolge 41 Jahre nach der genannten Katastrophe.
Zu einem grundlegenden Wandel im Verhältnis der Welfen zu Halberstadt kommt es jedoch unter Kaiser Otto IV.: Der Halberstädter Bischof Friedrich von Kirchberg soll seine Amtsinsignien 1208 aus den Händen Ottos IV. empfangen und diesem bis zu seiner politisch-strategischen Niederlage in der Schlacht von Bouvines (1214) zur Seite gestanden haben. Die enge Anlehnung der Triumphkreuzgruppe des Doms in Halberstadt an das Bildprogramm des Triumphkreuzes der Braunschweiger Stiftskirche St. Blasius bezeugt auf künstlerischem Gebiet diese verbesserte Qualität der Beziehungen.

UB Hochstift Hildesheim. – Bogumil 1972. – Militzer/Przybilla 1980. – Bellmann 1983. – Beumann 1991. – Niehr 1992. – Leopold 1993.

M. Mü.

G 42 Bischof Ulrich von Halberstadt (1149–1160)

Bistum Halberstadt

einseitiger Pfennig (Brakteat)

Silber Gew. 0,83 g.

Hannover, Kestner-Museum, Inv. 1924,100

Zwei Juden mit spitzen Hüten steinigen den hl. Stephanus, der nach rechts in die Knie sinkt; oben die Hand Gottes, Umschrift: S~SS TEPH APVSP, in der Mitte POTHON A.

Fund Freckleben 35. – Slg. Löbbecke 20 (dieses Exemplar). – Slg. Gaettens 246. – Schlüter 1967, 18. – Berger 1993, 1275.

F. B.

G 42

G 43 Siegeltypar der Stadt Halberstadt

Halberstadt, vor 1223

Messing – Dm. 8,2 cm.

Berlin, Staatliche Museen zu Berlin – Preußischer Kulturbesitz, Münzkabinett

Die Stadt Halberstadt entwickelte sich aus den drei Bereichen ältere dörfliche Siedlung, Domburg und der sich um den im 10. Jahrhundert privilegierten Markt formierenden Kaufleutesiedlung. Die städtische Entwicklung nahm von hier ihren Ausgang, so daß schon in der ersten Hälfte des 11. Jahrhunderts ein rechtsfähiger Kaufleuteverband erscheint und sich früh Differenzen mit dem bischöflichen Stadtherrn ergaben. Diese Spannungen gipfelten 1153 in einem Aufstand der in den Quellen ausdrücklich als *coniuratio civium* (bürgerlicher Schwurverband) bezeichneten Halberstädter gegen den damals im Kampf mit Herzog Heinrich dem Löwen stehenden Bischof Ulrich. Nach der Zerstörung 1179 wurde im Zuge des Wiederaufbaus damit begonnen, alle Stadtteile mit Hilfe eines durchgehenden Mauerrings zu umfassen. Als Folge der Schenkungen Bischof Konrads von Krosigk (Kat. G 51) gewann die Stadt zudem an religiöser Anziehungskraft. Obschon erst 1261 erwähnt, wird ein Rat wohl schon zu Beginn des 13. Jahrhunderts existiert haben. Zu jener Zeit dürfte auch das vorliegende Typar der Stadt Halberstadt entstanden sein, mit dem nachweislich erstmals 1223 gesiegelt wurde (UB Stadt Halberstadt 1, Nr. 21). Es weist die Umschrift SIGILLVM · BVRGENSIVM · IN · HALBERSTAT. (Siegel der Bürger in Halberstadt) auf und zeigt den Bistumsheiligen, der zusätzlich durch die aufrecht neben ihn gestellte Inschrift S STEFANVS namentlich gekennzeichnet ist. Zwar stellt die Szene das Martyrium des gefesselt zu Boden sinkenden hl. Stephan dar, doch fehlen – anders als in den Siegeln des Domkapitels (Kat. G 7), des Bischofs Konrad (Kat. G 51) oder den Halberstädter Brakteatenprägungen (vgl. Kat. G 42) – die Steiniger und ihre Werkzeuge. Statt dessen erscheint der von einer mit Mauerwerk, offenen Gängen und Dächern versehenen Architektur umrahmte Heilige unter einer Dreipaßarkade, deren krönender Abschluß eine zugleich den Beginn der Umschrift bildende Lilie darstellt. Zweifellos ging es dem Stempelschneider und seinen Auftraggebern zunächst einmal darum, das Haus des Patrons, den neuerbauten Halberstädter Dom, als bedeutendstes Bauwerk der Stadt und religiöses Zentrum der ganzen Diözese gewürdigt zu wissen. Die Betonung des Bistumsheiligen im Siegelbild gibt aber zugleich auch Einblick in das Verhältnis von Stadtherr und Gemeinde. Denn obgleich es von seiten der Bürgerschaft nicht an Versuchen mangelte, sich von der geistlichen Stadtherrschaft zu emanzipieren, konnte letztlich der übermächtige Einfluß des Bischofs und seiner Ministerialen wie auch der Stifte und Klöster nicht wirklich erschüttert werden.

Archiv der Stadt Halberstadt.

UB Stadt Halberstadt 1, Abb. auf dem Frontispiz. – Goedicke 1897, S. 463 f. mit Taf. 1, Abb. 1. – Suhle 1964, Nr. 28 mit Abb. sowie S. 21, Nr. 22. – Kat. Stuttgart 1977, 1, Nr. 136; 2, Abb. 65.– Militzer/Przybilla 1980, S. 60. – Bogumil 1989. – Wittek 1983, insb. S. 41.

C. P. H.

G 44 Manipelfragment mit hl. Stephanus und hl. Bischof

Niedersachsen, um 1200–1210

Goldgrundiges Bandgewebe aus Seide und Goldfaden, bestickt mit brauner, grüner, blauer, gelber, graubrauner und weißer Seide in Stiel- und Spaltstich; Seidenbändchen, seidene Fransenborte – H. 26 cm (ohne Fransen) – B. 13,5 cm.

London, Victoria and Albert Museum, Inv. Nr. 1270–1864

Als Grundstoff für die Stickerei dienen kurze Abschnitte einer ca. 12 Zentimeter breit gewebten Goldborte mit kleinem Flechtmuster, die Webkante an Webkante aneinandergenäht wurden und die wie einzelne Bildfelder je eine Figur enthalten. Die untere Darstellung zeigt den im Steinhagel zusammenbrechenden Erzmärtyrer Stephanus, die Hände im Gebet zu der aus den Wolken erscheinenden Hand Gottes erhoben. Darüber die Gestalt eines heiligen Bischofs, der ebenfalls im Gebet auf die Knie gesunken ist. Die außerordentlich feine und zarte Stickerei folgt nur den Umrißlinien, diese sind mit großer Sicherheit und Eleganz

G 43

gezeichnet. Flächenfüllungen sind keine wiedergegeben. Renate Kroos hat die Stickerei überzeugend in die Stilentwicklung der niedersächsischen Kunst der ersten Jahre des 13. Jahrhunderts eingereiht und dabei nicht zuletzt Werke aus Halberstadt zum Vergleich herangezogen (Kroos 1970, S. 30f.). Dort soll das Manipelfragment laut den Angaben von Franz Bock auch gefunden worden sein. Stephanus wäre somit in seiner Funktion als Dom- und Bistumspatron von Halberstadt abgebildet, und in der Gestalt des Bischofs ist ihm vielleicht der Nebenpatron Sixtus beigesellt.

1864 erworben von Kanonikus Franz Bock, Aachen. Nach dessen Angaben im Inventar des Victoria and Albert Museum aus Halberstadt stammend.

Kroos 1970, S. 30f., Nr. 78, Abb. 19 (Lit.).

R. Sch.

G 45 Gestickte Einzelfigur des hl. Stephanus

Niedersachsen, um 1210

Rohweißes Leinengewebe bestickt mit weißer, ehemals roter, dunkelbrauner, grüner und blauer Seide sowie mit Goldfaden in nicht-versenkter Anlegetechnik, Spalt- und Stielstich – H. 20,8 cm.

Wien, Österreichisches Museum für Angewandte Kunst, Inv. Nr. T 769

Die zu unbekanntem Zeitpunkt den Konturen entlang ausgeschnittene Figur stellt den hl. Stephanus dar, der von

G 45

drei Steinen getroffen in die Knie sinkt. Anders als beim Manipelfragment Kat. G 44 ist die Stickerei hier flächendeckend auf unscheinbaren Leinenstoff gearbeitet. Gewand, Nimbus und Steine sind vollständig in Gold wiedergegeben, Gesicht, Haare, Hände, Schuhe und alle Konturen in bunter Seide. Der Hintergrund war – wie Spuren erkennen lassen – ursprünglich rot ausgestickt.
Ebenfalls aus der Sammlung Bock stammend ist im Victoria and Albert Museum in London ein technisch und stilistisch mit der Stephanus-Figur übereinstimmender, auch aus dem Zusammenhang ausgeschnittener Verkündigungsengel erhalten. Vom gleichen Antependium stammen zudem – immer gemäß Franz Bock – zwei wohl im Spätmittelalter auf einen neuen Hintergrund übertragene

G 44

Apostelfiguren unter Arkaden, die eine ebenfalls in London, die andere in Paris (Musée National du Moyen Age, Thermes de Cluny). Stilistisch unterscheiden sich letztere allerdings deutlich von den Figuren des Stephanus und des Engels, so daß möglicherweise Teile von zwei etwa gleichzeitig entstandenen Paramenten in unbekannter Zeit zu einem Altarbehang zusammengefügt worden sind.
Ob die Stephanus-Figur ursprünglich Teil einer szenischen Darstellung war, wie es für den Engel anzunehmen ist, muß offenbleiben. In Halberstadt, woher die Stickerei stammen soll, ist die isolierte Darstellung des Heiligen in seinem Martyrium jedenfalls auch anderweitig belegt (Kroos 1970, S. 30).

G 46

Die eckige, durch den Farbkontrast noch betonte Zeichnung der Gewandfalten macht die Nähe zum sogenannten Zackenstil deutlich. Renate Kroos vergleicht die Stephanus-Figur vor allem mit Malereien im Elisabeth-Psalter in Cividale und schließt daraus auf eine Datierung im ersten oder zweiten Jahrzehnt des 13. Jahrhunderts.

1865 erworben von Kanonikus Franz Bock, Aachen. Nach dessen Angaben für die zugehörigen Fragmente im Inventar des Victoria and Albert Museum London aus Halberstadt stammend.

Bock 1865, Nr. 46. – Kroos 1970, S. 31f., Nr. 113, Abb. 22 (die zugehörigen Teile Nr. 79–80, Abb. 21, 24, und Nr. 108, Abb. 25). – Kat. Braunschweig 1985, 2, Nr. 1022a (Renate Kroos).

R. Sch.

G 46 Sammelhandschrift aus Hamersleben

Hamersleben, 3. Viertel 12. Jahrhundert

Pergament – Buchmalerei in Deckfarben, Federzeichnung – neuzeitlicher Ledereinband – 70 Blätter – H. 12,7 cm – B. 7,7 cm.

Hannover, Kestner-Museum, Inv. Nr. 3927

Die Handschrift beginnt mit einem Dialog zwischen Kaiser Karl dem Großen und Alkuin (735–804), dem Leiter von Karls Hofschule, über die Rhetorik und die Tugenden. Voraus geht eine in roter und brauner Zeichnung vor grün-blauem Grund angelegte Miniatur (fol. 1r) mit Karl dem Großen und Alkuin. Beide halten sich überkreuzende Spruchbänder als Rede und Gegenrede ihres Gesprächs über Gott. Nach einem mittelalterlichen Eintrag über der Miniatur befand sich der Codex im Besitz des Augustiner-Chorherrenstifts St. Pancratius in Hamersleben bei Halberstadt, dem Kopf des nach ihm benannten Hamersleben-Halberstädter Reformkreises. Auch stilistisch kann die Miniatur dem Hamerslebener Scriptorium zugeordnet werden. Für die Herstellung dort spricht auch, daß der Benediktiner Alkuin im Chorgewand der Augustiner-Chorherren dargestellt wurde: Seine gleichberechtigte Darstellung neben dem Kaiser entsprach dem Ideal, das die Augustiner-Chorherren von sich selbst hatten. Bei dem 1165 kanonisierten Karl wird weniger sein Verdienst als Gründer der Diözese Halberstadt, zu der Hamersleben gehörte, hervorgehoben, als sein Bildungseifer im Gespräch mit seinem Berater und Freund Alkuin. Auf ähnliche Vorstellungen geht die Wiedergabe des weisen Herrschers Karl auf dem berühmten, wenig später entstandenen Halberstädter Karlsteppich zurück (Kat. *A 15). Hier ist Karl wiederum von Gelehrten, diesmal antiken Philosophen wie Cato und Seneca, umgeben. Den Rahmen für das von ihnen verkündete Ideal des wahren Freundes des Herrschers, der zugleich Philosoph und Ratgeber ist, bildet hier ein Spruch über den treuen Freund, den Alkuin als einen seiner Lieblingssprüche pflegte und auch in Briefen an Karl den Großen auf ihre Freundschaft bezog (Erler 1989, S. 87–91).

Bibliothek des Augustiner-Chorherrenstifts St. Pancratius in Hamersleben, von hier zu unbekanntem Zeitpunkt in die Bibliothek des Klosters Unserer Lieben Frauen in Halberstadt, 1872 in der Bibliothek des dortigen Domgymnasiums, von hier auf unbekanntem Weg (über Aachen?) mit der Sammlung Culemann 1887 in das Kestner-Museum.

Kat. Aachen 1965, Nr. 691 (Dietrich Kötzsche). – Kötzsche 1967, S. 174, Anm. 135. – Erler 1989 (Lit.). – Vgl. den Beitrag von Harald Wolter-von dem Knesebeck, Bd. 2, S. 468–477, Anm. 33.

H. W. v. d. K.

G 47 Bibel aus Hamersleben

Hamersleben, um 1180

Pergament – Buchmalerei in Deckfarben; lavierte Federzeichnungen – Holzdeckel, mit Leder bezogen, auf den Ecken und in der Mitte runde Metallbuckel – 281 Blätter – H. 54 cm – B. 37 cm.

Halberstadt, Stadt- und Domgemeinde Halberstadt, Domschatz Ms. 1

Urspünglich umfaßte die Bibel aus dem Augustiner-Chorherrenstift Hamersleben drei Bände; Ms. 2 wird seit 1945 vermißt; der dritte Band gilt schon 1878 als verloren. Be-

liber monastery bti pancracij mris In hamersleue Halberstadēs dyoceß

G 47

G 47

septem dieb9.
EXPLICIUNT. CAPITULA.
INCIPIT. LIBER REGU.
FUIT. VIR. UNUS DE RAMATHAIM SOPHIM. de monte ef fraim. et nomen eius hel chana. filius hieroboam. filii helui. filii thau. filii suph effrateus. et habuit duas uxo

reits im Umfang manifestierte sich so der Anspruch, den man mit einem solchen auch unter wirtschaftlichen Gesichtspunkten enorm aufwendigen Werk zum Ausdruck brachte. Noch deutlicher allerdings läßt sich dies an der programmatischen Titelminiatur auf fol. 1r des ersten Bandes (Genesis bis Paralipomena) ablesen, unter der eine jüngere Hand den Besitzeintrag notiert hat: *Liber monasterii beati Pancratii martyris in Hamersleve Halberstadensis dyocesis.* Um den Patron der Gemeinschaft, den hl. Pancratius, der als vornehm gekleideter Jüngling mit der Märtyrerpalme in der Rechten, dem Schwert in der Linken, die gesamte Höhe der Darstellung einnimmt, gruppieren sich unter zwei Türmen – vielleicht in Anlehnung an die über den östlichen Seitenschiffsjochen errichteten Türme der Stiftskirche – Angehörige des Konvents und dessen Gründungspersönlichkeiten. Den namentlich aufgeführten Pröpsten aus dem 12. Jahrhundert – *Wernerus* (wohl Werner I.) auf der rechten Seite ist im 13. Jahrhundert nachgetragen – gehen eine adlige Dame und ein Bischof, die gemeinsam das Kirchenmodell halten, voran. In ihnen wird man Bischof Reinhard von Halberstadt (1107–1123) erkennen dürfen, der in Osterwieck ein Augustiner-Chorherrenstift gegründet hatte, sowie jene Thietburg, die zusammen mit ihrer Tochter Mathilde dem nach Hamersleben verlegten Konvent Güter und Einkünfte stiftete. Seine Aufgaben liegen im Bereich der Seelsorge, und so erscheint es nur konsequent, wenn drei Geistliche gemeinsam ein geöffnetes Buch mit den Evangelienanfängen halten. Die beiden zu Füßen des Heiligen hingestreckten Kleriker bitten darum, daß diese Gabe an den Heiligen von Gott angenommen werde. Die Aussage der Miniatur hat also eine doppelte Zielrichtung. Einerseits will man sich der Fürsprache des Märtyrers in geistlichen Dingen versichern. Unter diesem Aspekt ist etwa das Dedikationsbild im Ratmann-Sakramentar (vgl. Kat. G 31) mit den um den Erzengel Michael und den hl. Bernward versammelten Mönchen des Michaelisklosters in Hildesheim zu vergleichen. Durch die Einbindung des Gründungsbischofs und der adligen Stifterin sowie der ersten Pröpste betont die Hamerslebener Darstellung andererseits die historischen Bezüge, in die man sich eingebunden weiß und aus denen heraus man sich dem Schutz des in seiner ikonenhaften Frontalität und Größe besonders wirkmächtig erscheinenden Pancratius unterstellt.

Bislang wurde die Bibel vor 1175 datiert, da der letzte von erster Hand genannte Propst Bernhard bis in dieses Jahr nachweisbar ist. Es fehlt allerdings dessen unmittelbarer Vorgänger, so daß die Reihe der Pröpste insgesamt möglicherweise als nicht vollständig angesehen werden muß. Die Amtszeit Bernhards sollte deshalb vorsichtig nur als terminus post quem gewertet werden. Aufmerksamkeit

G 4

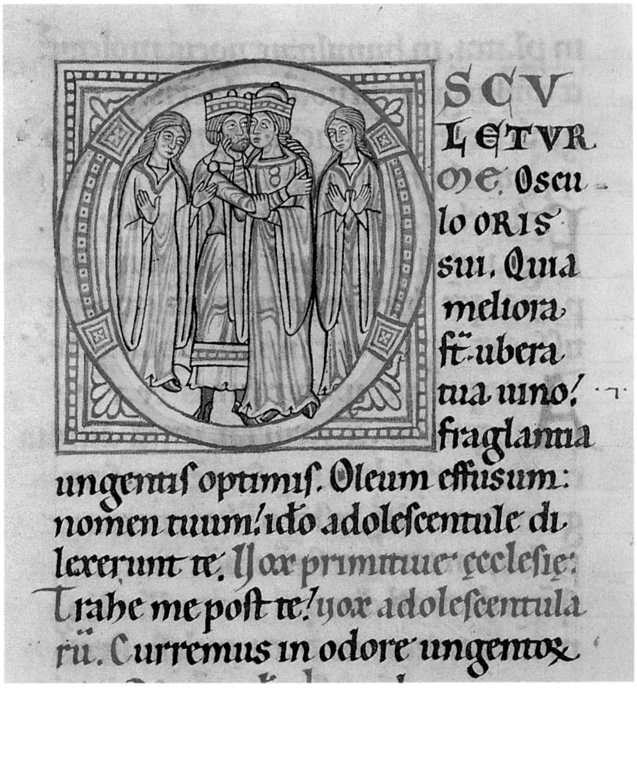
OSCULETUR ME. Osculo oris sui. Quia meliora sunt ubera tua uino! fraglantia ungentis optimis. Oleum effusum: nomen tuum! ideo adolescentule dilexerunt te. Vox primitiue ecclesie: Trahe me post te! uox adolescentularum. Curremus in odore ungentorum.

verdienen in diesem Zusammenhang die Bemühungen um Bestätigung alter Rechte, wie sie in Urkunden des Halberstädter Bischofs Ulrich (1178) und, darauf aufbauend, Kaiser Friedrichs I. (1181) ihren Ausdruck finden: Den Bestimmungen über den Besitz des Stifts und die Vogtei ist in beiden Fällen eine knapp gefaßte Gründungsgeschichte vorangestellt, die sich wie der Bildkommentar zur Titelminiatur der Bibel liest. Deren Datierung in die frühen 1180er Jahre, in den Beginn der Amtszeit des Propstes Hermann (nachweisbar bis 1202), widerspricht auch nicht der stilistische Habitus der Buchmalerei. Die sparsame Faltenzeichnung in den Gewändern der Kleriker hat sich schon vom parzellierenden Schema älterer Arbeiten gelöst und steht etwa mit dem Evangelienfragment der Londoner British Library Add. 27926 und der ehemals Dresdener Handschrift Cod. A 94 – beide aus dem letzten Viertel des 12. Jahrhunderts – auf einer Stufe. Auch die ornamentalen und figürlichen Initialen in lavierter Federzeichnung, mit denen der Beginn der biblischen Bücher markiert ist (vgl. Kat. G 48), ordnen sich hier ein. Daß für die historisierten Initialen Motive aus der David- und Salomo-Ikonographie bevorzugt werden, mag auf ein besonderes Interesse für diese im Mittelalter vorbildlichen Herrscher des Alten Bundes hinweisen.

Im 19. Jahrhundert in der Bibliothek des Domgymnasiums, Halberstadt; um 1936 dem Domschatz eingegliedert (Inv. Nr. 472).

Haseloff 1905, S. 93 mit Taf. 109. – Rothe 1966, S. 194, S. 243 mit Taf. 27. – Kroos 1970, S. 27, Anm. 9. – Cahn 1982, S. 251 u. S. 228, Abb. 190. – vgl. zu den Urkunden Zöllner 1979, S. 126–130, S. 133–135.

B. B.-N.

G 48 Zwei Fragmente aus der Hamerslebener Bibel

Hamersleben, um 1180

Pergament – lavierte Federzeichnung – a) H. 31,5 cm – B. 15 cm – b) H. 30,8 cm – B. 15,7 cm.

Berlin, Staatliche Museen – Preußischer Kulturbesitz, Kupferstichkabinett, Inv. Nr. KdZ 4480 u. 4481

Wie Renate Kroos (Kat. Stuttgart 1977, 1, S. 591) und, unabhängig, Hanns Swarzenski (mündliche Mitteilung von Dietrich Kötzsche) erkannten, gehörten die beiden annähernd gleich großen Fragmente einst zur Hamerslebener Bibel (Kat. G 47), aus deren erstem bzw. zweitem Band sie zu unbekannter Zeit herausgeschnitten wurden. Sie umfassen jeweils etwas mehr als ein Viertel der ursprünglichen, zweispaltig beschriebenen Blätter; der Text der Rückseite schimmert durch. Im *F(actum est)* zum 2. Buch Samuel (hier als *Liber Regum secundus* bezeichnet) und dem *D(iligite iusticiam)* zum Buch der Weisheit treten die beiden Grundformen des Initialschmucks der Bibel im Zusammenspiel mit den Auszeichnungsschriften vor Augen. Das rot konturierte »F« läuft in Palmettenblättchen sowie

EXPLICIUNT. CAPIT.
INCIPIT. LIBER. SAPI
ENTIE.
ILI GI TE. IUS TICI AM. QUI IUDI CATIS
terram. Sentite de dno in bonita
te. et in simplicitate cordis querite
illu. quoniam invenitur ab his. q
non temptant illu. apparet autem
eis qui fidem habent in illu. Perver
se enim cogitationes separant a do.
pbata autem virtus corripit insipi
entes. qm in malivola anima non in
troibit sapientia. nec habitabit in
corpore subdito peccatis. ii. Sanc
tus enim sps discipline effugiet
fictum. et auferet se a cogitationib
que st sine intellectu. et corripiet
a superveniente iniquitate. Benig
nus est enim sps sapientie. et non

G 48a

einen Tierkopf mit kurzer Schnauze und kleinen, spitzen, aufgestellten Ohren aus. Je eine Ranke, die ihrerseits weitere Zweige und vielfältige Palmetten- und Muschelblätter aus sich heraustreibt, wächst in die freien Räume über und unter dem zweiten Querbalken des Buchstabens. In diesen von rheinischer Ornamentik herzuleitenden vegetabilen Formen hat ein kleiner Vogel Platz gefunden. Das unziale »D« bildet den Rahmen für die Gestalt des auf einem breiten Thron sitzenden Königs Salomo. Zum schwarzen Kontur tritt rote, grüne sowie hellbraun-beige Lavierung für die Binnenzeichnung. Als Autor des *Liber Sapientiae* hält er ein Spruchband mit der Mahnung an die Herrscher der

G 48b

Erde: *Sentite de domino in bonitate* (Denkt an den Herrn in Frömmigkeit).

Erworben 1910.

Wescher 1931, S. 10. – Kat. Stuttgart 1977, 1, S. 591 zu Nr. 760; 2, Abb. 552 (Renate Kroos) zu Wolfenbüttel, Herzog August Bibliothek, Cod. Guelf. 1075 Helmst. aus Hamersleben. – Cahn 1982, S. 251.

B. B.-N.

G 49 Halberstädter Bibel

Halberstadt, frühes 13. Jahrhundert

Pergament – Buchmalerei in Deckfarben – Holzdeckel, Lederbezug mit Blindstempeln (15. Jahrhundert) zu großen Teilen verloren – 254 Blätter – H. 47 cm – B. 33 cm.

Halberstadt, Stadt- und Domgemeinde Halberstadt, Domschatz Ms. 3

Vielleicht aus dem Halberstädter Dom stammend, ist der erste Band einer ursprünglich wohl zwei Bände umfassenden Bibelhandschrift (Genesis bis Propheten) erhalten, an der nicht nur mehrere Schreiber, sondern auch verschiedene Miniatoren gearbeitet haben, was für ein größeres Scriptorium spricht. Neben den biblischen Büchern werden Prologe und andere einleitende oder exegetische Texte, die üblicherweise den Heiligen Schriften vorangestellt sind, durch Initialen hervorgehoben. Trotz eines weitgehend ähnlichen Formenrepertoires lassen sich die vegetabilen Anfangsbuchstaben deutlich in zwei Gruppen scheiden. Letztlich altertümlich wirken dabei jene Zierbuchstaben zu den Prophetenschriften, die Akanthusblätter als Buchstabenfüllung streng symmetrisch um eine Mittelachse komponieren bzw. schmiegsame Ranken unsystematisch ineinander verschlungen zeigen. Schon in ihrer leuchtenden, brillanten Farbigkeit – teilweise auf Goldgrund – setzen sich von ihnen die Initialen im ersten Teil der Handschrift ab. Diese bestechen durch eine sichere, bis ins Detail der Blattäderung äußerst feine Zeichnung. Die großen, sich auffaltenden Blätter mit charakteristischem Kerbschnitt gewinnen an Plastizität, die Rankenführung folgt strenger den wohl mit dem Zirkel vorgegebenen Kreislinien. Ein feines Deckweißlineament füllt freibleibende Zwickel. Als neues Motiv treten Drachen hinzu, die Buchstabenteile ersetzen oder selbst das Initial bilden wie beim eng verflochtenen schlangenartigen Leib des Beginns von Buch Ruth (fol. 57v). Dem Künstler dieser Zierbuchstaben darf man auch das heute in Washington

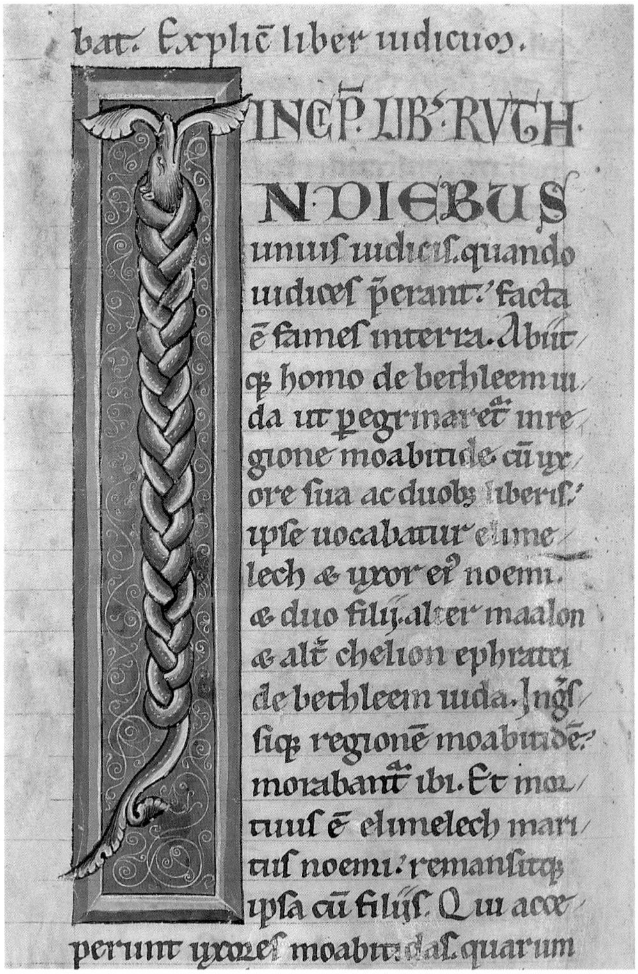

befindliche Fragment mit der Figureninitiale zum Buch der Richter (Kat. G 50) zuschreiben. Vielleicht ist die flüchtig in eine um den Fuß einer H-Haste geschlagene Palmette gezeichnete Halbfigur (Buch Deuteronomium, fol. 78v) als sein Selbstporträt zu deuten. Da die Gestalt nicht tonsuriert ist und einen einfachen Umhang um die Schultern trägt, mag man hierin den Wanderkünstler, einen Laien, erkennen, den Hans Belting nicht nur für Halberstadt, sondern auch am Brandenburger Evangelistar (Kat. G 15) und am Evangelienfragment M. 565 der Pierpont Morgan Library tätig sehen wollte. Mit Renate Kroos (Kat. Braunschweig 1985, 2, Nr, 1031a) möchten wir jedoch auf Unterschiede hinweisen, die – bei aller Nähe – etwa zu der dort noch stärker geometrischen Auffassung der Ranken, zu der Gestaltung der Drachen und bei der Wiedergabe der Gewänder bestehen. Die plastisch herausmodellierten Falten und weich schwingenden Saumkanten bei den Evangelisten in New York finden z. B. keine Entsprechung in der Figur des Gottvater zum Buch Genesis der Halberstädter Bibel (fol. 6v). Dagegen scheinen die demselben Künstler zugeschriebenen Miniaturen im Brandenburger Evangelistar eine vermittelnde Stellung einzunehmen. Selbst wenn man den

Buchmaler nur – jeweils neben anderen Kräften, ohne daß wir über die Organisation im Scriptorium Genaueres wüßten – für die beiden letztgenannten Werke in Anspruch nehmen will, bleibt bemerkenswert, daß sich hier eine stilistische Entwicklung beobachten läßt, bei der Eigentümlichkeiten des Zackenstils vorweggenommen werden.

Im 19. Jahrhundert in der Bibliothek des Domgymnasiums, Halberstadt; um 1936 dem Domschatz eingegliedert (Inv. Nr. 473).

Haseloff 1905, S. 108. – Rothe 1966, S. 195, 246 mit Taf. 35. – Belting 1978, S. 228, 230, 231 mit Abb. 12. – Cahn 1982, S. 251 f.

B. B.-N.

G 50 Fragment aus der Halberstädter Bibel

Halberstadt, frühes 13. Jahrhundert

Pergament – Buchmalerei in Deckfarben – H. 22,9 cm – B. 14,4 cm.

Washington, National Gallery of Art, Inv. Nr. 1950.17.5. (B-18,757)

Trotz seiner Größe, die etwa jener von Psalterhandschriften der Zeit entspricht, handelt es sich bei dem Blatt aus der Rosenwald Collection nur um ein Fragment. Es bildete

einst etwa das äußere obere Viertel eines Blattes der Halberstädter Bibel (Kat. G 49). Ursprünglich auf der Recto-Seite stehend, wird der Beginn des Buchs der Richter durch die Figureninitiale *P(ost)* eingeleitet. Wahrscheinlich ist in der nachdenklich wirkenden Gestalt eines alternden Mannes, die den Schaft des »P« ersetzt, der nach Josuas Tod zum Anführer der Israeliten berufene Juda zu erkennen. Ruhig, mit leichter Wendung nach links blickt er zur ehemals daneben befindlichen Kolumne. Wie ein ausschwingendes Spruchband trägt er den Kopf der Buchstabens, in dem sich als asymmetrisches Gebilde ein fleischiges Akanthusblatt entfaltet.

Schon 1958 hatte Tilmann Buddensieg (Kunstchronik 11, 1958, S. 242 f.) im Anschluß an eine Ausstellung in der New Yorker Pierpont Morgan Library das Einzelblatt eng mit dem dortigen Evangelienfragment M. 565, »Miniaturen der 2. Hand im Brandenburger Evangelistar« und der Halberstädter Bibel verknüpft. Im Katalog der National Gallery of Art werden diese Beziehungen unterstrichen und besonders die Nähe zu jenem Meister im Brandenburger Evangelistar (Kat. G 15) betont, der die historisierten Initialen sowie zwei Miniaturen ausgeführt hat. 1978 hat dann Hans Belting diese Werkgruppe der gleichen Hand zugeschrieben. Motivvergleiche mit englischer Buchmalerei auf der Stufe der Winchester-Bibel wie die an byzantinische Arbeiten spätkomnenischer Zeit gemahnende, ungemein ausdrucksstarke Gestaltung der Köpfe sollten zu einer differenzierten Beurteilung der diesem Künstler verfügbaren Vorlagen führen.

Sammlung R. Forrer, Straßburg; E. Rosenthal, Berkeley; von L. J. Rosenwald, Jenkintown, 1950 an die National Gallery of Art.

Kat. Washington 1975, Nr. 31. – Belting 1978, S. 228, 230 mit Abb. 11.

B. B.-N.

G 51 Urkunde Konrads von Krosigk, Bischof von Halberstadt (1202-1208), mit Bulle

Urkunde: Halberstadt, 1208 August 16 – Typar: Mittelmeerraum, 1204–1205

Pergament – H. 48,9 cm – B. 41 cm – Umbug 4,3 cm – Bleibulle – an grünen und braunen Seidenfäden hängend – Dm. 4,1–4,2 cm.

Göttingen, Georg-August-Universität, Diplomatischer Apparat, Urkunde Nr. 78

Bischof Konrad entstammte der Familie der Edelherren von Krosigk, die – stammverwandt mit den Edelherren von Querfurt und Harbke – zu den bedeutendsten Geschlechtern des ostsächsischen Raumes gehörten und schon mit Dietrich von Krosigk (1183/84–1193) einen Halberstädter Bischof stellten. Seit 1184 war Konrad Domherr, ab 1185 dann stand er als Propst dem Stift Unserer Lieben Frauen in Halberstadt und von 1189 an in gleicher Funk-

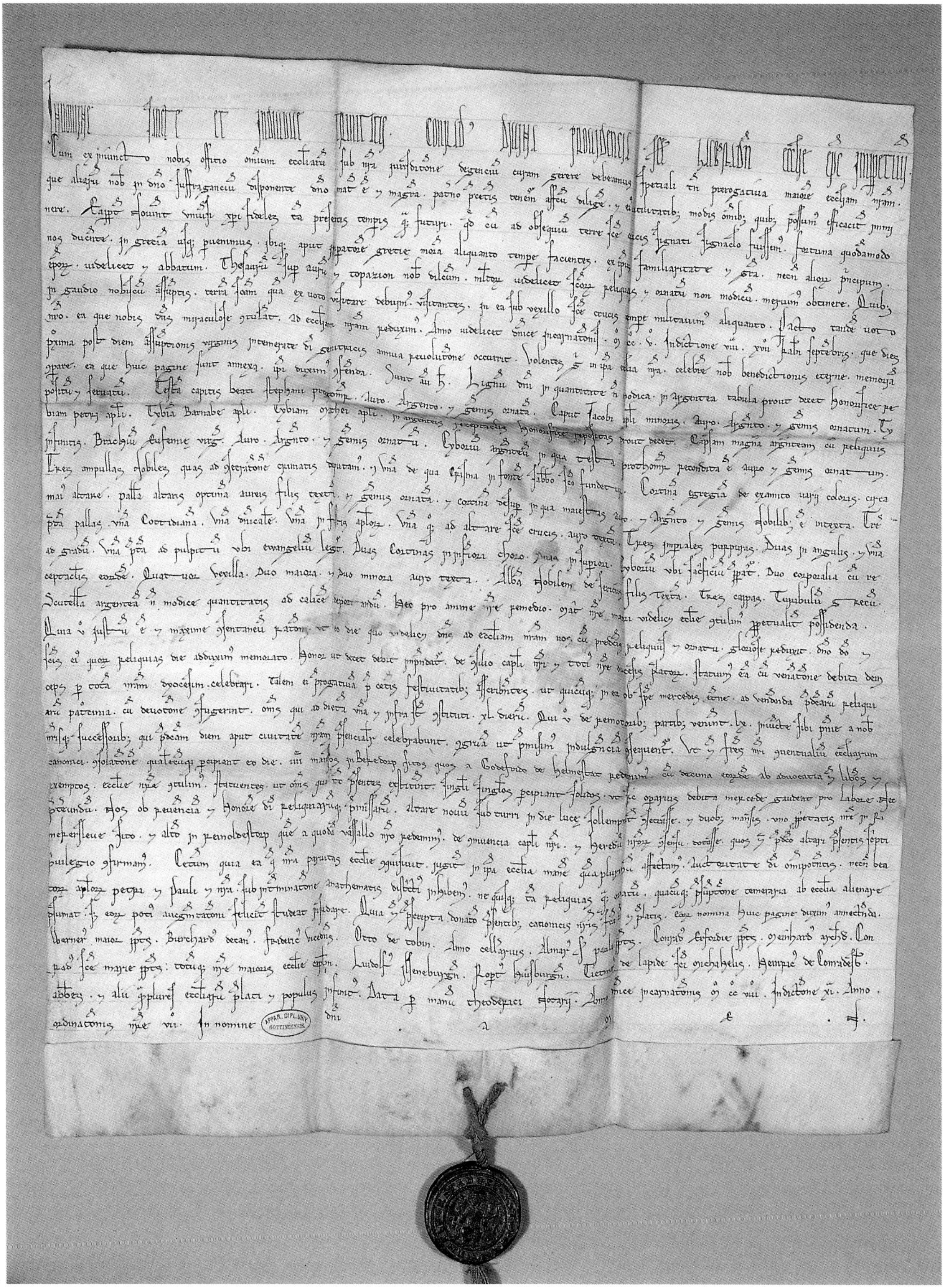

51

tion auch dem St. Paulusstift bei Halberstadt vor; seit 1193 ist er zugleich als Dompropst und Archidiakon von Aschersleben nachweisbar. Zum Bischof wurde er 1201 gewählt und am 1. Januar 1202 geweiht, doch sehr bald schon aufgrund seiner Parteinahme für König Philipp von dem päpstlichen Legaten Guido von Praeneste gebannt. Kurz darauf brach er zum Vierten Kreuzzug auf. Statt jedoch gegen die Besetzer des Heiligen Landes zu kämpfen, ließen sich die Kreuzfahrer von venezianischer Seite zum Zug gegen deren Handelskonkurrentin Konstantinopel überreden und eroberten die Stadt gleich zweimal: War dies am 17. Juli 1203 noch geschehen, um den vertriebenen Kaiser Isaak Angelos und dessen Sohn wiedereinzusetzen, so bildete der 12. April 1204 den Auftakt zu einer dreitägigen Plünderung der Stadt sowie zur Errichtung des Lateinischen Kaiserreichs. Bischof Konrad trennte sich daraufhin vom Kreuzfahrerheer, erreichte am 7. Oktober 1204 Tyrus, um dort karitativ unter der notleidenden Bevölkerung zu wirken, und kehrte über Venedig und Rom, wo Papst Innozenz III. ihn vom Bann löste, am 16. August 1205 nach Halberstadt zurück. Während seiner Kreuzfahrt konnte Bischof Konrad eine große Anzahl Reliquien, Goldschmiedearbeiten und Gewänder erwerben, die er der Domkirche schenkte und die dort den Grundstock des Halberstädter Domschatzes bildeten. In der Urkunde werden die Teile dieser Schenkung nach ihrer Wichtigkeit genau aufgelistet, wovon hier nur einige Positionen genannt werden sollen: *lignum Domini in quantitate non modica in argentea tabula, ..., testam captitis b. Stephani protomartiris auro argento et gemmis ornatum, ... pallam altaris optimam aureis filis textam et gemmis ornatam ...* (Holz des Herrn [vom Kreuze Christi] von nicht unbeträchtlicher Größe in einer silbernen Tafel, die Schädeldecke des hl. Stephan, des ersten Märtyrers [Patron des Bistums Halberstadt], in einem goldenen, silbernen und edelsteinernen Gehäuse, Altarbehänge mit Goldfäden durchwirkt und ebenfalls mit Edelsteinen besetzt). Aus den Schenkungen Bischof Konrads stammen mit Sicherheit sowohl das niellierte Silberplättchen mit der Kreuzigungsszene als auch das Schädelreliquiar. Wahrscheinlich sind die eucharistischen Tücher ebenfalls dazuzuzählen, möglicherweise auch die vergoldete Silberschüssel und der liturgische Diskos. Konrad dankte im Jahre 1208 ab und zog sich in das Zisterzienserkloster Sittichenbach bei Eisleben zurück, wo er am 21. Juni 1225 verstarb. Nach seinem Tod mußte der päpstliche Legat Kardinal Konrad einen Streit zwischen dem Hochstift und dem Kloster Sittichenbach über die von dem Verstorbenen herrührenden Reliquien schlichten. Und noch 1234 wurde die Schenkung ebenso wie der dazu gewährte Ablaß durch den Erzbischof und kaiserlichen Gesandten Siegfried von Mainz feierlich bestätigt. Die Schenkungsurkunde besiegelte Bischof Konrad mit einer Bleibulle, deren Typar er sehr wahrscheinlich auf seiner Wallfahrt hatte herstellen lassen, da vor dieser Zeit lediglich Wachssiegel von ihm nachweisbar sind. Auf der mit einem Perlschnurrand geschmückten Vorderseite der Bulle ist der Bischof im Ornat samt Mitra auf einem Faltstuhl thronend zu sehen. Er hält in der Rechten einen einwärts gekehrten Bischofsstab, in der Linken das geöffnete Evangelienbuch. Die Umschrift lautet + CO(n)RAD(VS) · D(e)I · GR(ati)A · HALBERSTAD(ensis) EC(c)L(esi)E EP(is)C(opus) (Konrad von Gottes Gnaden Bischof der Halberstädter Kirche). Auf der ebenfalls mit Perlschnüren geschmückten Rückseite zeigt die Bulle den hl. Stephan, wie er im Gewand und mit Nimbus auf einem Regenbogen sitzt. Die rechte Hand hält er zum Segen erhoben, in der linken das Evangelium. Über der Rechten befindet sich ein kleines Hexagramm; links und rechts des Heiligen verweisen jeweils drei Steine auf die Art seines Martyriums. Die Umschrift lautet + S(i)G(illvm) . S(ancti) STEPHAN(vs) . IN . HALBERSTAD (Siegel St. Stephans in Halberstadt). Während die Bleibulle in Byzanz und im lateinischen Osten schon wegen der klimatischen Bedingungen dort häufig vorkam, gehörte ihre Verwendung im Reich zu den seltenen Ausnahmen. Bischof Konrad war seit 1085 der einzige und letzte Bischof, der mit einer Bleibulle siegelte. Nach seiner Resignation verwendete er ein spitzovales (Wachs-)Siegel, dessen Umschrift in den erhaltenen Ausprägungen nicht mehr lesbar ist.

Archiv des Domstifts Halberstadt; im 19. Jahrhundert in den Diplomatischen Apparat der Universität Göttingen.

UB Hochstift Halberstadt 1, Nr. 449, S. 400 sowie Siegeltafel IV, Nr. 25 [zu ebenda Nr. 434]; Nr. 572, S. 507f.; Nr. 639, S. 567f. Gesta episcoporum Halberstadensium, S. 115ff. – Nebe 1880, S. 209–227. – Beumann 1938, S. 135f. – Meier 1967, S. 294ff. – Kittel 1970, S. 166f. mit Abb. 105. – Irmscher 1981, S. 187–193. – Heinrich Meibom, Chronik Marienthal, Abb. auf S. 41 [von einer anderen Ausprägung]. – Flemming/Lehmann/Schubert 1990, insb. S. 159.

C.P.H.

G 5

BEATUS LAURENTIUS
SCS IHERONIMUS
S DAMASUS PAPA
NOVU OPUS FACERE ME COGIS EX VETERE
MARTYR LAURENTI PRECIBUS SUCCURRE PETENTI

G 76

Heinrich der Löwe war Inhaber der Vogteirechte über die beachtliche Zahl von etwa 70 Klöstern. Rechtliche wie personelle Entscheidungen unterlagen somit dem Herzog, der ferner den Klöstern Schutz gewährte. Diese waren jedoch nicht ausschließlich Orte religiöser Weltflucht oder Meditation. Sie stellten vielmehr bedeutende Träger des Schriftwesens und der Kunstproduktion dar und waren auf verschiedenen Ebenen in überregionale Zusammenschlüsse eingegliedert. Die Befolgung einer gemeinsamen Ordensregel band einen Konvent in das Flächennetz klösterlicher Gemeinschaften ein. Durch das dem Familienleben entlehnte Bild des »Mutterklosters« mit seinen »Tochterklöstern« wurden diese Verbindungen beschrieben. Die biblisch begründete, asketische Heimatlosigkeit der Mönche war ein bedeutender Faktor für die zahlreichen Neugründungen, wobei insbesondere die Prämonstratenser und Zisterzienser durch Klostergründungen die Christianisierung im Kolonisationsgebiet östlich der Elbe stützten. Auch die Hirsauer Kongregation mit ihren reformerischen Tendenzen der klösterlichen Gemeinschaft expandierte nach Sachsen.

Gebetsbrüderschaften der Konvente – das wechselseitige Totengedenken im Glauben an die Gnadenkraft der Gebete – stellten ferner ein weitverzweigtes geistiges Beziehungsgeflecht zwischen den Klöstern her. Die sogenannten Memorialbücher *(liber vitae)* belegen in ihrer listenartigen Erfassung der Verstorbenen, derer man durch Gebete gedachte, diese Gebetsgemeinschaften. So umfaßt der um 1165 entstandene *Liber vitae* des Klosters Rastede 21 verbrüderte Konvente. Ein weitreichendes Flächenwerk gemeinsamen Totengedenkens bezeugt ferner das Memorialbuch des Benediktinerklosters Corvey, das in Gebetsbrüderschaft mit einem Kloster in Lund stand.

Auch durch die Berufung von Äbten aus anderen Regionen kam es zu Kulturkontakten sächsischer Klöster. Insbesondere der 1146 zum Abt des Benediktinerklosters Corvey berufene Wibald von Stablo ist hier zu nennen. Er behielt während seiner Amtszeit in Corvey die Leitung seines Heimatklosters in Stablo bei, ließ Bauleute von dort nach Corvey kommen und intensivierte somit die Kontakte zum maasländischen Raum.

Germania Benedictina VI, XI, XII. – Kat. Corvey 1966. – Kat. Aachen 1980. – Ehlers 1986. – Ehlers 1986a. – Streich 1986. – Bookmann/Thies 1993.

M.Mü.

G 52 Siegel der Adelheid von Sommerschenburg, Äbtissin der Stifte Gandersheim und Quedlinburg (1152/53–1184)

Typar: Niedersachsen(?), Mitte 12. Jahrhundert – Urkunde: 1167 Juni 10

Braunes Wachs – durchgedrückt – Dm. 6,3 cm.

Wolfenbüttel, Niedersächsisches Staatsarchiv, 23 Urk 4

Adelheid war die Tochter Pfalzgraf Friedrichs II. von Sommerschenburg und Liutgards von Stade, einzige Schwester des letzten Sommerschenburger Pfalzgrafen Adalbert (vgl. Kat. G 93) und Base Erzbischof Philipps von Köln (vgl. Kat. D 78); Liutgard war später in zweiter Ehe mit König Erich Lam von Dänemark und in dritter Ehe schließlich mit Graf Hermann II. von Winzenburg verheiratet. Adelheid wurde der hl. Hildegard auf dem Disibodenberg zur Erziehung übergeben, mit der sie auch nach Bingen übersiedelte, um bis 1167 im Briefwechsel mit ihr zu stehen. Adelheids Einsetzung als Äbtissin des Reichsstifts Gandersheim erfolgte in dem Bestreben Friedrich I. Barbarossas, den königlichen Einfluß im südwestlichen Vorharzraum zu wahren. 1160/61 übernahm Adelheid auch die Leitung des Reichsstifts Quedlinburg, ließ 1168 die nach einem Brand wiederhergestellte Stiftskirche in Gandersheim weihen und erbte 1179 den größten Teil der Sommerschenburger Allode. Während Herzog Heinrich der Löwe noch Erbansprüche darauf erhob, veräußerte Adelheid ihren Besitz bereits zum größten Teil an Erzbischof Wichmann von Magdeburg (vgl. Kat. D 79). Die auf diese Episode hin einsetzenden Streitigkeiten führten zu dem bekannten tiefgreifenden Zerwürfnis zwischen Heinrich und Bischof Wichmann. Adelheids erstes Rundsiegel trägt die Umschrift + ADELHEIDIS. D(e)I. GR(ati)A. GANDERSHEIM(ensis). ABB(atiss)A (Adelheid von Gottes Gnaden Äbtissin von Gandersheim), die so auch noch siegelte, als sie bereits Äbtissin von Quedlinburg war. Diese Umschrift gibt ein schönes Beispiel für die Technik der Ligatur ab, indem die Buchstaben H und E sowie N und E zusammengefaßt wurden. Das Siegelbild selbst zeigt die Äbtissin in einem Gewand mit langen Ärmeln und Kapuze auf dem mit einer verzierten Decke oder einem Teppich belegten und mit Tierköpfen verzierten Faltstuhl thronend. Ihr Gesicht ist ohne Binnenzeichnung wiedergegeben. In der rechten, feingliedrig gestalteten Hand hält sie zwischen Daumen und Zeigefinger einen Lilienstab; mit der Linken greift sie ihren Ärmel und zeigt das geöffnete Evangelienbuch. Es handelt sich hier um eine äußerst qualitätvolle Arbeit von hoher Eleganz und ausgezeichneter Prägung. Der Stempel

G 52

G 53

wurde bald darauf von einem noch größeren Rundsiegel abgelöst, dessen Umschrift nun auch die Äbtissinnenwürde von Quedlinburg berücksichtigte (Magdeburg, Landeshauptarchiv Sachsen-Anhalt, Rep. U 9 A IX Nr. 3) und bis zu Adelheids Tod am 1. Mai 1184 in Verwendung blieb.

Archiv des Klosters Michaelstein.

von Erath 1764, S. 93 f. mit Abb. Taf. 17 [zu einer anderen Ausprägung]. Starke 1955, insb. S. 48–51. – Goetting 1973, S. 304–307.

C.P.H.

G 53 Siegel des Konvents des Benediktinerklosters St. Michaelis in Lüneburg

Typar: Lüneburg(?), um 1220 – Urkunde: Lüneburg, 1261 August 24

Naturfarbenes Wachs – restauriert – Dm. 6,2 cm.

Hannover, Niedersächsisches Hauptstaatsarchiv, Celle Or. 100 St. Michael Lüneburg Nr. 40

Das Kloster St. Michaelis war ursprünglich innerhalb der auf dem Lüneburger Kalkberg gelegenen Burg angesiedelt (vgl. Kat. C 4). Die mit seiner Vogtei betrauten welfischen Burgherren bedachten es in besonderer Weise mit Stiftungen. Zudem barg das Kloster seit dem Kindstod Heinrichs, eines 1169 verstorbenen Sohns des Löwen, neben der billungischen auch eine welfische Grablege. Das Klosterpatrozinium wirkte auf das Motiv seiner Konventssiegel ein: Während das erste Siegel, von dem sich nur eine fragmentarische Ausprägung aus dem Jahr 1214 erhalten hat (Hannover, Niedersächsisches Hauptstaatsarchiv, Celle Or. 100 St. Michael Lüneburg Nr. 10 [UB Lüneburg 7, Nr. 33]), noch ein mit über der Brust gekreuzten Händen versehenes Bildnis des Erzengels zeigte, erzählt das erstmals an einer um 1225 zu datierenden Urkunde Abt Johanns (1225–1239) (Hannover, Niedersächsisches Hauptstaatsarchiv, Celle Or. 100 St. Michael Lüneburg Nr. 12 [UB Lüneburg 7, Nr. 38]) auftretende zweite, ebenfalls runde Typar die Legende vom hl. Michael als Drachentöter. Seine Umschrift lautet + S(igillvm) CONVENT(vs) S(an)C(t)I MICHAELIS IN LVNEBURH (Siegel des Konvents von St. Michael in Lüneburg). Hierbei schwebt der mit einem Nimbus versehene und in ein togaähnliches Gewand gekleidete Heilige mit nach Schwanenart geformten Engelsflügeln über dem Fabelwesen. In der linken Hand hält er einen runden, mit großem Buckel versehenen Schild schützend vor sich, während die weit ausholende Rechte eine lange Lanze in den Hals des Drachen sticht. Dieser ist als ein schuppenbedeckter, mit langem geringelten Schwanz und zwei kurzen Klauenfüßen ausgestatteter Lindwurm dargestellt. Der Stempelschneider hat der Szene solch eine Bewegung und Dramatik verliehen, daß dieses Typar als ein hervorragendes Beispiel des redenden Heiligensiegels gelten darf. Erst im Jahre 1320 wurde es von einem das gleiche Motiv zeigenden silbernen Stempel abgelöst.

Archiv des Klosters St. Michaelis in Lüneburg; 1853 ins Königliche Archiv Hannover.

UB Lüneburg 7, Nr. 78.
Wedekind 1835, S. 286–325. Gebhardi 1857, S. 23 und 25. – von Weyhe-Eimke 1862 – Reinhardt 1979, S. 325–348, insb. S. 347f. – Schneidmüller 1987a.

C.P.H.

G 54 Siegel des Abtes des Zisterzienserklosters Mariental

Typar: Niedersachsen, Ende 12. Jahrhundert – Urkunde: Königslutter, 1203 Dezember 15

Braunes Wachs – an Pergamentstreifen hängend – H. 5,5 cm – B. 3,7 cm.

Wolfenbüttel, Niedersächsisches Staatsarchiv, 22 Urk 18 (in zwei Ausfertigungen)

Das Zisterzienserkloster Mariental wurde um 1138 von Friedrich II. von Sommerschenburg, Pfalzgraf von Sachsen, als Familiengrablege gegründet. Noch 1164 weist dessen Sohn Albert, letzter Pfalzgraf aus dem Hause Sommerschenburg, anläßlich einer Güterübertragung ausdrücklich darauf hin, daß das Kloster auf seinem Grund und Boden errichtet worden, er dessen Vogt sei und daß sein Vater dort begraben liege (Wolfenbüttel, Niedersächsisches Staatsarchiv, 22 Urk 6). Der Gründungskonvent kam aus dem im Rheinland gelegenen Zisterzienserkloster Altenberg, einer Tochter des Stammklosters Morimond. Nach dem Aussterben der Grafen von Sommerschenburg nahm Mariental eine ausgleichende Stellung in einem Raum ein, in dem sich welfische, stiftshalberstädtische und stiftsmagdeburgische Interessen berührten. Die Welfen fühlten sich sowohl durch ihre Verwandtschaft mit den Sommerschenburgern als auch durch territoriale Interessen mit dem Kloster verbunden. Als es wegen des Lappwaldes zu Streitigkeiten mit anderen Grundherren, insbesondere dem Kloster Walbeck kam, gestand Pfalzgraf Heinrich Mariental die Wahl eines Interessenvertreters aus der welfischen Ministerialität zu (Wolfenbüttel, Niedersächsisches Staatsarchiv, VII B Hs 341, Bl. 23v [= von Heinemann 1882, Nr. 26]). Es dürfte sich dabei um die Brüder Ludolf und Balduin von Esbeck gehandelt haben, die bei dem hier urkundlich fixierten gütlichen Ausgleich mit dem St.-Ludgerikloster in Helmstedt als Schiedsmänner für Mariental genannt werden. Dies besiegelte der damalige Abt Arnold (1180–1203) mit einem spitzovalen Siegel, das den stehenden, barhäuptigen Abt in Kasel und Albe gewandet mit einwärts gekehrtem Stab in der Linken und dem geöffneten Evangelienbuch in der Rechten zeigt. Seine Umschrift + SI(gi)LL(vm) . ABBATIS . DE . VALL(e) . S(ancte) . MARIE (Siegel des Abts von Mariental) kennzeichnet es als ein für den Reformorden charakteristisch unpersönliches Siegel. Nach Arnolds Tod wurde es von seinen Nachfolgern Abt Johannes (1203–1220) und Abt Heinrich II. (1222–1226) weiterverwendet. In seinem Bildprogramm und in seinen Maßen fällt das Siegel deutlich schlichter aus als benediktinische Äbtesiegel und entspricht so ganz dem Geist der Zisterzienserregel.

Archiv des Klosters Mariental.

Beumann 1935, S. 376–400. – Heinrich Meibom Chronik Marienthal. – Festschrift Kloster Mariental. – Naß 1989, insb. S. 35. – Römer 1994, S. 463–517.

C.P.H.

G 54

G 55

G 55 Siegel Herberts II., Abt der Benediktinerklöster Werden an der Ruhr und St. Ludger in Helmstedt (1196–1228)

Typar: Westfalen, 1196 – Urkunde: Königslutter, 1203 Dezember 15

Braunes Wachs – an Pergamentstreifen hängend – Dm. 7,6 cm.

Wolfenbüttel, Niedersächsisches Staatsarchiv, 22 Urk 18 (in zwei Ausfertigungen)

Das Kloster St. Ludger in Helmstedt wird mit dem hl. Ludger, der um 800 das Kloster Werden an der Ruhr gegründet hatte, sowie weiteren Angehörigen seiner Familie in Zusammenhang gebracht. Auch als St. Ludger sehr bald schon zu einem geistigen und religiösen Zentralort Ostsachsens wurde, blieb die Verbindung zu Werden in Form einer Doppelabtei bestehen. Im 12. Jahrhundert war Lothar von Süpplingenburg Vogt des Klosters, nach ihm übernahm Pfalzgraf Friedrich II. von Sommerschenburg dieses Amt, das in der Folge schließlich an die Welfen kam. Zur Zeit Heinrichs des Löwen entstand ein umfangreiches Heberegister des Helmstedter Besitzes (Kat. G 82). Pfalzgraf Heinrich, für den später in St. Ludger Anniversarien begangen wurden, konnte durch umfangreiche Tauschaktionen mit dem Kloster seinen Einfluß gegenüber Magdeburg und Halberstadt sichern, während Herzog Otto das Kind die vogteilichen Verhältnisse vertraglich mit der Klosterleitung regelte. Abt Herbert II. entstammte möglicherweise den westfälischen Adelsgeschlechtern von Berg oder Büren und stellte bei der Wahl Ottos IV. einen treuen Parteigänger des welfischen Königs. Wohl nicht zuletzt deswegen ließen sich Ottos Gegenspieler, König Philipp von Schwaben und Erzbischof Ludolf von Magdeburg, im Jahre 1199 dazu hinreißen, das Kloster St. Ludger samt der Stadt Helmstedt niederzubrennen. Herberts Siegel weist die Umschrift + HERTBERTVS DEI GR(ati)A WERDINENSIS ABB[AS] SECVNDVS (Herbert von Gottes Gnaden Abt von Werden, der Zweite) auf. Die Berücksichtigung der Ordinalzahl ist gänzlich ungewöhnlich und läßt sich zunächst daraus erklären, daß Herberts Vorgänger denselben Taufnamen trug. Als Bild zeigt das Siegel den Abt mit Mitra und Stola im Gewand auf einem mit Fratzen und Klauenfüßen versehenen Faltstuhl thronend. In der rechten Hand hält er einen einwärts gekehrten Stab, in der Linken das geöffnete Evangelium. Sein Vorgänger, Abt Herbert I., hingegen trug in seinem zweiten Typar keine Mitra, war aber in seinem ersten Typar noch mit diesem Zeichen der Infulierung wiedergegeben worden, so daß diese umstritten gewesen sein mag. Der Künstler fand offenbar Gefallen an der Ausführung der Einzelheiten des Faldistoriums, die in ihrer wuchtigen Darstellung eher von der Hauptperson des Siegels ablenken, dem Betrachter jedoch einen guten Eindruck von dessen typischen Elementen vermitteln (vgl. Kat. F 18).

Archiv des Klosters Mariental.

Ewald 1933–1942, Taf. 92, Nr. 3. – Kötzschke 1906–58, Bd. 4, S. CCCLXXIV–CCCLXXXVIII. – Römer 1979, S. 163–199. – Stüwer 1980, insb. S. 147f. und S. 323. – Heinrich Meibom, Chronik Marienthal, S. 47. – Naß 1989, S. 15, 25f. mit Anm. 111. – Hucker 1990, S. 449f. – Hasse 1995 (im Druck).

C.P.H.

G 56 Siegel des Augustiner-Chorfrauenstifts Katlenburg

Typar: Niedersachsen (Goslar ?), letztes Drittel 12. Jahrhundert – Urkunde: 1231 Oktober 28

Braunes Wachs – an Pergamentstreifen hängend – Dm. 4,3 cm.

Wolfenbüttel, Niedersächsisches Staatsarchiv, 24 Urk 62

Das Kloster Katlenburg wurde zwischen 1103 und 1105 durch den letzten Grafen von Katlenburg, Dietrich III., einem Sohn Graf Dietrichs II. und Gertruds von Braunschweig, zusammen mit seiner Gattin Adele in der gleichnamigen Burg gegründet und mit Mönchen besetzt. Die katlenburgischen Besitzungen und die damit verknüpfte Vogtei des Klosters Katlenburg gelangten durch die ihren Sohn überlebende Gertrud und ihre Erbtochter Richenza an Lothar von Süpplingenburg, um von hier aus schließ-

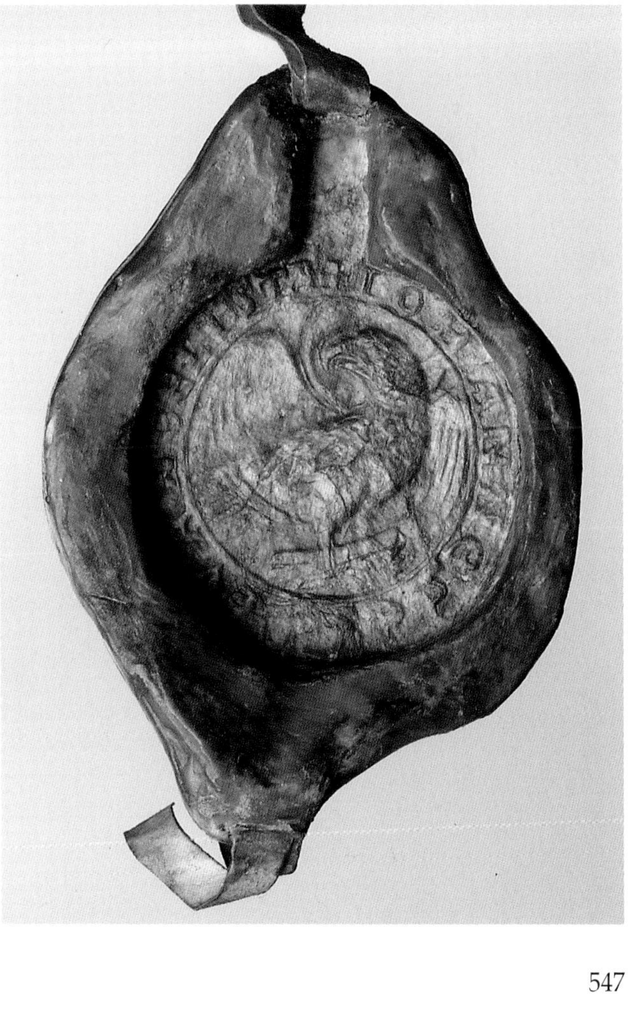

lich in welfische Hände zu kommen. Unter dem Propst Gerhard von Steterburg wurde auch in Katlenburg die Augustinerregel eingeführt. Augustiner-Chorfrauen sind sicher dort seit dem Anfang des 13. Jahrhunderts belegbar. Das runde Siegel trägt die Umschrift + IOHANNES A[P(O)S(TOLI)] EVANGELISTA (Johannes, Apostel und Evangelist) und zeigt als Bild einen den Kopf nach rechts wendenden Adler, der in seinen Fängen ein Buch hält. Dieser Adler symbolisiert den Stiftspatron und hl. Evangelisten Johannes, was das vorliegende Typar zu einem sogenannten redenden Heiligensiegel macht. Die Form der Darstellung braucht einen Vergleich mit anderen Goldschmiedearbeiten nebst Buchmalerei nicht zu scheuen.

Archiv des Klosters Riddagshausen.

UB Stadt Braunschweig 4, S. 396.
Leuckfeld 1713. – Max 1862–1863, Bd. 2, S. 135–150. – Vogt 1959, S. 56, 69f. – Korn 1963–68. – Winzer 1974, S. 125–129.

C.P.H.

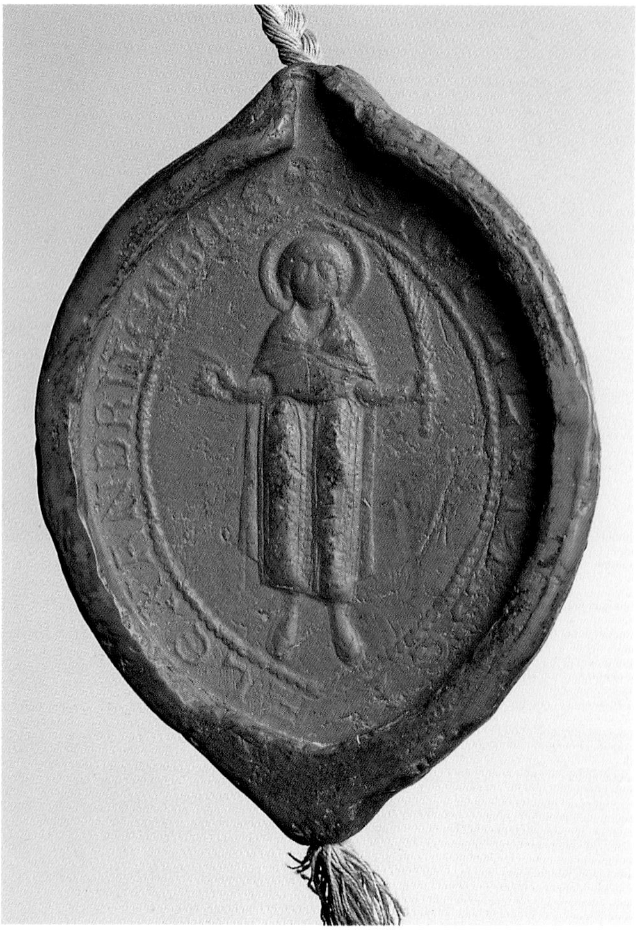

G 57 Siegel des Säkularkanonikerstifts St. Alexander in Einbeck

Typar: Niedersachsen, vor 1200 – Urkunde: 1213

Rotes Wachs – an weißer Zwirnkordel hängend – H. 7,5 cm – B. 6,1 cm.

Wolfenbüttel, Niedersächsisches Staatsarchiv, 22 Urk 31 (in zweifacher Ausfertigung)

Das Stift St. Alexander in Einbeck erfuhr seine eigentliche Gründung durch den Grafen Dietrich II. von Katlenburg (1056–1085), wenngleich auch ein 1975 ergrabener stattlicher Gründungsbau schon in das frühe 11. Jahrhundert datiert wird. Der Ort Einbeck und die Vogtei über das Alexanderstift, wo 1134 erstmals ein Propst nachweisbar ist, waren zusammen mit den Besitztümern der Grafen von Katlenburg über Gertrud von Braunschweig und Kaiser Lothar III. an die Welfen gekommen. Die Verwaltung seiner Einbecker Güter übertrug Herzog Heinrich der Löwe einem ministerialischen Vogt mit Taufnamen Arnold. Der von Kaiser Friedrich Barbarossa abgesetzte Mainzer Erzbischof Heinrich I. zog sich zum Exil in das Alexanderstift zurück und wurde 1153 dort auch beigesetzt. Im Zuge der ersten welfischen Teilung fiel Einbeck an den Pfalzgrafen Heinrich, der vor den Mauern der Stadt im Jahre 1203 das Marienspital gründete und das Stift St. Alexander wiederholt, so auch 1208 dotierte. Unter den Herzögen von Braunschweig-Grubenhagen setzte sich diese Tradition durch Herzog Heinrich den Wunderlichen (*1267, †1322) fort, der dem Stift im Jahr 1288 das noch heute erhaltene, mit einer Stifternotiz versehene gotische Chorgestühl schenkte. Das spitzovale Siegel des Stifts hat die Umschrift + SIGILLVM S(AN)C(TI) ALEXANDRI I(N) ENBIKE (Siegel des hl. Alexander in Einbeck). Es zeigt den mit Nimbus versehenen Heiligen im Standbild in Gewand und Mantel. Die rechte Hand zum Segen erhoben, umfaßt der hl. Alexander mit seiner Linken einen Palmzweig. Wie so viele Stiftssiegel zeigt somit auch das hier vorliegende den jeweiligen Patron, wobei die strenge, karge Machart des Stempels mit dem für den Bildinhalt etwas zu groß geratenen Raum und dem schlichten Faltenwurf des Mantels für eine Entstehung im 12. Jahrhundert spricht.

Archiv des Klosters Mariental.

Max 1862–1863, Bd. 2, S. 113–120. – Vogt 1959, S. 56. – Winzer 1974, S. 117–124. – Arens 1984. – Streich 1986, S. 57. – Naß 1989. – Hasse 1995 (im Druck).

C.P.H.

G 58 Urkunde der Herzoginwitwe Agnes für das Zisterzienserinnenkloster Wienhausen mit Siegeln des Klosters, des Propstes und der Stifterin, Typ II

Wohl Wienhausen, o.D. (ca. 1245)

Pergament – H. 14 cm – B. 19,5 cm – drei beschädigte Siegel aus braunem Wachs – an grünen Seidenfäden hängend – (1) oval – H. 7 cm – B. 4,5. (2) fragmentarisch – Dm. 3 cm. (3) rund – Dm. 5 cm.

Kloster Wienhausen, Archiv, Urkunde 31/Or. cm 25 von 1245 c.

Agnes von Landsberg, die Witwe Heinrichs, Herzog von Sachsen und Pfalzgraf bei Rhein (vgl. Kat. E 24), hatte ihr gesamtes Witwengut, die Burg in (Alten-)Celle, den Goslarer Bergwerkszehnten sowie die Helmstedter Vogtei nach und nach ihrem Neffen Herzog Otto dem Kind veräußert und mit den im Gegenzug erhaltenen, umfangreichen Gütern ihre Klostergründungen Wienhausen und Isenhagen bedacht. Seither lebte sie im Kloster Wienhausen, wo sie zwischen 1248 und 1253 starb und im Nonnenchor beigesetzt wurde; eine um 1270 entstandene, lebensgroße Grabfigur wahrt dort noch heute ihr Andenken (Bd. 3, Abb. 17). Die vorliegende Urkunde stellt Agnes, als *dei gratia ducissa fundatrix ecclesie in winhusen* – von Gottes Gnaden Herzogin, Gründerin der Kirche in Wienhausen – tituliert, gemeinsam mit der Äbtissin Elisabeth und dem als *fundator eiusdem loci* – Gründer desselben Ortes – bezeichneten Propst Werner aus. Bestätigt wird eine Schenkung und Seelgerätsstiftung des Ritters Johannes von Osberneshusen und seiner Gattin A. von Borchorne an Wienhausen. An erster Stelle hängt das Klostersiegel mit der Umschrift [+ SIGI]LLVM . SANCTE MA[RIE IN] WIN[HVS]EN (Siegel der heiligen Maria in Wienhausen). Zu sehen ist die Jungfrau Maria mit Christus auf dem Schoß und einer Lilie in der rechten Hand; rechts und links von ihr befindet sich je ein sechsstrahliger Stern. Das an zweiter Stelle hängende Siegel des Propstes ist lediglich fragmentarisch erhalten und zeigt das die Siegesfahne haltende Lamm sowie die Umschrift [+] S(IGILLVM) WE[RNERIS PREPOSITVS ...]. Das an dritter Stelle befindliche Siegel der Agnes weist die Umschrift + SIGILLVM AGNETIS [VID]VE IN WINHVSEN (Siegel der Witwe Agnes in Wienhausen) auf. Es zeigt die bereits im Klostersiegel dargestellte Muttergottes, zu deren Rechten die Stifterin mit zum Gebet gefalteten Händen kniet. Ihre Figur tritt dabei aus dem unteren Umschriftrand hervor, so daß sie lediglich von der Hüfte an aufwärts sichtbar wird. Daß die Stifterin auf ihr noch wenige Jahre zuvor geführtes herrschaftliches Thronsiegel (Kat. E 24) zugunsten dieser weniger qualitätvollen Arbeit verzichtet hat, dürfte als Ausdruck einer sich in der Zwischenzeit verstärkten religiös-demutsvollen Haltung zu werten sein.

Archiv des Klosters Wienhausen.

Schmidt-Phiseldeck 1882, Siegel Nr. 12, S. 2. – Maier 1970, S. 102–121. – Leerhoff 1994, S. 756–796.

C.P.H.

G 58

Bauplastik

G 59a Antikisierendes Kapitell

Quedlinburg, 1. Hälfte 12. Jahrhundert

Sandstein – z. T. abgesplittert oder abgebrochen – H. 25 cm – B. 25 cm – T. 25 cm.

Quedlinburg, Städtisches Museum Quedlinburg, Inv. Nr. Q/BZ-118

Das Kapitell, zur Gruppe der Kelchblockkapitelle gehörend, geht in seinem Ursprung auf das klassische korinthische Kapitell der Antike zurück. Von diesem wurde der Aufbau in zwei Reihen übereinander (untere Blattreihe und obere Voluten an den Kapitellecken) übernommen ebenso wie die Blüte zwischen den Voluten in der Mitte jeder Kapitellseite. In den Proportionen und der Ausführung dieser Motive unterscheidet sich das Kapitell allerdings völlig von seinem klassischen Vorbild. Die untere Hälfte wird von dicken, fleischigen Blättern besetzt, wobei sich jeweils ein Blatt über die Kapitellecken wölbt und ein kleineres Blatt zwischen diese gesetzt ist. Sowohl die Unter- als auch die Oberseite der Blätter sind fächerförmig im Kerbschnitt gearbeitet. Die obere Kapitellhälfte wird vollständig von großen, fächerartig reliefierten Voluten bedeckt, deren sich spiralförmig eindrehende Spitzen an den

G 59 a

Kapitellecken zusammentreffen. Auf jeder Seite wurde eine stilisierte radförmige Blüte zwischen die Voluten unterhalb des Abakus eingefügt. Sowohl Blätter als auch Voluten und Blüte sind stark plastisch aus dem Kapitellblock herausgearbeitet.
Auf diese Form des Kapitells trifft man im sächsischen Raum an Bauten des 12. Jahrhunderts (Kloster Hecklingen, Doppelkapelle Landsberg). Früheste Beispiele finden sich in Norditalien, in der Emilia, wo auch der Ursprung dieses Kapitelltypus zu suchen ist. Dort begann um 1100 eine erneute Besinnung auf antike Formen. Analoge Kapitelle sind an den Domen von Ferrara und Cremona zu sehen. Der italienische Einfluß auf sächsische Bauplastik steht offensichtlich im Zusammenhang mit dem Wiederaufbau der Stiftsgebäude auf dem Schloßberg in Quedlinburg im 12. Jahrhundert. Mit ihm zogen Charakteristika lombardischer und emilianischer Bauplastik in Sachsen ein. Auf welchem Weg dies geschah, ist umstritten.
Über den ursprünglichen Standort des Kapitells ist nichts bekannt. Vermutlich gehörte es, ebenso wie das Blattkapitell aus Quedlinburg (Kat. 59 b), zur plastischen Ausstattung der Stiftsgebäude.

Quedlinburg, Stiftsgebäude auf dem Stiftsberg, genauer Fundort unbekannt.

B. Schm.

G 59 b

G 59 b Kapitell mit Blattornament

Quedlinburg, 1. Hälfte 12. Jahrhundert

Kalkstein – teilweise abgesplittert – H. 25 cm – Abakus 25 x 25 cm – Halsring Dm. 13 cm.

Quedlinburg, Städtisches Museum Quedlinburg, Inv. Nr. Q/BZ-44

Die Grundform eines einfachen Würfelkapitells ist dahingehend bereichert, daß auf die Oberfläche aller vier Seiten ein und dasselbe Blattornament in Kerbschnittechnik gesetzt wurde. Es entfalten sich auf jeder Kapitellseite zwei Blattwedel von der unteren Flächenmitte ausgehend nach rechts und links. Die Blattwedel bestehen aus je drei länglichen Blättern. Bis zur halben Kapitellhöhe steigen sie gemeinsam auf, um dann bogenförmig auseinanderzugehen. Mittig unter der Deckplatte verbindet ein leicht nach unten gebogener Kerbschnitt beide Blattwedel. Auf der unteren Kapitellhälfte schließen sich zwei kleinere Blattwedel halbkreisförmig. Auch sie setzen sich aus je drei länglichen Blättern zusammen. Dort, wo die Blattspitzen zusammentreffen, steigen die großen oberen Blattwedel auf. Jeder Wedel wird stetig zu den Blattspitzen hin breiter.
Das Kapitell wurde bei Grabungen auf dem Stiftsberg zwischen 1938 und 1942 zusammen mit zwei weiteren, in Größe, Typus und Ornamentik sehr ähnlichen Kapitellen gefunden. Solche Kapitelle, deren Grundform das Würfelkapitell ist, auf welchem Ranken in stark geometrischer und reduzierter Form die Seiten schmücken, sind im 12. Jahrhundert von Süditalien bis Großbritannien verbreitet. Das Zentrum ihres Verbreitungsgebiets liegt in der norditalienischen Region um den Comer See, nördlich von Mailand. Dort wurden Kapitelle bereits zum Ende des 11. Jahrhunderts in großer Anzahl analog gestaltet.
1070 zerstörte ein Brand sämtliche Gebäude auf dem Schloßberg in Quedlinburg. Wann genau der Wiederaufbau der Gebäude begann, ist ungewiß, doch konnte die Stiftskirche 1129 geweiht werden. Gleichzeitig mit dem Neubau der Kirche, oder kurz danach, werden auch die übrigen Stiftsgebäude erneuert worden sein. Aus ihren Mauern stammt dieses Kapitell. Während der Ausgrabun-

gen wurden elf weitere Kapitelle gleicher Größe gefunden. Diese Gruppe von Kapitellen entstand in der ersten Hälfte des 12. Jahrhunderts.

Quedlinburg, Stiftsgebäude auf dem Stiftsberg, genauer Fundort unbekannt; 1938–1942 gefunden und in das dortige Museum gebracht.

Wäscher 1959, S. 47, Abb. 207.

B. Schm.

G 59 c Kelchkapitell mit Blattornamentik

Sachsen, 1. Hälfte 12. Jahrhundert

Kalkstein – leichte Spuren von Erosion – H. 22 cm – B. 19,5 cm – T. 17,5 cm.

Braunschweig, Braunschweigisches Landesmuseum (Depot)

Das kleine Kelchkapitell zeigt eine wenig differenzierte Oberflächenbehandlung. Ausgehend vom Halsring steigen symmetrisch auf jeder Kapitellseite gleichermaßen je drei flache, sehr schmale Linien in Kerbschnittechnik gearbeitet auf. An den Kapitellecken berühren sich die seitlichen Linien fast unmittelbar über dem Halsring und erweitern sich nach oben hin leicht zu schmalen Blättern. Gegenüber dem oberen Drittel tritt der untere Corpusteil zurück. Die Blätter auf dem unteren Kapitellcorpus enden leicht vorgewölbt am Übergang zum oberen Corpusdrittel. Drei Kerben auf der Mitte jeder Seite des Kapitells bilden den Stengel zu zwei unter dem Abakus nach rechts und links gewendeten, dreifach unterteilten Blattspitzen, welche sich über die unteren seitlichen Blätter beugen. Die sehr flach gehaltene florale Auflage auf dem Corpus verleiht dem Kapitell einen schlichten und zugleich streng ornamentalen Ausdruck.

Das Kapitellrelief erinnert an Flechtbänder, wie sie für die lombardische Bauplastik des späten 11. Jahrhunderts typisch sind. Diese Art, das Kapitell, den Fries oder die Säule mit einem Ornament aus Flechtbändern zu schmücken, die sich sowohl in ihren Enden zu Blättern entwickeln als auch mit Tieren oder Figuren besetzt sein können, findet in der Bauplastik des frühen 12. Jahrhunderts in Mailand und Pavia ihren Höhepunkt. Das Kapitell zeigt, daß die sächsische Bauplastik des 12. Jahrhunderts von norditalienischer Bauplastik beeinflußt war, wobei das Motiv zwar als solches übernommen wurde, die Ausführung allerdings durch einheimische Bildhauer erfolgte. Entsprechend dem Blattkapitell aus Quedlinburg (Kat. 59 b) finden sich auch für dieses Kapitell die engsten, analog gearbeiteten vergleichbaren Beispiele in der Region um den Comer See in der nördlichen Lombardei.

Über die Provenienz des Kapitells ist nichts bekannt.

B. Schm.

G 59 c

G 59 d Antikisierendes Kapitellfragment

Sachsen, Mitte 12. Jahrhundert

Kalkstein – Unterseite z. T. abgeschlagen, Ecken abgestoßen – H. 24 cm – B. 31 cm – T. 15 cm.

Braunschweig, Braunschweigisches Landesmuseum, Inv. Nr. VMB 5745

Das Kapitell gehört zu einer Gruppe dem korinthischen Kapitell nachempfundener Kelchblockkapitelle. Die Vorderseite ist in zwei gleichgroße horizontale Zonen unterteilt. Die untere Zone ist auf jeder Seite von drei Blättern, die obere von je zwei Voluten besetzt, deren Schnecken als Blätter geformt sind. An den unteren Ecken, sowie zwischen diesen, wölbt sich je ein kurzes Blatt, dessen Unter- und Oberseite mehrmals eingekerbt ist. Über den unteren

G 59 d

Eckblättern führen kurze, dicke, mit Kanneluren versehene Trommeln aufwärts. Sie stützen die Schnecken der Voluten, die sich an den Kapitellecken von je zwei Seiten kommend berühren. Die Flächen zwischen den Blättern und dem Abakus sind mit je drei Blättern rechts und links der Mittelachse fächerartig verziert. In der Achsenmitte sitzt direkt unter dem Abakus eine sternförmige Blüte. Auf den Schmalseiten wird die Volute direkt vom mittleren Blatt der unteren Zone aus hochgeführt und ist entsprechend den Ecksäulchen der Vorderseite stark hinterschnitten. Die von der Vorderansicht variierende Gestaltung der Schmalseiten läßt die Vermutung zu, daß es sich ursprünglich um ein Pilasterkapitell und nicht um die Hälfte eines Säulen- oder Pfeilerkapitells handelte.
Im Vergleich zu ähnlich gestalteten Kapitellen der norditalienischen Region der Emilia zeigt dieses Kapitell sächsischer Provenienz eine hohe Qualität in der Durchformung und Ausführung. Es ist in die Mitte des 12. Jahrhunderts zu datieren.

Über die Provenienz des Kapitells ist nichts bekannt.

B. Schm.

G 59e Akanthusblattkapitell aus Königslutter

Königslutter, 2. Hälfte 12. Jahrhundert

Kalkstein – z. T. abgesplittert – H. 36 cm – B. 43 cm – T. 44 cm.

Braunschweig, Braunschweigisches Landesmuseum, Inv. Nr. ZG 2318

Das in zwei horizontale Zonen unterteilte Kapitell ist in der unteren Hälfte rundherum dicht mit an Akanthusblätter erinnernden Blattfächern besetzt. Die Blätter der Kapitellecken sind etwas größer und wölben sich weiter aus dem Kapitellcorpus heraus als diejenigen, die zwischen diesen stehen. Die Räume zwischen den Blattstengeln sind mit kleineren Blättern ausgefüllt. Daraus ergibt sich auf der unteren Corpushälfte ein dichter Kranz von an der Unterseite tief eingekerbten Blättern. Auf jeder Seite des Kapitells erheben sich vom mittleren Blatt der unteren Zone zwei Voluten. Im großen Bogen treffen ihre Schnecken an den Kapitellecken mit den unteren Eckblättern zusammen. Zum Abakus hin sind die Voluten dicht mit je einer Blattreihe besetzt. Zwischen den aufsteigenden Voluten ist der Zwickel unterhalb des Abakus mit einem Dreiblatt gefüllt; zwischen den Voluten und den unteren Akanthusblättern ist der Kapitellblock tief durchbrochen, so daß ein sehr organischer Eindruck eines Blattkapitells entstehen konnte.
Das Kapitell zählt zu einer Gruppe spätromanischer Bauplastik, die im Gegensatz zu älteren Werken freiplastischer gearbeitet wurde. Diese freiere Gestaltung ist unter anderem im Durchbrechen des Kapitellcorpus erkennbar, wo-

G 59e

durch die Wiedergabe eines naturalistischer erscheinenden Blattwerks möglich wurde. Diese Tendenz tritt zu Beginn des 12. Jahrhunderts in den antikisierenden Kapitellen der Emilia auf, wie Beispiele am Dom von Modena zeigen. Das Kapitell stammt aus dem Klosterbezirk in Königslutter, dessen Bauplastik in direktem Zusammenhang mit derjenigen der Emilia und den Werken des oberitalienischen Meisters Nicolò steht (vgl. den Beitrag von Bruno Klein in Bd. 2, S. 105–119).

Königslutter, Klosterbezirk.

B. Schm.

G 60a Kämpfer mit Palmettenranken

Hildesheim, um 1172

Sandstein – an einer Seite abgearbeitet, Absprünge und Verwitterungen an der oberen Platte – H. 26 cm – B. 40 cm – T. 41 cm.

Hildesheim, St. Godehard

Über drei Seiten des Kämpfers ziehen sich Palmettenranken, die mit ihren schmalen wulstartigen Stengeln auf der Seite liegende Herzformen ausbilden und mit liegenden Vollpalmetten gefüllt sind. Zur Kämpferkante hin werden die Rankenstengel durch eine dreisträhnige Manschette zusammengefaßt, dahinter münden sie in zwei Palmettenwedel, die sich vertikal zur Kämpferkante auffächern. Seitlich der Herzranke entwachsen weiterhin jeweils zwei vierzungige Palmettenwedel, die sich unter die obere Kämpferplatte schmiegen. Charakteristisch für die Ausführung der Vollpalmetten sowie der Palmettenwedel ist

G 60a

G 60b

an diesem Kämpfer die Einrollung der unteren Palmettenzungen zu einfachen kleinen Voluten.
Der ursprüngliche Standort des Kämpfers kann nicht mehr genau ausgemacht werden, er stammt eventuell aus dem ehemaligen Kreuzgang. Ein stilkritischer Vergleich ordnet dieses Werkstück mit der Vollpalmette in einer herzförmigen Ranke einigen Kapitellen aus dem Langhaus von St. Godehard zu, an denen ebenfalls dieses Motiv in gleicher Ausführung anzutreffen ist. Aufgrund dessen ist eine Datierung des Kämpfers in die Entstehungszeit der Langhauskapitelle von St. Godehard in Hildesheim, also auf um 1172, möglich.

Hildesheim, St. Godehard; ursprünglicher Standort unklar, eventuell aus dem ehemaligen Kreuzgang; heute in den ehemaligen Klausurgebäuden aufgestellt.

Hölscher 1962, S. 38. – Kat. Hildesheim 1988, S. 47f., Nr. 9b, Abb. b. – Lieb 1995, S. 156–158.

S.L.

G 60b Kämpfer mit Palmettenfries

Hildesheim, um 1172

Sandstein – an einer Seite abgearbeitet, Ausbrüche in der oberen Platte, Querriß über eine Kämpferkante – H. 26 cm – B. 45 cm – T. 37 cm.

Hildesheim, Basilika St. Godehard

Der Kämpfer, der mit einer glatten, gerade geschnittenen Platte nach oben abschließt, ist mit einem durchlaufenden Palmettenfries ornamentiert. Auf jeder Stirnseite steht mittig eine Vollpalmette mit volutenartig eingerollten unteren Palmettenzungen. Sie ist im unteren Bereich zu beiden Seiten durch bogenförmige, zweisträhnige Stengel mit dreizungigen stehenden Halbpalmetten verbunden. Diese bilden jeweils zu den Kämpferkanten hin viersträhnige bogenförmige Stengel aus, die sich nach oben hin in eine übereck auffächernde Vollpalmette öffnen. Der Wechsel von breit ausladender Vollpalmette und schmaler, steil aufgerichteter Halbpalmette erinnert an einen antiken Palmetten-Lotos-Fries.
Obwohl die Steinmetzarbeit an diesem Kämpfer allgemein gröber und die Ornamentik nicht so plastisch ausgearbeitet wirkt wie bei seinem Gegenstück, dem Kämpfer mit Palmettenranke, ist doch anhand der Ausführung eines Motivs derselbe Meister für beide Werkstücke anzunehmen. Dieses Parallelmotiv stellt die Vollpalmette dar, die an beiden Kämpfern die unteren Voluten sowie löffelförmig endende seitliche Palmettenzungen und eine spitz zulaufende obere Palmettenzunge aufweist. Die stilistische Zuordnung gewährleistet eine Datierung des Kämpfers mit Palmettenfries auf um 1172, weiterhin kann als möglicher ursprünglicher Standort wie für den Kämpfer mit Palmettenranke der ehemalige Kreuzgang von St. Godehard angegeben werden.

Hildesheim, St. Godehard; ursprünglicher Standort unklar, eventuell aus dem ehemaligen Kreuzgang, heute in den ehemaligen Klausurgebäuden aufgestellt.

Hölscher 1962, S. 38. – Kat. Hildesheim 1988, S. 47f., Nr. 9d. – Lieb 1995, S. 156–158.

S.L.

G 60c Kämpfer mit Diamantbogenreihe

Hildesheim, um 1172–1175

Rätsandstein – kleine Absprünge an den Ecken der oberen Platte, auf der Südseite jüngerer Metalleinsatz von ca. 1950 – H. 21 cm – B. 96 cm – T. 98 cm.

Hildesheim, St. Michael

Der Kämpfer stammt ursprünglich aus dem Langhaus von St. Michael in Hildesheim, wo er zusammen mit einem 1945 zerstörten Palmettenringband-Kapitell die sechste südliche Säule (von Osten) der Mittelschiffsarkaden zierte. Das Schmiegeprofil schließt nach oben mit einer gerade

G 60 c

geschnittenen, nicht ornamentierten Platte ab. Als Diamantbogenreihe mit Palmettenstrahlen legt sich das Ornament sehr flach ausgearbeitet auf die Kämpferseiten. Pro Seite sind zweieinhalb stehende halbkreisförmige Diamantbandbögen angebracht, deren Bogenenden jeweils einem kleinen Palmettenbüschel entsteigen, das auf dem Rand der unteren Kämpferkante steht. Im Radiusmittelpunkt jedes Halbkreisbogens steht ebenfalls auf der unteren Kämpferkante ein weiteres Palmettenbüschel, von dem aus drei fünfsträhnige Palmettenwedel strahlenförmig zur Bogenkrümmung aufwachsen. Dort führen sie hinter das Diamantband und schlagen mit ihren Palmettenzungen nach vorne um. Die Bogenreihe wird über die Eckkanten fortgeführt.

Das Motiv der Diamantbogenreihe gehört zu den sehr häufig verwendeten Ornamentformen in der sächsischen Bauornamentik des 12. Jahrhunderts. Bereits Nickel hat für das Motiv des Diamantbandbogens in Kombination mit Palmetten eine Reihe von Beispielen zusammengestellt, die jedoch keine stilistischen Zuordnungen ermöglichen. In St. Michael zu Hildesheim, wo das Motiv weiterhin am Kämpfer der sechsten Mittelschiffssäule (von Osten) erscheint, wird wohl eine Inspiration von der Königslutterer Formgebung (Kämpfer eines Kreuzgang-Kapitells) erfolgt sein. Weitere ähnliche Ausprägungen zeigen sich in Braunschweig (Burg Dankwarderode, St. Aegidien), Michaelstein, Mariental, St. Mauritius/Hildesheim und Wunstorf. Eine stilistische Übereinstimmung läßt sich zwischen Königslutter und der Burg Dankwarderode in Braunschweig herstellen. Ansonsten sind die Ausarbeitungen des Motivs jeweils unterschiedlich, auch St. Michael in Hildesheim ist mit seinen Varianten einmalig.

Die Datierung zwischen 1172 und 1175 geht aus stilistischen Vergleichen des gesamten Kapitellprogramms von St. Michael in Hildesheim, das in der zweiten Hälfte des 12. Jahrhunderts unter Bischof Adelog einheitlich in das Langhaus eingesetzt worden ist, mit anderen Kapitellen des sächsischen Raums hervor.

Hildesheim, St. Michael; ursprünglich im Langhaus, seit 1945 im erhaltenen Westflügel des Kreuzgangs aufgestellt.

Nickel 1953/54, S. 43f. – Beseler/Roggenkamp 1954, Abb. 21. – Großmann 1961, S. 27. – Kat. Braunschweig 1980, Abb. 54, Abb. 159. – Haenchen 1989, S. 53. – Lieb 1995, S. 66–68, S. 154f., Abb. 48.

S. L.

G 60 d Fragment eines Löwen-Kapitells

Hildesheim, um 1172–1175

Rätsandstein – mehrere Bruchstellen, Bestoßungen

Hildesheim, Ev.-luth. Kirchengemeinde St. Michaelis

Das relativ große Fragment ist während der Bombentreffer des 22. Februar und 22. März 1945 in der Hildesheimer Michaeliskirche vom Löwen-Kapitell der vierten südlichen Langhaussäule (von Osten) abgebrochen. Dieses geborstene Kapitell wird heute im erhaltenen Westflügel des Kreuzgangs von St. Michael aufbewahrt, während das Fragment im Lapidarium gelagert wird. Das Bruchstück stellt die ehemalige Südostecke des Kapitells dar, die in vollständiger Kapitellhöhe, vom Halsring bis hoch zum Abakus, erhalten ist.

Das Löwen-Kapitell ist vom Grundtyp her ein Blockkapitell mit Palmettenornamentik und vier großen, auskragenden Löwen auf den unteren Kapitellecken. Die Palmettenornamentik gliedert sich in einen unteren umlaufenden Palmettenkranz und einen darüber aufsteigenden Palmettenschleier, der durch ein um das ganze Kapitell führendes Band gehalten wird. Auf dem Fragment ist deutlich eine Vorderpfote der Löwenfigur zu erkennen, die mit vier Krallen auf dem Halsring lagert. Die zweite Pfote ist zusammen mit der oberen Halsringschicht bei der Zerstörung während des Zweiten Weltkriegs verlorengegangen. Über dem Halsring streckt sich die Löwenfigur mit weit geöffnetem Maul aus dem Palmettenkranz heraus.

G 60 d

Die Form des Löwenkopfes ist von vorne betrachtet rund, verjüngt sich jedoch zur Schnauze hin. Der obere Bereich des Kopfes ist mit einem kappenartigen Aufsatz versehen, dessen Rand oberhalb der Augen verläuft und, beidseitig über den Wangenknochen entlangführend, bis zum Ansatz der Halsmähne reicht. Die Augenbrauen und die Abgrenzung der Kopfmähne sind durch einen durchlaufenden Steg, der über den Augen gekrümmt ist, angezeigt. Über der Nasenwurzel zieht sich die niedrige Stirn des Tieres in zwei Falten, die links und rechts eines mittleren Keils über den Augen auslaufen. Die Ohren sind als kleine, eng anliegende, ovale Lappen auf der Kopfmähne angebracht. Die mandelförmigen Augen bestehen aus einer als Steg ausgeführten Rahmung, einer konkav gewölbten Linse und einer gebohrten Pupille. Die Nase ist breit und dreischienig und endet über der Maulöffnung in einer Verdickung. Das geöffnete Maul ist bis in die Höhlung hinein ausgearbeitet, es weist Absprünge im Bereich der Oberlippe auf, die jedoch nicht von der Zerstörung 1945 stammen, sondern bereits im 19. Jahrhundert vorgelegen haben müssen, wie es ältere Fotographien zeigen. Deutlich ist jedoch noch die untere Zahnreihe im geöffneten Löwenmaul zu erkennen. Der Löwenhals streckt sich fast parallel zum Halsring aus dem Kalathos; er ist mit zwei Reihen von lockigen Mähnenzotteln bedeckt.
Parallelen für die Ausbildung der Löwenfiguren des Hildesheimer Löwen-Kapitells lassen sich an Kapitellen in Hamersleben und Riechenberg finden. Eine Motivübernahme ist hier erfolgt, Werkstattzusammenhänge lassen sich jedoch aufgrund der stilistischen Unterschiede ausschließen.

Hildesheim, St. Michael, ursprünglich im Langhaus, heute Aufbewahrung im Lapidarium.

Zeller 1907, Taf. 9. – Beseler/Roggenkamp 1954, Abb. 21. – Großmann 1961, S. 35, Abb. 23. – Lieb 1995, S. 59–62, 146f., 182, 190, Abb. 39.

S. L.

G 61 Bauskulptur aus dem Zisterzienserkloster St. Maria zu Mariental

um 1220

a) Kapitell: Kalkstein – fragmentiert – H. 24 cm – B. 37 cm – T. 37 cm.

b) Basis: Kalkstein – fragmentiert – H. 20 cm – B. 43 cm – T. 36 cm.

Helmstedt-Mariental, Klostergebäude, Lapidarium

Kapitell und Basis waren ursprünglich durch ein Bündel aus vier Säulen verbunden, die um einen runden Kern gruppiert waren. Diese außergewöhnliche Pfeilerform gibt Hinweise auf Funktion und Herkunft. Das 1138 gegründete Mariental sah sich wie viele kleinere Klöster angesichts der großartigen Neubauten in der Nachbarschaft

G 61 a

(Riddagshausen, Magdeburg, Walkenried) zu Beginn des 13. Jahrhunderts veranlaßt, wenigstens einen Teilumbau vorzunehmen. So entstanden das zweischiffige Laienrefektorium und der Kreuzgang zwischen 1220 und ca. 1235 neu. Die hier gezeigten Stücke entstammten jedoch einer Kapellenerweiterung zwischen Sanktuarium und Nordquerarm, die als vierjochiger Zentralraum mit Freistütze ausgestaltet war. Eine ähnliche partielle Erweiterung, allerdings mit zusätzlich zwei Apsidiolen, hatte es bereits um 1180 am Südquerhaus in Walkenried I gegeben. Dieser um 1220 erfolgte Anbau verweist mit seinen Schmuckformen auf den Magdeburger Dom. Eine Vierersäule, jedoch mit Adlerkapitellen, befindet sich im sogenannten Biforium am Nordquerarm im Emporengeschoß, das als letzter Bauabschnitt der ersten Bauphase (Chorumgang und erstes Turmgeschoß) bis 1220 vollendet war. Auch die weiche, fast naturalistische Modellierung der Voluten auf dem Kapitellkörper, wobei jede Schematisierung trotz der symmetrischen Disposition vermieden wird, verweist auf die Kapitellplastik des Magdeburger Chorumgangs. Die leicht gequetschten attischen Basen mit breiter Kehle und Ecknasen finden sich in dieser Kombination auch an einer Freisäule in der Doppelkapelle auf der Neuenburg in Freyburg a.d. Unstrut, die um 1220 datiert wird. Auch in der

G 61 b

Ostkrypta des Naumburger Doms treten um 1210 vier solcher Säulenbündel mit sichtbarem Kern auf. Das alles spricht für einen stark rheinischen Einfluß für die Zeit ab 1200 in Sachsen-Thüringen, der aber ab 1220 durch das Eindringen knapper, zisterziensisch über Schwaben und Franken vermittelter Bauplastik abgelöst wurde.

Inv. Kreis Helmstedt, S. 127–143.– Wille 1954. – Segers-Glocke 1977. – Grote 1988, S. 96–98.

B.N.

G 62

G 62 Bauskulptur aus der ehemaligen Zisterzienser-Klosterkirche St. Maria und Martin zu Walkenried

um 1220

a) Kelchknospenkapitell – ehemals nördliche Umgangshalle – H. 78 cm – B. 74 cm – T. 44 cm.

b) Rippenanfänger – ehemals südliche Umgangshalle – H. 94 cm – B. 90 cm – T. 90 cm.

c) Konsole mit eingeritzten Halbmonden – H. 35 cm – L. 73,5 cm – B. 32 cm.

Walkenried, Klosterruine St. Maria

Die Klosterkirche von Walkenried, 1209 als Neubau anstelle eines wesentlich kleineren Vorgängerbaus begonnen, war das bedeutendste Bauvorhaben im welfischen Einflußgebiet zu Anfang des 13. Jahrhunderts. Nicht nur an Größe stellte die neue Kirche die weitgehend fertiggestellte Braunschweiger Stiftskirche St. Blasius in den Schatten, sondern auch in Mauer- und Wölbtechnik entstand einer der damals modernsten Bauten in Norddeutschland. Sorgfältige Quadertechnik und durchgängige Rippenwölbung veranschaulichten ein neues ›Anspruchsniveau‹, das nicht zuletzt mit der überragenden politischen und wirtschaftlichen Bedeutung des Klosters an der Wende zum 13. Jahrhundert zu erklären ist. Gleichzeitig bedeutete dies einen grundlegenden Wechsel in der künstlerischen Ausformulierung bauplastischer Elemente gegenüber den Kirchenbauten vor oder um 1200. Auch der Plan der zwischen 1209 und ca. 1240 errichteten Ostteile wird aus diesem Zusammenhang plausibel: Aller Wahrscheinlichkeit nach folgte Abt Heinrich II. (1205–17/1226–29) mit der Wahl eines rechteckigen Umgangschors, bei dem Kapellen und Umgang im Norden und Süden hallenartig verschmolzen waren, dem Schema des im Bau befindlichen Primarklosters Morimond (Haute-Marne). Da dieser Bau um 1820 abgerissen wurde, können wir uns heute nur noch im niederösterreichischen Lilienfeld (Ostteile, 1206–ca.1230) eine Vorstellung von der ehemaligen Struktur der Walkenrieder Anlage machen. Abt Guido von Morimond (1202–1237) hatte zwischen 1200 und 1202 unter dem Namen Heidenreich in Walkenried regiert und sich bester Beziehungen zum welfischen König Otto IV. erfreut. Unter seiner wesentlichen Mitwirkung kam 1209 auf dem Würzburger Hoftag die Dispens anläßlich der politisch wichtigen Heirat mit Beatrix von Hohenstaufen zustande, die neben dem Kaisertum auch die welfisch-staufische Versöhnung herbeiführen sollte. Ottos Gelübde auf dem Hoftag, ein Kloster zu gründen oder neu zu errichten, läßt sich indirekt mit dem Bauvorhaben in Walkenried zusammenbringen, das damit eine unmittelbare Vorgängerrolle gegenüber dem Neubau von Riddagshausen nach 1216 erhielte.

Stellten die Ostteile Walkenrieds strukturell, gemeinsam mit anderen Bauten der sogenannten Morimond II-Gruppe, purifizierende Gegenentwürfe zu den Umgangschören der Kathedralen des französischen Kronlandes der Stufe von Noyon und Laon dar, so sind stilistische Vorbilder nicht dort, sondern im schwäbischen Bereich festzumachen.

Die Beziehungen zu den Maulbronner Klausurbauten des frühen 13. Jahrhunderts sind seit Giesau gesehen worden, doch flossen in Walkenried mit Verwendung diamantierter Rundbogenfriese am Außenbau auch schwäbisch-romanische Formen ein, wie sie beispielsweise an der Walterichskapelle in Murrhardt zu finden sind. Die ehemalige Walkenrieder Nordhalle, gegliedert durch filigrane gewirtelte Rundstützen mit nur 46 Zentimetern Durchmesser, zeigt größte Übereinstimmung mit dem Stützsystem des Herrenrefektoriums in Maulbronn (um 1210/20), obwohl dieses im Unterschied zu Walkenried einen durch die sechsteilige Rippenwölbung bedingten Stützenwechsel aufweist. Auch die diamantierten Rippen mit gequetschtem Mittelprofil, das durch einen schmalen Grat betont ist, finden sich im Herrenrefektorium. Für die Südhalle, von der der Rippenanfänger stammte, ist eine Pfeilerform im T-Profil auf rechteckigen Basen zu rekonstruieren, so daß die Rippen über rechteckigen Kämpfern ansetzten, im Gegensatz zu den oktogonalen im Norden. Der Wechsel der Stützform ist wahrscheinlich statisch zu erklären. Aus diesem Grunde hat man im Osten auf eine durchgängige Hallenstruktur verzichtet und die drei außen liegenden Kapellen durch massive Mauern getrennt. Unerfahrenheit mit dieser Bauform und hohe Grundwasserstände haben die Ostteile seit der Erbauung gefährdet und zu einem Umbau im letzten Drittel des 14. Jahrhunderts mit dem noch heute als Ruine erhaltenen Polygon geführt, der aber die Mängel der Fundamentierung nicht beheben konnte.

Um 1230 zeigten die Chorumgangshallen im Norden und Süden eine lichte Struktur, die sie mit den zweischiffigen Refektorien der Zisterzienser vergleichbar machte, aber auch mit anderen Speisesälen, wie dem von Saint-Martin-des-Champs in Paris. Monumentale gewirtelte Rundstützen waren kurz nach 1200 im deutschsprachigen Gebiet an den Querhauspfeilern des Straßburger Münsters verwendet worden. Das zweizonige Kelchknospenkapitell läßt den Kapitellkörper im oberen Drittel zwischen den vier Eckvoluten sichtbar werden, wobei dieser durch einen Halsring und einen schmalen Diamantfries gegliedert wird. Exakt diese Form findet sich an der schmalen Nordstütze des Maulbronner Herrenrefektoriums, während die übrigen Kapitelle dort ganz unterschiedlich gestaltet sind. Die Blattgliederung bleibt stark flächig mit reliefartigen Vertiefungen. In dieser Reduktionsform ist weniger ein Qualitätsverlust als vielmehr die Umsetzung der bernhardinischen Prinzipien von *puritas* und *simplicitas* zu sehen. Die Rippenanfänger offenbaren eine technische Neuerung (*tas-de-charge,* Viollet-le-Duc), die den Bau der Walkenrieder Ostteile auf eine Stufe mit den wichtigen Neubauvorhaben der Ile-de-France um 1200 hebt. Die Wölbglieder sind nicht mehr additiv zusammengesetzt, sondern entwachsen einem Basisblock, auf dem ein zweiter, weiter ausgreifender Block anschloß, wie es in Maulbronn zu sehen ist. Erst in der dritten Schicht trennten sich die einzelnen Wölbelemente. Die frühe Rezeption bei den Zisterziensern zeigt deren Interesse an konstruktiven Innovationen. Damit steht Walkenried auch in vorderster Linie gegenüber dem gleichzeitigen Chorbau des Magdeburger Doms (Bischofsgang um 1225/30) und der eher retrospektiven Struktur der Zisterzienser-Klosterkirche in Riddagshausen. Daneben wurde Walkenried auch in der Bauplastik maßstabsbildend für umliegende Bauten, wie die Stiftskirche in Nordhausen, die Mühlhäuser und Arnstädter Stadtkirchen, aber auch den Halberstädter Dom (Westfassade).

Inv. Kreis Blankenburg, S. 283–289. – Klosterruine Walkenried. – Giesau 1912, S. 2–7. – Pfeifer 1914, Sp. 108f. – Nicolai 1990 (Lit.). – Frank 1993, S. 112–130.

B.N.

G 62b

G 62c

G 63 Bauskulptur aus der ehemaligen Zisterzienser-Klosterkirche St. Maria und St. Johannis Ev. zu Riddagshausen

um 1230–1240

Kämpferkonsolen vom ehemaligen Mönchsportal des Kreuzgangs – Gipskopie – a) linke Blattkonsole: H. 46 cm – B. 32 cm – T. 16 cm – b) rechte Blattkonsole: H. 45 cm – B. 29 cm – T. 16 cm.

Braunschweig-Riddagshausen, Klostermuseum

Der 1216 durch Otto IV. gestiftete Neubau der Klosterkirche stellt den Versuch dar, nach der Niederlage von Bouvines noch einmal die Macht des legitimen Kaisers als Schützer der Kirche durch einen monumentalen Neubau zu bekräftigen. Schon Dehio hat den retardierenden Gesamtcharakter der inmitten welfischen Territoriums gelegenen Anlage erkannt, die gleichwohl mit rektangulärem Umgangschor und abgesetztem, eigens belichteten Kapellenkranz dem repräsentativen Schema von Cîteaux II folgte und so als Gegenentwurf zu Walkenried zu interpretieren ist. In der Materialität – Bruchsteinmauerwerk mit gequaderten Ecklisenen und Kreuzgratwölbung in den Ostteilen – folgte Riddagshausen der Benediktiner-Klosterkirche von Königslutter und der Stiftskirche St. Blasius in Braunschweig. Nach Ottos Tod 1218 förderte Pfalzgraf Heinrich das Bauvorhaben weiter, so daß die um 1230 fertiggestellten Teile des Sanktuariums und des Mönchschors bis ins erste Langhausjoch als ausgesprochen ›welfisch‹ anzusehen sind. Die Westteile folgten nach Planwechsel zwischen 1240 und 1275 auch stilistisch anderen Prämissen. Schon Bickel hat darauf hingeweisen, daß im Gegensatz zur Materialität und Baustruktur die Bauplastik außerordentlich aktuell ist. Die antikischen Palmettenkonsolen des Kreuzgangportals trugen ein einfaches, mit einem doppelten Rosettenstein geschmücktes Tympanon, das von einem aus dem Gewändeprofil entwickelten polyloben Bogen überfangen wurde. Antikisches, kombiniert mit dieser seltenen Bogenform, verweist auf Elemente im Magdeburger Domchor (Bischofsgang und entsprechende Turmgeschosse [um 1225]), wird hier aber frei verarbeitet. Dagegen haben die polyloben Bögen und die Kragkonsole direkt auf den zeitlich späteren Westbau des Halberstädter Doms (ab 1239) gewirkt und nicht umgekehrt, wie Grote es annahm. Eine vergleichbare Konsole ist im inneren südlichen Turmportal zu finden. Die virtuos gearbeite Konsole mit zartem Ornament spricht für die hervorragende Qualität, die auch an den Konsolen der Ostvierungspfeiler innen ablesbar ist. Dieselben Steinmetzen dürften im benachbarten Mariental beschäftigt gewesen sein.

Inv. Kreis Braunschweig, S. 146. – Bickel 1968, S. 98. – Bickel 1975. – Nicolai 1990, S. 124–129. – Grote 1987, S. 13 f.

B.N.

G 64 Privileg Kaiser Lothars III. für das Kloster Stablo

Aquino, 1137 September 22

Nördliches Pergament – H. 64,9 cm – B. 51,1 cm – auf Leinwand aufgezogen – purpurgefärbt – Goldschrift – beides stark vergangen — ursprünglich mit einer (im 17. Jahrhundert noch vorhandenen) Goldbulle besiegelt – graue Siegelschnüre erhalten.

Lüttich, Archives de l' État à Liège, Abbaye de Stavelot-Malmédy, chartier, n° 18

Während des Rückmarsches von seinem zweiten, im Sommer des Jahres 1136 begonnenen Italienzug stellte Kaiser Lothar III. eine Reihe wichtiger Diplome aus. In dem vorliegenden Privileg nimmt Lothar auf Bitten Abt Wibalds das Kloster Stablo in seinen Schutz und verfügt, daß die Abtei samt Vogtei niemals vom Reich entfremdet werden solle, wie auch die Mönche und ihre Leute von jedweder Zollzahlung im Reich entbunden seien. Ferner bestätigt er dem Kloster seine Immunität und dessen dauernde Vereinigung mit Malmédy, die Modalitäten der Abtswahl und legt die Rechte und Pflichten des vom König eingesetzten, ihm gegenüber heeresfolgepflichtigen Vogtes fest. Die Gerichtsbarkeit in den Höfen und Villikationen liegt fortan bei den Klerikern selbst. Abschließend bestätigt Lothar der Abtei auch namentlich noch alle Besitzungen und setzt den Umfang des Servitiums fest, um gegenwärtige und künftige Streitfälle auszuräumen. Bei der Urkunde handelt es sich um die einzige Purpururkunde Lothars und, mit Ausnahme der Urkunde Ottos II. für Theophanu (Wolfenbüttel, Niedersächsisches Staatsarchiv, 6 Urk 11 [= MGH D O II 21]), um das älteste Exemplar dieser Gattung für einen deutschen Empfänger. Purpururkunden waren im Mittelalter ausgesprochen selten und als vom Empfänger gewünscht, von diesem auch zu bezahlen. Erhalten haben sich lediglich neun Exemplare aus dem Zeitraum von 962 bis 1147/51. Die Purpururkunde bedingte offenbar auch die Goldschrift und nahm dabei byzantinische Vorbilder auf. Schreiber der vorliegenden Urkunde war der Stabloer Mönch Engelbert, dessen Hand die verschiedenen Schäfte der Buchstabenüberlängen des Eschatokolls in einer für das Scriptorium dieser Reichsabtei charakteristischen Weise mit Strichen verzierte. Das Privileg wurde, wie ausdrücklich bemerkt, auf Bitten Abt Wibalds ausgefertigt, der, wie Lothar fortfährt, »während des Italienzuges seine Treue und Ergebenheit gegenüber der Stärke und der Würde des Reiches klar bewiesen und der nach vielen Mühen und Gefahren, welche er für ihn und mit ihm bei der Verwaltung des Reiches in Apulien ertragen habe« – *post multos labores et pericula, que pro nobis et nobiscum in administratione nostri imperii in Apulia fideliter pertulit* – »zum Abt von Montecassino gewählt worden sei und für die Ehre und das Recht des Reiches dort zurückbleibe«. Diese Wendungen beziehen sich auf die Aufgaben

G 65

Wibalds während des Apulienfeldzugs, der Absetzung Abt Rainalds I. von Montecassino als Anhänger Rogers II. von Sizilien und der daraufhin unter kaiserlichem Einfluß erfolgten Wahl Wibalds. Der Urkundentext dürfte von Abt Wibald von Stablo selber verfaßt worden sein; der Passus mit der lobenden Erwähnung Wibalds wiederholt sich später in einer von Wibald beinflußten Urkunde Herzog Heinrichs des Löwen (MGH UU HdL, Nr. 8; vgl. Kat. G 65). Nachdem der Kaiser Richtung Norden weitergezogen war, fühlte sich Wibald in Montecassino schon bald nicht mehr sicher und verließ das Reichskloster heimlich. Wenige Monate später ist er am Hof König Konrads III., des Nachfolgers Lothars, nachzuweisen, dessen führender Berater er wurde. Die Purpururkunde indes diente als Vorlage für ein dem Kloster Corvey gewährtes Diplom Konrads III. (Kat. G 65), wo Wibald seit 1146 das Abbatiat innehielt.

Archiv des Klosters Stablo; Hauptstaatsarchiv Düsseldorf; 1947 an das Staatsarchiv Lüttich abgegeben.

MGH D L III 119.

Halkuin/Roland 1909–1930. – Hansotte 1961. – Kat. Corvey 1966, 2, Nr. 639. – Brühl 1977, S. 12 f., S. 16–21. – Petke 1985, S. 46, S. 71, S. 415–419. – Regesta Imperii, IV 1, Nr. 634.

C. P. H.

G 65 Urkunde König Konrads III. für Kloster Corvey

Nürnberg, 1151 März nach 18 (Frankfurt, 1147 März 23)

Pergament – H. 76 cm – B. 49,5 cm – Umbug 2,1 cm – purpurgefärbt – Goldschrift – Reste der Seidenfäden, an denen die Goldbulle befestigt war, vorhanden.

Münster, Nordrhein-Westfälisches Staatsarchiv, Kaiserurkunden Nr. 105

Im Jahre 1146 wurde Abt Wibald von Stablo auf Betreiben König Konrads III. auch zum Abt des Reichsklosters Corvey, einer der wichtigsten Stützen des staufischen Königtums in Sachsen, gewählt. Schon ein Jahr darauf schenkte ihm der König die reichsunmittelbaren Kanonissenstifte Kemnade und Fischbeck (MGH D K III 182), jedoch nicht ohne im Gegenzug dafür eine gewisse Summe Geldes zur Finanzierung des bevorstehenden Kreuzzugs von Wibald zu erhalten. Während Herzog Heinrich der Löwe die Inkorporation im Falle von Kemnade anerkannte und die Vogtei von Wibald zu Lehen nahm (MGH UU HdL, Nr. 8), lehnte er dieses Vorgehen im Falle von Fischbeck ab. Als Untervogt des Herzogs verhinderte Graf Adolf von Schaumburg im Verein mit welfischen Ministerialen daraufhin die Inbesitznahme Fischbecks durch Wibald. Selbst der Papst schenkte Wibalds Bitten nach Zustimmung der Inkorporation kein Gehör. Erst 1151 wurden die Streitigkeiten durch einen Kompromiß behoben, indem Wibald auf Fischbeck verzichtete und die Vogtei über Kemnade im Besitz des Herzogs verblieb. Daraufhin stellte König Konrad III. dem Kloster Corvey und Abt Wibald unter dem alten *actum* das vorliegende Diplom aus, welches sich von dem vorgehenden durch die Herausnahme Fischbecks, die Erwähnung der Vogtei Herzog Heinrichs von Sachsen – *vir illustris Heinricus dux Saxonie* – und die Hinzufügung von Reichsdiensten seitens Kemnades unterschied. Die Urkunde stammt von der Hand eines durch Wibald in die königliche Kanzlei eingeführten, von der Forschung als »Corveyer Archivar« bezeichneten Schreibers, der die von Wibald und dem Stabloer Scriptorium bei den überlangen Buchstabenschäften so geschätzten Horizontalverzierungen verwendete. Es handelt sich um eine der seltenen Purpurausfertigungen des westlichen Mittelalters und hatte als solche offenbar die Prunkurkunde Lothars III. (Kat. G 64) zum Vorbild. Von dem vorliegenden Diplom wurden neben einer zweiten Prunkausfertigung (London, British Library, Egerton Charter 620) auch zwei normale Ausfertigungen mit Wachssiegeln angefertigt (Münster, Nordrhein-Westf. Staatsarchiv, Kaiserurkunden Nr. 106 und Nr. 107). Da sich Abt Wibald auch Prunkausfertigungen von dem oben genannten Diplom Lothars III. für Stablo aus dem Jahre 1137 und demjenigen Friedrichs I. für Corvey von 1152 (im 17. Jahrhundert untergegangen; vgl. die Vorrede MGH D F I 11) anfertigen ließ, muß er ein großer Freund und Kenner solcherart Kunstwerke der Diplomatik gewesen sein. Daß er sich nicht wie andere Urkundenempfänger mit den normalen Kanzleiausfertigungen zufrieden gab, sondern die Rechtshandlungen aufwendig und auf seine Kosten schmücken ließ, kennzeichnet Wibald einmal mehr als gebildeten und kunstsinnigen Kleriker.

Archiv des Klosters Corvey.

MGH D K III Nr. 245.

Kehr 1890, S. 363–381. – Hausmann 1956, insb. S. 167–256. – Kat. Corvey 1966, 2, Nr. 639. – Kat. Stuttgart 1977, 1, Nr. 1; 2, Abb. 1. – Brühl 1977, S. 13–21. – Petke 1985, S. 47 f.

C. P. H.

G 66 Briefsammlung des Abtes Wibald von Stablo und Corvey

Stablo und Corvey, 1146–1158

Pergament – neuzeitlicher Einband – Buchschrift mit Elementen der Urkundenschrift – 161 Blätter – H. 23 cm – B. 14,5 cm.

Lüttich, Archives de l'État à Liège, fonds de l'abbaye impériale de Stavelot-Malmédy, Nr. 341 (Hs. 4)

Der in Lothringen geborene Wibald (*1098, †1158) wurde nach Studien in Lüttich 1118 Schulmeister und 1131 Abt von Stablo und spielte eine wichtige Rolle auf dem zweiten Italienzug Lothars III. Nach der Wahl Konrads III. wurde er eine bedeutende Figur am staufischen Hof, wo er

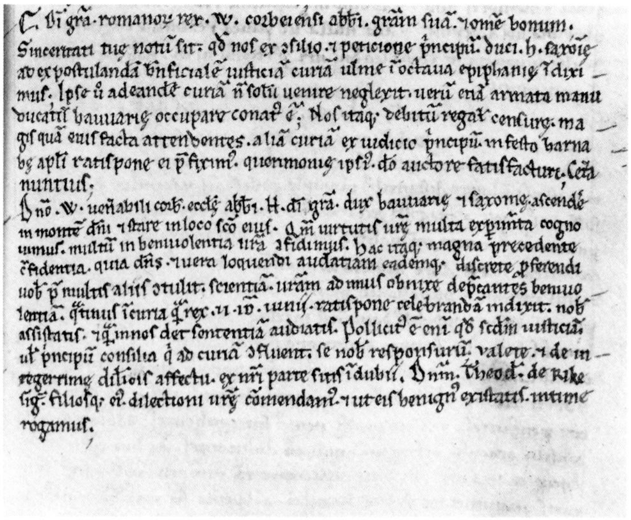

G 66

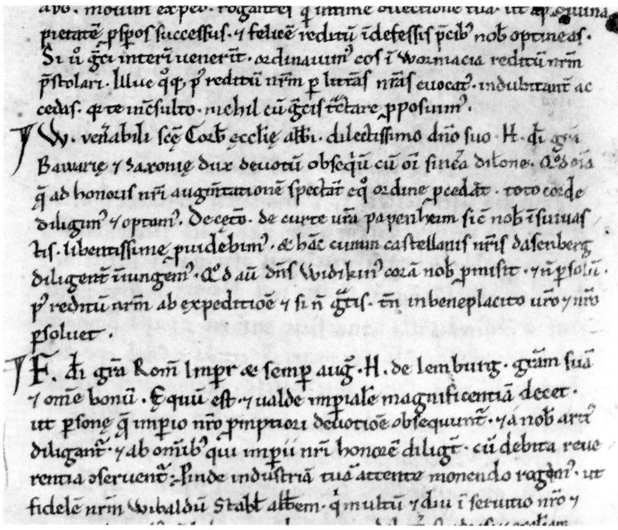

G 66

als Ratgeber und Brief- und Urkundenschreiber fungierte. 1146 wurde er zum Abt von Corvey gewählt. Er sollte die staufische Sache in Westfalen vertreten; gleichzeitig behielt er als finanziellen Rückhalt die Leitung der Abtei Stablo bei, mit päpstlicher Duldung. Nach der Wahl Barbarossas verlor er etwas an Bedeutung, wurde aber als Spezialist für ›auswärtige Angelegenheiten‹ noch herangezogen, vor allem für die Beziehungen zu Byzanz; er starb 1158 auf der Rückreise von Konstantinopel. Seine registerartig geführte Briefsammlung sollte wohl als ›Handakte‹ seiner verschiedenen Tätigkeiten am Hof und in den zwei Klöstern dienen: Sie enthält aus dem Zeitraum nach seiner Wahl zum Abt von Corvey Schriftstücke von, an und über ihn, Konrad III. und Friedrich I. Im ersten hier abgebildeten Brief bittet Heinrich der Löwe (Vogt des Corvey unterstellten Klosters Kemnade an der Weser) Wibald um Beistand am bevorstehenden Hoftag zu Regensburg am 11. Juli, auf dem die Ansprüche auf das bayerische Herzogtum erörtert werden sollten (letztendlich aber unerörtert blieben); gleichzeitig empfiehlt er die Kemnader Untervögte Dietrich von Ricklingen und dessen Söhne. Im zweiten Brief, aus dem Sommer des Jahres 1157, sehen wir Heinrich als Herzog von Sachsen und als Hauptvogt Corveys (seit 1152) zugleich. Er verspricht Wibald, für die Durchführung einer schon ausgesprochenen Bestrafung des Corveyer Untervogts Widukind von Schwalenburg zu sorgen; dieser hatte kurz davor Dietrich, den Stadtgrafen von Höxter und Gefolgsmann Wibalds, erschlagen. In Wirklichkeit sorgte Heinrich eher für seinen Schützling Widukind; nach dem Tod Wibalds im folgenden Jahr wurde Widukinds Verbannung stillschweigend aufgehoben.

Stablo, Benediktinerkloster des hl. Remaclus; nach Auflösung des Klosters in Besitz Preußens übergegangen; 1833 zum Staatsarchiv Düsseldorf; nach dem Zweiten Weltkrieg nach Belgien zurückgegeben und mit den anderen Stabloer Archivalien in Lüttich deponiert.

Wibald von Stablo, epistolae (maßgebliche Edition; eine neue Ausgabe wird von Timothy Reuter für die MGH vorbereitet). – Zatschek 1928. – Hausmann 1956. – Stephan-Kühn 1973. – Jakobi 1979 (Lit.). – Reuter 1989.

T.R.

G 67 Fabeltier-Aquamanile (Drache)

Maasgebiet (?), um 1120

Bronze, gegossen, ziseliert und graviert, vergoldet; Silbertauschierung, Niello, Kupfer (die Zunge) – Einguß-Deckel verloren, das tauschierte Silber an der Schwanz-Rückseite vollständig ausgebrochen, stellenweise an Wulstrahmung der Flügel und Palmetten-Ende des Griffs, Vergoldung geringfügig abgerieben (Kopf, Pranken), Pupillen-Einlagen verloren – H. 18,7 cm – L. 21 cm.

London, Victoria and Albert Museum, Inv. Nr. 1471–1870

Ein phantastisches geflügeltes Mischwesen, auf zwei Pranken stehend und mit dem mächtigen Oberkörper eines Raubtiers, einem freundlichen Hundekopf und der Andeutung einer Mähne, die sich als kleinteilige Zottelreihe den Rücken entlang zieht. Der Schwanz ist aufgestellt und dient als Einguß, abzweigende Voluten und eine bis zum Kopf reichende Palmette bilden den Griff; das geöffnete Maul mit der in Kupfer eingesetzten Zunge ist der Ausguß. Für die Standfestigkeit sorgt eine Stütz-Volute. Ein breiter Streifen tauschierten Silbers bedeckt die Brust, dabei ein mittleres Ornamentband aussparend, weitere Silberstreifen zieren den Schwanz und die Oberkante der Flügel. Im Verhältnis zum Tierkörper nur klein, sind sie jedoch betont durch das Ornamentfeld des Flügelansatzes, eine abwechselnd niellierte und vergoldete Dreiecksmusterung. Niello kommt außerdem in Form schmaler Zackenbänder an Brust, Schnauze und Schwanz vor sowie mit feinen Winkeln an den Verzweigungen des Schwanzes. Gemeinsame formale und technische Voraussetzungen verbinden diese Bronze mit dem Greifen-Aquamanile in Wien (Kat. G 74), eine weitergehende Verwandtschaft –

wie früher angenommen – besteht indessen nicht. Charakteristisch für das Tier in London ist, daß es trotz seiner phantastischen Gestalt auf besondere Weise lebendig erscheint. Wesentlich für die Formgebung im einzelnen erweist sich das modellierte Detail, abstrakte Flächenmusterung bleibt auf das Flügel-Motiv beschränkt. Das Verhältnis zum Exemplar in Wien, das Roger von Helmarshausen zugeschrieben wird, bleibt vorerst einziger Anhaltspunkt für die stilgeschichtliche Einordnung. Beide Gießtiere mögen nach gleichen Vorbildern an unterschiedlichem Ort, aber vielleicht gleichzeitig entstanden sein, um 1120, wie für Wien zu erschließen. Sie sind damit die ältesten erhaltenen Aquamanilien des abendländischen Mittelalters, zudem in Material und Ausführung kunstvoller als alle übrigen. Bezüglich der Vorbilder Rogers ist an seine künstlerischen Anfänge in Stablo zu erinnern; so könnte das Aquamanile in London wirklich – wie auch bisher vermutet – eine maasländische Arbeit sein. Es mangelt zwar an Vergleichsstücken, die das bestätigen, die Ausführung unterscheidet sich jedoch wesentlich von allen Bronzen, die weiter östlich lokalisiert werden. Ein etwas schlichterer Nachfolger – unsicher, ob noch maasländisch – ist ein Drachen-Aquamanile des Württembergischen Landesmuseums in Stuttgart (ehemals München, von Falke/Meyer 1935, Nr. 267, Abb. 231).

Das Tier stellt vermutlich einen Drachen dar. Abweichend von der üblichen mittelalterlichen Drachen-Gestalt war hier der orientalische Fabeltiertypus des Pfauendrachen (Senmurv) vorbildlich, der, vermittelt durch sassanidische und byzantinische Metall- und Textilkunst, auch in Europa bekanntgeworden war. Abgesehen vom Pfauenschwanz sind die wesentlichen Motive in der Londoner Bronze wiedergegeben: Kopf und Oberkörper eines Hundes, Raubtierpranken, aufrecht stehende Ohren, eine betonte Zunge, die Mähne, Flügel mit flächenfüllender Ornamentik und auch die Stütz-Volute.

1870 durch Kauf aus Privatbesitz erworben.

von Falke/Meyer 1935, S. 39f., Nr. 266, Abb. 230 a/b. – Swarzenski 1954, S. 59, Abb. 262. – Kötzsche 1973a, S. 196, Abb. 3. – Kat. Stuttgart 1977, Nr. 652, Abb. 460 (Peter Bloch). – Stratford 1986, S. 28. – Kat. Berlin 1989, Nr. 4/74, Abb. 201 (Regine Marth). – Mende 1992, S. 109, 119, 122–125, Abb. 19–24 (Lit.).

U.M.

G 68 Marcus Tullius Cicero, Werke

Corvey (?), Mitte 12. Jahrhundert

Pergament – Federzeichnung – brauner Ledereinband (1965) – 205 Blätter – H. 49 – B. 33cm.

Berlin, Staatsbibliothek zu Berlin – Preußischer Kulturbesitz, Ms. lat. fol. 252

Der Codex enthält eine der umfangreichsten mittelalterlichen Sammlungen von Werken des Marcus Tullius Cicero (106–43 v. Chr.). Die Initiative für die Zusammenstellung der Texte wird Wibald von Stablo zugeschrieben, der 1146–1158 auch dem Kloster Corvey als Abt vorstand.

In der Federzeichnungsminiatur, die dieser Sammlung gleichsam als Titelblatt vorangestellt ist (fol. 1v), wird dagegen im oberen Abschnitt die Dedikation des Buches durch eine von flüchtiger Hand als *Adelbertus abbas* bezeichnete Figur dargestellt. Adelbertus, der in den Quellen als Propst (!) von Corvey angeführt wird, überreicht hier in demütig liegender Haltung das Werk den Corveyer Patronen Stephanus (in der Mitte), Vitus (links) und Justinus (rechts). Die Heiligen sind gestikulierend auf kleinen Erdhügeln stehend dargestellt und durch Attribute (Buch bzw. Märtyrerpalmen) bezeichnet. Eine doppelte Säulenstellung und versatzstückartig angeordnete Architekturelemente rahmen die Miniatur.

Wird im oberen Abschnitt die Übergabe des Codex an das Kloster (vertreten durch die Patrone) illustriert, so ist die formal ähnlich gestaltete untere Blatthälfte als Autorenbild konzipiert. M. T. Cicero thront in der mittleren Bogenstellung, dargestellt als Konsul mit Richtschwert und Liktorenbeil. Er wendet sich einem rechts von ihm sitzenden Schüler zu, mit dem er durch ein Schriftband verbunden ist. Möglicherweise ist diese Figur mit seinem in Athen studierenden Sohn Marcus zu identifizieren, dem der Vater das in dem Codex enthaltene Werk *De officiis* gewidmet hatte. Unterhalb der linken Bogenstellung weist ein Schreibpult mit Federn und Tintenhorn auf die schriftstellerische Tätigkeit Ciceros. Die nachgetragene Beischrift unterhalb des Throns (*Orator Marcus Tullius Cicero*) hebt ihn, entsprechend seiner Bedeutung für das Mittelalter, in seiner Funktion als Redner und häufig dargestellten Begleiter der Rhetorik hervor.

Die Handschrift gelangte möglicherweise über das eng mit Corvey verbundene Kloster Amelungsborn nach Erfurt, wo sie 1832 durch F. Wilken für die Kgl. Bibliothek zu Berlin erworben wurde.

Munk Olsen 1982, S. 148ff. – Kat. Braunschweig 1988, Nr. 30. – Fingernagel 1991, Nr. 5 (Lit.).

A.Fi.

G 69 Zwei Fragmente eines Einzelblatts aus einem Sakramentar

Corvey (?), 3. Viertel 12. Jahrhundert

Pergament – aus dem Einband einer Handschrift herausgelöst, Pergament z. T. verfärbt und berieben, Löcher und Leimspuren, Farbe und Tinte z. T. abgerieben bzw. verblichen – a: H. 10,3cm – B. 13,5cm – b: H. 10,9cm – B. 14,2cm.

Washington, National Gallery of Art, Inv. Nr. 1964.8.23 und 1964.8.24 (a: B-11,909; b: B-11,908)

Bei den zwei Fragmenten handelt es sich um die obere und die untere Hälfte desselben Blattes aus einem Sakra-

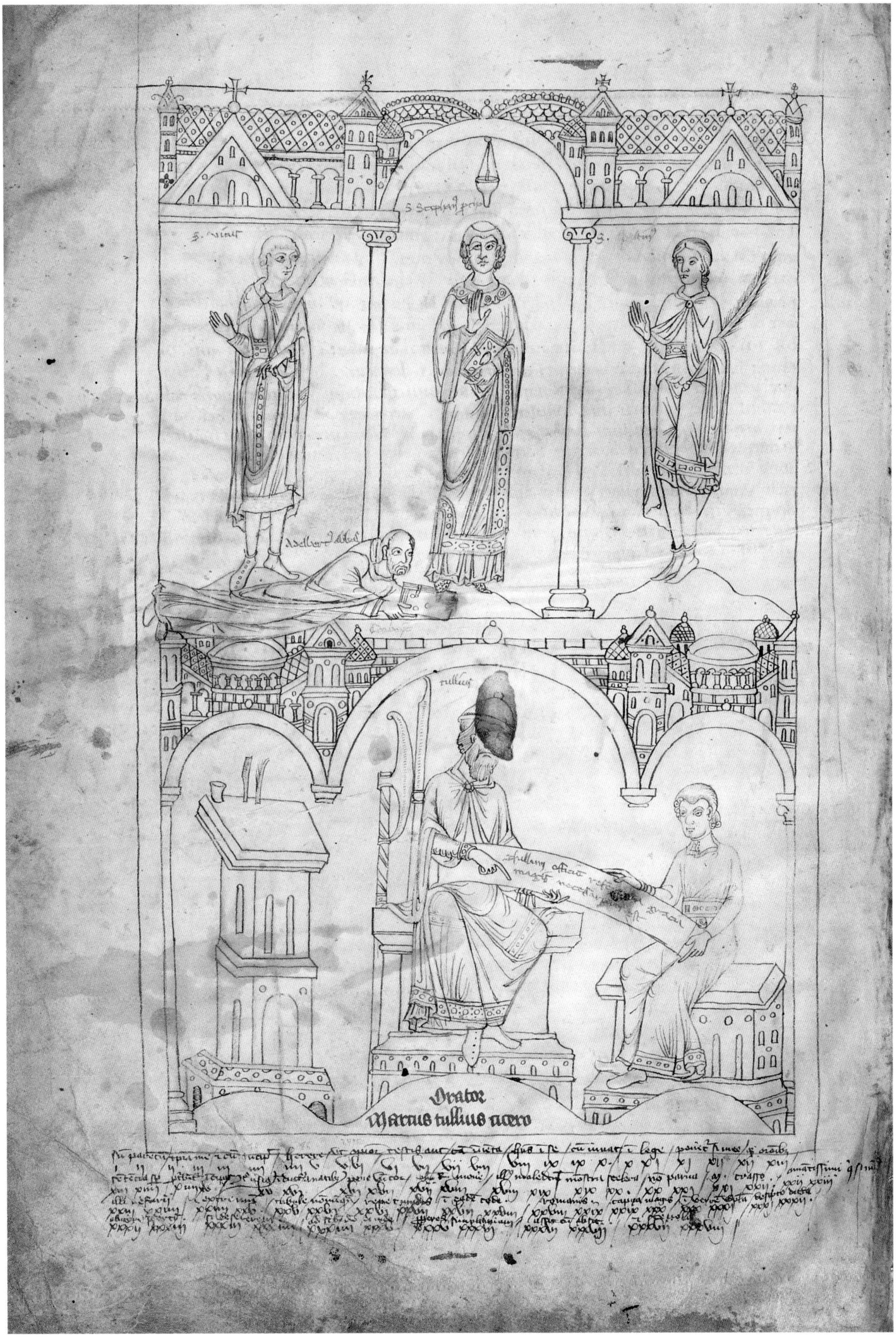

G 68

G 69

mentar. Auf der Vorderseite befindet sich die halbseitige, V und D verbindende Initialligatur *V(ere) d(ignum)* zur Meß-Präfation. Deren Schluß und dem Sanctus folgt auf der Rückseite eine halbseitige Miniatur mit vier Heiligen. Die Initiale repräsentiert einen sich im 12. Jahrhundert von Westen aus auch in Sachsen allgemein verbreitenden Initialtyp. Die Lokalisierung des Blattes wird durch die vier Heiligen ermöglicht. Von links nach rechts sind *S(an)c(tu)s Cyprianus, Sanctus Vit(us), S(anctus) Stephan(us)* und *S(anctus) Corn(e)lius* wiedergegeben. Besonders der selten dargestellte Vitus weist zusammen mit dem neben ihm in der Mitte stehenden, auf ihn bezogenen Stephanus auf Corvey, das unter dem Patronat der beiden Heiligen stand. Die äußeren, frontal ausgerichteten Bischöfe Cyprianus und Cornelius wurden wohl als Kanonheilige gewählt, zu denen auch Stephanus gehört.
Die zartfarbige Miniatur ist in der feinen Zeichnung stilistisch mit dem Dedikations- und Autorenbild einer Cicero-Handschrift in Berlin (Kat. G 68) verwandt. Diese Handschrift wurde vermutlich bald nach 1148 von Wibald, dem Abt von Stablo und von 1147 bis zu seinem Tod 1158 zugleich Abt von Corvey, in Auftrag gegeben, nach Hoffmann (1992, S. 62f.) aber von keiner aus der Corveyer Schule stammenden Hand geschrieben. Die maasländischen Züge der Miniaturen des Cicero gehen über das in Sachsen, z.B. in Helmarshausen, häufiger anzutreffende Maß hinaus. Sie dürften sich durch die Herkunft Wibalds aus dem Maasland erklären lassen. Vermittelt über Handschriften wie den Cicero in Berlin dürfte auch das Einzelblatt aus Corvey seine maasländische Prägung erhalten haben.

Benediktinerabtei Zwiefalten; Herts County Museum, Hertfordshire, England; E. Rosenthal, Berkeley; L. J. Rosenwald, Jenkintown, mit dieser Sammlung 1964 in die National Gallery of Art, Washington.

Kat. Washington 1975, Nr. 29. – Kat. Braunschweig 1988, Nr. 30 (Andreas Fingernagel). – Hoffmann 1992.

H. W. v. d. K.

G 70 *Liber vitae* von Corvey mit Pontifikale

Helmarshausen und Corvey, bis um 1158

Pergament – Malerei und Federzeichnungen in Deck- und Wasserfarben – Einband 16. Jahrhundert – 96 und 284 Seiten – H. 28,5 cm – B. 23 cm.

Münster, Nordrhein-Westfälisches Staatsarchiv, Msc. I Nr. 133.

Das als »Buch des Lebens« – *Liber Vitae* bezeichnete Fraternitätsbuch der Reichsabtei Corvey gilt als eines der wichtigsten Werke seiner Gattung. 82 Seiten waren dafür vorgesehen, innerhalb eines künstlerisch anspruchsvollen Gliederungsschemas die mit der Abtei verbrüderten Institutionen zusammen mit den Namen ihrer verstorbenen und lebenden Mitglieder aufzuführen, um sie dem Gebet und Gedenken des Corveyer Konvents zu empfehlen.
Nach übereinstimmender Forschungsmeinung wurde dieses Verzeichnis jedoch nicht in Corvey selbst angelegt, sondern in dem verbrüderten Kloster Helmarshausen in Auftrag gegeben. Dafür sprechen sowohl die stilistischen Verbindungen der bildlichen Ausstattung mit der Helmarshausener Buchmalerei, z.B. dem für Lund geschaffenen Evangeliar (Kat. G 76), als auch die paläographischen Merkmale. Schließlich fällt noch die Hervorhebung der Helmarshausener Seite durch Verwendung von Purpur und Goldschrift auf. In der Helmarshausener Konventsliste findet sich auch der Name »Herimann«, der durch die chronologische Stellung in den letzten Zeilen der originalen Eintragungen und durch die gestalterische Betonung des Namenszuges sehr wahrscheinlich mit dem Meister des Evangeliars Heinrichs des Löwen identisch ist. Schon allein dieses Detail vermag die Stellung des *Liber vitae* als wichtiges Bindeglied zwischen den Helmarshausener Handschriften um die Mitte des 12. Jahrhunderts und den für Heinrich den Löwen ausgeführten Werken zu verdeutlichen. Darüber hinaus kennzeichnet der Auftrag aus dem traditionsreichen Corvey, zusammen mit den Bestellungen

G 70

für weit entfernte Klöster (Kat. G 75 u. G 76), die herausragende Bedeutung des Scriptoriums von Helmarshausen.
Die einzige ganzseitige Miniatur des *Liber vitae* – eine zweite steht vor dem Anfang des Pontifikales – zeigt innerhalb einer oktogonal gebauten Architekturrahmung eine Figurengruppe aus der Frühzeit Corveys. Der erste Patron Stephanus in Diakonsgewandung mit Märtyrerpalme im Zentrum wird links flankiert von Abt Warin von Corvey und rechts von Abt Hildwin von St. Denis. Diese beiden Personen repräsentieren gewissermaßen den zweiten Patron Veit, dessen Reliquien 836 durch Vermittlung Hildwins während der Amtszeit Warins nach Corvey gelangten. Unten an der Pforte der Himmelsstadt kniet Propst Adalbert von Corvey (1147–1176) mit dem Codex in seinen Händen. Er darf als Initiator des *Liber vitae* betrachtet werden, der jedoch wohl im Auftrag seines Abtes Wibald handelte, der seit 1147 bis zu seinem Tode 1158 zugleich den Abteien von Corvey und dem maasländischen Stablo vorstand. Die Darstellung geht aber über ein reines Patronats- bzw. Dedikationsbild hinaus. Durch die beiden historischen Gestalten der Äbte wird die Gründungssituation Corveys in Erinnerung gerufen und damit ihr altehrwürdiger Rang zum Ausdruck gebracht.
Auf der gegenüberliegenden Seite (S. 12) beginnen die vielfältig und variationsreich ornamentierten Doppelarkaden mit den Namenslisten der verbrüderten Konvente. In den Überfangbögen erscheinen die Namen der jeweiligen Patrone, in den Lünettenflächen darunter ihre Bildnisse in Medaillons. Am Anfang steht die mehrseitige Corveyer Liste, eröffnet vom Bild des zweiten Patrons Veit, der die Figurengruppe des Widmungsbildes ergänzt.

Abtei Corvey; 1811/12 ins Archiv.

Liber Vitae der Abtei Corvey. – Jansen 1933, S. 33–40. – Kat. Corvey 1966, 2, Nr. 188. – Krüger 1972, Bd. 1, S. 227–278; Bd. 2, S. 850–877 (Lit.). – Hoffmann 1992, S. 34f., 88. – Kat. Hildesheim 1993, 2, Nr. IX-7.

B.K.

G 71 Theophilus, *De diversis artibus*

Köln, 1. Hälfte 12. Jahrhundert

Pergament – 114 Blätter – fol. 1r–84v: Vitruv, *De architectura;* fol. 86r–114v: Theophilus Presbyter, *De diversis artibus* – zweispaltig geschriebener Text – Buch I, Kap. 38 und Buch III, Kap. 80–96 fehlen – H. 29 cm – B. 21 cm.

Wolfenbüttel, Herzog August Bibliothek, Cod. Guelf. Gud. lat. 2° 69

Mit der Schrift *De diversis artibus* hat sich der bedeutendste und inhaltsreichste technische Traktat zum Kunsthandwerk des Mittelalters erhalten. Als Autor gilt Roger von Helmarshausen, gelehrter Mönch und namhafter Goldschmied in einer Person, der sich selbst *Theophilus presbyter* nennt. Sein monastischer Lebensweg (um 1080–um 1130) führte von Stavelot über St. Pantaleon in Köln in die Benediktinerabtei Helmarshausen an der Diemel. Die vorliegende Handschrift, welche in die erste Hälfte des 12. Jahrhunderts datiert wird, zählt zu den frühesten erhaltenen Abschriften des um 1100 entstandenen Originaltextes. Für ihre Lokalisierung in Köln spricht die niederrheinische Schrift; ihr Exlibris-Eintrag *Codex mon(asterii) s(an)c(t)i pantaleonis in Colonia* weist sie als Besitz des Klosters St. Pantaleon in Köln aus.
In drei Büchern über die Malerei, Glasherstellung und Metallverarbeitung vermittelt der Traktat auf einzigartige Weise Einblick in die Anlage und Ausrüstung mittelalterlicher Werkstätten sowie die Vielfalt der künstlerischen Techniken. Der Text fußt auf der ausdrücklichen Intention der Verbreitung technischer Kenntnisse zur Ausbildung Lernender, was als Hinweis auf Rogers leitende Funktion in den Werkstätten des Klosters gelten könnte. Wie an den zahlreichen erhaltenen Abschriften ersichtlich, fand diese für das Mittelalter einzigartige technische Abhandlung durch die sofort einsetzende starke Rezeption schnelle Verbreitung. Entsprechend kann davon ausgegangen werden, daß sie auch in anderen Kunstwerkstätten Sachsens als praktische Arbeitsanleitung genutzt wurde. Verbunden mit dem das 12. Jahrhundert hindurch anhaltenden wirtschaftlichen Aufschwung, welcher dem Kloster durch den

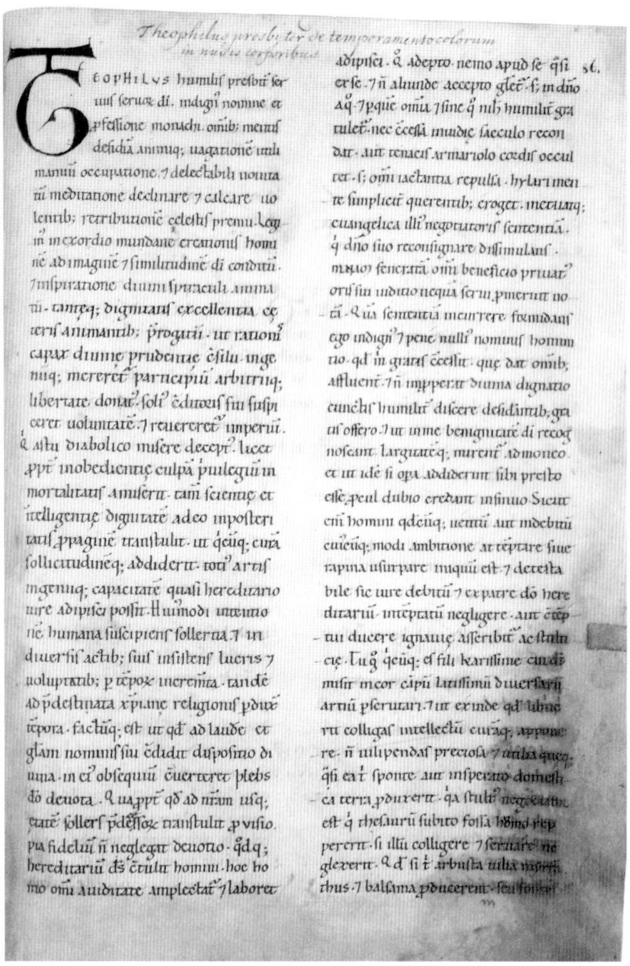

G 71

Erwerb der Modualdus-Reliquien im Jahre 1107 beschert wurde, entwickelte sich Helmarshausen zu einem angesehenen kulturellen Zentrum, von dem wesentliche Impulse für die Kunstproduktion in ganz Norddeutschland ausgingen. Zu den künstlerisch herausragenden Werken, die der Goldschmiedewerkstatt Rogers zugeschrieben werden, gehören die Tragaltäre für den Paderborner Dom (Paderborn, Diözesanmuseum) und das Kloster Abdinghof (Kat. G 72) und das Aquamanile in Gestalt eines Greifen (Kat. G 74), heute in Wien. Zu den Auftraggebern aus Kreisen der hohen geistlichen und weltlichen Herren zählte in der zweiten Hälfte des 12. Jahrhunderts auch Heinrich der Löwe, der sicherlich nicht nur liturgische Handschriften, darunter das berühmte Evangeliar (Kat. D 31), von Helmarshausener Künstlern anfertigen ließ.

Im 16. Jahrhundert wahrscheinlich im Besitz von Georgius Agricola (*1494, †1555), im 17. Jahrhundert von Marquard Gude (*1635, †1689). Seit 1710 in der Bibliothek in Wolfenbüttel.

Bänsch 1985 (Lit.). – Freise 1985 (Lit.). – Kat. Köln 1985, 1, Nr. B 127 (Birgit Bänsch). – Bänsch 1986, S. 9–17. – Brepohl 1987. – Kat. Wolfenbüttel 1989, S. 105f. – Mende 1992. – Westermann-Angerhausen 1992a. – Bänsch 1993. – Stratford 1993, S. 18–32.

B. B.

G 72 Tragaltar aus der Benediktinerabtei Abdinghof zu Paderborn

Paderborn, 1. Viertel 12. Jahrhundert

Eichenholz; Kupferblech, vergoldet; Füße Bronze vergoldet; Silberblech; Braunfirnis; silberne Umrahmung des Altarsteins (15. Jahrhundert); hl. Felix der Deckplatte (19. Jahrhundert) – H. 11,6 cm – B 31,1 cm.– T 18,5 cm.

Paderborn, Erzbischöfliches Diözesanmuseum und Domschatzkammer (Leihgabe des Franziskanerklosters Paderborn), Inv. Nr. PR 50

Roger von Helmarshausen (†15. Februar 1125) ist seit der Künstlerbiographie von Freise, welche auf dem Fundament der monastischen Necrologforschungen entstand, mit einem detailreichen Itinerar zwischen Maas-, Rheinland und Sachsen ausgestattet. Freises Überlegungen zu Werk und Leben wirken sich in direkter oder indirekter Weise auf den gesamten Vorstellungsbereich zur nordwestdeutschen Goldschmiedekunst um 1100 aus. Insbesondere jene mit neuen Argumenten bekräftigte Identifizierung des *Theophilus qui et Rogerus* mit Roger von Helmarshausen wirkte als Movens für seither zahlreich anschließende exemplarische Studien zu Werkstattpraktiken und Techniken der Goldschmiede in den zueinander offenen Kunstregionen zwischen Huy und Goslar, zwischen Maas und Elbe.

In diesem grob skizzierten Bezugsrahmen steht auch der Paderborner Tragaltar aus dem von Bischof Meinwerk 1016 fundierten Kloster Abdinghof. Im Gegensatz zu dem von Bischof Heinrich von Werl (†1127) gestifteten, etwa gleichzeitig entstandenen, in seiner Figurenkonzeption kompakteren Portatile kennzeichnet den Abdinghofer Tragaltar nachdrücklich das virtuose *opus interrasile* an allen vier Wandungen und auf der Deckplatte. In einer doppelgeschossigen Arkadenstellung flankieren Halbfiguren der Klosterpatrone Paulus und Felix (links) sowie Petrus und Blasius (rechts) den Altarstein, während Szenen aus dem Leben der Heiligen die Seiten des Portatile schmücken.

Fein angepaßt an den zur Verfügung stehenden Erzählraum, wurde die Szenenauswahl vom Goldschmied wohl unter Berücksichtigung spezieller Wünsche und Vorgaben des Auftraggebers getroffen. In aufregend-drastischer Erzählweise entfalten sich ringsum Passionen von Märtyrern: zu den Apostelfürsten Petrus und Paulus jeweils Szenenpaare an den Schmalseiten; sodann drei Szenen umfassende Kurzerzählungen an der Vorder- und Rückseite des Portatile zu den Titelheiligen des Klosters Abdinghof. Das Martyrium des hl. Felix von Aquileia beginnt mit der Verweigerung des Heiligen, einem fremden Gott – dargestellt als Säulenidol – zu opfern, es folgt die Übergabe des Schwertes durch einen Thronenden an den Reiter sowie die anschließende Hinrichtung des hl. Felix und seiner Gefährten Largus und Dionysius.

Für die Braunschweiger Kultgeschichte erlangt die Altar-Rückseite mit ihren drei Szenen zum Blasius-Martyrium besondere Aufmerksamkeit. Von links nach rechts sind dargestellt: Blasius wird mit Knütteln geschlagen, in einem Gestänge aufgehängt und schließlich enthauptet. Fillitz machte auf die bislang unerkannte Stellung des Abdinghofer Tragaltars in der Geschichte der mittelalterlichen Bilderzählung aufmerksam. Zugleich benannte er byzantinische Heiligenviten wie das Menologium Basileios II. als Vorbildstufe für diese bewegte Erzählweise. Möglicherweise vermittelte der Auftraggeber oder kannte der Goldschmied eine derartige Bildvorlage.

Weil die Vielzahl verschiedener Goldschmiedetechniken an den beiden gleichzeitigen Paderborner Tragaltären insgesamt als musterhafte Umsetzung der *Schedula Diversarum Artium* wirkt, war die kunstwissenschaftliche Annahme einer einzigen Autorschaft für beide Werke fast zwangsläufig. Dieser Verkürzung der historischen Möglichkeiten wird wohl nur durch eine umfängliche Rekonstruktion der Paderborner Regionalgeschichte um 1100 Neues abgewonnen werden können.

Bischof Meinwerk brachte von der Romfahrt Kaiser Heinrichs II. im Februar 1014 die Hirnschale des hl. Blasius für seine Bischofskirche mit nach Paderborn (MGH SS X, 116; vgl. Neumann 1891, S. 345). Der Blasius-Kult erhielt in Braunschweig wohl schon im 11. Jahrhundert einen entscheidenden Impuls durch die Translation einer Reliquie, für die auch Paderborn als Herkunftsort in Frage kommt. Insofern vermögen die bewegten Martyriumsszenen am Abdinghofer Tragaltar neben der spirituellen Stille des redenden Blasius-Armreliquiars in Braunschweig kontrapunktisch zu wirken.

Die monastische Kunst in Sachsen stand im 12. Jahrhundert in vielfältigen, auch weiträumigen Beziehungen. Innerhalb der reichen monastischen Kulturkontakte zwischen Sachsen und dem Rhein-Maasgebiet lassen sich die durch Roger von Helmarshausen und Wibald von Stablo benannten Interdependenzen als Personengeschichte fundieren. Diese günstigen Überlieferungsbedingungen bilden auch für andere Situationen einen historischen Bezugsrahmen: Von Helmarshausen führten sodann Wege an viele Orte des alten Europa.

Aus dem 1803 säkularisierten Benediktinerkloster Abdinghof in die Paderborner Franziskanerkirche.

Kat. Corvey 1966, 2, Nr. 249 mit Lit. (Karl Hermann Usener). – Freise 1981. – Legner 1982, Nr. 358, S. 80f. – Kat. Köln 1985, 1, C 34 (Anton von Euw). – Hoffmann 1992. – Fillitz 1992, S. 43–61. – Lasko 1992, S. 97. – Westermann-Angerhausen 1992, S. 63–78. – Kat. Speyer 1992, S. 389f. (Mechthild Schulze-Dörrlamm).

F.N.

G 73 Stab als Handhabe eines Geräts (Geißel ?)

Werkstatt Rogers von Helmarshausen, vor 1119

Bronze, gegossen und ziseliert, vergoldet; Silbertauschierung, Niello – Vergoldung erheblich abgerieben, am Eichel-Knauf nur noch Reste davon; im Löwenmaul beidseitig der Maulwinkel nur gering, der letzte Zahn jedoch weitgehend durch Gebrauch abgeschliffen – L. 38,5 cm.

Bonn, Rheinisches Landesmuseum, Inv. Nr. 9146

Differenziert gestalteter Stab, vielfältig in seinen modellierten und gemusterten Motiven wie auch in der Material-Kombination von vergoldeter Bronze mit Silbertauschierung und mit Niello in Silber und Niello in Bronze. Von unten her ist er folgendermaßen aufgebaut: Eine Eichel als Abschluß, die eine Hälfte glatt und bronzevergoldet, die andere mit nielliertem Rautenmuster und zum Schaft hin durch eine profilierte Platte mit silbertauschiertem Mittelwulst abgesetzt. Das folgende kürzere Schaftstück besteht aus einem tordierten Vierkantstab mit abwechselnd konkaven und konvexen Seitenflächen, letztere silbertauschiert. Auf einen vielfältig gegliederten Mittelknauf mit eingelegten niellierten Silberplättchen – abwechselnd gemustert mit Wellenranken und Zackenband mit Dreiblattrosetten – folgt ein längeres Schaftstück, in strenger Regelmäßigkeit mit Knospen besetzt, also als Reis charakterisiert. Es endet an einem Dodekaeder mit silbereingelegten und niellierten Rautenfeldern; dieser bildet gleichsam einen Sockel für den abschließenden Tierkopf, einen Löwenkopf mit langgestreckter geöffneter Schnauze und einer in Locken-Paaren geordneten Mähne. Zwischen Zähnen und Maulwinkeln finden sich die Spuren dessen, das hier eingehängt war, nach vorn gezogen wurde und dabei den jeweils letzten Zahn berieben hat. Es könnten, wie zuletzt vorgeschlagen (Rademacher 1979), die Bestandteile einer Geißel gewesen sein, während man das Gerät früher als Zepter, Weihwassersprengel oder Flabellum gedeutet hat.

Schon früh ist die Verwandtschaft zum Werk Rogers von Helmarshausen gesehen worden, die schließlich F. Rademacher bestätigt und den Stab dem Werkstattkreis Rogers direkt zugeschrieben hat. Vergleichbar sind die niellierten Silberplättchen und auch die Rauten-Musterung der Eichel mit der Ornamentik des Tragaltars aus dem Dom zu Paderborn. Auch der Tierkopftypus wie insgesamt die hohe Qualität in Form und handwerklicher Ausführung rechtfertigen diese Zuschreibung. Die Rauten-Musterung des Eichel-Knaufs in der ungewöhnlichen Technik von Niello auf Bronze macht die enge Verwandtschaft auch zum Greifen-Aquamanile in Wien deutlich (Kat. G 74).

Die Geschichte der Abtei Werden – in deren Besitz diese Bronze zurückgeführt werden kann – bietet einen Anhaltspunkt für die Datierung, nämlich die Entstehung vor dem großen Klosterbrand von 1119 (Rademacher 1979).

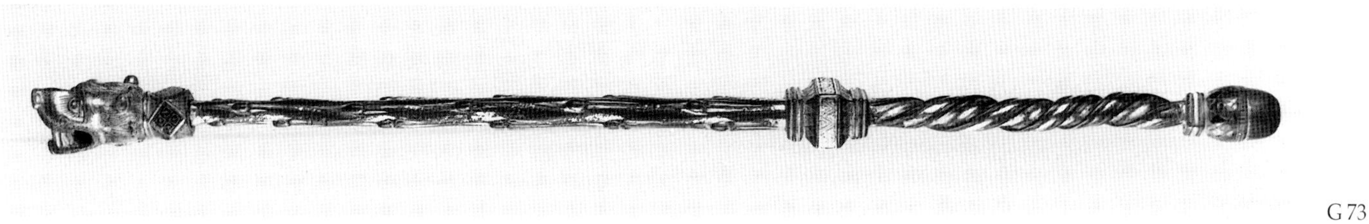

G 73

Ein neuzeitliches Nachleben fand dieser Stab als Vorlage für einen Taktstock Richard Wagners, den Gottfried Semper 1858 entwarf (Kötzsche 1983a).

1894 erworben von Max Müller, Amtsgerichtsrat in Bonn, nachdem längere Zeit in Familienbesitz befindlich mit der überlieferten Information, daß der Stab aus der Benediktinerabtei Werden stamme: »Das Original dieses Szepters wurde in der ehemaligen Reichs-Abtei Werden aufbewahrt und befindet sich gegenwärtig im Besitz des Herrn Professors D. Müller in Würzburg« (von Hefner-Alteneck 1840–54).

von Hefner-Alteneck 1840–54 (3. Lieferung), S. 20, Taf. 15. – Elbern 1962. – Rademacher 1979 (Lit.). – Kötzsche 1983a. – Kat. Speyer 1992, S. 390 (Lit.) (Mechthild Schulze-Dörrlamm), Farbtaf. S. 392 . – Mende 1992, S. 109–113, Abb. 4–6 (Lit.).

U.M.

G 74 Greifen-Aquamanile

Werkstatt Rogers von Helmarshausen, um oder nach 1120

Bronze, gegossen, ziseliert und graviert, vergoldet; Silbertauschierung, Niello, Granat (Auge) – Vergoldung erheblich abgerieben, Silbereinlagen oxydiert; geringe, an beiden Schnabel-Seiten jedoch größere Niello-Ausbrüche; Pupille des linken Auges ergänzt durch Glas(?)-Perle; die Verdeckelung der Öffnung an der Bauchunterseite (zum Entfernen des Gußkerns) erneuert – H. 17,3 cm – L. 14,5 cm.

Wien, Kunsthistorisches Museum, Kunstkammer, Inv. Nr. 83

Eine in hohem Maße stilisierte, dabei lebhaft und ausdrucksstark wirkende Tierplastik von annähernder Vogelgestalt, mit mächtigem Körpervolumen, auf kurzen stämmigen Beinen und den abwärts gekehrten Flügeln stehend und mit einem ganz schmalen, nach oben verlängerten Schwanz. An dessen Ende, unter einem Palmettenblatt-Deckel verborgen, befindet sich die Einguß-Öffnung, der Vogel-Schnabel bildet den Ausguß; als Griff dient der Schwanz, zusammen mit einer abzweigenden Blattform. Das Tiergesicht ist phantastisch bereichert durch eine Faltenbildung über den Augen und durch hochstehende spitze Ohren. Zart reliefierte Musterstreifen bilden Rahmungen für Tiergesicht und Flügel, ebenfalls ein Musterstreifen bildet einen senkrechten Mittelgrat, flach geschichtet sind die Reihen längerer Federn. Wesentlicher als das sehr zurückhaltende plastische Element ist bei diesem Tier eine flächendeckende geometrische, in Niello ausgeführte Musterung, und zwar auf der Brust aus Rauten bestehend, versetzt mit Punkten, auf Nacken und Rücken aus Dreiecken, auf den Flügeln wiederum aus Rauten, die hier in feine Feder-Formen überleiten, und schließlich auf dem Schwanz aus Vierblatt-Rosetten. Die ursprüngliche Farbwirkung kennzeichnete der Gegensatz von vergoldeter Bronze und dem bläulich-schwarzen Niello, ergänzt durch Silbertauschierung der längeren Federn und der Augäpfel. Die als Granat eingelegte Pupille ist nur rechts erhalten.

Unzutreffend wurde dieses Aquamanile stets mit dem Fabeltier (Drachen) des Victoria and Albert Museums, London (Kat. G 67), als zusammengehörig angesehen und für beide eine gemeinsame, zeit- und werkstattgleiche Entstehung im Maasgebiet bzw. in Lothringen angenommen. Verbindend sind jedoch nur bestimmte Elemente, nämlich die gleiche Materialvielfalt von Bronze, Niello und Silbertauschierung, die Kenntnis der ungewöhnlichen Technik des Niellierens direkt auf Bronze, besonders zarte Gravuren und darüber hinaus auch einzelne Bildmotive. Die Ausführung jedoch ist grundverschieden, nicht nur als Handschrift unterschiedlicher Kräfte, sondern völlig abweichend im Verhältnis von plastischer Form und Flächenmusterung. So kann von einem gemeinsamen Werkstattstil keine Rede sein; als verbindend sind indessen gemeinsame Quellen anzunehmen.

Das Wiener Greifen-Aquamanile gehört in den Zusammenhang der Goldschmiedearbeiten Rogers von Helmarshausen (Mende 1992). Die Niello-Musterung in Motiv und Ausführung findet sich am Bronze-Stab in Bonn (Kat. G 73) und am Tragaltar aus dem Dom von Paderborn, die spezifische Form der Klauenfüße und der Blattpalmette (Einguß-Deckel) an den der Roger-Werkstatt zugeschriebenen Altar-Leuchtern (Mende 1989a). Der Charakter der Tierplastik insgesamt fügt sich dem Bild ein, das wir von zwei- und dreidimensionalen Tier-Darstellungen im Werk Rogers kennen (Evangelisten-Symbole am Buchdeckel Trier, am Modoaldus-Kreuz, am Paderborner Tragaltar). Die Datierung um oder nach 1120 orientiert sich am Portatile des Paderborner Doms, das zeitlich vorausgehen wird, während der Stab in Bonn und die Altarleuchter als gleichzeitig gelten.

Die spitzen Ohren kennzeichnen das Aquamanile als Greif, der im Mittelalter gelegentlich in dieser Vogelgestalt dargestellt wird. Einzelne Elemente scheinen auf das orientalische Motiv des Pfauendrachen (Senmurv) zurückzugehen, so die Rosettenmusterung des Schwanzes und die feine Reliefrahmung der Flügel, vielleicht auch die Muste-

G7

rung insgesamt, die von textilen Vorbildern angeregt sein könnte.

Provenienz unbekannt; alter Bestand des Museums, sicher seit 1852 nachgewiesen (damals im Münz- und Antikenkabinett), möglicherweise um 1820 bereits vorhanden.

von Falke/Meyer 1935, S. 39f., Nr. 265, Abb. 229. – Swarzenski 1954, S. 58, Abb. 261. – Kat. Köln 1972, Nr. G 26 (Lit.) (Dietrich Kötzsche). – Kat. Stuttgart 1977, Nr. 651 mit Abb. 457 (Peter Bloch). – Springer 1981, S. 166. – Mende 1992 (Lit.).

U.M.

G 75 Evangeliar aus dem Dom zu Lund

Helmarshausen oder Lund, um oder nach Mitte 12. Jahrhundert

Pergament – Buchmalerei in Deckfarben – 158 Blätter – 1 Blatt mit Miniatur ausgeschnitten – H. 23,2 cm – B. 16,2 cm.

Kopenhagen, Det Kongelige Bibliotek, Ms. Thott 21.4°

Wie die Schwesterhandschrift in Uppsala (Kat. G 76) stammt dieses Evangeliar aus dem Laurentiusdom zu Lund. Das Capitulare bietet mit der besonders hervorgehobenen Eintragung des Laurentius wieder einen Hinweis auf das Dompatrozinium. Im erkennbar sparsameren Bildschmuck mit ursprünglich vier Evangelisten- und Initialseiten findet sich allerdings kein weiterer Hinweis auf die Provenienz. Die motivischen Übereinstimmungen mit den Evangelistendarstellungen in dem nur wenig älteren Helmarshausener Evangeliar reichen so weit, daß auch das jüngere Werk unbedingt zu den Schöpfungen Helmarshausener Buchmalerei zu rechnen ist. Paläographische und codicologische Argumente sprechen jedoch für eine stärkere skandinavische Prägung der Handschrift. Wie sich dieser zweite belegbare Fall eines künstlerischen Exports von Helmarshausen nach Lund vollzogen hat, läßt sich nur vermuten. Denkbar wäre ein direkt in Lund arbeitender Mönch aus Helmarshausen oder umgekehrt ein in Helmarshausen geschulter Mönch aus Lund.

Die Evangelisten sitzen gleich denen des Evangeliars in Uppsala vor textil gemusterten Hintergrundsfeldern auf Bodenstreifen, die durch Pflanzenbewuchs als landschaftliche Elemente gekennzeichnet sind. Über den Köpfen der Schreiber schweben – umgekehrt zur altertümlichen Plazierung in den Lünetten einer Arkadenrahmung – die Evangelistensymbole in nach unten gerundeten Segmenten. Die Schreibpulte besitzen eine charakteristische Balusterform mit abschließenden Blattkapitellen.

Die in sächsischer Buchmalerei außerordentlich beliebte und noch in den Prunkhandschriften Heinrichs des Löwen geübte Imitation von Textilmustern erreicht in den Kopenhagener Evangelistenbildern einen Höhepunkt. In den Schreiberbildnissen des älteren Lunder Evangeliars erhielt die seit der Heiratsurkunde der Kaiserin Theophanu oft nachgeahmte Flächenmusterung in monochromen Purpurtönen schon einen zarten, wie Stickerei anmutenden Überzug aus goldenen und silbernen Ornamenten. Die ebenfalls den Purpurgeweben entlehnten zoomorphen Motive – meist Adler, Greifen oder Löwen – zeigen jedoch noch keine systematische Verbindung mit den textil strukturierten Hintergründen. Im jüngeren Evangeliar entwickeln sie sich aber zu ganz dinglich aufgefaßten Wandteppichen, aufgehängt an Schlaufen, die wiederum an der Rahmenleiste befestigt scheinen. Die diffizile ›Stickerei‹musterung in Gold und Silber mit heraldisch aufgefaßten Adlermotiven vollendet die miniatorische Imitation mittelalterlicher Prunkgewebe.

Wohl Lund, Dom St. Laurentius.

Mackeprang/Madsen/Petersen 1921, S. 16f. – Swarzenski 1932, S. 258. – Jansen 1933, S. 28–33. – Kat. Corvey 1966, 2, Nr. 183. – Krüger 1972, Bd. 1, S. 165–226; Bd. 2, S. 878–883 (Lit.). – von Euw/Plotzek 1979–85, 1, Nr. E II 3 (Lit.). – Hoffmann 1992, S. 26f., 74. – Klemm 1992, S. 153.

B.K.

G 76 Evangeliar aus dem Dom zu Lund

Abb. S. 543, 575

Helmarshausen, um Mitte 12. Jahrhundert

Pergament – Buchmalerei in Deckfarben – Einband 18. Jahrhundert – 117 Blätter – H. 24,9 cm – B. 17 cm.

Uppsala, Universitetsbibliotek, Cod. C 83

Das schon ursprünglich für den Dom von Lund bestimmte Evangeliar gehört zusammen mit einem etwas jüngeren, gleichfalls für Lund gefertigten Evangelienbuch (Kat. G 75) zu den herausragenden Werken der Helmarshausener Buchmalerei im zweiten Viertel des 12. Jahrhunderts. Der hartgratige Stil dieser Phase, der sowohl die strenge Gesichtstypik als auch die flächige Gewandparzellierung bewirkt, steht unter dem Einfluß der um 1100 von Roger von Helmarshausen geschaffenen Goldschmiedearbeiten. Von der späten Zeitstellung her dürften die beiden Evangeliare von Lund etwa in den Jahren entstanden sein, als Heinrich der Löwe die Vogtei über Helmarshausen erhielt.

Die Ansicht, der schwedische Bischofssitz Lund sei der Bestimmungsort für eine Handschrift aus dem Helmarshausener Scriptorium gewesen, gründet sich vor allem auf das bemerkenswerte Dedikationsbild am Beginn des Buchs. In einem geläufigen Typus präsentiert der als Mönch gekleidete Kirchenvater Hieronymus seine lateinische Evangelienübersetzung dem mit vollem Ornat ausgestatteten Papst Damasus. Über ihnen erhebt sich ein reichgestaltiger Dachaufbau, in dessen polygonalem Zentralturm die Halbfigur des Märtyrers Laurentius erscheint. Diese außerordentliche Hervorhebung, bekräftigt noch durch eine goldene Beischrift, deutet augenfällig auf das Laurentius-Patrozinium des Doms von Lund hin, in dem die Handschrift zudem schon seit dem Mittelalter nachweisbar ist. In einem Segmentfeld am unteren Bildrand ruft ein Kleriker den Beistand des Märtyrers an. Attribute, die den Bittenden als Stifter oder ausführenden Künstler kennzeichnen könnten, fehlen. Durch die ausdrückliche Anrufung des Kathedralpatrons ist jedoch eine Stifterdarstellung wahrscheinlicher.

Die offensichtlich enge künstlerische Verbindung von Helmarshausen und Lund vollzog sich gewiß auf der Grundlage der 1140 eingegangenen Gebetsbrüderschaft. Die Beziehungen dürften später noch durch familiäre Verbindungen Heinrichs des Löwen verstärkt worden sein. Das Evangeliar könnte dabei zur Erstausstattung des Laurentiusdoms von Lund gehört haben, in dem 1145 eine Altarweihe stattfand. Über die Anteile von Helmarshausen und Lund an der Entstehung der Handschrift gibt es unterschiedliche Meinungen. Die enge Einbindung in die Entwicklungsgeschichte der Helmarshausener Buchmalerei läßt aus kunsthistorischer Sicht die Handschrift als eindeutige Auftragsarbeit des sächsischen Scriptoriums erscheinen. In gleiche Richtung weisen auch die paläographischen Untersuchungen.

Zum Bildschmuck der Handschrift gehört neben den vier Evangelistendarstellungen und den jeweiligen Initialzierseiten noch eine zweite Bildseite mit der Geburt Christi. Die Plazierung dieser Szene vor dem Matthäus-Evangelium ist geläufig, mutet dennoch etwas vereinzelt und beziehungslos an. Die auffällige Zentrierung der Komposition auf die Gestalt der Gottesmutter mag jedoch eine Korrespondenz zum Dedikationsbild ergeben: die bildliche Würdigung der ersten Patronin der Kathedrale von Lund *Ecclesia S. Mariae et B. Laurentii Martiris*. Die Evangelistenseiten präsentieren sich in einer neuartigen Gestaltung, die auch für weitere Helmarshausener Handschriften verbindlich wurde, so beim zweiten Evangeliar aus Lund (Kat. G 76). Dieser Typus wirkte bis zum Ende des 12. Jahrhunderts weiter, wie es die Johannesdarstellung im Evangeliar des Trierer Domschatzes beweist (Kat. G 78).

Lund, Dom St. Laurentius.

Mackeprang/Madsen/Petersen 1921, S. 13–16. – Swarzenski 1932, S. 258. – Jansen 1933, S. 25–28. – Kat. Corvey 1966, 2, Nr. 182. – Krüger 1972, Bd. 1, S. 147–226; Bd. 2, S. 927–934 (Lit.). – von Euw/Plotzek 1979–85, Bd. 1, Nr. E II 3 (Lit.). – Margarete Andersson-Schmitt, Monica Hedlund, Mittelalterliche Handschriften der Universitätsbibliothek Uppsala. Katalog über die C-Sammlung, Bd. 2, Uppsala 1989, S. 102 f. – Hoffmann 1992, S. 41 f., 74. – Klemm 1992, S. 151–153.

B. K.

G 77 Einzelblatt aus einer Serie von vier Miniaturen eines Sakramentars

Helmarshausen, um 1170 oder später

Pergament – Buchmalerei in Wasserfarben – H. 32,7 cm – B. 16,7.

Münster, Westfälisches Landesmuseum für Kunst und Kulturgeschichte Münster (Dauerleihgabe des Bistums Münster), Inv. Nr. WLM/BM 1745

Zusammen mit drei zugehörigen Darstellungen der Frauen am Grabe, der Aussendung der Apostel und der Einrichtung der hl. Ölung durch den Apostel Jakobus gilt die Kreuzigungsszene als ein der Helmarshausener Buchmalerei nahestehendes Werk. Wie in den späteren Prachthandschriften des Scriptoriums (Kat. D 31, D 93, G 78, G 80) wird bei dem Kanonbild die Mittelszene von einem breiten Schmuckrahmen eingefaßt, in dessen gesonderten Eckfeldern meist alttestamentarische Gestalten mit Zitaten das christologische Geschehen textlich ausgestalten.

Die Schriftbänder von Moses, David und Isaias (Za 12, 10; Ps 21/22, 17; Is 53, 7) enthalten Prophezeihungen auf den Kreuzestod, die Banderole des Apostels Petrus unten rechts hingegen verweist in direkter Ansprache auf das

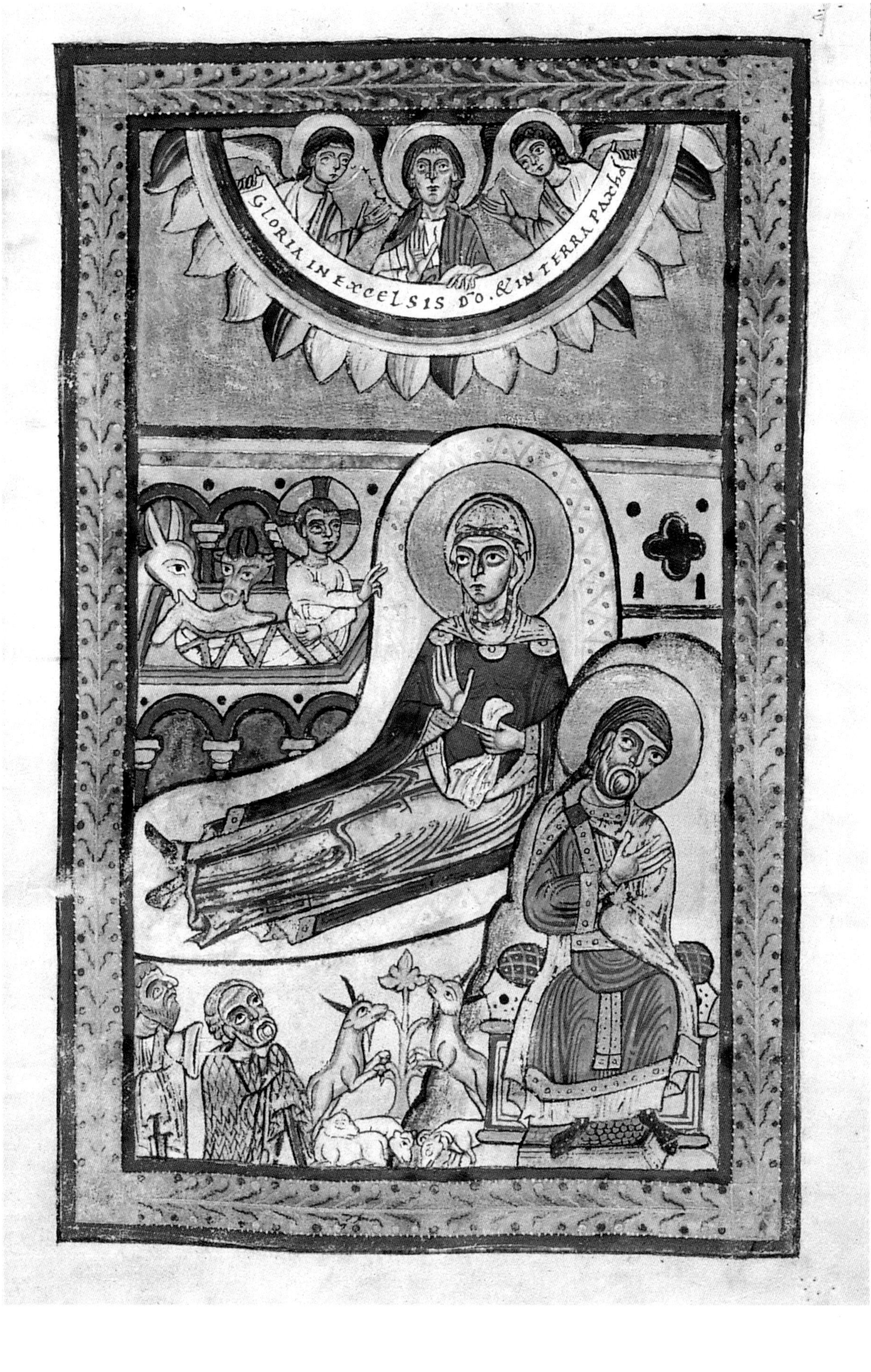
GLORIA IN EXCELSIS D̄O. & IN TERRA PAX H̄O

G 76

G 77

Vorbild des leidenden Christus: *Christus passus est pro nobis relinquens nobis exemplum* (Christus hat für uns gelitten und hinterließ uns ein Vorbild) (nach 1Pt 2, 21). Diese Inschrift bezieht sich inhaltlich wie formal auf die beiden am Kreuzesfuß flehenden Benediktiner. Die Anrede des Abtes und eines Klosterbruders durch den Apostelfürsten könnte auf eine Bestimmung der Handschrift für ein dem hl. Petrus geweihtes Benediktinerkloster hindeuten. Dafür spricht auch die Hervorhebung Petri in der Miniatur der Apostelentsendung, die außergewöhnlich mit der Schlüsselübergabe kombiniert wurde. Die in diesem Zusammenhang schon früher erfolgte Nennung des Abdinghofklosters zu Paderborn scheint durch paläographische Beobachtungen eine Unterstützung zu finden.
Bei der figuralen Gestaltung ist ein erneuter aktueller Einfluß der mosanen Kunst zu verspüren, vor allem bei dem seltenen Motiv der Witwe von Sarepta (3Rg 17, 9–24) im unten angefügten Segment. Sie gilt mit ihren gekreuzten Hölzern als Typologie der Kreuzigung Christi. In der Ornamentik der rückseitigen *Te igitur*-Initiale erscheinen jedoch Motive des neuen Pariser Initialstils. Sowohl im Figurenstil, besonders bei den kleinen Halbfiguren in Medaillons, als auch in der Initialgestaltung bestehen Verbindungen zu dem ›traditionellen‹ Maler des auf 1194 datierten Evangeliars in Wolfenbüttel (Kat. G 80). Beide Werke lassen sich nicht losgelöst von der Helmarshausener Entwicklung verstehen.

Jansen 1933, S. 88, 142. – Géza Jászai, Blick auf zwei hochmittelalterliche Miniaturen zum Thema »Monastisches Westfalen«, Kunstwerk des Monats in Westfälischen Landesmuseum, Münster, August 1982. – Kat. Köln 1985, 1, Nr. B 15 (Barbara Klössel). – Hoffman 1992, S. 71. – Kat. Münster 1993, Nr. A 1.9.

B.K.

G 78 Evangeliar

Braunschweig (?), Ende 12. Jahrhundert

Pergament – Buchmalerei in Deckfarben – Einband 12. Jahrhundert mit getriebenen, vergoldeten Kupferreliefs – 195 Blätter – 1 Blatt mit Miniaturen ausgeschnitten – H. 34,7 cm – B. 24 cm.

Trier, Hohe Domkirche Trier, Domschatz Nr. 67, Hs. 142 (olim 124)

Die Bildaustattung des Evangeliars bestand ursprünglich aus einer Bildseite und einer Initialseite mit eingefügter Evangelistendarstellung zu jedem der vier Evangelien sowie einer zusätzlichen Bildseite zum Matthäus-Text. Jedem Evangelium wurde dabei ein Stadium aus dem Leben Christi zugeordnet. Das vierteilige Programm folgt nicht textlichen, liturgischen oder bildlichen Traditionen, sondern ist durch das Bemühen um eine chronologische Ordnung geprägt. Vor dem Matthäus-Text, der mit Abstammung und Menschwerdung Christi beginnt, erschienen ehemals gegenüberliegend die Darstellungen des Stammbaums und der Geburt Christi (Kat. G 79). Dem Markus-Evangelium, das erst mit dem öffentlichen Wirken Christi einsetzt, ist das Bild der Taufe im Jordan vorangestellt. Das Passionsthema mit der Kreuzigung zum Lukas-Text geht auf die patristische Deutung des Lukas-Stiers als Opfertier zurück. Das Gerichtsbild zum Johannes-Evangelium schließlich bedeutet eine eigenständige Variante der üblicherweise dem Johannes zugeordneten Verherrlichung Christi.
Sehr deutlich steht die Handschrift in Nachfolge von Psalter und Evangeliar Heinrichs des Löwen (Kat. D 93 u. D 31) und damit in der Tradition des Helmarshausener Scriptoriums. Die illuminierten Schmuckseiten zum Matthäus- und Markus-Evangelium knüpfen sowohl in ihrem inhaltlichen Aufbau – alttestamentarische und allegorische Assistenzfiguren umschreiben mit theatralisch auf Schriftbändern präsentierten Zitaten die Szenen aus dem Leben Christi – als auch in der formalen Seitengestaltung, der Figuration und der Ornamentik direkt an die für den Herzog gefertigten Prachtcodices der Helmarshausener Schule an. In stilistischer Hinsicht zeigen die Figuren hier

G 78

G 78

jedoch eine Weiterentwicklung der plastischen Modellierung und der räumlichen Auffassung.
Ganz anders arbeitete ein zweiter Maler, der an der Ausgestaltung des Evangeliars mit zwei Schmuckseiten zum Lukas-Evangelium beteiligt war. Die prophetischen Beifiguren werden in den Rahmen zurückgedrängt, und die Kreuzigungsszene (Bd. 2, Abb. 339) nimmt die ganze Schmuckseite ein. Die flächige Parzellierung des Bildgrundes festigt die Komposition und schafft den Assistenzfiguren Maria, Ecclesia, Synagoge und Johannes sogar einen Standgrund, der mit dem ›subterran‹ plazierten Adam und den Büsten zweier Propheten an den Tragebalken einer plastischen Triumphkreuzgruppe erinnert. Die Figuren in ihrer mehr flächigen Gestaltung und graphischen Konturierung gewinnen eine Monumentalität, die an die Beschreibung der 1194 von Heinrich dem Löwen für Braunschweig gestifteten Triumphkreuzgruppe denken läßt: *ymaginem domini nostri Ihesu Christi crucifixi cum aliis ymaginibus*. Die Ornamentik der zugehörigen Initialseite verrät die Beeinflussung oder gar Schulung des Malers durch den sowohl in England als auch in Nordfrankreich herrschenden Buchstil der sogenannten Kanalkunst.

Von einem dritten Maler stammen die Bildseiten zum Johannes-Evangelium, in denen sich malerische Modellierung und gesteigerte Monumentalität mit einem neuartigen Bewegungsausdruck verbinden. Die figurenreiche Weltgerichtskomposition weist einige Verbindungen zu dem ganz individuellen Stil des christologischen Zyklus im Wolfenbütteler Evangeliar aus dem Jahre 1194 (Kat. G 80) auf.
Die Parallelität dieser drei Malerpersönlichkeiten läßt auf ein breites hochqualitatives künstlerisches Spektrum schließen, das ohne eine Beziehung zum welfischen Hof kaum vorstellbar ist.

Wohl Paderborn, Dombibliothek; 1803 Sammlung des Paderborner Domdechanten Christoph von Kesselstatt; wohl 1822 durch Vermächtnis des Grafen Edmund von Kesselstatt in den Trierer Domschatz.

Swarzenski 1932, S. 262–278. – Jansen 1933, S. 118–128. – Kat. Corvey 1966, 2, Nr. 193. – Kat. New York 1970, 1, Nr. 264. – Krüger 1972, Bd. 1, S. 355–358; Bd. 2, S.915–926 (Lit.). – Belting 1978, S. 220–225. – Kat. Trier 1984, Nr. 69. – Kat. Braunschweig 1985, 2, Nr. 1028 (Renate Kroos). – Kat. Wolfenbüttel 1989, S. 142–144 (Lit.). – Ronig 1991. – Hoffmann 1992, S. 41. – Kaufmann 1992, S. 261 ff.

B.K.

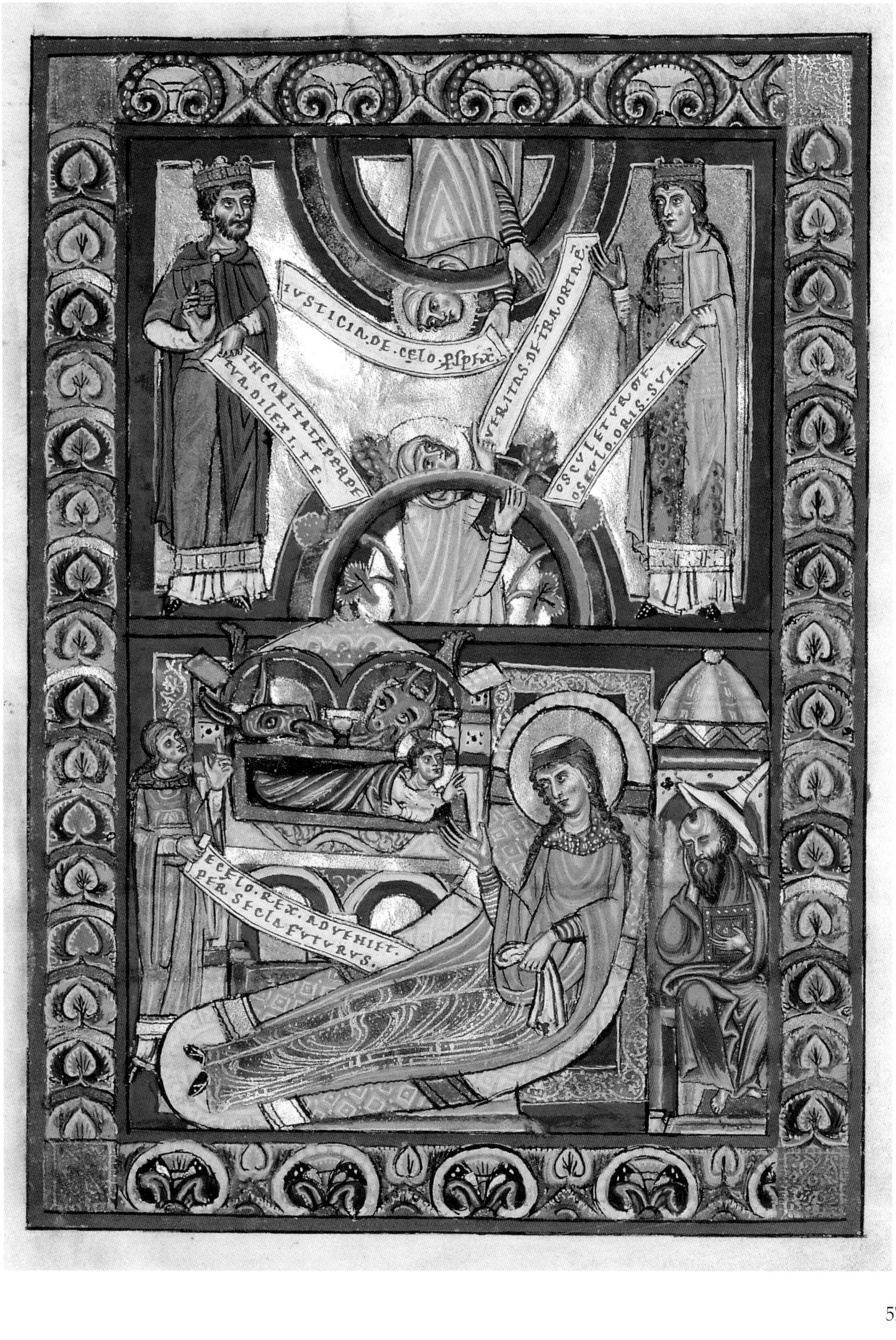
IUSTICIA DE CELO PSPEXIT
IN CARITATE PERPETUA DILEXI TE
VERITAS DE TRA ORTA E
OSCULETUR ME OSCULO ORIS SUI
E CELO REX ADVENIET PER SECLA FUTURUS

G 79

G 79 Einzelblatt aus einem Evangeliar

Braunschweig (?), Ende 12. Jahrhundert

Pergament – Buchmalerei in Deckfarben – H. 34,5 cm – B. 23,8 cm.

Cleveland, The Cleveland Museum of Art, J. H. Wade Fund, CM A 33.445

Die Miniatur der Geburt Christi auf der Recto-Seite gehört zur Bildausstattung des Matthäus-Evangeliums im Evangeliar des Trierer Domschatzes (Kat. G 78). Zusammen mit der in der Handschrift verbliebenen Darstellung des *Arbor Jesse* kennzeichnet diese Szene den Matthäus-Text gemäß geläufiger theologischer Tradition als das Evangelium der Menschwerdungsgeschichte. Das Bild des Evangelisten auf der Verso-Seite – eingefügt in die Goldranken der Evangelieninitiale *L(iber)* – bestätigt diese Zuordnung durch das Spruchband: *Verus in utroq(ue) Christus d(eu)s extat homoq(ue).* (Christus besteht wahrhaft in beiden: Gott und Mensch.)

Die Beifiguren in der oberen Hälfte der zweigeteilten Bildseite beziehen sich mit ihren Texten auf das Mysterium der Geburt Christi. Die in der Mittelachse aus der Erde wachsende Wahrheit und die aus dem Himmel herabstoßende Gerechtigkeit werden von den gekrönten Gestalten des Bräutigams und der Braut aus dem Hohen Lied flankiert. Beide Paare besitzen ihre Vorbilder in der Verkündigungs- und Geburtsdarstellung im Evangeliar Heinrichs des Löwen. Unschwer lassen sich gleichermaßen formale Übereinstimmungen erkennen, z. B. beim Krippenbau mit dem segnenden Christuskind. Die in ein zeitgenössisches Prunkgewand gekleidete erythräische Sibylle weissagt den kommenden König unmittelbar an der Krippe. Sie bildet ein Gegengewicht zu dem in einer abgesonderten Nische schlafenden Joseph, dessen herabgleitender Judenhut auf die Überwindung des Alten Bundes durch die Menschwerdung deutet.

Westfälischer Privatbesitz (Konvolut aus Kloster Kemnade); 1933 J. H. Wade Fund; The Cleveland Museum of Art.

Swarzenski 1932, S. 268–270. – Milliken 1934. – Ronig 1961. – Kat. Corvey 1966, 2, Nr. 194. – Kat. New York 1970, 1, Nr. 265. – Krüger 1972, Bd. 1, S. 356; Bd. 2, S. 915. – Kat. Braunschweig 1985, 2, Nr. 1029 (Renate Kroos). – Ronig 1991.

B. K.

G 80 Evangeliar

Niedersachsen, 1194

Pergament – Buchmalerei in Deckfarben – Einband von 1546: gepreßtes Leder auf Holzplatten mit Wappen der Landgrafen von Hessen – 177 Blätter – H. 32,6 cm – B. 22,5 cm.

Wolfenbüttel, Herzog August Bibliothek, Cod. Guelf. 65 Helmst.

Ein außerordentlich qualitätvoller Christuszyklus von der Verkündigung Mariä bis zum Jüngsten Gericht auf sieben meist zweigeteilten Bildseiten begründet den Ruhm der Handschrift. Von gleicher Hand stammen die zwölf Kanontafeln, deren Evangelistensymbole besonders lebensvoll anmuten und auch lebhaft agieren. Beide Teile wurden der Evangelienhandschrift jedoch vorangestellt. Es besteht aber Übereinstimmung darin, daß diese Bildseiten und Kanontafeln einer ganz individuellen und innovativen Künstlerpersönlichkeit nahezu gleichzeitig mit der eher konventionellen Bildausstattung der Handschrift mit Evangelistenminiaturen und Initialseiten entstanden. Das Evangeliar erfuhr also nachträglich, aber wohl noch vor seiner Benutzung, eine Aufwertung zur Prachthandschrift durch zusätzliche Miniaturenfolgen. Es liegt nahe, die Ursache dafür in einem hochrangigen Auftraggeber zu vermuten.

Der Eintrag am Ende der Handschrift mit der Nennung des Jahres 1194 als Entstehungsdatum bildet einen wichtigen Fixpunkt für die Chronologie der sächsischen Buchmalerei: ANNO INCARNATIONIS DOMINICAE MILLESIMO CENTESIMO NONAGESIMO QUARTO CONSCRIPTUS EST CODEX ISTE. DEO GRATIAS. Die christologischen Szenen zeigen innerhalb eines deutlich in Helmarshausener Tradition stehenden Seitenschemas neuartige bewegungsbetonte Modellierungen und Konturen. Seinen Höhepunkt erreicht dieser Bilderzyklus zweifelsohne im Gerichtsbild, das gewiß die Kenntnis monumentaler byzantinischer Weltgerichtskompositionen voraussetzt, sie jedoch ikonographisch modifiziert und formal verdichtet. Die Gruppe der Verdammten in ihrer dürftigen Nacktheit und offensichtlichen Verzweiflung vermag die Leistung des Malers am besten zu veranschaulichen. Eine solch fortschrittliche Schilderung menschlicher Körperlichkeit und Emotion findet sich erst rund 20 Jahre später wieder in französischer Kathedralplastik.

Neben diesem Stil, der seine nächste Parallele in den Miniaturen zum Johannes-Evangelium des Evangeliars in Trier (Kat. G 78) hat, lassen sich in der Handschrift noch zwei weitere Stiltendenzen erkennen. Die durchaus traditionellen Evangelistenfiguren stehen direkt neben einer Initialornamentik, die gleich den Trierer Seiten zum Lukas-Evangelium Motive der westeuropäischen Kanalkunst verarbeitet. Die auffällige Stilpluralität, die einerseits verschiedene Charakteristika der Helmarshausener Buchkunst fortführt, andererseits auch moderne Einflüsse aus Richtung Pariser Buchmarkt aufgreift, scheint insgesamt kennzeichnend für die sogenannte späte Helmarshausener Buchmalerei zu sein.

1546 im Besitz des Landgrafen Philipp von Hessen; 1573 Geschenk an Herzog Julius von Braunschweig-Lüneburg für die Bibliothek in Wolfenbüttel; 1618 Universität Helmstedt; 1815 Rückführung nach Wolfenbüttel.

G 80

G 81

Swarzenski 1932, S. 274f. – Jansen 1933, S. 128–144. – Kat. Corvey 1966, 2, Nr. 195. – Krüger 1972, Bd. 1, S. 358f. – Kat. Stuttgart 1977, 1, Nr. 756. – Belting 1978, S. 221–224. – Kat. Braunschweig 1985, 2, Nr. 1027 (Renate Kroos). – Kat. Wolfenbüttel 1989, S. 135–141 (Lit.). – Hoffmann 1992, S. 73f. – Kaufmann 1992, S. 262ff.

B.K.

G 81 *Liber vitae* von Rastede

Rastede, um 1165

Pergament – Federzeichnungen und Malerei in Wasserfarben – eingebunden in Sammelband *Codex Rastedensis* – 32 Seiten – H. 27 cm – B. 17 cm.

Oldenburg, Niedersächsisches Staatsarchiv, Best. 23-1 Ab. Nr. 1.

Die als *Liber vitae* betitelten Memoriallisten stellen das wichtigste Zeugnis aus der Frühzeit des nördlich von Oldenburg gelegenen Benediktinerklosters Rastede dar, das – seit 1091 bezeugt – heute bis auf geringe Reste untergegangen ist. In späterer Zeit trat die Schreibstube des Klosters noch durch eine illustrierte Abschrift des Sachsenspiegels hervor, die 1336 dem Grafen von Oldenburg übergeben wurde. Der *Liber vitae* entstand unter Abt Donatian (1158–1184), der aus dem Hildesheimer Kloster St. Godehard nach Rastede gekommen war und dort auch Teile der Klausurgebäude sowie eine Kapelle für mitgebrachte Godehard-Reliquien errichten ließ.

Die 32 Seiten zeigen ein Gliederungsschema mit auffällig hohen Doppelarkaden auf fragil überlängten Säulen. Überfangbögen, wie sie oft bei den ähnlich aufgebauten Kanontafeln auftreten, fehlen. Die Namenslisten zum Gebetsgedenken beginnen mit einer Aufzählung der Erzbischöfe von Bremen, auf welche die eigenen Konventsmitglieder, die Konversen, Laienschwestern und die Stifterfamilien des Klosters folgen (S. 6–9). Die 21 verbrüderten Klöster (S. 10–21) gehören einerseits zum Bereich Bremen – Hamburg – Lüneburg, andererseits zur Region Hildesheim – Braunschweig und Harzvorland.

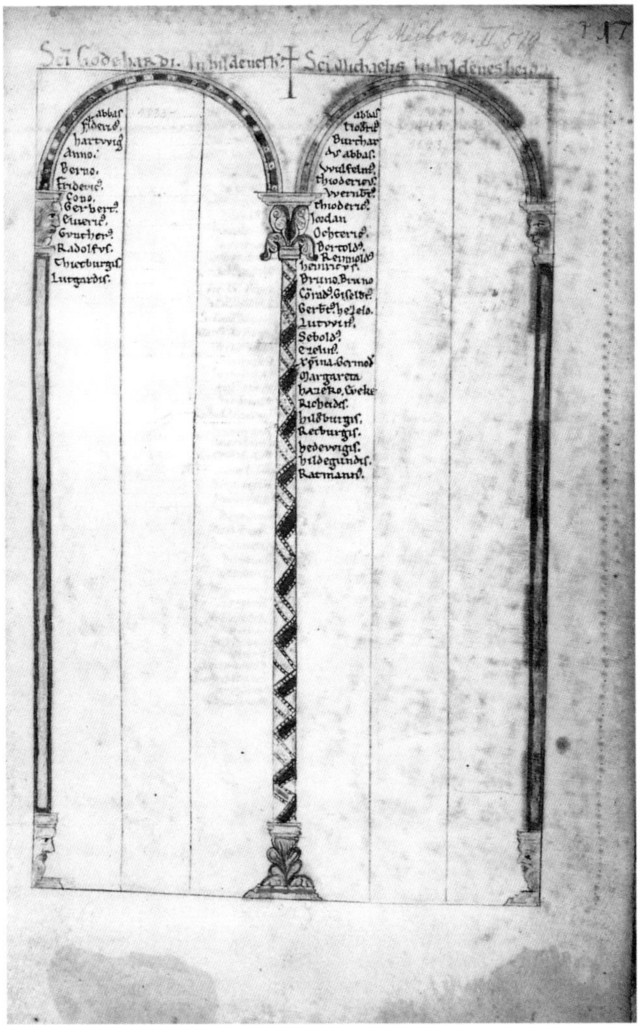

G 81

Den Abschluß bilden verschiedene Listen von Wohltätern sowie ein Verzeichnis der Äbte von Rastede. Einige Seiten tragen nur Überschriften mit den Namen der verbrüderten Klöster, andere zeigen die Arkadengliederung ohne jegliche Eintragungen.

Der zeichnerische Schmuck besteht überwiegend aus konventionellen Band- und Rankenornamenten auf den Säulenschäften sowie Palmettenmotiven an Basen, Kapitellen und Zwickeln. An einigen Stellen treten jedoch auch anthropomorphe Elemente auf, wie Profilmasken und sogar kleine Atlantenfigürchen, die teilweise noch mit Schriftrollen ausgestattet sind. Auf wenigen Seiten jedoch gewinnen die figürlichen Motive eine überraschend hohe Qualität. Der über der Mittelsäule plazierte Erzengel (S. 23), der das sich um den Säulenschaft emporringelnde Schlangentier zertritt, erinnert an das Bild des Drachentöters, wie es vor allem in dem 1159 im Hildesheimer Michaeliskloster geschriebenen Ratmann-Sakramentar (vgl. Kat. G 31) erscheint. Der Presbyter Ratmann gilt auch als Verfasser der Konventsliste von St. Michael im *Liber vitae* von Rastede, die als letzten Eintrag seinen Namen enthält. Die aus vielfach übereinandergestaffelten Blattkelchen und ihnen entwachsenden nackten Figürchen gebildeten Mittelsäulen (S. 26, 31) scheinen hingegen nicht unbeeinflußt von den reich belebten Initialgewächsen englischer Buchmalerei zu sein. Ein solcher Impuls könnte vielleicht durch Handschriften vermittelt worden sein, die der Vorgänger Abt Donatians, der zeitweilig nach Irland geflohene Siward, dem Kloster Rastede schenkte.

Kloster Rastede.

Lübbing 1935. – Kat. Hildesheim 1993, 2, Nr. IX-6 (Eckhard Freise). – Kat. Oldenburg 1995, 1, Nr. StM 23.

B. K.

G 82 Heberegister des Benediktinerklosters St. Ludger in Helmstedt aus den Urbaren des Benediktinerklosters Werden an der Ruhr *(Liber privilegiorum maior monasterii Werdenensis)*

Westfalen, um 1150

Pergament – schweinslederner, mit Fell beklebter Deckel– 66 Blätter – H. 32–32,5 cm – B. 20,5 cm.

Düsseldorf, Nordrhein-Westfälisches Hauptstaatsarchiv, Abtei Werden, Rep. u. Hs. 9.

Das Benediktinerkloster St. Ludger in Helmstedt wurde im 9. Jahrhundert gegründet und stand mit seinem reichsunmittelbaren Mutterkloster Werden an der Ruhr unter gemeinsamer Klosterleitung (vgl. Kat. G 55). Zur Zeit Abt Wilhelms I. von Moers (1151–1160) wurde im Rahmen der umfangreichen Werdener Urbare ein Heberegister des Helmstedter Klostergutes erstellt, das sich im *Liber privilegiorum maior* auf den Blättern 41b–48a befindet. Neben den Einkünften der Fronhofsverbände (Villikationen) und Höfe sowie den Leistungen der Schulzen und einem Verzeichnis der Eigenkirchen enthält es in einer gesonderten Aufstellung die in Sachsen vergebenen Lehen des Klosters – *Beneficia ministerialium s. Liudgeri in Saxonia* (fol. 45r–45v). Insgesamt verfügte das Kloster mit etwa 1000 Hufen (= ca. 16500 ha) Grundbesitz, 119 Hausstätten, 2 Mühlen und 7 Eigenkirchen über eine sehr bedeutende Grundherrschaft, die sich vornehmlich vom Allertal und Lappwald bis zum Großen Bruch erstreckte und größtenteils in Fronhofsverbänden organisiert war. Etwa ein Drittel des Grundbesitzes war an klösterliche Ministerialen verlehnt; ein Ministeriale Heinrichs des Löwen mit Taufnamen Adalwig hatte eine halbe Hufe in Kißleben erhalten – *Adalwigus ministerialis ducis in Szissenlove dimidium mansum.* Daran schließt sich ein Absatz über die Leistungen des Schulzen von Helmstedt (fol. 45v), der dem Werdener Abt jährlich aus den verschiedenen Einkünften der Stadt und des Marktes folgendes an Abgaben zu entrich-

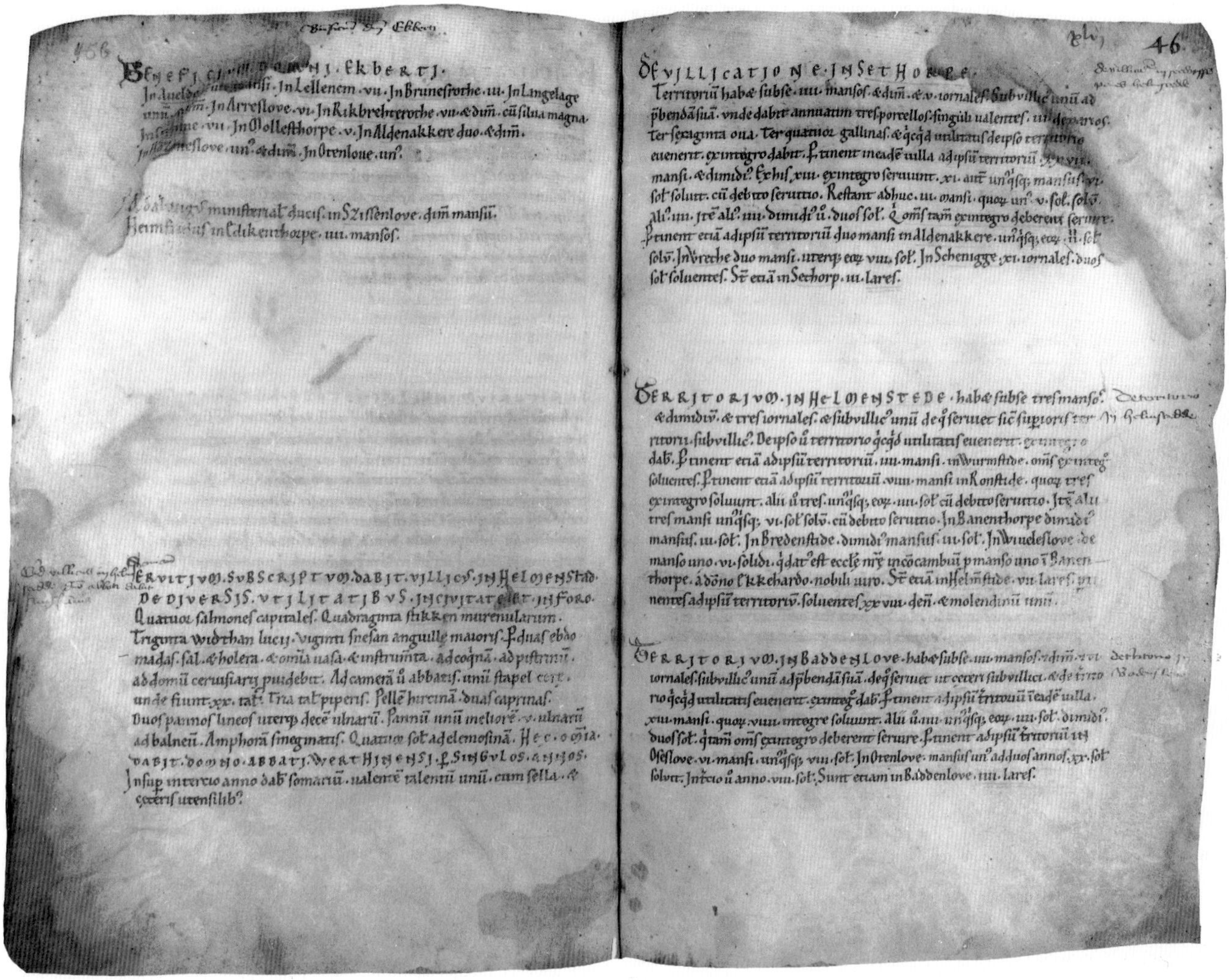

G 82

ten hatte: *Quator salmones capitales, quadraginta stikken murenularum, triginta widthan luci, viginti suesan anguille maioris. Per duas ebdomadas sal et holera, et omnia vasa et instrumenta ad coquinam, ad pistrinum, ad domum cervisiarii providebit. A cameram vero abbatis unum stapel cere, unde fiunt 20 talenta. Tria talenta piperis. Pellem hircinam, duas caprinas. Duos pannos lineos, uterque decem ulnarum, pannum unum meliorem 5 ulnarum. Ad balneum amphroram smegmatis. Quatuor s. ad elemosinam. … Insuper in tercio anno dabit somarium valentem talentum unum cum sella et ceteris utensilibus.* (4 große Lachse, 40 Sticken Neunaugen, 30 Widthan Hechte, 20 Snesen große Aale. Salz und Gemüse für 2 Wochen und alle Gefäße und Geräte für die Küche, die Bäckerei und das Brauhaus. Für die Kammer des Abtes 1 Stapel Wachs, aus dem 20 Pfund entstehen. 3 Pfund Pfeffer. 1 Bockfell, 2 Ziegenfelle. 2 Leinenstücke, jedes 10 Ellen lang, 1 besseres Tuch von 5 Ellen. Zum Bade 1 Topf Seife. 4 Schillinge als Almosen. … Außerdem stellt er alle 3 Jahre ein Saumroß, 1 Pfund wert, mit Sattel und den übrigen Utensilien.) Diese Zusammenstellung eröffnet einen Einblick in die Wirtschaftskraft des Helmstedter Raumes und läßt den großen Quellenwert dieses einmaligen Verzeichnisses für die Wirtschafts- und Sozialgeschichte Ostsachsens im 12. Jahrhundert erahnen.

Archiv des Klosters Werden.

Kötzschke 1906–58, Bd. 2, S. CXXXIII–CXLII, S. 167–185.

Kötzschke 1901. – Teute 1910, S. 260–284. – Römer 1979, S. 163–199. – Stüwer 1980, insb. S. 323. – Geschichtl. Handatlas Niedersachsen, Karte 22: Der Besitz des Klosters St. Ludgeri Helmstedt Mitte des 12. Jahrhunderts (Klaus Naß). – Last 1983, S. 369–450.

C.P.H.

G 83 Flavius Josephus, *Antiquitates Iudaicae* und *De bello Iudaico*

Nieder-/Mittelrhein (Werden ?), vor 1159

Pergament – Initiale in kolorierter Federzeichnung – brauner Ledereinband (Köln, 16. Jahrhundert) – 259 Blätter – H. 44 cm – B. 32 cm.

Berlin, Staatsbibliothek zu Berlin – Preußischer Kulturbesitz, Ms. lat. fol. 226

Antiquitatu Liber primus,
EGO DNS CAVI OMNIA HEC
Gen. c. i.
N
PRIN
CIPI
O CR
EAV
DEV
CELV
ET
TERRAM
Gen. c. i. & 2.
Sed du terra. ad aspectu non ueniret. et pfundi
tate tenebris celaret. et spc di desup portaret.

G 83

Die *Antiquitates Iudaicae* (Jüdische Altertümer) des Geschichtsschreibers Flavius Josephus († um 95 n. Chr.) enthalten die Geschichte der Juden von der Urzeit bis zum Ausbruch des Jüdischen Krieges (66. n. Chr.). Das in griechischer Sprache verfaßte Werk wurde noch in der Spätantike ins Lateinische übertragen. Der von den Kirchenvätern (vor allem Hieronymus) viel gelesene und zitierte Autor stellt die wichtigste außerbiblische Quelle für die im Alten und Neuen Testament beschriebenen Ereignisse dar.

Am Beginn des Textes steht in Anlehnung an das erste Buch des Alten Testaments eine Genesis-Initiale (fol. 3r), die eine komprimierte Darstellung der Schöpfungsgeschichte enthält. In der Mitte des hochrechteckigen Bildfeldes ist der Sündenfall mit Adam, Eva und der sich um den Baum windenden Schlange dargestellt. Die Tiere, die die hügelige Landschaft zu ihren Füßen bevölkern (Hirsch, Widder, Löwe und andere Vierbeiner), und die Fische, die am unteren Initialrand die ›Wellenberge‹ bewohnen, weisen auf den fünften und sechsten Schöpfungstag hin. In gleicher Weise sind auch die üppig wuchernden Pflanzen und die Vögel, die um die Baumkrone gruppiert sind, auf den Schöpfungsvorgang zu beziehen. Der Schöpfer selbst, dem sich alle Tiere zuwenden, erscheint als Halbfigur vor einem millefiori-artigen Blütenteppich; über ihm die Taube des Heiligen Geistes. In den Händen hält er zwei radial unterteilte Scheiben, die wahrscheinlich die Erschaffung des Firmaments bzw. die Erschaffung der Gestirne andeuten sollen. Die in einem Halbbogen eingetragene Beischrift *Ego Dominus creavi omnia hec* (Ich der Herr habe all dies erschaffen) ist gleichsam als Titel über der Darstellung angeordnet.

Am Beginn der Handschrift (fol. 1v) wird in einem Akrostichon (die hintereinander gelesenen Anfangsbuchstaben der aufeinanderfolgenden Verse ergeben ein oder mehrere Wörter) der Werdener Abt Wilhelm I. (1151–1160) als Stifter genannt; ein Chronostichon (die Buchstaben sind als Zahlzeichen zu lesen) ergibt als Zeitpunkt der Stiftung das Jahr 1159. Der Entstehungsort des Codex ließ sich noch nicht exakt ermitteln, da vergleichbare Ausstattungshandschriften aus Werden nicht überliefert sind (vgl. Kat. Essen 1990/91, 1, S. 38ff.) und bislang lediglich identische oder eng verwandte Schreiberhände in weiteren Werdener Codices nachgewiesen werden konnten.

Neben Werden sind auch andere bedeutende nieder- bzw. mittelrheinische Scriptorien als Entstehungsort in Betracht zu ziehen. Einen deutlichen Hinweis in diese Richtung stellt ein vermutlich in Köln im vierten Viertel des 12. Jahrhunderts entstandener Josephus-Codex dar (Köln, Historisches Archiv, W. 276), der offensichtlich nach diesem Werdener Codex kopiert wurde (Kat. Köln 1985, 2, Nr. E 88 mit Abb. S. 312 [Roswitha Neu-Kock]).

Nach der Klosteraufhebung (1803) gelangte die Handschrift in die Paulinische Bibliothek zu Münster und von dort in die Kgl. Bibliothek zu Berlin.

Kat. Braunschweig 1988, Nr. 33. – Fingernagel 1991, Nr. 106 (Lit.).

A. Fi.

*G 84 Schutzprivileg Papst Innozenz' II. für das Kloster Lamspringe

Lateran, 1138 November 14

Südliches Pergament – stark verblichen – H. 47 cm – B. 30 cm – Bleibulle an grünen, roten und gelben Seidenfäden hängend – Dm. 3,5 cm.

Hannover, Niedersächsisches Hauptstaatsarchiv, Hild. Or. 2 Lamspringe Nr. 2

Lamspringe wurde der Legende nach von einem Grafen Ricdag, sächsischen Adels und Vertrauter der karolingischen Herrscher, sowie seiner Frau Enhild im 9. Jahrhundert als Kanonissenstift gegründet. Vorherrschenden Ein-

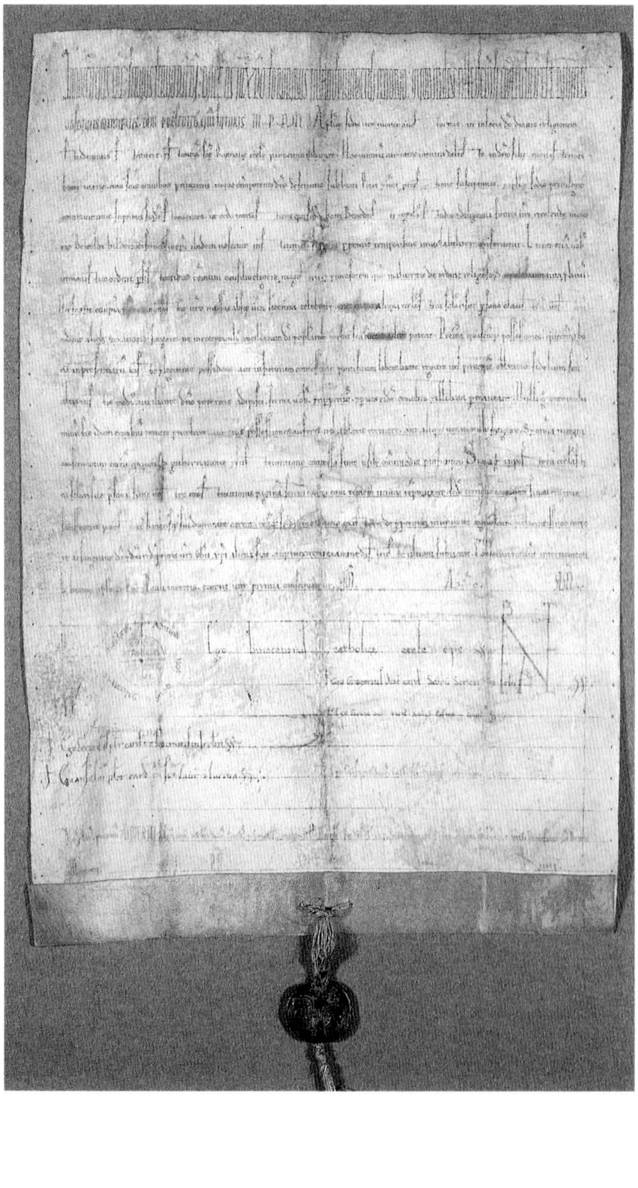

fluß auf das Stift übten seit der frühesten Zeit die Bischöfe von Hildesheim aus. So wurde neben den Kanonissenstiften Steterburg und Heiningen auch Lamspringe Ziel der Klosterreformen Bischof Bertolds (1119–1130); die Leitung des nunmehr in ein Benediktinerinnenkloster umgewandelten Lamspringe oblag fortan einem Propst und einer Priorin. Nach dem Tod Kaiser Lothars III., der Wahl Konrads III. zum König und der Herzogserhebung Albrechts des Bären geriet auch das Bistum Hildesheim in den Konflikt zwischen staufischen und welfischen Anhängern. Der schon von Lothar wegen Mordes entmachtete Graf Hermann II. von Winzenburg, ehemals größter Lehnsmann der Hildesheimer Kirche, dessen Stammburg nur wenige Kilometer vom Kloster Lamspringe entfernt lag, schloß sich umgehend der staufischen Partei an, in der Hoffnung, so seine Wiederbelehnung durch Bischof Bernhard I. (1130–1153) erreichen zu können. Und obwohl Bernhard grundsätzlich eher König Konrad III. zugeneigt war, verweigerte er dennoch beharrlich diesen Akt, der erneut eine mächtige Dynastenfamilie im Süden seines Bistums etabliert hätte. Wohl in dieser heiklen politischen Situation wurde die hier vorliegende Schutzurkunde Papst Innozenz' II. (1130–1143) auf Betreiben Bischof Bernhards und des Propstes von Lamspringe ausgestellt. Der Papst nimmt darin das Kloster und dessen Besitzungen in seinen Schutz und bestätigt, daß es *studio et diligentia fratis nostri recolende memorie Bertoldi Hildenheisemensis episcopi* als *ordo monasticus secundum D. Benedicti regulam* reformiert worden sei. Die anhängende Bleibulle besitzt jene für Papstbullen typische Systematik: Auf der Vorderseite weist sie den Papstnamen INNOCENTIVS P(A)P(AE) II. und auf der Rückseite die Apostelnamen PA(VLVS) & PE(TRVS) mit den Häuptern der beiden Heiligen auf. Im Jahr 1149 bestätigte Bischof Bernhard I. in einer gesonderten Urkunde die nunmehr namentlich aufgeführten Besitzungen des Klosters (UB Hochstift Hildesheim 1, Nr. 253). Trotz gewaltigen Drucks konnte die Wiederbelehnung Graf Hermanns II. mit der Winzenburg bis zum Jahr 1150 hinausgezögert werden. Nach dem zwei Jahre später an ihm und seiner schwangeren Frau heimtückisch verübten Mord erhob Herzog Heinrich der Löwe den Anspruch auf das gräfliche Erbe, erhielt von Bischof Bernhard aber nur einen Teil davon. Die vom Bischof eingezogene Winzenburg dagegen sollte zusammen mit dem Kloster Lamspringe die wichtigste Grundlage für die stifthildesheimische Herrschaft im südlichen Bereich der Diözese bilden.

Archiv des Klosters Lamspringe.

UB Hochstift Hildesheim 1, Nr. 215.

Streich 1986, S. 88. – Germania Benedictina VI, S. 301. – Germania Benedictina XI, S. 333f. – Goetting 1984, S. 330–376, insb. S. 347, 351f. und 367f.

C.P.H.

G 85a *Recognitiones* des Clemens, Martyrien u. a.

Lamspringe, zwischen 1178 und 1205/1210

Pergament – Buchmalerei in Deckfarben – spätmittelalterlicher Ledereinband – 201 Blätter – H. 27,5 cm – B. 18,5 cm.

Wolfenbüttel, Herzog August Bibliothek, Cod. Guelf. 475 Helmst.

Der Codex mit dem Papst Clemens zugeschriebenen Apostelroman (sogenannte *Recognitiones*) sowie Heiligenpassionen und -viten ist durch einen Eintrag (fol. 1r) für das Benediktinerinnenkloster Lamspringe zur Zeit des vierten Propstes Gerhard (1178–1205/vor 1210) gesichert. Der durch eine markante Stirnglatze ausgezeichnete Propst ist zusammen mit dem außen rechts wiedergegebenen Konvent in der Miniatur der Kreuzigung des Andreas zu sehen (fol. 148v). Sollten der bärtige Mann mit dem gefibelten Mantel zu Füßen des Kreuzes der Lamspringer Klostervogt und die jungen Männer Lamspringer Laien sein, wären die wesentlichen Kräfte des Klosters Lamspringe

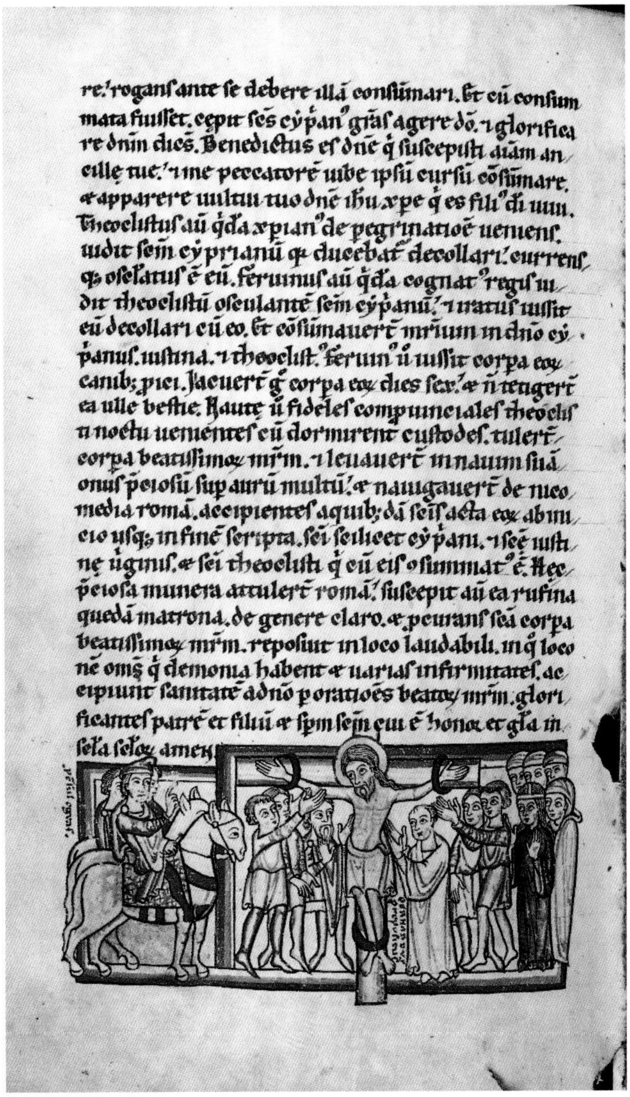

unter dem Kreuz des Apostels vereint. Gemeinsam verfolgen sie die Predigt, die Andreas am Kreuz bis zu seinem Tod noch zwei Tage an die Umstehenden richtete. Nur Egeas, der Richter des Apostels, ist in einem Feld links von der christlichen Gemeinschaft ausgeschlossen. Die Inthronisation des ersten Papstes Clemens im Kreise der römischen Urgemeinde durch Petrus (fol. 102r), im Beisein des rechts vorne sitzende Paulus, zeigt ein weiteres Idealbild christlicher Gemeinschaft. Die Miniaturen stammen aus derselben Lamspringer Werkstatt wie die des Cod. Guelf. 204 Helmst. (Kat. *G 85 b).

Benediktinerinnenkloster Lamspringe; 1572 nach Wolfenbüttel; 1618 nach Helmstedt; 1815 zurück nach Wolfenbüttel.

Schönemann 1852, Nr. 169. – Kroos 1970, S. 27, Anm. 20. –Vgl. den Beitrag von Harald Wolter-von dem Knesebeck, Bd. 2, S. 468–477.

H. W. v. d. K.

*G 85b Predigten des Augustinus

Lamspringe, zwischen 1178 und 1205/1210

Pergament – Buchmalerei in Deckfarben – originaler spätromanischer Bibliothekseinband – 190 Blätter – zweispaltig – H. 32 cm – B. 21 cm.

Wolfenbüttel, Herzog August Bibliothek, Cod. Guelf. 204 Helmst.

Der Codex ist nach dem Eintrag der Schreiberin Ermengarde (fol. 1r) im Benediktinerinnenkloster Lamspringe zur Zeit des vierten Propstes Gerhard (1178–1205/vor 1210) entstanden. Einziger Bildschmuck ist die figürliche Initiale mit dem Bild des thronenden Augustinus im Bischofsornat zu Beginn des Textes (fol. 3v). In demselben, bisher weitgehend unbeachtet gebliebenen Lamspringer Scriptorium entstanden unter Propst Gerhard etliche weitere, stilistisch vergleichbare Miniaturen in verschiedenen Sammelhandschriften (vgl. Kat. G 85 a) und in zwei Psaltern. Nächst verwandt mit diesen Miniaturen sind die etwas älteren aus dem Scriptorium des Augustiner-Chorherrenstifts Hamersleben. Die Miniaturen der beiden Scriptorien in Lamspringe und Hamersleben, einfache, lokale Weiterbildungen der Hildesheimer Buchmalerei des dritten Viertels des 12. Jahrhunderts, scheinen typisch für die Klöster des Hamersleben-Halberstädter Reformkreises der Augustiner-Chorherren zu sein. Der auf die nachfolgende Predigt bezogene Beginn des Vaterunser *Pater noster* im geöffneten Codex des thronenden Augustinus meint daher wohl zugleich seine Bedeutung als »Vater« für die nach seiner Regel lebenden Augustiner-Chorherren.

Benediktinerinnenkloster Lamspringe; 1572 nach Wolfenbüttel; 1618 nach Helmstedt; 1815 zurück nach Wolfenbüttel.

Schönemann 1849, S. 36, Nr. 44. – Milde 1972, Nr. 53. – Kurz 1979, S. 508 f. – Vgl. den Beitrag von Harald Wolter-von dem Knesebeck, Bd. 2, S. 468–477.

H. W. v. d. K.

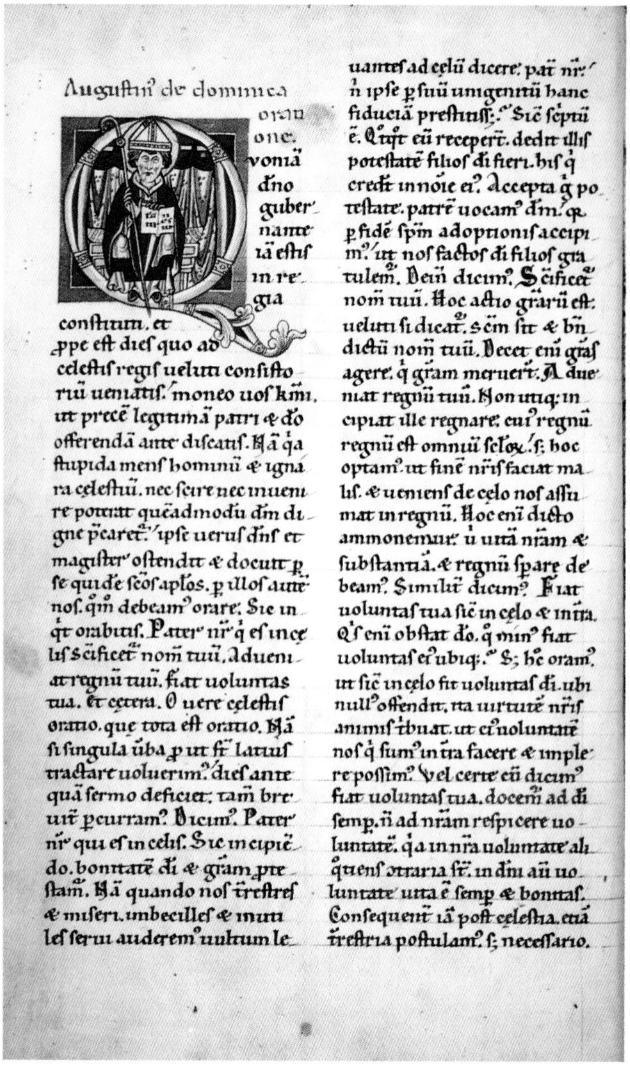

*G 85b

G 86 Paulusbriefe mit der Glosse des Petrus Lombardus

Nordfrankreich (Paris ?), vor 1178

Pergament – Deckfarbeninitiale – brauner Ledereinband (15./16. Jahrhundert, Liesborn) – 190 Blätter – H. 33,5 cm – B. 24,5/25,5 cm.

Berlin, Staatsbibliothek zu Berlin – Preußischer Kulturbesitz, Ms. theol. lat. fol. 352

Unter den Scriptorien, die in großer Anzahl Handschriften für den Export hergestellt haben, nehmen in der zweiten Hälfte des 12. Jahrhunderts die Schreibschulen in Paris und Nordfrankreich eine hervorragende Stellung ein. Die in dem Codex enthaltene Auslegung der Paulusbriefe stammt von Petrus Lombardus (†1160), einem der bekanntesten Magister der Kathedralschule von Notre-Dame in Paris.

Handschriften dieser Entstehung zeichnen sich, abgesehen von der inhaltlichen Aktualität, auch durch ein hohes Niveau der Buchschrift und eine klare Gestaltung der Sei-

3

Incipit epistola ad romanos.

PAULUS servus Ihesu Christi vocatus apostolus segregatus in evangelium dei quod ante promiserat per prophetas suos in scripturis sanctis de filio suo qui factus est ei ex semine david secundum carnem

[illegible]

G 86

te aus. In älteren Codices wurde der Glossentext häufig fortlaufend geschrieben und mit dem nur in hervorgehobenen Zitaten mitüberlieferten Bibeltext verbunden. In der hier vorliegenden jüngeren Redaktion wird dagegen der gesamte Bibeltext (in diesem Fall die Paulusbriefe) wiedergegeben und in einem an die jeweiligen Erfordernisse angepaßten ›Layout-System‹ mit den in kleinerer Schrift ausgeführten kommentierenden Glossen zusammengestellt.
Auf einem gleich hohen, stilistisch weitgehend einheitlichen Niveau steht auch die Ausstattung dieser Codices. Während Miniaturen relativ selten vorkommen, weisen die meisten dieser Handschriften reichen Initialdekor auf. Primär graphisch gestaltete Silhouetten- und Fleuronnée-Initialen werden häufig mit charakteristischen Deckfarbeninitialen – in der Art der hier gezeigten zu Beginn des Römerbriefs (fol. 3r) – kombiniert.
Der Buchstabe ist auf einen blauen, mit Deckweißpunkten versehenen Außengrund gesetzt. Die Längshaste ist durch einen für diese Initialgruppe typischen langgestreckten Tierkörper ersetzt, der als weitere charakteristische Merkmale eine gestrichelte Mähne, einen farblich abgesetzten Kopf und eine ›Bauchbinde‹ in Gold aufweist. Der Tierkörper wird mit einem gebauchten Buchstabenteil verbunden, dessen Füllung aus Spiralranken mit muschelförmig eingerollten Blättern besteht; von den Spiralranken gehen weitere halbpalmettenförmige Blätter aus, die den Außengrund füllen. Als weiteres zoomorphes Element ist am oberen Ablauf des Buchstabenkörpers ein Tierkopf eingefügt.
Wie aus einer Eintragung am Ende der Handschrift hervorgeht, wurde der Codex vom zweiten Liesborner Abt Franco (1161–1178) dem Kloster gestiftet. Eine weitere Schenkung desselben Abtes, die ebenfalls dieser Stilgruppe zuzuordnen ist, hat sich im Codex 222 der Universitäts- und Landesbibliothek Münster (Kat. G 87) erhalten.

1823 aus Münster an die Kgl. Bibliothek Berlin.

Kat. Liesborn 1965, Nr. 36. – Kat. Münster 1982, S. 569.

A. Fi.

G 87 *Liber Genesis cum Glossa*

Nordfrankreich, letztes Viertel 12. Jahrhundert

Pergament – Buchmalerei in Deckfarben – Einband 1. Viertel 16. Jahrhundert – 140 Blätter – H. 29 cm – B. 21,5 cm.

Münster, Universitäts- und Landesbibliothek, Hs 222

Ihre alten Bibliothekssignaturen belegen, daß diese Handschrift sich bereits im 13. Jahrhundert in der Bibliothek des westfälischen Benediktinerklosters Liesborn befand. Da sie in ihrer Schrift und Ausstattung erheblich abweicht von den Handschriften theologischen Inhalts, die zu dieser Zeit in Liesborn geschrieben wurden, muß ihr Herstellungsort anderswo gesucht werden. Der Buchschmuck weist auf eine Herkunft aus Nordfrankreich hin; gerade aus diesem Gebiet hatte Abt Franco von Liesborn (1161–1178) einige weitere glossierte Bibelhandschriften für seine Abtei erworben (vgl. Kat. G 86). Handschriften dieser Art waren nicht für die erbauliche Privatlektüre oder für die klösterlichen Tischlesungen bestimmt, sondern für die Studien einzelner Mönche.
Bemerkenswert sind die gepflegte Schrift und das ausgewogene Verhältnis zwischen Text und Glosse. Der Bibeltext steht auf jeder Seite zentral; zwischen den Zeilen und an den Rändern ist der Bibelkommentar (Glosse) in kleinerer Schrift hinzugefügt. Das Verhältnis von Text und Kommentar wechselt von Seite zu Seite. Damit der vollständige Kommentar zu einer Bibelstelle auf die gleiche Seite eingetragen werden konnte, mußte der Schreiber den für Text und Glosse zur Verfügung stehenden Raum für jede Seite neu berechnen.
Die beiden Deckfarbeninitialen sind von hoher Qualität. Die C-Initiale auf fol. 1r zeigt ein Fabeltier mit Affenkopf. In dem Schaft der I-Initiale auf fol. 4r, am Anfang des Buches Genesis (*In principio creavit ...*), sind sieben Medaillons enthalten, die je mit einer schematischen Darstellung aus der Schöpfungsgeschichte ausgefüllt sind (›Sechstagewerk‹); von oben nach unten: (1) Gottvater mit Mondsichel; (2) Engel; (3) Wasser und Erde; (4) Wasser, Erde und Baum; (5) dieselben mit Mond und Sternen; (6) dieselben mit Vögeln, Vierfüßlern und Fischen; (7) Erschaffung Adams.

Die Handschrift kam vermutlich 1803 aus der Abtei Liesborn in die Paulinische Bibliothek (später Universitätsbibliothek) zu Münster.

Overgaauw 1995 (im Druck).

E.O.

G 88 Augustinus, *De civitate Dei* – Beda Venerabilis, *De temporum ratione*

Liesborn, 3. Viertel 12. Jahrhundert

Pergament – Federzeichnungen – heller Ledereinband (14./15. Jahrhundert) – 189 Blätter – H. 46,5 cm – B. 33 cm.

Berlin, Staatsbibliothek zu Berlin – Preußischer Kulturbesitz, Ms. theol. lat. fol. 337

Jedes Buch des Gottesstaates (*De civitate Dei*) des Augustinus wird in der Handschrift mit einer Federzeichnungsinitiale eingeleitet. Der Buchstabenkörper des hier gezeigten Beispiels (fol. 125r) besteht aus farbig gefüllten Leisten, die von ›Spangen‹ zusammengehalten werden. Der vegetabile Dekor nimmt von einem Tierkopf am Ende des gebogten Initialsegments seinen Ausgang und entwickelt

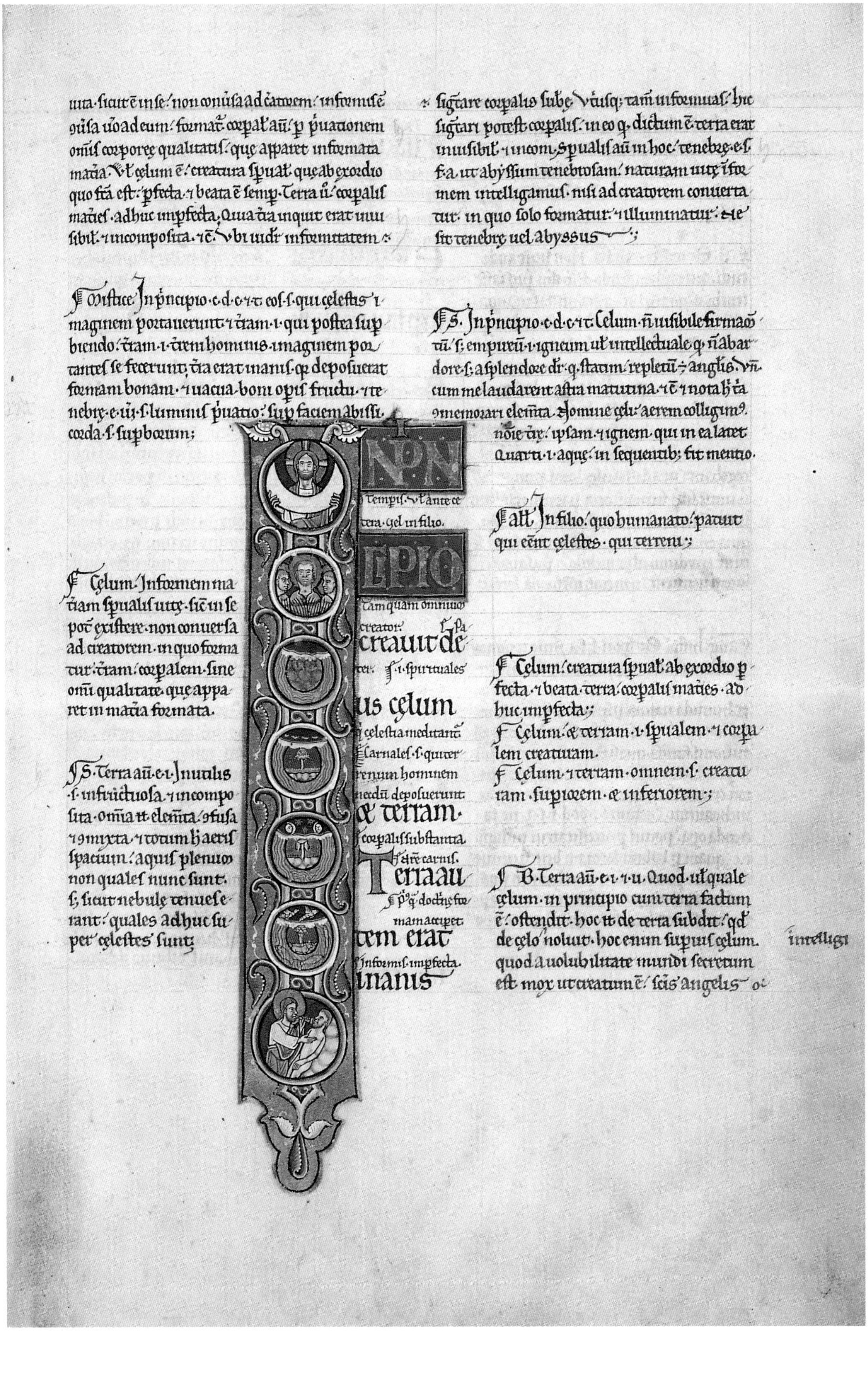

uita. sicut ē in se. non conuisa ad creatorem. informis ē. gūsa uo ad eum. formatur. corpalis aūt p priuationem omnis corporee qualitatis. que apparet in formata matia. Vł celum ē. creatura spūal. que ab exordio quo fcā est. pfecta. ⁊ beata ē semp. Terra ū. corpalis maties adhuc impfecta. Quia tra inquit erat inuisibil. ⁊ incomposita. ⁊ c. Vbi uidr informitatem ÷ signare corpalis subē. Vł usq; tam informitas hic signari potest corpalis. in eo q̄ dictum ē. terra erat inuisibil. ⁊ incom. spualis aūt in hoc. tenebre e. s. f. a. ut abyssum tenebrosam. naturam uitę informem intelligamus. nisi ad creatorem conuertatur. in quo solo formatur. ⁊ illuminatur. ut ne sit tenebrę uel abyssus.

Mistice. In pncipio c. d. c. ⁊ t. cels. s. qui celestis imaginem portauerunt. ⁊ tram. i. qui postea sup biendo. tram. i. trem hominis imaginem portantes se fecerunt. tra erat inanis. qr deposuerat formam bonam. ⁊ uacua. boni opis fructu. ⁊ tenebrę. e. ūs. s. luminis puatio. sup faciem abissi. corda. s. sup borum;

S. In pncipio. c. d. c. ⁊ t. Celum. n̄ uisibile firmamtū. s. empireū. i. igneum ut intellectuale. q. n̄ ab ardore. s. a splendore dr. q. statim repletū ē anglis. Vn cum me laudarent astra matutina. ⁊ c. ⁊ nota h̄ tam memorari elemta. Nomine celi aerem colligimus. noie tre. ipsam. ⁊ ignem. qui in ea latet. Quarti. i. aque. in sequentib; fit mentio.

IN PRINCIPIO

tempis. Vł ante cetera. Vł in filio.

Fact. In filio. quo humanato. patuit qui eēnt celestes. qui terreni;

tam quam omnium creator. S. pa

Celum. Informem matiam spualis uitę. sic in se potē existere. non conuersa ad creatorem. in quo formatur. tram. corpalem. sine omī qualitate. que apparet in matia formata.

creauit deus celum

s. i. spirituales celestia meditant. carnales. s. qui terrenum hominem necdū deposuerunt

Celum. creatura spūal. ab exordio pfecta. ⁊ beata. terra. corpalis maties adhuc impfecta;

Celum. ⁊ terram. i. spualem. ⁊ corpalem creaturam.

Celum. ⁊ terram. omnem. s. creaturam. supiorem. ⁊ inferiorem;

et terram. corpalis substantia. terre carnis.

S. Terra aūt. e. i. inutilis. s. infructuosa. ⁊ incomposita. omia et elemta. cfusa ⁊ cmixta. ⁊ totum h̄ aeris spacium. aquis plenum non quales nunc sunt. s; sicut nebule tenues erant. quales adhuc sup celestes sunt;

Terra autem erat inanis

s. pq. doctrię formam accipet. Informis. impfecta.

B. Terra aūt. e. i. ⁊ u. Quod ut quale celum. in principio cum terra factum ē. ostendit. hoc et de terra subdit. qd de celo noluit. hoc enim supius celum. intelligi quod a uolubilitate mundi secretum est. mox ut creatum ē. scis angelis o

G 87

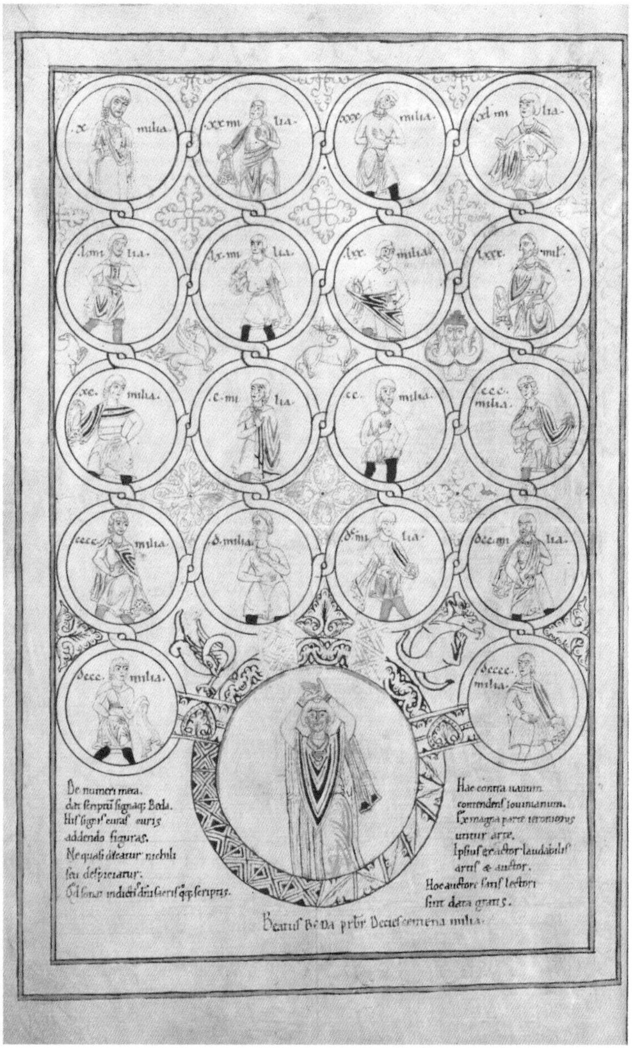

G 88

sich zu einem dichten Geflecht aus Spiralranken mit bewegtem, gebogtem Blattwerk. – Ein Zeichner des 12. Jahrhunderts hat seitlich bzw. über die Initiale eine Draperiestudie einer Sitzfigur bzw. einer männlichen Halbfigur nachgetragen.

Die Darstellung der gegenüberliegenden Seite (fol. 124v) gehört zu einem nachträglich in die Handschrift eingefügten Einzelblatt, das einen Abschnitt (Buch I, 1) des 725 von Beda Venerabilis verfaßten Handbuchs der Zeitrechnung (*De temporum ratione*) enthält. In diesem Traktat werden unter anderem die sogenannten Fingerzahlen erläutert, die als ›mathematische Zeichensprache‹ zu verstehen sind. Die ganzseitige Miniatur stellt, durch medaillongerahmte Halbfiguren illustriert, die Zahlen von Zehntausend (erstes Medaillon links oben) bis zu einer Million (in der Mitte unten) dar. Dieser Wert wird von der Figur des Autors Beda vorgeführt: die Arme werden über dem Kopf verschränkt, wobei die rechte Hand die linke am Handrücken umfaßt.

Der Codex gelangte nach der Aufhebung des Klosters Liesborn (1803) über die Paulinische Bibliothek zu Münster 1823 in die Kgl. Bibliothek zu Berlin.

Kat. Liesborn 1965, Nr. 33. – Kat. Braunschweig 1988, Nr. 35. – Fingernagel 1991, Nr. 27 (Lit.).

A. Fi.

G 89 Augustinus, *Tractatus in evangelium Johannis*

Liesborn, letztes Viertel 12. Jahrhundert (vor 1190)

Pergament – Initialminiatur in kolorierter Federzeichnung – heller Ledereinband (15. Jahrhundert) – 150 Blätter – H. 35 cm – B. 23,5 cm.

Berlin, Staatsbibliothek zu Berlin – Preußischer Kulturbesitz, Ms. theol. lat. fol. 342; (fol. 1v):

Der erste Teil der zweibändigen Abhandlung des Aurelius Augustinus (*354,†430) zum Evangelium des Johannes wird durch eine Initialminiatur eingeleitet: das hochrechteckige Bildfeld stellt gleichzeitig den Buchstaben I des Textanfangs dar. In bezug zum Inhalt der Handschrift er-

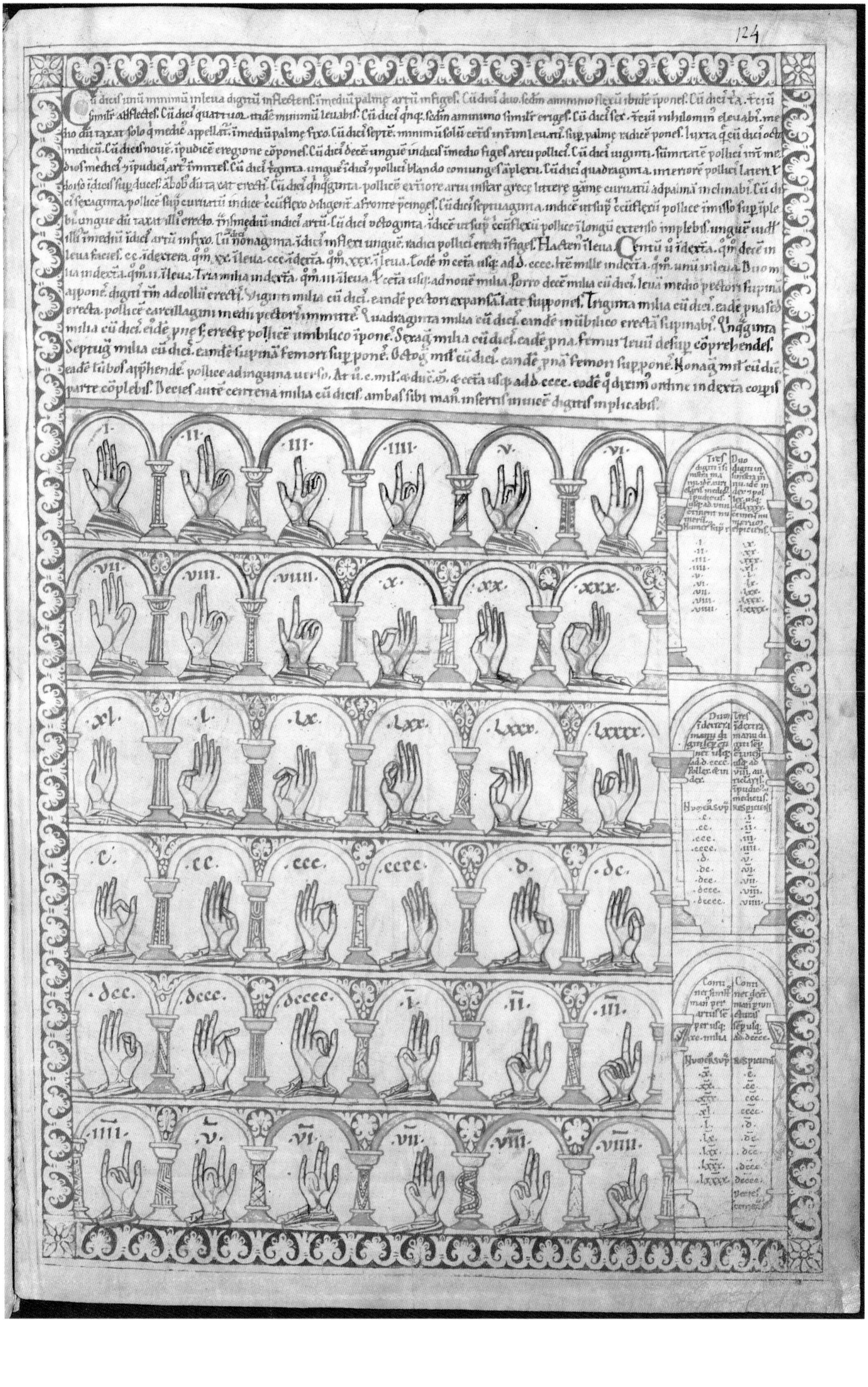
124
I
II
III
IIII
V
VI
VII
VIII
VIIII
X
XX
XXX
XL
L
LX
LXX
LXXX
LXXXX
C
CC
CCC
CCCC
D
DC
DCC
DCCC
DCCCC
I
II
III
IIII
V
VI
VII
VIII
VIIII

G 88

scheinen Autor und Exeget in einer Art Disput, der die Auseinandersetzung des Augustinus mit dem Evangelium des Johannes veranschaulicht. Der jugendliche Evangelist (Namensbeischrift im Nimbus) trägt über dem Untergewand eine Toga, hat die linke Hand im Sprechgestus erhoben und hält in der rechten ein Schriftband mit dem Beginn seines Evangeliums: *In principio erat verbum ...* (Im Anfang war das Wort). Sein Gegenüber, Augustinus, ist als Bischof mit Stab, Bischofsmütze, Kasel und kreuzverziertem Pallium dargestellt. Das Schriftband in seiner linken Hand gibt in paraphrasierter Form ein Zitat aus dem Text (rechte Kolumne, Zeile 9f.) wieder, in der prinzipiell über die Frage des Verständnisses und der Interpretation des Evangeliums diskutiert wird (*Quare hoc dicitur, si silebitur, et quare auditur si non exponitur*).
Entstehungsort und -zeit der Handschrift sind durch einen Eintrag am Ende des Codex näher bestimmt, in dem der dritte Liesborner Abt Wenzo (1178–1190) als Schreiber genannt wird.

Der Codex gelangte nach der Klosteraufhebung über die Paulinische Bibliothek zu Münster 1823 in die Kgl. Bibliothek zu Berlin.

Kat. Liesborn 1965, Nr. 39. – Kat. Braunschweig 1988, Nr. 36. – Fingernagel 1991, Nr. 30 (Lit.).

A. Fi.

G 90 Urkunde Heinrichs des Löwen, Herzog von Bayern und Sachsen, über die Gründung des Zisterzienserklosters Riddagshausen, mit Siegel, Typ VI

Urkunde: 1146 – Typar: Niedersachsen, vor 1161

Pergament – H. 43,5 cm – B. 34,5 cm – hellbraunes Wachs – Dm. 8,5 cm.

Wolfenbüttel, Niedersächsisches Staatsarchiv, 24 Urk 3

Das Zisterzienserkloster Riddagshausen wurde in den Jahren um 1145 von dem der welfischen Ministerialenfamilie von Dahlum entstammenden Ludolf von Dahlum gestiftet, die streng von den Edelherren von (Königs-) Dahlum und den erst später nachweisbaren Ministerialen von (Salz-)Dahlum zu unterscheiden ist. Ludolfs Familie spaltete sich um 1200 in zwei Zweige auf, von denen sich der eine nach der Ortschaft Wenden, jener um 1300 aussterbende zweite hingegen auch weiterhin nach Dahlum benannte, so daß Ludolf als Stifter in der späteren Historiographie bisweilen mit dem Herkunftsnamen »von Wenden« bezeichnet wird. Ludolf von Dahlum ist als erster nachweisbarer Angehöriger seiner Familie schon im Jahre 1129 in zwei Urkunden Kaiser Lothars III. als ministerialischer Zeuge belegbar und tritt als Vogt erstmals im Jahre 1134 auf. Er dürfte identisch sein mit dem unter Heinrich dem Löwen erstmals im Jahre 1143 auftretenden Ludolf *ministeriale de Brunizwigk* oder ... *de Bruneswick*, wäre demnach also mit der Vogtei der soeben entstehenden Stadt Braunschweig betraut gewesen. Der zum Gründungszeitpunkt wohl schon betagte Ludolf trat bald darauf als Konverse in das Kloster Riddagshausen ein, das zudem in späterer Zeit eine Grablege seiner Familie bergen sollte. Der Gründungsakt tradierte sich bei den Herren von Dahlum-Wenden und fand lesbaren Niederschlag in ihren Urkunden (z.B. im Jahre 1256, Wolfenbüttel, Niedersächsisches Staatsarchiv, 24 Urk 127), wäre allerdings ohne zeitige Genehmigung und Förderung durch Ludolfs I. Herrn, Herzog Heinrich den Löwen, kaum möglich gewesen. In der hier vorliegenden Urkunde, die noch in einer weiteren, leicht unterschiedlichen Form überliefert ist (Wolfenbüttel, Niedersächsisches Staatsarchiv, 24 Urk 2 [= MGH Hdl UU 7 A]), bestätigt der Herzog die Gründung und fügt der Schenkung des nur mit Taufnamen genannten Ludolf vor allem das Dorf Riddagshausen hinzu – *tradidimus villam, que dicitur Ritdageshvsen ... in usum fratrum ibidem.* An der Urkunde ist eine Ausprägung des sechsten Reitersiegels Heinrichs des Löwen befestigt. Da dieses sich erst für die Zeit zwischen 1161 und 1174 sicher nachweisen läßt (vgl. Kat. D 1–6), ist die Urkunde entweder neu besiegelt worden, oder aber es handelt sich hierbei um um eine Zweitausfertigung mit Übernahme des alten Datums. Die Siegelumschrift lautet + HEINRICVS . DEI . GRACIA DVX BAWARIE . ET . SAXONIE (Heinrich von Gottes Gnaden Herzog von Bayern und Sachsen) und zeigt den Herzog auf einem nach links springenden Pferd. Der Reiter trägt ein Panzerhemd sowie einen runden Helm mit Panzerkapuze darunter; sein Streitroß ist mit einer unten ausfransenden Decke belegt. In der rechten Hand hält er die Lanze mit wehender, in drei Zungen aufgespaltener Fahne, die der Stempelschneider in großartiger Weise der Ausbuchtung der Bildfläche angeglichen hat. In der Linken trägt der Herzog einen Schild mit fast horizontaler Oberkante, der mit strahlenförmigen Beschlägen um den Schildbuckel verziert ist. Die hohe künstlerische wie kompositorische Qualität dieses herzoglichen Siegeltypars wurde schon im 18. Jahrhundert erkannt; so ist eine andere Ausprägung (Hannover, Niedersächsisches Hauptstaatsarchiv, Cal. Or. 100 Katlenburg Nr. 3 [= MGH UU HdL, Nr. 23]) zur zeichnerischen Umsetzung für die *Origines Guelficae* mittels eines Messerchens gerastert. Heinrich der Löwe konnte sehr bald nach der Riddagshausener Gründung allein schon durch die räumliche Nähe des Klosters zu seiner Burg in Braunschweig den Einfluß des zuständigen Diözesanbischofs von Halberstadt zurückdrängen und für seine Hofkapelle geeignete Persönlichkeiten aus dem Kloster heranziehen. Dementsprechend werden seine Söhne Kaiser Otto IV. und Pfalzgraf Heinrich später von dem Kloster als *ecclesia nostra in Riddageshusen* sprechen (z.B. 1204, Wolfenbüttel, Niedersächsisches Staatsarchiv, 24 Urk 26 [= Asse-

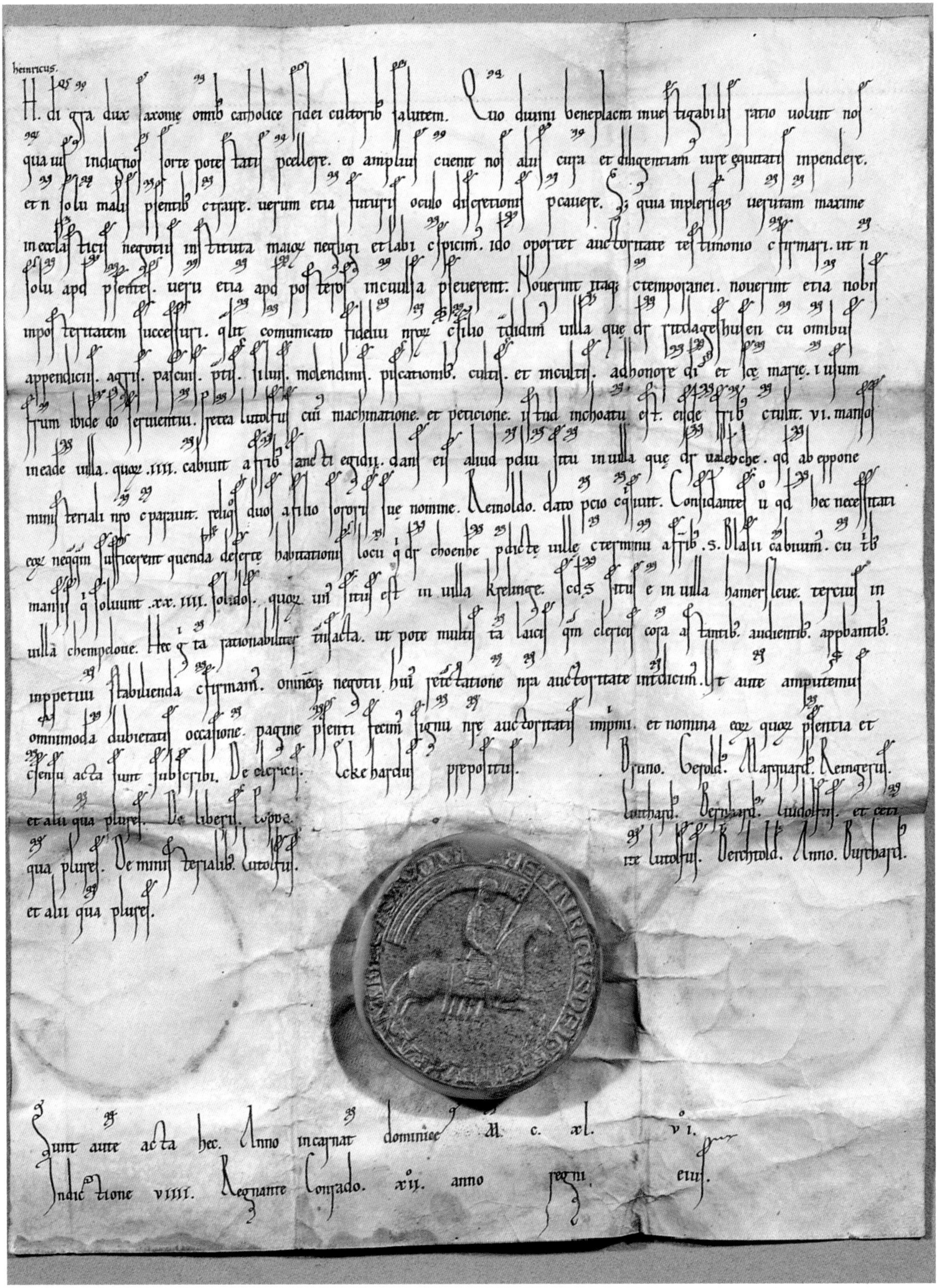
heinricus.

H. di gra dux saxonie omib catholice fidei cultorib salutem. Quo diuini beneplaciti inuestigabilis ratio uoluit nos quãuis indignos forte potestatis pcellere. eo amplius cuenit nos aliis cura et diligentiam uite equitatis inpendere. et n solu malis psentib ctraire. uerum etia futuris oculo discretionis pcauere. S; quia inplerisq; ueritatem maxime in ecclasticis negotiis instituta maior negligi et labi cspicim. ido oportet auctoritate testimonio cfirmari. ut n solu apd psentes. ueru etia apd posteros inconuulsa pseuerent. Nouerint itaq; ctemporanei. nouerint etia nobis in posteritatem successuri. qlit comunicato fideliu nror csilio tradidim uilla que dr Ritdageshusen cu omibus appendiciis. agris. pascuis. ptis. siluis. molendinis. piscationib. cultis. et incultis. ad honore di et sce marie. i usum frum ibide do seruientiu. Petente Lutolfo cui machinatione. et peticione. istud inchoatu est. eide frib ctulit. vi. mansos in eade uilla. quor .iiii. cabiunt a frib sancti egidii. dans eis aliud pdiu situ in uilla que dr Valebeche. qd ab eppone ministeriali nro cparauit. reliq duos a filio sororis sue nomine. Reinoldo. dato pcio cquisiuit. Considantes u qd hec necessitati eor nequaqm sufficerent quenda deserte habitationis locu q dr Choenbe pdicte uille cterminu a frib .s. Blasii cabiuim. cu trib mansis q soluunt .xx. iiii. solidos. quor unus situs est in uilla Kselinge. scds situs e in uilla hamersleue. tercius in uilla chempeloue. Hec g ta rationabilit tractata. ut pote multis ta laicis qm clericis cora astantib. audientib. appbantib. inppetuu stabiliend cfirmam. omneq; negotiu hui retractatione nra auctoritate interdicim. Ut aute amputemus omnimoda dubietatis occasione. pagine psenti fecim signu nre auctoritatis inprimi. et nomina eor quor psentia et csensu acta sunt subscribi. De clericis. Eckehardus prepositus. et alii qua plures. De liberis. Loppe. Bruno. Gepold. Marquard. Reingerus. Luithard. Bernhard. Liudolfus. et cetere qua plures. De ministerialib. Lutolfus. Lutolfus. Berchtold. Anno. Burchard. et alii qua plures.

Sunt aute acta hec. Anno incarnat dominice M. c. xl. vi. Indictione viiii. Regnante Conrado. xii. anno regni eius.

burger UB 1, Nr. 32]) und den Bau der Klosterkirche fördern (9. März 1215, Wolfenbüttel, Niedersächsisches Staatsarchiv, 24 Urk 35 [= Asseburger UB 1, Nr. 83]).

Archiv des Klosters Riddagshausen.

MGH UU HdL, Nr. 7 A1, S. 11–14 sowie S. XLVII.

Monumenta Boica 6, Nr. 1 mit Tafel 2 Nr. 6 [nach MGH UU HdL, Nr. 72] – Hasenritter 1936, S. 55 f. mit Siegeltafel Nr. 5 [nach MGH UU HdL, Nr. 96]. – Kat. Stuttgart 1, Nr. 65; 2, Abb. 13. – Ehlers 1986, S. 59–85. – von Boetticher 1990, S. 21–30. – Hucker 1990, S. 264 f. – von Boetticher 1994, S. 604–625. – Hasse 1995 [im Druck].

C.P.H.

G 91 Siegel des Abtes des Zisterzienserklosters Riddagshausen

Typar: Braunschweig (?), vor 1198 – Urkunde: 1198

Hellbraunes Wachs – an Leinenfaden hängend – H. 4,1 cm – B. 2,2 cm.

Wolfenbüttel, Niedersächsisches Staatsarchiv, 7 Urk 4

Wohl im Jahre 1145 hatte eine Gruppe von zwölf Zisterziensermönchen unter Führung des designierten ersten Abtes Robert aus dem Kloster Amelungsborn damit begonnen, nahe der kleinen Siedlung Riddagshausen zu Ehren der hl. Jungfrau und Gottesmutter Maria ein Kloster

zu errichten. Zu dessen Benennung setzte sich bald schon der bestehende Ortsname durch, während anderswo in Sachsen auch mit dem Patrozinium verbundene Namensbildungen (z.B. Mariental, Michaelstein, Mariensee) durchaus üblich waren. Demzufolge nannte sich der wohl von 1198 bis 1202 amtierende siebente Abt des Klosters, Wilbern, in der Intitulatio seiner Urkunde noch *Wilbernus dei gratia coenobii sanctae Mariae in riddageshusen humilis abbas* (Wilbern von Gottes Gnaden des Klosters der hl. Maria in Riddagshausen demütiger Abt), wohingegen die Umschrift seines spitzovalen Siegels nur die Worte S(igillum) ABBATIS DE REDAGESHVSEN (Siegel des Abtes von Riddagshausen) aufweist. Es zeigt den stehenden, tonsurierten Abt in einer langen Kutte mit einwärts gekehrtem Stab in der rechten Hand und dem Evangelium unter dem linken Arm. Bei diesem für das Kloster Riddagshausen ältesterhaltenen Siegel handelt es sich um ein für den Reformorden charakteristisches unpersönliches Äbtesiegel (vgl. Kat. G 54–55). Auch Wilberns spätere Nachfolger, die Äbte Arnold (1224–1247) (Wolfenbüttel, Niedersächsisches Staatsarchiv, 7 Urk 32) und Konrad III. (1247–1261) (Wolfenbüttel, Niedersächsisches Staatsarchiv, 19 Urk 37), führten solcherart Siegel, während erstmals Abt Dietrich (1332–1343) (Wolfenbüttel, Niedersächsisches Staatsarchiv, 24 Urk 664) im Zuge der Konstitution Papst Benedikts XII. seinen Taufnamen in die Umschrift einfügte.

Archiv des Stifts St. Blasius in Braunschweig.

UB Stadt Braunschweig 2, Nr. 28.

König 1975, S. 44–56. – Chronicon Riddagshusense, S. 25 f. mit Abb. auf Tafel II.– Naß 1989, S. 7–38, insb. S. 15 und 37. – von Boetticher 1994, S. 604–625.

C.P.H.

*G 92 Urkunde Papst Innozenz' III. für das Zisterzienserkloster Walkenried

Rom, St. Peter, 1205 November 8

Pergament – H. 71 cm – B. 57 cm – Umbug 3 cm – mit anhängender Bleibulle an gelben und braunen Seidenfäden – Dm. 3,9 cm.

Wolfenbüttel, Niedersächsisches Staatsarchiv, 25 Urk 37

Die Urkunde Papst Innozenz' III. für die Zisterzienserabtei Walkenried folgt dem Formular des großen Zisterzienserprivilegs mit den Anfangsworten *Religiosam vitam eligentibus,* das auf den Zisterzienserpapst Eugen III. (1145–1153) zurückgeht und von vielen Zisterzen begehrt wurde. In diesem Urkundenformular wird den Zisterziensern weitgehende Freiheit von der Gewalt des Ortsbischofs garantiert. Das Privileg für Walkenried weist die Unterschriften des Papstes (eigenhändig der Buchstabe E von Ego) sowie von 14 Kardinälen auf. Im Ring der Rota steht nach dem vom Papst eigenhändig gezeichneten Kreuz seine Devise: *Fac mecum Domine signum in bonum* (Psalm 85, 17). Die Güteraufzählung des Privilegs zeigt das Kloster auf einem ersten Höhepunkt seiner Besitzexpansion am südöstlichen Harzrand bis jenseits des Kyffhäuser. Es werden unter anderem die großen, in Eigenwirtschaft betriebenen Güter (Grangien) in diesem Gebiet aufgezählt: Alt-Walkenried, Immenrode, Günzerode, Hillingsborn, Kinderode, Rotterode, Beringen (wüst, bei Nordhausen), Berbisleben, Riethof (wüst östlich Heringen) und Kaldenhausen (bei Allstedt); ferner die Weingüter (*cellaria*) in Bodenrode (wüst, westlich Uthleben) und Steinthaleben am Kyffhäuser. Außerdem wird Fernbesitz nördlich des Harzes in Schauen (südlich Osterwieck) und südlich der Hainleite in Mehrstedt sowie ein Weinhof in Würzburg genannt. Die Erwähnung von Schmelzhütten im Harz (*case in nemore site*) zeigt das zukunftweisende Interesse der Walkenrieder Zisterzienser an der Verwertung von Bodenschätzen. Die Güterausstattung Walkenrieds ist das Ergebnis einer gezielten Besitzpolitik im 12. Jahrhundert, die weit über den durch das Stiftungsgut gesetzten Rahmen hinausführte und Herrschaftsträger wie den Erzbischof von Mainz, die Kaiser Lothar III. und Friedrich Barbarossa, Herzog Heinrich den Löwen und die Grafen von Beichlingen zu bedeutenden Schenkungen bewog.

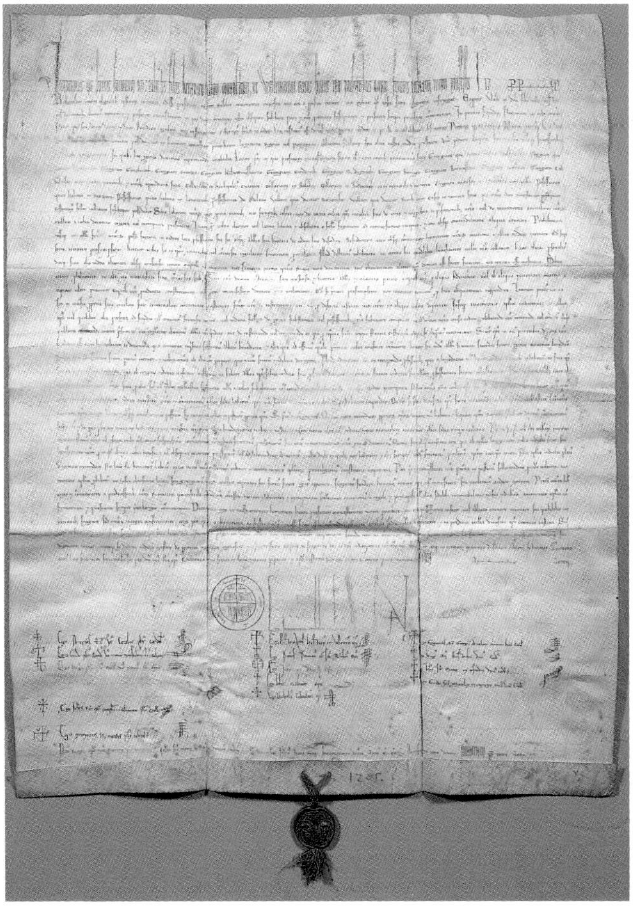

Archiv des Klosters Walkenried.

UB Stift Walkenried 1, S. 47–52, Nr. 56. – Regesta Diplomatica necnon Epistolaria Historiae Thuringiae 2, S. 240, Nr. 1294 (Regest). – Regesten Papsturkunden Niedersachsen u. Bremen, S. 10, Nr. 39 (Regest).

Baumann 1985. – Alphei 1994, S. 685, S. 701.

U. Schw.

Ritterliche Kultur

Während das Wort *rîter* im 11. Jahrhundert zunächst den bewaffneten Reiter bezeichnet, umschreibt im folgenden Jahrhundert der Begriff »ritterlich« mehr und mehr den Gesamtzusammenhang höfisch-ritterlicher Lebens- und Umgangsformen. Hierzu gehört als höfische Großveranstaltung vor allem das Turnier, das im 12. Jahrhundert seine erste Blütezeit erlebt. Die zahlreichen kirchlichen Turnierverbote ab den 1130er Jahren bezeugen seine Popularität, die in der zweiten Jahrhunderthälfte vor allem in Frankreich ihren Höhepunkt erreicht. Der Erzbischof von Magdeburg erneuerte beispielsweise das kirchliche Turnierverbot 1175, da in Sachsen 16 Ritter bei Turnieren ihr Leben gelassen hatten. Neben dem lebensbedrohlichen Kampf mit Blankwaffen pflegte man auch unblutigere Reiterparaden und Rittergesellschaften in Form der sogenannten Artusrunden.

Dieser kämpferisch-zeremoniellen Form ritterlicher Zusammenkünfte tritt im 12. Jahrhundert eine Verfeinerung und Kultivierung speziell ›höfischer‹ Verhaltens- und Umgangsformen zur Seite, die die mittelalterlichen Zeitgenossen mit dem Begriff der *höveschheit* umschreiben. In Abgrenzung zur *dörperheit* als bäurisch-unkultivierte Verhaltensweise kennzeichnen die höfischen Umgangsformen die »Vornehmheit des Benehmens«, wie es der Pariser Theologe Aegidius Romanus ausdrückt. Hierbei handelt es sich um eine Verhaltensetikette, die vielfältige Lebensbereiche des höfischen Umgangs und Miteinanders wie Kleidung, Hoffeste und zeremoniell ausgestaltete Mahlzeiten umspannt. So reglementieren die ›Tischzuchten‹ des 12. Jahrhunderts die Verhaltensweisen bei der Mahlzeit: »Höfisch werden auch die genannt, die bei der Mahlzeit nicht wild und unerzogen essen«, führt diesbezüglich

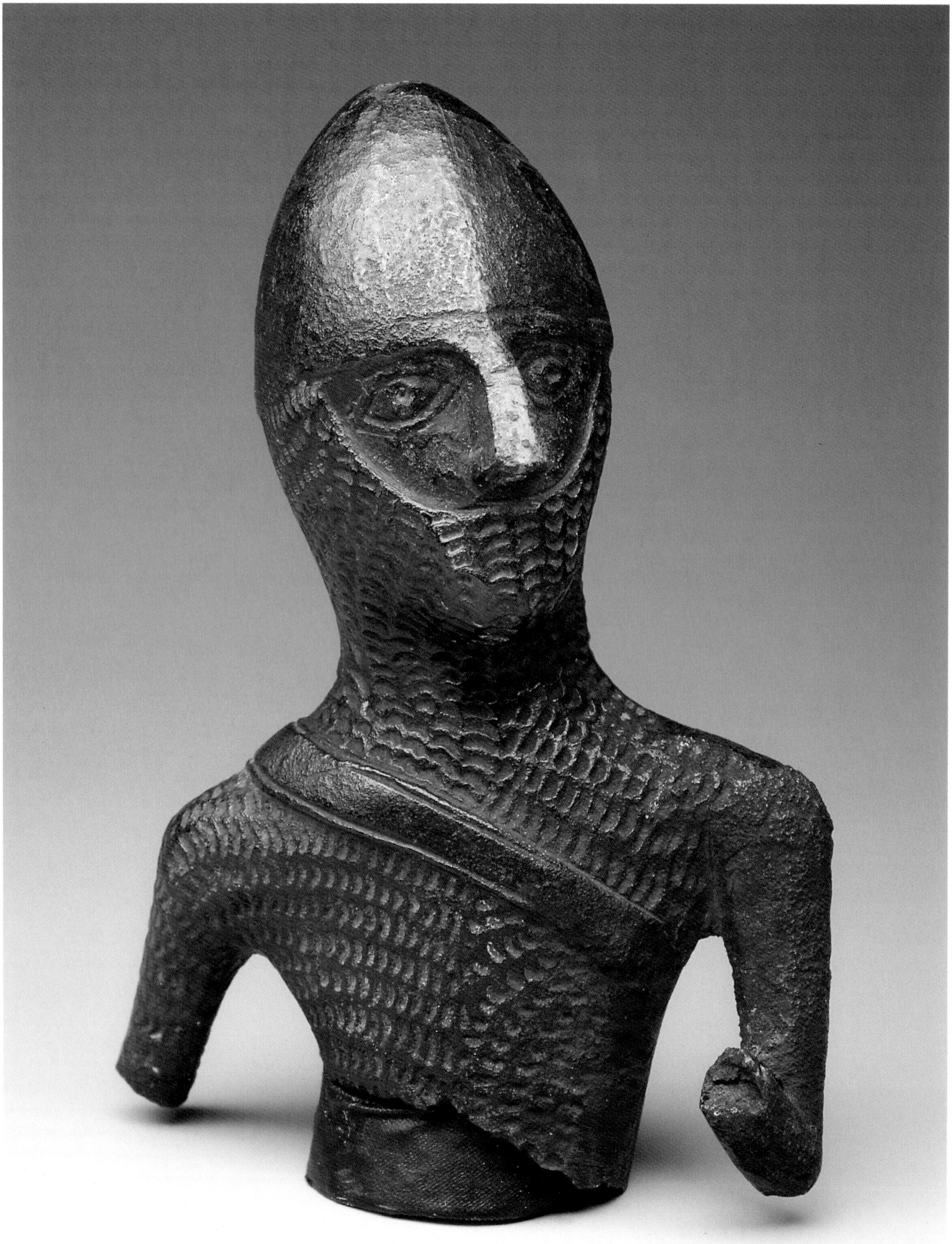

G 1

Aegidius Romanus aus. Die Aquamanilien als figürliche Gießgefäße für die Handwaschung bei der Mahlzeit illustrieren in gleicher Weise Repräsentationsbedürfnis und höfische Verhaltensetikette. Insbesondere die französischen Höfe dienten im 12. Jahrhundert als Orientierungsgröße und vorbildliche Umsetzung höfisch-ritterlicher Lebens- und Umgangsformen.

Borst 1976. – Fleckenstein 1985. – Bumke 1986. – Bumke 1992. – Paravicini 1994.

M. Mü.

G 93 Siegel Adelheids, Gräfin von Heinsberg (*um 1095/1100, † um 1180)

Gemme: römische Kaiserzeit – Urkunde: o. D. (1167–1180)

Gelbes Wachs – an zwei blauen Zwirnschnüren hängend – H. 4,3 cm – B. 3,4 cm.

Wolfenbüttel, Niedersächsisches Staatsarchiv, 22 Urk 7

Adelheid war die Tochter Friedrichs I., Graf von Sommerschenburg und Pfalzgraf von Sachsen (*1088, †1120), sowie Adelheids von Laufen, Witwe Graf Adolfs von Berg. Aus ihrer um 1115 geschlossenen Ehe mit Graf Goswin I. von Valkenburg-Heinsberg (*1090/1100, †1167/69) ging unter anderem Philipp von Heinsberg, der spätere Erzbischof von Köln (Kat. D 78) hervor. Ihr Neffe war der letzte Sommerschenburger, Pfalzgraf Adalbert (1162–1179), ihre Nichte Adelheid, Äbtissin von Quedlinburg und Gandersheim (Kat. G 52). Die Gräfin siegelte unter Verwendung einer ovalen, antiken Gemme, die eine stehende, gewandete Frauenfigur mit angewinkelten Armen zeigt. Der nachträglich um die Gemme angebrachte Inschriftring hat zu schwach ausgeprägt, als daß die Umschrift sicher lesbar wäre. Aus dem 12. Jahrhundert sind nur sehr wenige Damensiegel bekannt, wobei die Verwendung einer antiken Gemme als Siegelstein lediglich noch für die Pfalzgräfin Eilica im Jahre 1166 nachweisbar ist. Dies ist Ausdruck für die bei hochadeligen Geschlechtern des Mittelalters nachgewiesene, auffällige Sammelleidenschaft antiker Gemmen und edler Steine (vgl. Kat. D 117). Die Datierung ergibt sich zunächst aus dem Todesjahr der Gräfin. Darüber hinaus findet in der dazugehörenden Urkunde aber auch ihr Sohn Philipp bereits als Erzbischof von Köln Erwähnung. Nicht unerwähnt soll bleiben, daß die Enkeltochter Adelheids mit gleichem Taufnamen ein Thronsiegel führte, das ebenfalls zu den frühesten mittelalterlichen Damensiegeln zählt (Düsseldorf, Nordrhein-Westfälisches Hauptstaatsarchiv, Schillings Kapellen Urkunde Nr. 2).

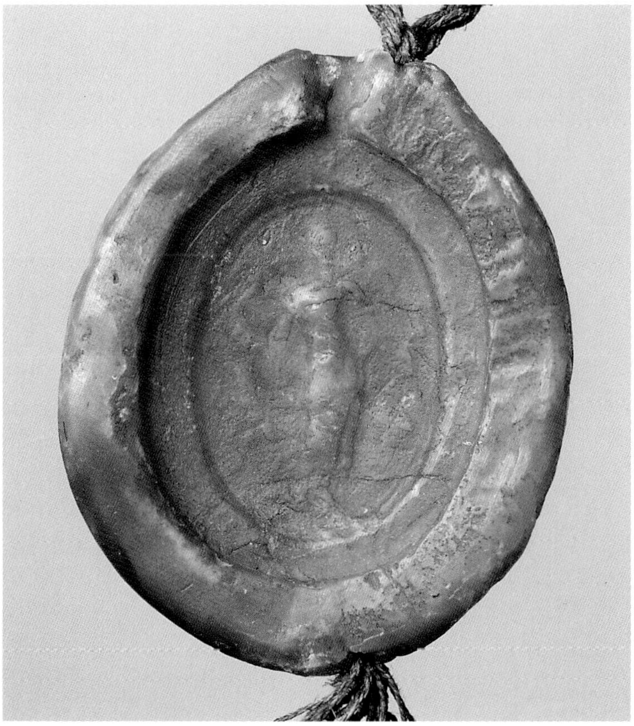

Archiv des Klosters Mariental.

Beumann 1935, Beilage 1, S. 391 f.

Starke 1955. – Kittel 1970, S. 274–280. – Kahsnitz 1979, S. 477–520.– Kat. Essen 1990/91, 1, Nr. 163. – Krug 1993, Bd. 1, S. 161–172.

C.P.H.

G 94 Siegel Konrads II., Graf von Wassel (1160–1175/78)

Typar: Norddeutschland (?), vor 1175/78 – Urkunde: Heinde, 1189 Juni 2

Hellbraunes Wachs – durchgedrückt – Dm. 3,6 cm.

Wolfenbüttel, Niedersächsisches Staatsarchiv, 19 Urk 1

Konrad war der Sohn des Grafen Bernhard II. von Wassel und einer Tochter Walos des Jüngeren von Veckenstedt. Die Familie der Grafen von Wassel, deren Zweige sich auch nach Ahrbergen und Hotteln nannten und die stammverwandt mit den Edelherren von Depenau waren, sind seit Beginn des 12. Jahrhunderts als *Vicedomini* des Bistums Hildesheim nachweisbar – ein ursprünglich von Geistlichen wahrgenommenes Amt an der Spitze der bischöflichen Dienstmannschaft. Angehörige dieses angesehenen Geschlechts stellten mit Hermann (1161–1170) einen Hildesheimer Bischof und möglicherweise auch einen dortigen Elekten (Bruning [1114 1119]). Bedeutendster weltlicher Vertreter der Familie war Graf Bernhard I., der zu den engsten Beratern Kaiser Lothars III. gezählt wer-

G 94

den muß, und der – vielleicht über eine weibliche Familienangehörige – rheinländische Güter in der Gegend um Bingen besaß. Mit Konrad II. von Wassel starb das Grafengeschlecht im Mannesstamm schon am 23. Mai 1175 oder 1178 aus. Dessen Töchter, Adelheid und Fritherun, verkauften und verschenkten im Jahre 1189 Güter an das Kloster Marienberg, wobei sie mit dem Typar ihres längst verstorbenen Vaters siegelten. Das Siegel hat die Umschrift + SIGILL(um) CVNRADI COMITIS DE GVASELE (Siegel Konrads, Graf von Wassel) und zeigt den Grafen in einem Reitermantel gewandet rittlings auf einem nach rechts schreitenden Pferd. Der linke Arm hält einen Falken, der dem Stempelschneider in seinen Proportionen etwas zu groß geraten ist. Die Szene stellt demnach den Grafen bei der Falkenjagd dar, womit das Stück zu den sogenannten Jagdsiegeln zu zählen ist. In ihnen spiegelt sich die adlige Kultur des Hochmittelalters wider, gehörte doch die aufwendige und schwer zu beherrschende Falkenjagd zu den besonderen Vergnügungen des hohen Adels. Bei dem hier vorliegenden Siegel handelt es sich um ein sehr frühes Beispiel für ein Falkenjagdmotiv auf Siegeln, die in ihrer Masse erst zur Mitte des 13. Jahrhunderts entstanden und dann meist bei Jungherren und adligen Damen in Gebrauch waren.

Archiv des Klosters Marienberg.

Origines Guelficae, Bd. 3, S. 559 f. – Bode 1910, S. 89 f.

Grote 1853, S. 240–247. – Bode 1910. – Heinrichsen 1954, S. 107–111. – Heinemann 1968, S. 84 ff. sowie Exkurs I., Nr. 8, S. 326 f. – Goetting 1984, S. 314 ff., S. 400–414. – Petke 1985, S. 398–407.

C.P.H.

G 95 Einzelblatt aus einem *Speculum virginum*

Mittelrhein oder Trier, gegen 1200

Pergament – Buchmalerei mit Feder, Lavierungen und Deckfarben – leicht berieben, vertikale Bruchfalte – H. 13,5 cm – B. 19,6 cm.

Hannover, Kestner-Museum, Inv. Nr. 3984

Die ausgeschnittene Miniatur mit dem heftig tobenden Schwertkampf zweier Ritterpaare illustriert in außerordentlicher Lebendigkeit und großer Detailgenauigkeit Bewaffnung und Kampfweise der Zeit um 1200. Gleichwohl ist hier kein historischer bzw. zeitgenössischer Kampf dargestellt, sondern eine allegorische Auseinandersetzung, eingekleidet in hochaktuelle Formen und ausgestattet mit den entsprechenden Realien.

Zusammen mit drei weiteren Einzelblättern (Bonn, Rheinisches Landesmuseum, Inv. 15326–28) stammt die Miniatur mit den Kämpfern aus einer in Trier überlieferten Handschrift des *Speculum Virginum* (Trier, Bistumsarchiv, Ms. 132). Der Text des Jungfrauenspiegels, eines Erbauungsbuchs für das Klosterleben der Frauen, entstand wohl um 1100 am Mittelrhein und erfreute sich seit dem 12. Jahrhundert deutlicher Beliebtheit. Den elf Büchern des *Speculum* wurden dabei meist eine gleiche Anzahl von Illustrationen zugeordnet, als Veranschaulichung der abstrakten Leitthemen. Die Kampfszene gehört wohl zum 4. Buch »Der Sieg der Demut über den Stolz«, zeigt also das Ringen um die Vormachtstellung zwischen Tugenden und Lastern. Die hier vorgeführten Schwertduelle stehen den Illustrationen der schon in frühchristlicher Zeit von Prudentius verfaßten *Psychomachia* nahe, deren Zweikampfdarstellungen im Mittelalter oft das Aussehen zeitgenössischer Kampfbilder annahmen. So bieten die der *Psychomachia* entlehnten ritterlichen Tugendgestalten auf den Kanontafeln im Evangeliar Heinrichs des Löwen (Kat. D 31, fol. 15r–18v) anschauliche Beispiele für die Bewaffnung in der zweiten Hälfte des 12. Jahrhunderts.

Die Tugenden und Laster des *Speculum* zeigen hingegen eine modernere, von etwa 1190 bis ins frühe 13. Jahrhundert geläufige Form der Ritterrüstung. Diese ist gekennzeichnet durch die vollständige Panzerung des Körpers: Die langärmeligen Panzerhemden werden durch entsprechende Handschuhe ergänzt und die bislang offenen Teile des Gesichts durch eine Helmmaske mit Sehschlitzen und Luftlöchern geschützt. Die geschlossenen Ringelpanzer machten dabei auch eine Kennzeichnung der Ritter durch ihre Schildzeichen notwendig. Selbst das mit gespaltenem Schädel niedersinkende Laster trägt einen Phantasieschild mit drei heraldisch abbreviierten Mönchsköpfen.

Die vehementen kämpferischen Bewegungen erlauben auch einen Eindruck von der Tragweise und der Befestigung der Schilde des sogenannten normannischen Typus und der Schwertgehänge. Topfhelme und vor allem die

G 95

repräsentativen textilen Waffenröcke vervollständigen die Gewandung der Streitenden. Die auf flächig koloriertem Grund außergewöhnlich tiefenräumlich geführten Aktionen erreichen eine Unmittelbarkeit und Dramatik, die wohl nicht nur inspirierender Vorbilder bedurfte, sondern auch eigener Anschauung und direkten Erlebens.

Trier, Abtei St. Matthias; um 1850 herausgeschnitten, später Hannover, Sammlung Culemann; 1886 Erwerbung durch die Stadt Hannover.

Bernards 1956. – Kat. Stuttgart 1977, 1, Nr. 364. – Gamber 1977. – Kat. Trier 1984, Nr. 71 f. – Kat. Köln 1985, 1, Nr. A 19 (Franz Niehoff).

B.K.L.

G 96 Lehnsverzeichnis Graf Heinrichs I. von Regenstein

1212–1227 – Einband: 13. Jahrhundert

Pergament – Einband: lederbezogene Holzdeckel mit Bronzeschließen in Tierform – 49 Blätter – H. 19 cm – B. 13 cm.
Inhalt: Lehnsverzeichnis 1212–1227, fol. 1v–11v (erste Niederschrift), fol. 13r–29v (Reinschrift) – Lehnsverzeichnis um 1265, fol. 30v–42r – Forstbeschreibungen in deutscher Sprache 1265–1287, fol. 44r–47r – zahlreiche Nachträge 13. Jh. – Schrift: 4 Haupthände A–D aus dem 13. Jh.

Wolfenbuttel, Niedersächsisches Staatsarchiv, VII A Hs 29, Lehnsverzeichnisse der Grafen von Regenstein

Die Grafen von Regenstein haben ein nach 1212 entstandenes ausführliches Verzeichnis ihrer Lehen hinterlassen, das als eine der frühesten Aufzeichnungen dieser Art im mittelalterlichen Deutschen Reich überhaupt gelten kann. Von dem bedeutenden Harzgrafengeschlecht, das erst 1599 ausstarb, sind aus späterer Zeit noch weitere ähnliche Aufzeichnungen überliefert. Der Urheber des ältesten Verzeichnisses, Graf Heinrich I. von Regenstein, war ein Sohn Graf Siegfrieds von Blankenburg, der Heinrich den Löwen 1172 nach Jerusalem begleitete und vermutlich auf der Pilgerreise starb. Heinrich I. nannte sich nach der auf einem steil abfallenden Sandsteinrücken im Harzvorland nördlich Blankenburg gelegenen Burg, während sein Bruder, der jüngere Siegfried von Blankenburg, seinen Namen nach dem alten Stammsitz der um 1123/24 erstmals erwähnten Grafen führte. Die beiden Brüder begründeten zwei verschiedene Linien des Grafenhauses, die sich im 14. Jahrhundert nach dem Aussterben des Blankenburger Zweiges wieder vereinigten. Heinrichs Bruder Siegfried hat ebenfalls ein Lehnsverzeichnis herstellen lassen (erschlossene Fassung von 1212, siehe Fenske/Schwarz 1990, S. 508 ff.). Anlaß der Aufzeichnungen war in diesem Falle eine Besitzteilung der Brüder, die zu einem Zeitpunkt

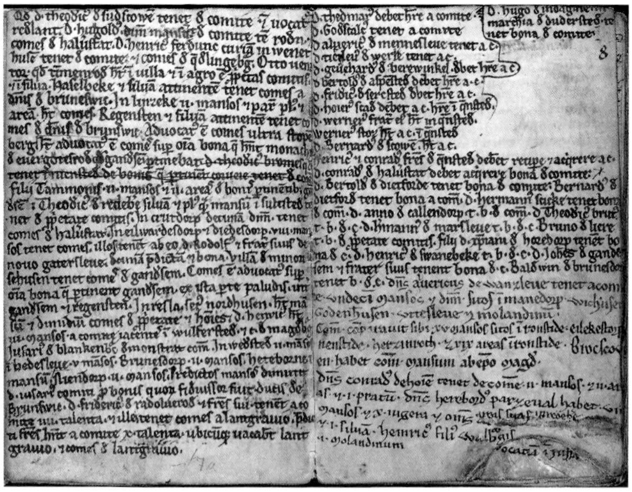

G 96

schriftlichen Niederschlag fand, als deren erbberechtigte Söhne schon erwachsen waren.

Die Aufzeichnung des Regensteiner Grafen ist in einer Reinschrift und in einer ersten Niederschrift erhalten, die die Entstehungsweise gut erkennen läßt. Der Verfasser zeichnet unterschiedlich große Besitzkomplexe (von einer 1/2 Hufe bis zu 62 1/2 Hufen) auf, wobei er ständig zwischen der Verbuchung von Passivlehen (empfangene Lehen) und ausgetanen Lehen des Grafen (Aktivlehen) schwankt. Sehr häufig sind die Besitzstücke gleichzeitig als Passiv- und als Aktivlehen ausgewiesen, wofür der Eintrag: *Geuehardus frater Widekindi dimidium mansum tenet in Nienstede a comite et comes de Haluerstat* als Beispiel genannt sei (Gebhard, der Bruder Widekinds, hat eine halbe Hufe in Neinstedt vom Grafen und der Graf hat sie [vom Bischof] von Halberstadt). Zwischen die Lehen wird Eigengut des Grafen eingestreut, das dieser ererbt oder käuflich erworben hat und z.T. als Aktivlehen austut. Es ergibt sich ein buntes Bild der Besitzberechtigungen des Grafen, an deren Aufzeichnung zahlreiche Personen mitgewirkt haben (Nachträge, fol. 8r–11v). Die gräflichen Berechtigungen verteilen sich in der Hauptsache im Gebiet zwischen Harz und Großem Bruch, dem alten Harzgau, wo der Regensteiner die Grafschaftsrechte innehat (in vier Schultheißenbezirken rund um den Huy). Dazu kommt Streubesitz nördlich des Großen Bruchs und östlich der Bode sowie Fernbesitz im Süden des Harzes, der vor allem im Eichsfeld um Duderstadt konzentriert ist (Fenske/Schwarz 1990, Karte 5). Es handelt sich im einzelnen um Grundbesitz, Mühlen, Waldstücke, Vogteirechte und Zehnten.

Der Grundbesitz ist zumeist in bäuerlichen Produktionseinheiten (Hufen) bemessen. Zwei Drittel des Hufenbesitzes sind vom Grafen als Passivlehen in Empfang genommen, ein Drittel ist Eigengut. Es lassen sich insgesamt annähernd 800 Einheiten addieren, zu denen noch ein nicht näher spezifizierter Grundbesitz hinzukommt, so daß die Gesamthufenzahl auf 1000 Hufen geschätzt werden kann. Ähnliche Größenverhältnisse sind auch bei Heinrichs Bruder, Siegfried von Blankenburg, anzunehmen. Die Lehnsherren des Grafen sind die benachbarten geistlichen und weltlichen Reichsfürsten. Die größte Zahl von Lehnsstücken empfangen die Grafen von Regenstein vom Reichsstift Quedlinburg; es folgen als Lehnsgeber mit deutlichem Abstand das Reichsstift Gandersheim, der Erzbischof von Magdeburg, die Welfen, der Bischof von Halberstadt, die Grafen von Anhalt etc. Beim Bruder in Blankenburg stellen sich die Verhältnisse anders dar; hier vergeben die Welfen und der Bischof von Halberstadt die meisten Lehen. Ein Vergleich des regensteinischen und blankenburgischen Lehnsverzeichnisses zeigt den Modus der Besitzteilung, der nicht flächenmäßig zu denken ist.

Der Regensteiner hat nachweislich mindestens die Hälfte seines Hufenbesitzes an verschiedene Lehnsträger ausgegeben, die im Verzeichnis namentlich genannt werden. Es zeichnet sich ein Kreis von 150 bis 160 gräflichen Lehnsträgern ab. Die gräfliche Lehnsmannschaft ist nicht homogen, sondern setzt sich aus Gruppen unterschiedlicher sozialer Stellung zusammen. Häufig hat der Graf Besitzstücke an die Ministerialen seiner eigenen Lehnsherren verliehen. Dieser Umstand ist nicht einfach zu interpretieren (Fenske/Schwarz 1990, S. 187ff., 212f.). Die engere Dienstmannschaft des Grafen rückt erst in der zweiten Hälfte des 13. Jahrhunderts ins Licht der Urkunden. Eine klare Abgrenzung zur Dienstmannschaft des Bruders Siegfried von Blankenburg läßt sich nicht erkennen. Der Anteil edelfreier Vasallen in der Lehnsmannschaft des Grafen ist gering. »Die Masse der Regensteiner Lehnsleute … bestand aus Ministerialen, den eigenen sowohl als auch solchen fremder Herren.«

Fenske/Schwarz 1990, S. 256–278 (erste Niederschrift und Reinschrift in Paralleldruck), mit Abb. einzelner Seiten, nach S. 588, Abb. 3–7.

Fenske 1993.

U. Schw.

G 97 Topfhelm

13. Jahrhundert

Eisen – H. 35 cm – B. 27 cm.

Altena, Museum der Grafschaft Mark auf Burg Altena, Inv. Nr. N 4010

Aus mehreren Blechplatten ist ein den Kopf vollständig umschließender Helm zusammengesetzt; die Platten sind mit Nieten verbunden, über der durch die schmalen, horizontalen Sehschlitze kenntlichen Augenpartie befindet sich eine Verstärkung, darüber und senkrecht dazu eine weitere, welche die Mittelachse des vollständig verborgenen Gesichts markiert. Seitlich von Nase und Mund befin-

den sich kleine, runde Löcher zum Atmen. Die kreuzförmige Öffnung inmitten der Atemlöcher rechts wird zum Einhängen einer Verbindung mit der Rüstung gedient haben, ebenso der seitlich links unten angebrachte Bolzen.
Der Topfhelm bildet sich in der Zeit um 1200 aus; entwicklungsgeschichtlich stellt er bezüglich der technischen Kunstfertigkeit eher einen Rückschritt dar. Während Eisenhut und Spangenhelm im wesentlichen aus einem Stück geschmiedet worden waren, wurde der Topfhelm aus mehreren zugeschnittenen Blechstücken wenig kunstvoll zusammengesetzt und vernietet. Sein Aufkommen als ›Schutzwaffe‹ wird als Reaktion auf die Entwicklung der Lanze aus dem Spieß zu verstehen sein: Den mit großer Wucht vorgetragenen Angriffen mit eingelegter Lanze boten die früheren Helme und Rüstungen zu viele offene Partien, Schlitze und schwache Stellen. Die Entwicklung ging zu sehr schweren Rüstungen aus einander überlappenden Blechteilen.
Zeitgenössische Darstellungen – Buchmalereien (vgl. Kat. G 95), Ritteraquamanilien (vgl. Kat. G 106/107) oder Münzen (vgl. Kat. G 119) – bieten Eindrücke, wie vollständig gerüstete Ritter ausgesehen haben: Der Topfhelm nahm der Persönlichkeit jeglichen individuellen Ausdruck. Um dies zu kompensieren, wurden im weiteren Verlauf der Entwicklung Schild und Helm mit heraldischen Symbolen ausgestattet. Möglicherweise diente die Öffnung in der Deckplatte des Helms der Aufnahme einer heraldischen Helmzier.

Gamber 1977 (allgemein). – Kat. Essen 1990/91, 1, Nr. 260, S. 178 (Rolf Georg Adam).

U. Schä.

G 98 Schwert

um 1100

Eisen mit Eisen-Tauschierung – Parierstange verbogen – L. 106,5 cm – Klinge L. 93 cm.

Berlin, Deutsches Historisches Museum, Inv. Nr. W 76.47

Das Schwert hat eine Parierstange mit quadratischem Querschnitt und einen paranußförmigen Knauf; die eisentauschierte Inschrift im Hohlschliff der Klinge ist auf beiden Seiten nur noch teilweise lesbar (… NNGM … bzw. … vvm … vm …).

Abgesehen von seiner überragenden Bedeutung als wichtigste Waffe in den Kriegen und Scharmützeln bis zum 16. Jahrhundert gehört das Schwert als Symbol in vielfältige Bedeutungszusammenhänge. Es steht für Herrschaft und Macht, Gericht und Strafvollzug sowie Wildbann und Marktfrieden. Die ›Zwei-Schwerter-Lehre‹ bietet ein Bild für die Herrschaft und ihre Legitimation im Heiligen Römischen Reich: Eine Miniatur in der Dresdener Bilderhandschrift des Sachsenspiegels zeigt Christus als Urgrund der Machtbefugnis, der dem Papst und dem Kaiser die blanken Schwerter übergibt, dem Papst die geistliche Macht (*gladius spiritualis*) und dem Kaiser die weltliche (*gladius temporalis vel materialis*). Als Attribut der Heiligen steht es in der Regel für ihr Martyrium durch Enthaupten, bei den als Ritter dargestellten Märtyrern der Thebäischen Legion und des frühen Mittelalters bekommt es mitunter eine ambivalente Bedeutung, wo diese als Patrone von

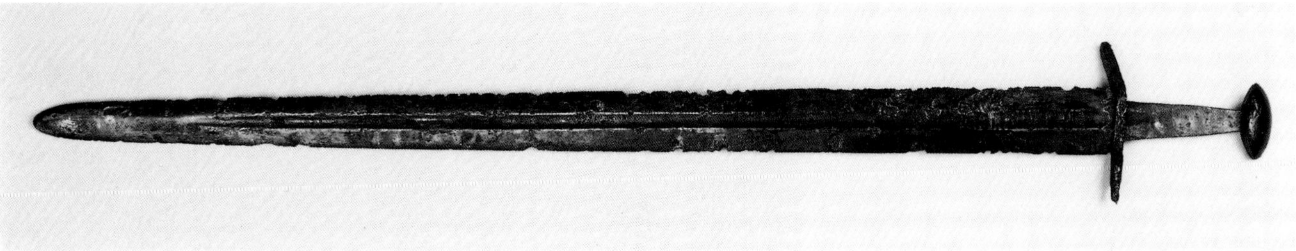

G 99

Bistümern (Mauritius in Magdeburg, Gorgonius in Minden) und weltlichen Herrschaften (Pankratius in der Grafschaft Mark, Patroklus in Soest) mit ihren Schwertern auch für durchaus diesseitige Rechtspositionen stehen.
Trotz all dieser symbolischen Bezüge und der Bedeutung bei Zeremonien wie der Schwertleite vermitteln bildliche Darstellungen den Eindruck, als sei das Schwert für den Ritter von der untersten Dienstmannenebene bis hin zum Herzog ein ›Handwerkszeug‹ unter vielen: Auf Grabmälern und in der Buchmalerei sind die Krieger zumeist in voller Rüstung dargestellt, seltener völlig unbewaffnet. Diesen Eindruck vermittelt auch die Schilderung Arnolds von Lübeck von der Ankunft Heinrichs des Löwen in Konstantinopel während seiner Jerusalemfahrt: Unter den Gastgeschenken, die der Herzog an den Hof des Basileus vorausgeschickt hatte, waren kostbare Pferde, gesattelt, gezäumt und gerüstet, Harnische, Schwerter, Scharlachkleider und die feinsten Leinengewänder. Die Schwerter erscheinen mitten in der Aufzählung von Gegenständen für den ›gehobenen Bedarf‹, zuerst genannt und wohl auch in der Bedeutung an erster Stelle stehen aber die Schlachtrösser, die den Krieger erst zum Ritter machen. So darf das Schwert in der Linken der Grabmalsfigur Heinrichs des Löwen (Kat. D 25) als Attribut der Macht verstanden werden, während das Modell der Stiftskirche St. Blasius in seiner rechten Hand ihn als frommen Stifter charakterisiert.

Gamber 1977 (allgemein). – Müller/Kölling 1981, S. 362, Nr. 4.

U. Schä.

G 99 Schwert

Eisen mit Buntmetalltauschierung – die Oberfläche teilweise durch Korrosionsnarben entstellt – L. 101 cm.

Berlin, Deutsches Historisches Museum, Inv. Nr. W 882 (AB 7354)

R. Ewart Oakeshott ordnet das in der Peene bei Wolkow gefundene Schwert in der von ihm entwickelten Typologie dem Typ X zu, dessen Kennzeichen die starke Klinge, die ziemlich weit ausladende, in der Regel gerade Parierstange, der im Vergleich zur Klinge schmale, konische Griff und der paranußförmige Knauf sind. Hergestellt wurden Waffen dieses Typs vom späten 10. bis zum frühen 13. Jahrhundert.
Die Parierstange des Berliner Exemplars ist sechseckig. In den recht breiten Kehlen (›Blutrinne‹) auf der Klinge befinden sich Einlegearbeiten (›Tauschierungen‹): Die eine Seite ziert eine Blattranke, während auf der anderen Buchstaben in ornamentalen Ineinanderschachtelungen und Ligaturen die Inschrift SOSMENRSOS gegeben ist. Auffällig sind die kleinen Kreise in dem viermal erscheinenden S, das S im O, S-förmige Schlängel an M und N, das wie ein Epsilon geformte E mit zwei Kringeln an dem kurzen Querbalken und die Ligatur aus N und R. Diese Inschrift hat zu Deutungen herausgefordert, welche die Buchstaben als Abkürzungen erklären: O und S werden als o sancta oder *o sancte* gedeutet, das M steht für Maria, die Mutter Gottes. Die Auflösung Rudolf Wegelis (1903–05, S. 223 f.) erkennt in der Ligatur zwischen N und R mit sehr viel gutem Willen ein C und deutet die Buchstaben E und N als Abkürzung der Formel *eripe nos* (Errette uns!), die in eini-

gen Psalmen (Ps 6, 5; 16, 3; 30, 16; 58, 2; 63, 2; 70, 2; 142, 9; 143, 7 u. 11) allerdings mit der ersten Person Singularis im Akkusativ als Objekt erscheint. Das nur dem wohlmeinenden Betrachter erkennbare C zwischen N und R erklärt er zusammen mit dem nachfolgenden R als Christusmonogramm: Die Anrufung der Heiligen rahmt das Gebet um Errettung an Maria und Christus. Obwohl dieser Zusammenhang auf der todbringenden Klinge des Schwertes durchaus plausibel erscheint, bleiben doch Ungereimtheiten, die mit der Auflösung nicht übereingehen, beispielsweise die Ligatur aus N und R oder das Ignorieren der S-Schlängel an M und N, während ein kleines Häkchen an der gemeinsamen Senkrechten von N und R als erster Buchstabe des Namens Christi erkannt wird. Es gibt einige mittelalterliche Klingen, deren Buchstabenfolgen nur als ornamentales Muster oder ›konkrete Poesie‹ zu begreifen sind (vgl. Oakeshott 1960, Fig. 102 u. 217f.).

Bei Ausbaggerungsarbeiten in der Peene bei Wolkow (Kreis Demmin) gefunden.

Wegeli 1903–05, S. 223f. – Oakeshott 1960, S. 216f. – Oakeshott 1964, S. 266. – Glosek 1984, S. 151, Nr. 174. – Geibig 1991, S. 130–132, Nr. 1465 (Lit.).

U. Schä.

G 100 Schwert

12. Jahrhundert

Eisen mit Eisen-Tauschierung – Korrosionsschäden – L. 114,5 cm.

Hamburg, Museum für Hamburgische Geschichte, Inv. Nr. AB II 164

Das in Hamburg aufbewahrte Schwert hat eine schlanke Klinge, deren Elganz durch die schmale Kehle noch gesteigert wird. Im Verhältnis zum Griff und auch absolut ist sie länger als jene der von R. Ewart Oakeshott definierten Vorläufer-Typen. Dieses Exemplar ordnet er Typ XI zu, der zwischen 1120 und 1200 populär gewesen ist. Der Knauf ist scheibenförmig.

In der schmalen Kehle befindet sich am Griffende der Klinge zwischen Kreuzen in Versalien die Inschrift + INOMINEDOMINI +, der Endbuchstabe des ersten und der Anfangsbuchstabe des zweiten Wortes erscheinen als einer. Die andere Seite zeigt die Signatur des Schmieds: + GICELINMEFECIT +. Von dem Schmied Gicelin sind etwa zehn signierte Schwerter bekannt, die mit einer Ausnahme alle Scheibenknäufe aufweisen (Geibig 1991, S. 128).

Oakeshott 1960, S. 212–215, 233. – Geibig 1991, S. 128 u. Anm. 78 (Lit.).

U. Schä.

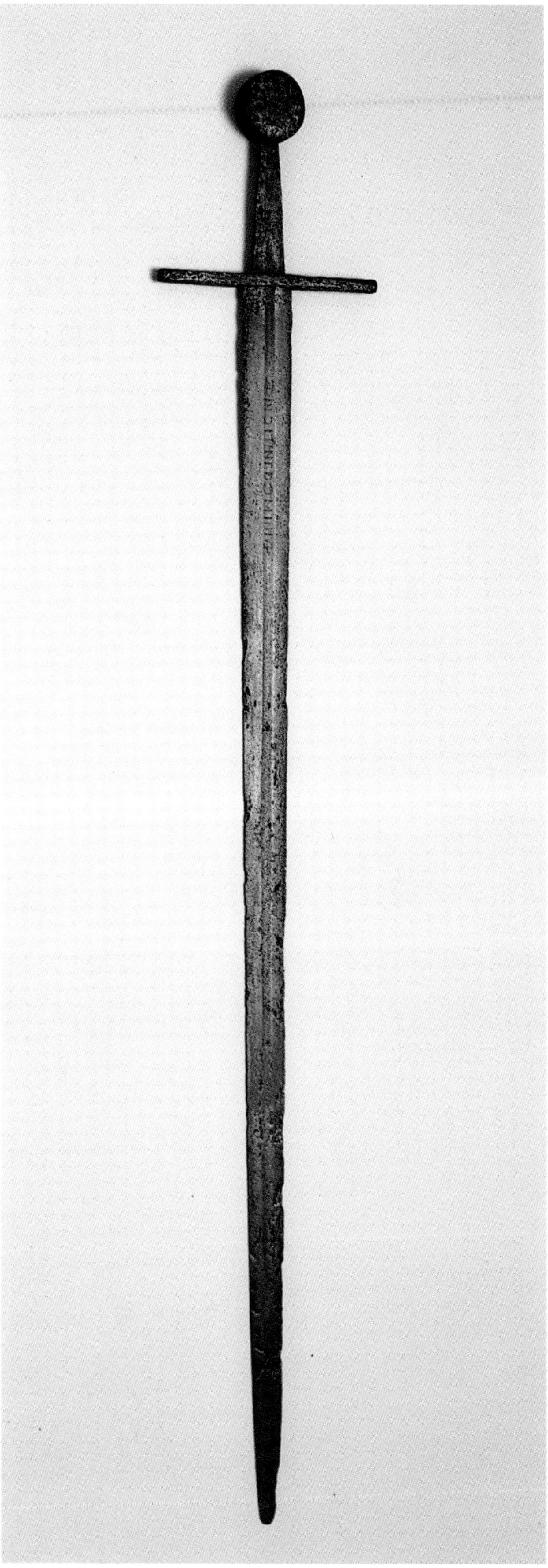

G 101 Sechs Stachelsporen

10.–12. Jahrhundert

Eisen – L. 10,2–14,4 cm – Stachellänge 2,2–4,9 cm.

Wolmirstedt, Kreisheimatmuseum, Inv. Nr. 2500, 2504, 2509, 2510, 2514, 2515

Pyramiden- oder kegelförmige Stachel kennzeichnen die Sporen bis ins 12. Jahrhundert; sie wurden mit Hilfe von Schnallen oder Riemen am Stiefel befestigt. Die ausgestellten Exemplare stammen aus der 1129 aufgegebenen Hildagsburg und wurden 1926–1929 bei Erdarbeiten im Zusammenhang mit dem Bau des Mittellandkanals gefunden. Neben Waffen, Geräten und Keramik wurden 53 Hufeisen, der Rest eines Steigbügels, 26 Sporen und zwei Striegel gefunden, welche die Bedeutung der Pferde im Leben auf der Burg auf unspektakuläre, aber eindeutige Weise belegen.

Wolmirstedt-Elbeu, Hildagsburg.

Corpus archäologischer Quellen zur Frühgeschichte auf dem Gebiet der Deutschen Demokratischen Republik (7.–12. Jahrhundert). 1. Lieferung: Bezirke Rostock (Westteil), Schwerin und Magdeburg. Bearbeitet von Peter Donat u.a., Berlin 1973, S. 215–217, Nr. 26/14. – Kat. Magdeburg 1992, Nr. IV./9 (Lit.). – Kat. Speyer 1992, Nr. 31a–33c.

U. Schä.

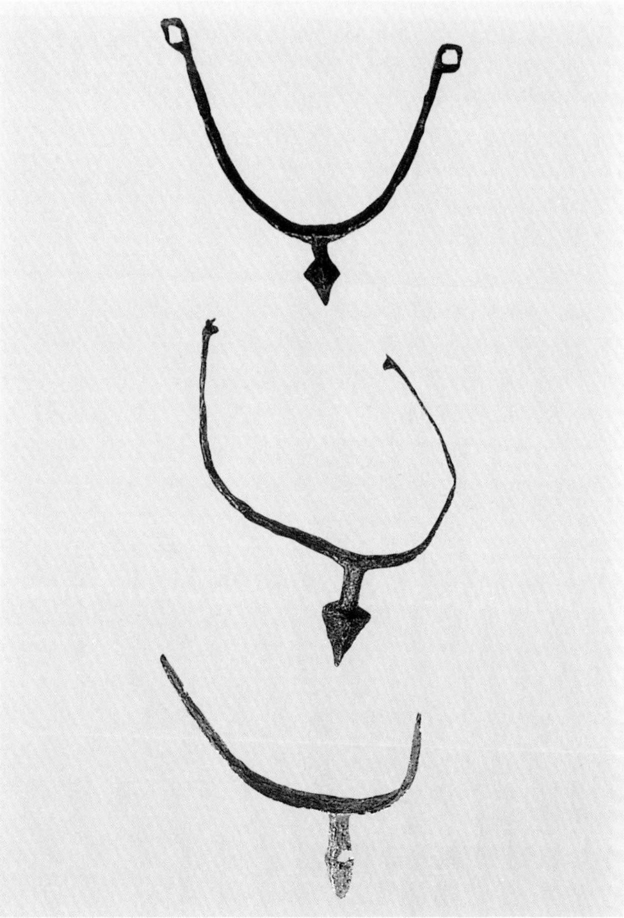

G 102 Ritter-Aquamanile

Rheinland, Anfang 13. Jahrhundert

Ton, glasiert – rechter Arm ergänzt (?) – H. 28 cm – L. 20 cm.

Bonn, Rheinisches Landesmuseum, Inv. Nr. 1828

Das Gefäß mit Einguß im oben offenen Topfhelm des Reiters und Ausguß aus dem Maul des Pferdes zählt zu den ältesten erhaltenen Tonaquamanilien. Die Rüstungsbestandteile des Reiters ermöglichen eine Datierung in das 13. Jahrhundert. Seine Bekleidung mit Kettenhemd und -beinlingen ist durch kleine Punktierungen angedeutet. Das Bemühen, einen flachen Topfhelm darzustellen, ist für die Gestaltung des großen, kaum differenzierten zylinderförmigen Kopfes mit geradem oberem Abschluß verantwortlich. Der Reiter trägt einen kleinen Rundschild am linken Arm und sitzt in einem Krippensattel, dessen hinterer Sattelbogen mit eingetieften Kreisen verziert ist. In der Linken hält er das wulstige Zaumzeug. Das kurze Pferd mit walzenförmigen Beinen und kleinem Kopf auf hohem Hals ist durch eingetiefte Linien verziert. Sie bezeichnen die Mähne, den geschmückten Brustriemen (als waagerechte Linie mit spitz zulaufenden Dreiecken um den Hals) und die Satteldecke.
Unter den Tonaquamanilien fällt der Bonner Reiter durch seine recht differenzierte freiplastische Gestaltung auf, die deutlich die Form gleichzeitiger Metallaquamanilien nachahmt (vgl. Kat. G 106/107). Er stellt insofern ein Bindeglied dar zwischen den teuren Gefäßen aus Bronze und der keramischen Standardware mit ihren auf der Drehscheibe geformten, meist doppelbauchigen Leibern, denen ihre Funktion als Flüssigkeitsbehälter viel deutlicher anzusehen ist.
Die Tonaquamanilien, die noch längst nicht alle publiziert sind und deren Zahl durch zahlreiche Neufunde in den letzten 20 Jahren beträchtlich angestiegen ist, haben das Wissen um die Verwendung der figürlichen Gießgefäße erheblich erweitert. Soweit durch die Fundumstände erkennbar, sind fast alle Tonaquamanilien dem Bereich des Hausrats zuzuordnen. Unter den Fundorten überwiegen Städte, Burgen und ländliche Siedlungen ganz eindeutig. Aus Klöstern stammende Exemplare lassen sich ebenfalls dem Wohn- und Aufenthaltsbereich innerhalb der Klausur zuordnen, nicht der Kirche. Auch das Bonner Stück wurde mit zwei Henkelkannen und einem Grapen zusammen gefunden – freilich in einem gemauerten Gewölbe im Fundament des Martinsklosters bei Andernach, wohin es wohl bei der Grundsteinlegung verbracht worden sein dürfte.
Dem profanen Verwendungsbereich entsprechen die Motive. Reiter und Pferde bilden die mit Abstand größte Motivgruppe unter den tönernen Aquamanilien. Höfische Lebensformen, wozu die zeichenhafte Reinigungshand-

lung des Händewaschens gehört, und das Idealbild des gerüsteten Ritters besaßen auch außerhalb der Höfe im städtischen Bürgertum, unter Klosterinsassen und selbst auf dem Land Vorbildfunktion. Vor dem Hintergrund der ansonsten sozial wenig differenzierten Sachkultur des Mittelalters darf die figürliche Gestaltung eines Gießgefäßes, auch wenn sie bescheiden ausfällt, als eine bewußte, aufwendige, zeichenhaft gemeinte Nachahmung höfischer Lebensart interpretiert werden.

Andernach, Martinskloster (Fund im Fundament); 1881 ins Museum.

Kasten 1976, S. 443–446. – Hütt 1993, S. 18f. mit Abb. 2.

M.H.

G 103 Spielzeugpferdchen

Magdeburg (?), 12. Jahrhundert

Ton, grün glasiert – das linke Ohr abgebrochen – H. 6,0 cm – L. 5,1 cm.

Magdeburg, Kulturhistorisches Museum Magdeburg,
Inv. Nr. KU 16/ 76 3, 75; G 6/ 45, 45/ 1

Unter den zahlreichen Funden zur Alltagskultur im Gebiet der Altstadt des mittelalterlichen Magdeburg gibt es eine kleinere Gruppe von Spielzeug, die auch zehn glasierte Miniatur-Tierplastiken umfaßt. Hierzu gehören sieben, bis auf das vorliegende Exemplar nur fragmentarisch erhaltene Pferdchen, die als Aufsteckpferdchen gewöhnlich einen Einstich in Brust oder Bauch aufweisen. Daß zwei der Spielzeugpferdchen ursprünglich einen Reiter trugen, mag die prägende Kraft und Vorbildlichkeit höfisch-ritterlicher Kultur reflektieren, wie sie nicht anders auch in den Tonaquamanilien zum Ausdruck kommt (vgl. Kat. G 102).

Magdeburg, Knochenhauerufer 16/76 Magdeburg 1954.

Stoll 1982, Nr. 5, Abb. 1f., 3c. – Kat. Magdeburg 1992, Nr. II./90 (Heidelore Schulz).

H.S.

G 104 Ritter-Aquamanile

Frankreich, 2. Hälfte 12. Jahrhundert

Bronze, gegossen und ziseliert – Eingußdeckel (Helm des Reiters) fehlt – H. 19 cm – L. 22 cm.

Paris, Musée des Arts Décoratifs, Inv. Nr. 27133

Die Rüstung des Reiters entspricht der Waffentechnik des 12. Jahrhunderts. Er trägt ein relativ kurzes Kettenhemd, unter dem der Waffenrock hervorschaut, und eine Kettenhaube, die das Gesicht ebenso frei läßt wie der heute verlorene Helm, der die Eingußklappe bildete. In der Linken hält er einen Spitzschild, in der Rechten ein Schwert.
Nicht nur waffentechnische Indizien sprechen dafür, daß das Gießgefäß zu den frühesten Exemplaren mit dem Motiv eines Ritters zählt. Ungewöhnlich ist die Kombination des Reiters mit einem Drachengriff, der von islamischen tierförmigen Gießgefäßen übernommen wurde, die für die Entstehung der gesamten Gattung der Aquamanilien im Westen vorbildlich waren. Der wenig pferdeähnliche, recht gedrungene, bauchige und kurzbeinige Pferdekör-

G 103

per ist an der Grundform von Löwen-Aquamanilien orientiert. Das zeigt, daß hier, ebenso wie bei den zeitlich parallelen Reiter-Aquamanilien aus Norddeutschland, zu denen auch das Fragment des Schleswig-Holsteinischen Landesmuseums (Kat. G 105) zu rechnen ist, bewußt ein neues Motiv in das Formenrepertoire eingefügt worden ist.
Mit den Ritter-Aquamanilien erreicht die Gattung der figürlichen Gießgefäße auf gußtechnisch-handwerklicher wie auf inhaltlicher Ebene höchstes Anspruchsniveau. Die Gerätfunktion als Wasserbehältnis für Händewaschungen und die aufwendige, dabei wenig praktische Form scheinen fast in Widerspruch zu geraten. Trotzdem bezeugen zahlreiche erhaltene Exemplare die Beliebtheit des Motivs, ein Beleg für den engen Zusammenhang zwischen der idealisierenden Darstellung eines vollgerüsteten Reiters und der zeremoniellen, sozial auszeichnenden, ethische Reinheit dokumentierenden Handlung. Ebenso wie die Tonaquamanilien dürften auch die metallenen Ritter-Aquamanilien keine Verwendung im Rahmen der Meßliturgie gefunden haben.

Vormals Sammlung Martin le Roy.

Reifferscheid 1912, S. 52. – von Falke 1928, S. 248. – von Falke/Meyer 1935, Nr. 286, Abb. 253a/b. – Kat. Stuttgart 1977, 1, Nr. 394 mit Abb. 200 (Volker Himmelein). – Hütt 1993, S. 54 mit Abb. 20.

M. H.

G 105 Fragment eines Ritter-Aquamaniles Abb. S. 598

Niedersachsen, Ende 12. Jahrhundert

Bronze, gegossen und ziseliert – nur Brust und Kopf des Reiters erhalten, beide Arme abgebrochen – H. 13,8 cm.

Schleswig, Schleswig-Holsteinisches Landesmuseum, Inv. Nr. 1935/806

Das Fragment zeigt den Oberkörper eines Ritters, bekleidet mit einem nur Nase und Augen freilassenden Kettenpanzer und einem konisch zulaufenden Helm mit Nasenschiene. Über der rechten Schulter hängt der Lederriemen für den Schild. Durch diese Art der Rüstung läßt sich die Figur auf das Ende des 12. Jahrhunderts datieren. Der Helm ist nicht als Eingußöffnung ausgebildet. Der Einguß dürfte sich auf dem Kopf des Pferdes befunden haben, wie ein 1992 in den Kunsthandel gelangtes enges Vergleichsexemplar nahelegt.
Bemerkenswert sind die Rechtswendung des Oberkörpers und der ausgestreckte rechte Armstumpf. Wie bei dem Amsterdamer Ritter-Aquamanile (Kat. G 106) und weiteren Vergleichsbeispielen, so auch dem stilistisch eng verwandten Stück im Londoner Kunsthandel, wird hierdurch ein formales Gestaltungsprinzip von Reitersiegeln auf die im Prinzip allansichtige Vollplastik des Aquamaniles übertragen. Diese gestalterische Merkwürdigkeit kann nur als bewußte Aufladung des Handwaschgefäßes mit den idealisierenden Darstellungskonventionen der Heraldik gedeutet werden.

Bodenfund; Kiel, Museum vorgeschichtlicher Altertümer; 1935 nach Schleswig; seit 1948 Schleswig-Holsteinisches Landesmuseum, Schloß Gottorf.

von Falke 1928, S. 252 mit Abb. 9. – von Falke/Meyer 1935, Nr. 289, Abb. 256 – Kat. Stuttgart 1977, 1, Nr. 393 mit Abb. 199 (Volker Himmelein). – European Sculpture and Works of Art [Auktion London, Sotheby's, 10th December 1992], London 1992, Nr. 26, S. 21 f.

M. H.

G 106 Ritter-Aquamanile Abb. S. 474

Hildesheim, 1. Hälfte 13. Jahrhundert

Bronze, gegossen und ziseliert – Eingußklappe auf dem Helm, Schild, Schwert und Kran auf der Brust des Pferdes fehlen, Augen und Mund nicht ursprünglich – H. 32 cm – L. 27 cm.

Amsterdam, Rijksmuseum, Inv. Nr. BK 16911

Der Reiter trägt über Kettenhemd und -beinlingen einen ärmellosen verzierten Waffenrock sowie einen abgeflachten Topfhelm, der ohne Visier den ganzen Kopf umschließt. Die Gesichtslosigkeit und die deutlichen Abnutzungsspuren durch lange währenden Gebrauch haben in späterer Zeit offenbar so gestört, daß man in den Helm nachträglich und grob Augen und Mund eingravierte. Am linken Arm hielt der Reiter einen separat gegossenen und heute verlorenen Schild, weshalb der ursprünglich kaum sichtbare Arm etwas verkümmert wirkt. Das Pferd wird mit leicht in die Hocke gebeugten Hinterbeinen sowie gespreizten und nach vorne gerichteten Vorderbeinen offensichtlich im Moment abrupten Halts dargestellt – trotz der locker hängenden Zügel des Reiters. Als Flüssigkeitsbehälter ist die Bronzestatuette durch eine Eingußöffnung im nach oben offenen Topfhelm und Ausgüsse in den Ohrmuscheln des Pferdes (später durch einen heute nicht mehr vorhandenen Kran auf der Brust ergänzt) funktionsfähig gemacht.
Auffällig sind die steif nach vorne gestreckten Beine des Ritters und insbesondere die Rechtswendung des Oberkörpers sowie die Präsentation des heute verlorenen Schwertes in der ausgestreckten rechten Hand. Diese Körperhaltung, die die rechte Seite des Aquamaniles zur Schauseite macht, übernimmt den Grundtypus gleichzeitiger Reitersiegel. Für das zweidimensionale Siegelrelief war die Körperdrehung notwendig, um alle ritterlichen Hauptwaffen möglichst optimal sichtbar zu machen. Durch die Zurschaustellung von Kampffähigkeit und -bereitschaft demonstrierten die Siegelbilder Macht und Ansehen ihrer Träger. Ihr Prestigewert ist kaum zu überschät-

104

zen, war das Führen eines Reitersiegels doch ein Privileg von Herzögen – wie am Beispiel Heinrichs des Löwen festzustellen ist, der nach seiner Entmachtung 1180 sein Reitersiegel gegen ein Löwensiegel eintauschte.
Auch die Gerätfunktion des Handwaschgefäßes bestand unter anderem darin, soziale Rangunterschiede anzuzeigen. In der Redensart »Einem das Wasser nicht reichen können« ist das seit dem 12. Jahrhundert ausgebildete Zeremoniell um die Händewaschung bei Tisch – die Bedienung mit Waschgefäß, Auffangbecken und Handtüchern – bis heute erkennbar geblieben. Allgemein war die Händewaschung vor und nach den Mahlzeiten Bestandteil der Etikette, deren perfekte und selbstverständliche Beherrschung höfische Lebensart anzeigte. Darüber hinaus bezeichnete die äußerliche Waschung – durchaus in Anlehnung an religiöse Reinigungsriten – die innere ethische Reinheit des Handelnden. Vor diesem Hintergrund wird die Übernahme der Darstellungskonventionen von Fürstensiegeln für das profane Waschgerät verständlich: Deren stilisiertes Idealbild brachte die zeremoniellen Konnotationen der Handlung sinnfällig zum Ausdruck.

Sammlung Basilewski, Petersburg; Petersburg, Ermitage; Sammlung Dr. F. Mannheimer, Amsterdam; 1952 ins Museum.

von Falke/Meyer 1935, Nr. 294, Abb. 261. – Kat. Amsterdam 1986, Nr. 9, S. 12 mit Abb. – Hütt 1993, S. 48–51 mit Abb. 16.

M.H.

G 107 Ritter-Aquamanile

Frankreich, 13. Jahrhundert

Bronze, gegossen und ziseliert – Beine und Schwanz ergänzt, Schild und Lanze fehlen – H. 27,7 cm – L. 23 cm.

Kopenhagen, Danmarks Nationalmuseet København, Inv. Nr. 9094

Der Reiter trägt einen den ganzen Kopf bedeckenden Topfhelm, einen ärmellosen Waffenrock mit plastisch geformten Rockschößen über einem Kettenhemd sowie Kettenbeinlinge, die im Kniebereich durch Platten verstärkt sind. Er sitzt in gerader Haltung in einem hohen Krippensattel, einstmals in der rechten Hand eine Lanze und am linken Arm den Schild haltend. Auch das hochbeinige Pferd zeigt eine elegante Haltung, wobei jedoch die Wirkung der Ergänzungen an beiden Beinen und am Schwanz zu berücksichtigen ist. Diese relativ naturnahe und elegante Darstellungsweise läßt – zumal durch die präsentierende Haltung der Lanze – an das Vorbild eines zum Turnier gerüsteten Reiters denken. In den Einzeltjosten der Turniere wurde ein von der Realität des kriegerischen Alltags weit entferntes Ideal ritterlicher Auserwähltheit stilisiert, dessen soziale Zeichenfunktion sich auf den Kontext des Zeremoniells der Händewaschung übertragen ließ.
Gegenüber dem frühen Pariser Aquamanile (Kat. G 104) repräsentiert das Kopenhagener Stück den in mehreren westlichen wie niedersächsischen Exemplaren erhaltenen Typus des 13. Jahrhunderts. Schild und Lanze des Reiters wurden separat gegossen, was sicher eine gußtechnische Erleichterung darstellt. Beim Schild, der bei allen metallenen Ritter-Aquamanilien mit Ausnahme des frühen Pariser Exemplars fehlt, könnte die separate Anbringung darüber hinaus damit erklärt werden, daß sich hier ein Wappen eingravieren ließ, um das Reiterbild mit dem jeweiligen Besitzer in Verbindung zu bringen. Auch auf Reitersiegeln zeigt der Schild in der Regel das Wappen des Siegelführers. Für eine solche Verfahrensweise gibt es jedoch allenfalls indirekte Indizien: So besitzen zahlreiche Reiter-Aquamanilien am Brustriemen des Pferdes leere Ösen, in die – wie an einem Exemplar in Florenz belegt – kleine Wappenschildchen eingehängt werden konnten. Auch auf Tonaquamanilien finden sich gelegentlich Wappen.

von Falke 1928, S. 248 mit Abb. 3. – von Falke/Meyer 1935, Nr. 292, Abb. 259 – Kat. Stuttgart 1977, 1, Nr. 395 mit Abb. 201 (Volker Himmelein).

M.H.

G 108 Theologische Sammelhandschrift

13.–15. Jahrhundert (Federzeichnung Mite 13. Jahrhundert)

Pergament – kolorierte Federzeichnung – 219 Blätter – H. 23 cm – B. 16,5 cm.

Lüneburg, Ratsbücherei, Ms. Theol. 4° 13.

Unvermittelt erscheint nach den liturgischen Anweisungen im *Micrologus de Ecclesiasticis* des Bernold von Konstanz (fol. 85r–115r) die Federzeichnung eines bekrönten Herrschers zu Pferde. Inhaltliche Bezüge zu den vorausgegangenen Texten lassen sich nicht ermitteln. Die zusammenhanglose Kombination des monumental wirkenden Reiterbildes mit einer wohl aus der Miniaturkunst übertragenen Rankenpartie macht vielmehr die Verwendung des Blattes als Mustersammlung wahrscheinlich.
Auch die Deutung des königlichen Reiters muß ungeklärt bleiben. Für den Gegenstand in seiner Rechten mit einem konzentrisch aufgebauten Diskos an einem langen gebogenen Griff findet sich keine Parallele. Die T-förmige Dreiteilung der inneren Scheibe erinnert zwar an das Schema des *Orbis terrarum*, läßt aber keine weiterreichenden Schlüsse etwa in Hinblick auf den kaiserlichen Reichsapfel zu.
Beeindruckend ist trotz einer gewissen künstlerischen Rohheit die komplette Skizzierung eines Reiterbildes von standbildartigem Charakter, die zudem die noch sehr ungewöhnliche Frontalansicht wählt. Versuche zur Lösung dieser Aufgabe, die ein bestimmtes Maß an perspektivi-

G 107

G 108

scher Verkürzung erforderte, gab es mehrfach seit der Zeit um 1220. Die Maler des Berthold-Missales aus Kloster Weingarten und des davon abhängigen St.-Blasien-Psalters von etwa 1240 bemühten sich, die Bewegungen des Pferdes in frontaler Perspektive zu erfassen. Im berühmten, um 1230–1240 geschaffenen Skizzenbuch des aus Lothringen stammenden Villard de Honnecourt gelang eine vollendete perspektivische Erfassung des von vorn gesehenen stehenden Pferdes.

Für die Zeichnung des reitenden Herrschers dürften jedoch gleichermaßen monumentale Reiterstandbilder als Vorbilder gedient haben. Erst mit dem vor 1237 entstandenen Bamberger Reiter und dem Magdeburger Reiter aus der Zeit um 1240–1250 wurde die antike und spätantike Tradition des Herrscher(stand)bilds zu Pferde weitergeführt. Auch die vegetabil gestaltete Krone der Skizze paßt genau in diesen Zusammenhang. Der Eindruck eines solchen, vielleicht überpersönlich aufgefaßten Monuments könnte also den Anstoß für die Musterzeichnung gegeben haben.

Eine Lokalisierung der aus altem Lüneburger Bestand kommenden Handschrift ohne konkretere Angaben zur Schriftheimat der einzelnen Texte fällt schwer. Die Mehrzahl der Bildvergleiche für das Musterblatt mag eher auf eine süddeutsche Provenienz hindeuten.

Lüneburg, Franziskanerkloster.

Stähli 1981, S. 51–53.

B.K.

G 109 Löwen-Aquamanile mit Königin

Niedersachsen (Hildesheim ?), 2. Viertel 13. Jahrhundert

Bronze, ziseliert und graviert – Frauenfigur mit Nägeln befestigt; Astgabeln zur Hälfte modern angesetzt, ein Blatt abgebrochen; Gegenstand in der Hand der Frau fehlt; die heutige Deckelklappe aus dem 18. Jahrhundert; Öffnung zur Entfernung des Gußkerns auf der Brust des Löwen verschlossen; Bleifüllungen in Augen und Ausguß 1982 entfernt – H. 30 cm – L. 28,5 cm – T. 12 cm.

Amsterdam, Rijksmuseum, Inv. Nr. BK 16910

Innerhalb der großen Zahl mittelalterlicher Gießgefäße nimmt das Amsterdamer Stück einen besonderen Stellenwert ein. Die durch unorganisch aufeinanderstoßende, nicht harmonierende Teile irritierende Bronze ist ganz für die Ansicht von einer Seite konzipiert. Schon diese Ausrichtung ist ungewöhnlich. Mehr noch die Art der Darstellung. Auf den Rücken eines großen Löwen, der seinen mächtigen, von zotteliger Mähne umgebenen Kopf mit dem ausdrucksvollen Gesicht nach rechts wendet, wurde ein ›Baumelement‹ gesetzt, dessen Stamm vier Blätter und zwei bogenförmig gekrümmte Zweige entläßt. In der so gebildeten Astgabel sitzt eine gekrönte Frauengestalt, bekleidet mit einem schematisch geriefelten langen Gewand. In erhobener Linker hielt sie ehemals einen Gegenstand.

Die Handhabung des Aquamaniles dürfte trotz geschickter Ausnutzung der gestalterischen Gegebenheiten (Ausguß im linken Ohr des Löwen) eher schwierig gewesen sein, so daß sich die Frage stellt, ob es überhaupt für eine praktische Verwendung angefertigt oder nicht vielmehr als Tischzier geschaffen wurde. Dies würde die komplizierte ikonographische Symbolik als Eigenwert noch mehr in den Vordergrund treten lassen. Versucht man sich der inhaltlichen Aussage des Stücks über die Konfiguration von Frau und Löwe zu nähern, so läßt sich die gefundene Lösung in eine Tradition ähnlicher Kombinationen nur mühsam eingliedern. Denn den wenigen bekannten Verbindungen etwa von Elementen (Wien, Österreichische Nationalbibliothek, Cod. 12600, fol. 30r), Evangelisten (New York, Pierpont Morgan Library, M 777) oder Lasterpersonifikationen mit Reittieren *(Hortus Deliciarum)* fehlt stets das vegetabile Zwischenstück. Außerdem zeigen die genannten Beispiele meist eine in den Größenverhältnissen ausgewogene Komposition. Der pflanzliche Sitz mit

der Figur mag als abgekürztes Derivat aus Darstellungen der Wurzel Jesse erscheinen; und auch der Löwe wäre bei einer im Aquamanile erhaltenen entsprechenden Sinngebung durchaus zu integrieren. Insgesamt aber ist eine sichere Festlegung des Gehalts vorerst kaum möglich; schon die Entscheidung über positive oder negative Aussage – Tugend oder Laster – ist nicht zu treffen. Die Benutzung formaler oder ikonographischer Muster muß keineswegs auf inhaltliche Kongruenz mit entsprechenden Werken hindeuten. Dennoch ist nicht zu bezweifeln, daß gerade wegen der auffallenden gestalterischen Besonderheiten der Auftraggeber eine konkrete Vorstellung und Intention mit dem Gerät verbunden hat, vielleicht auf theologischer, philosophischer oder literarischer Basis beruhend. Zu seiner Umsetzung arbeitete die Werkstatt mit bereits vorhandenen Gußformen, die für den neuen Zweck kombiniert wurden. Ein ähnliches Verfahren hat man womöglich im gleichen Atelier für das Aquamanile in Gestalt einer Kentaurin mit Kind benutzt (Amsterdam, Rijksmuseum, Inv. Nr. R.B.K. 16914): hier wurde das Wachsmodell eines Frauenkörpers dem eines Löwenrumpfes eingepaßt, um so eine neue Gußform zu erhalten. Aus welchem Zusammenhang Baummotiv und gekrönte Frau (Leuchterfuß ? Kreuzfuß ?) ursprünglich stammen, oder ob sie ad hoc für die geforderte ungewöhnliche Darstellung angefertigt wurden, muß offenbleiben.

Aus der Sammlung M. P. Botkin, Leningrad, ca. 1930 in die Ermitage gelangt; 1952 in der Sammlung F. Mannheimer, Amsterdam.

von Falke/Meyer 1935, S. 68f., Nr. 431. – Kat. Stuttgart 1977, 1, S. 501, Nr. 658 (Dietrich Kötzsche). – Kat. Braunschweig 1985, 2, S. 854f., Nr. 750 (Ursula Mende). – Kat. Amsterdam 1986, S. 11f., Nr. 8 (Lit.).

K. Ni.

G 110 Aquamanile in Gestalt eines Fabelwesens, sogenanntes Sirenen-Aquamanile

Hildesheim, um 1220/25

Bronze, ziseliert und graviert – H. 34 cm – L. 25 cm.

Berlin, Staatliche Museen – Preußischer Kulturbesitz, Kunstgewerbemuseum, Inv. Nr. 88, 644

Seit dem Ende des 19. Jahrhunderts ist das aus dem Stiftsschatz von Enger stammende, 1852 zum ersten Mal in der Literatur erwähnte Gießgefäß als »Sirenen-Aquamanile« bekannt. Anlaß zu dieser Benennung gab die einzigartige Form des Stücks, die sich der Gestalt antiker Fabelwesen anschließt. Einem vogelähnlichen Rumpf, der auf zwei in Krallen endenden Beinen sowie einem nach oben gebogenen Fischschwanz ruht, entwächst ein langer Hals mit zierlichem gekröntem Frauenkopf, dessen Haare, zu Zöpfen geflochten, herabhängen. Die Starre des Aufbaus und die fast identische Ausbildung der Flanken spricht für eine Komposition zumindest der Profilseiten nach zeichnerischer Vorlage.

Der Name »Sirene« scheint jedoch insofern unkorrekt, als hier wahrscheinlich die Umsetzung einer Figur zu sehen ist, die in der kunsttheoretischen Literatur des Abendlandes seit der Antike bekannt war: Die Quelle hierfür liegt in den Anfangsversen der *Ars poetica* des Horaz, wo am Beispiel einer buntscheckigen, aus Vogel, Fisch und Frau kombinierten Gestalt schlechte Dichtung charakterisiert wird. Diese sowohl durch eindeutig dem antiken Text zuzuweisende Illustrationen wie auch durch ein Zitat aus der *Ars poetica* am Hildesheimer Taufbecken für das Aquamanile nahegelegte Interpretation macht das Gerät zu einem Gegenstand, in dem sich gelehrtes Wissen kundtut.

Die Gießwerkstatt der Taufe, deren weit über die Grenzen Niedersachsens hinaus verbreitete Produkte zwischen ca. 1220 und 1240 entstanden sein dürften, hat sich gerade für die Gestaltung ihrer Aquamanilien immer wieder an Figuren und Themen des klassischen Altertums orientiert (vgl. Kat. G 112). Die Vermittlung entsprechender Ideen dürfte von Klerikern an der Domschule ausgegangen sein; das z.T. auf antike Muster zurückgehende Vorlagenmaterial erhielt man wahrscheinlich durch Beziehungen zu anderen Ateliers oder durch die Auftraggeber selbst. Taufbecken und Fabelwesen sind allem Anschein nach von dem zwischen 1219 und 1224 amtierenden Dompropst Wilbrand von Oldenburg gestiftet worden, der sich in einem Traktat über seine Fahrt ins Heilige Land 1211 als Kenner der Schriftsteller des Altertums ausgewiesen hatte. Die ursprüngliche Bestimmung für Enger wird durch familiäre Beziehungen des Auftraggebers unterstützt.

Bei Übersiedlung des Stiftskonvents von Enger 1414 nach Herford gebracht. 1888 durch den Preußischen Staat für die Berliner Museen erworben.

von Falke/Meyer 1935, S. 41f., 107, Nr. 282. – Kötzsche 1983, S. 55 (Lit.). – Kat. Braunschweig 1985, 2, S. 1227, Nr. 1065 (Michael Brandt). – Niehr 1989 (Lit.).

K. Ni.

G 111 Drachenleuchter

Niedersachsen, frühes 13. Jahrhundert

Bronze, gegossen und ziseliert – Bruchstelle durch beide Zweige des Rankenbogens über dem Drachenschwanz; vom Schwanzende die linke seitliche Volute weggebrochen; ein Riß an der unteren Flügelkante rechts; der Stab des Drachenreiters (mit Durchbohrung seiner Faust) moderne Ergänzung; von der ehemaligen Waffe Ausbruch auf dem Drachenrücken, der Ansatz unter der Faust erhalten, darüber abgearbeitet – H. 22,2 cm – L. 18,3 cm.

Münster, Westfälisches Landesmuseum für Kunst und Kulturgeschichte, Dauer-Leihgabe des Bistums Münster, Inv. Nr. WLM/BM 292

G 110

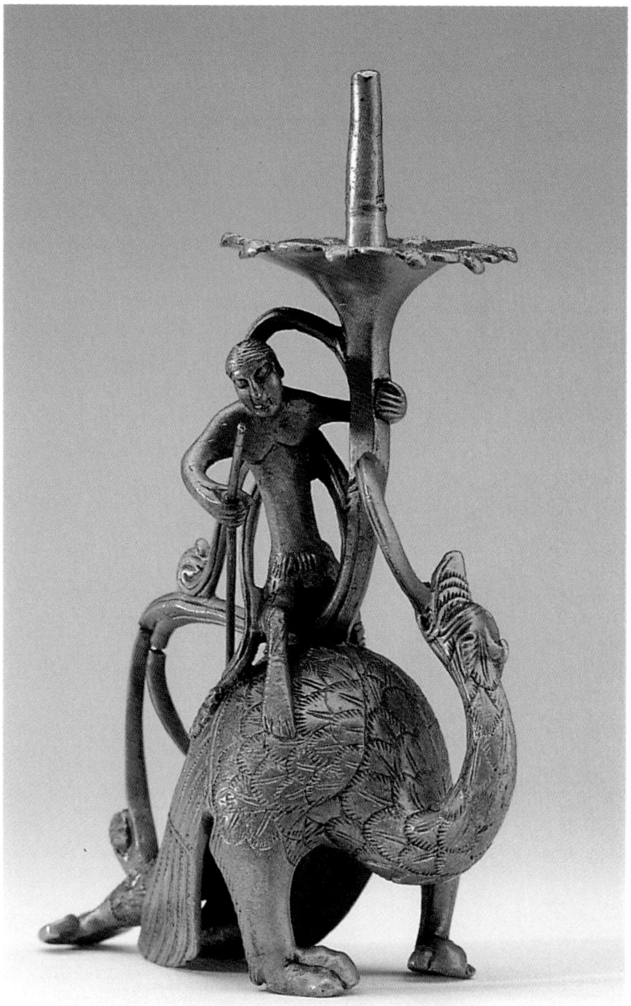

G 111

Ein langhalsiger Drache, beide Flügel und den Schwanz zum Boden gestemmt, trägt auf seinem hohen runden Rücken die aus Rankenwerk aufwachsende Traufschale und eine kleine männliche Figur. Diese kniet über dem Rankenwerk, ist lebhaft bewegt, halbnackt und nur mit einem Unterzeug bekleidet; sie umgreift mit der Linken den Leuchterschaft und hielt in der Rechten wohl eine Lanze, ohne jedoch den Drachen wirklich zu attackieren. Der wendet seinen Kopf zur anderen Seite und beißt dort spielerisch in ein Rankenende. Die Ranke selbst ist in S-förmiger Windung über den Rücken des Tieres gelegt, ihre langen Stengel sind nur am Ende mit eingerollten Blättchen versehen. Die Traufschalen-Oberseite bildet eine kunstvolle Rosettenform. Der Drache zeigt ein sorgfältig ziseliertes Federkleid mit kurzen Federn auf Hals, Rücken und Schwanz sowie zwei Reihen langer Schwungfedern auf den Flügeln. Der Schwanz endet in einer Zapfenform zwischen zwei Blattvoluten.

Nah verwandt und vermutlich aus derselben Werkstatt sind zwei weitere Drachenleuchter (von Falke/Meyer 1935, Nr. 215f., Abb. 181–182 a/b; entfernter Nr. 217, Abb. 183). Beim Exemplar im Landesmuseum Stuttgart, einem Bodenfund aus der Waldenburg (Schwaben) und von besonders feiner Ausführung, steckt im Rachen des Untiers ein halb verschlungener Ritter mit betend vorgestreckten Händen. Das andere, schlichtere Exemplar im Rijksmuseum Amsterdam zeigt wieder die halb bekleidete männliche Figur, hier sitzend und dabei mit beiden Händen ins Rankenwerk greifend. Otto von Falke sah eine enge Verbindung dieser Werkgruppe nach Hildesheim, zur Werkstatt der Domtaufe, was sich nicht wirklich begründen läßt. Die einzelnen Motive und die Art der Ausführung jedoch, die Flächenmusterung, die Bildphantasie und die Beweglichkeit der Figuren, sind im größeren niedersächsischen Rahmen, zwischen Hildesheim und Magdeburg geläufig. Gelegentlich ist besondere Nähe (die umgeschlagenen Blättchen, bestimmte Musterungen) zu der Werkgruppe zu beobachten, die hier durch das Löwen-Aquamanile des Kestner-Museums vertreten ist (Kat. G 25).
Das Motiv des Untiers, das bekämpft wird oder bereits besiegt ist oder auch sich als friedliche Kreatur in paradiesischem Zustand befindet, kommt als Leuchter-Thema häufig vor. Nicht immer ist ein Symbolgehalt so eindeutig erkennbar wie bei den Samson-Leuchtern mit dem Hinweis auf Christus als das wahre Licht. Sogar die Frage nach sakraler oder profaner Zweckbestimmung muß oftmals offenbleiben. So auch beim vorliegenden Drachenleuchter. Deutlich wird indessen, daß es sich hier nicht um eine Kampfszene handelt, sondern um ein spielerisches Miteinander von Bestie und Mensch.

Aus Sammlung Johann Georg Müller (1847–1870 Bischof von Münster).

Cahier 1874–77, Bd. 3, S. 190, Abb. 6. – Kat. Düsseldorf 1902, Nr. 551. – von Falke 1926/27, S. 4, 8, Abb. 7. – von Falke/Meyer 1935, S. 30, 42, Nr. 214, Abb. 180. – Kat. Münster 1951, Nr. 153. – Kat. Barcelona/Santiago de Compostela 1961, Nr. 1084. – Werner 1977/81, 1, S. 178, Nr. 127. – Jászai 1989, Nr. 53 mit Abb. – Kat. Münster 1993, Nr. A 6, 9 mit Abb. (Géza Jászai).

U.M.

G 112 Aquamanile in Gestalt eines buckligen Mannes

Hildesheim, um 1225/30

Bronze, graviert – Verbiegung des rechten Beins mit jüngerer Kugelstütze ausgeglichen, linker Fuß verzogen; Kran im Bauch nicht ursprünglich, Klappdeckel der Eingußöffnung auf dem Kopf neu; Flickstellen an Schädelkalotte, Brust und Oberschenkeln – H. 26,4 cm.

Nürnberg, Germanisches Nationalmuseum, Inv. Nr. KG 488

Die mehr oder weniger direkt mit der Hildesheimer Taufwerkstatt in Verbindung zu bringenden Gießgefäße zeichnen sich durch einen ungewöhnlichen Typen- und Formenreichtum aus. Häufig bilden die erhaltenen Stücke die einzigen nachweisbaren Zeugnisse für die gewählte Bildfindung (vgl. Kat. G 109 u. G 110). Auch das Aquamanile in Gestalt eines Buckligen stellt die nahezu unerschöpflichen Möglichkeiten der Invention eines Ateliers unter Beweis, dem formale und ikonographische Muster in außerordentlich großer Zahl zur Verfügung gestanden haben müssen. Die künstlerisch-formalen Voraussetzungen für das Gießgefäß sind klar zu benennen: Der fast nackte, auf einem Bein kniende alte Mann mit spärlichem Haupthaar und in Anspannung verzerrtem Gesicht, welcher in der erhobenen Rechten eine Schlange hält, deren Maul als Ausguß dient, entspricht im Typus den Tragefiguren am Hildesheimer Taufbecken und damit einer spätantiken Bildfindung. Ein weiteres, aus Zeichnungen des 18. Jahrhunderts bekanntes, in Sibirien gefundenes Aquamanile aus derselben Werkstatt war nach ähnlichem Modell gearbeitet worden, wobei dort ein in die Höhe gestemmter Löwe den Ausguß bildete (siehe Abb.). Diese Figur läßt sich mit einiger Sicherheit als Herkules deuten. Löwe in der Hand und Schlange auf dem Rücken des Mannes, gleichzeitig der Griff, weisen attributhaft auf Taten des antiken Helden. Demgegenüber ist für den Buckligen keine eindeutige Benennung möglich; die intendierte Aussage bleibt unklar. Sein Tun als herkulische Tat – etwa als Kampf mit dem zur Schlange verwandelten Acheloos – zu deuten, wäre vom Quellentext, Ovids Metamorphosen IX, 77–79, ohne weiteres denkbar, ja sogar sehr genau ins Bild gesetzt worden. Dagegen spricht jedoch die Deformation des männlichen Körpers. Die aufgrund dessen vorgeschlagene Interpretation als Lasterdarstellung bleibt deshalb zu berücksichtigen. Eine Benutzung des Geräts ist verhältnismäßig schwierig. Als Griff dient der aufgestützte linke Arm. Wie bei anderen Stücken liegt das Hauptgewicht auf

Zeichnung aus D.G. Messerschmidt, »Sibiria Perlustrata«, 1727

G 112

der Vorstellung einer Idee oder einer Begebenheit, denen sich die Praktikabilität eindeutig unterordnet.

1872 vom Antiquar Pickert für das Museum erworben.

von Falke/Meyer 1935, S. 48 u. 108, Nr. 316. – Kat. Köln 1985, 1, S. 114, Nr. A 30 (Lit.) (Ursula Mende). – Germanisches Nationalmuseum. Führer durch die Sammlungen, 4., überarb. Auflage München 1994, S. 33, Nr. 56 (Rainer Kahsnitz).

K. Ni.

G 113 Psalterium

Erfurt, Peterskloster, um 1200

Pergament – Buchmalerei in Deckfarben – Halblederband des 18. Jahrhunderts – 168 Blätter – H. 23,9 cm – B. 15,8–16 cm.

Hamburg, Staats- und Universitätsbibliothek, Cod. 84 in scrin.

Seit der zweiten Hälfte des 12. Jahrhunderts findet sich der Psalter immer häufiger als Gebetbuch adliger Laien, vor allem vornehmer Damen, zu deren vererbbarem Besitz er gehört. Zahlreiche lateinische und durch die dialektalen Formen dem mitteldeutschen Raum zuzuweisende deutsche Nachträge von verschiedenen Händen des 13. und 14. Jahrhunderts belegen auch bei dieser im Erfurter Benediktinerkloster St. Peter und Paul entstandenen Handschrift die Nutzung über einen langen Zeitraum. Leider ließ sich bis jetzt die ursprüngliche Eigentümerin nicht ermitteln. Die Namenseinträge im Kalendar machen allerdings einen Bezug zu Adelsfamilien im hessisch-thüringischen Grenzbereich wahrscheinlich, und es wäre zu erwägen, ob das Psalterium vielleicht für ein Mitglied der Familie der Grafen von Beichlingen bestimmt gewesen sein könnte. Diese gehörten zu den Wohltätern des Petersklosters und waren mit den Grafen von Tonna-Gleichen verwandt, die im 12. Jahrhundert dessen Vögte stellten. Auf dem Erbweg mag der Codex an die Käfernburger gekommen sein, bei denen – wenn auch nicht mit einem dem *obiit*-Eintrag im Kalendar entsprechenden Datum – eine *Mekildis comitissa de Ravenesvald* nachzuweisen ist (14. Jahrhundert).

Dem ersten, durch eine Initiale betonten Psalm steht das Bild der Madonna gegenüber. Sie sitzt frontal dem Betrachter zugewandt, das Kind auf ihrem linken Bein, wie eine Skulptur aus der zweiten Hälfte des 12. Jahrhunderts auf einem sorgfältig gearbeiteten Kastenthron. Im Typus und in der Gewandung aus langem Kleid, Manteltuch sowie Kopf und Schulter umhüllenden Schleier ist sie von byzantinischen Darstellungen abzuleiten. Zu ihren Füßen kniet die vornehm gekleidete Adorantin. Gebete, die sich an Maria und Johannes Evangelista richten, sprechen für eine besondere Verehrung der Muttergottes und des Lieblingsjüngers.

Zwischen Kalender und Psalter ist eine Folge von Szenen aus dem Leben Jesu (Verkündigung, Geburt, Taufe, Versuchung) eingeschoben. Dieser geht eine Kreuzabnahme voraus, bei der Maria und Johannes zusammen mit Joseph von Arimathia den Leichnam Christi stützen. Vor Psalm 51 steht die Kreuzigung, vor Psalm 101 eine Maiestas Domini, womit die Dreiteilung der 150 Psalmen hervorgehoben wird.

Der Eintrag fol. 14r *Veteris monasterii est iste liber* (14. Jahrhundert ?) vielleicht auf das Hauskloster der Henneberger Grafen, Veßra, zu beziehen; nach 1730 im Besitz von Zacharias Conrad von Uffenbach.

Kat. Corvey 1966, 2, Nr. 211 (Renate Kroos). – Brandis 1972, S. 135–137 (Lit.). – Braun 1986, S. 67/70 mit Abb. 9. – Braun-Niehr 1996 (im Druck), passim.

B. B.-N.

G 114 Siegel des Propstes des Benediktinerinnen-Klosters Neuwerk in Goslar

Typar: Goslar, um 1230 – Urkunde: o. D. (vor 1287 Oktober)

Braunes Wachs – an Pergamentstreifen hängend – Dm. 6,7 cm.

Hannover, Niedersächsisches Hauptstaatsarchiv, Hild. Or. 2 Weddingen Nr. 2

Das unmittelbar an der Goslarer Stadtmauer gelegene Neuwerkkloster wurde im Jahr 1186 von dem Reichsministerialen und Goslarer Vogt Volkmar und seiner Frau Helena zu Ehren der Jungfrau Maria gegründet. Es war das erste Frauenkloster der Stadt und von Beginn an eng mit dessen Bürgerschaft verbunden. Etwa zeitgleich mit dem ältesterhaltenen Siegel des Neuwerker Konvents tritt auch das hier vorliegende älteste Propstsiegel auf. Es hat die Umschrift + SIGILLVM · PREPOSITI · NOVI · OPERIS · IN · GOSLARIA (Siegel des Propstes vom Neuwerk[kloster] in Goslar). Für das 13. Jahrhundert ist das Führen eines unpersönlichen Siegels bei Pröpsten die Ausnahme und läßt sich für Neuwerk weniger aus der Rechtsstellung des Propstes denn als Folge des 1222/24 stattgefundenen, spektakulären Ketzerprozesses gegen den Propst Heinrich Minnike erklären, der das Kloster beinahe um seine Existenz gebracht hätte. Damals war von höchster Stelle gerade auch die Verehrung der Person Minnikes durch die sich für ihren Propst einsetzenden Nonnen getadelt worden. Das Bild zeigt in seiner linken Hälfte die auf einem Thron sitzende Muttergottes als Hauptpatronin des Klosters, mit Christus auf ihrem linken Arm. Beide sind mit Nimben versehen und in faltenreiche Gewänder gekleidet. In ihrer rechten Hand hält Maria einen sehr langen Lilienstab, dessen Ende zugleich das Anfangskreuz der Umschrift bildet. Auf der rechten Bildhälfte ist der tonsierte Propst zu sehen, die Hände zum Gebet gefaltet, kniend vor der heiligen Gruppe; über ihm schwebt ein achtstrahliger Stern. In den Jahren 1296/97 wurde der Stempel durch einen anderen, spitzoval geformten abgelöst, der von geringerer künstlerischer Qualität war und nur noch die Muttergottes ohne die Propstgestalt zeigte. Der Siegelstempel wurde offenbar von Propst Johannes (1227–1251) angeschafft, in dessen Amtszeit sich das Kloster nicht nur stabilisieren, sondern erheblich etablieren konnte. Adolph Goldschmidt hat festgestellt, daß der Siegelstempel auch bei der Ausschmückung jenes zwischen 1230 und 1240 entstandenen Deckels des Goslarer Evangeliars verwendet wurde, und konnte dadurch die Handschrift in unmittelbare Beziehung mit dem Neuwerkkloster und seinem Scriptorium bringen. So findet auch die damals noch vorherrschende Identität von Stempelschneide- und Goldschmiedekunst im ersten Propstsiegel ihren kompositorisch wie künstlerisch gelungenen Ausdruck.

Archiv der Kommende Weddingen.

UB Stadt Goslar 2, Nr. 356.

UB Stadt Goslar 1, Nr. 518 i. V. mit S. 680 und Tafel 3, Nr. 9. – Goldschmidt 1910, S. 15 ff. – Festschrift Tappen 1956, S. 11–15 mit Abb 2. – Kat. Stuttgart 1977, 1, Nr. 121; 2, Abb. 51. – Römer-Johannsen 1984, S. 269 f. und S. 279 f. – Hillebrand 1986, S. 8, Nr. 7.

C.P.H.

G 115 Thronende Muttergottes mit Kind

England, um 1210–1220

Elfenbein mit Resten farbiger Fassung – aus der geringen Ausarbeitung der Rückseite läßt sich schließen, daß die Statuette ursprünglich für einen kleinen Schrein oder Baldachin gemacht war; sie zeigt starke Abnutzungsspuren, vor allem an der Vorderseite; die Gesichter und andere Teile wirken deshalb zu flach; die Kronlilien Mariens sind abgebrochen, ihr rechter Arm falsch erneuert; selbst an den geschützteren Körperteilen sind Ausbrüche festzustellen – H. 11,8 cm – B. 8,4 cm.

Hamburg, Museum für Kunst und Gewerbe, Inv. Nr. 1893.199

Maria thront auf einer breiten Thronbank. Entsprechend Ps 90, 13 hat sie ihren rechten Fuß auf den Drachen, ihren linken auf den Löwen gesetzt, die das überwundene Böse symbolisieren. Die Thronbank ist mit Dreipaß-Arkaden und Blattwerk verziert; das Kissen ist reich geschmückt. Die gekrönte Madonna dürfte ehemals in ihrer Rechten ein Attribut gehalten haben. Das Christuskind, in einen gegürteten Rock mit einem in antikischer Art übergeworfenen Mantel gekleidet, hat die Rechte segnend erhoben,

G1

115

die Linke hält ein Blumensträußchen, was als die ›Blume Jesses‹ oder ähnlich gedeutet werden kann. Die Frontalität der Gruppe ist auf mehrfache Weise differenziert: durch die Bewegung der Beine, die geschickt zu einer Überhöhung der Position Christi ausgenutzt wird, sowie durch die jeweils unterschiedliche Wendung der Köpfe Christi und Mariens. Auch durch die runde Plinthe wird eine gewisse Mehransichtigkeit angedeutet.
Die Lokalisierung nach England ist von Neil Stratford ausführlich und überzeugend begründet worden.

Aus der Sammlung Spitzer 1893.

Kat. London 1987, S. 302 (Lit.) (Neil Stratford).

R.S.

G 116 Thronende Muttergottes mit Kind

Braunschweig, um 1195

Buchsbaum – die Statuette ist durch Risse, Brandverletzungen, Ausbrüche und starke Abnutzung entstellt, was für ehemals hohe Verehrung bzw. Beliebtheit zeugt; bei Maria sind die Kronlilien abgebrochen sowie Teile des rechts über den Thron gelegten Mantels; Stücke der Wangen bzw. der Rückwand des Throns fehlen; der linke Arm des Kindes ist z. T. ausgebrochen, doch ist seine Haltung zu bestimmen, da Schulteransatz und Hand erhalten sind – H. 13 cm – B. 9 cm.

Paris, Musée National du Moyen Age, Thermes de Cluny, Inv. Nr. CL 23313

Die Figur ist mehransichtig. Außergewöhnlich an ihr ist die Thematisierung. Beides ist jedoch bezeichnend für Kleinskulpturen für den privaten kultischen bzw. Andachts-Gebrauch. Thema ist die innige, mystische Liebe zwischen Christus und Maria, das heißt zwischen Bräutigam und Braut des Hohen Liedes, bzw. Salomon und der Königin von Saba, bzw. Christus und Ecclesia, bzw. Christus und der Minnenden Seele, um den gedanklichen Horizont des Werkes anzudeuten. Der Künstler wählte für die Darstellung dieser Gedanken ungewöhnliche, z.T. bisher nicht andernorts nachgewiesene Motive: Der Kuß ist höchst leidenschaftlich aufgefaßt; das Kind hat seinen Kopf zurückgeworfen, beider Lippen berühren einander, in dieser Deutlichkeit selten. Maria umgreift mit ihrer Rechten den Hals des Kindes; nur ungefähr vergleichbar ist darin die spätere Statue in Bayel (Aube) bzw. eine Steinmadonna in Sollava/Slowenien (Liéveaux-Boccador/Bresset 1972, S. 267 ff.). Christus seinerseits greift mit der Rechten unter das Kinn Mariens, eine in der sächsischen Kunst häufige Gebärde der Liebe bzw. der Inbesitznahme der Braut. Seine Linke aber hat er auf ihren Arm gelegt, Maria damit bestätigend und zugleich den Nachdruck ihrer Geste noch verstärkend.
Die Glieder des ungewöhnlich großen Kindes zeichnen sich unter dem leichthin fließenden Seidengewand deutlich ab; das Haar ist nur leicht gesträhnt. Die plastisch prägnanten Körperformen machen die Drehung des Leibes gut sichtbar, mit erheblicher Wirkung für Ausdruck und Aussage: Denn allein schon die Bewegung erweist das Kind als lebendiger und aktiver, die Mutter als ruhiger und passiver; es handelt sich zwar nur um graduelle Unterschiede, sie drücken aber die – theologisch – dominante Stellung Christi klar aus. Maria ist in einen Radmantel französischer Art gekleidet; er ist so geführt, daß sein rechter Flügel über den Arm und den Thron seitlich herabfällt und dabei die Gebärde der Rechten Mariens einführt und herausstreicht, während der linke Flügel um das Kind herumgeführt und über das linke Knie der Mutter gelegt ist, so daß sein Saum und seine Faltentüten auf das Kind weisen.
Die eigentümliche Thronform, die das Motiv des ›gehörnten‹ Altars der Stiftshütte des Moses (Ex 27, 2) mit dem Thron Salomos (vgl. den Löwenkopf bei der Halberstädter Madonna) und zeitgenössischen Thronformen verbindet, ist einer Gruppe sächsischer Madonnen gemeinsam. Versuchsweise könnte man dies sogar ein welfisches Motiv nennen, da der Siebenarmige Leuchter sowie der Marienaltar im Braunschweiger Dom (Kat. D 27 u. D 26), außerdem aber die typologischen Motive in den Handschriften Heinrichs des Löwen auf ein ausgeprägtes Interesse am Alten Testament, insbesondere an König Salomo und dessen Tempel bei Hofe schließen lassen. Zu der Gruppe gehören unter anderem die Madonnen im Museum Salzwedel, im Halberstädter Domschatz, im Mindener Domschatz, im Städtischen Museum Göttingen (aus Schmedenstedt). Auch die Art des ausladenden Rundsockels und die Gewandsprache legen eine Zuordnung zu dieser Gruppe nahe.
Enge künstlerische Verwandtschaft, vor allem in der Körperbildung sowie der Feinheit und Flüssigkeit der Gewandführung, erlauben eine Zuschreibung an den Meister des Grabmals Heinrichs des Löwen und seiner Gemahlin Mathilde (Kat. D 25): Man beachte z.B. den langen Gewandzug des rechten Mantelflügels, die Art der reichen Fältelung um die Füße, die Faltenführung an der rechten Seite des rechten Unterschenkels Mariä. Die Gewandsprache der Pariser Statuette hat einen der des Grabmals analogen, leidenschaftlichen Zug. Nähere Ausführungen zur Datierung in meinem Essay »Die Bedeutung Englands für die welfische Skulptur um 1200« in Bd. 2, S. 440–451.

Aus der Sammlung Robert Kahn.

Unveröffentlicht; ich danke Prof. Fabienne Joubert, Dijon und Paris, daß sie mich mit dieser Figur bekanntgemacht und sie mir zur Publikation überlassen hat.

R.S.

G 117 Thronende Muttergottes mit Kind

Braunschweig, um 1200–1210

Eiche – Erhaltung: die Rückwand fehlt; sie bzw. der hintere Teil des Throns waren ursprünglich durch Dübel mit der Statue verbunden, ebenso die linke Thronseite; die rechte Seite ist stark restauriert, mit Holzkitt ergänzt, dabei aber an einigen Stellen verunklärt; die Madonna trug ursprünglich eine Krone, die wohl immer schon separat gearbeitet war – vielleicht ist so das Dübelloch in der Stirn zu erklären; die Stirn ist wie viele andere Teile, vor allem im Sockelbereich, durch Anobienfraß zerstört; die Nase ist z.T. weggebrochen, z.T. verbrannt; weitere Brandschäden durch Votiv- oder Altarkerzen, so unter dem Kinn; die Säume des über den Kopf gezogenen Schleiers/Mantels sind weitgehend abgestoßen, z.T. abgearbeitet – man muß sich das Antlitz stärker verschattet denken; die rechte Hand fehlt, doch ist der Ansatz der Blume bzw. des Zepters, das sie hielt, noch zu sehen; von der linken Hand fehlen drei Finger; am Leib zwei große Vertikalrisse; unter dem rechten Arm ist der Holzkern durchbrochen, weil der Schnitzer zu tief in den Holzblock gegangen ist; die ehemals halbrunde Sockelplinthe hat ihre Vorderkante großflächig verloren; es fehlen auch die Fußspitzen, vor allem die vorderen Säume des Gewandes, damit aber ein wesentlicher Teil des Zierats der Figur; der Kopf des Kindes hat durch Abgreifen und verschiedene Mißhandlungen weitgehend seine Struktur verloren; seine linke Hand mit dem anliegenden Stück des Madonnenschleiers fehlt weitgehend, doch sind Spuren des roten Apfels, den ihm die Mutter gereicht hatte, noch erhalten; aus dem Vergleich mit der Halberstädter Domschatzmadonna und anderen Werken wie der welfischen Elfenbeinmadonna, ehemals in der Skulpturensammlung der Berliner Museen, läßt sich die Gestalt des Motivs leicht rekonstruieren; es verbindet Züge der Herrscherikonographie mit der Idee von Maria als der neuen Eva; auch bei dem Kind sind wie sonst bei der Figur große Teile der Oberfläche abgestoßen und abgegriffen; eine von Peter Klein vom Institut für Holzbiologie der Hamburger Universität durchgeführte dendrochronologische Untersuchung erbrachte wegen der zu geringen Zahl meßbarer Jahresringe kein eindeutiges Resultat – Fassung: Reste der Grundierung und ursprünglichen Fassung sind noch erhalten; der Mantel war golden mit rotem Innenfutter, der Rock grün mit goldenen Säumen und einem ca. 4 Zentimeter breiten quergemusterten Zierstreifen, der am Unterschenkel noch gut zu erkennen ist; das Gewand des Kindes war ebenfalls golden – 1983 restauriert – H. 54 cm – B. ca. 20 cm – T. ca. 18,5 cm.

Nienburg, Museum für die Grafschaften Hoya, Diepholz und Wölpe

Ungewöhnlich ist der auf byzantinische Vorbilder zurückgehende Typus der Mariengewandung mit dem über den Kopf gezogenen kurzen Mantel bzw. Schleier, der zudem den ganzen Oberkörper verhüllt und nur bis zu den Knien reicht und sich dort in mehrere Schlaufen legt, so daß der grüne Rock die Erscheinung der Beinpartie bestimmt. Bezeichnend ist ebenfalls die klassische Formulierung der Kleidung Christi mit seiner antikischen Mantelschlaufe über der Gürtung. Dies allein würde schon als Argument ausreichen, um die Figur eher gegen 1200 zu datieren, als sie – wie in der bisherigen Literatur – in die Mitte des 13. Jahrhunderts zu rücken. Bezeichnend ist auch die betonte Frontalität der Mutter und die Haltung des Knaben, der gleichsam auf einem unsichtbaren Thron zu sitzen scheint, die Beine jedoch nicht nach Art der meisten Statuen steif und parallel gehalten hat, sondern das rechte

G 118

eher angewinkelt, das linke eher gestreckt: Antikisch lässige Haltung verbindet sich mit dem hochgereckten Oberkörper und Kopf zu einer eigentümlichen Monumentalität. Die Gewandgestaltung zeigt einen eigenwilligen Muldenfaltenstil in Verbindung mit byzantinisierenden, ornamentalen Säumen. Die einzelnen Falten sind frei und unkonventionell gestaltet, wobei sich Anklänge an den Gewandstil des Grabmals Heinrichs des Löwen ergeben. Unter den sächsischen Madonnen ist die des Halberstädter Domschatzmuseums am nächsten verwandt, unter anderem in der Haltung des Kindes, die jedoch naturnäher und weniger majestätisch dargestellt wird. Beides sind halbhohe Altarmadonnen, auf jeden Fall Bildwerke mit überwiegend kultischer Funktion. Doch zeigt die um 1210–1220 anzusetzende Halberstädter Statue einen jüngeren Manteltypus und die später bevorzugten, graphischeren, teils geraden, teils winkligen Faltenmotive. Der Bildvergleich belegt, analog den gesicherten Wandlungen der französischen, süddeutschen oder niederländischen Skulpturgeschichte, daß die Nienburger Figur vor der Halberstädter geschaffen wurde.

Aus der Kirche in Borstel.

Jászai 1983. – Klack-Eitzen 1985, S. 48. – Niehr 1992, S. 135 u. 171f., Nr. 14.

R.S.

G 118 Thronende Muttergottes mit Kind

Braunschweig (?), um 1235/40

Holzkern mit Silberblech überzogen, das in einem Stück getrieben wurde – vergoldet und punziert – Druckstellen und Risse im Metall; Fehlstellen in der Sockelplatte; Kronen wohl aus dem 13. und 14. Jahrhundert – H. 40 cm.

Minden, Kath. Dompropsteigemeinde St. Gorgonius und St. Petrus, Ap., Inv. Nr. 1

Unter den niedersächsischen Sitzmadonnen des 13. Jahrhunderts gebührt der Mindener Skulptur eine Sonderstellung. Ihre kostbare Verkleidung und die Ausstattung mit Kleinodien dokumentieren den Rang des Werks und lassen seine Verehrung als Kultbild anschaulich werden. Nach Heinrich Tribbes Beschreibung muß die Plastik im 15. Jahrhundert mit weiteren Schmuckstücken versehen gewesen sein, welche vielleicht in späteren Jahrhunderten geraubt wurden. Trotz der Indizien für die Benutzung der Madonna bleibt ihr genauer Standort im Dom (?) und damit auch die Einbindung in die liturgische Ausstattung der Kirche unbekannt. Die Aufstellung auf einem Altar, wie es zeitgenössische Darstellungen zeigen, ist als wahrscheinlichste Lösung anzunehmen.

Nach Form und Stil gehört das Bildwerk in einen Kreis ähnlicher Skulpturen. Die Sitzmadonnen aus den Klosterkirchen in Barsinghausen (heute Forlì) und Ebstorf sowie eine verschollene Elfenbeinskulptur der Berliner Museen sind eng verwandt und lassen eine Arbeit aus dem Gebiet Braunschweigs vermuten, wobei die künstlerische Nähe zum Herzogsgrab auf eine Entstehung in den fortgeschrittenen 1230er Jahren hindeutet. Insbesondere die Barsinghausener Figur bietet für den Typus gerade des Kindes eine so weitgehende Parallele, daß hier womöglich eine direkte Beziehung besteht.

Die schriftliche Überlieferung, nach der die Mindener Figur die Stiftung einer *domina Oda* aus dem Haus Blankenburg im 12. Jahrhundert sein soll, kann aufgrund der Unsicherheit über die Person nicht verifiziert werden. Auch paßt die Angabe schlecht zur vermutlichen Entstehungszeit des Werks. Doch hat sich in dieser seit dem späten 14. Jahrhundert in der Mindener Geschichtsschreibung tradierten Nachricht womöglich der Kern einer realen Begebenheit erhalten, die heute unbekannt ist. Als Schenkung einer vornehmen Dame würde das Marienbild die enge Verbindung zwischen einem Adelshaus und dem Bistum bezeugen. Vielleicht handelte es sich dabei um ein Mitglied der Familien von Diepholz, Hoya oder Schwalenberg, die im 13. Jahrhundert die Bischöfe Mindens stellten.

Heppe 1973, S. 18ff. – Lüdke 1983, S. 362ff., Nr. 46. – Niehr 1983, S. 38f., 42. – Niehr 1992, S. 144 u. 315, Nr. 97 (Lit.).

K.Ni.

Der Ritter im Münzbild

Die weltlichen Herren stellen sich im Münzbild als adelige Ritter in Rüstung dar. Je nach Währungsgebiet erscheint der Ritter als Fußkämpfer in Rüstung oder als Reiter auf seinem Pferd. Der Fußsoldat trägt meist ein Kettenhemd und einen Helm, er schwingt sein Schwert und schützt sich mit einem Schild. Eine frühe, aus Sicht der Stilentwicklung der Brakteaten geradezu als archaisch anzusprechende Darstellung gibt es von Markgraf Konrad zu Meißen, der sich mit allen Attributen eines tapferen Fußsoldaten am östlichsten Vorposten des Reichs schmückt. Achtunggebietend überragt Herr Walter von Arnstein – deutlich bezeichnet mit seinem ihn beidseits umgebenden Namen – über dem Adler seines Familienwappens das Münzrund. Ebenfalls als mittelalterlicher Krieger erscheint in Magdeburg der hl. Mauritius als Stadtpatron, war er doch in der römischen Antike Soldat und Anführer einer Legion. Die klassische Darstellung des Fußkämpfers mit Schwert und Schild auf Brakteaten verdanken wir den Grafen von Anhalt. Graf Bernhard, der große Gegenspieler Heinrichs des Löwen und seit 1180 Herzog von Sachsen, steht wehrhaft in Kettenhemd, Kettenrock, mit Mantel, Helm, Langschild und Schwert zwischen zwei Zinnentürmen. Eine Umschrift fehlt, da jedermann diese und ähnliche Stücke in Sachsen Bernhard und seinen Nachfolgern zuordnen konnte; einführend hatte der Markgraf auf einem früheren Brakteaten verkünden lassen: BERNHARDVS SVM EGO. Barhäuptig und mit Mantel, doch nicht minder mächtig und mit geschultertem Schwert und Schild bewehrt, sehen wir Ritter Kuno von Münzenberg, den Statthalter Friedrich Barbarossas in der Wetterau. Ungewöhnlich ist die nach rechts gewendete Profildarstellung. Über dem Dreipaß steht eine mächtige Burgarchitektur als weiteres Zeichen seiner Macht mit den Minzenstengeln von Münzenberg als redendes Wappen.

Der Ritter zu Pferd, der sogenannte Reitertyp, ist das Leitbild der Brakteaten Thüringens. Er wurde von den Landgrafen von Thüringen um 1140/50 in der Münzstätte Eisenach eingeführt und alsbald von einem Großteil der Grafengeschlechter und Herrschaften übernommen. Nach dem Vorbild der Landgrafen finden wir in der Reichsstadt Mühlhausen den König zu Pferde, und in der erzbischöflich mainzischen Prägestätte Heiligenstadt sitzt der Erzbischof hoch zu Roß mit einem Palmzweig. Die klassischen Reiterbrakteaten wurden in Gotha und Eisenach geprägt. Es sind Münzen von vollendeter Pracht. Der Landgraf sitzt zu Pferd in Kettenhemd und Kettenrock, auf dem Kopf Rundhelm und Nackenschutz, den Fuß im Steigbügel, in den Händen eine Fahne und einen Schild. Das Pferd ist gescheckt, hat am Hals ein geschmücktes Band mit Troddeln und Zügel; es befindet sich in leichtem Trab. Kleinere Herren in Thüringen übernehmen alsbald den Reitertyp. Graf Hermann I. von Orlamünde zu Weimar stellt sich in vollem Galopp mit breitem Banner dar, und Graf Friedrich II. von Beichlingen in Frankenhausen reitet getragenen Schritts mit geschultertem Schwert auf einem gescheckten Pferd einher. Da auch Nordhessen zum Herrschaftsbereich der Landgrafen von Thüringen gehörte, nimmt die Münzstätte Kassel den Reitertyp auf. Dort reitet Landgraf Hermann I. auf einem gescheckten Pferd mit Helm, Schild und Fahne nach links. Bemerkenswert ist der aufsteigende hessische Löwe als Wappen im Schild des Landgrafen.

Vermutlich aus Altenburg kommt ein Reiterbrakteat, der eine erstaunliche Aufschrift hat: LVTEGER ME FECIT AEC. Hier wird die Münze selbst zur Quelle und gibt uns den Namen eines Stempelschneiders preis, denn die meisten Fertiger der Brakteatenstempel sind unbekannt und bleiben für immer anonym, weil die schriftlichen Quellen hierzu keine Angaben machen. Die Aufschrift heißt nichts anderes als »Ludger hat mich gemacht«, und aus vergleichbaren Stücken ist das ostthüringische Altenburg als sein Wohnsitz zu erschließen. Vielleicht war das Stück eine Art Beratungsmuster, das Ludger seinem Auftraggeber, einem weltlichen Herrn in Thüringen, als Werkprobe seines Schaffens vorlegte.

Der Einfluß des thüringischen Reitertyps griff auch auf den Grenzbereich der Nachbargebiete über. Markgraf Bernhard von Anhalt prägt ausnahmsweise einen Pfennig nach eigenem anhaltinischem Stil, aber mit dem Reiter als Bild. In Göttingen ist es Herzog Otto das Kind, der Enkel Heinrichs des Löwen, der sich an das hessisch-thüringische Währungsgebiet anlehnt. Der Herzog mit Topfhelm, Schild und Fahne reitet auf einem gescheckten Pferd nach rechts. Ihn umgibt ein Zierkranz aus Zäpfchen, nach räumlichen Erfordernissen oben durchbrochen, und ein Randwulst. Hinter dem Reiter steht deutlich der Name OTTO.

G 119 Der Ritter im Münzbild

Der Ritter zu Pferd

a) Otto das Kind (1227–1252)
Göttingen, Herzoglich Braunschweigische Münzstätte
Einseitiger Pfennig (Brakteat)

Silber – Gew. 0,85 g.

Hannover, Kestner-Museum, Inv. Nr. 1924,77

Der Herzog sitzt mit einer Pferdedecke auf einem gescheckten Pferd und reitet nach rechts. Er hält in der Rechten eine Fahne, mit der Linken einen Schild, auf dem Kopf trägt er einen Rundhelm. Links die Umschrift: OTTO.

Slg. Gaettens 231. – Slg. Bonhoff 280. – Berger 1993, 1184.

b) Otto IV. (1208–1215)
Reichsstadt Mühlhausen
Einseitiger Pfennig (Brakteat)

Silber – Gew. 0,54 g.

Hannover, Kestner-Museum, Inv. Nr. 1924,88

Der König sitzt mit einer Decke auf einem gescheckten Pferd nach links, den Fuß im Steigbügel. Am Hals des Pferdes ein Umhang mit Troddeln. Der König blickt frontal, auf dem Kopf die Krone, in den Händen einen Adlerschild und eine Fahne haltend. Über der Kuppe des Pferdes ein Rad. Trugschrift.

Fund Seega 109. – Berger 1993, 2197.

c) Bernhard (1170–1212)
Köthen, Münzstätte der Grafen von Anhalt
Einseitiger Pfennig (Brakteat)

Silber – Gew. 0,91 g.

Hannover, Kestner-Museum, Inv. Nr. 1931,37

Der Markgraf und Herzog von Sachsen (seit 1180) sitzt mit einer breiten Decke auf einem Pferd und reitet nach rechts, den Fuß im Steigbügel. Er trägt Kettenhemd und -rock, auf dem Kopf einen runden Helm mit zwei Bändern, in den Händen Fahne und Schild.

Elze 1870, 27. – Thormann 1976, 166. – Berger 1993, 1762.

d) Ludwig II. (1140–1172)
Eisenach, Münzstätte der Landgrafen von Thüringen
Einseitiger Pfennig (Brakteat)

Silber – Gew. 0,83 g.

Hannover, Kestner-Museum, Inv. Nr. 1924,129

Der Landgraf sitzt mit einer karierten Decke auf seinem Pferd und reitet nach links. Am Kopf des Pferdes Zügel und ein Band mit Troddeln. Ein langer Schild verdeckt den Fürsten, der vor sich eine Fahne trägt; auf dem Kopf ein spitzer Helm mit Band. Links ein gedrehter Zinnenturm auf gemauerter Basis. Umschrift: +LVDVICVS PROVIN COMES.

Fund Gotha 170. – Berger 1993, 2211.

e) Ludwig III. (1172–1190)
Gotha, Münzstätte der Landgrafen von Thüringen
Einseitiger Pfennig (Brakteat)

Silber – Gew. 0,90 g.

Hannover, Kestner-Museum, Inv. Nr. 1929,181

Der Landgraf sitzt mit einer quergestreiften Decke mit Troddeln auf seinem gescheckten Pferd. Am Hals des Tieres Zügel und ein verziertes Band; rechts ein Steigbügel. Der Markgraf hält in der Rechten vor sich eine Fahne und in der Linken einen Schild; am Gürtel ein Schwert. Er trägt eine Kettenrüstung und eine Eisenhaube. Im Feld links zwei Kreuze. Umschrift: +LVDEVVICHVS PROVINCIALIS COMES A.

Fund Gotha 183. – Slg. Bonhoff 1308. – Berger 1993, 2202.

f) Hermann I. (1190–1217)
Kassel. Münzstätte der Landgrafen von Thüringen
Einseitiger Pfennig (Brakteat)

Silber – Gew. 0,82 g.

Hannover, Kestner-Museum, Inv. Nr. 1926,27

Der Landgraf sitzt auf einer längsgestreiften Decke auf seinem gescheckten Pferd und reitet nach links. Der Fuß ist im Steigbügel, am Hals des Pferdes Zügel und Band mit Troddeln. Vor sich hält der Landgraf einen Löwenschild und eine Fahne; auf dem Kopf ein flacher Haubenhelm. Im Feld links vier Kügelchen als Raute, rechts eine stilisierte Lilie.

Slg. Löbbecke 936. – Berger 1993, 2229.

g) Hermann II. (1206–1248)
Weimar, Münzstätte der Grafen von Orlamünde
Einseitiger Pfennig (Brakteat)

Silber – Gew. 0,74 g.

Hannover, Kestner-Museum, Inv. Nr. 1924,131

Der Graf reitet in vollem Galopp nach rechts. Das Pferd ist gescheckt, hat Zügel am Kopf und eine verzierte Halsdecke. Der Fuß des Grafen ist im Steigbügel, er trägt Sporen. Sein Hemd und Rock bestehen aus geflochtenen Ketten, die auch vom runden Helm herab den Nacken schützen. Vor sich in der Rechten hält er eine lange schmale Fahne. Links im Feld Rosette.

Fund Seega 368. – Slg. Löbbecke 838. – Berger 1993, 2101.

h) Friedrich II., Vogt von Oldisleben (1189–1217)
Frankenhausen, Münzstätte der Grafen von Beichlingen
Einseitiger Pfennig (Brakteat)

Silber – Gew. 0,68 g.

Hannover, Kestner-Museum, Inv. Nr. 1924,130

Der Graf reitet, auf einem Sattel (?) sitzend, auf seinem gescheckten Pferd nach rechts. Am Pferd Zügel, Halsband mit Troddeln, Steigbügel und verzierte Decke. Der Graf im Kettenpanzer hält das Schwert geschultert und einen Schild mit Stern. Rings herum ein Zäpfchenfries, aus dem links ein Kuppelturm erwächst.

Fund Seega 380. – Slg. Löbbecke 801. – Slg. Bonhoff 1233. – Berger 1993, 2153.

i) Luteger (Ludger, um 1170/1175)
Altenburg (?), Reichsstadt (oder Schwarzburg?, oder Orlamünde?)
Einseitiger Pfennig (Brakteat)

Silber – Gew. 0,69 g.

Kestner-Museum Hannover, Inv. Nr. MBG

Weltlicher Herr reitet nach rechts. Am Pferd Zügel, Halsband mit Troddeln, Steigbügel und Decke. Der Ritter hält einen Schild und Fahne, auf dem Kopf eine Haube. Im Feld drei Räder. Umschrift: LVT EGE RMEF ECITAEC.

Fund Gotha 252. – Slg. Löbbecke 792/793.

Der weltliche Herr in Rüstung

j) Konrad III. (1138–1152)
Münzstätte Erfurt (?)
Einseitiger Pfennig (Brakteat)

Silber – Gew. 0,93 g.

Hannover, Kestner-Museum, Inv. Nr. 1924,126

Brustbild des Königs in Dreiviertelansicht nach rechts über einer Arkadengalerie. In seiner Rechten ein geschultertes Schwert, in der Linken Lanze mit Fahne, auf dem Kopf die Krone; der König trägt ein verziertes Gewand. Beiderseits gedrehte Kuppeltürme. Am Kopf: REX. Umschrift: +CVNRATVS+LAMPERTVS.

Fund Gotha 91. – Slg. Löbbecke 581. – Berger 1993, 2103.

k) Friedrich I. (1152–1190)
Münzstätte Reichsstadt Altenburg
Einseitiger Pfennig (Brakteat)

Silber – Gew. 0,84 g.

Hannover, Kestner-Museum, Inv. Nr. MBG

Hüftbild des Königs mit geschultertem Lilienzepter und Schwert. Um seine Schultern ein Mantel, auf dem Kopf die Krone. Vor ihm eine Balustrade mit zwei schlanken Kuppeltürmchen, davor kleines dreiteiliges Gebäude. Umschrift auf dem Außenrand: FR ID ER C.

Fund Gotha 320. – Slg. Bonhoff 1161.

l) Walter II. (1135–1166)
Hettstadt, Münzstätte der Herren von Arnstein
Einseitiger Pfennig (Brakteat)

Silber – Gew. 0,87 g.

Hannover, Kestner-Museum, Inv. Nr. 1924,108

Brustbild des Edelherrn barhäuptig mit gezogenem Schwert und Schild, bekleidet mit einem Umhang über dem Brustpanzer. Darunter im Fünfpaß ein nach links blickender Adler in Frontalansicht mit ausgebreiteten Schwingen. Seitlich die Inschrift: VVALT – TERVS.

Fund Gotha 441. – Slg. Löbbecke 210. – Berger 1993, 1465.

m) Bernhard (1170–1212, seit 1180 Herzog von Sachsen)
Köthen, Münzstätte der Grafen von Anhalt
Einseitiger Pfennig (Brakteat)

Silber – Gew. 0,88 g.

Hannover, Kestner-Museum, Inv. Nr. 1921,55

Der Markgraf in Kettenhemd und -rock steht frontal und schwingt sein Schwert. Über der Schulter ein langer Umhang, auf dem Kopf ein Rundhelm und in der Linken ein spitz zulaufender Schild. Beiderseits ein Zinnenturm.

Thormann 1976, 81. – Berger 1993, 1761.

n) Erzbistum Magdeburg
Einseitiger Pfennig (Brakteat)
Silber – Gew. 1,00 g.

Hannover, Kestner-Museum, Inv. Nr. 1924,117

Der als Ritter gekleidete hl. Mauritius steht frontal mit gezogenem Schwert und länglichem Schild, bekleidet mit einem langen Kettenhemd und Nackenschutz, auf dem Kopf ein Helm, darum der Nimbus. Die Figur steht im Vierpaß. Darin links und rechts burgähnliche Architekturteile. In den Außenwinkeln die Umschrift: SCS MAV RIC IVS.

Slg. Löbbecke 302. – Slg. Bonhoff 653. – Berger 1993, 1520.

o) Konrad I. (1130–1156)
Münzstätte Meißen
Einseitiger Pfennig (Brakteat)

Silber – Gew. 0,65 g.

Hannover, Kestner-Museum, Inv. Nr. 1915,65

Der Markgraf steht frontal im Kettenhemd mit dreieckigem Helm. In der ausgestreckten Rechten eine Lanze mit Fahne, in der Linken ein Schild mit verziertem Rand und Schildbuckel, um die Hüfte ein Schwert gegürtet. Oben im Feld Hakenkreuz. Umschrift: +DEMSAVRCNO.

Fund Paussnitz 3. – Slg. Löbbecke 503. – Slg. Bonhoff 991. – Berger 1993, 1875.

p) Kuno (1151–1212)
Münzstätte Münzenberg
Einseitiger Pfennig (Brakteat)

Silber – Gew. 0,79 g.

Hannover, Kestner-Museum, Inv. Nr. 1959,80

Barhäuptiges Brustbild des Ritters im Mantel mit geschultertem Schwert und Schild nach rechts. Darüber ein Dreipaß mit einem breiten Turm in der Mitte und zwei Kuppeltürmen an den Seiten; zwischen den Türmen zwei Minzenstengel.

Slg. Gaettens 1076. – Slg. Bonhoff 1452. – Berger 1993, 2330.

F. B.

G 119 a

G 119 b

G 119 c

G 119 d

G 119 e

G 119 f

G 119 g

G 119 h

G 119 i

G 119 j

G 119 k

G 119 l

G 119 m

G 119 n

G 119 o

G 119 p

G 120 Quedlinburger Wappenkasten

Korb: fatimidisches Nordafrika (?), 12. Jahrhundert (?) – Bemalung: Niedersachsen, 1. Hälfte 13. Jahrhundert

Flechtwerk aus Weidenruten – innen grün gefaßt – außen mehrfarbig bemalte Lüsterfassung auf Kreidegrund – Fassung und Grund z. T. beschädigt und mit Zaponlack behandelt – eiserne Beschläge – H. 16,3 cm – B. 35,5 cm – T. 21,9 cm.

Quedlinburg, Evangelische St. Servatii Domgemeinde

Der ovale Kasten ist aus gespaltenen Ruten in Wulstwickeltechnik hergestellt und weist einen leicht gewölbten Deckel auf. Dieser ist auf der Rückseite mit zwei Scharnieren befestigt; auf der Vorderseite rastet eine Schließe in das seitlich versetzte Schloß ein, welches in Form und Schließart große Ähnlichkeit mit dem an der Ebstorfer Archivtruhe (Kat. F 17) aufweist. Von außen ist das Flechtwerk mit einem weißen Kreidegrund und einer von Rot auf Silber erstellten Lüsterfassung versehen. Auf dem Deckel finden sich zwölf, an den Seiten 19 nach Normannenart geformte Wappenschilder sowie eine Turnierkampfszene gemalt. Die Waffenröcke der beiden Turnierreiter wie auch die Decken ihrer Pferde sind ebenfalls mit Wappendarstellungen geschmückt, so daß insgesamt 33 Wappen gezählt werden können.

Berent Schwineköper identifizierte jenes an hervorgehobener Stelle angebrachte Wappen als das Kaiser Ottos IV., konnte darüber hinaus auch die übrigen Wappenbilder bestimmten Adelsgeschlechtern oder Persönlichkeiten des sächsisch-westfälisch-thüringischen Raums zuordnen und grenzte damit den Entstehungszeitpunkt auf das Jahr 1209 ein. Hieran knüpfte sich die Vermutung, der Kasten könne ein Brautgeschenk adliger Turnierkämpfer anläßlich der Verlobung des welfischen Königs mit Beatrix von Staufen

zu Pfingsten 1209 gewesen sein. Die erstaunliche Tatsache, daß Wappen von König, Reichsfürsten, Grafen, Edelfreien und Ministerialen ohne weiteres gleichberechtigt und zudem in symbolischer Anzahl nebeneinander abgebildet sind, ließ Bernd Ulrich Hucker auf eine Entstehung im Rahmen einer ritterlichen Vereinigung unter Otto IV. schließen. In jüngster Zeit untersuchte Georg Himmelheber den Kasten genauer hinsichtlich seiner Machart, konnte eine Herstellung des Flechtwerks im fatimidischen Nordafrika plausibel machen, würdigte die frühe, seltene Lüsterfassung und sprach von einem »wesentlich älteren, verehrten Gegenstand«.

Gegen die frühe Datierung erhob dann vor allem Lutz Fenske Einwände aufgrund der heraldischen Formen und insbesondere der auf dem Kasten dargestellten Militärtechnik. Ihre Entwicklung läßt sich, anders als in der Buchmalerei, sehr gut und datierbar anhand der mittelalterlichen Reitersiegel verfolgen und dokumentieren. Bedeutende Reichsfürsten werden erheblichen Wert darauf gelegt haben, sich in Verbindung mit der jeweils modernsten Waffentechnik dargestellt zu wissen.

Die auf dem Wappenkasten abgebildeten Turnierreiter nun tragen Topfhelme, die noch nichts von jener Zier aufweisen die etwa seit der Mitte des 13. Jahrhunderts zu einem festen Bestandteil der Ausrüstung wurde. In Nordwestdeutschland löst der Topfhelm die mit einer breiten, vor die Mundpartie genieteten Eisenplatte versehene Übergangsform aber erst in den dreißiger Jahren des 13. Jahrhunderts ab (vgl. dazu Kat. E 22 u. E 23). Ferner sind die Reiter in lange, mit Wappenbildern versehene Waffenröcke gewandet, und auch ihre Pferde weisen ein vollständiges Rüstkleid auf, das ebenfalls bereits mit Wappenbildern verziert ist. Waffenröcke kommen zwar durchaus schon zu Beginn des 13. Jahrhunderts vor, und die Länge der hier abgebildeten spricht für eine ältere Mode, doch werden sie erst zur Mitte jenes Jahrhunderts mit Wappenbildern verziert; ähnliches gilt für die Rüstkleider der Pferde.

Daß das Wappenwesen im ersten Jahrzehnt des 13. Jahrhunderts auf sächsischem Boden bereits einen reichen Formenschatz entwickelt hatte, konnte zum Gutteil anhand der Siegelüberlieferung gezeigt werden: So finden sich mindestens elf der auf dem Kasten dargestellten Wappenbilder bereits auf Siegeln der Jahre 1200–1220, von denen ein kleiner Teil in dem folgenden Ensemble präsentiert wird (Kat. G 121–G 128). Andererseits bleiben Schwierigkeiten bei der Identifizierung einer ganzen Reihe von Wappen; hier ergaben sich durch Forschungen unter anderem von seiten Bernd Ulrich Huckers und Lutz Fenskes neue Lösungsmöglichkeiten. Die mutmaßlichen Wappenträger, ihre Familien sowie ihre Herkunftsorte sind der Band 2 dieses Ausstellungskatalogs beigegebenen Karte »Der Quedlinburger Wappenkasten« (Seite 577/78) zu entnehmen. Letztlich dürften die als Turnierreiter abgebildeten Grafen von Wöltingerode-Wohldenberg und Dassel, weniger hingegen Kaiser Otto IV., als wichtigste Personen anzusehen sein. Da sie nicht gegeneinander, sondern gegen das Schloß des Kastens anreiten, ist in dieser Malerei möglicherweise im wahrsten Sinne des Wortes eine Schlüsselszene zu sehen.

Wenn auch Konstellation, Tingierung und Zuordnung der Wappen sowie das damit verknüpfte Datierungsproblem noch einer abschließenden Prüfung harren, handelt es sich bei dem Quedlinburger Kasten sicherlich um »eines der frühesten Denkmale der Heraldik« (Horst Appuhn). Gemeinsam mit den wappengeschmückten Paramenten der niedersächsischen Heideklöster sowie den Bildertischen aus Lüneburg entsteht so ein hervorragendes Ensemble ritterlicher Kultur in einer nicht nur in dieser Hinsicht bis heute vielfach unterschätzten Landschaft.

Möglicherweise Schatz der Stiftskirche St. Servatius in Quedlinburg; 1956 im Quedlinburger Rathaus wiederentdeckt.

Kohlhaussen 1955, S. 179ff. – Schwineköper 1971.– Kat. Stuttgart 1977, 1, Nr. 525 (Horst Appuhn). – Fenske 1982. – Fenske 1985, insb. S. 123f. – Kat. Berlin 1992, Nr. 17 (Georg Himmelheber). – Hucker 1990, insb. S. 510–515. – Hasse 1995 (im Druck).

C.P.H.

G 121 Siegel des Landgrafen Hermann I. von Thüringen (1181–1217), Typ II

Typar: Thüringen, 1209–1211 – Urkunde: Ebersburg, 1216 Juni 29

Rotbraunes Wachs – an weißen Zwirnfäden hängend – Dm. 7,9 cm.

Wolfenbüttel, Niedersächsisches Staatsarchiv, 25 Urk 58

Das als Nummer 3 gezählte Wappen des Quedlinburger Kastens zeigt auf blauem Grund einen sechsmal rot und weiß quergeteilten, steigenden Löwen – das Wappenbild der ludowingischen Landgrafen von Thüringen. Unter den thüringischen Fürsten sticht vor allem die Persönlichkeit des Landgrafen Hermann I. hervor, der von seinem Bruder Ludwig III. (Kat. *D 80) 1181 die Pfalzgrafschaft Sachsen erhalten hatte und während des staufisch-welfischen Doppelkönigtums eine eher unrühmliche und wankelmütige Rolle spielen sollte. Der Landgraf trieb als ein wichtiges Instrument der ludowingischen Landesherrschaft den Burgenbau unermüdlich voran; insbesondere ist mit seinem Namen der Ausbau der Neuenburg bei Freyberg verbunden. Unter Hermann I. entstand zudem jene »thüringisch-sächsische Malschule«, die mit dem Landgrafenpsalter, in dem Hermann und seine Gattin Sophie auch bildlich dargestellt sind, oder dem Psalter der hl. Elisabeth Werke von hohem künstlerischem Rang hervorgebracht hat. Darüber hinaus machte der Landgraf den

G 12

ludowingischen Hof zu einem bedeutenden Mittelpunkt der hochmittelalterlichen Dichtung, was sich nicht nur in der Eneide Heinrichs von Veldeke und den Fürstensprüchen Walthers von der Vogelweide, sondern auch in den späteren Erzählungen von dem »Sängerkrieg« auf der Wartburg niedergeschlagen hat. Das zweite landgräfliche Siegel mit der Umschrift + HERMANN(VS) D(e)I GRA(tia) LANTGR(avivs) . TVRING(ie) PALATIN(VS) SAXONIE. (Hermann von Gottes Gnaden Landgraf von Thüringen und Pfalzgraf von Sachsen.) zeigt den Landgrafen auf einem nach rechts springenden Pferd sitzend. Er trägt einen geschlossenen Helm und hat ein Schwert umgürtet. In der rechten Hand hält er die dreizipfelige Heerfahne, in der linken einen schon fast dreieckigen Schild mit steigendem Löwen. In seiner rot-weißen Teilung sollte sich dieses Bild in späterer Zeit zu dem Wappen des ludowingischen Fürstenhauses und des Landes Thüringen entwickeln.

Archiv des Klosters Walkenried.

UB Walkenried 1, Nr. 97.

Posse 1888, Tafel XI. Nr. 4–6, insb. Nr. 5. – Patze 1962, insb. S. 534ff. – Schwineköper 1971, S. 974ff. – Kat. Stuttgart 1977, 1, Nr. 71; 2, Abb. 20. – Bumke 1979, S. 159–168.

C.P.H.

*G 122 Siegel Dietrichs I. des Bedrängten, Markgraf von Meißen (1197–1221), Typ V

Typar: Thüringen, 1212. – Urkunde: Dresden, 1215

Braunes Wachs – an Pergamentstreifen hängend – fragmentarisch erhalten – Dm. ca. 7 cm.

Wolfenbüttel, Niedersächsisches Staatsarchiv, 25 Urk 55

Auf dem Quedlinburger Kasten befindet sich an fünfter Stelle ein Wappen, welches auf goldenem Grund zwei schwarze Pfähle zeigt. Es handelt sich dabei um das typische Wappenbild der Wettiner sowohl der Landsberger Linie als auch der Markgrafen von Meißen. Konrad von Wettin (†1157) wurde im Jahre 1123 von Lothar III. als Markgraf in Meißen eingesetzt, womit der Aufstieg dieser Familie einsetzte. Gestützt auf enorme Einnahmen aus dem neuen erzgebirgischen Silberbergbau – Konrads Sohn Otto (1190–1203) erhielt den Beinamen »der Reiche« – traten die Wettiner auch als Förderer von Kunst und Literatur auf. So haben am Hof Markgraf Dietrichs I. Heinrich von Morungen und Walther von der Vogelweide gedichtet. Dietrich war mit Jutta, Tochter des Landgrafen Hermann von Thüringen, verheiratet; seine Nichte Agnes heiratete den Welfen Heinrich, Herzog von Sachsen und Pfalzgraf bei Rhein (vgl. Kat. *E 24, G 58). Dietrichs fünftes Reitersiegel mit der Umschrift [+ TE]ODERIC(VS) D(e)I GRA(tia) [MARCH(i)O] . MISN(ensis) . E[T . ORIENT(alis)] (Dietrich von Gottes Gnaden Markgraf von Meißen und der Ostmark) zeigt ihn auf einem nach rechts schreitenden Pferd. Deutlich sind ein langer Reitermantel sowie der schwere Sattel erkennbar. In der rechten Hand hält der Markgraf eine Fahnenlanze, die in drei Latzen endet. In der Linken trägt er einen oben abgerundeten Schild. Wie auch in seinem dritten und vierten Typar sind darauf zwei Längsbalken erkennbar, während der Schild auf seinen ersten beiden Siegeln noch mehrfach längsgeteilt war. Aus den vorheraldischen Verzierungen des Schildes entwickelte sich so das zur Gattung der Heroldsbilder gehörende Wappen der Wettiner, die sogenannten Landsberger Pfähle.

Archiv des Klosters Walkenried.

UB Stift Walkenried 1, Nr. 92.

Posse 1888, Tafel II. Nr. 4–6, Tafel III. Nr. 1–2, insb. Nr. 2. – Schwineköper 1971, S. 978f. – Kat. Stuttgart 1977, 1, Nr. 69; 2, Abb. 17 (zum fünften Typar). – Bumke 1979, S. 172f. – Fenske 1985, S. 98f.

C.P.H.

G 123 Siegel Heinrichs I., Graf von Regenstein ([1172]1186–1241)

Typar: Norddeutschland, um 1200 – Urkunde: o. D. (nach 1227)

Braunes Wachs – beschädigt – restauriert – H. 5,2 cm – B. 4,5 cm.

Wolfenbüttel, Niedersächsisches Staatsarchiv, 25 Urk 112

Das als Nummer 7 auf dem Quedlinburger Kasten gezählte Wappen zeigt eine weiße Hirschgeweihstange auf rotem Grund. Es handelt sich hier um das Wappenbild der

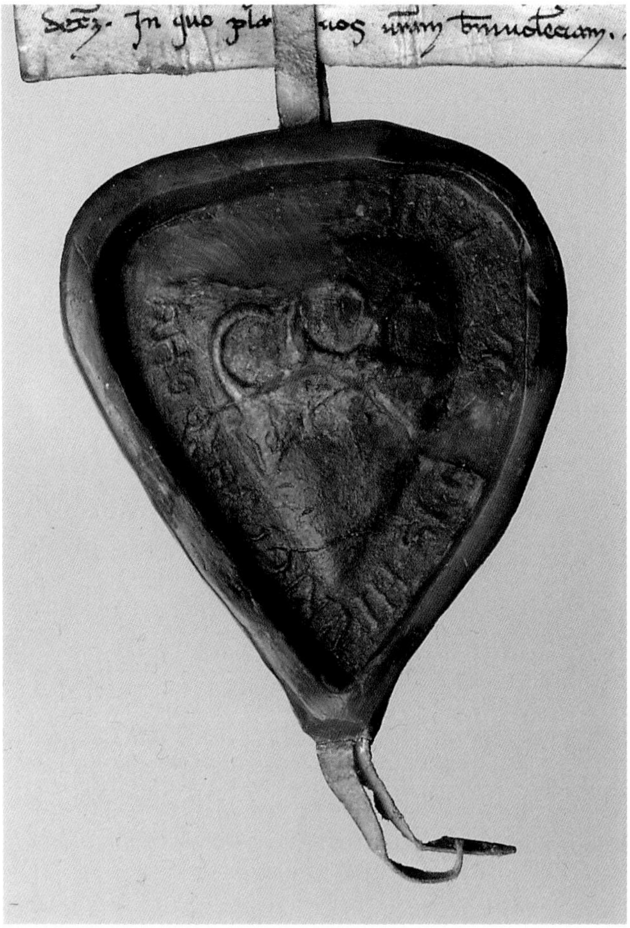

G 123

Grafen von Blankenburg-Regenstein, deren Besitzungen und Herrschaftsrechte sich im nordöstlichen Harzvorland verdichteten. Ihr Stammvater war Graf Poppo (1123/24–1160), der offenbar aus einer nicht in Sachsen heimischen Familie hervorgegangen und ein Neffe Bischof Reinhards von Halberstadt (1107–1123) war. Sehr wahrscheinlich wurde er von Lothar III. mit der Grafschaft im Harzgau und der Burg Blankenburg belehnt. Zur Zeit Heinrichs des Löwen nannte sich auch ein bedeutendes Ministerialengeschlecht nach der Blankenburg, deren Angehörige häufig mit welfischen Hofämtern betraut waren (vgl. Kat. G 128); Poppos Sohn Siegfried schließlich sollte Heinrich den Löwen auf seiner Jerusalemreise begleiten. Unter seinen Söhnen Heinrich und Siegfried kam es in der Folge zu einer Erbteilung (vgl. Kat. G 96), so daß Heinrich sich fortan nach dem 1169 erstmals erwähnten, nur 3 Kilometer nördlich der Blankenburg gelegenen Regenstein nannte. Während sich am Fuß der Blankenburg seit dem frühen 13. Jahrhundert unter gräflicher Ägide eine urbane Siedlung herauszubilden begann, konnte Graf Heinrich I. von Regenstein das Zentrum seiner stiftgandersheimischen Lehen, Derenburg, ebenfalls zu einer stadtähnlichen Siedlung ausbauen. Das oben abgerundete Schildsiegel des Grafen weist die Umschrift SIGILLVM [COMIT]IS HINRICI DE REGHE[NSTEN] (Siegel Graf Heinrichs von Regenstein) auf und zeigt als Bild eine nach links geneigte vierendige Hirschgeweihstange.

Archiv des Klosters Walkenried.

UB Stift Walkenried 1, Nr. 194.

Schmidt 1889, S. 1–48 mit Stammtafel nach S. 456. – Schwineköper 1971, S. 959–1022, hier: S. 980f. – Behrens 1989. – Fenske/Schwarz 1990, insb. S. 136, Anm. 303 sowie Abb.1. – Fenske 1993, S. 7–34.

C.P.H.

G 124 Siegel Bernhards II., Graf von Wölpe (1176–1221)

Typar: Niedersachsen, nach 1208 – Urkunde: 1215 September 19

Braunes Wachs an Pergamentstreifen – beschädigt – Dm. 4,2 cm.

Hannover, Niedersächsisches Hauptstaatsarchiv, Cal. Or. 100 Mariensee Nr. 6a [eine weitere Ausprägung ebd., Nr. 6b]

Das auf dem Quedlinburger Wappenkasten mit der Nummer 24 bezeichnete Wappen zeigt zwei silberne Büffelhörner auf rotem Grund. Es dürfte sich dabei um das Wappen der nach ihrer Burg nordöstlich von Nienburg benannten Grafen von Wölpe handeln, die von ihrem Stammsitz aus die Handelsstraße zwischen Nienburg und Verden kontrollierten. Sie testieren häufig in Urkunden Heinrichs des Löwen, blieben diesem auch nach dessen Sturz treu und halfen bei der Verteidigung Lübecks ebenso wie bei der Belagerung von Bardowick. Graf Bernhard II. war der Sohn Bernhards I. von Wölpe, sein Bruder Iso seit 1197 Dompropst in Verden und ab 1205 dort auch Bischof. Im

Wölpeschen Herrschaftsgebiet, das im Kern zwischen Grinderwald, Leine, Aller und Weser lag, gründete Graf Bernhard II. von Wölpe vor 1215 die Stadt Neustadt am Rübenberg und unterhielt dort auch eine Münzstätte. Ferner kam seine im Jahre 1215 angestrengte Verlegung und Neuausstattung des Klosters Vornhagen nach Mariensee der Errichtung eines Hausklosters gleich. Sein rundes Siegel mit der Umschrift SIGILL(vm) · BERNHARDI DE WELEPA (Siegel Bernhards von Wölpe) stellt eine sphragistische Seltenheit dar, indem es in einem Kreis fünf verschiedene Wappenbilder vereinigt, die im Uhrzeigersinn gezählt werden: (1) längsgeteilt, ein halber Adler rechts und drei übereinanderstehende Leoparden links, das Wappen Kaiser Ottos IV. (vgl. Kat. E 10–E 11); (2) zwei übereinanderstehende Leoparden, das Wappen Heinrichs, Pfalzgraf bei Rhein und Herzog von Sachsen (vgl. Kat. E 23–E 24); (3) ein Hirschgeweih, das Wappen der Grafen von Dassel; (4) ein Schwan, das Wappen der Edelherren von Steinfurt; (5) zwei Büffelhörner, das Wappen der Grafen von Wölpe selbst. Obschon Graf Bernhard II. von Wölpe mit einer geborenen von Dassel verheiratet war, scheidet die Deutung als Ahnensiegel in Hinblick auf die beiden welfischen Wappen eher aus; auch Lehnsbeziehungen dürften kaum der Anlaß für diese Wappenansammlung gewesen sein. Möglicherweise aber sollte das Wappen eine Rittergesellschaft darstellen, an deren Spitze die beiden welfischen Fürsten standen und zu der sich auch der Graf von Wölpe und seine engsten Verwandten zählen konnten.

Archiv des Klosters Mariensee.

UB Calenberg 5, Nr. 6.

von Spilcker 1827. – Grote 1863, S. 329. – Kittel 1959/60, S. 453 mit Abb. 8. – Heinemann 1968, Exkurs II 1., S. 333. – Schwineköper 1971, S. 1000f.– Zillmann 1975, S. 247–256. – Hucker 1990, S. 515f. mit Abb. 8(a).

C.P.H.

G 125 Siegel Ludolfs II., Graf von Hallermunt (1195–1256)

Typar: Niedersachsen, 1. Drittel 13. Jahrhundert – Urkunde: o. D. (1235)

Braunes Wachs – an Pergamentstreifen hängend – H. 6 cm – B. 5,2 cm.

Hannover, Niedersächsisches Hauptstaatsarchiv, Cal. Or. 100 Wennigsen Nr. 8

Auf dem Quedlinburger Wappenkasten findet sich ein als Nummer 6 gezähltes Wappen, das auf rotem Grund drei silberne, im Verhältnis 2 : 1 angeordnete und mit goldenen Staubgefäßen versehene Rosen zeigt. Es dürfte sich dabei um das Wappen der Grafen von Hallermunt handeln, die stammverwandt mit den Grafen von Loccum waren. Von ihrem Stammsitz Burg Hallermunt bei Springe aus beherrschten sie ein auf Diözesan- und Gaugrenzen wenig Rücksicht nehmendes Gebiet. Ihr bedeutendster Vertreter im 12. Jahrhundert war Graf Wilbrand von Hallermunt, der im Jahre 1148 das Benediktinerkloster Schinna und 1163 das Zisterzienserkloster Loccum gegründet hatte. Da Wilbrands Söhne nicht vom Dritten Kreuzzug heimkehrten, erbte deren Schwestersohn, Ludolf II. von Käfernburg-Hallermunt, die Besitzungen. Zusammen mit seinem gleichnamigen Sohn kommt dieser sehr häufig in den Zeugenreihen der welfischen Urkunden vor. Sein oben abgerundetes Schildsiegel weist die Umschrift LVDOLFVS COM[ITES D]E HALREMVNT (Ludolf, Graf von Hallermunt) auf. Da die Buchstaben s, h und n fehlerhaft graviert worden sind, dürfte der ausführende Goldschmied noch nicht sehr geübt in der Anfertigung von Typaren gewesen sein. Als Bild zeigt das Siegel drei Rosen im Verhältnis 2 : 1.

Archiv des Klosters Wennigsen.

UB Calenberg 7, Nr. 8.

Wolf 1815. – von Spilcker 1833. – von Spilcker 1833a. – von Alten 1863. – Meier 1898. – Heinemann 1968, Exkurs II 7., S. 336f. – Petke 1971, S. 7–16. – Schwineköper 1971, S. 979f. – Zillmann 1975, S. 121–127.

C.P.H.

G 126 Siegel Konrads II. (1191–1225), Graf von Rhoden-Lauenrode, und Hildebolds II. (1203–1228), Graf von Rhoden-Limmer

Typare: Niedersachsen, (1) vor 1200, (2) nach 1200 – Urkunde: o. D. (1215 vor Juni 15)

Braunes Wachs – an Pergamentstreifen hängend – (1) H. 6 cm – B. 5,1 cm – (2) Dm. 5,4 cm.

Wolfenbüttel, Niedersächsisches Staatsarchiv, 22 Urk 24

An Stelle 33 des Quedlinburger Wappenkastens befindet sich ein Wappen, das auf siebenmal schwarz und weiß quergeteiltem Grund einen roten steigenden Löwen nach rechts zeigt. Es dürfte als das Wappenbild der Grafen von Rhoden zu identifizieren sein. Diese benannten sich zunächst nach ihrer Stammburg bei Rhoden im Weserbergland, späterhin auch nach ihren anderen Burgorten in Limmer, Wunstorf und Lauenrode. Graf Konrad I. von Rhoden war ein treuer Parteigänger Herzog Heinrichs des Löwen, von dem er im Jahr 1189 mit der Verwaltung der Burg Stade beauftragt worden war und für den er auch sogleich nach dessen vorzeitiger Rückkehr aus dem englischen Exil wieder eintrat. Graf Konrad I. stiftete im Jahre 1196 das Augustiner-Chorherrenstift Marienwerder und hatte mit Konrad II. und Hildebold II. zwei Söhne. Letzterer, Vogt der Stifte Möllenbeck, Marienwerder und Wunstorf, heiratete eine Tochter des Grafen Moritz von Oldenburg. Als Graf in Nienburg ist er zusammen mit seinem Bruder, Graf Konrad II., nachweisbar, der später die Komitate in Nienburg und Minden veräußern sollte. Dessen an erster Stelle hängendes, oben abgerundetes Schildsiegel trägt die Umschrift + SIG(i)LL(vm) . COMITIS . CON[R]ADI . DE . ROTHEN (Siegel Graf Konrads von Rhoden) und hat einen nach rechts steigenden Löwen auf siebenfach quergeteiltem Grund als Bild. Das an zweiter Stelle hängende Rundsiegel seines Bruders Hildebold weist die Umschrift [+ SIG]ILLVM COMITIS . HILDEBOLDI . D[(e) RO(then)] (Siegel Graf Hildebolds von Rhoden) auf und zeigt in einem Wappenschild den gekrönten steigenden Löwen nach rechts auf achtfach quergeteiltem Grund. Obwohl sich Konrad in der Intitulatio der Urkunde als Graf von Lauenrode und Hildebold als Graf von Limmer bezeichnen, haben beider Siegel eine mit dem Herkunftsnamen Rhoden verbundene Umschrift. Der Unterschied in den Details ihrer Wappen könnte sich durch die verschiedenen Herstellungszeiten der Siegel erklären lassen: Angesichts der Lösung, das komplette Schildwappen in einem Rundsiegel aufzunehmen, erscheint Hildebolds Typar moderner als das seines Bruders. Durch die Beifügung der Krone könnte Graf Hildebold auf seine (nach dem Sturz Heinrichs des

Löwen gewonnene) reichsunmittelbare Stellung oder aber auf Kaiser Otto IV. als seinen welfischen Lehnsherrn hingewiesen haben.

Archiv des Klosters Mariental.

UB Hochstift Halberstadt 1, Nr. 488, S. 435 (zur Datierung vgl. ebd., Nr. 489).

Ulrich 1887. – Spieß 1933. – Dobbertin 1963. – Heinemann 1968, Exkurs II 4., S. 334f. – Schwineköper 1971, S. 1008f.

C.P.H.

G 127 Siegel Gunzelins I. von Wolfenbüttel (1204–1255), Reichstruchseß, Typ I

Typar: Niedersachsen (Braunschweig ?), 1209–1214 – Urkunde: 1219

Naturfarbenes Wachs – an Leinenfäden hängend – H. 5,5 cm – B. 4,8 cm.

Wolfenbüttel, Niedersächsisches Staatsarchiv, 24 Urk 42

Das als Nummer 27 gezählte Wappen auf dem Quedlinburger Wappenkasten zeigt auf rotem Grund einen springenden weißen Wolf über zwei weißen Korngarben. Es handelt sich dabei um das Wappenbild der Familie von Wolfenbüttel-Asseburg, die ursprünglich zur welfischen Ministerialität gehörte und deren bedeutendster Vertreter sicherlich Gunzelin I. von Wolfenbüttel war. Von König Otto IV. wurde er möglicherweise schon um 1200, ganz sicher aber seit 1204 zum Truchsessen bestellt, da sich die Reichshofamtsträger im staufisch-welfischem Thronstreit staufertreu gezeigt hatten. Nach Ottos allgemeiner Anerkennung im Jahre 1209 ist Gunzelin als dessen Hoftruchseß nachweisbar, gehörte also seitdem zur Reichsministerialität und wird in dieser Rechtsstellung später auch dem staufischen Kaiser Friedrich II. dienen. Der Bau der später für die ganze Familie namengebenden Asseburg durch Gunzelin von Wolfenbüttel um 1218/19 gilt als Beleg für das Streben Gunzelins nach persönlicher und militärischer Unhabhängigkeit gegenüber den Welfen. Diese Entwicklung gipfelte in der Asseburger Fehde, deren für die Herren von Wolfenbüttel-Asseburg negativer Ausgang Gunzelin I. selbst nicht mehr erlebte. Bei dessen Siegelführung lassen sich drei Typare nachweisen, die aufgrund ihrer Umschriften als Amtsträgersiegel anzusehen sind. Das hier vorliegende erste Siegel Gunzelins I., das erstmals zu 1214 belegbar ist (Wolfenbüttel, Niedersächsisches Staatsarchiv, 24 Urk 32), weist die Umschrift + SIGILL(VM) GVNCELINI [INP(ER)]IA(LE) AVLE . DA[P]IFERI (Siegel Gunzelins, Reichshoftruchseß) auf. Die Schildfläche ist quergeteilt mit einem liegenden Wolf oben und zwei Korngarben unten. Oberhalb des Wolfes befindet sich ein kleiner, langbehaarter Menschenkopf, der später in den Siegeln von Gunze-

G 127

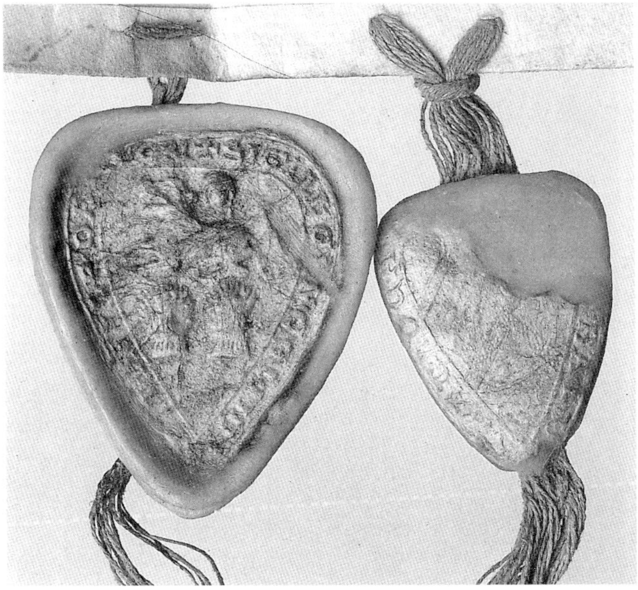

G 128

lins jüngstem Sohn wiederkehrt. Die Bedeutung dieses Zusatzes läßt sich – anders als jene wohl die Reichslehnschaft des Siegelführenden symbolisierende Hinzufügung von Lilienzweig und -stab – in seinen beiden weiteren Siegeln bislang nicht klären.

Archiv des Klosters Riddagshausen.

UB Asseburg 1, Nr. 101.

UB Asseburg 1, S. 331 ff., Siegeltafel I, Nr. 1, 1a, 1b. – Schmidt-Phiseldeck 1884. – Bosl 1950/51, Bd. 2, S. 582–588. – Lubenow 1964, S. 342–354. – Schwineköper 1971, S. 1003 f. – Hucker 1990, S. 389–392. – Hasse 1995, mit Abb. 3. – Hasse 1995 (im Druck).

C.P.H.

G 128 Siegel Jordans III. von Blankenburg, Truchseß Herzog Ottos des Kindes (1221–1240)

Typar: Braunschweig, um 1220 – Urkunde: 1235 Mai 13

Braunes Wachs – an Leinenfäden anhängend – H. 5,4 cm – B. 4,3 cm.

Wolfenbüttel, Niedersächsisches Staatsarchiv, 7 Urk 22

Auf dem Quedlinburger Kasten befindet sich an zwölfter Stelle ein Wappen, das auf rotem Grund einen silbernen Zickzackbalken mit fünf Spitzen zeigt. Es dürfte sich hierbei um das Wappenbild der ministerialischen Familie von Blankenburg handeln. Ihr Ahnherr war Jordan I. von Blankenburg, von 1162 bis 1196 Truchseß Heinrichs des Löwen und Pfalzgraf Heinrichs. Seine Söhne Jordan II. und Jusarius II. stellten das Truchsessen- und Schenkenamt am welfischen Hof, wonach sich die Familie in eine Truchsessen- und in eine Schenkenlinie verzweigte. Während sich der eine Zweig seit Mitte des 13. Jahrhunderts nach seinem neuen Burgsitz Campen nannte, war der Ort (Haus-) Neindorf namengebend für die Schenken. Schon von dem Truchsessen Jordan II. von Blankenburg hat sich ein fragmentarisches Siegel aus dem Jahr 1214 erhalten (Wolfenbüttel, Niedersächsisches Staatsarchiv, 24 Urk 32). Hinsichtlich seiner Umschrift und seines Bildes gleicht es dem oben abgerundeten Schildsiegel seines Sohnes Jordan III. von Blankenburg: Dies weist die Umschrift + SIGILLVM IORDANIS D[A]PIFERI DVCIS SAXONIE (Siegel Jordans, Truchseß des Herzogs von Sachsen) auf und zeigt als Bild einen Zickzackbalken mit vier ganzen und zwei halben Spitzen nach oben und drei ganzen und zwei halben nach unten. Das Siegel ist unter das Herzog Ottos des Kindes (Kat. E 27) gehängt, was eine seltene Ausnahme der Besiegelung im allgemeinen und an herzoglichen Urkunden im besonderen darstellt. Wahrscheinlich liegt die Ursache für die im Urkundentext nicht angekündigte Mitbesiegelung in der Funktion Jordans III. als Truchseß des Fürsten.

Archiv der Stiftskirche St. Blasius in Braunschweig.

Origines Guelficae, Bd. 4, S. 152 f. – UB Stadt Braunschweig 2, S. 34. – von Campe 1892–93, Bd. 1, Nr. 229.

von Campe 1892–93, Bd. 1, Abb. auf S. 142. – Haendle 1930, S. 3–10. – Lubenow 1964, S. 58–114. – Schwineköper 1971, S. 959–1022, hier: S. 987 f. – Hasse 1995 mit Abb. 5. – Hasse 1995 (im Druck).

C.P.H.

ANHANG

Bibliographie

Weitere Titel in Band 3, S. 267-274. Die Kurztitelvergabe erfaßt systematisch den Gesamtbestand

Abou-El-Haj 1979
Barbara Abou-El-Haj, Consecration and investiture in the life of Saint-Amand, Valenciennes, Bibl. Mun. MS 502, in: The Art Bulletin 61, 1979, S. 342-358.

Abou-El-Haj 1994
Barbara Abou-El-Haj, The medieval cult of saints. Formations and transformations, Cambridge 1994.

Achilles 1913
Hans Achilles, Die Beziehungen der Stadt Braunschweig zum Reich im ausgehenden Mittelalter, Leipzig 1913.

Achilles 1985
Walter Achilles, Die Herkunft eines hochmittelalterlichen Psalteriums aus dem Braunschweiger Stift St. Blasius, in: Braunschweiger Jahrbuch 66, 1985, S. 181-191.

Acht 1936
Peter Acht, Studien zum Urkundenwesen der Speyerer Bischöfe im 12. und 13. Jahrhundert, Phil. Diss. Gießen 1936.

Acht 1940
Peter Acht, Die Cancellaria in Metz. Eine Kanzlei und Schreibschule um die Wende des 12. Jahrhunderts. Diplomatische Beziehungen zum Mittel- und Niederrhein und zum französischen Westen (Schriften des Wissenschaftlichen Instituts der Elsaß-Lothringer im Reich an der Universität Frankfurt, N.F. 25), Frankfurt a. M. 1940.

Achten 1987
Gerard Achten, Das christliche Gebetbuch im Mittelalter. Andachts- und Stundenbücher in Handschriften und Frühdrucken, 2. Auflage, Berlin 1987.

Adam/Stoll/Wilde 1990
Karin Adam, Hans-Joachim Stoll und Peter-Michael Wilde, Zum mittelalterlichen Bunt- und Edelmetallguß in Magdeburg, in: Zeitschrift für Archäologie 24, 1990, S. 101-122.

Adamus Scotus
Adamus Scotus, De tripartitio tabernaculo, in: PL 198, Sp. 693.

Ahlers 1987
Jens Ahlers, Die Welfen und die englischen Könige 1165-1235 (Quellen und Darstellungen zur Geschichte Niedersachsens 102), Hildesheim 1987.

Ahlers/Graßmann/Neugebauer 1976
Lübeck 1226. Reichsfreiheit und frühe Stadt. Im Auftrage des Vereins für Lübeckische Geschichte und Altertumskunde herausgegeben von Olof Ahlers, Antjekathrin Graßmann, Werner Neugebauer [u. a.], Lübeck 1976.

Alanus ab Insulis, Sermo de sancta cruce
Alanus ab Insulis, Sermo de sancta cruce, in: PL 210, Sp. 223-226.

Albert von Stade, Annalen
Annales Stadenses auctore M. Alberto ab O. c.-1256. Ed. Johann Martin Lappenberg, in: MGH SS 16, Hannover 1859, S. 271-379.

Albrecht 1986
Uwe Albrecht, Von der Burg zum Schloß, Worms 1986.

Albrecht 1995
Uwe Albrecht, Der Adelssitz im Mittelalter. Studien zum Verhältnis von Architektur und Lebensform in West- und Nordeuropa, München 1995.

Alexander 1992
Jonathan J. G. Alexander, Medieval illuminators and their methods of work, New Haven – London 1992.

Allègre 1954
Victor Allègre, Les richesses médiévales du Tarn. Art gothique, Bd. 1-2, Toulouse 1954.

Allgemeine deutsche Biographie
Allgemeine deutsche Biographie. Hrsg. durch die Historische Commission bei der Königlichen Akademie der Wissenschaften, Bd. 1-56, Leipzig 1875-1912, Neudruck 1967-1971.

Alpers 1982
Klaus Alpers, Die Luna-Säule auf dem Kalkberge. Alter, Herkunft und Wirkung einer Lüneburger Tradition, in: Lüneburger Blätter 25/26, 1982, S. 87-129.

Alphei 1994
Cord Alphei, Art. Walkenried, in: Germania Benedictina XII, S. 678-742.

von Alten 1863
Friedrich von Alten, Beiträge zur Genealogie der Grafen von Hallermund, in: Zeitschrift des historischen Vereins für Niedersachsen 1863, S. 135-172.

Altenburg/Jarnut/Steinhoff 1991
Feste und Feiern im Mittelalter. Paderborner Symposion des Mediävistenverbandes. Hrsg. von Detlef Altenburg, Jörg Jarnut u. Hans-Hugo Steinhoff, Sigmaringen 1991.

von Alteneck 1879
Jakob Heinrich von Alteneck, Trachten, Kunstwerke und Gerätschaften vom frühen Mittelalter bis Ende des 18. Jahrhunderts, 2. Auflage, Bd. 1, Frankfurt 1879.

Althoff 1981
Gerd Althoff, Nunc fiat Christi milites, qui dudum extiterunt raptores. Zur Entstehung von Rittertum und Ritterideal, in: Saeculum 32, 1981, S. 317-333.

Althoff 1984
Gerd Althoff, Adels- und Königsfamilien im Spiegel der Memorialüberlieferung. Studien zum Totengedenken der Billunger und Ottonen (Münstersche Mittelalter-Schriften 47), München 1984.

Althoff 1985
Gerd Althoff, Heinrich der Löwe und das Stader Erbe. Zum Problem der Beurteilung des Annalista Saxo, in: Deutsches Archiv für Erforschung des Mittelalters 41, 1985, S. 66-100.

Althoff 1986
Gerd Althoff, Anlässe zur schriftlichen Fixierung adligen Selbstverständnisses, in: Zeitschrift für die Geschichte des Oberrheins 134, 1986, S. 34-46.

Althoff 1990
Gerd Althoff, Colloquium familiare – colloquium secretum – colloquium publicum. Beratung im politischen Leben des früheren Mittelalters, in: Frühmittelalterliche Studien 24, 1990, S. 145-167.

Althoff 1990a
Gerd Althoff, Verwandte, Freunde und Getreue. Zum politischen Stellenwert der Gruppenbindungen im frühen Mittelalter, Darmstadt 1990.

Althoff 1991
Gerd Althoff, Die Billunger in der Salierzeit, in: Weinfurter 1991, Bd. 1, S. 309-329.

Althoff 1991a
Gerd Althoff, Huld. Überlegungen zu einem Zentralbegriff der mittelalterlichen Herrschaftsordnung, in: Frühmittelalterliche Studien 25, 1991, S. 259-282.

Althoff 1992b
Gerd Althoff, Konfliktverhalten und Rechtsbewußtsein. Die Welfen in der Mitte des 12. Jahrhunderts, in: Frühmittelalterliche Studien 26, 1992, S. 331-352.

Althoff 1992c
Gerd Althoff, Die merkwürdige Urkunde aus dem Kloster Arnsburg. Ein Schlüsselzeugnis für die Königswahl Friedrichs I. Barbarossa, in: Damals. Das Geschichtsmagazin 24, 1992, S. 1030-1049.

Althoff 1993
Gerd Althoff, Demonstration und Inszenierung. Spielregeln der Kommunikation in mittelalterlicher Öffentlichkeit, in: Frühmittelalterliche Studien 27, 1993, S. 27-50.

Althoff 1993a
Gerd Althoff, Friedrich von Rothenburg. Überlegungen zu einem übergangenen Königskandidaten, in: Festschrift Hlawitschka, S. 307-316.

Althoff 1994
Gerd Althoff, Löwen als Begleitung und Bezeichnung des Herrschers im Mittelalter, in: von Ertzdorff 1994, S. 119-134.

Althoff 1995
Gerd Althoff, Die Historiographie bewältigt. Der Sturz Heinrichs des Löwen in der Darstellung Arnolds von Lübeck, in: Schneidmüller 1995, 163-182.

Althoff (im Druck)
Gerd Althoff, Das Privileg der deditio. Wie entstehen und wann ändern sich Rituale, in: Nobilitas. Kolloquium zum 70. Geburtstag von K. F. Werner (Schriften des Max-Planck-Instituts). Hrsg. von Otto Gerhard Oexle und Werner Paravicini, Göttingen (im Druck).

Althoff/Wollasch 1983
Die Totenbücher von Merseburg, Magdeburg und Lüneburg (MGH Libri mem. NS II). Hrsg. von Gerd Althoff und Joachim Wollasch, Hannover 1983.

Am Ende 1975
Bernhard Am Ende, Studien zur Verfassungsgeschichte Lübecks im 12. und 13. Jahrhundert (Veröffentlichungen zur Geschichte der Hansestadt Lübeck, Reihe B 2), Lübeck 1975.

Amberg 1969
Hermann Amberg, Studien zur handschriftlichen Überlieferung der Werke Gottfrieds von Viterbo, Phil. Magisterarbeit Teil 1, Würzburg 1969.

Ambrosius, Expositiones in Lucam
Ambrosius, Expositiones Evangelii secundum Lucam libris X comprehensa, in: PL 15, Sp. 1607-1944.

Ambrosius, De sacramentis
Ambrosius, De sacramentis, in: PL 16, Sp. 435-482.

von Amira 1902
Die Dresdener Bilderhandschrift des Sachsenspiegels. Mscr. Dr. M 32, I. Facsimile. Hrsg. von Karl von Amira, Leipzig 1902.

Andersson 1949
Aron Andersson, English influence in Norwegian and Swedish sculpture in wood 1220-1270, Stockholm 1949.

Andersson 1966
Aron Andersson, Romanesque and gothic sculpture (Medieval wooden sculpture in Sweden 2), Stockholm 1966.

Andersson 1968
Aron Andersson, L'Art Scandinave, Bd. 2, Yonne 1968.

Andersson 1983
Aron Andersson, Medieval drinking-bowls of silver found in Sweden, Stockholm 1983.

Andreae 1980
Die römischen Jagdsarkophage (Die antiken Sarkophagreliefs, Bd. 1, T. 2). Bearb. von Bernhard Andreae, Berlin 1980.

Angenendt 1982
Arnold Angenendt, Rex et Sacerdos. Zur Genese der Königssalbung, in: Tradition als historische Kraft. Interdisziplinäre Forschungen zur Geschichte des früheren Mittelalters. Hrsg. von Norbert Kamp und Joachim Wollasch, Berlin – New York 1982, S. 100-118.

Angenendt 1984
Arnold Angenendt, Kaiserherrschaft und Königstaufe. Kaiser, Könige und Päpste als geistliche Patrone in der abendländischen Missionsgeschichte (Arbeiten zur Frühmittelalterforschung 15), Berlin 1984.

Angenendt 1990
Arnold Angenendt, Das Frühmittelalter. Die abendländische Christenheit von 400-900, Stuttgart–Berlin–Köln 1990.

Angenendt 1994
Arnold Angenendt, Heilige und Reliquien. Die Geschichte ihres Kultes vom frühen Christentum bis zur Gegenwart, München 1994.

Annales Colonienses maximi
Annales Colonienses maximi. Ed. Georg Heinrich Pertz, in: MGH SS 17, Hannover 1861, S. 723-847.

Annales et notae S. Blasii Brunsvicensis
Annales et notae S. Blasii Brunsvicensis. Ed. Georg Waitz, in: MGH SS 24, Hannover 1879, S. 823-827.

Annales Hildesheimenses
Die Annales Hildesheimenses. Ed. Georg Waitz, in: MGH SS rer. Germ. [8], Hannover 1878.

Annales Magdeburgenses
Annales Magdeburgenses. Ed. Georg Heinrich Pertz, in: MGH SS 16, Hannover 1859, S. 105-196.

Annales Marbacenses
Annales Marbacenses qui dicuntur (Cronica Hohenburgensis cum continuatione et additamentis Neoburgensibus). Ed. Hermann Bloch, in: MGH SS rer. Germ. [9], Hannover – Leipzig 1907.

Annales Palidenses
Annales Palidenses auctore Theodoro monacho ab O. c.-1182 et 1390. Ed. Georg Heinrich Pertz, in: MGH SS 16, Hannover 1859, S. 48-98.

Annales Patherbrunnenses
Annales Patherbrunnenses. Eine verlorene Quellenschrift des zwölften Jahrhunderts aus Bruchstücken wiederhergestellt von Paul Scheffer-Boichorst, Innsbruck 1870.

Annales Pegavienses
Annales Pegavienses et Bosovienses a. 1000-1227. Ed. Georg Heinrich Pertz, in: MGH SS 16, Hannover 1859, S. 232-270.

Annales Rosenveldenses
Annales Rosenveldenses a. 1057-1130, in: MGH SS 16, Hannover 1859, S. 99-104.

Annales S. Petri Erphesfurtenses maiores
Annales S. Petri Erphesfurtenses maiores a. 1078-1181. Ed. Oswald Holder-Egger, in: MGH SS rer. Germ. [42], Hannover 1899, S. 45-67.

Annalista Saxo
Annalista Saxo. Ed. Georg Waitz, in: MGH SS 6, Hannover 1844, S. 542-777.

Annalium Corbeiensium continuatio
Annalium Corbeiensium continuatio saeculi XII et Historia Corbeiensis monasterii annorum MCXLV-MCXLVII cum additamentis (Chronographus Corbeiensis). Bearbeitet und übersetzt von Irene Schmale-Ott (Veröffentlichungen der Historischen Kommission für Westfalen XLI. Fontes minores 2)/ Münster 1989.

Annalium Patherbrunnensium fragmenta
Annalium Patherbrunnensium fragmenta. Ed. Heinrich Kauffmann, in: MGH SS 30, 2, Hannover 1926-1934, S. 1329-1332.

Annalium s. Blasii Brunsvicensium maiorum fragmenta
Annalium s. Blasii Brunsvicensium maiorum fragmenta. Ed. Oswald Holder-Egger, in: MGH SS 30, 1, Hannover 1896, S. 16-19.

Anonyme Kaiserchronik
Frutolfs und Ekkehards Chroniken und die Anonyme Kaiserchronik. Übersetzt von Franz-Josef Schmale und Irene Schmale-Ott (Ausgewählte Quellen zur deutschen Geschichte des Mittelalters 15), Darmstadt 1972, S. 39-43.

Ansgar, Vita S. Willehadi
Anskarii Vita Sancti Willehadi. Ed. Georg Heinrich Pertz, in: MGH SS 2, Hannover 1879, S. 378-390.

Appelt 1973
Heinrich Appelt, Heinrich der Löwe und die Wahl Friedrich Barbarossas, in: Festschrift Wiesflecker, S. 39-48.

Appelt 1976
Heinrich Appelt, Das Privilegium minus. Das staufische Kaisertum und die Babenberger in Österreich, Wien 1976.

Appelt 1978
Heinrich Appelt, Die Babenberger und das Imperium im 12. Jahrhundert, in: Das Babenbergische Österreich (976-1246) (Schriften des Instituts für Österreichkunde 33). Hrsg. von Erich Zöllner, Wien 1978, S. 43-53.

Appelt 1984
Heinrich Appelt, Friedrich Barbarossa (1152-1190), in: Beumann 1984, S. 177-198.

Appleby 1966
John T. Appleby, Heinrich II. König von England. Aus dem Englischen übersetzt von S. Voigt, Stuttgart 1966.

Appuhn 1962/63
Horst Appuhn, Der Karlsteppich in Halberstadt, in: Aachener Kunstblätter 24/25, 1962/63, S. 137-149.

Appuhn 1963
Horst Appuhn, Meisterwerke der niedersächsischen Kunst des Mittelalters, Bad Honnef 1963.

Appuhn 1973
Horst Appuhn, Beobachtungen und Versuche zum Bildnis Kaiser Friedrichs I. Barbarossa in Cappenberg, in: Aachener Kunstblätter 44, 1973, S. 129-192.

Appuhn 1978/79
Horst Appuhn, Beiträge zur Geschichte des Herrschersitzes im Mittelalter, 1. Teil: Gedrechselte Sitze, in: Aachener Kunstblätter 48, 1978/79, S. 25-52.

Appuhn 1984
Horst Appuhn, Mittelalterliche Truhen in Kloster Ebstorf, in: Jahrbuch des Museums für Kunst und Gewerbe Hamburg 3, 1984, S. 49-62.

Appuhn 1986
Horst Appuhn, Einige Möbel aus der Zeit um 1200, in: Steuer 1986, S. 111-128.

Appuhn 1986-87
Horst Appuhn, Beiträge zur Geschichte des Herrschersitzes im Mittelalter. 2. Teil: Der sogenannte Krodo-Altar und der Kaiserstuhl in Goslar, in: Aachener Kunstblätter 54-55, 1986-87, S. 69-98.

Arens 1984
Fritz Arens, Das Grab des Erzbischofs Heinrich I. von Mainz, in: Einbecker Jahrbuch 35, 1984, S. 58f.

Arens 1985
Fritz Arens, Die Königspfalz Goslar und die Burg Dankwarderode in Braunschweig, in: Kat. Braunschweig 1985, 3, S. 117-149.

Arhnung 1937
J. O. Arhnung, Roskilde Domkapitels Historie 1, Phil. Diss. København, Druck: Roskilde 1937.

Arnold von Lübeck, Chronica Slavorum (Ed. 1868)
Arnold von Lübeck, Chronica Slavorum. Ed. Georg Heinrich Pertz und Johann Martin Lappenberg, in: MGH SS rer. Germ. [14], Hannover 1868, Nachdruck 1978.

Arnold von Lübeck, Chronica Slavorum (Ed. 1869)
Arnoldi Chronica Slavorum. Ed. Johann Martin Lappenberg, in: MGH SS 21, Hannnover 1869, S. 101-250.

Arnold von Lübeck, Chronik
Arnold von Lübeck, Die Chronik des Arnold von Lübeck. Übersetzt von Johann I. C. M. Laurent (Die Geschichtsschreiber der deutschen Vorzeit, 13. Jahrhundert, Bd. 3), Berlin 1853.

Arnold von Lübeck, Chronik
Arnold von Lübeck, Die Chronik Arnolds von Lübeck. Übersetzt von I. C. M. Laurent, neu bearbeitet von Wilhelm Wattenbach (Die Geschichtsschreiber der deutschen Vorzeit, Bd. 71. Zweite Gesamtausgabe), 2. Auflage, Leipzig 1896.

Arnold von Lübeck, Gesta Gregorii Peccatoris
Arnold von Lübeck, Gesta Gregorii Peccatoris. ([Von] Hartmut von Aue). Untersuchungen und Edition von Johannes Schilling (Palaestra 280). Göttingen 1986.

Asche 1955
Siegrid Asche, Die Wartburg, Dresden 1955; Ausgabe Berlin 1962.

Ashcroft 1986
Jeffrey Ashcroft, Konrad's Rolandslied, Henry the Lion, and the northern crusade, in: Forum for modern language studies 22, 1986, S. 184-208.

Ashcroft 1994
Jeffrey Ashcroft, Magister Conradus Presbiter: Pfaffe Konrad at the court of Henry the Lion, in: Literary aspects of courtly culture. University of Massechusetts, Amherst, USA, 27 July-1 August 1992 (Selected papers from the ... triennial congress of the International Courtly Literature Society 7). Ed. Donald Maddox, Cambridge 1994, S. 301-308.

Ashcroft 1994a
Jeffrey Ashcroft, Honor imperii – des riches ere: The Idea of Empire in Konrad's Rolandslied, in: Festschrift Wisbey, S. 139-156.

Asseburg 1895
J. Graf Asseburg, Frühgothisches Lectionarium in der St. Nikolaikirche zu Höxter, in: Zeitschrift für christliche Kunst 6, 1895, S. 186-198.

Aubert/Beaulieu 1950
Marcel Aubert und Michèle Beaulieu, Musée National du Louvre. Description raisonnée des sculptures du Moyen Age aux temps modernes, Paris 1950.

Aufgebauer 1992
Peter Aufgebauer, Burgen und Burgenpolitik im Rahmen der mittelalterlichen Territorialentwicklung, in: Jahrbuch für den Landkreis Holzminden 8/9, 1990/91, S. 12-31.

Aufgebauer 1994
Peter Aufgebauer, Der tote König – Grablegen und Bestattungen mittelalterlicher Herrscher (10.-12. Jahrhundert), in: Geschichte und Wissenschaft 11, 1984, S. 680-693.

Ausgrabungen in Minden 1987
Ausgrabungen in Minden – Bürgerliche Stadtkultur des Mittelalters und der Neuzeit. Hrsg. Westfälisches Museum für Archäologie, Münster/Westfalen 1987.

Auzas 1960
P.-M. Auzas, La découverte d'un étonnant coffret de mariage, in: Connnaissance des Arts (Mai) 1960, S. 74-79.

Auzias 1937
Léonce Auzias, L'Aquitaine carolingienne (Bibliothèque méridionale: 2e série 28), Toulouse – Paris 1937.

Avril/Rabel 1995
François Avril und Claudia Rabel, Manuscrits enluminés d'origine germanique 1, Xe-XIVe siècle, Paris 1995.

Avril/Stirnemann 1987
François Avril und Patricia Danz Stirnemann, Manuscrits enluminés d'origine insulaire VIIe-XXe siècle, Paris 1987.

Baaken 1975
Gerhard Baaken, Recht und Macht in der Politik der Staufer, in: Historische Zeitschrift 221, 1975, S. 553-570.

Baaken 1985
Karin Baaken, Zu Wahl, Weihe und Krönung Coelestins III., in: Deutsches Archiv für Erforschung des Mittelalters 41, 1985, S. 203-211.

Baaken 1995
Karin Baaken, Herzog Welf VI. und seine Zeit, in: Jehl 1995, S. 9-28.

Backmund 1949-56
P. Norbert Backmund O. Praem., Monasticon Praemonstratense. Id est Historia Circararium atque Canoniarum Candidi et Canonici Ordinis Praemonstratensis, Bd. 1-3, Straubing 1949-56; 2., erweiterte Auflage, Berlin 1983.

Backmund 1972
P. Norbert Backmund O. Praem., Die mittelalterlichen Geschichtsschreiber des Prämonstratenserordens (Biblioteca Analectorum Praemonstratensium, Fasc. 10), Averbode 1972.

Backmund 1986
P. Norbert Backmund O. Praem., Geschichte des Prämonstratenserordens, Grafenau 1986.

Bada/Herrmann 1989
Jeffrey L. Bada, Bernd Herrmann et al., Amino acid racemization in bone and the boiling of the German Emperor Lothar I [III !], in: Applied Geochemistry, 4, 1989, S. 325-327.

Bader 1951
Gershom Bader, Cyclopedia of Hebrew Abbreviations, New York 1951.

Bader 1960
Karl Siegfried Bader, Arbiter arbitrator seu amicabilis compositor, in: Zeitschrift für Rechtsgeschichte, Kanonistische Abteilung 77, 1960, S. 239-276.

Bänsch 1985
Birgit Bänsch, Technische Literatur, in: Kat. Köln 1985, 1, S. 348-351.

Bänsch 1985a
Birgit Bänsch, Serienfabrikation in Stanztechnik, in: Kat. Köln 1985, 1, S. 346f.

Bänsch 1986
Birgit Bänsch, Kölner Goldschmiedekunst um 1200. Muster und Modelle, Phil. Diss. (masch.) Münster 1984, Münster 1986.

Bänsch 1993
Birgit Bänsch, Romanische Goldschmiedekunst in Niedersachsen (950-1250), in: Boockmann/Thies 1993, Bd. 1, S. 127-133.

Bärmann 1961
Johannes Bärmann, Die Städtegründungen Heinrichs des Löwen und die Stadtverfassung des 12. Jahrhunderts. Rechtsgeschichtliche Untersuchungen (Forschungen zur deutschen Rechtsgeschichte 1), Köln – Graz 1961.

Bahrfeldt 1889
Emil Bahrfeldt, Das Münzwesen der Mark Brandenburg von den ältesten Zeiten bis zum Anfang der Regierung Hohenzollern, Berlin 1889.

von Bahrfeldt 1917
Max von Bahrfeldt, Hildesheimer Schriftbrakteaten, in: Blätter für Münzfreunde, N.F. 52, 1917.

Balduin, Chronicon
Balduini Ninovensis Chronicon. Ed. Oswald Holder-Egger, in: MGH SS 25, Hannover 1880, S. 515-546.

Baldwin 1986
John W. Baldwin, The Gouvernment of Philip Augustus. Foundations of French Royal Power in the Middle Ages, Berkeley – Los Angeles – London 1986.

Ballschmiede 1914
Hans Ballschmiede, Die Sächsische Weltchronik, in: Jahrbuch des Vereins für niederdeutsche Sprachforschung 40, 1914, S. 81-140.

Baltrusaitis 1985
Jurgis Baltrusaitis, Das phantastische Mittelalter. Antike und exotische Elemente in der Kunst der Gotik, Paris 1981. Deutsche Ausgabe Frankfurt a. M. – Berlin – Wien 1985.

Baltzer/Bruns 1919
J. Baltzer und F. Bruns, Die Kirche zu Alt-Lübeck. Der Dom (Die Bau- und Kunstdenkmäler der Freien und Hansestadt Lübeck, III. 1.), Lübeck 1919.

Balzani 1909
Ugo Balzani, Le cronache italiane nell medio evo, Mailand 1909.

Balzer 1992
Manfred Balzer, ... et apostolicus repetit quoque castra suorum. Vom Wohnen im Zelt im Mittelalter, in: Frühmittelalterliche Studien 26, 1992, S. 208-229.

Bárány-Oberschall 1958
Magda von Bárány-Oberschall, Baculus pastoralis, in: Zeitschrift für Kunstwissenschaft 12, 1958, S. 13-36.

Barfod 1986
Jörn Barfod, Die Holzskulptur des 13. Jahrhunderts im Herzogtum Schleswig, Husum 1986.

Barfod 1986a
Jörn Barfod, Kirchliche Kunst in Schleswig-Holstein. Katalog der Sammlung des Städtischen Museums Flensburg, Heide 1986.

Barlowe 1986
Frank Barlowe, Thomas Becket, London 1986.

Barral i Altet/Avril/Gaborit-Chopin 1984
Xavier Barral i Altet, François Avril und Danielle Gaborit-Chopin, Romanische Kunst, Bd. 2: Nord- und Westeuropa 1060-1220, München 1984.

Barrow 1989
Julia Barrow, Education and the recruitment of cathedral canons in England and Germany 1100-1225, in: Viator 20, 1989, S. 117-138.

Barthel 1989
Hans-Joachim Barthel, Schlittknochen oder Knochengeräte?, in: Alt-Thüringen 10, 1989, S. 205-227.

Barthel/Stecher/Timpel 1979
Hans-Joachim Barthel, Horst Stecher und Wolfgang Timpel, Eine mittelalterliche Produktionsstätte für Knochenspielwürfel, Alt-Thüringen 16, 1979, S. 137-170.

Bateman 1978
Katherine R. Bateman, Pembroke 120 and Morgan 736: A Reexamination of the St. Albans and Bury St. Edmunds Manuscript Dilemma, in: Gesta 17/1, 1978, S. 19-26.

Battiscombe 1956
The relicts of Saint Cuthbert. Studies by various authors collected and edited with an historical introduction by Christopher Francis Battiscombe, Oxford 1956.

Bauch 1976
Kurt Bauch, Das mittelalterliche Grabbild. Figürliche Grabmäler des 11. bis 15. Jahrhunderts in Europa, Berlin – New York 1976.

Bauchhenß 1987
Beiträge zur Archäologie des Rheinlandes (Rheinische Ausgrabungen 27). Red. Gerhard Bauchhenß, Köln – Bonn 1987.

Bauer 1977
Gerd Bauer, Corvey oder Hildesheim? Zur ottonischen Buchmalerei in Norddeutschland, Bd. 1-2, Phil. Diss. Hamburg 1977.

Baumann 1877
Acta s. Petri in Augia. Ed. Franz Ludwig Baumann, in: Zeitschrift für die Geschichte des Oberrheins 29, 1877, S. 1-128.

Baumann 1881
Franz Ludwig Baumann, Geschichte des Allgäus von den ältesten Zeiten bis zum Beginne des neunzehnten Jahrhunderts, Bd. 1, Kempten 1881.

Baumann 1985
Walter Baumann, Päpstliche Ordensprivilegien für Zisterzienser in niedersächsischen Klöstern, in: Jahrbuch der Gesellschaft für niedersächsische Kirchengeschichte 83, 1985, S. 109-119.

Baumgartner/Krueger 1988
Erwin Baumgartner und Ingeborg Krueger, Phönix aus Sand und Asche. Glas des Mittelalters, München 1988.

Bec 1986
Pierre Bec, Troubadours, trouvères et espace Plantagenêt, in: Cahiers de Civilisation Médiévale 29, 1986, S. 9-14.

Becher 1994
Matthias Becher, Rex, Dux und Gens. Untersuchungen zur Entstehung des sächsischen Herzogtums im 9. und 10. Jahrhundert, Habil.-Schrift Paderborn 1994.

Beck/Hengevoss-Dürkop 1994
Herbert Beck und Kerstin Hengevoss-Dürkop, Studien zur Geschichte der europäischen Skulptur im 12./13. Jahrhundert (Schriften des Liebieghauses). Hrsg.: Städtische Galerie Liebieghaus, Bd. 1-2, Frankfurt a.M. 1994.

Beck/Unger 1979
Friedrich Beck und Manfred Unger, ... mit Brief und Siegel. Dokumente aus Archiven der Deutschen Demokratischen Republik, Leipzig 1979.

Becker 1885
Catalogi bibliothecarum antiqui. Collegit Gustavus Becker, Bd. 1-2, Bonn 1885, Nachdruck der Ausgabe Bonn 1885 und Leipzig 1885-1887, Hildesheim – New York 1973.

Beckers 1979
Hartmut Beckers, Art. Gerart van Rossiliun, in: Verfasserlexikon, Bd. 2, 1979, Sp. 1221-1225.

Beckmann 1710
Johann Christoph Beckmann, Historia des Fürstenthums Anhalt, Zerbst 1710.

Becksmann 1969
Rüdiger Becksmann, Das Jessefenster aus dem spätromanischen Chor des Freiburger Münsters, in: Zeitschrift des deutschen Vereins für Kunstwissenschaft 23, 1969, S. 9-48.

Becksmann 1988
Rüdiger Becksmann, Deutsche Glasmalerei des Mittelalters. Eine exemplarische Auswahl, Stuttgart-Bad Cannstatt 1988.

Beckwith 1956
John Beckwith, An ivory relief of the ascension, in: Burlington Magazine 68, 1956, S. 118-120.

Beckwith 1972
John Beckwith, Ivory carvings in early medieval England, London 1972.

Beda Venerabilis, De tabernaculo et vasis eius
Beda Venerabilis, De tabernaculo et vasis eius ac vestibus sacerdotum libri III, in: Corpus Christianorum. Series latina, Bd. CXIX A: Bedae Venerabilis, Opera. Pars II: Opera exegetica. Cura et studio D. Hurst, Turnhout 1969, S. 3-139.

Beda Venerabilis, De templo libri II
Beda Venerabilis, De templo libri II, in: Corpus Christianorum. Series latina, Bd. CXIX A: Bedae Venerabilis, Opera. Pars II: Opera exegetica. Cura et studio D. Hurst, Turnhout 1969, S. 143-234.

Bedal 1977
Konrad Bedal, Ländliche Ständerbauten des 15. bis 17. Jahrhunderts in Holstein und im südlichen Schleswig, Neumünster 1977.

Beenken 1924
Hermann Beenken, Romanische Skulptur in Deutschland (11. und 12. Jahrhundert), Leipzig 1924.

Behrens 1989
Heinz A. Behrens, Der Regenstein. Besiedlung und Geschichte der Grafen bis 1500, Wernigerode 1989.

Behrens 1993
Heinz A. Behrens, Die Burgen der Blankenburg-Regensteiner Grafen, in: Grafschaft und Fürstentum Blankenburg in Mittelalter und früher Neuzeit, in: Harz-Zeitschrift 45, 1993, S. 35-63.

Beissel 1895
Stephan Beissel, Das Reliquiar des hl. Oswald zu Hildesheim, in: Zeitschrift für christliche Kunst 10, 1895, S. 307-312.

Beitz 1989
Uwe Beitz, Zur Zierde der Stadt. Die Baugeschichte des Braunschweiger Burgplatzes seit 1750. Hrsg. in Zusammenarbeit mit dem Deutschen Architekturmuseum Frankfurt a.M., Braunschweig – Wiesbaden 1989.

Bellmann 1983
Fritz Bellmann, Ein Knüpfteppichfragment des 12. Jahrhunderts im Dom zu Halberstadt, in: Denkmale in Sachsen-Anhalt. Ihre Erhaltung und Pflege in den Bezirken Halle und Magdeburg, Weimar 1983, S. 389-410.

Bellocchi/Marzi 1970
Ugo Bellocchi und Giovanni Marzi, Matilde e Canossa, Il poema di Donizone, Modena 1970.

Belting 1978
Hans Belting, Zwischen Gotik und Byzanz. Gedanken zur Geschichte der sächsischen Buchmalerei im 13. Jahrhundert, in: Zeitschrift für Kunstgeschichte 41, 1978, S. 217-257.

Belting 1990
Hans Belting, Bild und Kult. Eine Geschichte des Bildes vor dem Zeitalter der Kunst, München 1990.

Berg 1980
Dieter Berg, Art. Gerhard von Steterburg, in: Verfasserlexikon, Band 2, 1980, Sp. 1243ff.

Berg 1981 (II)
Norge. Kunsthistorie II: Hoymiddelalder og Hansa-Tid. Hrsg. von Knut Berg, Oslo 1981.

Berg 1987
Dieter Berg, England und der Kontinent. Studien zur auswärtigen Politik der anglonormannischen Könige im 11. und 12. Jahrhundert, Bochum 1987.

Berg 1989
Arne Berg, Norske tommerhus fra mellomalderen, Bd. 1: Allment oversyn, Oslo 1989.

Berg 1994
Stefanie Barbara Berg, Heldenbilder und Gegensätze. Friedrich Barbarossa und Heinrich der Löwe im Urteil des 19. und 20. Jahrhunderts, Phil. Diss. Münster, Hamburg 1994.

Berger 1993
Frank Berger, Die mittelalterlichen Brakteaten im Kestner-Museum Hannover (Sammlungskataloge der Bestände im Kestner-Museum 13), Hannover 1993.

Berges/Rieckenberg 1951
Wilhelm Berges und Hans J. Rieckenberg, Eilbertus und Johannes Gallicus (Nachrichten der Akademie der Wissenschaften in Göttingen, Phil.-hist. Klasse 1951, Nr. 2), Göttingen 1951.

Berghaus 1954
Peter Berghaus, Le trésor de Bourg-Saint-Christoph (Dép. Ain), in: Revue Numismatique, 5e série, 16, 1954, S. 79ff.

Bergholz 1954
Gerda Bergholz, Die Bergwerkergilde zu Braunschweig, Braunschweig 1954.

Bergmann 1985
Ulrike Bergmann, Prior Omnibus Auctor – an höchster Stelle aber steht der Stifter, in: Kat. Köln 1985, 2, S. 117-148.

Bergmann 1989
Ulrike Bergmann, Schnütgen-Museum. Die Holzskulpturen des Mittelalters (1000-1400), Köln 1989.

Bernards 1956
M. Bernards, Die verlorenen Miniaturen des Trierer Jungfrauenspiegels, in: Kunstchronik 9, 1956, S. 96-99.

Bernhard von Clairvaux, Opera
S. Bernhardi opera, vol. VIII: Epistolae, rec. J. Leclercq und H. Rochais, Rom 1977.

Bernhardi 1879
Wilhelm Bernhardi, Lothar von Supplinburg (Jahrbücher der deutschen Geschichte 15), Leipzig 1879, Nachdruck 1975.

Bernhardi 1883
Wilhelm Bernhardi, Konrad III. (Jahrbücher der deutschen Geschichte, Abt. 16, Bd. 1.2.), Leipzig 1883, Nachdruck 1975.

Bernheim 1895
Ernst Bernheim, Die sagenhafte sächsische Kaiserchronik aus dem 12. Jahrhundert, in: Neues Archiv der Gesellschaft für ältere deutsche Geschichtskunde 20, 1895, S. 51-123.

Bernt 1986
G. Bernt, Art. Epitaphium, in: Lexikon des Mittelalters, Bd. 3, 1986, Sp. 2072f.

Bertau 1968
Karl Bertau, Das deutsche Rolandslied und die Repräsentationskunst Heinrichs des Löwen, in: Der Deutschunterricht 20, 1968, S. 4-30.

Bertau 1982
Karl Bertau, Das deutsche Rolandslied und die Repräsentationskunst Heinrichs des Löwen, in: Bumke 1982, S. 331-370.

Berthold von Holle
Berthold von Holle, [Werke]. Hrsg. von Karl Bartsch, Neudruck der Ausgabe 1858, Osnabrück 1967.

Bertolini 1960
Margherita Giuliana Bertolini, Art. Alberto Azzo, in: Dizionario Biografico degli Italiani, Bd. 1, Roma 1960, S. 753-758.

Beseler/Roggenkamp 1954
Hartwig Beseler und Hans Roggenkamp, Die Michaeliskirche in Hildesheim, Berlin 1954, unveränderter Nachdruck, Berlin 1979.

Bethell 1972
Denis Bethell, The making of a twelfth-century relic collection, in: Popular belief and practice. Hrsg. von G. J. Cumming und Derek Baker, Cambridge 1972, S. 61-72.

Bethmann 1845
Ludwig Konrad Bethmann, Einige Handschriften der Gräflich Schönborn'schen Bibliothek in Pommersfelde, in: Serapeum 6, 1845, S. 33-39.

Bethmann 1847
Ludwig Konrad Bethmann, Reise durch Deutschland und Italien in den Jahren 1844-1846, in: Archiv der Gesellschaft für ältere deutsche Geschichtskunde 9, 1847, S. 513-658.

Bethmann 1861
Ludwig Konrad Bethmann, Die Gründung Braunschweigs und der Dom Heinrichs des Löwen, in: Westermanns Jahrbuch der Illustrirten Deutschen Monatshefte 10, 1861, S. 524-559.

Beumann 1935
Helmut Beumann, Der Streit der Stifte Marienthal und Walbeck um den Lappwald, in: Studien und Mitteilungen zur Geschichte des Benediktinerordens 53, 1935, S. 376-400.

Beumann 1938
Helmut Beumann, Zum Siegelwesen der Bischöfe von Halberstadt, in: Sachsen und Anhalt. Jahrbuch der Landesgeschichtlichen Forschungsstelle für die Provinz Sachsen und für Anhalt 14, 1938, S. 131-136.

Beumann 1965
Karl der Große. Lebenswerk und Nachleben, Band 1: Persönlichkeit und Geschichte. Hrsg. von Helmut Beumann, Düsseldorf 1965.

Beumann 1968
Helmut Beumann, Zur Frühgeschichte des Klosters Hecklingen, in: Festschrift für Friedrich von Zahn (Mitteldeutsche Forschungen 50/1). Hrsg. von Walter Schlesinger, Bd. 1, Köln – Graz 1968, S. 239-293.

Beumann 1982
Helmut Beumann, Die Urkunde für die Kirche St. Magni in Braunschweig von 1031, in: Festschrift für Berent Schwineköper zu seinem siebzigsten Geburtstag. Hrsg. von Helmut Maurer und Hans Patze, Sigmaringen 1982, S. 187-209.

Beumann 1984
Kaisergestalten des Mittelalters. Hrsg. von Helmut Beumann, München 1984.

Beumann 1987
Helmut Beumann, Die Ottonen (Urban Taschenbuch 384), Stuttgart – Berlin – Köln – Mainz 1987.

Beumann 1988
Helmut Beumann, Europäische Nationenbildung im Mittelalter. Aus der Bilanz eines Forschungsschwerpunktes, in: Geschichte in Wissenschaft und Unterricht 39, 1988, S. 587-593.

Beumann 1991
Helmut Beumann, Die Auctoritas des Papstes und der Apostelfürsten in Urkunden der Bischöfe von Halberstadt. Vom Wandel des bischöflichen Amtsverständnisses in der späten Salierzeit, in: Weinfurter 1991, Bd. 2, S. 333-353.

Beutler 1982
Christian Beutler, Statua. Die Entstehung der nachantiken Statue und der europäische Individualismus, München 1982.

Bickel 1968
Wolfgang Bickel, Riddagshausen. Untersuchungen zur Baugeschichte der Abteikirche (Braunschweiger Werkstücke 40), Braunschweig 1968.

Bickel 1975
Wolfgang Bickel, Notizen zur Baugeschichte, in: 700 Jahre Riddagshausen. Die Kirche des einstigen Zisterzienserklosters wurde 1275 geweiht, Braunschweig 1975, S. 10-22.

Biddle/Clayre 1983
Martin Biddle und Beatrice Clayre, Winchester Castle and the Great Hall. Hrsg. vom Hampshire County Council, Winchester 1983.

Bienemann 1886
Friedrich Bienemann, Conrad von Scharfenberg, Bischof von Speyer und Metz und kaiserlicher Hofkanzler, 1200-1224, Phil. Diss. Straßburg 1886.

Bier 1937
Hermann Bier, Die Entwicklung der Siegeltypen der Markgrafen und Kurfürsten von Brandenburg, in: Brandenburgische Siegel und Wappen. Festschrift des Vereins für Geschichte der Mark Brandenburg zur Feier des hundertjährigen Bestehens 1837-1937. Hrsg. von Erich Kittel, Berlin 1837, S. 14-33.

Bierbach 1913
Arthur Bierbach, Das Urkundenwesen der älteren Magdeburger Bischöfe, Teil I: Die äusseren Merkmale der Urkunden, Phil. Diss. Halle 1913.

Biereye 1915
Wilhelm Biereye, Die Kämpfe gegen Heinrich den Löwen in den Jahren 1177 bis 1181, in: Forschungen und Versuche zur Geschichte des Mittelalters und der Neuzeit. Festschrift Dietrich Schäfer zum 70. Geburtstag, Jena 1915, S. 149-196.

Biereye 1929
Wilhelm Biereye, Das Bistum Lübeck bis zum Jahre 1254, Teil 1, in: Zeitschrift des Vereins für Lübeckische Geschichte und Altertumskunde 25, 1929, S. 261-364.

Biller 1990
Thomas Biller, Architektur und Bedeutung der klassischen Adelsburg des 12./13. Jahrhunderts. Der frühe gotische Burgenbau im Elsaß, Phil. Diss. Berlin 1990.

Biller 1993
Thomas Biller, Die Adelsburg in Deutschland. Entstehung, Form und Bedeutung, München 1993.

Bilzer 1980
Bert Bilzer, Das Münz- und Geldwesen im Herzogtum Sachsen unter Heinrich dem Löwen, in: Mohrmann 1980, S. 331-353.

Binding 1993
Günther Binding (In Zusammenarbeit mit Gabriele Annas, Bettina Jost und Anne Schunicht), Baubetrieb im Mittelalter, Darmstadt 1993.

Binding/Verbeek 1991
Günther Binding und Albert Verbeek, Die Doppelkapelle in Bonn-Schwarzrheindorf (Rheinische Kunststätten 93), 12., neu bearbeitete Auflage, Neuss 1991.

Bischoff 1952/53
Bernhard Bischoff, Die Überlieferung des Theophilus-Rugerus nach den ältesten Handschriften, in: Münchner Jahrbuch der Bildenden Kunst 3. F., 3/4, 1952/53, S. 145-149.

Bischoff 1967
Mittelalterliche Schatzverzeichnisse, Teil 1: Von der Zeit Karls des Großen bis zur Mitte des 13. Jahrhunderts (Veröffentlichungen des Zentralinstituts für Kunstgeschichte in München 4). Hrsg. von Bernhard Bischoff, München 1967.

Bistum Speyer
Das Bistum Speyer. Ein Gang durch seine Geschichte. Hrsg. vom Bischöflichen Ordinariat Speyer, Speyer 1987.

Blaschitz 1995
Gertrud Blaschitz, Das Würfelspiel im Hoch- und Spätmittelalter unter besonderer Berücksichtigung der Würfelszenen in der Oldenburger Handschrift des Sachsenspiegels, in: Kat. Oldenburg, 2, S. 307-323.

Blaschke 1991
Karlheinz Blaschke, Art. Ludwig III. der Fromme, in: Lexikon des Mittelalters, Bd. 5, 1991, Sp. 2199f.

Blindheim 1975
Martin Blindheim, Scandinavian art and its relations to European art around 1200, in: Kat. New York 1975 (Erg. Bd.), S. 429-467.

Bloch 1908
Hermann Bloch, Der Cod. Ienensis Bos. q. 6 und die Überlieferung der Chronik Otto's von Freising, in: Regesten der Bischöfe von Straßburg I, 1: Die elsässischen Annalen der Stauferzeit. Ed. von Hermann Bloch, Innsbruck 1908, S. 185-198.

Bloch 1961
Peter Bloch, Siebenarmige Leuchter in christlichen Kirchen, in: Wallraf-Richartz-Jahrbuch 23, 1961, S. 55-190.

Bloch 1962
Peter Bloch, Der siebenarmige Leuchter in Klosterneuburg, in: Jahrbuch des Stiftes Klosterneuburg N.F. 2, 1962, S. 163-173.

Bloch 1963
Peter Bloch, Nachwirkungen des Alten Bundes in der christlichen Kunst, in: Kat. Köln 1963, S. 1-52.

Bloch 1977
Peter Bloch, Staufische Bronzen: die Bronzekruzifixe, in: Kat. Stuttgart 1977, 5, S. 291-330.

Bloch 1981
Peter Bloch, Aquamanilien. Mittelalterliche Bronzen für sakralen und profanen Gebrauch, Mailand – Genf 1981.

Bloch 1991
Peter Bloch, Romanische Bronzekruzifixe in der Erzdiözese Trier, in: Schatzkunst Trier. Forschungen und Ergebnisse (Treveris sacra 4). Hrsg. von Franz Ronig, Trier 1991, S. 89-99.

Bloch 1992
Peter Bloch, Romanische Bronzekruzifixe (Denkmäler deutscher Kunst, Bronzegeräte des Mittelalters 5), Berlin 1992.

Blomme 1994
Yves Blomme, La construction de la cathédrale Saint-Pierre de Poitiers, in: Bulletin monumental, 152-1, 1994, S. 7-65.

Bocchi 1989
Francesca Bocchi, Art. Este, in: Lexikon des Mittelalters, Bd. 4, 1989, Sp. 27f.

Bock 1858
Franz Bock, Der Kaisermantel Ottos IV., in: Organ für christliche Kunst 8, 1858, S. 121-124.

Bock 1865
Franz Bock, Katalog der ehemaligen Bock'schen Sammlung von Webereien und Stickereien des Mittelalters und der Renaissance (jetzt Eigentum des k. k. Österreichischen Museums für Kunst und Industrie), Wien 1865.

Bock 1959
Friedrich Bock, Um das Grab Heinrichs des Löwen in St. Blasien zu Braunschweig, in: Niedersächsisches Jahrbuch für Landesgeschichte 31, 1959, S. 271-307.

Bode 1910
Georg Bode, Das Erbe der Edelherren von Veckenstedt und der Vicedomini von Hildesheim, Grafen von Wassel. Eine familiengeschichtliche Studie, in: Zeitschrift des Harzvereins für Geschichte und Altertumskunde 43, 1910, S. 1-57, 61-107, mit Stammtafel nach S. 140.

Boeckler 1924
Albert Boeckler, Die Regensburg-Prüfeninger Buchmalerei des XII. und XIII. Jahrhunderts (Miniaturen aus Handschriften der Bayerischen Staatsbibliothek in München 8). Hrsg. von Georg Leidinger, München 1924.

Boeckler 1926
Albert Boeckler, Beiträge zur romanischen Kölner Buchmalerei, in: Mittelalterliche Handschriften. Festgabe für Hermann Degering, Leipzig 1926, S. 15-28.

Boeckler 1931
Albert Boeckler, Die Bronzetür von Verona (Die frühmittelalterlichen Bronzetüren 3), Marburg 1931.

Boeckler 1939
Heinrich von Veldeke, Eneide. Die Bilder der Berliner Handschrift. Bearb. von Albert Boeckler, Leipzig 1939.

Böhme 1991
Burgen der Salierzeit. Hrsg. von Horst Wolfgang Böhme, Bd. 1: In den nördlichen Landschaften des Reiches, Sigmaringen 1991.

Böhne 1965
Winfried Böhne, Art. Willehad, in: Lexikon für Theologie und Kirche, Bd. 10, 1965, Nachdruck 1986, Sp. 1163.

Böker 1988
Hans Josef Böker, Die ›Lippoldsberger Bauschule‹. Zu Soziogenese und Rezeption einer Kirchenbauform des 12. Jahrhunderts, in: Festschrift Kubach, S. 123ff.

Böker 1988a
Hans Josef Böker, Die mittelalterliche Backsteinarchitektur Norddeutschlands, Darmstadt 1988.

Böker 1992
Hans Josef Böker, Bischof Sigward und der Mindener Dombau im 12. Jahrhundert, in: Niederdeutsche Beiträge zur Kunstgeschichte 31, 1992, S. 23-37.

Boese 1975
Die Handschriften der Württembergischen Landesbibliothek Stuttgart, 2. Reihe, Bd. 2. Bearb. von Helmut Boese, Wiesbaden 1975.

Boesen 1966
Gudmund Boesen, Danish Museums, Copenhagen 1966.

von Boetticher 1990
Annette von Boetticher, Gütererwerb und Wirtschaftsführung des Zisterzienserklosters Riddagshausen bei Braunschweig im Mittelalter (Beihefte zum Braunschweigischen Jahrbuch 6), Braunschweig 1990.

von Boetticher 1994
Annette von Boetticher, Art. Riddagshausen, in: Germania Benedictina XII, S. 604-625.

Bogumil 1972
Karlotto Bogumil, Das Bistum Halberstadt im 12. Jahrhundert. Studien zur Reichs- und Reformpolitik des Bischofs Reinhard und zum Wirken der Augustiner-Chorherren (Mitteldeutsche Forschungen 69), Köln – Wien 1972.

Bogumil 1989
Karlotto Bogumil, Art. Halberstadt, in: Lexikon des Mittelalters, Bd. 4, 1989, Sp. 1870ff.

Bohmbach 1994
Jürgen Bohmbach (Redaktion), Stade. Von den Siedlungsanfängen bis zur Gegenwart (Veröffentlichungen aus dem Stadtarchiv Stade 17), Stade 1994.

Boldt 1988
Annette Boldt, Das Fürsorgewesen der Stadt Braunschweig in Spätmittelalter und früher Neuzeit (Braunschweiger Werkstücke 69), Braunschweig 1988.

Bomann 1933
Wilhelm Bomann, Bäuerliches Hauswesen und Tagewerk im alten Niedersachsen, Reprint nach der 3. Auflage von 1933, Hannover 1992.

Boockmann 1981
Hartmut Boockmann, Barbarossa in Lübeck, in: Zeitschrift für Lübeckische Geschichte und Altertumskunde 61, 1981, S. 7-18.

Boockmann 1992
Friederike Boockmann, Studien zum Pantheon des Gottfried von Viterbo, Phil. Diss. München 1985, Teil 1, München 1992.

Boockmann 1993
Die Inschriften der Stadt Braunschweig bis 1528 (Die deutschen Inschriften 35). Bearb. von Andrea Boockmann, Wiesbaden 1993.

Boockmann/Thies 1993
Wege in die Romanik. Das Reisehandbuch. Red. Hartmut Boockmann und Harmen Thies, Bd. 1-2, Hannover 1993.

Borchers 1955
Günther Borchers, Die Kirche des ehemaligen Augustiner-Chorherrenstiftes Riechenberg, Goslar 1955.

Borenius 1932
Tancred Borenius, St. Thomas Becket in art, London 1932.

Bork 1951
Ruth Bork, Die Billunger. Mit Beiträgen zur Geschichte des deutsch-wendischen Grenzraumes im 10. und 11. Jahrhundert, Phil. Diss. (masch.) Greifswald 1951.

Borremans/Warginaire 1966
R. Borremans und R. Warginaire, La céramique d'Andenne. Recherches de 1956-1965, Rotterdam 1966.

Borrie 1970
M. A. F. Borrie, A sealed Charter of the Empress Matilda, in: The British Museum Quarterly 34, 1969/70, London 1970, S. 104-107.

von Borries-Schulten 1987
Sigrid von Borries-Schulten (Bearb.), Die romanischen Handschriften der Württembergischen Landesbibliothek Stuttgart. Teil 1: Provenienz Zwiefalten. Mit einem paläographischen Beitrag von Herrad Spilling (Katalog der illuminierten Handschriften der Württembergischen Landesbibliothek Stuttgart 2; Denkmäler der Buchkunst 7), Stuttgart 1987.

Borst 1976
Das Rittertum im Mittelalter (Wege der Forschung 349). Hrsg. von Arno Borst, Darmstadt 1976.

Borst 1978
Arno Borst, Reden über die Staufer, Frankfurt a. M. – Berlin – Wien 1978.

Borst 1983
Otto Borst, Alltagsleben im Mittelalter, Frankfurt a. M. 1983.

Borst 1992
Arno Borst, Ritte über den Bodensee. Rückblick auf mittelalterliche Bewegungen, Bottinghofen 1992.

Borst 1994
Arno Borst, Das Buch der Naturgeschichte. Plinius und seine Leser im Zeitalter des Pergaments (Abhandlungen der Heidelberger Akademie der Wissenschaften, Phil.-hist. Klasse 1994, Nr. 2), Heidelberg 1994.

Boserup 1981
Ivan Boserup, The Angers Fragment and the Archetype of Gesta Danorum Saxo Grammaticus. A medieval Author between Norse and Latin Culture, København 1981.

Boshof 1980
Egon Boshof, Die Entstehung des Herzogtums Braunschweig-Lüneburg, in: Mohrmann 1980, S. 249-274.

Boshof 1988
Egon Boshof, Staufer und Welfen in der Regierungszeit Konrads III.: Die ersten Welfenprozesse und die Opposition Welfs VI., in: Archiv für Kulturgeschichte 70, 1988, S. 313-341.

Boshof 1994
Egon Boshof, Das Salierreich und der europäische Osten, in: Auslandsbeziehungen unter den salischen Kaisern. Hrsg. von Franz Staab, Speyer 1994, S. 167-192.

Bosl 1950/51
Karl Bosl, Die Reichsministerialität der Salier und Staufer. Ein Beitrag zur Geschichte des hochmittelalterlichen deutschen Volkes, Staates und Reiches (Schriften der MGH 10), Bd. 1-2, Stuttgart 1950-51.

Bosl 1962
Karl Bosl, Das bayerische Stammesherzogtum, in: Zeitschrift für bayerische Landesgeschichte 25, 1962, S. 275-282, Nachdruck in: Bosl 1965, S. 1-11.

Bosl 1965
Karl Bosl, Zur Geschichte der Bayern (Wege der Forschung 60). Hrsg. von Karl Bosl, Darmstadt 1965.

Bosl 1970
Karl Bosl, Staat, Gesellschaft, Wirtschaft im deutschen Mittelalter, in: Handbuch der deutschen Geschichte. Bearb. von Friedrich Baethgen [u. a.], Bd. 1: Frühzeit und Mittelalter, Stuttgart 1970, S. 693-836.

Bosl 1980
Karl Bosl, Das Verhältnis von Augustinerchorherren (Regularkanoniker), Seelsorge und Gesellschaftsbewegung in Europa im 12. Jahrhundert, in: Istituzione monastiche e istituzione canonicale in Occidente 1123-1215 (Atti della settimana internationale di studi medioevali, Mendola 1977), Milano 1977, S. 419-478.

Boussard 1956
Jacques Boussard, Le gouvernement d'Henri II Plantagenêt (Bibliothèque Elzévirienne. Nouvelle série. Etudes et documents), Paris 1956.

Boussard 1982
Jacques Boussard, Philippe Auguste et les Plantagenêts, in: La France de Philippe Auguste. Le temps des mutations (Colloques internationaux du C.N.R.S. 602). Hrsg. von Robert-Henri Bautier, Paris 1982, S. 263-287.

Brachmann 1990
Hansjürgen Brachmann, Archäologische Forschungen zum stauferzeitlichen Landausbau, in: Zeitschrift für Archäologie 24, 1990, S. 145-159.

Brachmann 1992
Hansjürgen Brachmann, Der Harz als Wirtschaftsraum des frühen Mittelalters, in: Harz-Zeitschrift 43/44, 1992, S. 7-25.

Brade 1975
Ch. Brade, Die mittelalterlichen Kernspaltflöten Mittel- und Nordeuropas, Neumünster 1975.

Bradler 1973
Günther Bradler, Studien zur Geschichte der Ministerialität im Allgäu und in Oberschwaben (Göppinger Akademische Beiträge 50), Göppingen 1973.

Brandi 1914
Karl Brandi, Die Urkunde Friedrichs II. vom August 1235 für Otto von Lüneburg, in: Festschrift Zimmermann, S. 33-46.

Brandis 1972
Tilo Brandis, Die Codices in scrinio der Staats- und Universitätsbibliothek Hamburg 1-110 (Katalog der Handschriften der Staats- und Universitätsbibliothek Hamburg 7), Hamburg 1972.

Brandt 1980
Michael Brandt, Das Inventar der Kirche zum Hl. Kreuz in Hildesheim, in: Die Kirche zum Heiligen Kreuz in Hildesheim, Hildesheim 1980, S. 137-174.

Brandt 1987
Michael Brandt, Studien zur Hildesheimer Emailkunst des 12. Jahrhunderts, Phil. Diss. Braunschweig 1987.

Brandt 1993
Michael Brandt, Der Einband, in: Kat. Hildesheim 1993a, S. 56-63.

Brandt 1994
Michael Brandt, Ein Hildesheimer Vortragekreuz mit Grubenschmelzen, in: Aachener Kunstblätter 60 (Festschrift Hermann Fillitz), 1994, S. 223-236.

von Brandt 1973
Ahasver von Brandt, Werkzeug des Historikers. Eine Einführung in die Historischen Hilfswissenschaften, 7. Auflage, Stuttgart – Berlin – Köln – Mainz 1973.

Braudel 1990
Fernand Braudel, Sozialgeschichte des 15.-18. Jahrhunderts. Der Alltag, München 1990.

Brault 1969
Gérard J. Brault, Le Coffret de Vannes et la légende de Tristan au XIIe siècle, in: Mélanges offerts à Rita Lejeune, Bd. 1, Gembloux 1969, S. 653-668.

Braun 1932
Joseph Braun, Das christliche Altargerät in seinem Sein und seiner Entwicklung, München 1932.

Braun 1940
Joseph Braun, Die Reliquiare der christlichen Kunst, Freiburg i. Br. 1940.

Braun 1973
Joseph Braun, Das christliche Altargerät in seinem Sein und in seiner Entwicklung, Erstauflage München 1932; 2. Auflage, Hildesheim – New York 1973.

Braun 1986
Beate Braun, Zur Lokalisierung und Datierung des Codex Vaticanus Rossianus 181 (ehemals Wien-Lainz, Bibliotheca Rossiana, Cod. VIII, 120), in: Codices manuscripti. Zeitschrift für Handschriftenkunde 12, 1986, S. 53-75.

Braun-Niehr 1996 (im Druck)
Beate Braun-Niehr, Der Codex Vaticanus Rossianus 181. Studien zur Erfurter Buchmalerei um 1200, Berlin 1996 (im Druck).

Braunfels 1968
Wolfgang Braunfels, Die Welt der Karolinger und ihre Kunst, München 1968.

Braunschweigische Reimchronik
Braunschweigische Reimchronik. Ed. Ludwig Weiland, in: MGH Dt. Chron. 2, Hannover 1877, S. 430-574.

Breck 1918
Joseph Breck, A Reliquary of Saint Thomas Becket made for John of Salisbury, in: Bulletin of the Metropolitan Museum of Art 13, 1918, S. 220-224.

Bréhier 1927
Louis Bréhier, Peintures romanes d'Auvergne, in: Gazette des Beaux-Arts 69, 1927, S. 121-140.

Brehmer 1887-90
Wilhelm Brehmer, Lübeckische Häusernamen nebst Beiträgen zur Geschichte einzelner Häuser, in: Mitteilungen des Vereins für Lübeckische Geschichte und Altertumskunde H. 3, Lübeck 1887/88, S. 17-34,

64-84, 105-116, 132-167; H. 4, Lübeck 1889/90, S. 10-16, 27-32, 36-48, 55-61, 77-79, 86-93, 103-112, 127-144, 154-160.

Brenske 1988
Stefan Brenske, Der Hl. Kreuz-Zyklus in der ehemaligen Braunschweiger Stiftskirche St. Blasius (Dom). Studien zu den historischen Bezügen und ideologisch-politischen Zielsetzungen der mittelalterlichen Wandmalereien (Braunschweiger Werkstücke 72), Braunschweig 1988.

Brentjes 1985
Burchard Brentjes, Zwei Hildesheimer Bronzen aus Sibirien, in: Wiener Jahrbuch für Kunstgeschichte 38, 1985, S. 219f.

Brepohl 1987
Erhard Brepohl, Theophilus Presbyter und die mittelalterliche Goldschmiedekunst, Wien – Köln – Graz 1987.

Bresslau 1960-69
Harry Bresslau, Handbuch der Urkundenlehre für Deutschland und Italien, Bd. 1-3, 4. Auflage, Berlin 1960-69.

Breuer 1967
Norbert Breuer, Geschichtsbild und politische Vorstellungswelt in der Kölner Königschronik sowie der ›Chronica Sancti Pantaleonis‹, Düsseldorf 1967.

Brieger 1942
Peter H. Brieger, England's contribution to the origin and development of the triumphal cross, in: Mediaeval Studies 4, 1942, S. 85-96.

von den Brincken 1957
Anna-Dorothea von den Brincken, Studien zur lateinischen Weltchronistik bis in das Zeitalter Ottos von Freising, Düsseldorf 1957.

von den Brincken 1992
Anna-Dorothea von den Brincken, Fines Terrae – Die Enden der Erde und der vierte Kontinent auf mittelalterlichen Weltkarten, Hannover 1992.

Brinckmann 1898
Justus Brinckmann, Museum für Kunst und Gewerbe. Bericht des Direktors, in: Jahrbuch der Hamburgischen Wissenschaftlichen Anstalten 16, 1898, S. 95-172.

Brinckmann 1903
Justus Brinckmann, Allerlei Fälschungen, in: Kunstgewerbeblatt, N.F. 14, 1903, S. 228-234.

Brinkmann 1928
Hennig Brinkmann, Zu Wesen und Form mittelalterlicher Dichtung, Halle/Saale 1928, unveränd. reprogr. Nachdruck Darmstadt 1979.

Broscheit 1994 (im Druck)
Felicia Broscheit, Steinerne Turmhäuser als bürgerliche Wohnbauten des 13. Jahrhunderts im Lübecker Kaufleuteviertel, in: Archäologisches Korrespondenzblatt 24, 1994 (im Druck).

Bruch 1960
Bernhard Bruch, Die alte Bremer Dombibliothek. Ihre Geschichte und die hochromanische Buchmalerei in Bremen, in: Philobiblon 4, 1960, S. 292-353.

Bruck 1906
Die Malereien in den Handschriften des Königreichs Sachsen (Aus den Schriften der königlich sächsischen Kommission für Geschichte). Hrsg. von Robert Bruck, Dresden 1906.

Brüggen 1989
Elke Brüggen, Kleidung und Mode in der höfischen Epik des 12. und 13. Jahrhunderts, Heidelberg 1989.

Brühl 1962
Carlrichard Brühl, Fränkischer Krönungsbrauch und das Problem der ›Festkrönungen‹, in: Historische Zeitschrift 194, 1962, S. 265-326.

Brühl 1977
Carlrichard Brühl, Purpururkunden, in: Festschrift für Helmut Beumann zum 65. Geburtstag. Hrsg. von Kurt-Ulrich Jäschke und Reinhard Wenskus, Sigmaringen 1977, S. 3-21.

Brülls 1993
Holger Brülls, Die Klosterkirche zu Drübeck, München – Berlin 1993.

Brunner 1949
Otto Brunner, Adeliges Landleben und europäischer Geist. Leben und Werk Wolf Helmhards von Hohberg, 1612-1688, Salzburg 1949.

Bruno von Segni, Expositio in Genesim
Bruno von Segni, Expositio in Genesim, in: PL 164, Sp. 147-234.

Bruun 1879
Chr. Bruun, Det i Angers fundne Brudstykke af et Handskrift af Saxo Grammaticus, København 1879.

Buchin/Erdmann 1986
Klaus Buchin und Wolfgang Erdmann, Keramiktechnologie und Brennofen – Untersuchungen und Rekonstruktionen zur Töpferei des 13. Jahrhunderts am Koberg in Lübeck, in: Lübecker Schriften zur Archäologie und Kulturgeschichte 12, 1986, S. 41-66.

von Buchwald 1881
Gustav von Buchwald, Zum Verfahren bei Gottesurteilen, in: Mitteilungen des Instituts für österreichische Geschichtsforschung 2, 1981, S. 287-294.

Büchler 1989
Alfred Büchler, Zu den Psalmillustrationen der Haseloff-Schule: Die Vita Christi-Gruppe, in: Zeitschrift für Kunstgeschichte 52, 1989, S. 215-238.

Büchler 1991
Alfred Büchler, Zu den Psalmillustrationen der Haseloff-Schule. II. Psalter mit eklektischen Programmen, in: Zeitschrift für Kunstgeschichte 54, 1991, S. 145-180.

Büchsel 1983
Martin Büchsel, Ecclesia symbolorum cursus completus, in: Städel-Jahrbuch, N.F. 9, 1983, S. 69-88.

Bückmann 1912
Rudolf Bückmann, Das Domkapitel zu Verden im Mittelalter (Beiträge für die Geschichte Niedersachsens und Westfalens 34), Hildesheim 1912.

Büttner 1958
Heinrich Büttner, Erzbischof Heinrich von Mainz und die Staufer (1142-1153), in: Zeitschrift für niedersächsische Kirchengeschichte 69, 1958, S. 247-267.

Büttner 1961
Heinrich Büttner, Staufer und Welfen im politischen Kräftespiel zwischen Bodensee und Iller während des 12. Jahrhunderts, in: Zeitschrift für württembergische Landesgeschichte 20, 1961, S. 17-73.

Bumke 1967
Joachim Bumke, Die romanisch-deutschen Literaturbeziehungen im Mittelalter, Heidelberg 1967.

Bumke 1979
Joachim Bumke, Mäzene im Mittelalter. Die Gönner und Auftraggeber der höfischen Literatur in Deutschland. 1150-1300, München 1979.

Bumke 1982
Literarisches Mäzenatentum im Mittelalter. Hrsg. von Joachim Bumke, Darmstadt 1982.

Bumke 1982a
Joachim Bumke, Die Rolle der Frau im höfischen Literaturbetrieb, in: Bumke 1982, S. 371-404.

Bumke 1986
Joachim Bumke, Höfische Kultur. Literatur und Gesellschaft im hohen Mittelalter, Bd. 1-2, München 1986.

Bumke 1992
Joachim Bumke, Höfische Kultur. Versuch einer kritischen Bestandsaufnahme, in: Beiträge zur Geschichte der deutschen Sprache und Literatur 114, 1992, S. 414-492.

Bumke 1994
Joachim Bumke, Höfischer Körper – Höfische Kultur, in: Heinzle 1994, S. 67-102.

Bunselmeyer 1983
Silvia Bunselmeyer, Das Stift Steterburg im Mittelalter (Beihefte zum Braunschweigischen Jahrbuch 2), Braunschweig 1983.

Bur 1977
Michel Bur, La formation du comté de Champagne, v. 950-v. 1050 (Publications de l'Université de Nancy II. Mémoires des Annales de l'Est 54), Nancy 1977.

Burchard von Ursberg, Chronik
Die Chronik des Propstes Burchard von Ursberg. Ed. Oswald Holder-Egger und Bernhard von Simson, in: MGH SS rer. Germ. [16], 2. Auflage, Hannover – Leipzig 1916.

Burchard von Ursberg, Chronik (Ed. Abel/Weiland)
Burchardi et Cuonradi Ursbergensium chronicon. Ed. Otto Abel und Ludwig Weiland, in: MGH SS 23, Hannover 1874, S. 333-383.

von Burg (u. a.) 1991
Mittelalter-Rezeption IV. Medien, Politik, Ideologie, Ökonomie. Gesammelte Vorträge des 4. Internationalen Symposions zur Mittelalter-Rezeption an der Universität Lausanne 1989 (Göppinger Arbeiten zur Germanistik 550). Hrsg. von Irene von Burg, Jürgen Kühnel, Ulrich Müller und Alexander Schwarz, Göppingen 1991.

Buridant 1974
Andreas Buridant, André le Chapelain. Traité de l'amour courtois, Paris 1974.

Buritt 1869
Joseph Buritt, Confirmation by Thomas, archbishop of Canterbury, of the church of Bexley, Kent, with certain titles and other rights and privileges, to the canons of the priory of the Holy Trinity, London, in: Archaeological Journal 26, 1869, S. 84-89.

Busch 1921
Friedrich Busch, Beiträge zum Urkunden- und Kanzleiwesen der Herzöge zu Braunschweig-Lüneburg im 13. Jahrhundert (Veröffentlichungen der Historischen Kommission für Hannover, Oldenburg, Schaumburg-Lippe und Bremen), 1. Teil: Bis zum Tode Ottos des Kindes (1200-1252), Wolfenbüttel 1921.

Busch 1982
Gabriele Christiane Busch, Ikonographische Studien zum Solotanz im Mittelalter, Innsbruck 1982.

Busch 1985
Ralf Busch, Altstadtgrabungen in Braunschweig 1948 bis 1975, in: Rötting 1985, S. 169-175.

Busch 1990
Werner Busch, Der Liber de Honore Ecclesiae des Placidus von Nonantola. Eine kanonistische Problemerörterung aus dem Jahre 1111. Die Arbeitsweise ihres Autors und seine Vorlagen, Sigmaringen 1990.

Buschhausen 1980
Helmut Buschhausen, Der Verduner Altar. Das Emailwerk des Nikolaus von Verdun im Stift Klosterneuburg, Wien 1980.

Buschinger 1974
Danielle Buschinger, Le Tristrant d'Eilhart von Odberg, Bd. 1-2, Phil. Diss. Paris – Lille 1974.

Buschinger 1993
Danielle Buschinger, La Littérature à la cour du duc Albert Ier de Brunswick (1252-1279) et dans l'entourage des Guelfs à la fin du Moyen Age, in: Buschinger/Spiewok 1993, S. 7-14.

Buschinger/Spiewok 1993
Le mécénat de la cour de Brunswick. Actes d'un colloque organisé dans le cadre du 7ème Congrès triennal de la Société pour l'Etude de la Littérature Courtoise (1992) à l'Université du Massachusetts (USA) (Wodan. Greifswalder Beiträge zum Mittelalter 24, Serie 3, Tagungsbände und Sammelschriften 11). Edités par Danielle Buschinger und Wolfgang Spiewok, Greifswald 1993.

Busse 1986
Wilhelm Busse, Der Artushof in Layamons Brut: Ein antihöfisches Modell?, in: Kaiser/Müller 1986, S. 301-331.

Busse 1995
Burg und Schloß als Lebensorte in Mittelalter und Renaissance (Studia humaniora 26). Hrsg. von Wilhelm G. Busse, Düsseldorf 1995.

Butz 1987
Annegret Butz: (Bearb.): Die romanischen Handschriften der württembergischen Landesbibliothek Stuttgart. Teil 2: Verschiedene Provenienzen (Katalog der illuminierten Handschriften der Württembergischen Landesbibliothek Stuttgart 2, Denkmäler der Buchkunst 8), Stuttgart 1987.

Butzmann 1964
Die Weißenburger Handschriften, neu beschrieben von Hans Butzmann (Kataloge der Herzog August Bibliothek Wolfenbüttel, Neue Reihe 10), Frankfurt a. M. 1964.

Cahiers 1874-77
Charles Cahiers, Nouveaux mélanges d'archéologie, d'histoire et de littérature sur le moyen-âge, Vol. 1-4, Paris 1874-77.

Cahn 1931
Auktionskatalog der herzoglich anhaltinischen Münzsammlung zu Dessau. Auktionshaus A. E. Cahn, Frankfurt 1931.

Cahn 1982
Walter Cahn, Die Bibel in der Romanik, München 1982.

Cahn 1994
Walter Cahn, Architecture and Exegesis: Richard of St.-Victor's Ezekiel Commentary and Its Illustrations, in: The Art Bulletin 76, 1994, S. 53-68.

Caldwell 1957
James R. Caldwell, The Autograph Manuscript of Gervase of Tilbury (Vatican. Vat. Latin. 933), in: Scriptorium 11, 1957, S. 87-98.

Camille 1985
Michael Camille, Seeing and reading: Some visual implications of medieval literacy and illiteracy, in: Art History 8, 1985, S. 26-49.

Camille 1990
Michael Camille, The gothic idol. Ideology and image-making in Medieval Art, Cambridge 1989.

Campana 1984
Augusto Campana, La testimonianza delle iscrizioni, in: Lanfranco e Wiligelmo. Il duomo di Modena, Modena 1984, S. 363-373.

Campbell 1983
Marian Campbell, An introduction to medieval enamels, London 1983.

von Campe 1892-93
Regesten und Urkunden des Geschlechtes von Blankenburg-Campe. Hrsg. von A. H. A. Freiherr von Campe, Bd. 1-2, Berlin 1892-93.

Canisius-Loppnow 1992
Petra Canisius-Loppnow, Recht und Religion im Rolandslied des Pfaffen Konrad (Germanistische Arbeiten zu Sprache und Kulturgeschichte 22), Frankfurt a. M. – Bern – New York – Paris 1992.

Cappelli 1954
Lexicon Abbreviatuarum, Dizionario di Abbreviature Latine ed Italiane. Hrsg. von Adriano Cappelli, Milano 1954.

Carroll 1994
Carlton W. Carroll, Quelques observations sur les reflets de la cour d'Henri II dans l'œuvre de Chrétien de Troyes, in: Cahiers de Civilisation Médiévale 37, 1994, S. 33-39.

Caspar 1909
Erich Caspar, Petrus Diaconus und die Montecassiner Fälschungen, Berlin 1909.

Cassiodor, Institutiones
Cassiodori Senatoris Institutiones. Ed. from the manuscripts by Roger Aubrey Baskerville Mynors, Oxford 1937; Repr. lithogr., Oxford 1961.

Castelnuovo 1989
Enrico Castelnuovo, Der Künstler, in: Der Mensch im Mittelalter. Hrsg. von Jacques Le Goff, Frankfurt – New York – Paris 1989, S. 232-267.

Caudron 1977
Simone Caudron, Connoisseurs of champlevé Limoges enamels in eighteenth-century England, in: Collectors and Collections. British Museum Yearbook 2, London 1977, S. 21-27.

Caudron 1993
Simone Caudron, Les châsses reliquaires de Thomas Becket émaillées à Limoges: leur géographie historique, in: Bulletin de la Société Archéologique et Historique du Limousin 121, 1993, S. 56-69.

Caune 1984
Andris Caune, Die Wohnhäuser Rigas vom 12. bis zum 14. Jahrhundert nach den Materialien archäologischer Ausgrabungen, Riga 1984.

Caune 1990
Andris Caune, Gebäude und topographische Strukturen in Riga vom 12. bis 14. Jahrhundert aufgrund der archäologischen Ausgrabungen, in: Lübecker Schriften zur Archäologie und Kulturgeschichte 20, 1990, S. 173-186.

Caune 1993
Andris Caune, Funde hochmittelalterlicher Mühlespielbretter aus der Rigaer Altstadt, in: Festschrift Fehring, S. 455-460.

Caune 1993a
Andris Caune, Die als Keller eingetieften Holzständerbauten des 13. Jahrhunderts in Riga, in: Lübecker Schriften zur Archäologie und Kulturgeschichte 23, 1993, S. 203-218.

Caviness 1981
Madeline H. Caviness, The windows of Christ Church Cathedral Canterbury (Corpus Vitrearum Medii Aevi, Great Britain 2), London 1981.

Caviness 1985
Madeline H. Caviness, Rediscovered glass of about 1200 from the abbey of St.-Yved at Braine, in: Selected papers from the XIth International Colloquium of the Corpus Vitrearum New York, 1-6 June 1982, New York 1985, S. 34-47.

Cesarius von Heisterbach
Cesarii Heisterbacensis Monachi Ordinis Cisterciensis Dialogus Miraculorum 1-2. Ed. Josephus Strange, Köln – Bonn – Brüssel 1851.

Cetto 1954
Anna Maria Cetto, Die romanischen Kreuzständer in Chur und Hannover, in: Kunstchronik 7, 1954, S. 281-283.

Chambers 1903
E[dmund] K[erchever] Chambers, The Medieval Stage, Bd. 1, Oxford 1903.

Chartularium Sangallense
Chartularium Sangallense. Bearb. von Otto P. Clavadetscher, Bd. 3, St. Gallen 1983.

Châtillon 1986
Jean Châtillon, Art. Hugo von St. Viktor, in: Theologische Realenzyklopädie, Bd. 15, S. 629-635.

Christ/Kern 1955
Karl Christ und Anton Kern, Das Mittelalter, in: Handbuch der Bibliothekswissenschaft. Begr. von Fritz Milkau, Bd. 3,1: Geschichte der Bibliotheken. Hrsg. von Georg Leyh, Stuttgart 1955, S. 243-498.

Christie 1938
A. Grace I. Christie, English medieval embroidery, Oxford 1938.

Chronica regia Coloniensis
Chronica regia Coloniensis (Annales maximi Coloniensis) cum continuationibus in monasterio S. Pantaleonis scriptis aliisque Historiae Coloniensis monumentis. Partim ex Monumentis Germaniae historicis recusa. Recensuit Georg Waitz, in: MGH SS rer. Germ. [18], Hannover 1880, Nachdruck 1978.

Chronicae principum Brunvicensium fragmentum
Chronicae principum Brunsvicensium fragmentum. Ed. Oswald Holder-Egger, in: MGH SS 30, 1, Hannover 1896, S. 21-27.

Chronicon episcoporum Hildesheimensium
Chronicon episcoporum Hildesheimensium. Ed. Georg Heinrich Pertz, in: MGH SS 7, Hannover 1846, S. 845-873.

Chronicon Hildesheimense
Chronicon Hildesheimense. Ed. Georg Heinrich Pertz, in: MGH SS 7, Hannover 1846, S. 845-873.

Chronicon Lippoldesbergense
Chronicon Lippoldesbergense. Ed. Wilhelm Arndt, in: MGH SS 20, Hannover 1868, S. 546-558.

Chronicon Montis Sereni
Chronicon Montis Sereni 1124-1225. Ed. Ernst Ehrenfeuchter, in: MGH SS 23, Hannover 1874, S. 130-226.

Chronicon rhythmicum Austriacum
Anonymi chronicon rhythmicum. Chronicon rhythmicum Austriacum. Ed. Wilhelm Wattenbach, in: MGH SS 25, Hannover 1880, S. 349-368.

Chronicon Riddagshusense
Heinrich Meiboms Chronik des Klosters Riddagshausen 1145-1620. Eingeleitet, übersetzt und erläutert von Gottfried Zimmermann (Braunschweiger Werkstücke 61), Braunschweig 1983.

Chronicon sancti Michaelis Luneburgensis
Chronicon sancti Michaelis Luneburgensis. Ed. Ludwig Weiland, in: MGH SS 23, Hannover 1874, S. 391-397, Nachdruck 1963.

Chronicon universale anonymi Laudunensis
Ex chronico universali anonymi Laudunensis. Ed. Georg Waitz, in: MGH SS 26, Hannover 1882, S. 453f.

Chronik von Stederburg (Ed. Wattenbach/Schmale)
Die Chronik von Stederburg. Übersetzt von Eduard Winkelmann, überarbeitet von Wilhelm Wattenbach (Die Geschichtsschreiber der deutschen Vorzeit, Teilbd. 62. Zweite Gesamtausgabe), Leipzig 1894.

Chronik von Stederburg (Ed. Winkelmann)
Die Chronik von Stederburg, nach der Ausgabe der MGH übersetzt von Eduard Winkelmann (Die Geschichtsschreiber der deutschen Vorzeit in dt. Bearbeitung, XII. Jahrhundert, 11), Berlin 1866.

Claasen 1973
Peter Claasen, Das Wormser Konkordat in der deutschen Verfassungsgeschichte, in: Investiturstreit und Reichsverfassung (Vorträge und Forschungen 17). Hrsg. von Josef Fleckenstein, Sigmaringen 1973, S. 411-460.

Claude 1972/75
Dietrich Claude, Geschichte des Erzbistums Magdeburg bis in das 12. Jahrhundert, (Mitteldeutsche Forschungen 67, I/II), Bd. 1-2, Köln – Wien 1972/75.

Claussen 1978
Peter Cornelius Claussen, Goldschmiede des Mittelalters. Quellen zur Struktur der Werkstatt am Beispiel der Schreine von Sainte-Geneviève in Paris, Westminster Abbey in London, St. Gertrud in Nivelles und St. John in Beverly, in: Zeitschrift des deutschen Vereins für Kunstwissenschaft 32, 1978, S. 46-86.

Claussen 1985
Peter Cornelius Claussen, Nikolaus von Verdun. Über Antiken- und Naturstudium am Dreikönigsschrein, in: Kat. Köln 1985, 2, S. 447-456.

Claussen 1987
Peter Cornelius Claussen, Magistri Doctissimi Romani. Die römischen Marmorkünstler des Mittelalters (Corpus Cosmatorum I; Forschungen zur Kunstgeschichte und Christlichen Archäologie 14), Stuttgart 1987.

Claussen 1993/94
Peter Cornelius Claussen, Kathedralgotik und Anonymität 1130-1250, Teil I, in: Wiener Jahrbuch für Kunstgeschichte 46/47, 1993/94, S. 141-160.

Claussen 1994
Peter Cornelius Claussen, Kompensation und Innovation. Zur Denkmalproblematik im 13. Jahrhundert am Beispiel der Reitermonumente in Magdeburg und Bamberg, in: Beck/Hengevoss-Dürkop 1994, Bd. 1, S. 565-586.

Van Cleve 1937
Thomas Curtis Van Cleve, Markward of Anweiler and the sicilian regency. A study of Hohenstaufen policy in Sicily during the minority of Frederick II, Princeton – Oxford 1937.

Codex Caesareus Upsaliensis
Codex Caesareus Upsaliensis. A facsimile edition of an Echternach gospel-book of the eleventh century, Stockholm 1971.

Codex Hirsaugiensis
Codex Hirsaugiensis (Württembergische Geschichtsquellen 1). Hrsg. von E. Schneider, Stuttgart 1887.

Collon-Gevaert/Lejeune/Stiennon 1961
S. Collon-Gevaert, J. Lejeune und J. Stiennon, Art Mosan aux XIe et XIIe siècles, Brüssel 1961 (deutsche Ausgabe 1972).

Continuatio Admuntensis
Continuatio Admuntensis. Ed. Georg Heinrich Pertz, in: MGH SS 9, Hannover 1851, S. 579-593.

Corbet 1991
Patrick Corbet, L'autel portatif de la comtesse Gertrude de Brunswick (vers 1040). Tradition royale de Bourgogne et conscience aristocratique dans l'Empire des Saliens, in: Cahiers de Civilisation Médiévale 34, 1991, S. 97-120.

Cordonnier 1961
Paul Cordonnier, La grande enluminure du manuscrit de Pline l'Ancien, in: Revue historique et archéologique du Maine 117, 1961, S. 101-110.

Corpus Catalogorum Belgii
Corpus Catalogorum Belgii. De middeleeuwse bibliotheekscatalogi der zuidelijke Nederlanden (Verhandelingen van der Koninklijke Vlaamse Acad. voor Wetenschapen. Letteren en Schone Kunsten van België, Kl. d. Letteren 61). Door Albert Derolez, Bd. 1: Provincie West-Vlaanderen, Brussel 1966.

Corpus of British Medieval Library Catalogues
The friars' libraries (Corpus of British medieval library catalogues [1]). Ed. by K. W. Humphreys, London 1990.

Cott 1939
Perry Blythe Cott, Siculo-Arabic Ivories, Princeton 1939.

Creutz 1909
Max Creutz, Kunstgeschichte der edlen Metalle, in: Geschichte der Metallkunst. Hrsg. von Hermann Lüer und Max Creutz, Bd. 1-2, Bd. 1: Geschichte der unedlen Metalle, bearb. von Hermann Lüer; Bd. 2: Geschichte der edlen Metalle, bearb. von Max Creutz, Stuttgart 1909.

Critchley 1994
J. S. Critchley, Art. Richard I., in: Lexikon des Mittelalters, Bd. 7, 1995, Sp. 810f.

Critchley/Jung 1986
J. S. Critchley und M. R. Jung, Art. Eleonore, in: Lexikon des Mittelalters, Bd. 3, 1986, Sp. 1805-1808.

Crone 1982
Marie-Luise Crone, Untersuchungen zur Reichskirchenpolitik Lothars III. (1125-1137) zwischen reichskirchlicher Tradition und Reformkurie (Europäische Hochschulschriften 170), Frankfurt a.M. – Bern 1982.

Cronica ducum de Brunswick
Cronica ducum de Brunswick. Ed. Ludwig Weiland, in: MGH Dt. Chron. 2, Hannover 1877, S. 574-585.

Csendes 1993
Peter Csendes, Heinrich VI. (Gestalten des Mittelalters und der Renaissance), Darmstadt 1993.

Curschmann 1984
Michael Curschmann, Hören – Lesen – Sehen. Buch und Schriftlichkeit im Selbstverständnis der volkssprachlichen literarischen Kultur Deutschlands um 1200, in: Beiträge zur Geschichte der deutschen Sprache und Literatur 106, 1984, S. 218-257.

Curtius 1973
Ernst Robert Curtius, Europäische Literatur und lateinisches Mittelalter, Bern 1948, 8. Auflage, Bern 1973.

Cutler 1976
Anthony Cutler, The Psalter of Basil II, in: Arte Veneta 30, 1976, S. 9-19.

Czerwinski 1976
Peter Czerwinski, Die Schlacht- und Turnierdarstellungen in den deutschen höfischen Romanen des 12. und 13. Jahrhunderts. Zur literarischen Verarbeitung militärischer Formen des adligen Gewaltmonopols, Phil. Diss. (FU Berlin) Berlin 1976.

Dahlhaus 1991
Joachim Dahlhaus, Zu den Anfängen von Pfalz und Stiften in Goslar, in: Weinfurter 1991, Bd. 2, S. 373-428.

Dale 1956
William S. A. Dale, An English crosier of the transitional period, in: The Art Bulletin 38, 1956, S. 138-141.

Dandridge 1992
Pete Dandridge, The Development of the Canterbury Chest, in: Parker/Shepard 1992, S. 228-233.

Dannenberg 1891
H[ermann] Dannenberg, Kannte das Mittelalter Denkmünzen?, in: Zeitschrift für Numismatik 13, 1891, S. 322ff.

Danstrup 1946
John Danstrup, Træk af den politiske Kamp 1131-1182, in: Festskrift til Erik Arup, Kopenhagen 1946, S. 67-87.

Darcel 1865
Alfred Darcel, Musée Rétrospectif – Le Moyen Age et la Renaissance: III. Les Nielles – les Emaux, in: Gazette des Beaux-Arts 19, 1865, S. 508-510.

Darcel 1870-72
Alfred Darcel, Saint-Saens. Reliquaire de saint Saens, in: Bulletin de la commission des Antiquités de la Seine Inférieure, 2, 1870-72, S. 170-173.

Dautermann 1991
Christoph Dautermann, Die Bauvorschriften des Sachsenspiegels und ihre Behandlung in den Codices picturati, in: Der Sachsenspiegel als Buch (Germanistische Arbeiten zu Sprache und Kulturgeschichte 1). Hrsg. von Ruth Schmidt-Wiegand und Dagmar Hüpper, Frankfurt a. M. – Bern – New York 1991, S. 261-284 und 496-514.

de Borchgrave d'Altena 1951
J. de Borchgrave d'Altena, L'Art Mosan, in: Bulletin des Musées Royaux d'Art et d'Histoire 23, 1951, S. 49-64.

de Borchgrave d'Altena o.J.
J. de Borchgrave d'Altena, Orfèvreries mosanes, Lüttich o.J.

de Fleury 1879
Paul de Fleury, L'aumônerie de Saint-Gilles de Surgères (1105-1447), in: Archives historiques de la Saintonge et de l'Aunis 6, 1879, S. 13f.

de Gray Birch 1875
Walter de Gray Birch, A fasciculus of the charters of Mathildis, empress of the romans, in: Journal of the British Archaeological Association 31, 1875, S. 392f.

de Gray Birch 1887
Walter de Gray Birch, Catalogue of seals in the British Museum 1, London 1887.

de Hamel 1984
Christopher de Hamel, Glossed books of the Bible and the origins of the Paris booktrade, Woodbridge – Dover 1984.

de Lasteyrie 1929
Robert de Lasteyrie, L'architecture religieuse en France a l'époque romane. Ed. Marcel Aubert, Paris 1929.

de Linas 1883
Charles de Linas, La châsse de Gimel (Corrèze) et les anciens monuments de l'émaillerie (émaux français conservés à l'étranger), in: Bulletin de la Société scientifique, historique et archéologique de la Corrèze, 5, 1883, S. 105-225.

de Pas 1925
Justine de Pas, Notre-Dame des Miracles, patronne de la ville de St.-Omer, Paris 1925.

de Richemond 1874
L. M. de Richemond, Chartes de la commanderie magistrale du Temple de La Rochelle 1139-1168, in: Archives historiques de la Saintonge et de l'Aunis 1, 1874, S. 28f.

De S. Willehado
De S. Willehado primo Bremensi episcopo et inferioris Saxoniae apostolo. Ed. Albert Poncelet, in: Acta Sanctorum Novembris tomus III, S. 835-851.

de Vaivre 1974
Jean-Bernard de Vaivre, Le décor héraldique de la cassette d'Aix-la-Chapelle, in: Aachener Kunstblätter 45, 1974, S. 97-124.

de Vasselot 1941
J.-J. Marquet de Vasselot, Les crosses limousines du XIIIe siècle, Paris 1941.

de Vasselot 1952
J. J. Marquet de Vasselot, Les Gémellions limousins du XIIIe siècle, Paris 1952.

de Winter 1985
Patrick M. de Winter, The Sacral Treasure of the Guelphs, in: Bulletin of the Cleveland Museum of Art 72, 1985, S. 1-160.

de Winter 1986
Patrick M. de Winter, Der Welfenschatz. Zeugnis sakraler Kunst des deutschen Mittelalters, Hannover 1986.

Debus 1988
Karl Heinz Debus, Das große Wappenbuch der Pfalz, Neustadt/W. 1988.

Dedekam 1926
Hans Dedekam, Kunstindustrimuseet i Oslo i femti aar. 1876-1926, Oslo 1926.

Deér 1959
Josef Deér, The Dynastic Porphyry Tombs of the Norman Period in Sicily, Cambridge, Mass. 1959.

Deér 1961
Josef Deér, Die Siegel Kaiser Friedrichs I. Barbarossa und Heinrichs VI. in der Kunst und Politik ihrer Zeit, in: Festschrift Hahnloser, S. 47-102.

Degen 1955
Kurt Degen, Frühmittelalterliches Handwerk (Führer des Hessischen Landesmuseums, Heft 2), Darmstadt 1955.

Dehio 1921
Georg Dehio, Geschichte der deutschen Kunst. Berlin und Leipzig, 2. Auflage, Leipzig 1921.

Dehio/Bezold 1884-1901
Georg Dehio und Gustav von Bezold, Die kirchliche Baukunst des Abendlandes, Stuttgart 1884-1901.

Dehio Bremen/Niedersachsen
Georg Dehio, Handbuch der Deutschen Kunstdenkmäler. Bremen Niedersachsen. Bearb. von Gerd Weiß [u. a.], München – Berlin 1992.

Deich 1974
Werner Deich, Das Goslarer Reichsvogteigeld. Staufische Burgenpolitik im südlichen Niedersachsen und auf dem Eichsfeld (Historische Studien 425), Lübeck 1974.

Delisle 1890
Léopold Delisle, Littérature latine et histoire du Moyen Age, Paris 1890.

Demus 1949
Otto Demus, The mosaics of Norman sicily, London 1949.

Demus 1968
Otto Demus, Romanische Wandmalerei, München 1968, 2. Auflage, München 1992.

Denicke 1983-88
Jürgen Denicke, Die Brakteaten der Münzstätte Braunschweig, T. 1-4, Braunschweig 1983-88.

Denicke 1985
Jürgen Denicke, Marginalien zu den welfischen Dünnpfennigen, in: Numismatisches Nachrichtenblatt 34, 1985, S. 77-80.

Denicke 1986
Jürgen Denicke, Ein unbekannter Fund von Mittelaltermünzen aus dem Raum Helmstedt, in: Der Münzen- und Medaillensammler – Berichte 1986.

Denicke 1989
Jürgen Denicke, Anmerkungen zu den Kreuzbrakteaten des nördlichen Harzes, in: Geldgeschichtliche Nachrichten 24, 1989, S. 115-119.

Deptuła 1968
C. Deptuła, Niektóre aspekty stosunków Polski z Cesarstwem w wieku XII (Certains aspects des rélations entre la Pologne et l'Empire au XIIe siècle), w: Polska w Europie. Studia historyczne. Red. H. Zins, Lublin 1968, S. 35-92.

Deschamps/Thibout 1951
Paul Deschamps und Marc Thibout, La peinture murale en France. Le haut Moyen Age et l'Epoque Romane, Paris 1951.

Deschamps/Thibout 1963
Paul Deschamps und Marc Thibout, La peinture murale en France au début de l'époque gothique. De Philippe-Auguste à la fin du règne de Charles V (1180-1380), Paris 1963.

Deshman 1971
Robert Deshman, Otto III. and the Warmund Sacramentary. A study in political theology, in: Zeitschrift für Kunstgeschichte 34, 1971, S. 1-20.

Deshman 1976
Robert Deshman, Christus rex et magi reges: Kingship and christology in ottonian and anglo-saxon art, in: Frühmittelalterliche Studien 10, 1976, S. 367-405.

Destombes 1964
Marcel Destombes, Mappemondes A. D. 1200-1500, Amsterdam 1964.

Deutsche Königspfalzen
Deutsche Königspfalzen. Beiträge zu ihrer historischen und archäologischen Erforschung (Veröffentlichungen des Max-Planck-Instituts für Geschichte 11/1,2). Bearb. von Michael Gockel, Bd. 1, Göttingen 1963; Bd. 2, Göttingen 1965 (1984-91).

Dhondt 1948
Jan Dhondt, Etudes sur la naissance des principautés territoriales en France (IXe-Xe siècle), Brugge 1948

Didier 1981
Robert Didier, La Sedes, la Vierge et le saint Jean au Calvaire de l'église Saint-Jean à Liège et la sculpture mosane de la première moitié du XIIIe siècle,

in: La Collégiale St.-Jean de Liège. Mille ans d'art et d'histoire. Hrsg. von P. Mardage, Lüttich 1981, S. 57-76.

Diemer 1992
Dorothea und Peter Diemer, Minnesangs Schnitzer. Zur Verbreitung der sogenannten Minnekästchen, in: Festschrift Walter Haug und Burghart Wachinger, Tübingen 1992, S. 1021-1060.

Diemer 1995
Peter Diemer, Abt Suger von Saint-Denis und die Kunstschätze seines Klosters, in: Beschreibungskunst – Kunstbeschreibung. Hrsg. von Gottfried Böhm und Helmut Pfotenhauer, München 1995, S. 177-216.

Diestelkamp 1961
Bernhard Diestelkamp, Die Städteprivilegien Herzog Ottos des Kindes, ersten Herzog von Braunschweig-Lüneburg (1204-1252) (Quellen und Darstellungen zur Geschichte Niedersachsens 59), Hildesheim 1961.

Diestelkamp 1964
Bernhard Diestelkamp, Welfische Stadtgründungen und Stadtrechte des 12. Jahrhunderts, in: Zeitschrift der Savigny-Stiftung für Rechtsgeschichte, Germanistische Abteilung 81, 1964, S. 164-224.

Dietl 1987
Albert Dietl, In arte peritus. Zur Topik mittelalterlicher Künstlerinschriften in Italien bis zur Zeit Giovanni Pisanos, in: Römische Historische Mitteilungen 29, 1987, S. 75-125.

Dietl 1994
Albert Dietl, Künstlersignaturen als Quelle für Status und Selbstverständnis von Bildhauern, in: Beck/Hengevoss-Dürkop 1994, S. 175-191.

Dilcher 1985
Gerhard Dilcher, Die genossenschaftliche Struktur von Gilden und Zünften, in: Schwineköper 1985, S. 71-111.

Diplomatarium Danicum
Diplomatarium Danicum. Udg. af det Danske Sprog- og Litteraturselskab under ledelse af C. A. Christensen, København [1938ff.].

Dirlmeier 1992
Ulf Dirlmeier, Friedrich Barbarossa – auch ein Wirtschaftspolitiker?, in: Haverkamp 1992, S. 501-518.

Dobbertin 1963
Hans Dobbertin, Zur Herkunft der Grafen von Roden, in: Niedersächsisches Jahrbuch für Landesgeschichte 35, 1963, S. 188-209.

Dodwell 1993
Charles Reginald Dodwell, The pictorial arts of the West 800-1200, New Haven – London 1993.

Doebner 1882
R. Doebner, Die Städteprivilegien Herzog Otto des Kindes und die ältesten Statuten der Stadt Hannover, Hannover 1882.

Döll 1967
Ernst Döll, Die Kollegiatstifte St. Blasius und St. Cyriakus zu Braunschweig (Braunschweiger Werkstücke 36), Braunschweig 1967.

Dolbeau 1985
François Dolbeau, Un manuscrit bollandien offert à Leibniz (Hannover, Landesbibl. Ms XIX 1105), in: Analecta Bollandiana 103, 1985, S. 60f.

Dollinger 1966
Philippe Dollinger, Die Hanse, Stuttgart 1966.

Dom zu Lübeck
800 Jahre Dom zu Lübeck. Hrsg. vom Kirchenvorstand, Lübeck 1973.

Donat 1980
Peter Donat, Haus, Hof und Dorf in Mitteleuropa vom 7. bis zum 12. Jahrhundert (Schriften zur Ur- und Frühgeschichte 33), Berlin 1980.

Donat 1994
Peter Donat, Zehn Keller von Gebesee, Lkr. Erfurt. Studien zu hochmittelalterlichen Kelleranlagen, in: Alt-Thüringen 27, 1994, S. 207-264.

Donovan 1993
Claire Donovan, The Winchester Bible, Winchester 1993.

Dopsch 1995
Heinz Dopsch, Art. Reichenhall, in: Lexikon des Mittelalters, Bd. 7, 1995, Sp. 614f.

Dorn 1954
Paul Dorn, Zur Frage der Herkunft des Braunschweiger Burglöwen, in: Abhandlungen der Braunschweigischen Wissenschaftlichen Gesellschaft 6, 1954, S. 68-72.

Dorn 1978
Reinhard Dorn, Mittelalterliche Kirchen in Braunschweig, Hameln 1978.

Dosdat 1991
Monique Dosdat, L'Enluminure romane au Mont-Saint-Michel, Editions Ouest-France et Amis de la Bibliothèque, 1991.

Dotzauer 1973
Winfried Dotzauer, Die Ankunft des Herrschers. Der fürstliche ›Einzug‹ in die Stadt (bis zum Ende des Alten Reiches), in: Archiv für Kulturgeschichte 55, 1973, S. 255-288.

Douët d'Arcq 1868
M. Douët d'Arcq, Collection de sceaux (Archives de l'empire. Inventaires et documents), Bd. 3, Paris 1868.

Drechsler 1994
Heike Drechsler, Die Krone der fränkisch-römischen Herrscherin 751-1254: Text, Bilder, Realien – eine Quellenkunde, Phil. Diss. (masch.) Heidelberg 1994.

Dreher 1956
Alfons Dreher, Zur Gütergeschichte des Klosters, in: Weingarten 1056-1956, S. 136-158.

Drescher 1976
Hans Drescher, Grapen des 12. und 13. Jahrhunderts aus Lübeck, Arbeiten Lübecker Gießer?, in: Ahlers/Graßmann/Neugebauer 1976, S. 307-320.

Drescher 1982
Hans Drescher, Zu den bronzenen Grapen des 12.-16. Jahrhunderts aus Nordwestdeutschland, in: Kat. Bremen 1982, S. 157-174.

Drescher 1985
Hans Drescher, Zur Gießtechnik des Braunschweiger Burglöwen, in: Spies 1985, S. 289-428.

Drescher 1986
Hans Drescher, Die Gießtechnik des Braunschweiger Burglöwen von 1166, in: Gießerei. Zeitschrift für das gesamte Gießereiwesen 73, 1986, S. 1-6 und 40-43.

Drescher 1986a
Hans Drescher, Zum Guß von Bronze, Messing und Zinn ›um 1200‹, in: Steuer 1986, S. 389-404.

Drescher 1989
Zeichnerische Konstruktion plastischer Figuren durch ›Magdeburger‹ Gießer im 12. Jahrhundert. Ein Beitrag zur Form- und Gießtechnik des Mittelalters, in: Ullmann 1989, S. 107-118.

Drescher 1991
Ulrich Drescher, Die Lüneburger Ratshandschriften des Sachsenspiegels, in: Der Sachsenspiegel als Buch (Germanistische Arbeiten zu Sprache und Kulturgeschichte, hrsg. v. Ruth Schmidt-Wiegand 1). Hrsg. von Ruth Schmidt-Wiegand, Dagmar Hüpper, Frankfurt a. M. – Bern – New York – Paris 1991, S. 105-142.

Drescher 1993
Hans Drescher, Zur Herstellungstechnik mittelalterlicher Bronzen aus Goslar. Der Marktbrunnen, der neugefundene Bronze-Vogel-Greif vom Kaiserhaus und der Kaiserstuhl, in: Steigerwald 1993, S. 251-301.

Drescher 1993a
Hans Drescher, Ein Kommentar zu: Gerhard Laub: Zum Nachweis von Rammelsberger Kupfer ..., in: Steigerwald 1993, S. 313-316.

Drescher (im Druck)
Hans Drescher, Eine Grapengießerei des 13. Jahrhunderts aus Lübeck, Breite Straße 26, in: Lübecker Schriften für Archäologie und Kulturgeschichte (im Druck).

Drescher (in Vorbereitung)
Hans Drescher, Archäologische Untersuchungen einer hochmittelalterlichen Bronzegießerei zu Lübeck, Breite Straße 26 – Die Funde (Arbeitstitel), in: Vorbereitung für die Lübecker Schriften zur Archäologie und Kulturgeschichte.

Droege 1980
Georg Droege, Das kölnische Herzogtum Westfalen, in: Mohrmann 1980, S. 275-304.

Drögereit 1962
Richard Drögereit, Zur Entstehung der Ebstorfer Weltkarte, in: Lüneburger Blätter 13, 1962, S. 5-23.

Drögereit 1978
Richard Drögereit, Die Verdener Gründungs-Fälschung und die Bardowick-Verdener Frühgeschichte, in: Sachsen – Angelsachsen – Niedersachsen. Ausgewählte Aufsätze in einem dreibändigen Werk. Hrsg. von Karl Röper und Herbert Huster, Bd. 2, Hamburg-Otterndorf 1978, S. 253-354.

Dromke 1976
Peter Dromke, Peter of Blois and Poetry at the Court of Henry II, in: Mediaeval Studies 38, 1976, S. 185-235.

Druffner 1993
Frank Druffner, Hagiographie und Sakraltopographie in Canterbury, in: Kerscher 1993, S. 255-272.

Duby 1964
Georges Duby, Dans la France du Nord-Ouest au XIIe siècle: les ›jeunes‹ dans la société aristocratique, in: Annales Economies-Sociétés-Civilisation 19, 1964, S. 835-846.

Duby 1988
George Duby, Der Sonntag von Bouvines 27. Juli 1214, Berlin 1988.

Duchesne 1995
Gervais de Tilbury: Le livre des merveilles. Divertissement pour un empereur (troisième partie). Hrsg. von Annie Duchesne, Paris 1995.

Dürre 1861
Hermann Dürre, Geschichte der Stadt Braunschweig im Mittelalter, Braunschweig 1861, Nachdruck 1974.

Dürre 1868
Hermann Dürre, Athelold, Probst des Blasiusstiftes zu Dankwarderode, in: Zeitschrift des historischen Vereins für Niedersachsen 1868, S. 1-18.

Dürre 1884
Hermann Dürre, Die beiden ältesten Memorienbücher des Blasiusstiftes in Braunschweig, in: Zeitschrift des historischen Vereins für Niedersachsen 1884, S. 67-117.

Dürre 1886
Hermann Dürre, Das Register der Memorien und Feste des Blasius-Stiftes in Braunschweig, in: Zeitschrift des Historischen Vereins für Niedersachsen 1886, S. 1-104.

Dürst 1962
Rittertum. Schweizerische Dokumente. Hrsg. von Hans Dürst, Lenzburg 1962.

Duggan 1988
Lawrence G. Duggan, Was art really the ›book of the illiterate‹?, in: Word and Image 5, 1988, S. 227-251.

Dunkel 1994 (im Druck)
Regina Dunkel, Mittelalterliche Langzinkenkämme aus Braunschweig, in: Die Kunde N.F. 45, 1994 (im Druck).

Durian-Ress 1986
Saskia Durian-Ress, Meisterwerke mittelalterlicher Textilkunst aus dem Bayerischen Nationalmuseum. Auswahlkatalog, München – Zürich 1986.

Ebel 1971
Wilhelm Ebel, Lübisches Recht, Bd. 1, Lübeck 1971.

Ebel/Fijal/Kocher 1988
Friedrich Ebel, Andreas Fijal und Gernot Kocher, Römisches Rechtsleben im Mittelalter. Miniaturen aus den Handschriften des Corpus iuris civilis, Heidelberg 1988.

Ebenbauer 1989
Alfred Ebenbauer, Art. Reinfried von Braunschweig, in: Verfasserlexikon, Bd. 7, 1989, Sp. 1171-1176.

Eberhardt 1968
Hans Eberhardt, Die Geschichte der Pfalz Tilleda, in: Grimm 1968, S. 51-72.

Ebstorfer Weltkarte
Ein Weltbild vor Kolumbus. Die Ebstorfer Weltkarte. Interdisziplinäres Colloquium 1988. Hrsg. von Hartmut Kugler in Zusammenarbeit mit Eckhard Michael. Mit Beiträgen von Horst Appuhn [u. a.], Weinheim 1991.

Eckert 1971
Horst Eckert, Gottfried Wilhelm Leibniz' Scriptores Rerum Brunsvicensium. Entstehung und historiographische Bedeutung (Veröffentlichungen des Leibniz-Archivs 3), Frankfurt a. M. 1971.

Eckstein/Eissing/Klein 1992
Dieter Eckstein, Thomas Eissing und Peter Klein, Dendrochronologische Datierung der Wartburg, mit einem Nachwort von Günther Binding (46. Veröffentlichungen der Abteilung Architekturgeschichte des Kunsthistorischen Instituts der Universität zu Köln), Köln 1992.

Edson Armi 1983
C. Edson Armi, Masons and Sculptors in Romanesque Burgundy. The New Aesthetic of Cluny III, Bd. 1-2, Pennsylvania State University 1983.

Effenberger 1993
Arne Effenberger, Byzantinische Kunstwerke im Besitz deutscher Kaiser, Bischöfe und Klöster im Zeitalter der Ottonen, in: Kat. Hildesheim 1993, 1, S. 145-159.

Ehbrecht
Wilfried Ehbrecht, Beiträge und Überlegungen zu Gilden im nordwestlichen Deutschland (vornehmlich im 13. Jahrhundert), in: Schwineköper 1985, S. 413-450.

Ehlers 1973
Joachim Ehlers, Hugo von St. Victor. Studien zum Geschichtsdenken und zur Geschichtsschreibung des 12. Jahrhunderts (Frankfurter Historische Abhandlungen 7), Wiesbaden 1979.

Ehlers 1981
Joachim Ehlers, Die hohen Schulen, in: Die Renaissance der Wissenschaften im 12. Jahrhundert. Hrsg. von Peter Weimar, Zürich 1981, S. 57-85.

Ehlers 1986
Joachim Ehlers, Die Anfänge des Klosters Riddagshausen und der Zisterzienserorden, in: Braunschweigisches Jahrbuch 67, 1986, S. 59-85.

Ehlers 1986a
Joachim Ehlers, Deutsche Scholaren in Frankreich während des 12. Jahrhunderts, in: Fried 1986, S. 97-120.

Ehlers 1989
Joachim Ehlers, Die deutsche Nation des Mittelalters als Gegenstand der Forschung, in: Ansätze und Diskontinuität deutscher Nationsbildung im Mittelalter (Nationes 8). Hrsg. von Joachim Ehlers, Sigmaringen 1989, S. 11-58.

Ehlers 1990
Joachim Ehlers, Grablege und Bestattungsbrauch der deutschen Könige im Früh- und Hochmittelalter, in: Braunschweigische Wissenschaftliche Gesellschaft, Jahrbuch 1989, Göttingen 1990, S. 39-74.

Ehlers 1992
Joachim Ehlers, Die Entstehung der Nationen und das mittelalterliche Reich, in: Geschichte in Wissenschaft und Unterricht 43, 1992, S. 264-274.

Ehlers 1992a
Joachim Ehlers, Heinrich der Löwe und der sächsische Episkopat, in: Haverkamp 1992, S. 435-466.

Ehlers 1992b
Joachim Ehlers, Erzbischof Wichmann von Magdeburg und das Reich, in: Kat. Magdeburg 1992, S. 20-31.

Ehlers 1995
Joachim Ehlers, Der Hof Heinrichs des Löwen, in: Schneidmüller 1995, S. 43-59.

Ehrentraut 1951
Hartmut Ehrentraut, Bleierne Inschrifttafeln aus mittelalterlichen Gräbern, Phil. Diss. Bonn 1951.

Eichenberger 1991
Thomas Eichenberger, Patria. Studien zur Bedeutung des Wortes im Mittelalter (6. bis 12. Jahrhundert) (Nationes 9), Sigmaringen 1991.

Eichmann 1942
Eduard Eichmann, Die Kaiserkrönung im Abendland. Ein Beitrag zur Geistesgeschichte des Mittelalters, Bd. 1, Würzburg 1942.

Eichwede 1904
Ferdinand Eichwede, Beiträge zur Baugeschichte der Kirche des kaiserlichen Stiftes zu Königslutter, Hannover 1904.

Eickhoff 1977
E. Eickhoff, Friedrich Barbarossa im Orient, Kreuzzug und Tod Friedrichs I., Tübingen 1977.

Eilhart von Oberg
Eilhart von Oberg, Tristrant und Isalde. Mittelhochdeutsch/neuhochdeutsch von Danielle Buschinger und Wolfgang Spiewok (Wodan. Greifswalder Beiträge zum Mittelalter 27, Serie 1, Texte zum Mittelalter 7), Greifswald 1993.

Ekkehard von Aura, Chronicon
Ekkehardi Chronicon universale. Ed. Georg Waitz, in: MGH SS 6, Hannover 1844, S. 33-267.

Ekkehard von Aura, Chronik
Ekkehard von Aura, Chronica. Ed. von Franz-Josef Schmale und Irene Schmale-Ott, Frutolfs und Ekkehards Chroniken und die anonyme Kaiserchronik (Ausgewählte Quellen zur deutschen Geschichte des Mittelalters 15), Darmstadt 1972.

Elbern 1962
Victor H. Elbern, Das sogenannte ›Szepter Karls des Großen‹ aus der Abtei Werden und die Werdener Karlstradition. Über ein Flabellum romanischer Zeit in der Liudgeriabtei, in: Das erste Jahrtausend, Textband 1, Düsseldorf 1962, S. 514-533.

Elbern/Reuther 1969
Victor H. Elbern und Hans Reuther, Der Hildesheimer Domschatz, Hildesheim 1969.

Elbern/Reuther 1969a
Victor H. Elbern und Hans Reuther, St. Godehard zu Hildesheim. Bauwerk und Schatzkammer, Hildesheim 1969.

Ellmers 1985
Detlev Ellmers, Bodenfunde und andere Zeugnisse zur frühen Schiffahrt der Hansestadt Lübeck. Teil 1: Bauteile von Koggen, in: Lübecker Schriften zur Archäologie und Kulturgeschichte 11, 1985, S. 155-162.

Ellmers 1985a
Detlev Ellmers, Die Entstehung der Hanse, in: Hansische Geschichtsblätter 103, 1985, S. 3-40.

Ellmers 1990
Detlev Ellmers, Die Verlagerung des Fernhandels vom öffentlichen Ufermarkt in die privaten Häuser der Kaufleute, in: Lübecker Schriften zur Archäologie und Kulturgeschichte 20, 1990, S. 101-108.

Ellmers 1992
Detlev Ellmers, Bodenfunde und andere Zeugnisse zur frühen Schiffahrt der Hansestadt Lübeck. Teil 2: Bauteile und Ausrüstungsgegenstände von Wasserfahrzeugen aus den Grabungen Alfstraße 38 und Untertrave, in: Lübecker Schriften zur Archäologie und Kulturgeschichte 18, 1992, S. 7-21.

Elm 1984
Norbert von Xanten. Adliger, Ordensstifter, Kirchenfürst. Hrsg. von Kaspar Elm, Köln 1984.

Elm 1994
Kaspar Elm, Art. Norbert von Xanten, in: Theologische Realenzyklopädie, Bd. 24, 1994, S. 608-612.

Elsner o.J.
Hildegard Elsner, Wikingermuseum Haithabu: Schaufenster einer frühen Stadt, Neumünster o. J.

Elze 1870
Th. Elze, Die Münzen Bernhards, Grafen von Anhalt, Herzogs von Sachsen, Berlin 1870.

Elze 1982
Reinhard Elze, Eine Kaiserkrönung um 1200, in: Päpste – Kaiser – Könige und die mittelalterliche Herrschaftssymbolik. Ausgewählte Aufsätze (Variorum Collected Studies Series 152). Hrsg. von Bernhard Schimmelpfennig und Ludwig Schmugge, London 1982, S. 365-373.

Emmerig 1993
Hubert Emmerig, Der Regensburger Pfennig, Die Münzprägung in Regensburg vom 12. Jahrhundert bis 1409 (Berliner Numismatische Forschungen, Neue Folge 3), Berlin 1993.

Endres 1903
J. A. Endres, Das St. Jakobsportal in Regensburg und Honorius Augustodunensis, Kempten 1903.

Endres 1926
Geschichte der Freien und Hansestadt Lübeck. Hrsg. von Fritz Endres, Lübeck 1926.

Engelhart 1980
Helmut Engelhart, Art. Gebetsanweisung in lateinischen Psalterhandschriften, in: Verfasserlexikon, Bd. 2, 1980, Sp. 1129-1130.

Engelhart 1987
Helmut Engelhart, Die Würzburger Buchmalerei im Hohen Mittelalter. (Quellen und Forschungen zur Geschichte des Bistums und Hochstifts Würzburg 34), Würzburg 1987.

Engelke 1926
B. Engelke, Hannover, eine Münzstätte Heinrichs des Löwen, in: Hannoversche Geschichtsblätter 21, 1926, S. 135-138.

Engels 1971
Odilo Engels, Beiträge zur Geschichte der Staufer im 12. Jahrhundert (I), in: Deutsches Archiv für Erforschung des Mittelalters 27, 1971, S. 373-456, Nachdruck in: Engels 1988, S. 32-115.

Engels 1982
Odilo Engels, Zur Entmachtung Heinrichs des Löwen, in: Festschrift Kraus, S. 45-59.

Engels 1983
Odilo Engels, Der Niederrhein und das Reich im 12. Jahrhundert, in: Königtum und Reichsgewalt am Niederrhein (Klever Archiv 4), Kleve 1983, wieder abgedruckt in: Engels 1988, S. 177-199.

Engels 1983a
Odilo Engels, Die Stauferzeit, in: Rheinische Geschichte, Bd. 1, 3. Teilband: Hohes Mittelalter. Hrsg. von Franz Petri und Georg Droege, Düsseldorf 1983.

Engels 1987
Odilo Engels, Zum Konstanzer Vertrag von 1153, in: Deus qui mutat tempora. Festschrift Alfons Becker, Sigmaringen 1987, S. 235-258.

Engels 1988
Odilo Engels, Stauferstudien. Beiträge zur Geschichte der Staufer im 12. Jahrhundert. Festgabe zu seinem sechzigsten Geburtstag. Hrsg. von Erich Meuthen und Stefan Weinfurter, Sigmaringen 1988.

Engels 1988a
Odilo Engels, Beiträge zur Geschichte der Staufer im 12. Jahrhundert (I), in: Engels 1988, S. 32-115.

Engels 1988b
Odilo Engels, Des Reiches heiliger Gründer. Die Kanonisation Karls des Großen und ihre Beweggründe, in: Müllejans 1988, S. 37-46.

Engels 1989
Odilo Engels, Art. Heinrich der Löwe, in: Lexikon des Mittelalters, Bd. 4, 1989, Sp. 2076-2078.

Engels 1989
Odilo Engels, Die Herrschaftsleistung Friedrich Barbarossas im Licht seiner letzten Lebensjahre, in: Barbarossa und die Prämonstratenser (Schriften zur staufischen Geschichte und Kunst 10), Göppingen 1989, S. 46-66.

Engels 1991
Odilo Engels, Das Reich der Salier – Entwicklungslinien, in: Weinfurter 1991, Bd. 3, S. 479-541.

Engels 1991a
Odilo Engels, Art. Heinrich (V.), der Ältere, von Braunschweig, in: Lexikon des Mittelalters, Bd. 5, 1991, Sp. 2076.

Engels 1992
Odilo Engels, Friedrich Barbarossa und Dänemark, in: Haverkamp 1992, S. 353-385.

Engels 1994
Odilo Engels, Die Staufer, 6., überarbeitete und erweiterte Auflage, Stuttgart – Berlin – Köln 1994.

Engels 1995
Odilo Engels, Friedrich Barbarossa und die Welfen, in: Jehl, 1995, S. 59-74.

van Engen 1980
John van Engen, Theophilus Presbyter and Rupert of Deutz: The Manual Arts and Benedictine Theology in the Early Twelfth Century, in: Viator 11, 1980, S. 147-163.

Ennen 1991
Edith Ennen, Frauen im Mittelalter, 4. Auflage, München 1991.

von Erath 1764
Anton Ulrich von Erath, Codex diplomaticus Quedlinburgensis, Frankfurt a. M. 1764.

Erdmann 1935
Carl Erdmann, Die Entstehung des Kreuzzugsgedankens (Forschungen zur Kirchen- und Geistesgeschichte 6), Stuttgart 1935, unveränderter Nachdruck Darmstadt 1955.

Erdmann 1944
Carl Erdmann, Der Prozeß Heinrichs des Löwen, in: Mayer/Heilig/Erdmann 1944, S. 273-364.

Erdmann 1954
Kurt Erdmann, Arabische Schriftzeichen als Ornamente in der abendländischen Kunst des Mittelalters, in: Akademie der Wissenschaften und der Literatur Mainz. Abhandlungen der Geistes- und Sozialwissenschaftlichen Klasse 1953, Nr. 9, Wiesbaden 1954, S. 465-513.

Erdmann 1980
Wolfgang Erdmann, Fronerei und Fleischmarkt: Archäologische Befunde eines Platzes im Marktviertel des mittelalterlichen Lübeck (Vorbericht I), in: Lübecker Schriften zur Archäologie und Kulturgeschichte 3, 1980, S. 107-159.

Erdmann 1982
Wolfgang Erdmann, Die Entwicklung des Lübecker Bürgerhauses im 13. und 14. Jahrhundert unter dem Einfluß von Profanarchitektur des Ostseeraums, in: Die Heimat 89, 1982, S. 220-232.

Erdmann 1983
Wolfgang Erdmann, Entwicklungstendenzen des Lübecker Hausbaues 1100-1430 – eine Ideenskizze, in: Lübecker Schriften zur Archäologie und Kulturgeschichte 7, 1983, S. 19-38.

Erkens 1987
Franz-Reiner Erkens, Der Erzbischof von Köln und die deutsche Königswahl. Studien zur Kölner Kirchengeschichte, zum Krönungsrecht und zur Verfassung des Reiches (Mitte 12. Jahrhundert bis 1806) (Studien zur Kölner Kirchengeschichte 21), Siegburg 1987.

Erler 1989
Anette Erler, Der Halberstädter Karls- oder Philosophenteppich (Lateinische Sprache und Literatur 25), Frankfurt a. M. – Bern – New York 1989.

von Ertzdorff 1994
Die Romane vom Ritter mit dem Löwen (Symposium, Gießen 14.-19. Juni 1993) (Chloë. Beihefte zum Daphnis 20). Hrsg. von Xenia von Ertzdorff unter redaktioneller Mitarbeit von R. Schulz, Amsterdam – Atlanta 1994.

Erwerbungen
Erwerbungen. Stiftung zur Förderung der Hamburgischen Kunstsammlungen, 3, 1958, S. 28-29.

Esch 1994
Arnold Esch, Überlieferungs-Chance und Überlieferungs-Zufall als methodisches Problem des Historikers, in: Zeitalter und Menschenalter. Der Historiker und die Erfahrung vergangener Gegenwart. Hrsg. von Arnold Esch, München 1994, S. 39-69.

von Essenwein 1870
August von Essenwein, Ein Reliquiar des 11. Jahrhunderts in den Sammlungen des germanischen Museums, in: Anzeiger für Kunde der deutschen Vorzeit N.F. 17, 1870, Sp. 1-6.

von Essenwein 1871
August von Essenwein, Katalog der im germanischen Museum befindlichen kirchlichen Einrichtungsgegenstände und Geräthschaften, Nürnberg 1871.

Esser 1955
Friedrich Josef Esser, Studien zum Kölner Erzbischof Philipp von Heinsberg (1167-1191), Phil. Diss. (masch.), Köln 1955.

von Euw 1973
Anton von Euw, Zur Buchmalerei im Maasgebiet von den Anfängen bis zum 12. Jahrhundert, in: Kat. Köln 1972, 2, S. 343-360.

von Euw 1985
Anton von Euw, Liturgische Handschriften, Gewänder und Geräte, in: Kat. Köln 1985, 1, S. 385-414.

von Euw/Plotzek 1979-85
Anton von Euw und Joachim M. Plotzek, Die Handschriften der Sammlung Ludwig. Hrsg. vom Schnütgen-Museum der Stadt Köln, Bd. 1-4, Bd. 1-2 von Joachim Plotzek; Bd. 3 von Anton von Euw mit einem Beitrag von Tarif Al Samman; Bd. 4 mit einem Register von Gisela Plotzek-Wederhake, Köln 1979-85.

von Euw/Schreiner 1991
Kaiserin Theophanu. Begegnung des Ostens und Westens um die Wende des ersten Jahrtausends. Gedenkschrift des Kölner Schnütgen-Museums zum 1000. Todesjahr der Kaiserin. Hrsg. von Anton von Euw und Peter Schreiner, Bd. 1-2, Köln 1991.

Ewald 1914
Wilhelm Ewald, Siegelkunde (Handbuch der mittelalterlichen und neueren Geschichte 4), München – Berlin 1914, Nachdruck München – Wien 1972.

Ewald 1933-42
Rheinische Siegel (Publikationen der Gesellschaft für Rheinische Geschichte 27). Bearb. von Wilhelm Ewald, Bonn 1933-42.

Eygun 1938
François Eygun, Sigillographie du Poitou jusqu'en 1515. Etude d'histoire provinciale sur les institutions, les arts et la civilisation d'après les sceaux, Poitiers 1938.

Fait 1991
Joachim Fait, Dom- und Domschatz zu Brandenburg (Schnell Kunstführer 120), München – Zürich 1991.

Falk 1983
Alfred Falk, Hausgeräte aus Holz, in: Aus dem Alltag der mittelalterlichen Stadt, Bremen 1983, S. 55-63.

Falk 1987
Alfred Falk, Archäologische Funde und Befunde des späten Mittelalters und der frühen Neuzeit aus Lübeck, in: Lübecker Schriften zur Archäologie und Kulturgeschichte 10, 1987, S. 23-26.

Falk/Gläser 1988
Alfred Falk und Manfred Gläser, Funde aus Knochen, Horn und Geweih, in: Lübecker Schriften zur Archäologie und Kulturgeschichte 17, 1988, S. 164-168.

von Falke 1926-27
Otto von Falke, Romanische Drachenleuchter, in: Zeitschrift für bildende Kunst 60, 1926-27, S. 3-8.

von Falke 1928
Otto von Falke, Reiter-Aquamanilien I., in: Pantheon 1, 1928, S. 246-252.

von Falke 1929
Otto von Falke, Elfenbeinhörner I.: Ägypten und Italien, in: Pantheon 4, 1929, S. 511-517.

von Falke 1932
Otto von Falke, Romanisches Bronzegerät aus Verona, in: Pantheon 9, 1932, S. 165-167.

von Falke/Frauberger 1904
Deutsche Schmelzarbeiten des Mittelalters und andere Kunstwerke der kunsthistorischen Ausstellung zu Düsseldorf 1902. Hrsg. von Otto von Falke und Heinrich Frauberger, Textband, Frankfurt a. M. 1904.

von Falke/Meyer 1935
Otto von Falke und Erich Meyer, Romanische Leuchter und Gefäße, Gießgefäße der Gotik (Denkmäler deutscher Kunst. Bronzegeräte des Mittelalters 1), Berlin 1935, unveränderter, leicht verkleinerter Nachdruck Berlin 1983.

von Falke/Schmidt/Swarzenski 1930
Otto von Falke, Robert Schmidt und Georg Swarzenski, Der Welfenschatz. Der Reliquienschatz des Braunschweiger Domes aus dem Besitze des herzoglichen Hauses Braunschweig-Lüneburg, Frankfurt a. M. 1930.

Falkenstein 1966
Ludwig Falkenstein, Der Lateran der karolingischen Pfalz zu Aachen (Kölner Historische Abhandlungen 13), Köln – Graz 1966.

Fandrey 1987
Carla Margarete Fandrey, Das Oswald-Reliquiar im Hildesheimer Domschatz (Göppinger Akademische Beiträge 125), Göppingen 1987.

Faußner 1993
Hans Constantin Faußner, Die Königsurkundenfälschungen Ottos von Freising aus rechtshistorischer Sicht, Sigmaringen 1993.

Fehring 1980
Günther P. Fehring, Fachwerkhaus und Steinwerk als Elemente der frühen Lübecker Bürgerhausarchitektur, ihre Wurzeln und Ausstrahlungen, in: Offa 37, 1980, S. 272-281.

Fehring 1984
Günther P. Fehring, Früher Hausbau in den hochmittelalterlichen Städten Norddeutschlands, in: Die Heimat 91, 1984, S. 392-401.

Fehring 1987
Günter P. Fehring, Städtischer Hausbau des Hochmittelalters in Mitteleuropa, in: Siedlungsforschung. Archäologie-Geschichte-Geographie 5, 1987, S. 31-65.

Fehring 1989
Günter P. Fehring, ›Domus lignea cum caminata‹ – Hölzerne, turmartige Kemenaten des späten 12. Jahrhunderts in Lübeck und ihre Stellung in der Architekturgeschichte, in: Hammaburg, N.F. 9, 1989 (Festschrift für Wolfgang Hübenerl), S. 271-283.

Fehring 1990
Günter P. Fehring, Origins and development of Slavic and German Lübeck, in: From the Baltic to the Black sea; studies in medieval archaeology. Hrsg. von David Austin und Leslie Alrock, London 1990, S. 251-265.

Fehring 1991
Günter P. Fehring, Die frühstädtische Burgwall-Siedlung Alt-Lübeck in jungslawischer Zeit, in: Siedlungen und Landesausbau zur Salierzeit. Hrsg. von Horst Wolfgang Böhme, Bd. 1, Sigmaringen 1991, S. 233-261.

Fehring 1991a
Günter P. Fehring, Die Entstehung von Lübeck. (Vortrag auf der internationalen Tagung ›Hinterland, Handel und Stadtentstehung im Ostseegebiet‹; Rostock 14.10.1989), in: Zeitschrift für Archäologie 25, 1991, S. 223-236.

Fehring 1994
Günter P. Fehring, Topography, plot layout and building structures in towns belonging to the hanseatic trading area (12th-13th c.), in: Archéologie des villes dans le Nord-Ouest de l'Europe (VIIe-XIIIe siècle). Actes du IVe Congrès International d'Archéologie Médiévale, Douai 1991. Hrsg. von Pierre Demolon, Henri Galinié und Frans Verhaeghe, Douai 1994, S. 191-199.

Fehring 1995 (im Druck)
Günter P. Fehring, Archäologie in Lübeck 1973-1993, in: Zeitschrift für Archäologie des Mittelalters 22, 1995 (im Druck).

Fehring/Neugebauer 1980
Günther P. Fehring und Manfred Neugebauer, Das Lübecker Stadthaus der Frühzeit, in: Archäologie in Lübeck (Hefte zur Kunst- und Kulturgeschichte der Hansestadt Lübeck 3), Lübeck 1980, S. 51-54.

Feldbusch 1954
Hans Feldbusch, Art. Christussymbolik, in: Reallexikon zur deutschen Kunstgeschichte, Bd. 3, 1954, Sp. 723ff.

Feldmann 1971
Karin Feldmann, Herzog Welf VI. und sein Sohn. Das Ende des süddeutschen Welfenhauses (mit Regesten), Phil. Diss. (masch.) Tübingen 1971.

Feldmann 1971a
Karin Feldmann, Herzog Welf VI., Schwaben und das Reich, in: Zeitschrift für Württembergische Landesgeschichte 30, 1971, S. 308-326.

Fenske 1982
Lutz Fenske, ›Das Quedlinburger Minnekästchen‹. Formenschatz und Datierungsprobleme einer heraldischen Quelle des 13. Jahrhunderts, Vortragsmanuskript (masch.), Göttingen 1982.

Fenske 1985
Lutz Fenske, Adel und Rittertum im Spiegel früher heraldischer Formen und deren Entwicklung, in: Fleckenstein 1985, S. 75-160.

Fenske 1993
Lutz Fenske, Zur Geschichte der Grafen von Regenstein vom 12. bis zur Mitte des 14. Jahrhunderts, in: Grafschaft und Fürstentum Blankenburg in Mittelalter und früher Neuzeit, in: Harz-Zeitschrift 45, 1993, S. 7-34.

Fenske/Schwarz 1990
Lutz Fenske und Ulrich Schwarz, Das Lehnsverzeichnis Graf Heinrichs I. von Regenstein 1212-1227. Gräfliche Herrschaft, Lehen und niederer Adel am Nordostharz (Veröffentlichungen des Max-Planck-Instituts für Geschichte 94), Göttingen 1990.

Festschrift Engels
Köln. Stadt und Bistum in Kirche und Reich des Mittelalters. Festschrift für Odilo Engels zum 65. Geburtstag (Kölner Historische Abhandlungen 39). Hrsg. von Hanna Vollrath und Stefan Weinfurter, Köln – Weimar – Wien 1993.

Festschrift Fehring
Archäologie des Mittelalters und Bauforschung im Hanseraum. Festschrift Günter P. Fehring, in: Schriftenreihe des Kulturhistorischen Museums in Rostock 1. Hrsg. von Manfred Gläser, Rostock 1993.

Festschrift Hahnloser
Festschrift Hans R. Hahnloser zum 60. Geburtstag. Hrsg. von Ellen J. Beer [u.a.], Basel – Stuttgart 1961.

Festschrift Hlawitschka
Festschrift für Eduard Hlawitschka zum 65. Geburtstag (Münchener Historische Studien. Abteilung Mittelalterliche Geschichte 5). Hrsg. von Karl Rudolf Schnith und Roland Pauler, Kallmünz 1993.

Festschrift Jordan
Aus Reichsgeschichte und nordischer Geschichte. Festschrift für Karl Jordan. Hrsg. von Horst Fuhrmann, Stuttgart 1972.

Festschrift Kloster Mariental
Das Zisterzienserkloster Mariental bei Helmstedt 1138-1988. Hrsg. vom Braunschweigischen Vereinigten Kloster- und Studienfonds, München 1988.

Festschrift Kraus
Festschrift für Andreas Kraus zum 60. Geburtstag (Münchener Historische Studien, Abteilung Bayerische Geschichte 10). Hrsg. von Pankraz Fried und Walter Ziegler, Kallmünz 1982.

Festschrift Kubach
Baukunst des Mittelalters in Europa. Festschrift Hans Erich Kubach zum 75. Geburtstag. Hrsg. von Franz J. Muth, Stuttgart 1988.

Festschrift Mütherich
Studien zur mittelalterlichen Kunst 800-1250. Festschrift für Florentine Mütherich zum 70. Geburtstag. Hrsg. von Katharina Bierbrauer, Peter K. Klein und Willibald Sauerländer, München 1985.

Festschrift Petri
Landschaft und Geschichte. Festschrift für Franz Petri zu seinem 65. Geburtstag am 22. Februar 1968. Hrsg. von Georg Droege, Peter Schöller, Rudolf Schützeichel und Matthias Zender, Bonn 1970.

Festschrift Schubert
Kunst des Mittelalters in Sachsen. Festschrift für Wolf Schubert, dargebracht zum 65. Geburtstag am 28. Januar 1963, Weimar 1967.

Festschrift Stackmann
Philologie als Kulturwissenschaft. Studien zur Literatur und Geschichte des Mittelalters. Festschrift für Karl Stackmann zum 65. Geburtstag. Hrsg. von Ludger Grenzmann, Hubert Herkommer und Dieter Wuttke, Göttingen 1987.

Festschrift Stoob
Civitatum Communitas. Studien zum europäischen Städtewesen. Festschrift Heinz Stoob zum 65. Geburtstag (Städteforschung Reihe A, Band 21, Teil 1). Hrsg. von Helmut Jäger, Franz Petri und Heinz Quirin, Köln – Wien 1984.

Festschrift Tappen
Neuwerk. Zwei Beiträge zu seiner Geschichte als Gabe an Theda Tappen zur Vollendung des 80. Lebensjahres, Goslar 1956.

Festschrift Unverzagt
Varia archaeologica. Wilhelm Unverzagt zum 70. Geburtstag dargebracht (Deutsche Akademie der Wissenschaften zu Berlin. Schriften der Sektion für Vor- und Frühgeschichte 16). Hrsg. von Paul Grimm, Berlin 1964.

Festschrift Wiesflecker
Festschrift Hermann Wiesflecker zum 60. Geburtstag. Hrsg. von Alexander Novotny und Othmar Pickl, Graz 1973.

Festschrift Wisbey
German narrative litterature of the twelfth and thirteenth century: studies presented to Roy Wisbey on his sixty-fifth birthday. Hrsg. von Volker Honemann, Martin H. Jones, Adrian Stevens und David Wells, Tübingen 1994.

Festschrift Zimmermann
Festschrift für Paul Zimmermann zur Vollendung seines 60. Lebensjahres (Quellen und Forschungen zur Braunschweigischen Geschichte 6), Wolfenbüttel 1914.

Fett 1908
Harry Fett, Billedhuggerkunsten i Norge under sverreraeten, Oslo (Kristiania) 1908.

Fiala 1910
Eduard Fiala, Münzen und Medaillen der Welfischen Lande 2: Die Welfen in den Sachsenlanden; Das alte Haus Braunschweig; Das alte Haus Lüneburg; Prägung der Burgunder, der Welfen in Bayern, Italien etc., Leipzig – Wien 1910.

Fichtenau 1965
Heinrich Fichtenau, Von der Mark zum Herzogtum, Wien 1965.

Fichtenau 1975
Heinrich Fichtenau, Akkon, Zypern und das Lösegeld für Richard Löwenherz, in: Beiträge zur Mediävistik. Ausgewählte Aufsätze. Hrsg. von Heinrich Fichtenau, Bd. 1, Stuttgart 1975, S. 239-258.

Ficker 1861-1923
Julius Ficker, Vom Reichsfürstenstande. Forschungen zur Geschichte der Reichsversammlung zunächst im 12. und 13. Jahrhundert, Bd. 1, Innsbruck 1861, Bd. 2, 1-3, Innsbruck 1911-1923.

Fillitz 1986
Hermann Fillitz, Die Schatzkammer in Wien. Symbole abendländischen Kaisertums, Salzburg 1986.

Fillitz 1994
Hermann Fillitz, Kaisertum, Papsttum und Politik in der Kunst des 12. Jahrhunderts, in: Herkunft und Ursprung. Historische und mythische Formen der Legitimation (Akten des Gerda Henkel Kolloquiums, veranstaltet vom Forschungsinstitut für Mittelalter und Renaissance der Heinrich-Heine-Universität Düsseldorf, 13. bis 15. Oktober 1991). Hrsg. von Peter Wunderlich, Sigmaringen 1994, S. 133-140.

Fillitz/Pippal 1987
Hermann Fillitz und Martina Pippal, Schatzkunst. Die Goldschmiede- und Elfenbeinarbeiten aus österreichischen Schatzkammern des Hochmittelalters, Salzburg – Wien 1989.

Fingerlin 1971
Ilse Fingerlin, Gürtel des hohen und späten Mittelalters (Kunstwissenschaftliche Studien 46), München 1971.

Fingerlin 1980
Ilse Fingerlin, Eine hochmittelalterliche Gürtelschnalle in Durchbrucharbeit, in: Zeitschrift für Archäologie des Mittelalters 8, 1980, S. 47-55.

Fingernagel 1991
Die illuminierten lateinischen Handschriften deutscher Provenienz der Staatsbibliothek Preußischer Kulturbesitz Berlin 8.-12. Jahrhundert. Beschrieben von Andreas Fingernagel (Staatsbibliothek Preußischer Kulturbesitz. Kataloge der Handschriftenabteilung, Dritte Reihe, Band 1). Hrsg. von Tilo Brandis, Text- und Tafelband, Wiesbaden 1991.

Fink 1925
August Fink, Das Imervardkreuz und das Triumphkreuz Heinrichs des Löwen für den Braunschweiger Dom, in: Braunschweigisches Magazin 31, 1925, Sp. 65-71.

Fink 1930
August Fink, Zur Geschichte des Braunschweiger Kaisermantels, in: Braunschweigisches Magazin 36, 1930, Sp. 9-14.

Fink 1948/49
August Fink, Das Imerwardkreuz, in: Das Münster 2, 1948/49, S. 270-272.

Fink 1955
Georg Fink, Die Lübecker Stadtsiegel, in: Zeitschrift des Vereins für Lübeckische Geschichte und Altertumskunde 35, 1955, S. 14-33.

Finke o.J. (1966)
Ulrich Finke, Katalog der mittelalterlichen Handschriften und Einzelblätter in der Kunstbibliothek Berlin (Sammlungskataloge der Kunstbibliothek 3), Berlin o.J. (1966).

Fischer 1965
Gerhard Fischer, Domkirken i Trondheim, Bd. 1-2, Oslo 1965.

Fleckenstein 1956
Josef Fleckenstein, Königshof und Bischofsschule unter Otto dem Großen, in: Archiv für Kulturgeschichte 38, 1956, S. 38-62.

Fleckenstein 1957
Josef Fleckenstein, Die Herkunft der Welfen und ihre Anfänge in Süddeutschland, in: Studien und Vorarbeiten zur Geschichte des großfränkischen und frühdeutschen Adels (Forschungen zur oberrheinischen Landesgeschichte 4). Hrsg. von Gerd Tellenbach, Freiburg i. Br. 1957, S. 71-136.

Fleckenstein 1959
Josef Fleckenstein, Die Hofkapelle der deutschen Könige (Schriften der MGH 16/1-2), Bd. 1-2, Stuttgart 1959.

Fleckenstein 1965
Josef Fleckenstein, Karl der Große und sein Hof, in: Beumann 1965, S. 24-50.

Fleckenstein 1976
Josef Fleckenstein, Rittertum und höfische Kultur, in: Max-Planck-Gesellschaft, Jahrbuch 1976, S. 40-52.

Fleckenstein 1977
Josef Fleckenstein, Das Rittertum der Stauferzeit, in: Kat. Stuttgart 1977, 3, S. 103-109.

Fleckenstein 1980
Josef Fleckenstein, Über Lothar von Süpplingenburg, seine Gründung Königslutter und ihre Verbindung mit den Welfen, in: Beiträge zur Geschichte des Landkreises und der ehemaligen Universität Helmstedt 3, 1980, S. 4-12.

Fleckenstein 1980a
Josef Fleckenstein, Die Rechtfertigung der geistlichen Ritterorden nach der Schrift ›De laude novae militiae‹ Bernhards von Clairvaux, in: Die geistlichen Ritterorden Europas (Vorträge und Forschungen 26). Hrsg. von Josef Fleckenstein und Manfred Hellmann, Sigmaringen 1980, S. 9-22.

Fleckenstein 1981
Josef Fleckenstein, Adel und Kriegertum und ihre Wandlung im Karolingerreich, in: Nascità dell'Europa Carolingia: un'equazione da verificare (Settimane di Studio del Centro Italiano di Studi sull'alto Medioevo 27), Bd. 1, Spoleto 1981, S. 67-94.

Fleckenstein 1985
Das ritterliche Turnier im Mittelalter. Beiträge zu einer vergleichenden Formen- und Verhaltensgeschichte des Rittertums (Veröffentlichungen des Max-Planck-Instituts für Geschichte 80). Hrsg. von Josef Fleckenstein, Göttingen 1985.

Fleckenstein 1990
Curialitas. Studien zu Grundfragen der höfisch-ritterlichen Kultur (Veröffentlichungen des Max-Planck-Instituts für Geschichte 100). Hrsg. von Josef Fleckenstein, Göttingen 1990.

Fleckenstein 1990a
Josef Fleckenstein, Miles und clericus am Königs- und Fürstenhof. Bemerkungen zu den Voraussetzungen, zur Entstehung und zur Trägerschaft der höfisch-ritterlichen Kultur, in: Fleckenstein 1990, S. 302-325.

Fleckenstein 1991
Josef Fleckenstein, Art. Hofkapelle, in: Lexikon des Mittelalters, Bd. 5, 1991, Sp. 70-72.

Fleckenstein/Schmid 1968
Adel und Kirche. Gerd Tellenbach zum 65. Geburtstag. Hrsg. von Josef Fleckenstein und Karl Schmid, Freiburg im Breisgau 1968, S. 389-416.

Fleischhauer 1975
Werner Fleischhauer, Das romanische Kreuzreliquiar von Denkendorf, in: Festschrift für Georg Scheja zum 70. Geburtstag, Sigmaringen 1975, S. 64-68.

Fleischhauer 1976
Werner Fleischhauer, Die Geschichte der Kunstkammer der Herzöge von Württemberg in Stuttgart (Veröffentlichungen der Kommission für geschichtliche Landeskunde in Baden-Württemberg, Reihe B, Forschungen 87), Stuttgart 1976.

Fleischhauer 1977
Werner Fleischhauer, Kunstkammer und Kronjuwelen, Stuttgart 1977.

Flemming/Lehmann/Schubert 1973
Johann Flemming, Edgar Lehmann und Ernst Schubert, Dom und Domschatz zu Halberstadt, 1. Auflage, Berlin 1973.

Flemming/Lehmann/Schubert 1990
Johann Flemming, Edgar Lehmann und Ernst Schubert, Dom und Domschatz zu Halberstadt, überarbeitete Ausgabe der 2. Auflage, Berlin 1976, Leipzig 1990.

Flesche 1949
Karl Peter Flesche, Die Kemenaten der Stadt Braunschweig, masch. schriftl. Diss. TU Braunschweig 1949.

Flood 1985
John L. Flood, Geschichte, Geschichtsbewußtsein und Textgestalt. Das Beispiel ›Herzog Ernst‹, in: Geschichtsbewußtsein in der Literatur des Mittelalters. Tübinger Colloquium 1983 (Publications of the Institute of Germanic Studies. University of London 34). Hrsg. von Christoph Gerhardt, Nigel F. Palmer und Burghart Wachinger, Tübingen 1985, S. 136-146.

Folz 1984
Robert Folz, Les saints rois du Moyen Age en occident (VIe-XIIIe siècles) (Subsidia hagiographica 68), Brüssel 1984.

Forrer 1907
Robert Forrer, Unedierte Miniaturen, Bd. 2, Straßburg 1907.

Forstner/Becker 1991
Neues Lexikon christlicher Symbole. Hrsg. von Dorothea Forstner und Renate Becker, Innsbruck – Wien 1991.

Fortnum 1876
Charles Drury Edward Fortnum, A descriptive catalogue of the bronzes of european origin in the South Kensington Museum, London 1876.

Fowler 1900
J. T. Fowler, On an examination of the grave of St. Cuthbert in Durham Cathedral Church, in March 1899, in: Archaeologia: or Miscellaneous Tracts related to Antiquity 57/1, 1900, S. 11-28.

François 1993
Geneviève François, Répertoire typologique des croix de l'Œuvre de Limoges, in: Bulletin de la Société Archéologique et Historique du Limousin 121, 1993, S. 85-120.

Frank 1993
Georg Frank, Das Zisterzienserkloster Maulbronn. Die Baugeschichte der Klausur von den Anfängen bis zur Säkularisierung (Studien zur Kunstgeschichte 70), Hildesheim 1993.

von Freeden 1931
Erich von Freeden, Die Reichsgewalt in Norddeutschland von der Mitte des 13. bis zur Mitte des 14. Jahrhunderts, Phil. Diss. Göttingen 1931.

Freise 1981
Eckhard Freise, Roger von Helmarshausen in seiner monastischen Umwelt, in: Frühmittelalterliche Studien 15, 1981, S. 180-293.

Freise 1982
Eckhard Freise, Roger von Helmarshausen – Ein maasländischer Künstler und Mönch in Westfalen, in: Kat. Münster 1982, S. 287-307.

Freise 1985
Eckhard Freise, Zur Person des Theophilus und seiner monastischen Umwelt, in: Kat. Köln 1985, 1, S. 357-362.

Freise 1995
Eckhard Freise, Die Welfen und der Sachsenspiegel, in: Schneidmüller 1995, S. 439-482.

Frensdorff 1905
Ferdinand Frensdorff, Studien zum Braunschweigischen Stadtrecht. Erster Beitrag, in: Nachrichten von der Kgl. Gesellschaft der Wissenschaften zu Göttingen, Phil.-hist. Klasse, 1905, S. 1-50.

Frensdorff 1906
Ferdinand Frensdorff, Studien zum Braunschweigischen Stadtrecht. Zweiter Beitrag, in: Nachrichten von der Kgl. Gesellschaft der Wissenschaften zu Göttingen, Phil.-hist. Klasse, 1906, S. 278-311.

Freytag 1951
Hans Joachim Freytag, Die Herrschaft der Billunger in Sachsen (Studien und Vorarbeiten zum Historischen Atlas Niedersachsens 20), Göttingen 1951.

Freytag 1972
Hans Joachim Freytag, Die Eroberung Nordelbiens durch den dänischen König im Jahre 1201, in: Festschrift Jordan, S. 222-243.

Fricke 1975
Rudolf Fricke, Das Bürgerhaus in Braunschweig (Das deutsche Bürgerhaus 20), Tübingen 1975.

Fried 1969
Pankraz Fried, Die Stadt Landsberg am Lech in der Städtelandschaft des frühen bayerischen Territorialstaates, in: Zeitschrift für bayerische Landesgeschichte 32, 1969, S. 68-103.

Fried 1973
Johannes Fried, Königsgedanken Heinrichs des Löwen, in: Archiv für Kulturgeschichte 55, 1973, S. 312-351.

Fried 1982
Pankraz Fried, Vorstufen der Territorialbildung in den hochmittelalterlichen Adelsherrschaften Bayerns, in: Festschrift Kraus, S. 33-44.

Fried 1984
Johannes Fried, Die Wirtschaftspolitik Friedrich Barbarossas in Deutschland, in: Blätter für deutsche Landesgeschichte 120, 1984, S. 195-239.

Fried 1986
Schulen und Studium im sozialen Wandel des hohen und späten Mittelalters (Vorträge und Forschungen 30). Hrsg. von Johannes Fried, Sigmaringen 1986.

Fried 1990
Johannes Fried, ›Das goldglänzende Buch‹. Heinrich der Löwe, sein Evangeliar, sein Selbstverständnis. Bemerkungen zu einer Neuerscheinung, in: Göttingische Gelehrte Anzeigen 242, 1990, S. 34-79.

Fried 1991
Johannes Fried, Die Formierung Europas 840-1046 (Oldenbourg-Grundriß der Geschichte 6), München 1991.

Fried/Hiereth 1971
Pankraz Fried und Sebastian Hiereth, Landgericht Landsberg und Pfleggericht Rauhenlechsberg (Historischer Atlas von Bayern, Teil Altbayern 22/23), München 1971.

Fried/Oexle 1996
Heinrich der Löwe 1995 – Probleme und Perspektiven. Hrsg. von Johannes Fried und Otto Gerhard Oexle, erscheint in Vorträge und Forschungen, 1996.

Friederici 1988
Adolf Friederici, Das Lübecker Domkapitel im Mittelalter 1160-1400 (Quellen und Forschungen zur Geschichte Schleswig-Holsteins 91), Neumünster 1988.

Friedrich 1910
Paul Friedrich, Der Untergrund der Stadt Lübeck, in: Zeitschrift des Vereins für Lübeckische Geschichte und Altertumskunde 12, Heft 1, 1910, S. 28-48.

Friedrich 1911
K. Friedrich, Die Münzen und Medaillen des Hauses Stolberg, Dresden 1911.

Friedrich II., De arte venandi
Fridericus II., De arte venandi cum avibus. Ms. Pal. Lat. 1071 Biblioteca Apostolica Vaticana. Facs.-Ausg. [Nebst] Kommentar von Carl Arnold Willemsen (Codices e Vaticanis selecti 31), Graz 1969.

Fritz 1966
Johann Michael Fritz, Gestochene Bilder. Gravierungen auf deutschen Goldschmiedearbeiten der Spätgotik (Beihefte der Bonner Jahrbücher 20), Köln – Graz 1966.

Fritz 1982
Johann Michael Fritz, Goldschmiedekunst der Gotik in Mitteleuropa, München 1982.

Frölich 1920/21
Karl Frölich, Zur Topographie und Bevölkerungsgliederung der Stadt Goslar im Mittelalter, in: Hansische Geschichtsblätter 46, 1920/21, S. 127-173.

Frölich 1927
Karl Frölich, Die Verfassungsentwicklung von Goslar im Mittelalter, in: Zeitschrift der Savigny-Stiftung für Rechtsgeschichte, Germanistische Abteilung 47, 1927, S. 287-486.

Frommann 1908
Max Frommann, Landgraf Ludwig III. der Fromme von Thüringen (1152-1190), in: Zeitschrift des Vereins für Thüringische Geschichte und Altertumskunde, N.F. 18, 1908, S. 175-248.

Frontzek/Memmert/Möhle 1995
Wolfgang Frontzek, Torsten Memmert und Martin Möhle, Das Goslarer Kaiserhaus. Eine baugeschichtliche Untersuchung (Goslarer Fundus 2), Hildesheim 1995.

Fryde 1987
Natalie Fryde, An den Schalthebeln der Kronfinanzen Englands unter den ersten fünf Plantagenêts, in: Hochfinanz, Wirtschaftsräume, Innovationen. Festschrift für Wolfgang von Stromer. Hrsg. von Uwe Bestmann, Franz Irsigler und Jürgen Schneider, Bd. 1, Trier 1987, S. 127-146.

Fuchs 1969
Peter Fuchs, Art. Heinrich V., in: Neue Deutsche Biographie, Bd. 8, S. 381ff.

Fuhrmann 1978
Horst Fuhrmann, Deutsche Geschichte im hohen Mittelalter von der Mitte des 11. bis zum Ende des 12. Jahrhunderts (Deutsche Geschichte 2), Göttingen 1978.

Fuhse 1935
Franz Fuhse, Handwerksaltertümer, Braunschweig 1935.

Fund Bardowick
Emil Bahrfeldt und Wilhelm Reinecke, Der Bardowicker Münzfund, in: Berliner Münzblätter, N.F. 34, 1913, S. 608-642.

Fund Bokel
O. Meier, Der Brakteatenfund von Bokel bei Bevern, Hannover 1932.

Fund Braunschweig, Aegidienkloster
Hermann Grote, Braunschweigische Bracteaten (Fund vom Aegidienkloster in Braunschweig 1756), in: Blätter für Münzkunde, Hannoversche Numismatische Zeitschrift, Bd. 1, Nr. 8, 1835, S. 17-18.

Fund Freckleben
Theodor Stenzel, Der Brakteatenfund von Freckleben, Berlin 1862.

Fund Gotha
Heinrich Buchenau und Behrendt Pick, Der Brakteatenfund von Gotha (1900), München 1928.

Fund Hohen-Volkfin
Paul Jonas Meier, Der Brakteatenfund von Hohen-Volkfin, in: Berliner Münzblätter 30, 1909, S. 216-222.

Fund Klasing
Ludwig von Bürkel, Die Bilder der süddeutschen breiten Pfennige (Halbbrakteaten), ihre Erklärung durch Beziehung auf andere Kunstgattungen, in: Mitteilungen der Bayerischen Numismatischen Gesellschaft 22/23, 1903/1904 (1903), darin: Der Fund von Klasing, S. 39-75.

Fund Lehmke
Max Bahrfeldt, Zum Münzfund von Lehmke, in: Numismatisch-sphragistischer Anzeiger 1879, S. 106-108.

Fund Lucklum
Wilhelm Jesse, Brakteatenfund von Lucklum bei Braunschweig, in: Hamburger Beiträge zur Numismatik 17, 1963, S. 567-570.

Fund Marschwitz
Emil Bahrfeldt, Der Marschwitzer Brakteatenfund, in: Zeitschrift für Numismatik 13, 1885, S. 1-32.

Fund Mödesse I
Paul Jonas Meier, Der Münzfund von Mödesse, in: Archiv für Brakteatenkunde 2, 1890-93, S. 225-350.

Fund Mödesse II
Wilhelm Jesse, Der zweite Brakteatenfund von Mödesse und die Kunst der Brakteaten zur Zeit Heinrichs des Löwen (Braunschweiger Werkstücke 21), Braunschweig 1957.

Fund Nordhausen I
Eberhard Mertens, Der Brakteatenfund von Nordhausen (Münzstudien [Riechmann] 4), Halle 1929.

Fund Paussnitz
Emil Bahrfeldt, Der Fund von Paussnitz, in: Archiv für Brakteatenkunde 6, 1898-1906, S. 88-99.

Fund Reichenhall I
Josef Eucharius Obermayr, Historische Nachricht von Bayerischen Münzen, oder muthmaßliche Erklärung derer zu Reichenhall ausgegrabenen und in dem XI. und XII. Jahrhundert geschlagenen Münzen [...], Frankfurt – Leipzig 1763.

Fund Seega
Heinrich Buchenau, Der Bracteatenfund von Seega. Ein Beitrag zur Erforschung der deutschen Münzdenkmäler aus dem Zeitalter der staufischen Kaiser, Marburg 1905.

Fundatio oratorii s. Mariae ad Crucem
Fundatio oratorii s. Mariae ad Crucem iuxta Hervordiam. Ed. Oswald Holder-Egger, in: MGH SS 15,2, Hannover 1888, S. 1053-1054.

Gaborit-Chopin 1978
Danielle Gaborit-Chopin, Elfenbeinkunst im Mittelalter, Berlin 1978.

Gabriel 1991
Ingo Gabriel, Hofkultur, Heerwesen, Burghandwerk, Hauswirtschaft, in: Starigard/Oldenburg. Ein slawischer Herrensitz des frühen Mittelalters in Ostholstein. Hrsg. von Michael Müller-Wille, Neumünster 1991, S. 181-250.

Gädeke 1980
Thomas Gädeke, Die Architektur der Klosterkirche in Königslutter, in: Kat. Braunschweig 1980, S. 42-55.

Gädeke 1988
Thomas Gädeke, Die Architektur des Nikolaus. Seine Bauten in Königslutter und Oberitalien (Studien zur Kunstgeschichte 49), Hildesheim – Zürich – New York 1988.

Gädeke 1992
Nora Gädeke, Zeugnisse bildlicher Darstellung der Nachkommenschaft Heinrichs I. (Arbeiten zur Frühmittelalterforschung 22), Berlin – New York 1992.

Gädeke 1993
Thomas Gädeke, Die Trägerfiguren des Krodoaltares aus dem ehemaligen Goslarer Dom und der oberitalienische Einfluß in Niedersachsen, in: Steigerwald 1993, S. 119-127.

Gall 1976
F. Gall, Die Siegel der Babenbergerzeit, in: Kat. Lilienfeld 1976, S. 436-438.

Galster 1917-19
Georg Galster, Der Bünstorffer Brakteatenfund, in: Berliner Münzblätter, N.F. Bd. 6, Jg. 38-40, 1917-19, Berlin 1920.

Gamber 1977
Ortwin Gamber, Die Bewaffnung der Stauferzeit, in: Kat. Stuttgart 1977, 3, S. 113-118.

Gandersheimer Reimchronik
Die Gandersheimer Reimchronik des Priesters Eberhard (Altdeutsche Textbibliothek 25). Hrsg. von Ludwig Wolff, 2., revidierte Auflage, Tübingen 1969.

Gandert 1954
Otto Friedrich Gandert, Ein romanisches Pilgerzeichen aus dem mittelalterlichen Magdeburg, in: Frühe Burgen und Städte (Schriften der Sektion für Vor- und Frühgeschichte 2), Berlin 1954.

Gandolfo 1978
Francesca Gandolfo, Il ›Protiro lombardo‹: una ipotesi di formazione, in: Storia dell'arte 34, 1978, S. 211-220.

Ganshof 1967
François L. Ganshof, Was ist das Lehnswesen? 2., revidierte deutsche Auflage, Darmstadt 1967.

Ganz 1986
Peter Ganz, curialis/hövesch, in: Kaiser/Müller 1986, S. 39-56.

Ganz 1989
Peter Ganz, Heinrich der Löwe und sein Hof in Braunschweig, in: Kötzsche 1989, S. 28-41.

Ganz 1990
Peter Ganz, ›hövesch‹/›hövescheit‹ im Mittelhochdeutschen, in: Fleckenstein 1990, S. 39-54.

Ganz 1992
Peter Ganz, Friedrich Barbarossa. Hof und Kultur, in: Haverkamp 1992, S. 623-650.

Gardner 1951
Arthur Gardner, English medieval sculpture, Cambridge 1951.

Garzmann 1976
Manfred R. W. Garzmann, Stadtherr und Gemeinde in Braunschweig im 13. und 14. Jahrhundert (Braunschweiger Werkstücke 53), Braunschweig 1976.

Garzmann 1977
Manfred R. W. Garzmann, 750 Jahre Stadtrechte für Altstadt und Hagen (Kleine Schriften, Heft 1), Braunschweig 1977.

Garzmann 1978
Manfred R. W. Garzmann, Das Ottonianum und die Jura Indaginis. Zum 750jährigen Jubiläum der Stadtrechte für Altstadt und Hagen in Braunschweig, in: Braunschweigisches Jahrbuch 59, 1978, S. 9-23.

Garzmann 1981
Manfred R. W. Garzmann, Ausgewählte Urkunden zur mittelalterlichen Geschichte der Stadt Braunschweig, in: Kat. Braunschweig 1981, S. 571-593.

Garzmann 1989
Manfred R. W. Garzmann, Eine kunstsinnige Prinzessin aus England in der Braunschweiger Welfenresidenz. Zur 800. Wiederkehr des Todestages von Herzogin Mathilde, der 2. Gemahlin Heinrichs des Löwen, am 28. Juni 1189 (Quaestiones Brunsvicenses. Berichte aus dem Stadtarchiv Braunschweig 1), Braunschweig 1989.

Gattermann 1993
Handschriftencensus Rheinland. Erfassung mittelalterlicher Handschriften im rheinischen Landesteil von Nordrhein-Westfalen mit einem Inventar (Schriften der Universitäts- und Landesbibliothek Düsseldorf 18). Hrsg. von Günter Gattermann, bearb. von Heinz Finger [u. a.], Wiesbaden 1993.

Gaul 1932
Otto Gaul, Die romanische Baukunst und Bauornamentik in Sachsen, Magdeburg 1932.

Gauthier 1956
Marie-Madeleine Gauthier, La légende de sainte Valérie et les émaux champlevés de Limoges, in: Bulletin de la Société Archéologique et Historique du Limousin 86-1, 1956, S. 35-80.

Gauthier 1958
Marie-Madeleine Gauthier, ›Le fond vermiculé‹, in: Cahiers de Civilisation Médiévale 1, 1958, S. 349-369.

Gauthier 1972
Marie-Madeleine Gauthier, Emaux du Moyen Age occidental, Fribourg 1972.

Gauthier 1977
Marie-Madeleine Gauthier, Danseur et musiciens dans les arts précieux au Moyen Age, in: Romanico padano. Romanico europeo. Congresso internazionale di studi, Modena – Parma 1977, S. 78-88.

Gauthier 1987
Marie-Madeleine Gauthier, Emaux Méridionaux. Catalogue international de l'œuvre de Limoges, Bd. 1: L'Epoque Romane, Paris 1987.

Gebhardi 1857
Ludwig Albrecht Gebhardi, Kurze Geschichte des Klosters St. Michael in Lüneburg, Celle 1857.

Gebhardi, Collectanea
Ludwig Albrecht Gebhardi, Collectanea ... (Niedersächsische Landesbibliothek Hannover, MS. XXIII), Bd. 1-15, 1762-1798.

Gebhardt 1970-1976
Handbuch der deutschen Geschichte. Begründet von Bruno Gebhardt. Hrsg. von Herbert Grundmann, Bd. 1-4, 9., neu bearb. Auflage, Stuttgart 1970-1976.

Geddes 1980
Jane Geddes, The twelfth-century metalwork at Durham cathedral, in: Medieval art and architecture at Durham cathedral (The British Archaeological Association, conference transactions, 3), Leeds 1980, S. 140-147.

Geibig 1991
Alfred Geibig, Beiträge zur morphologischen Entwicklung des Schwertes im Mittelalter. Eine Analyse des Fundmaterials vom ausgehenden 8. bis zum 12. Jahrhundert aus Sammlungen der Bundesrepublik Deutschland, Neumünster 1991.

Geijer 1968
Agnes Geijer, Un manteau de cavalier iranien reconstitué, in: Bulletin du Centre International d'Etudes des Textiles Anciens (CIETA) 27, 1968, S. 22-24.

Georgi 1990
Wolfgang Georgi, Friedrich Barbarossa und die auswärtigen Mächte. Studien zur Außenpolitik 1159-1180 (Europäische Hochschulschriften. Reihe 3, 442), Frankfurt a. M. – Bern – New York – Paris 1990.

Georgi 1993
Wolfgang Georgi, Legatio virum sapientem requirat. Zur Rolle der Erzbischöfe von Köln als königlich-kaiserliche Gesandte, in: Festschrift Engels, S. 61-124.

Gerhard von Steterburg, Annalen
Annales Stederburgenses auctore Gerhardo praeposito. Ed. Georg Heinrich Pertz, in: MGH SS 16, Hannover 1859, S. 197-231.

Gerhardt 1932
Joachim Gerhardt, Die spätromanischen Wandmalereien im Dome zu Braunschweig, Phil. Diss. Bonn 1932.

Gerlach 1976
D. Gerlach, Ein Modell des romanischen Doms zu Lübeck, in: Ahlers/Graßmann/Neugebauer 1976, S. 353-364.

Germania Benedictina V
Die Benediktinerklöster in Baden-Württemberg (Germania Benedictina V). Hrsg. von Franz Quarthal, München 1975, 2. Auflage, St. Ottilien 1987.

Germania Benedictina VI
Die Benediktinerklöster in Niedersachsen, Schleswig-Holstein und Bremen (Germania Benedictina VI). Bearb. von Ulrich Faust, St. Ottilien 1979.

Germania Benedictina XI
Die Frauenklöster in Niedersachsen, Schleswig-Holstein, Hamburg und Bremen (Germania Benedictina XI). Bearb. von Ulrich Faust, St. Ottilien 1984.

Germania Benedictina XII
Die Männer- und Frauenklöster der Zisterzienser in Niedersachsen, Schleswig-Holstein und Hamburg (Germania Benedictina XII). Bearb. von Ulrich Faust, St. Ottilien 1994.

Germania Pontificia VI
Germania Pontificia sive Repertorium privilegiorum et litterarum a romanis pontificibus ante annum MCLXXXXVIII Germaniae ecclesiis monasteriis civitatibus singulisque personis concessorum, Vol. VI: Provincia Hammaburgo – Bremensis. Congesserunt Wolfgangus Seegrün et Theodorus Schiffer, Göttingen 1981.

Gerndt 1980
Helge Gerndt, Das Nachleben Heinrichs des Löwen in der Sage, in: Mohrmann 1980, S. 440-465.

Gervais 1842
Eduard Gervais, Politische Geschichte in Deutschland unter der Regierung der Kaiser Heinrich V. und Lothar III., Bd. 2: Lothar III., Leipzig 1842.

Gervasius von Tilbury (Ed. Leibniz)
Gervasius von Tilbury, Liber de mirabilibus mundi [Otia imperialia], in: Gottfried Wilhelm Leibniz, Scriptores rerum Brunsvicensium, Bd. 1: Hannover 1707, S. 881-1005; Bd. 2: Hannover 1710, S. 751-784.

Gervasius von Tilbury (Ed. Pauli)
E Gervasii Tilleberiensis Otiis imperialibus. Ed. Reinhold Pauli, in: MGH SS 27, Hannover 1885, S. 359-394.

Geschichtl. Handatlas Niedersachsen
Geschichtlicher Handatlas von Niedersachsen. Bearb. von Gudrun Pischke, Neumünster 1989.

Gesta episcoporum Halberstadensium
Gesta episcoporum Halberstadensium. Ed. Ludwig Weiland, in: MGH SS 23, Hannover 1874, S. 73-123.

Geuenich/Oexle 1994
Memoria in der Gesellschaft des Mittelalters (Veröffentlichungen des Max-Planck-Instituts für Geschichte 111). Hrsg. von Dieter Geuenich und Otto Gerhard Oexle, Göttingen 1994.

Gibson/Heslop/Pfaff 1992
The Eadwine Psalter. Text, Image, and Monastic Culture in Twelfth Century Canterbury. Ed. Margaret Gibson, T. A. Heslop and Richard W. Pfaff, London – University Park 1992.

Giesau 1912
Hermann Giesau, Eine deutsche Bauhütte aus dem Anfange des 13. Jahrhunderts. Studien zur Geschichte der Frühgotik in Sachsen und Thüringen (Studien zur thüringisch-sächsischen Kunstgeschichte, Heft 1), Halle/Saale 1912.

Giese 1978
Wolfgang Giese, Stadt- und Herrscherbeschreibungen bei Wilhelm von Tyrus, in: Deutsches Archiv für Erforschung des Mittelalters 34, 1978, S. 381-409.

Giese 1979
Wolfgang Giese, Der Stamm der Sachsen und das Reich in ottonischer und salischer Zeit. Studien zum Einfluß des Sachsenstamms auf die politische Geschichte des deutschen Reiches im 10. und 11. Jahrhundert und zu ihrer Stellung im Reichsgefüge mit einem Ausblick auf das 12. und 13. Jahrhundert, Wiesbaden 1979.

Gillingham 1978
John Gillingham, Richard the Lionheart, London 1978.

Gillingham 1981
John Gillingham, Richard Löwenherz. Eine Biographie, Düsseldorf 1981.

Gläser 1985
Manfred Gläser, Befunde zur Hafenrandbebauung Lübecks als Niederschlag der Stadtentwicklung im 12. und 13. Jahrhundert. Vorbericht zu den Grabungen Alfstraße 36/38 und An der Untertrave 111/112, in: Lübecker Schriften zur Archäologie und Kulturgeschichte 2, 1985, S. 117-129.

Gläser 1987
Manfred Gläser, Eine Bronze-Gießerei des 13. Jahrhunderts in Lübeck, in: Archäologisches Korrespondenzblatt 17, 1987, S. 121-127.

Gläser 1987a
Manfred Gläser, Keramikchronologie des 12. und 13. Jahrhunderts in Lübeck, in: Archäologisches Korrespondenzblatt 17, 1987, S. 387-399.

Gläser 1989
Manfred Gläser, Archäologische und baugeschichtliche Untersuchungen im St. Johanneskloster zu Lübeck. Auswertung der Befunde und Funde, in: Lübecker Schriften zur Archäologie und Kulturgeschichte 16, 1989, S. 9-120.

Gläser 1989a
Manfred Gläser, Archäologische Untersuchungen einer hochmittelalterlichen Bronzegießerei zu Lübeck, Breite Straße 26, in: Lübecker Schriften zur Archäologie und Kulturgeschichte 16, 1989, S. 291-308.

Gläser 1989b
Manfred Gläser, Eine Lübecker Bäckerei aus dem Mittelalter und der frühen Neuzeit. Archäologische Untersuchungen auf dem Grundstück Engelswisch 65, in: Lübecker Schriften zur Archäologie und Kulturgeschichte 16, 1989, S. 309-334.

Gläser 1989c
Manfred Gläser, Der Lübecker Hafen des 12. und 13. Jahrhunderts. Grabungsergebnisse und Rekonstruktionen, in: Zeitschrift des Vereins für Lübeckische Geschichte und Altertumskunde 69, 1989, S. 49-73.

Gläser 1989d
Manfred Gläser, Mittelalterliche Spielzeugfunde, in: Kat. Hamburg 1989, 1, S. 441-442.

Gläser 1992
Manfred Gläser, Die Ausgrabungen in der Großen Petersgrube zu Lübeck. Befunde und Funde. Mit zwei Beiträgen von Wolfgang Erdmann, in: Lübecker Schriften zur Archäologie und Kulturgeschichte 18, 1992, S. 41-185.

Gläser 1992a
Manfred Gläser, Die Funde der Grabungen Alfstraße 36/38 und An der Untertrave 111/112. Niederschlag der Stadtentwicklung Lübecks und seines Hafens im 12. und 13. Jahrhundert, in: Lübecker Schriften zur Archäologie und Kulturgeschichte 18, 1992, S. 187-248.

Gläser/Kruse/Laggin 1992
Manfred Gläser, Karl Bernhard Kruse und Dirk Laggin, Archäologische und baugeschichtliche Untersuchungen auf dem Grundstück Mengstraße 64 in Lübeck, in: Lübecker Schriften zur Archäologie und Kulturgeschichte 18, 1992, S. 249-286.

Gläser/Mührenberg 1989
Manfred Gläser und Doris Mührenberg, Archäologische Ergebnisse zum mittelalterlichen Handwerk am Beispiel Lübecks, in: Kat. Hamburg 1989, 1, S. 454-458.

Gläser/Münchow 1983
Manfred Gläser und Matthias Münchow, Münzfunde und Münzdatierungen bei der Grabung Johanniskloster, Lübeck, in: Die Heimat 90, Heft 6, 1983, S. 145-149.

Glaeske 1962
Günter Glaeske, Die Erzbischöfe von Hamburg-Bremen als Reichsfürsten 937-1258 (Reihen und Darstellungen zur Geschichte Niedersachsens 60), Hildesheim 1962.

Głosek 1984
Marian Głosek, Miecze środkowwoeuropejskie z X-XV, Warszawa 1984.

Gockel 1986-91
Michael Gockel, Nordhausen (A), Kreis Nordhausen, Bezirk Erfurt, in: Deutsche Königspfalzen, Bd. 2, S. 319-385.

Goedicke 1897
Karl Goedicke, Siegel, Wappen und Fahnen der Stadt Halberstadt, in: Zeitschrift des Harz-Vereins für Geschichte und Altertumskunde 30, 1897, S. 463-474.

Görges 1815
Friedrich Görges, Der Sanct-Blasius-Dom zu Braunschweig, Braunschweig 1815.

Görges 1815
Friedrich Görges, Der von Heinrich dem Löwen, Herzoge von Sachsen und Bayern, erbaute Sanct Blasius Dom zu Braunschweig, 2., verbesserte Auflage, Braunschweig 1815.

Görich 1993
Knut Görich, Otto III. Romanus Saxonicus et Italicus. Kaiserliche Rompolitik und sächsische Historiographie (Historische Forschungen 18), Sigmaringen 1993.

Goes 1960
Rudolf Goes, Die Hausmacht der Welfen in Süddeutschland, Phil. Diss. (masch.) Tübingen 1960.

Goetting 1970
Hans Goetting, Die Riechenberger Fälschungen und das zweite Königssiegel Lothars III., in: Mitteilungen des Instituts für Österreichische Geschichtsforschung 78, 1970, S. 132-166.

Goetting 1973
Das Bistum Hildesheim 1: Das reichsunmittelbare Kanonissenstift Gandersheim (Germania Sacra, N.F. 7). Bearb. von Hans Goetting, Berlin – New York 1973.

Goetting 1984
Hans Goetting, Die Hildesheimer Bischöfe von 815 bis 1221 (1227) (Germania Sacra, N.F. 20), Berlin – New York 1984.

Goetz 1977
Hans-Werner Goetz, ›Dux‹ und ›Ducatus‹. Begriffs- und verfassungsgeschichtliche Untersuchungen zur Entstehung des sogenannten ›jüngeren‹ Stammesherzogtums an der Wende vom neunten zum zehnten Jahrhundert, Phil. Diss. (masch.) Bochum 1977.

Götz 1981
Wolfgang Götz, Die baugeschichtliche Bedeutung des Domes von Ratzeburg, in: Blätter für deutsche Landesgeschichte 117, 1981, S. 113-137.

Goetz 1984
Hans-Werner Goetz, Das Geschichtsbild Ottos von Freising. Ein Beitrag zur historischen Vorstellungswelt und zur Geschichte des 12. Jahrhunderts (Beihefte zum Archiv für Kulturgeschichte 19), Köln – Wien 1984.

Goetz 1989
Hans-Werner Goetz, Art. Herzog, Herzogtum, in: Lexikon des Mittelalters, Bd. 4, 1989, Sp. 2189-2193.

Goetz 1991
Hans-Werner Goetz, Das Herzogtum im Spiegel der salierzeitlichen Geschichtsschreibung, in: Weinfurter 1991, Bd. 1, S. 253-271.

Goetz 1994
Hans-Werner Goetz, Das Herzogtum der Billunger – ein sächsischer Sonderweg?, in: Niedersächsisches Jahrbuch für Landesgeschichte 66, 1994, S. 167-197.

Goetze 1981
Jochen Goetze, Zur Bedeutung der lübeckischen Schiffsiegel, in: Zeitschrift des Vereins für Lübeckische Geschichte und Altertumskunde 61, 1981, S. 229-237.

Goez 1962
Werner Goez, Der Leihezwang. Eine Untersuchung zur Geschichte des deutschen Lehnrechts, Tübingen 1962.

Goez 1983
Werner Goez, Gestalten des Hochmittelalters. Personengeschichtliche Essays im allgemeinhistorischen Kontext, Darmstadt 1983.

Goez 1994
Werner Goez, ›Barbarossas Taufschale‹ – Goethes Beziehungen zu den Monumenta Germaniae historica und seine Erfahrungen mit der Geschichtswissenschaft, in: Deutsches Archiv für Erforschung des Mittelalters 50, 1994, S. 73-88.

Goez 1995
Elke Goez, Beatrix von Canossa und Tuszien: eine Untersuchung zur Geschichte des 11. Jahrhunderts, Sigmaringen 1995.

Goldschmidt 1910
Adolph Goldschmidt, Die Bauornamentik in Sachsen im XII. Jahrhundert, in: Monatshefte für Kunstwissenschaft 3, 1910, S. 299-314.

Goldschmidt 1910a
Adolph Goldschmidt, Das Evangeliar im Rathaus zu Goslar, Berlin 1910.

Goldschmidt 1923
Adolph Goldschmidt, Die Elfenbeinskulpturen aus der romanischen Zeit. 11. bis 13. Jahrhundert, Bd. 3, Berlin 1923, Nachdruck Berlin 1972.

Goldschmidt 1926
Adolph Goldschmidt, Die Elfenbeinskulpturen aus der romanischen Zeit. 11. bis 13. Jahrhundert, Bd. 4, Berlin 1926, Nachdruck Berlin 1975.

Goldschmidt 1932
Adolph Goldschmidt, Die Bronzetüren von Nowgorod und Gnesen (Die frühmittelalterlichen Bronzetüren 2), Marburg/Lahn 1932.

Goldschmidt 1938
Adolph Goldschmidt, A german psalter of the twelfth century written in Helmarshausen, in: The Journal of the Walters Art Gallery 1, 1938, S. 18-23.

Goldschmidt/Weitzmann 1930
Die byzantinischen Elfenbeinskulpturen des 10. bis 13. Jahrhunderts. Bearb. von Adolph Goldschmidt und Kurt Weitzmann, Bd. 1: Kästen, Berlin 1930.

Goldschmidt/Weitzmann 1934
Die byzantinischen Elfenbeinskulpturen des 10. bis 13. Jahrhunderts. Bearb. von Adolph Goldschmidt und Kurt Weitzmann, Bd. 2: Die Reliefs, Berlin 1934.

Gombrich 1972
Ernst H. Gombrich, Art and illusion. A study in the psychology of pictorial representation, Princeton 1972.

Gombrich 1992
Ernst H. Gombrich, Die Geschichte der Kunst, 5. Auflage, Stuttgart – Zürich 1992.

Gosebruch 1979
Martin Gosebruch, Die Braunschweiger Gertrudiswerkstatt – Zur (spät)ottonischen Goldschmiedekunst in Sachsen, in: Niederdeutsche Beiträge zur Kunstgeschichte 18, 1979, S. 9-42.

Gosebruch 1980
Martin Gosebruch, Der Braunschweiger Dom und seine Bildwerke, Königstein im Taunus 1980.

Gosebruch 1980a
Martin Gosebruch, Die Kunst des Nikolaus. Von Königslutter aus in den Blick genommen, auf ihre provenzalischen Wurzeln hin untersucht und im Verhältnis zur Kathedralgotik erläutert, in: Niederdeutsche Beiträge zur Kunstgeschichte 19, 1980, S. 63-124.

Gosebruch 1983
Martin Gosebruch, ›Labor est Herimanni‹. Zum Evangeliar Heinrichs des Löwen, in: Abhandlungen der Braunschweigischen Wissenschaftlichen Gesellschaft 35, 1983, S. 135-161.

Gosebruch 1985
Martin Gosebruch, Der Braunschweiger Burglöwe. Bericht über ein wissenschaftliches Symposion in Braunschweig vom 12.10. bis 15.10.1983 (Schriftenreihe der Kommission für Niedersächsische Bau- und Kunstgeschichte bei der Braunschweigischen Wissenschaftlichen Gesellschaft, 2). Hrsg. von Martin Gosebruch, Göttingen 1985.

Gosebruch 1985a
Martin Gosebruch, Vom Burglöwen und seinem Stein, in: Gosebruch 1985, S. 9-20.

Gosebruch/Gädeke 1985
Martin Gosebruch und Thomas Gädeke, Königslutter. Die Abtei Kaiser Lothars, Königstein im Taunus 1985.

Gosebruch/Steigerwald 1992
Helmarshausen und das Evangeliar Heinrichs des Löwen. Bericht über ein wissenschaftliches Symposion in Braunschweig und Helmarshausen (Schriftenreihe der Kommission für Niedersächsische Bau- und Kunstgeschichte bei der Braunschweigischen Wissenschaftlichen Gesellschaft 4). Hrsg. von Martin Gosebruch und Frank Neidhart Steigerwald, Göttingen 1992.

Gottfried von Viterbo, Gesta Frederici
Gottfried von Viterbo, Gesta Frederici. Ed. Georg Waitz, in: MGH SS 22, Hannover 1872, S. 1-338.

Gottschall 1992
Dagmar Gottschall, Das ›Elucidarium‹ des Honorius Augustodunensis. Untersuchungen zu seiner Überlieferungs- und Rezeptionsgeschichte im deutschsprachigen Raum mit Ausgabe der niederdeutschen Übersetzung, Tübingen 1992.

Goy 1976
Rudolf Goy, Die Überlieferung der Werke Hugos von St. Viktor. Ein Beitrag zur Kommunikationsgeschichte des Mittelalters (Monographien zur Geschichte des Mittelalters 14), Stuttgart 1976.

Grabowski 1993
Mieczyslaw Grabowski, Zur Infrastruktur der mittelalterlichen Königstraße zu Lübeck: Straßenbeläge, Abwassersystem, Brunnen und Wasserleitungen, in: Archäologisches Korrespondenzblatt 23, 1993, S. 241-249.

Graeven 1902
Hans Graeven, Heinrichs des Löwen siebenarmiger Leuchter, in: Zeitschrift des Historischen Vereins für Niedersachsen, 1902, S. 449-479.

Gramaccini 1987
Norberto Gramaccini, Zur Ikonologie der Bronze im Mittelalter, in: Städel-Jahrbuch, N.F. 11, 1987, S. 147-170.

Gramatzki 1972
Horst Gramatzki, Das Stift Fredelsloh von der Gründung bis zum Erlöschen seines Konvents. Historische und baugeschichtliche Untersuchungen (Studien zur Einbecker Geschichte 5), Einbeck 1972.

Grand 1958
Roger Grand, L'art roman en Bretagne, Paris 1958.

Grant 1994
Lindy Grant, Le patronage architectural d'Henri II et de son entourage, in: Cahiers de Civilisation Médiévale 37, 1994, S. 73-84.

Grape 1994
Wolfgang Grape, Der Teppich von Bayeux. Ein bildliches Schauspiel des 11. Jahrhunderts, München 1994.

Graßmann 1980
Antjekathrin Graßmann, Ein Wachstafelbuch vom Schrangen zu Lübeck, in: Lübecker Schriften zur Archäologie und Kulturgeschichte 3, 1980, S. 165-166.

Graßmann 1988
Lübeckische Geschichte. Hrsg. von Antjekathrin Graßmann, Lübeck 1988. 2., überarbeitete Auflage, Lübeck 1989.

Graßmann/North 1988
Antjekathrin Graßmann und Michael North, Münzen und Münzschatzfunde aus der Lübecker Innenstadt, in: Lübecker Schriften zur Archäologie und Kulturgeschichte 17, 1988, S. 149-151.

Grebe/Mangelsdorf 1983
Klaus Grebe und Günter Mangelsdorf, Eine Limoger Schnalle aus Brandenburg, in: Veröffentlichungen des Museums für Ur- und Frühgeschichte 17, 1983, S. 213-225.

Green 1943
William M. Green, Hugo of St. Victor, De tribus maximis circumstantiis gestorum, in: Speculum 18, 1943, S. 484-493.

Green 1979
Herrad of Hohenbourg. Hortus deliciarum (Studies of the Warburg Institute 36). Hrsg. von Rosalie Green, Bd. 1-2, London 1979.

Green 1987
Dennis H. Green, Über Mündlichkeit und Schriftlichkeit in der deutschen Literatur des Mittelalters. Drei Rezeptionsweisen und ihre Erfassung, in: Philologie als Kulturwissenschaft. Studien zur Literatur und Geschichte des Mittelalters, in: Festschrift für Karl Stackmann zum 65. Geburtstag, Göttingen 1987, S. 1-20.

Green 1994
Dennis H. Green, Vrume rîtr und guote vrouwen / und wîse phaffen. Court literature and its audience, in: Festschrift Wisbey, S. 7-26.

Greenaway 1961
The life and death of Thomas Becket chancellor of England and archbishop of Canterbury based on the account of William Fitz Stephen his clerk with additions from other contemporary sources translated and edited by George Greenaway, London 1961.

Greenwell/Blair 1911
W. Greenwell und C. H. Blair, Durham seals: catalogue made by the Rev. W. Greenwell ... collated and annotated by C. H. Blair, in: Archaeologia Aeliana 8, 1911, S. 46-136.

Griep 1957
Hans-Günther Griep, Mittelalterliche Goslarer Kunstwerke. Ein Inventar, Goslar 1957.

Griep 1959
Hans-Günter Griep, Das Bürgerhaus in Goslar (Das deutsche Bürgerhaus 1), Tübingen 1959.

Grill 1977
Leopold Josef Grill, Das Itinerar Ottos von Freising, in: Festschrift Friedrich Hausmann. Hrsg. von Herwig Ebner, Graz 1977, S. 153-177.

Grimm 1958
Paul Grimm, Die vor- und frühgeschichtlichen Burgwälle der Bezirke Halle und Magdeburg (Schriften der Sektion für Vor- und Frühgeschichte 6), Berlin 1958.

Grimm 1965
Paul Grimm, Archäologische Beobachtungen an Pfalzen und Reichsburgen östlich und südlich des Harzes mit besonderer Berücksichtigung der Pfalz Tilleda, in: Deutsche Königspfalzen, Bd. 1, S. 273-299.

Grimm 1968
Paul Grimm, Tilleda. Eine Königspfalz am Kyffhäuser, Bd. 1: Die Hauptburg (Schriften der Sektion für Vor- und Frühgeschichte 24), Berlin 1968.

Grimm 1990
Paul Grimm, Tilleda. Eine Königspfalz am Kyffhäuser, Bd. 2: Die Vorburg und Zusammenfassung (Schriften zur Ur- und Frühgeschichte 40), Berlin 1990.

Grimme 1962
Ernst Günter Grimme, Die großen Jahrhunderte der Aachener Goldschmiedekunst, in: Aachener Kunstblätter 26, 1962.

Grimme 1964
Ernst Günter Grimme, Das Armreliquiar Karls des Großen, in: Aachener Kunstblätter 29, 1964, S. 68-77.

Grimme 1972
Ernst Günter Grimme, Der Aachener Domschatz, in: Aachener Kunstblätter 42, 1972, 2. Auflage, 1973.

Grimme 1988
Ernst Günter Grimme, Das Bildprogramm des Aachener Karlsschreins, in: Müllejans 1988, S. 124-135.

Grimme 1994
Ernst Günther Grimme, Der Dom zu Aachen. Architektur und Ausstattung, Aachen 1994.

Gringmuth-Dallmer/Hollnagel 1971
Eike Gringmuth-Dallmer und Adolf Hollnagel, Jungslawische Siedlung mit Kultfiguren auf der Fischerinsel bei Neubrandenburg, in: Zeitschrift für Archäologie 5, 1971, S. 102-133.

Gritzner 1902
Erich Gritzner, Symbole und Wappen des alten deutschen Reichs (Leipziger Studien aus dem Gebiet der Geschichte VIII, 3), Leipzig 1902.

Grodecki 1977
Louis Grodecki, Romanische Glasmalerei, Stuttgart 1977.

Grohne 1956
Ernst Grohne, Alte Kostbarkeiten aus dem bremischen Kulturbereich, Bremen 1956.

Groß 1990
Thomas Groß, Lothar III. und die Mathildischen Güter (Europäische Hochschulschriften Reihe 3, 419), Frankfurt a. M. – Bern – New York – Paris 1990.

Grosse 1941/42
Walther Grosse, Alte Straßen um Bodfeld, in: Zeitschrift des Harzvereins für Geschichte und Altertumskunde 74/75, 1941/1942, S. 1-25.

Großmann 1961
Dieter Großmann, Das Palmetten-Ringband-Kapitell, in: Niederdeutsche Beiträge zur Kunstgeschichte 1, 1961, S. 23-56.

Grote 1837
Hans Grote, Münzen des nördlichen Niedersachsens, in: Blätter für Münzkunde 3, 1837, S. 266-370.

Grote 1853
Julius Grote, Die Grafen von Wassel, Vicedomini von Hildesheim, in: Zeitschrift des Historischen Vereins für Niedersachsen 1853, S. 240-247.

Grote 1863
Hermann Grote, Das Stammwappen der Welfen, in: Münzstudien 3, 1863, S. 287-410.

Grote 1980
Hans-Henning Grote, Die gotischen Obergadenfenster im Dom St. Blasii zu Braunschweig, in: Braunschweigische Heimat 66, Heft 1, 1980, S. 1-11.

Grote 1984
Rolf-Jürgen Grote, Der nördliche Kreuzgang der Stiftskirche in Königslutter / Denkmalpflege im 19. Jahrhundert. Basismaterial zu den aktuellen Restaurierungsmaßnahmen, in: Berichte zur Denkmalpflege in Niedersachsen 4, 1984, S. 102-106.

Grote 1987
Hans-Henning Grote, Neue Forschungen zur Baugeschichte des Zisterzienserklosters Riddagshausen, in: Braunschweigische Heimat 73, 1987, S. 7-21.

Grote 1988
Hans-Henning Grote, Frühgotische Architektur und Bauplastik in Mariental, in: Das Zisterzienserkloster Mariental bei Helmstedt 1138-1988. Hrsg. vom Braunschweigischen Vereinigten Kloster- und Studienfonds, München 1988, S. 75-98.

Groten 1980
Manfred Groten, Priorenkolleg und Domkapitel von Köln im hohen Mittelalter. Zur Geschichte des kölnischen Erzstiftes und Herzogtums (Rheinisches Archiv 109), Phil. Diss. Köln 1977, Bonn 1980.

Grundmann 1942
Herbert Grundmann, Rotten und Brabanzonen. Söldnerheere im 12. Jahrhundert, in: Deutsches Archiv für Erforschung des Mittelalters 5, 1942, S. 419-492.

Grundmann 1978
Herbert Grundmann, Geschichtsschreibung im Mittelalter. Gattungen – Epochen – Eigenart, 3. Auflage, Göttingen 1978.

Grusnick/Zimmermann 1989
Wolfgang Grusnick und F. Zimmermann, Der Dom zu Lübeck, Königstein im Taunus 1989.

Gülden/Rothe/Opfermann 1961
Josef Gülden, Edith Rothe und Bernhard Opfermann, Das Brandenburger Evangelistar, Düsseldorf 1961.

Guenée 1980
Bernard Guenée, Histoire et culture historique dans l'Occident médiéval, Paris 1980.

Güterbock 1920
Ferdinand Güterbock, Die Gelnhäuser Urkunde und der Prozeß Heinrichs des Löwen. Neue diplomatische und quellenkritische Forschungen zur Rechtsgeschichte und politischen Geschichte der Stauferzeit (Quellen und Darstellungen zur Geschichte Niedersachsens 32), Hildesheim – Leipzig 1920.

Güterbock 1933
Ferdinand Güterbock, Über Otto von St. Blasien, Burchard von Ursberg und eine unbekannte Welfenquelle mit Ausblick auf die Chiavennafrage, in: Kritische Beiträge zur Geschichte des Mittelalters. Festschrift Robert Holtzmann (Historische Studien 238), Berlin 1933, S. 191-209.

Guillelmi Armorici philippidos libri XII
Guillelmi Armorici philippidos libri XII, in: Œuvres de Rigort et Guillaume le Breton historiens de Philippe-Auguste. Hrsg. von H.-François Delaborde, Bd. 2, Paris 1885.

Gurjewitsch 1980
Aaron J. Gurjewitsch, Das Weltbild des mittelalterlichen Menschen, München 1980.

Gussone 1995
Nikolaus Gussone, Das Marienheiligtum im Domschatz zu Hildesheim. Gründungsheiligtum und Gründungsgedenken im Lebensrhythmus von Bistum, Stadt und Gesellschaft, in: Rhythmus und Saisonalität (Kongreßakten des 5. Symposions des Mediävistenverbandes in Göttingen 1993). Hrsg. von Peter Dilg, Gundolf Keil und Dietz-Rüdiger Moser, Sigmaringen 1995, S. 270-295.

Guth 1932
Albert Guth, Die Stiftskirche zu Hamersleben, Phil. Diss. Gießen 1932, Oschersleben 1932.

Haas 1983
Wolfdieter Haas, Friedrich Barbarossa und Heinrich der Löwe beim Tausch von Badenweiler gegen Reichsgut am Harz (1158), in: Zeitschrift für die Geschichte des Oberrheins 131, 1983, S. 253-269.

Haas 1990-92
Walter Haas, Wie lange dauerte die Errichtung einer mittelalterlichen Kirche?, in: Quaderni dell'istituto di storia dell'architettura, Nuova Serie, Fascicoli 15-20, 1990-1992, S. 85-90.

Haase 1956
C. Haase, Das Lüneburger Stadtrecht, in: Aus Lüneburgs tausendjähriger Vergangenheit. Hrsg. von U. Wendland, Lüneburg 1956, S. 66-86.

Habicht 1915
Victor Curt Habicht, Die Niedersächsischen mittelalterlichen Chorgestühle (Studien zur Deutschen Kunstgeschichte, Heft 181; Beiträge zur Niedersächsischen Kunstgeschichte 1), Straßburg 1915.

Habicht 1930
Victor Curt Habicht, Niedersächsische Kunst in England, Hannover 1930.

Habicht 1943
Victor Curt Habicht, Niedersächsische Glasmalereien des Mittelalters in Skandinavien, Osnabrück 1943.

Hägermann 1989
Dieter Hägermann, Sächsische Weltchronik. Staats- und Universitätsbibliothek Bremen, Ms. a. 33 (Codices illuminati medii aevi 14), München 1989.

Hägermann 1989a
Bremen. 1200 Jahre Mission Bremen (Schriften der Wittheit zu Bremen, N.F. 12). Hrsg. von Dieter Hägermann, Bremen 1989.

Haenchen 1989
Mathias Haenchen, Romanische Baukunst in Mariental, in: Römer 1989, S. 45-74.

Haenchen 1993
Mathias Haenchen, Zur Architektur der Goslarer Pfalzkapelle St. Ulrich und ihrer Herkunft, in: Steigerwald 1993, S. 81-94.

Haendle 1930
Otto Haendle, Die Dienstmannen Heinrichs des Löwen (Arbeiten zur deutschen Rechts- und Verfassungsgeschichte 8), Stuttgart 1930.

Hänselmann 1892
Ludwig Hänselmann, Die ältesten Stadtrechte Braunschweigs, in: Hansische Geschichtsblätter 20, 1892 (1893), S. 1-57.

Härtel (in Vorbereitung)
Helmar Härtel, Die Handschriften des Kestner-Museums in Hannover, (in Vorbereitung).

Härtel/Ekowski 1982
Die Handschriften der Niedersächsischen Landesbibliothek Hannover, Teil 2. Beschrieben von Helmar Härtel und Felix Ekowski (Mittelalterliche Handschriften in Niedersachsen 6), Wiesbaden 1982.

Härting 1963
Michael Härting, Der Meßgesang im Braunschweiger Domstift St. Blasii (Handschrift Niedersächsisches Staatsarchiv in Wolfenbüttel VII B Hs 175) (Kölner Beiträge zur Musikforschung 28), Regensburg 1963.

Häverneck 1935
Walter Häverneck, Die Münzen von Köln. Vom Beginn der Prägung bis 1304 (Die Münzen und Medaillen von Köln 1), Köln 1935.

Haftmann 1939
Werner Haftmann, Das italienische Säulenmonument. Versuch zur Geschichte einer antiken Form des Denkmals und Kultmonuments und ihrer Wirksamkeit für die Antikenvorstellung des Mittelalters und für die Ausbildung des öffentlichen Denkmals in der Frührenaissance (Beiträge zur Kulturgeschichte des Mittelalters und der Renaissance 55), Leipzig – Berlin 1939, unveränd. Nachdruck Hildesheim 1972.

Hagedorn 1992
Renate Hagedorn, Zur Ikonographie von Figurengrabplatten. Deutsche Beispiele zwischen dem Ende des 11. und der Mitte des 13. Jahrhunderts, in: Kat. Magdeburg 1992, S. 124-155.

Hagenlocher 1979
Albrecht Hagenlocher, Quellenberufungen als Mittel der Legitimation in deutschen Chroniken des 13. Jahrhunderts, in: Niederdeutsches Jahrbuch 102, 1979, S. 15-71.

Hahn-Woernle 1987
Birgit Hahn-Woernle, Die Ebstorfer Weltkarte, Ebstorf 1987.

Hahnloser/Brugger-Koch 1985
Hans R. Hahnloser und Susanne Brugger-Koch, Corpus der Hartsteinschliffe des 12.-15. Jahrhunderts, Berlin 1985.

Haider 1966
Siegfried Haider, Die Wahlversprechungen der römisch-deutschen Könige bis zum Ende des 12. Jahrhunderts, Phil. Diss. Wien 1966.

Hakelberg 1995
Dietrich Hakelberg, Musikinstrumentendarstellungen im Sachsenspiegel, in: Kat. Oldenburg 1995, 2, S. 285-299.

Halder 1989
Reinhold Halder, Zur Bau- und Kunstgeschichte des alten Zwiefaltener Münsters und Klosters, in: 900 Jahre Benediktinerabtei Zwiefalten. Hrsg. von Hermann Josef Pretsch, Ulm 1989, 2. Auflage, Ulm 1990.

Halkuin/Roland 1909-30
J. Halkuin und C. G. Roland, Recueil des chartes de l'abbaye de Stavelot-Malmédy, Bd. 1-2, Brüssel 1909-30.

Haller 1911
Johannes Haller, Der Sturz Heinrichs des Löwen, in: Archiv für Urkundenforschung 3, 1911, S. 295-450.

Hamann 1927
Richard Hamann, Die Salzwedeler Madonna, in: Marburger Jahrbuch für Kunstwissenschaft 3, 1927, S. 77-138.

Hamann 1968
Manfred Hamann, Mecklenburgische Geschichte. Von den Anfängen bis zur Landständischen Union von 1523 (Mitteldeutsche Forschungen 51), Köln – Graz 1968.

Hamann 1977
Manfred Hamann, Überlieferung, Erforschung und Darstellung der Landesgeschichte in Niedersachsen, in: Geschichte Niedersachsens (Veröffentlichungen der Historischen Kommission für Niedersachsen und Bremen 36). Hrsg. von Hans Patze, Bd. 1: Grundlagen und frühes Mittelalter, Hildesheim 1977, S. 1-95.

Hamann-MacLean 1983
Richard Hamann-MacLean, Die Reimser Denkmale des französischen Königtums im 12. Jahrhundert. Saint-Remi als Grabkirche im frühen und hohen Mittelalter, in: Beiträge zur Bildung der französischen Nation im Früh- und Hochmittelalter (Nationes 4). Hrsg. von Helmut Beumann, Sigmaringen 1983, S. 93-259.

Hamann-MacLean 1984
Richard Hamann-MacLean, Der Hirsch am Hofe des Episcopium in Reims, in: Martin Gosebruch zu Ehren. Festschrift anläßlich seines 65. Geburtstages am 20. Juni 1984. Hrsg. von Frank Neidhart Steigerwald, München 1984, S. 72-79.

Hamann-Mac Lean 1987
Richard Hamann-Mac Lean, Künstlerlaunen im Mittelalter, in: Möbius/Schubert 1987, S. 385-452.

Hammel 1984
Rolf Hammel, Lübeck. Frühe Stadtgeschichte und Archäologie. Kritische Betrachtungen aus der Sicht eines Historikers, in: Zeitschrift des Vereins für Lübeckische Geschichte und Altertumskunde 64, 1984, S. 9-38.

Hammel 1987
Rolf Hammel, Hauseigentum im spätmittelalterlichen Lübeck. Methoden zur sozial- und wirtschaftsgeschichtlichen Auswertung der archäologischen und schriftlichen Quellen, in: Lübecker Schriften zur Archäologie und Kulturgeschichte 10, 1987, S. 85-300.

Handbuch der bayerischen Geschichte
Handbuch der bayerische Geschichte. Hrsg. von Max Spindler, Bd. 1-4, München 1967-1975, 2., überarbeitete Auflage, Bd. 1: München 1981, Bd. 2: Hrsg. von Andreas Kraus, München 1988.

Handschuh 1982
Gerhard-Peter Handschuh, Bistumsgeschichtsschreibung im ottonisch-salischen Reichskirchensystem. Studien zu den sächsischen Gesta episcoporum des 11. bis frühen 13. Jahrhunderts, Phil. Diss. Tübingen 1982.

Handwörterbuch zur deutschen Rechtsgeschichte
Handwörterbuch zur deutschen Rechtsgeschichte. Hrsg. von Adalbert Erler und Ekkehard Kaufmann, mitbegründet von Wolfgang Stammler, Bd. 1ff., Berlin 1971ff.

Haney 1986
Kristine Edmondson Haney, The Winchester Psalter. An iconographic study, Leicester 1986.

Hangst u.a. 1984
Kurt Hangst, Gustl Strunk-Lichtenberg, Hans Martin [u.a.], Die Töpferei des 13. Jahrhunderts am Koberg zu Lübeck – Untersuchungen von Ton, Scherben und Glasur, in: Lübecker Schriften zur Archäologie und Kulturgeschichte 8, 1984, S. 169-183.

Hannig 1988
Jürgen Hannig, Ars Donandi. Zur Ökonomie des Schenkens im frühen Mittelalter, in: Armut, Liebe, Ehre. Studien zur historischen Kulturforschung I. Hrsg. von Richard van Dülmen, Frankfurt a.M. 1988, S. 11-37.

Hansotte 1961
G. Hansotte, Inventaire des archives de l'abbaye de Stavelot-Malmédy, in: Tablettes d'Ardenne et Eifel 1, 1961.

Hardegen 1905
Friedrich Hardegen, Imperialpolitik König Heinrichs II. von England (Heidelberger Abhandlungen zur mittleren und neueren Geschichte 12), Heidelberg 1905.

Hartmann 1989
Peter Claus Hartmann, Bayerns Weg in die Geschichte. Vom Stammesherzogtum bis zum Freistaat heute, Regensburg 1989.

Hartung 1982
Wolfgang Hartung, Die Spielleute. Eine Randgruppe in der Gesellschaft des Mittelalters, Wiesbaden 1982.

Hasak 1899
Max Hasak, Geschichte der deutschen Bildhauerkunst im XIII. Jahrhundert, Berlin 1899.

Hase 1883
Conrad Wilhelm Hase, Die mittelalterlichen Baudenkmäler Niedersachsens, Bd. 3, Hannover 1883.

Haseloff 1897
Arthur Haseloff, Eine thüringisch-sächsische Malerschule des 13. Jahrhunderts (Studien zur deutschen Kunstgeschichte 9), Straßburg 1897.

Haseloff 1905
Arthur Haseloff, Die mittelalterliche Kunst, in: Meisterwerke der Kunst aus Sachsen und Thüringen. Hrsg. von Oskar Doering und Georg Voß, Magdeburg 1905, S. 87-109.

Haseloff 1936
Günther Haseloff, Die Psalterillustration im 13. Jahrhundert, Phil. Diss. Göttingen 1936.

Hasenritter 1936
Fritz Hasenritter, Beiträge zum Urkunden- und Kanzleiwesen Heinrichs des Löwen (Greifswalder Abhandlungen zur Geschichte des Mittelalters 6), Greifswald 1936.

Hasse 1979
Max Hasse, Neues Hausgerät, neue Häuser, neue Kleider – eine Betrachtung der städtischen Kultur im 13. und 14. Jahrhundert sowie ein Katalog der metallenen Hausgeräte, in: Zeitschrift für Archäologie des Mittelalters 7, 1979, S. 7-83.

Hasse 1995
Claus-Peter Hasse, Hofämter am welfischen Fürstenhof, in: Schneidmüller 1995, S. 95-122.

Hasse 1995 (im Druck)
Claus-Peter Hasse, Die welfischen Hofämter und die welfische Ministerialität in Sachsen. Studien zur Sozialgeschichte des 12. und 13. Jahrhunderts (Historische Studien 443), Husum 1995 (im Druck).

Hatz 1983
Gerd Hatz, Die Münzstätte Bardowick, in: Studien zur Sachsenforschung 4 (Veröffentlichungen der urgeschichtlichen Sammlungen des Landesmuseums zu Hannover 28). Hrsg. von Hans-Jürgen Häßler, Hildesheim 1983, S. 196-205.

Hauck 1963
Karl Hauck, Tiergärten im Pfalzbereich, in: Deutsche Königspfalzen, Bd. 1, S. 30-74.

Hauer 1991
Ulrich Hauer, Haldensleben im Mittelalter, IV: Der Burgwall von Haldensleben, in: Jahresschrift des Kreismuseums Haldensleben 31, 1991, S. 5-20.

Hauptmann 1929
L. Hauptmann, Krain (Erläuterungen zum Historischen Atlas der österreichischen Alpenländer, I 4). Hrsg. von der Österreichischen Akademie der Wissenschaften, Wien 1929.

Hausamann 1980
Torsten Hausamann, Die tanzende Salome in der Kunst der christlichen Frühzeit bis um 1500. Ikonographische Studien, Phil. Diss. Zürich 1980.

Hausmann 1956
Friedrich Hausmann, Reichskanzlei und Hofkapelle unter Heinrich V. und Konrad III. (Schriften der MGH 14), Stuttgart 1956.

Hausmann 1992
Friedrich Hausmann, Gottfried von Viterbo. Kapellan und Notar, Magister, Geschichtsschreiber und Dichter, in: Haverkamp 1992, S. 603-621.

Haussherr 1962
Reiner Haussherr, Das Imervardkreuz und der Volto-Santo-Typ, in: Zeitschrift für Kunstwissenschaft 16, 1962, S. 129-170.

Haussherr 1979
Reiner Haussherr, Triumphkreuzgruppen der Stauferzeit, in: Kat. Stuttgart 1977, 5, S. 131-168.

Haussherr 1980
Reiner Haussherr, Zur Datierung des Helmarshausener Evangeliars Heinrichs des Löwen, in: Zeitschrift des deutschen Vereins für Kunstwissenschaft 34, 1980, S. 3-15.

Hauziński 1986
J. Hauziński, Polska a Królestwo Niemieckie w II połowie XII wieku (Polen und Deutsches Königreich in der 2. Hälfte des 12. Jh.), w: Niemcy – Polska w średniowieczu. Materiały z konferencji naukowej zorganizowanej przez Instytut Historii UAM w dniach 14-16 XI 1983 roku. Red. J. Strzelczyk, Poznań 1986, S. 137-155.

Havemann 1837/38
Wilhelm Havemann, Geschichte der Lande Braunschweig und Lüneburg für Schule und Haus Bd. 1-2, Lüneburg 1837/38.

Haverkamp 1992
Friedrich Barbarossa. Handlungsspielräume und Wirkungsweisen des staufischen Kaisers (Vorträge und Forschungen 40). Hrsg. von Alfred Haverkamp, Sigmaringen 1992.

Hdb. hist. Stätten: Niedersachsen/Bremen
Niedersachsen und Bremen (Handbuch der historischen Stätten Deutschlands 2). Hrsg. von Kurt Brüning und Heinrich Schmidt, 5., verbesserte Auflage, Stuttgart 1986.

Hdb. hist. Stätten: Provinz Sachsen Anhalt
Provinz Sachsen Anhalt (Handbuch der historischen Stätten Deutschlands 11). Hrsg. von Berent Schwineköper, Stuttgart 1987.

Hdb. hist. Stätten: Thüringen
Thüringen (Handbuch der historischen Stätten Deutschlands 9). Hrsg. von Hans Patze und Peter Aufgebauer, 2., verbesserte Auflage, Stuttgart 1989.

Hedergott 1981
Bodo Hedergott, Kunst des Mittelalters (Bilderhefte des Herzog Anton Ulrich-Museums 1), 3., erweiterte Auflage, Braunschweig 1981.

von Hefner-Alteneck 1840-54
Jakob Heinrich von Hefner-Alteneck, Trachten des christlichen Mittelalters, Frankfurt a.M. – Darmstadt 1840-54.

von Hefner-Alteneck 1879
Jakob Heinrich von Hefner-Alteneck, Trachten, Kunstwerke und Gerätschaften vom frühen Mittelalter bis Ende des 18. Jahrhunderts, 2. Auflage, Bd. 1, Frankfurt 1879.

Heine 1941
N. G. Heine, Valdemar II.s udenrigspolitik, in: Østersproblemer omkring 1200 (Humanistiske Studier 2), København 1941, S. 9-85.

Heine 1991
Hans-Wilhelm Heine, Bauformen von Burgen salischer Zeit in Niedersachsen, in: Böhme 1991, S. 9-84.

Heine 1991a
Hans-Wilhelm Heine, Frühe Burgen und Pfalzen in Niedersachsen. Von den Anfängen bis zum frühen Mittelalter (Wegweiser zur Vor- und Frühgeschichte Niedersachsens 17), Hildesheim 1991.

Heinemann 1895
O. Heinemann, Ein Beitrag zur Kenntnis der Brakteaten Bischofs Hartberts von Hildesheim, in: Zeitschrift für Numismatik 20, Berlin 1895, S. 45-51.

Heinemann 1968
Wolfgang Heinemann, Das Bistum Hildesheim im Kräftespiel der Reichs- und Territorialpolitik vornehmlich des 12. Jahrhunderts (Quellen und Darstellungen zur Geschichte Niedersachsens 72), Hildesheim 1968.

von Heinemann 1867-83
Codex Diplomaticus Anhaltinus. Hrsg. von Otto von Heinemann, Teil 1-6, Dessau 1867-83.

von Heinemann 1882
Lothar von Heinemann, Heinrich von Braunschweig, Pfalzgraf bei Rhein. Ein Beitrag zur Geschichte des staufischen Zeitalters, Gotha 1882.

von Heinemann 1884-88
Die Handschriften der Herzoglichen Bibliothek zu Wolfenbüttel. Beschrieben von Otto von Heinemann (Kataloge der Herzog August Bibliothek. Alte Reihe, Bd. 1-3), Abt. 1: Die Helmstedter Handschriften, Bd. 1-3 des gesamten Werkes, Wolfenbüttel 1884-88; Nachdruck Frankfurt a. M., Bd. 1: 1963 und Bd. 2/3: 1965.

von Heinemann 1884-92
Otto von Heinemann, Geschichte von Braunschweig und Hannover, Bd. 1-3, Gotha 1884-92.

von Heinemann 1898
Die Augusteischen Handschriften, Bd. 3 . Beschrieben von Otto von Heinemann (Die Handschriften der herzoglichen Bibliothek von Wolfenbüttel 6), Wolfenbüttel 1898, Nachdruck 1966.

Heinemeyer 1936
Walter Heinemeyer, Studien zur Diplomatik mittelalterlicher Verträge vornehmlich des 13. Jahrhunderts, in: Archiv für Urkundenforschung 14, 1936, S. 321-413.

Heinemeyer 1961
Walter Heinemeyer, Die Urkundenfälschungen des Klosters Lippoldsberg Teil 1, in: Archiv für Diplomatik 7, 1961, S. 69-203.

Heinemeyer 1981
Karl Heinemeyer, Der Prozeß Heinrichs des Löwen, in: Blätter für deutsche Landesgeschichte 117, 1981, S. 1-60.

Heinemeyer 1990
Karl Heinemeyer, Kaiser und Reichsfürst. Die Absetzung Heinrichs des Löwen durch Friedrich Barbarossa (1180), in: Macht und Recht. Große Prozesse in der Geschichte. Hrsg. von Alexander Demandt, München 1990, S. 59-79.

Heinrich 1980
Gerd Heinrich, Art. Askanier, in: Lexikon des Mittelalters, Bd. 1, 1980, Sp. 1109-1112.

Heinrich Meibom, Chronik Marienthal
Henrici Meibomii Chronicon Marienthalense. Heinrich Meiboms Chronik des Klosters Marienthal 1138-1629. Eingeleitet, übersetzt und erläutert von Gottfried Zimmermann, Braunschweig 1988.

Heinrich von Veldeke, Eneas-Roman
Heinrich von Veldecke, Eneas-Roman. Vollfaksimile des Ms. germ. fol. 282 der Staatsbibliothek zu Berlin Preußischer Kulturbesitz, Wiesbaden 1992.

Heinrichsen 1954
Anselm Heinrichsen, Süddeutsche Adelsgeschlechter in Niedersachsen im 11. und 12. Jahrhundert, in: Niedersächsisches Jahrbuch für Landesgeschichte 26, 1954, S. 24-116.

Heinsius 1986
Paul Heinsius, Das Schiff der hansischen Frühzeit, 2. Auflage, Köln – Wien 1986.

Heinzelmann 1979
Martin Heinzelmann, Translationsberichte und andere Quellen des Reliquienkultes (Typologie des sources du Moyen Age occidental, Fasc. 33), Turnhout 1979.

Heinzle 1994
Joachim Heinzle, Modernes Mittelalter. Frankfurt a. M. – Leipzig 1994.

Hellgardt 1987/88
Ernst Hellgardt, Deutsche Gebetsanweisung zum Psalter in lateinischen und deutschen Handschriften und Drucken des 12.-16. Jahrhunderts. Bemerkungen zu Tradition, Überlieferung, Funktion und Text, in: Vestigia Bibliae 9/10, 1987/88, S. 403ff.

Hellwig 1990
Maren Hellwig, Paläoethnobotanische Untersuchungen an mittelalterlichen und frühneuzeitlichen Pflanzenresten aus Braunschweig (Dissertationes Botanicae 156), Berlin – Stuttgart 1990.

Helmold von Bosau, Cronica Slavorum
Helmoldi presbyteri Bozoviensis Cronica Slavorum. Ed. Bernhard Schmeidler, in: MGH SS rer. Germ. [32], Hannover 1937.

Helmold von Bosau, Slawenchronik
Helmold von Bosau, Slawenchronik. Neu übertragen und erläutert von Heinz Stoob (Ausgewählte Quellen zur deutschen Geschichte des Mittelalters. Freiherr-vom-Stein-Gedächtnisausgabe 19), 2., verbesserte Auflage, Darmstadt 1973, 5. Auflage 1990.

Henderson 1985
George Henderson, Bede and the visual arts, in: George Henderson, Studies in English Bible Illustration, Bd. 1, London 1985, S. 46-75.

Hengevoss-Dürkop 1994
Kerstin Hengevoss-Dürkop, Skulptur und Frauenkloster. Studien zu Bildwerken der Zeit um 1300 aus Frauenklöstern des ehemaligen Fürstentums Lüneburg (Artefact 7), Berlin 1994.

Henkel/Palmer 1992
Latein und Volkssprache im deutschen Mittelalter 1100-1500. Regensburger Colloquium 1988. Hrsg. von Nikolaus Henkel und Nigel F. Palmer, Tübingen 1992.

Heppe 1973
Karl Bernd Heppe, Gotische Goldschmiedekunst in Westfalen vom 2. Drittel des 13. Jahrhunderts bis zur Mitte des 16. Jahrhunderts, Phil. Diss. Münster 1973.

Herbers 1986
Der Jakobsweg. Mit einem mittelalterlichen Pilgerführer unterwegs nach Santiago de Compostela. Hrsg. von Klaus Herbers, 2., durchgesehene Auflage, Tübingen 1986.

Herkenrath 1985
Rainer Maria Herkenrath, Die Reichskanzlei in den Jahren 1181 bis 1190 (Österreichische Akademie der Wissenschaften. Phil.-hist. Klasse, Denkschriften 175), Wien 1985.

Herklotz 1985
Ingo Herklotz, Der Campus lateranensis im Mittelalter, in: Römisches Jahrbuch für Kunstgeschichte 22, 1985, S. 1-43.

Herklotz 1985a
Ingo Herklotz, ›Sepulcra‹ e ›Monumenta‹ del Medioevo. Studi sull'arte sepolcrale in Italien, Rom 1985.

Herklotz 1989
Ingo Herklotz, Die Beratungsräume Calixtus' II. im Lateranspalast und ihre Fresken. Kunst und Propaganda am Ende des Investiturstreites, in: Zeitschrift für Kunstgeschichte 52, 1989, S. 145-214.

Herkommer 1972
Hubert Herkommer, Überlieferungsgeschichte der ›Sächsischen Weltchronik‹ (Münchener Texte und Untersuchungen zur deutschen Literatur des Mittelalters 38), München 1972.

Herkommer 1992
Hubert Herkommer, Art. Sächsische Weltchronik, in: Verfasserlexikon, Bd. 8, 1992, Sp. 473-500.

Herman 1902
Otto Herman, Knochenschlittschuh, Knochenkufe, Knochenkeitel, in: Mitteilungen der anthropologischen Gesellschaft in Wien 32, 1902, S. 217-238.

Hermann 1926
Hermann Julius Hermann, Die deutschen romanischen Handschriften (Beschreibendes Verzeichnis der illuminierten Handschriften in Österreich 2), Leipzig 1926.

Herre 1890
Hermann Herre, Ilsenburger Annalen als Quelle der Pöhlder Chronik, Leipzig 1890.

Herre 1894
Hermann Herre, Beiträge zur Kritik der Pöhlder Chronik, in: Deutsche Zeitschrift für Geschichtswissenschaft 11, 1894, S. 46-62.

Herrmann 1901/22
P. Herrmann, Erläuterungen zu den ersten neun Büchern der Dänischen Geschichte des Saxo Grammaticus, Bd. 1-2, Übersetzung und Kommentar, Leipzig 1901 u. 1922.

Herrmann 1970
Die Slawen in Deutschland. Geschichte und Kultur der slawischen Stämme westlich von Oder und Neiße vom 6. bis 12. Jahrhundert. Ein Handbuch. Hrsg. von Joachim Herrmann, Berlin 1970.

Herzog Friedrich (Ed. Noreen)
Hertig Fredrik av Normandie. Kritisk upplage pa grundval av Codex Verelianus. Utgiven av Erik Noreen (Samlingar ut givna av Svenska Fornskrift-Sällskapet), Uppsala 1927.

Heslop 1981
T. Alexander Heslop, The Virgin's regalia and 12th-century English seals, in: Studies presented to Christopher Hohler (British Archaeological Reports, International series 3). Ed. A. Borg and A. Martindale. London 1981, S. 53-61.

Heslop 1986
T. Alexander Heslop, Seals as evidence for metalworking in England in the later twelfth century, in: Macready/Thompson 1986, S. 50-60.

Heß 1981
Wolfgang Heß, Städtegründungen und Anfänge der Münzprägung in Gelnhausen. Ein Markstein in der deutschen Geschichte, Marburg – Köln 1981.

Heydel 1929
Johannes Heydel, Das Itinerar Heinrichs des Löwen, in: Niedersächsisches Jahrbuch für Landesgeschichte 6, 1929, S. 1-166.

Heydenreich 1965
Ludwig H. Heydenreich, Ein Jerusalem-Plan aus der Zeit der Kreuzfahrer, in: Miscellanea pro Arte. Hermann Schnitzler zur Vollendung des 60. Lebensjahr am 13. Januar 1965 (Schriften des Pro Arte Medii Aevi 1). Hrsg. von Peter Bloch und Joseph Hoster, Düsseldorf 1965, S. 83-90.

Heyken 1990
Enno Heyken, Die Altäre und Vikarien im Dom zu Verden. Ein Beitrag zur Rechts-, Wirtschafts- und Sozialgeschichte eines mittelalterlichen Sakralraumes (Veröffentlichungen des Instituts für Historische Landesforschung der Universität Göttingen 29), Hildesheim 1990.

Hiestand 1993
Rudolf Hiestand, ›Neptis tua‹ und ›fastus Graecorum‹. Zu den deutsch-byzantinischen Verhandlungen um 1150, in: Deutsches Archiv für Erforschung des Mittelalters 49, 1993, S. 501-555.

Hildebrand 1937
Ruth Hildebrand, Der sächsische ›Staat‹ Heinrichs des Löwen (Historische Studien 302), Berlin 1937.

Hildebrand 1986
Ruth Hildebrand, Herzog Lothar von Sachsen (Beiträge zur Geschichte Niedersachsens und Westfalens), Hildesheim 1986.

Hilgard 1885
Alfred Hilgard, Urkunden zur Geschichte der Stadt Speyer, Straßburg 1885.

Hill 1992
Thomas Hill, Könige, Fürsten und Klöster. Studien zu den dänischen Klostergründungen des 12. Jahrhunderts (Kieler Werkstücke, Reihe A: Beiträge zur schleswig-holsteinischen Geschichte 4), Frankfurt a. M. – Bern – New York – Paris 1992.

Hillebrand 1969
Werner Hillebrand, Die Grundlage des Goslarer Stadtrechts, in: Unser Harz 17, 1969, S. 168-69.

Hiller 1991
Helmut Hiller, Heinrich der Löwe, 3. Auflage, Frankfurt 1991.

Himmelheber 1961
Georg Himmelheber, Das Amrichshausener Bronzekruzifix, in: Pantheon 19, 1961, S. 64-69.

Himmelheber 1961a
Georg Himmelheber, Bildwerke des Hirsauer Kunstkreises, in: Zeitschrift für Kunstwissenschaft 24, 1961, S. 197-219.

Himmelheber 1992
Georg Himmelheber, Holzmosaikarbeiten, in: Kat. Berlin 1992, S. 77f.

Himmelheber 1994
Georg Himmelheber, Mittelalterliche Holzmosaikarbeiten, in: Jahrbuch der Berliner Museen, N.F. 36, 1994, S. 65-91.

Hinz 1964
Hermann Hinz, Zur Vorgeschichte der Niederdeutschen Halle, in: Zeitschrift für Volkskunde 60, 1964, S. 1-22.

Hinz 1981
Hermann Hinz, Motte und Donjon, Köln 1981.

Hinz 1989
Hermann Hinz, Ländlicher Hausbau in Skandinavien vom 6. bis zum 14. Jahrhundert: Stova – Eldhus – Bur, Köln 1989.

Hinz 1994
Berthold Hinz, König Rudolfs Grabdenkmal im Merseburger Dom: Innovation aus dem Zusammenbruch, in: Beck/Hengevoss-Dürkop 1994, Bd. 1, S. 515-531.

Hirschfeld 1968
Peter Hirschfeld, Mäzene. Die Rolle des Auftraggebers in der Kunst, München 1968.

Historia canonizationis et translationis S. Bernwardi episcopi
Historia canonizationis et translationis S. Bernwardi episcopi. Ed. Josephus van Hecke, in: Acta Sanctorum Octobris. Ex Latinis et Graecis, aliarumque gentium Monumentis, servata primigenia veterum Scriptorum phrasi. Collecta, digesta, commentariisque et observationibus illustrata a Josepho van Hecke, Benjamino Bossue, Eduardo Carpentier, Victore et Remigio de Buck, Tomus XI, Brüssel 1864, S. 1024-1034.

Historia Welforum
Historia Welforum (Schwäbische Chroniken der Stauferzeit 1). Neu herausgegeben, übersetzt und erläutert von Erich König, Stuttgart 1938, Neuauflage Sigmaringen 1978.

Hlawitschka 1986
Eduard Hlawitschka, Vom Frankenreich zur Formierung der europäischen Staaten- und Völkergemeinschaft 840-1046. Ein Studienbuch zur Zeit der späten Karolinger, der Ottonen und der frühen Salier in der Geschichte Mitteleuropas, Darmstadt 1986.

Höfer 1896
Paul Höfer, Der Königshof Bodfeld, in: Zeitschrift des Harz-Vereins für Geschichte und Altertumskunde 29, 1896, S. 341-415.

Höfer 1902
Paul Höfer, Die Ausgrabung des Königshofes Bodfeld, in: Zeitschrift des Harz-Vereins für Geschichte und Altertumskunde 35, 1902, S. 183-246.

Höfling/Merkel 1855-58
Bernhard Höfling und Joseph Merkel, Die Künste des Mittelalters, Bd. 1-2, Bonn 1855-58.

Hölscher 1914
Uvo Hölscher, Der Pfalzgraf Heinrich in der Vogtei Goslar, in: Festschrift Zimmermann, S. 136-141.

Hölscher 1927
Uvo Hölscher, Die Kaiserpfalz Goslar (Die deutschen Kaiserpfalzen 1). Hrsg. vom Konstanzer Arbeitskreis für mittelalterliche Geschichte, Berlin 1927.

Hölscher 1962
Uvo Hölscher, Die Godehardikirche zu Hildesheim. Eine baugeschichtliche Untersuchung, in: Niederdeutsche Beiträge zur Kunstgeschichte 2, 1962, S. 9-44.

Hölscher 1965
Uvo Hölscher, Die Stiftskirche von Königslutter. Eine baugeschichtliche Untersuchung, in: Niederdeutsche Beiträge zur Kunstgeschichte 4, 1965, S. 9-40.

Hoffmann 1885
Friedrich Wilhelm Hoffmann, Geschichte der Stadt Magdeburg. Neu bearb. von Gustav Hertel und Friedrich Hülße, Bd. 1-2, Magdeburg 1885.

Hoffmann 1930
Karl Hoffmann, Die Stadtgründungen Mecklenburg-Schwerins in der Kolonisationszeit vom 12. bis zum 14. Jahrhundert (auf siedlungsgeschichtlicher Grundlage), in: Jahrbücher des Vereins für mecklenburgische Geschichte und Altertumskunde 94, 1930, S. 1-200 (Phil. Diss. Rostock 1930).

Hoffmann 1950
Wolfbernhard Hoffmann, Hirsau und die ›Hirsauer Bauschule‹, München 1950.

Hoffmann 1964 (I)
Hartmut Hoffmann, Gottesfriede und Treuga Dei (Schriften der MGH 20), Stuttgart 1964.

Hoffmann 1964 (II)
Marta Hoffmann, The warp-weighted loom. Studies in the history and technology of an ancient implement, Oslo 1964.

Hoffmann 1968
Konrad Hoffmann, Taufsymbolik im mittelalterlichen Herrscherbild (Bonner Beiträge zur Kunstwissenschaft 9), Düsseldorf 1968.

Hoffmann 1976
Erich Hoffmann, Vicelin und die Neugründung des Bistums Oldenburg, in: Ahlers/Graßmann/Neugebauer 1976, S. 115-142.

Hoffmann 1977
Erich Hoffmann, Die Bedeutung der Schlacht bei Bornhöved für die deutsche und skandinavische Geschichte, in: Zeitschrift für Lübeckische Geschichte und Altertumskunde 57, 1977, S. 9-37.

Hoffmann 1986 (I)
Erich Hoffmann, Der Aufstieg Lübecks zum bedeutendsten Handelszentrum an der Ostsee in der Zeit von der Mitte des 12. bis zur Mitte des 13. Jahrhunderts, in: Zeitschrift des Vereins für Lübeckische Geschichte und Altertumskunde 66, 1986, S. 9-44.

Hoffmann 1986 (II)
Hartmut Hoffmann, Buchkunst und Königtum im ottonischen und frühsalischen Reich (MGH 30), Stuttgart 1986.

Hoffmann 1988
Max Hoffmann, Lübeck im Hoch- und Spätmittelalter: Die große Zeit Lübecks, in: Graßmann 1988, S. 79-340.

Hoffmann 1992
Hartmut Hoffmann, Bücher und Urkunden aus Helmarshausen und Corvey (MGH Studien und Texte 4), Hannover 1992.

Hofmeister 1926
Adolf Hofmeister, Heinrich der Löwe und die Anfänge Wisbys, in: Zeitschrift des Vereins für Lübeckische Geschichte und Altertumskunde 23, 1926, S. 43-86.

Holder-Egger 1888
Oswald Holder-Egger, Zur Textkritik des Saxo und Sueno Aggeson, in: Neues Archiv der Gesellschaft für ältere deutsche Geschichtskunde 14, 1888, S. 135-162.

Holder-Egger 1892
Oswald Holder-Egger, Über die Braunschweiger und Sächsische Fürstenchronik und verwandte Quellen, in: Neues Archiv der Gesellschaft für ältere deutsche Geschichtskunde 17, 1892, S. 159-184.

Holst 1985
Jens Christian Holst, Zur mittelalterlichen Baugeschichte der Häuser Alfstraße 36/38 in Lübeck – ein Zwischenbericht, in: Lübecker Schriften zur Archäologie und Kulturgeschichte 11, 1985, S. 131-143.

Holst 1986
Jens Christian Holst, Lübeck, Koberg 2. Befunde und Quellen zur Biographie eines mittelalterlichen Hauses, Ing. Diss. Darmstadt 1986.

Holt 1986
J. C. Holt, Aliénor d'Aquitaine, Jean Sans Terre et la succession de 1199, in: Cahiers de civilisation médiévale 29, 1986, S. 95-100.

Holzapfel 1991
Theo Holzapfel, Papst Innozenz III., Philipp II. August, König von Frankreich und die englisch-welfische Verbindung 1198-1216, Frankfurt a. M. – Bern – New York – Paris 1991.

Homeyer 1827
Der Sachsenspiegel oder das sächsische Landrecht nach der Berliner Handschrift vom Jahr 1369 mit Varianten aus 17 anderen Texten. Hrsg. von Carl Gustav Homeyer, Berlin 1827.

Homeyer 1861
Der Sachsenspiegel oder das sächsische Landrecht nach der Berliner Handschrift vom Jahr 1369 mit Varianten aus 17 anderen Texten. Hrsg. von Carl Gustav Homeyer, Berlin 1827, 3. Aufl. Berlin 1861.

Honorius Augustodunensis, De exaltatione sanctae crucis
Honorius Augustodunensis, De exaltatione sanctae crucis, in: PL 172, Sp. 1002.

Honorius Augustodunensis, Gemma animae
Honorius Augustodunensis, Gemma animae, in: PL 172, Sp. 543-738.

Honorius Augustodunensis, Imago mundi
Honorius Augustodunensis, Imago mundi. Ed. Roger Wilmans, in: MGH SS 10, Hannover 1852, S. 132-134.

Honorius Augustodunensis, In Dedicatione Ecclesiae
Honorius Augustodunensis, In Dedicatione Ecclesiae. Sermo primus, in: PL 172, Sp. 1103-1108.

Honorius Augustodunensis, Speculum Ecclesiae
Honorius Augustodunensis, Speculum Ecclesiae, in: PL 172, Sp. 807-1104.

Honorius Augustodunensis, Summa totius
Honorius Augustodunensis, Summa totius. Ed. Roger Wilmans, in: MGH SS 10, Hannover 1852, S. 128-131.

Honselmann 1964
Klemens Honselmann, Der Autor der Vita Meinwerci vermutlich Abt Konrad von Abdinghof, in: Westfälische Zeitschrift 114, 1964, S. 349-352.

Honselmann 1980
Klemens Honselmann, Art. Abdinghof, in: Die Benediktinerklöster in Nordrhein-Westfalen (Germania Benedictina VIII). Bearb. von Rhaban Haacke, München – St. Ottilien 1980, S. 499-533.

Honselmann/Sagebiel 1994
Klemens Honselmann und Martin Sagebiel, Art. Paderborn – Benediktiner, gen. Abdinghofkloster, in: Westfälisches Klosterbuch. Lexikon der vor 1815 errichteten Stifte und Klöster von ihrer Gründung bis zur Aufhebung (Veröffentlichungen der Historischen Kommission für Westfalen XLIV; Quellen und Forschungen zur Kirchen- und Religionsgeschichte 2). Hrsg. von Karl Hengst, Teil 2: Münster – Zwillbrock, Münster 1994, S. 205-215.

Hoppe 1908
Willy Hoppe, Erzbischof Wichmann von Magdeburg, in: Geschichtsblätter für Stadt und Land Magdeburg 43, 1908, S. 134-294.

Horn 1958
Walter Horn, On the origins of the medieaval baysystem, in: Journal of the Society of Architectural Historians 17, 1958, S. 2-23.

Horn/Born 1965
Walter Horn und Ernest Born, The barns of the Abbey of Beaulieu at its granges of Great Coxwell and Beaulieu-St. Leonhards, Berkeley/Los Angeles 1965.

Hotzen 1872
Adelbert Hotzen, Das Rathaus zu Goslar. Vortrag, Halle 1872.

Houben 1989
Hubert Houben, Tra Roma e Palermo. Aspetti e momenti del Mezzogiorno medioevale (Università degli Studi di Lecce, Dipertimento di Studi Storici 8), Lecce 1989.

Houben 1992
Hubert Houben, Barbarossa und die Normannen. Traditionelle Züge und neue Perspektiven imperialer Süditalienpolitik, in: Haverkamp 1992, S. 109-128.

How 1952
G. E. P. und J. P. How, English and scottish silverspoons and pre-elisabethan hallmarks on english plate, Bd. 1, 1952.

Hubensteiner 1980
Benno Hubensteiner, Bayerische Geschichte. Staat und Volk, Kunst und Kultur, 10. Auflage, München 1980.

Hucker 1984
Bernd Ulrich Hucker, Otto IV. in Bamberg. Beobachtungen zur Stellung des Welfenkaisers im ostfränkischen Raum, in: Berichte des Historischen Vereins Bamberg 120, 1984, S. 79-92.

Hucker 1984a
Bernd Ulrich Hucker, Das Testament Heinrichs des Löwen, in: Niedersächsisches Jahrbuch für Landesgeschichte 56, 1984, S. 193-201.

Hucker 1984b
Bernd Ulrich Hucker, Eine unbekannte Handschrift der ›Otia imperialia‹ des Gervasius von Tilbury, in: Scriptorium 38, 1984, S. 318-319.

Hucker 1988
Bernd Ulrich Hucker, Die Chronik Arnolds von Lübeck als ›Historia Regum‹, in: Deutsches Archiv für Erforschung des Mittelalters 44, 1988, S. 98-119.

Hucker 1988a
Bernd Ulrich Hucker, Innocenz III., Otto IV. und die Zisterzienser im Bremer Schisma (1207-1217), in: Jahrbuch der Gesellschaft für Niedersächsische Kirchengeschichte 86, 1988, S. 1-17.

Hucker 1989
Bernd Ulrich Hucker, Zur Datierung der Ebstorfer Weltkarte, in: Deutsches Archiv für Erforschung des Mittelalters 45, 1989, S. 510-538.

Hucker 1989a
Bernd Ulrich Hucker, Ein zweites Lebenszeugnis Walthers?, in: Walther von der Vogelweide. Beiträge zu Leben und Werk. Hrsg. von H.-D. Mück, Stuttgart 1989, S. 1-30.

Hucker 1990
Bernd Ulrich Hucker, Kaiser Otto IV. (Monumenta Germaniae Historica, Schriften 34), Hannover 1990.

Hucker 1992
Bernd Ulrich Hucker, Die Anfänge des Klosters Ebstorf und die politische Stellung der Grafen von Schwerin im 12. und 13. Jahrhundert, in: Jahrbuch für die Geschichte Mittel- und Ostdeutschlands 41, 1992, S. 137-180.

Hucker 1992a
Bernd Ulrich Hucker, Wer schrieb was in wessen Auftrag? III. Kolloquium des Klosters Ebstorf: ›Das geistige Leben am Hofe Kaiser Ottos IV.‹, in: Der Heidewanderer. Heimatbeilage der Allgemeinen Zeitung Uelzen 68, 1992, Nr. 24 u. 30/31, S. 97-100 u. 123-129.

Hucker 1994
Bernd Ulrich Hucker, Otto Graf von Henneberg-Botenlauben und die imperiale Politik in Europa und Outremer (1196-1244), in: Weidisch 1994, S. 89-116.

Hucker 1994a
Bernd Ulrich Hucker, Wilbrand von Oldenburg-Wildeshausen, Administrator der Bistümer Münster und Osnabrück, Bischof von Paderborn und Utrecht (†1233), in: Jahrbuch für das Oldenburger Münsterland 1994, S. 60-70.

Hucker 1995
Bernd Ulrich Hucker, Literatur im Umkreis Kaiser Ottos IV., in: Schneidmüller 1995, S. 377-406.

Hübener 1983
Wolfgang Hübener, Eine topographisch-archäologische Studie zu Bardowick, Kreis Lüneburg, in: Studien zur Sachsenforschung 4 (=Veröffentlichungen der urgeschichtlichen Sammlungen des Landesmuseums zu Hannover 28). Hrsg. von Hans-Jürgen Häßler, Hildesheim 1983, S. 111-195.

Hütt 1993
Michael Hütt, ›Quem lavat unda foris ...‹ Aquamanilien. Gebrauch und Form, Mainz 1993.

Hüttebräuker 1927
Lotte Hüttebräuker, Das Erbe Heinrichs des Löwen. Die territorialen Grundlagen des Herzogtums Braunschweig-Lüneburg von 1235 (Studien und Vorarbeiten zum Historischen Atlas von Niedersachsen 9), Göttingen 1927.

Hugo von St. Victor, Sermones
Hugo von St. Victor, Sermones, in: PL 177, Sp. 901-1222.

Huizinga 1969
Johan Huizinga, Herbst des Mittelalters, 10. Auflage, Stuttgart 1969.

Hupp 1918
Otto Hupp, Wider die Schwarmgeister!, Zweiter Teil: Beiträge zur Entstehungs- und Entwicklungsgeschichte der Wappen, München 1918.

Huschenbett 1994
Dietrich Huschenbett, Die Dichtung Ottos von Botenlauben, in: Weidisch 1994, S. 203-239.

Ilgen 1912
Theodor Erich Ilgen, Sphragistik, in: Grundriß der Geschichtswissenschaft. Zur Einführung in das Studium der deutschen Geschichte des Mittelalters und der Neuzeit, Bd. I, Abt. 4. Hrsg. von Aloys Meister, 2. Auflage, Leipzig – Berlin 1912.

Inv. Amtsgerichtsbezirke Wismar ...
Friedrich Schlie, Die Amtsgerichtsbezirke Wismar, Grevesmühlen, Rehna, Gadebusch und Schwerin (Die Kunst- und Geschichtsdenkmäler des Großherzogthums Mecklenburg-Schwerin, II.), Schwerin 1898.

Inv. Fürstenthum Calenberg
Hektor Wilhelm Heinrich Mithoff, Fürstenthum Calenberg (Kunstdenkmale und Alterthümer im Hannoverschen 1), Hannover 1871.

Inv. Hansestadt Lübeck
Die Bau- und Kunstdenkmäler der Freien und Hansestadt Lübeck. Bearb. von Hugo Rathgens, Friedrich Bruhns und Lutz Wilde, Bd. I. 2: Rathaus und öffentliche Gebäude der Stadt, Lübeck 1974; Bd. III. 1: Kirche zu Alt-Lübeck. Dom. Jakobikirche, Lübeck 1920.

Inv. Kreis Blankenburg
Die Bau- und Kunstdenkmäler des Kreises Blankenburg, bearb. von Karl Steinacker (Die Bau- und Kunstdenkmäler des Landes Braunschweig 6), Wolfenbüttel 1922.

Inv. Kreis Braunschweig
Die Bau- und Kunstdenkmäler des Kreises Braunschweig mit Ausschluss der Stadt Braunschweig. Bearb. von Paul Jonas Meier (Die Bau- und Kunstdenkmäler des Herzogthums Braunschweig 2), Wolfenbüttel 1900.

Inv. Kreis Erbach
Die Kunstdenkmäler im Großherzogtum Hessen, Kreis Erbach, Darmstadt 1891.

Inv. Kreis Gandersheim
Karl Steinacker, Die Bau- und Kunstdenkmäler des Kreises Gandersheim (Die Bau- und Kunstdenkmäler des Herzogthums Braunschweig, 5), Wolfenbüttel 1910.

Inv. Kreis Helmstedt
Die Bau- und Kunstdenkmäler des Kreises Helmstedt. Bearb. von Paul Jonas Meier (Die Bau- und Kunstdenkmäler des Herzogthums Braunschweig 1), Wolfenbüttel 1896.

Inv. Land Ratzeburg
Das Land Ratzeburg (Kunst- und Geschichts-Denkmäler des Freistaates Mecklenburg-Strelitz 2). Bearb. von Georg Krüger, Neubrandenburg 1934.

Inv. Landkreis Celle
Joachim Bühring und Konrad Maier, Die Kunstdenkmale des Landkreises Celle (Die Kunstdenkmale des Landes Niedersachsen 34), Hannover 1970.

Inv. Landkreis Goslar 1937
Die Kunstdenkmäler der Provinz Hannover. Bearb. von Oskar Kiecker, Carl Borchers und Hans Lütgens, Bd. II, 7: Landkreis Goslar, Hannover 1937.

Inv. Mansfelder Seekreis
Hermann Grössler und Adolf Brinkmann, Beschreibende Darstellung der älteren Bau- und Kunstdenkmäler des Mansfelder Seekreises (Beschreibende Darstellung ... der Provinz Sachsen 199), Halle 1895.

Inv. Prov. Schleswig-Holstein
Die Bau- und Kunstdenkmale der Provinz Schleswig-Holstein, Bd. 2, Kiel 1888.

Inv. Stadt Braunschweig 1926
Paul Jonas Meier und Karl Steinacker, Die Bau- und Kunstdenkmäler der Stadt Braunschweig, 2., erweiterte Auflage, Hannover 1926.

Inv. Stadt Goslar 1901
Die Kunstdenkmäler der Provinz Hannover. Hrsg. von Carl Wolff, A. v. Behr und Uvo Hölscher, Bd. II, 1 und 2: Stadt Goslar, Hannover 1901.

Inv. Stadt Hildesheim
Adolf Zeller, Die Kunstdenkmäler der Provinz Hannover. II. Regierungsbezirk Hildesheim. 4. Stadt Hildesheim. Kirchliche Bauten (Die Kunstdenkmäler der Provinz Hannover 11), Hannover 1911.

Inv. Wartburg
Georg Voß, Die Wartburg, Jena (Bau- und Kunstdenkmäler Thüringens 41), Jena 1917.

Irmscher 1981
Johannes Irmscher, Konrad von Krosigk, Bischof von Halberstadt, als Teilnehmer des vierten Kreuzzuges, in: Byzantino Bulgarica VII – Premier symposium international, Nessebré 23-26 mai 1979, Sofia 1981, S. 187-193.

Irsigler 1985
Franz Irsigler, Über Harzmetalle, ihre Verarbeitung und Verbreitung im Mittelalter – ein Überblick, in: Kat. Braunschweig 1985, 3, S. 315-321.

Isenberg 1977
Gabriele Isenberg, Die Ausgrabungen an der Bäckerstraße in Minden 1973-76, in: Westfalen 55, 1977, S. 427-449.

Isenberg 1987
Gabriele Isenberg, Zur Siedlungsentwicklung an der Bäckerstraße nach den Befunden der Ausgrabungen 1973-1979, in: Ausgrabungen in Minden. Bürgerliche Stadtkultur des Mittelalters und der Neuzeit. Hrsg. von Bendix Trier, Münster 1987, S. 31-44.

Isidor von Sevilla, Etymologien
Isidori Hispanensis episcopi Etymologiarum sive Originum libri XX. Rec. Wallace Martin Lindsay, Bd. 1-2, Oxford 1911.

Ißle 1974
Hermann Ißle, Das Stift St. German zu Speyer (Quellen und Abhandlungen zur mittelrheinischen Geschichte 20), Mainz 1974.

Jäck 1824
Joachim Heinrich Jäck, Ein kleiner Beitrag zur Geschichte der ehemaligen Bibliothek in Hamersleven, in: Isis. Hrsg. von Lorenz Oken, Jena 1824.

Jaeger 1985
C. Stephen Jaeger, The origins of courtliness, Philadelphia 1985.

Jäschke 1970
Kurt-Ulrich Jäschke, Die älteste Halberstädter Bischofschronik (Mitteldeutsche Forschungen 62/1), Köln – Wien 1970.

Jäschke 1991
Kurt-Ulrich Jäschke, Notwendige Gefährtinnen. Königinnen der Salierzeit als Herrscherinnen und Ehefrauen im römisch-deutschen Reich des 11. und des beginnenden 12. Jahrhunderts, Saarbrücken 1991.

Jaffé 1843
Philipp Jaffé, Geschichte des deutschen Reiches unter Lothar dem Sachsen, Berlin 1843.

Jaitner 1986
Klaus Jaitner, Der Reliquienschatz des Hauses Braunschweig-Lüneburg (Welfenschatz) im 17. bis 20. Jahrhundert, in: Jahrbuch Preußischer Kulturbesitz 23, 1986, S. 391-422.

Jakobi 1979
Franz Josef Jakobi, Wibald von Stablo und Corvey (1098-1158), benediktinischer Abt in der frühen Stauferzeit (Veröffentlichungen der Historischen Kommission für Westfalen 10: Abhandlungen zur Corveyer Geschichtsschreibung 5), Münster 1979.

Jakobi-Mirwald 1993
Die illuminierten Handschriften der Hessischen Landesbibliothek Fulda, Teil 1: Handschriften des 6.-13. Jahrhunderts, Textband, bearb. von Christine Jakobi-Mirwald, Stuttgart 1993.

Jakobs 1990
Hermann Jakobs, Dynastische Verheißung. Die Krönung Heinrichs des Löwen und Mathildes im Helmarshausener Evangeliar, in: Kultur und Konflikt. Hrsg. von Jan Assmann und Dietrich Harth, Frankfurt a. M. 1990, S. 215-259.

James 1912
Montague Rhodes James, A descriptive catalogue of the manuscripts in the library of Corpus Christi College Cambridge, Bd. 2, Cambridge 1912.

Jansen 1933
Franz Jansen, Die Helmarshausener Buchmalerei zur Zeit Heinrichs des Löwen, Hildesheim – Leipzig 1933.

Janssen 1986
Walter Janssen, Handwerksbetriebe und Werkstätten in der Stadt um 1200, in: Steuer 1986, S. 301-378.

Janssen 1987
Walter Janssen, Eine mittelalterliche Metallgießerei in Bonn-Schwarzrheindorf. Mit Beiträgen von Hans Drescher, Christoph J. Raub und Josef Riederer, in: Beiträge zur Archäologie des Rheinlandes (Rheinische Ausgrabungen 27), Köln – Bonn 1987, S. 135-235.

Janssen 1987a
Walter Janssen, Die mittelalterliche Stadt als Problem der Archäologie, in: Stadtkernforschung. Hrsg. von Helmut Jäger, Köln 1987, S. 3-10.

Jaritz 1986
Gerhard Jaritz, Zur materiellen Kultur des Hofes um 1200, in: Kaiser/Müller 1986, S. 19-38.

Jászai 1983
Géza Jászai, Die Borsteler Madonna in Nienburg, in: 75 Jahre Museumsverein für die Grafschaften Hoya, Diepholz und Wölpe e.V., Nienburg 1983, S. 29-32.

Jászai 1989
Géza Jászai, Werke des frühen und hohen Mittelalters (Bildhefte des Westfälischen Landesmuseums für Kunst und Kulturgeschichte 2), Münster 1976, 2., erweiterte Auflage, Münster 1989.

Jehl 1995
Welf VI. Wissenschaftliches Kolloquium zum 800. Todesjahr Welfs VI. im Schwäbischen Bildungszentrum Irsee vom 5. bis 8. Oktober 1991 (Irseer Schriften 3). Hrsg. von Rainer Jehl, Sigmaringen 1995.

Jentzsch 1942
Ursula Jentzsch, Heinrich der Löwe im Urteil der deutschen Geschichtsschreibung von seinen Zeitgenossen bis zur Aufklärung (Beiträge zur mittelalterlichen, neueren und allgemeinen Geschichte 11), 2., durchgesehene Auflage, Jena 1942.

Jesse 1952
Wilhelm Jesse, Goslars Münzgeschichte im Abriß, in: Karl Frölich zur Vollendung des 75. Lebensjahres am 14. April 1952 (Beiträge zur Geschichte der Stadt Goslar 13). Hrsg. von Karl G. Bruchmann und Heinfried Spier, Goslar 1952, S. 51-70.

Jesse 1967
Wilhelm Jesse, Der Wendische Münzverein, Braunschweig 1967.

Joachim 1935
Harold Joachim, Die Stiftskirche zu Königslutter. Ein Beitrag zur deutschen Kunstgeschichte des 12. Jahrhunderts, Göttingen 1935.

Jörgens 1879
A. D. Jörgens, Valdemar Seijr, 1879.

Jörgensen/Nyborg/Gelting 1993
Series episcoporum ecclesiae catholicae occidentalis ab initio usque ad annum MCXCVIII, series VI: Scandinavia, tomus I Archiepiscopatus Lundensis, curaverunt Kaare Rübner Jörgensen, E. Nyborg und M. Gelting, Stuttgart 1993.

Johanek 1984
Peter Johanek, Eike von Repgow, Hoyer von Falkenstein und die Entstehung des Sachsenspiegels, in: Festschrift Stoob, S. 716-755.

Johanek 1992
Peter Johanek, Kultur und Bildung im Umkreis Friedrich Barbarossas, in: Haverkamp 1992, S. 652-677.

Johnson 1938
Rozelle Parker Johnson, The manuscripts of the Schedula of Theophilus Presbyter, in: Speculum 13, 1938, S. 89-90.

Joranson 1938
Einar Joranson, The Palestine pilgrimage of Henri the Lion, in: Medieval and Historiographical Essays in Honor of James Westfall Thompson. Ed. by James Lea Cate and Eugene N. Anderson, Chicago 1938, S. 146-225.

Jordan 1939
Die Bistumsgründungen Heinrichs des Löwen. Untersuchungen zur Geschichte der ostdeutschen Ko-

lonisation (Schriften des Reichsinstituts für ältere deutsche Geschichtskunde [Monumenta Germaniae Historica] 3), Stuttgart 1939.

Jordan 1954
Karl Jordan, Heinrich der Löwe und Dänemark, in: Geschichtliche Kräfte und Entscheidungen. Festschrift zum 65. Geburtstag von Otto Becker. Hrsg. von Otto Göhring und Alexander Scharf, Wiesbaden 1965, S. 16-29.

Jordan 1958
Karl Jordan, Herzogtum und Stamm in Sachsen während des hohen Mittelalters, in: Niedersächsisches Jahrbuch für Landesgeschichte 30, 1958, S. 1-27.

Jordan 1960
Karl Jordan, Die Städtepolitik Heinrichs des Löwen. Eine Forschungsbilanz, in: Hanseatische Geschichtsblätter 78, 1960, S. 1-36.

Jordan 1963
Karl Jordan, Goslar und das Reich im 12. Jahrhundert, in: Niedersächsisches Jahrbuch für Landesgeschichte 35, 1963, S. 49-77.

Jordan 1970
Karl Jordan, Sachsen und das deutsche Königtum im hohen Mittelalter, in: Historische Zeitschrift 210, 1970, S. 529-559.

Jordan 1973
Karl Jordan, Zu den Gotland-Urkunden Heinrichs des Löwen, in: Hanseatische Geschichtsblätter 91, 1973, S. 24-33.

Jordan 1973a
Karl Jordan, Die Anfänge des Bistums Oldenburg-Lübeck im Rahmen der nordalbingischen Missionspolitik des 12. Jahrhunderts, in: Dom zu Lübeck, S. 102-104.

Jordan 1977
Karl Jordan, Der Harzraum in der Geschichte der deutschen Kaiserzeit. Eine Forschungsbilanz, in: Festschrift Helmut Beumann, Sigmaringen 1977, S. 163-181.

Jordan 1980
Karl Jordan, Heinrich der Löwe. Eine Biographie, München 1979, 2., durchgesehene Auflage, München 1980.

Jordan 1981
Karl Jordan, Heinrich der Löwe und seine Familie, in: Archiv für Diplomatik 27, 1981, S. 111-144.

Jordan/Gosebruch 1967
Karl Jordan und Martin Gosebruch, 800 Jahre Braunschweiger Burglöwe 1166-1966, Braunschweig 1967.

Jülich 1993
Theo Jülich, Zur Verwendung von Edelsteinen im Mittelalter, in: Faszination Edelstein. Aus den Schatzkammern der Welt. Mythos, Kunst, Wissenschaft [Ausstellung Darmstadt], Stuttgart 1993, S. 60-68.

Jüngere Hildesheimer Briefsammlung
Die jüngere Hildesheimer Briefsammlung. Ed. Rolf de Kegel in: MGH Die Briefe der deutschen Kaiserzeit 7, München 1995.

Jullian 1987
Martine Jullian, L'image de la musique dans la sculpture romane en France, in: Cahiers de Civilisation Médiévale 30, 1987, S. 33-44.

Juritsch 1894
Georg Juritsch, Zur Geschichte der Babenberger und ihrer Länder, Wien 1894.

Kablitz 1992
Karsten Kablitz, Die Alte Waage in Braunschweig, Braunschweig 1992.

Källeström 1956
Olle Källeström, Die Grabkrone des Erich von Schweden (gest. 1160), in: Schramm 1954-56, Bd. 3, S. 769-908.

Kahl 1953
Hans Dietrich Kahl, Zum Geist der deutschen Slawenmission des Hochmittelalters, in: Zeitschrift für Ostforschung 2, 1953, S. 1-14.

Kahl 1965
Hans-Dietrich Kahl, Art. Vicelinus (Wizelin), in: Lexikon für Theologie und Kirche, Bd. 10, 1965, Nachdruck 1986, Sp. 765.

Kahsnitz 1975
Rainer Kahsnitz, Romanische Glasfenster aus der Marktkirche in Goslar, Nürnberg 1975.

Kahsnitz 1977
Rainer Kahsnitz, Siegel und Goldbullen, in: Kat. Stuttgart 1977, 1, S. 17-19.

Kahsnitz 1979
Rainer Kahsnitz, Staufische Kameen, in: Kat. Stuttgart 1977, 5, S. 477-520.

Kahsnitz 1982
Rainer Kahsnitz, Das Heilige Grab als liturgisches Gerät. Zu einer mittelalterlichen Bronze im Germanischen Nationalmuseum Nürnberg, in: Ordo Militiae Crucis Templi. Nürnberger Gespräche. Hrsg. von Heinz G. Kramberg, Wiesbaden 1982, S. 37-51.

Kahsnitz 1989
Rainer Kahsnitz, Die Ornamentik, in: Kötzsche 1989, S. 244-287.

Kahsnitz/Mende/Rücker 1982
Rainer Kahsnitz, Ursula Mende und Elisabeth Rücker, Das Goldene Evangelienbuch von Echternach, Frankfurt a. M. 1982.

Kain 1986
Evelyn Kain, The sculpture of Nicholaus and the development of a north italien romanesque workshop (Dissertationen zur Kunstgeschichte 24), Wien – Köln – Graz 1986.

Kaiser/Müller 1986
Höfische Literatur, Hofgesellschaft, höfische Lebensformen um 1200 (Studia humaniora 6). Hrsg. von Gert Kaiser und Jan-Dirk Müller, Düsseldorf 1986.

Kaiserchronik
Deutsche Kaiserchronik. Die Kaiserchronik eines Regensburger Geistlichen. Ed. Edward Schröder, in: MGH Dt. Chron. 1, 1, Hannover 1892.

Kalbfuß 1910
Hermann Kalbfuß, Zur Entstehung der ›Narratio de electione Lotharii‹, in: Mitteilungen des Instituts für österreichische Geschichtsforschung 31, 1910, S. 538-557.

Kalic 1991
Jovanka Kalic, Die deutsch-serbischen Beziehungen im 12. Jahrhundert, in: Mitteilungen des Instituts für österreichische Geschichtsforschung 99, 1991, S. 513-526.

Kallen 1960
Gerhard Kallen, Philipp von Heinsberg, Erzbischof von Köln (1167-1191), in: Im Schatten von St. Gereon (Veröffentlichungen des Kölnischen Geschichtsvereins 25), Köln 1960, S. 183-205.

Kallfelz 1986
Lebensbeschreibungen einiger Bischöfe des 10.-12. Jahrhunderts. Hrsg. von Hatto Kallfelz, Darmstadt 1986.

Kamphausen 1938
Alfred Kamphausen, Die Baudenkmäler der deutschen Kolonisation in Ostholstein und die Anfänge der nordeuropäischen Backsteinarchitektur, Neumünster 1938.

Kamphausen 1977
Alfred Kamphausen, Die Kirche von Altenkrempe, 2. Auflage, München – Berlin 1977.

Karlsson 1988
Lennert Karlsson, Medieval ironwerk i Sverige, Stockholm 1988.

Karolingische und ottonische Kunst 1957
Karolingische und ottonische Kunst. Wesen, Werden, Wirkung (Forschungen zur Kunstgeschichte und christlichen Archäologie 3), Wiesbaden 1957.

Kartschoke 1989
Dieter Kartschoke, In die latine bedwungin. Kommunikationsprobleme im Mittelalter und die Übersetzung der ›Chanson de Roland‹ durch den Pfaffen Konrad, in: Beiträge zur Geschichte der deutschen Sprache und Literatur 111, 1989, S. 196-209.

Kasten 1976
Eberhard Kasten, Tönerne figürliche Gießgefäße des Mittelalters in Mitteleuropa, in: Arbeits- und Forschungsberichte zur Sächsischen Bodendenkmalpflege 20/21, 1976, S. 387-558.

Kastner 1974
Jörg Kastner, Historiae fundationum monasteriorum. Frühformen monastischer Institutionsgeschichtsschreibung im Mittelalter (Münchener Beiträge zur Mediävistik und Renaissance-Forschung 18), München 1974.

Kat. Aachen 1965
Karl der Große. Werk und Wirkung [Ausstellung Aachen 1965], Aachen 1965.

Kat. Aachen 1980
Die Zisterzienser. Ordensleben zwischen Ideal und Wirklichkeit. Eine Ausstellung des Landesverbandes Rheinland. Rheinisches Museumsamt [Ausstellung Aachen 1980], Brauweiler – Köln 1980.

Kat. Aachen 1980 (Erg. Bd.)
Die Zisterzienser. Ordensleben zwischen Ideal und Wirklichkeit. Eine Ausstellung des Landesverbandes Rheinland. Ergänzungsband. Hrsg. von Kaspar Elm, Köln 1982.

Kat. Amsterdam 1986
Onno ter Kuile, Koper en Brons (Catalogi van de verzameling kunstnijverheid van het Rijksmuseum te Amsterdam, Deel 1) [Ausstellung Amsterdam 1986], 's-Gravenhage 1986.

Kat. Augsburg 1973
Suevia Sacra. Frühe Kunst in Schwaben [Ausstellung Augsburg 1973], Augsburg 1973.

Kat. Baltimore 1949
Illuminated Books of the Middle Ages and Renaissance, Baltimore 1949.

Kat. Barcelona/Santiago de Compostela 1961
El Arte románico [Ausstellung Barcelona und Santiago de Compostela 1961], Barcelona 1961.

Kat. Berlin 1975/76
Zimelien. Abendländische Handschriften des Mittelalters aus den Sammlungen der Stiftung Preußischer Kulturbesitz Berlin. Bearb. von Tilo Brandis [Ausstellung Berlin 1975/76], Wiesbaden 1975.

Kat. Berlin 1989
Europa und der Orient 800-1900. Hrsg. von Gereon Sievernich und Hendrik Budde [Ausstellung Berlin 1989], Gütersloh – München 1989.

Kat. Berlin 1992
Der Quedlinburger Schatz – wieder vereint. Hrsg. von Dietrich Kötzsche [Ausstellung Berlin 1992], Berlin 1992.

Kat. Berlin 1992a
Wikinger – Waräger – Normannen. Die Skandinavier und Europa 800-1200. Hrsg. von Elsa Roesdahl [Ausstellung Berlin und Paris 1992, Kopenhagen 1993], Mainz 1992.

Kat. Bern 1949
Kunst des frühen Mittelalters [Ausstellung Bern 1949], Bern 1949.

Kat. Bonn 1989
Glanzlichter, 40 Jahre Engagement des Bundes für die Kunst [Ausstellung Bonn 1989], Bonn 1989.

Kat. Braunschweig 1948
Niederdeutsche Kunst des Mittelalters [Ausstellung Braunschweig 1948], Braunschweig 1948.

Kat. Braunschweig 1980
Königslutter und Oberitalien. Kunst des 12. Jahrhunderts in Sachsen. Hrsg. von Martin Gosebruch und Hans-Henning Grote, Ausstellung Braunschweig, Braunschweig 1980.

Kat. Braunschweig 1981
Festschrift zur Ausstellung. Brunswiek 1031-Braunschweig 1981. Die Stadt Heinrichs des Löwen von den Anfängen bis zur Gegenwart. Hrsg. von Gerd Spies und Matthias Puhle [Ausstellung Braunschweig 1981], Braunschweig 1981.

Kat. Braunschweig 1981 (Erg.Bd.)
Folgeband zur Festschrift Brunswiek 1031-Braunschweig 1981. Die Stadt Heinrichs des Löwen von den Anfängen bis zur Gegenwart. Vorträge und Rückblicke. Hrsg. von Gerd Spies, Franz-Josef Christiani und Matthias Puhle, Braunschweig 1982.

Kat. Braunschweig 1985
Stadt im Wandel. Kunst und Kultur des Bürgertums in Norddeutschland 1150-1650. Hrsg. von Cord Meckseper [Ausstellung Braunschweig 1985], Bd. 1-4, Stuttgart-Bad Cannstatt, 1985.

Kat. Braunschweig 1985 (Erg. Bd.)
Harold Hammer-Schenk und Dieter Lange, Alte Zeiten – Moderne Zeiten. Eine Fotodokumentation zum 19. und 20. Jahrhundert. Ergänzungsband zu: Stadt im Wandel. Kunst und Kultur des Bürgertums in Niedersachsen. Hrsg. von Cord Meckseper, Braunschweig 1985.

Kat. Braunschweig 1988
Glanz alter Buchkunst. Mittelalterliche Handschriften der Staatsbibliothek Preußischer Kulturbesitz Berlin (Staatsbibliothek Preußischer Kulturbesitz, Ausstellungskataloge 33). Hrsg. von Tilo Brandis und Peter Jörg Becker [Ausstellung Braunschweig 1988, Berlin 1989 und Köln 1989], Wiesbaden 1988.

Kat. Braunschweig 1993
Ludwig Winter (22.1.1843-6.5.1930). Stadtbaurat und Architekt des Historismus in Braunschweig, (Braunschweiger Werkstücke 86). Bearb. von Monika Lemke-Kokkelink [Ausstellung Braunschweig 1993], Braunschweig 1993.

Kat. Braunschweig 1993a
Jördis Lademann, Baukunst der Romanik in Niedersachsen. [Ausstellung Braunschweig 1993], Braunschweig 1993.

Kat. Braunschweig 1994b
Alfred Walz, ›Seltenheiten der Natur als auch der Kunst‹. Die Kunst- und Naturalienkammer auf Schloß Salzdahlum [Ausstellung Braunschweig 1994], Braunschweig 1994.

Kat. Braunschweig/Magdeburg 1993
Sachsen-Anhalt. 1200 Jahre Geschichte – Renaissance eines Kulturraumes. Hrsg. von Gerd Biegel [Ausstellung Braunschweig/Magdeburg 1993], Braunschweig 1993.

Kat. Bremen 1975
Schätze der Stadt Bremen in der Universitätsbibliothek. Miniaturen und Handschriften des Mittelalters (Hefte des Focke-Museums 42) [Ausstellung Bremen 1975], Bremen 1975.

Kat. Bremen 1979
Der Bremer Dom: Baugeschichte, Ausgrabungen, Kunstschätze. Hrsg. von Rosemarie Pohl-Weber [Ausstellung Bremen 1979], Bremen 1979.

Kat. Bremen 1982
Aus dem Alltag der mittelalterlichen Stadt. Handbuch zur Sonderausstellung im Bremer Landesmuseum für Kunst- und Kulturgeschichte (Hefte des Focke-Museums 62). Hrsg. von Rosemarie Pohl-Weber [Ausstellung Bremen 1982], Bremen 1982.

Kat. Corvey 1966
Kunst und Kultur im Weserraum 800-1600. Ausstellung des Landes Nordrhein-Westfalen in Corvey 28. Mai-15. September 1966 [Ausstellung Corvey 1966], Bd. 1: Beiträge, Bd. 2: Katalog, Münster 1966.

Kat. Dresden 1981
Kunsthandwerk der Gotik und Renaissance, 13. bis 17. Jahrhundert. Staatliche Kunstsammlungen Dresden. Museum für Kunsthandwerk, Schloß Pillnitz, Dresden 1981.

Kat. Dresden/München 1994/95
Bayern und Sachsen in der Geschichte. Wege und Begegnungen in archivalischen Dokumenten. Hrsg. von der Generaldirektion der Staatlichen Archive Bayerns [Ausstellung Dresden 1994 und München 1995], München 1994.

Kat. Düsseldorf 1902
Kunsthistorische Ausstellung Düsseldorf 1902. Illustrierter Katalog [Ausstellung Düsseldorf 1902], Düsseldorf 1902.

Kat. Essen 1990/91
Vergessene Zeiten. Mittelalter im Ruhrgebiet. Hrsg. von Ferdinand Seibt [Ausstellung Essen 1990/91], Bd. 1-2, Essen 1990.

Kat. Flensburg 1953
Gotische Kunst im Herzogtum Schleswig, 1200-1350 [Kat. Flensburg 1953], Flensburg 1953.

Kat. Florenz 1989
Arti del Medio Evo e del Rinascimento. Omaggio ai Carrand, 1889-1989 [Ausstellung Florenz 1989], Florenz 1989.

Kat. Frankfurt/Berlin 1930
Der Welfenschatz. Katalog der Ausstellung [Ausstellung Frankfurt a. M. und Berlin 1930], Frankfurt a. M. 1930.

Kat. Freiburg 1986
Die Zähringer. Bd. 1: Eine Tradition und ihre Erforschung, Bd. 2: Anstoß und Wirkung, Bd. 3: Schweizer Vorträge und neue Forschungen, Bd. 1 u. 3 hrsg. von Karl Schmid, Bd. 2: hrsg. von Hans Schadek und Karl Schmid [Ausstellung Freiburg 1986], Bd. 1-2: Sigmaringen 1986, Bd. 3: Sigmaringen 1990.

Kat. Goslar 1986
Werner Hillebrand, 800 Jahre Kloster Neuwerk 1186-1986 [Ausstellung Goslar 1986], Goslar 1986.

Kat. Hamburg 1989
Die Hanse. Lebenswirklichkeit und Mythos. Katalog einer Ausstellung im Museum für Hamburgische Geschichte. Hrsg. von Jörgen Bracker [Ausstellung Hamburg 1989], Bd. 1-2, Hamburg 1989.

Kat. Heidelberg 1988
Codex Manesse. Hrsg. von Elmar Mittler und Wilfried Werner [Ausstellung Heidelberg 1988], Heidelberg 1988.

Kat. Hildesheim 1988
Der Schatz von St. Godehard. Hrsg. von Michael Brandt [Ausstellung Hildesheim 1988], Hildesheim 1988.

Kat. Hildesheim 1989
Kirchenkunst des Mittelalters. Erhalten und erforschen. Hrsg. von Michael Brandt [Ausstellung Hildesheim 1989], Hildesheim 1989.

Kat. Hildesheim 1991
Schatzkammer auf Zeit. Die Sammlungen des Bischofs Eduard Jakob Wedekin 1796-1870. Hrsg. von Michael Brandt [Ausstellung Hildesheim 1991], Hildesheim 1991.

Kat. Hildesheim 1993
Bernward von Hildesheim und das Zeitalter der Ottonen. Hrsg. von Michael Brandt und Arne Eggebrecht [Ausstellung Hildesheim 1993], Bd. 1-2, Hildesheim – Mainz 1993.

Kat. Hildesheim 1993a
Das kostbare Evangeliar des Heiligen Bernward. Hrsg. von Michael Brandt [Ausstellung im Dom- und Diözesanmuseum Hildesheim/Roemer- und Pelizaeus-Museum Hildesheim/Bayerische Staatsbibliothek München 1993], München 1993.

Kat. Houston 1981
The Museum of Fine Arts, Houston. A guide to the collection, Houston 1981.

Kat. Kloster Andechs 1993
Herzöge und Heilige. Das Geschlecht der Andechs-Meranier im europäischen Hochmittelalter. Hrsg. von Josef Kirmeier und Evamaria Brockhoff [Ausstellung im Kloster Andechs 1993], München 1993.

Kat. Köln 1963
Monumenta Judaica. 2000 Jahre Geschichte und Kultur der Juden am Rhein [Ausstellung Köln 1963], Köln 1963.

Kat. Köln 1972
Rhein und Maas. Kunst und Kultur 800-1400 [Ausstellung Köln 1972], Bd. 1-2, Bd. 1: Katalog, Köln 1972; Bd. 2: Berichte, Beiträge und Forschungen zum Themenkreis der Ausstellung und des Katalogs, Köln 1973.

Kat. Köln 1975
Monumenta Annonis. Köln und Siegburg. Weltbild und Kunst im hohen Mittelalter. Hrsg. von Anton Legner [Ausstellung Köln 1975], Köln 1975.

Kat. Köln 1985
Ornamenta Ecclesiae. Kunst und Künstler der Romanik. Hrsg. von Anton Legner [Ausstellung Köln 1985], Bd. 1-3, Köln 1985.

Kat. Köln 1987
Andachtsbücher des Mittelalters aus Privatbesitz. Bearb. von Joachim M. Plotzek [Ausstellung Köln 1987], Köln 1987.

Kat. Köln 1989
Reliquien, Verehrung und Verklärung. Skizzen und Noten zur Thematik und Katalog zur Ausstellung der Kölner Sammlung Louis Peters im Schnütgen-Museum. Hrsg. von Anton Legner [Ausstellung Köln 1989], Köln 1989.

Kat. Köln 1991
Kaiserin Theophanu. Begegnung des Ostens und Westens um die Wende des ersten Jahrtausends. Hrsg. von Anton von Euw und Peter Schreiner, Bd. 1-2, Köln 1991.

Kat. Köln – Münster 1980/81
Köln – Westfalen 1180-1980. Landesgeschichte zwischen Rhein und Weser. Hrsg. von Peter Berghaus und Siegfried Kessemeier [Ausstellung Köln – Münster 1980/81], Bd. 1-2, 2. Auflage, Köln – Münster 1981.

Kat. Landshut 1980
Wittelsbach und Bayern. Bd. I/1 u. I/2: Die Zeit der frühen Herzöge. Von Otto I. zu Ludwig dem Bayer. Katalog der Ausstellung auf der Burg Trausnitz in Landshut, 14. Juni-5. Oktober 1980. Hrsg. von Hubert Glaser [Ausstellung Landshut 1980], München – Zürich 1980.

Kat. Liesborn 1965
Liesborn. Kunst und Geschichte der ehemaligen Abtei [Ausstellung Liesborn 1965], Liesborn 1965.

Kat. Lilienfeld 1976
1000 Jahre Babenberger in Österreich. Katalog der Niederösterreichischen Jubiläumsausstellung im Stift Lilienfeld. Bearb. von Erich Zöllner [u.a.][Ausstellung Stift Lilienfeld], Wien 1976.

Kat. London 1963
Opus Anglicanum. English medieval embroidery. Hrsg. von Donald King [Ausstellung London 1963], London 1963.

Kat. London 1981
The Vikings in England. Hrsg. von Else Roesdahl [Ausstellung London 1981], London 1981.

Kat. London 1984
English Romanesque Art 1066-1200. Hrsg. von George Zarnecki, Janet Holt und Tristram Holland [Ausstellung London 1984], London 1984.

Kat. London 1984a
The golden age of anglo-saxon art 966-1066. Hrsg. von Janet Backhouse, Derek H. Turner und Leslie Webster [Ausstellung London 1984], London 1984.

Kat. London 1987
The age of chivalry. Art in Plantagenet England 1200-1400. Hrsg. von Jonathan J. G. Alexander und Paul Binski [Ausstellung London 1987-88], London 1987.

Kat. Lüttich 1951
Art Mosan et arts anciens du pays du Liège [Ausstellung Lüttich 1951], Lüttich 1951.

Kat. Magdeburg 1992
Erzbischof Wichmann (1152-1192) und Magdeburg im Hohen Mittelalter. Stadt – Erzbistum – Reich. Hrsg. von Matthias Puhle [Ausstellung Magdeburg 1992], Magdeburg 1992.

Kat. Marburg/Wartburg 1992
Hessen und Thüringen – Von den Anfängen bis zur Reformation. Eine Ausstellung des Landes Hessen [Ausstellung Landgrafenschloß Marburg und Wartburg, Eisenach 1992], Wiesbaden 1992.

Kat. München 1950
Ars sacra. Kunst des frühen Mittelalters [Ausstellung München 1950], München 1950.

Kat. München 1972
Bayern – Kunst und Kultur [Ausstellung München 1972], München 1972.

Kat. München 1974
Wappen in Bayern (Ausstellungskataloge der staatlichen Archive Bayerns 8) [Ausstellung München 1989], Neustadt an der Aisch 1974.

Kat. München 1984
Wallfahrt kennt keine Grenzen [Ausstellung München 1984], München 1984.

Kat. München 1984 (Erg. Bd.)
Wallfahrt kennt keine Grenzen. Themen zu einer Ausstellung des Bayerischen Nationalmuseums und des Adalbert Stifter Vereins München, München 1984.

Kat. München 1986
Das Evangeliar Heinrichs des Löwen und das mittelalterliche Herrscherbild. Hrsg. von Horst Fuhrmann und Florentine Mütherich [Ausstellung München 1986], München 1986.

Kat. Münster 1951
Westfalia sacra [Ausstellung Münster 1951], Münster 1951.

Kat. Münster 1982
Monastisches Westfalen. Klöster und Stifte 800-1800 [Ausstellung Münster 1982], Münster 1982.

Kat. Münster 1993
Imagination des Unsichtbaren. 1200 Jahre Bildende Kunst im Bistum Münster. Hrsg. von Géza Jászai [Ausstellung Münster 1993], Bd. 1-2, Münster 1993.

Kat. New York 1968
Medieval art from private collections. Hrsg. von Carmen Gómez-Moreno [Ausstellung New York 1968], New York 1968.

Kat. New York 1970
The Year 1200. A Background Survey – A centennial exhibition at the Metropolitan Museum of Art (The Cloisters Studies in medieval art I). Hrsg. von Florens Deuchler [Ausstellung New York], Bd. 1-2, Bd. 1: Hrsg. von Konrad Hoffmann, Bd. 2. Hrsg. von Florens Deuchler, New York 1970.

Kat. New York 1970 (Erg. Bd.)
The Year 1200. A Symposium. The Metropolitan Museum of Art. Dublin 1975.

Kat. New York 1977
Age of spirituality. Late antique and early christian art, third to seventh century. Ed. Kurt Weitzmann [Ausstellung New York 1977], New York 1977.

Kat. New York 1992
William M. Voelkle und Roger S. Wieck, The Bernard H. Breslauer Collection of Manuscript Illuminations [Ausstellung New York 1992], New York 1992.

Kat. Nürnberg 1992
Rainer Kahsnitz, Die Gründer von Laach und Sayn. Fürstenbildnisse des 13. Jahrhunderts [Ausstellung Nürnberg 1992], Nürnberg 1992.

Kat. Oldenburg 1995
Der sassen speyghel: Sachsenspiegel – Recht – Alltag (Veröffentlichungen des Stadtmuseums Oldenburg 21; Schriften der Landesbibliothek Oldenburg 29). Hrsg. von Egbert Koolmann, Ewald Gäßler und Friedrich Scheele [Ausstellung Oldenburg 1995], Bd. 1-2, Oldenburg 1995.

Kat. Oslo 1972
Norge 872-1972. Middelalderkunst fra Norge i andre land/Norwegian medieval art abroad [Ausstellung Oslo 1972], Oslo 1972.

Kat. Paris 1904
Musée National du Louvre. Catalogue des bronzes et cuivres du Moyen Age, de la Renaissance et des temps modernes. Hrsg. von Gaston Migeon, Paris 1904.

Kat. Paris 1951/52
Trésors d'art de la Vallée de la Meuse. Art mosan et arts anciens du Pays de Liège [Ausstellung Paris 1951/52], Paris 1952.

Kat. Paris 1954
Les manuscrits à peintures en France du VIIe au XIIe siècle [Ausstellung Paris 1954], Paris 1954.

Kat. Paris 1965
Les trésors des églises de France [Ausstellung Paris 1965], Paris 1965.

Kat. Paris 1992/93
Byzance, L'art byzantin dans les collections publiques françaises [Ausstellung Paris 1992/93], Paris 1992.

Kat. Regensburg 1987
Regensburger Buchmalerei. Von frühkarolingischer Zeit bis zum Ausgang des Mittelalters [Ausstellung Regensburg 1987], München 1987.

Kat. Rom 1994
I Normanni, popolo d'Europa 1030-1200. Ed. Mario D'Onofrio [Ausstellung Rom 1994], Venezia 1994.

Kat. Rotterdam 1952
Kunst der Maasvallei [Ausstellung Rotterdam 1952], Rotterdam 1952.

Kat. Rouen 1979
Trésors des abbayes normandes [Ausstellung Rouen 1979], Rouen 1979.

Kat. Speyer 1992
Das Reich der Salier 1024-1125 [Ausstellung Speyer 1992], Sigmaringen 1992.

Kat. Stockholm 1988
Palmyra, Öknens drottning [Ausstellung Stockholm 1988], Stockholm 1988.

Kat. Stuttgart 1977
Die Zeit der Staufer. Geschichte – Kunst – Kultur. Hrsg. von Reiner Haussherr und Christian Väterlein [Ausstellung Stuttgart 1977], Bd. 1-4, Stuttgart 1977, Bd. 5, Stuttgart 1979.

Kat. Trier 1984
Schatzkunst Trier. Hrsg. von Franz J. Ronig [Ausstellung Trier 1984], Trier 1984.

Kat. Viborg 1991
Kunstschätze Jütlands, Fünens und Schleswigs aus der Zeit Waldemars des Siegers. Ausstellung des Stiftsmuseums Viborg zur 750-Jahrfeier des Jydske Lov [Ausstellung Viborg 1991], Viborg 1991.

Kat. Wanderausstellung Rheinland-Pfalz
Krieger, Ritter, Freiherr. Entstehung und Wirken des Niederadels im Mittelalter. Bearb. von Volker Rödel [Wanderausstellung der Landesarchivverwaltung Rheinland-Pfalz 1988], Koblenz 1988.

Kat. Washington 1975
Medieval and Renaissance miniatures from the National Gallery of Art. Ed. Gary Vikan [Ausstellung Washington 1975], Washington 1975.

Kat. Wolfenbüttel 1989
Wolfenbütteler Cimelien. Das Evangeliar Heinrichs des Löwen in der Herzog August Bibliothek (Ausstellungskataloge der Herzog August Bibliothek [Ausstellung Wolfenbüttel 1989], Hannover 1989.

Kat. Wolfenbüttel 1992
Ruth Schmidt-Wiegand und Wolfgang Milde, Gott ist selber Recht. Die vier Bilderhandschriften des Sachsenspiegels (Ausstellungskataloge der Herzog August Bibliothek in Wolfenbüttel in Verbindung mit der Niedersächsischen Sparkassenstiftung 67) [Ausstellung Wolfenbüttel 1992], Wolfenbüttel 1992.

Kat. Würzburg 1982
Kostbare Handschriften. Jubiläumsausstellung zur 400-Jahr-Feier der Julius-Maximilians-Universität im Jahre 1982. Hrsg. von Gottfried Mälzer und Hans Thurn (Ausstellung und Katalog) [Ausstellung Würzburg 1982], Würzburg 1982.

Kauffmann 1975
C. Michael Kauffmann, Romanesque manuscripts 1066-1190 (A survey of manuscripts illuminated in the British isles 3), Ed. Jonathan J. G. Alexander, London 1975.

Kauffmann 1992
C. Michael Kauffmann, A painted box and romance illustration in the early thirteenth century, in: Burlington Magazine 134, 1992, S. 20-24.

Kaufmann 1986
Virginia Roehrig Kaufmann, Iconographic study of the christological cycle of miniatures of the Aschaffenburg Golden Gospels (Aschaffenburg, Hofbibliothek, Ms. 13), Phil. Diss. Colombia University New York, New York 1986.

Kaufmann 1992
Virginia Roehrig Kaufmann, The Brunn Missale. A new addition to the later Helmarshausen group, in: Gosebruch/Steigerwald 1992, S. 255-290.

Keetz 1909
Wilhelm Keetz, Geschichte des Flecken Bleckede, Bleckede 1909.

Kehr 1890
P. Kehr, Die Purpururkunde Konrads III. für Corvei, in: Neues Archiv für ältere deutsche Geschichtskunde 15, 1890, S. 363-381.

Keller 1965
Harald Keller, Der Flügelaltar als Reliquienschrein, in: Studien zur Geschichte der europäischen Plastik, Festschrift für Theodor Müller, München 1965, S. 125-144.

Keller 1982
Hagen Keller, Reichsstruktur und Herrschaftsauffassung in ottonisch-frühsalischer Zeit, in: Frühmittelalterliche Studien 16, 1982, S. 74-128.

Keller 1983
Hagen Keller, Schwäbische Herzöge als Thronbewerber: Hermann II. (1002), Rudolf von Rheinfelden (1077), Friedrich von Staufen (1125). Zur Entwicklung von Reichsidee und Fürstenverantwortung, Wahlverständnis und Wahlverfahren im 11. und 12. Jahrhundert, in: Zeitschrift für die Geschichte des Oberrheins 131, 1983, S. 151-159.

Keller 1985
Hagen Keller, Herrscherbild und Herrscherlegitimation: Zur Deutung der ottonischen Denkmäler, in: Frühmittelalterliche Studien 19, 1985, S. 290-311.

Keller 1986
Hagen Keller, Zwischen regionaler Begrenzung und universalem Horizont. Deutschland im Imperium der Salier und Staufer. 1024-1250 (Propyläen Geschichte Deutschlands 2), Berlin 1986.

Keller 1992
Hagen Keller, Vom ›heiligen Buch‹ zur ›Buchführung‹. Lebensfunktionen der Schrift im Mittelalter, in: Frühmittelalterliche Studien 26, 1992, S. 1-31.

Keller 1993
Hagen Keller, Die Investitur. Ein Beitrag zum Problem der ›Staatssymbolik‹ im Hochmittelalter, in: Frühmittelalterliche Studien 27, 1993, S. 51-86.

Kellermann 1974
Wilhelm Kellermann, Bertran de Born und Herzogin Mathilde von Sachsen, in: Etudes de Civilisation Médiévale (IXe-XIIe siècle). Mélanges à Edmont-Rémi Labande, Poitiers 1974, S. 447-460.

Kenaan-Kedar 1986
Nurith Kenaan-Kedar, Les modillons de Saintonge et du Poitou comme manifestation de la culture laique, in: Cahiers de Civilisation Médiévale 29, 1986, S. 311-330.

Kent/Painter 1977
Wealth of the roman world AD 300-700. Hrsg. von J. P. C. Kent und K. S. Painter, London 1977.

Kerscher 1993
Hagiographie und Kunst. Der Heiligenkult in Schrift, Bild und Architektur. Hrsg. von Gottfried Kerscher, Berlin 1993.

Kessel 1931
Eberhard Kessel, Die Magdeburger Geschichtsschreibung im Mittelalter bis zum Ausgang des 12. Jahrhunderts, in: Sachsen und Anhalt 7, 1931, S. 109-184.

Kessemeier/Luckhardt 1982
Siegfried Kessemeier und Jochen Luckhardt, Dom- und Domschatz zu Minden, Königstein im Taunus 1982.

Keuffer/Kentenich 1914
Max Keuffer und Gottfried Kentenich, Verzeichnis der Handschriften des historischen Archivs (Beschreibendes Verzeichnis der Stadtbibliothek zu Trier 8), Trier 1914.

Kibler 1976
Eleanor of Aquitaine. Patron and Politician (Symposia in the Arts and the Humanities 3). Ed. William W. Kibler, Austin/Texas 1976.

Kielland 1927
Thor Kielland, Norsk guldsmedkunst i middelalderen, Oslo 1927.

Kienast 1968
Walther Kienast, Der Herzogtitel in Frankreich und Deutschland (9.-12. Jahrhundert), München – Wien 1968.

Kier 1970
Hiltrud Kier, Der mittelalterliche Schmuckfußboden, unter besonderer Berücksichtigung des Rheinlandes, Düsseldorf 1970.

Kimpel/Suckale 1985
Dieter Kimpel und Robert Suckale, Die gotische Architektur in Frankreich 1130-1270, München 1985.

Kintzinger 1990
Martin Kintzinger, Das Bildungswesen in der Stadt Braunschweig im hohen und späten Mittelalter. Verfassungs- und institutionengeschichtliche Studien zu Schulpolitik und Bildungsförderung (Beihefte zum Archiv für Kulturgeschichte 32), Köln – Wien 1990.

Kintzinger 1995
Martin Kintzinger, Bildung und Wissenschaft im hochmittelalterlichen Braunschweig, in: Schneidmüller 1995, S. 183-203.

Kirche und Stift Freckenhorst
Kirche und Stift Freckenhorst. Jubiläumsschrift zur 850. Wiederkehr des Weihetages der Stiftskirche in Freckenhorst am 4. Juni 1979, Freckenhorst 1979.

Kirchner-Doberer 1946
Erika Kirchner-Doberer, Die deutschen Lettner des 13. Jahrhunderts, Phil. Diss. (masch.) Wien 1946.

Kirchner-Feyerabend 1990
Cornelia Kirchner-Feyerabend, Otto von Freising als Diözesan- und Reichsbischof, Frankfurt a. M. 1990.

Kittel 1959/60
Erich Kittel, Siegelstudien, in: Archiv für Diplomatik 5/6, 1959/60, S. 430-478.

Kittel 1970
Erich Kittel, Siegel (Bibliothek für Kunst- und Antiquitätenfreunde 11), Braunschweig 1970.

Kitzinger 1960
Ernst Kitzinger, I mosaici di Monreale, Palermo 1960.

Kitzinger 1987
Ernst Kitzinger, Kleine Geschichte der frühmittelalterlichen Kunst. Dargestellt an Zeugnissen des British Museum und der British Library in London, Köln 1987.

Klack-Eitzen 1985
Charlotte Klack-Eitzen, Die thronenden Madonnen des 13. Jahrhunderts in Westfalen, Bonn 1985.

Klamt 1968
Johann-Christian Klamt, Die mittelalterliche Monumentalmalerei im Dom zu Braunschweig, Phil. Diss. Berlin 1968.

Klamt 1968a
Johann-Christian Klamt, Zum Arenberg-Psalter, in: Munuscula discipulorum. Kunsthistorische Forschungen Hans Kauffmann zum 70. Geburtstag 1966, Berlin 1968, S. 147-155.

Klamt 1981
Johann-Christian Klamt, Die Künstlerinschrift des Johannes Gallicus im Braunschweiger Dom, in: Bauwerk und Bildwerk im Hochmittelalter. Anschauliche Beiträge zur Kultur- und Sozialgeschichte (Kunstwissenschaftliche Untersuchungen des Ulmer Vereins 11). Hrsg. v. Karl Clausberg, Dieter Kimpel, Hans-Joachim Kunst, Robert Suckale, Gießen 1981, S. 35-53.

Klamt 1995
Johann-Christian Klamt, Die mittelalterlichen Monumentalmalereien in der Stiftskirche St. Blasius zu Braunschweig, in: Schneidmüller 1995, S. 297-317.

Klebel 1954
Ernst Klebel, Vom Herzogtum zum Territorium, in: Aus Geschichte und Landeskunde. Festschrift Theodor Mayer, Bd. 1, Lindau – Konstanz 1954.

Klein 1985
Peter K. Klein, L'art et idéologie impériale des Ottoniens vers l'An Mil: l'évangeliaire d'Henri II et l'apocalypse de Bamberg, in: Les Cahiers de Saint-Michel de Cuxa 16, 1985, S. 175-220.

Kleinau 1929
Hermann Kleinau, Der Grundzins in der Stadt Braunschweig bis 1350, Leipzig 1929.

Kleinschmidt 1976
Erich Kleinschmidt, Minnesang als höfisches Zeremonialhandeln, in: Archiv für Kulturgeschichte 58, 1976, S. 35-76.

Klemm 1980
Elisabeth Klemm, Die romanischen Handschriften der Bayerischen Staatsbibliothek. Teil 1: Die Bistümer Regensburg, Passau und Salzburg (Katalog der illuminierten Handschriften der Bayerischen Staatsbibliothek in München 3), Text- und Tafelband, Wiesbaden 1980.

Klemm 1988
Elisabeth Klemm, Die romanischen Handschriften der Bayerischen Staatsbibliothek, Teil 2: Die Bistümer Freising und Augsburg. Verschiedene deutsche Provenienzen (Katalog der illuminierten Handschriften der Bayerischen Staatsbibliothek in München 3). Text- und Tafelband, Wiesbaden 1988.

Klemm 1988a
Elisabeth Klemm, Das Evangeliar Heinrichs des Löwen (Insel taschenbuch 1121), Frankfurt a. M. 1988.

Klemm 1989
Elisabeth Klemm, Helmarshausen und das Evangeliar Heinrichs des Löwen, in: Kötzsche 1989, S. 42-76.

Klemm 1992
Elisabeth Klemm, Beobachtungen zur Buchmalerei von Helmarshausen. Am Beispiel des Evangelistenbildes, in: Gosebruch/Steigerwald 1992, S. 133-164.

Klewitz 1936
Hans Walter Klewitz, Petrus Diaconus und die Montecassiner Klosterchronik des Leo von Ostia, in: Archiv für Urkundenforschung 14, 1936, S. 414-453.

Klewitz 1939
Hans-Walter Klewitz, Die Festkrönungen der deutschen Könige, in: Zeitschrift der Savigny-Stiftung für Rechtsgeschichte, Kanonistische Abteilung 28, 1939, S. 48-96.

Kliege 1991
Herma Kliege, Weltbild und Darstellungspraxis hochmittelalterlicher Weltkarten, Münster 1991.

Kliemann 1990
K. Kliemann, Frühe Ofenkachel aus Lübeck, in: Die Heimat, Heft 12, 1990, S. 368-369.

Klingelhöfer 1955
Erich Klingelhöfer, Die Reichsgesetze von 1220, 1231/32 und 1235. Ihr Werden und ihre Wirkung im deutschen Staat Friedrichs II. (Quellen und Studien zur Verfassungsgeschichte des Deutschen Reiches in Mittelalter und Neuzeit 8, 2), Weimar 1955.

Klössel 1983
Barbara Klössel-Luckhardt, Studien zur Bildausstattung des Goslarer Evangeliars, Greven 1983.

Klössel 1992
Barbara Klössel, Das Evangelistar MA 56 des Herzog-Anton-Ulrich-Museums, Braunschweig 1992.

Klössel 1993
Barbara Klössel, Malerei der Romanik in Niedersachsen, in: Boockmann/Thies 1993, Bd. 1, S. 118-126.

Kloster Schäftlarn
Die Traditionen des Klosters Schäftlarn 760-1305. Bearb. von Alois Weissthanner (Quellen und Erörterungen zur bayerischen Geschichte, N.F. 10, 1), München 1953.

Klosterruine Walkenried
Klosterruine Walkenried. Sicherung und Ausbau der Klosteranlage. Inventarisierung der ›Chorsteine‹. Arbeitsbericht, Arbeitsgruppe Altstadt, Dipl.-Ing. Thumm & Partner (masch.), Braunschweig 1981.

Kluckhohn 1910
Paul Kluckhohn, Die Ministerialität in Südostdeutschland, Weimar 1910.

Kluckhohn 1938/39
Erwin Kluckhohn, Die Kapitellornamentik der Stiftskirche zu Königslutter. Studien über Herkunft, Form und Ausbreitung, in: Marburger Jahrbuch für Kunstwissenschaft 11/12, 1938/39, S. 527-578.

Kluckhohn 1955
Erwin Kluckhohn, Die Bedeutung Italiens für die romanische Baukunst und Bauornamentik in Deutschland (mit einem Nachwort von Walter Paatz), in: Marburger Jahrbuch für Kunstwissenschaft 16, 1955, S. 1-120.

Kluge-Pinsker 1991
Antje Kluge-Pinsker, Schach und Trictrac. Zeugnisse mittelalterlicher Spielfreuden in salischer Zeit (Römisch-Germanisches Zentralmuseum. Forschungsinstitut für Vor- und Frühgeschichte. Monographien 30), Sigmaringen 1991.

Knapiński 1992
R. Knapiński, Credo Apostolorum w romańskich drzwiach płockich, Płock, Wojewódzka Biblioteka Publiczna, 1992.

Knauf 1974
Tassilo Knauf, Die Architektur der Braunschweiger Stadtpfarrkirchen in der ersten Hälfte des 13. Jahrhunderts (Quellen und Forschungen zur Braunschweigischen Geschichte 21), Braunschweig 1974.

Knorr 1938
Heinz A. Knorr, Die slawischen Messerscheidenbeschläge, in: Mannus 30, 1938, S. 479-545.

Koch 1972
Gottfried Koch, Auf dem Wege zum Sacrum Imperium, Wien 1972.

Koch 1982
Robert Koch, Stachelsporen des frühen und hohen Mittelalters, in: Zeitschrift für Archäologie des Mittelalters 10, 1982, S. 63-83.

Koch 1985
Norbert Koch, Der Innenraum des Braunschweiger Domes (ehem. Stiftskirche St. Blasii), in: Kat. Braunschweig 1985, 4, S. 485-513.

Koch 1986
Robert Koch, Ein durchbrochenes Schwertortband vom Schwanberg bei Rödelsee, in: Aus Frankens Frühzeit. Mainfränkische Studien 37, 1986, S. 193-206.

Köhn 1979
Rolf Köhn, ›Militia curialis‹. Die Kritik am geistlichen Hofdienst bei Peter von Blois und in der lateinischen Literatur des 9.-12. Jahrhunderts, in: Miscellanea Mediaevalia 12/1, Berlin – New York 1979.

Köhn 1986
Rolf Köhn, Schulbildung und Trivium im lateinischen Hochmittelalter und ihr möglicher praktischer Nutzen, in: Fried 1986, S. 203-284.

Kölner Königschronik
Die Kölner Königschronik. Übersetzt von Karl Platner (Die Geschichtsschreiber der deutschen Vorzeit, 2. Gesamtausgabe 69), 5. Auflage, Leipzig 1941.

Kölzer/Stähli 1994
Petrus de Ebulo, Liber ad honorem Augusti sive de rebus Siculis. Codex 120 II der Bürgerbibliothek Bern. Eine Bilderhandschrift der Stauferzeit. Hrsg. und kommentiert von Theo Kölzer und Marlis Stähli, Textrevision und Übersetzung von Gereon Becht-Jördens, Sigmaringen 1994.

König 1934
Erich König, Die süddeutschen Welfen als Klostergründer. Vorgeschichte und Anfänge der Abtei Weingarten. Vortrag, gehalten auf der Hauptversammlung des Gesamtvereins der deutschen Geschichts- und Altertumsvereine in Stuttgart am 14. September 1932, Stuttgart 1934.

König 1975
Joseph König, Zur Geschichte der Siegel und Wappen, in: 700 Jahre Riddagshausen. Die Kirche des einstigen Zisterzienserklosters wurde 1275 geweiht. Hrsg. von der Bürgerschaft Riddagshausen mit Freundeskreis e. V., Braunschweig 1975, S. 44-56.

König 1994
Andreas König, Die archäologischen Funde der Rathausgrabung in Höxter aus den Jahren 1988-1992. Ein erster Überblick, in: Das Rathaus in Höxter (Schriften des Weserrenaissance-Museums Schloß Brake 7), München – Berlin 1994, S. 151-196.

Königfeld 1978a
Peter Königfeld, Die Grabmäler Kaiser Lothars in Königslutter, in: Deutsche Kunst und Denkmalpflege 36, 1978, S. 127-129.

Köster 1985
Kurt Köster, Pilgerzeichen und Ampullen. Zu neuen Braunschweiger Bodenfunden, in: Rötting 1985, S. 277-286.

Kötzsche 1964
Dietrich Kötzsche, Eine romanische Grubenschmelzplatte aus dem Berliner Kunstgewerbemuseum, in: Festschrift für Peter Metz. Hrsg. von Ursula Schlegel und Claus Zoege von Manteuffel, Berlin 1964, S. 154-169.

Kötzsche 1967
Dietrich Kötzsche, Darstellungen Karls des Großen in der lokalen Verehrung des Mittelalters, in: Karl der Große. Lebenswerk und Nachleben. Hrsg. von Wolfgang Braunfels und Percy Ernst Schramm, Bd. 4: Das Nachleben, Düsseldorf 1967, S. 157-214.

Kötzsche 1973
Dietrich Kötzsche, Der Welfenschatz im Berliner Kunstgewerbemuseum (Bilderhefte der Staatlichen Museen Preußischer Kulturbesitz Berlin 20/21), Berlin 1973.

Kötzsche 1973a
Dietrich Kötzsche, Zum Stand der Forschung der Goldschmiedekunst des 12. Jahrhunderts in: Kat. Köln 1972, 2, S. 191-236.

Kötzsche 1975
Dietrich Kötzsche, Die Kölner Niello-Kelchkuppa und ihr Umkreis, in: Kat. New York 1970 (Erg. Bd.), S. 139-162.

Kötzsche 1983
Dietrich Kötzsche, Der Dionysius-Schatz, in: Stadt Enger. Beiträge zu ihrer Stadtgeschichte, Bd. 2, Enger 1983, S. 41-61.

Kötzsche 1983a
Dietrich Kötzsche, Ein Taktstock für Richard Wagner?, in: Studien zum europäischen Kunsthandwerk. Festschrift Yvonne Hackenbroch. Hrsg. von Jörg Rasmussen, München 1983, S. 289-295.

Kötzsche 1985
Dietrich Kötzsche, Der Holzschrein des Karlsschreines in Aachen, in: Kunstchronik 38, 1985, S. 41.

Kötzsche 1986/87
Dietrich Kötzsche, Zwei gleiche Grubenschmelzkreuze, in: Aachener Kunstblätter 54/55, 1986/87, S. 47-68.

Kötzsche 1989
Das Evangeliar Heinrichs des Löwen. Kommentar zum Faksimile. Im Auftrag der Eigentümer der Handschrift [...]. Hrsg. von Dietrich Kötzsche, Frankfurt a. M. 1989.

Kötzsche 1995
Dietrich Kötzsche, Kunsterwerb und Kunstproduktion am Welfenhof in Braunschweig, in: Schneidmüller 1995, S. 237-261.

Kötzschke 1901
Rudolf Kötzschke, Studien zur Verwaltungsgeschichte der Großgrundherrschaft Werden an der Ruhr, Bonn 1901.

Kötzschke 1906-58
Rheinische Urbare. Sammlung von Urbaren und anderen Quellen zur Rheinischen Wirtschaftsgeschichte. Die Urbare der Abtei Werden a. d. Ruhr (Publikationen der Gesellschaft für Rheinische Geschichtskunde 20, Bände 2-4). Hrsg. von Rudolf Kötzschke, Bonn 1906-58.

Kohl 1992
Wilhelm Kohl, Überlegungen zur Herkunft Burchards des Roten, Bischof zu Münster (1097-1118), in: Ecclesia Monasteriensis. Festschrift Alois Schröer. Hrsg. von Reimund Haas, Münster 1992.

Kohlhaussen 1928
Heinrich Kohlhaussen, Minnekästchen im Mittelalter, Berlin 1928.

Kohlhaussen 1955
Heinrich Kohlhaussen, Geschichte des deutschen Kunsthandwerkes, München 1955.

Konrad – Bischof von Konstanz
Der heilige Konrad – Bischof von Konstanz. Studien aus Anlaß der tausendsten Wiederkehr seines Todesjahres (Freiburger Diözesan-Archiv 95, 1975).

Korn 1963-68
Johannes Enno Korn, Adler und Doppeladler. Ein Zeichen im Wandel der Geschichte, in: Der Herold. Vierteljahresschrift für Heraldik, Genealogie und verwandte Wissenschaften, N.F. 5/6, 1963-68, S. 113-124; 149-153; 181-191; 217-226; 299-306; 334-344; 361-369; 421-430; 441-453; 481-495.

Koschorreck/Werner 1989
Die Heidelberger Bilderhandschrift des Sachsenspiegels Cod. Pal. Germ. 164, Faksimileausgabe. Mit einem Kommentarband von Walter Koschorreck, Frankfurt a.M. 1970, Neuauflage: Kommentar von Walter Koschorreck, neu eingeleitet von Wilfried Werner, Frankfurt a. M. 1989.

Koselleck 1979
Reinhart Koselleck, Vergangene Zukunft. Zur Semantik geschichtlicher Zeiten, Frankfurt a. M. 1979.

Kosztolnyik 1987
Z. J. Kosztolnyik, From Coloman the Learned to Béla III (1095-1196). Hungarian domestic policies and their impact upon foreign affaires, New York 1987.

Krämer 1989
Sigrid Krämer, Mittelalterliche Bibliothekskataloge Deutschlands und der Schweiz, Ergänzungsbd. 1: Handschriftenerbe des deutschen Mittelalters, Teil 1, München 1989.

Kraft 1966
Wilhelm Kraft, Marschall Heinrich von Kalentin-Pappenheim, in: Lebensbilder aus dem Bayerischen Schwaben, Bd. 9, München 1966, S. 1-37.

Kranichen 1667
Johann Georg Kranichen. Kurtzer Bericht von der fürstlichen Burg- und Thumkirchen S. Blasii in der Stadt Braunschweig; Buch was darin merkwürdiges zu ersehen, o. O. 1667.

Kratz 1840
Johann Michael Kratz, Dom zu Hildesheim, seine Kostbarkeiten, Kunstschätze und sonstige Merkwürdigkeiten, Hildesheim 1840.

Kraus 1980
Andreas Kraus, Heinrich der Löwe und Bayern, in: Mohrmann 1980, S. 151-214.

Kraus 1980a
Andreas Kraus, Das Herzogtum der Wittelsbacher: Die Grundlagen des Landes Bayern, in: Kat. Landshut 1980, 1, S. 165-200.

Kraus 1988
Andreas Kraus, Geschichte Bayerns. Von den Anfängen bis zur Gegenwart, 2. Auflage, München 1988.

Krause/Voß 1991
Hans-Joachim Krause und Gotthard Voß, St. Pankratius zu Hamersleben (Kleine Kunstführer, Nr. 1906), München – Zürich 1991.

Krautheimer-Hess 1933
Trude Krautheimer-Hess, Due sculture in legno del XIII secolo in Brindisi, in: L'Arte 36 (Torino), 1933, S. 18-29.

Kris/Kurz 1979
Ernst Kris und Otto Kurz, Die Legende vom Künstler. Ein geschichtlicher Versuch. Mit einem Vorwort von Ernst H. Gombrich (edition Suhrkamp, Neue Folge 34), Wien 1980, Frankfurt a. M. 1980.

Kroeschell 1977
Karl Kroeschell, Rechtsaufzeichnung und Rechtswirklichkeit. Das Beispiel des Sachsenspiegels, in: Recht und Schrift im Mittelalter. Hrsg. von P. Classen, Sigmaringen 1977, S. 349-380.

Krohn/Thum/Wapnewski 1978
Stauferzeit. Geschichte, Literatur, Kunst (Karlsruher Kulturwissenschaftliche Arbeiten 1). Hrsg. von Rüdiger Krohn, Bernd Thum und Peter Wapnewski, Stuttgart 1978.

Kroos 1960
Renate Kroos, Das Psalterium der Mechthild von Anhalt, in: Beiträge zur Kunstgeschichte. Eine Festgabe für Heinz Rudolf Rosemann, Berlin 1960, S. 75-94.

Kroos 1964
Renate Kroos, Drei niedersächsische Bildhandschriften des 13. Jahrhunderts in Wien (Abhandlungen der Akademie der Wissenschaften in Göttingen. Phil.-hist. Klasse, 3. Folge, Nr. 56), Göttingen 1964.

Kroos 1970
Renate Kroos, Niedersächsische Bildstickerei des Mittelalters, Berlin 1970.

Kroos 1972
Renate Kroos, Beiträge zur niedersächsischen Buchmalerei des 13. Jahrhunderts, in: Die Diözese Hildesheim in Vergangenheit und Gegenwart 40, 1972, S. 117-134.

Kroos 1973
Renate Kroos, Sente Georgius von Bruneswich. Zum Georgs-Armreliquiar des Welfenschatzes, in: Berliner Museen, N.F. 23, 1973, S. 47-55.

Kroos 1978
Renate Kroos, Sächsische Buchmalerei 1200-1250. Ein Forschungsbericht, in: Zeitschrift für Kunstgeschichte 41, 1978, S. 283-316.

Kroos 1984
Renate Kroos, Grabbräuche – Grabbilder, in: Schmid/Wollasch 1984, S. 285-353.

Kroos 1984a
Renate Kroos, Otia Gandersheimensia Sacra, in: Zeitschrift für Kunstgeschichte 47, 1984, S. 237-242.

Kroos 1985
Renate Kroos, Der Schrein des Heiligen Servatius in Maastricht und die vier zugehörigen Reliquiare in Brüssel (Veröffentlichungen des Zentralinstituts für Kunstgeschichte in München VIII), München 1985.

Kroos 1985a
Renate Kroos, Vom Umgang mit Reliquien, in: Kat. Köln 1985, 3, S. 25-49.

Kroos 1989
Renate Kroos, Die Bilder, in: Kötzsche 1989, S. 164-243.

Kroos 1995
Renate Kroos, Welfische Buchmalereiaufträge des 11. bis 15. Jahrhunderts, in: Schneidmüller 1995, S. 263-271.

Krüger 1958
Herbert Krüger, Das Itinerar des Abtes Albert aus der Zeit um 1250, in: Stader Jahrbuch 48, 1958, S. 39-70.

Krüger 1965
Sabine Krüger, Einige Bemerkungen zur Werla-Forschung, in: Deutsche Königspfalzen, Bd. 2, S. 210-264.

Krüger 1972
Ekkehard Krüger, Die Schreib- und Malwerkstatt der Abtei Helmarshausen bis in die Zeit Heinrichs des Löwen (Quellen und Forschungen zur hessischen Geschichte 21), Bd. 1-3, Darmstadt – Marburg 1972.

Krüger 1976
Karl Heinrich Krüger, Die Universalchroniken (Typologie des sources du Moyen Age occidental, Fasc. 16), Turnhout 1976.

Krüger 1981
Thomas Krüger, Bericht über die Fortsetzung der archäologischen Ausgrabung auf der Burg Plesse in den Jahren 1980 und 1981, in: Plesse-Archiv 17, 1981, S. 51-67.

Krüger 1989
Karl Heinrich Krüger, Die Corveyer Gründungsberichte des 12. Jahrhunderts, in: Liber vitae der Abtei Corvey, Bd. 2, S. 8-28.

Krueger 1990
Ingeborg Krueger, Glasspiegel im Mittelalter. Fakten, Funde und Fragen, in: Bonner Jahrbücher 190, 1990, S. 233-313.

Krueger 1993
Ingeborg Krueger, Das Fragment einer Spiegelfassung von Burg Hain und seine Verwandten, in: Landschaft Dreieich, Blätter für Heimatforschung 1993, S. 23-35.

Krueger 1995 (im Druck)
Ingeborg Krueger, Glasspiegel im Mittelalter II. Neue Funde und neue Fragen, in: Bonner Jahrbücher 195, 1995 (im Druck).

Krug 1993
Antje Krug, Antike Gemmen und das Zeitalter Bernwards, in: Kat. Hildesheim 1993, 1, S. 161-172.

Kubach 1974
Hans Erich Kubach, Romanische Architektur, Stuttgart – Mailand 1974.

Kubach/Haas 1972
Der Dom zu Speyer (Die Kunstdenkmäler von Rheinland-Pfalz 5). Bearb. von Hans Erich Kubach und Walter Haas, Bd. 1-3, Berlin 1972.

Kubach/Verbeek 1976/1989
Hans Erich Kubach und Albert Verbeek, Romanische Baukunst an Rhein und Maas, Bd. 1-4, Bd. 1-3: Berlin 1976; Bd. 4: Berlin 1989.

Kuchenbecker 1969
Kurt-Geerth Kuchenbecker, Die geschichtliche Entwicklung der Fernwege im südöstlichen Niedersachsen unter Berücksichtigung ingenieurmäßiger Gesichtspunkte, Phil. Diss. Braunschweig 1969.

Kuder 1994
Ulrich Kuder, Der Teppich von Bayeux oder: Wer hatte die Fäden in der Hand (Kunststück)?, Frankfurt a. M. 1994.

Kühn 1994
Walter Kühn, Die zeitgenössische Fälschung eines Halberstädter Brakteaten um 1170, in: Numismatisches Nachrichtenblatt 8, 1994, S. 202-204.

Kühn 1995
Walter Kühn, Die Brakteaten Heinrichs des Löwen, Zeugnisse aus mittelalterlicher Kultur und Wirtschaft im Raum um Braunschweig und Lüneburg, (Schriftenreihe der Münzfreunde Minden 16), Minden 1995.

Kühnel 1959
Erich Kühnel, Die sarazenischen Olifantenhörner, in: Jahrbuch der Berliner Museen, N.F. 1, 1959, S. 33-50.

Kühnel 1971
Ernst Kühnel, Die islamischen Elfenbeinskulpturen (Die Elfenbeinskulpturen 7), Berlin 1971.

Kühnel 1994
Bianca Kühnel, Crusader art of the twelfth century. A geographical, an historical, or an art-historical notion?, Berlin 1994.

Küsters 1985
Urban Küsters, Der verschlossene Garten. Volkssprachliche Hohelied-Auslegung und monastische Lebensform im 12. Jahrhundert (Studia humaniora 2), Düsseldorf 1985.

Kulturhistorisk leksikon
Kulturhistorisk leksikon for nordisk middelalder fra vikingetid til refomationstid. Præsidium for Danmark: Johannes Brønsted [u. a.], Bd. 1-22, København 1956-1978.

Kunst 1985
Hans-Joachim Kunst, Aspekte zu einer Geschichte der mittelalterlichen Kirchenarchitektur in den niedersächsischen Städten, in: Kat. Braunschweig 1985, 4, S. 339-370.

Kurnatowski 1958
W.-D. von Kurnatowski, St. Leonhard vor Braunschweig (Braunschweiger Werkstücke 23), Braunschweig 1958.

Kurth 1926
Betty Kurth, Die deutschen Bildteppiche des Mittelalters, Bd. 1, Wien 1926.

Kurz 1979
Reiner Kurz, Die handschriftliche Überlieferung der Werke des hl. Augustinus (Österreichische Akademie der Wissenschaften, Phil.-hist. Klasse. Sitzungsberichte, Bd. 350; Veröffentlichungen der Kommission zur Herausgabe des Corpus der Lateinischen Kirchenväter. Hrsg. von Rudolf Hanslik, Heft 10), Bd. 5/2: Bundesrepublik Deutschland und Westberlin. Verzeichnis nach Bibliotheken. Unter Mitarbeit von Werner Jobst und Erich Roth, Wien 1979.

La Chasse 1980
Centre d'Etudes Médiévales di Nice. La chasse au Moyen Age. Actes du colloque de Nice (22-24 juin 1979) (Publications de la Faculté des Lettres et des Sciences Humaine de Nice 20), Paris 1980.

Lademann 1993
Jördis Lademann, Mehr als ein Jagdhorn: Olifant – das legendäre Horn von Helden und Heiligen, in: Kunst und Antiquitäten, Heft 10, 1993, S. 18-20.

Ladner 1941-84
Gerhard B. Ladner, Die Papstbildnisse des Altertums und des Mittelalters (Pontificio Istituto di Archeologia Cristiana. Monumenti di antichità cristiana 2,4), Bd. 1-3, Città del Vaticano 1941-84.

Läwen 1935
Gerhard Läwen, Stammesherzog und Stammesherzogtum. Beiträge zur Frage ihrer rechtlichen Bedeutung im 10.-12. Jahrhundert (Neue deutsche Forschungen, Abteilung mittelalterliche Geschichte 1), Berlin 1935.

Lagerlöf 1964
Erland Lagerlöf, Kyrkor pa Gotland. Kräklinge Setting, Stockholm 1964.

Lahrkamp 1956
Helmut Lahrkamp, Mittelalterliche Jerusalemfahrten und Orientreisen westfälischer Pilger und Kreuzritter, in: Westfälische Zeitschrift 106, 1956, S. 269-346.

Lambert 1926
Franziska Lambert, Byzantinische und westliche Einflüsse in ihrer Bedeutung für die sächsische Plastik und Malerei im 12. Jahrhundert, Phil. Diss. Berlin 1926.

Lammers 1963
Walther Lammers, Ein universales Geschichtsbild der Stauferzeit in Miniaturen. Der Bilderkreis zur Chronik Ottos von Freising im Jenenser Codex Bose q. 6, in: Alteuropa und die moderne Gesellschaft. Festschrift für Otto Brunner, Göttingen 1963, S. 170-214.

Landau 1985
Peter Landau, Art. Gratian, in: Theologische Realenzyklopädie, Bd. 14, 1985, S. 124-130.

Lange 1971
Dieter Lange, Kirche und Kloster am Frankenberg in Goslar. Eine baugeschichtliche Untersuchung, Phil. Diss. Kiel 1971, Goslar 1971.

Lange 1985
Dieter Lange, Das Goslarer Kaiserhaus. Denkmal zwischen Königen, Beamten und Bürgern, in: Kat. Braunschweig 1985 (Erg. Bd.), S. 51-83.

Langerfeldt 1872
Gustav Langerfeldt, Kaiser Otto der Vierte, der Welfe, Hannover 1872.

Lappenberg 1838
Johann Martin Lappenberg, Von der Chronik des Grafen Gerhard von Holstein und der Repgowschen, so wie der sogenannten Lüneburger Chronik, in: Archiv der Gesellschaft für ältere deutsche Geschichtskunde 6, 1838, S. 373-389.

Lasko 1960/61
Peter E. Lasko, A romanesque ivory carving, in: British Museum Quarterly 23, 1960/61, S. 12-18.

Lasko 1972
Peter Lasko, Ars Sacra. 800-1200 (The Pelican History of Art), Harmondsworth 1972.

Last 1976
Martin Last, Burgen des 11. und frühen 12. Jahrhunderts in Niedersachsen, in: Patze 1976, S. 383-513.

Last 1977
Martin Last, Burg Plesse, in: Plesse-Archiv 19, 1975, S. 7-249, Göttingen 1977.

Last 1983
Martin Last, Villikationen geistlicher Grundherren in Nordwestdeutschland in der Zeit vom 12. bis zum 14. Jahrhundert, in: Die Grundherrschaft im späten Mittelalter (Vorträge und Forschungen 27). Hrsg. von Hans Patze, Bd. 1, Sigmaringen 1983, S. 369-450.

Laub 1993
Gerhard Laub, Zum Nachweis von Rammelsberger Kupfer in Kunstgegenständen aus Goslar und in anderen Metallarbeiten des Mittelalters, in: Steigerwald 1993, S. 303-311.

Laube 1984
Daniela Laube, Zehn Kapitel zur Geschichte der Eleonore von Aquitanien (Geist und Werk der Zeiten 68), Bern – Frankfurt a. M. – New York 1984.

Laudage 1991
Johannes Laudage, Das Problem der Vormundtschaft über Otto III., in: Kat. Köln 1991, 2, S. 261-275.

Laudage 1993
Marie-Luise Laudage, Caritas und Memoria mittelalterlicher Bischöfe, Köln – Weimar – Wien 1993.

Laufs 1978
Adolf Laufs, Art. Hofämter, in: Handwörterbuch zur deutschen Rechtsgeschichte 2, 1978, Sp. 197-200.

Laufs 1980
Manfred Laufs, Politik und Recht bei Innozenz III., Köln – Wien 1980.

Lazzarini 1982
Pietro Lazzarini, Il Volto Santo di Lucca. 782-1982. Lucca 1982.

Leben des hl. Willehad
Das Leben des hl. Willehad, Bischof von Bremen, und die Beschreibung der Wunder an seinem Grabe, eingeleitet, übersetzt und neu bearbeitet von Andreas Röpcke, Bremen 1982.

Lechner 1976
Karl Lechner, Die Babenberger. Markgrafen und Herzöge von Österreich 976-1246, Wien – Köln – Graz 1976.

Lechner 1992
Karl Lechner, Die Babenberger. Markgrafen und Herzöge von Österreich 976-1246, Köln – Wien 1992.

Leerhoff 1994
Heiko Leerhoff, Art. Wienhausen, in: Germania Benedictina XII, S. 756-796.

Lefèvre-Pontalis 1919
Eugène Lefèvre-Pontalis, Eglise de Gassicourt, in: Congrès Archéologique de France, 82, 1919, S. 227-235.

Legant-Karau 1989
Gabriele Legant-Karau, Neue Funde ... ›Lübeck‹, in: Archäologie in Deutschland, Heft 1, 1989, S. 10.

Legant-Karau 1992
Gabriele Legant-Karau, Eine finnische Ringfibel aus Lübeck, in: Archäologie in Deutschland, Heft 2, 1992, S. 56.

Legant-Karau 1993
Gabriele Legant-Karau, Vom Großgrundstück zur Kleinparzelle. Ein Beitrag der Archäologie zur Grundstücks- und Bauentwicklung Lübecks um 1200, in: Festschrift Fehring, S. 207-215.

Legant-Karau 1994 (im Druck)
Gabriele Legant-Karau, Mittelalterlicher Holzbau in Lübeck an der Schwelle vom ländlichen zum städtischen Siedlungsgefüge, in: Archäologisches Korrespondenzblatt 24, 1994 (im Druck).

Legge 1986
Mary D. Legge, La littérature anglo-normande au temps d'Aliénor d'Aquitaine, in: Cahiers de Civilisation Médiévale 29, 1986, S. 113-118.

Legner 1982
Anton Legner, Deutsche Kunst der Romanik, München 1982.

Lehmann-Brockhaus 1938
Otto Lehmann-Brockhaus, Schriftquellen zur Kunstgeschichte des 11. und 12. Jahrhunderts für Deutschland, Lothringen und Italien, Berlin 1938.

Lehmann-Brockhaus 1955-60
Otto Lehmann-Brockhaus, Lateinische Schriftquellen zur Kunst in England, Wales und Schottland vom Jahre 901 bis zum Jahre 1301, Bd. 1-5, München 1955-60.

Lehmann/Lüdemann/Zühlke 1976
Der Kyffhäuser und seine Umgebung (Werte unserer Heimat 29). Hrsg. von Edgar Lehmann, Heinz Lüdemann und Dietrich Zühlke, Berlin 1976.

Lehmkuhl 1989
Ursula Lehmkuhl, Knochenverarbeitung im mittelalterlichen Mecklenburg, in: Urgeschichte und Heimatforschung 26, 1989, S. 60-66.

Leibniz, Scriptores rerum Brunsvicensium
Gottfried Wilhelm Leibniz, Scriptores rerum Brunsvicensium, Bd. 1-3, Hannover 1706-11.

Lejeune/Stiennon 1971
Rita Lejeune und Jacques Stiennon, The Legend of Roland in the Middle Ages, Bd. 1-2, London 1971.

Lemperle 1959
Hermann Lemperle, Kunstgeschichtliche Sammlungen. Führer durch das Württembergische Landesmuseum Stuttgart, Stuttgart 1959.

Leo/Gelderblom 1961
Peter Leo und Hans Gelderblom, Der Domschatz und das Dombaumuseum in Minden (Mindener Beiträge 9), Minden 1961.

Leopold 1993
Gerhard Leopold, Die Liebfrauenkirche in Halberstadt, München – Berlin 1993.

Lerche 1914
Otto Lerche, Studie zur Diplomatik und Rechtsgeschichte der älteren Papsturkunden Braunschweigischer Klöster, in: Festschrift Zimmermann, S. 57-70.

Lessing 1774
Gotthold Ephraim Lessing, Vom Alter der Ölmalerei aus dem Theophilus Presbyter, Braunschweig 1774.

Lessing 1902
Julius Lessing, Wandteppiche und Decken des Mittelalters in Deutschland, Berlin 1902.

Leßmann 1912
Karl Leßmann, Die Persönlichkeit Kaiser Lothars III. im Lichte mittelalterlicher Geschichtsanschauung, Phil. Diss. Greifswald 1912.

Letzner 1715
Iohannis Letzneri Kurtze und bißhero nicht in Druck gegebene Beschreibung Des im Wolffenbüttelschen Herzogthum gelegenen Kayserl. Stifftes Königs-Lutter. Hrsg. von Johann Fabricius, Wolfenbüttel 1715.

Leuckfeld 1713
Johann Georg Leuckfeld, Antiquitates Katlenburgenses, Leipzig – Wolfenbüttel 1713.

Leuckfeld 1721
Joh. Georg Leuckfelds kurze Historische Nachricht von einigen alten und raren silbern Bracteaten, oder Blech-Münzen ezlicher vormahls gewesenen Magdeburgischen Erz-Bischöffe, Leipzig 1721.

Lewis 1987
Suzanne Lewis, The art of Matthew Paris in the Chronica Majora, Berkeley – Los Angeles – London 1987.

Lex Ribvaria
Lex Ribvaria. Hrsg. von Franz Beyerle und Rudolf Buchner, in: MGH Leges (in folio) 3,2, Hannover 1954.

Lexikon der christlichen Ikonographie
Lexikon der christlichen Ikonographie. Bd. 1-4: Hrsg. von Engelbert Kirschbaum SJ, Bd. 5-8: Begr. von Engelbert Kirschbaum SJ. Hrsg. von Wolfgang Braunfels, Freiburg/Brsg. 1968-1976.

Lexikon des Mittelalters
Lexikon des Mittelalters, Redaktion Liselotte Lutz [u. a.]. Bd. 1 –. München – Zürich 1977ff.

Lexikon für Theologie und Kirche
Begr. v. Michael Buchberger. Zweite, völlig neu bearbeitete Auflage. Hrsg. v. Josef Höfer u. Karl Rahner. Bd. 1-10. Register. [u.] Das zweite vatikanische Konzil, Bd. 1-3, Freiburg/Brsg. 1957-1968.

Leyser 1993
Karl Leyser, Ritual, Zeremonie und Gestik: das ottonische Reich, in: Frühmittelalterliche Studien 27, 1993, S. 1-27.

Liber vitae der Abtei Corvey
Der Liber vitae der Abtei Corvey (Veröffentlichungen der Historischen Kommission für Westfalen XL. Westfälische Gedenkbücher und Nekrologien 2). Hrsg. von Karl Schmid und Joachim Wollasch, Bd. 1-2, Bd. 1: Einleitung, Register, Faksimile; Bd. 2: Studien zur Corveyer Gedenküberlieferung und zur Erschließung des Liber vitae, Wiesbaden 1983/1989.

Lieb 1995
Stefanie Lieb, Die Adelog-Kapelle in St. Michael zu Hildesheim und ihre Stellung innerhalb der sächsischen Bauornamentik des 12. Jahrhunderts (Veröffentlichung der Abteilung Architekturgeschichte des Kunsthistorischen Instituts der Universität zu Köln 51), Phil. Diss. Köln 1995.

Lieberwirth 1982
Rolf Lieberwirth, Eike v. Repchow und der Sachsenspiegel, in: Sitzungsberichte der Sächsischen Akademie der Wissenschaften zu Leipzig. Phil.-hist. Klasse, Bd. 122, Heft 4, Berlin 1982, S. 7-50.

Liebgott 1985
Niels-Knud Liebgott, Elfenben – fra Danmarks Middelalder. Nationalmuseet, Kopenhagen 1985.

Liebgott 1986
Niels-Knud Liebgott, Middelalderens emaljekunst. Nationalmuseet, Kopenhagen 1986.

Liess 1968
Reinhard Liess, Die Braunschweiger Turmwerke. Eine Charakteristik ihrer Gestalt und städtebaulichen Bedeutung, in: Amici Amico. Festschrift Werner Gross, München 1968, S. 79-127.

Liessem 1985
Udo Liessem, Bemerkungen zur Burgkapelle in Sayn – Ein Vorbericht, in: Burgen und Schlösser 26, 1985, S. 130-131.

Liessem 1986
Udo Liessem, Neue Bemerkungen zur Burgkapelle in Sayn. Die Sicherung ihres Bestandes, in: Burgen und Schlösser 27, 1986, S. 37-39.

Liéveaux-Boccador/Bresset 1972
Jaqueline Liéveaux-Boccador und Edouard Bresset, Statuaire médiévale de collection, Bd. 1, Paris 1972.

Lilie 1992
Ralph-Johannes Lilie, Manuel I. Komnenos und Friedrich I. Barbarossa. Die deutsche und die byzantinische Italienpolitik während der zweiten Hälfte des 12. Jahrhunderts in der neuen Literatur, in: Jahrbuch der österreichischen Byzantinistik 42, 1992, S. 157-170.

Lindner 1940
Kurt Lindner, Die Jagd im frühen Mittelalter (Geschichte des frühen Weidwerks 2), Berlin 1940.

Lipphardt 1975-90
Lateinische Osterfeiern und Osterspiele (Ausgaben deutscher Literatur des 15.-18. Jahrhunderts, Reihe Drama 5: 61-65, 96, 136). Hrsg. von Walter Lipphardt; Teil 7: aus dem Nachlaß hrsg. von Hans-Gerd Roloff, Teil 1-7, Berlin – New York 1975-90.

Lisch 1864
G. C. Friedrich Lisch, Die alten Chorgestühle des Domes zu Ratzeburg, in: Jahrbücher des Vereins für meklenburgische Geschichte und Alterthumskunde 19, 1864, S. 211-215.

Literaturlexikon
Literaturlexikon, Autoren und Werke deutscher Sprache. Hrsg. von Walter Killy, Bd. 1-15, Gütersloh – München 1988-93.

Lloyd 1992
Terence H. Lloyd, England and the German Hanse, 1157-1611. A study of their trade and commercial diplomacy, London 1992.

Lobbedey 1985
Uwe Lobbedey, Die Ausgrabungen im Dom zu Paderborn, Bd. 1, Bonn 1985.

Lobbedey 1988
Uwe Lobbedey, St. Mauritz in Münster und die frühen Wölbungsbauten in Westfalen, in: Festschrift Kubach, S. 155-172.

Lobbedey 1990
Uwe Lobbedey, Der Paderborner Dom, München 1990.

Löffler 1917
Klemens Löffler, Die Bischofschroniken des Mittelalters (Mindener Geschichtsquellen 1), Minden 1917.

Löffler 1928
Karl Löffler, Schwäbische Buchmalerei in romanischer Zeit, Augsburg 1928.

Lomartire 1991
Saverio Lomartire, Appunti su alcuni componenti nicoliane dell'apparato plastico del duomo di Piacenza, in: Bolletino storico piacentino 86, 1991, S. 197-222.

Loose 1931
Walter Loose, Die Chorgestühle des Mittelalters, Heidelberg 1931.

Lorenz 1993
Udo Lorenz, Die ehemalige Klosterkirche St. Marien und St. Cyprian in Nienburg a. d. Saale, München – Berlin 1993.

Lothmann 1993
Josef Lothmann, Erzbischof Engelbert I. von Köln (1216-1225), Graf von Berg, Erzbischof und Herzog, Reichsverweser, Köln 1993.

Lotter 1977
Friedrich Lotter, Die Konzeption des Wendenkreuzzugs. Ideengeschichtliche, kirchenrechtliche und historisch-politische Voraussetzungen der Missionierung von Elb- und Ostseeslawen um die Mitte des 12. Jahrhunderts (Vorträge und Forschungen Sonderband 23), Sigmaringen 1977.

Lubenow 1964
Herwig Lubenow, Die welfischen Ministerialitäten in Sachsen. Ein Beitrag zur Staatsgeschichte der Stauferzeit, Phil. Diss. (masch.) Kiel 1964.

Lubenow 1973
Herwig Lubenow, Heinrich der Löwe und die Reichsvogtei Goslar, in: Niedersächsisches Jahrbuch für Landesgeschichte 45, 1973, S. 337-350.

Lucidarius (Ed. Gottschall/Steer)
Der deutsche ›Lucidarius‹ (Texte und Textgeschichte 35). Hrsg. von Dagmar Gottschall und Georg Steer, Bd. 1: Kritischer Text nach den Handschriften, Tübingen 1994.

Ludowici 1992
Babette Ludowici, Kommentierter Katalog ausgewählter Objekte der Sachkultur des Mittelalters aus den Materialgruppen Keramik, Metall und Knochen, Manuskr. Braunschweig 1992.

Lübbing 1935
Hermann Lübbing, Das Rasteder ›Buch des Lebens‹. Ein Beitrag zur nordwestdeutschen Kulturgeschichte des 12. Jahrhunderts, in: Niedersächsisches Jahrbuch für Landesgeschichte 12, 1935, S. 49-79.

Lübecker Schriften
Lübecker Schriften zur Archäologie und Kulturgeschichte. Hrsg. von Günter P. Fehring, Bd. 1-2, Frankfurt a. M. – Bern – Las Vegas 1978-80; 3-23, Bonn 1980-93.

Lüdke 1983
Dietmar Lüdke, Die Statuetten der gotischen Goldschmiede. Studie zu den ›autonomen‹ und vollrunden Bildwerken der Goldschmiedeplastik und den Statuettenreliquiaren in Europa zwischen 1230 und 1530 (tuduv-Studien/Reihe Kunstgeschichte 4), München 1983.

Lutz 1961
Karl Lutz, Art. Konrad von Scharfenburg, in: Lexikon für Theologie und Kirche, Bd. 6, 1961, Sp. 472.

Młynarska-Kaletynowa 1994
M. Młynarska-Kaletynowa, O klucie św. Gotarda w Polsce XII i XIII wieku, w: Społeczeństwo Polski śreniowiecznej. Red. S. K. Kuczyński, t. 6, Warzawa 1994, S. 75-90.

Maaß 1992
Rainer Maaß, ›Das Beste, was Braunschweig künstlerisch zu leisten vermochte.‹ Der barocke Hochaltar des Braunschweiger Domes und seine Künstler, in: Braunschweigisches Landesmuseum. Informationen und Berichte 1992/2, S. 38-43.

MacGregor 1985
Arthur MacGregor, Bone, antler, ivory and horn. The technology of skeletal materials since the roman period, London 1985.

Machilek 1989
Franz Machilek, Ottogedächtnis und Ottoverehrung auf dem Michelsberg, in: Bischof Otto I. von Bam-

berg, ›Gedenkschrift zum Otto-Jubiläum 1989‹, Berichte des Historischen Vereins Bamberg 125, 1989, S. 9-34.

Mack 1904
Heinrich Mack, Das ottonische Stadtrecht der Stadt Braunschweig und seine Ausgestaltung, in: Jahrbuch des Braunschweigischen Geschichtsvereins 3, 1904, S. 157-168.

Mackeprang/Madsen/Petersen 1921
M. Mackeprang, Victor Madsen und Carl S. Petersen, Greek und latin illuminated manuscripts X-XIII centuries in danish collections, Kopenhagen – London – Oxford 1921.

MacKinnon Ebitz 1986
David MacKinnon Ebitz, The oliphant: Its function and meaning in a courtly society, in: The medieval court in Europe (Houston German Studies, Vol. 6). Hrsg. von R. Edward, München 1986, S. 123-141.

Macready/Thompson 1986
Art and patronage in the english romanesque (The Society of Antiquaries. Occasional Papers, New Series, VII). Ed. Sarah Macready und F. H. Thompson, London 1986.

Maercker 1967
Karl-Joachim Maercker, Zwei romanische Rundscheiben in Paretz, in: Festschrift Schubert, S. 300-306.

Maercker 1989
Karl-Joachim Maercker, Das Glasmalereifragment mit drei Köpfen im Kloster Jerichow, in: Neue Forschungen zur mittelalterlichen Glasmalerei in der Deutschen Demokratischen Republik, Berlin 1989, S. 7-18.

Märtl 1991
Claudia Märtl, Die Bamberger Domschule – ein Bildungszentrum des Salierreichs, in: Weinfurter 1991, Bd. 3, S. 327-345.

Magdeburger Schöffenchronik
Magdeburger Schöffenchronik (Die Chronik der niedersächsischen Städte 1). Bearb. von Karl Janicke, Leipzig 1869.

Mahrenholtz 1972/73
Hans Mahrenholtz, Daumen und Münzen als Siegelersatz, in: Neue Heraldische Mitteilungen des Heraldischen Vereins ›Zum Kleeblatt‹ von 1888 zu Hannover, Band 10/11, 1972/73, S. 52-58.

Maier 1970
K. Maier, Materialien zur Frühgeschichte der Klosterkirche Wienhausen und ihre Baulichkeiten (Niedersächsische Denkmalpflege 6), Hildesheim 1970.

Maier 1989
Lorenz Maier, Stadt und Herrschaft. Ein Beitrag zur Gründungs- und frühen Entwicklungsgeschichte Münchens (Miscellanea Bavarica Monacensia 147), München 1989.

Maier 1992
Lorenz Maier, Vom Markt zur Stadt – Herrschaftsinhaber und Führungsschichten 1158 bis 1294, in: Geschichte der Stadt München. Hrsg. von Richard Bauer, München 1992, S. 13-60.

Mâle 1931
Emile Mâle, L'Art religieux du XIIe siècle. Etude sur l'origine de l'iconographie du Moyen Age, Paris 1931.

Mangelsdorf 1992
Günter Mangelsdorf, Ergebnisse archäologischer Stadtkernforschung in Greifswald, in: Lübecker Schriften zur Archäologie und Kulturgeschichte 22, 1992, S. 273-287.

Mangelsdorf 1994
Günter Mangelsdorf, Älteste Holzhäuser Greifswalds entdeckt, in: Archäologie in Deutschland, Heft 1, 1994, S. 46-47.

Mango 1975
Cyril Mango, Byzantinische Architektur, Stuttgart 1975.

Manitius 1935
Max Manitius, Handschriften antiker Autoren in mittelalterlichen Bibliothekskatalogen (Zentralblatt für Bibliothekswesen, Beiheft 67). Hrsg. von Karl Manitius, Leipzig 1935.

Marcus 1993
Paul Marcus, Herzog Bernhard von Anhalt (um 1140 bis 1212) und die frühen Askanier in Sachsen und im Reich (Europäische Hochschulschriften, Reihe 3, 562), Phil. Diss. Köln 1993, Frankfurt a. M. – Berlin – Bern 1993.

Marth 1994
Regine Marth, Der Schatz der Goldenen Tafel. Kestner-Museum Hannover (Museum Kestnerianum 2), Hannover 1994.

Martini 1994
Wolfram Martini, Die Magie des Löwen in der Antike, in: von Ertzdorff 1994, S. 21-62.

Masch 1835
G. M. C. Masch, Geschichte des Bisthums Ratzeburg, Lübeck 1835.

Mascher 1957
Karlheinz Mascher, Reichsgut und Komitat am Südharz im Hochmittelalter (Mitteldeutsche Forschungen 9), Köln – Graz 1957.

Matthäus Paris, Chronica maiora
Matthäus Paris, Chronica maiora, ed. H. R. Luard (Rolls Series 57), Bd. 1-7, 1872-1882.

Matthes 1980
Dieter Matthes, Bemerkungen zum Löwensiegel Herzog Heinrichs, in: Mohrmann 1980, S. 354-373.

Maurer 1976
Hans-Martin Maurer, Rechtsverhältnisse der hochmittelalterlichen Adelsburg vornehmlich in Südwestdeutschland, in: Patze 1976, S. 77-190.

Maurer 1978
Helmut Maurer, Der Herzog von Schwaben. Grundlage, Wirkungen und Wesen seiner Herrschaft in ottonischer, salischer und staufischer Zeit, Sigmaringen 1978.

Max 1862-63
Georg Max, Geschichte des Fürstenthums Grubenhagen, Bd. 1-2, Hannover 1862-63.

May 1957
Florence Lewis May, Silk textiles of Spain, eight to fifteenth century, New York 1957.

May 1985
Eberhard May, Stadtgrabung 10 – Zu den Tierknochenresten aus mittelalterlichen Grabungskomplexen vom Packhof in Braunschweig, in: Rötting 1985, S. 307-312.

Mayer 1944
Theodor Mayer, Friedrich I. und Heinrich der Löwe, in: Mayer/Heilig/Erdmann 1944, S. 365-444.

Mayer 1965
Hans Eberhard Mayer, Geschichte der Kreuzzüge, Stuttgart 1965.

Mayer 1980
Hans Eberhard Mayer, Die Stiftung Herzog Heinrichs des Löwen für das Hl. Grab, in: Mohrmann 1980, S. 307-330.

Mayer/Heilig/Erdmann 1944
Kaisertum und Herzogsgewalt im Zeitalter Friedrichs I. Studien zur politischen und Verfassungsgeschichte des hohen Mittelalters (Schriften des Reichsinstituts für ältere deutsche Geschichtskunde [Monumenta Germaniae Historica] 9). Hrsg. von Theodor Mayer, Konrad Heilig und Carl Erdmann, Stuttgart 1944. Nachdruck Darmstadt 1957.

MBK Deutschland/Schweiz
Mittelalterliche Bibliothekskataloge Deutschlands und der Schweiz. Hrsg. v. d. [...] Bayerischen Akademie der Wissenschaften in München, Bd. 1ff., Bd. 1: Die Bistümer Konstanz und Chur, bearb. v. Paul Lehmann (1918), Bd. 2: Bistum Mainz, Erfurt, bearb. v. Paul Lehmann (1928), Bd. 3,1: Bistum Augsburg, bearb. v. Paul Ruf (1932), Bd. 3,2: Bistum Eichstätt, bearb v. Paul Ruf (1933), Bd. 3,3: Bistum Bamberg. bearb. v. Paul Ruf (1939), Bd. 3,4: Register (1962), Bd. 4: Bistümer Passau, Regensburg, Freising, Würzburg: Bd. 4,1: Bistümer Passau und Regensburg, bearb. v. Christine Elisabeth Ineichen-Eder (1977), Bd. 4,2: Bistum Freising, bearb. v. Günther Glauche/ Bistum Würzburg, bearb. v. Hermann Knaus (1979), München 1918ff.

MBK Österreich
Mittelalterliche Bibliothekskataloge Österreichs. Hrsg. v. d. [...] Akademie der Wissenschaften in Wien, Bd. 1ff., Bd. 1: Niederösterreich, bearb. v. Theodor Gottlieb (1915), Bd. 2: Niederösterreich. Register zum 1. Bd., bearb. v. Arthur Goldmann (1929), Bd. 3: Steiermark, bearb. v. Gerlinde Möser-Mersky (1961), Bd. 4: Salzburg, bearb. v. Gerlinde Möser-Mersky und Melanie Mihaliuk (1966), Bd. 5: Oberösterreich, bearb. v. Herbert Paulhart (1971), Nachtrag zu Bd. 1: Bücherverzeichnisse in Korneuburger, Tullner und Wiener Neustädter Testamenten, bearb. v. Paul Viblein (1969), Wien 1915ff.

McCormick 1975
Michael McCormick, Les annales du haut Moyen Age (Typologie des sources du Moyen Age occidental, Fasc. 14), Turnhout 1975.

McLachlan 1965
Elizabeth Parker McLachlan, The Scriptorium of bury St. Edmunds in the Twelfth Century, Phil. Diss. London 1965, unveränderter Nachdruck New York – London 1986.

McLachlan 1978
Elizabeth Parker McLachlan, The Scriptorium of Bury St. Edmunds in the Third and Fourth Decades of the Twelfth Century, in: Mediaeval Studies 40, 1978, S. 328-348.

Meckseper 1975
Cord Meckseper, Ausstrahlungen des französischen Burgenbaues nach Mitteleuropa im 13. Jahrhundert, in: Beiträge zur Kunst des Mittelalters. Festschrift für Hans Wentzel zum 60. Geburtstag. Hrsg. v. Rüdiger Becksmann, Ulf-Dieter Korn, Johannes Zahlten, Berlin 1975, S. 135-144.

Meckseper 1982
Cord Meckseper, Kleine Kunstgeschichte der deutschen Stadt im Mittelalter, Darmstadt 1982.

Meckseper 1986
Cord Meckseper, Das Palatium Ottos des Großen, in: Burgen und Schlösser 27, 1986, S. 101-115.

Meckseper 1991
Cord Meckseper, Zur salischen Gestalt des Palas der Königspfalz in Goslar, in: Böhme 1991, S. 85-95.

Meckseper 1991a
Cord Meckseper, Kleine Kunstgeschichte der deutschen Stadt im Mittelalter, Darmstadt 1991.

Meckseper 1993
Cord Meckseper, Der Palas der Goslarer Königspfalz und der europäische Profansaalbau, in: Steigerwald 1993, S. 45-61.

Meckseper 1994
Cord Meckseper, Oben und Unten in der Architektur, in: Braunschweigische Wissenschaftliche Gesellschaft, Jahrbuch 1993, Göttingen 1994.

Meckseper 1995 (im Druck)
Cord Meckseper, Antike Spolien in der deutschen Architektur, in: Antike Spolien in der Architektur des Mittelalters und der Renaissance. Hrsg. von Joachim Poeschke, München 1995 (im Druck).

Meibeyer 1994
Wolfgang Meibeyer, Herzog und Holländer gründen eine Stadt. Die Entstehung des Hagen in Braunschweig unter Heinrich dem Löwen, in: Braunschweiger Jahrbuch 1994, S. 1-22.

Meier 1898
Ortwin Meier, Die ältere Genealogie der Grafen von Hallermund, ihre Münzprägungen und die Münzstätte Pattensen an der Leine, in: Hannoversche Geschichtsblätter, N.F. Bd. 1, Heft 1, 1898, S. 33-48.

Meier 1926
Paul Jonas Meier, Die Stadt Goslar (Historische Stadtbilder 7), Stuttgart 1926.

Meier 1967
Rudolf Meier, Die Domkapitel zu Goslar und Halberstadt in ihrer persönlichen Zusammensetzung im Mittelalter. Mit Beiträgen über die Standesverhältnisse der bis zum Jahre 1200 nachweisbaren Hildesheimer Domherren (Veröffentlichungen des Max-Planck-Instituts für Geschichte 5. Studien zur Germania Sacra 1), Göttingen 1967.

Meier 1990
Christel Meier, Malerei des Unsichtbaren. Über den Zusammenhang von Erkenntnistheorie und Bildstruktur im Mittelalter, in: Text und Bild, Bild und Text. DFG-Symposion 1988 (Germanistische Berichtsbände XI). Hrsg. von Wolfgang Harms, Stuttgart 1990, S. 35-65.

Melnikas 1975
Anthony Melnikas, The corpus of the miniatures in the manuscripts of the Decretum Gratiani (Studia Gratiana, 16-18; Corpus picturarum minutarum quae in codicibus manu scriptis iuris continentur 1, 1-3), Bd. 1-3, Rom 1975.

Melsheimer 1882
Otto Melsheimer, Die Stederburger Chronik des Propstes Gerhard T. 1, Phil. Diss. Halle – Wittenberg 1882.

Menadier 1891
J[ulius] Menadier, Eine Denkmünze Heinrichs des Löwen auf die Errichtung des Löwensteins, in: J[ulius] Menadier, Deutsche Münzen. Gesammelte Aufsätze zur Geschichte des deutschen Münzwesens, Bd. 1, Berlin 1891; Neudruck Leipzig 1977, S. 41-47.

Mende 1981
Ursula Mende, Die Türzieher des Mittelalters (Denkmäler deutscher Kunst. Bronzegeräte des Mittelalters 2), Berlin 1981.

Mende 1986
Ursula Mende, Mittelalterliche Elefantenleuchter und die Magdeburger Gußwerkstatt, in: Anzeiger des Germanischen Nationalmuseums 1986, S. 7-18.

Mende 1989
Ursula Mende, Kleinbronzen im Umkreis der Magdeburger Gußwerkstatt, in: Ullmann 1989, S. 98-106.

Mende 1989a
Ursula Mende, Minden oder Helmarshausen. Bronzeleuchter aus der Werkstatt Rogers von Helmarshausen, in: Jahrbuch der Berliner Museen, N.F. 31, 1989, S. 61-85.

Mende 1992
Ursula Mende, Das Wiener Greifen-Aquamanile. Eine Kleinbronze aus der Werkstatt Rogers von Helmarshausen, in: Gosebruch/Steigerwald 1992, S. 109-132.

Mende 1992a
Ursula Mende, Schreiber-Mönch und reitende Superbia. Bronzeleuchter der Magdeburger Gußwerkstatt des 12. Jahrhunderts, in: Kat. Magdeburg 1992, S. 98-123.

Mende 1993
Ursula Mende, Der Marktbrunnen in Goslar. Formanalyse und Entstehungsgeschichte. Mit einem Beitrag zum Bronze-Vogel vom Kaiserhaus, in: Steigerwald 1993, S. 195-250.

Mende 1994
Ursula Mende, Die Bronzetüren des Mittelalters, München 1983, ergänzte Neuauflage, München 1994.

Mende 1994a
Ursula Mende, Ein unbekanntes Leuchterpaar im Bischöflichen Dom- und Diözesanmuseum, in: Neue Forschungen und Berichte zu Objekten des Bischöflichen Dom- und Diözesanmuseums Trier (Kataloge und Schriften des Bischöflichen Dom- und Diözesanmuseums Trier 3), Trier 1994, S. 49-60.

Mende (im Druck)
Ursula Mende, Der Leuchter von Elsenfeld und sein Umkreis. Zu Hildesheimer Bronzearbeiten des 12. Jahrhunderts, in: Romanik in Niedersachsen. Symposion an der TU Braunschweig, 16.-20. März 1993, (im Druck).

Menzel 1936
Ottokar Menzel, Untersuchungen zur mittelalterlichen Geschichtsschreibung des Bistums Halberstadt, in: Sachsen und Anhalt 12, 1936, S. 95-178.

Menzel 1985
Michael Menzel, Die Sächsische Weltchronik. Quellen und Stoffauswahl (Vorträge und Forschungen. Sonderband 34), Sigmaringen 1985.

Mertens 1978 (I)
Jürgen Mertens, Der Burgplatz am Ende des 16. Jahrhunderts (Arbeitsberichte aus dem Städtischen Museum Braunschweig 28), Braunschweig 1978.

Mertens 1978 (II)
Volker Mertens, Gregorius Eremita. Eine Lebensform des Adels bei Hartmann von Aue in ihrer Problematik und ihrer Wandlung in der Rezeption (Münchener Texte und Untersuchungen zur deutschen Literatur 67), München 1978.

Mertens 1981
Jürgen Mertens, Die neuere Geschichte der Stadt Braunschweig in Karten, Plänen und Ansichten. Mit einem Abriß der älteren Stadtgeschichte und einer Zeittafel von Richard Moderhack, Braunschweig 1981.

Mertens 1987
Volker Mertens, Eilhart, der Herzog und der Truchseß. Der ›Tristrant‹ am Welfenhof, in: Tristant et Iseut. Mythe européen et mondial. Actes du colloque des 10, 11 et 12 janvier 1986 (Göppinger Arbeiten zur Germanistik 474). Publié par les soins de Danielle Buschinger, Göppingen 1987, S. 262-281.

Mertens 1993
Volker Mertens, The concept of Guelf identity in literature. Arnold von Lübecks ›Gesta Gregorii Peccatoris‹ and ›Lucidarius‹, in: Buschinger/Spiewok 1993, S. 15-25.

Mertens 1993a
Volker Mertens, Intertristanisches – Tristanlieder von Chrétien de Troyes, Bernger von Horheim und Heinrich von Veldeke, in: Methodenkonkurrenz in der germanistischen Praxis (Kultureller Wandel und die Germanistik in der Bundesrepublik. Vorträge des Augsburger Germanistentages 1991, 3). Hrsg. von Johannes Janota, Tübingen 1993, S. 37-55.

Mertens 1993b
Volker Mertens, Das Mäzenatentum Kaiser Ottos IV., in: Buschinger/Spiewok 1993, S. 49-64.

Mertens 1993c
Volker Mertens, Le mécenat de l'empereur Otto IV., in: Cours Princières et Chateaux. Actes du Colloque de Soissons 1987 (Wodan. Greifswalder Beiträge zum Mittelalter 21). Ed. Danielle Buschinger, Greifswald 1993, S. 143-164.

Mertens 1995 (im Druck)
Volker Mertens, Religious identy in middle-high-german ›crusading epics‹, in: History of European Ideas 19, 1995 (im Druck).

Metz 1964
Wolfgang Metz, Staufische Güterverzeichnisse. Untersuchungen zur Verfassungs- und Wirtschaftsgeschichte des 12. und 13. Jahrhunderts, Berlin 1964.

van der Meulen 1972
Jan van der Meulen, Art. Schöpfer/Schöpfung, in: Lexikon der christlichen Ikonographie, Bd. 4, 1972, Sp. 99-123.

Meurer 1985
Heribert Meurer, Zu den Staurotheken der Kreuzfahrer. Kurt Weitzmann zum 80. Geburtstag, in: Zeitschrift für Kunstgeschichte 48, 1985, S. 65-76.

Meyer 1932 (I)
Erich Meyer, Spätromanische Abendmahlskelche in Norddeutschland, in: Jahrbuch der Preußischen Kunstsammlungen 53, 1932, S. 163-181.

Meyer 1932 (II)
Herbert Meyer, Bürgerfreiheit und Herrschergewalt unter Heinrich dem Löwen, in: Historische Zeitschrift 147, 1932, S. 277-319.

Meyer 1939
Erich Meyer, Über einige niedersächsische Bronzen des 13. Jahrhunderts, in: Zeitschrift des Deutschen Vereins für Kunstwissenschaft 6, 1939, S. 251-260.

Meyer 1944
Erich Meyer, Die Hildesheimer Rogerwerkstatt, in: Pantheon 17, 1944, S. 1-11.

Meyer 1957
Gerhard Meyer, Zur Lage von Ertheneburg, in: Lüneburger Blätter 7/8, 1957, S. 64-80.

Meyer 1959
Erich Meyer, Romanische Bronzen der Magdeburger Gießhütte, in: Festschrift Friedrich Winkler. Hrsg. von Hans Möhle, Berlin 1959, S. 22-28.

Meyer 1959a
Erich Meyer, Romanische Bronzen und ihre islamischen Vorbilder, in: Aus der Welt der islamischen Kunst. Festschrift für Ernst Kühnel zum 75. Geburtstag am 16.10.1957. Hrsg. von Richard Ettinghausen, Berlin 1959, S. 317-322.

Meyer 1960
Erich Meyer, Mittelalterliche Bronzen (Bilderhefte des Museums für Kunst und Gewerbe Hamburg 3), Hamburg 1960.

Meyer 1973
Werner Meyer, Mittelalterliche Turniere, in: Nachrichten des Schweizerischen Burgenvereins 46, 1973.

Meyer 1980
Diethard Meyer, Archäologische Untersuchungen an einer Töpferei des 13. Jahrhunderts und in Siedlungsbereichen am Koberg zu Lübeck, in: Lübecker Schriften zur Archäologie und Kulturgeschichte 3, 1980, S. 59-81.

Meyer 1984
Hans Gerhard Meyer, Zur Datierung des sog. Thrones im Mindener Dom, in: Niederdeutsche Beiträge zur Kunstgeschichte 23, 1984, S. 9-42.

Meyer 1988
Diethard Meyer, Ein Töpferofen des 13. Jahrhunderts am Koberg zu Lübeck, in: Lübecker Schriften zur Archäologie und Kulturgeschichte 17, 1988, S. 133-134.

Meyer 1993
Diethard Meyer, Glasurkeramik des Mittelalters von einer Töpfereiproduktion aus der Kleinen Burgstraße zu Lübeck – Ein Vorbericht, in: Lübecker Schriften zur Archäologie und Kulturgeschichte 23, 1993, S. 277-282.

Meyer-Bruck 1952
Heinz Meyer-Bruck, Die Stellung des Braunschweiger Domes in der sächsischen Baukunst des 12. Jahrhunderts, Phil. Diss. Göttingen 1952.

Meyer-Gebel 1992
Marlene Meyer-Gebel, Bischofsabsetzungen in der deutschen Reichskirche vom Wormser Konkordat (1122) bis zum Ausbruch des Alexandrinischen Schismas (1159) (Bonner Historische Forschungen 55), Siegburg 1992.

Meyer/Suntrup 1987
Heinz Meyer und Rudolf Suntrup, Lexikon der mittelalterlichen Zahlenbedeutungen (Münstersche Mittelalterschriften 56), Münster 1987.

MGH Capit.
MGH Capitularia regum Francorum.

MGH Const.
MGH Leges. Constitutiones et acta publica imperatorum et regum.

MGH D F I
Die Urkunden Friedrichs I. (Friderici I. Diplomata), Teil 1: 1152-1158, Teil 2: 1158-1167, Teil 3: 1168-1180, Teil 4: 1181-1190. Hrsg. von Heinrich Appelt [u. a.], in: MGH Die Urkunden der Deutschen Könige und Kaiser (Diplomata regum et imperatorum Germaniae) 10, Hannover 1975-1990.

MGH D K III
Die Urkunden Konrads III. und seines Sohnes Heinrich (Conradi III. et filii eius Heinrici Diplomata). Hrsg. von Friedrich Hausmann, in: MGH Die Urkunden der Deutschen Könige und Kaiser (Diplomata regum et imperatorum Germaniae) 9, Wien – Köln – Graz 1969.

MGH D L III
Die Urkunden Lothars III. und der Kaiserin Richenza (Lotharii III. Diplomata nec non Richenzae imperatricis Placita). Hrsg. von Emil von Ottental und Hans Hirsch, in: MGH Die Urkunden der Deutschen Könige und Kaiser (Diplomata regum et imperatorum Germaniae) 8, Berlin 1927, Nachdruck 1980.

MGH Dt. Chron.
MGH Deutsche Chroniken und andere Geschichtsbücher des Mittelalters (Scriptores qui vernacula lingua usi sunt).

MGH Fontes iuris N.S.
MGH Fontes iuris Germanici antiqui, Nova series.

MGH SS
MGH Scriptores (in folio).

MGH SS rer. Germ.
MGH Scriptores rerum Germanicarum in usum scholarum seperatim editi.

MGH SS rer. Germ. N.S.
MGH Scriptores rerum Germanicarum, Nova Series.

MGH UU HdL
Die Urkunden Heinrichs des Löwen, Herzogs von Sachsen und Bayern. Bearb. von Karl Jordan, in: MGH Laienfürsten- und Dynastenurkunden der Kaiserzeit 1, Weimar 1941-1949, Nachdruck Stuttgart 1957-60.

Michael 1986
Eckhard Michael, Die Inschriften des Lüneburger St. Michaelisklosters und des Klosters Lüne (Die deutschen Inschriften 24), Wiesbaden 1986.

Michael 1991
Eckhard Michael, Die Klosterkirche St. Michael in Lüneburg als Grablege der Billunger und Welfen, in: Fürstliche Residenzen im spätmittelalterlichen Europa (Vorträge und Forschungen 36). Hrsg. von Hans Patze und Werner Paravicini, Sigmaringen 1991, S. 293-310.

Michelly 1987
Reinhold Michelly, Der Spandauer Thebal-Ring. Neues zum Problem der Thebal-Ringe, in: Ausgrabungen und Funde auf dem Burgwall in Berlin-Spandau (Archäologisch-historische Forschungen in Spandau 2). Hrsg. von Adriaan von Müller und Klara von Müller-Muči, Berlin 1987, S. 64-81 und 138-140.

Michels 1891
August Michels, Leben Ottos des Kindes, ersten Herzogs von Braunschweig-Lüneburg. Mit Urkundenregesten, Phil. Diss. 1890, Einbeck 1891.

Miethke 1972
Jürgen Miethke, Zur Herkunft Hugos von St. Viktor, in: Archiv für Kulturgeschichte 54, 1972, S. 241-265.

Milchsack 1880
Gustav Milchsack, Die Oster- und Passionsspiele … I. Die lateinischen Osterfeiern, Wolfenbüttel 1880.

Milde 1972
Wolfgang Milde, Mittelalterliche Handschriften der Herzog August Bibliothek Wolfenbüttel, Stuttgart 1972.

Milde 1989
Wolfgang Milde, Das ›Wolfenbütteler Musterbuch‹ aus Kloster Mariental, in: Römer 1989, S. 107-110.

Milde 1992
Wolfgang Milde, Deutschsprachige Büchertitel in mittelalterlichen Bibliothekskatalogen, in: Henkel/Palmer 1992, S. 52-61.

Milde 1993
Wolfgang Milde, Bildungs- und Bibliotheksgeschichte, in: Boockmann/Thies 1993, Bd. 1, S. 64-72.

Milger 1988
Peter Milger, Die Kreuzzüge. Krieg im Namen Gottes, 5. Auflage, München 1988.

Militzer/Przybilla 1980
Klaus Militzer und Peter Przybilla, Stadtentstehung, Bürgertum und Rat. Halberstadt und Quedlinburg bis zur Mitte des 14. Jahrhunderts (Veröffentlichungen des Max-Planck-Instituts für Geschichte 67), Göttingen 1980.

Miller 1895
Konrad Miller, Mappae Mundi – Die ältesten Weltkarten der Welt, Heft III: Die kleineren Weltkarten, Stuttgart 1895.

Miller 1990
William Ian Miller, Bloodtaking and peacemaking. Feud, law and society in Saga Iceland, Chicago 1990.

Milliken 1934
W. M. Milliken, A manuscript leaf from the time of duke Henry the Lion, in: Cleveland Museum of Art Bulletin 21, 1934, S. 25-39.

Ministerialitäten 1978
Ministerialitäten im Mittelrheinraum (Geschichtliche Landeskunde 17), Wiesbaden 1978.

Minnesangs Frühling
Des Minnesangs Frühling. I. Texte. Unter Benutzung der Ausgaben von Karl Lachmann und Moritz Haupt, Friedrich Vogt und Carl von Kraus bearbeitet von Hugo Moser und Helmut Tervooren, 38., erneut revidierte Auflage, Stuttgart 1988.

Miracula s. Bernwardi
Miracula sancti Bernwardi. Ed. Georg Heinrich Pertz, in: MGH SS 4, Hannover 1841, S. 782-786.

Mithoff o. J. (1858)
Hektor Wilhelm Heinrich Mithoff, Archiv für Niedersachsens Kunstgeschichte, III. Abtheilung: Mittelalterliche Kunstwerke in Goslar, Hannover o. J. (1858).

Mitteis 1927
Heinrich Mitteis, Politische Prozesse des frühen Mittelalters in Deutschland und Frankreich (Sitzungsberichte der Heidelberger Akademie der Wissenschaft. Phil.-hist. Kl. 1926/27, H. 3), Heidelberg 1927.

Mitteis 1933
Heinrich Mitteis, Lehnrecht und Staatsgewalt. Untersuchungen zur mittelalterlichen Verfassungsgeschichte, Weimar 1933, reprogr. Nachdruck Darmstadt 1974.

Moderhack 1978a
Richard Moderhack, Der ältesterhaltene Siegelstempel der Stadt Braunschweig (um 1330), in: Städtisches Museum Braunschweig, Miszellen 30, 1978.

Moderhack 1979
Braunschweigische Landesgeschichte im Überblick (Quellen und Forschungen zur Braunschweigischen Geschichte 23). Hrsg. von Richard Moderhack, 3. Auflage, Braunschweig 1979.

Moderhack 1985
Richard Moderhack, Braunschweigs Stadtgeschichte, in: Kat. Braunschweig 1985a, S. 1-116.

Möbius 1953/54
Friedrich Möbius, Studien zu Paulinzella, in: Wissenschaftliche Zeitschrift der Karl-Marx-Universität Leipzig, Gesellschafts- und sprachwissenschaftliche Reihe, 3, 1953/54, Teil I: Sigebotos Vita Paulina, S. 163-195; Teil II: Ostpartie und Westportal in der Literatur, S. 457-501.

Möbius/Schubert 1987
Skulptur des Mittelalters. Funktion und Gestalt. Hrsg. von Friedrich Möbius und Ernst Schubert, Weimar 1987.

Möhle 1991
Martin Möhle, Die Krypta als Herrscherkapelle. Die Krypta des Braunschweiger Domes, ihr Patrozinium und das Evangeliar Heinrichs des Löwen, in: Archiv für Kulturgeschichte 73, 1991, S. 1-24.

Möhle 1993
Martin Möhle, Der Braunschweiger Dom Heinrichs des Löwen. Architektur der Stiftskirche St. Blasius von 1173 bis 1250, Phil. Diss. (masch.) Marburg 1993.

Möhle 1995
Martin Möhle, Der Braunschweiger Dom Heinrichs des Löwen. Die Architektur der Stiftskirche St. Blasius von 1173 bis 1250, Braunschweig 1995.

Möhring 1980
H. Möhring, Saladin und der dritte Kreuzzug, Wiesbaden 1980.

Mölk 1990
Ulrich Mölk, Curia und curialitas – Wort und Bedeutung im Spiegel der romanischen Dichtung: Zu fr. courtois(ie) / pr. cortes(ia) im 12. Jahrhundert, in: Fleckenstein 1990, S. 27-38.

Möller 1967
Hans-Herbert Möller, Zur Geschichte des Marienaltares im Braunschweiger Dom. Ein Reliquienfund, in: Deutsche Kunst- und Denkmalpflege 25, 1967, S. 107-118.

Mohrmann 1980
Heinrich der Löwe (Veröffentlichungen der Niedersächsischen Archivverwaltung 39). Hrsg. von Wolf-Dieter Mohrmann, Göttingen 1980.

Mohrmann 1980a
Wolf-Dieter Mohrmann, Das sächsische Herzogtum Heinrichs des Löwen. Von den Wegen seiner Erforschung, in: Mohrmann 1980, S. 44-84.

Molinier 1904
Emile Molinier, Collection du Baron Albert Oppenheim. Tableaux et objects d'art, Paris 1904.

Monumenta Bambergensia
Monumenta Bambergensia (Bibliotheca rerum Germanii cavum 5). Ed. Philipp Jaffé (Bibliotheca rerum Germanicarum 5), Berlin 1869.

Monumenta Boica
Monumenta Boica. Ed. Academia scientiarum Boica, Bd. 3, München 1764; Bd. 6, München 1766.

Monumenta Corbeiensia
Monumenta Corbeiensia (Bibliotheca rerum Germanii cavum 1). Ed. Philipp Jaffé (Bibliotheca rerum Germanicarum 1), Berlin 1864.

Morgan 1982
Nigel Morgan, Early gothic manuscripts 1190-1250 (A survey of manuscripts illuminated in the British isles IV, 1). Hrsg. von Jonathan J. G. Alexander, London 1982.

Morgan 1988
Nigel Morgan, Early gothic manuscripts 1190-1250 (A survey of manuscripts illuminated in the British isles IV, 2). Hrsg. von Jonathan J. G. Alexander, London 1988.

Morrison 1990
Karl F. Morrison, History as a visual art in the twelfth-century Renaissance, Princeton 1990.

Mrusek 1956
Hans-Joachim Mrusek, Zur städtebaulichen Entwicklung Magdeburgs im hohen Mittelalter, in: Wissenschaftliche Zeitschrift der Martin-Luther-Universität Halle-Wittenberg, Gesellschafts- und sprachwissenschaftliche Reihe 5, 1956, S. 1219-1314.

Mühlberg 1991
Fried Mühlberg, Fomula und scannum – Zur Frage der Chorbank, in: Colonia Romanica VI, 1991, S. 155-164.

Mührenberg 1989
Doris Mührenberg, Archäologische und baugeschichtliche Untersuchungen im Handwerkerviertel zu Lübeck. Befunde Hundestraße 9-17. Mit einem botanischen Beitrag zu den spätmittelalterlichen und frühneuzeitlichen Pflanzenresten von Henk van Haaster, Amsterdam, in: Lübecker Schriften zur Archäologie und Kulturgeschichte 16, 1989, S. 233-290.

Mührenberg 1989
Doris Mührenberg, Archäologische Untersuchungen auf dem Lübecker Markt, ein Vorbericht, in: Hammaburg, N.F. 9 (Festschrift für Wolfgang Hübener), 1989, S. 301-309.

Mührenberg 1990
Doris Mührenberg, Der Markt zu Lübeck aus archäologischer Sicht, in: Die Heimat. Zeitschrift für Natur- und Landeskunde von Schleswig-Holstein und Hamburg, Heft 8/9, 1990, S. 210-212.

Mührenberg 1993
Doris Mührenberg, Der Markt zu Lübeck. Ergebnisse archäologischer Untersuchungen, in: Lübecker Schriften zur Archäologie und Kulturgeschichte 23, 1993, S. 83-154.

Mührenberg 1993a
Doris Mührenberg, Öffentliche Plätze und Märkte in Lübeck, in: Archäologie des Mittelalters und Bauforschung im Hanseraum. Festschrift Fehring (Schriftenreihe des Kulturhistorischen Museums in Rostock 1), Rostock 1993, S. 47-52.

Mührenberg (in Vorbereitung)
Doris Mührenberg, Der Schrangen zu Lübeck. Die Befunde (Arbeitstitel), in Vorbereitung für die Lübecker Schriften zur Archäologie und Kulturgeschichte.

Müllejans 1988
Karl der Große und sein Schrein in Aachen. Eine Festschrift. Hrsg. von Hans Müllejans, Aachen – Mönchengladbach 1988.

Müller 1907
Otto Müller, Turnier und Kampf in den altfranzösischen Artusromanen, Erfurt 1907.

Müller 1961
Werner Müller, Die heilige Stadt – Roma quadrata, himmlisches Jerusalem und die Mythe vom Weltnabel, Stuttgart 1961.

Müller 1992
Uwe Müller, Eine gewerbliche Bäckerei in Lübeck vom 13. bis zum 20. Jahrhundert. Ergebnisse der Grabung Mühlenstraße 65, in: Lübecker Schriften zur Archäologie und Kulturgeschichte 22, 1992, S. 123-144.

Müller 1992a
Uwe Müller, Archäologische und baugeschichtliche Untersuchungen der Budenzeile Gützstraße in Lübeck, in: Lübecker Schriften zur Archäologie und Kulturgeschichte 22, 1992, S. 167-199.

Müller 1994
Markus Müller, Ikonologische Studien zu französischen Minnedarstellungen des 13. und 14. Jahrhunderts, Phil. Diss. (masch.) Münster 1994.

Mueller von der Hagen 1980
Anne Mueller von der Hagen, Der Hildesheimer Kreis und Wunstorf in der Königslutternachfolge, in: Kat. Braunschweig 1980, S. 151-162.

Müller-Christensen 1972
Sigrid Müller-Christensen, Die Gräber im Königschor, in: Die Kunstdenkmäler von Rheinland-Pfalz, Bd. 5: Der Dom zu Speyer, München 1972, S. 923-955.

Müller-Mertens 1980
Eckhard Müller-Mertens, Die Reichsstruktur im Spiegel der Herrschaftspraxis Ottos des Großen (Forschungen zur mittelalterlichen Geschichte 25), Berlin 1980.

Müller/Kölling 1981
Heinrich Müller und Hartmut Kölling, Europäische Hieb- und Stichwaffen aus der Sammlung des Museums für Deutsche Geschichte, Berlin 1981.

Mütherich 1968
Der Stuttgarter Bilderpsalter. Bibl. Fol. 23, Württembergische Landesbibliothek Stuttgart. Hrsg. von Florentine Mütherich [Bd. 1:] Faksimile, Bd. 2: Untersuchungen, Stuttgart 1968.

Munk Olsen 1982
Birger Munk Olsen, L'Etude des auteurs classiques latine aux XIe et XIIe siècles (Documents, études et répertoires publ. par L'Institut de recherche et d'histoire des textes), Bd. 1, Paris 1982.

Munk Olsen 1987
Birger Munk Olsen, L'Etude des auteurs classiques latine aux XIe et XIIe siècles (Documents, études et répertoires publ. par l'Institut de recherche et d'histoire des textes), Bd. 3.1, Paris 1987.

Munro 1983
John H. Munro, The medieval scarlet and the economics of sartorial splendour, in: Cloth and clothing in medieval Europe (Pasold Studies in Textile History 2). Hrsg. von N. B. Harte und K. G. Ponting, London 1983.

Muratori 1723
L. A. Muratori, Rerum italicarum scriptores 16, Mailand 1723.

Musset 1898
Georges Musset, L'abbaye de la Grâce-Dieu, in: Archives historiques de la Saintonge et de l'Aunis 27, 1898, S. 142-145.

Musset 1967
Lucien Musset, Normandie Romane, Yonne 1967.

Myśliński 1986
K. Myśliński, Księstwo Saskie a Polska w XII wieku (Das Herzogtum Sachsen und Polen im 12. Jh.), Niemcy – Polska w średniowieczu. Materiały z konferencji naukowej zorganizowanej przez Instytut Historii UAM w dniach 14-16 XI 1983 roku. Red. J. Strzelczyk, Poznań 1986, S. 171-186.

Myśliński 1993
K. Myśliński, Polska wobec Słowian połabskich do końca wieku XII (Polen und die Elbslawen bis zum Ende des 12. Jahrhunderts), Lublin, Wydawnictwo UMCS, 1993.

von der Nahmer 1994
Dieter von der Nahmer, Die lateinische Heiligenvita. Eine Einführung in die lateinische Hagiographie, Darmstadt 1994.

Naredi-Rainer 1994
Paul von Naredi-Rainer, Salomons Tempel und das Abendland. Monumentale Folgen historischer Irrtümer. Mit einem Beitrag von Cornelia Limpricht, Köln 1994.

Narratio de electione Lotharii
Narratio de electione Lotharii in regem Romanorum. Ed. Wilhelm Wattenbach, in: MGH SS 12, Hannover 1856, S. 509-512.

Narratio de morte Ottonis IV.
Narratio de morte Ottonis IV. Imperatoris, in: Thesaurus Novus Anecdotorum. Ed. Edmond Martène und Ursin Durand, Bd. 3, Paris 1717, S. 1373-1378.

Naß 1989
Klaus Naß, Der Reliquienfund aus St. Ägidien und die Braunschweiger Äbtesiegel, in: Braunschweigisches Jahrbuch 70, 1989, S. 7-38.

Naß 1990
Klaus Naß, Der Auctorkult in Braunschweig und seine Vorläufer im früheren Mittelalter, in: Niedersächsisches Jahrbuch für Landesgeschichte 62, 1990, S. 153-207.

Naß 1990a
Klaus Naß, Die älteren Urkunden des Klosters Königslutter, in: Archiv für Diplomatik 36, 1990, S. 126-167.

Naß 1993
Klaus Naß, Zur Cronica Saxonum und verwandten Braunschweiger Werken, in: Deutsches Archiv für Erforschung des Mittelalters 49, 1993, S. 557- 582.

Naß 1994
Klaus Naß, Die Reichschronik des Annalista Saxo und die sächsische Geschichtsschreibung im 12. Jahrhundert, Phil. Habilschr. (masch.), Braunschweig 1994.

Naß 1995
Klaus Naß, Geschichtsschreibung am Hofe Heinrichs des Löwen, in: Schneidmüller 1995, S. 123-161.

Naumann 1938
Hans Naumann, Deutsche Kultur im Zeitalter des Rittertums (Handbuch der Kulturgeschichte, Abt. 1: Geschichte des deutschen Lebens [3]), Potsdam 1938.

Nebe 1880
Gustav Nebe, Conrad von Krosigk, Bischof von Halberstadt, 1201-1209, † 21. Juli 1225, in: Zeitschrift des Harz-Vereins für Geschichte und Altertumskunde 13, 1880 (1881), S. 209-227.

Nellmann 1965
Eberhard Nellmann, Karl der Große und König David im Epilog des deutschen Rolandsliedes, in: Zeitschrift für deutsches Altertum und deutsche Literatur 94, 1965, S. 268-279.

Nellmann 1979
Eberhard Nellmann, Walthers unzeitgemäßer Kreuzzugsappell. Zur Funktion der Her keiser-Strophen des Ottentons, in: Zeitschrift für deutsche Philologie 98, 1979, Sonderheft, S. 22-60.

Nellmann 1983
Eberhard Nellmann, Art. Kaiserchronik, in: Verfasserlexikon, Bd. 4, 1983, Sp. 949-964.

Neubauer 1972
Edith Neubauer, Die romanischen skulptierten Bogenfelder in Sachsen und Thüringen (Corpus der romanischen Kunst im sächsisch-thüringischen Gebiet, Reihe B, Bd. 1), Berlin 1972.

Neubecker 1990
Ottfried Neubecker, Heraldik. Wappen – Ihr Ursprung, Sinn und Wert, Augsburg 1990.

Neue Deutsche Biographie
Neue Deutsche Biographie. Hrsg. von der historischen Kommission bei der Bayerischen Akademie der Wissenschaften, Bd. 1ff., Berlin 1953ff.

Neugebauer 1975
Werner Neugebauer, Arbeiten der Böttcher und Drechsler aus den mittelalterlichen Bodenfunden der Hansestadt Lübeck, in: Rotterdam Papers 2, 1975, S. 117-137.

Neugebauer 1980
Manfred Neugebauer, Neuere baugeschichtliche Untersuchungen zur mittelalterlichen Bürgerhausarchitektur in Lübeck, in: Die Heimat 87, 1980, S. 149-180.

Neumann 1891
Wilhelm Anton Neumann, Der Reliquienschatz des Hauses Braunschweig-Lüneburg, Wien 1891.

Neumann 1979
Waltraud Neumann, Studien zu den Bildfeldern der Bronzetür von San Zeno in Verona, Frankfurt a. M. 1979.

Neumeister 1989
Peter Neumeister, Lothar III. 1125-1137, in: Deutsche Könige und Kaiser des Mittelalters. Hrsg. von Evamaria Engel und Eberhard Holtz, Köln – Wien 1989, S. 139-147.

Nickel 1953/54
Heinrich Nickel, Spätromanische Bauornamentik in Mitteldeutschland, in: Wissenschaftliche Zeitschrift der Martin-Luther-Universität Halle-Wittenberg, Gesellschafts- und Sprachwissenschaftliche Reihe 3, 1953/54, S. 25-74.

Nickel 1964
Ernst Nickel, Ein romanisches Gießgefäß aus Magdeburg, in: Festschrift Unverzagt, S. 247-349.

Nickel 1964a
Ernst Nickel, Der ›Alte Markt‹ in Magdeburg (Deutsche Akademie der Wissenschaften zu Berlin. Schriften der Sektion für Vor- und Frühgeschichte 18; zugl. Ergebnisse der archäologischen Stadtkernforschung in Magdeburg. Hrsg. von Wilhelm Unverzagt, Teil 1), Berlin 1964.

Nicolai 1990
Bernd Nicolai, ›Libido aedificandi‹. Walkenried und die monumentale Kirchenbaukunst der Zisterzienser um 1200 (Quellen und Forschungen zur Braunschweigischen Geschichte 28), Braunschweig 1990.

Niederkorn 1986
Jan Paul Niederkorn, Die Mitgift der Kaiserin Irene, in: Römische historische Mitteilungen 28, 1986, S. 125-139.

Niederkorn 1991
Jan Paul Niederkorn, Der ›Prozeß‹ Heinrichs des Stolzen, in: Diplomatische und chronologische Studien aus der Arbeit an den Regesta Imperii (Beihefte zu J. F. Böhmer Regesta Imperii 8). Hrsg. von Paul-Joachim Heinig, Köln – Wien 1991, S. 67-82.

Niedner 1881
Felix Niedner, Das deutsche Turnier im 12. und 13. Jahrhundert. [Teildr.] T. 1, Berlin 1881 (Rest ersch.: unter gleichem Titel bei Weidmann, Berlin).

Niehoff 1985
Franz Niehoff, Umbilicus mundi – Der Nabel der Welt. Jerusalem und das Heilige Grab im Spiegel von Pilgerberichten und -karten, Kreuzzügen und Reliquiaren, in: Kat. Köln 1985, 3, S. 53-72.

Niehoff 1985a
Franz Niehoff, Ordo et artes. Wirklichkeiten und Imaginationen im Hohen Mittelalter, in: Kat. Köln 1985, 1, S. 33-48.

Niehoff 1990
Franz Niehoff, Das Kölner Ostergrab. Studien zum Heiligen Grab im Hohen Mittelalter, in: Wallraf-Richartz-Jahrbuch 51, 1990, S. 7-68.

Niehoff 1993
Franz Niehoff, Bronzewerke und Großskulpturen aus Holz, Stuck und Stein der Romanik in Niedersachsen, in: Boockmann/Thies 1993, S. 109-115.

Niehoff 1995
Franz Niehoff, Das Ostergrab in St. Michael, in: Der vergrabene Engel. Die Chorschranken der Hildesheimer Michaeliskirche. Funde und Befunde. Hrsg. von Michael Brandt [Ausstellung Hildesheim 1995], Mainz 1995, S.127-133.

Niehoff (in Vorbereitung)
Das Armreliquiar des hl. Blasius in Braunschweig.

Niehr 1983
Klaus Niehr, Eine unbekannte Sitzmadonna des 13. Jahrhunderts in Hildesheim, in: Zeitschrift des Deutschen Vereins für Kunstwissenschaft 37, 1983, S. 22-60.

Niehr 1989
Klaus Niehr, Horaz in Hildesheim – Zum Problem einer mittelalterlichen Kunsttheorie, in: Zeitschrift für Kunstgeschichte 52, 1989, S. 1-24.

Niehr 1992
Klaus Niehr, Die mitteldeutsche Skulptur der ersten Hälfte des 13. Jahrhunderts (Artefact 3), Weinheim 1992.

Niemeyer 1953
Gerlinde Niemeyer, Die Vita des ersten Bremer Bischofs Willehad und seine kirchliche Verehrung, Phil. Diss. (masch.) Münster 1953.

Niemeyer 1956
Gerlinde Niemeyer, Die Herkunft der Vita Willehadi, in: Deutsches Archiv für die Erforschung des Mittelalters 12, 1956, S. 17-35.

Niemeyer 1967
Gerlinde Niemeyer, Die Vitae Godefridi Cappenbergensis, in: Deutsches Archiv für Erforschung des Mittelalters 23, 1967, S. 405-467.

Niewöhner 1991
Elke Niewöhner, Islamische Kunst (Museum Kestnerianum 1), Hannover 1991.

Nilgen 1981
Ursula Nilgen, Maria Regina – Ein politischer Kultbildtypus?, in: Römisches Jahrbuch für Kunstgeschichte 19, 1981, S. 1-33.

Nilgen 1985
Ursula Nilgen, Amtsgenealogie und Amtsheiligkeit. Königs- und Bischofsreihen in der Kunstpropaganda des Hochmittelalters, in: Festschrift Mütherich, S. 217-234.

Nilgen 1986
Ursula Nilgen, Intellectuality and Splendour: Thomas Becket as a Patron of the Arts, in: Macready/Thompson 1986, S. 145-158.

Nilgen 1989
Ursula Nilgen, Theologisches Konzept und Bildorganisation im Evangeliar Heinrichs des Löwen, in: Zeitschrift für Kunstgeschichte 52, 1989, S. 301-333.

Nilgen 1993
Ursula Nilgen, Les scriptoria du Nord de la France et l'Angleterre au XIIème siècle, in: L'art du haut Moyen Age dans le Nord-Ouest de la France, Actes du Colloque de St Riquier (22-24 Septembre 1987) (Wodan, Greifswalder Beiträge zum Mittelalter 23, Serie 3, Tagungsberichte 10). Edités par Dominique Poulaine et Michel Perrin, Greifswald 1993, S. 213-238.

Nilgen 1994
Ursula Nilgen, Die Illustrationen der Weltchronik Ottos von Freising, in: Freising 1250 Jahre Geistliche Stadt, (Diözesanmuseum für christliche Kunst des Erzbistums München und Freising. Kataloge und Schriften 12), Bd. 2, München 1994.

Nilgen (im Druck)
Ursula Nilgen, La tunicella di Tommaso in S. Maria Maggiore a Roma. Culto e arte intorno a un Santo ›politico‹, in: Arte medievale (im Druck).

Nitschke 1967
August Nitschke, Naturerkenntnis und politisches Handeln im Mittelalter (Stuttgarter Beiträge zur Geschichte und Politik 2), Stuttgart 1967.

Nitschke 1978
August Nitschke, Die Bedeutung der Naturwissenschaften für das Verständnis der Staufer, in: Krohn/Thum/Wapnewski 1978, S. 28-35.

Nitz 1976
G. Nitz, Valeria (Valérie) von Limoges, in: Lexikon der christlichen Ikonographie, Bd. 8, 1976, Sp. 531f.

Nix 1984
Matthias Nix, Der Kreuzzugsaufruf Walthers im Ottenton und der Kreuzzugsplan Kaiser Ottos IV., in: Germanisch-Romanische Monatsschrift, N.F. 34, 1984, S. 278-294.

Nix 1993
Matthias Nix, Untersuchungen zur Funktion der politischen Spruchdichtung Walthers von der Vogelweide (Göppinger Arbeiten zur Germanistik 592), Göppingen 1993.

Nockert 1988
Margareta Nockert, Ryttarkapan fran Antinoe, in: Kat. Stockholm 1988, S. 96-98.

Nöldeke 1904
Georg Nöldeke, Verfassungsgeschichte des kaiserlichen Exemtstiftes SS. Simonis et Judae zu Goslar von seiner Gründung bis zum Ende des Mittelalters, Phil. Diss. Göttingen 1904.

Noell 1992
Matthias Noell, St.-Etienne in Caen. Zur Baugeschichte und Bedeutung eines Chorneubaus um 1200, Magisterarbeit TU Berlin, Berlin 1992.

Nonn 1993
Ulrich Nonn, Geblütsrecht, Wahlrecht, Königswahl: Die Wahl Lothars von Supplinburg 1125, in: Geschichte und Unterricht 44, 1993, S. 146-157.

Nordenfalk 1980
Besprechung von Anthony Melnikas, The corpus of the miniatures in the manuscripts of the Decretum Gratiani (Studia Gratiana, 16-18), Rom 1975, in: Zeitschrift für Kunstgeschichte 43, 1980, S. 318-337.

Nørlund 1935
Poul Nørlund, Bronzegeräte des Mittelalters, in: Acta archaeologica 6, 1935, S. 249-260.

Normannische Annalen
Normannische Annalen, in: MGH SS 26, Hannover 1882, S. 488-517.

North/Beyer 1990
Werner North und Klaus G. Beyer, Die Wartburg, Leipzig 1990.

Oakeshott 1960
R. Edwart Oakeshott, The archaeology of weapons. Arms and armor from prehistory to the age of chivalry, London 1960.

Oakeshott 1964
R. Edwart Oakeshott, The sword in the age of chivalry, London 1964.

Oakeshott 1972
Walter Oakeshott, Sigena. Romanesque paintings in Spain and the Winchester Bible artists, London 1972.

Oakeshott 1981
Walter Oakeshott, The two Winchester Bibles, Oxford 1981.

Oakeshott 1984
Walter Oakeshott, Some new initials by the ›Entangled Figures Master‹, in: The Burlington Magazine 126, 1984, S. 230-232.

Oelmann 1950/51
Franz Oelmann, Über alte Bonner Rechtsdenkmäler, in: Rheinische Vierteljahresblätter 15/16, 1950/51, S. 158-183.

Oesterley 1786
Georg Heinrich Oesterley, Geschichte des Herzogs Otto I. mit dem Beinamen das Kind von Braunschweig, Göttingen 1786.

Oeters 1955
Ernst Oeters, Die Stiftskirche zu Wunstorf, in: Marburger Jahrbuch für Kunstwissenschaft 16, 1955, S. 121-180.

Oexle 1968
Otto Gerhard Oexle, Die ›sächsische Welfenquelle‹ als Zeugnis der welfischen Hausüberlieferung, in: Deutsches Archiv für Erforschung des Mittelalters 24, 1968, S. 435-497.

Oexle 1975
Otto Gerhard Oexle, Bischof Konrad von Konstanz in der Erinnerung der Welfen und der welfischen Hausüberlieferung während des 12. Jahrhunderts, in: Freiburger Diözesan-Archiv 95, 1975, S. 7-40.

Oexle 1978
Otto Gerhard Oexle, Welfische und staufische Hausüberlieferung in der Handschrift Fulda D 11 aus Weingarten, in: Von der Klosterbibliothek zur Landesbibliothek. Beiträge zum 200jährigen Bestehen der Hessischen Landesbibliothek Fulda (Bibliothek des Buchwesens 6). Hrsg. von Artur Brall, Stuttgart 1978, S. 203-231.

Oexle 1983
Otto Gerhard Oexle, Die Gegenwart der Toten, in: Death in the Middle Ages (Mediaevalia Lovaniensia I, 9). Hrsg. von Herman Braet und Werner Verbecke, Löwen 1983, S. 19-77.

Oexle 1984
Otto Gerhard Oexle, Memoria und Memorialbild, in: Schmid/Wollasch 1984, S. 384-440.

Oexle 1986
Otto Gerhard Oexle, Adeliges Selbstverständnis und seine Verknüpfung mit dem liturgischen Gedenken – das Beispiel der Welfen, in: Zeitschrift für die Geschichte des Oberrheins 134, 1986, S. 47-75.

Oexle 1993
Otto Gerhard Oexle, Zur Kritik neuer Forschungen über das Evangeliar Heinrichs des Löwen, in: Göttingische Gelehrte Anzeigen 245, 1993, S. 70-109.

Oexle 1993a
Otto Gerhard Oexle, Lignage et parenté, politique et religion dans la noblesse du XIIe s.: l'évangéliaire de Henri de Lion, in: Cahiers de civilisation médiévale 36, 1993, S. 339-354.

Oexle 1994
Otto Gerhard Oexle, Die Memoria Heinrichs des Löwen, in: Geuenich/Oexle 1994, S. 128-177.

Oexle 1995
Otto Gerhard Oexle, Welfische Memoria. Zugleich ein Beitrag über adlige Hausüberlieferung und die Kriterien ihrer Erforschung, in: Schneidmüller 1995, S. 61-94.

Ohler 1994
Norbert Ohler, Pilgerleben im Mittelalter. Zwischen Andacht und Abenteuer, Freiburg – Basel – Wien 1994.

Ohly 1958
Friedrich Ohly, Hohelied-Studien. Grundzüge einer Geschichte der Hoheliedauslegung des Abendlandes bis um 1200, Wiesbaden 1958.

Ohly 1987
Friedrich Ohly, Beiträge zum Rolandslied, in: Festschrift Stackmann, S. 90-135.

Ohnsorge 1958
Werner Ohnsorge, Die Byzanzpolitik Friedrich Barbarossas und der ›Landverrat‹ Heinrichs des Löwen, in: Abendland und Byzanz. Gesammelte Aufsätze zur Geschichte der byzantinisch-abendländischen Beziehungen und des Kaisertums. Hrsg. von Werner Ohnsorge, Darmstadt 1958, Nachdruck 1979.

Ohnsorge 1961
Werner Ohnsorge, Zur Datierung der Ebstorfer Weltkarte, in: Niedersächsisches Jahrbuch für Landesgeschichte 33, 1961, S. 158-185.

Oldermann-Meier 1993
R. Oldermann-Meier, Zur Geschichte der Neuerrichtung und der Ausstattung der ehemaligen Klosterkirche Lamspringe in den Jahren 1670-1720, in: Die Diözese Hildesheim in der Vergangenheit und Gegenwart 61, 1993, S. 33-80.

Opitz 1985
Claudia Opitz, Frauenalltag im Mittelalter. Biographien des 13. und 14. Jahrhunderts, Weinheim 1985.

Opll 1978
Ferdinand Opll, Das Itinerar Kaiser Friedrich Barbarossas (1152-1190) (Forschungen zur Kaiser- und Papstgeschichte des Mittelalters, Beihefte zu J. F. Böhmer, Regesta Imperii 1), Wien – Köln – Graz 1978.

Opll 1986
Ferdinand Opll, Stadt und Reich im 12. Jahrhundert (Forschungen zur Kaiser- und Papstgeschichte des Mittelalters 6), Wien 1986.

Opll 1990
Ferdinand Opll, Friedrich Barbarossa (Gestalten des Mittelalters und der Renaissance), Darmstadt 1990.

Ordines coronationis imperialis
Ordines coronationis imperialis. Die Ordines für die Weihe und Krönung des Kaisers und der Kaiserin. Hrsg. von Reinhard Elze, in: MGH fontes iuris N.S. 9, Hannover 1960.

Origines Guelficae
Origenes Guelficae. Ex manuscriptis Gottfried Wilhelm Leibniz, Johann Georg von Eckhart, Johann Daniel Gruber. Ed. Christian Ludwig Scheidt, Bd. 1-5, Bd. 1: 1750, Bd. 2: 1751, Bd. 3: 1752, Bd. 4: 1753, Bd. 5: 1780, Hannover 1750-1780.

Orlowski 1987
Thomasz H. Orlowski, La statue équestre de Limoges et le sacre de Charles l'Enfant. Contribution à l'étude de l'iconographie politique carolingienne, in: Cahiers de civilisation médiévale 30, 1987, S. 131-144.

Ott-Meimberg 1980
Marianne Ott-Meimberg, Kreuzzugsepos oder Staatsroman? Strukturen adeliger Heilsversicherung im deutschen ›Rolandslied‹ (Münchener Texte und Untersuchungen zur deutschen Literatur des Mittelalters 70), Phil. Diss. München 1976/77, Zürich 1980.

Ott-Meimberg 1992
Marianne Ott-Meimberg, ›di matteria di ist scone‹. Der Zusammenhang von Stoffwahl, Geschichtsbild und Wahrheitsanspruch am Beispiel des deutschen ›Rolandslieds‹, in: Grundlagen des Verstehens mittelalterlicher Literatur. Literarische Texte und ihr historischer Erkenntniswert (Kröners Studienbibliothek 663). Hrsg. von Gerhard Hahn und Hedda Ragotzky, Stuttgart 1992, S. 17-32.

Otto 1980
E. Otto, Jerusalem – Die Geschichte der heiligen Stadt, Stuttgart 1980.

Otto von Freising, Chronica
Ottonis episcopi Frisingensis Chronica sive Historia de duabus civitatibus. Ed. Adolf Hofmeister, in: MGH SS rer. Germ. [45], Hannover – Leipzig 1912.

Otto von Freising, Die Taten Friedrichs
Otto von Freising und Rahewin, Ottonis episcopi Frisigensis et Rahewini Gesta Frederici seu rectius cronica. Die Taten Friedrichs oder richtiger Cronica. Übersetzt von Adolf Schmidt. (Ausgewählte Quellen zur deutschen Geschichte des Mittelalters 17). Hrsg. von Franz-Josef Schmale, Darmstadt 1965, 2. Auflage, Darmstadt 1974; 3. Auflage, Darmstadt 1986.

Otto von Freising, Gesta Frederici
Otto von Freising und Rahewin, Ottonis episcopi Frisigensis et Rahewini gesta Friderici I. imperatoris. Ed. Georg Waitz und Bernhard von Simson, in: MGH SS rer. Germ. [46], Hannover -- Leipzig 1912.

Otto von St. Blasien, Chronica
Ottonis de Sancto Blasio Chronica. Ed. Adolf Hofmeister, in: MGH SS rer. Germ. [47], Hannover – Leipzig 1912.

Otto von St. Blasien, Chronik
Die Chronik des Otto von St. Blasien. Übersetzt von Horst Kohl (Die Geschichtsschreiber der deutschen Vorzeit, 12. Jahrhundert, Bd. 8 b), Leipzig 1881.

Oulmont 1911
Charles Oulmont, Les débats du clerc et du chevalier dans la littérature poétique du Moyen Age, Paris 1911.

Overgaauw 1995 (im Druck)
Eef Overgaauw, Die mittelalterlichen Handschriften der Universitäts- und Landesbibliothek Münster, Wiesbaden 1995 (im Druck).

Paden/Sankovitch/Stäblein 1986
William D. Paden, T. Sankovitch und P. H. Stäblein, The poems of the Troubadour Bertran de Born, Los Angeles – London 1986.

Pächt 1961
Otto Pächt, A cycle of english frescoes in Spain, in: Burlington Magazine 103, 1961, S. 166-175.

Pächt 1985
Otto Pächt, Buchmalerei des Mittelalters. Eine Einführung. Hrsg. von Dagmar Thoss und Ulrike Jenni, München 1985.

Panofsky 1923
Erwin Panofsky, Das Braunschweiger Domkruzifix und das ›Volto Santo‹ in Lucca, in: Festschrift für A. Goldschmidt zum 60. Geburtstag, Leipzig 1923, S. 37-44.

Panofsky 1924
Erwin Panofsky, Die deutsche Plastik des 11.-13. Jahrhunderts, München 1924.

Panofsky 1979
Erwin Panofsky, Abbot Suger on the Abbey Church of St. Denis and its art treasures. Edited, translated and annotated by Erwin Panofsky, 2nd edition by Gerda Panofsky-Soergel, 1. Auflage, Princeton/N.J. 1946, 2. Auflage, Princeton/N.J. 1979.

Paravicini 1993
Werner Paravicini, Die älteste europäische Wappenrolle. Ottos IV. Aachener Krönung von 1198, in: Schweizer Archiv für Heraldik 107, 1993, S. 99-146; revidierte Fassung künftig in: Das geistige Leben am Hofe Kaiser Ottos IV., III. Kolloquium des Klosters Ebstorf, Pfingsten 1992. Hrsg. von Bernd Ulrich Hucker (im Druck) und Archivum Heraldicum 1993, Heft 2, S. 99-146.

Paravicini 1994
Werner Paravicini, Die ritterlich-höfische Kultur des Mittelalters (Enzyklopädie deutscher Geschichte 32), München 1994.

Paravicini/Werner 1980
Histoire comparée de l'administration (IVe-XVIIIe siècle). Actes du 14e colloque historique franco-allemand, Tours, 27 mars-1er avril 1977 organisé en collaboration avec le Centre d'études supérieures de la Renaissance par l'Institut historique allemand de Paris. Publ. par Werner Paravicini et Karl Ferdinand Werner, Zürich – München 1980.

Parisse 1993
Michel Parisse, Bernward in Frankreich (1007), in: Kat. Hildesheim 1993, 1, S. 133-143.

Parker/Shepard 1992
The Cloisters – Studies in honour of the fiftieth anniversary. Ed. Elisabeth C. Parker und Mary B. Shepard, New York 1992.

Pastoureau 1979
M. Pastoureau, Traité d'héraldique, Paris 1979.

Patze 1962
Hans Patze, Die Entstehung der Landesherrschaft in Thüringen (Mitteldeutsche Forschungen 22), Köln – Graz 1962.

Patze 1962a
Hans Patze, Kaiser Friedrich Barbarossa und der Osten, in: Jahrbuch für die Geschichte Mittel- und Ostdeutschlands 11, 1962, S. 12-74.

Patze 1964/65
Hans Patze, Adel und Stifterchronik. Frühformen territorialer Geschichtsschreibung im hochmittelalterlichen Reich, in: Blätter für deutsche Landesgeschichte 100, 1964, S. 8-81 u. 101, 1965, S. 67-128.

Patze 1976
Die Burgen im deutschen Sprachraum. Ihre rechts- und verfassungsgeschichtliche Bedeutung, (Vorträge und Forschungen 19). Hrsg. von Hans Patze, Bd. 1, Sigmaringen 1976.

Patze 1976a
Hans Patze, Rechts- und verfassungsgeschichtliche Bedeutung der Burgen in Niedersachsen, in: Patze 1976, S. 515-564.

Patze 1981
Hans Patze, Die Welfen in der mittelalterlichen Geschichte Europas, in: Blätter für deutsche Landesgeschichte 117, 1981, S. 139-166.

Patze 1987
Hans Patze, Mäzene in der Landesgeschichtsschreibung im späten Mittelalter, in: Geschichtsschreibung und Geschichtsbewußtsein im späten Mittelalter (Vorträge und Forschungen 31), Sigmaringen 1987, S. 331-370.

Patze/Ahrens 1986
Hans Patze und Karl-Heinz Ahrens, Die Begründung des Herzogtums Braunschweig im Jahre 1235 und die ›Braunschweigische Reimchronik‹, in: Blätter für deutsche Landesgeschichte 122, 1986, S. 67-89.

Patze/Schlesinger 1967-84
Geschichte Thüringens. Hrsg. von Hans Patze und Walter Schlesinger, Bd. 1-6, Köln – Graz 1967-84.

Perlbach 1920
Max Perlbach, Vier Fragmente der Paderborner Annalen, in: Neues Archiv der Gesellschaft für ältere deutsche Geschichtskunde 43, 1920, S. 224-234.

Pernoud 1965
Régine Pernoud, Aliénor d'Aquitaine, Paris 1965.

Pernoud 1966
Régine Pernoud, Eleonore von Aquitanien. Königin der Troubadoure, Düsseldorf – Köln 1966.

Perrier 1948
Antoine Perrier, Les représentations iconographiques de sainte Valérie et des saints céphalophores, in: Bulletin de la Société archéologique et historique du Limousin 82, 1948, S. 85f.

Peters 1980
Inge-Maren Peters, Heinrich der Löwe als Landesherr, in: Mohrmann 1980, S. 85-126.

Petersen 1886
Henry Petersen, Danske geystlige Sigiller fra Middelalderen, København 1886.

Petersen/Thiset 1917
Danske kongelige sigiller samt sønderjydske hertugers og andre til Danmark knyttede fyrsters sigiller 1085-1559. Samtede af Henry Petersen, udg. af A. Thiset, København 1917.

Petersohn 1975
Jürgen Petersohn, Saint-Denis – Westminster – Aachen. Die Karls-Translation von 1165 und ihre Vorbilder, in: Deutsches Archiv für Erforschung des Mittelalters 31, 1975, S. 420-454.

Petersohn 1979
Jürgen Petersohn, Der südliche Ostseeraum im kirchlich-politischen Kräftespiel des Reichs, Polens und Dänemarks vom 10. bis 13. Jahrhundert. Mission – Kirchenorganisation – Kultpolitik (Ostmitteleuropa in Vergangenheit und Gegenwart 17), Köln – Wien 1979.

Petersohn 1984a
Jürgen Petersohn, Art. Lubeka eccl. (Lübeck), in: Weinfurter/Engels 1984, S. 53-69.

Petersohn 1984b
Jürgen Petersohn, Art. Raceburgensis eccl. (Ratzeburg), in: Weinfurter/Engels 1984, S. 70-75.

Petersohn 1984c
Jürgen Petersohn, Art. Sverinensis eccl. (Schwerin), in: Weinfurter/Engels 1984, S. 76-83.

Petersohn 1987
Jürgen Petersohn, Der König ohne Krone und Mantel. Politische und kultgeschichtliche Hintergründe der Darstellung Ottos IV. auf dem Kölner Dreikönigenschrein, in: Überlieferung, Frömmigkeit, Bildung als Leitthemen der Geschichtsforschung. Vorträge beim wissenschaftlichen Kolloquium aus Anlaß des 80. Geburtstages von Otto Meyer, 25. Oktober 1986. Hrsg. von Jürgen Petersohn, Sigmaringen 1987, S. 43-75.

Petersohn 1988
Jürgen Petersohn, Die Commendatio pii Ottonis und die romanischen Wandmalereien der Prüfeninger Klosterkirche, in: Historiographia Medievalis. Studien zur Geschichtsschreibung und Quellenkunde des Mittelalters. Festschrift für Franz Josef Schmale zum 65. Geburtstag. Hrsg. von Dieter Berg und Hans-Werner Goetz, Darmstadt 1988.

Petersohn 1994
Jürgen Petersohn, Kaisertum und Kultakt in der Stauferzeit, in: Politik und Heiligenverehrung im Hochmittelalter (Vorträge und Forschungen 42). Hrsg. von Jürgen Petersohn, Sigmaringen 1994, S. 101-146.

Petke 1971
Wolfgang Petke, Die Grafen von Wöltingerode-Wohldenberg. Adelsherrschaft, Königtum und Landesherrschaft am Nordwestharz im 12. und 13. Jahrhundert (Veröffentlichungen des Instituts für Historische Landesforschung der Universität Göttingen 4), Hildesheim 1971.

Petke 1973
Wolfgang Petke, Pfalzstadt und Reichsministerialitäten. Über einen neuen Beitrag zur Reichsgut- und Pfalzenforschung, in: Blätter für Deutsche Landesgeschichte 109, 1973, S. 270-304.

Petke 1978
Wolfgang Petke, Die reichsgeschichtliche Bedeutung des Pfalzortes Goslar vom 10. bis 13. Jahrhundert, in: Führer zu vor- und frühgeschichtlichen Denkmälern 35: Goslar-Bad Harzburg. Hrsg. vom Römisch-Germanischen Zentralmuseum Mainz, Mainz 1978.

Petke 1980
Wolfgang Petke, Lothar III., Stifter der Abtei Königslutter, in: Kat. Braunschweig 1980, S. 13-27.

Petke 1984
Wolfgang Petke, Lothar von Süpplingenburg, in: Beumann 1984, S. 155-176.

Petke 1985
Wolfgang Petke, Kanzlei, Kapelle und königliche Kurie unter Lothar III. (1125-1137) (Forschungen zur Kaiser- und Papstgeschichte des Mittelalters. Beihefte zu J. F. Böhmer, Regesta Imperii 5), Köln – Wien 1985.

Petke 1990
Wolfgang Petke, Zur Herzogserhebung Lothars von Süpplingenburg im Jahre 1106, in: Deutsches Archiv für Erforschung des Mittelalters 46, 1990, S. 60-84.

Petke 1991
Wolfgang Petke, Art. Lothar III. von Süpplingenburg, in: Lexikon des Mittelalters, Bd. 5, 1991, Sp. 2125ff.

Petrus Diaconus, Cronica monasterii Casinensis
Petrus Diaconus, Cronica monasterii Casinensis. Ed. von Hartmut Hoffmann, in: MGH SS 34, Hannover 1984.

Peyer 1987
Hans Conrad Peyer, Von der Gastfreundschaft zum Gasthaus. Studien zur Gastlichkeit im Mittelalter (Monumenta Germaniae Historica. Schriften 31), Hannover 1987.

Peyton 1878
R.-W. Peyton, Household and itinerary of King Henry II, London 1878.

Pfaffe Konrad, Rolandslied
Das Rolandslied des Pfaffen Konrad. Mittelhochdeutsch/Neuhochdeutsch (Reclams Universal-Bibliothek 2745). Hrsg., übersetzt und kommentiert von Dieter Kartschoke, Stuttgart 1993.

Pfaffe Konrad, Rolandslied (Ed. Wesle/Wapnewski)
Das Rolandslied des Pfaffen Konrad (Altdeutsche Textbibliothek 69). Hrsg. von Carl Wesle, 3., durchgesehene Auflage besorgt von Peter Wapnewski, Tübingen 1985.

Pfeifer 1898
Hans Pfeifer, Der siebenarmige Leuchter im Dom zu Braunschweig, in: Zeitschrift für christliche Kunst 11, 1898, S. 33-50.

Pfeifer 1914
Hans Pfeifer, Walkenried. Baugeschichtliche Untersuchungen und Studien, in: Zeitschrift für Bauwesen 64, 1914, Sp. 91-116.

Philipp Mousket, Historia
Ex Philippi Mousket Historia regum Francorum. Ed. Adolf Tobler (notas historicas adiecit), Oswald Holder-Egger, in: MGH SS 26, Hannover 1882, S. 718-821.

Philippi 1914
Friedrich Philippi, Siegel (Urkunden und Siegel in Nachbildungen für den akademischen Gebrauch 4). Hrsg. von Gerhard Seeliger, Berlin 1914.

Philippi 1923
Friederike Philippi, Heinrich der Löwe als Beförderer von Kunst und Wissenschaft, in: Historische Zeitschrift 127, 1923, S. 50-65.

Piekarek 1979
R. Piekarek, Geschichte des Benediktinerklosters und der Kirche St. Ägidien zu Braunschweig, Bd. 1, Braunschweig 1979.

Pinder 1952
Wilhelm Pinder, Die Kunst der deutschen Kaiserzeit bis zum Ende der staufischen Klassik, Leipzig 1952.

Pirenne 1899
Henri Pirenne, Geschichte Belgiens, Bd. 1-2, Gotha 1899.

Pischke 1984
Gudrun Pischke, Herrschaftsbereiche der Billunger, der Grafen von Stade, der Grafen von Northeim und Lothars von Süpplingenburg. Quellenverzeichnis (Studien und Vorarbeiten zum Historischen Atlas Niedersachsens 29), Hildesheim 1984.

Pischke 1987
Gudrun Pischke, Der Herrschaftsbereich Heinrichs des Löwen. Quellennachweis (Studien und Vorarbeiten zum Historischen Atlas Niedersachsens 32), Hildesheim 1987.

Pischke 1987a
Gudrun Pischke, Die Landesteilungen der Welfen im Mittelalter (Veröffentlichungen des Instituts für Historische Landesforschung der Universität Göttingen 24), Hildesheim 1987.

Pischke 1993
Gudrun Pischke, Osterode im Mittelalter – Werden und Wachsen einer alten Stadt, in: Osterode. Welfensitz und Bürgerstadt im Wandel der Jahrhunderte. Hrsg. von Jörg Leuschner, Hildesheim – Zürich – New York 1993, S. 17-139.

Pischke (im Druck)
Gudrun Pischke, Die Welfen. Vom süddeutschen Geschlecht zu norddeutschen Landesherren, in: Memminger Forum (im Druck).

PL
Patrologiae Cursus Completus ..., Series Latina. Hrsg. von Jacques Paul Migne, Bd. 1-221, Paris 1842-1864.

Plata (in Vorbereitung)
Jürgen Plata, Die Töpfereifunde aus der Dankwartsgrube in Lübeck (Arbeitstitel), in Vorbereitung für die Lübecker Schriften zur Archäologie und Kulturgeschichte.

Plate 1989
Christa Plate, Die Stadtwüstung des 13. Jahrhunderts von Freyenstein, Kr. Wittstock, Bezirk Potsdam, in: Veröffentlichungen des Museums für Ur- und Frühgeschichte Potsdam 23, 1989, S. 209-222.

Plath 1988
Helmut Plath, Die Urkunde Herzogs Otto des Kindes für die Stadt Hannover vom 26. Juni 1241, in: Hannoversche Geschichtsblätter, N.F. 42, 1988, S. 1-33.

Plath 1990
Helmut Plath, Das Datum der 750-Jahr-Feier der Stadt Hannover und seine Probleme, in: Hannoversche Geschichtsblätter N.F. 44, 1990, S. 1-11.

Plotzek 1973
Joachim Plotzek, Zur rheinischen Buchmalerei im 12. Jahrhundert, in: Kat. Köln 1972, 2, S. 305-332.

Pörnbacher 1995
Hans Pörnbacher, Die Welfengenealogie in Steingaden. Ein Exkursionsbericht, in: Jehl 1995, S. 117-120.

Poole 1938
Austin Lane Poole, Die Welfen in der Verbannung, in: Deutsches Archiv für Erforschung des Mittelalters 2, 1938, S. 129-148.

Porcher 1959
Jean Porcher, Französische Buchmalerei, Recklinghausen 1959.

Porcher 1961
Jean Porcher, Manuscrits à peintures offerts à la Bibliothèque Nationale par le Comte Guy du Boisrouvray, Paris 1961.

Posse 1888
Otto Posse, Die Siegel der Wettiner bis 1324 und der Landgrafen von Thüringen bis 1247, Leipzig 1888.

Posse 1909-13
Otto Posse, Die Siegel der deutschen Kaiser und Könige von 751 bis 1806, Bd. 1-5, Bd. 1-4: Dresden 1909-1913; Bd. 5: Dresden 1913, Nachdruck Köln 1980.

Posse/Ermisch 1889-1941
Otto Posse und H. Ermisch, Codex diplomaticus. Saxoniae Regiae 1, 2, Leipzig 1889-1941.

Post 1932/34
Paul Post, Vom mittelalterlichen Schnurmantel, in: Zeitschrift für historische Waffen- und Kostümkunde, Zweite Folge, 4, 1932/34, S. 122-128.

Prange 1972
Wolfgang Prange, Die 300 Hufen des Bischofs von Lübeck, in: Festschrift Jordan, S. 244-259.

Prange 1973
Wolfgang Prange, Das Lübecker Domkapitel, in: Dom zu Lübeck, S. 109-129.

Prange 1976
Wolfgang Prange, Beobachtungen an den ältesten Lübecker Urkunden 1222-1230, in: Ahlers/Graßmann/Neugebauer 1976, S. 87-96.

Prange 1992
Wolfgang Prange, Besitz und Einkünfte des Lübecker Domkapitels am Ende des Mittelalters, in: Zeitschrift des Vereins für Lübeckische Geschichte und Altertumskunde 72, 1992, S. 9-46.

von Praun 1779-89
Georg Septimus Andreas von Praun, Vollständiges Braunschweigisches-Lüneburgisches Siegel-Cabinett, Bd. 1-7, Braunschweig 1779-1789.

Prinz 1934
Josef Prinz, Das Territorium des Bistums Osnabrück (Studien und Vorarbeiten zum Historischen Atlas von Niedersachsen 15), Göttingen 1934, Nachdruck Osnabrück 1973.

Prinz 1980
Josef Prinz, Westfalen und Köln vor 1800, in: Kat. Köln – Münster 1980/81, 1, S. 31-41.

Pröve 1929
Heinrich Pröve, Dorf und Gut im alten Herzogtum Lüneburg (Studien und Vorarbeiten zum Historischen Atlas von Niedersachsen 11), Göttingen 1929.

Quarthal 1975
Franz Quarthal, Die Benediktinerklöster in Baden-Württemberg (Germania Benedictina V), München 1975; 2. Auflage, 1987.

Quintavalle 1991
Arturo Carlo Quintavalle, Wiligelmo e Matilde, L'officina romanica, Mailand 1991.

Rabbow 1980
Arnold Rabbow, Symbole der Bundesrepublik Deutschland und des Landes Niedersachsen, Braunschweig 1980.

Rabbow 1984-85
Arnold Rabbow, Ein heraldisches Doppelrätsel am Altstadtrathaus zu Braunschweig. Zwei ›falsche‹ braunschweigisch-lüneburgische Landeswappen und ihre Deutung, in: Heraldischer Verein ›Zum Kleeblatt‹, Jahrbuch 1984-1985, S. 108-125.

Rademacher 1979
Franz Rademacher, Ein romanischer Geißelstab im Bonner Landesmuseum, in: Zeitschrift des deutschen Vereins für Kunstwissenschaft 33, 1979, S. 12-23.

Radulf von Diceto, Ymagines historiarum
Radulfi de Diceto Lundoniensis decani ymagines historiarum. Ed. William Stubbs (Rerum britannicarum Medii Aevi Scriptores), Bd. 2, London 1876.

Raff 1994
Thomas Raff, Die Sprache der Materialien (Kunstwissenschaftliche Studien 61), München 1994.

Rahtz 1979
Philip Rahtz, The saxon and mediaeval places at Cheddar (British Archaeological Reports, British Series 65), Oxford 1979.

Rajman 1994
J. Rajman, Pielgrzym i fundator. Fundacje kościelne i pochodzenie księcia Jaksy (Wallfahrer und Stifter. Kirchliche Stiftungen und Herkunft des Fürsten Jaksa), w: Nasza Przeszłośµ, 82, 1994, S. 5-34.

Ramm 1993
Peter Ramm, Der Dom zu Merseburg, Merseburg – Berlin 1993.

Randall 1984
Lilian Randall, Illuminated manuscripts. masterpieces in Miniature. The Walters Art Gallery, Baltimore 1984.

Rautenberg 1965
Anneliese Rautenberg, Mittelalterliche Brunnen in Deutschland, Phil. Diss. Freiburg i. Br. 1965, Bamberg 1965.

Rees 1979
Daniel Rees, Art. Lamspringe, in: Germania Benedictina VI, S. 299-320.

Reese 1967
Armin Reese, Die Rolle der Historie beim Aufstieg des Welfenhauses 1680-1714 (Quellen und Darstellungen zur Geschichte Niedersachsens 71), Hildesheim 1967.

Regesta Archiepiscopatus Magdeburgensis
Regesta Archiepiscopatus Magdeburgensis. Sammlung von Auszügen aus Urkunden und Annalisten zur Geschichte des Erzstiftes und Herzogtums Magdeburg. Hrsg. von Georg A. Mülverstedt, T. 1-3 [nebst] Register, Magdeburg 1876-99.

Regesta Diplomatica necnon Epistolaria Historiae Thuringiae
Regesta Diplomatica necnon Epistolaria Historiae Thuringiae 2 (1152-1227). Hrsg. und bearb. von Otto Dobenecker, Jena 1900.

Regesta Imperii IV 1
Die Regesten des Kaiserreiches unter Lothar III. und Konrad III., Teil 1: Lothar III. 1125 (1075)-1137, neubearb. von Wolfgang Petke (J. F. Böhmer, Regesta Imperii IV 1), Köln – Weimar – Wien 1994.

Regesta Imperii IV 2
Die Regesten des Kaiserreiches unter Friedrich I. (1152 [1122]-1190), Teil 1: (1152 [1122]-1158), Teil 2: 1158-1168 (Regesta Imperii IV, 2, 1-2). Bearb. von Johann Friedrich Böhmer, neubearb. von Ferdinand Opll unter Mitwirkung von Hubert Mayr, Wien – Köln – Graz 1991.

Regesta Imperii V 1
Die Regesten des Kaiserreiches unter Philipp, Otto IV., Friedrich II., Heinrich (VII.), Heinrich Raspe, Konrad IV., Wilhelm und Richard 1198-1272. Nach der Neubearbeitung und dem Nachlasse Johann Friedrich Böhmer's neu hrsg. und ergänzt von Julius Ficker und Eduard Winkelmann, Innsbruck 1881/82.

Regesta Regum Anglo-Normanorum
Regesta Regum Anglo-Normanorum 1066-1154. Ed. H. A. Cronne und R. H. C. Davis, Bd. 1-4, Oxford 1913-1969.

Regesten Eb. Bremen
Regesten der Erzbischöfe von Bremen (Veröffentlichungen der Historischen Kommission für Hannover, Oldenburg, Braunschweig, Schaumburg-Lippe und Bremen 11). Hrsg. von Otto Heinrich May, Bd. 1: 787-1306, Bremen 1937.

Regesten Eb. Köln
Die Regesten der Erzbischöfe von Köln des Mittelalters (Publikationen der Gesellschaft für rheinische Geschichtskunde 21). Hrsg. von R. Knipping, Bd. 2: 1100-1205, Bonn 1901.

Regesten Markgrafen Brandenburg
Regesten der Markgrafen von Brandenburg aus askanischem Hause. Bearb. von Hermann Krabbo und Georg Winter (Veröffentlichungen des Vereins für Geschichte der Mark Brandenburg), Berlin-Dahlem 1955.

Regesten Papsturkunden Niedersachsen u. Bremen
Regesten der in Niedersachsen und Bremen überlieferten Papsturkunden 1198-1503. Bearb. von Brigitte Schwarz (Quellen und Untersuchungen zur Geschichte Niedersachsens im Mittelalter 15; Veröffentlichungen der Historischen Kommission für Niedersachsen und Bremen 37), Hannover 1993.

Rehtmeyer 1707-1720
Philipp Julius Rehtmeyer, Antiquitates ecclesiastica urbis Brunsvigae (Der berühmten Stadt Braunschweig Kirchenhistorie, mit Fleiß verfaßt von Philippo Julio Rehtmeyer), Theil 1-5, Braunschweig 1707-1720 (Theil 1 u. 2, 1707; Theil 3, 1710; Theil 4, 1715, Theil 5, 1720).

Reichstein 1983
Joachim Reichstein, Kreis Herzogtum Lauenburg, Teil 2 (Führer zu archäologischen Denkmälern in Deutschland 2), Stuttgart 1983.

Reifferscheid 1912
Heinrich Reifferscheid, Über figürlichen Gießgefäße des Mittelalters, in: Mitteilungen aus dem Germanischen Nationalmuseum 1912, S. 3-93.

Reincke 1957
Heinrich Reincke, Über Städtegründung. Betrachtungen und Phantasien. Ein Vortrag, in: Hanseatische Geschichtsblätter 75, 1957, S. 4-28.

Reindel 1967
Kurt Reindel, Das Zeitalter der Agilolfinger (bis 788): I. Die politische Entwicklung, II. Christentum und Kirche, III. Recht und Verfassung; Bayern im Zeitalter der Karolinger bis zum Ende der Welfenherrschaft (788-1180): I. Die politische Entwicklung, in: Handbuch der Bayerischen Geschichte. Hrsg. von Max Spindler, Bd. 1, München 1967, S. 73-267.

Reindel 1981
Kurt Reindel, Das welfische Jahrhundert in Bayern. (Bayern unter Heinrich dem Löwen), in: Handbuch der Bayerischen Geschichte, Bd. 1, 2. überarbeitete Aufl., München 1981, S. 324-349.

Reinecke 1933
Wilhelm Reinecke, Geschichte der Stadt Lüneburg, Lüneburg 1933, Nachdruck 1977.

Reinecke 1971
Karl Reinecke, Studien zur Vogtei- und Territorialentwicklung im Erzbistum Bremen (937-1184), Stade 1971.

Reinecke 1984
Karl Reinecke, Art. Archiepiscopatus Hammaburgensis sive Bremensis, in: Weinfurter/Engels 1984, S. 1-3.

Reinecke 1984a
Karl Reinecke, Art. Hammaburgensis sive Bremensis eccl., in: Weinfurter/Engels 1984, S. 4-52.

Reiners 1909
Heribert Reiners, Die Rheinischen Chorgestühle der Frühgotik, Phil. Diss. Straßburg 1909.

Reinhardt 1976
Uta Reinhardt, Bardowick – Lüneburg – Lübeck, in: Ahlers/Graßmann/Neugebauer 1976, S. 207-225.

Reinhardt 1979
Uta Reinhardt, Art. Lüneburg, St. Michael, in: Germania Benedictina VI, S. 325-348.

Reinhardt 1982
Uta Reinhardt, Die Welfen und das Kloster St. Michaelis in Lüneburg, in: Niedersächsisches Jahrbuch für Landesgeschichte 54, 1982, S. 129-151.

von Reinöhl 1924
Fritz von Reinöhl, Die Siegel Lothars III., in: Neues Archiv der Gesellschaft für ältere deutsche Geschichtskunde 45, 1924, S. 270-284.

Reisinger 1992
Christoph Reisinger, Tankred von Lecce (Kölner Historische Abhandlungen 38), Köln 1992.

Reismann-Grone 1894
Theodor Reismann-Grone, Geschichte der Grafschaft Teklenburg bis zum Untergang der Egbertinger 1263, Ibbenbüren 1894, Nachdruck Osnabrück 1977.

Reitz 1991
Helmut Reitz, Welfische Brakteaten, Pfennigprägungen nach lübischem Münzfuß aus der Zeit Heinrichs des Löwen und seiner Söhne (Kleine Hefte der Münzsammlung an der Ruhr Universität Bochum 14/15), Bochum 1991.

Remann 1991
Monika Remann, Romanische Backsteinbebauung im Zentrum von Lübeck. Ein Beispiel zu Füßen der Marienkirche, in: Berichte zur Haus- und Bauforschung, Bd. 1: Zur Bauforschung über Spätmittelalter und frühe Neuzeit 1991, S. 9-16.

Remling 1852
Franz Xaver Remling, Geschichte der Bischöfe zu Speyer, Bd. 1, Mainz 1852.

Rempel 1957
Heinrich Rempel, Ein mittelalterlicher Webekamm aus Stendal, in: Jahresgabe des Altmärkischen Museums Stendal 11, 1957, S. 37-42.

Repertorium fontium historiae medii aevi
Istituto Storico Italiano per il Medio Evo, Unione Internazionale degli Istituti di Archeologia, Storia e Storia dell'Arte in Roma. Repertorium fontium historiae medii aevi primum ab Augusto Potthast digestum, nunc cura collegii historicorum e pluribus nationibus em. et auct. Bd. 1ff., Rom 1962ff.

Reudenbach 1980
Bruno Reudenbach, Säule und Apostel. Überlegungen zum Verhältnis von Architektur und architekturexegetischer Literatur im Mittelalter, in: Frühmittelalterliche Studien 14, 1980, S. 310-351.

Reudenbach 1984
Bruno Reudenbach, Das Taufbecken des Reiner von Huy in Lüttich, Wiesbaden 1984.

Reuling 1979
Ulrich Reuling, Die Kur in Deutschland und Frankreich. Untersuchungen zur Entwicklung des rechtsförmlichen Wahlaktes bei der Königserhebung im 11. und 12. Jahrhundert (Veröffentlichungen des Max-Planck-Instituts für Geschichte 64), Göttingen 1979.

Reuter 1989
Timothy Reuter, Gedenküberlieferung und -praxis im Briefbuch Wibalds von Stablo, in: Liber Vitae der Abtei Corvey, S. 161-177.

Reuther 1968
Hans Reuther, Studien zur Goslarer Pfalzkapelle St. Ulrich, in: Niederdeutsche Beiträge zur Kunstgeschichte 7, 1968, S. 9-60.

Ribbentrop 1789/96
Philip Christian Ribbentrop, Beschreibung der Stadt Braunschweig, Bd. 1-2, Braunschweig 1789/96.

Richard 1903
Alfred Richard, Histoire des comtes de Poitou 778-1204, Bd. 2, Paris 1903.

Richard von Ely, Dialog
Ricardus Thesaurarius seu Ricardus de Ely, Dialogus de Scaccario. Richard von Ely, Schatzmeister Heinrichs II. Dialog über das Schatzamt. Hrsg. von Marianne Siegrist, Zürich – Stuttgart 1963.

Richardson 1959
H[enry] G[erald] Richardson, The letters and charters of Eleanor of Aquitaine, in: The English Historical Review 291, 1959, S. 193-213.

Richardson 1961
H[enry] G[erald] Richardson, Gervase of Tilbury, in: Historia 46, 1961, S. 102-114.

Riché 1981
Pierre Riché, Die Welt der Karolinger, Stuttgart 1981.

Riechert 1986
Ursula Riechert, Oberschwäbische Reichsklöster im Beziehungsgeflecht mit Königtum, Adel und Städten (12. bis 15. Jahrhundert). Dargestellt am Beispiel von Weingarten, Weißenau und Baindt (Europäische Hochschulschriften, Reihe 3, 301), Frankfurt a. M. – Bern – New York 1986.

Rieckenberg 1941
Hans-Jürgen Rieckenberg, Königsstraße und Königsgut in liudolfischer und frühsalischer Zeit (919-1056) (Archiv für Urkundenforschung 17), Berlin 1941, S. 32-154, unveränderter reprographischer Nachdruck, Darmstadt 1965.

Rieckenberg 1953
Hans-Jürgen Rieckenberg, Lüneburg, eine Städtegründung Heinrichs des Löwen?, in: Niedersächsisches Jahrbuch für Landesgeschichte 25, 1953, S. 32-45.

Rieckenberg 1965
Hans-Jürgen Rieckenberg, Zur Geschichte der Pfalz Werla nach der schriftlichen Überlieferung, in: Deutsche Königspfalzen, Bd. 2, S. 174-209.

Riedel 1838-69
Codex diplomaticus Brandenburgensis. Sammlung der Urkunden, Chroniken und sonstigen Geschichtsquellen für die Sammlung der Mark Brandenburg und ihrer Regenten. Hrsg. von A. F. Riedel, Hauptteil A-D [nebst] Supplementband und Register [Bd. 1-41], Berlin 1838-69.

Riederer 1985
Josef Riederer, Die Metallanalyse des Braunschweiger Löwen, in: Spies 1985, S. 167-179.

Riedmaier 1994
Josef Riedmaier, Die ›Lambeth-Bibel‹. Struktur und Bildaussage einer englischen Bibelhandschrift des 12. Jahrhunderts (Europäische Hochschulschriften, Reihe 28, 218), Frankfurt a. M. 1994.

Riedmann 1991
Josef Riedmann, Art. Innichen, in: Lexikon des Mittelalters, Bd. 5, 1991, Sp. 429f.

Riegel 1879
Herman Riegel, Die Sammlung mittelalterlicher und verwandter Gegenstände, Braunschweig 1879.

Rieger 1983
Dietmar Rieger, Die altprovenzalische Lyrik, in: Lyrik des Mittelalters. Hrsg. von Heinz Bergner, Bd. 1, Stuttgart 1983, S. 197-390.

Rietschel 1909
Siegfried Rietschel, Die Städtepolitik Heinrichs des Löwen, in: Historische Zeitschrift 102, 1909, S. 237-276.

Riis 1994
Thomas Riis, Art. Roskilde, in: Lexikon des Mittelalters, Bd. 7, 5. Lieferung, 1994, Sp. 1037ff.

Ritzerfeld 1994
U. Ritzerfeld, Das Kölner Erzstift im 12. Jahrhundert. Verwaltungsorganisation und wirtschaftliche Grundlagen, Köln – Weimar – Wien 1994.

Roberts 1979
Simon Roberts, Order and Dispute. An introduction to legal anthropology, Oxford 1979.

Roberts 1981
Simon Roberts, Ordnung und Konflikt, Stuttgart 1981.

Robertson 1875-85
Materials for the History of Thomas Becket, Archbishop of Canterbury (Rerum Britannicarum medii aevi scriptores. Rolls Series 67). Vol. 1-6 . Ed. James Craigie Robertson, Vol. 7. Ed. Joseph Brigstocke Sheppard, Vol. 1-7, London 1875-85.

Robinson/Urquhart 1934
G. Robinson und H. Urquhart, Seal bags in the treasury of cathedral church of Canterbury, in: Archaeologia 84, 1934, S. 163-211.

Roeder 1992
Elmar Roeder, Heinrich der Stolze und die Kirche, in: Zeitschrift für bayerische Landesgeschichte 55, 1992, S. 1-12.

Röhrbein 1967
Waldemar R. Röhrbein, Das Wappen des Hauses Braunschweig-Lüneburg. Seine Entwicklung und seine Form, in: Hannoversche Geschichtsblätter, N.F. 21, 1967, S. 68-92.

Röhricht 1894
Reinhold Röhricht, Die Deutschen im Heiligen Lande. Chronologisches Verzeichnis derjenigen Deutschen, welche als Jerusalempilger und Kreuzfahrer sicher nachzuweisen oder wahrscheinlich anzusehen sind (c. 650-1291), Innsbruck 1894.

Röhricht/Meisner 1880
Deutsche Pilgerreisen nach dem Heiligen Lande. Hrsg. und erläutert von Reinhold Röhricht und Heinrich Meisner, Berlin 1880.

Roemer 1896
Hermann Roemer, Der Gipsfußboden im Dome zu Hildesheim. Ein nielloartiges Bildwerk aus dem XI. Jahrhundert, Hildesheim 1896.

Römer 1979
Christof Römer, Art. Helmstedt, St. Ludgeri, in: Germania Benedictina VI, S. 163-199.

Römer 1984
Christof Römer, Art. Lamspringe, in: Germania Benedictina XI, S. 331-376.

Römer 1989
Das Zisterzienserkloster Mariental bei Helmstedt 1138-1988. Hrsg. von Christof Römer, 2. Auflage, München 1989.

Römer 1994
Christof Römer, Art. Mariental, in: Germania Benedictina XII, S. 463-517.

Römer-Johannsen 1979
Ute Römer-Johannsen, Art. Braunschweig, St. Aegidien, in: Germania Benedictina VI, S. 33-56.

Römer-Johannsen 1981
Ute Römer-Johannsen, Der Kirchenschatz des Braunschweiger Benediktinerklosters St. Aegidien und sein Schicksal nach der Reformation, in: Die Diözese Hildesheim in Vergangenheit und Gegenwart 49, 1981, S. 33-56.

Römer-Johannsen 1984
Ute Römer-Johannsen, Art. Goslar, Neuwerk, in: Germania Benedictina XI, S. 250-280.

Römer-Johannsen/Maué 1978
Ute Römer-Johannsen und Hermann Maué, Ein Lektionar in St. Nikolai zu Höxter aus dem Aegidienkloster zu Braunschweig, in: Westfälische Zeitschrift 128, 1978, S. 217-228.

Römer-Johannsen/Römer 1979
Ute Römer-Johannsen und Christof Römer, 800 Jahre St. Ägidien. Liebfrauenmünster der katholischen Propsteigemeinde St. Nicolai zu Braunschweig (Veröffentlichungen des Braunschweiger Landesmuseums 22), Braunschweig 1979.

Rörig 1928
Fritz Rörig, Die Schlacht bei Bornhöved, in: Zeitschrift des Vereins für lübeckische Geschichte und Altertumskunde 24, 1928, S. 281-299.

Rörig 1933
Fritz Rörig, Das Weidwerk, Potsdam 1933.

Roes 1963
Anna Roes, Bone and antler objects from the Frisian Terp Mounds, Haarlem 1963.

Rösener 1985
Werner Rösener, Ritterliche Wirtschaftsverhältnisse und Turnier im sozialen Wandel des Mittelalters, in: Fleckenstein 1985, S. 296-338.

Rösener 1989
Werner Rösener, Hofämter an mittelalterlichen Fürstenhöfen, in: Deutsches Archiv für Erforschung des Mittelalters 45, 1989, S. 485-550.

Rösener 1990
Werner Rösener, Die höfische Frau im Mittelalter, in: Fleckenstein 1990, S. 171-230.

Rötting 1976
Hartmut Rötting, Lübecker Domgrabung 1975. Zur Rekonstruktion der romanischen Hauptapsis, in: Ahlers/Graßmann/Neugebauer 1976, 339-352.

Rötting 1985
Hartmut Rötting, Die Grablege Lothars III. in der Stiftskirche zu Königslutter, in: Kirchen, Klöster, Manufakturen. Historische Kulturgüter im Lande Braunschweig. Hrsg. vom Braunschweigischen Vereinigten Kloster- und Studienfonds, Braunschweig 1985, S. 61-82.

Rötting 1985a
Hartmut Rötting, Die Grablegung Kaiser Lothars III. am 31. Dezember 1137, in: Berichte zur Denkmalpflege in Niedersachsen. Beiheft 1: Ausgrabungen 1979-1984. Hrsg. von Klemens Wilhelmi, Stuttgart 1985, S. 287-293.

Rötting 1985b
Hartmut Rötting, Stadtarchäologie in Braunschweig. Ein fachübergreifender Arbeitsbericht zu den Grabungen 1976-1984 (Forschungen der Denkmalpflege in Niedersachsen 3). Hrsg. von Hans-Herbert Möller, Hameln 1985.

Rötting 1987
Hartmut Rötting, Die Grabungen an der Turnierstraße in Braunschweig-Altstadt. Erster Vorbericht, in: Nachrichten aus Niedersachsen 56, 1987, S. 195-278.

Rötting 1989
Hartmut Rötting, Zum Arbeitsstand auf der Parzelle ass. 636 in Braunschweig-Altstadt, in: Nachrichten aus Niedersachsens Urgeschichte 58, 1989, S. 209-237.

Rötting 1990
Hartmut Rötting, Emailbemalte Gläser in Braunschweig-Altstadt, in: Archäologie in Deutschland 1990, Heft 4, S. 45

Rötting 1991
Hartmut Rötting, Kunsthandwerkliche Funde des hohen Mittelalters aus Braunschweig, in: Archäologie in Deutschland 1991, Heft 2, S. 52.

Rötting 1991a
Hartmut Rötting, Pfostenbau – Ständerhaus – Kemenate: Zu Baubefunden der Braunschweiger Altstadtgrabung, in: Berichte zur Denkmalpflege in Niedersachsen, 1991, Heft 1, S. 22-28.

Rötting 1993
Hartmut Rötting, Alltagssachen, Alltagsleben – ausgegraben, in: Boockmann/Thies 1993, Bd. 1, S. 43-50.

Rötting 1995
Hartmut Rötting, Modell Braunschweig-Altstadt, Quartier St. Jacobi-Turnierstraße um 1230. Ein Modellführer, Braunschweig 1995.

Rötting 1995 (im Druck)
Hartmut Rötting, Hausbau und Parzellenbau im hochmittelalterlichen Braunschweig. Eine Übersicht zu den Grabungsergebnissen 1976-92, in: Thies 1995 (im Druck).

Rötting/Weber/Sterly 1992
Hartmut Rötting, Jörg Weber und Marita Sterly, Die Ausgrabungen am Papenstieg 8 im Braunschweiger Burgbereich – Stadtgrabung 99, in: Informationen und Berichte des Braunschweigischen Landesmuseums 3-4,1992, S. 62-73.

Roger von Howden, Chronica (Ed. Liebermann/Pauli)
Roger von Howden, Chronica. Ed. F. Liebermann und R. Pauli, in: MGH SS 27, Hannover 1885, S. 133-183.

Roger von Howden, Chronica
Chronica magistri Rogeri de Houedene. Ed. William Stubbs (Rerum britannicarum Medii Aevi Scriptores), Bd. 3 u. 4, London 1870/71.

Ronig 1961
Franz J. Ronig, Ein fehlendes Blatt der Hs. 142/124 des Trierer Domschatzes, in: Archiv für mittelrheinische Kirchengeschichte 13, 1961, S. 404-412.

Ronig 1991
Franz J. Ronig, Der Codex 142/124 der Trierer Domschatzkammer, in: Schatzkunst Trier (Treveris Sacra 4). Hrsg. von Franz J. Ronig, Trier 1991, S. 187-194.

Roos 1975
Renate Roos, Begrüßung, Abschied, Mahlzeit. Studien zur Darstellung höfischer Lebensweise in Werken der Zeit von 1150-1320, Phil. Diss. Bonn 1975.

Roosen-Runge 1952/53
Heinz Roosen-Runge, Die Buchmalereirezepte des Theophilus, in: Münchner Jahrbuch der Bildenden Kunst 3/4, 1952/53, S. 159-171.

Roosen-Runge 1961
Heinz Roosen-Runge, Ein Werk englischer Großplastik und die Antike, in: Festschrift Hahnloser, S. 103-112.

Roosen-Runge 1967
Heinz Roosen-Runge, Farbgebung und die Technik frühmittelalterlicher Buchmalerei, Studien zu den Traktaten ›Mappae Claviculus‹ und ›Heraclius‹ (Kunstwissenschaftliche Studien 38), Bd. 1 und 2, München 1967.

Roosen-Runge 1972
Heinz Roosen-Runge, Die Tinte des Theophilus, in: Festschrift Liutpold Dussler. 28 Studien zur Archäologie und Kunstgeschichte. Hrsg. von Josef Anton Schmoll gen. Eisenwerth, Marcel Restle und Herbert Weiermann, München – Berlin 1972, S. 87-112.

Rose 1901
Valentin Rose, Verzeichnis der Lateinischen Handschriften 2, 1 (Die Handschriften-Verzeichnisse der Königlichen Bibliothek zu Berlin 13), Berlin 1901.

Rothe 1966
Edith Rothe, Buchmalerei aus zwölf Jahrhunderten. Die schönsten illustrierten Handschriften in den Bibliotheken und Archiven in Mecklenburg, Berlin, Sachsen und Thüringen, Berlin 1966.

Rouche 1979
Michel Rouche, L'Aquitaine des Wisigoths aux Arabes, 418-781: naissance d'une région (Ecole des Hautes études en sciences sociales), Paris 1979.

Roudié 1966
Paul Roudié, Notes sur trois statues girondins du XIIIe et XIVe siècle, in: Mélanges offerts à René Crozet. Hrsg. von Pierre Gallais und Yves-Jean Riou, Bd. 2, Poitiers 1966, S. 1161-1166.

Rüdebusch 1972
Dieter Rüdebusch, Der Anteil Niedersachsens an den Kreuzzügen und Heidenfahrten (Quellen und Darstellungen zur Geschichte Niedersachsens 80), Hildesheim 1972.

Ruf 1972
Paul Ruf, Die Handschriften des Klosters Schäftlarn, in: 1200 Jahre Kloster Schäftlarn 762-1962 (Beiträge zur altbayerischen Kirchengeschichte 22), München 1972, S. 21-122.

Ruge/Zachmann 1988/89
Jürgen Ruge, Dieter Zachmann, Untersuchung von Marienaltar und siebenarmigem Leuchter im Dom zu Braunschweig, in: Zeitschrift für Archäologie des Mittelalters, 16/17, 1988/89, S. 177-185.

Rundnagel 1929
Erwin Rundnagel, Die Chronik des Petersberges bei Halle (Chronica Montis Sereni) und ihre Quellen (Ausgewählte Hallische Forschungen zur mittleren und neueren Geschichte 1) Halle/S. 1929.

Rundnagel 1937
Erwin Rundnagel, Der Mythos vom Herzog Widukind, in: Historische Zeitschrift 155, 1937, S. 232-277.

Rupin 1890
Ernest Rupin, L'œuvre de Limoges, Norgent Le Roi, Paris 1890; Nachdruck 1970.

Rymer 1816
Thomas Rymer, Foedera, conventiones, litterae et cujuscunque generis acta publica inter reges Angliae et alios quosvis imperatores, reges, principes vel communitates, Band I, Teil II, London 1816.

Sächsische Weltchronik
Sächsische Weltchronik. Ed. Ludwig Weiland, in: MGH Dt. Chron., Bd. 2, 1877, Nachdruck 1980, S. 1-384.

Sächsischer Annalist
Der sächsische Annalist. Übersetzt von Eduard Winkelmann (Geschichtsschreiber der deutschen Vorzeit, 12. Jahrhundert, 5. 2. Hälfte), Berlin 1864.

Salmi 1966
Mario Salmi, L'abbazia di Pomposa, Mailand 1966.

Salzwedel 1980
Joachim Salzwedel, Die Domvorhalle in Goslar. Ihr Verhältnis zu Königslutter, Italien und Frankreich in seiner Bedeutung für das sächsische 12. Jahrhundert, in: Kat. Braunschweig 1980, S. 122-137.

Salzwedel 1980a
Joachim Salzwedel, Die Krypta der einstigen Stiftskirche zu Riechenberg bei Goslar und die oberitalienisch-französischen Wurzeln ihrer Ornamentik, in: Kat. Braunschweig 1980, S. 84-121.

Samaran/Marichal 1974
Charles Samaran und Robert Marichal, Catalogue des manuscrits en écriture latine portant des indications de date, de lieu ou de copiste, Tome 3, Paris 1974.

Sandfuchs 1978a
Thomas Sandfuchs, Art. ›Braunschweigische Reimchronik‹, in: Verfasserlexikon, Bd. 1, 1978, Sp. 1007-1010.

Sandron 1993
Dany Sandron, La sculpture en ivoire au début du XIIIe siècle, d'un monde à l'autre, in: Revue de l'Art 102, 1993, S. 48-59.

Sauer 1993
Christine Sauer, Fundatio und Memoria. Stifter und Klostergründer im Bild. 1100 bis 1350 (Veröffentlichungen des Max-Planck-Instituts für Geschichte 109), Göttingen 1993.

Sauerländer 1971
Willibald Sauerländer, Exhibition Review of ›The Year 1200‹ (Rezension der Ausstellung im Metropolitan Museum of Art, New York 1970), in: Art Bulletin 53, 1971, S. 506-516.

Sauerländer 1978
Willibald Sauerländer, Intentio vera nostra est manifestare ... ea, quae sunt, sicut sunt. Bildtradition und Wirklichkeitserfahrung im Spannungsfeld der staufischen Kunst, in: Krohn/Thum/Wapnewski 1978, S. 119-131.

Saxl 1954
Fritz Saxl, English sculptures of the twelfth century. Hrsg. von Hanns Swarzenski, London 1954.

Saxonis Gesta Danorum
Saxonis Gesta Danorum [Historia Danica]. Ed. J. Olrik und H. Raeder, T. 1-2, Hauniae 1931-1957.

Scaramellini 1976
Guido Scaramellini, Barbarossa ed Enrico il Leone a Chiavenna (Quaderni del Centro di Studi Storici Valchiavennaschi 5), Chiavenna 1976.

Schadt 1982
Hermann Schadt, Die Darstellungen der Arbores Consanguinitatis und der Arbores Affinitatis, Tübingen 1982.

Schaffer 1950
Reinhold Schaffer, An der Wiege Münchens (Neue Schriftenreihe des Stadtarchivs München 2), München 1950.

Schalies 1992
Ingrid Schalies, Archäologische Untersuchungen zum Hafen Lübecks. Befunde und Funde der Grabung an der Untertrave/Kaimauer, in: Lübecker Schriften zur Archäologie und Kulturgeschichte 18, 1992, S. 305-344.

Schalies 1993
Ingrid Schalies, Erste Ergebnisse der Großgrabung ›Königstraße‹ in Lübeck, in: Festschrift Fehring, 1993, S. 225-230.

Schalies (in Vorbereitung)
Ingrid Schalies, Die Ausgrabungen im ehemaligen Handwerkerviertel der Hansestadt Lübeck (Arbeitstitel), in Vorbereitung für die Lübecker Schriften zur Archäologie und Kulturgeschichte.

Schaller 1957
Hans Martin Schaller, Die Kanzlei Kaiser Friedrichs II., in: Archiv für Diplomatik, Schriftgeschichte, Siegel- und Wappenkunde 3, 1957, S. 207-286.

Schaller 1974
Hans Martin Schaller, Der heilige Tag als Termin mittelalterlicher Staatsakte, in: Deutsches Archiv für Erforschung des Mittelalters 30, 1974, S. 1-24.

Schaller 1980
Hans Martin Schaller, Art. Konrad von Scharfenberg, in: Neue Deutsche Biographie, Bd. 12, 1980, S. 528.

Schaller 1989
Hans Martin Schaller, Das geistige Leben am Hofe Kaiser Ottos IV. von Braunschweig, in: Mitteilungen der TU Braunschweig 10, 1975, S. 21-29, erweiterte Fassung mit Belegen in: Deutsches Archiv für Erforschung des Mittelalters 45, 1989, S. 54-82.

Schaller 1993
Hans Martin Schaller, Die Kaiseridee Friedrichs II., in: Stauferzeit. Ausgewählte Aufsätze (Schriften der MGH 38). Hrsg. von Hans Martin Schaller, Hannover 1993, S. 53-83.

Schaller (in Vorbereitung)
Hans Martin Schaller, Zur Schrift der Ebstorfer Weltkarte. Mit einem Anhang über Gervasius als Notar Ottos IV., künftig in den Tagungsakten des III. Ebstorfer Kolloquiums.

Schattenhofer 1984
Michael Schattenhofer, Die Anfänge Münchens, in: Oberbayerisches Archiv 109, Heft 1, 1984, S. 9-24.

Scheffer-Boichorst 1902
Paul Scheffer-Boichorst, Zu den Paderborner Annalen, in: Neues Archiv der Gesellschaft für ältere deutsche Geschichtskunde 27, 1902, S. 677-694.

Scheffler 1938
Wolfgang Scheffler, Kirchliche Kunst des Mittelalters (Führer. Schleswig-Holsteinisches Landesmuseum 1), Kiel 1938.

Scheibelreiter 1988
Georg Scheibelreiter, Die Verfälschung der Wirklichkeit. Hagiographie und Historizität, in: Fälschungen im Mittelalter. Internationaler Kongreß der Monumenta Germaniae Historica München, 16.-19. Sept. 1986 (Schriften der MGH 33,5), T. 5: Fingierte Briefe. Frömmigkeit und Fälschung. Realienfälschung, Hannover 1988, S. 283-319.

Scheibelreiter 1989
Georg Scheibelreiter, Art. Heinrich II. Jasomirgott, in: Lexikon des Mittelalters, Bd. 4, 1989, Sp. 2074f.

Scheidig 1928
Walter Scheidig, Der Miniaturenzyklus zur Weltchronik Ottos von Freising im Codex Jenensis Bose q. 6 (Studien zur deutschen Kunstgeschichte 257), Straßburg 1928.

Schemmel 1990
Bernhard Schemmel, Staatsbibliothek Bamberg. Handschriften, Buchdruck um 1500 in Bamberg, E.T.A. Hoffmann, Forchheim 1990.

Scheper 1975
Burchard Scheper, Frühe bürgerliche Institutionen norddeutscher Hansestädte. Beiträge zu einer vergleichenden Verfassungsgeschichte Lübecks, Bremens, Lüneburgs und Hamburgs im Mittelalter, (Quellen und Darstellungen zur hansischen Geschichte, N.F. 20), Köln – Wien 1975.

Scheper 1977
Burchard Scheper, Über Ratsgewalt und Gemeinde in nordwestdeutschen Hansestädten des Mittelalters, in: Niedersächsisches Jahrbuch für Landesgeschichte 49, 1977, S. 87-108.

Schepers 1965
Josef Schepers, Westfalen in der Geschichte des nordwestdeutschen Bürger- und Bauernhauses, in: Der Raum Westfalen, Bd. 4.2: Beiträge zur Volkskunde und Baugeschichte, Münster 1965, S. 125-228.

Schepers 1973
Josef Schepers, Bürger- und Bauernhäuser in Westfalen, in: Josef Schepers – Vier Jahrzehnte Hausforschung. Beiträge zur Baugeschichte in Nordwest-Europa. Festgabe zum 65. Geburtstag. Hrsg. von S. Burmeister und A. Hüser, Sennestadt 1973, S. 95-112.

Scherer 1864
Gustav Scherer, Verzeichnisse der Manuscripte und Incunabeln der Vadianischen Bibliothek St. Gallen, Sankt Gallen 1864.

Scherer 1931
Christian Scherer, Die Braunschweiger Elfenbeinsammlung. Katalog der Elfenbeinwerke des Herzog Anton Ulrich-Museums in Braunschweig, Leipzig 1931.

Schieferdecker 1956
Konrad Schieferdecker, Von Bernward zu Magnus. Ein Streifzug durch die mittelalterlichen Gepräge des Bistums Hildesheim, in: Alt-Hildesheim. Eine Zeitschrift für Stadt und Stift Hildesheim 27, November 1956, S. 1-16.

Schiller/Lübben 1878
Karl Schiller und August Lübben, Mittelniederdeutsches Wörterbuch, Bremen 1878.

Schimpff 1983
Volker Schimpff, Zu einer Gruppe hochmittelalterlicher Schreibgriffel, in: Alt-Thüringen 18, 1983, S. 213-260.

Schipperges 1964
Heinrich Schipperges, Die Assimilation der arabischen Medizin durch das lateinische Mittelalter (Sudhoffs Archiv, Beiheft 3), Wiesbaden 1964.

Schirmeister/Specht-Kreusel 1992
Olaf Schirmeister und Ute Specht-Kreusel, Widukind und Enger, Bielefeld 1992.

Schirwitz 1938
Karl Schirwitz, Durchbrochene Schmuckscheiben des frühen Mittelalters, in: Zeitschrift des Harzvereins für Geschichte und Altertumskunde 71, 1938, S. 61-71.

Schlösser 1960
Felix Schlösser, Andreas Capellanus und das christliche Weltbild, Phil. Diss. Bonn 1960.

Schlüter 1967
M. Schlüter, Niedersächsische Brakteaten der Hohenstauferzeit, Hannover 1967.

Schlumberger 1967
Eveline Schlumberger, Ces aquamaniles. A quoi servaient-ils?, in: Connaissance des arts 184, 1967, S. 62-67.

Schlumberger/Chalandon/Blanchet 1943
Gustave Schlumberger, Ferdinand Chalandon und Adrien Blanchet, Sigillographie de l'Orient latin, Paris 1943.

Schmale 1968
Franz-Josef Schmale, Lothar III. und Friedrich I. als Könige und Kaiser, in: Probleme des 12. Jahrhunderts (Vorträge und Forschungen 12). Konstanz – Stuttgart 1968, S. 35-39, Nachdruck in: Wolf 1975, S. 124-130.

Schmale 1974
Franz-Josef Schmale, ›Paderborner‹ oder ›Korveyer‹ Annalen? in: Deutsches Archiv für Erforschung des Mittelalters 30, 1974, S. 505-526.

Schmale 1983
Franz-Josef Schmale, Überlieferung, Erforschung und Darstellung der Landesgeschichte Westfalens im Mittelalter, in: Westfälische Geschichte (Veröffentlichungen der Historischen Kommission für Westfalen im Provinzialinstitut für Westfälische Landes- und Volksforschung des Landschaftsverbandes Westfalen-Lippe 43). Hrsg. von Wilhelm Kohl, Bd. 1: Von den Anfängen bis zum Ende des Alten Reiches, Düsseldorf 1983, S. 1-14.

Schmale 1985
Franz-Josef Schmale, Funktion und Formen mittelalterlicher Geschichtsschreibung. Eine Einführung.

Mit einem Beitrag von Hans-Werner Goetz, Darmstadt 1985.

Schmeidler 1939
Bernhard Schmeidler, Abt Arnold von Kloster Berge und Reichskloster Nienburg (1119-1166) und die Nienburg-Magdeburgische Geschichtsschreibung des 12. Jahrhunderts, in: Sachsen und Anhalt 15, 1939, S. 88-167.

Schmid 1954
Karl Schmid, Graf Rudolf von Pfullendorf und Kaiser Friedrich I. (Forschungen zur oberrheinischen Landesgeschichte 1), Freiburg im Breisgau 1954.

Schmid 1966
Karl Schmid, Probleme um den ›Grafen Kuno von Öhningen‹. Ein Beitrag zur Entstehung der welfischen Hausüberlieferung und zu den Anfängen der staufischen Territorialpolitik im Bodenseegebiet, in: Dorf und Stadt Öhningen. Hrsg. von Herbert Berner, Öhningen 1966, S. 43-94. Wiederabdruck in: Schmid 1983, S. 127-179.

Schmid 1968
Karl Schmid, Welfisches Selbstverständnis, in: Adel und Kirche. Gerd Tellenbach zum 65. Geburtstag dargebracht von Freunden und Schülern. Hrsg. von Josef Fleckenstein und Karl Schmid, Freiburg – Basel – Wien 1968, S. 389-416, Nachdruck in: Schmid 1983, S. 424-453.

Schmid 1977
Peter Schmid, Regensburg. Stadt der Könige und Herzöge im Mittelalter (Regensburger Historische Forschungen 6), Kallmünz 1977.

Schmid 1983
Karl Schmid, Gebetsgedenken und adliges Selbstverständnis im Mittelalter. Ausgewählte Beiträge. Festgabe zu seinem sechzigsten Geburtstag, Sigmaringen 1983.

Schmid 1993
Alois Schmid, Art. München, in: Lexikon des Mittelalters, Bd. 6, 1993, Sp. 897f.

Schmid 1994
Karl Schmid, Die Salier als Kaiserdynastie. Zugleich ein Beitrag zur Bildausstattung der Chroniken Frutolfs und Ekkehards, in: Iconologia Sacra. Mythos, Bildkunst und Dichtung in der Religions- und Sozialgeschichte Alteuropas. Festschrift für Karl Hauck zum 75. Geburtstag (Arbeiten zur Frühmittelalterforschung 23). Hrsg. von Hagen Keller und Nikolaus Staubach, Berlin – New York 1994, S. 461-495.

Schmid 1994a
Karl Schmid, Ein verlorenes Stemma Regum Franciae. Zugleich ein Beitrag zur Entstehung und Funktion karolingischer (Bild-)Genealogien in salisch-staufischer Zeit, in: Frühmittelalterliche Studien 28, 1994, S. 196-225.

Schmid/Wollasch 1984
Memoria. Der geschichtliche Zeugniswert des liturgischen Gedenkens (Münstersche Mittelalter-Schriften 48). Hrsg. von Karl Schmid und Joachim Wollasch, München 1984.

Schmidt 1889
Gustav Schmidt, Zur Genealogie der Grafen von Regenstein und Blankenburg bis zum Ausgang des 14. Jahrhunderts, in: Zeitschrift des Harzvereins für Alterthumskunde und Geschichte 22, 1889, S. 1-48.

Schmidt 1974
Tilmann Schmidt, Die Grablege Heinrichs des Löwen im Dom zu Braunschweig, in: Braunschweigisches Jahrbuch 55, 1974, S. 9-45.

Schmidt 1986
Roderich Schmidt, Zu den Bilderhandschriften der Sächsischen Weltchronik, in: Sprache und Recht. Beiträge zur Kulturgeschichte des Mittelalters. Hrsg. von Karl Hauck, Karl Kroeschell, Stefan Sonderegger [u. a.], Bd. 2, Berlin – New York 1986, S. 742-779.

Schmidt 1987
Ulrich Schmidt, Königswahl und Thronfolge im 12. Jahrhundert (Forschungen zur Kaiser- und Papstgeschichte des Mittelalters. Beihefte zu J. F. Böhmer, Regesta Imperii 7), Köln – Wien 1987.

Schmidt 1989
Paul Gerhard Schmidt, Das Widmungsgedicht, in: Kötzsche 1989, S. 155-160.

Schmidt 1990
Paul Gerhard Schmidt, Curia und Curialitas. Wort und Bedeutung im Spiegel der lateinischen Quellen, in: Fleckenstein 1990, S. 15-26.

von Schmidt-Phiseldeck 1882
C. von Schmidt-Phiseldeck, Die Siegel des herzoglichen Hauses Braunschweig und Lüneburg. Verzeichnis der dem herzoglichen Landeshauptarchive zu Wolfenbüttel gehörigen Sammlung von Gipsabgüssen, mit erläuternder Einleitung, Wolfenbüttel 1882.

von Schmidt-Phiseldeck 1884
C. von Schmidt-Phiseldeck, Gunzelin von Wolfenbüttel, ein Lebensbild aus Wolfenbüttels ältester Zeit, in: Zeitschrift des Historischen Vereins für Niedersachsen 16, 1884, S. 209-230.

Schmidt-Wiegand 1993/94
Eike von Repgow, Sachsenspiegel. Die Wolfenbütteler Bilderhandschrift. Vollständige Wiedergabe der Handschrift Cod. Guelf. 3,1, Aug. 2° der Herzog August Bibliothek. Hrsg. von Ruth Schmidt-Wiegand. Textband und Faksimile: Berlin 1993; Kommentarband: Berlin 1994.

Schmidt/Erler 1978
Ernst Günther Schmidt und Anette Erler, Die Philosophensprüche des Halberstädter Karlsteppichs, in: Philologus. Zeitschrift für Klassische Philologie 122, 1978, S. 276-288.

Schmidt/Govaerts 1961
Hermann Schmidt und Eugen Govaerts, Die Lippoldsberger Chronik und ein Beitrag zu ihrer Deutung, Lippoldsberg 1961.

Schmitt 1920
Karl H. Schmitt, Erzbischof Adalbert I. von Mainz als Territorialfürst (Arbeiten zur deutschen Rechts- und Verfassungsgeschichte 2), Berlin 1920.

Schmitthenner 1934
Paul Schmitthenner, Lehnskriegswesen und Söldnertum im abendländischen Imperium des Mittelalters, in: Historische Zeitschrift 150, 1934, S. 229-267.

Schmolke-Hasselmann 1981
B. Schmolke-Hasselmann, Henry II Plantagenêt, roi d'Angleterre, et la genèse d'Erec et Enide, in: Cahiers de Civilisation Médiévale 24, 1981, S. 241-246.

Schnath 1959
Gerhard Schnath, Neue Forschungen zur ältesten Geschichte des Welfenhauses, in: Niedersächsisches Jahrbuch zur Landesgeschichte 31, 1959, S. 255-263.

Schnath 1961
Georg Schnath, Das Sachsenroß. Entstehung und Bedeutung des Niedersächsischen Landeswappens (Schriftenreihe der Landeszentrale für politische Bildung in Niedersachsen, Reihe B, Heft 6), Hannover 1958; 2., vermehrte und verbesserte Auflage, Hannover 1961.

Schneider 1985
Werner Schneider, Gibt der sedimentäre Inhalt des Braunschweiger Löwen Hinweis auf seinen Herstellungsort?, in: Spies 1985, S. 275-288.

Schneider 1989
Reinhard Schneider, Das Königtum als Integrationsfaktor im Reich, in: Ansätze und Diskontinuität deutscher Nationsbildung im Mittelalter (Nationes 8). Hrsg. von Joachim Ehlers, Sigmaringen 1989, S. 59-82.

Schneidmüller 1985
Bernd Schneidmüller, Die Siegel des Pfalzgrafen Heinrich bei Rhein, Herzogs von Sachsen, in: Niedersächsisches Jahrbuch für Landesgeschichte 57, 1985, S. 257-265.

Schneidmüller 1986
Bernd Schneidmüller, Welfische Kollegiatstifte und Stadtentwicklung im hochmittelalterlichen Braunschweig, in: Garzmann 1986, S. 253-315.

Schneidmüller 1986a
Bernd Schneidmüller, Beiträge zur Gründungs- und frühen Besitzgeschichte des Braunschweiger Benediktinerklosters St. Marien/St. Aegidien, in: Braunschweigisches Jahrbuch 67, 1986, S. 41-58.

Schneidmüller 1987
Bernd Schneidmüller, Billunger – Welfen – Askanier. Eine genealogische Bildtafel aus dem Braunschweiger Blasius-Stift und das hochadlige Familienbewußtsein in Sachsen um 1300, in: Archiv für Kulturgeschichte 69, 1987, S. 30-61.

Schneidmüller 1987a
Bernd Schneidmüller, Regnum und Ducatus. Identität und Integration in der lothringischen Geschichte des 9. bis 11. Jahrhunderts, in: Rheinische Vierteljahresblätter 51, 1987, S. 81-114.

Schneidmüller 1991
Bernd Schneidmüller, Reichsfürstliches Feiern. Die Welfen und ihre Feste im 13. Jahrhundert, in: Altenburg/Jarnut/Steinhoff 1991, S. 165-180.

Schneidmüller 1992
Bernd Schneidmüller, Landesherrschaft, welfische Identität und sächsische Geschichte, in: Regionale Identität und soziale Gruppen im deutschen Mittelalter (Zeitschrift für historische Forschung, Beiheft 14). Hrsg. von Peter Moraw, Berlin, 1992, S. 65-101.

Schneidmüller 1993
Bernd Schneidmüller, Das Goslarer Pfalzstift St. Simon und Judas und das deutsche Königtum in staufischer Zeit, in: Festschrift Heinrich Schmidt, Hannover 1993, S. 29-53.

Schneidmüller 1993a
Bernd Schneidmüller, Art. Otto ›das Kind‹, in: Lexikon des Mittelalters, Bd. 6, 1993, Sp. 1574f.

Schneidmüller 1993b
Bernd Schneidmüller, Stadtherr, Stadtgemeinde und Kirchenverfassung in Braunschweig und Goslar im Mittelalter, in: Zeitschrift der Savigny-Stiftung für Rechtsgeschichte, Kanonistische Abteilung 79, 1993, S. 135-188.

Schneidmüller 1995
Die Welfen und ihr Braunschweiger Hof im Hohen Mittelalter (Wolfenbütteler Mittelalter-Studien). Hrsg. von Bernd Schneidmüller, Wiesbaden 1995.

Schnell 1990
Rüdiger Schnell, Die ›höfische‹ Liebe als ›höfischer‹ Diskurs über die Liebe, in: Fleckenstein 1990, S. 231-301.

Schnith 1974
Karl Schnith, ›Kaiserin‹ Mathilde, in: Großbritannien und Deutschland. Festschrift für W. P. Bourke, München 1974, S. 166-182.

Schnith 1993
Karl Schnith, Art. M. Paris, in: Lexikon des Mittelalters, Bd. 6, 1993, Sp. 399.

Schnith 1993a
Karl Schnith, Art. Mathilde, in: Lexikon des Mittelalters, Bd. 6, 1993, Sp. 392.

Schnitzler 1957
Hermann Schnitzler, Das sog. große Bernwardskreuz, in: Karolingische und ottonische Kunst 1957, S. 382-394.

Schnitzler 1959
Hermann Schnitzler, Rheinische Schatzkammer. Die Romanik, Düsseldorf 1959.

Schönberger 1967
Arno Schönberger, Ein Klappaltärchen des Welfenschatzes, in: Zeitschrift des Deutschen Vereins für Kunstwissenschaften 21, 1967, S. 135-140.

Schönemann 1829
Carl Philipp Christian Schönemann, Bibliothecae Augustae sive Notitiarum et Excerptorum Codicum Wolfenbuttelanorum Specimen, Helmstedt 1829.

Schönemann 1849
Carl Philipp Christian Schönemann, Hundert Merkwürdigkeiten der Herzoglichen Bibliothek zu Wolfenbüttel, Hannover 1849.

Schönemann 1852
Carl Philipp Christian Schönemann, Zweites bis drittes Hundert Merkwürdigkeiten, Hannover 1852.

Schönemann 1852a
Carl Philipp Christian Schönemann, Zur vaterländischen Münzkunde vom zwölften bis funfzehnten [!] Jahrhundert [. . .], Wolfenbüttel 1852.

Schönemann 1857
Carl Philipp Christian Schönemann, Zur Geschichte und Beschreibung der Herzoglichen Bibliothek zu Wolfenbüttel, in: Serapeum 18, 1857, S. 65-107.

Schoenstedt 1940
Friedrich Schoenstedt, Konrad von Scharfenberg, in: Westmärkische Abhandlungen zur Landes- und Volksforschung 4, 1940, S. 9-21.

Schöttgen/Kreysig 1731
Christian Schöttgen und Georg Christoph Kreysig, Nachlese der Historie von Oberhausen . . ., Dresden – Leipzig 1731.

Scholke 1987
Horst Scholke, Romanische Architektur im Harz, Leipzig 1987.

Scholtka 1992
Annette Scholtka, Theophilus Presbyter – Die maltechnischen Anweisungen und ihre Gegenüberstellung mit naturwissenschaftlichen Untersuchungsbefunden, in: Zeitschrift für Kunsttechnologie und Konservierung 6, 1992, S. 1-53.

Scholz 1961
Bernhard W. Scholz, The canonization of Edward the Confessor, in: Speculum 36, 1961, S. 38-60.

Scholz 1992
Sebastian Scholz, Transmigration und Translation. Studien zum Bistumswechsel der Bischöfe von der Spätantike bis zum Hohen Mittelalter (Kölner Historische Abhandlungen 37), Köln 1992.

Schorbach 1894
Karl Schorbach, Studien über das deutsche Volksbuch LUCIDARIUS und seine Bearbeitung in fremden Sprachen, Straßburg 1894.

Schormann 1989
Michael Heinrich Schormann, Ein mittelalterliches Besteck aus einer Kloake der Parzelle Ass. 636 in Braunschweig-Altstadt, in: Nachrichten aus Niedersachsens Urgeschichte 58, 1989, S. 239-349.

Schottelius 1904
Walther Schottelius, Das Ottonische Stadtrecht und seine Fortwirkung im Rechte der Stadt Braunschweig, Göttingen 1904.

Schrader 1986
J. L. Schrader, A medieval bestiary (The Metropolitan Museum of Art Bulletin, 1986, Summer), New York 1986.

Schramm 1929
Percy Ernst Schramm, Kaiser, Rom und Renovatio. Studien zur Geschichte des römischen Erneuerungsgedankens vom Ende des Karolingerreiches bis zum Investiturstreit 1 (Studien zur Bibliothek Warburg 17), Leipzig 1929, 3., unveränderte Auflage, 1975.

Schramm 1938
Percy Ernst Schramm, Die Erforschung der mittelalterlichen Symbole. Wege und Methoden, in: Der Handschuh in Recht, Ämterwesen, Brauch und Volksglauben (Neue Deutsche Forschungen, Abteilung Mittelalterliche Geschichte 3). Hrsg. von Berent Schwineköper, Berlin 1938.

Schramm 1954-56
Percy Ernst Schramm, Herrschaftszeichen und Staatssymbolik. Beiträge zu ihrer Geschichte vom dritten bis zum sechzehnten Jahrhundert (Schriften der Monumenta Germaniae Historica 13, 1-3), Bd. 1-3, Stuttgart 1954-56.

Schramm 1956
Percy Ernst Schramm, Vom Kronenbrauch des Mittelalters, in: Schramm 1954-56, Bd. 3, S. 909-919.

Schramm 1958
Percy Ernst Schramm, Sphaira, Globus, Reichsapfel. Wanderung und Wandlung eines Herrschaftszeichens von Caesar bis zu Elisabeth II., Stuttgart 1958.

Schramm/Mütherich 1962
Percy Ernst Schramm und Florentine Mütherich, Denkmale der deutschen Könige und Kaiser (Veröffentlichungen des Zentralinstituts für Kunstgeschichte in München 2), München 1962.

Schramm/Mütherich 1983
Percy Ernst Schramm, Die deutschen Kaiser und Könige in Bildern ihrer Zeit 751-1190, 2., neu bearb. Auflage. Hrsg. von Florentine Mütherich, München 1983.

Schreiner 1986
Klaus Schreiner, ›Hof‹ (curia) und ›höfische Lebensführung‹ (vita curialis) als Herausforderung an die christliche Theologie und Frömmigkeit, in: Kaiser/Müller 1986, S. 67-139.

Schroeder 1926
P. Schroeder, Die Augustinerchorherrenregel, in: Archiv für Urkundenforschung 9, 1926.

von Schroeder 1980
Johann Karl von Schroeder, Das Mindener Domschatzinventar von 1683 (Veröffentlichungen der Historischen Kommission für Westfalen 39. Sachgüter und Denkmäler zur westfälischen Geschichte 1), Münster 1980.

Schubert 1987
Ernst Schubert, Drei Grabmäler des Thüringer Landgrafenhauses aus dem Kloster Reinhardsbrunn, in: Möbius/Schubert 1987, S. 211-242.

Schubert 1989
Ernst Schubert, Der Magdeburger Dom. Ottonische Gründung und staufischer Neubau, in: Ullmann 1989, S. 25-44.

Schubert 1990
Ernst Schubert, Stätten sächsischer Kaiser. Quedlinburg, Memleben, Magdeburg, Hildesheim, Merseburg, Goslar, Königslutter, Meißen, Leipzig – Jena – Berlin 1990.

Schubert 1993
Ernst Schubert, Der Dom zu Naumburg, München – Berlin 1993.

Schüssler 1959
Hermann Schüssler, Art. Johann Fabricius, in: Neue Deutsche Biographie, Bd. 4, 1959, Sp. 735f.

Schüßler 1991
Gosbert Schüßler, Der ›Leo rugiens‹ von Braunschweig, in: Münchner Jahrbuch der bildenden Kunst, Dritte Folge, 42, 1991, S. 39-68.

Schuette 1930
Marie Schuette, Gestickte Bildteppiche und Decken des Mittelalters, Bd. 2: Braunschweig. Die Klöster Ebstorf und Isenhagen. Wernigerode. Kloster Drübeck. Halberstadt. Leipzig 1930.

Schütte 1982
Sven Schütte, Spielen und Spielzeug in der Stadt des späten Mittelalters. Aus dem Alltag der mittelalterlichen Stadt, in: Kat. Bremen 1982, S. 201-210.

Schuette/Müller-Christensen 1963
Marie Schuette und Sigrid Müller-Christensen, Das Stickereiwerk, Tübingen 1963.

Schütz 1989
Bernhard Schütz, Deutsche Romanik, Die Kirchenbauten der Kaiser, Bischöfe und Klöster, Freiburg – Basel – Wien 1989.

Schütz 1993
Alois Schütz, Das Geschlecht der Andechs-Meranier im europäischen Hochmittelalter, in: Kat. Kloster Andechs 1993, S. 21-164.

Schuffels 1993
Hans-Jakob Schuffels, Die Erhebung Bernwards zum Heiligen, in: Kat. Hildesheim 1993, 1, S. 407-417.

Schuler 1989
Peter-Johannes Schuler, Art. Goslar, in: Lexikon des Mittelalters, Bd. 4, 1989, Sp. 1568-1570.

Schulten 1980
Walter Schulten, Der Kölner Domschatz, Köln 1980.

Schultz 1880
Alwin Schultz, Das höfische Leben zur Zeit der Minnesänger, 2 Bde., Osnabrück 1965, Nachdruck der Ausgabe von 1880.

Schultz 1964
Hans-Adolf Schultz, Erster Bericht über die Ausgrabung der Burg Warberg 1962/63, in: Braunschweigisches Jahrbuch 45, 1964, S. 14-28.

Schultz 1970
Hans Adolf Schultz, Die Johanniter im Lichte der Braunschweiger Stadtkernforschung, in: Braunschweigische Heimat 56, 1970, S. 37-45.

Schulze 1940
Werner Schulze, Die Gleve. Der Ritter und sein Gefolge im späteren Mittelalter (Münchner historische Abhandlungen, Reihe 2, Heft 13), München 1940.

Schulze-Dörrlamm 1991
Mechthild Schulze-Dörrlamm, Der Mainzer Schatz der Kaiserin Agnes aus dem mittleren 11. Jahrhundert. Neue Untersuchungen zum sogenannten ›Gisela-Schmuck‹, Sigmaringen 1991.

Schulze-Dörrlamm 1992
Mechthild Schulze-Dörrlamm, Hölzerne Reliquienkästchen mit Beinbeschlägen, in: Kat. Speyer 1992, S. 350-353.

Schulze-Dörrlamm 1995
Mechthild Schulze-Dörrlamm, Das Reichsschwert. Ein Herrschaftszeichen des Saliers Heinrich IV. und des Welfen Otto IV. (Römisch-Germanisches Zentralmuseum. Forschungsinstitut für Vor- und Frühgeschichte. Monographien 32), Sigmaringen 1995.

Schwarzmaier 1961
Hansmartin Schwarzmaier, Königtum, Adel und Klöster im Gebiet zwischen oberer Iller und Lech (Veröffentlichungen der schwäbischen Forschungsgemeinschaft bei der Kommission für bayerische Landesgeschichte, Reihe 1: Studien zur Geschichte des bayerischen Schwabens 7), Augsburg 1961.

Schwarzmaier 1993
Hansmartin Schwarzmaier, Dominus totius domus comitisse Mathildis. Die Welfen und Italien im 12. Jahrhundert, in: Festschrift Hlawitschka, S. 283-305.

Schwarzwälder 1978
H. Schwarzwälder, Der Bischofsstab des Grabes Nr. 18, in: Bremisches Jahrbuch, 56, 1978, S. 205-215.

Schweikle 1982
Günther Schweikle, Mittelalterliche Realität in deutscher höfischer Lyrik und Epik um 1200, in: Germanisch-romanische Monatsschrift, N.F. 32, 1982, S. 265-285.

Schwind 1982
Fred Schwind, Die Landgrafschaft Thüringen und der landgräfliche Hof zur Zeit der Elisabeth, in: Sankt Elisabeth. Fürstin, Dienerin, Heilige, Sigmaringen 1982, S. 29-44.

Schwind 1992
Fred Schwind, Thüringen und Hessen im Mittelalter: Gemeinsamkeiten und Divergenzen, in: Aspekte thüringisch-hessischer Geschichte. Hrsg. von Michael Gockel, Marburg/Lahn 1992, S. 1-28.

Schwineköper 1971
Berent Schwineköper, Eine unbekannte heraldische Quelle zur Geschichte Kaiser Ottos IV. und seiner Anhänger, in: Festschrift für Hermann Heimpel (Veröffentlichungen des Max-Planck-Instituts für Geschichte 36), Bd. 2, Göttingen 1971, S. 959-1022.

Schwineköper 1980
Berent Schwineköper, Heinrich der Löwe und das östliche Herzogtum Sachsen, in: Mohrmann 1980, S. 127-150.

Schwineköper 1981
Berent Schwineköper, Christus-Reliquien-Verehrung und Politik. Studien über die Mentalität der Menschen des frühen Mittelalters, insbesondere über die religiöse Haltung und sakrale Stellung der früh- und hochmittelalterlichen deutschen Kaiser und Könige, in: Blätter für deutsche Landesgeschichte 117, 1981, S. 183-281.

Schwineköper 1984
Berent Schwineköper, Überlegungen zum Problem Haldensleben, in: Festschrift Stoob, S. 213-253.

Schwineköper 1985
Gilde und Zünfte. Kaufmännische und gewerbliche Genossenschaften im frühen und hohen Mittelalter. Hrsg. von Berent Schwineköper, Sigmaringen 1985.

Schwineköper 1988
Berent Schwineköper, Hochmittelalterliche Fürstenbegräbnisse, Anniversarien und ihre religiösen Motivationen. Zu den Rätseln um das leere Grab des letzten Zähringers, in: Person und Gemeinschaft im Mittelalter. Festschrift für Karl Schmid zum fünfundsechzigsten Geburtstag. Hrsg. von Gerd Althoff, Dieter Geuenich und Otto Gerhard Oexle, Sigmaringen 1988, S. 491-539.

Sears 1986
Elizabeth Sears, The ages of man. Medieval interpretations of a life cycle, Princeton/N.J. 1986.

Sedlmayr 1950
Hans Sedlmayr, Die Entstehung der Kathedrale, Zürich 1950, Graz 1976.

Seeleke/Herzig 1957
K. Seeleke und F. Herzig, Wiederherstellung der romanischen Wandmalereien im Südquerschiff des Braunschweiger Domes, in: Niedersächsische Denkmalpflege 2, 1957, S. 25ff.

Segers-Glocke 1977
Christiane Segers-Glocke, Die ehemalige Zisterzienserklosterkirche Mariental. Ein bauhistorischer Beitrag zu ihrer ursprünglichen Gestalt, Diss. Ing. TU Berlin 1977.

Segl 1987
Peter Segl, Art. Lothar III., in: Neue Deutsche Biographie, Bd. 15, 1987, S. 220-225.

Segner 1994
Eberhard Segner, Geschichte der Stadt Hornburg, Hornburg – Wolfenbüttel 1994.

Sehmsdorf/George 1989
Gottfried Sehmsdorf und Gunter George, Die Doppelkapelle auf der Burg Landsberg, Landsberg 1989.

Seibert 1993
Hubert Seibert, Art. Philipp I., in: Lexikon des Mittelalters, Bd. 6, 1993, Sp. 898.

Seiler 1994
Peter Seiler, Der Braunschweiger Burglöwe – ›Epochale Innovation‹ oder ›einzigartiges Kunstwerk‹?, in: Beck/Hengevoss-Dürkop 1994, Bd. 1, S. 533-564.

Seiler 1994a
Peter Seiler, Welfischer oder königlicher Furor? Zur Interpretation des Braunschweiger Burglöwen, in: von Ertzdorff 1994, S. 135-183.

Sellert 1978
W. Sellert, Art. Ladung, in: Handwörterbuch zur deutschen Rechtsgeschichte, Bd. 2, 1978, Sp. 1336-1350.

Sellert 1990
W. Sellert, Art. Schiedsgericht, in: Handwörterbuch zur deutschen Rechtsgeschichte, Bd. 4, 1990, Sp. 1386-1393.

Sello 1886
Georg Sello, Kleine Beiträge zur Geschichte Erzbischof Wichmanns von Magdeburg, in: Geschichtsblätter für Stadt und Land Magdeburg 21, 1886, S. 253-271.

Sello 1887
Georg Sello, Die Siegel der Markgrafen von Brandenburg askanischen Stammes, in: Märkische Forschungen 20, 1887, S. 263-300.

Sickel 1884
Wilhelm Sickel, Das Wesen des Volksherzogthums, in: Historische Zeitschrift 52, 1884, S. 407-490.

Sidenius 1932
Anna L. Sidenius, Quelques aiguières de forme humaine et animale des XIIIième et XIVième siècles, in: Acta Archaeologica 3, 1932, S. 168-176.

Siebert 1896
Richard Siebert, Untersuchungen über die Nienburger Annalistik und die Autorschaft des Annalista Saxo. Ein Beitrag zur Geschichte der deutschen Geschichtsquellen des Mittelalters, Phil. Diss. Rostock 1896.

Sierck 1995
Michael Sierck, Festtag und Politik. Studien zur Tagewahl karolingischer Herrscher (Beiträge zum Archiv für Kulturgeschichte 38), Köln 1995.

Sievers 1936
Heinrich Sievers, Die lateinischen Osterspiele der Stiftskirche St. Blasius, Wolfenbüttel – Berlin 1936.

Simek 1992
Rudolf Simek, Erde und Kosmos im Mittelalter. Das Weltbild vor Kolumbus, München 1992.

Simeoni 1940
Vita Mathildis. Ed. von Luigi Simeoni, in: Rerum Italicarum Scriptores, Bd. 5, Teil 2, Bologna 1940.

Simms 1932
R. S. Simms, Medieval Spoon from Pevensey Castle, in: The Antiquaries Journal 12, 1932, S. 73ff.

Simonsfeld 1908
Henry Simonsfeld, Jahrbücher des Deutschen Reiches unter Friedrich I., Bd. 1: 1152-1158, Leipzig 1908.

Skubiszewski 1980
Piotr Skubiszewski, Eine Gruppe romanischer Goldschmiedearbeiten in Polen (Trzemeszno, Czerwińsk), in: Jahrbuch der Berliner Museen, N.F. 22, 1980, S. 35-90.

Skubiszewski 1981
Piotr Skubiszewski, L'art mosan et la Pologne à l'époque romane. Problématique de recherches, in: Rapports historiques et artistiques entre le pays Mosan et la Pologne, du XIe au début du XIIIe siècle, Liège 1981, S. 27-81.

Skubiszewski 1982
Piotr Skubiszewski, Die Bildprogramme der romanischen Kelche und Patenen, in: Metallkunst von der Spätantike bis zum ausgehenden Mittelalter, Wissenschaftliche Konferenz Schloß Köpenick 1979. Hrsg. A. Effenberger, Berlin 1982, S. 198-267.

Slg. Bonhoff
Sammlung Dr. med. Friedrich Bonhoff, Teil 1: Deutsche Münzen des Mittelalters, Auktionskatalog 293 Dr. Busso Peus Nachf., Frankfurt a. M. 27./28. Oktober 1977.

Slg. Buchenau
Auktionskatalog Adolph E. Cahn 22, Katalog I. der Sammlungen des Herrn Dr. phil. H. Buchenau, Deutsche und ausländische Mittelaltermünzen, kleinere Münzen der Neuzeit, II. der Sammlungen des †Herrn Baurat E. Heye, Deutsche Münzen des Mittelalters u. der Neuzeit, 11. Oktober Frankfurt a. M.

Slg. Gaettens
Sammlung Richard Gaettens, Auktionen Hess/Leu 12 und 13, Zürich 1959/60.

Slg. Löbbecke
Sammlung A. Löbbecke, Deutsche Brakteaten. Bearb. von E. Mertens, Auktion A. Riechmann 31, Halle 1925.

Söhring 1900
Otto Söhring, Werke bildender Kunst in altfranzösischen Epen, Erlangen 1900.

Solleder 1938
Fridolin Solleder, München im Mittelalter, München 1938, Nachdruck Aalen 1962.

Soltek 1985
Stefan Soltek, Kölner romanische Tragaltäre, in: Kat. Köln 1985, 2, S. 403.

Sommer 1957
Johannes Sommer, Der Niellokelch von Iber. Ein unbekanntes Meisterwerk der Hildesheimer Goldschmiedekunst des späten 12. Jahrhunderts, in: Zeitschrift für Kunstwissenschaft 11, 1957, S. 109-136.

Sommer 1966
Johannes Sommer, Das Deckenbild der Michaeliskirche zu Hildesheim, Hildesheim 1966.

Sot 1981
Michel Sot, Gesta episcoporum. Gesta abbatum (Typologie des sources du Moyen Age occidental, Fasc. 37), Turnhout 1981.

Spahr 1956
Weingarten 1056-1956 [Umschlagtitel]. Ein Beitrag zur Geistes- und Gütergeschichte der Abtei. Festschrift zur 900-Jahr-Feier des Klosters 1056-1956. Hrsg. von Gebhard Spahr, Weingarten 1956.

Spahr 1974
Gehard Spahr, Die Basilika Weingarten, Sigmaringen 1974.

Spangenberg 1913
Cyriakus Spangenberg, Mansfeldische Chronica 4, in: Mansfeldische Blätter 27, 1913, S. 356f.

Speer 1983
Lothar Speer, Kaiser Lothar III. und Erzbischof Adalbert I. von Mainz. Eine Untersuchung zur Geschichte des Reiches im frühen zwölften Jahrhundert (Dissertationen zur mittelalterlichen Geschichte 3), Köln – Wien 1983.

Spier 1985
Heinrich Spier, Geschichte der Harzburg (Beiträge zur Harzgeschichte 1), Goslar 1985.

Spies 1933
Werner Spies, Die Großvogtei Calenberg. Karte: Die Vogteien Lauenrode und Hallermunt um 1300 (Studien und Vorarbeiten zum Historischen Atlas von Niedersachsen 14), Göttingen 1933.

Spies 1949
Werner Spies, Braunschweig. Die Verfassung und Verwaltung der mittelalterlichen Stadt, Hildesheim 1949.

Spies 1980
Gerd Spies, Die drei alten Abendmahlskelche aus der Katharinenkirche, in: Acht Jahrhunderte St. Katharinenkirche Braunschweig, Braunschweig 1980, S. 53-58.

Spies 1981
Gerd Spies, Braunschweiger Goldschmiede, in: Kat. Braunschweig 1981, S. 275-337.

Spies 1985
Der Braunschweiger Löwe (Braunschweiger Werkstücke 62). Hrsg. von Gerd Spies, Braunschweig 1985.

Spies 1985a
Gerd Spies, Der Braunschweiger Löwe, in: Spies 1985, S. 9-93.

von Spilcker 1827
Burchard Christian von Spilcker, Geschichte der Grafen von Wölpe und ihrer Besitzungen (Beiträge zur älteren deutschen Geschichte 1), Arolsen 1927.

von Spilcker 1833
Burchard Christian von Spilcker, Beiträge zur Geschichte der edlen Herren von Adenoys und der Grafen von Hallermund, in: Vaterländisches Archiv 1833, S. 1-33.

von Spilcker 1833a
Burchard Christian von Spilcker, Geschichte der Grafen von Hallermund, in: Vaterländisches Archiv 1833, S. 192-235.

Spors 1988
J. Spors, Studia nad wczesnośredniowiecznymi dziejami Pomorza Zachodniego, XII-pierwsza połowa XIII w., Słupsk, WSP, Pobrzeże, 1988.

Springer 1981
Peter Springer, Kreuzfüße. Ikonographie und Typologie eines hochmittelalterlichen Geräts (Denkmäler deutscher Kunst. Bronzegeräte des Mittelalters 3), Berlin 1981.

Springer 1992
Matthias Springer, Erzbischof Wichmann von Magdeburg – ein geistlicher Fürst der Stauferzeit, in: Kat. Magdeburg 1992, S. 2-19.

Sprockhoff 1935
E. Sprockhoff, Der Burgwall von Burg bei Altencelle, Kr. Celle, in: Nachrichten aus Niedersachsens Urgeschichte 9, 1935, S. 59-73.

Ståhle 1959
Carl Ivar Ståhle, Art. Eufemiavisorna, in: Kulturhistorisk leksikon, Bd. 4, 1959, Sp. 55-57.

Stähli 1981
Marlis Stähli, Handschriften der Ratsbücherei Lüneburg. III. Die theologischen Handschriften. Quartreihe: Die juristischen Handschriften (Mittelalterliche Handschriften in Niedersachsen 4), Wiesbaden 1981.

Stähli 1984
Marlis Stähli, Die Handschriften im Domschatz zu Hildesheim (Mittelalterliche Handschriften in Niedersachsen 7). Hrsg. von Helmar Härtel, Wiesbaden 1984.

Stahlheber 1984
Renate Stahlheber, Die Ikonographie Norberts von Xanten. Themen und Werke, in: Elm 1984, S. 217-245.

Stamer 1949
Ludwig Stamer, Kirchengeschichte der Pfalz, 2. Teil: Vom Wormser Konkordat bis zur Glaubensspaltung (1122-1560), Speyer 1949.

Stange 1929
Alfred Stange, Beiträge zur sächsischen Buchmalerei des 13. Jahrhunderts, in: Münchner Jahrbuch der bildenden Kunst, N.F. 6, 1929, S. 302-344.

Stanzl 1992
Günther Stanzl, Die Klosterruine Disibodenberg. Neue baugeschichtliche und archäologische Untersuchungen (Denkmalpflege in Rheinland-Pfalz, Forschungsberichte 2), Worms 1992.

Starke 1955
Heinz Dieter Starke, Die Pfalzgrafen von Sommereschenburg (1088-1179), in: Jahrbuch für die Geschichte Mittel- und Ostdeutschlands 4, 1955, S. 1-71.

Starobinski 1994
Jean Starobinski, Gute Gaben, schlimme Gaben. Die Ambivalenz sozialer Gesten, Frankfurt a. M. 1994.

Steenbock 1965
Frauke Steenbock, Der kirchliche Prachteinband im frühen Mittelalter von den Anfängen bis zum Beginn der Gotik, Berlin 1965.

Steer 1990
Georg Steer, Der deutsche Lucidarius – ein Auftragswerk Heinrichs des Löwen?, in: Deutsche Vierteljahrsschrift für Literaturwissenschaft und Geistesgeschichte 64, 1990, S. 1-25.

Steer 1995
Georg Steer, Literatur am Braunschweiger Hof Heinrichs des Löwen, in: Schneidmüller 1995, S. 347-375.

Steger 1994
Hugo Steger, Der unheilige Tanz der Salome, in: Mein ganzer Körper ist Gesicht. Groteske Darstellungen in der europäischen Kunst und Literatur des Mittelalters. Hrsg. von Katrin Kröll und Hugo Steger, Freiburg 1994, S. 131-170.

Stehkämper 1971
Hugo Stehkämper, England und die Stadt Köln als Wahlmacher König Ottos IV. (1198), in: Köln, das Reich und Europa. Abhandlungen über weiträumige Verflechtungen der Stadt Köln in Politik, Recht und Wirtschaft im Mittelalter (Mitteilungen des Stadtarchivs Köln 60), Köln 1971, S. 213-244.

Stehkämper 1986
Hugo Stehkämper, Der Reichsbischof und Territorialfürst (12. und 13. Jahrhundert), in: Der Bischof in seiner Zeit. Bischofstypus und Bischofsideal im Spiegel der Kölner Kirche. Festgabe für Josef Kardinal Höffner, Erzbischof von Köln. Hrsg. von Peter Berglar und Odilo Engels, Köln 1986, S. 95-184.

Steigerwald 1972
Frank Neidhart Steigerwald, Das Grabmal Heinrichs des Löwen und Mathildes im Dom zu Braunschweig. Eine Studie zur figürlichen Kunst des frühen 13. Jahrhunderts, insbesondere der bildhauerischen (Braunschweiger Werkstücke 47), Braunschweig 1972.

Steigerwald 1985
Frank Neidhart Steigerwald, Der Braunschweiger Löwe: Riquin me fecit?, in: Gosebruch 1985, S. 109-134.

Steigerwald 1992
Frank Neidhart Steigerwald, ›Hoc opus auctoris par nobile iunxit amoris‹. Gedanken zur Stiftungsurkunde im Evangeliar Heinrichs des Löwen, in: Gosebruch/Steigerwald 1992, S. 228-247.

Steigerwald 1993
Goslar. Bergstadt-Kaiserstadt in Geschichte und Kunst. Bericht über ein wissenschaftliches Symposium in Goslar vom 5. bis 8. Oktober 1989 (Schriftenreihe der Kommission für Niedersächsische Bau- und Kunstgeschichte bei der Braunschweigischen Wissenschaftlichen Gesellschaft 6). Hrsg. von Frank Neidhart Steigerwald, Göttingen 1993.

Steigerwald 1993a
Frank Neidhart Steigerwald, Der Goslarer Kaiserthron. Aufstellungsort, figürliches Programm und Datierung, in: Steigerwald 1993, S. 129-193.

Stein 1986
Günter Stein, Burgen und Schlösser in der Pfalz, Würzburg 1986.

Stein 1987
Heidrun Stein, Die romanischen Wandmalereien in der Klosterkirche Prüfening (Studien und Quellen zur Geschichte Regensburgs 1), Regensburg 1987.

Steinacker 1926
Karl Steinacker, Zur Herkunft niedersächsischer Bürgerhäuser, in: Niedersächsisches Jahrbuch für Landesgeschichte 3, 1926, S. 136-148.

Steinacker 1926a
Karl Steinacker, Kemenaten, in: Inv. Stadt Braunschweig 1926, S. 52-63.

Steinbach 1968
Hartmut Steinbach, Die Reichsgewalt und Niederdeutschland in nachstaufischer Zeit (1247-1308) (Kieler Historische Studien 5), Stuttgart 1968.

Steinmann 1885
Carl Steinmann, Die Grabstätten der Fürsten des Welfenhauses von Gertrudis der Mutter Heinrichs des Löwen bis auf Herzog Wilhelm von Braunschweig-Lüneburg, Braunschweig 1885.

Stelzer 1976
Winfried Stelzer, Eilbert von Bremen. Ein sächsischer Kanonist im Umkreis Bischof Wolfgers von Passau, in: Oberösterreichisches Archiv für Kirchenrecht 27, 1976, S. 60-69.

Stephan 1978
Hans-Georg Stephan, Archäologische Untersuchungen auf dem Markt in Lübeck: Diskussionsbeiträge zur frühen Besiedlung des Stadthügels, in: Lübecker Schriften zur Archäologie und Kulturgeschichte 1, 1978, S. 81-91.

Stephan 1978a
Hans-Georg Stephan, Archäologische Ausgrabungen im Handwerkerviertel der Hansestadt Lübeck (Hundestraße 9-17). Ein Vorbericht, in: Lübecker Schriften zur Archäologie und Kulturgeschichte 1, 1978, S. 75-80.

Stephan 1982
Hans-Georg Stephan, Die mittelalterliche Keramik in Norddeutschland (1200-1500), in: Kat. Bremen 1982, S. 65-122.

Stephan-Kühn 1973
Freya Stephan-Kühn, Wibald als Abt von Stablo und Corvey und im Dienste Konrads III., Phil. Diss. Köln 1973.

Steuer 1986
Zur Lebensweise in der Stadt um 1200. Ergebnisse der Mittelalter-Archäologie. Bericht über ein Kolloquium in Köln vom 31. Januar bis 2. Februar 1984 (Zeitschrift für Archäologie des Mittelalters, Beiheft 4). Hrsg. von Heiko Steuer, Köln 1986.

Steuer 1993
Heiko Steuer, Der Beitrag der Archäologie zur Stadtgeschichtsforschung. in: Stadtgeschichtsforschung. Aspekte, Tendenzen, Perspektiven. Hrsg. von Franz Mayrhofer, Linz 1993, S. 173-196.

Stingl 1974
Herfried Stingl, Die Entstehung der deutschen Stammesherzogtümer am Anfang des 10. Jahrhunderts (Untersuchungen zur deutschen Staats- und Rechtsgeschichte, N.F. 16), Aalen 1974.

Stirnemann 1976
Patricia Danz Stirnemann, The Copenhagen Psalter, Phil. Diss. Columbia University 1976.

Störmer 1980
Wilhelm Störmer, ›Spielmannsdichtung‹ und Geschichte. Die Beispiele ›Herzog Ernst‹ und ›König Rother‹, in: Zeitschrift für bayerische Landesgeschichte 43, 1980, S. 551-574.

Störmer 1984
Wilhelm Störmer, Zur kulturellen und politischen Bedeutung der Abtei Amorbach vom 8. bis zum frühen 12. Jahrhundert, in: Die Abtei Amorbach im Odenwald. Hrsg. von Friedrich Oswald und Wilhelm Störmer, Sigmaringen 1984, S. 11-32.

Störmer 1991
Wilhelm Störmer, Bayern und der bayerische Herzog im 11. Jahrhundert. Fragen der Herzogsgewalt und der königlichen Interessenpolitik, in: Weinfurter 1991, Bd. 1, S. 503-547.

Stolberg 1968
Friedrich Stolberg, Befestigungsanlagen im und am Harz von der Frühgeschichte bis zur Neuzeit. Ein Handbuch (Forschungen und Quellen des Harzgebietes 9), Hildesheim 1968.

Stoll 1964
Hans-Joachim Stoll, Tondeckel aus der Altstadt von Magdeburg, in: Festschrift Unverzagt, S. 336-346.

Stoll 1982
Hans-Joachim Stoll, Tönerne Kleinplastiken aus der Stadtkerngrabung Magdeburg, in: Zeitschrift für Archäologie 16, 1982, S. 291-300.

Stoob 1970
Heinz Stoob, Die sächsische Herzogswahl des Jahres 1106, in: Festschrift Petri, S. 499-517.

Stoob 1974
Heinz Stoob, Zur Königswahl Lothars von Sachsen im Jahre 1125, in: Historische Forschungen für Walter Schlesinger. Hrsg. von Helmut Beumann, Köln – Wien 1974, S. 438-461.

Stoob 1979
Heinz Stoob, Schleswig-Lübeck-Visby, in: Zeitschrift des Vereins für Lübeckische Geschichte und Altertumskunde 59, 1979, S. 7-28.

Stoob 1984
Heinz Stoob, Lübeck (Deutscher Städteatlas, Lieferung 3, Nr. 6), Altenbeken 1984.

Strahm 1955
Hans Strahm, Stadtluft macht frei (Vorträge und Forschungen 2), Sigmaringen 1955.

Stratford 1984
Niel Stratford, Three English romanesque enamelled ciboria, in: Burlington Magazine 126, 1984, S. 204-216.

Stratford 1984a
Neil Stratford, Metalwork, in: Kat. London 1984, S. 232-236.

Stratford 1986
Neil Stratford, Niello in England in the twelfth century, in: Macready/Thompson 1986, S. 28-49.

Stratford 1987
Neil Stratford, Gothic ivory carving in England, in: Kat. London 1987, S. 107-113.

Stratford 1993
Neil Stratford, Catalogue of medieval enamels in the British Museum, Vol. 2: Northern Romanesque Enamel, (British Museum Press) London 1993.

Strauß 1993
Ulrike Strauß, Neues zu Grabungen in der Gruft Heinrichs des Löwen im Dom zu Braunschweig, in: Braunschweigisches Jahrbuch 74, 1993, S. 147-164.

Streich 1984
Gerhard Streich, Burg und Kirche während des deutschen Mittelalters. Untersuchungen zur Sakraltopographie von Pfalzen, Burgen und Herrensitzen. Pfalz- und Burgkapellen bis zur staufischen Zeit (Vorträge und Forschungen Sonderband 29), Bd. 1-2, Sigmaringen 1984.

Streich 1986
Gerhard Streich, Klöster, Stifte und Kommenden in Niedersachsen vor der Reformation mit einem Quellen- und Literaturanhang zur kirchlichen Gliederung um 1500 (Studien und Vorarbeiten zum Historischen Atlas Niedersachsens 30), Hildesheim 1986.

Streich 1990
Gerhard Streich, Palatium als Ordnungsbegriff und Ehrentitel für die Urkundungsorte der deutschen Könige und Kaiser im Hochmittelalter, in: Die Pfalz. Probleme einer Begriffsgeschichte vom Kaiserpalast auf dem Palatin bis zum heutigen Regierungsbezirk (Veröffentlichungen der Pfälzischen Gesellschaft zur Förderung der Wissenschaften in Speyer 81). Hrsg. von Franz Staab, Speyer 1990, S. 103-127.

Strocka 1985
Volker Michael Strocka, Antikenbezüge des Braunschweiger Löwen, in: Der Braunschweiger Burglöwe. Bericht über ein wissenschaftliches Symposium in Braunschweig vom 12.10. bis 15.10.1983. Hrsg. von Martin Gosebruch, Göttingen 1985, S. 65-88.

Strzelczyk 1970
Jerzy Strzelczyk, Gerwazy z Tilbury. Studium z dziejów uczonosci geograficznej w sredniowieczu, w: Zaklad narodowy imenia ossolinskich wydawnictwo Polskiej Akademii Nauk, Serie w, 66, 1976.

Stürner 1992
Wolfgang Stürner, Friedrich II. Teil 1: Die Königsherrschaft in Sizilien und Deutschland 1194-1220 (Gestalten des Mittelalters und der Renaissance), Darmstadt 1992.

Stüwer 1980
Wilhelm Stüwer, Die Reichsabtei Werden an der Ruhr (Germania Sacra, N.F. 12), Berlin – New York 1980.

Sturm 1705
Leonhard Christoph Sturm, Des geöffneten Ritter-Platzes Dritter Theil Worinnen die Ausführung der noch übrigen galanten Wissenschaften / besonders was bey den Raritäten- und Naturalien-Kammern / Berg-Wercken / Kauffmannschaft und Handlungen / Manufacturen, Künsten und Handwercken / Hauptsächliches und Remarquables zu bemerken vorfället / ..., Hamburg 1705.

Stuttmann 1937
Ferdinand Stuttmann, Der Reliquienschatz der Goldenen Tafel des St.-Michaelis-Klosters in Lüneburg, Berlin 1937.

Stuttmann 1966
Ferdinand Stuttmann, Mittelalter I: Bronze, Email, Elfenbein (Bildkataloge des Kestner-Museums Hannover 8), Hannover 1966.

Suckale 1993
Robert Suckale, Die Hofkunst Kaiser Ludwigs des Bayern, München 1993.

Suckale-Redlefsen 1986
Gude Suckale-Redlefsen, Der Buchschmuck zum Psalmenkommentar des Petrus Lombardus in Bamberg, Wiesbaden 1986.

Suckale-Redlefsen 1989
Gude Suckale-Redlefsen, Zwei Darstellungen des hl. Otto in Bamberger Handschriften des 12. Jahrhunderts, in: Bischof Otto I. von Bamberg ›Gedenkschrift zum Otto-Jubiläum 1989‹, Berichte des Historischen Vereins Bamberg 125, 1989, S. 481-497.

Suhle 1963
Arthur Suhle, Hohenstaufenzeit im Münzbild, München 1963.

Suhle 1964
Arthur Suhle, Petschafte des Münzkabinetts aus dem 13. bis 16. Jahrhundert (Staatliche Museen zu Berlin), Berlin 1954.

Swartz 1972/73
S. Swartz, Symbolic allusion in a twelfth century ivory, in: Marsyas 16, 1972/73, S. 35-42.

Swarzenski 1901
Georg Swarzenski, Die Regensburger Buchmalerei des X. und XI. Jahrhunderts. Studien zur Geschichte der deutschen Malerei des frühen Mittelalters (Denkmäler der süddeutschen Malerei des frühen Mittelalters 1), Stuttgart 1901.

Swarzenski 1913
Georg Swarzenski, Die Salzburger Malerei von den ersten Anfängen bis zur Blütezeit des romanischen Stils. Studien zur Geschichte der deutschen Malerei und Handschriftenkunde des Mittelalters (Denkmäler der süddeutschen Malerei des frühen Mittelalters 2), Textbd., Tafelbd., Leipzig 1913.

Swarzenski 1932
Georg Swarzenski, Aus dem Kunstkreis Heinrichs des Löwen, in: Städel-Jahrbuch 7/8, 1932, S. 241-397.

Swarzenski 1936
Hanns Swarzenski, Die lateinischen illuminierten Handschriften des 13. Jahrhunderts in den Ländern an Rhein, Maas und Donau, Berlin 1936.

Swarzenski 1942
Hanns Swarzenski, Recent literature, chiefly periodical, on medieval minor arts, in: The Art Bulletin 24, 1942, S. 287-304.

Swarzenski 1943
Hanns Swarzenski, The Berthold Missal, New York 1943.

Swarzenski 1954
Hanns Swarzenski, Monuments of romanesque art. The art of church treasures in North-Western Europe, London 1954, 2. Auflage 1967.

Swarzenski 1960
Hanns Swarzenski, A Vierge d'Orée, in: Boston Museum Fine Arts Bulletin 58, 1960, H. 313/314, S. 65-83.

Swarzenski 1977
Hanns Swarzenski, Ein Abendmahl ohne Tisch, in: Festschrift für Otto von Simson zum 65. Geburtstag. Hrsg. von Lucius Grisebeck und Konrad Renger, Berlin 1977, S. 94-100.

Świechowski 1983
Zygmunt Świechowski, Romanesque art in Poland, Warsaw 1983.

Świechowski 1990
Zygmunt Świechowski, Nieznane rzeżby romańskie w Strzelnie (Unknow Romanesque Sculpture in Strzelno), w: Acta Universitatis Nicolai Copernici, Archeologia XIII, Toruń 1990, S. 43-62.

Swinarski 1991
Ursula Swinarski, Herrschen mit Heiligen. Kirchenbesuche, Pilgerfahrten und Heiligenverehrung früh- und hochmittelalterlicher Herrscher (ca. 500-1200) (Geist und Werk der Zeiten. Arbeiten aus dem Historischen Seminar der Universität Zürich 78), Bern – Zürich 1991.

Szabó 1990
Thomas Szabó, Der mittelalterliche Hof zwischen Kritik und Idealisierung, in: Fleckenstein 1990, S. 350-391.

Szklenar/Behr 1981
Hans Szklenar und Hans-Joachim Behr, Art. Herzog Ernst, in: Verfasserlexikon, Bd. 3, 1981, Sp. 1170-1191.

Tammen 1993
Björn R. Tammen, Gervasius von Canterbury und sein Tractatus de combustione et reparatione Cantuariensis ecclesiae, in: Mittelalterliches Kunsterleben nach den Quellen des 11. bis 13. Jahrhunderts. Hrsg. von Günter Binding und Andreas Speer, Stuttgart-Bad Cannstatt 1993, S. 264-309.

Tångeberg 1989
Peter Tångeberg, Holzskulptur und Altarschrein. Studien zu Form, Material und Technik. Mittelalterliche Plastik in Schweden, München 1989.

Tauber 1987
W. Tauber, Das Würfelspiel im Mittelalter und in der frühen Neuzeit. Eine kultur- und sprachgeschichtliche Darstellung (Europäische Hochschulschriften, Reihe 1, 959), Frankfurt a. M. – Bonn – New York 1987.

Taylor 1978
M. Taylor, The Lewis Chessmen, London 1978.

Telesko 1993
Werner Telesko, Imitatio Christi und Christiformitas. Heilsgeschichte und Heiligengeschichte in den Programmen hochmittelalterlicher Reliquienschreine, in: Kerscher 1993, S. 369-384.

Tellenbach 1939
Gerd Tellenbach, Königtum und Stämme in der Wendezeit des deutschen Reiches (Quellen und Studien zur Verfassungsgeschichte des Deutschen Reiches in Mittelalter und Neuzeit 7/4), Weimar 1939.

Tellenbach 1941
Gerd Tellenbach, Die Unteilbarkeit des Reiches. Ein Beitrag zur Entstehungsgeschichte Deutschlands und Frankreichs, in: Historische Zeitschrift 163, 1941, S. 20-42, Nachdruck in: Die Entstehung des deutschen Reiches (Deutschland um 900). Ausgewählte Aufsätze aus den Jahren 1928-54. Hrsg. von Hellmut Kämpf (Wege der Forschung 1), Darmstadt 1956, S. 110-134.

Tellenbach 1943
Gerd Tellenbach, Vom karolingischen Reichsadel zum deutschen Reichsfürstenstand, in: Adel und Bauern im deutschen Staat des Mittelalters. Hrsg.

von Theodor Mayer, Leipzig 1943, S. 22-73, Nachdruck in: Herrschaft und Staat im Mittelalter. Hrsg. von Hellmut Kämpf (Wege der Forschung 2), Darmstadt 1956, S. 191-242.

Temple 1976
Elzbieta Temple, Anglo-saxon manuscripts 900-1066 (A Survey of Manuscripts Illuminated in the British Isles 2), London 1976.

Teske 1993
Gunnar Teske, Die Briefsammlungen des 12. Jahrhunderts in St. Victor/Paris. Entstehung, Überlieferung und Bedeutung für die Geschichte der Abtei (Studien und Dokumente der Gallia Pontificia 2), Bonn 1993.

Teute 1910
Otto Teute, Das alte Ostfalenland. Eine agrarhistorisch-statistische Studie, Phil. Diss. Erlangen 1910, Leipzig 1910.

Theologische Realenzyklopädie
Theologische Realenzyklopädie. Hrsg. von Gerhard Krause und Gerhard Müller [u. a.], Bd. 1ff., Berlin – New York 1977ff.; Abkürzungsverzeichnis: 2., überarb. und erw. Auflage, Berlin – New York 1994.

Theophilus (Ed. Dodwell)
Theophilus, De diversis artibus/The various arts. Translated from the latin with introduction and notes by Charles Reginald Dodwell, London [usw.] 1961.

Theophilus (Ed. Lessing)
Gotthold Ephraim Lessing, Theophilus Presbyter, Diversarum Artium Schedula, in: Zur Geschichte und Literatur aus den Schätzen der herzoglichen Bibliothek zu Wolfenbüttel, VI. Beitrag, Braunschweig 1781, S. 291-424.

Theophilus (Ed. Raspe)
Rudolf Erich Raspe, A critical essay on oil-painting, proving that the art of painting in oil was known before the pretended discovery of Johann and Hubert van Eyck...,London 1781.

Theuerkauf 1971
Gerhard Theuerkauf, Art. Constitutio de expeditione Romana, in: Handwörterbuch zur deutschen Rechtsgeschichte 1, 1971, Sp. 634-636.

Theuerkauf 1980
Gerhard Theuerkauf, Der Prozeß gegen Heinrich den Löwen. Über Landrecht und Lehnrecht im hohen Mittelalter, in: Mohrmann 1980, S. 217-248.

Theune-Großkopf/Röber 1994
Barbara Theune-Großkopf und Ralph Röber, Geweih, Knochen, Elfenbein im kultisch-christlichen Bereich in: Knochenarbeit: Artefakte aus tierischen Rohstoffen im Wandel der Zeit (Archäologische Informationen aus Baden-Württemberg 27). Hrsg. von Mostefa Kokabi, Stuttgart 1994, S. 99-109.

Thiel 1990
R. Thiel, Die Brakteatenfälschungen des Nicolaus Seeländer (1683-1744) und seine ›Zehen Schriften‹ zur mittelalterlichen Münzkunde, Heidelberg 1990.

Thies 1993
Harmen Thies, Goslar und die frühen niedersächsischen Gewölbe, in: Steigerwald 1993, S. 95-113.

Thies 1994
Harmen Thies, Der Dom Heinrichs des Löwen in Braunschweig. Bau und Kunstwerke, Braunschweig 1994.

Thies 1995 (im Druck)
Romanik in Nieder-Sachsen. Beiträge zu einem Symposion in Braunschweig, 17.-20.3.1993. Hrsg. von Harmen Thies, Braunschweig 1995 (im Druck).

Thies 1995a (im Druck)
Harmen Thies, Sächsische Gliederungs- und Wölbsysteme, in: Thies 1995 (im Druck).

Thietmar von Merseburg, Chronik
Thietmar von Merseburg. Chronik (Ausgewählte Quellen zur deutschen Geschichte des Mittelalters. Freiherr-vom-Stein-Gedächtnisausgabe A, Band 9), 6. Auflage, Darmstadt 1985.

Thietmar von Merseburg/Korveier Überarbeitung
Die Chronik des Bischofs Thietmar von Merseburg und ihre Korveier Überarbeitung. Hrsg. von Robert Holtzmann, in: MGH SS rer. Germ. N.S. 9, Berlin 1935.

Thoby 1953
Paul Thoby, Les croix limousines de la fin du XIIe siècle au début du XIVe siècle, Paris 1953.

Thöne 1968
Friedrich Thöne, Wolfenbüttel. Geist und Glanz einer alten Residenz, 2. Auflage, München 1968.

Thompson 1936
Daniel V. Thompson, Materials of medieval painting, London 1936.

Thomsen 1937
Helmuth Thomsen, Der volkstümliche Wohnbau der Stadt Braunschweig im Mittelalter. Untersuchungen zur Geschichte des deutschen Stadthauses auf Grund schriftlicher Quellen, Borna 1937.

Thomson 1982
Rodney M. Thomson, Manuscripts from St. Albans Abbey 1066-1235, Woodbridge 1982.

Thorau 1991
P. Thorau, Art. Konrad von Scharfenberg, in: Lexikon des Mittelalters, Bd. 5, 1991, Sp. 1355.

Thormann 1976
H. Thormann, Die anhaltinischen Münzen des Mittelalters, Münster 1976.

Thümmler 1961
Hans Thümmler, Ein romanisches Königshaupt aus Freckenhorst (Westfalen), in: Miscellanea Bibliothecae Hertzianae. Hrsg. von Leo Bruhns, Franz Graf Wolff Metternich und Ludwig Schudt, München 1961, S. 97-103.

Thümmler 1965
Hans Thümmler, Neue Forschungen zur romanischen Baukunst in Westfalen, in: Westfalen 43, 1965, S. 3-56.

Thümmler 1973
Hans Thümmler, Romanik in Westfalen, Münster 1973.

Thurich 1960
E. Thurich, Die Geschichte des Lüneburger Stadtrechts im Mittelalter, Lüneburg 1960.

Timme 1931
Fritz Timme, Die wirtschafts- und verfassungsrechtlichen Anfänge der Stadt Braunschweig, Borna – Leipzig 1931.

Timme 1963
Fritz Timme, Brunswiks ältere Anfänge zur Stadtbildung, in: Niedersächsisches Jahrbuch für Landesgeschichte 35, 1963, S. 1-48.

Timmers 1971
J. J. M. Timmers, De kunst van het Maasland (Maaslandse Monografien 1), Assen 1971.

Timpel 1987
Wolfgang Timpel, Mittelalterliche Messerscheidenbeschläge in Thüringen, in: Alt-Thüringen 22/23, 1987, S. 275-295.

Tituli Luneburgenses
Tituli Luneburgenses. Ed. von Georg Heinrich Pertz, in: MGH SS 23, Hannover 1874, S. 397-399.

Tobler/Lommatsch 1954
Adolf Tobler und Erhard Lommatsch, Altfranzösisches Wörterbuch, Wiesbaden 1954.

Töpfer 1992
Bernhard Töpfer, Kaiser Friedrich I. Barbarossa und der deutsche Reichsepiskopat, in: Haverkamp 1992, S. 389-433.

Translatio et miracula s. Auctoris episcopi
Translatio et miracula s. Auctoris episcopi, in: Acta Sanctorum Augusti. Ex Latinis et Graecis, aliarumque gentium Monumentis, servata primigenia veterum Scriptorum phrasi. Collecta, digesta, commentariisque et observationibus illustrata a Joanne Pinio, Giuliemo Cupero, Tomus IV, Antwerpen 1739, S. 48-54.

Translatio sancti Iustini
Translatio sancti Iustini in Novam Corbeiam. in: Rerum Germanicarum tomi tres. Ed. Heinrich Meibom (d.J.), Bd. 1, Helmstedt 1688, S. 769-770.

Trillmich/Buchner 1990
Quellen des 9. und 11. Jahrhunderts zur Geschichte der hamburgischen Kirche und des Reiches, neu übertragen von Werner Trillmich und Rudolf Buchner (Ausgewählte Quellen zur deutschen Geschichte des Mittelalters. Freiherr-vom-Stein-Gedächtnisausgabe 11), 6. Auflage, Darmstadt 1990.

Trost 1991
Vera Trost, Chrysographie und Argyrographie in Handschriften und Urkunden, in: von Euw/Schreiner 1991, S. 337-339.

UB Asseburg
Asseburger Urkundenbuch. Urkunden und Regesten zur Geschichte des Geschlechtes Wolfenbüttel-Asseburg und seiner Besitzungen. Hrsg. von J. Graf von Bocholtz-Asseburg, Bd. 1-3, Hannover 1876-1905.

UB Babenberger
Urkundenbuch zur Geschichte der Babenberger in Österreich (Publikation des Instituts für österreichische Geschichtsforschung, Reihe 3), Bd. 1: Die Siegelurkunden der Babenberger bis 1215, vorbereitet von Oskar Freiherr von Mitis, bearbeitet von Heinrich Fichtenau und Erich Zöllner, Wien 1950, Bd. 3: bearbeitet von Oskar Freiherr von Mitis, ergänzt und eingeleitet von Franz Gall, Wien 1954.

UB Bistum Lübeck
Urkundenbuch des Bisthums Lübeck, T. 1 [bis 1341]. Codex Diplomaticus Lubecensis, 2. Abt. Hrsg. von Wilhelm Leverkus, Oldenburg 1856.

UB Calenberg
Calenberger Urkundenbuch. Hrsg. von Wilhelm von Hodenberg, Abt. 5: Archiv des Klosters Mariensee, Hannover 1855-59.

UB Erzbistum Mainz
Acta Maguntina Saeculi XII. Urkunden zur Geschichte des Erzbistums Mainz im 12. Jahrhundert. Hrsg. von K. F. Stumpf, Innsbruck 1863.

UB Erzstift Magdeburg
Urkundenbuch des Erzstifts Magdeburg. Teil 1: 937-1192 (Geschichtsquellen der Provinz Sachsen und des Freistaates Anhalt, Neue Reihe 18). Hrsg. von der landesgeschichtlichen Forschungsstelle für die Provinz Sachsen und Anhalt. Berarb. von Friedrich Israël unter Mitwirkung von Walter Möllenberg, Magdeburg 1937.

UB Hamburg
Hamburgisches Urkundenbuch. Hrsg. von Johann Martin Lappenberg, Bd. 1, Hamburg 1842.

UB Herzöge Braunschweig-Lüneburg
Urkundenbuch zur Geschichte der Herzöge von Braunschweig und Lüneburg und ihrer Lande. Gesammelt und hrsg. von Hans Sudendorf, Bd. 1-10, Bd. 11 Register von Carl Sattler, Hannover – Göttingen 1859-1883.

UB Hochstift Halberstadt
Urkundenbuch des Hochstiftes Halberstadt und seiner Bischöfe (Publicationen aus den Königlich Preußischen Staatsarchiven 17. 21. 27. 40). Hrsg. von G. Schmidt, Bd. 1-4, Leipzig 1883-1889.

UB Hochstift Hildesheim
Urkundenbuch des Hochstiftes Hildesheim und seiner Bischöfe (Bd. 1: Publicationen aus den Königlich Preußischen Staatsarchiven 65; Bd. 2-6: Quellen und Darstellungen zur Geschichte Niedersachsens 6, 11, 22, 24, 28). Bd. 1 hrsg. von Karl Janicke; Bd. 2-6 hrsg. von Hermann Hoogeweg, Bd. 1: Halle/Saale 1896, Bd. 2-6: Hannover 1901-11, Nachdruck Osnabrück 1965.

UB Hochstift Merseburg
Urkunden des Hochstiftes Merseburg. Erster Theil: 962-1357. Bearb. von P[aul] Kehr (Geschichtsquellen der Provinz Sachsen und angrenzender Gebiete 36), Halle 1899.

UB Kloster Reinhausen
Urkundenbuch des Klosters Reinhausen (Veröffentlichungen der Historischen Kommission für Niedersachsen und Bremen 37, 14). Bearbeitet von Manfred Hamann, Hannover 1991.

UB Lüneburg
Lüneburger Urkundenbuch. Hrsg. von Wilhelm von Hodenburg, Bd. 1-3, Lüneburg 1859-1861.

UB Meklenburg
Meklenburgisches Urkundenbuch. Hrsg. von dem Verein für Meklenburgische Geschichte und Altertumskunde, Bd. 1-25, Schwerin 1863-1936.

UB Niederrhein
Urkundenbuch für die Geschichte des Niederrheins oder des Erzstiftes Köln, Fürstentümer Jülich und Berg, Geldern, Meurs, Cleve und Mark, und der Reichsstifte Eltern, Essen und Werden. Hrsg. von Theodor Josef Lacomblet, Bd. 1-4, Düsseldorf 1840ff.

UB Osnabrück
Osnabrücker Urkundenbuch. Hrsg. von Friedrich Philippi, Bd. 1, Osnabrück 1892.

UB Salzburg
Salzburger Urkundenbuch, Bd. 2, Salzburg 1916.

UB St. Gallen
Urkundenbuch der Abtei Sanct Gallen, Teil III: Jahr 920-1360. Bearb. von Hermann Wartmann, St. Gallen 1882.

UB Stadt Braunschweig
Urkundenbuch der Stadt Braunschweig. Hrsg. von Ludwig Haenselmann, Bd. 2 von Ludwig Haenselmann und Heinrich Mack, Bd. 1, Braunschweig 1873, Bd. 2, Braunschweig 1900.

UB Stadt Goslar
Urkundenbuch der Stadt Goslar und der in und bei Goslar gelegenen geistlichen Stiftungen (Geschichtsquellen der Provinz Sachsen und angrenzender Gebiete 29-32; 45). Bearb. von Georg Bode und Uvo Hölscher, Bd. 1-5, Halle – Berlin 1893-1922.

UB Stadt Halberstadt
Urkundenbuch der Stadt Halberstadt. Bearb. von Gustav Schmidt (Geschichtsquellen der Provinz Sachsen 7), Bd. 1, Halle 1878.

UB Stadt Lübeck
Urkundenbuch der Stadt Lübeck. Hrsg. v. Verein für Lübeckische Geschichte und Altertumskunde, bearb. von Friedrich Aschenfeldt und Ferdinand Grauthoff, Bd. 1-4, Lübeck 1843ff.

UB Thurgau
Thurgauisches Urkundenbuch. Bd. 2: 1000-1250. Bearb. von Johannes Meyer und Friedrich Schaltegger, Frauenfeld 1917.

UB Walkenried
Die Urkunden des Stifts Walkenried (Urkundenbuch des Historischen Vereins für Niedersachsen 2-3) Bearb. von A. Hettling, W. Ehlers und C. L. Grotefend, Bd. 1-2, Hannover 1852-55.

UB Württemberg
Württembergisches Urkundenbuch. Hrsg. vom Königlichen Staatsarchiv in Stuttgart, Bd. 2: 1138-1212, Stuttgart 1858, Nachdruck Aalen 1972.

von Uffenbach 1753
Zacharias Conrad von Uffenbach, Merkwürdige Reisen durch Niedersachsen, Holland, Engelland, 1. Theil, Frankfurt – Leipzig – Ulm 1753.

af Ugglas 1915
Carl R. af Ugglas, Gotlands medeltida träskulptur till och med höggotikens inbrott, Stockholm 1915.

af Ugglas 1936
Carl R. af Ugglas, Gotländska silverskatter från Valdermastågets tid, Stockholm 1936.

af Ugglas 1951
Carl R. af Ugglas, Tre västeuropeiska madonnor i gotikens Sverige, in: Efterlämnade konsthistorika studier. Hrsg. von Claus af Ugglas, Stockholm 1951, S. 93-138.

Ulbricht 1984
Ingrid Ulbricht, Die Verarbeitung von Knochen, Geweih und Horn im mittelalterlichen Schleswig. Ausgrabungen in Schleswig. Berichte und Studien, Bd. 3, Neumünster 1984.

Ullmann 1989
Der Magdeburger Dom. Ottonische Gründung und staufischer Neubau. Bericht über ein wissenschaftliches Symposion in Magdeburg vom 7.10. bis 11.10.1986 (Schriftenreihe der Kommission für Niedersächsische Bau- und Kunstgeschichte bei der Braunschweigischen Wissenschaftlichen Gesellschaft 59). Hrsg. von Ernst Ullmann, Leipzig 1989.

Ulrich 1887
Adolf Ulrich, Zur Geschichte der Grafen von Roden im 12. und im 13. Jahrhundert, in: Zeitschrift des Historischen Vereins für Niedersachsen 1887, S. 93-153.

Untermann 1984
Matthias Untermann, Kirchenbauten der Prämonstratenser, Untersuchungen zum Problem einer Ordensbaukunst im 12. Jahrhundert (29. Veröffentlichung der Abteilung Architektur des Kunsthistorischen Instituts der Universität Köln), Köln 1984.

Varges 1890
Willi Varges, Die Gerichtsverfassung der Stadt Braunschweig im Jahre 1374, Marburg/Lahn 1890.

Venzmer 1959
W. J. Venzmer, Der Dom zu Lübeck. Untersuchungen zur mittelalterlichen Baugeschichte (1173-1341) und kunstgeschichtlichen Stellung, Phil. Diss. (masch.) Hamburg 1959.

Venzmer 1959a
W. J. Venzmer, Der Lübecker Dom als Zeugnis bürgerlicher Kolonisationskunst (Frühe Baugeschichte und kunstgeschichtliche Stellung), in: Zeitschrift des Vereins für Lübeckische Geschichte und Altertumskunde 39, 1959, S. 49-68.

Verbraken 1963
Patricius Verbraken, La tradition manuscrite du commentaire de Saint Grégoire sur le Cantique des Cantiques, in: Revue Bénédictine 73, 1963, S. 277-288.

Verbruggen 1965
J. F. Verbruggen, L'armée et la stratégie de Charlemagne, in: Beumann 1965, S. 420-436.

Verbruggen 1977
J. F. Verbruggen, The art of warfare in Western Europe during the Middle Ages, Amsterdam 1977.

Verdenhalven 1968
Fritz Verdenhalven, Alte Maße, Münzen und Gewichte aus dem deutschen Sprachgebiet, Neustadt an der Aisch 1968.

Verfasserlexikon
Die deutsche Literatur des Mittelalters. Verfasserlexikon. Begr. von Wolfgang Stammler, fortgeführt von Karl Langosch. Hrsg. von Kurt Ruh [u. a.], Bd. 1ff., 2., völlig neu bearbeitete Auflage, Berlin – New York 1978ff.

Verzár Bornstein 1988
Christine Verzár Bornstein, Portals and politics in the early italian city-state. The sculpture of Nicholaus in context, Parma 1988.

Victor 1985
Ulrich Victor, Das Widmungsgedicht im Evangeliar Heinrichs des Löwen und sein Verfasser, in: Zeitschrift für deutsches Altertum und deutsche Literatur 114, 1985, S. 302-329.

Viollet-le-Duc 1861
Eugène Viollet-le-Duc, Dictionnaire raisonné de l'architecture française du XIe au XVIe siècle, Bd. 5, Paris 1861.

Vita Bernwardi
Vita Bernwardi episcopi Hildesheimensis auctore Thangmaro. Ed. Georg Heinrich Pertz, in: MGH SS 4, Hannover 1841, S. 754-782.

Vita Godefridi comitis Capenbergensis
Vita Godefridi comitis Capenbergensis, Ed. Philipp Jaffé, in: MGH SS 12, Hannover 1856, S. 513-530.

Vita Heinrici IV. imperatoris
Vita Heinrici IV. imperatoris. Ed. Franz-Josef Schmale, in: Fontes historiam Heinrici IV. imperatoris illustrantes (Ausgewählte Quellen zur deutschen Geschichte des Mittelalters 12), Darmstadt 1963.

Vita Mathildis (Faksimile)
Vita der Mathilde von Canossa. Faksimileausgabe des Cod. Vat. Lat. 4922, Bd. 1-2, Zürich 1984.

Vita Meinwerci
Vita Meinwerci episcopi Patherbrunnensis. Ed. Franz Tenckhoff, in: MGH SS rer. Germ. [59], Hannover 1921.

Vitae sancti Liudgeri
Die Vitae sancti Liudgeri (Die Geschichtsquellen des Bisthums Münster 4). Hrsg. von Wilhelm Diekamp, Münster 1881.

Vitry/Brière 1906
Paul Vitry und Gaston Brière, Documents de sculpture française du Moyen Age, Paris 1906.

Vogt 1959
Herbert W. Vogt, Das Herzogtum Lothars von Süpplingenburg 1106-1125 (Quellen und Darstellungen zur Geschichte Niedersachsens 57), Phil. Diss. Kiel, Hildesheim 1959.

Vogüé 1860
M. Vogüé, Les églises de la Terre Sainte, Paris 1860.

Volbach 1976
Wolfgang Fritz Volbach, Elfenbeinarbeiten der Spätantike und des frühen Mittelalters, Mainz 1976.

Volger 1861
Wilhelm Friedrich Volger, Die Lüneburger Salze, Lüneburg 1861; Nachdruck Lüneburg 1956.

Vollmann 1991
B. K. Vollmann, Art. Honorius Augustodunensis, in: Lexikon des Mittelalters, Bd. 5, 1991, Sp. 122f.

Vollmer 1913
Bernhard Vollmer, Die Wollweberei und der Gewandschnitt in der Stadt Braunschweig bis zum Jahre 1671 (Quellen und Forschungen zur Braunschweigischen Geschichte 5), Wolfenbüttel 1913.

Vollrath 1977
Hanna Vollrath, Konrad III. und Byzanz, in: Archiv für Kulturgeschichte 59, 1977, S. 321-365.

Vones 1995 (im Druck)
Ludwig Vones, Der gescheiterte Königsmacher. Erzbischof Adalbert I. von Mainz und die Wahl 1125, erscheint in: Historisches Jahrbuch der Görres-Gesellschaft 1995 (im Druck).

Vones-Liebenstein 1993
Ursula Vones-Liebenstein, Neue Aspekte zur Wahl Konrads III. (1138). Dietwin von Santa Rufina, Albero von Trier, Arnold von Köln, in: Festschrift Engels, S. 323-348.

Walicki 1968
Sztuka Polska przedromańska i romańska do schyłku XIII wieku (Dzieje sztuki polskiej, Tom pierwszy). Pod redakcją Michala Walickiego, Bd. 1, Warszawa 1968.

W(egener) 1894
H(ermann) W(egener), Die Siegel der Stadt Braunschweig, in: Numismatisch-sphragistischer Anzeiger. Zeitung für Münz-, Siegel- und Wappenkunde 25, 1894, S. 4f.

Wadle 1969
Elmar Wadle, Reichsgut und Königsherrschaft unter Lothar III. (1125-1137). Ein Beitrag zur Verfassungsgeschichte des 12. Jahrhunderts (Schriften zur Verfassungsgeschichte 12), Berlin 1969.

Wäscher 1959
Hermann Wäscher, Der Burgberg in Quedlinburg. Geschichte seiner Bauten bis zum ausgehenden 12. Jahrhundert nach den Ergebnissen der Grabungen von 1938-42, Berlin 1959.

Wäscher 1962
Hermann Wäscher, Feudalburgen in den Bezirken Halle und Magdeburg, Bd. 1-2, Berlin 1962.

Waetzoldt 1964
Stephan Waetzoldt, Die Kopien des 17. Jahrhunderts nach Mosaiken und Wandmalereien in Rom (Römische Forschungen der Bibliotheca Hertziana 18), Wien – München 1964.

Wagner 1975
Ministerialität im Pfälzer Raum. Hrsg. von L. Wagner, Speyer 1975.

Waitz 1873
Georg Waitz, Die Formeln der Deutschen Königs- und der Römischen Kaiserkrönung vom 10. bis zum 12. Jahrhundert, in: Abhandlungen der Hist.-Phil. Classe der Königlichen Gesellschaft der Wissenschaften zu Göttingen 18, 1873.

Waldner 1992
Heinz Waldner, Die ältesten Wappenbilder. Eine internationale Übersicht (Herold-Studien 2), Berlin 1992.

Walter 1989
Helmut G. Walter, Friedrich Barbarossas Urkunde für Lübeck vom 19. September 1188, in: Zeitschrift für Lübeckische Geschichte und Altertumskunde 69, 1989, S. 11-48.

Walther 1938
Anton Julius Walther, Die deutsche Reichskanzlei während des Endkampfes zwischen Staufern und Welfen, Innsbruck 1938.

Walther von der Vogelweide, Spruchlyrik
Walther von der Vogelweide, Werke. Gesamtausgabe (Reclams Universal-Bibliothek 819). Hrsg., übersetzt und kommentiert von Günther Schweikle, Bd. 1: Spruchlyrik, Stuttgart 1994.

Wanderwitz 1984
Heinrich Wanderwitz, Studien zum mittelalterlichen Salzwesen in Bayern (Schriftenreihe zur bayerischen Landesgeschichte 73), München 1984.

Warner 1920
George Warner, A descriptive catalogue of illuminated manuscripts in the library of C. W. Dyson Perrins, Oxford 1920.

Warnke 1979
Martin Warnke, Bau und Überbau. Soziologie der mittelalterlichen Architektur nach den Schriftquellen, Frankfurt a. M. 1976, 2. Auflage, Frankfurt a. M. 1979.

Warnke 1985
Martin Warnke, Hofkünstler. Zur Vorgeschichte des modernen Künstlers, Köln 1985.

Waschinski 1959
Emil Waschinski, Währung, Preisentwicklung und Kaufkraft des Geldes in Schleswig-Holstein von 1226-1864, (Quellen und Forschungen zur Geschichte Schleswig-Holsteins 26, II), Neumünster 1959.

Wattenbach 1855
Iter Austriacum. Ed. Wilhelm Wattenbach, in: Archiv für Diplomatik 14, 1855, S. 68-74.

Wattenbach/Schmale 1976
Wilhelm Wattenbach und Franz-Josef Schmale, Deutschlands Geschichtsquellen im Mittelalter. Bd. 1: Vom Tode Kaiser Heinrichs V. bis zum Ende des Interregnum. Von Franz-Josef Schmale unter Mitarbeit von Irene Schmale-Ott und Dieter Berg, Darmstadt 1976.

Weber 1994
Loren J. Weber, The historical importance of Godfrey of Viterbo, in: Viator 25, 1994, S. 153-195.

Wedekind 1835
Anton Christian Wedekind, Noten zu einigen Geschichtsschreibern des Deutschen Mittelalters, Bd. 2, Hamburg 1835.

Wedepohl/Krueger/Hartmann 1995 (im Druck)
Karl Hans Wedepohl, Ingeborg Krueger und Gerald Hartmann, Medieval lead glass from Northwestern Europe, in: Journal of Glass Studies 37, 1995 (im Druck).

Wegeli 1903-05
Rudolf Wegeli, Inschriften auf mittelalterlichen Schwertklingen, in: Zeitschrift für historische Waffenkunde 3, 1903-05, S. 29-40, 177-183, 218-225, 261-268, 290-300.

Wegener 1928
Hans Wegener, Beschreibendes Verzeichnis der Miniaturen und des Initialschmuckes in den deutschen Handschriften bis 1500 (Beschreibende Verzeichnisse der Miniaturhandschriften der Preußischen Staatsbibliothek zu Berlin 5), Leipzig 1928.

Wehrhahn-Stauch 1968
Lieselotte Wehrhahn-Stauch, Zur Ikonographie des Reliquienkreuzes von Cosenza, in: Zeitschrift für Kunstgeschichte 31, 1968, S. 59-63.

Weibull 1936
L. Weibull, Saxo inför Bestyrelsen av Det danske Sprog-og Litteraturselskap, in: Scandia 9, 1936, S. 257-300.

Weidemann 1978
Konrad Weidemann, Die Stiftskirche St. Simon und Juda, in: Führer zu vor- und frühgeschichtlichen Denkmälern 35: Goslar-Bad Harzburg. Hrsg. vom Römisch-Germanischen Zentralmuseum Mainz, Mainz 1978, S. 76-81.

Weidisch 1994
Otto von Botenlauben, Minnesänger – Kreuzfahrer – Klostergründer (Bad Kissinger Archiv-Schriften 1). Hrsg. von Peter Weidisch, Würzburg 1994.

Weigel 1985
Thomas Weigel, Das Rätsel des Königslutterer Jagdfrieses. Zur Rolle von Tieren in der Bilderwelt des Mittelalters, in: Gosebruch 1985, S. 155-187.

Weigel 1987
Thomas Weigel, Die Stiftskirche zu Königslutter (Große Baudenkmäler, Heft 382), München – Berlin 1987.

Weilandt 1992
Gerhard Weilandt, Geistliche und Kunst. Ein Beitrag zur Kultur der ottonisch-salischen Reichskirche und zur Veränderung künstlerischer Traditionen im späten 11. Jahrhundert (Beihefte zum Archiv für Kulturgeschichte, Heft 35), Köln – Weimar – Wien 1992.

Weinfurter 1975
Stefan Weinfurter, Salzburger Bistumsreform und Bischofspolitik im 12. Jahrhundert. Der Erzbischof Konrad I. von Salzburg (1106-1147) und die Reformkanoniker (Kölner Historische Abhandlungen 24), Köln 1975.

Weinfurter 1986
Stefan Weinfurter, Die Zentralisierung der Herrschaftsgewalt im Reich durch Kaiser Heinrich II., in: Historisches Jahrbuch 106, 1986, S. 241-297.

Weinfurter 1991
Die Salier und das Reich, Hrsg. von Stefan Weinfurter in Verbindung mit Odilo Engels, Franz-Josef Heyen und Franz Staab Bd. 1-3, Bd. 1: Salier, Adel und Reichsverfassung, Bd. 2: Die Reichskirche in der Salierzeit, Bd. 3: Gesellschaftlicher und ideengeschichtlicher Wandel im Reich der Salier, Sigmaringen 1991.

Weinfurter 1991a
Stefan Weinfurter, Herrschaftslegitimation und Königsautorität im Wandel: Die Salier und ihr Dom zu Speyer, in: Weinfurter 1991, Bd. 1, S. 55-96.

Weinfurter 1991b
Stefan Weinfurter, Die Salier und das Reich, Einleitung, in: Weinfurter 1991, Bd. 1, S. 1-19.

Weinfurter 1992
Stefan Weinfurter, Friedrich Barbarossa und Eichstätt. Die Absetzung Bischof Burchards 1153, in: Jahrbuch für fränkische Landesforschung 52, 1992, S. 73-84.

Weinfurter 1992a
Stefan Weinfurter, Herrschaft und Reich der Salier. Grundlinien einer Umbruchzeit, 2., überarbeitete Auflage, Sigmaringen 1992.

Weinfurter 1992b
Stefan Weinfurter, Reformidee und Königtum im spätsalischen Reich. Überlegungen zu einer Neubewertung Kaiser Heinrichs V., in: Reformidee und Reformpolitik im spätsalisch-frühstaufischen Reich (Quellen und Abhandlungen zur Mittelrheinischen Kirchengeschichte 28). Hrsg. von Stefan Weinfurter, Mainz 1992, S. 1-45.

Weinfurter 1993
Stefan Weinfurter, Erzbischof Philipp von Köln und der Sturz Heinrichs des Löwen, in: Festschrift Engels, S. 455-481.

Weinfurter/Engels 1984
Series episcoporum ecclesiae catholicae occidentalis ab initio usque ad annum MCXCVIII, series V: Germania, tomus II: Archiepiscopatus Hammaburgensis sive Bremensis, curaverunt Stefan Weinfurter und Odilo Engels, Stuttgart 1984.

Weinmann 1991
Arno Weinmann, Braunschweig als landesherrliche Residenz im Mittelalter (Beihefte zum Braunschweigischen Jahrbuch 7), Phil. Diss. Braunschweig 1991.

Weinrich 1977
Lorenz Weinrich, Quellen zur deutschen Verfassungs-, Wirtschafts- und Sozialgeschichte bis 1250 (Ausgewählte Quellen zur deutschen Geschichte des Mittelalters. Freiherr-vom-Stein-Gedächtnisausgabe 32), Darmstadt 1977.

Weise 1989
Erich Weise, Geschichte von Schloß Nienover im Solling (Veröffentlichungen des Instituts für Historische Landesforschung der Universität Göttingen 27), Hildesheim 1989.

Weisgerber 1937
Alois Weisgerber, Die Niello-Kelchkuppe des Kölner Diözesan-Museums und der Rest eines Siegburger Anno-Zyklus. Eine Kölner Schreinswerkstatt vom Ende des 12. Jahrhunderts, in: Kunstgabe des Vereins für christliche Kunst im Erzbistum Köln und Bistum Aachen 1937, S. 15ff.

Weisgerber 1938
Alois Weisgerber, Das kölnische romanische Armreliquiar im Nationalmuseum zu Kopenhagen, in: Kunstgabe des Vereins für christliche Kunst im Erzbistum Köln und Bistum Aachen 1938, S. 20-29.

Weissthanner 1958
Alois Weissthanner, Regesten des Freisinger Bischofs Otto I, in: Analecta O. Cist. 14, 1958, S. 151-222.

Weitzmann 1978
Kurt Weitzmann, Die Ikone. 6.-14. Jahrhundert, München 1978.

Weitzmann 1978a
Kurt Weitzmann, Die Malerei des Halberstädter Schrankes und ihre Beziehung zum Osten, in: Zeitschrift für Kunstgeschichte 41, 1978, S.258-282.

Weitzmann-Fiedler 1981
Josepha Weitzmann-Fiedler, Romanische gravierte Bronzeschalen, Berlin 1981.

Wellmer 1975
Martin Wellmer, Eine süddeutsche Proscriptionsliste im Staatsarchiv Wolfenbüttel, in: Verfassungs- und Landesgeschichte. Festschrift zum 70. Geburtstag von Theodor Mayer, Bd. 2, 2. Auflage, Lindau – Konstanz 1975, S. 105-124.

Welter 1971-78
Gerhard Welter, Die Münzen der Welfen seit Heinrich dem Löwen, Bd. 1-3, Braunschweig 1971-78.

Wenskus 1961
Reinhard Wenskus, Stammesbildung und Verfassung. Das Werden der mittelalterlichen gentes, Köln – Graz 1961.

Wenskus 1965
Reinhard Wenskus, Die deutschen Stämme im Reiche Karls des Großen, in: Beumann 1965, S. 178-219.

Wenta 1991
J. Wenta, Zewnętrzne warunki sprzyjające zamachowi stanu w Polsce w latach 1145-1146 (Äußere Voraussetzungen des Staatsstreichs in Polen in den Jahren 1145/1146), w: Personae-colligationes-facta, Toruń 1991, S. 211-225.

Wentzel 1951
Hans Wentzel, Meisterwerke der Glasmalerei, Berlin 1951.

Wentzel 1972
Hans Wentzel, Das byzantinische Erbe der ottonischen Kaiser, Hypothesen über den Brautschatz der Theophanu, in: Aachener Kunstblätter 43, 1972, S. 11-96.

Wentzlaff-Eggebrecht 1962
F. W. Wentzlaff-Eggebrecht, Der Hoftag Jesu Christi 1188 zu Mainz, Wiesbaden 1962.

Wenzel 1980
Horst Wenzel, Höfische Geschichte. Literarische Tradition und Gegenwartsdeutung in den volkssprachigen Chroniken des hohen und späten Mittelalters (Beiträge zur Älteren Deutschen Literaturgeschichte 5), Bern etc. 1980.

Wenzel 1986
Horst Wenzel, ›Ze hove‹ und ›ze holze‹ – ›offenlîch‹ und ›tougen‹. Zur Darstellung und Deutung des Unhöfischen in der höfischen Epik und im Nibelungenlied, in: Kaiser/Müller 1986, S. 277-300.

Wenzel 1995
Horst Wenzel, Hören und Sehen. Schrift und Bild. Kultur und Gedächtnis im Mittelalter, München 1995.

Werle 1956
Hans Werle, Titelherzogtum und Herzogsherrschaft, in: Zeitschrift der Savigny-Stiftung für Rechtsgeschichte, Germanistische Abteilung 73, 1956, S. 225-299.

Werner 1977/81
Otto Werner, Analysen mittelalterlicher Bronzen und Messinge. 1-3, in: Archäologie und Naturwissenschaften 1, 1977, S. 144-220; 2, 1981, S. 106-170.

Werner 1980
Karl Ferdinand Werner, Missus – Marchio – Comes. Entre l'administration centrale et l'administration locale de l'empire carolingien, in: Paravicini/Werner 1980, S. 191-229.

Werner 1991
Matthias Werner, Der Herzog von Lothringen in salischer Zeit, in: Weinfurter 1991, Bd. 1, S. 367-473.

Werner/Zirnbauer 1970
Facsimilia Heidelbergensia. Hrsg. von Wilfried Werner und Heinz Zirnbauer, Bd. 1: Das Rolandslied, Cod. pal. germ. 112, Wiesbaden 1970.

Wesche 1980
M. Wesche, Art. Arnold von Lübeck, in: Lexikon des Mittelalters, Bd. 1, 1980, Sp. 1007f.

Wescher 1931
Beschreibendes Verzeichnis der Miniaturen – Handschriften und Einzelblätter – des Kupferstichkabinetts der Staatlichen Museen Berlin. Bearbeitet von Paul Wescher, Leipzig 1931.

Westermann-Angerhausen 1987
Hiltrud Westermann-Angerhausen, Fragments from Freckenhorst, in: Romanesque and Gothic. Essays for George Zarnecki, Bd. 1, Woodbridge 1987.

Westermann-Angerhausen 1992
Hiltrud Westermann-Angerhausen, Ein goldener Bischofsring, in: Lübecker Schriften zur Archäologie und Kulturgeschichte 22, 1992, S. 27-31.

Westermann-Angerhausen 1992a
Hiltrud Westermann-Angerhausen, ›Die Tragaltäre des Rogerus in Paderborn‹. Der Wandel eines mittelalterlichen Künstlerbildes zwischen Alois Fuchs und Eckhart Freise, in: Gosebruch/Steigerwald 1992, S. 63-78.

Westrich 1965
Klaus-Peter Westrich, Die Siegel Kaiser Barbarossas, in: Jahrbuch zur Geschichte von Stadt und Landkreis Kaiserslautern, 3, 1965, S. 47-54.

Wex 1989
Reinhold Wex, Furniertes Kästchen mit Emailplatte des Evangelisten Matthäus aus dem Welfenschatz, in: Kat. Bonn 1989, S. 30-34.

von Weyhe-Emke 1862
Arnold von Weyhe-Emke, Die Äbte des Klosters St. Michaelis zu Lüneburg, Celle 1862.

White 1964
Lynn White Jr., Theophilus redivivus, in: Technology and Culture 5, 1964, S. 224-233.

Wibald von Stablo, epistolae
Wibaldi epistolae. in: Monumenta Corbeiensia, (Bibliotheca rerum Germanicarum 1). Ed. Philipp Jaffé, Berlin 1864, S. 76-616.

Wiechell 1971
Heino Wiechell, Das Schiff auf Siegeln des Mittelalters und der beginnenden Neuzeit (Veröffentlichungen der Kulturverwaltung der Hansestadt Lübeck 4), Lübeck 1971.

Wiedenau 1983
Anita Wiedenau, Katalog der romanischen Wohnbauten in westdeutschen Städten und Siedlungen (Das deutsche Bürgerhaus 34), Tübingen 1983.

Wiedenau 1983a
Anita Wiedenau, Romanische Wohnbauten im Rheinland, in: Jahrbuch für Hausforschung 33, 1983, S. 159-182.

Wieland 1983
G. Wieland, Die Besitzgeschichte des Reichsstiftes Weißenau, in: Weißenau in Geschichte und Gegenwart. Festschrift zur 700-Jahrfeier der Übergabe der Heiligblutreliquie durch Rudolf von Habsburg an die Prämonstratenserabtei Weißenau, Sigmaringen 1983, S. 107-218.

Wigger 1885
F. Wigger, Stammtafeln des Großherzoglichen Hauses von Meklenburg, in: Jahrbücher des Vereins für meklenburgische Geschichte und Alterthumskunde 50, 1885, S. 111-326.

von Wilckens 1967
Leonie von Wilckens, Der Michaelis- und Apostelteppich in Halberstadt, in: Festschrift Schubert, S. 279-291.

von Wilckens 1991
Leonie von Wilckens, Die textilen Künste von der Spätantike bis um 1500, München 1991.

von Wilckens 1992
Leonie von Wilckens, The Quedlinburg Carpet, in: Hali, The International Magazine of Fine Carpets and Textiles 65, 1992, S. 96-105.

von Wilckens 1992a
Leonie von Wilckens, Mittelalterliche Seidenstoffe (Bestandskatalog 18 des Kunstgewerbemuseums), Berlin 1992.

von Wilckens 1994
Leonie von Wilckens, Die mittelalterlichen Textilien. Katalog der Sammlung Herzog Anton Ulrich-Museum, Braunschweig 1994.

von Wilckens 1995 (im Druck)
Leonie von Wilckens, Der Hochzeitsteppich in Quedlinburg, in: Niederdeutsche Beiträge zur Kunstgeschichte 34, 1995 (im Druck).

von Wilckens (im Druck)
Leonie von Wilckens, Byzantinische, griechische, sizilische, italienische und andere Stickereien des 12./13. Jahrhunderts, in: Festschrift für Horst Hallensleben (im Druck).

von Wilckens (im Druck [a])
Leonie von Wilckens, Die Sixtuskasel in Vreden (im Druck [a]).

Wilde 1989
Lutz Wilde, Der Dom zu Lübeck, München – Berlin 1989.

Wilde 1991
Lutz Wilde, Der Dom zu Lübeck (Große Baudenkmäler 348), 5. Auflage, München – Berlin 1991.

Wilke 1970
Sabine Wilke, Das Goslarer Reichsgebiet und seine Beziehungen zu den territorialen Nachbargewalten (Veröffentlichungen des Max-Planck-Instituts für Geschichte 32), Göttingen 1970.

Will 1978
Robert Will, Les châteaux de plan carré de la plaine du Rhin et le rayonnement de l'architecture militaire royale de France au XIIIe siècle, in: Cahiers alsaciens d'archéologie, d'art et d'histoire 21, 1978, S. 65-86.

Wille 1954
Hans Wille, Kloster Mariental (Kleiner Kunstführer für Niedersachsen 10), Göttingen 1954.

Willemsen 1942
Carl A. Willemsen, Friderici Romanorum Imperatoris Secundi: De arte venandi cum avibus, Leipzig 1942.

Willemsen 1977
Carl A. Willemsen, Die Bildnisse der Staufer. Versuch einer Bestandsaufnahme (Schriften zur staufischen Geschichte und Kunst 4), Göppingen 1977.

Willerding 1994
Ulrich Willerding, Zur frühen Geschichte des Gartenbaus in Mitteleuropa, in: Geschichte des Gartenbaus und der Gartenkunst, 1. Fachtagung, Jg. 1, Erfurt 1994, S. 127-148.

Williamson 1982
Paul Williamson, Elfenbeinschnitzereien aus dem Mittelalter, London 1982.

Williamson 1986
Paul Williamson, The medieval treasure. The art of the Middle Ages in the Victoria and Albert Museum, London 1986.

Wilson 1964
D. M. Wilson, Catalogue of the antiquities of the later anglo-saxon period, Bd. 1: Anglo-saxon ornamental metalwork 700-1100 in the British Museum, London 1964.

Winkelmann 1873/78
Eduard Winkelmann, Philipp von Schwaben und Otto IV. von Braunschweig, Bd. 1-2, Leipzig 1873/78; Nachdruck 1863.

Winkelmann 1882
Eduard Winkelmann, Art. Konrad III., Bischof von Speyer und Metz, in: Allgemeine Deutsche Biographie, Bd. 16, 1882, S. 620-621.

Winter 1883
Ludwig Winter, Die Burg Dankwarderode zu Braunschweig. Ergebnisse der im Auftrage des Stadtmagistrats angestellten bauhistorischen Untersuchungen, Braunschweig 1883.

van Winter 1969
Johanna M. van Winter, Rittertum. Ideal und Wirklichkeit, München 1969.

von Winterfeldt 1929
Luise von Winterfeldt, Versuch über die Entstehung des Marktes und den Ursprung der Ratsverfassung in Lübeck, in: Zeitschrift des Vereins für Lübeckische Geschichte und Altertumskunde 25, 1929, S. 365-488.

Winzer 1974
Hans-Joachim Winzer, Die Grafen von Katlenburg (999-1106), Phil. Diss. (masch.) Göttingen 1974.

Wiswe 1950
Hans Wiswe, Die Bedeutung des Klosters Walkenried für die Kolonisierung der Goldenen Aue, in: Braunschweigisches Jahrbuch 31, 1950, S. 59-70.

Wiswe 1984
Mechthild Wiswe, Ländliches Leben im Braunschweigischen, Führer durch die Schausammlung Volkskunde des Braunschweigischen Landesmuseums, Braunschweig 1984.

Wiswe 1985
Mechthild Wiswe, Anmerkungen zur Frage nach den mittelalterlichen Herstellungsorten von Messingbecken, in: Kat. Braunschweig 1985, 3, S. 323-326.

Wittek 1983
Gudrun Wittek, Zur Entstehung der Stadt Halberstadt und ihrer Entwicklung bis Mitte des 13. Jahrhunderts, in: Nordharzer Jahrbuch 16, 1983, S. 25-57.

Wittekind 1994
Susanne Wittekind, Kommentar in Bildern. Zur Ausstattung mittelalterlicher Psalmenkommentare und Verwendung der Davidgeschichte in Texten und Bildern am Beispiel des Psalmenkommentars des Petrus Lombardus (Europäische Hochschulschriften, Reihe 28, 212), Frankfurt a. M. 1994.

Witthöft 1976
Harald Witthöft, Struktur und Kapazität der Lüneburger Saline seit dem 12. Jahrhundert, Wiesbaden 1976.

Witthöft 1992
Harald Witthöft, Maß und Gewicht im frühen Mittelalter und früher Neuzeit. Das Problem der Kommunikation, in: Kommunikation und Alltag in Spätmittelalter und früher Neuzeit. Red. Helmut Hundsbichler, Wien 1992, S. 97-126.

Wittram 1966
Gerhard Wittram, Die Gerichtsverfassung der Stadt Göttingen (Studien zur Geschichte der Stadt Göttingen 6), Göttingen 1966.

Wixom 1973
William D. Wixom, A lion aquamanile in Cleveland, in: Intuition und Kunstwissenschaft. Festschrift für Hanns Swarzenski zum 70. Geburtstag am 30. August 1973. Hrsg. von Peter Bloch [u. a.], Berlin 1973, S. 253-260.

Wixom 1981
William D. Wixom, Reliquary chasse, in: The Metropolitan Museum of Art – Notable Acquisitions 1980-1981, New York 1981.

Wixom 1992
William D. Wixom, In quinto scrinio de cupro – A copper reliquary chest attributed to Canterbury: Style, iconography and patronage, in: Parker/Shepard 1992, S. 194-227.

Wolf 1815
Johann Wolf, Versuch die Geschichte der Grafen von Hallermund und der Stadt Eldagsen zu erläutern. Mit 38 Beylagen, Göttingen 1815.

Wolf 1975
Friedrich Barbarossa (Wege der Forschung 390). Hrsg. von Gunther Wolf, Darmstadt 1975.

Wolf 1986
Armin Wolf, Ebstorfer Weltkarte, in: Lexikon des Mittelalters, Bd. 3, 1986, Sp. 1534f.

Wolf 1988
Armin Wolf, Neues zur Ebstorfer Weltkarte. Entstehungszeit – Ursprungsort – Autorschaft, in: Das Benediktinerinnenkloster Ebstorf im Mittelalter. Vorträge einer Tagung im Kloster Ebstorf vom 22. bis 24. Mai 1987 (Veröffentlichungen der Historischen Kommission für Niedersachsen und Bremen, 37: Quellen und Untersuchungen zur Geschichte Niedersachsens im Mittelalter 11). Hrsg. von Klaus Jaitner und Ingo Schwab, Hildesheim 1988, S. 75-119.

Wolf 1991
Armin Wolf, Ikonologie der Ebstorfer Weltkarte und die politische Situation des Jahres 1239. Zum Weltbild des Gervasius von Tilbury am welfischen Hofe, in: Ebstorfer Weltkarte, S. 54-116.

Wolf 1995
Armin Wolf, Gervasius von Tilbury und die Welfen. Zugleich Bemerkungen zur Ebstorfer Weltkarte, in: Schneidmüller 1995, S. 407-438.

Wolff 1948/50
Ludwig Wolff, Welfisch-Braunschweigische Dichtung der Ritterzeit, in: Jahrbuch des Vereins für niedersächsische Sprachforschung 71/73, 1948/1950, S. 68-90.

Wolfher, Vita Godehardi
Vita Godehardi episcopi Hildesheimensis auctore Wolfherio, in: MGH SS 11, Hannover 1854, S. 162-221.

Wolfson 1992
Michael Wolfson, Die deutschen und niederländischen Gemälde bis 1550, Niedersächsische Landesgalerie Hannover, Hannover 1992.

Wolter 1890
Ferdinand Albert Wolter, Geschichte der Stadt Magdeburg von ihrem Ursprung bis in die Gegenwart, Magdeburg 1890.

Wolter 1973
Heinz Wolter, Arnold von Wied, Kanzler Konrads III. und Erzbischof von Köln, Köln 1973.

Wolter-von dem Knesebeck 1993
Harald Wolter-von dem Knesebeck, Ein unbekanntes Evangeliar aus dem Kloster Preetz und seine Stellung in der norddeutschen Kunst des 13. Jahrhunderts, in: Zeitschrift für Kunstgeschichte 56, 1993, S. 335-366.

Wormald 1973
Francis Wormald, The Winchester Psalter, London 1973.

Wormald/Giles 1966
Francis Wormald und Phyllis M. Giles, Illuminated manuscripts in the Fitzwilliam Museum, Cambridge 1966.

Worstbrock 1989
Franz Josef Worstbrock, Die Anfänge der mittelalterlichen Ars dictandi, in: Frühmittelalterliche Studien 23, 1989, S. 1-42.

Worstbrock/Klaes/Lütten 1992
Franz Josef Worstbrock, Monika Klaes und Jutta Lütten, Repertorium der artes dictandi des Mittelalters, Teil 1: Von den Anfängen bis um 1200 (Münstersche Mittelalter-Schriften 66), München 1992.

Wright 1986
Laurence Wright, The role of musicians at court in twelfth-century Britain, in: Macready/Thompson 1986, S. 97-106.

Wurster 1980
Herbert W. Wurster, Das Bild Heinrichs des Löwen in der mittelalterlichen Chronistik Deutschlands und Englands, in: Mohrmann 1980, S. 407-439.

Wyon/Wyon 1887
A. B. Wyon und A. Wyon, The great seals of England, London 1887.

Zahlten 1970
Johannes Zahlten, Zur Abhängigkeit der naturwissenschaftlichen Vorstellungen Kaiser Friedrichs II. von der Medizinschule zu Salerno, in: Sudhoffs Archiv. Zeitschrift für Wissenschaftsgeschichte 54, 1970, S. 173-183.

Zahlten 1979
Johannes Zahlten, Creatio mundi. Darstellungen der sechs Schöpfungstage und naturwissenschaftliches Weltbild im Mittelalter (Stuttgarter Beiträge zur Geschichte und Politik 13), Stuttgart 1979.

Zahlten 1991
Johannes Zahlten, AUGUSTinus ist im Bild. Bemerkungen zur Rolle des Kommentators in mittelalterlichen Darstellungen der Weltschöpfung, in: Das Andere wahrnehmen. Beiträge zur europäischen Geschichte. August Nitschke zum 65. Geburtstag gewidmet, Köln – Weimar – Wien 1991, S. 169-189.

Zahlten 1991a
Johannes Zahlten, Natura sua und Natura generans. Zwei Aspekte im Naturverständnis Kaiser Friedrichs II., in: Miscellanea Mediaevalia. Veröffentlichungen des Thomas-Instituts der Universität Köln. Bd. 21/1: Mensch und Natur im Mittelalter, Berlin – New York 1991, S. 90-104.

Zahlten 1995 (im Druck)
Johannes Zahlten, ›In principio creavit Deus caelum ...‹ (Gen. 1,1). Das Bild des Himmels in der Schöpfungsikonographie aus der Sicht mittelalterlicher Naturwissenschaftler, in: Der Himmel über der Erde. Hrsg. von Friedrich Möbius, Leipzig 1995 (im Druck).

Zahlten 1995a (im Druck)
Johannes Zahlten, Natura. Naturbeobachtung und -veränderung im Falkenbuch Kaiser Friedrichs II., in: Europäische Kunst im 13. Jahrhundert. Funktion und Gestalt, Weimar 1995 (im Druck).

Zarnecki 1963-64
George Zarnecki, A romanesque bronze candlestick and the problem of the ›belts of strength‹, in: Årbok. Kunstindustrimuseet i Oslo 1963-64, S. 45-66.

Zarnecki 1979
George Zarnecki, A romanesque casket from Canterbury in Florence, in: Studies in Romanesque Sculpture, London 1979, S. 37-43.

Zatschek 1928
Heinz Zatschek, Wibald von Stablo. Studien zur Geschichte der Reichskanzlei und der Reichspolitik unter den älteren Staufern, in: Mitteilungen des österreichischen Instituts für Geschichtsforschung, Ergänzungsband 10, 1928, S. 237-495.

Zeller 1907
Adolf Zeller, Die romanischen Baudenkmäler von Hildesheim, Berlin 1907.

Zeller 1916
Adolf Zeller, Die Kirchenbauten Heinrichs I. und der Ottonen in Quedlinburg, Frose und Gandersheim, Berlin 1916.

Zenker 1906
Luise Zenker, Zur volkswirtschaftlichen Bedeutung der Lüneburger Saline für die Zeit von 950-1370 (Forschungen zur Geschichte Niedersachsens, Bd. 1, 2. Heft), Hannover – Leipzig 1906.

Ziegler 1969
Heinz Ziegler, Alte Gewichte und Maße im Lande Braunschweig, in: Braunschweigisches Jahrbuch 50, 1969, S. 128-163.

Zielinski 1984
Herbert Zielinski, Der Reichsepiskopat in spätottonischer und salischer Zeit (1002-1125), Teil I, Stuttgart 1984.

Zillmann 1975
Sigurd Zillmann, Die welfische Territorialpolitik im 13. Jahrhundert (1218-1267) (Braunschweiger Werkstücke 52), Braunschweig 1975.

Zimmermann 1879
Paul Zimmermann, Ein Mysterium des 12. Jahrhunderts aus dem Stifte St. Blasii, in: Anzeiger für Kunde der deutschen Vorzeit, N.F. 26, 1879, Sp. 83-84.

Zimmermann 1896
Paul Zimmermann, Art. Welf VI., in: Allgemeine deutsche Biographie, Bd. 41, Leipzig 1896, S. 670-676.

Zimmermann 1898
Paul Zimmermann, Die Siegel des herzoglichen Hauses Braunschweig und Lüneburg. Nachtrag zu dem 1882 herausgegebenen Verzeichnisse der dem herzoglichen Landeshauptarchive zu Wolfenbüttel gehörigen Sammlung von Gipsabgüssen, Wolfenbüttel 1898.

Zimmermann 1905
Paul Zimmermann, Die Städtewappen des Herzogtums Braunschweig, in: Braunschweigisches Magazin 11, 1905, S. 97-130.

Zimmermann 1911
Ernst Heinrich Zimmermann, Drei Missale (!) aus dem Braunschweigischen Dome, in: Braunschweigisches Magazin 17, 1911, S. 42-45.

Zimmermann 1911 (I)
Paul Zimmermann, Das Haus Braunschweig-Grubenhagen, ein genealogisch-biographischer Versuch, Wolfenbüttel 1911.

Zimmermann 1992
Hans Zimmermann, Die Otia imperialia des Gervasius von Tilbury. Praefatio und Decisio 1, 1-9: Einleitung, Übersetzung und philologischer Kommentar, Staatsexamensarbeit (masch.), Universität Vechta 1992.

Zöller 1993
Sonja Zöller, Kaiser, Kaufmann und die Macht des Geldes. Gerhard Unmaze von Köln als Finanzierer der Reichspolitik und der ›Gute Gerhard‹ des Rudolf von Ems (Forschungen zur älteren deutschen Literatur 16), München 1993.

Zöllner 1971
Walter Zöllner, Zur Bibliotheksgeschichte des Augustiner-Chorherren-Stifts Hamersleben, in: Philologus. Zeitschrift für Klassische Philologie 115, 1971, S. 334-340.

Zöllner 1979
Walter Zöllner, Die Urkunden und Besitzaufzeichnungen des Stifts Hamersleben (1108-1462) (Studien zur Katholischen Bistums- und Klostergeschichte 17), Leipzig 1979.

Zotz 1986
Thomas Zotz, Art. Curia regis, in: Lexikon des Mittelalters, Bd. 3, 1986, Sp. 373-375.

Zotz 1991
Thomas Zotz, Die Formierung der Ministerialitäten, in: Weinfurter 1991, Bd. 3, S. 3-50.

Zotz 1993
Thomas Zotz, Die Goslarer Pfalz im Umfeld der königlichen Herrschaftssitze in Sachsen – Topographie, Architektur und historische Bedeutung, in: Steigerwald 1993, S. 63-79.

Zschille/Forrer 1891
R[ichard] Zschille und R[obert] Forrer, Der Sporn und seine Formen-Entwicklung I. Ein Versuch zur Charakterisierung und Datierung der Sporen unserer Kulturvölker, Berlin 1891.

Zschille/Forrer 1899
R[ichard] Zschille und R[obert] Forrer, Der Sporn in seiner Formen-Entwicklung II. Reitersporen aus zwanzig Jahrhunderten. Eine waffengeschichtliche Studie, Berlin 1899.

zu Erbach-Erbach 1867
Eberhard Graf zu Erbach-Erbach, General-Katalog der Gräflichen Erbachischen Sammlungen im Schlosse zu Erbach, Erbach 1867.

Zubek/Spielmann 1994
Paul Zubek und Heinz Spielmann, Mittelalter. Schleswig-Holsteinisches Landesmuseum. Schloß Gottorf und seine Sammlungen, Schleswig 1994.

Zuchold 1993
Gerd-H. Zuchold, Der ›Klosterhof‹ des Prinzen Karl von Preußen im Park von Schloß Glienecke in Berlin, Bd. 2, Berlin 1993.

Register der Abbildungen

Die Angabe in Klammern nach dem Objekt nennt die Inventarnummer. Die Katalognummern A-G verweisen auf Band 1, die Abbildungsnummern 1-399 auf Band 2. Die Seitenzahlen beziehen sich auf zusätzliche Abbildungen im Katalogband.

Bildnachweis (Band 1 und Band 2)

Seitenzahlen und Katalognummern beziehen sich auf Band 1, die übrigen Ziffern auf die Abbildungsnummern in Band 2

Aachen, Domkapitel, Foto Ann Münchow: 241
Aachen, Foto Klaus Herzog: D 21, 115
Aberdeen, Library of the University: 13
Altena, Museum der Grafschaft Mark: G 97
Amsterdam, Rijksmuseum-Stichting: B 25, D 45, G 106, G 109
Avranches, Bibliothèque Municipale Edouard Le Héricher: 193
Badendorf, Herbert Jäger: S. 453 o., D 17, F 25/01, F 25/02, F 25/03 a-c, F 25/04 a-b, F 25/05 a-b, F 25/06 a-c, F 25/07 a-b, F 25/09 a-b, 264
Baltimore, The Walters Art Gallery: D 12
Bamberg, Staatsbibliothek: C 10, D 69, 66, 122
Bergen, Historisk Museum, Universitetet i Bergen, Ann-Mari Olsen: 335
Berlin, Bildarchiv Preußischer Kulturbesitz, Foto Ann Münchow, Aachen: G 120
Berlin, Deutsches Historisches Museum: G 98, G 99
Berlin, Märkisches Museum: G 8r
Berlin, Staatliche Museen zu Berlin – Preußischer Kulturbesitz, Kupferstichkabinett, Foto: Jörg P. Anders: G 48
Berlin, Staatliche Museen zu Berlin – Preußischer Kulturbesitz, Münzkabinett: 282; Foto Reinhard Saczewski: G 43
Berlin, Staatliche Museen zu Berlin – Preußischer Kulturbesitz, Museum für Spätantike und Byzantinische Kunst, Foto Stenzel, 1995: D 86
Berlin, Staatsbibliothek zu Berlin – Preußischer Kulturbesitz, Handschriftenabteilung: A 10, *B 34, D 7, E 20, E 29, G 68, G 83, G 86, G 88, G 89, 12, 49
Berlin, Staatliche Museen zu Berlin – Preußischer Kulturbesitz, Kunstgewerbemuseum: A 13, D 46, G 110, 320; Foto Hans-Joachim Bartsch: D 103; Foto Jürgen Liepe: D 50, D 51, D 52, D 53, D 54, D 55, D 61, D 85, 124, 201, 201a, 389, 390, 391, 392, 393, 394, 395, 396, 397, 398
Bern, Burgerbibliothek: 23, 24, 25, 26, 383, 384
Bologna, Mauro Zaghi: D 105
Bonn, Rheinisches Landesmuseum, Foto H. Lilienthal: G 73, G 102
Brandenburg, Dommuseum des Domstifts Brandenburg: G 16
Brandenburg, Domstiftsarchiv, Foto Salge, Brandenburg: D 79, G 15
Braunschweig, Braunschweigisches Landesmuseum: S. 147 u.l.; Foto Gian Casper Bott: G 59d; Foto Bernd-Peter Keiser, Braunschweig: C 16d, F 17/33; Foto Ingeborg Simon: S. 150 r., C 16b, C 16c, D 38a, F 38, F 39; Foto Wolfgang Metzger: G 59c, G 59e
Braunschweig, Herzog Anton Ulrich-Museum, Foto Bernd-Peter Keiser: B 9 IIa, C 16 f, D 19, D 20, D 37, D 43, D 56, D 57, D 59, E 9, F 13, F 14, F 15, 145, 245, 246, 266, 267, 289, 315, 321, 341, 342, 343, 344, 352; Foto Franz Niehoff: 132
Braunschweig, Stadtarchiv, Foto Bernd-Peter Keiser, Braunschweig: *F 2, F 4, *F 5
Braunschweig, Stadtbibliothek, Foto Bernd-Peter Keiser, Braunschweig: 32, 50
Braunschweig, Städtisches Museum, Museumsfoto: F 8, F 9, 52, 284, 299, 300
Braunschweig, Verlag George Behrens, 1892: 248
Braunschweig, Jutta Brüdern: S. 6, S. 124, S. 181, C 15, D 20, D 23, D 24, D 25, D 26, D 27, D 28, D 38b, F 10, F 11, 1, 69, 70, 72, 73, 75, 76, 81, 82a-c, 83, 85, 123, 146, 147, 151, 152, 153, 166, 173, 176, 177, 178, 243, 244, 316, 317, 327
Braunschweig, Heinz Gramann: F 35a, F 35b, G 61a, G 61b, G 62a, G 62b, G 62c
Braunschweig, Bernd-Peter Keiser: S. 182, S. 183, S. 394, D 29, F 8f, G 60a, G 60b, G 60c, G 60d, 93, 94, 100, 101, 102, 103, 230, 231, 232, 233, 235
Braunschweig, Harmen Thies: 154, 155, 156, 157, 162
Braunschweig, Johannes Zahlten: 11, 20
Bremen, Bremer Landesmuseum für Kunst- und Kulturgeschichte, Focke-Museum: F 36, G 13, 62, 63, 64, 65
Bremen, Staats- und Universitätsbibliothek: D 75, G 10, G 11
Bremen, Der Landesarchäologe: G 12
Brüssel, A.C.L. – Institut Royal du Patrimoine Artistique: A 5
Brüssel, Bibliothèque Royale Albert Ier: E 18
Cambrai, Bibliothèque municipale: D 83
Cambridge, The Master and Fellows of Corpus Christi College: D 92, D 96, E 17
Cambridge, Fitzwilliam Museum: D 35
Cambridge, By permission of the Master and Fellows of St. John's College: D 116, 219
Cambridge, The Master and Fellows of Trinity College: 117, 223
Chiavenna, Archivio Guido Scaramellini: 108
Chicago, The Art Institute of Chicago: 34
Città del Vaticano, Archivo Segreto Vaticano: 242
Città del Vaticano, Biblioteca Apostolica Vaticana: A 6, B 11, C 14, D 10, E 21, 199
Clausthal-Zellerfeld, Mineralogische Sammlungen im Institut für Mineralogie und Mineralische Rohstoffe der Technischen Universität Clausthal, Foto Gian Casper Bott: F 28
Cleveland, The Cleveland Museum of Art, 1995: D 60, G 79, 120, 121, 386, 387, 388
Darmstadt, Hessisches Landesmuseum: C 7
Den Haag, Koninklijke Bibliotheek: A 7
Dresden, Sächsische Landesbibliothek, Abteilung Deutsche Fotothek: 180
Dresden, Staatliche Kunstsammlungen, Grünes Gewölbe: 203
Düsseldorf, Nordrhein-Westfälisches Hauptstaatsarchiv: G 82
Ebstorf, Ev. Damenstift, ACM-Fotostudio: F 17/38
Eisenach, Wartburg-Stiftung, Foto Ulrich Kneise: E 6, G 24
Fischerhude, Klaus Rohmeyer: S. 33
Flensburg, Städtisches Museum, Gerd Remmer, Flensburg: B 32
Florenz, Soprintendenza per i Beni Artistici e Storici: D 104
Florenz, Foto Scala: 114
Frankfurt, Museum für Kunsthandwerk, Foto Ursula Seitz-Gray: E 7
Frauenfeld, Staatsarchiv des Kantons Thurgau, Foto Winiger: D 76
Freckenhorst, St. Bonifatius, Foto Rudolf Wakonigg, Münster: C 6
Freiburg, Augustinermuseum, Foto Michael Jensch: 35, 36
Fulda, Hessische Landesbibliothek, Foto Bernd-Peter Keiser, Braunschweig: B 3, 29, 113
Furth bei Göttweig, Benediktinerstift Göttweig, Kunstsammlungen und Graphisches Kabinett: C 8
Göttingen, Georg-August-Universität, Diplomatischer Apparat, Foto Bernd-Peter Keiser, Braunschweig: G 5, G 51, 38
Göttingen, Niedersächsische Staats- und Universitätsbibliothek: E 11, 249
Göttingen, Karl Arndt: 179
Goslar, Ev. Marktkirche St. Cosmas und Damian, Foto Bernd-Peter Keiser, Braunschweig: F 27
Goslar, Stadtarchiv, Foto Bernd-Peter Keiser, Braunschweig: F 31, F 32
Goslar, Städtische Sammlungen, Foto Bernd-Peter Keiser, Braunschweig: 68
Goslar, Städtische Sammlungen, Kaiserpfalz, Foto Bernd-Peter Keiser, Braunschweig: F 34
Goslar, Städtisches Museum, Foto Bernd-Peter Keiser, Braunschweig: F 26, 326
Graz, Friedrich Hausmann: D 8
Hadmersleben, Kath. Pfarrkirche St. Peter und Paul, Foto Bernd-Peter Keiser, Braunschweig: G 23
Halberstadt, Stadt- und Domgemeinde, Domschatz, Foto Bernd-Peter Keiser, Braunschweig: G 47, G 49
Halle, Landesamt für archäologische Denkmalpflege Sachsen-Anhalt, Landesmuseum für Vorgeschichte: 51
Hamburg, Museum für Hamburgische Geschichte, Foto Fischer-Daber, Hamburg: G 100
Hamburg, Museum für Kunst und Gewerbe, Foto Kiemer: A 9, C 12, F 23a, G 115
Hamburg, Staats- und Universitätsbibliothek: *B 2, G 113
Hannover, Kestner-Museum: F 8a-e, G 8a-q, G 8s, G 42, G 46, G 119a-p, 287, 294; Foto Michael Lindner: D 58, D 62, D 63, D 64, D 65, D 66, F 5a, G 25, G 35, G 95, 192, 196, 205, 206
Hannover, Niedersächsische Landesbibliothek: *D 49, G 14, 58, 191, 194, 195, 197, 200

Hannover, Niedersächsisches Hauptstaatsarchiv: G 40, Foto Bernd-Peter Keiser, Braunschweig: C 4, D 1, *D 2, D 6, D 77, *D 80, E 1, E 3, E 28, F 1, F 33, G 6, G 53, *G 84, G 114, G 124, G 125, 42, 48, 88, 110
Hannover, Niedersächsisches Landesmuseum, Landesgalerie: D 48
Hannover, Niedersächsisches Münzkabinett der Deutschen Bank: B 9 I a-c, B 9 IIb-x, B 9 III a-i, 285
Heidelberg, Universitätsbibliothek: A 16, 16, 274a
Hildesheim, Dom- und Diözesanmuseum: G 30, 329; Foto Engelhardt: S. 513, A 17, D 89, G 33, G 36, G 41, 240; Foto Ann Münchow: 211, 212, 213, 214, 215, 216, 217, 218; Foto Frank Tomio: S. 514
Hildesheim, Hohe Domkirche, Foto Engelhardt: 318
Innsbruck, Prämonstratenserstift Wilten, Foto Richard Frischauf, Innsbruck: D 3
Jena, Thüringer Universitäts- und Landesbibliothek: A 4
Kiel, Uwe Albrecht: 373, 375, 376, 377, 378, 379, 380
Köln, Erzbischöfliche Diözesan- und Dombibliothek, Foto Barbara Lutterbeck, Köln: A 8, C 9
Köln, Historisches Archiv der Stadt Köln: D 78
Köln, Rheinisches Bildarchiv: D 87, 202, 324, 350
Kopenhagen, Det Kongelige Bibliotek: B 17, D 16, D 95, G 75, 220, 370
Kopenhagen, Nationalmuseet: B 22, B 29a, B29b, E 4, G 107; Foto Niels Elswing: B 23, B 27, B 28; Foto Kit Weiss: 138
Le Mans, Médiathèque Louis Aragon: A 2
Le Mans, Musée du Mans: 251
Leipzig, Universitätsbibliothek ›Bibliotheca Albertina‹: G 29
Leverkusen, Walter Kühn: 278, 279, 286, 290, 291, 292, 295, 296
Lincoln, Dean and Chapter of Lincoln Cathedral: D 109
London, The British Library: D 93, D 94, D 97, D 98, D 115, E 19, 7, 8, 15, 111, 221, 227, 229
London, The Trustees of the British Museum: B 24, B 26, D 110, D 111, D 119, 255, 259
London, The Conway Library, Courtauld Institute of Art: 331
London, Lambeth Palace Library: 225
London, The Board of Trustees of the Victoria and Albert Museum: D 108, D 113, G 26, G 44, G 67, 119
London, A.C. Cooper ltd.: D 117
London, A. F. Kersting, Architectural photographer: 372
Lübeck, Amt für archäologische Denkmalpflege: S. 453 u., F 25/04c, F 25/10, 301, 302, 303, 304, 305, 306, 307, 308, 309, 310, 311, 312, 313, 314
Lübeck, Archiv der Hansestadt Lübeck, Foto Herbert Jäger, Badendorf: B 18, B 19, B 20, F 20, *F 21, F 22, G 3, 265
Lübeck, Martin Möhle: 168a, 168b
Lübeck, Gabriele Legant-Karau: F 24
Lübstorf, Landesamt für Bodendenkmalpflege, Archäologisches Landesmusem Mecklenburg, Foto Hubert Metzger, Bolz: D 18
Lüne, Klosterarchiv, Foto Bernd-Peter Keiser, Braunschweig: E 25
Lüneburg, Ev.-luth. St. Nicolaigemeinde, Foto Lüdeking Photographie, Lüneburg: 209
Lüneburg, Museum für das Fürstentum Lüneburg, Foto Michael Behns, Lüneburg: S. 32, 208
Lüneburg, Ratsbücherei, Foto Bernd-Peter Keiser, Braunschweig: E 32, G 108
Lüneburg, St. Michaeliskirche, Foto Bernd-Peter Keiser, Braunschweig: F 37
Lüneburg, Stadtarchiv: B 36, E 31
Lüttich, Archives de l'État, Foto DAYLIGHT: G 64, G 66
Magdeburg, Landeshauptarchiv Sachsen-Anhalt, Foto Bernd-Peter Keiser, Braunschweig: *D 81
Magdeburg, Magdeburger Museen – Kulturhistorisches Museum, Foto U. Ahrendt / W. Klapper: G 18; Foto J. Rödling: G 19, G 20, G 21
Marburg, Bildarchiv Foto Marburg: 37, 77, 78, 79, 80, 84, 86, 133, 137, 322, 330, 332, 336, 338
Melegnano, Adriano Carafoli: 107
Merseburg, Domstiftsarchiv, Foto Fotohaus Karl-Ludwig Goetjes: G 1
Minden, Domschatz, Foto Norbert Hummel: D 101, G 27, G 118
Moisenay, Photo Editions Gaud: 127, 252
Montecassino, Archivio di Montecassino: 39
München, Bayerisches Hauptstaatsarchiv: D 68, D 70, D 72, D 73, 3, 4, 5, 6, 30, 104, 106, 118
München, Bayerisches Nationalmuseum: B 14, 105, 319
München, Bayerische Staatsbibliothek: B 4, B 7, B 8, C 11, D 82, 109
München, Hirmer Verlag: *A 15, G 17, 95, 170, 172, 174, 181, 182, 183, 184, 198, 204, 238, 239, 323, 328, 340
Münster, Nordrhein-Westfälisches Staatsarchiv: G 9, G 65, G 70
Münster, Universitäts- und Landesbibliothek: G 87
Münster, Westfälisches Landesmuseum für Kunst und Kulturgeschichte, Foto J. Jordan: G 77, G 111
New York, The Metropolitan Museum of Art: D 107, D 120; Foto Lynton Gardiner: F 23b; Foto Schecter Lee: D 118
New York, The Pierpont Morgan Library: D 91, G 39, 33, 112, 207
Nienburg, Museum Nienburg: G 117
Nürnberg, Germanisches Nationalmuseum: S. 617 r., D 44, D 102, G 37
Oberried/St. Wilhelm, Wolfgang Müller: 163
Oldenburg, Niedersächsisches Staatsarchiv: G 81
Oslo, Kunstindustrimuseet: B 31
Oslo, University Museum of National Antiquities, Foto Ivar Mürberg: 333
Oxford, Bodleian Library: 18, 19
Paderborn, Erzbischöfliches Diözesanmuseum, Foto Ansgar Hoffmann: F 12, G 72
Paris, Archives nationales, Service photographique: E 8
Paris, Bibliothèque Nationale de France: A 11, C 3, zu E 9, E 10, G 38, 128, 169, 263
Paris, Musée des Arts Décoratifs, Photo L. Sully-Jaulmes: G 104
Paris, Réunion des Musées Nationaux: G 116, 334; Foto D. Arnaudet: A 14
Passau, Kunstverlag Peda, D-94034 Passau, Tel. 0851/751551: B 16
Peine, Kreismuseum, Foto Bernd Kammrath, Braunschweig: 293, 297, 298
Poitiers, Centre d'Études Supérieures de Civilisation Médiévale: 374
Poncé-sur-le-Loir, André Sevault: 256
Princeton, Virginia Roehrig Kaufmann und Norman Muller: 185, 186, 187, 188, 189
Quedlinburg, Schloßmuseum: G 59a, G 59b
Ratzeburg, Dom, Foto Bernd-Peter Keiser, Braunschweig: D 30
Reykjavík, National Museum of Iceland, Foto Ívar Brynjólfsson : 399
Rottenburg, Diözesanmuseum, Foto: Werner Faiss, Rottenburg: B 15
Rouen, Musées départementaux de la Seine-Maritime, Photo Francois Dugué: D 114, 260
Saint-Omer, Bibliothèque Municipale: 222
Salzburg, Archiv der Erzabtei St. Peter: D 67
Schleswig, Schleswig-Holsteinisches Landesarchiv: B 35, D 5, *D 15, F 19, G 2
Schleswig, Schleswig-Holsteinisches Landesmuseum: B 33, G 105
Schulpforte, Bibliothek der Landesschule Pforta: 9, 10
Sigmaringen, Fürstlich Hohenzollernsche Hofkammer: 261
Speyer, Historisches Museum der Pfalz: E 14, 60, 61, 67
St. Gallen, Kantonsbibliothek Vadiana, Foto Regina Kühne: B 13
St. Gallen, Stiftsarchiv: B 12
St. Petersburg, Staatliche Ermitage: D 100
Stockholm, Antikvarisk-Topografiska Arkivet: S. 108 u., D 112
Stockholm, Bengt A. Lundberg, RIKfoto: S. 108 o.
Stockholm, Statens historiska museum: B 30
Stuttgart, Württembergische Landesbibliothek, Foto Joachim Siener: B 10, E 16, 17, 134, 135
Stuttgart, Württembergisches Landesmuseum: D 90, G 28
Trier, Amt für kirchliche Denkmalpflege, Foto Rita Heyen: G 78, 345; Foto: Ann Münchow: G 32, 339
Trier, Bischöfliches Dom- und Diözesanmuseum: G 34
Trier, Stadtbibliothek/Stadtarchiv, Fotostelle Anja Schäfer: D 11
Uppsala, Universitetsbiblioteket: G 76
Utrecht, Museum Catharijneconvent: D 88
Vannes, Conservation Départementale du Patrimoine Mobilier: D 106, 257
Vordingborg, Sydsjaellands Museum: C 13
Warschau, Bruno Cynalewski: 90
Warschau, Leszek Wetesko: 89
Washington, National Gallery of Art: G 50, G 69
Weimar, Constantin Beyer: 158
Wien, Bundesdenkmalamt: 325
Wien, Kunsthistorisches Museum: G 74, 247, 254; Foto Marianne Haller, Perchtoldsdorf: 253
Wien, Österreichische Nationalbibliothek: D 71, 171, 353, 354
Wien, Österreichisches Museum für angewandte Kunst, Foto Georg Mayer, Wien: G 45
Wien, Österreichisches Staatsarchiv, Haus-, Hof- und Staatsarchiv, Foto Fotostudio Otto, Wien: 54a, b
Wienhausen, Klosterarchiv, Foto Bernd-Peter Keiser, Braunschweig: *E 24, G 58
Winchester, Cathedral Library, Foto Albert W. Kerr, Coulsdon, Surrey : 140
Winchester, The Dean and Chapter of Winchester Cathedral: 142
Windsor, The Provost and Fellows of Eton College: 116
Wolfenbüttel, Herzog August Bibliothek: S. 10, A 3, A 12, B 6, D 31, D 36, G 71, G 80, G 85a, *G 85b, 14, 21, 22, 125, 190, 224, 226, 228, 274b, 346, 347, 351, 355, 356, 357, 358, 359, 360, 361, 362, 363, 364, 365, 366, 367, 368, 369

Wolfenbüttel, Museum im Schloß, Foto A. Sauer: F 18

Wolfenbüttel, Niedersächsisches Landesverwaltungsamt, Institut für Denkmalpflege: S. 147 o., S. 147 u.r., S. 148 u., S. 150 l., S. 393, S. 420 l., S. 420 r., F 17, F 17/13b, F 17/15a, F 17/15d, F 17/17b, F 17/18, F 17/19c, F 17/22, F 17/28, F 17/29c, F 17/30b, 268, 269, 270, 271, 272, 273a, 273b, 275, 276; Foto Bernd-Peter Keiser, Braunschweig: S. 422 l.o., S. 422 r.o., F 17/01-05, F 17/06-07, F 17/08, F 17/09-11, F 17/12-13, F 17/14, F 17/15, F 17/16-18, F 17/19, F 17/20-21, F 17/22-24, F 17/25, F 17/26-28, F 17/29-32, F 17/36, F 17/37

Wolfenbüttel, Niedersächsisches Staatsarchiv, Foto Bernd-Peter Keiser, Braunschweig: S. 184, S. 185, B 5, C 1, C 2, C 5, *D 4, D 9, *D 13, D 14, D 32, D 33, D 34, D 39, D 40, D 41, D 42, D 47, D 84, D 99, E 2, E 12, E 13, E 15, E 22, E 23, E 26, E 27, E 30, F 3, F 6, F 7, G 4, G 7, G 52, G 54, G 55, G 56, G 57, G 90, G 91, *G 92, G 93, G 94, G 96, G 121, *G 122, G 123, G 126, G 127, G 128, 40, 41, 43, 44, 45, 46, 53, 55, 56, 57, 59, 87, 126, 348, 349, 385a, b; Foto Christine Treptow: 210

Abbildungen aus Publikationen:

Appuhn 1963, S. 31 , Abb. 5: S. 219 r.m.

Berghaus 1954, Abb. 1: 283

Boockmann/Thies 1993, Bd. 1, S. 276: 234

Brentjes 1985, S. 303, Abb. 1: S. 617 l.

Dehio/Bezold 1884-1901, Bd. 1, Taf. 51; Taf. 129, Abb. 1, Taf. 198, Abb. 4, 5: 74, 149, 150

Demus 1968, Abb. 151: 262

Denicke 1986, Abb. 11: 281

Eygun 1938, Pl. LIII, n° 7: 47

Forrer 1907, S. 7: B 1

Fricke 1975, S. 17, Abb. 6: 382

Gaborit-Chopin 1978, S. 25, Abb. 18: 143

Goldschmidt/Weitzmann 1930, Tafel LXXII, Abb. d: 144

Gramatzki 1972, S. 200, Abb. 93: S. 219 r.o.

Grimm 1990, Gesamtplan 2: 236

Güterbock 1920, Anlage: D 74

Hase 1883, Tafel 144, Tafel 145: S. 187 o., S. 187 u.

Hölscher 1927, Abb. 34: 129 und 277

Hucker 1990, Abb. 27 a: 99

Inv. Hansestadt Lübeck, S. 22, S. 23, S. 24: 164c u., 164b m., 164a o.

Inv. Kreis Gandersheim S. 92, Abb. 52; S. 94, Abb. 54: 160 a-b, 161

Inv. Landkreis Goslar 1937, S. 110, Abb. 40; S. 111, Abb. 41; S. 113, Abb 42: 159b m., 159c u., 159a o.

Inv. Prov. Schleswig-Holstein, S. 8, Fig. 836: 165

Jordan 1980, S. 299: 28

Kat. Braunschweig 1980, Anlage: 71

Kat. Braunschweig 1985, Bd. IV, S. 509, Abb. 11: 167

Kat. Florenz 1989, S. 224: 136

Kat. Magdeburg 1992, S. 199, Kat.Nr. II./90; S. 254, Kat.Nr. III./20; S. 263, Kat.Nr. IV./8; S. 264, Kat.Nr. IV./9: G 103, 96, G 22, G 101

Kent/Painter 1977, S. 109, Abb. 184: 141

Leuckfelds 1721, S. 170 (rechts), Nr. 11, Nr. 13: 97, 98

Menadier 1891, Bd. I, Abb. S. 41: 288

Rahtz 1979: 371

Saxl 1954, S. 61, Fig. 44; Bildtafel II d: 258, 337

Schirmeister/Specht-Kreusel 1992, S. 102, Abb. 12: 175

Swarzenski 1954, S. 513: 139

Swieckowski 1983, Abb. 224: 92

Thiel 1990: 280

Thies 1994, S. 14: 148a-c

Viollet-le-Duc 1861: 381

Walicki 1968, Taf. II: 91

Winter 1883, Bl. V, Bl. VIII.: 130, 131